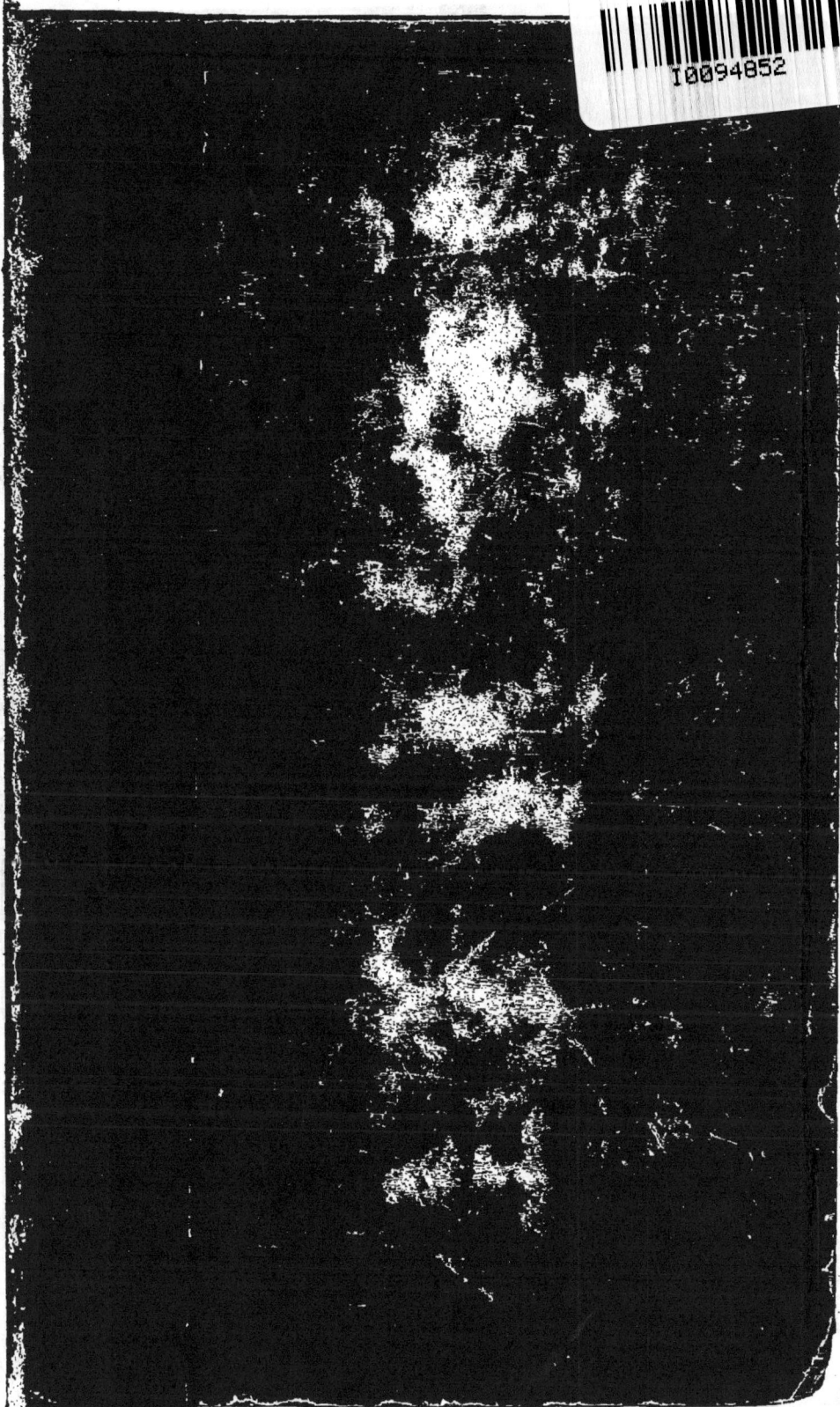

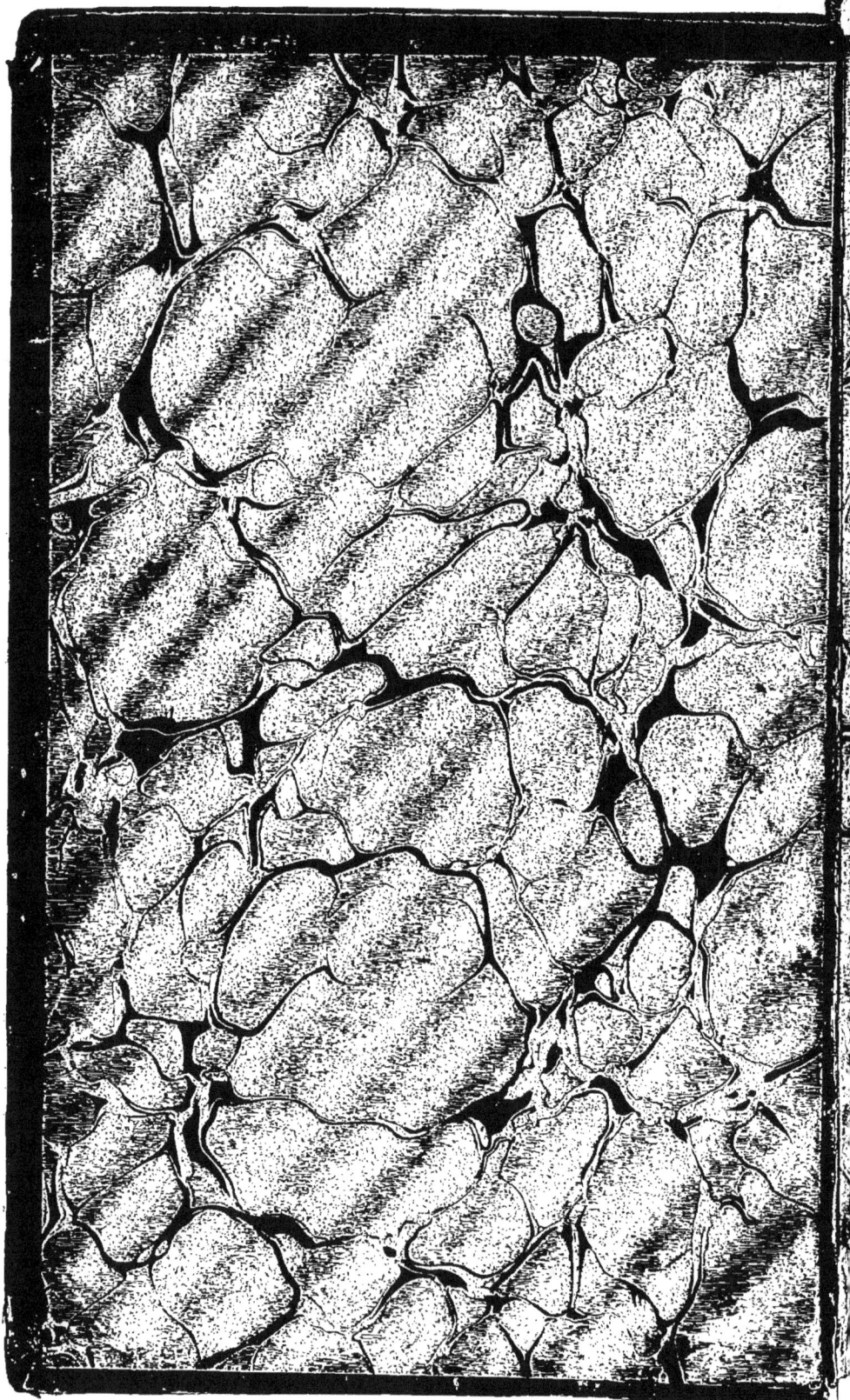

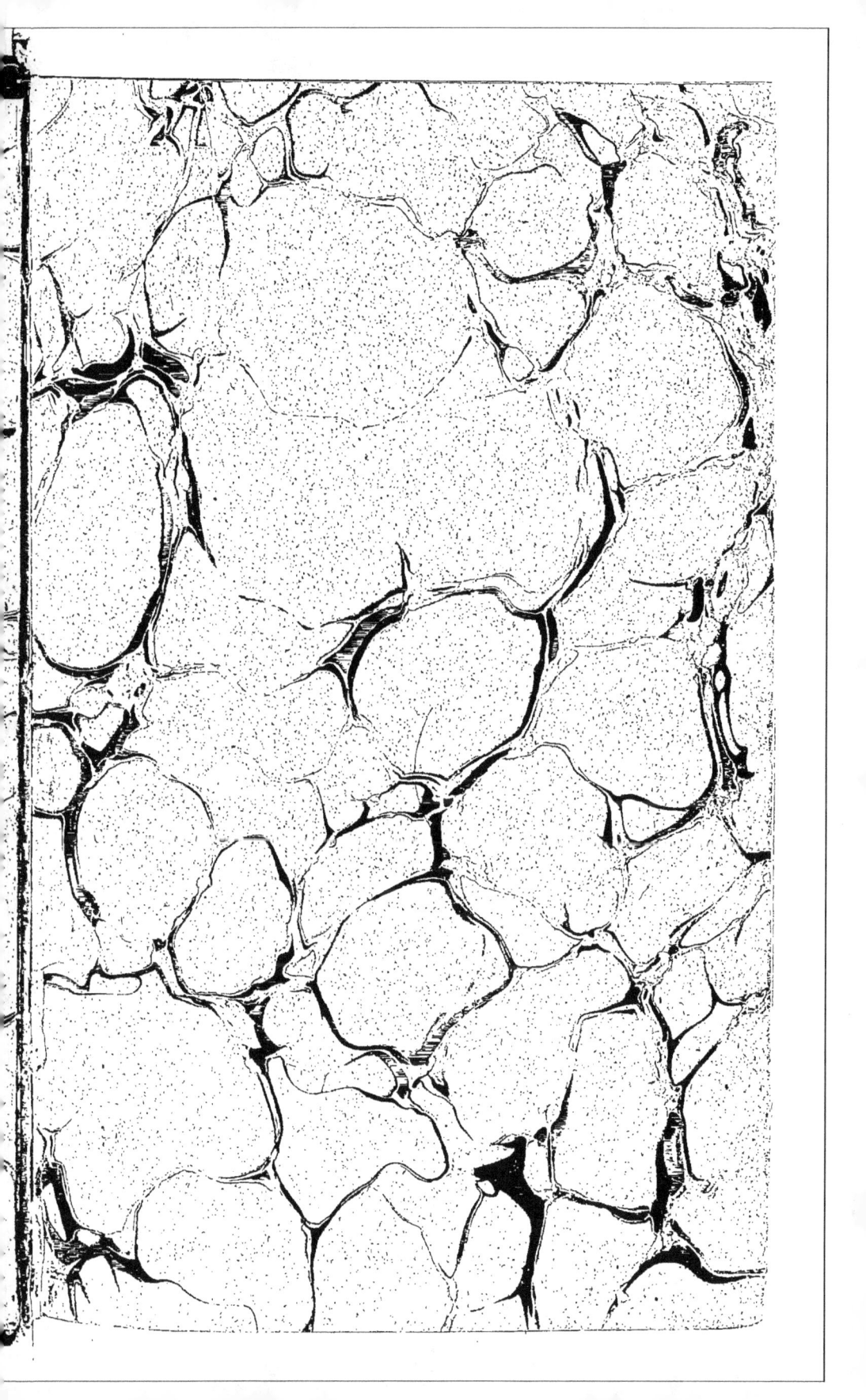

TRAITÉ

THÉORIQUE ET PRATIQUE

DES

TRAVAUX PUBLICS

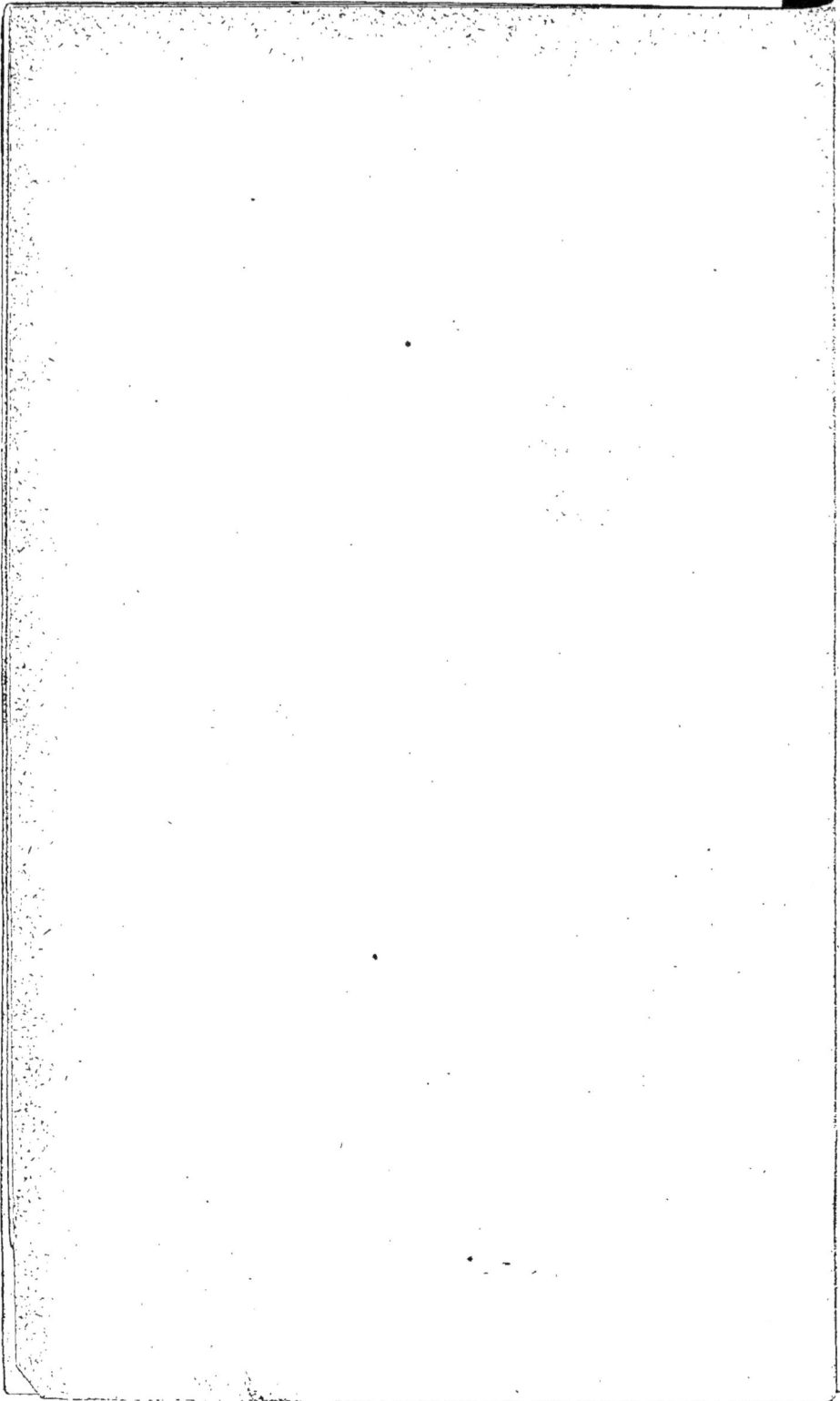

TRAITÉ

THÉORIQUE ET PRATIQUE

DES

TRAVAUX PUBLICS

PAR

ALBERT CHRISTOPHLE

DOCTEUR EN DROIT

ANCIEN AVOCAT AU CONSEIL D'ÉTAT ET A LA COUR DE CASSATION

ANCIEN MINISTRE DES TRAVAUX PUBLICS

GOUVERNEUR DU CRÉDIT FONCIER DE FRANCE

DEUXIÈME ÉDITION

Revue et mise au courant de la Législation et de la Jurisprudence
sous la direction de l'auteur

PAR

PAUL AUGER

DOCTEUR EN DROIT

AVOCAT AU CONSEIL D'ÉTAT ET A LA COUR DE CASSATION

TOME PREMIER

PARIS

LIBRAIRIE MARESCQ AINÉ

CHEVALIER-MARESCQ ET Cⁱᵉ, ÉDITEURS

20, RUE SOUFFLOT, 20

1889

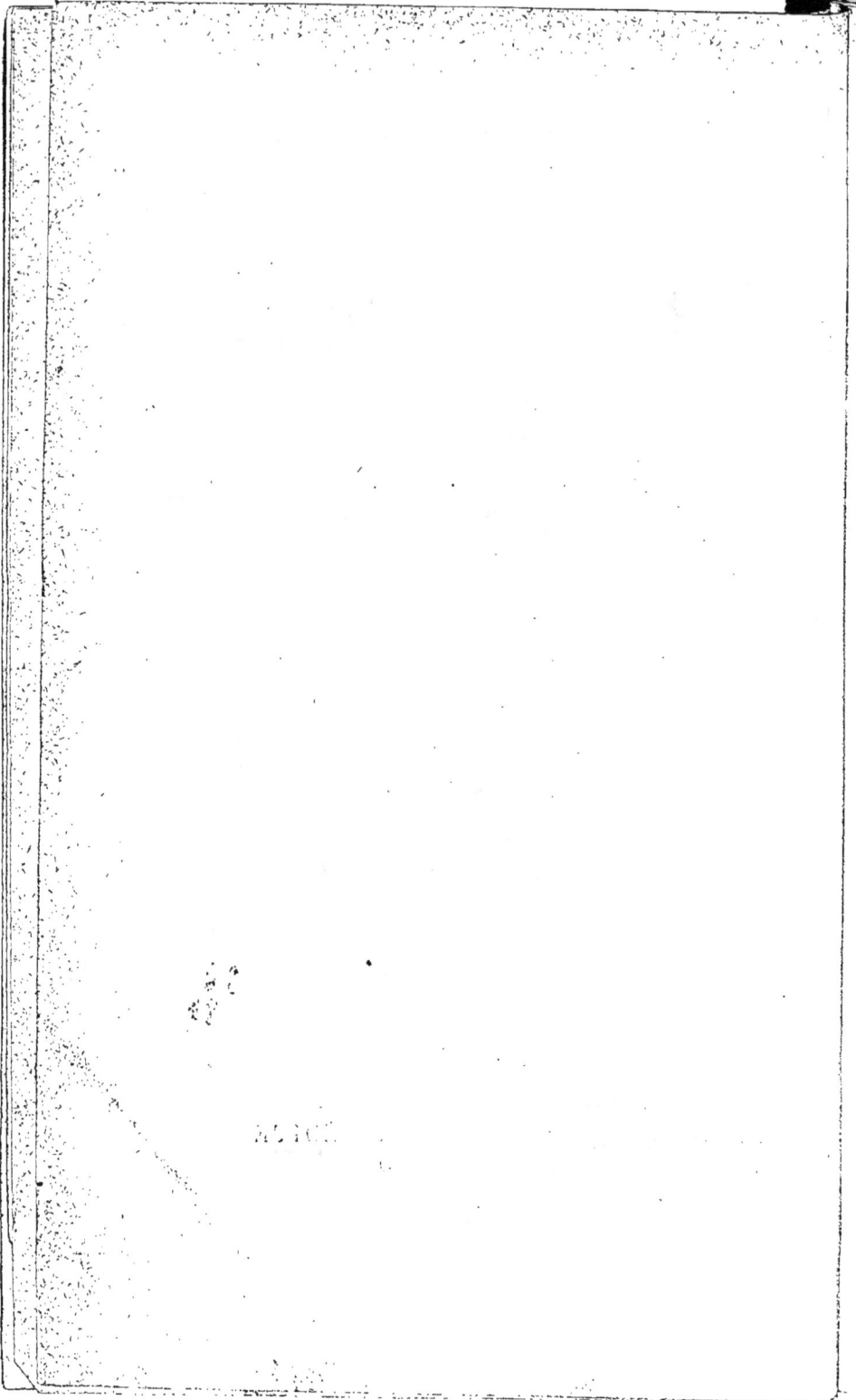

AVANT-PROPOS

DE LA PREMIÈRE ÉDITION

La matière des travaux publics est l'une des plus importantes du droit administratif. Des rapports de l'Administration avec les entrepreneurs et les concessionnaires, et des rapports de l'Administration ou de ses ayants cause avec les particuliers, surgissent les difficultés les plus diverses et les plus graves. L'interprétation des cahiers des charges ou des actes de concession, les questions de malfaçons, de retards dans l'achèvement des travaux, de responsabilité, de supplément de prix, de mise en régie, de déchéance, etc., etc., forment l'objet fréquent des décisions du Conseil d'État entre les entrepreneurs et l'Administration. Entre celle-ci et les particuliers, l'exécution des travaux donne naissance à un autre genre de contestation. Le règlement de l'indemnité d'exploitation ne la dégage pas de toute responsabilité envers les propriétaires voisins des travaux. Lorsque, par suite de leur exécution, un dommage est causé, la propriété a un droit incontestable à la réparation de ce dommage.

a

Le règlement de l'indemnité due fait naître de nombreuses questions de compétence, de procédure, de répartition entre les ayants droit, etc.

Il nous a paru que le contentieux des travaux publics devait être envisagé à ce double point de vue. Dans notre premier volume, nous avons étudié tout ce qui concerne les rapports de l'Administration avec les concessionnaires et les entrepreneurs ; dans le second, nous nous sommes efforcé d'exposer avec clarté tout ce qui se rattache aux rapports de l'Administration avec les particuliers. Toutefois, il ne faut point chercher dans notre ouvrage les règles de l'expropriation. Cette matière a été si souvent et si complètement traitée que nous avons jugé inutile de refaire l'œuvre de nos devanciers. Nous pouvions, d'ailleurs, sans infidélité à notre plan, la laisser de côté, car nous nous sommes uniquement proposé d'étudier les questions relatives à l'exécution des travaux. Or, l'expropriation figure parmi les mesures préparatoires, puisqu'elle a pour but de fournir les terrains sur lesquels les travaux doivent être exécutés.

Les limites de notre ouvrage étant ainsi circonscrites, ses éléments se trouvaient presque tous dans la jurisprudence du Conseil d'État. C'est là principalement que nous avons dû les chercher. Chaque année, le Conseil d'État rend, en matière de travaux publics, un grand nombre de décisions. Nous les avons recueillies avec soin, en nous efforçant de les coordonner, d'en extraire, pour ainsi dire, la substance, et de réunir, dans un exposé méthodique, les principes qu'elles renferment et qu'elles appliquent. Nous avons été soutenu dans cette tâche par un intérêt constant. On croit trop généralement que la jurisprudence administrative manque de règles fixes et qu'elle est sujette à des variations fréquentes. Ceux qui en parlent ainsi ne la connaissent pas. Elle est supérieure, sous ce rapport, à la jurisprudence civile, surtout si l'on tient compte au Conseil d'État des difficultés de sa tâche. Le Conseil ne se trouve pas, en effet, en présence d'une législation homogène dans sa rédaction et ses principes. Il ne s'agit pas seulement pour lui d'interpréter la loi, mais très souvent d'en combler les lacunes. « Dans les matières « administratives, la jurisprudence n'est pas seulement « l'explication et le commentaire de la loi : souvent « elle la supplée et même elle la remplace (1). » Combien de fois, dans le cours de notre travail, n'avons-nous pas constaté la justesse de cette observation ? Quelques textes épars dans le *Bulletin des Lois* servent au Conseil d'État pour la solution des questions qui s'élèvent en matière de travaux publics, de points de repère et de ralliement, guides peu nombreux et bien insuffisants lorsqu'on songe à la diversité des espèces et à la nouveauté de la matière. Les hésitations étaient donc inévitables, car il n'est pas donné à l'esprit humain d'embrasser du premier coup d'œil toutes les applications des principes, même les mieux établis. Cependant, ces hésitations n'ont pas été nombreuses, et il est intéressant de voir comment, au milieu de tant de périls, la jurisprudence a su créer sa voie, obéissant à des inspirations dont la permanence et l'ensemble étonnent ceux qui ignorent le soin avec lequel les décisions du Conseil d'État au contentieux sont préparées.

Il nous sera permis de mêler un regret aux éloges que méritent les travaux de cette haute juridiction.

Les arrêts du Conseil pèchent quelquefois par un laconisme exagéré. Il connaît les prescriptions de la loi qui veut que les décisions de justice soient motivées, et sait rappeler à son observation les Conseils de préfecture qui s'en écartent. Comment donc, lorsqu'il s'agit de

---

(1) **Ch. Boulatignier**, *Vie de Macarel*. (Biographie universelle de Michaud, 2ᵉ édition.)

ses propres arrêts, paraît-il mettre en oubli des prescriptions aussi sages et aussi essentielles ?

On a dit que le mode de rédaction adopté par le Conseil est indispensable à la marche de l'Administration. Si cela était, il faudrait plaindre le pays où le tribunal qui distribue souverainement et en dernier ressort la justice administrative réserve prudemment sa pensée afin de ne pas compromettre l'avenir. Mais une pareille supposition est indigne du grand Corps auquel on la prête. Si le Conseil d'État motive incomplètement ses décisions, ce n'est pas, à coup sûr, parce qu'il craint de proclamer les principes qui pourraient faire obstacle à l'arbitraire administratif. On l'a vu dans ces derniers temps, plus encore peut-être qu'à aucune autre époque, réprimer les actes illégaux de fonctionnaires imprudents ou trop zélés. Les annulations pour excès de pouvoirs sont fréquentes, et attestent de sa part un respect profond pour les droits privés. Sa jurisprudence, dans toutes les autres branches du droit administratif, est manifestement empreinte de tendances libérales. L'explication qu'on donne n'est donc qu'une injure gratuite.

Avant la réorganisation du Conseil d'État en 1872, on a dit encore que ce Conseil ne jugeant pas lui-même et ne faisant que donner un avis, c'est le chef de l'État qui parle dans ses arrêts, et que, dès lors, il convient que ces décisions aient tous les caractères de la loi qui commande et ne cherche pas à convaincre : *Lex jubet, non suadet.*

Nous avions alors répondu : « Cette explication est « loin d'être satisfaisante. Le législateur se tait sur ses « motifs, et il a raison : car l'explication de la loi par « la loi elle-même, loin de la rendre claire et d'une ap- « plication facile, ne tendrait le plus souvent qu'à faus- « ser les principes, et à créer pour le juge de plus « grandes difficultés d'interprétation. Ce n'est pas par

« dignité que le législateur emploie un langage impéra-
« tif : c'est par nécessité. Si la pratique avait démontré
« l'utilité des explications insérées dans le corps même
« de la loi, est-il permis de penser que les rédacteurs de
« nos admirables Codes auraient préféré les formules
« brèves et laconiques? Mais cette concision cesse
« d'être un mérite dans les arrêts du Conseil d'État :
« ils ont le titre de décrets, mais ils ne sont pas autre
« chose que des décisions de justice. Rendus à l'occa-
« sion des conflits qui s'élèvent entre l'intérêt public et
« l'intérêt privé, ils ont pour objet, non de faire la loi,
« mais de l'appliquer. C'est le souverain qui parle : mais
« il parle comme juge, et ses arrêts seront d'autant
« mieux respectés et obéis qu'ils développeront sans
« ambiguïté le motif qui les justifie. C'est alors seule-
« ment que la jurisprudence du Conseil d'État méritera
« ce nom. Une décision qui s'enveloppe dans une for-
« mule juridique tellement brève que sa portée juridique
« échappe, non pas seulement au vulgaire, mais aux
« hommes les plus versés dans la science du droit, res-
« semble à un flambeau auquel manque la lumière. »

Cet argument n'a plus aujourd'hui qu'un intérêt historique. La science du droit administratif, malgré de
laborieuses et utiles tentatives, est encore nouvelle et
peu connue. Elle est presque tout entière dans le Recueil des arrêts du Conseil d'État. C'est là vraiment
qu'il faut la chercher : c'est là sa source la plus abon-
dante et la plus pure. N'est-il pas dès lors du plus haut
intérêt pour tout le monde, pour l'administrateur et
pour l'administré, que cette source soit claire et que les
principes soient mis en évidence ? Que d'erreurs, que
de conflits, que de procès deviendraient impossibles !
Combien la doctrine s'enrichirait d'aperçus nouveaux et
de vérités désormais incontestables ! La pratique prê-
tant d'une manière sûre et irrécusable son témoignage

et son appui à la théorie, c'est l'idéal de la science juridique, et il serait atteint autant qu'il peut l'être si le Conseil voulait découvrir la lumière que souvent il semble prendre plaisir à tenir cachée ! Espérons donc que ces traditions regrettables feront bientôt place à l'application complète et si essentielle de la loi.

PRÉFACE

DE LA SECONDE ÉDITION

———

A l'époque où j'ai fait paraître la première édition de
ce traité, la pratique des affaires administratives m'avait
déjà démontré l'importance des questions d'ordre juridique se rattachant à l'exécution des travaux publics La
prospérité générale suivait une marche ascendante, que
rien ne semblait devoir troubler. Des travaux nombreux,
entrepris, sur tous les points du territoire, par l'État,
les communes et les associations syndicales, étaient à la
fois le symptôme et le résultat du développement de la
richesse publique.

Depuis cette époque, les malheurs de la patrie n'ont
amené qu'un temps d'arrêt à peine marqué dans la
grande œuvre de la création et de l'amélioration de l'outillage national. Une impulsion inouïe a été donnée à tous
les travaux publics par la création de chemins de fer, de
ports, de canaux.

Toutes les régions qui en réclamaient leur part ont
été dotées : tous les intérêts ont reçu des satisfactions
légitimes. Parfois même, la mesure de ce qu'il convenait d'entreprendre et de mener à bonne fin a été dépassée.

Le règlement de ces immenses travaux a donné lieu,
naturellement, à des contestations et à des difficultés juridiques nouvelles. Les juridictions civile et administrative ont eu à statuer sur nombre de questions déjà con-

nues, sur d'autres que les modifications introduites dans les cahiers des charges des administrations publiques ou de la législation elle-même ont soulevées.

Nous avons tenu compte, dans cette seconde édition, de tous ces changements et de toutes les innovations introduites dans la législation, les règlements et la jurisprudence. L'œuvre, ainsi renouvelée, refondue, les fait connaître dans leur ensemble et dans leurs détails.

Nous nous sommes associé, pour l'exécution de ce travail, M. Paul AUGER, docteur en droit, avocat au Conseil d'État et à la Cour de cassation, titulaire de la charge que nous avons dirigée autrefois. Les longues et profondes études par lesquelles il s'est préparé à ces fonctions et les qualités qu'il a montrées dans leur exercice nous l'ont fait choisir pour collaborateur.

On retrouvera dans cette nouvelle édition l'*idée dominante dans la première*. Notre traité ne s'en tient pas à l'examen doctrinal des questions théoriques ; nous nous sommes attachés, en même temps, à donner aux représentants de l'État, des départements et des communes, aux architectes et aux entrepreneurs, un guide pratique contenant tous les renseignements nécessaires, aussi bien pour les adjudications et les mesures qui précèdent les travaux que pour l'exécution des travaux mêmes et les règlements de comptes.

Pour y parvenir, nous avons suivi à peu près le plan que nous avions adopté pour la première édition. Mais l'extension considérable prise par la matière a nécessité des développements nouveaux. Le public réservera, nous l'espérons, à cette seconde édition, l'accueil qu'il a fait à notre premier travail.

Albert CHRISTOPHLE.

TRAITÉ

DES

TRAVAUX PUBLICS

TITRE PRÉLIMINAIRE

DES TRAVAUX PUBLICS EN GÉNÉRAL ET DE LEURS CARACTÈRES
DISTINCTIFS

CHAPITRE PREMIER

Considérations générales. — Définition.

1. — Absence de définition légale.
2. — Données de la doctrine et de la jurisprudence.
3. — Caractères essentiels d'un travail public.
4. — Définition.
5. — Importance de la distinction entre les travaux publics et les travaux
privés.

1. — Qu'entend-on par travaux publics ? A quels signes peut-
on les distinguer des travaux privés ?

L'expression « travaux publics » se trouve dans plusieurs
textes de lois, notamment dans le décret des 7-11 octobre 1790,
dans l'article 4 de la loi du 28 pluviôse an VIII, qui a attribué
aux Conseils de préfecture tout le contentieux de ces travaux, et
dans l'article 3 de la loi du 3 mai 1841 sur l'expropriation pour
cause d'utilité publique. Mais nulle part le législateur n'en a
donné la définition.

2. — Pour combler cette lacune, il faut recourir aux données
de la doctrine et de la jurisprudence.

On reconnaît aujourd'hui presqu'unanimement qu'un travail
a le caractère de « travail public », toutes les fois qu'il serait
possible de recourir à l'expropriation pour cause d'utilité
publique, si elle était nécessaire à son exécution. L'utilité
publique est, en effet, la condition essentielle sans laquelle

1

l'expropriation ne peut être prononcée, ni une entreprise quali-
fiée travail public. Aussi voyons-nous que, lorsque la loi de
1841 a voulu déterminer les causes pour lesquelles l'expropriation pourrait être ordonnée, elle n'a rien trouvé de mieux que
de dire qu'elle pourrait l'être pour l'exécution de tous les travaux
publics. Il y a donc une corrélation évidente entre ces deux
idées. (Pand. franc., Rép., v° *Adjudic. admin. (Etat)*, n° 973.)

Malheureusement, aucune disposition générale de la loi n'a
déterminé avec plus de précision les divers cas où l'expropriation
pourrait être prononcée; et, sur ce point, la jurisprudence n'a
complété que très imparfaitement l'œuvre de la loi. Il était difficile qu'il en fût autrement; lorsque l'utilité publique est déclarée
par une loi, elle échappe par cela même à tout contrôle, et lorsqu'elle l'est par un décret, on a considéré qu'il y avait lieu à
une décision de l'Administration active, contre laquelle aucun
recours n'était ouvert, si ce n'est le recours pour excès, abus et
détournement de pouvoir. (V. n° 324.) Nous sommes donc réduits,
en cette matière, à constater en quelque sorte la *pratique* de
l'Administration.

On peut cependant affirmer, sans crainte d'être contredit, que
l'expropriation est autorisée *dans l'intérêt des services publics,
et uniquement dans cet intérêt.*

Nous disons dans l'intérêt *des services publics*, et non dans
l'intérêt public, afin d'éviter une confusion trop fréquente. Il
ne suffirait pas, en effet, dans l'état actuel de la législation, que
le public et même la nation tout entière eussent intérêt à une
expropriation pour qu'elle pût être ordonnée. Ainsi, bien que
la fortune de l'État soit la fortune publique, l'expropriation n'est
pas autorisée au profit de l'Etat, lorsqu'il n'agit que dans
l'intérêt de son domaine privé, dans le but, par exemple,
d'augmenter la valeur ou les revenus d'un de ces biens qu'il
possède à titre privé, *propriétairement*, selon l'expression consacrée. D'où il faut conclure que les travaux qui seraient faits
dans l'intérêt d'un de ces biens et qui n'auraient d'autre but
que d'en augmenter la valeur ou les revenus, et qui ne seraient
en rapport avec aucun des services publics, auraient essentiellement le caractère de travaux privés. (Pand. franc., Rép.,
v° *Adjudic. admin. (Etat)*, n° 975.)

3. — Ce n'est pas à dire cependant, comme on l'a prétendu,
qu'il convienne de ranger parmi les travaux publics tous ceux qui
s'exécutent sur le domaine public, et parmi les travaux privés
tous ceux qui concernent le domaine privé. La première partie de cette formule pourrait être exacte, à la condition que
les travaux exécutés sur le domaine public l'eussent été par
l'ordre de l'Administration ou dans son intérêt; mais la seconde
serait souvent en défaut. Sans cesse, en effet, l'État, pour ne
parler que de lui, fait exécuter, sur des immeubles dépendant
de son domaine privé, des travaux qui ont éminemment le
caractère de travaux publics, tels que les manufactures des

tabacs, les usines pour la fabrication des armes, les fonderies de canons, etc. Ici encore nous pouvons invoquer la corrélation qui existe entre le caractère public des travaux et la possibilité de l'expropriation ; est-ce que tous les jours on ne voit pas exproprier des immeubles qui n'entrent pas et n'ont jamais été destinés à entrer dans le domaine public? A quoi donc reconnaîtra-t-on si les travaux exécutés sur le domaine privé ont ou non le caractère de travaux publics? Uniquement à la réponse qui sera faite à cette question : Concernent-ils ou non un service de cette nature? Tel est, selon nous, l'unique *criterium*.

4. — En résumé, nous croyons qu'on peut définir les travaux publics, ceux qui sont exécutés dans l'intérêt des divers services publics dont l'Administration est chargée. (V. Pand. fr., Répert., v° *Adjudic. admin. (État)*, n. 974 et s.)

5. — Il est d'ailleurs facile de comprendre l'importance que présente la question de savoir si un travail est un travail public ou un travail privé. Les travaux publics sont, comme nous le verrons au cours de cet ouvrage, soumis à des règles spéciales. Ainsi, pour ne citer qu'un exemple, les litiges concernant les travaux publics sont exclusivement de la compétence des tribunaux administratifs. Ces règles spéciales résultent de la nature même des travaux publics : elles sont édictées *ratione materiæ :* les parties, État, départements ou simples particuliers, ne peuvent donc, en principe, et si certaine que soit leur volonté à cet égard, rester sous l'empire du droit commun, et se soustraire, par des conventions, à ces règles qui peuvent être invoquées en tout état de cause, et que le juge doit, au besoin, appliquer d'office. (C. d'État, 4 avril 1884, *Barthe*, 279; Pand. chron. III, 72 ; 3 juillet 1852, *Mercier*, 279 ; Laferrière, *Traité de la jurid. adm.*, I, p. 537.)

En raison de l'importance que présente cette distinction entre les travaux publics et les travaux privés, nous allons éclaircir et justifier les principes que nous venons d'exposer en examinant successivement les travaux de l'État, des départements, des communes, des établissements publics et des associations syndicales.

CHAPITRE II

Caractères des travaux publics par rapport aux personnes pour le compte desquelles ils sont exécutés, et par rapport à leur objet.

SECTION PREMIÈRE

Travaux de l'État.

6. — Travaux exécutés dans l'intérêt des services publics.
7. — Travaux exécutés dans l'intérêt du domaine privé.
8. — Exemples.
9. — Travaux dans les forêts domaniales.
10. — Conservation et restauration des terrains en montagne.

6. — *Travaux de l'État.* — Au premier rang des travaux

publics figurent naturellement les travaux que l'Etat fait exécuter dans l'intérêt des nombreux services dont il a la charge.

On peut citer, comme exemple, les travaux des ponts et chaussées, ceux du génie militaire et maritime, les constructions civiles, etc... Peu importe, d'ailleurs, de quel Ministère ils dépendent, Ministère des travaux publics, de la guerre, de la marine, des cultes, de l'instruction publique, etc. Ils ont toujours le caractère de travaux publics, à la condition qu'ils aient pour but de satisfaire aux exigences des services publics, dont l'Etat a l'administration et la direction suprême.

7. — Mais il en serait autrement, conformément au principe énoncé plus haut, s'ils étaient exécutés uniquement en vue de l'intérêt de son domaine privé, pour en augmenter la valeur ou les produits, pour en faciliter la gestion. Bien que dirigés par les agents de l'Etat, bien que payés par le Trésor, ils affecteraient alors le caractère de travaux privés.

Les auteurs sont à peu près unanimement d'accord pour trancher la question dans ce sens. (V. Serrigny, *Traité de la compétence*, n° 563; Perriquet, *Traité des travaux publics*, n° 11; Pand. franc., Rép., v° *Adjudic. admin.* (*Etat*), n. 975). — Cependant, 'en sens contraire, Dufour, t. VII, n° 265; Batbie, *Introduction au Droit public*, p. 360 et 361; Ducrocq, *Traité des ventes domaniales*, n° 245, p. 140.)

8. — La distinction est souvent fort délicate; et, pour la faire saisir, nous allons citer quelques exemples :

Dans un arrêt du 8 mars 1866, le Conseil d'Etat a considéré comme ayant un caractère public les travaux exécutés par l'Etat dans un établissement thermal, par le motif que l'Etat, en exploitant ces sortes d'établissements, se propose beaucoup moins de se procurer des revenus que de donner satisfaction aux besoins de la santé publique.

Les travaux de construction ou de réparation de manufactures destinées à assurer un service public sont évidemment des travaux publics. C'est ce qui a été jugé notamment pour les manufactures d'armes. (C. d'Etat, 4 août 1876, *Chabert*, 775.) Un intérêt public de premier ordre est en jeu : celui de la défense nationale.

La question pourrait paraître plus douteuse en ce qui concerne les manufactures destinées à assurer l'exercice d'un monopole financier de l'Etat, comme les manufactures des tabacs; il semble en effet que le fisc, et non la nation, soit intéressé à leur fonctionnement. Mais il n'y a là qu'une vaine apparence : c'est en réalité l'intérêt général qui est satisfait lorsque le rendement de ces manufactures est considérable. Le Conseil d'Etat l'a compris, car il attribue sans hésiter à ces travaux le caractère de travaux publics. (C. d'Etat, 17 mai 1855, *Klotz*, 356.)

On ne doit pas non plus hésiter à attribuer le caractère de travaux publics aux entreprises exécutées par les divers Ministères dans le but d'assurer le fonctionnement d'un service de l'Etat. Par là nous entendons tous les travaux qui intéressent la défense nationale, constructions de fortifications, de manufactures d'armes, etc., qui restent dans les attributions du Ministère de la guerre, les travaux des Ministères de la marine, de l'intérieur, de l'instruction publique, etc. Nous parlerons plus loin en détail de ces divers travaux. (V. nos 105 et suivants.)

Les travaux nécessaires à la construction d'une ligne télégraphique sont également des travaux publics. (C. d'Etat. 31 août 1861, *Appay*, 785; 24 décembre 1862, *Arnoud*, 855; 23 janvier 1885, *Casting*, 94.) Il en est de même des travaux de construction d'une ligne téléphonique. (Conflits, 8 mai 1886, *Senlis-Botte*, 391; Pand. fr. pér , 86, 2, 186; 13 décembre 1884, *Neveux*, 909.)

Toutefois, l'établissement des servitudes nécessaires au fonctionnement des lignes a donné lieu à de vives discussions que nous examinerons en traitant des dommages qu'entraîne l'exécution des travaux publics.

9. — Le caractère des travaux exécutés dans les forêts domaniales a donné naissance à diverses difficultés. Les travaux que l'Etat fait exécuter dans les forêts du domaine privé pour faciliter leur exploitation sont-ils des travaux publics? (Pand. fr., Répert., v° *Adjudic. admin. (Etat)*, n. 977.) Lorsque, par exemple, une route de vidanges a été construite, les difficultés qui s'élèvent entre l'Etat et l'entrepreneur sont-elles de la compétence du Conseil de préfecture par application de l'article 4 de la loi du 28 pluviôse an VIII ?

La question, soumise à diverses reprises au Conseil d'Etat, a été constamment tranchée par lui dans un sens négatif; malgré un concours de circonstances exceptionnelles de nature à faire naître le doute, il a toujours décidé qu'il ne pouvait y avoir là travail public, parce que l'intérêt privé de l'Etat était seul engagé. La première décision en ce sens est un arrêt du 2 mai 1873. (*Barliac*, 371. Pand. chron. III, 27.)

Bien que l'entreprise qui donnait lieu au procès eût été adjugée publiquement, qu'elle eût été dirigée par les agents de l'Administration forestière, et qu'elle dût être payée sur les fonds du Trésor, le Conseil d'Etat n'a voulu y voir qu'un travail privé, parce qu'elle n'avait pour but que l'exploitation d'un bien faisant partie du domaine privé de l'Etat. Vainement faisait-on remarquer que l'Etat possède et conserve ses forêts, non seulement pour en tirer des revenus, mais aussi et surtout dans un intérêt général, afin de maintenir l'équilibre, le bon aménagement des eaux. Le Conseil d'Etat a, sans doute, pensé que la route de vidange en question n'avait pas un rapport direct avec cet objet, et qu'elle avait exclusivement pour but de rendre la vente des coupes plus avantageuses et, par conséquent, d'accroître les revenus du domaine privé.

Malgré cet arrêt, un litige tout à fait identique a été soumis au Conseil d'Etat dans ces dernières années. M. le commissaire du Gouvernement, tout en concluant à l'incompétence du Conseil de préfecture, rappelait en termes excellents que des considérations

d'intérêt général pouvaient cependant être invoquées en sens
contraire : la préservation des forêts domaniales est une question
vitale pour le pays tout entier ; aucune analogie ne doit être
établie entre le domaine forestier de l'Etat et les autres biens de
son domaine ; dès lors, tous les travaux destinés à assurer la
bonne exploitation des forêts doivent être considérés comme
travaux publics. Mais M. le commissaire du Gouvernement
ajoutait que ces considérations n'étaient pas décisives, et le
Conseil d'Etat a partagé son avis. Bien qu'un article spécial du
cahier des charges de l'entreprise attribuât compétence au
Conseil de préfecture, il a décidé que la juridiction administrative ne pouvait pas connaître du litige. (C. d'Etat, 4 avril 1884,
Barthe, 279 ; Pand. chr. III, 72. *Adde :* 3 juillet 1852, *Mercier*, 279 ;
Laferrière, *Traité de la comp. adm.*, I, p. 537 ; Cass. civ., rej.,
12 août 1874, D. P., 75, 1, 258.)

10. — Il peut cependant se présenter des cas où les travaux
exécutés dans les forêts domaniales ont plutôt pour but l'intérêt
public que l'intérêt particulier de l'Etat, et deviennent travaux
publics. Par exemple, la loi du 4 avril 1882, relative à la restauration et à la conservation des terrains en montagne, autorise
l'Etat à exproprier les terrains qui doivent être améliorés. Nul
doute que les travaux qu'exécutera l'Administration dans ce but
soient des travaux publics. Mais l'un des principaux moyens employés sera le reboisement : or, les bois plantés constitueront des
forêts appartenant à l'Etat, et dont il percevra les revenus. Faudra-
t-il leur appliquer les règles précédentes, et décider que, ces bois
faisant partie du domaine privé, les travaux qui y sont exécutés
ne sont pas des travaux publics ? Nous ne saurions admettre cette
solution : le but poursuivi par l'Etat n'est pas d'exploiter la
forêt pour en tirer un revenu : c'est de défendre les terrains
contre les dégradations, et d'arrêter les inondations, dans l'intérêt
de tous. L'exploitation, quand elle se fait, n'est qu'un accessoire
de l'entreprise qui est, en elle-même, essentiellement publique.

La même solution devrait s'appliquer aux plantations de pins
faites sur les dunes et aux autres travaux du même genre.

SECTION II

Travaux des Départements.

11. — Historique.
12. — Applications des mêmes règles que pour les travaux de l'État.
13. — Travaux intéressant spécialement les arrondissements et les cantons.

11. — Pendant un certain nombre d'années, les départements
ont vécu de la vie même de l'Etat avec lequel ils se confondaient.
— A cette époque, les travaux exécutés dans leur intérêt avaient
nécessairement le même caractère que ceux de l'Etat. La loi du
24 pluviôse an XII portait en effet que les travaux à la charge
des départements seraient « évalués par devis, adjugés au rabais,
« et ensuite faits, reçus et payés *comme les travaux publics natio-*

« *naux*, sous l'inspection gratuite d'un ingénieur du département
« et sous la surveillance du préfet ». (V. aussi : *loi du 29 ventôse
an XII*, art. 250.)

Peu à peu, la personnalité des départements s'est dégagée.
Ils ont, en prenant place à côté de l'Etat, constitué des individualités
distinctes, ayant une existence propre et des ressources particulières. Sous certains rapports, ils ont cessé d'être « des sections
d'un même tout qu'une administration uniforme devait embrasser dans un régime commun ». (*Instruction du 2 janvier
1790*.) — La loi du 10 mai 1838, sur les attributions des conseils
généraux et des conseils d'arrondissement, a consacré définitivement un état de choses qui résultait déjà des lois antérieures.
(V. *Déc. du 16 fév. 1811*.) Mais cette séparation n'a pas eu
d'influence sur le caractère des travaux à la charge des départements. L'importance de ces circonscriptions, la nature des
services auxquels elles sont destinées, les intérêts nombreux qui
s'y rattachent, la forme même des marchés, tout se réunissait pour
maintenir sous ce rapport l'assimilation la plus complète entre
les travaux des départements et ceux qui sont exécutés aux frais
exclusifs du Trésor public.

12. — L'article 30 de la loi du 16 septembre 1807 met d'ailleurs
ces travaux sur la même ligne; il divise les travaux exécutés par
l'Administration en trois classes : les travaux *généraux, départementaux* et *communaux*, et les qualifie d'une manière commune de travaux publics. — Aucun doute sérieux ne peut donc
s'élever sur la question. (C. d'Etat, 16 janvier 1822, *Martin*, 665 ;
7 juin 1826, *Diesse*, 290; 14 février 1839, *Borrani*, 140; 11 août
1861, *Reine*, 714; 10 mars 1869, *Dupuy*, 230; Perriquet, *Traité
des Trav. publ.*, I, n° 16; Aucoc, 3e édit., II, n° 701.)

13. — M. Tarbé de Vauxclairs définit les travaux publics :
« ceux dont l'utilité intéresse l'universalité des habitants du
« royaume, d'un département ou arrondissement, d'un canton et
« même d'une commune, lorsque cette utilité n'a pas les carac-
« tères de la propriété patrimoniale et privée, et surtout lors-
« qu'il y a eu préalablement déclaration d'utilité publique. »
(*Dict. des Trav. publics*, v° *Trav. publ.*)

Cette définition a été critiquée par M. Serrigny. — Suivant
lui, M. Tarbé range à tort les travaux intéressant un arrondissement ou un canton parmi les travaux publics, « parce que l'ar-
« rondissement et le canton ne sont que des circonscriptions
« administratives ou judiciaires, sans existence civile ou juri-
« dique. Ce ne sont pas, en un mot, des personnes morales ayant
« une vie et des biens propres, et conséquemment ils ne peuvent
« point faire exécuter des travaux ni publics ni privés. »

Ce n'est là qu'une querelle de mots. — Sans doute, l'arrondissement et le canton, n'étant pas des personnes morales et
n'ayant pas de budget, ne fournissent pas les deniers et n'ont
pas la propriété des ouvrages construits avec les fonds de la
commune ou du département. — Il est donc vrai de dire, avec

M. Serrigny, que ces circonscriptions purement judiciaires et administratives ne peuvent faire exécuter ni travaux publics ni travaux privés. Mais M. Tarbé n'a pas dit le contraire : il pense seulement qu'on doit considérer comme ayant un caractère d'utilité publique les travaux qui intéressent les arrondissements et les cantons. Or, rien n'est plus juste. Ces travaux n'ont jamais, en effet, et ne peuvent même pas avoir pour le canton ou l'arrondissement un caractère patrimonial ou d'intérêt privé. Ils sont faits dans l'intérêt des habitants de ces circonscriptions, à un point de vue général : ils répondent aux exigences des services administratifs ; ils ont donc essentiellement le caractère de travaux publics : sous ce rapport, la définition de M. Tarbé de Vauxclairs nous semble irréprochable.

SECTION III

Travaux des Communes.

14. — Historique. Variations de la jurisprudence.
15. — Système actuel.
16. — Exemples. Construction et réparation d'église.
17. — Travaux exécutés pour le compte de la commune.
18. — Travaux exécutés par souscriptions particulières.
19. —   «   «   par les fabriques.
20. —   «   «   par les consistoires protestants et les synagogues israélites.
21. — Presbytères.
22. — Hôtels-de-Ville, maisons d'école, gendarmeries.
23. — Halles, marchés, abattoirs, lavoirs.
24. — Cimetières.
25. — Voirie, rues, places, trottoirs, ponts.
26. — Service des eaux : fontaines, égouts.
27. — Éclairage.
28. — Chemins ruraux.
29. — Travaux dans les bois communaux.

14. — On a, depuis longtemps déjà, cessé de discuter la question de savoir si les travaux communaux ont le caractère de travaux publics. (V. cette discussion dans le Répertoire alph. des Pand. fr., v° *Adjud. admin.* (*communes*), n°ˢ 253-261.) — Objet, pendant de longues années, d'une controverse ardente, elle n'a plus aujourd'hui qu'un intérêt historique. — Après de nombreuses hésitations, la jurisprudence du Conseil d'État s'est irrévocablement fixée, et les tribunaux ordinaires l'ont suivie dans la voie où elle s'est engagée. — Nous devons nous borner à donner ici le tableau de ces variations.

Jusqu'en 1815, le Conseil d'État reconnaît aux travaux des communes, exécutés dans l'intérêt général des habitants, le caractère de travaux publics. (C. d'État, 24 juil. 1806, *Daussy*, D. A., v° *Trav. publ.*, n° 1266 ; 7 fév. 1809, *Ville de Marseille*, Dev. et Car., C. N., 2ᵉ part, p. 17 ; 17 déc. 1809, *Millin*, Dev. et Car., 2ᵉ part., p. 175 ; 12 mars 1811, *Vernier*, Dev. et Car., 2ᵉ part., p. 444.)

A partir de 1815, commence une nouvelle période. Le Conseil d'État prend une direction absolument contraire. Il abandonne aux tribunaux ordinaires la connaissance de tous les débats relatifs aux travaux des communes, quel qu'en soit l'objet, par le motif qu'il ne s'agit pas alors d'un intérêt public.

(C. d'État, 6 nov. 1817, *Ville de Gray*, Dev. et Car., 2ᵉ partie, p. 329; 29 août 1821, *Ville de Poitiers*, 116; 17 avril 1822, *Commune d'Anglès*, 198.)

En 1823, un système intermédiaire se produit. Le Conseil s'attache à une circonstance dont, jusqu'alors, il n'avait pas tenu compte, et recherche quel a été le mode suivi pour l'adjudication des travaux à l'occasion desquels le débat s'élève. — Lorsque l'adjudication a eu lieu publiquement, suivant les formes prescrites pour les travaux de l'Etat ou des départements, il reconnaît aux travaux des communes le caractère de travaux publics.

(C. d'Etat, 24 déc. 1823, *Jullien*, 428; 13 juillet 1825, *Comm. de Coges*, 619; 17 oct. 1825, *Mathurel*, 669; 7 déc. 1825, *Pierron*, 656; 16 fév. 1826, *Meilhou*, 67; 25 avril 1826, *Urbain*, 329; 19 juin 1828, *Péraldi*, 534; 12 avril 1829, *Bazin*, 473; 2 septembre 1829, *Ville de Dunkerque*, 530; 16 décembre 1830, *Souchon*, 670.)

Cette jurisprudence ne reposait pas sur une base solide. La forme du marché ne peut avoir aucune influence sur le caractère des travaux qui résulte de leur nature même et de leur but. Pour le reconnaître, il faut donc avant tout considérer leur objet et leur destination. Le Conseil d'Etat ne tarda pas à céder à la justesse de cette observation. Mais le revirement de la jurisprudence ne s'opéra pas brusquement : de temps à autre, on vit le Conseil revenir à sa première opinion et décider, par exemple, à l'occasion de difficultés nées à la suite de la construction d'un pont communal, « que les devis et cahiers des charges ayant été rédigés par ordre de l'administration municipale, l'adjudication ayant eu lieu devant le maire; qu'enfin les travaux ayant été dirigés et surveillés par un architecte communal, l'adjudication ne constituait, par sa nature, qu'un marché ordinaire dont l'exécution était soumise aux tribunaux civils. (C. d'Etat, 31 décembre 1831, *Bénard*, 107.)

En 1835, le Conseil d'État se prononçait en sens contraire, mais toujours par cette considération tirée des formes du marché. Il jugeait que les travaux de construction d'une église, ayant été l'objet d'une adjudication passée en la forme administrative, avaient le caractère de travaux publics. (C. d'Etat, 16 novembre 1835, *Commune d'Eloges*, 217.)

15. — Cependant, après de nouveaux arrêts où les systèmes précédents se trouvent encore confondus (C. d'Etat, 9 novembre 1836, *Ville de Rennes*, 484; 31 décembre 1836, *Ville de Bourges*, 712), on voit enfin, en 1843, apparaître le principe appelé à triompher définitivement. A partir de ce moment, toute hésitation disparaît, et des arrêts nombreux décident qu'on doit considérer comme publics les travaux communaux qui ont pour objet l'utilité générale des habitants de la commune, et qui concer-

nent les biens faisant partie de son domaine public. (C. d'Etat,
9 septembre 1843, *Nicod*, 639; 28 août 1844, *de Chavaille*,
545.)

16. — Depuis lors, on a appliqué ce principe incontestable à
un certain nombre de travaux que nous allons examiner en indiquant sommairement les difficultés auxquelles ils ont donné lieu.

Travaux de construction ou de réparation des églises. — Il peut
arriver que ces travaux soient entrepris par la commune ou la
fabrique. Nous examinerons ce dernier cas en traitant des travaux de fabrique.

17. — Lorsque c'est la commune qui se charge du travail,
elle le fait évidemment dans l'intérêt d'un service public; dès
lors, la règle générale doit s'appliquer. Si les travaux sont entrepris dans une église servant actuellement au culte, et en vertu
d'autorisations régulières, aucune difficulté ne s'élève : la jurisprudence a constamment admis qu'ils constituaient des travaux
publics. (C. d'Etat, 29 juillet 1846, *Ville de Gien*, 415; 8 janvier
1847, *Sauton*, 24; 24 avril 1850, *Roger*, 392; 13 août 1850;
Meynadier, 853; Conflits, 22 novembre 1851, *Lauvernay*,
685; Conflits, 18 juin 1852, *Chapot*, 244; 14 août 1852, *Marsille*,
393; 19 janvier 1854, *Fœlder*, 38; C. d'Etat, 29 novembre 1855,
Barbe, 696; 1er mars 1860, *Bonnard*, 180).

La même solution résulte *a fortiori* d'arrêts beaucoup plus récents, parmi lesquels nous nous contenterons de citer les suivants
(C. d'Etat, 27 juillet 1877, *Sénard*, 741; 14 janvier 1881, *Sénard*,
69; Conflits, 15 janvier 1831, *Dasque*, 78).

S'il s'agit de la construction d'une église neuve, ou de la restauration d'une ancienne église désaffectée, il suffit que les travaux soient régulièrement exécutés, sur les ordres du maire, en
vertu de crédits ouverts par le Conseil municipal régulièrement
autorisé, et que l'édifice soit destiné à l'exercice public du culte;
il n'est pas nécessaire que le décret d'affectation au culte soit
déjà intervenu. (C. d'Etat, 27 juillet 1877, *Sénard*, 741.) Et cela,
quand même les travaux seraient accomplis avec l'aide de subventions fournies par les particuliers. (C. d'Etat, 9 mars 1883,
Commune de St-Michel-sur-Orge, 266; 2 mars 1883, *Bourgeois*,
241.)

Il a même été jugé que l'inaccomplissement des formalités
d'autorisation ou le défaut de passation régulière des marchés
pouvaient, dans certaines circonstances, ne pas enlever aux travaux leur caractère de travaux publics. (C. d'Etat, 14 janvier
1881, *Sénard*, 69; Conflits, 15 janvier 1881, *Dasque*, 78.) Mais
ce sont là des cas exceptionnels dans lesquels les travaux avaient
été ordonnés et dirigés par des personnes placées sous la surveillance ou l'autorité du maire et du conseil municipal : l'utilité, la nécessité ou l'urgence de l'exécution des travaux faisait
naître une sorte de gestion d'affaires.

18. — Il en serait autrement pour les travaux de construction
d'un édifice religieux entrepris au moyen de souscriptions parti-

culières et sous la direction, non pas du maire assisté du conseil municipal, mais d'une commission constituée par des particuliers, alors même que, dans l'intention de ces particuliers, l'édifice serait destiné à servir à l'exercice public du culte ; en ce cas, les travaux ne prendraient le caractère de travaux publics qu'à partir du décret d'affectation. (C. d'Etat, 12 mai 1868, *Fabrique de l'église St-Vincent de Paul*, 547.)

19. — Arrivons aux entreprises dont les fabriques prennent l'initiative. La fabrique a, dans la commune, une personnalité distincte : elle constitue une administration spéciale, ayant ses règles particulières, mais elle est placée comme elle sous la tutelle de l'autorité supérieure. Ses revenus sont affectés à l'entretien du culte, à la réparation ou à la reconstruction des églises, c'est-à-dire à des objets dont le but essentiel est de servir à l'usage du public. On ne saurait donc, sans inconséquence, refuser d'assimiler les travaux qu'elle fait exécuter aux travaux communaux, même dans le cas où les fonds sont exclusivement fournis par elle et en dehors de toute contribution par la commune.

Lorsque le conseil de fabrique a agi avec l'autorisation du conseil municipal, le caractère public des travaux n'est pas douteux, quand bien même il n'y aurait pas eu d'adjudication régulière. C'est ce que décide très formellement un arrêt du 14 novembre 1879. (*Bourgeois*, 696. *Adde :* Conflits, 22 novembre 1851, *Lauvernay*, 685 ; 19 janvier 1854, *Fœlder*, 38 ; 29 novembre 1855, *Barbe*, 696.)

Le fait que des subventions sont accordées à la fabrique par des particuliers n'exerce aucune influence sur ces principes ; dès lors que la fabrique prend, sans autorisation, l'initiative des travaux, ils ne deviennent pas travaux publics parce que la dépense est supportée par des souscripteurs, pas plus que cette circonstance ne leur enlèverait leur caractère si l'autorisation préalable avait été accordée.

20. — Les règles qui précèdent s'appliquent sans difficulté aux divisions des cultes autres que le culte catholique. (C. d'Etat, 28 juin 1855, *Consistoire du Bas-Rhin*, 473.)

21. — *Travaux de construction ou de réparation d'un presbytère.* — Il n'est pas contesté que la maison curiale ne soit un édifice servant à un usage public : le logement du desservant de la paroisse. Il résulte de là que les travaux qui y seront nécessaires auront le caractère de travaux publics. Toutefois, ici comme pour les églises, il n'est pas sans intérêt d'envisager l'autorité qui en a pris l'initiative. Lorsque la commune a fait exécuter le travail elle-même, et dans les formes ordinaires, aucune difficulté n'est possible ; il y a travail public au même titre que pour tous les autres travaux entrepris par la commune dans l'intérêt général. (Tribunal des Conflits, 28 février 1880, *Chagrot*, 242 ; Conflits, 19 avril 1859, *Godu*, 307 ; 28 janvier 1876, *Commune de Naves*, 97.)

Mais il faut, d'après la jurisprudence, que les travaux entrepris aient pour but soit de construire, soit d'entretenir l'édifice. Si, au contraire, ils tendaient à sa destruction, la solution serait différente. Le tribunal des conflits a décidé que le marché passé pour la démolition d'un presbytère et la vente de matériaux à en provenir n'est pas un marché de travaux publics. (Conflits, 7 mai 1862, *Commune de Doulaincourt*, 379.) Il ne s'agit plus ici, en effet, de pourvoir à un service public, mais bien de vendre des matériaux qui n'ont plus d'utilité pour la commune. (V. n°ˢ 15 et 35.)

Toutefois, si les matériaux provenant de la démolition devaient être employés à la construction d'un nouveau presbytère par le même entrepreneur, il y aurait travail public. C'est, en effet, le but final, la construction d'un nouveau bâtiment destiné à un service public, qu'il faut envisager ; tous les travaux préparatoires ne sont que des moyens de l'atteindre.

Mais la situation n'est plus la même, lorsque le curé a, de sa propre autorité et sans aucune participation de la commune, passé un marché avec un entrepreneur, pour des travaux à exécuter au presbytère. Il intervient alors un contrat ordinaire entre un simple particulier et un entrepreneur, hypothèse qui ne saurait rentrer dans l'article 4 de la loi du 28 pluviôse an VIII. (C. d'Etat, 13 février 1880, *Mercier*, 183.)

22. — *Construction ou réparation d'un Hôtel-de-Ville.* — Nul doute que ce ne soient là des travaux publics. (Conflits, 19 juin 1850, *Baudry*, 587 ; 18 novembre 1850, *Mazet*, 830 ; 10 janvier 1851, *Bergadieu*, 21 ; 28 février 1880, *Chagrot*, 242.)

Travaux de construction d'une maison d'école faits pour le compte de la commune. — Ce sont incontestablement des travaux publics. (Conflits, 25 mars 1846, *Edely*, 157 et la note ; 28 décembre 1848, *Giroy*, 713 ; 12 décembre 1868, *Clément*, 1007 ; Cassation, 12 juillet 1871, *Fabre*, D. P., 71, 1, 324. Pand. chron. I. 33.) Ce dernier arrêt applique naturellement la même règle aux salles d'asile. (*Adde :* Conflits, 25 avril 1885, *Choyet*, 449 ; 6 février 1886, *Goureau*, 126 ; C. d'Etat, 8 janvier 1886, *Ville de Paris*, 15.)

Travaux de construction ou de réparation d'une caserne de gendarmerie. — Ces travaux ont le caractère de travaux publics : ils sont, en effet, destinés à assurer un service public. (Conflits, 14 août 1852, *Marsille*, 393 ; C. d'Etat, 10 mars 1869, *Dupuy*, 230 ; Conflits, 20 février 1880, *Ville de Cannes*, 206.)

23. — *Construction de halles et marchés.* — Lorsqu'une commune traite dans les conditions ordinaires avec un entrepreneur pour faire construire une halle ou un marché, ce travail est, sans conteste, un travail public. (Conflits, 26 mars 1846, *Monduit*, 162 ; 8 septembre, 1846, *Prieur*, 476 ; 19 juin 1850, *Baudrey*, 587 ; 18 novembre 1850, *Mazet*, 830 ; 10 juin 1851, *Bergadieu*, 21 ; 24 juin 1870, *Couturier*, 791. Pand. chr., III, 4. Cassation req., 7 mai 1879, *Couturier*, D. P., 1879, 1, 479.) Lorsque la rémunération de l'entrepreneur, au lieu d'être un prix ferme, consiste dans l'autorisation de percevoir des droits de place pendant un certain temps, des difficultés ont été soulevées. (V. n° 51.)

Travaux de construction et de réparation d'un abattoir pu-

blic. — Ces travaux sont, en principe, des travaux publics. (Conflits, 2 mai 1845, *Ville de Bordeaux*, 219; 13 décembre 1861, *Ville de Saint-Germain*, 894.)

Toutefois, pour que ces travaux aient le caractère de travaux publics, deux conditions sont nécessaires; il faut : 1° qu'ils aient été autorisés par l'Administration (Civ. cass., 29 janvier 1861, D. P., 61, 1, 122); 2° qu'ils ne constituent pas des travaux d'exploitation qui ne seraient exécutés que dans l'intérêt du concessionnaire.

Travaux de construction d'un lavoir public. — La question de savoir s'ils constituaient des travaux publics et si, par suite, leurs conséquences rentraient dans la compétence des Conseils de préfecture par application de l'article 4 de la loi du 28 pluviôse an VIII, a été posée en termes formels au Conseil d'Etat qui l'a toujours résolue affirmativement. (C. d'Etat, 19 mars 1863, *Fureau*, 277 ; Conflits, 4 mai 1870, *Conflit de la Nièvre*, 532.)

24. — *Travaux exécutés dans les cimetières.* — Ces travaux sont toujours considérés comme travaux publics. (Conflits, 3 juillet 1850, *Manuel*, 644 ; 30 juin 1853, *Lambert*, 658 ; C. d'Etat 22 décembre 1876, *Laurent*, 917.) Ces différents arrêts ont statué sur des espèces où il s'agissait de travaux de terrassements ou maçonnerie nécessaires à l'établissement d'un nouveau cimetière ou de travaux d'agrandissement. (Batbie, *Droit administratif*, VII, n° 174.)

Il est superflu de dire que le caractère de travaux publics n'appartient en aucune façon aux travaux que font exécuter les particuliers sur les terrains qui leur ont été concédés, à temps ou à perpétuité, pour y établir des sépultures de famille.

25. — *Travaux de nivellement et de pavage de la voie publique.* — La jurisprudence leur reconnaît constamment le caractère de travaux publics. (Conflits, 24 juillet 1845, *Teyssère*, 392 ; C. d'Etat, 30 mars 1846, *Durand*, 191 ; 18 décembre 1848, *Meunier*, 679 ; 9 janvier 1849, *de Montessuy*, 26 ; 9 avril 1849, *Lavallée*, 227 ; Conflits, 27 mars 1850, *Thomaussin*, 321 ; 3 avril 1850, *Mallez*, 329 ; 3 juillet 1850, *Pairel*, 642 ; C. d'Etat, 6 décembre 1865, *Candas*, 969 ; 15 mai 1869, *Maybon*, 498 ; Conflits, 26 juin 1880, *Valette*, 613.)

Mais pour que ces travaux aient le caractère de travaux publics, il faut qu'ils soient exécutés par la commune sur une voie déjà classée. Un propriétaire qui, après avoir vendu à une ville des terrains destinés à être incorporés à la voie publique, y accomplirait, en vertu de son contrat, des travaux de nivellement avant que la voie ne fût classée et livrée à la circulation, n'exécuterait pas un travail public. (C. d'Etat, 20 décembre 1878, *Ville de Béziers*, 1071.)

Ce que nous venons de dire des travaux de nivellement et de pavage s'applique sans difficulté : aux travaux d'ouverture des rues (Conflits, 8 mai 1850, *Gautier* 434, 27 novembre 1885, *Jullien*, 896); à l'établissement de trottoirs (C. d'Etat, 21 décembre 1849, *André*, 693 ; Conflits, 1er août 1885, *Vieillard*, 751); à la construction de ponts communaux (C. d'Etat, 28 novembre 1851, *Dezairs*, 192), même si elle a été faite par un particulier (C. d'Etat, 16 décembre 1881, *Commune de Plaisance*, 1012), ou d'une passerelle établie sur un cours d'eau pour servir de communication entre deux communes (C. d'Etat, 20 décembre 1860, *Gironnet*, 794 ; 8 août 1885, *Fontaine*, 794).

Erection d'une statue sur la voie publique. — Non seulement le contrat intervenu entre l'entrepreneur et la commune constitue un marché de travaux publics, mais encore ce caractère appartient au concours ouvert entre les artistes pour la rédaction des projets. (Req., 29 mars 1864, D. P., 64, 1, 232 ; Nancy, 8 janvier 1863, D. P., 63, 5, 386.) (Sur la distinction des marchés de travaux publics et des marchés de fournitures, V. nᵒˢ 44 et suivants.)

26. — *Établissement de fontaines et de conduites d'eau ; travaux de distribution d'eau dans l'intérieur d'une ville.* — Ce sont là encore des travaux publics. (Conflits, 19 novembre 1851, *Charoy*, 680 ; C. d'Etat, 16 janvier 1862, *de Bourdeille*, 35 ; 30 janvier 1868, *Brocard*, 123.—Conflits, 10 février 1877, *Faidides*, 159 ; 20 décembre 1879, *Ville de Beaucaire*, 839. Pand. chr. III, 16). (V. nᵒˢ 44 et s.)

Travaux de construction d'égouts. — Ils sont également des travaux publics. (C. d'Etat, 27 février 1885, *Ville de Roubaix*, 257.)

Travaux ayant pour but de faciliter l'écoulement des eaux des voies publiques. — (Conflits, 18 décembre 1848, *Meunier*, 679 ; C. d'Etat, 8 mars 1866, *Paillard*, 232.) Il en est de même de la fourniture et de la pose d'objets accessoires qui, en elles-mêmes, ne constitueraient pas des travaux publics. Ainsi jugé pour la fourniture et la pose des plaques nécessaires au numérotage des branchements d'égouts particuliers et à l'indication des noms des rues correspondantes. (C. d'Etat, 9 février 1865, *Fouque*, 180.)

Il en serait ainsi alors même que les travaux seraient exécutés sur un chemin rural. (V. arrêt Paillard, ci-dessus.)

27. — *Établissement d'appareils et de conduites pour l'éclairage au gaz.* — (V. nᵒˢ 44 et suivants.)

Création d'une promenade. — Ce travail est un travail public. (C. d'Etat, 30 juillet 1857, *Liger*, 629 ; 12 avril 1838, *Commune d'Auxon*, 79 ; Conflits, 12 novembre 1840, *Borey*, 151 ; 2 septembre 1840, *Prost*, 364 ; 5 mars 1841, Vᵉ *Lecointre*, 94 ; 8 septembre 1846, *Prieur*, 476, etc.) Ces arrêts ont été rendus dans des espèces très diverses, et le principe qu'ils consacrent est désormais universellement admis.

Les mêmes principes régissent les travaux qui sont exécutés par la commune dans la promenade pour son entretien ou son embellissement. (Conflits, 30 mars 1878, *Donnadieu*, 359.) Toutefois, on ne saurait considérer comme un marché de travaux publics le contrat passé entre une commune et un particulier pour autoriser ce dernier à installer dans une promenade des jeux, spectacles ou divertissements, eussent-ils d'ailleurs un caractère permanent. (C. d'Etat, 16 avril 1863, *Ber*, 378.)

28. — *Travaux exécutés sur les chemins ruraux.* — Le caractère de travaux publics leur a été reconnu à diverses reprises par la jurisprudence, sans distinguer s'ils étaient exécutés par la commune elle-même ou par un particulier dans son intérêt. (C. d'Etat, 2 mai 1879, *Ministre des travaux publics*, 346 ; 8 mars 1866, *Paillard*, 232 ; 20 février 1874, *Dubuisson*, 177 ; *Conf.* Req., 6 janvier 1873, D. P., 73, 1, 97.)

Depuis la loi du 20 août 1881, qui a défini les chemins ruraux « des chemins appartenant aux communes, affectés à l'usage du « public, qui n'ont pas été classés comme chemins vicinaux », la question ne se pose même plus lorsque les travaux sont exécutés par la commune. Nous verrons plus loin s'il en est de même lorsqu'ils sont entrepris par des syndicats.

Quant aux travaux relatifs aux chemins vicinaux, nul doute qu'ils ne constituent des travaux publics. (Conflits, 16 mai 1874, *Dubois*, 462.)

29. — *Les travaux exécutés dans des bois communaux* ne sauraient être considérés comme des travaux publics ; c'est ce qu'a formellement décidé le Conseil d'Etat au sujet de délimitation et d'aménagements opérés par un géomètre sous la surveillance des agents de l'Etat. (C. d'Etat, 15 janvier 1886, *Ministre de l'agriculture*, 25.) Le motif qui a inspiré cette décision est évidemment le même que celui que nous avons vu plus haut invoquer par le Conseil d'Etat pour refuser le caractère de travaux publics aux travaux exécutés dans les forêts du domaine privé de l'Etat. (V. ci-dessus, n° 9.)

SECTION IV

Travaux des établissements publics et des concessionnaires d'entreprises d'intérêt général.

30. — Hospices. — Etablissements d'eaux thermales.
31. — Monts-de-piété.
32. — Etablissements d'utilité publique.
33. — Travaux exécutés par des adjudicataires et des concessionnaires.
34. — Compagnies de chemins de fer et de tramways.

30. — Les hospices, qui forment, à proprement parler, un démembrement de l'administration communale, jouissent des mêmes prérogatives que la commune.

« L'assimilation des travaux des hospices aux travaux publics, « dit un auteur, résulte textuellement d'une loi spéciale du 23 dé- « cembre 1809, dont l'article 49 porte : Tous les travaux qu'un « hospice aura à faire en vertu de la présente loi seront, si fait « n'a déjà été, évalués par devis, adjugés au rabais, et ensuite « faits, reçus et payés comme des travaux publics nationaux, « sous l'inspection gratuite d'un ingénieur du département et « sous la surveillance du préfet. » (V. M. de Serrigny, *Compétence administrative*, I, n° 573.)

Le Conseil d'Etat a formellement consacré ce principe dans un arrêt du 27 février 1847. (*Tortrat et consorts*, 93. *Adde* : C. d'Etat,

14 juillet 1876, *Hospice de Bourbon-Lancy*, 693. — *Consulter aussi art. 8, 9, 10 et 12 de la loi du 13 août 1851 sur les hospices et hôpitaux.*)

Ce que nous disons des hôpitaux ordinaires appartenant aux communes est également applicable aux hospices d'aliénés que les départements sont obligés d'entretenir.

Toutefois, le caractère de travaux publics ne devrait pas être attribué aux entreprises que les hospices font exécuter sur leurs biens patrimoniaux productifs de revenus. (Serrigny, I, n° 573, *in fine.*)

L'arrêt du 14 juillet 1876 précité a soulevé une question particulière relativement aux sources d'eaux minérales. Bien que la difficulté ne se présente pas qu'au sujet des hospices, nous allons l'examiner ici. Lorsque l'établissement thermal appartient à l'Etat les travaux ont sans conteste le caractère de travaux publics. (C. d'Etat, 22 février 1885, *Laforgue*, 130; 8 mars 1866, *Lafond*, 230.) « Toujours le législateur a vu, disait M. le commis-« saire du Gouvernement Aucoc, lors de l'arrêt du 8 mars 1866, « dans la gestion de ceux de ces établissements qui appartiennent « à l'Etat, non pas l'exploitation d'un domaine en vue d'obtenir « des revenus, mais un véritable service public, le service de la « santé publique. » Ce motif existe aussi bien lorsque l'établissement appartient à un département ou à une commune, et cela suffirait à faire reconnaître le caractère de travaux publics aux travaux que ces personnes exécutent aux établissements; de plus, on peut ajouter que ces travaux, étant travaux départementaux ou communaux, sont nécessairement des travaux publics.

Enfin, il en serait de même si l'établissement appartenait à un hospice.

31. — *Monts-de-piété.* — Que faut-il décider à l'égard des travaux entrepris par les Monts-de-piété? Nous n'hésiterons pas à leur attribuer le caractère de travaux publics. Les Monts-de-piété sont, en effet, des établissements publics, au même titre que les hospices, et l'ordonnance du 14 novembre 1837 prescrit, pour les travaux que font exécuter tous les établissements de bienfaisance, l'accomplissement des formalités de publicité et d'adjudication exigées pour les travaux publics.

Cette solution résulte d'ailleurs très clairement des observations présentées par M. le Ministre de l'intérieur sur lesquelles est intervenu un arrêt du 16 août 1862. (*Wittersheim*, 687.) Il s'agissait, dans l'espèce, de savoir si des fournitures d'impression faites à l'adjudication du Mont-de-piété avaient le caractère de marché de travaux publics : le Conseil d'État a déclaré qu'il n'y avait là qu'un marché de fournitures non soumis à l'article 4 de la loi du 28 pluviôse an VIII. M. le Ministre avait conclu en ce sens, par les raisons suivantes: « Les impressions me paraissent devoir être « rangées parmi les fournitures, dans le sens que donnent à ce « mot, en l'opposant aux travaux, la législation, et notamment « l'ordonnance du 14 novembre 1837. Les travaux sont les con-

« structions et les réparations qui subsistent; les fournitures sont
« les objets qui se consomment. Or, la loi du 28 pluviôse an VIII,
« sur laquelle le Conseil de préfecture a basé sa compétence,
« n'attribue à la juridiction administrative que les contestations
« sur travaux. Les marchés de fournitures des communes et
« établissements de bienfaisance n'ont pas été enlevés aux
« tribunaux civils, et cette jurisprudence a été confirmée encore
« récemment par le Conseil d'État. » (C. d'État, 10 janvier 1861,
C^{ne} de Plagne. 21.) — Comme on le voit, l'avis ministériel range
les Monts-de-piété parmi les établissements de bienfaisance, et
il met ces derniers sur la même ligne que les communes.

32. — *Travaux des établissements d'utilité publique.* — Ces
établissements ne doivent pas être assimilés aux établissements
publics qui font partie de l'Administration de la France et qui ne
sont que des divisions ou des organes de cette Administration.
(Perriquet, I, n° 17; Aucoc, I, n° 209, et II, n° 701.)

Les établissements d'utilité publique, parce qu'ils ont pour but
une œuvre reconnue utile au public, ont bien reçu de la loi le
caractère de personnes morales avec un ensemble de droits et de
prérogatives limitativement déterminés; mais c'est un caractère
de personnes privées; les travaux qu'elles entreprennent ne sont
donc pas des travaux publics. (C. d'État, 7 avril 1859, *Herzer*,
267 ; 19 janvier 1860, *Schulters*, 53.)

33. — Il importe peu que les travaux soient exécutés par l'Administration elle-même et sous la direction de ses propres agents,
ou qu'au contraire ils fassent l'objet d'une adjudication ou d'une
concession. — L'adjudicataire ou le concessionnaire sont les représentants de l'Administration : ils tiennent leurs droits d'elle-même
et doivent jouir, pour l'exécution des travaux, des mêmes prérogatives qui lui sont assurées. — Pour être adjugés ou concédés,
les travaux ne perdent pas d'ailleurs leur destination propre. Cela
est évident lorsqu'il s'agit d'une simple adjudication, puisqu'après
l'exécution des travaux ils rentrent, par la réception définitive,
entre les mains de l'Administration. Cela n'est pas moins certain
pour les travaux concédés, bien que leur exploitation soit abandonnée à des compagnies particulières. La concession n'empêche
pas, en effet, les ouvrages d'être affectés exclusivement à l'usage
commun des citoyens; ils font toujours partie du domaine public :
les compagnies n'ont sur eux qu'un droit de jouissance temporaire, sujet à résolution dans le cas d'inexécution du contrat, et
qui doit s'éteindre complètement à l'expiration du temps fixé par
l'acte de concession. (V. M. Serrigny, *Compét.*, n° 574.)

Toutefois, remarquons qu'il faut qu'il y ait *travail exécuté* par
l'entrepreneur ou le concessionnaire pour le compte du concédant: La livraison d'un travail tout fait, alors que le marché
n'aurait été passé qu'après son achèvement, ne constituerait pas un
marché de travaux publics, mais bien une simple vente; et l'entrepreneur, au cours de son travail, eût-il déjà la certitude qu'il lui
serait acheté par l'État, ne pourrait pas exiger l'application des

règles qui régissent les travaux publics. (Perriquet, I, n° 2.)

34. — *Travaux des compagnies de chemins de fer.* — Les travaux qui sont accomplis par les Compagnies de chemins de fer en vertu de la concession qu'elles ont obtenue sont-ils des travaux publics, comme le seraient ceux de l'Etat, concédant?

Tous les travaux qui peuvent, à un titre quelconque, être considérés comme nécessaires à l'exploitation de la ligne, qui sont entrepris par la Compagnie au nom de l'Etat, et qui forment une dépendance des gares ou de la voie, ont le caractère de travaux publics. (Pand. fr., Répertoire, v° *Adjudications administr.* (*Etat*), n. 978.)

C'est par application de cette règle que le Conseil d'État a reconnu l'existence d'un travail public dans les entreprises suivantes:

1° Ouvrages destinés à amener d'une rivière dans les réservoirs de la gare l'eau nécessaire à l'alimentation des machines (C. d'Etat, 4 décembre 1865, *Cie de P.-L.-M.*, 971; 15 décembre 1866, *Chemin de fer d'Orléans*, 1154; 26 décembre 1867, *Chemin de fer de l'Est*, 966; Conflits, 13 mars 1873, *Cottin* 264; Conflits, 30 mars 1878. *Gagneur*, 360; 16 juillet 1881, *Anna Mary*, 817. Pand. chr., III, 36);

2° Ouvrages destinés à l'agrandissement des ateliers d'un chemin de fer (C. d'Etat, 22 novembre 1878, *de l'Hôpital*, 927);

3° Etablissement et entretien de clôtures le long de la voie. (Conflits, 22 avril 1882, *Boulery*, 382.) Il est de même des travaux relatifs aux passages à niveau (V. note sous l'arrêt précité. Cass. civ., 13 février 1882, *Cie d'Orléans C. Grandpré, Gaz. des Trib. du 14 février*);

4° Etablissement d'un dépôt de charbons pour les locomotives (C. d'Etat, 16 janvier 1875, *Colin*, 60);

5° Modification de tracé d'un chemin latéral à la voie. (C. d'Etat, 1er mai 1885, *Picq*, 482.)

On remarquera que le travail n'a le caractère de travail public que s'il a été autorisé régulièrement par un acte administratif rendu dans les formes voulues, et que s'il est accompli dans les conditions et dans les limites fixées. Ainsi, l'ouverture d'une brèche dans une digue appartenant à un particulier pour protéger la voie contre les accidents résultant du débordement d'une rivière, alors que ce travail n'était pas autorisé, n'est pas un travail public. (Conflits, 1er mars 1873, *Deyroles*, Leb. 73, 1er supplément, 77.) « Considérant, dit l'arrêt, qu'en l'absence de tout « acte administratif qui leur imprime le caractère de travaux « publics, les travaux exécutés par les Compagnies sur les pro- « priétés d'autrui, même en vue d'un péril imminent, demeurent « sous leur responsabilité personnelle, et restent soumis à la « juridiction des tribunaux civils. »

De même, les travaux de détournement d'eaux en dehors des conditions de temps et de quantité fixées par l'arrêté d'autorisation. (Conflits, 24 mai 1884, *Sauze*, 433. Pand. chr., III, 75.)

Il ne suffit pas, d'ailleurs, que le travail soit accompli en vertu d'une autorisation régulière : il faut aussi qu'il se rattache directement à l'exploitation de la ligne, et ne soit pas destiné à favoriser l'intérêt privé de la Compagnie. Ainsi, ne serait pas un travail public la construction et l'exploitation, dûment autorisées, d'un four à briques destiné à fournir les matériaux nécessaires à la construction. (C. d'Etat, 11 juin 1868, *Molinier*, 665.)

Tramways. — Il n'est pas contestable, en présence de l'article 12 du décret du 9 août 1881, que la construction des lignes de tramways soit un travail public. « L'entreprise étant d'utilité « publique, dit cet article, le concessionnaire est investi, pour « l'exécution des travaux dépendant de sa concession, de tous « les droits que les lois et règlements confèrent à l'Administration « en matière de travaux publics. » (V. *Tramways*, nos 201 à 207.)

SECTION V

Travaux du domaine privé de l'Etat et des communes, travaux des associations syndicales qui ont le caractère de travaux publics, à raison de leur utilité générale.

35. — Desséchement des marais.
36. — Mise en valeur de terrains communaux.
37. — Reboisement; culture des landes.
38. — Associations syndicales : leurs travaux.
39. — Travaux des associations privées.
40. — Travaux des associations autorisées.
41. — Travaux des associations libres.
42. — Travaux exécutés par des particuliers au moyen de souscriptions.
43. — Travaux exécutés par l'Administration avec le concours des particuliers.

35. — Jusqu'ici, en recherchant le caractère des travaux exécutés par l'Etat, les départements ou les communes, nous nous sommes constamment attaché à cette idée, qu'on doit considérer comme publics tous ceux qui sont consacrés à l'usage général des habitants du territoire ou de ses circonscriptions administratives, — et qu'il faut, au contraire, ranger dans la catégorie des travaux privés ceux qui ont pour objet le domaine utile de l'Etat, des départements, des communes, et, à plus forte raison, les propriétés des particuliers.

Les deux branches de cette proposition ne sont pas d'une exactitude également absolue. — La première ne comporte aucune exception; la seconde, au contraire, cesse d'être vraie dans un certain nombre de circonstances qui nous restent à signaler.

Une première exception résulte de la loi du 16 septembre 1807, relative aux desséchements de marais, sans qu'il y ait à distinguer si le travail est exécuté par l'Etat ou par les concessionnaires. Ces entreprises, qui ne sont destinées qu'à mettre en valeur des terrains improductifs appartenant à des particuliers, ne semblent pas, à première vue, constituer des entreprises d'utilité publique. — Toutefois, leur importance, la nécessité de pourvoir rapidement aux difficultés de toute nature qu'elles font naître, ne permettaient pas de les laisser sous l'empire du droit commun. On n'a donc pas tenu compte de leur objet même, qui est l'amélioration de propriétés destinées à rester ou à rentrer dans la main de particuliers, et on a compris qu'il fallait armer l'Etat ou les concessionnaires de toutes les prérogatives qui sont la conséquence de la déclaration d'utilité publique.

Aussi la jurisprudence reconnaît-elle unanimement le caractère de travaux publics à ces travaux. (C. d'Etat, 14 décembre 1857, *Etang de Rassuen*, 821; Conflits, 7 mai 1871, *Préfet de l'Hérault*, 33; Cour de Grenoble, 19 juin 1840, cité D. A., vᵒ *Marais*, nᵒ 76; Perriquet, I, nᵒ 19, et II, nᵒ 822.)

Toutefois, il faut réserver ici l'application de règles analogues à celles qui régissent les Compagnies des chemins de fer. (V. ci-dessus, nᵒ 34.) Tout travail entrepris par la Compagnie concessionnaire de l'entreprise dans l'intérêt direct du desséchement sera bien un travail public; mais il n'en sera pas de même du travail exécuté par ladite Compagnie dans son propre intérêt : il ne s'agirait plus alors que de travaux privés. La question sera quelquefois délicate : il arrive fréquemment qu'une compagnie obtient la concession d'une entreprise qui sera pour elle purement commerciale, d'une saline par exemple, à charge par elle d'opérer le desséchement d'un marais. Les travaux sont souvent confondus, et il devient difficile de déterminer ceux qui sont afférents à l'entreprise privée de ceux qui sont nécessaires à l'entreprise publique. C'est à l'autorité administrative qu'il appartiendra de faire cette détermination, parce qu'il sera nécessaire d'interpréter les actes de concession, qui sont essentiellement des actes administratifs. (C. d'Etat, 14 décembre 1857, *Etang de Rassuen*, 821.)

36. — La loi des 28 juillet-4 août 1860, relative à la mise en valeur des marais et des terres incultes appartenant aux communes, contient dans son article 5 une disposition qui a pour effet, dans une circonstance particulière, d'assimiler ces travaux à ceux qui intéressent le domaine public des communes.

D'après cet article, en cas de refus ou d'abstention du conseil municipal convoqué pour délibérer sur l'utilité de l'assainissement des landes communales, comme, en cas d'inexécution de sa délibération, un décret impérial rendu en Conseil d'Etat, après avis du Conseil général, déclare l'utilité des travaux et en règle le mode d'exécution.

C'est bien là, disons-nous, une exception à la règle suivant laquelle les travaux entrepris dans l'intérêt du domaine productif des communes n'ont qu'un caractère privé. — Car, lorsque l'Etat prend en main la direction des travaux, il ne fait que se substituer pour leur exécution à la commune elle-même. — S'il avance les fonds, c'est pour le compte de celle-ci, qui peut toujours s'exonérer en abandonnant la moitié des terrains mis en valeur. L'Etat joue simplement le rôle d'un entrepreneur. Il s'agit donc bien de travaux communaux, — et comme l'Etat est armé, en ce qui les concerne, de tous les pouvoirs qui sont la conséquence de la déclaration d'utilité publique, il est impossible de ne pas les assimiler à ceux qui intéressent le domaine public de la commune.

Dans le cas où les travaux sont exécutés par les communes elles-mêmes, il ne peut s'élever de difficultés sur leur nature. — Les formalités dont nous venons de parler ne sont pas alors nécessaires. Les communes effectuent le desséchement avec leurs propres ressources, et il n'y a pas lieu de recourir à une déclaration d'utilité publique : l'œuvre est accomplie en vertu d'une simple délibération du conseil municipal approuvée par le préfet, — et le droit commun suffit pour lui assurer un achèvement rapide.

37. — Une autre loi, en date des 19-25 juin 1857, relative à l'assainissement et à la mise en culture des landes de Gascogne, contient des dispositions identiques et qui appellent les mêmes observations.

En cas d'impossibilité ou de refus de la part des communes de procéder aux travaux, il y est pourvu aux frais de l'Etat qui se rembourse de ses avances sur le produit des coupes et des exploitations. Les parcelles de terrains susceptibles d'être mises en culture seront, après avoir été assainies, vendues ou affermées par la commune (art. 4). Il résulte bien de cette dernière disposition que l'intérêt privé de la commune recevra satisfaction par suite de l'exécution des travaux. Mais on a considéré avec raison que l'intérêt public général profiterait de ces mises en valeur, et la loi a prescrit que les formes usitées pour les travaux publics seraient suivies.

38. — Dans l'un des chapitres suivants, nous ferons connaître le mode d'organisation des réunions de propriétaires connues sous le nom générique d'associations syndicales. (V. n° 208.) — Les travaux exécutés par ces associations, quelquefois sur une vaste échelle et dans des proportions considérables, participent à la plupart des avantages assurés aux entreprises d'utilité publique.— Cependant, la question de savoir s'ils doivent être assimilés aux travaux publics ne peut pas, dans l'état actuel de la législation, être résolue d'une manière uniforme, sans distinction entre les différentes espèces de syndicats. — Nous allons essayer de jeter quelques lumières sur ce sujet.

Les associations syndicales peuvent être rangées dans trois catégories distinctes : les associations forcées, les associations autorisées, et les associations libres.

1° *Associations forcées.* — Les travaux de défense contre la mer, les fleuves et les rivières non navigables, l'entretien et la réparation des travaux de desséchements, les travaux de curage et d'approfondissement des cours d'eau non navigables sont exécutés par les associations de la première catégorie. (Art. 1, n° 1, 2, 3, et art. 26 de la loi de 1865.) Le Gouvernement est armé,

en ce qui concerne leur création, d'un pouvoir souverain contre
lequel toute résistance individuelle est impuissante à lutter. Les
préfets ont reçu des décrets sur la décentralisation administrative
le droit de créer, sans le consentement des propriétaires intéressés, des syndicats pour le curage des rivières non navigables ni
flottables.

2° *Associations libres.* — D'autres syndicats, au contraire, sont
essentiellement dus à l'initiative privée, et établis du consentemen
de tous les propriétaires qui y entrent. Ils ont pour objet les travaux énumérés dans l'article 1er de la loi du 21 juin 1865 : « 1° dé-
« fense contre la mer, les fleuves, les torrents et les rivières navi-
« gables ou non navigables ; 2° curage, approfondissement,
« redressement et régularisation des canaux et cours d'eau
« non navigables ni flottables, et des canaux de dessèche-
« ment et d'irrigation ; 3° dessèchement de marais ; 4° étiers et
« ouvrages nécessaires à l'exploitation des marais salants ; 5° as-
« sainissement des terres humides et insalubres ; 6° irrigation et
« colmatage ; 7° drainage ; 8° chemins d'exploitation et toutes
« autres améliorations agricoles ayant un caractère d'intérêt col-
« lectif. »

L'administration intervient sans doute pour réglementer ces
associations et donner une sanction définitive aux arrangements et
aux conventions des intéressés ; mais elle ne procède pas alors par
voie de commandement, comme pour les associations forcées :
elle les organise, elle ne les crée pas.

3° *Associations autorisées.* — La loi du 21 juin 1865 reconnaît
des associations syndicales autorisées. Ces associations sont formées sur l'initiative des intéressés ou du préfet. Lorsque la majorité fixée par l'article 12 de la loi consent à la création de l'association, celle-ci existe même à l'égard des propriétaires qui refusent leur adhésion. Elle participe à la fois de l'association libre
et de l'association forcée. Un arrêté préfectoral intervient pour
autoriser l'association et lui donner une existence légale.

39. — Cette différence essentielle entre les modalités que peut
revêtir la formation des syndicats doit être prise en grande considération, lorsqu'il s'agit d'apprécier le caractère des travaux qu'ils
font exécuter.

Les associations forcées sont sans contredit des établissements d'utilité publique. — Leur institution indépendante de la
volonté des intéressés, les besoins auxquels elles ont pour mission
de pourvoir, la forme de leur organisation, les privilèges qui leur
sont attachés, le mode de recouvrement des taxes imposées et l'assimilation de ces taxes aux contributions directes, tout démontre
avec évidence qu'il ne s'agit pas ici seulement d'intérêts privés.

Prenons pour exemple les articles 33 et 34 de la loi du 16 septembre 1807, relatifs à la construction des digues à la mer ou
contre les fleuves, rivières et torrents navigables ou non navigables. La loi du 21 juin 1865 n'ayant pas innové en cette matière,
il faudra toujours appliquer l'article 33 aux termes duquel

la nécessité des travaux défensifs est constatée par le Gouvernement. — Une déclaration d'utilité publique en précède l'exécution ; l'association est par suite autorisée à exproprier les terrains nécessaires à leur confection.— La réunion, sous l'administration d'un syndicat, des propriétaires intéressés est faite (à moins qu'ils ne s'entendent et sur la nécessité des travaux et sur le mode de contribution aux dépenses) par un décret rendu dans la forme des règlements d'administration publique, après délibération du Conseil d'État en assemblée générale (Art. 5 et 34, L. du 16 sept. 1807 ; C. d'État, 23 fév. 1861, *Dubuc*, 134.)

Les décrets sur la décentralisation administrative ont, il est vrai, transporté cette attribution au préfet dans le cas où les mesures ordonnées ne rencontrent aucune opposition de la part des intéressés. Le décret des 15-29 avril 1861 (*Tableau I*), nº 8) autorise les préfets à « constituer en associations syndicales les proprié-« taires intéressés à l'exécution et à l'entretien des travaux d'en-« diguement contre la mer, les fleuves, rivières et torrents navi-« gables ou non navigables, des canaux d'arrosage et des canaux « de desséchement, lorsque les propriétaires sont d'accord pour « l'exécution des dits travaux ou la répartition des dépenses ».

Dans l'un et l'autre cas, l'association syndicale n'a véritablement pour objet que la répartition des dépenses entre les contribuables.— Les travaux exécutés le plus souvent sous la direction des ingénieurs de l'État sont adjugés dans la forme usitée pour les travaux publics généraux. — Enfin, les ouvrages forment des dépendances du domaine public. — Il est donc impossible de ne pas leur reconnaître le caractère de travaux publics, surtout depuis la loi du 28 mai 1858, et quand il s'agit de la construction des digues destinées à préserver les centres de population. (C. d'État, 21 août 1845, *Reginel de Barrême*, 432 ; 1er déc. 1849, *Syndicat de la digue de Bulafray*, 675.)

40. — En sera-t-il de même pour les associations autorisées ? Avant la loi de 1865, la question se discutait. (Conflits, 17 février 1865, *Canal de Carpentras*, 214 ; 8 avril 1865, *Canal Alaric*, 437 ; Perriquet, II, nº 1180.) Aujourd'hui, elle ne fait plus de doute : l'article 16 de la loi du 21 juin 1865 dit en effet que les contestations relatives à l'exécution des travaux seront portées devant les Conseils de préfecture. Leur caractère de travaux publics est donc formellement consacré : il était d'ailleurs difficile qu'il en fût autrement, alors que, d'une part, l'Administration intervenait pour constituer l'association, et que, d'autre part, le syndicat était forcé à l'égard d'une partie des propriétaires.

Peu importe, d'ailleurs, qu'il s'agisse de travaux exécutés par des associations qui ont été dès le début constituées en associations autorisées, ou qui, libres d'abord, auraient ensuite obtenu l'autorisation. Le § 2 de l'article 8 de la loi de 1865 dispose en effet que l'assimilation entre les deux catégories de sociétés est complète à partir du jour où l'arrêté d'autorisation intervient. La seule restriction qui doive être faite résulte du principe de la non-rétroactivité : la transformation ne saurait atteindre des droits déjà acquis.

La question ne saurait pas non plus faire de doute en ce qui concerne les travaux exécutés par les associations constituées conformément à la loi du 20 août 1881 pour l'ouverture et l'entretien des chemins ruraux. Outre que ces associations ont le caractère d'associations autorisées, ce qui suffit à faire de leurs travaux des travaux publics, elles sont substituées à la commune pour l'exécution du chemin ; le maire provoque la constitution de l'association d'office ou sur la demande des intéressés lorsqu'un chemin autorisé n'est pas exécuté par la commune ou lorsqu'un chemin existant n'est pas entretenu. (Art. 19.) L'association aura donc pour but d'accomplir à la place de la commune un travail qui, réalisé par elle, aurait le caractère de travail public.

41. — Les difficultés deviennent sérieuses lorsqu'il s'agit des travaux exécutés par les soins des syndicats qui doivent leur existence au consentement unanime des propriétaires intéressés. C'est le trait caractéristique de ces associations d'avoir pour but principal l'amélioration de la propriété privée. — L'utilité publique ne s'y montre pas au moins au même degré que dans les associations forcées. — Le desséchement d'un ensemble de terrains, si considérable qu'il soit, l'irrigation d'un canton sont incontestablement des entreprises utiles et qui accroissent la fortune générale et la puissance productive du pays. — Mais on ne peut les comparer, sinon au point de vue des résultats économiques, au moins sous le rapport de leur nécessité, aux travaux défensifs contre le fléau des inondations. La propriété privée seule n'est pas appelée à profiter de ces dernières entreprises : elles protègent la vie des habitants eux-mêmes et répondent par conséquent à un but plus élevé et à une nécessité plus pressante. — J'en dirai autant des travaux de curage ou de desséchement de marais. L'intérêt de la salubrité publique est avant tout ce qui a préoccupé le législateur et ce qui justifie l'assimilation établie par la jurisprudence entre eux et les travaux publics, bien que la propriété privée en retire de nombreux avantages.

Cependant, il ne faut pas donner à ces considérations une portée trop considérable ; la loi n'en a pas tenu compte d'une manière absolue et il devient nécessaire de préciser la mesure de l'importance qu'elle leur reconnaît.

Lorsqu'il s'agit simplement des associations libres que prévoit la loi du 21 juin 1865, nul doute que leurs travaux ne doivent être considérés que comme de simples travaux privés. Elles ne jouissent ni du droit d'expropriation, ni de la faculté d'extraction de matériaux, ni du droit d'occupation temporaire, ni du bénéfice de la juridiction administrative pour les contestations relatives à l'exécution des travaux ; la loi de 1865, dans son article 16, ne reconnaît la compétence des Conseils de préfecture que pour les travaux des associations autorisées. (Perriquet, II, n° 1188.)

Mais il peut arriver qu'elles obtiennent la concession d'entreprises spéciales d'utilité publique, telles que des travaux de défense et de curage; dans ce cas, il n'est pas douteux que, substituées à la puissance publique, elles jouissent de toutes les faveurs et de toutes les immunités attachées à l'exécution de travaux publics. Mais ces faveurs sont attachées à la concession et non à la qualité propre de l'association qui, dans ses propres travaux, reste soumise aux règles du droit commun.

42. — Dans aucun cas, les particuliers livrés à eux-mêmes n'ont le pouvoir de conférer aux travaux qu'ils exécutent le caractère et les privilèges des travaux exécutés par l'Administration. A celle-ci seule il appartient de leur donner cette marque distinctive. Quelquefois des particuliers, réunissant leurs ressources et faisant appel à des souscriptions, commencent, en dehors de l'action administrative, l'exécution d'ouvrages destinés à pourvoir à des usages publics. De semblables travaux n'ont pas le même caractère que les travaux exécutés pour le compte de l'Administration elle-même. (V. n° 19, *Travaux des fabriques*.) Ils restent la propriété des particuliers dont les deniers ont servi à leur construction, tant que l'Administration ne consent pas à les prendre à sa charge. — Jusque-là, ils constituent une propriété collective, indivise entre un plus ou moins grand nombre de personnes; mais ils ne font pas partie du domaine public. C'est ainsi que, dans plusieurs circonstances, le Conseil d'Etat a refusé le bénéfice de la compétence administrative aux entrepreneurs de travaux dus uniquement à l'initiative privée, bien que, par leur nature et leur destination, ils eussent pour objet de pourvoir à un service public. (Conflits, 18 avril 1850, *Preynat*, 369; 7 avril 1859, *Herzer*, 266; 12 mai 1868, *Fabrique de St-Vincent-de-Paul*, 547.)

La Cour de cassation admet la même doctrine dont elle s'est trouvée à diverses reprises appelée à tirer les conséquences. Lorsqu'un particulier, de sa propre initiative et sans aucune intervention de l'Administration, recueille des souscriptions en vue de l'exécution d'un travail déterminé, il ne se forme pas un contrat administratif : les travaux à exécuter n'ont pas encore le caractère de travaux publics, puisque les bâtiments ne seront affectés à un service public qu'après leur achèvement et leur remise effective à l'Administration. Il en résulte que les difficultés qui s'élèveront à ce sujet rentreront dans la compétence de l'autorité judiciaire. (*Civ.*, 5 juillet 1870, D. P., 71, 1, 42.) Il en serait autrement si la souscription avait été sollicitée par l'Administration ou acceptée par elle avant l'exécution des travaux. (*Civ.*, 4 mars 1872, D. P., 72, 1, 440.)

L'application de ces règles, facile quand il s'agit de travaux neufs, devient délicate lorsqu'il n'a été exécuté que des travaux de réparation. Ces travaux n'ont pas une existence distincte de celle de l'édifice lui-même, et il n'est pas possible de dire que le souscripteur en conserve la propriété. Il résulte de là que, en cas de difficulté, il sera nécessaire d'évaluer la valeur des travaux que le souscripteur aura fait exécuter avec ses fonds ; il faudra déterminer le bénéfice réalisé par le propriétaire de l'édifice, commune ou fabrique. Or cette évaluation ne peut être faite que par l'autorité administrative. (V. *Cour d'Agen*, 11 juillet 1865, D. P., 67, 2, 191 *et la note.*)

43. — Il ne faut pas d'ailleurs confondre cette hypothèse avec le cas où des particuliers concourent à des travaux exécutés par l'Administration elle-même. — Les souscriptions particulières ou les prestations volontaires n'en changent point le caractère. — Ils n'en sont pas moins effectués, dans l'intérêt du domaine public, par les soins de l'Administration, et dans un but d'utilité générale. Une ordonnance contentieuse, en date du 28 juin 1837 (*Société des moulins d'Alby*, 563), s'est prononcée en ce sens dans les termes les plus formels. — « Considérant que le recours dirigé « contre l'État par les propriétaires du moulin de Gardès a pour « objet d'obtenir des indemnités en raison de la confection vi- « cieuse de travaux effectués par l'Administration et du préjudice « qui en serait résulté pour les héritiers Laroque ; que, aux ter- « mes des lois des 24 août 1790 et 16 septembre 1807, il n'ap- « partient qu'à l'autorité administrative de connaître de cette « demande ; — que la lettre du 23 mars 1829, par laquelle les « propriétaires des moulins avaient offert de concourir à la dé- « pense des travaux à effectuer à la digue de Gardès, et l'arrêté « du préfet du 20 juin suivant, qui a accepté ces offres, n'a point « changé le caractère des travaux qui devaient être faits par « l'Administration dans un intérêt public, ni modifié les règles « de la compétence en cette matière..... »

De même encore, on a considéré comme appartenant à la juri-diction administrative les contestations élevées entre une ville et des particuliers autorisés à ouvrir des rues, même sur leurs terrains et à leurs frais. (V. C. d'Etat, 18 mai 1838, *Chéronnet*, 102 ; 21 mars 1844, *André et Cottier*, 163 ; Conflits, 27 mai 1876, *de Chargère*, 497 ; C. d'Etat, 30 mai 1879, *Commune de Savigny*, 445 ; 9 mars 1883, *Commune de St-Michel-sur-Orge*, 266 ; 1er août 1884, *Desral*, 695.)

La jurisprudence a toujours maintenu d'une façon très ferme la compétence du Conseil de préfecture à ce sujet. Ainsi, elle l'étend même au cas où la subvention ne consiste pas en argent : lorsque des particuliers offrent des terrains pour l'exécution d'un travail public, le contrat sera interprété par les tribunaux admi-nistratifs : « Considérant, dit un arrêt du tribunal des conflits, « qu'il importe peu que l'offre de concours de de Chargère père « consiste dans l'abandon gratuit des terrains lui appartenant qui « seraient traversés par la rigole navigable à établir ; qu'il n'y « a pas lieu de distinguer les engagements de payer des sommes « d'argent et ceux qui consistent en abandon gratuit de ter- « rains. » (Conflits, 27 mai 1876, *de Chargère*, 497 ; C. d'Etat, 27 novembre 1885, *Jullien*, 896 ; 8 août 1885, *Fontaine*, 794.)

Peu importe aussi que la subvention ne soit pas fournie par un particulier; c'est ce qui a été jugé au sujet de l'offre de concours faite par la liste civile impériale pour la construction d'une église (C. d'Etat, 26 juin 1874, *Vavin*, 610); de la promesse de subvention faite par une commune pour l'établissement d'une route (C. d'Etat, 4 décembre 1874, *Ville de Montargis*, 962); pour les subventions promises par l'Etat à une Compagnie de chemins de fer (C. d'Etat, 16 mars 1877, *Chemins de fer de l'Est*, 288), etc.

CHAPITRE III

Caractère du marché de travaux publics par rapport à la nature du contrat.

SECTION PREMIÈRE

Distinction du marché de travaux publics et du marché de fournitures.

44. — Importance de la distinction.
45. — Caractères spéciaux de l'un et de l'autre contrat.
46. — Exemples.
47. — Résumé de la jurisprudence. — Règles générales.

44. — Il ne suffit pas d'avoir déterminé le caractère des marchés de travaux publics par rapport aux personnes qui y sont parties et par rapport à leur objet; il faut aussi le déterminer quant à la nature du contrat, et les distinguer des autres contrats passés par l'Etat, les départements, les communes, etc., pour la satisfaction des intérêts publics dont ils sont chargés.

Le marché de travaux publics est un contrat de louage d'ouvrage qui se complique le plus souvent d'une vente de matériaux ou d'objets divers : il faut donc surtout le distinguer des marchés de fournitures.

Les contestations qui s'élèvent à l'occasion des marchés de fournitures passés au nom et pour le compte de l'Etat sont de la compétence, en premier ressort, des Ministres, et, sur l'appel, du Conseil d'Etat (*Décret du 11 juin 1806*), tandis que les contestations en matière de travaux publics sont jugées en premier ressort par les Conseils de préfecture. (*Loi du 28 pluv. an VIII.*) — D'un autre côté, lorsque les marchés de fournitures intéressent les départements ou les communes, la juridiction civile a compétence pour en connaître, le décret du 11 juin 1806 ne s'appliquant qu'aux fournitures faites à l'Etat. Au contraire, les Conseils de préfecture statuent sur toutes les difficultés relatives aux travaux publics, et nous venons de constater que les travaux départementaux et communaux ont ce caractère. — L'importance de la distinction est donc très considérable. (V. Pand. fr., Répert., v° *Adjud. admin.* (*Etat*), n°s 990 à 993.)

45. — Au surplus, cette distinction est assez facile. — Les marchés de fournitures, comme le mot l'indique, ont pour objet unique la livraison de matières qui se consomment ou non au premier usage, mais qui ne sont pas destinées à être mises en œuvre par le fournisseur pour le compte de l'Administration. — Les marchés de travaux publics emportent le plus souvent avec eux un marché de fournitures. — Ainsi, l'entrepreneur qui prend l'engagement de construire une route, un pont, fournit en même temps les matériaux nécessaires à l'édification des ouvrages ; mais cet engagement est alors un accessoire de la mise en œuvre, et le contrat, considéré dans son ensemble, n'est, en réalité. qu'un marché de travaux publics. — Mais lorsqu'aucun travail d'emploi ou de mise en place ne sera effectué par l'entrepreneur, il n'y aura évidemment que marché de fournitures, rentrant dans la compétence soit du Ministre, soit des tribunaux civils. (C. d'Etat, 21 janvier 1871, *Siemans*, 8 ; 3 janvier 1873, *de Champagnole*, 13 ; 3 mai 1876, *Dencausse*, 229 ; 2 février 1877, *Lefèvre*, 123.) Mais il arrive fréquemment qu'à la fourniture se joigne un travail à exécuter par le fournisseur. Dans ce cas, le contrat sera considéré comme marché de travaux publics, pourvu toutefois que le travail soit assez important et ait, par rapport à la fourniture, le caractère principal et dominant. (Perriquet, I, n° 2, *in fine*.) Ainsi, le Tribunal des conflits a vu un marché de fournitures et non un marché de travaux publics dans l'espèce suivante : un entrepreneur avait fourni des pierres à une commune et exécuté pour elle quelques journées de travail : sur la somme totale de 824 fr., qui était réclamée, 14 fr. seulement représentaient le travail, tandis que la fourniture avait coûté 810 fr. Le Tribunal des conflits déclara que le tribunal civil seul était compétent. (7 mai 1881, *Pérol* 479, Pand. chr. III, 39, et *arrêts cités en note ;* Aucoc, II, p. 409-414.) Au contraire, il y a marché de travaux publics, lorsque l'objet principal du contrat est le travail à exécuter, la fourniture n'en étant que l'accessoire et en quelque sorte le moyen d'exécution. Ainsi, l'entrepreneur qui prend l'engagement de construire une route, un pont, fournit en même temps les matériaux nécessaires à l'édification des ouvrages ; mais cet engagement est alors un accessoire de la mise en œuvre et le contrat, considéré dans son ensemble, n'est en réalité qu'un marché de travaux publics. Avec ces simples données, il paraît difficile de se méprendre sur la distinction que nous proposons.

Mais dans la pratique, si nous en croyons les exemples que nous offre la jurisprudence, cette distinction logique est loin d'être rigoureusement observée. (V. Répert. des Pand. fr., *loc. cit.*, n°ˢ 993 à 998.)

46. — Ainsi, le traité passé entre une ville et une compagnie pour l'éclairage au gaz devrait, d'après ce que nous venons de voir, être considéré comme un marché de fournitures. L'objet principal est bien de fournir le gaz, les travaux de canalisation n'étant qu'un accessoire. Cependant, la jurisprudence s'est prononcée nettement en sens contraire : elle reconnaît d'abord que le contrat en question doit être considéré comme indivisible et qu'il n'est pas possible d'y voir un marché de fournitures quant aux clauses qui concernent uniquement la fourniture, et un

marché de travaux publics quant à celles qui concernent des travaux à exécuter. Cette distinction créerait des difficultés nombreuses, car le même contrat serait, suivant le point de vue auquel on se placerait, soumis à des règles différentes, et, en cas de litige, à des juridictions diverses. Nous concédons volontiers ce point.

Mais faut-il dire, avec la jurisprudence, que les travaux de canalisation et d'installation qu'exigent ces entreprises ont une telle importance qu'on n'y peut voir de simples marchés de fournitures, et que le marché de travaux publics est le seul objet du contrat? C'est aller bien loin : tout au moins faudrait-il admettre, suivant nous, qu'après l'exécution des travaux de premier établissement, et alors que, la canalisation principale étant terminée, il n'y a plus à faire que des travaux peu considérables pour l'entretien de cette canalisation ou l'adjonction de quelques branchements, le travail public cesse d'être l'objet principal du contrat. (Conf. Serrigny, *Questions de droit admin.*, p. 620, et *Traité de la compétence*, I, p. 620, n° 613 ; II, p. 308, n° 806.) Quoi qu'il en soit, une jurisprudence constante range ce contrat parmi les marchés de travaux publics à toute époque, et même après que les travaux de premier établissement sont terminés. (C. d'Etat, 15 février 1848, *Compagnie du gaz de Saint-Étienne*, 85 ; 14 novembre 1879, *Compagnie du gaz d'Arles*, 681 ; Pand. chr., III, 12 ; Aucoc, I, n° 306, p. 573.)

Toutefois, cette règle ne concerne que les rapports de la compagnie et de la ville. Suivant des principes que nous exposerons plus loin, les traités que des entrepreneurs de travaux publics passent avec des particuliers, même au sujet de leur marché, ne participent pas de la nature de ce marché, et ne sont pas des marchés de travaux publics. Il en résulte que les traités qui interviennent entre les entrepreneurs d'éclairage et un particulier qui veut se servir du gaz ne sont plus que des traités de pur droit privé. Par conséquent, les travaux nécessaires pour amener le gaz dans les maisons, branchements, canalisation, etc., n'ont le caractère de travaux publics que pour la partie de ces travaux qui se trouve située sur la voie publique, et seulement dans les rapports de l'entrepreneur avec l'Administration.

Les mêmes questions, comportant les mêmes solutions, se présentent pour les traités passés entre les villes et les compagnies au sujet de la fourniture et de la distribution de l'eau nécessaire tant pour les services publics que pour la consommation des particuliers. (C. d'Etat, 8 février 1878, *Pasquet*, 127 ; Pand. chr. III, 1 ; 22 février 1878, *Ville de la Châtre*, 193 ; 22 février 1879, *Ville de Melun*, 181 ; 12 août 1879, *Branellec*, 608 ; Trib. Conflits, 20 décembre 1879, *Ville de Beaucaire*, 839 ; Cons. d'Et., 4 août 1876, *Ville de Paris*, 777 ; 30 janvier 1868, *Brocard et Pradier*, 123 et 125 ; 13 juin 1873, *Ville de Paris*, 558.)

47. — En résumé, dans un marché comprenant à la fois travail public et fourniture, la jurisprudence a une tendance à faire prévaloir le caractère de travail public ; et comme elle considère

qu'il y a, entre les différentes clauses du marché, une connexité et une indivisibilité presque absolues, elle donne au contrat tout entier le caractère de marchés de travaux publics. Ce n'est guère que quand il existe une disproportion trop considérable entre la fourniture et le travail, qu'elle fait prévaloir le marché de fournitures. (C. d'Etat, 3 janvier 1873, *Ville de Champagnolle*, 13 ; 7 septembre 1869, *Commune de Maxey-sur-Vaise*, 840, fourniture et pose d'horloge ; 2 février 1877, *Lefèvre*, 123, fourniture et pose de bustes dans un monument public et dans une promenade.) Mais l'érection d'une statue a été considérée comme travail public (V. cassation Req., 29 mars 1864, D. P., 64, 1, 832, et 8 janvier 1863, D. P., 63, 5, 386. *Adde:* Répert. Pand. fr., *loc. cit.*, n. 997.) — D'ailleurs, dans le cas où la jurisprudence fait prévaloir le caractère de marché de fournitures, elle applique le même principe de l'indivisibilité et de la connexité des clauses du contrat : elle attribue à tout le contrat le caractère de marché de fournitures.

SECTION II
Combinaison du marché de travaux publics avec d'autres contrats.

48. — Marché de travaux publics combiné avec la vente ou le louage, par l'Administration, d'un immeuble à l'entrepreneur et réciproquement.
49. — Hypothèses spéciales.
50. — Applications erronées des règles sur les marchés de travaux publics : pompes funèbres.
51. — Balayage et enlèvement des boues.
52. — Service des prisons.
53. — Critique de la jurisprudence : revirement possible.
54. — Compétence pour la détermination du caractère du travail.

48. — Dans certains cas, le marché de travaux publics se complique, non plus d'une fourniture ou vente de meubles, mais d'une vente d'immeuble, soit par l'entrepreneur, soit par l'Etat, le département et la commune. Les mêmes questions se posent alors, et elles comportent des solutions identiques. (C. d'Etat, 14 novembre 1879, *Rolland*, 724.)

Dans d'autres cas, le marché se complique d'un louage d'immeuble appartenant à l'Etat ou à une commune. La solution est la même. Ainsi, le contrat passé entre une commune et un particulier pour l'installation par ce dernier, à son profit, mais aussi à ses risques et périls, de jeux ou spectacles dans une promenade, eussent-ils un caractère permanent, ne serait pas considéré comme un marché de travaux publics. (C. d'Etat, 16 avril 1863, *Ber*, 378.) Au contraire, lorsque, pour la construction d'une halle, une ville promet au constructeur pour rémunération, non un prix ferme, mais l'autorisation de percevoir pendant un temps donné les droits de place, ce louage de l'immeuble construit n'est considéré que comme un accessoire, et le contrat est un marché de travaux publics. (Cass. Req., 7 mai 1879, *Couturier*, D. P., 79, 1, 409 ; C. d'Etat, 24 juin 1870, *Couturier* 791. Pand. chr. III, 4.)

Cependant, un contrat qui aurait pour objet la perception des droits de place par un autre que le constructeur ne serait pas un marché de travaux publics. (*Dufour*, 3ᵉ édition, VI, nᵒ 367.)

49. — A ce sujet, nous ferons remarquer que si, dans un grand nombre de litiges concernant des questions de ce genre, intervenus entre des villes et des particuliers, la juridiction administrative s'est déclarée compétente, ce n'est pas parce que le contrat était un marché de travaux publics, mais simplement par application de ce principe que la juridiction administrative est seule compétente pour l'interprétation des contrats administratifs. (V. Conflits, 16 mars 1848, *Pastureau*, 129; 11 janvier 1862, V. *de Paris*, 13; 18 décembre 1862; *Roy*, 823; 14 août 1871, *Chambrouty*, 122; Conflits, 28 mars 1874, *Jamet*, 311; C. d'Etat 13 novembre 1874, *Commune d'Ain Beida*, 852; 3 août 1877, *Commune de Levallois-Perret*, 754; Conflits, 4 août 1877, *Commune de Langeac*, 827; C. d'Etat, 23 novembre 1877, *Ville de Boën*, 888; 27 janvier, 1882, *Cantaloup*, 85.)

50. — C'est sans doute par suite de la confusion de ces deux règles que plusieurs auteurs ont déclaré que, suivant la jurisprudence, les marchés passés par les villes pour le service des pompes funèbres étaient des marchés de travaux publics. (Perriquet, I, nᵒ 8; Aucoc, 3ᵉ édition, II, n° 701.) Dans toutes les affaires de ce genre, au sujet desquelles des arrêts récents sont intervenus, la question de savoir s'il y avait ou non un marché de travaux publics n'a pas été soulevée et la juridiction administrative n'était compétente que parce qu'il s'agissait d'interpréter un contrat administratif (C. d'Etat, 7 avril 1864, *Pompes funèbres*, 321; 6 juin 1872, *Pompes funèbres*, 363; 26 janvier 1877, *Fabriques de Montpellier*, 91; 31 janvier 1879, *Vafflard*, 89; 2 juin 1879, *Vafflard*, 511.) On objecterait vainement que ces marchés sont passés dans les mêmes formes que les marchés de travaux publics. (*Déc. du 18 mai 1806, art 15.*) Ainsi qu'on l'a vu plus haut, la jurisprudence actuelle, pour déterminer la nature du contrat, ne s'attache plus, comme autrefois, aux formes dans lesquelles il a été passé, mais à son objet; et il ne serait pas exact de dire que tous les contrats qui ont pour but, même directement, d'assurer un service public sont des marchés de travaux publics.

51. — Il faut d'ailleurs reconnaître que la jurisprudence va, dans certains cas, très loin, et qu'elle étend le caractère de marchés de travaux publics à des contrats qui n'ont pas précisément pour objet la construction ou la réparation d'un objet immobilier. Il en est ainsi pour les entreprises d'enlèvement des boues et immondices, et de nettoyage des rues. Bien qu'il ne s'agisse pas ici, à proprement parler, d'un *travail*, au sens ordinaire du mot, la jurisprudence assimile les contrats de ce genre aux marchés de travaux publics. (C. d'Etat, 10 février 1865, *Ville de Marseille*, 57; 4 mai 1877, *Ville de Brest*, 414; 12 août 1879, *Krohn*, 611; 19 novembre 1880, *Jacob ben Kemoun*, 889.) (V. Rép. Pand., fr. *loc. cit.*, n. 995.) Il en serait ainsi quand bien même le traité stipulerait que le bénéfice résultant pour l'adjudicataire de la vente des boues serait partagé entre la commune et lui. (C. d'État, 24 janvier 1872, *Veuve Sursol*, 40 ; Pand. chr. III, 10.)

52. — Citons encore les marchés passés entre l'Administration et les entrepreneurs pour le service des prisons. (C. d'État, 2 avril 1852, *Baudoin*, 71 ; 18 mars 1858, *Thiboust*, 227 ; 19 mai 1864, *Dupuis*, 456 ; 20 février 1868, *Goguelat*, 198 ; 7 février 1867, *Vidal*, 153 ; 5 décembre 1879, *Alcay*, 788 ; 26 novembre 1880, *Collard*, 935 ; 23 décembre 1881, *Alléguen*, 1044 ; Aucoc, *Droit administratif*, 3e édition, II, n° 701.)

Cette règle s'applique alors même que l'entreprise est faite au sujet de prisons départementales. (C. d'État, 20 février 1868, *Goguelat*, 198.) (V. Pand. fr., Rép., *loc. cit.*, n. 908.)

Ces marchés comprenaient autrefois les travaux de réparation et d'entretien des prisons, et l'exploitation du travail des détenus. Mais, depuis quelques années, l'entreprise des prisons est généralement réduite à l'exploitation du travail des détenus. Néanmoins, la jurisprudence semble lui avoir conservé le caractère de marché de travaux publics, ce qui soulève, dans la doctrine, des critiques auxquelles nous ne pouvons que nous associer. (Perriquet, I, p. 5.)

53. — Mais il ne faut pas oublier que, dans ces hypothèses où le caractère de marchés de travaux publics semble avoir été étendu outre mesure, les décisions remontent à la première phase de la jurisprudence, c'est-à-dire à l'époque où, pour déterminer le caractère du contrat, elle s'attachait uniquement à la forme dans laquelle il avait été passé, tandis qu'elle s'attache actuellement à son objet et à son but. (V. notamment, pour l'entreprise de l'enlèvement des boues : arrêt du Conseil d'État du 27 août 1828, *Comm. de Dol*, 387 ; et pour les travaux des prisons : 3 mai 1839, *Selsel*, 260.) Cette jurisprudence a continué à être appliquée par habitude et parce qu'aucune des parties en cause n'élevait de contestation à ce sujet. Nous croyons donc que si la question était formellement posée, elle serait autrement résolue, et qu'on en viendrait à appliquer la règle si nettement formulée dans un arrêt du Tribunal des conflits du 17 mai 1873, *Michallard*. (Leb. 1er supplément, 103. Pand. chr. III, 28.) En parlant d'un travail relatif à un service public, mais non à une construction ou ouvrage analogue, cet arrêt s'exprime ainsi : « Considérant qu'un pareil « travail ne peut, sans faire violence à l'esprit comme à la lettre de « l'article 4 de la loi du 28 pluviôse an VIII, être rangé soit dans « les travaux matériels de fouilles, de constructions, de terrasse-« ments, soit dans les travaux intellectuels qui les préparent, « les précèdent ou les suivent, que cet article a eu seuls en vue « dans les diverses hypothèses qu'il prévoit ; que les conditions « qui règlent les bases et les conditions de son accomplissement « ne constituent qu'un contrat de louage de services dont aucune « loi n'a enlevé la connaissance à l'autorité judiciaire. »

Or, dans les espèces ci-dessus, le marché est bien un louage d'ouvrage relatif à un service public; mais il ne comporte aucun travail matériel ou intellectuel relatif à une construction ou à un terrassement. Un revirement de la jurisprudence est donc probable.

Nous n'en voulons pour preuve que ce simple rapprochement des deux hypothèses suivantes, où le contrat a pour objet le même service public, et où la jurisprudence ne lui donne le caractère de marché de travaux publics que quand il comprend des constructions, terrassements, ou autres ouvrages analogues : nous avons vu plus haut que le contrat de concession d'un établissement d'eaux thermales à construire était un marché de travaux publics, même quand le concessionnaire devait, comme rémunération, exploiter l'établissement pendant plusieurs années; au contraire, la concession de l'exploitation d'un établissement d'eaux thermales tout construit n'est pas considéré comme un marché de travaux publics. (C. d'État, 20 juin 1861, *Morel*, 528.) Aussi a-t-il fallu un texte spécial, l'article 11 de l'arrêté du 9 nivôse an XI, pour soumettre à la juridiction administrative les concessions et baux d'exploitation des établissements thermaux de l'État. (*Serrigny, Compétence administrative*, II, n° 823.) De même, la concession d'une ligne d'omnibus n'est pas un marché de travaux publics; la concession d'une ligne de tramways a au contraire ce caractère, parce qu'elle comporte des travaux. (V. n° 34.) Il en est de même encore pour la concession d'un abattoir à construire et à exploiter à la fois ou à exploiter seulement. (Conflits, 13 décembre 1861, *Ville de Saint-Germain*, 894.) De même encore pour un lavoir public, etc...

54. — A qui, en cas de contestation sur la nature des travaux, appartient-il d'en déterminer le caractère? Les tribunaux civils ont-ils compétence à cet égard, ou au contraire ne doivent-ils pas surseoir à statuer jusqu'à ce que l'Administration ait tranché la difficulté?

Ces sortes de questions sont essentiellement du ressort exclusif de l'Administration. S'il en était autrement, il serait facile aux tribunaux d'attirer à eux tout le contentieux des travaux publics. — Tout le système de la séparation des pouvoirs judiciaire et administratif en serait ébranlé, et on ne concevrait pas l'utilité d'une juridiction particulière destinée à prononcer sur les contestations qui intéressent l'Administration. — Aussi le Conseil d'État n'a-t-il jamais hésité à revendiquer pour lui seul le droit de décider du caractère des travaux à l'occasion desquels un litige s'élève. — Nous n'en donnerons pour le moment d'autre preuve que le décret suivant : « Considérant que les lois des 28 « pluv. an VIII, et 16 sept. 1807 ont chargé l'autorité administra- « tive de prononcer sur les réclamations des particuliers pour « tous les torts ou dommages résultant de l'exécution des tra- « vaux publics...; qu'il n'est pas contesté que les travaux exécu- « tés par la Compagnie du canal du Midi aient le caractère de « travaux publics; — *que d'ailleurs, en cas de contestation, ce*

« serait à l'Administration seule qu'il appartiendrait de recon-
« naitre le caractère de ces travaux..... » (Voy. Conflits, 7 déc.
1854, Aussenac, 949 ; 14 déc. 1857, Etang de Rassuen, 821 ; Perriquet, I, n° 24 ; C. d'Etat, 24 juin 1870, Couturier, 791 Pand.
chron., III, 4).

PREMIÈRE PARTIE

DE L'ORGANISATION ADMINISTRATIVE DES TRAVAUX PUBLICS

TITRE PREMIER

ORGANISATION DES TRAVAUX PUBLICS GÉNÉRAUX

CHAPITRE PREMIER

Attributions du chef de l'État et du Corps législatif.

55. — Le droit de prescrire les travaux publics varie avec la nature des constitutions politiques.
56. — Premier Empire. — Loi du 8 mars 1810.
57. — Royauté constitutionnelle. — Lois du 21 avril 1832, et du 3 mai 1841.
58. — Second Empire. — Sénatus-consulte des 23-30 décembre 1852.
59. — Dangers au point de vue de l'administration des finances, du système du second Empire.
60. — Réformes partielles.
61. — Législation actuelle.
62. — Nouveaux projets de loi.
63. — Exceptions aux règles de la loi de 1870.
64. — Travaux de réparation et d'entretien.

55. —Le droit de prescrire et d'approuver l'exécution des travaux publics à la charge de l'État a été l'objet de luttes nombreuses entre le pouvoir législatif et le pouvoir exécutif. — Ce droit passe à l'un ou à l'autre alternativement, en suivant les changements de nos institutions constitutionnelles. Le plus fort s'en empare et l'exerce jusqu'à ce que la prépondérance revienne à celui des deux qui l'a momentanément perdue. — L'histoire de ces fluctuations est l'histoire même de la vie politique du pays.

56. — Sous le premier Empire, la loi du 8 mars 1810, sur l'expropriation pour cause d'utilité publique, attribua au pouvoir exécutif dans sa plus haute expression, à l'Empereur, le droit de prescrire l'exécution des travaux publics. — « Un décret impérial seul, disait l'article 3, peut ordonner des travaux publics. » — Dans ce système, la puissance législative n'intervenait que pour le vote des dépenses. Le Gouvernement, ou pour mieux dire l'Empereur était juge suprême et sans appel de l'utilité et de l'opportunité des travaux.

57. — En 1832, la Chambre des députés introduisit dans la loi de finances un amendement qui abrogeait en partie l'article 3 de la loi de 1810. — Il fut décidé que « nulle création aux frais de « l'État, d'une route, d'un canal, d'un grand pont sur un fleuve et « sur une rivière, d'un ouvrage important dans un port maritime, « d'un édifice ou d'un monument public, ne pourront avoir lieu « à l'avenir qu'en vertu d'une loi spéciale ou d'un crédit ouvert « à un chapitre spécial du budget. » (Art. 10, *L. du 21 avril 1832.*)

L'année suivante une nouvelle occasion s'offrit naturellement à la Chambre de raffermir entre ses mains le pouvoir dont les constitutions précédentes l'avaient dépouillée. — Le Gouvernement ayant présenté à sa sanction une loi nouvelle sur l'expropriation pour cause d'utilité publique, on introduisit dans le projet un article dont l'objet était de réserver au pouvoir législatif le droit exclusif d'ordonner les travaux publics importants, tels que routes royales, canaux, chemins de fer, canalisation de rivières, bassins et docks, entrepris par l'État ou par compagnies particulières, avec ou sans péage, avec ou sans subsides du Trésor, avec ou sans aliénation du domaine public. — Le Roi conservait seulement le privilège d'autoriser l'exécution des routes, des canaux et chemins de fer d'embranchement de moins de 20.000 mètres de longueur, des ponts et de tous autres travaux de moindre importance.

Lors de la discussion de la loi du 3 mai 1841, des débats assez vifs s'élevèrent dans les Chambres sur le point de savoir s'il ne convenait pas de rendre à l'autorité royale la prérogative que la loi de 1810 accordait à l'Empereur. — Mais ces débats n'eurent pas pour résultat de faire modifier la législation existante, et l'article 3 de la loi de 1832 fut reproduit en termes identiques dans la loi de 1841. (*Voy.* art. 3.)

58. — Ces dispositions sont restées en vigueur sous la Monarchie de Juillet et sous la République de 1848. Mais en 1852, la reconstitution des pouvoirs politiques a amené un retour à l'état de choses consacré par la loi du 8 mars 1810. — Le sénatusconsulte des 23-30 décembre 1852, portant interprétation et modification de la Constitution du 14 janvier 1852, a abrogé, par son article 4, les lois antérieures et remis exclusivement à l'Empereur les attributions partagées sous le régime parlementaire entre le Roi et les Chambres. D'après l'article 4, « tous les travaux « d'utilité publique, notamment ceux désignés par l'article 10 de « la loi du 21 avril 1852 et l'article 3 de la loi du 3 mai 1841, « toutes les entreprises d'intérêt général, sont autorisés ou or- « donnés par décrets de l'Empereur. Ces décrets sont rendus dans « les formes prescrites par les règlements d'administration pu- « blique. Néanmoins, si ces travaux et entreprises ont pour con- « dition des engagements ou des subsides du Trésor, le crédit

« devra être accordé ou l'engagement ratifié par une loi avant la
« mise à exécution. — Lorsqu'il s'agit de travaux exécutés pour
« le compte de l'État, et qui ne sont pas de nature à devenir
« l'objet de concessions, les crédits peuvent être ouverts, en cas
« d'urgence, suivant les formes prescrites pour les crédits extra-
« ordinaires : ces crédits seront soumis au Corps législatif dans sa
« plus prochaine session. »

Dans son rapport au nom de la Commission du Sénat chargée
d'examiner le projet de sénatus-consulte, M. le président Troplong insistait pour démontrer que le pouvoir central est le meilleur juge des travaux qui demandent des vues d'ensemble et des
combinaisons étendues. « Le pouvoir central, disait-il, n'est
« chargé d'administrer en grand que parce qu'il est excellem-
« ment posé pour tout embrasser. — Il reste donc dans son rôle
« d'administrateur suprême en dirigeant l'activité nationale vers
« les travaux qui développent la richesse du pays et mettent à
« côté des populations les véritables moyens de combattre la mi-
« sère. » — « Il faut, ajoutait-il, que le Gouvernement rentre
« dans ses prérogatives et ne soit plus gouverné. — Modérateur
« des intérêts rivaux, c'est à lui qu'il appartient de juger de haut
« et avec un coup d'œil d'ensemble ce qui est nécessaire pour les
« concilier par d'équitables compensations. — Il doit donc re-
« prendre le droit de décider des directions et des tracés, droit
« détaché de la couronne par suite d'un autre système politique,
« d'origine récente dans notre pays, mais qui doit y faire retour
« quand la France revient à un système plus ancien, plus vrai et
« plus logique. »

59. — Quel que soit le mérite de ces considérations, on ne peut
se dissimuler que le système consacré par le sénatus-consulte de
1852 présentait de véritables dangers au point de vue de l'administration des finances publiques. — Dans ce système où, comme
le disait M. le président Troplong, ce sont les frais du travail
(et non le travail lui-même qui sont soumis à la sanction législative), il était permis de craindre que le contrôle des représentants du pays ne fût, dans certaines circonstances, purement illusoire.

L'article 4 réservait, en effet, à l'Empereur le droit d'ouvrir des
crédits extraordinaires pour les travaux exécutés pour le compte
de l'État et qui ont un caractère d'urgence. Il est vrai qu'à la
plus prochaine session les crédits devaient être soumis à la sanction du Corps législatif. Mais, en attendant, le Gouvernement
s'était mis à l'œuvre, les travaux étaient commencés, et le pays se
trouvait engagé presque à son insu dans les plus grandes dépenses
avant que ses représentants fussent réunis et eussent eu la possibilité, non pas seulement de refuser l'approbation des crédits
ouverts, mais de présenter de légitimes observations.

60. — Ces dangers avaient été signalés bien souvent depuis
1852 dans la presse et à la tribune du Corps législatif. — Le
Gouvernement s'en était préoccupé, et l'Empereur avait cru de-

voir renoncer au droit que lui accordait la constitution d'ouvrir des crédits extraordinaires dans l'intervalle des sessions. (*Voy.* sénatus-consulte du 21 déc. 1861.) — Antérieurement un décret en date du 1er déc. 1861 avait déjà décidé qu'à l'avenir aucun décret autorisant ou ordonnant des travaux ou des mesures quelconques pouvant avoir pour effet d'ajouter aux charges budgétaires ne serait soumis à la signature de l'Empereur qu'accompagné de l'avis du Ministre des finances. (Voy. *Moniteur* du 12 déc. 1861.) — Depuis cette époque, commence une ère nouvelle de conciliation entre les droits incontestables des représentants du pays et les attributions conservées au chef du pouvoir exécutif.

Ces réformes de détails furent suivies d'un remaniement plus complet de la constitution impériale. (*Sénatus-consulte du 10 décembre 1869.*)

61. — Une loi du 27 juillet 1870 dispose dans son article 1er que « tous les grands travaux publics, routes impériales, canaux, « chemins de fer, canalisation des rivières, bassins et docks, « entrepris par l'État ou par des compagnies particulières, avec « ou sans péage, avec ou sans subsides du Trésor, avec ou sans « aliénation du domaine public, ne pourront être autorisés que « par une loi rendue après une enquête administrative ».

La même loi ajoute : « Un décret impérial, rendu dans la forme « des règlements d'administration publique, et également précédé « d'une enquête, pourra autoriser l'exécution des canaux et che- « mins de fer d'embranchement de moins de 20 kilomètres de « longueur, des lacunes et des rectifications de routes impériales, « des ponts et de tous autres travaux de moindre importance. »

Cette loi, on le voit, consacre un système à peu près semblable à celui des lois de 1833 et 1841. Elle en diffère cependant sur les trois points suivants :

En premier lieu, elle exige que les décrets qui statuent sur les travaux dont l'autorisation est réservée au chef de l'État soient rendus dans la forme des règlements d'administration publique, c'est-à-dire sur l'avis de l'assemblée générale du Conseil d'État.

En second lieu, elle ajoute, dans le 3e alinéa de son article 1er, qu' « en aucun cas les travaux dont la dépense doit être suppor- « tée en tout ou en partie par le Trésor ne pourront être mis à « exécution qu'en vertu de la loi qui crée les voies et moyens ou « d'un crédit préalable inscrit à l'un des chapitres du budget ». Cette disposition, qui ne se trouve pas dans les lois de 1833 ni de 1841, mais qui avait été pour la première fois introduite dans la Cons- titution de 1852, apporte une grave restriction au pouvoir laissé au chef de l'État d'autoriser certains travaux.

Enfin elle déclare, dans son article 2, qu' « il n'est rien innové, quant à présent, en ce qui touche l'autorisation et la déclaration d'utilité publique des travaux publics départementaux ou commu- naux ». Les règles qu'elle édicte ne s'appliquent donc pas à ces travaux dont nous nous occuperons plus loin.

Telle est la législation actuelle.

La distinction qu'elle établit, au point de vue de l'autorisation qui doit précéder leur exécution, entre les grands travaux et les travaux de moindre importance est très sage ; mais elle manque de précision. Quels sont les grands travaux qui ne peuvent être autorisés que par une loi, et quels sont les travaux de moindre importance, pour lesquels il suffit d'un décret rendu dans la forme des règlements d'administration publique?

A première vue, et en s'en tenant à la lettre de la loi, il semblerait que l'autorisation par le Parlement fût la règle et l'autorisation par décret, l'exception.

Cependant, d'après les discussions qui ont eu lieu au Corps législatif au sujet de la loi du 27 juillet 1870, les auteurs et la pratique s'accordent à reconnaître que les énumérations faites par cette loi ne sont pas limitatives, et que la loi a tracé des règles générales, en vertu desquelles il est permis de classer les travaux dans l'une ou dans l'autre catégorie par analogie. M. Aucoc estime que les travaux non analogues par leur nature à ceux que la loi de 1870 réserve à l'autorisation du législateur peuvent être autorisés par simple décret. (V. *Conférences*, t. II, n° 575; *Revue critique de législation et de jurisprudence*, 1873.) Il nous paraît avoir bien compris les principes et l'esprit de la loi de 1870. La loi a voulu subordonner l'intervention du législateur à l'importance des travaux et à leur caractère d'intérêt général.

62. — Depuis la loi du 27 juillet 1870, plusieurs propositions ont été faites aux Chambres tant pour interpréter que pour compléter cette loi. Nous citerons, parmi celles qui ont été le plus près d'aboutir, celle du 29 juillet 1875 soumise à l'Assemblée nationale, qui avait été adoptée en première et en seconde lecture, qui avait fait l'objet d'un projet rédigé d'accord entre le Ministre des travaux publics et la Commission chargée de l'examen, et que la dissolution de l'Assemblée nationale empêcha seule d'être votée en troisième lecture. Cette proposition restreignait encore les droits du chef du pouvoir exécutif et lui retirait le droit d'autoriser les canaux d'irrigation, de desséchement et d'alimentation des villes, et ne faisait plus de distinction, au sujet de ces travaux, entre ceux entrepris par l'Etat et ceux qui l'étaient par les départements et les communes. Reprise avec des adjonctions encore plus restrictives pour les droits du chef du pouvoir exécutif, le 12 janvier 1877, devant la Chambre des députés, cette proposition échoua par la dissolution de la Chambre en 1877. Reprise en 1878, et bien qu'adoptée en première lecture par la Chambre des députés, elle est encore à l'état de projet dans les bureaux du Sénat.

63. — Mais le but général que cette proposition voulait atteindre l'a été en partie et indirectement par les lois nouvelles, et relativement aux travaux qui devaient être la conséquence de ces lois. Nous citerons notamment la loi du 4 avril 1882, sur la restauration et la conservation des terrains en montagne, dont l'article 2 exige formellement l'intervention du législateur pour tous les travaux qui résultent de son application, et la loi des 11-12 juin 1880, sur les chemins de fer d'intérêt local, dont l'article 2 contient une disposition semblable.

Les droits du chef du pouvoir exécutif se trouvent encore restreints par un certain nombre de lois particulières, antérieures à la loi générale de 1870, et qui n'ont pas été abrogées par elle. Ainsi l'intervention du législateur est toujours nécessaire pour les travaux entraînant expropriation totale, en matière de propriétés insalubres (loi du 13 avril 1850); pour ceux qui entraînent expropriation de sources minérales (loi du 22 juillet 1856, art. 12), etc.

Ajoutons aussi la restriction qui résulte de nos lois constitutionnelles et de l'article 1er, § 3, de la loi du 27 juillet 1870, ainsi conçu : « En aucun cas, les travaux dont la dépense doit être « supportée en tout en partie par le Trésor ne pourront être « mis à exécution qu'en vertu de la loi qui crée les voies ou « moyens, ou d'un crédit préalablement inscrit à un des chapitres du budget. » Ainsi, dans tous les cas où les travaux à autoriser engagent les finances de l'Etat, l'intervention des Chambres législatives est nécessaire. (V. lois du 28 juillet 1881 *sur le canal de Ventaron;* du 13 juillet 1882, *sur le canal d'irrigation de Gugnac;* du 7 août 1882, *sur l'irrigation du Forez,* etc.)

64. — Nous ne nous sommes occupés jusqu'ici que des travaux neufs.

Il va sans dire que les règles qui viennent d'être exposées ne sont pas applicables aux travaux de réparation. Ceux-ci continuent d'être régis par une ordonnance du 10 mai 1829, relative aux travaux des ponts et chaussées, laquelle distingue entre les grosses réparations et les travaux d'entretien ou de réparations ordinaires.

Aux termes de l'article 7 de cette ordonnance, les travaux de grosses réparations sont soumis à l'approbation du directeur général des ponts et chaussées, aujourd'hui du Ministre des travaux publics. Lorsque l'estimation n'excède pas 5.000 fr., ils peuvent même être approuvés immédiatement par le préfet, sur la proposition de l'ingénieur en chef. Toutefois, ajoute le même article, l'exécution n'en pourra avoir lieu qu'autant que les fonds auront été crédités.

Pour les travaux d'entretien ou de réparation ordinaires, la même ordonnance dispose, dans son article 4, qu'ils seront exécutés dans chaque département sous la direction des ingénieurs et sous l'autorité du préfet. C'est donc à ce dernier fonctionnaire qu'il appartient toujours de les ordonner sur les propositions des ingénieurs.

Les travaux de réparations grosses ou menues rentrant dans les services autres que celui des ponts et chaussées sont soumis à des règles analogues.

CHAPITRE II

Attributions des Ministres.

SECTION PREMIÈRE

Ministre des travaux publics.

65. — Historique de la création du Ministère des travaux publics.
66. — Attributions du Ministre.
67. — Divisions et bureaux.
68. — Conseils institués auprès du Ministre.
69. — Conseil général des ponts et chaussées.
70. — Division en sections.
71. — Attributions.
72. — Conseil supérieur des voies de communication.
73. — Conseil général des mines.
74. — Comité consultatif des chemins de fer. — Historique.
75. — Composition et fonctionnement.
76. — Attributions.
77. — Commissions spéciales rattachées au Comité consultatif des chemins de
       de fer.
78. — Commission mixte des travaux publics. — Historique.
79. — Composit on.
80. — Attributions.
81. — Corps des ponts et chaussées.
82. — Division en services. — Service ordinaire.
83. — Service extraordinaire.
84. — Services détachés; service hydraulique agricole.
85. — Membres du Corps des ponts et chaussées chargés de travaux qui ne dépen-
       dent pas du Ministre des travaux publics et qui ne sont pas faits pour
       le compte de l'État: autorisation nécessaire.
86. — Difficultés spéciales à ce cas: responsabilité, honoraires, frais.
87. — Personnel du Corps des ponts et chaussées.
88. — Inspecteurs généraux: classes. — Anciens inspecteurs divisionnaires.
89. — Ingénieurs en chef.
90. — Ingénieurs ordinaires.
91. — Élèves ingénieurs : école des ponts et chaussées.
92. — Conducteurs.
93. — Recrutement du personnel: avancement.
94. — Cahier des clauses et conditions générales des ponts et chaussées.

65. — Si peu favorables que soient nos lois actuelles à la centralisation administrative, il est impossible de méconnaître sa puissance et les avantages qu'elle présente en certaines matières. Les travaux publics sont de celles-là : la création d'une administration centrale donnant l'impulsion à toutes les grandes entreprises destinées à féconder la richesse nationale était indispensable: on l'a compris de tout temps.

C'est cette nécessité de la centralisation qui déjà, sous Louis XIV, avait inspiré au ministre Desmarets l'idée d'organiser un service des ponts et chaussées composé de fonctionnaires, ingénieurs, et sous-ingénieurs qui étaient répartis dans les différentes généralités.

Il ne rentre pas dans le cadre de cet ouvrage de remonter jusqu'au Moyen-âge pour trouver les origines de l'organisation des travaux publics. (Il est déjà question des ingénieurs des ponts et chaussées dans une ordonnance de Charles V.) Nous nous contenterons de l'envisager depuis la Révolution.

Un décret du 31 décembre 1790 institua une « Administration centrale des ponts et chaussées », composée d'un premier ingénieur, d'inspecteurs généraux, d'ingénieurs en chef, d'ingénieurs de département, etc...

A la date du 25 mai 1791 intervint un autre décret qui plaça dans les attributions du Ministre de l'intérieur « le maintien et « l'exécution des lois touchant les mines, minières et carrières, « les ponts et chaussées et autres travaux publics, la conservation « de la navigation et du flottage sur les rivières et du halage sur « les bords, la direction des objets relatifs aux bâtiments ». (*Art. 7.*)

Puis, le 18 juillet 1791, un nouveau décret organisa la surveillance et l'administration, par le Ministère de l'intérieur, des richesses minérales et fossiles

Il n'y avait pas encore de Ministère distinct; mais la plupart des questions intéressant les travaux publics et qui rentrent aujourd'hui dans les attributions d'un Ministre spécial étaient confiées à deux divisions séparées du Ministère de l'intérieur : les mines et les ponts et chaussées.

Le décret du 7 fructidor an XII ne tarda pas à ériger en direction la division des ponts et chaussées. (*Art. 13.*) Les décrets des 7 août et 7 novembre 1810 firent de même pour la division des mines. Enfin, une ordonnance royale du 17 juillet 1815 supprima la direction des mines pour la rattacher à la direction générale des ponts et chaussées.

Tout ce qui concerne les travaux publics se trouva dès lors réuni dans les attributions d'un fonctionnaire unique; bien qu'il fût sous l'autorité du Ministre de l'intérieur, c'était un pas de plus vers la création d'un Ministère distinct.

Après la Révolution de 1830, l'immense accroissement des travaux publics et l'essor puissant que le commerce en avait reçu, inspirèrent au gouvernement de Louis-Philippe la pensée de détacher du Ministère de l'intérieur ces divers services et d'en former un Ministère spécial sous le titre de Ministère de l'agriculture, du commerce et des travaux publics. Cette idée fut réalisée par l'ordonnance du 17 mars 1831. (*Art. 2.*) Quelques années plus tard, l'œuvre fut complétée : le Ministère créé par l'ordonnance de 1831 fut divisé lui-même en deux départements : une ordonnance royale du 23 mai 1839 établit un Ministère des travaux publics et un Ministère de l'agriculture et du commerce. Un sous-secrétaire d'Etat, ayant dans ses attributions les ponts et chaussées et les mines, était attaché au Ministère des travaux publics.

Le second-Empire revint au système de l'ordonnance de 1831. Un décret du 23 juin 1853, en rétablissant le Ministère de l'agriculture et du commerce, y rattacha les travaux publics. Cet état de choses dura jusqu'en 1869; mais l'extension sans cesse croissante que prenaient les services des travaux publics rendit indispensable le rétablissement d'un Ministère spécial. Cet acte fut accompli par un décret du 17 juillet 1869; et depuis cette époque, le Ministère des travaux publics a toujours conservé une existence indépendante.

66. — Le Ministère des travaux publics est chargé de la construction, de la réparation et de l'entretien de tous les grands travaux d'utilité publique exécutés par l'Etat, et de la surveillance de ceux qui sont confiés à des compagnies concessionnaires.

Il comprend notamment tout ce qui concerne l'exécution, l'entretien et la réparation des travaux confiés à l'Administration des ponts et chaussées, tels que routes nationales et départementales, sauf, pour ces dernières, les questions de finance et de comptabilité, qui sont réservées au Ministère de l'intérieur, les ponts, canaux, digues à la mer; la conservation de la navigation et du flottage sur les fleuves et rivières, les canaux de navigation, les travaux de défense contre les rivières et torrents; la surveillance de la pêche fluviale; la police, le curage et l'amélioration des cours d'eau non navigables ni flottables; le règlement des usines situées sur ces cours d'eau; la recherche et la concession de mines, la police des mines, carrières et des industries métallurgiques, forges et hauts-fourneaux; la police et la surveillance des établissements thermaux en ce qui concerne la recherche, le captage et l'aménagement des sources d'eaux minérales (*Déc. 14 août 1869*); les travaux sur les dunes; les ports de commerce et l'éclairage des côtes; les desséchements de marais et irrigations; les mesures de sûreté pour les appareils à vapeur; toutes les questions concernant les chemins de fer: travaux de construction et surveillance de l'exploitation, etc.

Les autres Ministères ont retenu seulement la construction et l'entretien des édifices et monuments affectés aux services qui en dépendent.

67. — Le Ministère des travaux publics est partagé en directions, divisions et bureaux.

Les directions sont au nombre de trois:

1° LA DIRECTION DU PERSONNEL DU SECRÉTARIAT ET DE LA COMPTABILITÉ, qui comprend trois divisions:

1re *division :* Nominations, promotions, mouvements, secrétariat, bibliothèque, expéditions, autographies.

2e *division :* Frais et indemnités, pensions, secours, contrôle et statistique du personnel; service intérieur, archives.

3e *division :* Comptabilité.

2° LA DIRECTION DES ROUTES, DE LA NAVIGATION ET DES MINES, qui comprend aussi trois divisions:

1re *division :* Routes et ponts.

2e *division :* Navigation.

3e *division :* Mines et usines.

3° LA DIRECTION DES CHEMINS DE FER, qui comprend quatre divisions:

1re *division :* Études et travaux de chemins de fer.

2e division : Études et travaux de chemins de fer.
3° division : Exploitation des chemins de fer.
4° division : Contrôle des comptes des compagnies et statistique des chemins de fer.

68. — Il a été institué, auprès du Ministère des travaux publics, un certain nombre de conseils, composés de hauts fonctionnaires et de membres du Parlement, et plusieurs commissions permanentes. Leur mission est de donner des avis sur les diverses parties du service. Ce sont :

1° *Le Conseil général des ponts et chaussées ;*

2° *Le Conseil supérieur des voies de communication* (supprimé récemment) ;

3° *La Commission des routes nationales ;*

4° *Le Conseil général des mines ;*

5° *La Commission chargée d'examiner et de coordonner les renseignements statistiques sur l'industrie minérale ;*

6° *Le Comité consultatif des chemins de fer,* auquel se rattachent : *la Commission de l'exploitation technique des chemins de fer ; les Commissions chargées de l'examen des comptes de premier établissement des chemins de fer ; la Commission chargée de vérifier les comptes de l'Administration des chemins de fer de l'État ; la Commission militaire supérieure des chemins de fer ;*

7° *Le Conseil général des bâtiments civils et la Commission supérieure des bâtiments civils et palais nationaux,* rattachés aujourd'hui au Ministère de l'Instruction publique ;

8° *La Commission mixte des travaux publics ;*

9° *La Commission centrale des machines à vapeur ;*

10° *La Commission des phares ;*

11° *La Commission des inventions ;*

12° *Le Comité consultatif des arts et manufactures ;*

13° *La Commission de la carte géologique de la France ;*

14° *La Commission chargée d'arrêter les bases du nivellement général de la France ;*

15° *La Commission des annonces de crues ;*

16° *La Commission des formules ;*

17° *La Commission de l'atlas statistique des irrigations ;*

18° *La Commission des annales des ponts et chaussées ;*

19° *La Commission des annales des mines ;*

20° *Le Comité consultatif du contentieux et des études juridiques.*

Nous devons nous borner à donner ici quelques détails sur ceux de ces conseils ou de ces commissions dont les attributions sont directement en rapport avec l'exécution des travaux publics; dans les paragraphes suivants, nous ne parlerons donc que du Conseil général des ponts et chaussées, du Conseil supérieur des voies de communication, du Conseil des mines, du Comité consultatif des chemins de fer, et des commissions qui s'y rattachent, et de la Commission mixte des travaux publics. Quant au Conseil des bâtiments civils, actuellement rattaché au Ministre des travaux publics, nous en traiterons plus loin (nᵒˢ 97 et suivants).

69. — *Conseil général des ponts et chaussées.* — Il a été institué par un décret du 7 fructidor an XII (*art. 11* et *15*). Depuis cette époque, son organisation a passé par diverses phases dont nous croyons inutile de donner le détail : nous nous contenterons d'exposer la législation actuellement en vigueur.

Composition du Conseil. — La composition du Conseil général des ponts et chaussées a été déterminée par un décret du 17 juin 1854 qui, après avoir été modifié par un arrêté du 5 mai 1863, a été remis en vigueur par un nouveau décret du 15 septembre 1869.

Actuellement le Conseil se compose :

1ᵉ *Du Ministre,* président, qui est remplacé en cas d'absence par un vice-président choisi parmi les inspecteurs généraux de première classe. Le vice-président est nommé pour un an et peut être maintenu en fonctions. (*Décret du 17 juin 1854, article 3 ; Déc. du 15 septembre 1869, art. 2.*)

2ᵒ *Du sous-secrétaire d'État* (lorsque le Ministère en comporte un) et *du directeur des chemins de fer* (*Déc. du 17 juin 1854, art. 2, et du 15 septembre 1869 art. 1ᵉʳ*), qui sont de droit membres permanents du Conseil.

3ᵒ *Des inspecteurs généraux de 1ʳᵉ classe des ponts et chaussées,* qui sont au nombre de neuf.

4ᵒ *De l'inspecteur général des travaux maritimes.*

5ᵒ *Des inspecteurs généraux de 2ᵉ classe désignés par le Ministre.* Ils sont appelés à siéger au Conseil pendant six mois de l'année, au nombre de 13, du 1ᵉʳ janvier au 30 juin, et de 15, du 1ᵉʳ juillet au 31 décembre.

6ᵒ *D'un inspecteur général de 2ᵉ classe ou d'un ingénieur en chef, secrétaire,* ayant voix délibérative. (*Déc. du 15 septembre 1869, art. 1ᵉʳ.*) Il est adjoint au secrétaire, un ingénieur ordinaire de 3ᵉ classe avec le titre d'attaché au secrétariat du Conseil. Ce poste est occupé pendant un an par l'élève qui est sorti le premier de l'École.

7ᵒ Enfin, les ingénieurs de tout grade, en activité ou en congé, présents à Paris, peuvent assister aux séances ; ils ont voix consultative dans la discussion des affaires qui concernent leur service. (*Déc. du 15 septembre 1869, art. 1ᵉʳ.*)

Le directeur des routes et de la navigation peut également assister aux séances, avec voix délibérative pour les affaires de son ressort.

70. — *Sections du Conseil.* — Le Conseil est divisé en sections « pour l'examen des affaires qui, à raison de leur importance « secondaire, n'exigent pas la réunion du Conseil entier ». Des arrêtés ministériels déterminent le nombre, les attributions et la composition des sections. C'est au Ministre qu'il appartient de décider souverainement si une affaire peut être délibérée dans une section ou si, au contraire, elle doit être soumise au Conseil tout entier.

C'est également à lui qu'appartient le pouvoir de diviser le Conseil en sections. L'ordonnance du 8 juin 1832 avait établi deux sections entre lesquelles les affaires devaient être réparties *d'après leur nature* : chaque section s'occupait toujours d'affaires du même genre.

La première, des routes, ponts et chemins de fer, la seconde, de la navigation. Le 23 décembre 1838, une nouvelle ordonnance, maintenant la division par nature d'affaires, augmenta seulement le nombre des sections qui fut porté à quatre : 1° routes et ponts ; 2° plans généraux d'alignement, établissements d'usines, et règlements des cours d'eau ; 3° affaires concernant la navigation naturelle et artificielle et travaux des ports, quais, bacs, desséchements des marais, canaux d'irrigation ; 4° chemins de fer. A chacune de ces sections était attaché un ingénieur, en qualité de secrétaire, pour étudier et présenter les affaires. Ce système avait de nombreux avantages : il permettait une étude approfondie des affaires, le classement des membres du Conseil dans l'une ou l'autre des sections, suivant leur service, leurs aptitudes, et leurs travaux ; et il rendait impossible les contradictions de jurisprudence entre les différentes sections, puisque les affaires de même nature étaient toujours portées devant la même section.

Mais en 1863, on prétendit que ce système avait l'inconvénient de ne pas permettre aux inspecteurs généraux de 2° classe chargés de surveiller le personnel, le matériel et les affaires litigieuses dans leur circonscription, de suivre jusqu'au bout les affaires de leur circonscription, quand ces affaires n'étaient pas portées à l'assemblée générale du Conseil des ponts et chaussées, et n'étaient pas dévolues par leur nature à la section à laquelle ils appartenaient. Cet inconvénient était-il réel ? N'était-ce pas, au contraire, un avantage, répondant bien à la mission de contrôle et de haute juridiction du Conseil, que les affaires y fussent étudiées et présentées par d'autres que ceux qui avaient fait la première instruction, à un point de vue plus large, et avec d'autres arguments ? Toujours est-il qu'un arrêté ministériel du 5 mai 1863 réduisit à deux le nombre des sections, composées chacune de neuf inspecteurs généraux, et devant s'occuper des affaires de toute nature, dépendant des circonscriptions que ces inspecteurs dirigeraient. Cependant, pour éviter les contradictions de jurisprudence entre les deux sections, on maintint les quatre ingénieurs secrétaires des sections précédentes, comme chargés spécialement chacun de la même nature d'affaires, de la manière suivante : 1° routes nationales ou départementales, ponts suspendus sur les chemins vicinaux ; 2° service hydraulique, ports maritimes, phares et fanaux ; 3° navigation intérieure, rivières navigables et canaux ; 4° chemins de fer. Chacun de ces ingénieurs-secrétaires doit étudier et présenter à l'une ou à l'autre des sections les affaires qui, par leur nature, rentrent dans son service.

Cette division a été maintenue, sauf des modifications peu importantes, par des décisions subséquentes auxquelles nous ne pouvons que renvoyer. (V. notamment décret du 15 septembre 1869, art. 3, etc.) Nous appellerons seulement l'attention sur un arrêté ministériel du 19 décembre 1878 qui a créé deux nouvelles sections : section de la construction des chemins de fer et section de l'exploitation des chemins de fer. C'était, en ce qui concerne les chemins de fer, le retour à la division par nature d'affaires. Une seule de ces deux nouvelles sections a été conservée, c'est la section de la construction des chemins de fer ; suivant un arrêté du 26 janvier 1879, la section de l'exploitation s'est transformée et est devenue le Comité consultatif de l'exploitation des chemins de fer. Nous en parlerons plus loin.

71. — *Attributions.* — Les attributions du Conseil général des ponts et chaussées sont déterminées par le décret du 7 fructidor an XII. (*Art. 15.*) Aux termes de ce décret, « le Conseil général « donnera son avis sur les projets et plans de travaux et sur « toutes les questions d'art et de comptabilité qui lui seront « soumises et dont il lui sera fait un rapport par ceux de ses « membres qui auront été chargés de les examiner. Le Conseil « général donnera aussi son avis sur le contentieux de l'Adminis- « tration relatif à l'établissement, règlement et police des usines « à eau. Il sera nécessairement consulté sur toutes les questions « contentieuses qui devront être portées au Conseil d'Etat ou « décidées par le Ministre ».

Dans toutes ces hypothèses, le Conseil ne donne que des *avis :* c'est-à-dire que la solution qu'il adopte n'est jamais obligatoire pour l'Administration, ni, à plus forte raison, pour le Conseil d'Etat.

Les termes impératifs du décret de l'an XII sembleraient indiquer que l'avis du Conseil des ponts et chaussées est une pièce nécessaire de la procédure contentieuse devant le Conseil d'Etat. On peut dès lors se demander si la production de cet avis au dossier administratif est indispensable, et si, en son absence, il y aura lieu à requête civile dans les termes de l'article 32 du règlement du 22 juillet 1806. On admet généralement, et cette solution nous paraît raisonnable, que l'avis du Conseil des ponts et chaussées présente un caractère confidentiel, et que, par conséquent, la production n'en saurait être exigée. (C. d'Etat, 28 mai 1829, *Bagros*, 481.)

Il suffit pour que la prescription du décret de l'an XII soit obéie, qu'il soit établi que le Conseil a été consulté. Ajoutons que, dans la pratique, lorsque le dossier est communiqué aux avocats des parties, l'avis de ce Conseil, à la suite duquel l'avis ministériel est intervenu, est presque toujours joint aux pièces.

72. — *Conseil supérieur des voies de communication.* — Un décret du 31 janvier 1878 avait institué un conseil supérieur des voies de communication appelé à délibérer sur les questions qui intéressent le régime des voies ferrées et navigables, l'ouverture des voies nouvelles de communication, l'agrandissement des ports de commerce et le transit international ; il était composé du

Ministre, président, et de 48 membres dont 16 pris en nombre égal dans les deux Chambres, 16 représentant l'Administration et 16 représentant l'industrie, le commerce et l'agriculture. Les Ministres, le vice-président du Conseil d'Etat, le gouverneur de la Banque de France, les secrétaires généraux des Ministères de l'agriculture, du commerce et des travaux publics, les directeurs des chemins de fer et de la navigation en étaient membres de droit.

Ce conseil a tenu deux sessions en 1878, puis il a été supprimé par un décret de 1883.

73. — *Conseil général des mines*. — Ce Conseil a été institué par le décret du 18 novembre 1810. En vertu des articles 45 et 46 de ce texte et de l'article 4 du décret du 15 septembre 1839, il se compose :

1° *Du Ministre*, président ;
2° *Du directeur des mines*, membre permanent ;
3° *Du directeur des chemins de fer*, qui a voix délibérative dans les affaires concernant son service ;
4° *De trois inspecteurs généraux de 1re classe*, dont un vice-président ;
5° *De huit inspecteurs généraux de 2e classe* ;
6° *D'un ingénieur en chef de 1re classe*, secrétaire du Conseil, assisté d'un ingénieur ordinaire de 3e classe en qualité d'attaché au secrétariat ;

Le décret de 1810 (*Art. 46*) détermine ainsi ses attributions : « Le Conseil général donnera son avis sur les demandes en « concession, sur les travaux d'art auxquels il conviendra d'as-« sujettir les concessionnaires comme condition de la concession, « sur les reprises des travaux, sur l'utilité ou les inconvénients « des partages de concessions, sur le perfectionnement des pro-« cédés de l'art et sur tous les autres sujets pour lesquels il sera « jugé utile au service de connaître l'opinion du Conseil. — Le « Conseil général sera nécessairement consulté sur les questions « contentieuses qui devront être décidées par notre Ministre de « l'intérieur ou portées au Conseil d'Etat. » Cette dernière partie de l'article appelle une observation analogue à celle que nous venons de faire relativement aux avis du Conseil des ponts et chaussées.

74. — *Comité consultatif des Chemins de fer*. — L'origine du Comité consultatif des chemins de fer se trouve dans deux ordonnances du 22 juin 1842 ; l'une prescrivait que le choix à faire entre les différents tracés à suivre pour l'établissement des lignes de chemins de fer serait, après examen préalable du Conseil des ponts et chaussées, soumis à l'avis d'une Commission supérieure présidée par le Ministre ; la seconde prescrivait la formation d'une autre Commission chargée de proposer les règlements imposés pour l'exploitation et d'étudier toutes les questions relatives à cette exploitation.

Dès 1847, une ordonnance du 6 avril réunit ces deux Commissions en une seule sous le nom de *Commission générale des chemins de fer* qui était divisée en 4 sections : les tracés, l'exploitation technique, l'exploitation commerciale et les règlements.

Le 29 juillet 1848, un arrêté vint changer son nom : elle fut désormais appelée *Commission centrale des chemins de fer*. Sous l'empire de cet arrêté, le Conseil des ponts et chaussées restait seul chargé des questions relatives à l'exécution des travaux et au règlement des comptes des entrepreneurs.

Cet état de choses dura jusqu'au 30 novembre 1852, époque à laquelle un arrêté ministériel réunit dans les mêmes mains les attributions de la Commission centrale et du Conseil des ponts et chaussées, et les confia à un comité appelé *Comité consultatif des chemins de fer*. Mais l'importance sans cesse croissante que prenaient les chemins de fer, la nécessité d'étudier spécialement les questions financières et commerciales y relatives entraînèrent de fréquentes modifications à la composition du Conseil. Un décret du 17 juin 1854 créa une section permanente pour donner son avis sur toutes les questions de tarifs et les conventions internationales relatives à l'exploitation, les émissions d'obligations, les questions de prêts ou de subventions et garanties d'intérêt aux compagnies. Un arrêté ministériel du 6 janvier 1872 revint à l'ancienne désignation de *Commission centrale* et apporta diverses modifications à son organisation; le 11 août 1877, nouvelles modifications; puis, le 31 janvier 1878, un décret vint rétablir le *Comité consultatif* de 1852, mais en lui conférant à la fois les attributions de l'ancien Comité consultatif et celles de la section permanente créée en 1854. C'est la base de la législation actuellement en vigueur.

75. — D'après ce décret, le Comité ne se composait que de fonctionnaires : douze membres au moins, et 15 au plus, nommés par décret et choisis notamment dans le Conseil d'État et les Corps des ponts et chaussées et des mines. Les Ministères des finances, de l'agriculture et du commerce y étaient représentés; le secrétaire général du Ministère des travaux publics, le directeur des chemins de fer et le directeur des mines en faisaient partie de droit.

Le décret du 24 novembre 1880, complété par celui du 20 mars 1882, vint apporter deux modifications importantes à cette organisation : il porta à 39 le nombre des membres du Comité, et il y fit entrer des membres du Parlement et des personnes étrangères à l'Administration. Il est actuellement composé de la manière suivante :

Vingt-six membres nommés par décret et comprenant :

1° *Huit membres du Parlement;*

2° *Trois membres du Conseil d'État;*

3° *Cinq membres du Corps des ponts et chaussées;*

4° *Un membre du Corps des mines;*

5° *Deux membres de la Chambre de commerce de Paris;*

6° *Un membre de la Société des ingénieurs civils;*

7° *Deux représentants du Ministère des finances;*

8° *Deux représentants du Ministère de l'agriculture et du commerce;*

9° *Un représentant du Ministère de la guerre;*

10° *Un représentant du Ministère des postes et télégraphes* (aujourd'hui direction).

Quatre membres de droit, qui sont (décret du 20 mars 1882) :

1° *Le directeur des chemins de fer au Ministère des travaux publics;*

2° *Le directeur des routes, de la navigation et des mines au Ministère des travaux publics;*

3° *Le directeur du personnel et du secrétariat au Ministère des travaux publics;*

4° *Le chef de la division de l'exploitation des chemins de fer au Ministère des travaux publics.*

Ce même décret adjoint au Comité deux auditeurs au Conseil d'Etat qui rempliront les fonctions de rapporteurs dans les affaires de minime importance avec voix consultative.

La présidence appartient au Ministre ou au sous-secrétaire d'Etat qui sont remplacés au besoin par un vice-président, désigné chaque année par arrêté ministériel.

Un secrétaire et un secrétaire-adjoint sont attachés au Comité, avec voix consultative.

Les inspecteurs généraux chargés de la direction des services de contrôle de l'exploitation des chemins de fer peuvent assister aux séances avec voix consultative.

Le Comité se réunit au moins une fois par semaine, et plus souvent si cela est nécessaire.

Les délibérations sont prises sur un rapport écrit fait par un membre ou un secrétaire;

Lorsqu'il s'agit d'examiner des affaires peu importantes, il peut être constitué des sous-comités qui délibèrent aux lieu et place du Comité, afin de hâter l'expédition des affaires.

Enfin, des commissions peuvent être organisées dans le sein du Conseil pour l'examen des affaires importantes.

76. — L'avis du Comité est *nécessaire* dans les matières suivantes:

1° Homologation des tarifs;

2° Interprétation des lois et règlements, des actes de concession et des cahiers de charges;

3° Rapport des administrations de chemins de fer entre elles ou avec les concessionnaires des embranchements;

4° Traités passés par les administrations de chemins de fer et soumis à l'approbation du Ministre;

5° Demandes en autorisation d'émission d'obligations;

6° Demandes d'établissement de stations ou de haltes sur les lignes en exploitation;

7° Réclamations relatives à la marche des trains;

8° Organisation et conditions générales de l'exploitation des chemins de fer non concédés en dehors du réseau des chemins de fer de l'Etat ;

Son avis est facultatif sur toutes les questions qui lui sont soumises par le Ministre relativement à l'établissement ou à l'exploitation des chemins de fer d'intérêt général, d'intérêt local ou des tramways, etc...

77. — Au Comité consultatif se rattachent les commissions suivantes :

1° *Comité de l'exploitation technique ;*

2° *Commission chargée de l'examen des comptes de premier établissement des lignes ;*

3° *Commission chargée de vérifier les comptes d'administration des chemins de fer de l'Etat ;*

4° *Commission militaire des chemins de fer.*

Ces trois dernières n'ayant pas directement trait à l'exécution des travaux publics, nous nous contenterons de dire quelques mots du Comité de l'exploitation technique.

Comité de l'exploitation technique des chemins de fer.—Il a été institué par arrêté ministériel du 29 janvier 1879, et se compose de :

Un inspecteur général des mines, président;

Trois inspecteurs généraux des mines et quatre inspecteurs généraux des ponts et chaussées, directeurs du contrôle de l'exploitation des chemins de fer;

Le directeur de l'exploitation des chemins de fer ;

L'ingénieur en chef des mines, secrétaire du Conseil général des mines;

Un ingénieur en chef des mines;

Quatre membres désignés par le syndicat des chemins de fer de ceinture, et pris parmi les directeurs des grandes compagnies et les ingénieurs en chef attachés au service du matériel et de la traction.

Ce Comité est consulté sur toutes les questions qui intéressent l'exploitation proprement dite, et sur les mesures de police et de sûreté.

78. — *Commission mixte des travaux publics.* — Il peut arriver que des travaux intéressent à la foi des services militaires et civils ; d'autre part, il est indispensable d'empêcher l'établissement, dans les zones-frontières, de travaux qui pourraient nuire à la défense nationale. Cette considération a amené la création d'une Commission mixte des travaux publics.

Nous verrons plus loin, d'une manière détaillée, les règles qui concernent les travaux mixtes et nous examinerons à ce moment en détail les attributions de la Commission. (V. ci-dessous, n° 263 et suivants....) Pour le moment, nous nous contenterons d'indiquer ses origines, sa composition et ses attributions générales.

L'origine de cette institution se trouve dans une ordonnance de 1776 qui déclarait « qu'à l'avenir il ne serait établi, dans les

« provinces frontières, aucun de ces travaux soit par l'adminis-
« tration des provinces et des villes, soit même par les ingé-
« nieurs civils, sans que les projets n'eussent été communiqués
« au Ministère de la guerre ».

Un seul des intérêts engagés dans la question se trouvait ainsi
garanti; ceux de l'agriculture et du commerce pouvaient, de
leur côté, réclamer l'amélioration ou la construction de routes,
canaux et ports; ces intérêts devaient sans doute s'effacer devant
les nécessités de la défense des frontières, mais ils n'avaient de
juges que les ingénieurs, préoccupés exclusivement des intérêts militaires, et qui naturellement étaient disposés à décliner,
même comme étrangère à leur profession, toute appréciation
des intérêts civils. Aussi la loi du 19 janvier 1791, en confir-
mant les servitudes militaires de la zone frontière, créa-t-elle,
pour l'appréciation des travaux relatifs aux routes et communications, une assemblée mixte composée de membres du
Corps des ponts et chaussées et du Corps du génie militaire.

L'article 6 du titre Ier dispose : « Lorsqu'il sera question de
« travaux qui intéresseront les routes et communications sur les
« frontières, et les ouvrages à faire dans les ports de commerce
« où la marine militaire est reçue, les projets seront discutés et
« examinés dans une assemblée mixte, composée de commissaires
« de l'Assemblée des ponts et chaussées et des commissaires du
« Corps du génie. Le résultat de cet examen sera porté aux
« Comité militaire et des ponts et chaussées de l'Assemblée natio-
« nale réunis; et il sera statué ce qu'il appartiendra sur le rap-
« port de ces deux Comités, par le Corps législatif. »

Napoléon, entrant plus largement dans cette voie et trouvant
« que les ingénieurs civils et militaires étaient trop absolus pour
« balancer convenablement les intérêts civils et militaires »,
créa une institution mixte, par son décret du 20 juin 1810, dont
un autre décret du 4 août 1811 acheva de régler les attributions.

Ces deux dispositions furent abrogées par une ordonnance du
18 septembre 1816 qui maintint néanmoins la Commission :
« Nous sommes convaincu, disait l'Exposé de motifs, que le but
« de l'institution de cette Commission a été de faire concourir à
« l'examen et à la discussion de tous les projets de travaux publics
« qui peuvent intéresser à la fois les services militaire, civil et
« maritime, les divers ingénieurs attachés à ces trois départe-
« ments, afin que ce concert pût amener des moyens de concilia-
« tion dans les cas d'opposition de vue et d'intérêts publics
« entre les divers services, ou présenter, de part et d'autre, tous
« les motifs qui pourraient éclairer les décisions à provoquer par
« mes Ministres dans les cas de contestations, et enfin de donner,
« dans l'administration de tout projet quelconque de travaux
« publics mixtes, la garantie qu'ils sont adoptés dans les consi-
« dérations les plus déterminantes des vrais intérêts de l'État. »

D'après cette ordonnance, la Commission était composée :
d'un officier général du génie, membre du Comité de fortifications; d'un inspecteur général, membre du Conseil des ponts et

chaussées, d'un inspecteur général des ponts et chaussées attaché au département de la marine, et de deux secrétaires du Conseil des ponts et chaussées et du Comité des fortifications.

Les vues très justes exprimées dans le préambule de l'ordonnance de 1816 ont inspiré toutes les modifications survenues ultérieurement. L'ordonnance du 28 décembre 1828 a principalement modifié la composition de la Commission. Aux termes de l'article 2, elle comprend : Un Ministre d'État, président ; trois conseillers d'États, deux inspecteurs généraux du génie militaire, un inspecteur général des ponts et chaussées, un inspecteur général membre du Conseil des travaux maritimes, et un secrétaire archiviste. La Commission est chargée de délibérer et de donner son avis sur chacun des projets renvoyés à son examen. (*Art. 1er.*) Si un Ministre refuse d'adhérer à la délibération de la Commission, l'affaire est examinée en Conseil des Ministres. (*Art. 7.*)

L'ordonnance du 31 juillet 1841 adjoignit à la Commission un officier général d'artillerie ; celle du 29 octobre 1845 un officier général de la marine.

Enfin, intervint la loi du 7 avril 1851 qui, encore aujourd'hui, contient, sauf des modifications peu importantes, les règles fondamentales.

79. — Actuellement, la Commission se compose de :

Un président de section du Conseil d'État, président ;
Un président de section du Conseil d'État, et deux conseillers d'État ;
Un général de brigade, membre du Comité des fortifications ;
Un général de division, membre du Comité d'artillerie, et deux généraux de division ;
Un général de brigade ;
Deux inspecteurs généraux des ponts et chaussées ;
Un vice-amiral.
Un inspecteur général des ponts et chaussées, membre du Comité des travaux de la marine ;
L'inspecteur général, secrétaire du Conseil des ponts et chaussées ;
Le chef de bataillon, secrétaire du Comité des fortifications ;
Le colonel d'artillerie, secrétaire du Comité d'artillerie ;
Le commissaire de la marine, secrétaire du Conseil d'amirauté ;
Un ingénieur des constructions navales.
Tous ces membres sont nommés par décret.

80. — Quant aux attributions de la Commission mixte, telles qu'elles résultent de la loi de 1851 et du décret du 16 août 1853, nous les examinerons ci-après, en traitant des travaux mixtes.

Disons seulement ici qu'elle statue, ainsi que son nom l'indique, sur toutes les affaires qui intéressent à la fois les services civil, militaire et maritime. — Elle est toujours consultée sur ces travaux avant l'approbation définitive des projets, et avant que l'on puisse procéder à leur exécution. (*Art. 6, décr. du 16 août 1853.*)

Nous consacrons plus loin un chapitre spécial aux travaux mixtes : on y trouvera tout ce qui concerne le fonctionnement de cette Commission.

Les travaux mixtes du génie, des ponts et chaussées et de la marine sont concertés sur les lieux entre les directeurs ou ingénieurs en chefs des divers services. Le concert s'établit dès l'époque de la rédaction primitive des projets, et les ingénieurs, à quelque service qu'ils appartiennent, entrent en conférence dans tous les cas où ils le jugent utile. — Des procès-verbaux rédigés et signés conjointement contiennent leur avis commun ou leurs opinions respectives, et sont adressés, avec les plans nécessaires, par les chefs de service, aux départements auxquels ils appartiennent. — Ces procès-verbaux et plans sont alors renvoyés par chaque Ministre au Comité des fortifications, au Conseil général des travaux maritimes. — Les délibérations de ces conseils et comités sont ensuite portées, avec les pièces, à la discussion de la *Commission mixte*. (*Art. 4, 5, de l'ordon. des 18-28 sept. 1816.*)

Le résultat des discussions de la Commission est adressé par elle aux Ministres que la question intéresse, et dans le cas où elle n'aurait pu concilier les intérêts des divers services, les projets sont mis sous les yeux de l'Empereur pour qu'il y soit pourvu par une décision spéciale. (*Art. 6.*)

81. — *Corps des ponts et chaussées.* — Le Corps des ponts et chaussées prépare, exécute et surveille les travaux du Ministère des travaux publics.

L'origine de ce Corps est bien antérieure à la Révolution de 1789. (*V. Aucoc*, II, nos 428-436.) Nous ne croyons pas nécessaire de le suivre dans son développement sous l'ancienne Monarchie, et nous nous contenterons d'examiner les textes qui l'ont réorganisé depuis 1789.

Le premier de ces textes est le décret du 7 fructidor an XII, aujourd'hui abrogé et remplacé par les décrets des 13 octobre 1851 et 28 mars 1852.

Nous étudierons successivement les dispositions de ces décrets concernant les divers services dans lesquels est divisée l'Administration des ponts et chaussées, le personnel et son mode de recrutement.

82. — *Divisions en services.* — Le personnel est réparti dans un certain nombre de divisions, ou services, qu'il est indispensable de connaître.

Le service des ponts et chaussées proprement dit se divise en trois branches. (*Déc. du 16 nov. 1851, art. 1er.*)

1° *Service ordinaire ;*
2° *Service extraordinaire ;*
3° *Services détachés.*

Service ordinaire. — Il comprend tous les services permanents confiés à l'Administration et se subdivise en *service général, service spécial, services divers.*

Le service général est chargé de la direction et de l'exécution des travaux ordinaires accomplis par l'État et les départements. Il se compose d'un personnel complet établi dans chaque département.

Le service spécial comprend les études, l'exécution et la direction d'un certain nombre de travaux qui ont été successivement distraits du service général et départemental. Tels sont : le service des cours d'eau navigables ou flottables, du domaine public, les travaux maritimes (à l'exception des travaux des ports de guerre et autres entreprises dépendant du Ministère de la marine) ; le contrôle des chemins de fer concédés ; les chemins de fer de l'État, etc.

Les services divers comprennent les emplois de l'Administration centrale au Ministère des travaux publics, le secrétariat du Conseil des ponts et chaussées, le dépôt des cartes et plans, l'École des ponts et chaussées, les missions et travaux scientifiques, et en général tous les services rétribués sur le budget des travaux publics, qui ne rentrent ni dans le service général, ni dans le service spécial des travaux publics. (*Art. 2 du décret de 1851.*)

83. — *Service extraordinaire.* — Il comprend l'étude, l'exécution et la direction d'un certain nombre de grands travaux publics non permanents, que l'on a cru devoir confier, à raison de leur importance et de leur durée, à des ingénieurs spéciaux qui s'y consacrent exclusivement : établissement de chemins de fer, de canaux, d'ouvrages à la mer, etc... Après leur achèvement, ces travaux rentrent dans les attributions du service ordinaire.

84. — Enfin, il existe un grand nombre de *services détachés* (Art. 4 du décret de 1851.) Ce sont : tous les services qui sont confiés aux ingénieurs des ponts et chaussées, et obligatoires pour eux, bien que n'étant pas rétribués sur le budget des travaux publics : tels sont le service des ports militaires et des colonies, le service de l'Algérie, le service des eaux et du pavé de la ville de Paris. Il en est de même des fonctions de directeur des études, professeur ou répétiteur à l'enseignement de l'école polytechnique et des autres écoles du Gouvernement.

Depuis 1851, quelques changements ont été apportés parmi ces services. Dès le 17 novembre 1848, une circulaire ministérielle avait, en vue de travaux d'utilité agricole, préparé l'organisation d'un service spécial hydraulique, comprenant les entreprises suivantes : établissement de canaux d'irrigation , delimonage ou de colmatage, régularisation et aménagement des cours d'eau, création de réservoirs artificiels, emploi des eaux comme moteur hydraulique et comme fertilisant, dessèchement des marais et suppression des étangs insalubres, etc.

Pendant fort longtemps, ces travaux ont été exécutés par le Ministère des travaux publics. Distraits du service ordinaire, ils

ne furent pas confiés au service spécial appelé service hydraulique, mais à une division de ce service qui prit le nom de service hydraulique agricole. Récemment, à la suite d'une circulaire
ministérielle du 28 décembre 1881, ils furent attribués au Ministère de l'agriculture : néanmoins, les agents des ponts et chaussées en demeurèrent chargés et ce service spécial fut alors
transformé en un service détaché, sous le même nom de service
hydraulique agricole. Sont encore considérés comme étant en
service détaché les ingénieurs qui, en vertu des décrets des
24 septembre 1860 et 28 octobre 1868 sont désignés par le Ministre
pour s'occuper des services municipaux des villes et communes
de plus de 30.000 âmes.

De plus, les ingénieurs du Corps des ponts et chaussées peuvent encore être chargés de travaux de compagnies, d'associations
syndicales, et même de simples particuliers. (V. n° 85.)

85. — Le Corps des ponts et chaussées dirige donc souvent des
travaux qui ne dépendent pas du Ministère des travaux publics
et qui ne sont pas exécutés pour le compte de l'Etat. Cette tendance du Corps des ponts et chaussées à s'ingérer dans l'exécution de tous les grands travaux publics, qu'ils soient entrepris
par les départements, les communes, les associations syndicales,
les compagnies et sociétés, ou même les simples particuliers, a
donné lieu à de nombreuses difficultés que nous aurons à examiner dans le cours de cet ouvrage.

Nous ne parlerons ici que de celles qui concernent spécialement la personne des ingénieurs des ponts et chaussées attachés
à ces travaux.

Ils ne peuvent les entreprendre qu'après avoir obtenu l'autorisation de l'Administration qui sera donnée d'une manière différente suivant que ceux qui la sollicitent voudront s'attacher d'une
façon permanente au service d'une entreprise particulière, ou
qu'ils voudront seulement concourir aux travaux.

Lorsqu'un ingénieur veut se retirer temporairement du service
de l'Etat pour s'attacher au service des compagnies ou prendre
du service à l'étranger, il lui est accordé, s'il y a lieu, un congé
renouvelable, d'une durée de cinq ans (*Décret du 30 octobre
1879, art. 2.*) Pour l'obtenir, il faut au moins qu'il compte
cinq années de services effectifs depuis sa promotion au grade
d'ingénieur ordinaire de 3e classe.

Pour les inspecteurs généraux, le congé renouvelable ne peut
être accordé que dans des circonstances exceptionnelles, appré-
ciés par le Ministre et sur l'avis favorable du Conseil général des
ponts et chaussées. (*Déc. de 1879, art. 3.*)

Lorsqu'un ingénieur, sans quitter le service de l'Etat temporairement, désire prêter à une société le concours de son expérience pour la direction des travaux, une simple autorisation
suffit : mais elle doit toujours être demandée. (*Circ. min. du
15 octobre 1864.*)

En outre, l'article 27 du décret de 1851 interdit aux ingénieurs de devenir entrepreneurs ou concessionnaires de travaux publics sous peine d'être considérés comme démissionnaires. C'est de cet article qu'une circulaire du 10 avril 1861 a tiré cette conséquence : que les ingénieurs ne doivent pas se mettre au service d'un entrepreneur, à moins que ce ne soit un concessionnaire de travaux publics substitué à l'État.

86. — Des difficultés s'élèvent au sujet de la responsabilité que peuvent encourir les ingénieurs qui se chargent de ces travaux, et des honoraires et frais qu'ils peuvent réclamer.

A ne consulter que la logique et les principes, les ingénieurs ayant agi dans ces diverses circonstances, en dehors de leurs fonctions, devraient se trouver dans les mêmes conditions que les ingénieurs civils ordinaires et les architectes. Ainsi, il ne devrait pas leur être permis de décliner la responsabilité établie par les articles 1792 et 2270 du Code civil, ni celle que les architectes encourent à raison des malfaçons et erreurs. De même, pour la rémunération, ils devraient être traités comme les architectes tant au point de vue du mode de paiement des honoraires qu'au point de vue de la compétence des tribunaux appelés à statuer en cas de contestation.

Le Corps des ponts et chaussées n'a pas voulu que ses membres fussent ainsi soumis au droit commun, et, rencontrant une certaine résistance dans la jurisprudence, il a sollicité et obtenu du Ministre le moyen de s'y soustraire.

Au point de vue de la responsabilité, la jurisprudence fait une distinction : si les ingénieurs, soit sur la demande du préfet, soit sur celle des communes ou des associations syndicales, sont appelés à diriger les travaux après autorisation régulière dans la circonscription dans laquelle ils exercent leurs fonctions, ils doivent être considérés comme agissant dans l'exercice de ces fonctions et les principes généraux de la responsabilité ne leur sont pas applicables. Si, au contraire, les travaux ne s'exécutent pas dans leur circonscription le droit commun doit être suivi. (C. d'Etat, 23 janvier 1864, *Mary*, 52 ; 26 décembre 1867, *Ville du Mans*, 961 ; 21 janvier 1869, *Krafft*, 73 ; 20 février 1880, *Lebreton*, 203; 11 novembre 1881, *Commune de Pont-Saint-Esprit*, 871.)

Le Corps des ponts et chaussées ne trouvant pas cette jurisprudence suffisamment protectrice a obtenu du Ministre des travaux publics, à la date du 1er septembre 1880, une circulaire rendue après avis du Conseil des ponts et chaussées, en vertu de laquelle l'autorisation ne devra être donnée aux ingénieurs de diriger les travaux en question que si les intéressés déclarent par avance renoncer à invoquer les articles 1790 et 2270 du Code civil.

Ces articles du Code civil n'étant pas d'ordre public, une pareille clause de renonciation est valable ; c'est donc aux communes, aux associations syndicales, etc., à voir si l'avantage de confier la direction des travaux aux ingénieurs de l'Etat compense ces inconvénients.

Au point de vue du mode de recouvrement des honoraires, comme au point de vue de leur quotité et de la juridiction compétente, le Corps des ponts et chaussées a soutenu que les honoraires devaient être réglés par le décret du 10 mai 1874, que leur recouvrement devait être fait comme celui des contributions directes, et que le tribunal compétent pour statuer en cas de contestation était le Conseil de préfecture, sauf recours au Conseil d'État. Cette dernière juridiction avait très nettement refusé de sanctionner cette prétention. Cette fois, il ne suffisait pas de s'adresser au Ministre ; l'ordre des juridictions ne pouvant être changé que par une loi, le Corps des ponts et chaussées a obtenu la sanction de ses prétentions par le législateur. (V. l'art. 17, et le tableau D de la loi du 30 juillet 1885.) Nous ne pouvons donc que faire la même réflexion que précédemment.

Voyons maintenant la composition du personnel et ses principales fonctions.

·87. — *Personnel.* — Le décret de 1851 établissait : des inspecteurs généraux, des inspecteurs divisionnaires, des ingénieurs en chef, des ingénieurs ordinaires et des élèves ingénieurs. A cette nomenclature, il faut ajouter les agents auxiliaires, les conducteurs qui aujourd'hui peuvent à certaines conditions acquérir le grade d'ingénieur. La qualification d'inspecteur divisionnaire a été supprimée en 1854, et il reste aujourd'hui :

1° Les inspecteurs généraux, divisés en deux classes ;
2° Les ingénieurs en chef, divisés en deux classes également ;
3° Les ingénieurs ordinaires, divisés en trois-classes;
4° Les élèves ingénieurs ;
5° Les conducteurs.

88. — Les inspecteurs généraux de 1re classe sont au nombre de neuf. Ils sont membres de droit du Conseil général et sont chargés en outre de faire des inspections extraordinaires.

Les inspecteurs généraux de 2e classe, appelés autrefois inspecteurs divisionnaires, ont vu leurs fonctions notablement modifiées depuis 1851, notamment par les décrets des 17 juin 1854 et 15 septembre 1869. En principe, ils sont chargés de la surveillance et des inspections ordinaires dans une certaine circonscription comprenant tout ou partie d'un service, ou le service ordinaire de plusieurs départements. Ils surveillent le matériel et le personnel de toute l'Administration. — Ils font à cet effet deux tournées au moins par an. Dans ces tournées, ils visitent les travaux, contrôlent les registres et papiers relatifs à la comptabilité. Ils discutent avec les ingénieurs en chef les projets de dépenses de l'année, les bases de l'adjudication des travaux et les plans et devis des ouvrages projetés. Ils vérifient les états de situation, les états sommaires de trimestre, la tenue de la comptabilité des travaux, les toisés provisoires et définitifs, les états de réception, l'avancement des projets, la nature et l'emploi des matériaux, etc., etc.

Les inspecteurs divisionnaires, indépendamment de leur correspondance courante avec le directeur général, lui rendent compte une fois par mois des résultats de leur inspection. — Quelquefois ils remplissent temporairement et en cas d'empêchement tout ou partie des fonctions des ingénieurs en chef de leur division. (*Voy.* art. 12, déc. 7 fruct. an XII.)

Ils peuvent aussi faire partie du Conseil général. Le décret de 1869 porte en effet que le Conseil se compose des inspecteurs généraux de 2ᵉ classe désignés par le Ministre. Dans la pratique, les inspecteurs généraux de 2ᵉ classe ont voix délibérative au Conseil, chacun pendant six mois. (V. nᵒ 69.)

89. — Les ingénieurs en chef de première classe sont au nombre de 112, et ceux de 2ᵉ classe, au nombre de 148, auxquels il faut joindre l'effectif du service extraordinaire. (*Déc. du 6 nov. 1851.*)

Leurs fonctions sont minutieusement indiquées par l'article 13 du décret du 7 fruct. an XII. — Ils sont chargés dans les départements de tout le service des ponts et chaussées, canaux de navigation et ports de commerce sous les ordres supérieurs du directeur général, sous les ordres immédiats des préfets, et sous la surveillance des inspecteurs divisionnaires.

Ils rédigent ou font rédiger par les ingénieurs ordinaires les projets des travaux, les devis des ouvrages et les détails estimatifs ; ils soumettent aux préfets les conditions des marchés ; assistent aux adjudications ; dirigent et surveillent l'exécution des travaux ; en vérifient le compte, l'arrêtent provisoirement avec les entrepreneurs et leur délivrent les certificats nécessaires pour l'obtention des payements à-compte et définitifs. — Ils tiennent à cet effet un registre de recettes et dépenses du service, et en rendent un compte sommaire par trimestre et un compte définitif chaque année.

Ils peuvent, sur la demande des préfets, être chargés, par l'Administration, de travaux étrangers à leurs fonctions ordinaires et font au moins deux tournées par an dans l'étendue de leur département. Enfin ils correspondent avec le directeur général des ponts et chaussées, le préfet, les autorités locales, et les ingénieurs placés sous leurs ordres.

90. — Les ingénieurs ordinaires ont des fonctions non moins multipliées. Ce sont eux qui sont chargés d'une manière spéciale de la surveillance et de l'exécution des travaux, conformément aux clauses et conditions des cahiers des charges. Ils vérifient les qualités, la quantité et l'emploi des matériaux, font les toisés qui précèdent les réceptions provisoires et définitives, procèdent à ces réceptions, règlent provisoirement les comptes, adressent à l'ingénieur en chef les certificats nécessaires aux entrepreneurs, tiennent les registres et pièces de comptabilité de manière à fournir à l'ingénieur en chef tous les comptes et renseignements qu'il peut leur demander. — Ils doivent être sans cesse présents sur les grands travaux d'art, visiter incessamment les travaux ordinaires des routes et de la navigation, enfin rédiger les plans,

devis, projets, faire les dessins, toisés et nivellements qui leur sont demandés.

Ils correspondent avec l'ingénieur en chef, le sous-préfet, les maires de leur arrondissement, et avec l'inspecteur divisionnaire, en ce qui concerne seulement le service de l'inspection. (Art. 14, décret du 7 fruct. an XII.)

L'effectif du service ordinaire comprend 150 ingénieurs de première classe; — 225 de deuxième classe; 45 de troisième classe, en tout 420, nombre qui, le cas échéant, pour les besoins du service extraordinaire, peut être porté à 460. (Décret du 6 nov. 1851.)

91. — Les élèves ingénieurs, au nombre de 45, sont recrutés parmi les élèves de l'Ecole polytechnique qui remplissent les conditions exigées par les règlements organiques de cette école. Ils passent trois années dans l'École des ponts et chaussées d'où ils sortent avec le grade d'ingénieur ordinaire de troisième classe.

L'École des ponts et chaussées a été réorganisée par décret en date des 13 oct.-6 nov. 1851. — Elle est placée dans les attributions du Ministre des travaux publics. — L'enseignement que les élèves y reçoivent a pour objet spécial les routes, les chemins de fer, les canaux, les rivières et fleuves, les ports maritimes, les irrigations, les desséchements, la réglementation des cours d'eau et des usines, la distribution des eaux. Il comprend, en outre, des connaissances de mécanique, d'architecture civile, de géologie, d'agriculture, d'administration, de droit administratif et d'économie politique.

Nous n'avons pas à nous étendre ici sur l'organisation de cette école : on trouvera tous les détails utiles à connaître dans le décret précité du 6 nov. 1851.

92. — Il nous reste à parler des auxiliaires du Corps des ponts et chaussées. — Les conducteurs des ponts et chaussées, institués par le décret de l'an XII, ont pour mission de surveiller et de contrôler, sous les ordres des ingénieurs, les travaux de toute espèce en entreprise ou régie, de tenir les états des piqueurs et ouvriers, de vérifier les matériaux et leur emploi, de les toiser en présence des ingénieurs, d'aider ceux-ci pour la levée des plans et de verbaliser sur les contraventions en matière de grande voirie.

Le nombre des conducteurs, qui avait été fixé à 350 à l'origine, tant pour le service ordinaire que pour le service extraordinaire, a été porté, par le décret de 1851, à 1.800. Il y a, en outre, un nombre de conducteurs auxiliaires proportionné aux besoins du service.

Les conducteurs des ponts et chaussées sont nommés par le Ministre à la suite d'un concours public. — Une loi du 30 nov. 1850 leur a ouvert l'accès dans le Corps des ingénieurs. Leur admission est également subordonnée au résultat d'un concours.

93. — Recherchons maintenant comment se fait l'avancement. L'entrée dans le Corps des ponts et chaussées peut, ainsi que nous venons de le voir, se faire de deux manières. Pour les conducteurs, la nomination au grade d'ingénieur ordinaire de troisième classe sera obtenue à la suite d'un concours : c'est la seule voie qui leur soit ouverte.

Pour les élèves-ingénieurs, nous avons vu plus haut (nº 91) qu'après être sortis de l'École polytechnique ils doivent passer trois ans à l'École des ponts et chaussées. A la suite de ce séjour, et s'ils satisfont aux examens de sortie, ils sont nommés ingénieurs de 3ᵉ classe. Les nominations sont faites par décret.

Le passage d'une classe à une autre se fait par décision ministérielle; il ne peut être obtenu qu'après deux ans de service dans la classe inférieure, jusqu'au grade d'ingénieur en chef de 2ᵉ classe; ultérieurement, les nominations jusqu'au grade d'inspecteur général de 2ᵉ classe ne peuvent se faire qu'après trois années de service; et il faut 4 ans de service dans la seconde classe pour passer à la première.

94. — Les travaux exécutés par les soins du Ministère des travaux publics sont soumis à un cahier de charges connu sous le nom de « *Clauses et conditions générales imposées aux entrepreneurs pour l'exécution des travaux des ponts et chaussées* ».

La première rédaction de ce cahier de charges remonte à 1811. Depuis de cette époque, elle a été modifiée en 1833, puis en 1866. C'est actuellement le cahier du 16 novembre 1866 qui forme la loi des entreprises, celle à laquelle il faut toujours se reporter dans le silence des devis spéciaux.

Les clauses et conditions générales ont servi de type aux cahiers de charges des autres Ministères. C'est principalement à ces clauses que nous nous attacherons dans le cours de notre travail, lorsque nous nous occuperons des rapports de l'Administration avec les entrepreneurs de travaux publics.

SECTION II.

Travaux de l'ancien Ministère d'État. — Direction des bâtiments civils et des palais nationaux.

95. — Énumération des travaux de l'ancien Ministère d'État.
96. — Suppression du Ministère d'État : rattachement des bâtiments civils au Ministère des travaux publics, puis au Ministère de l'instruction publique.
97. — Conseil des bâtiments civils.
98. — Fonctionnement du service. — Organisation des travaux.
99. — Commission supérieure des bâtiments civils.
100. — Palais nationaux.
101. — Bâtiments rentrant dans ce service.
102. — Division en : administration des travaux, de la régie et du mobilier national.
103. — Administration des travaux. — Fonctionnement.
104. — Préparation, exécution et règlement des travaux.

95. — Sous le régime impérial, il y avait un Ministère d'État auquel deux décrets des 22-27 janvier 1852 et 25 juin 1854 avaient attribué l'administration des palais impériaux et des bâtiments civils, c'est-à-dire, de tous les monuments et édifices consacrés aux services publics d'intérêt général non militaires, et qui sont élevés et entretenus aux frais de l'État, des départements ou des communes. (*Règlement du 20 décembre 1841, art. 1er.*)

Cette définition très large n'est pas exacte. Le service des bâtiments civils ne s'étend pas à tous les bâtiments affectés aux services civils. En effet, parmi eux, il en est un grand nombre qui sont construits et entretenus par les agents spéciaux du service auquel ils sont affectés. Ce qui complique encore la question, c'est que certains Ministères ou services s'occupent d'une partie seulement des bâtiments qui leur sont affectés. Ainsi, bien que le Ministère de l'agriculture ait des agents spéciaux pour tous les bâtiments qui en dépendent, cependant, les dépôts d'étalons de toute la France ont été attribués aux bâtiments civils. Enfin, ce service comprend un grand nombre de monuments qui ne sont affectés à aucun service et qui auraient pu être rattachés au Ministère des beaux arts.

De plus, aucun texte législatif, ni aucun décret n'a donné l'énumération complète des bâtiments civils, soit par nomenclature individuelle, soit par catégorie. Les édifices et monuments ont été rangés parmi les bâtiments civils par des décisions successives prises, soit à l'époque de la construction, soit postérieurement. Souvent même le classement ne résulte pas d'un texte spécial, mais d'un texte général; par exemple, d'une loi de finances. Nous donnerons donc seulement quelques exemples.

Sont habituellement compris parmi les bâtiments civils : ceux qui appartiennent à l'État et sont affectés directement à son service, comme les Ministères; ceux qui sont affectés à des services publics ou occupés par des établissements publics administrés au nom de l'État : institutions des sourds-muets et des aveugles, hospice du Mont-Genève, le palais de l'Institut, les bibliothèques, l'Observatoire, le Collège de France; les grandes écoles nationales : polytechnique, des ponts et chaussées, des mines, normale, etc...; les bâtiments des Facultés d'enseignement supérieur; les théâtres de l'Opéra, de l'Odéon (autrefois l'Opéra-Comique); le Théâtre Français qui fait partie du Palais-Royal; enfin un grand nombre de monuments : Arc-de-Triomphe, colonne Vendôme, etc., etc...

D'autre part, le service des bâtiments civils ne comprend pas:

1° Tous les bâtiments militaires qui dépendent du Ministère de la guerre;

2° Les édifices consacrés aux cultes qui relèvent soit de la Commission des monuments historiques lorsqu'ils sont classés, soit du service diocésain, soit enfin du service communal ;

3° Les prisons, qui dépendent du Ministère de l'intérieur ou des départements ;

4° En général tous les bâtiments départementaux et communaux;

5° Les bâtiments scolaires, qui rentrent dans les attributions du Ministère de l'instruction publique.

96. — En 1870, le Ministère d'État ayant été supprimé, le service des palais nationaux et celui des bâtiments civils fut rattaché au Ministère des travaux publics; puis il passa au Ministère des beaux arts créé en 1881, et qui ne dura que quelques mois. Depuis cette époque, il appartient à la direction des beaux arts', et fait, à ce titre, partie du Ministère de l'instruction publique.

Le Ministère est assisté, pour l'examen des affaires concernant les bâtiments civils, du Conseil des bâtiments civils et palais nationaux.

Le service des bâtiments civils se compose de la Direction des bâtiments civils et de la Direction des palais nationaux qui comprennent un service intérieur et des services extérieurs : inspecteurs généraux, inspecteurs, sous-inspecteurs, conducteurs des travaux, architectes, etc...

La Direction des bâtiments civils, chargée de la conduite des travaux aux monuments qui sont de son ressort, est aussi appelée à donner son avis aux divers services publics qui peuvent la consulter.

97. — *Conseil des bâtiments civils.* — Ce Conseil fut créé sous la Convention, sur la proposition de l'architecte Rondelet, dans le but de soumettre au contrôle des hommes les plus compétents tous les plans et projets des bâtiments destinés à des services publics et exécutés aux frais de l'État, des départements, des communes, des hospices et autres établissements publics.

Ce Conseil a subi de nombreuses vicissitudes dans le détail desquelles nous n'avons pas à entrer. Actuellement, il se compose :

1° Du Ministre, président, qui au besoin est remplacé par celui des inspecteurs généraux qu'il désigne;

2• Du directeur des bâtiments civils et palais nationaux, membre permanent;

3° De quatre inspecteurs généraux ;

4° De quatre architectes, membres temporaires;

5° De deux auditeurs ;

6° D'un contrôleur et d'un secrétaire.

Le Conseil est chargé d'éclairer l'Administration sur le mérite des projets qu'elle veut faire exécuter. Il examine les plans, devis et cahiers de charges qui lui sont soumis par les services de l'État, des départements ou des communes; il détermine les conditions des concours ouverts pour les projets d'édifices publics, etc...

Il examine les difficultés qui s'élèvent entre les administrations locales et les architectes ou entrepreneurs au sujet de la rédaction des projets, de l'exécution des travaux, des règlements de comptes, etc...

Il est appelé à donner son avis sur toutes les questions qui s'élèvent à l'occasion des travaux exécutés par les architectes de l'Etat, et sur les règlements généraux et particuliers relatifs à ces mêmes travaux. (Arr. min. des 1 octobre 1812, 15 avril 1838, 9 janvier 1840, 20 décembre 1841, 12 avril 1848, 1er janvier 1854.)

98. — Un décret du 23 janvier 1862 a réglementé la comptabilité des bâtiments civils. Aux termes de l'article 1er de ce décret, les travaux des bâtiments civils sont exécutés d'après les projets rédigés par les architectes que le Ministre désigne. Ces projets, après avoir été examinés par le Conseil des bâtiments civils et autorisés par la Commission supérieure, font l'objet, soit d'adjudications publiques, soit, exceptionnellement, de soumissions directes présentées par les entrepreneurs. Les travaux d'entretien peuvent être exécutés à des prix de règlement.

Un arrêté ministériel du 30 janvier 1849 fixe les honoraires et rétributions des architectes et vérificateurs. Il a été modifié et refondu par un décret du 25 janvier 1862 pour les bâtiments civils et par un décret du 16 avril 1852 pour les palais nationaux.

Le service des bâtiments civils, a adopté un cahier des charges spécial à ces travaux qui contient des dérogations assez notables aux clauses et conditions générales des ponts et chaussées.

99. — *Commission supérieure des bâtiments civils.* — Cette Commission a été instituée par un décret du 27 mai 1887 pour prendre des décisions au sujet des mesures d'ensemble et de toutes les questions exceptionnelles qui se présentent dans le service des bâtiments civils. Elle se compose : des Ministres des finances, des cultes, de l'instruction publique et des beaux arts, du vice-président du Conseil d'Etat, du préfet de la Seine, du directeur des bâtiments civils et des palais nationaux; d'un certain nombre de sénateurs et de députés, du secrétaire perpétuel de l'Académie des beaux arts, des membres de l'Institut, du secrétaire général de l'administration des beaux arts, et de quatre inspecteurs généraux des bâtiments civils.

100. — *Palais nationaux.* — Sous l'Empire, le Ministère d'Etat avait dans ses attributions le service des palais nationaux, comprenant les travaux de construction et de réparation des édifices de la dotation de la couronne. Ce service est actuellement rattaché au service des bâtiments civils, et il fait partie de la même direction, qui se nomme : « Direction des bâtiments civils et des palais nationaux. » Toutefois, il a conservé, dans une certaine mesure, son organisation propre.

101. — Le service des palais nationaux comprend aujourd'hui non seulement les anciens palais et châteaux dont la couronne avait la jouissance, mais encore d'autres immeubles nationaux tels que les manufactures des Gobelins, de Beauvais, de Sèvres, et l'Ecole d'agriculture de Grignon. Ce rattachement ne peut s'ex-

pliquer qu'historiquement et n'a plus de raison d'être aujourd'hui ; d'ailleurs cette répartition des immeubles de l'Etat entre les divers services des bâtiments civils, des palais nationaux, des édifices diocésains, des monuments historiques, des bâtiments scolaires, etc., a fait l'objet de nombreuses et justes critiques, et on a fait à plusieurs reprises remarquer l'économie et les avantages qui résulteraient de la réunion de ces administrations diverses en un service unique.

102. — A la différence de ce qui se passe ordinairement pour le service des bâtiments civils, celui des palais nationaux est chargé à la fois de la régie, c'est-à-dire de la garde, de l'entretien du mobilier, etc., et des travaux, c'est-à-dire des constructions et réparations. Ces deux fonctions sont confiées à deux administrations distinctes existant parallèlement dans chaque palais, manufacture, etc. Comme dans les bureaux de la Direction centrale, chacune de ces administrations est indépendante de l'autre, a ses agents, sa hiérarchie, ses règlements spéciaux, aucun lien de subordination n'existe entre elles. Enfin une troisième administration, appelée Administration du mobilier national, est chargée de la fourniture et de la réparation de tous les meubles et objets mobiliers destinés à garnir les palais nationaux et les autres immeubles qui y sont assimilés.

103. — Nous n'avons à nous occuper que de l'administration chargée des travaux. Le service est réglementé par un arrêté ministériel du 11 février 1884. Les bâtiments sont groupés en un certain nombre d'agences, il y a presqu'une agence pour chaque palais, château ou immeuble distinct. L'agence fonctionne sous la direction d'un architecte qui correspond directement avec le Ministère pour les affaires de son agence, et qui a sous ses ordres un ou plusieurs inspecteurs, un vérificateur de mémoires, et un certain nombre d'employés, garçons de bureau, gardiens de magasin, charretiers, fontainiers, un jardinier chef avec ses aides, etc. L'agence est chargée de tous les travaux de construction et réparation à faire aux bâtiments ainsi que des ouvrages de toute nature à exécuter dans les cours, jardins, parcs, avenues, etc. Le jardinier chef est chargé de l'entretien des jardins et parterres, sous la surveillance de l'architecte.

104. — En dehors des menus travaux d'entretien et de réparations qui peuvent être exécutés par des ouvriers en régie ou par des entrepreneurs à l'abonnement, l'architecte fait établir en son agence les projets, plans et devis, nécessaires pour les constructions et réparations importantes, il transmet ces pièces au Ministère et attend les ordres ; les pièces sont examinées dans un bureau spécial du Ministère, les projets sont modifiés, s'il y a lieu, et le Ministre donne l'autorisation nécessaire. Les travaux sont confiés aux entrepreneurs soit de gré à gré, soit par adjudication, suivant les règles ordinaires. L'architecte surveille, dirige les travaux, et envoie périodiquement au Ministère les états d'avancement, les mémoires réglés, et les propositions de paiement ou d'à-compte ; le vérificateur attaché à chaque agence est exclusivement chargé de l'examen et de l'apurement des comptes des entrepreneurs. Les paiements ont lieu suivant les règles ordinaires.

SECTION III

Travaux des Ministères de la guerre, de la marine, de l'intérieur, de l'instruction publique et des cultes.

105. — Travaux du Ministère de la guerre.
106. — Cahiers des travaux du génie, de 1857 et de 1876.
107. — Cahier des charges de 1837 relatif à tous les travaux du département de la guerre.
108. — Travaux du Ministère de la marine.
109. — Conseil des travaux de la marine.
110. — Attributions du préfet maritime.
111. — Cahier des charges des travaux hydrauliques et des bâtiments civils de la marine.
112. — Travaux du Ministère de l'intérieur.
113. — Travaux du Ministère de l'instruction publique et des cultes.
114. — Édifices religieux.
115. — Édifices diocésains : énumération.
116. — Comité des inspecteurs généraux des édifices diocésains; architectes diocésains.
117. — Rédaction des projets : approbation et exécution des travaux.
118. — Travaux des bâtiments scolaires.
119. — Commission des monuments historiques.
120. — Classement des monuments.
121. — Situation légale des monuments classés.
122. — Règles spéciales pour l'autorisation des travaux.
123. — Instruction préalable.
124. — Examen des projets : approbation.
125. — Exécution des travaux.

105. — *Ministère de la guerre.* Le Ministre de la guerre a dans ses attributions tout ce qui concerne la construction et la réparation des fortifications, places de guerre, citadelles, batteries de côtes, postes et bâtiments militaires de toute nature ; les écoles et les directions d'artillerie, les arsenaux de construction, les forges, fonderies, manufactures d'armes, établissements de poudres et salpêtres. Ces divers travaux sont confiés à des services distincts : le service de l'artillerie, le service du génie, et le service des poudres et salpêtres.

106. — La réglementation concernant les travaux à exécuter par ces services a subi plusieurs modifications. Dès 1857, en ce qui concerne les travaux du génie, notamment, le Ministère de la guerre avait adopté un cahier de charges spécial, connu sous le nom de « Devis-Modèle des travaux du génie ».

Le 25 novembre 1876, fut publié un nouveau « cahier des clauses et conditions générales imposées aux entrepreneurs du service du génie ». Des cahiers analogues existaient pour le service de l'artillerie et pour le service des poudres et salpêtres.

En général, les adjudications pour ces divers services, et en particulier pour celui du génie, se faisaient sur bordereau de prix, ou « séries de prix », alors que, dans le service des ponts et chaussées, elles se faisaient sur marchés à l'unité de mesure. (V. nº 535.) Ce système donnait lieu à de vives critiques. (Barry, *Commentaire des clauses du génie*, avertissement.) Il avait été adopté par l'Administration sous le prétexte que le danger des indiscrétions, si grave en cette matière, n'était pas à redouter alors qu'on ne donnait les plans à l'entrepreneur que par parties.

107. — A la fin de 1887, ont été publiés un règlement provisoire et un nouveau cahier des clauses et conditions générales qui apporte à ce système de profondes modifications.

Tout d'abord, il n'existera plus à l'avenir qu'un seul cahier applicable à tous les travaux du Ministère de la guerre, sans qu'il y ait à distinguer entre les différents services. L'unification de réglementation a été justifiée d'une façon très complète par le rapport de la sous-commission chargée de la rédaction du nouveau cahier : « Les méthodes suivies par ces derniers « services (ceux de l'artillerie et des poudres), dit le rapport, « pour l'exécution de leurs travaux et la tenue de leur compta-« bilité sont à peu près identiques ; mais elles diffèrent sensi-« blement de celle en usage dans le service du génie.

« Sans doute, les constructions que les trois services précités « ont à créer et à entretenir doivent satisfaire à des conditions « différentes, et il serait excessif de chercher à uniformiser d'une « manière absolue leur mode de procéder ; mais si chacun des « services doit être chargé de présenter séparément à la sanc-« tion ministérielle ses règlements de détail, il y a avantage à « subordonner ceux-ci à des principes communs régissant : 1° le « mode de passation et les conditions générales des marchés ; « 2° les relations à établir entre le service constructeur et les « entrepreneurs pour l'exécution, la comptabilité et le paiement « des travaux. »

Cette pensée de simplification et d'unification a présidé à la rédaction du nouveau cahier général qui, à l'avenir, sera commun à tous les services : génie, artillerie, poudres et salpêtres, etc. D'après l'article 1er « *Tous les marchés* relatifs à l'exécution « des travaux dépendant du département de la guerre... sont « soumis aux dispositions suivantes... »

Chacun des services reste d'ailleurs distinct et indépendant des autres, en ce qui concerne l'exécution matérielle des travaux : d'après l'article 1er du règlement provisoire, chaque service comprend : un directeur qui a les attributions de direction définies par la loi du 16 mars 1882 sur l'Administration de l'armée ; un chef de l'exécution, qui a les attributions d'exécution définies par la même loi, et qui prend la dénomination spéciale usitée dans chaque service. Chaque chef d'exécution a sous ses ordres un personnel composé d'officiers ou d'ingénieurs et d'agents militaires, et même, au besoin, d'employés civils. (Art. 2 et 3 du règlement provisoire.)

La seconde modification fondamentale apportée à l'ancien système par le nouveau cahier porte sur le genre de marché usité. Autrefois, le marché sur séries de prix était le mode normal d'exécution des travaux, notamment pour le génie. D'après l'article 3 du règlement provisoire de 1887 : « Les travaux de « constructions militaires sont exécutés à l'entreprise ou en régie directe. » Et, dans le cas d'exécution des travaux à l'entreprise, les marchés sont de trois espèces : « le marché sur devis, le marché à forfait, et le marché sur séries de prix. » (Art. 4.)

Le marché sur séries de prix, qui était le mode normal d'exécution, devient exceptionnel. « Le marché sur séries de « prix, dit l'article 6 du même règlement, est employé pour les « travaux *qui ne peuvent être l'objet d'un projet défini, comme les* « *réparations et entretiens, et dans les cas spéciaux prescrits par* « *le Ministre.* » Le marché sur bordereau ou sur séries de prix n'est donc plus la règle ordinaire ; les critiques auxquelles il avait donné lieu, et que nous avons rappelées plus haut, ont paru fondées à la commission chargée de la rédaction du nouveau cahier, qui les a formulées avec une force nouvelle. « Le « marché sur séries de prix, dit le rapport, a l'inconvénient de « laisser planer sur les conséquences de l'entreprise un aléa con- « sidérable qui est de nature à écarter un certain nombre de « concurrents et à provoquer la hausse des offres aux adjudi- « cations. Si ce mode de marché est à peu près inévitable à tous les « travaux de menues réparations et d'entretien, qu'il est impos- « sible de prévoir à l'avance et qu'il faut exécuter au moment « même où ils se présentent, il n'en est pas de même pour les « travaux neufs qui peuvent être nettement définis à l'avance...

« On a jusqu'ici hésité à adopter ce mode de marché pour « les travaux du service du génie par les raisons :

« Que presque toutes ces constructions sont faites sous l'em- « pire de circonstances urgentes s'opposant à ce qu'on puisse « mettre en adjudication des projets aussi étudiés que l'exigent « les marchés sur devis ;

« Qu'avec ces derniers, il faut renoncer aux modifications qu'il « est souvent nécessaire d'apporter aux projets en cours d'exé- « cution, ou consentir à des indemnités onéreuses pour l'État ;

« Enfin qu'il y a impossibilité morale, pour les travaux de « fortification, à communiquer les projets aux soumissionnaires.

« Ces objections ne paraissent pas suffisantes pour forcer à se « priver des avantages du marché sur devis ; l'expérience « montre, en effet, qu'il est souvent nuisible d'entreprendre une « construction sans avoir étudié à l'avance toutes ses disposi- « tions principales. Le temps passé à cette étude peut être géné- « ralement regagné par la rapidité d'exécution, et même, en cas « d'urgence, ce qui importe en fait c'est non pas la date où « commence le travail, mais celle où il est terminé, etc... » (*Voir* le rapport au *Bulletin officiel* du Ministère de la guerre. Année 1887, partie réglementaire, n° 83.)

108. — *Ministère de la marine.* — Le Ministre de la marine a dans ses attributions les ports militaires, les rades, arsenaux,

bassins, canaux, côtes, quais, digues, forts et batteries en mer,
— les bagnes, magasins, ateliers, hangars, casernes, hôpitaux,
phares, etc., etc., et les travaux des constructions navales.

109. — Auprès du Ministre, le *Conseil des travaux de la marine*, créé par ordonnance royale des 10 fév.-31 mars 1831, est
chargé de donner son avis sur toutes les affaires qui lui sont renvoyées et qui ont pour objet : 1° l'examen des mémoires, rapports, plans, devis estimatifs, tarifs de main-d'œuvre et autres,
relatifs aux constructions navales, au matériel de l'artillerie, aux
ouvrages hydrauliques et bâtiments civils, et enfin tous les travaux à exécuter dans les arsenaux maritimes ainsi que dans les
autres établissements appartenant à la marine, tant en France
que dans les colonies; — 2° la préparation des règlements nécessaires pour l'exécution des travaux de tout genre qui se rapportent à la construction, à l'installation et à l'armement des
bâtiments de l'État; — 3° l'examen préparatoire des affaires destinées à être soumises à la Commission mixte des travaux publics;
— 4° l'examen des mémoires et rapports adressés au Ministre
par les officiers de la marine, du génie maritime, de l'artillerie
et par les ingénieurs des constructions hydrauliques sur les questions d'art relatives à ces diverses branches du service;... etc.,
etc. (Art. 2.)

110. — Le préfet maritime, dans chaque arrondissement,
donne l'impulsion aux travaux qui sont exécutés par les directeurs des travaux hydrauliques et des bâtiments civils et ayant
sous leurs ordres des ingénieurs des ponts et chaussées détachés
auprès du Ministre de la marine, ou bien des officiers du génie
maritime et des conducteurs.

La construction, la réparation et l'entretien des vaisseaux sont
exclusivement confiés aux ingénieurs des constructions navales.

111. — Les travaux du Ministère de la marine, comme ceux
des autres Ministères, sont essentiellement des travaux publics.
Ils s'adjugent dans les formes que nous aurons à faire connaître et qui leur sont communes avec tous les travaux exécutés
pour le compte de l'Etat. Ils sont soumis au cahier des charges,
clauses et conditions des travaux hydrauliques et bâtiments civils
de la marine.

(Consult. *Ordon. 29 nov. 1815; Instr. 28 août 1826 ; Instr. 9
janv. 1836; Ordon. des 14 juin-19 déc. 1844.*)

112. — *Ministère de l'intérieur.* — Les travaux à effectuer par
le Ministère l'intérieur, très nombreux autrefois, se réduisent
actuellement à fort peu de chose; on ne peut plus guère citer
que la construction des maisons centrales de détention.

Il n'existe pas d'organisation spéciale pour les travaux de ce
Ministère qui seront exécutés en la forme ordinaire, sur avis du
Conseil des bâtiments civils.

Il en est de même pour les travaux des Ministères de l'agriculture, du commerce, et des finances. A ce Ministère, les différents services n'ont pas d'organisation distincte pour les travaux à exécuter. Seule, la construction des manufactures de l'Etat est réglementée : elle est confiée à des ingénieurs de l'Etat.

113. — *Ministère de l'instruction publique et des cultes.* — En ce qui concerne les cultes, nous devons faire observer que, si nous en traitons ici, c'est parce qu'à l'époque où nous écrivons ils font partie du Ministère de l'instruction publique. Mais ils sont rattachés tantôt à un Ministère, tantôt à un autre, au hasard des combinaisons ministérielles. Cela importe peu, d'ailleurs, au point de vue qui nous occupe : les attributions que nous allons voir conférées au Ministre de l'instruction publique passent à un autre Ministre chaque fois que le service des cultes change de mains.

114. — C'est au Ministre qu'il appartient de diriger les travaux des édifices des cultes qui ne sont pas à la charge du département ou de la commune : cathédrales, archevêchés, séminaires, etc. (*Déc. du 30 déc. 1809, art. 109.*)

Les travaux à exécuter aux édifices religieux sont régis par une législation assez complexe. Il convient d'abord de tenir compte des règles que nous exposerons plus loin (V. n° 122), lorsqu'ils sont classés comme monuments historiques ; d'autre part, pour les édifices consacrés au culte dans les communes, qui sont chargées de leur entretien, il faut appliquer les règles qui régissent les travaux communaux. Enfin, les édifices diocésains, qui ne sont ni des monuments historiques, ni des propriétés communales, sont soumis à des lois particulières.

115. — Ces édifices comprennent principalement les cathédrales, les palais archiépiscopaux et épiscopaux, et les séminaires. La construction et l'entretien de ces divers bâtiments rentraient, en vertu du décret du 30 décembre 1809, dans les attributions du Ministre des cultes. Pendant quelque temps, ce service fut rattaché au Ministère des arts ; mais lorsque ce Ministère fut supprimé, il revint aux cultes, qu'il n'a plus quittés.

116. — Auprès du directeur des cultes fonctionne le Comité des inspecteurs généraux des travaux diocésains. Ce Comité se compose : du directeur général des cultes, président ; de trois inspecteurs généraux, d'un inspecteur général adjoint. Seize rapporteurs, tous architectes nommés par le Ministre sur la proposition du directeur des cultes, assistent le Comité dans l'étude des affaires.

Le Comité est chargé de procéder à la répartition préparatoire des crédits affectés aux travaux des édifices diocésains, à l'examen définitif des plans et devis de toutes constructions ou réparations ; enfin, il donne son avis sur toutes les questions d'art et d'architecture, ainsi que sur la comptabilité.

Les trois inspecteurs généraux se partagent le territoire de la France pour la surveillance et le contrôle.

L'Administration est représentée dans chaque diocèse par un architecte diocésain ayant sous ses ordres un certain nombre d'agents.

117. — Lorsqu'il est nécessaire d'exécuter aux édifices diocésains des reconstructions ou de grosses réparations, l'évêque en donne avis officiel au préfet du département : les plans et projets dressés par l'architecte diocésain sont transmis au Ministère, où ils sont examinés par le Comité des inspecteurs généraux.

Une fois adoptés par ce Conseil, ils sont approuvés par le Ministre après que l'évêque a été consulté. Les travaux sont ensuite mis en adjudication dans les formes ordinaires. Le Ministre approuve, s'il y a lieu, l'adjudication, et les travaux sont exécutés sous la direction de l'architecte diocésain.

Le Conseil des bâtiments civils qui, jusqu'en 1848, examinait les projets, n'a plus à intervenir.

118. — Les travaux à exécuter dans les bâtiments scolaires ne rentrent pas dans les attributions du Conseil des bâtiments civils : ils sont du ressort du Comité des bâtiments scolaires, appartenant au Ministère de l'instruction publique. Ce Comité se compose du vice-recteur de l'Académie de Paris, président, et de douze membres désignés par le Ministre, dont six architectes, et du directeur de l'enseignement primaire.

119. — Du Ministère de l'instruction publique dépend encore le service des monuments historiques.

Par un arrêté en date du 29 septembre 1837, M. de Montalivet, ministre de l'intérieur, a institué la première Commission connue sous le nom de Commission des monuments historiques. Cette Commission a été successivement rattachée à divers Ministères avant de l'être à celui de l'instruction publique. Elle fonctionne sous la présidence du Ministre et la vice-présidence du directeur des beaux-arts; elle se compose en outre de trois inspecteurs généraux des monuments historiques, de deux vice-présidents et de 26 membres nommés par le Ministre. L'instruction des affaires est préparée par un bureau spécial du Ministère, dont le chef et le sous-chef sont secrétaires de la Commission.

120. — La Commission a comme premier devoir le classement des monuments, elle statue suivant les règles fixées par les art. 1, 2, 3, 4 de la loi du 30 mars 1887, sur les propositions qui sont faites par les préfets dans chaque département; soit à la demande des particuliers, des villes, des communes, établissements publics, etc., soit sur l'initiative des préfets, et après une instruction dont les règles sont contenues dans un arrêté du 19 février 1841. Sur l'avis de la Commission, le classement est prononcé par un arrêté du Ministre.

121. — La loi du 30 mars 1887 place les monuments classés, à quelque personne qu'ils appartiennent, dans une situation spéciale : ils sont exempts de toute servitude d'utilité publique, alignement, ou autre; ils ne peuvent être atteints par une expropriation qu'après avis du Ministre de l'instruction publique et des beaux-arts; mais aussi, aucune réparation ni travail quelconque ne peut plus être exécuté sans le consentement du même Ministre. Les articles 5 et 14 de la loi permettent au préfet de poursuivre l'ex-

propriation des immeubles dont les propriétaires s'opposeraient au classement.

122. — Les monuments historiques ou mégalithiques qui ont fait l'objet d'un classement dans les formes prévues peuvent donner lieu à l'exécution de travaux publics : entretien, réparation, reconstruction partielle, etc.

Les travaux de ce genre présentant habituellement des difficultés exceptionnelles à raison de leur caractère artistique, il a fallu édicter des règles spéciales pour la décision et l'exécution.

123. — C'est aux préfets qu'il appartient, dans chaque département, de signaler les travaux qui lui paraissent nécessaires. La circulaire ministérielle du 19 février 1841 indique les pièces et renseignements qui doivent être envoyés au Ministère. Ce sont : 1° un exposé des besoins du monument et de son état actuel ; 2° une notice historique et une description ; 3° des plans, coupes, dessins ou du moins des croquis et un plan avec des mesures ; 4° un devis rédigé par un architecte, aussi détaillé que possible, des travaux projetés. Les travaux sont divisés en trois catégories : la première comprend les travaux très urgents, qui ont pour objet la consolidation immédiate de l'édifice ; la seconde, les travaux moins urgents qui concernent la conservation ; la troisième, ceux qui peuvent toujours être différés et qui doivent en compléter la restauration. On devra enfin indiquer dans le devis les dépenses qui ne peuvent être divisées en raison de la nature des travaux ou de toutes autres circonstances.

Le préfet peut faire établir ces pièces soit par un architecte local, soit par un architecte que le Ministre désignera sur sa demande. Des indemnités peuvent être allouées pour ces travaux à l'homme de l'art choisi par le préfet, qui demandera dans ce but des fonds au Conseil général. (*Circ. min. du 19 février 1841.*)

124. — Une fois le dossier envoyé au Ministre, l'inspecteur général des monuments historiques dans la circonscription duquel se trouve le monument à réparer se rend sur les lieux pour procéder à l'examen des travaux projetés : puis il fait un rapport à la Commission des monuments historiques qui décide s'il y a lieu d'exécuter les travaux. En cas d'affirmative, elle peut approuver les projets présentés par le préfet, les modifier, ou même en faire dresser de nouveaux.

Lorsqu'une restauration est admise par la Commission, la Direction des beaux arts soumet le devis adopté au Ministre, après revision préalable par le contrôleur des travaux des monuments historiques. Des allocations sont alors accordées par l'Etat, s'il le juge convenable, lorsque le monument appartient à un département, à une commune ou à un particulier.

Remarquons que l'instruction préalable prescrite par la circulaire de 1841 doit être faite même dans le cas où aucune allocation n'est sollicitée ; le Ministre a un droit de surveillance sur tous les monuments classés. (*Circ. du 22 avril 1852.*)

125. — Une fois la nécessité des travaux reconnue et leur importance déterminée, il faut procéder à l'exécution. Les règles à suivre diffèrent sensiblement de celles qui régissent les autres travaux.

Tout d'abord, il n'est pas procédé à l'adjudication publique. La Commission des monuments historiques applique presque toujours l'article 18, § 5, du décret du 18 novembre 1882, qui dispense de l'adjudication « la confection ou l'acquisition des ouvrages et « objets d'art ou de précision dont l'exécution ne peut être con- « fiée qu'à des artistes ou à des industriels éprouvés ». L'architecte chargé par la Commission de la direction des travaux choisit l'entrepreneur. Cependant, il arrive souvent qu'une adjudication restreinte est faite entre un certain nombre d'entrepreneurs acceptés à l'avance, et que l'architecte admet à concourir à son gré. Les soumissions sont examinées par le contrôleur des travaux des monuments historiques, puis présentées à l'approbation ministérielle. Les travaux ne peuvent commencer qu'après l'accomplissement de ces formalités.

SECTION IV

Travaux des chemins de fer d'intérêt général.

126. — Différents modes d'exécution.
127. — Etudes des projets ; — déclaration d'utilité publique : application des mêmes règles que pour les travaux de l'Etat.
128. — Cas dans lesquels le chemin de fer peut être autorisé par décret.
129. — Formalités particulières : enquête spéciale pour la détermination des stations.
130. — Application du décret du 18 novembre 1882.
131. — Règles suivies en cas de concession.
132. — Propriété des chemins de fer. L'Etat est propriétaire : interdiction au concessionnaire de changer la destination de la voie et de l'hypothéquer.
133. — Embranchements industriels et chemins de fer industriels : distinction.
134. — Concession par l'État : assimilation aux chemins de fer d'intérêt général. — Différence avec les chemins de fer d'intérêt local.
135. — Chemins de fer miniers. — Règles spéciales.
136. — Les travaux des chemins de fer industriels sont des travaux publics. Clause de réserve d'ouverture au public.
137. — Propriété apppartenant à l'Etat : application des règles ordinaires.

126. — Les chemins de fer d'intérêt général peuvent être exécutés de manières très différentes : ou bien l'Etat exécute la totalité des travaux soit pour exploiter lui-même, soit pour faire exploiter par des compagnies (*Lois des 14 juin 1878, 31 juillet 1879 et 29 juillet 1880*) ; ce système est, jusqu'ici, le moins usité ; ou bien, l'Etat se charge de l'acquisition des terrains, des terrassements et des ouvrages d'art, c'est-à-dire des travaux d'infrastructure, un concessionnaire se chargeant de poser la voie proprement dite (traverses, rails, ballast, etc.), et d'accomplir tous les travaux de superstructure ; ou bien enfin tous les travaux nécessaires sont exécutés par une compagnie concessionnaire, sauf à l'Etat à y intervenir par des subventions. (*Loi du 11 juin 1842 art. 2.*) C'est le système le plus usité.

126. — Nous n'avons pas l'intention d'entrer, pour le moment, dans tous les détails concernant la concession d'entreprises de chemins de fer : ces développements trouveront leur place dans le chapitre consacré aux concessions de travaux publics. Mais il est nécessaire d'exposer dès maintenant les principes qui régissent les constructions de chemins de fer envisagées comme travaux publics.

127. — Lorsque la construction d'un chemin de fer d'intérêt général est projetée, les formalités préliminaires et la déclaration d'utilité publique sont régies par les règles que nous avons exposées plus haut pour les travaux publics en général. Ainsi, il est procédé à des études préalables par les ingénieurs qui ont le droit de pénétrer sur les propriétés privées pour accomplir leurs opérations. (V. n°s 55-60.) Il est fait, dans les communes intéressées, des enquêtes d'intérêt public. (V. n°s 55-60.) Enfin l'utilité publique est déclarée dans les formes prescrites par la loi du 27 juillet 1870 ; nous les avons indiquées plus haut, il est inutile d'y revenir. (V. n°s 55-60.)

128. — Nous ferons remarquer seulement que ce n'est pas toujours le législateur, mais quelquefois le pouvoir exécutif seul qui décide l'établissement d'un chemin de fer ou d'un embranchement, et autorise l'exécution des travaux. On suit à cet égard les règles générales prescrites pour tous les travaux publics par la loi du 27 juillet 1878. (V. n° 58.) Cela constitue une différence importante avec les chemins de fer d'intérêt local. (Art. 2 de la loi du 11 juin 1880. (V. n° 1333.)

Signalons aussi qu'en dehors de l'enquête ordinaire prescrite pour les travaux publics, il y a lieu ici, après la déclaration d'utilité publique, à une enquête spéciale faite dans des conditions particulières pour la détermination du nombre et de l'emplacement des stations.

130. — Lorsque les travaux sont exécutés directement par l'Etat, ils sont soumis aux règles générales prescrites par le décret du 18 novembre 1882. Les adjudications se feront dans les formes ordinaires (V. n°s 364 et suiv.), et la surveillance de l'exécution appartiendra aux ingénieurs de l'Etat.

131. — Lorsqu'il y a concession, les droits du concessionnaire pour l'exécution des travaux sont régis par l'article 63 de la loi du 3 mai 1841 : « Les concessionnaires de travaux publics exerceront « tous les droits conférés à l'Administration et seront soumis à « toutes les obligations qui lui sont imposées par la présente loi. » Le concessionnaire a donc les droits d'expropriation, d'occupation temporaire, d'extraction de matériaux, etc. Mais les travaux seront exécutés sous la direction des ingénieurs de la compagnie, après que les plans et projets auront été revêtus de l'approbation du Ministre des travaux publics. Nous reviendrons sur ces règles en

étudiant les droits et obligations des concessionnaires. Pour les connaître, il faut d'ailleurs presque toujours se référer soit au cahier des charges spécial de la concession, soit au cahier des charges générales de 1857.

Les dispositions de ce dernier cahier enlèvent toute initiative au concessionnaire : la Direction générale du chemin de fer est fixée par le décret déclaratif d'utilité publique, après une première enquête; puis il est procédé à une seconde enquête à la suite de laquelle le tracé définitif est arrêté.

Ces indications générales ne suffisent pas : le concessionnaire, même en s'y conformant ne peut exécuter aucun travail de détail sans que le plan ait été approuvé par le Ministre des travaux publics qui se réserve en outre le droit de prescrire, au cours des travaux, toutes les modifications qu'il juge utiles. Si, au contraire, la compagnie veut modifier les projets, elle ne peut que faire au Ministre des propositions qu'il accepte ou repousse à son gré.

Pour tout les embranchements nouveaux ou modifications d'embranchements, l'Administration se réserve le droit de déterminer l'emplacement des gares et des stations pour les voyageurs et les marchandises. (Cahier de 1857, art. 9.) La compagnie fait, à ce sujet, ses propositions sur lesquelles il est procédé à une enquête spéciale dans les communes intéressées. C'est encore l'Administration qui détermine le nombre, l'étendue et l'emplacement des gares d'évitement, le nombre des voies aux abords des gares, etc... La compagnie a seulement le droit d'être entendue.

Lorsque les travaux doivent être exécutés dans la zone frontière, il y a lieu d'appliquer des règles spéciales. (V. nos 274 et suivants.)

Le cahier de charges impose également un délai dans lequel les travaux doivent être exécutés et la ligne livrée à la circulation.

Enfin, il détermine les dimensions des ouvrages d'art, leur mode d'exécution, etc... Nous reviendrons sur ces dispositions au titre des concessions, où nous consacrerons un chapitre spécial aux concessions de chemins de fer.

132. — Notre intention n'est pas d'examiner ici en détail les droits qui appartiennent au concessionnaire : cet examen trouvera place dans l'étude du contrat de concession. Mais nous pouvons dès maintenant faire remarquer que le concessionnaire n'est pas propriétaire du sol de la voie ni de ses accessoires. Substitué à l'État pour la construction de la ligne et son exploitation, c'est en son nom et pour son compte qu'il procède à l'expropriation : la propriété du sol et de toutes les constructions qui s'y élèvent passent alors au domaine public de l'État. La conséquence en est que le concessionnaire ne peut ni aliéner ni hypothéquer la voie elle-même ni les bâtiments nécessaires à l'exploitation. Cette règle admise par tous les auteurs (Aucoc., *Conférences*, 3ᵉ édition, II, nº 494; Dufour, *Dr. administratif*, VII, nos 273 et suivants) a été fréquemment appliquée par la jurispru-

dence. En 1861, la Cour de cassation a, dans un arrêt du 15 mai, nettement dégagé les principes en disant : « qu'aux termes de « l'article 1er de la loi du 15 juillet 1845 les chemins de fer cons- « truits ou concédés par l'État font partie de la grande voirie ; « qu'ils sont à ce titre une dépendance du domaine public et ne « sauraient, dès lors, appartenir aux compagnies qui n'en ont que « l'exploitation ; que le droit de propriété de l'État sur les che- « mins de fer construits par lui et à ses frais n'a jamais pu être « mis en doute ; que la loi place, et avec raison, sur la même « ligne, les chemins de fer construits par les compagnies con- « cessionnaires. » (Cass. civ., 15 mai 1861, D. P., 61, 1, 225.)

Plus récemment, la Cour de cassation a rendu un arrêt conçu en termes identiques. (Civ., 20 juillet 1886, *Morel* c. *Enregistre- ment*.) De ces principes, qui sont applicables aussi bien aux che- mins de fer d'intérêt local qu'aux lignes d'intérêt général, découle la conséquence que le concessionnaire, investi d'un droit pure- ment mobilier, ne peut ni vendre la voie ni l'hypothèquer. Nous examinerons également, en traitant du contrat de concession, les difficultés que ces règles peuvent soulever.

133. — *Chemins de fer industriels.* — Les cahiers des charges imposées aux concessionnaires des chemins de fer d'intérêt général contiennent tous un article en vertu duquel l'État, con- cédant, peut imposer aux concessionnaires l'obligation d'établir des embranchements destinés à desservir des établissements industriels, tels que forges, mines, si le besoin s'en fait sentir. Ces embranchements industriels ne se distinguent pas des lignes ordinaires, et ils leur sont assimilés au point de vue des travaux de construction. Ce sont donc des travaux publics, soumis aux règles générales qui régissent cette catégorie de travaux, et aux règles applicables aux chemins de fer d'intérêt général ou d'inté- rêt local, suivant que la ligne dont ils font partie est d'intérêt général ou local.

Mais ces embranchements industriels ne répondent pas tou- jours complètement aux besoins de l'industrie, des mines ou du commerce ; des grandes usines, des établissements houilliers, etc.. peuvent se trouver à une distance considérable des lignes de chemins de fer d'intérêt général ou d'intérêt local ; ils peuvent avoir intérêt à communiquer directement non avec un chemin de fer, mais avec une voie navigable ou un port ; enfin, ils peu- vent trouver plus avantageux d'avoir leur chemin de fer indé- pendant construit et exploité comme ils l'entendent. Depuis l'o- rigine des chemins de fer, des concessions ont été faites par l'État pour répondre à ces besoins.

134. — Nous disons « faites par l'État », parce qu'il est aujourd'- hui admis que les lois générales sur les chemins de fer posent en principe que l'autorité concessionnaire d'une ligne de chemin de fer ne peut être que l'État. La loi du 12 juillet 1865 est venue apporter une exception à cette règle pour les chemins de fer d'intérêt local : mais, par chemins de fer d'intérêt local, il ne faut entendre que

les chemins de fer dont le service du public est le but principal.
Ce raisonnement n'est pas très logique ; ainsi que nous allons le
voir, les chemins de fer industriels peuvent devenir des chemins
de fer à l'usage du public, et c'est ce qui fait considérer les travaux auxquels ils donnent lieu comme des travaux publics. Quelques Conseils généraux ont opposé une certaine résistance, mais
sans succès. C'est donc la même autorité qui concède les chemins
de fer d'intérêt général qui doit aussi concéder les chemins de
fer industriels. Suivant la distinction de la loi du 27 juillet 1870,
ce sera le Gouvernement, si le chemin a moins de 20 kilomètres,
ce sera le pouvoir législatif, s'il est plus étendu.

135. — Par exception, pour les chemins relatifs aux mines,
c'est toujours le pouvoir exécutif qui statue, quelle que soit leur
étendue. L'autorisation est alors donnée par un décret rendu en
Conseil d'État, à moins que la construction n'ait lieu que dans la
périmètre de la mine et sans modification du relief du sol. Dans
ce dernier cas, l'autorisation du préfet serait suffisante. (*Loi du
27 juillet 1880, art. 43 et 44.*)

136. — On aurait pu croire que, bien qu'il soit nécessaire d'obtenir l'autorisation de l'État pour exécuter un chemin de fer industriel, il ne s'agissait pas moins là d'un travail entrepris dans l'intérêt
particulier d'une ou de plusieurs usines, et qui n'avait pas le caractère de travail public. Mais on a considéré que ces chemins de
fer n'étaient pas toujours créés exclusivement en vue d'une ou plusieurs usines ou mines déterminées, et qu'en tout cas il pourrait
arriver un moment où il serait nécessaire d'établir sur le même
point un chemin de fer destiné à l'usage du public; que, de plus,
il fallait donner une base à la déclaration d'utilité publique, et à
la faculté d'expropriation indispensable pour la création de ce
moyen de transport. Il fut donc décidé, en principe, qu'on étudie-
rait la concession, au point de vue du tracé, de la construction,
etc., comme si la ligne devait être un jour destinée à l'usage du
public, et, par une clause spéciale inscrite dans la loi du 27 juillet
1880, l'État se donne la faculté d'ordonner, quand il jugera convenable, l'ouverture de la ligne au public pour les marchandises
et les voyageurs.

137. — Sauf l'exception que nous avons signalée pour les
chemins de fer miniers, on suit donc les règles établies pour les
chemins de fer d'intérêt général; la même législation et la même
jurisprudence sont appliquées. Les compagnies, sociétés, propriétaires d'usines, etc., qui font construire le chemin n'obtiennent
qu'une concession ordinaire, comme celle qui est accordée pour
les chemins de fer d'intérêt général. Ils ne sont donc pas propriétaires du chemin de fer, ils ne peuvent l'hypothéquer ni changer
sa destination, ils n'ont que le droit de concession ordinaire.
(V. n° 132.)

TITRE II

ORGANISATION DES TRAVAUX DES DÉPARTEMENTS, DES COMMUNES ET DES ASSOCIATIONS SYNDICALES

CHAPITRE PREMIER

Travaux des départements.

SECTION PREMIÈRE

Travaux ordinaires.

138. — Historique. — Régime antérieur à la loi du 10 mai 1838.
139. — Autorités chargées de prescrire les dépenses, sous l'empire de la loi du 10 mai 1838.
140. — Modifications : loi du 10 juillet 1866.
141. — Législation actuelle : loi du 10 août 1871.
142. — Routes départementales; chemins vicinaux de grande communication et d'intérêt commun.
143. — Chemins de fer d'intérêt local. — Renvoi.
144. — Bâtiments départementaux.
145. — Approbation des projets; exécution et surveillance des travaux.
146. — Choix des architectes.
147. — Cahiers des charges.
148. — Droits et devoirs du préfet. Nomination et surveillance des architectes départementaux.
149. — Agents voyers.
150. — Résumé.
151. — Travaux spéciaux : intervention de l'Administration centrale. — Prisons.
152. — Établissements d'aliénés.
153. — Ecoles normales primaires.

138. —Lors de leur création, les départements n'étaient « que « des sections du même tout qu'une administration uniforme « devait embrasser dans un régime commun ». (*Instruction du 12 janvier 1790.*) Mais, dans la pensée de l'Assemblée nationale, ils n'avaient pas la qualité de personne morale : ils n'étaient pas propriétaires des bâtiments affectés aux divers services publics, et les dépenses qu'ils nécessitaient se confondaient avec les dépenses publiques ordinaires. Il résulte de là que, comme le dit fort bien M. Dufour, « il n'y avait pas de travaux publics d'uti- « lité départementale, c'est-à-dire exécutés par le département « faisant acte de personne civile et agissant dans la sphère d'ac- « tion qui lui est propre ». (*Dufour, Dr. adm., VIII, n° 232.*)

Cependant, longtemps avant la loi du 10 mai 1838, divers textes avaient soumis ces travaux à des règles spéciales ayant le double but d'en faire supporter la dépense par les habitants du département et, comme corrélatif, d'en soumettre le contrôle aux représentants de ces habitants.

L'article 7 du décret du 16 décembre 1811 et de l'article 8 de la loi du 31 juillet 1821 ont chargé particulièrement les départements des dépenses relatives à la construction ou reconstruction et à l'entretien des routes départementales et autres ouvrages d'intérêt local, non compris au budget des ponts et chaussées. Un décret antérieur, en date du 9 avril 1811, en concédant gratuitement aux départements les édifices et bâtiments nationaux occupés par des services publics, tels que les maisons centrales de détention, les cours impériales, préfectures, casernes, prisons, tribunaux, leur avait imposé déjà l'obligation d'en supporter à l'avenir les réparations. De là un ensemble de travaux dont l'exécution et la dépense, sans échapper absolument au contrôle du pouvoir central, sont soumises cependant à des principes distincts de ceux qui sont applicables aux travaux de l'État.

139. — Depuis que la personnalité du département a été reconnue par la loi du 18 mai 1838, les travaux à exécuter à ses immeubles, qu'il s'agisse de travaux neufs ou de simples réparations, constituent une charge pour son budget ; par conséquent, c'est au Conseil général qu'il appartiendra de statuer sur l'opportunité des travaux et sur leur mode d'exécution. Telle est, en effet, la disposition de la loi de 1871 ; avant de l'examiner en détail, il est utile de jeter un coup d'œil sur la législation antérieure.

La loi du 10 mai 1838, sur les attributions des Conseils généraux, énumérait, dans son article 9, les dépenses à inscrire au budget du département. Elle les divisait en 4 classes :

1° Dépenses ordinaires pour lesquelles il était créé des ressources annuelles au budget de l'État;

2° Dépenses facultatives d'utilité départementale ;

3° Dépenses extraordinaires autorisées par des lois spéciales ;

4° Dépenses mises à la charge des départements ou autorisées par des lois spéciales.

Parmi les dépenses ordinaires comprises dans la première section du budget, figuraient : 1° les grosses réparations et l'entretien des édifices et bâtiments départementaux, tels que les hôtels de préfecture et de sous-préfecture, les casernes de gendarmerie, les prisons départementales, les cours et tribunaux, etc.; 2° les travaux d'entretien des routes départementales et des ouvrages d'art qui en font partie.

Or, d'après l'article 14 de la loi de 1838, les dépenses ordinaires pouvaient y être inscrites ou être augmentées d'office jusqu'à concurrence du montant des recettes qui leur étaient affectées par l'ordonnance royale qui réglait le budget.

Le Conseil général, en approuvant la proposition du préfet relative aux dépenses d'entretien, ne faisait en réalité lui-même qu'une proposition dont les bases n'étaient pas définitives, et étaient susceptibles d'être modifiées par décret de l'Empereur. C'était donc à l'Empereur qu'il appartenait véritablement de les ordonner et de les prescrire.

Il en était autrement des dépenses comprises dans la deuxième section du budget sous le nom de dépenses facultatives.

Ces dépenses concernaient les travaux neufs des routes et édifices départementaux, les acquisitions de propriété qu'ils rendent nécessaires, les indemnités diverses pour les dommages qui en résultent, etc., etc. Or, ces dépenses, auxquelles il était pourvu au moyen des centimes additionnels facultatifs et du revenu des propriétés du département non affectées à un service départemental, étaient entièrement à la disposition du Conseil général. Lui seul était maître de les voter, et l'autorité centrale n'avait point qualité pour les inscrire d'office au budget. De plus, les allocations portées dans la section qui les concernait ne pouvaient être ni changées ni modifiées par le décret qui réglait le budget. Le Conseil général exerçait donc, à l'égard des travaux neufs, une autorité décisive. (*Voy.* art. 18.) Sans doute ses délibérations étaient soumises, dans ce cas, à l'approbation du préfet (*voy.* art. 5, loi du 10 mai 1838; — décr. du 25 mars 1852, tableau D, n° 10); mais il ne faut voir là qu'un droit de *veto*, dont l'exercice ne pouvait que suspendre ou entraver l'exécution des travaux votés; le consentement du Conseil et son concours n'en restaient pas moins indispensables.

Lorsque les centimes facultatifs additionnels ou les produits des propriétés du département n'étaient pas suffisants pour couvrir la dépense des travaux neufs dont l'exécution avait été votée par le Conseil général, il devenait nécessaire de recourir aux ressources extraordinaires et aux emprunts. Les dépenses, alors, au lieu d'être inscrites dans la seconde section du budget, devaient nécessairement figurer dans la troisième ou la quatrième, qui comprenaient toutes celles qui sont autorisées par des lois spéciales. D'après les articles 33 et 34 de la loi du 10 mai 1838, les contributions extraordinaires ou les emprunts votés par le Conseil général pour faire face à des dépenses du département ne pouvaient en effet être autorisées que par une loi. Le pouvoir de l'Administration s'accroissait par suite de cette circonstance, et l'indépendance du Conseil général, sa liberté d'action se trouvaient nécessairement subordonnées à son contrôle. « Comme c'est au Gouvernement qu'il appartient de saisir le Corps législatif, il en résulte qu'il conserve implicitement le droit d'examiner, soit au point de vue de leur opportunité, soit au point de vue de leur utilité absolue, les projets qui conduiraient à la nécessité de créer des ressources extraordinaires. » (*Voy.* M. Dufour, t. VII, n° 107.)

Telles étaient les règles de la matière, au point de vue de la décision même des travaux et des ressources affectées à leur payement. En résumé, s'agit-il de travaux de réparation et d'entretien, le Conseil général, bien que chargé de voter la dépense, est complètement subordonné à la décision du pouvoir central, puisqu'il appartient au Gouvernement de limiter ou d'étendre à son gré le crédit voté. — S'agit-il, au contraire, de travaux neufs dont la dépense peut être couverte par les ressources ordinaires des départements, la prépondérance revient au Conseil général ; le droit du Gouvernement ne va pas jusqu'à pouvoir en imposer l'exécution, et, s'il approuve définitivement la dépense, à en changer la destination. S'agit-il enfin de travaux neufs, mais auxquels il faut pourvoir par des ressources extraordinaires, le Conseil général n'a plus, comme pour les travaux d'entretien, qu'un simple droit de proposition.

140. — La loi du 18 juillet 1866 est venue modifier profondément cette organisation. Elle a attribué au Conseil général le droit de statuer définitivement sur les projets, plans et devis de tous travaux à exécuter sur les fonds départementaux. Les délibérations relatives à ces objets sont exécutoires par elles-mêmes, sauf l'annulation qui peut en être demandée dans le délai de deux mois pour violation de la loi. (*Art. 3.*)

Cette loi inaugurait la division du budget en deux parties : budget ordinaire et budget extraordinaire; au premier, figurait l'entretien des bâtiments départementaux consacrés à un exercice public, préfecture, casernes de gendarmerie, etc...; et les dépenses nécessaires à cet entretien étaient obligatoires; si le Conseil général omettait d'inscrire un crédit pour y faire face, un décret venait y pourvoir.

141. — Sous l'empire de la législation actuellement en vigueur, établie par la loi du 10 août 1871, les travaux publics des départements peuvent se grouper sous quatre chefs :

1° Routes départementales et ponts;

2° Chemins vicinaux de grande communication ou d'intérêt commun ;

3° Chemins de fer d'intérêt local ;

4° Bâtiments départementaux.

142. — *1° et 2° Routes départementales et chemins vicinaux de grande communication ou d'intérêt commun.*

La loi du 10 août 1871 est venue conférer aux Conseils généraux les pouvoirs les plus étendus en ce qui concerne l'autorisation de ces travaux. D'après l'article 46, § 6, ils statuent définitivement : « ..... Sur le classement et la direction des routes « départementales, — Projets, plans et devis des travaux à exé- « cuter pour la construction, la rectification ou l'entretien desdites « routes, — Désignation des services qui seront chargés de leur « construction ou de leur entretien. »

En ce qui concerne les chemins vicinaux de grande communication ou d'intérêt commun, la loi du 18 juillet 1866 (*art. 1er, n° 7*) accordait déjà aux Conseils généraux le droit de statuer définitivement sur le classement, après avis des Conseils municipaux et d'arrondissement, et la loi du 10 août 1871 (*art. 46, n° 7*) les autorise aussi à prononcer définitivement sur : « ..... Le classe- « ment et la direction des chemins vicinaux de grande commu- « nication et d'intérêt commun; désignation des communes qui « doivent concourir à la construction et à l'entretien desdits che- « mins et fixation du contingent annuel de chaque commune, le

6

« tout sur l'avis des conseils compétents; répartitions des subven-
« tions accordées sur les fonds de l'État ou du département aux
« chemins vicinaux de toute catégorie; désignation des services
« auxquels sera confiée l'exécution des travaux sur les chemins
« vicinaux de grande communication et d'intérêt commun, et
« mode d'exécution des travaux, à la charge du département. »

Ainsi, pour tous ces travaux le Conseil général statue définitivement : il est, sauf les restrictions que nous indiquerons tout à
l'heure, le juge souverain de leur opportunité et de leur mode
d'exécution.

143. — 3° *Chemins de fer d'intérêt local et tramways.* — Nous
consacrons deux chapitres spéciaux à ces moyens de transports.
(V. nᵒˢ 154 et suivants.)

144. — 4° *Bâtiments départementaux et autres travaux.*

La loi du 10 août 1871 a conféré aux Conseils généraux des pouvoirs presque absolus. Aux termes de l'article 46, ils statuent définitivement : ..... « 9° sur les projets, plans et devis de tous
« autres travaux à exécuter sur les fonds départementaux. »

Ainsi la distinction que faisait la loi de 1838 est définitivement
supprimée : qu'il s'agisse de travaux neufs ou de simples réparations, de dépenses ordinaires ou extraordinaires, le Conseil général est seul juge de leur opportunité. Ses pouvoirs ne sont soumis
qu'à deux limitations :

1° Aux termes des articles 60 et 61 de la loi de 1871 les dépenses
d'entretien des bâtiments affectés à un service public demeurent
obligatoires : le Conseil n'a pas le droit de refuser d'y faire face;

2° Les délibérations du Conseil peuvent toujours être attaquées
pour excès de pouvoirs en vertu de l'article 47.

Cette règle que les pouvoirs du Conseil général sont absolus en
ce qui concerne les bâtiments départementaux comporte quelques
exceptions que nous examinerons tout à l'heure et qui sont relatives à des catégories spéciales d'immeubles. Avant de nous en
occuper, il faut rechercher comment seront exécutés les travaux.

145. — Nous avons vu que la loi de 1871 reproduit presque
textuellement la loi de 1866 en autorisant le Conseil général à
statuer sur les projets, plans et devis des travaux à exécuter; elle
répète même que le Conseil général est libre de désigner le service à qui les travaux seront confiés (*Art. 46,* § *9.*) Pour l'exécution de cette dernière loi, une circulaire ministérielle, en date du
4 août 1866 avait indiqué quelques règles nouvelles : ainsi, tout
en faisant remarquer que l'avis du Conseil des bâtiments civils
cessait d'être obligatoire, le Ministre recommandait de recourir
aux lumières d'un comité local : « Une disposition non moins
« importante, disait cette circulaire, confère au Conseil général
« le droit de statuer définitivement sur tous les projets, plans et
« devis des travaux exécutés au compte du département. La con-
« struction des édifices départementaux a souvent donné lieu à de
« regrettables mécomptes, et, au moment de s'engager dans une
« coûteuse entreprise, le Conseil reconnaîtra plus que jamais la né-

« cessité de soumettre à une vérification sévère les projets proposés
« à son adoption. A défaut du Conseil général des bâtiments civils,
« dont l'examen ne sera plus obligatoire, il conviendra de recou-
« rir aux lumières d'un comité local composé de praticiens exer-
« cés. L'architecte devra redoubler de soins dans la rédaction du
« devis; je ne saurais trop vous recommander de ne les sou-
« mettre au Conseil général qu'après avoir épuisé tous les moyens
« de contrôle et d'appliquer rigoureusement les prescriptions de
« ma circulaire du 9 septembre 1865 sur les honoraires propor-
« tionnels des architectes. »

146. — Les règles que pose cette circulaire sont trop raisonnables pour qu'il n'y ait pas lieu de les appliquer sous l'empire
de la loi de 1871 qui ne fait que reproduire, sur ce point, la loi de
1866. Ces prescriptions ne portent d'ailleurs aucune atteinte à la
liberté du Conseil général. Il lui demeure parfaitement loisible
de désigner les gens de l'art qui seront chargés de la rédaction
des projets, de repousser les plans qui lui seront présentés par
le préfet et d'exiger qu'il en soit dressé d'autres, etc... En disant
qu'il peut choisir les services auxquels les travaux seront confiés,
la loi de 1871 indique bien qu'il n'est pas obligé de s'adresser aux
ingénieurs des ponts et chaussées. Il choisira également les praticiens qui doivent composer le comité local, et même il pourra
ne tenir aucun compte de leur décision, qui n'a que la valeur
d'un simple avis. Ce comité reçoit généralement le nom de *Conseil des bâtiments civils du département*.

L'ordre dans lequel les travaux seront exécutés est également
fixé par le Conseil général, ou, dans l'intervalle des sessions,
par la Commission départementale.

147. — Il existe dans un grand nombre de départements des
cahiers des clauses et conditions générales qui reproduisent avec
des modifications spéciales les dispositions du cahier des ponts
et chaussées. A part ces modifications et celles qui résultent des
stipulations particulières de l'entreprise, les travaux départementaux sont soumis à toutes les règles qui régissent les travaux de
l'État. — Nous aurons, dans le cours de l'ouvrage, à signaler
les rares exceptions que la jurisprudence a consacrées.

148. — Les préfets nomment directement, sans l'intervention
du Gouvernement, les architectes départementaux. (Voy. *article 5, décret du 25 mars 1852.*) — A cet égard, la circulaire du
Ministère de l'intérieur ci-dessus citée leur trace les règles à suivre : « La désignation de l'architecte du département aura à vos
yeux, monsieur le Préfet, une importance d'autant plus grande,
que l'intervention du Conseil des bâtiments civils deviendra plus
rare.

« Parmi les nominations que vous aurez à faire, il en est peu
qui touchent à de plus sérieux intérêts. La bonne direction
des travaux importe, en effet, non moins à la bonne administration des finances du département qu'à celle des services auxquels
les bâtiments sont destinés.

« Sans vouloir circonscrire votre choix dans un cercle étroit de catégories, je vous recommande de confier de préférence ces fonctions à d'anciens élèves de l'École des beaux arts; vous aurez soin, en tout cas, de n'y appeler que des hommes qui, par une probité reconnue et un talent éprouvé, auront déjà donné la mesure des services qu'ils pourront rendre à l'Administration.

« Il vous sera loisible de créer des architectes d'arrondissement, lorsque les nécessités auxquelles il faudra pourvoir dépasseront les forces d'un agent unique. Déjà plusieurs départements ont adopté cette mesure; mais, je vous le répète, ces créations devront être justifiées par des besoins impérieux, et n'être jamais déterminées par des convenances personnelles.

« Je n'ai pas besoin d'ajouter qu'une des premières conditions pour fixer dans un département un architecte habile, c'est de lui assurer une rémunération en rapport avec son mérite, surtout lorsque les travaux particuliers n'offrent que peu de ressources. Je vous renvoie encore, au surplus, sur ce point, à la circulaire du 26 décembre 1838. »

149. — En outre, il y a, dans le département, des agents-voyers, qui sont spécialement chargés des travaux de voirie, et nommés également par le préfet. (*Loi du 21 mai 1836.*) Il existe habituellement un agent-voyer départemental, des agents-voyers d'arrondissement, et des agents-voyers cantonaux. Dans un certain nombre de départements, les préfets ont institué aussi un Conseil des bâtiments civils du département, chargé de donner son avis sur tous les devis de travaux importants.

150. — En résumé, on est en droit de dire que, surtout depuis la loi de 1871, le Conseil général est investi d'un pouvoir à peu près absolu quant à la décision, au vote et à l'exécution des travaux relatifs aux bâtiments départementaux. Toutefois, nous avons dit qu'il y avait plusieurs exceptions à ce principe : le moment est venu de les examiner.

151. — *Prisons.* — La loi du 10 mai 1838 autorisait les Conseils généraux à statuer sur les projets, plans et devis de « travaux « exécutés sur les fonds départementaux, qui n'engageraient pas « la question de système ou de régime intérieur en ce qui con- « cerne les prisons... » La circulaire ministérielle du 5 mai 1852, qui fixait aux préfets la limite des pouvoirs qui leur étaient conférés par le décret de décentralisation du 25 mars, disait à ce sujet : « Deux sortes de bâtiments resteront assujettis aux règles « anciennes, savoir : 1° les prisons départementales, toutes les « fois que les plans proposés engagent la question de système « pénitentiaire, quelle que soit la quotité de la dépense, qu'il « s'agisse de construction totale, de construction partielle, ou « même de réparation, etc... La nécessité de maintenir dans les « prisons l'uniformité du régime disciplinaire et, par suite, l'éga- « lité du châtiment pénal justifie suffisamment cette exception. »

Le même système a été maintenu par la loi de 1866 (V. *Circ. min. du 4 août 1866*) et par celle de 1871.

Aujourd'hui, la loi qui régit la matière est celle du 5 juin 1875. Cette loi maintient et précise le système des lois antérieures. Après avoir déterminé le régime des prisons départementales, 1° pour les inculpés, prévenus et accusés; 2° pour les condamnés à l'emprisonnement, elle a voulu prendre les dispositions nécessaires pour que les prisons fussent mises dans un état matériel permettant d'appliquer le régime qu'elle prescrit.

Son article 6 décide que « à l'avenir, la reconstruction ou « l'appropriation des prisons départementales ne pourra avoir « lieu qu'en vue de l'application du régime prescrit par la pré- « sente loi. Les projets, plans et devis seront soumis à l'appro- « bation du Ministre de l'intérieur et les travaux seront exécutés « sous son contrôle ».

Cette disposition ne met pas obstacle à ce que les départements restent maîtres et propriétaires des prisons départementales. Ils pourvoiront selon les règles habituelles aux réparations ordinaires. Mais la loi déclare que, lorsque la prison se trouvera dans un état tel qu'elle aura besoin d'un remaniement général, l'État aura le droit d'intervenir et de rappeler au Conseil général que le mode d'exécution de la peine a changé et qu'il doit satisfaire à la loi en mettant l'installation de sa prison en harmonie avec le régime nouveau.

L'article 7 de la loi, prévoyant l'augmentation de dépenses que le nouveau régime entraîne, ajoute que des subventions pourront être accordées suivant les ressources du budget, pour venir en aide aux départements, et il détermine les conditions d'obtention des subventions et leur quotité par rapport à l'état financier des départements, rangés en trois classes suivant le produit de leurs centimes additionnels.

Cette nouvelle législation laisse aux Conseils généraux l'initiative de l'entreprise des travaux : eux seuls apprécient la question de savoir s'il y a lieu à reconstruction ou à appropriation de prisons. Mais une fois qu'ils ont admis la nécessité de ces travaux, toute liberté leur est enlevée : outre qu'ils ne peuvent ordonner que des modifications conformes au système cellulaire qu'organise la loi, ils sont contraints, avant tout travail, de soumettre les plans et projets au Ministre de l'intérieur : celui-ci peut ne pas les accepter en bloc, ou exiger des modifications. Toutefois, ce dernier pouvoir ne saurait aller jusqu'à lui permettre d'engager les finances départementales. Si les changements que réclame le Ministre doivent entraîner un surcroît de dépense, le Conseil général pourra les refuser. L'État aura alors la ressource de fournir la subvention prévue par l'article 7.

Ce n'est pas non plus le Conseil général qui fera surveiller l'exécution des travaux : cette surveillance appartient au Ministre seul qui la fera exercer par les agents de son choix.

Ce droit de contrôle appartient au pouvoir central, même au cas où l'État ne fournit aucune subvention. Il semble qu'il y ait là une anomalie : les travaux sont exécutés aux frais du département, et il n'est pas chargé de surveiller l'emploi des fonds

qu'il fournit ! Cette dérogation aux principes ordinaires est suffisamment motivée par des considérations d'intérêt général : le
régime des prisons n'intéresse pas seulement le département : il
soulève surtout des questions d'ordre public et gouvernemental.
Par conséquent, il est tout naturel que l'État ait la haute main
sur les établissements de répression. Les droits du département
sont d'ailleurs suffisamment garantis par la faculté de voter les
fonds qui n'appartient qu'au Conseil général : il est certain de ne
jamais être engagé au delà des ressources dont il dispose.

152. — *Établissements d'aliénés.* — La loi du 30 juin 1838 exige
que chaque département possède un établissement public pour
traiter ses aliénés, ou passe à cet effet des contrats avec des établissements privés ou des départements voisins.

Lorsque le département veut faire soigner ses aliénés dans un
établissement lui appartenant en propre, il faut qu'il fasse construire un hospice, et, lorsque cet hospice existe, qu'il le fasse
entretenir. C'est une catégorie particulière de travaux publics à la
charge du département. Sans doute, ici comme pour toutes les
autres entreprises, c'est lui qui supportera la dépense, et il semblerait que, par application des principes ordinaires, le Conseil
général dût être appréciateur souverain des travaux à exécuter.
Mais l'intérêt financier du département n'est pas seul en jeu :
les soins à donner aux aliénés intéressent au plus haut degré l'ordre public et il était tout naturel que le Gouvernement se réservât
un droit de surveillance sur les entreprises du département en
cette matière.

La loi du 10 mai 1838 (*art. 1er, § 9*) appelle le Conseil général
à statuer sur les « projets, plans et devis de travaux exécutés
« sur les fonds départementaux et qui n'engageraient pas la ques-
« tion de système ou de régime intérieur en ce qui concerne
« les établissement d'aliénés ». Le décret du 25 mars 1852 ne
modifie pas cette disposition : « Le décret du 25 mars, dit
« une circulaire ministérielle du 5 mai 1852, adressée aux pré-
« fets, supprimant toute limite à cet égard, vous devenez com-
« pétent pour autoriser l'exécution des travaux d'intérêt dépar-
« temental. Cependant, deux sortes de bâtiments restent assu-
« jettis aux règles anciennes, savoir : 1° les prisons....., 2° les
« asiles départementaux d'aliénés quand les plans touchent au
« régime intérieur et au mode de traitement des malades, qu'il
« s'agisse d'un établissement entièrement nouveau, ou de l'ap-
« propriation d'un quartier distinct d'hospice déjà établi.....
« La nécessité d'appliquer au traitement des aliénés, dans les
« meilleures conditions possibles, les méthodes consacrées par
« l'expérience et les progrès de la science justifient suffisamment
« cette exception. »

Bien que la loi du 18 juillet 1866 ne contînt pas une restriction analogue à celle qui figurait dans la loi de 1838, les mêmes
règles devaient continuer à s'appliquer : aucun travail ne devrait
être fait aux asiles d'aliénés sans qu'il eût été préalablement sou-

mis à l'examen du Ministre de l'intérieur. (V. *Circ. min. du 4 août 1866.*) « Vous continuerez donc, dit M. le Ministre aux « préfets, à me soumettre tous les projets qui engageraient des « questions de système : ils ne devront être portés devant le Con- « seil général qu'avec mon assentiment préalable. »

Il en est de même sous l'empire de la loi du 18 août 1871. Aux termes de l'article. 46 § 9, de cette loi, « le Conseil délibère sur les « projets, plans et devis de tous les travaux à exécuter sur les « fonds départementaux », et le § 17 lui donne le même droit en ce qui concerne les recettes et *dépenses* des établissements d'aliénés. Dans une circulaire du 8 octobre 1871, M. le Ministre de l'intérieur déclare « que la loi nouvelle ne fait que reproduire. « quant au service des aliénés, les dispositions de la loi du « 18 juillet 1866 ». Par conséquent, les dispositions de la circulaire du 4 août 1866 continueront à s'appliquer.

Remarquons qu'il ne s'agit, dans tout ce qui précède, que des établissements *départementaux* d'aliénés. Il en est d'autres qui sont dits « autonomes », qui n'appartiennent pas au département, et qui relèvent directement du Ministère de l'intérieur. Ils ont à la fois le caractère de personnes morales et d'établissements publics : de sorte qu'ils ne sont pas obligés, pour agir, pour contracter des marchés, d'emprunter la personnalité du département. C'est au Ministre qu'ils s'adresseront directement, par l'organe de leurs administrateurs, pour obtenir les autorisations de travaux nécessaires.

On compte en France sept établissements de ce genre : l'asile d'Aix (Bouches-du-Rhône) ; l'asile Saint-Pierre, à Marseille ; l'asile de Bordeaux ; l'asile de Cadillac (Gironde) ; l'asile d'Armentières Nord) ; l'asile de Bailleul (Nord) ; l'asile de Bassens (Savoie).

153. — *Écoles normales primaires.* — Les lois de 1833 et du 15 mars 1850 (art. 35) obligeaient les départements soit à posséder une école normale primaire, soit à s'entendre, pour l'entretien des élèves maîtres, avec un département voisin. La loi du 9 août 1879 est venue aggraver cette obligation en prescrivant que, dans un délai de quatre ans, tout département devrait être pourvu d'une école normale d'instituteurs et d'une école normale d'institutrices. (Art. 1er.) Les départements ont donc été obligés soit de construire des bâtiments neufs, soit d'approprier des bâtiments déjà existants ; c'est une nouvelle catégorie de travaux publics départementaux. Si l'on s'en tenait à la loi du 10 août 1871, le Conseil général devrait avoir le droit de statuer définitivement sur ces travaux qui sont entrepris avec les fonds du département. Mais, ici encore, l'intérêt local n'est pas seul en jeu ; l'État doit exercer un contrôle sur l'enseignement public, contrôle qui va jusqu'à la surveillance de l'installation matérielle des établissements où il est donné. Les plans ne pourront donc être exécutés qu'après qu'ils auront été approuvés par le recteur et le Conseil Académique. (V. ci-dessus *Travaux du Ministère de l'instruction publique,* n° 113.)

SECTION II.

Travaux spéciaux. — *Chemins de fer d'intérêt local.*

154. — Première période : loi du 12 juin 1865. Pouvoir du Conseil général.
155. — Mode d'exercice de ces pouvoirs.
156. — Droits d'autorisation réservé au pouvoir central.
157. — Initiative des projets.
158. — Exécution et surveillance des travaux.
159. — Résumé.
160. — Loi du 10 août 1871 : modifications.
161. — Deuxième période ; loi du 11 juin 1880.
162. — Initiative des projets ; instruction préalable ; enquête.
163. — Délibérations du Conseil général sur la direction des chemins, le mode d'exploitation et les traités.
164. — Avis du Conseil général des ponts et chaussées.
165. — Avis du Conseil d'État. Déclaration d'utilité publique par le pouvoir législatif.
166. — Projets d'exécution.
167. — Enquête spéciale pour la fixation de l'emplacement des stations.
168. — Délibération définitive du Conseil général.
169. — Droit de contrôle du Ministre des travaux publics.
170. — Projets de détail.
171. — Chemins intéressant plusieurs départements.
172. — Chemins intéressant une seule commune.
173. — Voies de recours en cas de violation des règles relatives à l'accomplissement des formalités.
174. — Modes d'exécution.

Parmi les voies de communication que possèdent les départements, figurent les chemins de fer d'intérêt local.

La législation qui régit cette matière a subi d'importantes variations. Elle se divise en deux périodes : la première comprenant la loi du 12 juin 1865 et les lois ultérieures jusqu'au 11 juin 1880 ; la seconde embrassant la loi actuellement en vigueur du 11 juin 1880 et les décrets qui sont venus la compléter.

154. — *1re Période.* — *Loi de 1865.* — Les chemins de fer d'intérêt local pouvaient être établis de deux manières différentes : 1° par les départements eux-mêmes, avec le concours des intéressés et des subventions de l'État (*art. 1 et 4*) ; 2° par des concessionnaires, avec le concours financier des départements.

Dans le 1er cas, c'était le département lui-même qui se chargeait de toute l'entreprise, sauf à lui à solliciter le concours des propriétaires qui profitaient des travaux ; dans le second, le rôle du département se réduisait à prendre l'initiative de la construction de la voie et à fournir des subventions aux concessionnaires. La circulaire ministérielle du 12 août 1865 ne laisse aucun doute à cet égard : « Il résulte de cette première disposition, dit « M. le Ministre des travaux publics, que les départements « peuvent construire les chemins de fer par eux-mêmes, ainsi que « cela s'est pratiqué dans les départements du Haut et du Bas- « Rhin et se pratique en ce moment dans celui de la Sarthe, puis « livrer ces chemins à une compagnie qui, après les avoir com- « plétés, en assure l'exploitation. Ils peuvent encore, si cette

« combinaison leur paraît plus avantageuse, confier à une com-
« pagnie le soin d'exécuter tous les travaux, en lui remettant, à
« titre de subvention, les ressources créées en vue de l'établisse-
« ment du chemin. Mais le caractère essentiel des chemins de fer
« d'intérêt local réside dans le fait soit de l'initiative, soit du con-
« cours des départements et des communes. C'est à cette condi-
« tion qu'ils sont appelés à jouir du bénéfice de la présente loi. »

Dans les deux hypothèses, les finances départementales se trouvant engagées, les représentants légaux du département devaient
exercer une influence prépondérante tant sur la décision à prendre
relativement à l'opportunité des travaux que sur leur mode d'exécution.

155. — L'art. 2 de la loi de 1865 indiquait les formes dans
lesquelles ce droit devait s'exercer.

Une « *instruction préalable* » était faite par le préfet, qui y
procédait à son gré, et faisait établir les plans et projets par des
hommes de son choix. Ses résultats étaient mis sous les yeux du
Conseil général qui examinait les plans, projets et devis, et pouvait faire usage des renseignements directement recueillis par
ses membres ; puis arrêtait « la direction des chemins de fer
« d'intérêt local, le mode et les conditions de leur construction,
« ainsi que les traités et dispositions nécessaires pour en assurer
« l'exploitation. » (*Art. 2.*)

Pour les matières qui viennent d'être énumérées, le Conseil
général était souverain, c'est-à-dire que, à raison de sa qualité
d'administrateur des finances départementales, il pouvait se refuser à la construction de voies ferrées qui entraînaient des dépenses trop considérables ; on ne pouvait le forcer à adopter les
projets de travaux ; les intéressés, État ou particuliers, pouvaient
seulement lui faire des offres de concours ou de subventions suffisantes pour le décider à voter l'entreprise.

156. — Mais, à un autre point de vue, les pouvoirs du Conseil
général n'étaient pas absolus : s'il pouvait empêcher l'exécution
des travaux, il ne pouvait pas, sans l'intervention du pouvoir
central, ordonner cette exécution : « L'utilité publique, disait la
« loi, est déclarée, et l'exécution est autorisée par décret rendu en
« Conseil d'État sur le rapport des Ministres de l'intérieur et des
« travaux publics. » Et remarquons qu'un refus pouvait se produire alors même qu'aucune subvention n'avait été promise par
le Gouvernement ; c'était un véritable droit de tutelle sur la gestion des intérêts départementaux qui tiennent ici de fort près aux
intérêts généraux de l'État, par suite du caractère spécial des
chemins de fer.

157. — L'article 2 déterminait très exactement l'étendue des
pouvoirs du Conseil général, qui arrêtait la direction des chemins,
les conditions de leur construction, et approuvait les traités relatifs à l'exploitation.

Mais il n'indiquait pas qui avait l'initiative de l'entreprise. Elle
était attribuée cumulativement au Conseil général et au préfet :

« Il résulte de ce texte (art. 2), dit la circulaire ministérielle du
« 12 août 1865, que, si le préfet a le droit et le devoir de sou-
« mettre au Conseil général les projets de chemins de fer qu'il
« juge utiles aux intérêts du département, et s'il est chargé, dans
« tous les cas, de pourvoir à l'étude et à l'instruction de ces
« projets, de son côté, le Conseil général conserve un droit d'ini-
« tiative qui lui permet, dans tous les cas, de provoquer l'étude
« et la création des lignes dont l'utilité lui paraîtra démontrée. »

158. — Une fois l'autorisation accordée par décret, ce n'était
pas le Conseil général qui s'occupait de l'exécution : c'était le
préfet qui, seul, approuvait les projets définitifs, homologuait les
tarifs et contrôlait l'exploitation.

159. — Sous l'empire de la loi de 1865, le rôle du Conseil gé
néral se bornait donc à prendre, s'il le jugeait convenable, l'initiative de la construction de la ligne, et à apprécier souverainement l'opportunité de son établissement. Mais, une fois l'exécution des travaux et les ressources nécessaires votées, il était en
quelque sorte dessaisi. Le pouvoir central pouvait refuser l'autorisation et annuler ainsi la décision du Conseil général : d'autre
part, si le décret d'autorisation était accordé, l'exécution des travaux appartenait au préfet qui ne restait soumis au contrôle du
Conseil général qu'en ce qui concerne les dépenses.

160. — Tel était l'état de la législation lorsqu'intervint la loi
du 10 août 1871 sur les Conseils généraux. Cette loi, dans son
article 46, décide que les Conseils « statueront définitivement...
« 12° sur la direction des chemins de fer d'intérêt local, le mode
« et les conditions de leur construction, les traités et dispositions
« nécessaires pour en assurer l'exploitation ».

Ces délibérations seront, comme toutes les autres que prévoit
le même article, exécutoires si, dans le délai de 20 jours à dater
de la clôture de la session, le préfet n'en a pas demandé l'annulation pour excès de pouvoirs ou violation de la loi. (*Art. 47.*)

La comparaison de ces textes avait fait naître la question de
savoir si le législateur de 1871 avait voulu, modifiant le système
établi par la loi de 1865, supprimer l'autorisation qui devait être
accordée par décret, et concéder au Conseil général un pouvoir
absolu pour l'exécution des travaux. Cette question était habituellement tranchée négativement. (*Aucoc*, III, n°ˢ 1668 et 1671.)
Aujourd'hui elle ne se pose même plus, en présence du texte
formel de la loi de 1880. Ainsi, même après 1871, le Conseil général, compétent pour statuer sur la direction des chemins de
fer d'intérêt local, le mode et les conditions de leur exécution, ne
l'était pas pour faire établir ces chemins sans l'autorisation du
pouvoir central. Les règles établies pour cette autorisation par
la loi de 1865 subsistaient.

161. — *2ᵉ Période. — Loi du 11 juin 1880.* — La loi nouvelle,
tout en conférant au Conseil général des attributions à certains
égards plus étendues, maintient la nécessité de l'autorisation du

pouvoir central; mais elle transporte ce droit d'autorisation du pouvoir exécutif au pouvoir législatif.

Par une heureuse innovation, l'enquête nécessaire pour la déclaration d'utilité publique précède aussi la délibération du Conseil.

162. — L'initiative de l'établissement de la voie peut toujours être prise aussi bien par le Conseil général que par le préfet. Toutefois, lorsque le Conseil, sur la demande d'un de ses membres ou de quelqu'un autre que le préfet, prend l'initiative, il ne peut, dans la première délibération, que prescrire au préfet de procéder à l'instruction et à l'enquête : tant que ces deux formalités ne sont pas remplies, aucune décision définitive ne peut intervenir. Au contraire, lorsque la proposition émane du préfet, il peut se présenter devant le Conseil général avec les résultats de son instruction préalable et de son enquête.

Les particuliers intéressés peuvent provoquer l'étude d'un projet à l'aide de pétitions et d'offres de subventions. Mais le Conseil général est libre de refuser d'en tenir compte : ce refus ne peut donner lieu à un recours contentieux. L'instruction préalable est faite par le préfet, qui y fait procéder par des agents de son choix ; l'enquête a lieu dans les formes usitées pour les travaux publics ordinaires. (V. nos 307 et suivants.)

163. — Une fois l'enquête et l'instruction préalable terminées, les résultats en sont soumis à l'assemblée départementale qui « arrête la direction des chemins, le mode et les conditions de « leur construction, ainsi que les traités et les dispositions néces- « saires pour en assurer l'exploitation ». (Art. 2.)

C'est la reproduction de l'article 2 de la loi de 1865 : le Conseil général est le maître de déterminer les conditions dans lesquelles il entend que le projet soit réalisé, et il peut refuser de lui donner suite. Ce droit dérive de ses pouvoirs d'administrateur sur le budget départemental.

Mais la loi de 1880 emporte à cet égard une restriction qui n'existait pas dans la loi de 1865; le Conseil général n'est plus libre dans ses délibérations ; il doit « se conformer aux clauses et « conditions du cahier des charges type approuvé par le Conseil « d'État, sauf les modifications qui seraient apportées par la con- « vention et la loi d'approbation ».

Le cahier de charges modèle a été approuvé par un décret du 6 août 1881.

De même que le préfet est entièrement libre de faire procéder à l'instruction préalable par des agents de son choix, le Conseil général peut faire rédiger les premiers plans relatifs à la direction et au mode d'exécution du chemin par les hommes de l'art qu'il lui plaît de choisir : il n'est pas obligé de s'adresser aux agents des ponts et chaussées.

164. — Une fois le projet complet, arrêté et adopté par le Conseil général, le Conseil des ponts et chaussées est appelé à donner son avis, garantie nouvelle exigée par la loi de 1880.

165. — Puis il est soumis au Conseil d'État, et après l'avis de ce dernier, le pouvoir législatif intervient pour déclarer l'utilité publique et autoriser l'exécution. « L'utilité publique est déclarée « et l'exécution est autorisée par une loi. »

166. — Une fois cette première période terminée, la construction du chemin de fer est définitivement arrêtée ; il faut y procéder. Les projets d'*exécution* sont dressés par le préfet qui est obligé de prendre l'avis de l'ingénieur en chef du département. Remarquons que la nécessité de cet avis ne contraint pas le préfet à faire rédiger les projets par les agents des ponts et chaussées.

167. — Pendant la rédaction de ce projet, il doit être procédé à une enquête spéciale pour la fixation de l'emplacement des stations. (*Art. 9 du cahier des charges et décret du 6 août 1881.*)

168. — Le projet est soumis au Conseil général qui statue définitivement. (*Art. 3.*)

C'est donc à l'assemblée départementale qu'appartient la décision en dernier ressort. Elle peut modifier le projet qui lui est présenté par le préfet. Ce point ne fait aucun doute.

169. — D'ailleurs, bien que l'article 3 attribue la décision définitive au Conseil général, le Ministre des travaux publics peut encore exercer un certain contrôle. Il a un délai de deux mois pour examiner les projets définitivement adoptés et, si les projets d'exécution ne paraissent pas acceptables, il peut, sur la proposition du préfet, et après avis du Conseil général des ponts et chaussées, « appeler le Conseil général du département à délibé-« rer de nouveau sur lesdits projets ».

170. — Enfin les projets *de détail* sont approuvés, non par le Conseil général, mais par le préfet, sur l'avis de l'ingénieur en chef ; il s'agit ici de questions techniques à l'égard desquelles le contrôle du Conseil général serait le plus souvent illusoire.

Cette distinction entre les projets d'exécution et les projets de de détail n'existait pas dans la loi de 1865 : les projets définitifs étaient approuvés par le préfet, sur avis de l'ingénieur en chef. La loi de 1880 a donc étendu les pouvoirs du Conseil général en lui permettant de statuer définitivement sur les projets d'exécution.

171. — Il peut arriver qu'un chemin de fer intéresse plusieurs départements. Dans ce cas, dit l'article 2, on procédera conformément aux articles 89 et 90 de la loi du 10 août 1871. S'il y a désaccord entre les départements au sujet de l'exécution de la ligne, le Ministre statue. (*Art. 3.*)

172. — S'il s'agit d'un chemin de fer d'intérêt local établi par une commune dans l'étendue de son territoire seulement, c'est le Conseil municipal qui exerce alors les attributions de Conseil général. — Il n'est pas besoin, en ce cas, que les délibérations soient approuvées par le préfet ; mais le Conseil général du département devrait donner son avis. (*Art. 2, § 3 et 4 de la loi de 1880.*) C'est là une innovation de la loi de 1880.

173. — En ce qui concerne les voies de recours ouvertes aux particuliers, entrepreneurs, villes ou communes qui se prétendraient lésés, ou qui invoqueraient la violation des lois ou des dispositions qui la complètent, nous ne pouvons que renvoyer aux règles que nous étudierons plus loin n°s 324 et suiv. (V. Cons. d'État, 6 août 1878, *Sandeau*, 842.)

174. — Nous avons vu jusqu'ici de quelle manière les entreprises de chemins de fer d'intérêt local étaient arrêtées et votées par les représentants du département.

En ce qui concerne l'exécution des travaux, l'art. 1er de la loi du 11 juin 1880 dispose que l'établissement des chemins de fer d'intérêt local par les départements se fait avec ou sans le concours des propriétaires intéressés. Il résulte de ce texte et des articles 8, 9 et 10, relatifs aux concessions, que le département peut, comme sous l'empire de la loi de 1865, soit exécuter lui-même le chemin dont il concédera plus tard l'exploitation, soit concéder dès le principe à la fois l'établissement et l'exploitation de la ligne.

Le premier cas, assez rare dans la pratique, n'est réglementé ni par la loi de 1865, ni par la loi de 1880 : c'est donc aux principes généraux qu'il faut se reporter. Or, il s'agit de l'exécution d'un travail public départemental qui sera accompli dans les mêmes conditions que tous les travaux du même genre : le département pourra mettre en adjudication les divers lots de travaux et agir comme pour la construction d'une route ou de tout autre ouvrage.

Dans le second cas, beaucoup plus fréquent, il y a concession non seulement de l'exploitation future de la ligne, mais encore de l'établissement même de la voie.

Nous étudierons dans notre second volume tout ce qui concerne les contrats de concession, et tout ce qui concerne le côté financier des chemins de fer d'intérêt local.

Quant à l'accomplissement des travaux, soit par le département, soit par le concessionnaire, il ne saurait donner lieu à aucune difficulté spéciale : les règles générales concernant les travaux publics seront applicables à toutes les questions qui se soulèveront soit entre le département et les entrepreneurs adjudicataires, soit entre ceux-ci et les particuliers.

L'expropriation se fera conformément à la loi du 3 mai 1841.

CHAPITRE II.

Travaux des communes.

175. — Énumération des travaux communaux.
176. — Pouvoir du Conseil municipal.
177. — Travaux approuvés par le Conseil municipal seul : rédaction des projets ; approbation.

178. — Travaux approuvés par l'autorité supérieure : pouvoirs du Conseil municipal et du préfet.

179. — Travaux facultatifs.

180. — Travaux obligatoires.

181. — Corrélation entre les travaux et les voies et moyens de subvenir aux dépenses.

182. — Pouvoirs de l'autorité supérieure.

183. — Ouvrages supplémentaires : règles à suivre.

184. — Contrôle de l'autorité supérieure sur les travaux que le Conseil municipal peut approuver seul.

185. — Travaux sur des biens indivis entre plusieurs communes.

186. — Chemins ruraux.

187. — Mode d'exécution des travaux.

188. — Rôle du maire dans l'exécution des travaux.

189. — Hommes de l'art chargés de la direction.

190. — Travaux des fabriques, règles générales.

191. — Concours de la commune aux travaux.

192. — Églises métropolitaines, cathédrales.

193. — Églises, monuments historiques.

194. — Travaux des établissements hospitaliers.

195. — Historique.

196. — Législation actuelle.

197. — Devoirs du préfet en cette matière.

198. — Modes d'exécution des travaux.

175. — Les travaux communaux embrassent des objets très variés. La loi du 5 avril 1884, sur l'organisation municipale, mentionne, parmi les *dépenses obligatoires*, les travaux suivants :

1° L'entretien de l'hôtel de ville, dont les travaux sont, ainsi que nous l'avons vu (n° 22), des travaux publics ;

2° Le traitement du receveur municipal, du préposé en chef de l'octroi, et les frais de perception. L'installation des bâtiments nécessaires aux bureaux du receveur municipal, les postes d'octroi, les barrières placées à certaines rues, les poteaux indiquant les limites de l'octroi peuvent donner lieu à un certain nombre de travaux ;

3° Les traitements et autres frais de personnel de la police municipale et rurale et des gardes des bois de la commune. Ici nous faisons la même observation que pour le n° précédent : l'installation des services de police peut donner lieu à des travaux;

4° Les frais de loyer et de *réparation* du local de la justice de paix. Si ce local se trouve dans les bâtiments de la mairie, il sera entretenu en même temps qu'elle. Au cas contraire, il peut nécessiter des travaux distincts ;

5° Les dépenses relatives à l'instruction publique, conformément aux lois. La commune est obligée d'entretenir les bâtiments scolaires, et quelquefois même d'en faire construire de nouveaux ;

6° Les dépenses nécessaires à l'entretien du presbytère ; (V. n° 21.)

7° La clôture des cimetières, leur entretien et leur translation dans les cas déterminés par la loi ;

8° Les dépenses nécessaires aux conseils des prudhommes ;

par conséquent, l'entretien des locaux dans lesquels il sont installés;

. 9° les dépenses des chemins vicinaux dans les limites fixées par la loi.

À ces travaux, il faut ajouter tous ceux qui sont facultatifs, que la commune juge à propos d'entreprendre pour donner satisfaction à un intérêt public : ouverture de rues nouvelles, travaux de pavage et de voirie; travaux de canalisation d'eau, etc. (V. titre préliminaire, nos 25 et 26). La commune ne les entreprendra que si ses ressources le lui permettent et elle est seule juge de leur opportunité.

176. — La loi du 5 avril 1884 pose en principe l'omnipotence du Conseil municipal qui « règle par ses délibérations les affaires de la commune ». Cela s'applique tout naturellement aux travaux comme aux autres affaires. Mais l'article 68 apporte aussitôt une restriction à ce principe.

« Ne seront exécutoires qu'après avoir été approuvées par l'au-
« torité supérieure les délibérations portant sur les objets sui-
« vants... : 3° les constructions nouvelles, les reconstructions
« entières ou partielles, les projets, plans et devis des grosses répa-
« rations et d'entretien, quand la dépense, totalisée avec les
« dépenses de même nature pendant l'exercice courant, dépasse
« les limites des ressources ordinaires et extraordinaires que les
« communes peuvent se créer sans autorisation spéciale. Il en
« est de même du changement d'affectation d'une propriété com-
« munale servant à un service public; du redressement et pro-
« longement des rues ; des marchés pour approvisionnement. »

177. — Il résulte de là que les communes peuvent sans autorisation : 1° faire procéder sur les crédits de leur budget aux travaux d'entretien et de réparation dont la dépense n'excède pas 300 fr. pour tout l'exercice; 2° faire procéder aux travaux de construction entière ou partielle, d'entretien ou de réparation lorsque « la dépense totalisée avec les dépenses de même nature pendant l'exercice courant ne dépasse pas les limites des ressources ordinaires ou extraordinaires que les communes peuvent se créer sans autorisation ». Ces ressources sont, d'après l'article 141 de la loi de 1884 : 5 cent. extraordinaires d'une durée de 5 ans, dans la limite posée par le Conseil général; 3 cent. extraordinaires pour les chemins vicinaux et 3 cent. pour les chemins ruraux.

Pour tous ces travaux, les Conseils municipaux règlent et approuvent les projets, plans, cahier des charges ou devis. Le plus souvent ce sera le maire qui dressera ou fera dresser sous sa surveillance ces pièces, et qui présentera au conseil l'architecte ou l'homme de l'art chargé de les diriger. Nous verrons plus loin (n° 188) les règles à suivre à ce sujet; contentons-nous de dire que le maire ne peut que présenter les projets au Conseil qui seul peut autoriser les travaux et passer les contrats.

Il existe un certain nombre de travaux pour lesquels les Conseils municipaux ne sont pas absolument libres : ce sont ceux pour lesquels des lois spéciales exigent l'approbation de l'autorité supérieure, les travaux des écoles, par exemple.

178. — Quand les travaux occasionnent une dépense plus forte que celle que nous avons déterminée ci-dessus, ou quand il s'agit de travaux soumis à l'approbation de l'autorité supérieure par des lois spéciales, les Conseils municipaux ne peuvent que proposer les projets, plans et devis, à moins qu'ils ne préfèrent laisser à l'autorité supérieure le soin de les faire préparer par des hommes de son choix ; dans ce dernier cas, ils doivent cependant être l'objet d'une délibération qui les approuve formellement.

C'est en général le préfet qui est chargé d'approuver ces travaux et d'en autoriser l'exécution. (*Art. 68 et 114, p. 2 de la loi du 5 avril 1884 et décret du 25 mars 1852.*) Cependant, pour les villes ayant trois millions au moins de revenu, les travaux d'ouverture des voies nouvelles et tous autres travaux déclarés d'utilité publique sont approuvés par décrets rendus en Conseil d'Etat. (*Art. 115 et 145, loi de 1884.*)

179. — Si les travaux sont facultatifs pour les communes, l'autorité supérieure ne peut qu'approuver ou refuser son approbation ; elle ne peut modifier les plans, projets, devis ou contrats présentés par les communes.

180. — S'il s'agit des travaux obligatoires que nous avons énumérés plus haut, l'autorité supérieure peut, si elle le juge convenable, modifier les projets et contrats qui lui sont présentés, les Conseils municipaux seront bien appelés à délibérer sur ces changements, mais s'ils les refusent, l'autorité supérieure peut passer outre. (*Décision min. int. 1862. Bulletin off. 1862, p. 313.*)

181. — Une circulaire du Ministre de l'intérieur du 1er mai 1855 recommande aux préfets de n'accorder leur approbation qu'autant que les ressources suffisantes sont réalisées ou du moins complètement assurées, et si la dépense doit nécessiter un emprunt ou une imposition extraordinaire qui exige l'intervention de l'autorité supérieure, de n'approuver que sous réserve expresse qu'il sera sursis à tout engagement contracté jusqu'à ce que les voies et moyens soient assurés.

182. — Du reste « les délibérations des Conseils municipaux « sur les objets énoncés à l'article précédent ne sont exécutoires, « sur l'approbation du préfet, que sauf les cas où l'approbation « par le Ministre compétent, par le Conseil général, par la Com- « mission départementale, par un décret ou par une loi, est « prescrite par les lois et règlements. (*Art. 67, loi de 1884.*) « Lorsque le préfet refuse son approbation ou qu'il n'a pas fait « connaître sa décision dans un délai d'un mois à partir de la « date du récépissé, le Conseil municipal peut se pourvoir « devant le Ministre de l'intérieur ».

183. — Il arrive assez fréquemment que les devis des projets intéressant les communes sont insuffisants ; en cours d'exécution, les architectes constatent la nécessité de fournitures ou d'ouvrages supplémentaires ; mais comme ces ouvrages ne sont pas en général d'une grande importance et se rattachent étroitement au projet primitif, on conçoit qu'ils ne fassent pas l'objet d'une adjudication spéciale et soient naturellement confiés à l'entrepreneur chargé de l'exécution du projet primitif. Quant aux conventions à intervenir à cet égard, elles se trouvent suppléées, la plupart du temps, par une clause du cahier des charges qui oblige à l'avance l'entrepreneur à se prêter dans une certaine mesure aux modifications dont le projet serait jugé susceptible durant l'exécution. Dans les autres cas, il suffit d'une soumission que souscrit l'adjudicataire et qui est acceptée par le Conseil municipal.

Les nouveaux plans, projets et devis sont approuvés par le Conseil municipal, et si leur importance le comporte, suivant les règles ci-dessus exposées, ils sont présentés par lui à l'approbation de l'autorité supérieure avec l'indication des ressources applicables au paiement des nouveaux travaux et un rapport détaillé de l'architecte. (*Circ. min. int. du 10 janvier 1840.*) Si les nouveaux travaux étaient trop importants pour être considérés comme une dépendance des travaux primitivement prévus, ou si, à défaut de clause obligeant l'entrepreneur de ces travaux à exécuter les nouveaux, cet entrepreneur et la commune ne pouvaient s'entendre, il y aurait lieu à une nouvelle adjudication après l'accomplissement des mêmes formalités que pour la première.

184. — Ajoutons que même, dans les cas où la délibération du Conseil municipal est suffisante pour autoriser les travaux, le contrôle du préfet est toujours réservé, car, aux termes du dernier § de l'article 68 : « Les délibérations qui ne sont pas soumises à l'approbation préfectorale ne deviendront néanmoins « exécutoires qu'un mois après le dépôt qui en aura été fait à la « préfecture ou à la sous-préfecture. Le préfet pourra, par un « arrêté, abréger ce délai.

Pendant ce délai, le préfet peut examiner si les délibérations ne sont pas entachées d'une nullité de droit, ou susceptibles d'être annulées conformément aux articles 63-64. La nullité est reconnue et l'annulation prononcée par le Préfet en Conseil de préfecture (*art. 65-66*). L'article 67 autorise le Conseil municipal et toute partie intéressée à se pourvoir en Conseil d'État dans les formes du recours pour excès de pouvoirs.

185. — Pour les travaux concernant les biens indivis entre plusieurs communes, la loi du 5 avril 1884, dans ses articles 68 et suivants, a établi des règles spéciales ; nous nous bornons à renvoyer à ces articles.

186. — La loi du 20 août 1881 sur les chemins ruraux attribue aux Conseils municipaux le droit de déterminer ceux des chemins ruraux qui devront être classés, ouverts ou redressés, sur un arrêté de la Commission départementale. (*Art. 4 et 13.*) Il a la mission de pourvoir à l'entretien des chemins ruraux dans

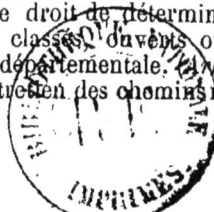

7

la limite des ressources de la commune; « en cas d'insuffisance
« des ressources ordinaires, les communes sont autorisées à
« pourvoir aux dépenses des chemins ruraux reconnus à l'aide,
« soit d'une journée de prestation, soit de centimes extraordi-
« naires en addition au principal des quatre contributions
« directes. » (Art. 10.)

187. — Les travaux des communes sont l'objet d'adjudications
publiques comme les travaux de l'État et des départements. Nous
verrons plus loin les formalités auxquelles elles sont soumises
(ordonnance du 14 novembre 1837), ainsi que les conditions
prescrites pour les marchés de gré à gré, possibles dans certains
travaux. (Loi du 5 avril 1884, art. 115.)

188. — Le maire joue un rôle important dans l'exécution des
travaux publics communaux. C'est devant lui qu'il est procédé
aux adjudications : dans ces opérations, il est assisté de deux
membres du Conseil municipal désignés par le Conseil ou appelés dans l'ordre du tableau. (Loi de 1884, art. 89.)

En outre, la loi de 1837 (art. 10) lui confiait la direction
exclusive des travaux. La loi de 1884 (art. 90-4°) lui conserve
expressément cette mission. En l'accomplissant, ces fonctionnaires ne doivent pas oublier que la loi leur confie seulement
la surveillance des travaux dans les limites établies par les plans
et devis dûment approuvés. C'est dans ces limites qu'ils doivent prendre soin de circonscrire leur action. Quand, par
exemple, ils prennent sur eux, sans autorisation du Conseil municipal ou du préfet, de suppléer à l'insuffisance des projets en
ordonnant des travaux non prévus, ils courent le risque d'engager leur responsabilité personnelle dans le cas où les dépenses
supplémentaires ainsi prescrites seraient jugées plus tard sans
utilité pour la commune.

Souvent les conseils municipaux choisissent dans leur sein
une commission spéciale chargée de la surveillance des travaux.
Mais cette commission n'a qu'un caractère officieux. Elle n'a pas
le droit d'imposer au maire ses vues particulières, et même de
donner des ordres à l'entrepreneur. Il va de soi, au surplus,
que le maire a la faculté, comme en toute matière, de déléguer
ses pouvoirs et de se faire remplacer dans la direction des travaux.

189. — Pour la partie technique, elle est confiée soit à des
architectes, soit aux agents voyers.

Les architectes sont choisis librement par le Conseil municipal;
souvent, lorsqu'il s'agit de travaux neufs, un concours est ouvert
et l'architecte dont le projet est adopté à la direction des travaux.

La commune s'adresse fréquemment aux agents voyers, surtout
pour la direction des travaux de voirie communale, de distribution d'eau, etc.

Enfin, le Conseil municipal peut encore demander le concours
des ingénieurs des ponts et chaussées. (V. n° 85.)

190. — Fabriques. — Le décret du 30 décembre 1809 organisait, en ce qui concerne les travaux nécessaires aux édifices du

culte, un système qui peut se résumer ainsi : les dépenses incombent aux fabriques (*art. 37*); mais, en cas d'insuffisance de leurs revenus, elles doivent faire toutes diligences auprès de l'Administration communale pour obtenir des subsides. Et, en cas d'insuffisance constatée, la commune est tenue de participer à la dépense. (*Art. 92-95*.)

La loi du 5 avril 1884 a abrogé les articles 92-95 du décret de 1809 ; et l'art. 136-12° range parmi les dépenses obligatoires de la commune, « les grosses réparations aux édifices communaux, « sauf lorsqu'ils sont consacrés aux cultes, l'application préalable « des revenus et ressources disponibles des fabriques à ces répa- « rations..... ; s'il y a désaccord entre la fabrique et la commune, « quand le concours financier de la commune est réclamé dans « les cas prévus aux paragraphes 11 et 12, il est statué par décret « sur les propositions des Ministres de l'intérieur et des cultes ».

Par conséquent, la commune est astreinte à venir en aide à la fabrique, en cas d'insuffisance dûment constatée de ses revenus.

Les règles concernant l'exécution des travaux, prescrites par le décret de 1809 (*art. 41 et suiv.*), restent en vigueur. Ce sont les marguilliers, et particulièrement le trésorier, qui sont chargés de veiller à ce que toutes les réparations soient bien et promptement faites. Au commencement du printemps et de l'automne, ils doivent visiter les bâtiments avec des gens de l'art. Toutes les réparations locatives ou autres qui n'excèdent pas 50 fr., dans les paroisses au-dessous de 1.000 âmes, et 100 fr. dans les paroisses d'une population supérieure, sont faites immédiatement, par voie d'économie. Si cette somme est excédée, le bureau fait un rapport au conseil de fabrique qui ordonne toutes les réparations jusqu'à 100 fr. dans les communes au-dessous de 1.000 âmes, et 200 fr. dans les communes plus peuplées. Si la fabrique a des revenus libres, le conseil pourra ordonner des dépenses supérieures à cette limite : mais alors, il devra faire dresser un devis estimatif, et procéder à une adjudication au rabais ou par soumission après trois affiches renouvelées de huitaine en huitaine. En outre, l'autorisation du préfet ou du Gouvernement sera nécessaire.

S'il n'y a pas de fonds disponibles, il en est donné avis au préfet, et le concours de la commune est sollicité.

L'exécution des travaux que la fabrique peut faire accomplir sans autorisation est confiée à des hommes de son choix; mais si la commune prend part à la dépense, elle peut naturellement exiger que l'architecte désigné par elle intervienne dans la direction et la surveillance des travaux. Il en serait de même pour l'Etat, si une subvention était fournie par lui.

191. — Lorsque le concours de la commune est sollicité, le décret de 1809 prescrivait dans quelles formes la demande devait être examinée : le préfet nommait les hommes de l'art qui, en présence des membres du Conseil municipal et d'un marguillier, dressaient un devis estimatif des réparations. Le préfet soumettait

ce devis au Conseil municipal et ordonnait, s'il y avait lieu, que les réparations seraient faites aux frais de la commune, par adjucation au rabais (*art.* 95); il avait été jugé, avant la loi de 1884, que l'observation de ces formalités était prescrite à peine de nullité. (C. d'Etat, 22 février 1878, *Ville de Miélan*, 192 ; 1er avril 1881, *Commune de Pontcharra*, 366.) La loi de 1884 a abrogé les articles 92-95 du décret de 1809 : il en résulte que les formalités ne seront plus exigées. La dépense est obligatoire pour la commune, en cas d'insuffisance des ressources : en cas de contestation à ce sujet, un décret interviendra pour la trancher.

192. — La réglementation que nous venons de résumer ne s'applique pas aux églises métropolitaines et cathédrales. Les départements compris dans un diocèse sont tenus, envers la cathédrale, aux mêmes obligations que les communes envers les églises paroissiales, dit l'art. 106 du décret de 1809. Cette partie du décret n'ayant pas été abrogée, les réparations ou reconstructions seront régies par les art. 107 et suivants du décret : l'évêque donne avis au préfet des réparations à effectuer et de l'insuffisance des ressources ; le préfet fait dresser, en présence de l'évêque, un devis estimatif sur lequel ce dernier consigne ses observations. Le tout est communiqué aux Ministres de l'intérieur et des cultes. En cas d'urgence, le Ministre de l'intérieur peut ordonner au préfet d'attribuer aux travaux les premiers fonds qu'il aura disponibles, sauf remboursement par le Conseil général. (V. *Travaux des édifices diocésains*, n° 115.)

193. — Lorsque les églises sont classées comme monuments historiques, il faudra, en outre, tenir compte des prescriptions de la loi du 30 mars 1887. (V. *Travaux des monuments historiques*, n°s 122-125.)

194. — *Hospices.* — La réglementation des travaux à exécuter par les établissements hospitaliers a passé par diverses phases.

Nous distinguerons les règles qui concernent les autorisations des travaux, c'est-à-dire les autorités chargées de l'instruction, de l'approbation et de la direction, et les formalités à suivre à ce sujet, et les règles qui concernent les modes d'exécution.

Sur les dernières, nous n'avons rien de particulier à signaler : l'ordonnance du 14 novembre 1837, dont nous avons parlé au sujet des communes, est applicable aux travaux des hospices pour tout ce qui concerne l'exécution, les conditions des adjudications, etc... Nous ne pouvons que nous référer aux règles que nous avons exposées plus haut. (V. n° 177.)

Mais les premières appellent notre attention.

195. — On sait que les hospices sont gérés et dirigés par une Commission administrative composée du maire de la commune, président, et de membres dont le nombre varie en raison de l'importance des établissements et qui sont nommés par le préfet. Cette Commission est chargée des travaux ; mais ses pouvoirs ont varié suivant les époques.

La législation ancienne se trouvait dans le décret du 10 brumaire an XIV, les ordonnances du 8 août et 31 octobre 1821 et l'instruction du 8 février 1823. Leurs prescriptions se résumaient ainsi : les administrations hospitalières pouvaient faire exécuter tous les travaux, constructions ou réparations avec la seule autorisation du préfet ; mais la communication des plans et devis au Ministre de l'intérieur était obligatoire lorsque la dépense excédait 2.000 fr. Aucune autorisation n'était nécessaire pour les travaux de moins de 2.000 fr. à exécuter sur les fonds disponibles du budget. Pour obtenir les autorisations et approbations, lorsqu'elles étaient exigées, l'établissement devait justifier de la nécessité des travaux et de l'existence des ressources disponibles.

196. — Ce système a été modifié par la loi du 13 août 1851, le décret de décentralisation du 25 mars 1852 complété par une circulaire ministérielle du 5 mai 1852, et la loi dn 5 avril 1884.

La Commission administrative règle, par ses délibérations, les travaux dont la dépense n'excède pas 3.000 fr. Les décisions sont exécutoires si, trente jours après la notification officielle, le préfet n'en a pas prononcé l'annulation. (*Loi du 13 août 1851, art. 8.*) Pour les travaux dont la valeur excède 3.000 fr., la Commission administrative ne peut les ordonner que sur l'avis conforme du Conseil municipal, confirmé par une autorisation ministérielle suivant la loi de 1851, et actuellement par une simple autorisation du préfet, quel que soit le montant des travaux.

Il résulte de là que la faculté, conférée aux Commissions par l'ordonnance de 1821, d'ordonner sans aucun contrôle les travaux d'une valeur inférieure à 2.000 fr. n'existe plus : la Commission peut prendre des décisions sur les travaux qui s'élèvent à 3.000 fr. ; mais le préfet, s'il n'est pas appelé *à autoriser*, peut toujours annuler ces délibérations dans les 30 jours ; et que si le montant des travaux excède 3.000 francs, il faut qu'il y ait accord entre la Commission administrative, le Conseil municipal et le préfet.

Ajoutons que, quel que soit le montant des travaux, si un emprunt est nécessaire pour le payer, les délibérations des Commissions administratives ne sont exécutoires que sur avis conforme du Conseil municipal approuvé, suivant l'importance de l'emprunt, par le préfet, par un décret du chef de l'Etat, ou par une loi. (*Art. 119, loi du 5 avril 1884.*)

Enfin, les délibérations des Commissions administratives concernant les travaux apportant des changements totaux ou partiels dans l'affectation des immeubles des établissements ; dans l'intérêt d'un service public ou privé quelconque, ou la désaffectation ou la livraison à un autre établissement public ou à un particulier de tout ou partie d'un immeuble de l'établissement, ne sont exécutoires qu'après avis du Conseil municipal et en vertu d'un décret rendu sur la proposition du Ministre de l'intérieur.

197. — La circulaire du 5 mai 1852 a indiqué d'une manière très précise les devoirs des préfets en notre matière : « L'attri-

« bution qui vous est conférée pour l'approbation sans limite
« des plans et devis de travaux est de la plus haute importance,
« et appelle toute votre attention. En effet, c'est une des parties
« les plus essentielles de l'administration des communes et des
« établissements charitables, celle peut-être qui affecte le plus
« leur état financier, qui les expose le plus à des mécomptes et,
« par suite, à de graves désordres dans leurs services. Plusieurs
« causes y contribuent : la rédaction défectueuse des projets ; la
« tendance qu'ont généralement les administrations locales à
« donner une apparence somptueuse à des constructions dont la
« destination ne comporte pas autant de décoration ; l'étude
« insuffisante des moyens et voies d'exécution ; l'abus des tra-
« vaux supplémentaires. Il importe donc en premier lieu, M. le
« préfet, que vous fassiez vérifier avec soin par les hommes de
« l'art les plans et devis qui seront soumis à votre approbation.
« Vous devrez toujours prendre, à cet effet, l'avis de la Commis-
« sion d'architecture établie près de votre administration. Lors-
« qu'en raison soit de l'importance, soit de la nature spéciale des
« travaux, tels que ceux de chauffage et de ventilation des éta-
« blissements hospitaliers, vous désirerez avoir l'avis du Conseil
« des bâtiments civils ou du Conseil des ponts et chaussées, vous
« trouverez toujours l'Administration supérieure empressée de
« concourir aux moyens d'éclairer votre décision. L'étude que
« vous aurez à faire personnellement, en dehors des questions
« d'art qui sont plus particulièrement du ressort des hommes
« spéciaux est celle de l'utilité des constructions projetées, de
« leurs rapports avec les besoins et les convenances du service,
« de leur caractère architectural, qui doit varier suivant la desti-
« nation de l'édifice projeté. En ce qui concerne particulièrement
« les constructions d'hôpitaux et hospices, on ne doit pas s'écar-
« ter d'une noble simplicité. »

Les préfets qui sont appelés à contrôler, ne fût-ce que par leur
droit d'annulation des délibérations, tous les travaux entrepris
par les Commissions administratives, doivent dans tous les cas
s'inspirer de ces principes.

198. — Sous l'empire de l'ordonnance du 14 novembre 1837,
l'adjudication était toujours nécessaire, à moins de circonstances
exceptionnelles. L'art. 8 de la loi du 13 août 1851 autorise les
Commissions à fixer « le mode et l'exécution des travaux », dès
lors que la dépense n'excède pas 3.000 fr. Dans ces limites, elles
peuvent donc consentir des marchés à l'amiable ; au delà, le
principe de l'adjudication doit être maintenu. (*Pour les formes
de l'adjudication*, V. *Ordonnance du 14 nov. 1837, ci dessous,
n° 343...*)

Les Commissions auront, bien entendu, le droit de choisir les
hommes de l'art à qui elles voudront confier la rédaction des
projets. Mais leur avis ne produira tout son effet que dans les
conditions prévues par la circulaire du 5 mai 1852.

CHAPITRE III

Tramways et autres chemins de fer sur routes.

199. — Législation.
200. — Caractères spéciaux de ces voies ferrées.
201. — Autorité compétente pour accorder l'affectation de la voie publique.
202. — Déclaration d'utilité publique.
203. — Enquête.
204. — Instruction préalable. — Rédaction des projets et formalités. — Procédure suivie jusqu'à l'affectation.
205. — Contrats : modes d'exploitation.
206. — Cahiers de charges. Devis-modèle.
207. — Règles spéciales au cas où l'expropriation est nécessaire.

199. — Les tramways sont régis par la loi de 11 juin 1880, le décret d'administration publique du 18 mai 1881, le cahier des charges du 6 août 1881 et le décret réglementaire du 9 août 1881.

200. — Ce qui caractérise ces voies ferrées, c'est qu'elles sont établies sur les voies du domaine public de l'Etat, du département et des communes. Cette considération, jointe à celle que le travail a pour but l'usage du public, suffisait pour lui donner le caractère de travail public. D'ailleurs, l'article 12 du décret du 9 août 1881 dispose que : « L'entreprise étant d'utilité publique, « le concessionnaire est investi, pour l'exécution des travaux « dépendant de sa concession, de tous les droits que les lois et « règlements confèrent à l'Administration en matière de travaux « publics..... »

Les règles suivantes s'appliquent, quel que soit le moteur employé : cheval, machine à vapeur ou électrique. De là, en pratique, une distinction assez délicate entre les tramways et les chemins de fer d'intérêt local empruntant le sol des routes. (*Art. 3-5° de la loi du 11 juin 1880.*)

La jurisprudence du Conseil d'État assimile aux tramways les embranchements de chemins de fer partant des gares et empruntant les voies publiques pour desservir les entrepôts, les quais des canaux et des ports, et les magasins particuliers. (V. *Décret du 2 juillet 1881 au sujet des quais de Bordeaux.*)

201. — La loi du 11 juin 1880 détermine ainsi l'autorité compétente pour autoriser le travail :

« *Art. 26.* — Il peut être établi sur les voies dépendant du « domaine public de l'État, des départements ou des communes, « des tramways ou voies ferrées à traction de chevaux ou de « moteurs mécaniques. Ces voies ferrées, ainsi que les déviations « accessoires construites en dehors du sol des routes et chemins, « et classées comme annexes, sont soumises aux dispositions sui-« vantes.

« *Art. 27.* — La concession est accordée par l'État lorsque la « ligne doit être établie, en tout ou en partie, sur une voie dé-« pendant du domaine public de l'Etat. Cette concession peut

« être faite aux villes ou aux départements intéressés, avec fa-
« culté de rétrocession. — La concession est accordée par le
« Conseil général au nom du département, lorsque la voie ferrée,
« sans emprunter une route nationale, doit être établie en tout
« ou en partie, soit sur une route départementale, soit sur un
« chemin de grande communication ou d'intérêt commun, ou
« doit s'étendre sur plusieurs communes. Si la ligne doit s'éten-
« dre sur plusieurs départements, il y aura lieu à l'application
« des articles 89 et 90 de la loi du 10 août 1871. — La conces-
« sion est accordée par le Conseil municipal lorsque la voie
« ferrée est établie entièrement sur le territoire de la commune et
« sur un chemin vicinal ordinaire, ou sur un chemin rural. »

202. — D'après l'article 29 « l'utilité publique est déclarée et
« l'exécution est autorisée par décret délivré en Conseil d'État,
« sur le rapport du Ministre des travaux publics, après avis du
« Ministre de l'intérieur. »

L'intervention du législateur pour l'autorisation donnée au
nom de l'Etat, quelle que soit l'étendue de la voie ferrée, et, en
tous cas, pour la déclaration d'utilité publique et l'autorisation
d'exécution, n'a pas été jugée nécessaire.

Cette dérogation à la loi du 27 juillet 1870 et à l'article 2 de la
loi même du 11 juin 1880 se justifie parce qu'il ne s'agit pas
de créer une voie publique nouvelle, ou tout au moins que s'il est
nécessaire de changer cette voie ou de faire des voies accessoires
de raccordement ou autres, ces travaux n'auront jamais qu'une
importance secondaire.

203. — Antérieurement au décret de déclaration d'utilité
publique et d'autorisation d'exécution a lieu une enquête.

« Aucune concession ne peut être faite, dit l'article 29, qu'après
« une enquête dans les formes déterminées par un règlement
« d'administration publique, et dans laquelle les Conseils géné-
« raux des départements et les Conseils municipaux des com-
« munes dont la voie doit traverser le territoire seront enten-
« dus, lorsqu'il ne leur appartiendra pas de statuer sur la con-
« cession. »

204. — Le règlement d'administration publique prévu par cet
article est intervenu à la date du 18 mai 1881. Voici la marche
qu'il prescrit pour l'instruction de l'affaire et l'autorisation : la
demande est adressée au Ministre des travaux publics, au préfet
ou au maire, suivant qu'il s'agit d'une concession à faire par
l'Etat, le département ou la commune. (*Art. 1er.*) Il doit y être
joint un avant-projet indiquant le détail des conditions d'exécution des travaux, avec plans à l'appui, et un mémoire descriptif
indiquant le but de l'entreprise, les avantages qui en résulteront
et les dépenses qu'elle entraînera. (*Art. 2 et 3.*) La demande est
soumise à l'autorité qui doit faire la concession, afin qu'elle décide s'il y a lieu à enquête; puis, le préfet prend un arrêté, qui
est publié dans toutes les communes intéressées, pour déterminer
les conditions dans lesquelles elle se fera. La Commission d'en-

quête est composée de 7 à 9 membres pris parmi les principaux propriétaires et chefs d'établissement intéressés. (*Art. 4 et 5.*) Toutes les pièces relatives au projet restent déposées pendant un mois à la mairie du chef-lieu de canton ou de la commune, avec des registres destinés à recevoir les observations. A l'expiration de ce délai, la Commission se réunit, et elle doit, dans un délai de 15 jours, examiner les plans et tous les renseignements recueillis, puis elle émet un avis motivé sur l'entreprise. (*Art. 7.*) Cet avis est transmis au préfet. (*Art. 8.*) Les Chambres de commerce ou les Chambres consultatives des arts et manufactures sont consultées, ainsi que les Conseils généraux des départements et les Conseils municipaux des communes que doit traverser la voie. (*Art. 9 et 10.*) Le préfet transmet ensuite le dossier complet, avec son avis, à l'autorité qui doit faire la concession, et celle-ci prononce. (*Art. 11.*)

205. — L'Etat, les départements et les communes ont, comme pour les chemins de fer, la faculté de choisir entre la construction et l'exploitation directe et la concession.

206. — En ce qui concerne la rédaction du cahier des charges de l'entreprise, le chef du pouvoir exécutif ou ses représentants, Conseil général, ou le Conseil municipal ont des pouvoirs fort étendus. A la condition de ne pas se mettre en contradiction avec les dispositions du cahier modèle du 6 août 1881, ils peuvent insérer toutes les clauses spéciales qu'ils jugent utiles; mais les modifications doivent être expressément formulées dans le traité et soumises au Conseil d'Etat; elles doivent être annexées au décret d'autorisation. (*Art. 30 de la loi du 11 juin 1880.*)

207. — L'expropriation, si elle est nécessaire, ne se fait pas conformément à la loi du 3 mai 1841. Le législateur de 1880, voulant simplifier les formalités, assimile ces travaux à ceux qui sont exécutés sur les chemins vicinaux; on procède donc en vertu de l'article 16 de la loi du 21 mai 1836 et de l'article 2 de la loi du 8 juin 1864. (*Art 31.*)

CHAPITRE IV

Travaux des associations syndicales.

SECTION PREMIÈRE

Constitution des associations.

208 — Associations syndicales — Leur origine et leur utilité.
209. — Vices des dispositions législatives qui les concernent.
210. — Historique, ancienne législation.
211. — Législation actuelle, loi du 21 juin 1865.
212. — Associations forcées. Droit de l'Administration de constituer des associations syndicales.
213. — Limites de ce droit.
214. — Fomalités nécessaires à la constitution des associations forcées.
215. — Règles spéciales en matière de curage.

216. — Etendue et limites des droits des préfets en matière de curage.
217. — Absence d'usages locaux, nécessité d'un règlement d'administration publique.
218. — Voies de recours contre les actes administratifs constituant les associations forcées.
219. — Incompétence.
220. — Excès de pouvoir.
221. — Violation des formes.
222. — La nullité de l'acte constitutif du syndicat peut-elle être couverte ? Doctrine.
223. — Jurisprudence.
224. — Recours contre l'application des règlements.
225. — Les préfets ni même les Ministres n'ont pas le droit de modifier les règlements d'administration publique constituant des syndicats.
226. — Cas où les propriétaires sont d'accord.
227. — Associations libres.
228. — Associations autorisées, formalités de la constitution de ces associations.
229. — Voies de recours contre les actes constitutifs. Droits des propriétaires intéressés.
230. — Droits des tiers.
231. — Autorité chargée de statuer sur les recours.
232. — Publicité donnée à l'acte constitutif, délais du recours.
233. — Dépôt du recours, procédure.
234. — Faculté de délaissement laissée aux propriétaires compris dans le périmètre.

208. — A côté des communes, mais dans une sphère distincte, on rencontre encore des personnes civiles créées dans le but de pourvoir à des besoins communs, et qui sont armées d'une partie des prérogatives attachées à l'Administration.

Ces communautés, connues sous le nom générique d'associations syndicales, ont une origine fort ancienne. Quelques-unes ont été organisées à une époque de beaucoup antérieure à la révolution de 89. Mais on ne voit pas qu'elles aient pris sous l'ancien régime un grand développement. La propriété, beaucoup moins divisée que de nos jours, trouvait en elle-même une puissance qu'elle doit aujourd'hui demander au principe d'association. A mesure qu'augmente le morcellement des terres, conséquence des principes nouveaux consacrés par nos Codes, les sociétés syndicales se multiplient nécessairement et répondent à des besoins plus exigeants et plus nombreux. L'esprit d'entreprise et d'amélioration en provoque la création, partout où des forces isolées tenteraient des efforts impuissants. Elles les réunissent en faisceau et en décuplent l'énergie. Elles substituent à l'initiative privée et aux ressources limitées des individus le merveilleux levier d'une coalition d'intérêts puissants par leur réunion. Elles facilitent ainsi la construction de travaux considérables, qui répandent la vie et l'abondance dans des contrées entières auparavant déshéritées. Il n'est pas d'institution qui mérite davantage, au point de vue de ses résultats sur la salubrité publique et de l'amélioration de nos campagnes, les encouragements du pouvoir et qui soit appelée à un plus grand avenir [1].

1. Lors de la discussion de la loi des 10-15 juin 1854, M. Levavasseur pré-

209. — Malheureusement, le législateur n'a presque rien fait pour encourager les efforts des particuliers. Dans les cas les plus importants, il a imposé une constitution déterminée qui subordonne entièrement l'association au pouvoir discrétionnaire de l'Administration. L'immixtion continuelle des ingénieurs ou des préfets, le recouvrement des taxes par les fonctionnaires chargés de percevoir les impôts, en suivant les formes dures et peu courtoises qui en sont la conséquence, la compétence, en cas de difficultés, attribuée le plus souvent aux tribunaux administratifs, tout cela paralyse nécessairement dans les associations le développement qu'une plus grande liberté eût amené.

210. — Antérieurement à la loi de 1865, il y avait trois sortes d'associations syndicales : les associations libres, les associations autorisées et les associations forcées.

La première consécration législative de ces associations se trouve dans la loi des 14-24 floréal an XI relative au curage des canaux et cours d'eau non navigables et à l'entretien des digues.

Cette loi, sans employer le nom « d'associations syndicales », établit la répartition proportionnelle des frais de curage, la perception à l'aide de rôles rendus exécutoires par le préfet et le recouvrement comme en matière de contributions directes.

Plus tard, la loi du 16 septembre 1807, sur les desséchements de marais, prévoit, dans ses articles 7, 33 et 34, la constitution de « syndicats » entre les propriétaires pour les travaux de défense contre la mer et les cours d'eau, etc... La loi du 28 mai 1858 vint autoriser également la création de syndicats pour l'exécution des travaux destinés à prévenir les inondations.

Sous l'empire de ces lois, les associations libres, constituées volontairement entre propriétaires ayant un intérêt commun, n'avaient aucun caractère officiel : simples sociétés civiles, elles n'avaient même pas la personnalité morale ; leurs travaux ne constituaient pas, par conséquent, des travaux publics.

Mais ces associations pouvaient solliciter et obtenir l'autorisation administrative par arrêté préfectoral. (*Décret du 25 mars 1852, tableau D. 60.*) Elles jouissaient alors de la personnalité morale. (*Cass.*, 30 avril 1859, D. P., 59, 1, 365.) Le Conseil d'Etat avait d'abord exigé, pour reconnaître à leurs entreprises le carac-

---

sentait sur les associations syndicales d'irrigation des considérations auxquelles je m'associe complètement. — Voici ses paroles extraites du compte rendu des séances : « L'honorable membre se félicite du succès qu'a obtenu depuis « une idée qu'il avait eu beaucoup de peine à faire prévaloir. Il est donc parti-« san décidé de la loi nouvelle. Au point de vue politique, il y voit une satis-« faction donnée à ceux qui regardent le morcellement du sol en France comme « très préjudiciable à l'agriculture, et un obstacle opposé à l'école socialiste, « qui applaudit à cette division extrême, dans l'espoir qu'elle finirait par « rendre la culture impossible et amènerait un jour la réunion forcée de toutes « les propriétés dans la main de l'Etat. Grâce à cette loi, la grande culture, « qui est très difficile en France par suite du morcellement, deviendra pos-« sible par l'association. La loi offrira donc ce double avantage, de rendre fer-« tiles des terres jusqu'ici improductives, et de donner confiance dans l'avenir « en faisant disparaître, par des améliorations successives, les inconvénients de « la constitution territoriale créée en France par la démocratie. »

tère de travaux publics, qu'il y ait eu déclaration d'utilité publique ; puis il admit plus tard que l'autorisation suffisait. (C. d'Etat, 23 août 1858, *Seyte*, 566 ; 10 avril 1860, *Durand*, 287 ; 16 mai 1860, *Deblieu*, 405.)

Enfin, le Gouvernement trouvait, dans les lois précitées, le pouvoir de coaction indispensable à la réunion des propriétaires intéressés aux travaux. L'utilité publique, une fois constatée, il pouvait réunir les propriétaires en syndicats forcés sans avoir à se préoccuper de leurs dissentiments ou de leur résistance : sa décision à ce sujet ne pouvait faire l'objet d'aucun recours contentieux. (C. d'Etat, 10 mai 1851, *d'Inguimbert*, 348.)

211. — Telle était l'ancienne législation. La loi du 21 juin 1865 ne s'est pas bornée à refondre les règles établies antérieurement : elle a étendu le cercle d'action des associations syndicales, et réorganisé sur un plan d'ensemble toute la matière.

Elle reconnaît trois catégories d'associations syndicales : les associations forcées, les associations autorisées et les associations libres.

212. — *Associations forcées.* — Que cette catégorie d'associations existe encore sous l'empire de la loi de 1865, cela ne peut faire aucun doute en présence du texte formel de l'art. 26 de cette loi : « La loi du 16 sept. 1807 et celle du 14 floréal an XI conti-
« nueront à recevoir leur exécution, à défaut d'associations
« libres ou autorisées, lorsqu'il s'agira des travaux spécifiés aux
« n°s 1, 2, 3 de l'art. 1er de la présente loi. » Or, les travaux mentionnés dans les trois premiers numéros de cet article sont :
1° les travaux de défense contre la mer, les fleuves, les torrents et les rivières navigables ou non ; 2° les travaux de curage, approfondissement, redressement et régularisation des canaux et cours d'eau non navigables ni flottables, et des travaux de desséchement et d'irrigation ; 3° les travaux de desséchement de marais.

Le droit de constituer pour ces objets des associations forcées, consacré par les lois de l'an XI et de 1807, a donc été maintenu intégralement par la loi de 1865.

L'art. 26 de la loi du 16 sept. 1807 prévoit un autre cas dans lequel il peut y avoir lieu de constituer une association syndicale. Aux termes de cet article, l'entretien et la garde des travaux de desséchement sont, à partir de leur réception, à la charge des propriétaires, tant anciens que nouveaux. La loi du 21 juin 1865 n'a rien changé à ces dispositions, qu'elle consacre formellement. C'est en elles que le Gouvernement puisera désormais, comme il l'a fait dans le passé, le pouvoir de coaction indispensable à la réunion des propriétaires intéressés aux travaux qu'elles ont en vue. L'utilité publique une fois constatée dans les formes légales, il est autorisé à constituer l'association ou à réformer celles qui existent, en leur donnant une organisation nouvelle en rapport avec les besoins qui se font sentir.

Quand il s'agit de ces associations forcées le dissentiment des propriétaires intéressés est sans influence sur la légalité de la mesure prise par le Gouvernement. Il ne peut ni l'arrêter ni en infirmer la valeur, du moment que l'Administration, appréciatrice souveraine de l'utilité publique, a jugé nécessaire de constituer le syndicat. Soit que son action ait été spontanée, soit, au contraire, qu'elle ait été provoquée par des propriétaires intéressés, ses droits restent les mêmes. Les lois des 14 floréal an XI et 16 sept. 1807 ne font à cet égard aucune distinction.

213. — Le droit que nous reconnaissons au Gouvernement ne peut et ne doit s'exercer d'ailleurs que dans les limites mêmes où il lui a été conféré. Les lois desquelles il le tient sont spéciales aux travaux de desséchement de marais, d'entretien et de réparations des digues défensives contre les inondations, et l'Administration prétendrait en vain s'armer de leurs dispositions pour des cas qu'elles n'ont pas expressément prévus. L'excès de pouvoir serait alors manifeste; il n'est pas possible d'étendre arbitrairement et sous prétexte d'analogie un privilège aussi considérable.

Je ne crois pas, par exemple, que si des travaux d'endiguement le long d'un fleuve importaient seulement à la navigation, il fût permis à l'Administration de forcer les propriétaires riverains à concourir aux dépenses. La loi parle, en effet, des propriétaires intéressés : elle veut qu'ils contribuent dans la proportion de leur intérêt. Or, quel peut être l'intérêt d'un riverain, en tant que propriétaire, bien entendu, à l'exécution de mesures dont l'unique résultat est d'améliorer le service de la navigation? On ne peut donc, sans s'écarter complètement de la lettre et de l'esprit des lois ci-dessus citées, admettre la légalité d'associations syndicales organisées dans ce but.

Je suppose encore que l'Administration, s'armant à tort des dispositions de la loi du 14 floréal an X, voulût contraindre les riverains d'un canal qui ne serait pas en même temps de navigation et de desséchement à contribuer aux frais de curage. Leur résistance, fondée sur le texte de cette loi qui ne s'applique qu'aux rivières non navigables, trouverait certainement un appui dans la juridiction contentieuse. (Voy. C. d'Etat, 5 juillet 1851, *Gérard*, 486, et l'art. 33, loi du 16 sept. 1807.)

214. — Ceci posé, voyons quelles sont les règles qui président à la constitution et à l'organisation des associations forcées.

En principe, les associations syndicales organisées dans le but de pourvoir aux dépenses de construction, d'entretien ou de réparations des digues à la mer ou contre les fleuves, rivières et torrents navigables; — au curage des canaux qui sont en même temps de navigation et de desséchement; — à la construction ou à l'entretien de levées, barrages, pertuis, écluses, anxquels des propriétaires de moulins ou d'usines seraient intéressés, doivent être organisées par décrets rendus dans la forme dès règlements d'administration publique. (*Art. 2, loi du 14 floréal an XI; art. 34, loi du 16 sept. 1807.*) Le Conseil d'État doit être entendu en assemblée générale. (C. d'Etat 23 fév. 1861, *Dubuc*, 134.) Mais aucune loi n'exige que le règlement soit précédé d'une enquête. (C. d'Etat 10 mai 1851, *d'Inguimbert*, 348 ; 4 juin 1852, *Gilles*, 215.)

Les décrets sur la décentralisation administrative ont dérogé à ces dispositions pour le cas où les mesures ordonnées ne rencontrent aucune opposition de la part des propriétaires. — Le décret des 15-29 avril 1861 (*tableau D*, n° 8) autorise les préfets à « constituer en associations syndicales les propriétaires inté- « ressés à l'exécution et à l'entretien des travaux d'endiguement « contre la mer, les fleuves, rivières et torrents navigables et non « navigables, des canaux d'arrosage et des canaux de desséche- « ment, lorsque les propriétaires sont d'accord pour l'exécution « desdits travaux et la répartition des dépenses. » (V. C. d'État, 23 mai 1870, *Chemin de fer de Lyon*, 412.)

215. — Ce que nous venons de dire ne s'applique qu'aux associations syndicales à créer à l'occasion, soit de dessèchements de marais, soit de travaux d'endiguement contre la mer, les fleuves, rivières et torrents navigables et non navigables, etc. — Les décrets de décentralisation ont armé le préfet de pouvoirs plus étendus en matière de curage. — Le n° 5, tableau D, du décret du 15 avril 1861, lui donne le droit, par dérogation de la loi du 14 floréal an XI et contrairement à la jurisprudence antérieure du Conseil d'État (20 janvier 1843, *Bourmizien et consorts*, 29), de prendre à cet égard toutes les dispositions nécessaires « pour assurer le bon entretien des cours d'eau non navigables ni flottables de la manière prescrite par les anciens règlements ou par les usages locaux, *et la réunion, s'il y a lieu, des propriétaires intéressés en associations syndicales* ». — Il n'est pas question ici de leur accord préalable. L'urgence des mesures à prendre, la dépense ordinairement peu élevée de ces travaux, leur utilité immédiate pour les riverains justifient pleinement le pouvoir absolu accordé en cette matière à l'autorité locale. — Ici, un règlement d'administration n'est plus nécessaire ; un simple arrêté préfectoral est suffisant, lors même que les propriétaires ne sont pas d'accord pour l'exécution des travaux et la répartition des dépenses.

216. — Cependant, il est utile de remarquer que le droit conféré au préfet relativement à la constitution des associations de curage ne peut s'exercer que dans les limites de ses pouvoirs relativement au curage lui-même. Je m'explique. — Les préfets ont reçu des décrets sur la décentralisation le droit d'ordonner le curage *a vieux fonds et vieux bords* et le *faucardement* des cours d'eau et fossés d'assainissement ouverts dans un intérêt général. — Mais leur compétence s'arrête là, et dès qu'il s'agit de mesures qui engagent la question de propriété des riverains, il faut procéder par voie de règlement d'administration. — Les travaux d'élargissement et de rectification partielles proposés par les ingénieurs doivent être déclarés d'utilité publique par un décret. (C. d'État, 1er déc. 1859, *Bonnard*, 682 ; 12 déc. 1859, *Gouchon*, 766.)

Il est procédé par ce décret, ou par un décret ultérieur, à l'organisation de l'association syndicale, substituée aux droits conférés à l'Administration pour l'expropriation des terrains nécessaires à l'exécution des travaux projetés. (*Adde* C. d'Etat, 9 fév. 1865, *d'Andigné de Restau*, 171.)

La répartition des dépenses et les règles à suivre pour la surveillance, l'exécution et le payement des travaux ne sont pas d'ailleurs les mêmes dans l'un et l'autre cas. (V. *infrà*, le chap. où nous nous occupons du fonctionnement des associations.)

De même encore, le droit accordé au préfet ne va pas jusqu'à lui permettre, en organisant les associations pour le curage, de modifier les usages ou règlements anciens relatifs à la répartition des frais entre les intéressés. — Son pouvoir se borne à la constitution du syndicat, sauf à celui-ci à provoquer un changement aux règles existantes, changement qui ne peut être opéré que par un règlement d'administration publique. (V. *Loi du 14 floréal an XI, art. 2.*)

En résumé, les attributions du préfet en ce qui concerne la constitution des associations de curage sont celles-ci. — Il n'a pas à se préoccuper du consentement des intéressés ou des obstacles individuels opposés à l'exercice de ses pouvoirs. — Il organise les associations sans tenir compte des réclamations qui s'élèvent, sauf, bien entendu, aux réclamants à se pourvoir par la voie contentieuse contre l'application qui leur est faite du règlement préfectoral.

217. — Mais n'oublions pas que l'attribution du préfet ne s'étend qu'aux mesures de simple curage; qu'il doit même, en se renfermant dans cette limite, respecter les usages locaux établis quant à la contribution aux dépenses et à la répartition des frais, et qu'il commettrait un excès de pouvoir en organisant des associations sur des bases différentes, et pour des travaux impliquant la rectification du cours d'eau et par suite la dépossession des riverains. — Dans l'un et l'autre cas, il y a nécessité de pourvoir aux besoins locaux par un règlement d'administration publique.

218. — Deux voies de recours sont ouvertes contre les arrêtés préfectoraux ou les règlements qui auraient constitué des associations dans des cas autres que ceux prévus par la loi.

D'abord, si le préfet prend une mesure de ce genre dans les cas où la loi ne lui permet pas de le faire, les taxes qui seront réclamées en vertu de l'arrêté illégal ne seront pas dues. Les propriétaires imposés pourront en demander la décharge : pour l'obtenir, ils s'adresseront au Conseil de préfecture et, en appel, au Conseil d'Etat. (V. loi de l'an XI qui a organisé la procédure pour toutes les réclamations de ce genre.)

Il ne sera d'ailleurs pas nécessaire qu'ils fassent d'abord annuler pour excès de pouvoirs l'arrêté qui leur fait grief. (C. d'Etat, 13 mai 1881, *Arrérat*, 489.)

Mais, s'ils le préfèrent, ils peuvent attaquer les actes portant création d'associations syndicales, pour excès de pouvoirs, incompétence ou violation des formes prescrites par les lois et règlements. C'est alors un recours dans la forme du recours pour excès de pouvoirs : il est adressé directement au Conseil d'État.

219. — Il y a incompétence dans l'arrêté préfectoral qui autorise une association en dehors des cas où la loi donne ce droit aux préfets. — Un semblable arrêté est nul, en ce qu'il constitue une usurpation sur les attributions conférées à une autorité supérieure. Il est donc attaquable devant le Conseil d'État statuant au contentieux.

220. — Quant à l'excès de pouvoirs, il n'a pas été défini par la loi : c'est donc à la jurisprudence du Conseil d'État qu'il faut demander la détermination de ses caractères essentiels.

221. — La violation des formes prescrites par la loi pour la validité des règlements d'administration publique est, avons-nous dit, une autre cause de nullité.

Le Conseil d'État a rapporté, par exemple, un décret constitutif d'une association syndicale créée en vertu de l'art. 34 de la loi du 16 sept. 1807 et qui n'avait pas été délibéré en assemblée générale, mais seulement par une section du Conseil. (C. d'État, 23 février 1861, *Dubuc*, 134.)

222. — La nullité provenant soit de l'incompétence, soit de l'inobservation des règles prescrites pour la constitution des sociétés syndicales peut-elle être couverte par l'acquiescement des parties intéressées à la faire valoir?

Si ces nullités sont d'ordre public, l'exécution volontaire des règlements de l'association, le payement des cotisations imposées, la jouissance des avantages qui en résultent pour les propriétaires syndiquées, tout cela doit être considéré comme sans influence sur la recevabilité du recours ouvert aux intéressés.

Il semble qu'il n'y a jamais d'acquiescement valable lorsque, s'il était admis, il aurait pour résultat de consacrer définitivement un acte contraire à l'ordre public.

Or, tel paraît être le caractère des actes constitutifs de syndicat rendus par une autorité incompétente ou contenant violation des formes prescrites pour leur régularité.

223. — La jurisprudence, obéissant probablement à des considérations pratiques, s'est cependant prononcée en sens opposé. Il a paru indispensable dans l'intérêt du crédit des associations et du développement de leurs entreprises, de les soustraire, après un certain temps écoulé, aux recours des propriétaires compris dans le périmètre.

Déjà, avant la loi de 1865, des arrêts avaient décidé que les intéressés ne sont plus recevables à critiquer l'acte constitutif lorsque, depuis l'imposition faite en vertu de cet acte, ils ont payé les taxes, et n'ont réclamé que longtemps après ce paiement. (C. d'État, 17 mars 1857, *Magnan*, 201 ; 26 août 1865, *Canal Alaric*, 858.)

L'article 17 de la loi de 1865, considérant cette règle comme établie, en a fait application aux associations autorisées. Cet article dispose que nul propriétaire compris dans le périmètre ne peut, après le délai de 4 mois à partir de la notification du premier rôle des taxes, contester sa qualité d'associé ou la validité de l'association. Toutefois, il est certain que l'article 17 ne s'applique pas aux membres des associations forcées. (C. d'État, 25 juin 1880, *Beauregard*, 602.)

Pour ces associations, dans le silence de la loi, il n'y a pas de délai fixe passé lequel la forclusion est acquise. Tout se réduit à une appréciation de faits et de circonstances. Si, par exemple, un seul rôle a été mis en recouvrement, si les paiements opposés à la réclamation ont eu lieu en vertu de ce rôle; si, avant même que les taxes aient été complètement recouvrées, la validité de l'acte constitutif a été contestée, le recours est recevable. (C. d'État, 23 février 1861, *Dubuc*, 134.)

224. — En dehors des causes que nous venons de faire connaître, les règlements portant création d'associations syndicales échappent à toute critique devant la juridiction contentieuse.

Les propriétaires réunis en association syndicale ne sont pas fondés, s'ils ont été préalablement entendus ou appelés, si le règlement est régulier en la forme, et s'il émane d'une autorité compétente, à en demander l'annulation par la voie contentieuse. (C. d'État, 16 avril 1852, *Grignon-Beauvallet*, 103.)

Mais il leur reste, conformément au droit commun, la voie du recours gracieux au Ministre, dans le cas où l'association a été constituée par arrêté préfectoral. Ce recours n'est subordonné à aucune condition particulière soit de forme, soit de fond. Il soumet à l'approbation discrétionnaire du Ministre toutes les circonstances de fait ou de droit qui peuvent servir d'éléments de décision. Cette décision est d'ailleurs souveraine, et elle échappe à toute critique et à toute censure, à raison de son caractère purement administratif.

225. — Les décrets des 25 mars 1852 et 29 avril 1861 ne donnent pas aux préfets ni au Ministre le droit de modifier ou d'interpréter, en cas de dissentiment entre les intéressés, les décrets d'administration publique portant création d'associations forcées. C'est à l'autorité de laquelle ces décrets émanent qu'il faut demander les changements dont ils sont susceptibles, suivant le principe : *Cujus est condere, ejus est interpretari.*

Deux décisions du Ministre des travaux publics, en date des 28 avril et 19 mai 1856, avaient autorisé la compagnie Courtet à déverser dans un canal appelé le Viguérat, appartenant à l'association des vidanges d'Arles et de Tarascon, le résidu des eaux introduites en vue de l'arrosage dans la branche du canal des Alpines, dite de Saint-Gabriel, sous la condition que cette compagnie contribuerait, avec l'association précitée, à l'entretien du Viguérat dans la proportion de l'excédent des dépenses auxquelles l'augmentation du volume des eaux pourrait donner lieu.

Ces décisions modifiaient la constitution des associations d'Arles et de Tarascon, organisées par des actes du Gouvernement pour assurer le desséchement de toute une contrée, au moyen de l'écoulement, par le Viguérat, des eaux provenant des terrains supérieurs. Leur exécution pouvait compromettre l'œuvre de desséchement elle-même.

Le Conseil d'État, sur le pourvoi des associations intéressées, annula la décision attaquée et décida qu'il n'appartenait qu'à l'autorité souveraine, aux termes des lois du 14 floréal an XI et du 16 septembre 1807, de régler, dans l'intérêt général et sous la réserve de tous les droits, les rapports desdites associations de desséchement et de la compagnie concessionnaire du canal d'arrosage des Alpines; — qu'ainsi les décisions attaquées avaient été prises par le Ministre de l'agriculture, du commerce et des travaux publics, en dehors des limites de ses pouvoirs. (C. d'Etat 24 mai 1859, *Vidanges d'Arles et de Tarascon*, 375.)

Il a été jugé dans le même sens qu'une association syndicale, lorsqu'elle a été créée par une ordonnance rendue en Conseil d'État, conformément aux dispositions de la loi du 14 floréal an XI et de celle du 16 septembre 1807, ne peut être dissoute et, s'il y a lieu, reconstituée dans des conditions différentes, autrement que par un acte de même nature. (C. d'Etat, 29 juin 1850, *Marais de Saint-Hilaire de Riez*, 631; 31 juillet 1874, *Lepoissonnier*, 762.)

Les décrets portant création de ces associations ne peuvent être modifiés que par des décrets du chef du pouvoir exécutif rendus, comme ceux qu'ils modifient, en la forme des règlements d'administration publique, le Conseil d'État entendu.

226. — Cependant, on se demande s'il en serait de même, dans le cas où tous les intéressés seraient d'accord pour obtenir une modification reconnue nécessaire. Le préfet, qui a reçu des décrets sur la décentralisation le pouvoir de réunir les propriétaires qui sont d'accord sur les conditions constitutives de l'association, n'en a-t-il pas reçu implicitement celui de modifier les règlements existants, quoique émanant d'une autorité supérieure, si tous les intéressés, loin de s'opposer à la modification, la désirent et la demandent? — Je ne vois guère de raisons pour refuser ce droit à l'autorité locale, — *in plus est minus*. — Si les préfets, comme cela est incontestable, ont dans certains cas le droit de créer des associations syndicales, comment n'auraient-ils pas celui d'en modifier l'organisation dans les mêmes conditions et dans les mêmes circonstances? On ne doit pas s'arrêter à cette idée, que ce serait permettre à une autorité inférieure de porter atteinte à un acte émané d'une autorité plus élevée, ce qui est contraire aux principes de la hiérarchie; car le consentement unanime des intéressés rend inutile l'accomplissement des formalités et les garanties qu'ils trouveraient, en cas de désaccord, dans l'intervention du chef de l'État et du Conseil d'État. Il ne s'agit pas ici de mineurs à protéger, mais bien de propriétaires agissant dans la plénitude de leurs droits, et qui, après s'être préalablement

concertés, viennent demander à l'Administration la sanction de leurs accords. L'autorité locale a toujours qualité pour la leur donner.

De même un préfet n'excède pas ses pouvoirs lorsque, sans apporter aucune modification à l'organisation actuelle d'une association, il invite la Commission administrative de cette association, à délibérer au sujet d'un nouveau règlement. Il ne faut voir, dans une pareille mesure, qu'un acte d'instruction, non susceptible d'être déféré au Conseil d'État par la voie contentieuse. (C. d'État, 22 fév. 1855, *Hovelt et consorts*, 164.)

227. — Les règles que nous venons d'exposer sont relatives aux associations forcées, prévues par la loi de 1807, et maintenues, comme nous l'avons dit plus haut, par la loi de 1865. Mais cette loi reconnaît, en outre, des associations libres et des associations autorisées.

Associations libres. — Ces associations ne nous arrêteront pas longtemps : aux termes de l'article 5 de la loi du 21 juin 1865, « elles se forment sans l'intervention de l'Administration. » Ce sont de véritables sociétés civiles qui, ne sollicitant pas la protection du pouvoir, ne sont pas soumises à son autorité. Nous avons vu plus haut (n° 41) que les travaux entrepris par elles ne sont pas des travaux publics.

228. — *Associations autorisées.* — La situation des associations autorisées est bien différente, que l'association, constituée d'abord sous le régime de la liberté, ait ensuite obtenu l'autorisation, ou qu'elle l'ait sollicitée dès le début. (V. ci-dessus, n° 40.)

L'autorisation est accordée par arrêté préfectoral lorsqu'il y a adhésion de la majorité des intéressés représentant au moins les deux tiers de la superficie des terrains, ou des deux tiers des intéressés représentant plus de la moitié de la superficie. (*Loi du 21 juin 1865, art. 12.*)

L'art. 12 dit que le préfet autorise, *s'il y a lieu*, l'association, et il prévoit expressément, dans son paragraphe final, le cas où il la refuserait. Cela signifie que le préfet n'est pas lié par les décisions de la majorité et qu'il reste juge et appréciateur des circonstances, mais que sa décision n'est pas souveraine. L'article 13 organise un recours spécial contre elle, et elle reste, de plus, soumise aux règles ordinaires du droit administratif.

229. — Aux termes de l'article 13, « les propriétaires intéres-« sés et les tiers peuvent déférer cet arrêté au Ministre des tra-« vaux publics dans le délai d'un mois à partir de l'affiche. Le « recours est déposé à la préfecture et transmis avec le dossier, « au Ministre, dans le délai de 15 jours. Il est statué par un « décret rendu en Conseil d'État. »

Le recours est donc ouvert à tous ceux, sans distinction, qui ont intérêt à faire annuler l'arrêté d'autorisation ou de refus. Ainsi, les dissidents n'ont pas seuls qualité pour demander la réformation de l'arrêté d'autorisation. Le recours appartient à ceux mêmes qui ont voté en faveur des projets soumis à la délibération de l'assemblée générale, soit que leur consentement ait été donné sans une connaissance suffisante de ces projets, soit que, disposés à maintenir leur coopération à une association régulièrement formée, les adhérents jugent nécessaire d'obtenir l'annulation d'un arrêté d'autorisation rendu sans avoir été précédé des formalités prescrites par la loi à peine de nullité.

En sens inverse, les dissidents, dont l'arrêté n'a fait que consacrer la résistance, restent investis du droit d'en réclamer l'annulation et de provoquer, s'ils regrettent leur première résolution, un nouvel examen de l'affaire par l'autorité supérieure.

. La loi n'a pas voulu, en un mot, que l'adhésion ou le refus d'adhésion fasse jamais obstacle à la recevabilité du recours, sauf à l'autorité compétente à apprécier au fond les motifs de la réclamation.

230. — Enfin, notre article vient au secours des tiers restés étrangers à la délibération de l'assemblée générale, mais auxquels la constitution de l'association pourrait causer un préjudice. Et ce n'est pas seulement dans le cas où ils se trouvent exposés à une expropriation ou à une servitude trop dommageable que le recours leur est ouvert : il leur appartient dans toute autre circonstance où leur intérêt est engagé. Ainsi, des tiers omis lors de la convocation de l'assemblée générale désirent l'extension du périmètre pour y englober leur propriété ; l'article 13 leur fournit le moyen de faire parvenir leur réclamation à l'autorité supérieure et d'obtenir une nouvelle délimitation plus conforme à leurs intérêts et aux intérêts bien compris de l'association.

231. — Quelle sera l'autorité chargée de statuer sur le recours? La rédaction de l'article peut donner lieu à un doute : le premier paragraphe autorise les intéressés à déférer l'arrêté au Ministre, ce qui semble impliquer pour lui le droit de statuer sur le recours.

Cependant, le § 3 déclare, au contraire, qu'il sera statué par un décret rendu en Conseil d'État. De sorte qu'après avoir donné au Ministre le droit de décider, la loi le lui retire immédiatement, pour le donner à une autorité placée en dehors de sa sphère d'action.

La contradiction s'explique lorsqu'on se reporte à la rédaction du projet : l'article 13 autorisait les propriétaires dissidents et les tiers à déférer l'arrêté au Ministre des travaux publics (§ 1er), et le § 3 ajoutait : « Il est statué par le Ministre après avis de la section des travaux publics au Conseil d'État. » C'était donc le Ministre qui statuait, après avoir consulté la section des travaux publics. La Commission a pensé qu'il était préférable d'attribuer la décision au Conseil d'État lui-même, et elle a modifié en conséquence le § 3. Cette modification entraînait nécessairement celle du § 1er : le Ministre ne joue plus que le rôle d'un intermédiaire entre le préfet chargé de transmettre le recours, et le Conseil d'État chargé de le vider. Il fallait dire simplement que le recours formé contre l'arrêté préfectoral est transmis par le préfet au Ministre des travaux publics qui en saisit le Conseil d'État. (Aucoc, II, n° 885, *in fine*.)

Si l'on rapproche du projet le texte définitif, on pourrait être tenté de croire que la décision peut être prise par la section des travaux publics. Ce serait une erreur, car les mots « décret rendu en Conseil d'État », qui se trouvent dans l'article 13, ont une signification consacrée, et impliquent nécessairement la délibération du Conseil d'État réuni en assemblée générale.

La nécessité d'une décision de l'assemblée générale du Conseil d'État constitue une dérogation au droit commun. D'après les principes ordinaires, l'arrêté d'un préfet doit être déféré au Ministre, puis à la Section du contentieux du Conseil d'État. Exceptionnellement, en cas d'excès de pouvoirs, le recours direct au contentieux est possible. Il suit de là que tout autre arrêté préfectoral postérieur à l'arrêté constitutif, et destiné à régler les détails du fonctionnement ou de la dissolution de l'association, n'est pas susceptible d'être attaqué devant le Conseil d'État dans la forme et suivant le mode établis par l'article 13. L'appel au Ministre, ou le recours pour excès de pouvoirs, incompétence, ou violation des formes prescrites, devant la Section du contentieux telles sont les seules voies ouvertes aux intéressés contre tous les actes préfectoraux relatifs à l'association et qui interviennent à une époque postérieure à la promulgation définitive des statuts sociaux.

232. — L'arrêté du préfet constitutif de l'association et un extrait de l'acte social résumé suivant les indications de l'article 5 de la loi de 1865 sont affichés dans toutes les communes intéressées, et insérés au Recueil des actes de la préfecture. Le délai du recours est d'un mois à partir de cet affichage. Ce délai est franc, mais il doit être observé à peine de déchéance.

A première vue, il paraît difficile de concilier cette prescription de l'article 13 avec l'article 17 de la loi du 21 juin 1865, aux termes duquel « nul propriétaire compris dans l'association ne pourra, « après le délai de 4 mois à partir de la notification du premier « rôle des taxes, contester sa qualité d'associé ou la validité de « l'association. » Il semble que, si l'article 17 autorise à contester pendant 4 mois la validité de l'association, le délai de l'article 13 soit purement comminatoire.

La contradiction n'est qu'apparente : pour concilier les deux textes, il suffit en effet de remarquer que le recours ouvert par l'article 13 est infiniment plus large et plus compréhensif que celui dont s'occupe l'article 17. Ainsi, d'une part, l'article 13 accorde le droit d'attaquer l'arrêté du préfet dans le mois de l'affiche, aussi bien aux tiers qu'aux intéressés. L'article 17, au contraire, ne peut être invoqué que par les propriétaires intéressés compris dans l'association. Pour les premiers, le délai est donc prescrit à peine de forclusion; pour les seconds il n'est que comminatoire.

D'autre part, le recours ouvert par l'article 13 embrasse tous les griefs possibles, qu'il s'agisse de questions de forme ou de fond, ou même que l'utilité des travaux soit contestée. Au contraire, le recours de l'article 17 n'est ouvert qu'au propriétaire qui se borne à contester *sa qualité d'associé* ou *la validité de l'association*. Après l'expiration du délai de l'article 13, les propriétaires eux-mêmes ne pourraient pas mettre en question l'utilité des travaux. La coexistence des deux délais s'explique donc très naturellement.

233. — Le recours est déposé à la préfecture : la loi l'exige formellement. Les parties intéressées doivent donc se garder de l'adresser directement soit au Ministre soit au Conseil d'État. Il serait renvoyé à la préfecture locale, et, pendant ce temps, les délais pourraient expirer.

Le recours est transmis par le préfet au Ministre dans le délai de 15 jours. Il est dispensé du ministère d'un avocat au Conseil, et il n'est soumis à aucun droit d'enregistrement; mais il doit être sur timbre.

Outre ce mode exceptionnel de recours, on peut, ainsi que nous l'avons dit plus haut, former devant la Section du contentieux un recours pour excès de pouvoirs, incompétence, ou violation des formes prescrites par la loi. Il y a lieu, en pareil cas, de suivre en tous points les règles du droit commun. (C. d'État, 6 juin 1879, *de Vilar*, 463; Aucoc, II, n° 885; Perriquet, *Trav. pub*, II, n° 1195.)

234. — L'article 14 de la loi de 1865 accorde aux propriétaires la faculté de délaisser, moyennant indemnité, les terrains compris dans le périmètre. Le recours au Conseil d'État contre l'arrêté d'autorisation n'est pas exclusif de ce droit. Deux voies sont ouvertes concurremment aux dissidents : rien ne s'oppose à ce qu'ils prennent l'une ou l'autre, ou même les deux à la fois.

SECTION II

Organisation intérieure des Syndicats.

235. — Associations forcées: organisation intérieure, syndics, nomination par le préfet.
236. — Les propriétaires intéressés ne sont pas consultés. Critique de la loi.
237. — Durée des fonctions des syndics : remplacement des syndics sortants.
238. — Syndic directeur, ses fonctions, leur durée.
239. — Assemblée du syndicat, délibérations, approbation du préfet.
240. — Fonctions du syndicat.
241. — Autorité du préfet, contrôle.
242. — Associations libres, mode d'administration.
243. — Silence du contrat, fonctions des syndics.
244. — Fonctions habituellement confiées aux syndics.
245. — Caissier ou receveur, son rôle.
246. — Les travaux de ces associations ne sont pas des travaux publics. Cas intéressant l'ordre public, intervention du préfet.
247. — Cas où des autorisations préalables aux travaux sont nécessaires.
248. — Litiges, compétence.
249. — Associations autorisées : organisation intérieure, syndics, nomination par l'assemblée des intéressés.

250. — Durée des fonctions des syndics, remplacement.
251. — Recours contre la décision de l'assemblée générale.
252. — Cas où les syndics sont nommés par le préfet.
253. — Subvention de l'État, du département de la commune : conséquences.
254. — Directeur, nomination.
255. — Fonctions du directeur.
256. — Actes-modèles et quasi-officiels organisant le fonctionnement du syndicat.
257. — Règles générales résultant de ces actes.
258. — Cas d'intervention du préfet, exécution d'office des travaux.
259. — Litiges, compétence, loi du 16 septembre 1807. Commissions spéciales.
260 — Loi de 1865 : Conseil de préfecture et recours au Conseil d'État.
261. — Maintien des Commissions spéciales : fonctions administratives.

Ici encore, nous aurons à examiner successivement les règles concernant les associations forcées, les associations libres, et les associations autorisées.

235. — *Associations forcées.* — Le décret ou l'arrêté qui autorise la création d'une association procède en même temps à l'organisation intérieure du syndicat.

C'est dans la loi du 16 septembre 1807 que se trouvent les règles à suivre.

L'article 7 porte : « Lorsque le Gouvernement fera un dessèche-« ment, ou lorsque la concession aura été accordée, il sera formé « entre les propriétaires un syndicat, à l'effet de nommer les « experts qui devront procéder aux estimations statuées par la « présente loi. — *Les syndics seront nommés par le préfet;* ils « seront pris parmi les propriétaires les plus imposés, à raison « des marais à dessécher. Les syndics seront au nombre de trois « au moins, et au plus au nombre de neuf; ce qui sera déterminé « dans l'acte de concession. »

Bien que cette disposition soit spéciale aux dessèchements de marais, elle est appliquée à tous les syndicats forcés.

C'est donc, dans tous les cas, le préfet qui nomme les membres de la Commission syndicale. Cependant, un arrêt a admis la validité d'une désignation faite par un maire. Mais il est à remarquer que le choix du maire avait été expressément approuvé par le préfet. (C. d'État, 25 mars 1846, *Coutenot*, 171.)

236. — Les propriétaires intéressés ont-ils le droit d'intervenir dans cette nomination directement ou par la présentation d'une liste de candidats?

L'équité demanderait qu'il en fût ainsi. Les syndics sont des mandataires, ils ont des attributions analogues à celles des Conseils municipaux dans les communes. Ils peuvent imposer, ou tout au moins faire prévaloir, des résolutions qui contrarient l'intérêt général de l'association. Il serait donc juste de faire dans le choix des membres du syndicat une part à la désignation des intéressés. Mais l'article 7 de la loi de 1807 est formel : il donne au préfet un droit absolu, susceptible seulement d'être modifié par le règlement constitutif d'association. (C. d'État, 29 janv. 1841, *Villiers*, 28; observat. du Minist. des trav. publics.) Et la loi du 21 juin 1865 n'a rien changé, sur ce point, aux dispositions antérieures. Son article 22, dont nous parlerons plus loin, n'est applicable qu'aux associations autorisées.

237. — L'acte qui organise le syndicat fixe la durée des fonctions de ses membres. Cette durée varie ordinairement de trois à cinq ans. A la fin de chaque année, un ou plusieurs membres sont renouvelés. Les syndics sortants sont désignés par le sort, mais ils peuvent être renommés pour une nouvelle période. Le syndic, dont le mandat est expiré, peut néanmoins concourir, jusqu'à son remplacement, aux délibérations du syndicat. (C. d'Etat, 26 juillet 1855, *Fabrique de l'église métropol. de Tours*, 557.) Les syndics choisis en remplacement de membres sortants doivent appartenir à la même catégorie d'intéressés que ceux auxquels ils succèdent. Ainsi, en matière de curage, l'acte constitutif du syndicat a soin, en général, de stipuler que les membres du syndicat seront choisis, partie parmi les propriétaires ou locataires de terrains, partie parmi les propriétaires ou locataires d'usines. Si donc le syndic sortant est un propriétaire de terrains, celui qui le remplace est nécessairement pris parmi les propriétaires de terrains.

Le préfet pourvoit, en outre, au remplacement des membres décédés ou démissionnaires, ou qui cessent de satisfaire aux conditions d'aptitude exigées. Les fonctions des syndics nommés en remplacement de membres décédés ou démissionnaires ne durent que le temps pendant lequel le membre remplacé serait resté en fonctions.

238. — Un des syndics est nommé par le préfet pour faire les fonctions de directeur. Quelquefois, ce syndic est choisi parmi des personnes étrangères à l'association.

Le directeur est chargé de la surveillance générale des intérêts de la communauté, et de la conservation des plans, registres et autres papiers relatifs à l'administration des travaux.

Après autorisation du syndicat, il représente l'association en justice, tant en demandant qu'en défendant.

La durée de ses fonctions est fixée par l'acte constitutif du syndicat ou par l'arrêté préfectoral qui le désigne. Rien ne s'oppose à ce qu'à leur expiration le même directeur soit de nouveau nommé.

239. — Le directeur convoque et préside le syndicat. Il le réunit toutes les fois que le besoin du service l'exige, ou sur l'ordre spécial du préfet.

Les délibérations sont prises à la majorité des voix des membres présents. En cas de partage, la voix du président n'est pas prépondérante, sauf toute stipulation contraire de l'acte constitutif.

Les délibérations sont inscrites par ordre de date sur un registre coté et paraphé par le directeur. Elles sont signées de tous les membres présents à la séance.

Dans tous les cas, les délibérations du syndicat ne peuvent être exécutées qu'après l'approbation du préfet.

Tous les intéressés ont le droit d'en prendre communication sans déplacement.

240. — Les fonctions du syndicat sont nombreuses et variées. Il est spécialement chargé :

De faire dresser un plan parcellaire, appuyé d'un rapport, indiquant avec des teintes diverses le périmètre des terrains compris dans l'association, et leur classification, suivant l'intérêt de chaque classe aux travaux ;

D'adresser au préfet des propositions pour tout ce qui concerne la nomination et le traitement des agents chargés de la rédaction des projets, de l'exécution, de la surveillance des travaux, et de la police des cours d'eau ;

De faire rédiger les projets, de les discuter, et de proposer le mode à suivre pour l'exécution des travaux ;

De poursuivre, s'il y a lieu, l'expropriation des terrains nécessaires à l'établissement des ouvrages, comme l'élargissement ou le redressement des cours d'eau, etc. (1) ;

De proposer au préfet, s'il y a lieu, le projet de contribution provisoire aux travaux ;

De faire procéder à l'estimation des classes ; — de désigner l'expert qui doit concourir avec celui de l'Administration, du concessionnaire ou des propriétaires non syndiqués, aux opérations de classement et d'estimation ;

D'indiquer les lieux où des barrages ou prises d'eau peuvent être établis ; — de proposer les conditions sous lesquelles des concessions pourraient être accordées, ainsi que l'époque et la durée des irrigations ;

De concourir aux mesures nécessaires pour passer les marchés ou adjudications ;

De surveiller l'exécution des travaux ;

De dresser le tableau de la répartition des dépenses entre les divers intéressés ;

De préparer les budgets annuels ;

De délibérer sur les emprunts qui peuvent être nécessaires à l'association : ces emprunts doivent être autorisés par l'Administration supérieure ; toutefois, le préfet les approuve définitivement, lorsqu'ils ne portent pas au delà du chiffre fixé par l'acte constitutif du syndicat la totalité des emprunts de l'association ;

De contrôler et de vérifier le compte administratif du directeur, ainsi que la comptabilité du percepteur ;

De veiller à ce que les conditions imposées à tous les établissements de barrage ou de prise d'eau soient strictement observées ; de provoquer, au besoin, la répression des infractions aux lois et règlements qui régissent les cours d'eau ;

Enfin, de donner son avis sur tous les intérêts de la communauté, lorsqu'il est consulté par l'Administration, et de proposer tout ce qu'il croit utile à l'association.

(1) On comprend que ceci ne s'applique qu'aux syndicats organisés dans un intérêt public.

Telles sont les diverses fonctions du syndicat. Nous n'avons pas besoin de dire que nous n'avons fait ici que les indiquer d'une manière générale. C'est à l'acte constitutif qu'il faudra se reporter dans chaque espèce pour apprécier d'une manière exacte et complète l'étendue et la limite des pouvoirs confiés aux représentants de l'association.

241. — Le syndicat est directement placé sous l'autorité du préfet. C'est à ce fonctionnaire supérieur qu'appartiennent la surveillance et le contrôle de ses actes ; c'est à lui de veiller à l'accomplissement régulier de sa mission. Dans ce but, l'acte constitutif contient généralement une clause qui, prévoyant le cas où le syndicat ne remplirait pas les fonctions qui lui sont attribuées, autorise le préfet, après mise en demeure régulière, à y suppléer, en désignant à cet effet tel agent qu'il juge convenable.

242. — *Associations libres.* — Nous avons vu déjà (n° 227) que ces associations sont des sociétés civiles, formées en dehors de l'intervention administrative. Il résulte de là que les stipulations de l'acte d'association feront loi absolue.

Cet acte règle le mode d'administration de la Société, et fixe les limites du mandat confié aux administrateurs ou syndics. Il est, en effet, utile de leur indiquer nettement la sphère dans laquelle ils auront le droit de se mouvoir librement. Ce sont les associés qui nomment les syndics, sans intervention du préfet.

243. — Le silence du contrat sur les attributions des syndics ne serait pas, toutefois, une cause de nullité. Mais, en pareil cas, quels seront leurs pouvoirs? En général, ils ne comporteront que les actes de pure administration, de surveillance et de direction des travaux, mais, pour tous les actes de disposition, aliénation, prêts, emprunts, hypothèques, les syndics sont tenus d'obtenir l'aveu de la majorité des intéressés réunis en assemblée générale. L'article 1er de la loi de 1865 porte, il est vrai, que les associations peuvent ester en justice par leurs syndics, acquérir, vendre, échanger, transiger, emprunter ou hypothéquer; mais le but de cette disposition a été uniquement, — le rapport en fait foi, — de préciser les droits qui appartiennent aux associations régulièrement constituées ainsi que le mode de leur exercice. Elle ne donne donc pas aux syndics, simples administrateurs de la société, le droit d'agir seuls, dans toutes les hypothèses prévues, sans l'assentiment préalable des intéressés. Le syndicat est une sorte de commune : le maire est représenté par le directeur, le Conseil municipal par les syndics.

244. — En général, les syndics devront donc se borner à diriger et surveiller les opérations. A cet effet, il leur appartient de faire dresser les plans parcellaires, de passer les marchés, etc. Leurs fonctions sont à peu près les mêmes que celles que nous avons indiquées pour les syndics des associations forcées, sauf celles qui sont relatives à l'intervention du préfet, impossible ici.

245. — Le caissier joue dans l'association un rôle important : c'est lui qui centralise les recettes, et qui paie les mandats délivrés par le directeur du syndicat ou les syndics, conformément aux clauses du pacte d'association.

Comme tous les autres agents du syndicat, il est désigné, soit par l'assemblée générale, en cas de stipulation expresse du contrat, soit par les syndics. Toute liberté est laissée sous ce rapport aux associations. Rien ne les empêche de confier leurs recouvrements aux percepteurs des contributions directes. Mais le choix du percepteur n'exerce évidemment aucune influence sur le mode de recouvrement, qui reste soumis aux règles du droit commun. Le percepteur joue le rôle d'un mandataire ordinaire.

246. — Nous avons vu plus haut (n° 227) que les travaux de ces associations n'ont en aucune façon le caractère de travaux publics. Mais ils restent soumis aux règles générales établies dans l'intérêt de la sécurité et de la salubrité publiques.

L'article 25 de la loi prend soin de le rappeler en termes positifs et de stipuler que « dans le cas où l'interruption ou le défaut « d'entretien des travaux entrepris par une association pourrait « avoir des conséquences nuisibles à l'intérêt public, le préfet, « après mise en demeure, pourra faire procéder d'office à l'exé-« cution des travaux nécessaires pour obvier à ces conséquences ».

247. — Bien plus, les travaux des associations libres ne sont pas dispensés des autorisations préalables auxquelles les particuliers agissant isolément seraient eux-mêmes soumis. S'agit-il, par exemple, de construire une digue de défense? La loi permet aux associations libres d'entreprendre un pareil travail ; mais elles ne peuvent l'exécuter qu'avec l'autorisation préalable du Gouvernement. L'article 33 de la loi du 16 septembre 1807 veut, en effet, que la nécessité de toutes constructions de digues à la mer ou de défense contre les fleuves et rivières, navigables ou non, soit constatée par le Gouvernement.

L'autorisation administrative sera également nécessaire s'il s'agit de procéder au curage ou au redressement d'une rivière non navigable ni flottable, et d'établir ou de supprimer des barrages pour faciliter les irrigations.

248. — Remarquons enfin que les associations libres, n'ayant d'autres moyens d'action que les voies de droit civil, tous les litiges qui les concernent, même ceux relatifs à l'exécution de leurs travaux, sont de la compétence des tribunaux ordinaires.

Lorsque l'association aura sollicité l'autorisation, elle sera soumise au régime des associations autorisées dont nous allons parler.

249. — *Associations autorisées.* — De même que les associations libres, les associations autorisées jouissent de la plus grande latitude dans la détermination du nombre des syndics. Il est fixé par l'acte constitutif et la nomination est faite par l'assemblée générale parmi les intéressés. Toutefois, la loi exige (art. 21) que l'acte d'association répartisse, s'il y a lieu, le choix à faire des syndics entre les diverses catégories d'intéressés, usiniers, propriétaires, etc... C'est une garantie qu'elle donne à la représentation de tous les intérêts dans le sein du syndicat.

250. — L'acte d'association fixe également la durée des fonctions des syndics. L'acceptation de ces fonctions ne lie pas les syndics d'une manière irrévocable : ils ne sont pas obligés de les conserver jusqu'à l'expiration de leur mandat, et leur démission est toujours facultative. Dès que les pouvoirs d'un syndic ont pris fin par l'expiration du temps fixé, ou par sa démission, il faut procéder immédiatement à son remplacement, et le syndic sortant doit s'abstenir désormais de prendre aucune part aux délibérations de la Commission.

251. — Comme toute autre délibération de l'assemblée générale, celle qui a pour objet l'élection des syndics est susceptible d'être attaquée par tous les intéressés. Ni les tribunaux civils, ni les Conseils de préfecture ne sont compétents pour connaître de ce recours, qui devra être porté devant le Ministre. La loi ne fixe d'ailleurs aucun délai; mais l'acte constitutif pourrait en stipuler un. Le recours au Conseil d'État contre la décision du Ministre serait ouvert dans les conditions ordinaires.

252. — Si, après deux convocations, l'assemblée générale ne s'est pas réunie ou n'a pas procédé à la nomination des syndics, il sont nommés par le préfet (art. 22). Toutefois, ce droit ne lui appartient pas lorsque le défaut de nomination provient d'un désaccord entre les membres de l'assemblée. En effet, on a voulu seulement accélérer la constitution définitive de l'association dans le cas où elle rencontrerait des obstacles dans l'inertie des associés. Si le préfet désignait des syndics en dehors des cas prévus par l'article 22, son arrêté pourrait être attaqué soit devant le Ministre des travaux publics, soit directement devant le Conseil d'État pour excès de pouvoirs. Il en serait de même s'il faisait une désignation contraire au contrat d'association, auquel il est tenu de se conformer.

Si le préfet a, dans certains cas, le droit de nommer les syndics, il n'a pas le droit de les révoquer, à moins que l'acte constitutif ne le lui confère. (C. d'État, 25 mars 1881, *Giraud*, 336.)

253. — Lorsque l'association a sollicité et obtenu une subvention de l'État, du département ou d'une commune, cette subvention donne droit à la nomination d'un nombre de syndics proportionné à la part que la subvention représente dans l'ensemble de l'entreprise. (Art. 23.) La désignation de ces syndics est faite par le préfet lorsque la subvention est fournie par l'État ou une commune; et par la Commission départementale lorsque la subvention est accordée par le département.

Ce droit n'appartient, bien entendu, à l'État, au département et à la commune qu'autant que la subvention a été sollicitée par les associés. L'acte constitutif lui-même ne pourrait pas déroger à l'article 23 et permettre au préfet de nommer un nombre de syndics hors de proportion avec la subvention.

254. — Aux termes de l'article 24, « les syndics élisent l'un
« d'eux pour remplir les fonctions de directeur, et, s'il y a lieu,
« un adjoint qui remplace le directeur en cas d'absence ou d'em-
« pêchement. Le directeur et l'adjoint sont toujours rééligibles. »
Sous aucun prétexte, il n'appartient au préfet de s'ingérer dans
cette désignation. L'article 7 de la loi du 16 septembre 1807, qui
lui confère le droit de désigner les syndics, et par conséquent le
directeur, se trouve, par notre disposition, restreint aux seules
associations forcées.

255. — La loi ne détermine pas les pouvoirs du directeur.
Est-ce à lui qu'il appartient de convoquer les syndics? Dans quels
cas peut-il le faire? Quel sera le rôle de l'autorité supérieure vis-
à-vis de lui?

Il est bien certain que l'autorité publique, qui intervient pour
autoriser les associations, peut fixer, dans l'acte d'autorisation, les
règles nécessaires à la bonne administration de la société et à la
sauvegarde de l'intérêt public. C'est ce que comprit le Conseil
d'Etat, et, dès les premières années qui suivirent la promulgation
de la loi, il se livra à une étude approfondie de ces questions. Il
en donna une solution, conforme du reste à la lettre et à l'esprit
de la nouvelle loi, dans plusieurs décrets d'autorisation d'associations syndicales rendus à cette époque, qui sont restés comme
des modèles. On y trouve les règles relatives à l'administration de
ces associations. (Décret du 31 janvier 1866, *Canal d'irrigation
du Pont-du-Fossé;* Décret du *Canal d'irrigation d'Arboux;* Aucoc,
Dr. adm., II, p. 597.)

256. — Obéissant à la même pensée, le Ministre des travaux
publics avait constitué, en 1866, une Commission chargée de rédiger des actes-modèles, applicables à chacun des travaux qui peuvent faire l'objet d'une association syndicale autorisée, et où se
trouveraient comblées les lacunes de la loi.

Les travaux de cette Commission n'ont pas été publiés d'une
manière officielle par l'Administration; mais le secrétaire, M. de
Passy, ingénieur en chef des ponts et chaussées, a inséré, dans
son *Etude sur le service hydraulique,* à titre de renseignement,
les modèles qui avaient été adoptés. Ils peuvent être d'une grande
utilité pour la rédaction de ces actes.

En 1877, une nouvelle Commission soumit à l'appréciation du
Conseil général des ponts et chaussées et de la section des travaux publics du Conseil d'Etat une formule qui emprunte à cette
circonstance une véritable autorité.

Nous trouvons dans cette dernière formule, parfaitement déli-
mitées, les attributions du directeur et du syndicat. Elles sont
bien telles qu'elles avaient déjà été déterminées par les décrets
cités plus haut.

257. — Les syndics élisent tous les trois ans l'un d'eux pour
remplir les fonctions de directeur, et, s'il y a lieu, un adjoint qui
remplace le directeur en cas d'absence ou d'empêchement.

Le directeur est chargé de la surveillance générale des intérêts de la communauté et de la conservation des plans, registres et autres papiers relatifs à l'Administration des travaux. Il représente l'association en justice quand une délibération du syndicat l'a expressément autorisé à cet effet. En cas d'absence ou d'empêchement, il est remplacé par le directeur-adjoint, et, à défaut de celui-ci, par le plus âgé des membres du syndicat.

Il convoque et préside le syndicat, réuni dans le lieu fixé. En cas de partage des voix, la sienne est prépondérante.

Les délibérations du syndicat sont inscrites par ordre de date sur un registre coté et paraphé par le président.

Le directeur et l'adjoint sont toujours rééligibles. Ils conservent leurs fonctions jusqu'à leur remplacement.

Le syndicat n'est pas seulement une assemblée délibérante, il a aussi un certain pouvoir exécutif : il nomme les agents auxquels sera confiée la rédaction des projets de travaux, leur exécution et leur surveillance ; il fixe le traitement de ces agents ; il passe les marchés et adjudications, et veille à ce que toutes les conditions en soient remplies. Il surveille l'exécution des travaux, vote le budget annuel, dresse les rôles des taxes à imposer aux membres de l'association et contracte les emprunts.

Il contrôle et vérifie les comptes présentés annuellement par le directeur et par le receveur de l'association ; il autorise toutes actions devant les Tribunaux ; enfin, il donne son avis et fait des propositions sur tout ce qu'il croit utile aux intérêts de l'association.

258. — Lorsque l'association n'exécute pas les travaux pour lesquels elle a été autorisée, le préfet peut, après mise en demeure, retirer l'autorisation. Lorsque les travaux sont interrompus, ou non entretenus une fois exécutés, le préfet peut faire procéder, d'office et aux frais de l'association, à l'achèvement ou à l'entretien nécessaires.

259. — La loi du 16 septembre 1807 avait institué, sous le nom de *Commissions spéciales* des Commissions de sept membres nommés par le chef de l'État, et choisis parmi les personnes n'ayant aucun intérêt aux travaux. Ces Commissions étaient de véritables tribunaux rendant des décisions soumises au recours devant le Conseil d'État sur tout ce qui est relatif au classement des propriétés, à l'exécution du contrat de concession, à la réception des travaux, etc... (Art. 46 et 47.)

260. — L'article 16 de la loi de 1865 dispose que « les contestations relatives à la fixation du périmètre des terrains compris « dans l'association, à la division des terrains en différentes clas- « ses, au classement des propriétés en raison de leur intérêt aux « travaux, à la répartition et à la perception des taxes, à l'exécu- « tion des travaux, sont jugées par le Conseil de préfecture, sauf « recours au Conseil d'État ».

Il supprime, par conséquent, la juridiction des Commissions spéciales et la remplace par celle des Conseils de préfecture.

L'Exposé des motifs justifie cette suppression par des considérations auxquelles nous ne pouvons que donner notre adhésion. Il est certain que les Commissions spéciales de la loi de 1807 avaient une organisation compliquée et incomplète. Leur fonctionnement présentait des difficultés, des lenteurs et des interruptions funestes au jugement des contestations dont elles étaient autorisées à connaître, et, sous ce rapport, la juridiction du Conseil de préfecture offre des avantages incontestables.

261. — Si absolus que paraissent les termes de notre article, il ne faudrait pas les prendre tout à fait à la lettre. Il résulte en effet de la jurisprudence la plus récente que toutes les attributions des Commissions spéciales ne leur ont pas été enlevées par la loi de 1865.

Le Conseil d'État avait tout d'abord décidé que la suppression des Commissions spéciales était absolue. (C. d'État, 14 janvier 1869, *Syndicat de Roize*, 38 ; 8 août 1872, *Chemin de fer de Lyon*, 503 ; 27 juin 1873, *Moirans*, 593.)

Mais il n'a pas tardé à revenir sur cette jurisprudence et à décider que, si les attributions contentieuses de ces Commissions n'existent plus, elles ont conservé les attributions *administratives* que leur conférait la loi de 1807. C'est la doctrine qui résulte des deux avis de principe de la Section des travaux publics du 17 décembre 1874 et du 15 janvier 1878, ainsi que d'un certain nombre d'arrêts. (C. d'État, 27 février 1880, *Clerc*, 231 ; 23 mai 1879, *Synd. de Moirans*, 411.)

C'est donc au Conseil de préfecture qu'appartiendront à l'avenir toutes les contestations relatives aux objets énumérés dans l'article 16 de la loi de 1865 ; mais cette attribution de compétence étant exceptionnelle, toutes les difficultés non prévues seront portées devant les Tribunaux ordinaires.

CHAPITRE V

Organisation spéciale des travaux mixtes, ou travaux exécutés dans le voisinage des places de guerre et dans la zone-frontière.

SECTION PREMIÈRE

Travaux mixtes dans le voisinage des places de guerre.

262. — Avant propos.
263. — Règle générale.
264. — Ancienne législation.
265. — Loi du 10 juillet 1851.
266. — Décret du 10 août 1853 : législation actuelle.
267. — Établissement des servitudes. Classement et détermination des territoires soumis aux servitudes.
268. — Étendue des servitudes : division en zones.
269. — Servitudes de la première zone.

270. — Servitudes de la deuxième zone.
271. — Servitudes de la troisième zone.
272. — Lois spéciales : villes de Paris et de Lyon.
273. — Répression des contraventions.

262. — Avant d'entrer dans le détail des règles qui président à l'instruction et à l'exécution des travaux publics, il est nécessaire d'exposer une législation spéciale qui régit les terrains avoisinant les places de guerre et ceux qui se trouvent compris dans la zone frontière. Il faut étudier de suite ces règles, car avant de commencer l'instruction d'un projet de travail public, il est nécessaire de savoir si ce travail, eu égard à la situation géographique militaire, peut être exécuté, s'il est strictement prohibé, ou s'il ne peut être exécuté que sous certaines conditions. Lors de notre première édition, cette législation n'était que spéciale et exceptionnelle ; elle n'atteignait qu'une portion minime du territoire, et nous n'avions pas cru devoir l'exposer à nos lecteurs. Mais aujourd'hui les charges militaires qui pèsent sur la propriété ou plutôt sur le territoire même, comme elles pèsent sur les individus, se sont considérablement accrues, ainsi que nous l'exposerons plus loin, cette législation spéciale est devenue le droit commun pour plus d'un tiers du territoire de la France, et elle intéresse au plus haut point des villes des plus importantes, et notamment la capitale. Son étude s'impose.

263. — Les servitudes établies sur les propriétés voisines des places de guerre grèvent ces propriétés, quels qu'en soient les propriétaires, État, département, commune, personne morale, établissement public, ou simple citoyen ; sans qu'il y ait à distinguer si elles font partie du domaine public ou du domaine privé de l'État, commune, etc., et quels que soient les travaux publics ou particuliers que l'on se propose de construire, quelle que soit l'importance du service public que ces travaux ont pour but de satisfaire.

La législation en cette matière est extrêmement confuse. La confusion vient de ce que les lois relativement récentes qui ont été rendues sur la matière, au lieu de coordonner et de réunir en un seul code les dispositions des lois antérieures, se sont bornées à modifier ces lois, tantôt sur un point, tantôt sur un autre, sans même que le législateur se soit préoccupé de savoir si les dispositions qu'il édictait étaient ou non conciliables avec les dispositions des lois antérieures qui étaient maintenues.

264. — L'ancienne législation se trouve dans les ordonnances des 16 juillet 1670, 9 décembre 1713, 23 juin 1750, 5 mai 1758, 10 mars 1759, 1er mars 1768, 31 décembre 1776. Cette législation n'est pas encore complètement tombée en désuétude, et notamment l'ordonnance du 9 décembre 1713 est encore invoquée dans certains cas par l'État.

Elle a été remaniée par le décret des 8-10 juillet 1791, puis par le décret du 24 décembre 1811, la loi du 17 juillet 1819 et l'ordonnance du 1er août - 20 septembre 1821.

Toutes ces dispositions laissaient au chef du pouvoir exécutif la faculté de classer et déclasser les places de guerre et de déterminer la zone des servitudes.

265. — En 1851, l'Assemblée nationale, frappée de l'état de choses alors existant, entreprit une réforme générale de la matière. Par une loi en date des 10-20 juillet 1851, elle [décida : 1° qu'aucune place de guerre ne pourrait être établie qu'en vertu d'une loi; 2° qu'aucune adjonction d'ouvrages nouveaux à une place forteresse et aucune adjonction aux ouvrages existants ne pourraient être faites qu'en vertu d'une loi spéciale, ou en vertu d'une disposition de loi annuelle du budget ; 3° que la loi ou la disposition de la loi du budget déterminerait, avec la classe de la place, la zone des servitudes, qui ne pourrait être étendue ensuite qu'en vertu d'une disposition législative ; 4° que toutes les places de guerre, postes et ouvrages existants seraient classés dans un tableau, avec indication des zones de servitudes correspondant à chaque classe ; 5° que le classement ne pourrait être modifié que par une loi ; 6° qu'un règlement d'administration publique réunirait et coordonnerait toutes les dispositions législatives applicables aux servitudes.

Cette loi réalisait un progrès considérable : le droit de propriété était, comme tout autre droit des citoyens, placé sous la sauvegarde des assemblées législatives; il n'était plus soumis à l'arbitraire d'un simple décret du chef du pouvoir exécutif, rendu en la forme ordinaire ; elle en annonçait un autre, la modification et la simplification des règles de la matière.

266. — Mais le changement de régime politique qui suivit cette loi donna, ici comme en d'autres matières, le rôle dominant au pouvoir exécutif; le progrès réalisé fut perdu.

Dans le but de donner satisfaction à la disposition de la loi de 1851 et de codifier les règles de la matière, un décret des 10 août-23 septembre 1853 établit une législation nouvelle, sans respecter les sages dispositions de cette loi. D'abord, ce décret rendu en la forme ordinaire, et sans que les assemblées délibérantes aient été aucunement consultées, établit un nouveau tableau de classification des places de guerre, postes, etc... ; il décide ensuite que ce tableau pourra être modifié en vertu d'un décret ; que toute construction de place ou d'ouvrage ou agrandissement de place ou ouvrage pourra avoir lieu par décret ; et que le classement et le déclassement avec indication des limites de la zone de servitudes auront lieu encore par décret. Ces décrets, rendus en la forme ordinaire, ne sont soumis qu'à certaines conditions de publicité.

Ce décret est considéré comme la législation actuellement en vigueur, et comme ne laissant subsister que les dispositions antérieures qui n'y sont pas contraires.

Est-il légal ? La question ne paraît pas avoir été posée directement. Mais on peut induire la légalité de la loi du 27 mars 1874, de la loi du 21 août 1884 et d'autres lois spéciales.

Par ces lois récentes, on voit que si le pouvoir législatif a implicitement reconnu la légalité du décret de 1853, il n'en a pas moins voulu, pour les opérations les plus importantes, ressaisir une partie des droits que ce décret lui avait enlevés.

267. — L'établissement des servitudes résulte de l'insertion au Bulletin des Lois du décret de classement, et de l'affichage de ce décret.

En pratique, le décret de classement est suivi d'une application sur le terrain des limites de la zone qu'il détermine ; une Commission établie par le décret de 1853 procède à cette application ; un procès-verbal est dressé et homologué par un second décret.

Le décret de classement n'est pas susceptible d'un recours contentieux : il n'est pas permis aux citoyens de contester l'opportunité ou l'utilité de la mesure dont ils sont victimes ; cependant un recours en excès ou détournement de pouvoirs, pour violation des formes ou de la loi, pourrait être exercé devant le Conseil d'Etat.

Quant à l'application sur le terrain, l'article 20 du décret de 1853 déclare que le procès-verbal de bornage devra être affiché, avec le plan de délimitation, pendant trois mois à la mairie ou au poste principal de la place de guerre. Durant ce délai, les parties intéressées peuvent se pourvoir devant le Conseil de préfecture contre l'opération matérielle du bornage. Le Conseil de préfecture, après avoir fait les vérifications nécessaires, statue sauf recours au Conseil d'État. Ce n'est qu'à l'expiration de ces trois mois qu'intervient le décret d'homologation du bornage. Ce dernier décret serait également susceptible d'un recours au Conseil d'Etat, pour excès, abus et détournement de pouvoir, violation des formes ou de la loi.

En cas de contestation postérieure, soit sur le point de savoir si la place est classée, et dans quelle classe elle est rangée, soit sur celui de savoir quelle est l'étendue de la zone des servitudes, et quelles sont ses limites sur le terrain, c'est encore à la juridiction administrative qu'il appartient de statuer.

268. — L'étendue des zones de servitudes est ainsi déterminée par l'article 5 du décret du 10 août 1853 : « Les servitudes défen-« sives autour des places et des postes s'exercent sur les pro-« priétés qui sont comprises dans trois zones, commençant toutes « aux fortifications, et s'étendant respectivement aux distances « de 253 mètres, 487 mètres et 974 mètres pour les places, et « 250 mètres, 487 mètres, et 584 mètres pour les postes. »

269. — Dans la première zone, il ne peut être fait aucune construction de quelque nature quelle puisse être, à l'exception, toutefois, des clôtures en haies sèches ou en planches à claire-voie, sans pans de bois ni maçonnerie. Les haies vives et plantations d'arbres ou arbustes formant haies sont interdites spécialement.

270. — Pour les places de la première série, il est interdit d'élever aucune maçonnerie ou construction en pisé, depuis la limite de la première zone jusqu'à celle de la seconde. Il est permis d'élever des constructions en bois et en terre, mais à condi-

tion qu'elles seront démolies sans indemnité, à première réquisition du commandant militaire de la place.

Pour les places de la deuxième série et les postes, on peut, dans l'espace compris entre ces deux limites, élever toute espèce de construction, mais sous la même condition de démolition sans indemnité, à première réquisition.

271. — Dans la troisième zone des servitudes, il ne peut être fait aucun chemin, aucune fouille, carrière, construction au-dessus du sol, en maçonnerie ou non ; aucun dépôt, sans que leur alignement ou position aient été concertés avec l'autorité militaire et qu'il ait été statué par un décret.

272. — Certaines lois spéciales, relatives aux grandes villes de France, ont réduit pour ces places les zones de servitudes. Ainsi la loi des 3-5 avril 1841, relative aux fortifications de Paris, décide dans son article 8 : « La première zone de servitudes « sera seule appliquée à l'enceinte continue et aux forts exté- « rieurs. Cette zone unique de 250 mères sera mesurée sur les « capitales des bastions et à partir de la crête des glacis. »

La loi des 27-29 mars 1874, relative aux nouveaux forts construits autour de Paris, a apporté également une exception favorable aux propriétés voisines ; cette loi porte en effet dans son article 3 : « Ces ouvrages de fortifications seront classés dans la « première série des plans de guerre. Toutefois, la première zone « des servitudes défensives, telle qu'elle est définie par le décret « du 10 août 1853, leur sera seule applicable. Cette zone unique « de 250 mètres sera mesurée sur les capitales, à partir de la crête « des glacis. »

La loi des 21-22 août 1884, relative à la nouvelle enceinte et aux forts détachés de la ville de Lyon, contient une disposition analogue : « L'enceinte et les forts seront classés dans la première « série des places de guerre ; toutefois, l'enceinte ne portera servi- « tude que sur une zone unique de 250 mètres. »

273. — Les contraventions aux lois sur les servitudes sont constatées par les procès-verbaux des gardes du génie, dûment assermentés, et agissant comme officiers de police judiciaire ; les poursuites sont ensuite exercées par l'autorité militaire ; on suit la procédure indiquée par la loi du 29 floréal an X, relative aux contraventions de grande voirie : le débat est porté devant le Conseil de préfecture, avec appel au Conseil d'Etat. Les Tribunaux administratifs peuvent, outre la démolition des œuvres faites en contravention, ordonner l'application des peines prévues pour les contraventions analogues de grande voirie.

Nous étudierons plus tard, en même temps que les questions d'indemnité due pour dommages causés par les travaux publics, les différentes questions de ce genre que soulève la matière des servitudes militaires.

SECTION II
Travaux mixtes dans la zone frontière.

274. — Limites de la zone-frontière. Systèmes successivement suivis pour la délimitation.
275. — Système actuel : loi du 7 avril 1851.
276. — Énumération des travaux mixtes.
277. — Travaux mixtes dans toute l'étendue de la zone.
278.   —   dans les territoires réservés.
279.   —   dans le rayon des enceintes fortifiées.
280.   —   dans la zone des servitudes des places.
281. — Exceptions : travaux de réparation et d'entretien.
282. — Règles spéciales aux chemins vicinaux, ruraux et forestiers.
283. — Voies exonérées.
284. — Canaux et chemins de fer dans les concessions minières.
285. — Procédure suivie pour l'examen des demandes et l'autorisation.
286. — Instruction du premier degré.
287. — Instruction du second degré.
288. — Cas exceptionnels. Règles spéciales.
289. — Répression des contraventions.
290. — Règles spéciales aux travaux des lignes de chemins de fer applicables sur tout le territoire de la France.

Nous rechercherons successivement : 1° quelles sont les limites de la zone frontière ; 2° quels sont les travaux mixtes, c'est-à-dire ceux qui, dans l'étendue des limites ainsi déterminées, sont soumis à la législation spéciale ; 3° quelles sont, en détail, l'instruction et les formalités suivies, avant l'exécution de ces travaux ; 4° quelles sont les règles qui servent de sanction à cette législation spéciale, et qui sont destinées à réprimer les contraventions.

274. — *Limites de la zone frontière.* — Plusieurs systèmes ont été successivement suivis par les dispositions législatives qui ont réglé ce point : les plus anciennes (ordonnance du 31 décembre 1776, lois des 31 décembre 1790, 29 janvier 1791, décret du 13 fructidor an XIII) se sont attachées aux divisions administratives en usage à l'époque où elles étaient rendues, et ont déclaré faire partie de la zone frontière toutes les provinces, districts ou départements qui touchaient à la frontière. En 1815 (ordonnance du 27 janvier), on s'attacha à déterminer une zone uniforme, comprenant l'espace compris entre la frontière et une ligne fictive supposée à deux lieues en arrière de la dernière ligne de défense formée par les places fortes. Plus tard, on laissa aux Ministres de la guerre et de la marine le soin de déterminer, de concert avec le Ministre de l'intérieur, la carte de la zone frontière, leur accordant toute liberté sur ce point. (Ordonnance du 18 septembre 1816 et décisions suivantes.)

275. — La législation actuellement en vigueur est contenue dans la loi du 7 avril 1851. La carte de la zone frontière doit être déterminée par un décret rendu, le Conseil d'État entendu, en forme de règlement d'administration publique ; et elle ne peut être étendue que par un décret rendu en la même forme, mais un simple décret ordinaire suffit pour la restreindre. En exécution de cette loi, la zone a été successivement étendue : elle comprend aujourd'hui plus d'un tiers de la France ; du côté du nord et de l'est notamment, elle dépasse le cours de la Seine, englobant Paris, Versailles, etc. Nous ne pouvons que renvoyer à la carte annexée au dernier décret portant les limites actuelles. (Décret du 8 septembre 1878.)

276. — *Énumération des travaux mixtes.* — Cette énumération est contenue dans l'art. 3 du décret du 8 septembre 1878, que nous ne pouvons que reproduire :

277. — § 1er. — Dans toute l'étendue de la zone frontière.

« 1º Les travaux concernant : les routes nationales et départe-
« tementales, — les chemins de fer de toute nature, — les cours
« d'eau navigables ou flottables, ainsi que les canaux de navigation
« avec leurs chemins de halage et de contre-halage, — les ponts
« à établir sur ces cours d'eau pour le service des voies de com-
« munication de toute espèce, lorsqu'ils ont plus de six mètres
« d'ouverture entre culées, — les ports militaires et de com-
« merce, les hâvres, les rades et les mouillages, — les phares
« les fanaux et les amers, — les écluses de navigation et de
« chasse et les autres travaux analogues d'intérêt public, tels que
« digues, bâtardeaux, épis, enrochements, ponts tournants ou
« autres, quais, bassins, jetées, brise-lames, etc., — les désséche-
« ments des lacs, étangs et marais, quand ils sont exécutés, con-
« cédés, ou autorisés par le Gouvernement ;

« 2º Les défrichements des forêts et les bois appartenant à
« l'État, aux communes ou aux établissements publics ;

« 3º Dans les enceintes fortifiées, les alignements et les tracés
« des rues ou des chemins qui servent de communications directes
« entre les places publiques, les établissements militaires et les
« remparts ;

« 4º Dans toutes les villes fortifiées et autres : les alignements et
« le tracé des rues, des chemins, des carrefours et des
« places qui bordent les établissements de la guerre ou de la
« marine, ou qui sont consacrés, par le temps ou l'usage, aux
« exercices et aux rassemblements des troupes ; le tracé des rues
« ou des chemins qui servent de communications directes entre
« les gares des chemins de fer et les établissements militaires ;

« 5º Les passages des portes d'eau et des portes de terre, dans
« la traversée des fortifications des places de guerre et des postes
« militaires ;

« 6º Les modifications à apporter, dans un intérêt civil, aux
« arsenaux, aux casernes, aux magasins et aux établissements
« militaires ;

« 7º Les travaux de fortifications ou de bâtiments militaires
« dont l'exécution apporterait des changements aux routes, aux
« chemins, aux canaux et autres ouvrages d'intérêt civil ou mari-
« times compris dans le présent article ;

« 8º Les questions relatives à la jouissance, à la police, ou à

« la conservation des ouvrages ayant à la fois une destination
« civile et militaire ;

« 9° Les affaires d'un caractère purement administratif qui
« sont les accessoires d'affaires principales du ressort de la
« Commission, telles que les remises mutuelles de jouissance de
« terrain et la répartition entre les services intéressés de l'exécu-
« tion de travaux mixtes et des dépenses de ces travaux.

278. — §2. — Dans les territoires réservés de la zone frontière,
« outre les affaires ci-dessus énumérées, celles qui concernent :

« 1° Les travaux des chemins vicinaux de toutes classes, des
« chemins ruraux et ceux des chemins forestiers, tant dans les
« bois et forêts de l'État, que dans ceux des communes et des
« établissements publics ;

« 2° Le défrichement des bois des particuliers, mais seulement
« dans les territoires spéciaux, délimités par les décrets des
« 31 juillet 1861 et 3 mars 1874.

279. — § 3. — Dans le rayon des enceintes fortifiées.
« Outre les affaires énoncées aux paragraphes 1 et 2, celles qui
« concernent : .

« 1° Les travaux de canaux et rigoles d'alimentation, d'irrigation
« et de desséchement, avec leurs francs-bords ;

« 2° Les travaux des marais salants et de leurs dépendances
« lorsqu'ils doivent faire l'objet d'une concession ou d'une auto-
« risation préalable du Gouvernement ;

« 3° Les concessions des lais et relais de la mer, celles des dunes
« et lagunes, et celles des accrues, atterrissements et alluvions
« dépendant du domaine de l'État, mais seulement au point de
« vue des conditions à imposer ou des réserves à faire dans l'in-
« térêt de la défense du territoire ;

« 4° Les concessions d'enrochements ou d'endiguements à la
« mer ou sur le rivage ;

« 5° Les concessions et les règlements d'eau, de moulins et
« autres usines, toutes les fois que les modifications qui peuvent
« en être la suite, à l'égard du régime des eaux, sont de nature à
« exercer une influence sur les inondations défensives. »

280. — Le décret du 16 août 1853, article 2, a assimilé à la
zone des territoires réservés, au point de vue des travaux mixtes,
les terrains situés dans la zone des fortifications autour des places
de guerre, depuis la rue militaire intérieure jusqu'à la fin des
glacis ou dans le rayon des servitudes militaires. (V. n° 268.) Un
décret postérieur, du 3 mars 1874, a étendu ce territoire réservé
autour des places, à une zone d'un myriamètre, pour toutes les
places, postes et ouvrages compris dans la zone forestière.

281. — Ajoutons qu'aux termes de l'article 8 du décret de 1853,
les travaux d'entretien et de réparation qui ne modifient pas
l'état des lieux et la nature des ouvrages ne sont pas soumis au
contrôle militaire.

282. — Ces règles reçoivent exception pour les chemins vici-

naux, en vertu de la loi du 7 avril 1851, du décret du 16 août 1853 et du décret du 8 septembre 1878; pour les chemins forestiers et les chemins ruraux, en vertu du décret du 8 septembre 1878.

Les travaux concernant l'ouverture ou le redressement de ces chemins ne sont rangés parmi les travaux mixtes et soumis aux règles spéciales, que s'ils sont exécutés dans les territoires réservés de la zone frontière ou dans la zone myriamétrique des places de guerre. Toutefois, dans toute l'étendue de la zone frontière, les projets concernant ces chemins doivent être communiqués au Ministère de la guerre (direction des fortifications); et le Ministère de la guerre peut, à ses frais, faire exécuter, tant aux chemins à construire qu'à ceux déjà construits, tous les travaux jugés nécessaires à la défense. (Art. 2, décret du 15 mars 1862, non abrogé par le décret du 8 septembre 1878.)

283. — Par exception aussi, les articles 40 à 43 du décret du 16 août 1853 permettent au Ministre de la guerre de désigner, parmi les voies de terre et d'eau comprises dans la zone frontière, celles qu'il exonère d'une manière générale de la surveillance de l'autorité militaire. Ces voies sont désignées et portées sur un plan, après concert entre le Ministre de la guerre, le préfet du département et l'Administration des ponts et chaussées. Après cette désignation, les voies examinées peuvent être redressées, modifiées, etc., sans contrôle, pourvu, s'il s'agit des chemins ou voies de terre, que leur direction générale ne soit pas changée; qu'elles n'ouvrent pas de communications nouvelles et ne prolongent pas celles qui existent; et s'il s'agit de rivières ou voies d'eau, que rien ne soit changé ni au tracé de ces voies ni au régime des eaux.

Toutefois, les portions de voies de terre et d'eau ne peuvent être exonérées en aucun cas, si elles se trouvent dans les limites des fortifications ou dans le rayon de servitude des places et ouvrages de guerre. (Art. 42 du décret de 1853.)

De même, l'exonération ne s'étend pas aux ponts établis ou à établir sur les cours d'eau navigables ou flottables, lorsqu'ils ont plus de 6 mètres d'ouverture entre culées. (Art. 42, décret de 1853 et 3 du décret de 1878.) — L'article 6 du décret de 1878 dispose : « Pour accélérer l'expédition des affaires concernant les « chemins vicinaux, les chemins ruraux et les chemins forestiers, « le préfet du département ou le Conservateur des forêts peut « faire dresser, toutes les fois qu'il le juge convenable, avant « même qu'il ait été procédé aux études de détail, une carte d'en- « semble du tracé de ceux de ces chemins dont l'ouverture ou « l'amélioration est projetée, et ne pourrait être exécutée sans « l'assentiment du service militaire. Cette carte est transmise, « avec une note explicative, s'il y a lieu, au directeur du génie, « lequel, après avoir pris l'avis des chefs du génie compétents, « est autorisé à donner immédiatement, et sans autres formalités, « son adhésion à tous ceux de ces tracés qui lui paraissent sans « inconvénient pour son service. Les chemins ainsi exonérés

« peuvent être immédiatement entrepris et librement entretenus
« dans les conditions spécifiées à l'article 8 du décret du 16 août
« 1853. Les autres ne peuvent être exécutés avant d'avoir été
« soumis aux formalités prescrites pour l'instruction des affaires
« mixtes. »

284. — Enfin, les règles sur les travaux mixtes s'appliquent
encore « aux canaux et chemins de fer modifiant le relief du sol,
« à exécuter dans l'intérieur du périmètre des concessions mi-
« nières, ainsi qu'aux canaux, chemins de fer et routes néces-
« saires à la mine et aux travaux de secours, tels que puits et
« galeries destinés à faciliter l'aérage et l'écoulement des eaux, à
« exécuter en dehors de ce périmètre ». (Art. 2 du décret du
« 12 décembre 1885.)

285. — *Instruction suivie pour l'autorisation des travaux
mixtes.* — Les règles se trouvent dans le décret du 16 août 1853,
combiné avec celui du 8 décembre 1878 et celui du 12 décembre
1884.

L'instruction se divise en instruction du premier degré et en
instruction du deuxième degré.

286. — *Instruction du premier degré.* — L'instruction d'une
affaire mixte commence dès l'époque de la rédaction primitive
des projets. Les intéressés remettent à l'officier ou ingénieur dans
l'arrondissement duquel le travail doit être exécuté la demande
et le résumé des projets. Ces pièces sont transmises de suite aux
chefs de service. L'article 1er du décret du 12 décembre 1884 détermine en détail, pour chaque espèce de travaux, les chefs de
service du Ministère de la guerre, du Ministère des travaux publics, du Ministère de l'agriculture et du Ministère de la marine,
qui doivent procéder à l'instruction du premier degré.

Alors commence une procédure assez longue, et malheureusement très compliquée, dont toutes les règles sont énumérées dans
les articles 13 à 15 du décret du 16 août 1853 ; les différents services étudient les projets, dressent les plans et convoquent les
intéressés à une suite de conférences où ils peuvent présenter
leurs observations ; des procès-verbaux spéciaux constatent les
résultats de ces conférences. Nous ne pouvons que renvoyer, à ce
sujet, à l'énumération des formalités contenues dans le décret du
16 août 1853, un peu simplifiées par l'article 4 du décret du
8 septembre 1878.

287. — *Instruction du second degré.* — Aux termes de l'article 16 du décret du 12 décembre 1884, « l'instruction au deuxième
« degré des affaires mixtes est faite par :

« Les directeurs du génie ;

« Les directeurs d'artillerie de terre ;

« Les ingénieurs en chef des ponts et chaussées, tant en ce qui
« concerne leur service habituel que celui de l'hydraulique
« agricole ;

« Les ingénieurs en chefs des mines, pour toutes les affaires

« spécifiées à l'article 12 comme 'étant de la compétence des in-
« génieurs ordinaires de ce service, et, en outre, pour les ques-
« tions relatives à la construction des voies ferrées et de leurs
« accessoires, dans tous les cas où ils se trouvent être ingénieurs
« en chef du contrôle des lignes examinées ;

« Les majors généraux de la marine dans les ports militaires ;
« Les directeurs d'artillerie et de marine ;
« Les directeurs des travaux hydrauliques et des bâtiments
« civils de la marine ;
« Les conservateurs des forêts ;
« Les directeurs des domaines.

« Aussitôt que ces fonctionnairss ont reçu des officiers, ingé-
« nieurs ou agents sous leurs ordres les pièces relatives à l'in-
« struction d'une affaire au premier degré, ils les visent et
« échangent mutuellement leurs observations et leurs apostilles.

« Si l'un d'eux réclame exceptionnellement une conférence,
« elle a lieu sans aucun retard, et il est procédé d'une manière
« analogue à celle prescrite pour l'instruction au premier degré.

« Les dossiers de l'affaire, contenant chacun les avis des fonc-
« tionnaires ci-dessus dénommés, sont transmis respectivement
« aux divers Ministres que l'affaire concerne ; les préfets des dé-
« partements et les préfets maritimes, auxquels sont adressés les
« dossiers des ponts et chaussées et de la marine, y consignent
« leurs opinions et leurs propositions. »

Les détails des formalités de procédure qui sont ensuite suivies
dans chaque Ministère sont énumérés dans les articles 17, 18, 19,
20 et 22 du décret du 16 août 1853, auquel nous ne pouvons que
renvoyer.

288. — Dans certains cas prévus par l'article 5 du décret du
8 septembre 1878, l'instruction au premier degré est supprimée :

« Dans le cas, dit cet article, où une affaire de la compétence
« de la Commission mixte paraîtrait au service qui a pris l'initia-
« tive du projet pouvoir être l'objet de l'adhésion directe que les
« directeurs et ingénieurs en chef sont autorisés à donner au nom
« de leur service, en conformité des dispositions de l'article 18 du
« décret du 16 août 1853, l'instruction, dans les formes indiquées
« par les articles 14 et 15 de ce même décret, n'est pas obliga-
« toire et peut être remplacée aux deux degrés par une instruc-
« tion sommaire.

« Dans ce cas, le service qui a pris l'initiative du projet est tenu
« de fournir aux services qui sont appelés à donner leur adhé-
« sion la copie de toutes les pièces ou dessins faisant partie du
« dossier que ceux-ci jugent devoir leur être utiles, notamment
« pour exercer le contrôle que leur attribue l'article 25 du même
« décret.

« Toutefois, l'instruction prescrite par les articles 14 et 15 ci-
« dessus mentionnés devient obligatoire lorsqu'après l'examen
« des pièces de l'instruction sommaire l'un des chefs de service
« déclare se refuser à donner son adhésion directe au budget. »

Il arrive aussi quelquefois, que le travail, rentrant dans les travaux mixtes, fait l'objet d'une loi spéciale, débattue devant les deux Chambres ; on ne peut alors suivre les règles que nous venons d'indiquer, mais le projet de loi est communiqué aux différents Ministères où il fait l'objet d'une étude particulière, avant d'être présenté et voté.

289. — *Répression des contraventions.* — Les contraventions aux règles sur les travaux mixtes font l'objet d'une procédure de répression établie par les articles 30 à 39 du décret du 16 août 1859. Pour les contraventions commises par les particuliers ou par les entrepreneurs ou agents exécutant des travaux pour le compte des communes, les officiers du génie dressent procès-verbal, l'affaire est envoyée devant le Conseil de préfecture avec appel au Conseil d'État ; ces juridictions, indépendamment de l'amende, peuvent ordonner la démolition et la remise des lieux en état. Nous ne pouvons que renvoyer au numéro où nous avons expliqué la répression des contraventions aux règles sur les servitudes militaires.

S'il s'agit de travaux exécutés pour le compte de l'État ou du département, « et où le fait constaté par le procès-verbal résul-« terait d'ordres donnés par un fonctionnaire ou agent du Gou-« vernement, le procès-verbal est communiqué à ce fonction-« naire et transmis aux Ministres compétents qui en font, d'ur-« gence, le renvoi à la Commission mixte, laquelle examine l'af-« faire suivant les formes prescrites par le présent règlement. « Jusqu'à la décision à intervenir, l'exécution des travaux de-« meure suspendue ». (Décret du 16 août 1853, art. 32.)

290. — Pour terminer cette matière, ajoutons qu'en vertu d'un décret rendu en Conseil d'État le 2 avril 1874, la Commission mixte a vu ses attributions étendues aux chemins de fer, quels qu'ils soient, d'intérêt général ou d'intérêt local, construits dans toute l'étendue du territoire de la France, en dehors de la zone frontière. On suit à ce sujet une procédure spéciale indiquée au décret du 2 avril 1874.

Aux termes de l'article 1er de ce décret, le Ministre des travaux publics doit communiquer au Ministre de la guerre toute proposition tendant à la création d'un chemin de fer. Le Ministre de la guerre peut déclarer qu'il se désintéresse du travail ; l'affaire suit alors son cours. S'il reste deux mois sans répondre à la demande d'avis, il en est de même. Au cas contraire, il reçoit communication des projets (art. 2). Si l'accord ne peut se faire entre les deux Ministres, la Commission mixte est consultée. Le dossier lui est communiqué sans qu'il soit nécessaire de passer par les formalités prescrites en matière de travaux mixtes (art. 3). Enfin, l'avis de la Commission mixte est joint au dossier qui est renvoyé au Ministre des travaux publics ; il y reste annexé lorsque ce dossier est ensuite soumis soit au Conseil d'État, soit aux Chambres. Une expédition de cet avis est adressée au Ministre de la guerre (art. 4).

On comprend en effet que les lignes de chemins de fer en cas
d'invasion ne doivent pas nuire à la défense, mais doivent au
contraire y coopérer; et que, même dans le cas où la guerre est
circonscrite dans la zone frontière, il est indispensable que les
tracés soient combinés en vue des besoins de la mobilisation de
l'armée, et que toutes les mesures soient prises pour le transport
et le facile embarquement des troupes et du matériel. Il est donc
nécessaire que les projets soient communiqués à la Commission
mixte et que le Ministre de la guerre puisse soutenir les modifications qu'il demande au projet même devant le Conseil d'État
ou devant les Chambres.

TITRE III

DES FORMALITÉS PRÉALABLES A L'EXÉCUTION DES TRAVAUX PUBLICS.

291. — Division de ce titre.

291. — Nous venons de faire connaître l'organisation actuelle des travaux publics en France. Avant d'aborder ce qui concerne les divers modes d'exécution en usage, il est essentiel d'étudier diverses mesures dont l'accomplissement préalable est nécessaire. — Nous voulons parler : 1° de l'étude des projets ; — 2° de l'enquête qui précède leur adoption ; — 3° de la déclaration d'utilité publique.

Ce sera l'objet de trois chapitres distincts.

CHAPITRE PREMIER

Étude des projets.

292. — Rédaction des plans et devis; à qui elle est confiée.
293. — Études sur le terrain.
294. — Devoirs des ingénieurs à cet égard.
295. — Critique de la législation actuelle ; projet de loi soumis aux Chambres
296. — Opposition par voies de fait, art. 438, C. P.
297. — Indemnité, compétence, renvoi.
298. — Mémoire explicatif, son objet.
299. — Pièces qui l'accompagnent.
300. — Avant-projet.
301. — Projet définitif.
302. — Associations syndicales forcées; levé des plans; frais, règles spéciales.
303. — Associations autorisées et associations libres, latitude laissée aux intéressés.
304. — Autorisation donnée à des particuliers de procéder à des études.
305. — Frais d'études préparatoires, remboursement.
306. — Frais d'études préparatoires pour les travaux faits en vertu de la loi du 16 septembre 1807.

292. — Tous les travaux publics s'exécutent sur des plans et devis dont la rédaction doit nécessairement précéder la construction des ouvrages. Ces opérations préliminaires sont naturellement confiées, dans chaque administration, aux agents chargés de la direction des travaux eux-mêmes. Ainsi, comme nous l'avons déjà dit en énumérant les diverses fonctions des ingénieurs des ponts et chaussées, les plans, profils, nivellements sont exécutés par des ingénieurs ordinaires, examinés, étudiés de nouveau par l'ingénieur en chef et proposés par lui à l'inspecteur divisionnaire qui réunit, s'il y a lieu, dans des projets généraux, les propositions particulières des ingénieurs en chef de sa cir- conscription.

De même, les officiers du génie pour les travaux du Ministère de la guerre, les ingénieurs détachés auprès du Ministère de la marine, ou les architectes du Gouvernement pour les bâtiments civils sont chargés, dans chacun de ces services, de préparer les plans et projets nécessaires à la construction des ouvrages. L'in- dication complète des devoirs hiérarchiques de ces divers fonc- tionnaires sous ce rapport intéresse exclusivement l'administra- tion intérieure des différents corps, et ne doit pas trouver place dans un ouvrage qui a pour objet principal le contentieux des travaux publics. Nous laisserons donc de côté ces détails.

293. — La rédaction des plans et devis exige la plupart du temps des études préalables sur le terrain. Il faut procéder à des nivellements, faire des sondages, quelquefois même occuper tem- porairement des terrains privés. Ces travaux préparatoires doivent être l'objet d'une autorisation administrative spéciale. Le préfet y pourvoit par un arrêté. Les dommages qui en sont la consé- quence tombent d'ailleurs sous le coup des principes posés par les lois du 28 pluviôse an VIII et du 16 sept. 1807, qui ne font aucune distinction entre les dommages résultant des travaux d'études et ceux qui sont causés par l'exécution même des projets arrêtés et approuvés.

Nous les examinerons donc quand nous exposerons la théorie générale des dommages causés par l'exécution des travaux pu- blics.

294. — Il est du devoir des ingénieurs d'éviter tout ce qui pourrait être considéré comme une vexation inutile au but de leur mission. Une circulaire en date du 24 octobre 1853 leur fait à cet égard les recommandations suivantes : « Quel que soit l'inté- rêt exposé dans les études ou dans les travaux à entreprendre, il est toujours possible de procéder régulièrement, et l'on ne serait pas fondé aujourd'hui à se plaindre des lenteurs de l'Administra- tion. Mais, dans le cas même où la stricte observation des règles devrait amener quelque retard, le respect du droit de propriété est un principe trop élevé pour qu'on le subordonne à une pa- reille considération. Je recommande donc, de nouveau, de la manière la plus expresse, aux ingénieurs, de ne jamais agir sans être préalablement munis de toutes les autorisations nécessaires ; et s'ils trouvent de la résistance, même alors qu'ils sont parfaite- ment en règle, de ne recourir aux voies de rigueur qu'après avoir épuisé tous les moyens de conciliation compatibles avec l'accom- plissement de leurs obligations de service.

« Je leur renouvelle également mes recommandations sur la conduite qu'ils ont à tenir lorsqu'ils sont entrés dans les proprié- tés pour les occuper temporairement ou pour les traverser. La résistance des propriétaires à laisser pénétrer chez eux tient sou- vent à la crainte d'y voir commettre des dégâts inutiles, et il y a là peut-être une cause d'irritation plus grande que dans l'occupation même de la propriété; l'indemnité pécuniaire n'est pas acceptée comme une réparation suffisante du mal moral causé par des dommages que ne motive pas une impérieuse nécessité. Les ingénieurs doivent s'attacher à faire cesser de pareilles craintes en donnant de bonnes directions à leurs agents, en s'abstenant avec le plus grand soin de tout ce qui pourrait nuire à la propriété sans utilité pour les opérations, en atténuant, autant qu'il dépendra d'eux, les dommages inévitables, en ménageant, en un mot, la propriété autant que le permettent les exigences réelles des études ou des travaux.

« Ces recommandations ne concernent pas seulement les ingénieurs de l'État, elles s'adressent également aux ingénieurs des compagnies concessionnaires de travaux publics et particulièrement de chemins de fer; les compagnies agissent comme délégataires de l'État, et si, en vertu de cette délégation, elles exercent les même droits, elles sont aussi tenues aux mêmes obligations.

« Je confie à MM. les préfets le soin de veiller à l'exécution franche et complète de mes prescriptions. »

295. — La législation actuelle ne laisse pas, toutefois, que d'être un peu vague, car elle ne détermine en aucune façon le point jusqu'où peuvent aller, sous prétexte d'études, les agents de l'Administration. Les inconvénients qui peuvent résulter de cette incertitude ont attiré l'attention du législateur.

En 1881, un projet de loi apportant à la législation relative aux dommages causés par l'exécution des travaux publics des modifications importantes a été présenté à la Chambre par M. Petitlien; il a donné lieu à un rapport déposé le 30 octobre 1884, et concluant à l'adoption d'un projet dont l'article 1er est ainsi conçu :

« Les agents de l'Administration ou les personnes auxquelles elle « délègue ses droit ne peuvent pénétrer dans les propriétés pri- « vées pour y exécuter les opérations nécessaires à l'étude des « projets de travaux publics, civils ou militaires, qu'en vertu « d'un arrêté préfectoral indiquant les communes sur le territoire « desquelles les études doivent être faites. L'arrêté est affiché à la « mairie de ces communes, et doit être représenté à toute réqui- « sition. L'introduction des agents de l'Administration ou des « particuliers à qui elle délègue ses droits ne peut être autorisée « à l'intérieur des maisons d'habitation; dans les autres propriétés « closes, elle ne peut avoir lieu que dix jours après notification « de l'arrêté au propriétaire, ou, en son absence, au gardien de « la propriété.

« A défaut de gardien demeurant dans la commune, le délai ne « court qu'à compter de la notification au propriétaire faite en la « mairie; ce délai expiré, si personne ne se présente pour lui, « lesdits agents ou particuliers peuvent entrer, avec l'assistance « du juge de paix;

« Il ne peut être abattu d'arbres fruitiers, d'ornement ou de « haute futaie avant qu'un accord amiable se soit établi sur leur « valeur, ou, qu'à défaut de cet accord, il ait été procédé à une

« constatation contradictoire destinée à fournir les éléments né-
« cessaires pour l'évaluation des dommages.

« A la fin des opérations, tout autre dommage causé par les
« études est réglé dans les mêmes formes entre le propriétaire
« et l'Administration. »

Il serait à souhaiter que le législateur donnât promptement
suite à cette proposition protectrice de la propriété privée.

296. — En l'état actuel, lorsque les ingénieurs se maintiennent dans les limites tracées par la circulaire que nous venons de
citer, ils doivent jouir d'une liberté complète dans l'exercice de
leur mission.

L'article 438 du C. pén. prononce, contre tous ceux qui s'op-
posent par voies de fait à l'exécution de travaux autorisés par le
Gouvernement, une peine de trois mois à deux ans d'emprisonnement et une amende qui ne peut excéder le quart des dommages-intérêts, ni être au-dessous de 16 francs.

Cette disposition s'applique aussi bien dans les cas où les voies
de fait sont dirigées contre des travaux préparatoires, que dans le
cas où l'opposition se manifeste contre l'exécution de travaux
définitivement approuvés. On a voulu soutenir que l'article 438 ne
protège pas également les premiers, parce qu'ils sont antérieurs
à la déclaration d'utilité publique exigée par les lois sur l'expropriation. Mais cette opinion ne repose sur rien de sérieux. Aucune
loi n'impose l'accomplissement d'une pareille formalité préalablement à l'exécution des travaux préparatoires. Une simple autorisation administrative suffit pour obliger les propriétaires à les
souffrir, sauf, bien entendu, la réparation du dommage causé.
La Cour de cassation s'est prononcée en ce sens à deux reprises
différentes : « Attendu, a-t-elle dit dans un arrêt du 4 mars 1825,
« qu'il faut distinguer entre la déclaration d'utilité publique exi-
« gée par la loi du 8 mars 1810 qui ne peut émaner que du Gou-
« vernement, et la confection des travaux préparatoires autori-
« risés par l'Administration et destinés à l'éclairer sur la
« nécessité de cette déclaration ; que si la déclaration d'utilité
« publique doit toujours intervenir dans la forme d'une ordon-
« nance royale, il ne s'ensuit pas que les travaux préparatoires
« et d'étude doivent être autorisés avec la même solennité ; que
« le contraire résulte même de la différence qui existe entre les
« résultats de ces travaux et ceux de la déclaration d'utilité pu-
« blique ; qu'en effet, la déclaration d'utilité publique entraîne
« nécessairement l'expropriation des terrains auxquels elle
« s'applique, tandis que les travaux dont il s'agit ne portent
« aucune atteinte aux droits de propriété ; qu'il s'ensuit de là
« que les agents de la direction générale des ponts et
« chaussées sont suffisamment autorisés à s'y livrer, lorsqu'ils
« sont munis des ordres de leurs supérieurs et de l'autorité
« administrative compétente, sauf la réparation et l'indemnité
« des torts et dommages que ces travaux pourraient causer, et
« à la charge, par lesdits agents de la direction générale, de jus-

« tifier de leur qualité et de leur mission aux propriétaires des
« terrains sur lesquels ils s'exécutent; que toute opposition par
« voies de fait à des opérations de cette nature, entreprises par
« des ingénieurs des ponts et chaussées dûment autorisés par le
« préfet du département, serait passible des peines déterminées par
« l'article 438 du Code pénal... » (Voy. 3 mai 1834, *Bertrand*, S.-V.
1834, 1, 574; — Delalleau, t. Ier, n° 51; M. Dufour, t. VII, n° 42;
MM. Faustin Hélie et Chauveau Adolphe, *Théorie du Code pénal*, t. VI, p. 173; C. d'Etat, 19 oct. 1825, *Berthelot*, 652.)

297. — Il résulte implicitement de l'arrêt que nous venons de
citer que le paiement de l'indemnité ne saurait être préalable aux
mesures d'instruction. Le Conseil d'Etat, d'accord en cela avec la
Cour de cassation, s'est toujours prononcé en ce sens.

Ainsi que nous le verrons en traitant des dommages résultant
de l'exécution des travaux publics, c'est le Conseil de préfecture
qui sera compétent.

298. — Les travaux préparatoires exécutés sur le terrain
servent de base aux plans, profils et projets des ingénieurs. Ces
plans doivent être accompagnés d'un mémoire explicatif « des-
« tiné à faire connaître l'objet ou le but du travail à entre-
« prendre, les motifs de préférence qui ont déterminé l'auteur
« dans la composition et dans le choix des moyens. On doit, au-
« tant que possible, aller au-devant des objections et les com-
« battre : rien n'est à négliger lorsqu'il s'agit d'éclairer l'Admi-
« nistration et de la mettre à même de donner son approbation
« en pleine connaissance de cause. Un mémoire obscur ou in-
« complet oblige à demander successivement des explications et
« des renseignements. Il en résulte des retards toujours préju-
« diciables au bien du service, et surtout beaucoup d'ennui pour
« celui qui n'a pas su d'abord exposer ses motifs de manière à
« les faire bien comprendre ». (Voy. M. Tarbé de Vauxclairs,
Dict. des trav. publics, v° *Mémoires*.) « On voit, ajoute M. Du-
« four, après avoir cité ce passage, que ce genre de pièces a trait
« à la justification de l'entreprise et des voies et moyens propo-
« sés, qu'elles s'adressent à l'Administration elle-même, pro-
« voquent et préparent ses résolutions et ne gardent que peu
« d'importance pour l'exécution. » (Voy. *Traité gén. du Dr.
adm.*, t. VII, n° 44.)

299. — Les ingénieurs doivent joindre à ce mémoire d'autres
pièces beaucoup plus importantes sous ce dernier rapport, puisqu'elles sont destinées, lorsque les travaux sont confiés à des
entreprises privées, à former les éléments du contrat d'adjudication, dont elles déterminent le prix. Nous voulons parler du
devis, du détail estimatif, de l'avant-métré et des clauses particulières à imposer à l'entrepreneur.

Ce n'est pas le moment de donner la définition de ces divers
documents et d'en faire connaître le but et la portée. Ces détails
trouveront mieux leur place dans le chapitre où nous étudierons
tout ce qui a trait au prix de l'adjudication.

300. — Lorsque l'entreprise projetée est destinée à être confiée à une compagnie concessionnaire, le travail des ingénieurs de l'État se borne à la rédaction d'un avant-projet contenant seulement des indications générales suffisantes pour éclairer l'Administration sur l'utilité des travaux et sur les conditions à imposer au concessionnaire.

L'ordonnance royale du 18 fév. 1834, portant règlement sur les formalités des enquêtes relatives aux travaux publics, détermine d'une manière nette la mission des ingénieurs à cet égard. D'après les articles 2 et 3, l'avant-projet fait connaître le tracé général de la ligne des travaux, les dispositions principales des ouvrages les plus importants et l'appréciation sommaire des dépenses.

S'il s'agit d'un canal, d'un chemin de fer ou d'une canalisation de rivière, l'avant-projet est nécessairement accompagné d'un nivellement en longueur et d'un certain nombre de profils transversaux ; et, si le canal est à point de partage, on indique les eaux qui doivent l'alimenter.

A l'avant-projet sont joints dans tous les cas : 1° un mémoire descriptif indiquant le but de l'entreprise et les avantages qu'on peut s'en promettre ; 2° le tarif des droits, dont le produit serait destiné à couvrir les frais des travaux projetés, si ces travaux doivent devenir la matière d'une concession (art. 3). (Voy. *aussi* : *Circ. du 14 janv. 1850.*)

301. — La rédaction des projets définitifs est faite par les agents de la compagnie concessionnaire.

Les cahiers des charges annexés aux concessions de chemins de fer imposent ordinairement aux concessionnaires l'obligation de soumettre à l'approbation de l'autorité supérieure, dans un certain délai à partir du décret de concession, le tracé définitif du chemin, ce qui comprend : 1° un plan général à une échelle déterminée ; 2° un profil en long contenant l'indication des distances kilométriques, la longueur des parties droites et le développement des parties courbes du tracé avec le rayon correspondant à chacune de ces dernières ; 3° un certain nombre de profils en travers, y compris le profil type de la voie ; 4° un mémoire dans lequel sont justifiées toutes les dispositions essentielles du projet, et un devis descriptif dans lequel sont reproduites sous forme de tableaux les indications relatives aux courbes déjà données sur le profil en long.

La position des gares et des stations projetées, celle des cours d'eau et des voies de communication traversés par le chemin de fer, des passages à niveau, ou au-dessus, ou au-dessous de la voie ferrée, doivent être indiquées tant sur le plan que sur le profil en long : le tout sans préjudice des projets à fournir pour chacun de ces ouvrages.

302. — En matière de travaux exécutés par les associations syndicales forcées, conformément aux dispositions de la loi du 16 sept. 1807, les plans sont levés soit par les ingénieurs des

10

ponts et chaussées, soit par les concessionnaires. (Art. 5, I. du 16 sept. 1807.)

Dans toute hypothèse, les frais de levée, vérification et approbation des plans sont à la charge des entrepreneurs. Si ceux qui ont fait la première soumission et fait lever ou vérifier les plans ne demeurent pas concessionnaires, ils sont remboursés par ceux auxquels la concession est définitivement accordée. (Art. 6.)

Il faut appliquer cette disposition même dans le cas où le périmètre concédé est moindre que le périmètre embrassé par les travaux. (C. d'Etat, 17 déc. 1857, *Bailly de Merlieux*, 830.) « On ne saurait admettre, disait M. le Ministre des travaux publics dans ses observations sur cette affaire, qu'il soit loisible aux propriétaires qui, en vertu de leur droit de préférence, restent concessionnaires définitifs d'un desséchement, de rendre impossible toute concession en faveur du soumissionnaire primitif, et cependant de ne lui payer qu'une indemnité proportionnelle au cercle restreint qu'ils se proposent de dessécher. Si cela était possible, il en résulterait que l'indemnité, que la loi du 16 sept. 1807 a entendu assurer au soumissionnaire, pourrait, en certains cas, devenir entièrement illusoire. Le desséchement doit être considéré comme une entreprise indivisible : ou l'auteur du projet obtient la concession, ou si les propriétaires exercent leur droit de préférence, ils doivent solder la valeur des projets qui ont été approuvés et dont l'adoption a servi de base à la pensée même du desséchement, sans qu'il y ait rien à conclure des restrictions apportées au périmètre de l'opération qu'ils restreignent dans des vues d'économie. »

Les projets de travaux qui intéressent les associations syndicales créées dans un but d'utilité publique sont rédigés ou vérifiés par l'ingénieur, examinés par le syndicat et par l'ingénieur en chef, et approuvés par le préfet. Ils sont en outre soumis à l'approbation de l'autorité supérieure, lorsqu'il s'agit de travaux autres que ceux de simple entretien.

303. — Pour les travaux des associations autorisées, toute latitude est laissée au préfet et aux intéressés pour le choix des hommes de l'art chargés de rédiger les plans et projets. L'article 10 du projet de loi du 21 juin 1865 portait que ces plans seraient rédigés par les ingénieurs des ponts et chaussées : mais le Conseil d'Etat a supprimé toute indication. (*Circ. min. du 12 août 1865.*)

Quant aux travaux des associations libres, nous savons qu'ils n'ont à aucun titre le caractère de travaux publics. L'Administration n'a donc pas à intervenir dans les études préparatoires.

304. — Les autorisations ministérielles ou préfectorales accordées à des particuliers, à l'effet de procéder à des études et à la rédaction de plans et devis antérieurement à l'acte de concession, ont un caractère essentiellement administratif. Elles peuvent être retirées, sans que la décision qui intervient à cet égard soit sus-

ceptible d'être attaquée par la voie contentieuse. (C. d'État, 7 avril 1859, *Renard*, 266.)

305. — La question s'est posée de savoir si ceux qui avaient procédé aux études préparatoires et qui plus tard n'obtenaient pas la concession avaient droit au remboursement de leurs impenses.

Il ne s'agit pas, bien entendu, du salaire, qui doit être payé aux architectes ou ingénieurs qui ont reçu des ordres de l'État, d'une Administration ou d'une compagnie : ceux-là ont recours contre leurs mandants.

Mais supposons qu'une compagnie, espérant obtenir la concession d'un chemin de fer, par exemple, procède aux études préalables, puis que, plus tard, l'entreprise soit exécutée par l'État, ou par une autre compagnie. Comment les choses vont-elles se passer? Évidemment, si les études préliminaires ne sont pas utilisées, la personne qui les a faites n'a rien à réclamer. Mais, dans le cas contraire, peut-elle en réclamer le paiement? L'équité comme les principes du droit exigeraient une réponse affirmative : il n'est pas admissible, au point de vue de la plus élémentaire justice, que l'État ou un concessionnaire profitent, sans bourse délier, d'études peut-être longues et coûteuses qui ont été faites par une autre personne. En droit, les auteurs des études préliminaires pourraient invoquer les principes de la gestion d'affaires, ou tout au moins de l'action de *in rem verso*.

Les documents de jurisprudence ne laissent pas que d'être un peu vagues. Le Conseil général des ponts et chaussées, consulté à diverses reprises, semble se déterminer par des considérations de fait. Dans un avis du 6 juin 1850 (*Compagnie Pelloux c. Cie de P-L-M.*), il a refusé le remboursement des frais d'études parce qu'il n'était pas constant que les études de la Cie Pelloux eussent servi de base à celles de l'État, et que même elles n'avaient pas été communiquées à l'ingénieur de l'État chargé d'établir les projets du chemin de fer de Lyon.

Mais, dans une autre circonstance (*avis du 4 février 1858, Cie Ternaux c. Cie du Nord*), il a émis l'avis que « pour qu'un projet et des études puissent être considérés comme utilisés, il n'est pas nécessaire qu'ils aient été suivis de l'exécution des travaux, mais qu'il suffit qu'ils aient servi à préparer la concession. »

La question d'indemnité est donc à trancher en fait : les travaux ont-ils été utiles à un point de vue quelconque? le remboursement en est dû. Les travaux n'ont-ils été d'aucune utilité? ceux qui les ont fait exécuter n'ont rien à prétendre.

306. — La difficulté a été prévue, en ce qui concerne les desséchements de marais, par la loi du 16 septembre 1807. « Les « plans seront levés, dit l'article 6, vérifiés et approuvés aux « frais des entrepreneurs de desséchement : si ceux qui auront « fait la première soumission et fait lever ou vérifier les plans « ne demeurent pas concessionnaires, ils seront remboursés par « ceux auxquels la concession sera définitivement accordée. » Ici

encore, bien que le principe de l'indemnité soit formellement
consacré, la jurisprudence semble admettre que cette indemnité
n'est due qu'en cas d'utilité des études et des plans. Ainsi,
par un arrêt du 24 janvier 1834 (*Cougouilles*, 455), le Conseil
d'État a refusé le remboursement de frais d'études qui cependant
avaient reçu l'approbation du Conseil général des ponts et chaussées, alors qu'elles n'étaient devenues inutiles que par suite de
circonstances absolument indépendantes de la volonté de ceux
qui y avaient procédé. Cet arrêt a donné lieu à de vives critiques
(V. notamment *Cotelle*, II, p. 138) auxquelles nous ne pouvons
que nous associer.

CHAPITRE II

Enquête préalable à l'adoption des projets

307. — Nécessité de l'enquête.
308. — Distinction de cette enquête et de celle qui précède l'expropriation.
309. — Son but et son utilité.
310. — Réclamations des particuliers.
311. — Formalités des enquêtes.
312. — L'enquête n'est pas toujours nécessaire.
313. — Travaux neufs dont l'évaluation n'est pas supérieure à 5000 fr.
314. — Travaux de la zone frontière, travaux contre les inondations.
315. — Détails des formalités de l'enquête.
316. — Travaux communaux.

307. — Toutes les lois qui ont successivement régi l'autorisation des grands travaux publics ont prescrit que l'autorisation
ne pourrait être donnée qu'après une enquête administrative. La
loi actuellement en vigueur, du 27 juillet 1870, dans son article 1er,
décide formellement que cette enquête est nécessaire pour tous
les travaux publics de l'État, que l'autorisation soit accordée
par une loi ou par un décret du chef de l'État. Dans son article 2
elle déclare qu'il n'est rien innové en ce qui concerne les travaux publics des départements et des communes; or, la législation antérieure exigeait l'enquête pour tous les travaux, sans
distinction entre ceux de l'État et ceux des départements et des
communes.

308. — Cette enquête ne doit pas être confondue avec celle à
laquelle il faut procéder en vertu de la loi du 3 mai 1841, article 4, pour la détermination des terrains à exproprier. Si l'expropriation est nécessaire une seconde enquête aura lieu. L'enquête
dont nous nous occupons ici a seulement pour but d'éclairer
l'autorité qui permettra les travaux, sur leur opportunité, leur
importance approximative et les conditions de leur exécution.

309. — Le but et l'utilité de cette enquête préparatoire ont été
maintes fois signalés. « La nécessité des enquêtes ne peut être
« mise en doute. Que les travaux d'une route, d'un canal ou d'un
« chemin de fer s'exécutent aux frais de l'État ou qu'ils devien-

« neut l'objet de la spéculation d'une compagnie, il est toujours
« indispensable que l'utilité publique en soit bien établie. L'acte
« de l'autorité qui en ordonne ou qui en permet l'entreprise
« emporte avec lui le droit d'expropriation, et ce droit exorbi-
« tant ne peut, ne doit être exercé qu'autant qu'il est prouvé que
« les sacrifices imposés à la propriété particulière sont comman-
« dés et justifiés par un intérêt général. » (Voy. *Rapp. au Roi sur*
« *l'ordon. du 18 fév. 1834.*)

310. — Ces dernières expressions du rapport doivent être particulièrement remarquées. Le législateur a vu dans l'enquête un
moyen de constater l'utilité publique des travaux projetés. Elle
seule pouvant justifier la dépense, il appelle sur cet objet important les observations des parties les plus directement intéressées. Quant aux réclamations individuelles et qui n'ont trait qu'à
des intérêts particuliers, il n'est pas temps encore pour elles de se
produire. Les lois sur l'expropriation leur ont ménagé une autre
occasion et ont réglé par des dispositions spéciales le mode
d'après lequel elles devront se manifester. Il y a été pourvu par
les art. 4 à 12 de la loi du 3 mai 1841.

Nous n'avons pas à nous occuper ici des formalités de cette enquête spéciale, qui fait partie intégrante des règles propres à
l'expropriation et qui se trouve ainsi en dehors de notre sujet. Il
nous suffit de montrer la différence essentielle qui existe entre
les deux enquêtes. La première, celle dont nous nous occupons,
porte sur l'utilité générale des projets : elle peut avoir pour résultat d'en empêcher l'exécution s'il est démontré au Gouvernement que les résultats à atteindre ne répondront pas aux sacrifices
présumés. L'autre, au contraire, a pour but de permettre aux
intérêts individuels froissés de faire entendre leurs plaintes. Elle
est en général sans effet sur les résolutions arrêtées, au moins en
ce sens que leur principe même n'est pas mis en cause et que les
changements à effectuer, si l'opportunité en est prouvée, sont
uniquement relatifs aux détails de l'exécution ou à des modifications de tracé. (Voy. art. 11, I. du 3 mai 1841, *Observat. du com.
du Gouv., Moniteur du 14 juin 1836.*)

311. — Quant aux formes de l'enquête, elles ont été détermi-
minées par l'ordonnance du 18 février 1834 rendue en exécution
de l'article 3 de la loi du 7 juillet 1833, complétée par celle du
15 février 1835 pour le cas où les travaux doivent s'étendre sur
plusieurs départements.

Une ordonnance du 23 août 1836, inspirée par cette remarque
que les dispositions de l'ordonnance de 1834, s'appliquant aux
travaux projetés dans un intérêt général, prescrivaient des formalités inutiles en ce qui concerne les travaux d'intérêt communal, soumit à des formalités particulières et moins compliquées
les enquêtes qui doivent précéder ces derniers.

Le sénatus-consulte du 23 décembre 1852, en donnant au chef
de l'Etat le droit de décréter l'exécution des travaux publics, avait
soulevé la question de savoir si l'enquête était encore nécessaire.

Elle ne se pose plus, ainsi que nous venons de le voir, en présence des termes formels de la loi de 1870.

312. — Cependant, même avant le sénatus-consulte de 1852, certains travaux n'étaient pas nécessairement précédés de l'enquête. S'il était vrai alors « qu'aux termes de l'article 3 de la loi « du 7 juillet 1833 la formalité préalable d'une enquête admi- « nistrative est la condition irritante et *sine quâ non* de toute « déclaration d'utilité publique, et doit conséquemment précéder « toute loi ou ordonnance dont l'exécution peut entraîner l'ex- « propriation » (Voy. Cass., 13 janvier 1840, *Préfet de la Drôme*, S.-V. 1840, I, 461), il n'était pas moins certain que les travaux de moindre importance, et qui pouvaient être exécutés sans transmission d'une fraction de la propriété privée au profit du domaine public, n'étaient pas assujettis à cette condition.

Il en est de même aujourd'hui. Les travaux d'entretien et de réparations ordinaires qui sont exécutés dans chaque département, sous la direction des ingénieurs et l'autorité du préfet (Voy. art. 4, ordon. du 27 mai 1829), peuvent toujours être exécutés sans enquête préalable. — A cet égard, les lois de 1833 et de 1841 n'ont rien changé à l'ancienne pratique administrative, et il en est de même de la loi de 1870.

313. — Une controverse s'est élevée en ce qui concerne les travaux neufs de peu d'importance, dont l'évaluation n'est pas supérieure à 5.000 fr.

L'article 7 de l'ordonnance du 27 mai 1829 donne au préfet le droit d'autoriser ces travaux, — et c'est seulement dans l'article 8, relatif aux *travaux neufs de grande dimension*, qu'il est question de l'enquête. — Sous l'empire de cette ordonnance, il ne paraît pas douteux que cette formalité n'était pas nécessaire pour les premiers.

La loi du 3 mai 1841 a-t-elle modifié cette règle ? M. Dufour (si nous avons bien compris sa pensée) ne le croit pas. Il est d'avis que l'article 3 de cette loi n'a statué qu'à l'égard des travaux qu'avait en vue l'article 8 de l'ordonnance de 1829, et que ses dispositions sont étrangères aux travaux d'une évaluation égale au plus à 5.000 fr. (Voy. t. VII, n° 66.)

Après lui, M. Perriquet (I, n° 41), critiquant l'opinion que nous avions émise dans notre première édition, soutient « que le sens « des expressions *travaux de moindre importance*, qu'on retrouve, « au surplus, dans la loi de 1870, est d'avance restreint par les « premiers mots de l'article 3 de la loi 3 mai 1841 : *Tous les* « *grands travaux publics*...... L'article 3 de la loi du 3 mai 1841 « n'a pas été fait pour les travaux au-dessous de 5.000 fr., et l'on « ne voit pas la nécessité d'une enquête pour des travaux si peu « considérables. »

Ces raisons ne nous paraissent pas déterminantes. L'article 3 de la loi du 3 mai 1841, qui exige la formalité de l'enquête, ne s'applique pas en effet seulement aux grands travaux publics dont parle l'article 8 de l'ordonnance de 1829 : il s'occupe aussi des travaux moins considérables qu'a en vue l'article 7 de cette ordonnance. Il porte, en effet : « Une ordonnance royale suffira pour autoriser l'exécution des routes départementales, celle des canaux ou chemins de fer d'embranchement de moins de 20.000 mètres de longueur, des ponts, *et de tous autres travaux de moindre importance.* « Cette ordonnance, ajoute la loi, devra également être précédée d'une enquête. »

En présence d'un texte aussi clair, la distinction faite par le savant auteur nous semble difficile à admettre, et il nous est impossible de croire que les règles à suivre pour les travaux neufs d'une évaluation égale au plus à 5.000 francs ne soient écrites que dans l'article 7 de l'ordonnance du 10 mai 1829.

Ajoutons que le texte de la loi de 1870 est conçu en des termes identiques à ceux des lois de 1833 et de 1841. Nous croyons donc que tous les travaux neufs, de quelque importance qu'ils soient, doivent être précédés d'une enquête.

314. — Les travaux qui s'exécutent dans la zone frontière ou dans le rayon des enceintes fortifiées sont soumis à des formalités particulières que nous avons déjà fait connaître. (Voy. *supra*, nos 263 et suivants.)

Un décret du 15 août 1858, portant règlement d'administration publique pour l'exécution de la loi du 28 mai 1858, sur les travaux de défense contre les inondations, contient aussi des dispositions spéciales relativement aux formalités des enquêtes préalables à ces travaux. Il paraît sans intérêt de les faire connaître ici dans tous leurs détails.

315. — L'ordonnance du 18 février 1834, qui détermine les formalités de l'enquête, contient les dispositions suivantes.

Le préfet de chacun des départements traversés forme, au chef-lieu, une Commission de neuf membres au moins, et de treize au plus, pris parmi les principaux propriétaires, les négociants, les armateurs et les chefs d'établissements industriels.

Des registres, destinés à recevoir les observations, sont ouverts pendant un mois au moins et quatre au plus aux chefs-lieux du département et des arrondissements. Ces registres sont accompagnés de l'avant-projet et des autres pièces dont nous avons parlé dans la section précédente. A l'expiration du délai spécial fixé pour l'ouverture des registres, la Commission se réunit : elle examine les observations consignées, entend les ingénieurs, recueille les renseignements qu'elle croit utiles, et donne son avis motivé sur l'utilité de l'entreprise et sur les autres questions qui lui sont posées par l'Administration. Son procès-verbal est clos immédiatement et transmis sans délai au préfet par le président de la Commission.

C'est ce rapport qui sert de base à la décision du Gouvernement.

316. — L'ordonnance royale du 23 août 1835 qui concerne l'enquête des travaux d'intérêt purement communal contient les dispositions suivantes :

L'enquête s'ouvre sur un projet où l'on fait connaître le but de l'entreprise, le tracé des travaux, les dispositions principales des ouvrages, et l'appréciation sommaire des dépenses. (Art. 2.)

Ce projet reste déposé à la mairie pendant quinze jours afin que chaque habitant puisse en prendre connaissance. A l'expiration de ce délai, un commissaire désigné par le préfet reçoit à la mairie, pendant trois jours consécutifs, les déclarations des habitants sur l'utilité publique des travaux projetés.

Ces deux délais sont, le cas échéant, prorogés par le préfet et ne commencent à courir qu'à dater de l'avertissement donné par voie de publication et d'affiches. (Art. 3.)

Le commissaire transmet immédiatement au maire le registre des déclarations, après l'avoir clos et signé, en y joignant son avis motivé, et les pièces qui ont servi de base à l'enquête.

Le Conseil municipal est ensuite consulté, si le registre d'enquête contient des déclarations contraires à l'adoption du projet. Son avis est joint aux pièces qui sont envoyées au sous-préfet, et par celui-ci au préfet avec son opinion motivée. (Art. 4.)

Enfin, le préfet, après avoir pris, dans les cas prévus par les règlements, l'avis des Chambres de commerce et des Chambres consultatives des arts et manufactures, envoie le tout au Ministre de l'intérieur, avec son avis, pour qu'il soit, sur le rapport de celui-ci, statué par le chef de l'État sur la question d'utilité publique des travaux. (Art. 5.)

L'ordonnance ajoute (ce qui est presque surabondant) que si les travaux n'intéressent pas exclusivement la commune, il doit être procédé à l'enquête suivant les formes prescrites par les articles 9 et 19 de l'ordonnance du 18 fév. 1834.

CHAPITRE III

De la déclaration d'utilité publique.

317. — Effets de la déclaration d'utilité publique.
318. — Ses formes. Travaux de l'État, loi du 27 juillet 1870.
319. — Travaux des départements et des communes.
320. — Formes du décret déclaratif.
321. — Énonciation des noms et prénoms des propriétaires.
322. — Travaux communaux, avis du sous-préfet.
323. — Caractère de la déclaration d'utilité publique. Impossibilité d'un recours ordinaire à la juridiction contentieuse.
324. — Recours pour violation des formes; incompétence et excès de pouvoir.
325. — Déclaration intervenue uniquement pour favoriser un intérêt privé; jurisprudence.
326. — Délai du recours.
327. — Portée de la déclaration; à quels travaux elle s'applique.

317. — L'enquête dont nous avons parlé dans le chapitre précédent est suivie de la déclaration d'utilité. Cette déclaration résulte habituellement de l'acte même d'autorisation des travaux, loi ou décret, d'après les dispositions de la loi de 1870. (V. ci-dessus, n° 61.)

Cette déclaration a pour effet d'armer l'Administration du droit de faire prononcer l'expropriation des terrains nécessaires à l'établissement des travaux projetés; mais elle ne consomme pas l'expropriation, et les terrains désignés comme devant être ultérieurement occupés par les travaux restent à la libre disposition de leurs propriétaires, tant qu'il n'est pas intervenu un jugement régulier de dépossession. Des constructions peuvent y être élevées même en dehors des alignements projetés. En un mot, la déclaration d'utilité publique implique une résolution arrêtée; mais cette résolution n'est pas irrévocable, et les particuliers qu'elle intéresse ne sont pas tenus, jusqu'à la mise à exécution des projets, de laisser leur propriété inculte ou improductive. (Voy. Paris, 4 mars 1824, *Préfet de la Seine*, S., 24, 2, 350.)

318. — En ce qui concerne la déclaration d'utilité publique des travaux de l'État, nous avons vu précédemment les variations de la législation jusqu'à la loi du 27 juillet 1870, et nous avons étudié les dispositions de cette loi; nous n'y reviendrons pas. (V. n⁰ˢ 58 et 59.) L'article 2 de cette loi porte : « Il n'est rien innové quant « à présent en ce qui touche l'autorisation et la déclaration « d'utilité publique des travaux publics à la charge des départe- « ments et des communes. »

Remarquons tout d'abord que cette disposition reçoit exception en ce qui concerne les chemins de fer d'intérêt local dont nous avons parlé plus haut. (V. n° 143.)

Pour les autres travaux, c'est donc la législation établie par l'article 4 du sénatus-consulte du 25 décembre 1852 et l'article 3 de la loi du 3 mai 1841, qui est maintenue.

319. — D'après le sénatus-consulte de 1852, un décret du chef de l'État autorise ou ordonne les travaux désignés par l'article 3 de la loi du 3 mai 1841; l'énumération de cet article 3 est ainsi conçue : « Tous grands travaux publics, routes royales, canaux, « chemins de fer, canalisation des rivières, bassins et docks, en- « trepris par l'État, les départements, les communes ou par des compagnies particulières..... »

Il résulte de la combinaison de cet article avec le sénatus-consulte de 1852 et le décret de 1870 que, à l'époque actuelle, les grands travaux publics entrepris par les départements et les communes doivent être autorisés par décret. Il est à peine besoin de faire remarquer que cette autorisation ne préjudicie en rien au droit des Conseils généraux et municipaux de voter les travaux départementaux et communaux proprement dits : elle n'est en effet exigée que pour les travaux nécessitant une déclaration d'utilité publique, parce qu'ils entraînent l'expropriation; les travaux ordinaires, qui peuvent s'accomplir sans déclaration d'utilité publique, ne réclament pas l'intervention du pouvoir central : ils sont exécutés d'après les règles que nous examinerons ci-après.

Ajoutons que, toutes les fois qu'une subvention ayant été promise, les finances de l'État se trouveront engagées par les travaux projetés, une loi sera nécessaire. (Décret de 1852, art. 4.)

320. — Déjà sous l'empire du S.-C. de 1852, on s'était demandé si un décret simple suffisait, ou s'il était nécessaire de consulter le Conseil d'État. Il avait été décidé par le Conseil d'Etat que le sénatus-consulte ne faisait que rétablir les lois du 21 avril 1832 et du 3 mai 1841 et que, par conséquent, un décret simple suffisait. (C. d'Etat, 27 mars 1856, *de Pommereu*, 224; 16 août 1862, *de Legge*, 651.) Toutefois, en pratique, on soumet les projets de décret aux délibérations du Conseil d'Etat; mais ce n'est là qu'une pure faculté pour le pouvoir exécutif, et un arrêt récent est venu déclarer une fois de plus que le décret en forme de règlement d'administration publique n'est pas nécessaire. (C. d'Etat, 25 mars 1881, *Trescases*, 344.) Cette jurisprudence a donné lieu à certaines critiques : on a fait remarquer avec raison l'anomalie qu'il y avait à exiger un décret délibéré en assemblée générale du Conseil d'Etat, pour des travaux de peu d'importance, comme une rectification de route nationale ou un raccordement de chemin de fer de quelques mètres, alors qu'un décret simple suffit pour les travaux des grandes villes, souvent beaucoup plus importants. La critique s'adresse au législateur, mais la jurisprudence est irréprochable en présence des textes actuellement en vigueur. Signalons la situation exceptionnelle des travaux d'ouverture et de redressement des chemins vicinaux. Suivant la législation établie par les articles 15 de la loi du 21 mai 1886, 44 et 86 de la loi du 10 août 1871, lorsqu'il s'agit d'ouverture ou de redressement de chemins vicinaux ordinaires, c'est la Commission départementale qui autorise les travaux ; s'il s'agit de chemins de grande communication ou d'intérêt commun, c'est le Conseil général. Dans l'un et l'autre cas, il n'est pas nécessaire qu'un décret intervienne pour déclarer l'utilité publique. Lorsqu'il ne s'agit que de l'élargissement d'un chemin, l'arrêté du préfet vaut déclaration d'utilité publique (art. 15), pourvu qu'il s'agisse d'un terrain non bâti. Si les travaux devaient atteindre des terrains attenant aux habitations, un décret serait nécessaire. (C. d'État, 31 mars 1882, *Chastenet*, 302.)

321. — Les décrets portant déclaration d'utilité publique ne doivent pas, à peine de nullité, contenir l'énonciation exacte des noms et prénoms des propriétaires des terrains compris dans le périmètre des travaux, surtout lorsqu'il n'est pas allégué qu'il y ait eu incertitude sur l'emplacement, ni sur la personne propriétaire de l'emplacement où devait s'élever la construction déclarée d'utilité publique. (C. d'État, 1er juin 1849, *Ponts-Asnières de la Châtaigneraie*, 290.)

En outre, ce n'est pas au décret qu'il appartient de désigner les parcelles à exproprier : s'il contenait cette désignation, elle ne serait pas opposable aux propriétaires. (C. d'État, 11 juin 1880, *Hallot*, 534.)

322. — De même, lorsqu'il s'agit de travaux communaux, aucun texte ne prescrit la mention dans le décret de l'envoi de l'avis du sous-préfet au préfet, cet avis n'étant pas exigé par l'article 4 de l'ordonnance du 23 août 1835, à peine de nullité. (*Même arrêt.*)

323. — Lorsque l'utilité publique a été déclarée par une loi, aucune contestation ne peut plus être soulevée. Mais en est-il de même lorsqu'il n'est intervenu qu'un décret?

On est d'accord sur un premier point : la déclaration d'utilité publique échappe à tout contrôle si le réclamant se borne à prétendre que l'appréciation sur laquelle elle repose est fausse et mal fondée. Il n'appartient à personne de critiquer à ce point de vue la déclaration émanée du chef de l'État. Lui seul est assez haut placé pour statuer sur la nécessité des travaux et leur utilité pour le pays. Il le fait après les enquêtes, quand il se trouve suffisamment éclairé; sa décision souveraine ne peut pas être déférée à la juridiction contentieuse. (C. d'État, 1er juin 1849, *Ponts-Asnières de la Châtaigneraie*, 290 ; 26 février 1870, *Gérard*, 193).

324. — Mais il en est autrement quand la critique s'adresse à la forme de l'acte ou à l'autorité de laquelle il émane. L'incompétence et l'excès de pouvoir sont ici, comme en toute matière, des vices essentiels et absolus. Ainsi toute déclaration d'utilité publique qui ne serait pas précédée d'une enquête, ou de la délibération préalable du Conseil d'État, ou bien qui serait faite par un Ministre ou par un préfet, tomberait nécessairement sous le coup de la censure du Conseil d'État. (*Déc. des 7-14 octobre 1790, 3°, et loi du 24 mai 1872.*) Il ne s'agit pas alors seulement, pour celui qui réclame, d'un intérêt froissé : car tout le monde a droit à la protection qu'on trouve dans l'accomplissement des formes imposées à l'action administrative. C'est donc avec raison que le Conseil d'État a déclaré recevables les recours formés contre des décrets portant déclaration d'utilité publique et fondés sur l'incompétence et l'excès de pouvoir. (C. d'État, 27 avril 1847, *Boncenne*, 243; 31 mars 1848, *Meyronnet de Saint-Marc*, 152; 10 mai 1851, *d'Inguimbert et consorts*, 348; 27 mars 1856, *de Pommereu*, 224.)

325. — Nous avons dit que l'opportunité de la déclaration d'utilité publique n'est pas susceptible d'être contestée devant le juge du contentieux. Mais si, sans rechercher si les travaux présentent ou non utilité, on prétend que la déclaration d'utilité publique n'est pas intervenue réellement dans l'intérêt général, mais uniquement pour favoriser un intérêt privé, le recours pour excès de pouvoir, exercé devant le Conseil d'État, contre l'acte administratif qui a déclaré l'utilité publique, nous parait absolument recevable.

On remarquera que c'est le seul qui soit ouvert aux particuliers lésés, puisque l'autorité judiciaire n'a pas le droit d'apprécier la validité des actes de l'autorité administrative qui a prononcé la déclaration d'utilité publique. Si le Tribunal civil, avant de prononcer le jugement d'expropriation, doit vérifier si toutes les formalités prescrites par l'article 2 de la loi du 3 août

1841 ont été remplies, il commettrait un excès de pouvoirs et violerait le principe de la séparation des pouvoirs, en examinant la régularité du décret qui a prononcé l'utilité publique, ou la légalité de l'arrêté de cessibilité. (Voy. Cass., rejet. 26, janvier 1875, *Chemin de fer d'Orléans à Châlons;* 14 nov. 1876, *Chemin de fer de Lyon,* Sirey, 77, 1, 278; 9 avril 1877, *Haineque de Saint-Senoch,* Sirey, 78, 1, 278; 24 août 1880, *Phély et autres.* Cass. 24 nov. 1885, *Fénaux, chemin de fer de l'Est.*)

Nous croyons donc que, dans le cas qui nous occupe, si un recours n'est pas possible devant les Tribunaux judiciaires, il existe un recours pour excès de pouvoir devant le Conseil d'État.

La question posée au Conseil d'État en 1878 (22 nov. 1878, *l'Hôpital,* 927) n'a pas été résolue par lui d'une manière explicite; les requérants prétendant que les travaux ordonnés ne présentaient aucune utilité publique, l'arrêt décide « que le décret a « a été précédé des formalités prescrites par les lois et règle- « ments sur la matière; et qu'ainsi les requérants ne *sont pas* « *fondés* à demander l'annulation dudit décret pour excès de « pouvoirs par application des lois des 7-14 octobre 1790 et « 24 mai 1872 ».

L'arrêt ne statue donc pas sur la recevabilité, mais sur le bien-fondé du recours. On en a conclu que la recevabilité devait être admise. (V. *note sous l'arrêt précité au recueil Lebon;* et Aucoc, 3ᵉ éd., II, p. 619.)

326. — Le recours doit être formé dans les trois mois à partir du jour où la partie intéressée a eu connaissance de la déclaration. Une notification individuelle n'est pas nécessaire. On considère comme pouvant y suppléer la publication faite dans la commune. En conséquence et *a fortiori* le maire qui a dressé procès-verbal de cette publication est non recevable à se pourvoir par la voie contentieuse plus de trois mois après le jour où elle a eu lieu. (C. d'État, 14 déc. 1850, *Com. de Batignolles-Monceaux,* 942.)

327. — La déclaration d'utilité publique qui s'applique à un ensemble de travaux comprend nécessairement tous les ouvrages accessoires destinés à les compléter et à entrer dans cet ensemble. « Il faut, disait en 1833 le commissaire du Gouverne- « ment, qu'il soit bien reconnu que, lorsqu'une loi ou ordon- « nance aura autorisé l'ouverture d'une route, l'établissement « d'un canal, tous les travaux dépendant de cette route ou de « ce canal sont par là même autorisés implicitement et que des « déclarations partielles d'utilité publique ne sont pas exigées. » (Voy. *Moniteur* du 5 mai 1833, p. 1218.)

Mais comment reconnaîtra-t-on que les travaux à l'occasion desquels un débat s'élève doivent être considérés comme étant vraiment accessoires aux travaux déjà exécutés, comme en étant le complément nécessaire et prévu au moment de la déclaration d'utilité publique? Il est impossible *a priori* d'établir sur ce point des règles précises; la solution dépend des circonstances de chaque espèce. Il a été jugé que le projet de redressement d'un canal qui rendait nécessaire l'expropriation de plusieurs propriétés, étant indépendant de la construction du canal, seule déclarée d'utilité publique, il aurait dû être procédé à une autre déclaration (Cass., 8 avril 1835, *Préfet des Ardennes*, S.-V., 35, 1. 300); — qu'il en devait être de même dans le cas où un décret ayant classé une route, il s'agit de procéder au redressement de cette route, en suivant une autre direction. (Cass., 11 juillet 1838, *Préfet de la Drôme*, S.-V., 38, 1, 787.) Il a été jugé au contraire que lorsqu'après l'entier achèvement des travaux d'utilité publique qui avaient été autorisés par une loi ou par une ordonnance, l'Administration projette une mesure nouvelle tout à fait en dehors de cette autorisation, en décidant, par exemple, qu'un chemin intercepté par les premiers travaux et qu'on avait d'abord remplacé sur un point, sera reporté sur un autre point, ce qui doit nécessiter l'expropriation des terrains nécessaires au nouvel emplacement, cette expropriation ne peut être prononcée par les Tribunaux qu'après une nouvelle déclaration d'utilité publique par une loi ou ordonnance, et qu'après que toutes les autres formalités de l'expropriation, telles, par exemple, qu'un arrêté du préfet indicatif des localités ou territoires à céder pour l'exécution du nouvel œuvre, ont été remplies. (Cass., 13 janv. 1840, *de Valbrune* D. P., 40, 1, 91. Voy. encore Cass., 24 nov. 1836, *Préfet de la Drôme*, S.-V., 36, 1, 820; 27 fév. 1849, *Compagnie Heim*, S.-V. 49, 1, 215; 27 fév. 1852, *Seytres*, D. P., 53, 1, 274; C. d'Etat, 30 août 1847, *Tardy*, 612; 12 déc. 1851, *Godde*, 748, Cass., 8 janv. 1873, D. P., 73, 1, 9.)

DEUXIÈME PARTIE

DES DIVERS MODES D'EXÉCUTION DES TRAVAUX PUBLICS

TITRE PREMIER

DES FORMALITÉS ET DES CONDITIONS DE L'ADJUDICATION.

328. — Division du sujet.

328. — Tous les travaux publics ne s'exécutent pas de la même manière. On compte cinq modes d'exécution bien distincts : 1° l'exécution à la journée ; — 2° la régie simple ou économie ; — 3° la régie intéressée ; — 4° l'adjudication ou entreprise au rabais ; — 5° la concession.

Ces modes d'exécution sont loin d'avoir la même importance. Les deux premiers, à raison de leur simplicité, ne donnent lieu à aucune difficulté sérieuse : nous n'en dirons que quelques mots.

Les deux derniers, au contraire, appellent toute notre attention. L'adjudication au rabais est le mode généralement suivi pour la plupart des travaux. Quant au contrat de concession, son importance grandit chaque jour : nous aurons à le faire connaître sous tous ses aspects. Reste la régie intéressée qui n'est qu'un incident, trop commun du reste, de l'exécution à l'entreprise et dont nous nous occuperons en traitant de l'adjudication.

CHAPITRE PREMIER

Des formes de l'adjudication.

SECTION PREMIÈRE

Du principe de la publicité des marchés.

329. — Origine des adjudications au rabais : ancien régime.
330. — Bases de la législation actuelle : loi du 31 janvier 1833 ; ordonnances du 4 décembre 1836 et du 31 mai 1838.
331. — Décret du 18 novembre 1882 ; principe de la publicité des adjudications.
332. — Énumération des exceptions au principe de la publicité.
333. — Examen critique.

334. — Modes d'adjudication.
335. — Adjudications à concurrence limitée.
336. — Importance de la règle de la publicité et de la libre concurrence.
337. — Les dispositions du décret de 1882 sont-elles d'ordre public ?
338. — Examen de la question d'après la loi de 1833 et les ordonnances de
      1836 et 1838.
339. — Nouveaux arguments fournis par le décret de 1882 et les circons-
      tances dans lesquelles il est intervenu.
340. — Jurisprudence,
341. — Application du décret de 1882 aux travaux de tous les Ministères,
      même à ceux du Ministère de la guerre.
342. — Travaux des départements : application de l'ordonnance de 1836.
343. — Travaux des communes et des établissements publics : règles spé-
      ciales. Ordonnance du 14 novembre 1837.
344. — Travaux des chemins vicinaux.
345. — Violation des règles de l'ordonnance de 1836 ; renvoi.

329. — Le système des marchés sur devis, affiches et adjudications au rabais avait été complètement organisé sous l'ancienne
Monarchie française. On peut le voir en se rapportant à l'arrêt
du Conseil du 10 septembre 1602, et au règlement du 13 janvier 1605 sur les fonctions du grand-voyer et le service des ponts
et chaussées.

Trois déclarations du Roi en date des 21 février 1608, 13 février 1688 et 7 juin 1708, avaient réglé le mode et les formes de
l'adjudication des travaux exécutés au compte de l'Etat. On y
trouve l'origine des dispositions qui régissent actuellement la
matière. Ainsi, avant de commencer les travaux, l'architecte
devait rédiger un devis. Ce devis, avec les clauses et conditions
« pour la perfection des ouvrages », était publié et affiché. L'adjudication se faisait devant les officiers royaux « au dernier
« moins disant, à l'extinction des feux ». En cas d'urgence ou
lorsque la dépense à faire n'excédait pas deux mille livres, l'accomplissement de ces formalités n'était pas obligatoire. Le
payement des ouvriers, des fournisseurs et entrepreneurs se faisait sur des rôles arrêtés par les directeurs des travaux.

Le principe de la concurrence et de la publicité des marchés
de travaux publics était donc consacré par notre ancienne législation, longtemps même avant Colbert et Vauban, auxquels
M. Cotelle attribue à tort l'initiative des adjudications publiques
au rabais. Ces Ministres eurent du moins l'honneur, pendant
leur administration, d'en faire prévaloir l'usage. Mais, à la fin
du règne de Louis XIV et sous le règne de Louis XV, les anciens
règlements restèrent à l'état de lettre morte ; l'influence des traitants prit le dessus, et on ne tarda pas à en venir, dans la pratique, à l'emploi des marchés occultes. L'intrigue et la cupidité,
à une époque où le pouvoir ne subissait pas de contrôle, devaient
nécessairement être plus fortes que les règlements.

330. — La chute de l'ancien régime n'amena pas, tout d'abord,
de changement notable sous ce rapport, et ce fut seulement sous
le Directoire que l'on songea sérieusement à réformer les anciens
abus. (Voy. *arrêté du 19 ventôse an XI (10 mars 1803)*, *Duverg.*,
1829, p. 181.

Cet arrêté servit de règle jusqu'au 10 mai 1829. A cette date, parut une ordonnance sur le mode d'adjudication des travaux des ponts et chaussées. Cette ordonnance contenait des dispositions excellentes ; mais elle avait le tort d'être spéciale. Des voix s'élevèrent pour demander un règlement général applicable aux travaux publics de toute nature. Pour donner satisfaction à ces justes réclamations, la Chambre des députés inséra dans la loi de finances, en date du 31 janvier 1833, un article 12 portant : « Une ordonnance royale réglera les formalités à suivre à l'avenir « dans tous les marchés passés au nom du Gouvernement. » En exécution de cet article, les Ministres de la guerre, de la marine, des affaires étrangères, de l'intérieur, des travaux publics, de l'agriculture, de la justice et de l'instruction publique furent consultés ; ils émirent des avis, et firent des propositions sur lesquelles le Ministre des finances présenta un rapport au Roi, qui rendit, le 4 décembre 1836, une ordonnance soumettant à des règles uniformes l'adjudication des travaux publics.

Cette ordonnance, textuellement reproduite par une autre ordonnance du 31 mai 1838 portant règlement général sur la comptabilité publique, est aujourd'hui en partie remplacée par le décret en forme de règlement d'administration publique, du 18 novembre 1882.

Ce décret fera la base de notre étude : nous le compléterons par un certain nombre de dispositions des ordonnances de 1836 et 1838 qui sont restées en vigueur, comme n'étant pas contraires au décret.

331. — L'article 1er du décret du 18 novembre 1882, analogue à l'article 1er de l'ordonnance de 1836, pose en principe que « les mar« chés de travaux, fournitures ou transport au compte de l'État « seront faits avec concurrence et publicité, sauf les exceptions « mentionnées à l'article 18 ». (Pand. fr., *Rép.*, v° *Adjud. admin.* (*État*), n° 1011.)

Le principe de la publicité et de la concurrence comporte, sous l'empire du décret de 1882, des exceptions plus nombreuses que sous l'ordonnance de 1836. On a senti qu'il était nécessaire de laisser à l'Administration une certaine liberté, dans tous les cas où l'application des règles ordinaires eût présenté plus d'inconvénients que d'avantages à cause, soit du chiffre peu élevé de la dépense, soit des circonstances, soit de la nature des travaux à exécuter.

332. — L'article 18 du décret énumère les exceptions suivantes, dans lesquelles il peut être passé des marchés de gré à gré :

1° Travaux dont la dépense n'excède pas 20.000 fr., ou, s'il s'agit d'un marché passé pour plusieurs années, dont la dépense annuelle n'excède pas 5.000 fr. ;

2° Tous les travaux, fournitures ou transports lorsque les circonstances exigent que les opérations du Gouvernement soient tenues secrètes : les marchés sont alors préalablement autorisés par le Président de la République, sur un rapport du Ministre compétent ;

3° Les objets dont la fabrication est exclusivement attribuée à des porteurs de brevets d'invention ;

4° Les objets qui n'auraient qu'un possesseur unique ;

5° Les ouvrages et objets d'art et de précision dont l'exécution ne peut êtreconfiée qu'à des artistes ou industriels éprouvés ;

6° Les travaux, exploitations, fabrications et fournitures qui ne sont faits qu'à titre d'essai ou d'étude ;

7° Les travaux que des nécessités de sécurité publique empêchent de faire exécuter par voie d'adjudication ;

8° Les objets, matières et denrées qui, à raison de leur nature particulière et de la spécialité de l'emploi auquel ils sont destinés, doivent être achetés et choisis aux lieux de production ;

9° Les fournitures, transports ou travaux qui n'ont été l'objet d'aucune offre aux adjudications, ou à l'égard desquels il n'a été proposé que des prix inacceptables ; toutefois, lorsque l'Administration a cru devoir arrêter et faire connaître un maximum de prix, elle ne doit pas dépasser ce maximum ;

10° Les fournitures, transports ou travaux qui, dans les cas d'urgence évidente, amenée par des circonstances imprévues, ne peuvent pas subir les délais des adjudications ;

11° Les fournitures, transports ou travaux que l'Administration doit faire exécuter aux lieu et place des adjudicataires défaillants, et à leurs risques et périls. (Pand. franç., *Rép.*, v° *Adjud. adm.* (*État*), n° 1027.)

Nous verrons plus loin comment sont passés les marchés de gré à gré dans toutes ces hypothèses.

333. — La première de ces exceptions à la règle de la publicité des marchés donnait déjà lieu, sous l'empire de la loi de 1836, à des critiques d'une certaine gravité. Elle permet, en effet, à l'Administration, d'éluder facilement le principe, en divisant les travaux en fractions n'excédant pas le maximum fixé.

Dans notre première édition, nous faisions remarquer que, si les abus n'étaient pas fréquents dans le service des ponts et chaussées, il était d'autres administrations dans lesquelles l'exception semblait être devenue la règle, et nous exprimions le vœu de voir le Gouvernement renoncer au droit qui lui était ainsi accordé.

Le décret de 1882, loin de supprimer le danger, l'a rendu plus grave encore. Non seulement il reproduit la faculté, pour l'Administration, de traiter de gré à gré, mais encore il a porté à 20.000 fr. au lieu de 10.000, le chiffre maximum pour lequel elle peut agir en toute liberté. Il sera incontestablement plus facile, si l'on veut éluder le principe de la publicité, de diviser un marché important en fractions de 20.000 fr. qu'en fractions de 10.000 fr. De plus, le décret du 5 juin 1888 (art. 2) tend à rendre l'exception plus fréquente encore en autorisant la passation de marchés de gré à gré avec les sociétés d'ouvriers lorsque la dépense n'excède pas 20.000 fr. (V. n°535.) Enfin, le principe de la publicité reçoit des atteintes plus graves encore, avec le système fréquemment employé des adjudications restreintes. (V. n° 335.)

334. — Les adjudications peuvent se faire de deux manières différentes : au rabais, ou aux enchères.

La méthode du rabais, plus facile à appliquer, quand il s'agit de travaux proprement dits, consiste dans la fixation d'un prix par les agents de l'Administration, les entrepreneurs offrant des diminutions sur ce prix. Celui qui offre la diminution ou *le rabais* le plus considérable est déclaré adjudicataire. Cette méthode est presque toujours employée pour les travaux des ponts et chaussées.

Quand, au contraire, il s'agit de la location d'un immeuble, ou de l'exploitation d'un droit quelconque appartenant à l'État, la méthode des enchères est plus commode : une mise à prix est fixée, et celui qui offre l'augmentation la plus considérable est adjudicataire.

335. — L'article 3 de l'ordonnance de 1836 réservait à l'Administration un terme moyen entre l'adjudication et les traités de gré à gré. L'article 3 du décret du 18 novembre 1882 a fait de même : « Les adjudications publiques relatives à des fournitures, « travaux, transports, exploitations ou fabrications qui ne peu- « vent être, sans inconvénient, livrés à une concurrence illimitée, « sont soumises à des restrictions permettant de n'admettre que « les soumissions qui émanent des personnes reconnues capa- « bles par l'Administration, au vu des titres exigés par le cahier « des charges préalablement à l'ouverture des plis renfermant « les soumissions. » Dans cette hypothèse, la concurrence est restreinte ; mais toutes les formalités prescrites par le décret restent applicables, et doivent être observées comme dans les adjudications où la concurrence est illimitée.

336. — Le principe que tous les marchés de l'État doivent être faits avec concurrence et publicité, est un principe essentiel de notre droit public, qui n'a pas besoin d'être justifié. « Toutes « les affaires, disait le Ministre de l'intérieur dans son rapport à « l'Empereur sur le décret de décentralisation en date du 29 avril « 1861, doivent être traitées au grand jour, surtout quand il « s'agit de travaux et fournitures. Toutes les entreprises doivent « être adjugées sous les yeux des populations et sous l'aiguillon « de la liberté des enchères. Publicité et concurrence, voilà, « malgré des assertions contraires, les meilleures règles en pa- « reille matière ; et je connais trop les intentions de Votre Majesté « pour ne pas être sûr, à l'avance, qu'elle condamnerait toute « mesure qui aurait pour effet de restreindre dans son applica- « tion le principe si tutélaire et si moral de l'adjudication. Il « importe au plus haut degré que l'Administration échappe, non « seulement à l'abus, mais encore au soupçon. » (*Voy.* aussi : *Rapport de M. de Martignac sur l'ordon. roy. du 10 mai 1829 ; Duvery.*, *1829, 2e part., p. 18.*)

337. — La règle posée par l'article 1er du décret du 18 no- vembre 1882 est-elle d'ordre public, et les représentants de l'État peuvent-ils y déroger quand ils le jugent convenable, et en dehors

des cas exceptionnels prévus par l'article 18? Dans notre première
édition, sous l'empire de l'ordonnance de 1836, nous avons soutenu que la règle de l'adjudication avec concurrence est d'ordre
public, par les considérations que nous reproduisons ci-après
(n° 338).

338. — Nous n'hésitons pas, pour notre part, à considérer
comme nuls, soit au respect des entrepreneurs, soit à l'égard de
l'État, les marchés conclus de gré à gré, sans publicité ni concurrence, en dehors des cas où l'ordonnance autorise une exception au principe. M. Cotelle est d'un avis contraire. Il pense qu'un
« contrat fait de gré à gré entre l'Administration et les entrepre-
« neurs ou fournisseurs ne peut pas être brisé par elle, sous le
« prétexte que la soumission n'aurait dû être accueillie que dans
« la forme d'une adjudication sur concours, *aucune loi n'impo-*
« *sant sérieusement à l'Administration cette forme de contrat.* » (*Voy.*
t. III, p. 37.) — C'est là, nous le croyons, une inadvertance
échappée à l'estimable auteur. Son observation était vraie avant
l'ordonnance du 4 décembre 1836 ; mais aujourd'hui elle est en
contradiction formelle avec l'article 1er de cette ordonnance. Il
n'est pas nécessaire, quoi qu'en dise M. Cotelle, qu'une loi proprement dite ait restreint, au point de vue qui nous occupe, la
capacité de l'Administration. Les ordonnances royales ont l'autorité
de la loi quand elles ont été rendues dans les formes et dans les
limites constitutionnelles établies par la Charte. « Ces sortes
d'actes, dit fort exactement un auteur en parlant des décrets portant règlement d'administration publique, qui, depuis l'empire,
ont remplacé les ordonnances royales, ont pour trait distinctif de
présenter les mêmes caractères que la loi dont ils sont le complément : ils ont comme elle la force obligatoire, la généralité de
disposition, la réglementation de l'avenir, la sanction pénale ;
comme elle, enfin, ils ne commandent que dans l'intérêt général et
sont d'ordre public. » (*Voy.* M. Ducrocq, *Cours de droit admin.*,
p. 14.)

L'ordonnance du 4 décembre 1836 réunit au suprême degré
toutes ces conditions. Elle a été promulguée en exécution d'une
loi, et en vertu d'une délégation expresse et régulière du pouvoir
législatif. Elle est donc, suivant la définition que M. Trolley donne
des ordonnances réglementaires, « une loi secondaire faite dans
les limites de la loi pour son exécution. » (Voy. *Hiérarch. adm.*,
n° 27.) La nullité des marchés de gré à gré passés au mépris de
ses dispositions est la conséquence nécessaire de leur inobservation.

On ne peut nier le caractère essentiellement impératif des dispositions des ordonnances. « *Tous* les marchés passés au nom de
l'État, disent-elles, sont faits avec concurrence et publicité... »
Une pareille injonction ne laisse pas le choix à l'Administration ;
et cela est si vrai que, dans l'article suivant, les ordonnances précisent avec un soin extrême les cas exceptionnels où des dérogations à la règle sont autorisées. (Voy. *art. 3, ordon. du 4 déc.
1836 ; — art. 46, ordon. du 31 mai 1838.*)

D'un autre côté, on comprend aisément, quoi qu'on en ait dit, que les Ministres soient rigoureusement dénués de la faculté d'abandonner le mode ordinaire et habituel de traiter, tel qu'il a été déterminé par un acte du pouvoir exécutif lui-même. Quelle serait en effet la portée de pareils actes, si après que le pouvoir exécutif a pris, en les édictant, l'obligation de s'y conformer, il lui était loisible cependant de n'en rien faire? N'est-ce pas oublier que les ordonnances de 1836 et de 1838 n'ont été promulguées qu'en exécution de la loi de finances à l'autorité de laquelle elles participent en quelque sorte? Il n'est donc pas étonnant qu'elles s'imposent à leurs auteurs comme une règle essentielle et permanente. Vainement craint-on de dépouiller le Gouvernement d'une faculté précieuse quand il s'agit de répondre aux exigences de circonstances d'autant plus impérieuses, bien souvent, qu'elles ont été moins prévues. Car les ordonnances stipulent précisément une exception à la règle ordinaire « pour les « fournitures, transports et travaux qui, dans le cas d'une urgence « évidente, amenée par des circonstances imprévues, ne peuvent « pas subir les délais des adjudications ». Il semble donc qu'à aucun point de vue la thèse que nous combattons ne peut se justifier.

339. — Sous l'empire du décret du 18 novembre 1882, nous ne pouvons que persister dans cette opinion. Les savants auteurs qui ont récemment soutenu l'opinion contraire oublient les circonstances dans lesquelles ce décret a été rendu. Ce n'est pas de son plein gré que le Gouvernement a entrepris de rééditer et de compléter l'ordonnance de 1836 : il a été mis en demeure de le faire par le Corps législatif. A plusieurs reprises, au Sénat et à la Chambre des députés, le Gouvernement avait été interpellé au sujet du principe posé par l'ordonnance de 1836 et, faisant remarquer les nombreuses atteintes qui y avaient été portées, les auteurs de ces interpellations avaient demandé que ce principe fût formellement établi par une loi qui porterait en même temps l'énumération limitative des exceptions qui pourraient y être apportées. (V. Chambre des députés, séance du 16 février 1882, projet de loi présenté par M. Sourrigues, qui reproduisait une proposition analogue du 14 décembre 1881, primitivement renvoyée à une Commission, et prise en considération par la Chambre. *Collection des doc. parlement.*, page 316 et annexe 427.) Le Gouvernement déclara que les projets de loi étaient inutiles, parce que les ordonnances de 1836 et 1838, rendues en vertu du pouvoir législatif délégué par le Parlement dans la loi de 1833, étaient des lois, avaient la même force et la même sanction. Les mêmes discussions parlementaires qui avaient précédé la loi de 1833 se sont reproduites en 1882. De ces discussions résulta nettement que la sanction de la loi est la nullité absolue et d'ordre public des marchés passés contrairement aux prescriptions des ordonnances ou du décret, qui font corps avec elle.

340. — C'est bien ainsi que l'avait compris la jurisprudence après la promulgation des ordonnances de 1836 et de 1838. Et cette jurisprudence a persisté plusieurs années. (C. d'Etat, 1er septembre 1841, *Département de Seine-et-Oise*, 479 ; 27 février 1845, *Giraud*, 80 ; Pand. franç., *Rép.*, v° *Adjudic. admin.* (*État*), n° 1067 et suivants.)

Malheureusement, les Gouvernements qui se sont succédé depuis la promulgation des ordonnances de 1836 et 1838 ont porté tant d'atteintes à leurs prescriptions, que la jurisprudence a pu les croire tombées en désuétude. Dans un arrêt du 4 juillet 1873 (*Lefort*, 612), le Conseil d'Etat décide que la nullité du marché est bien encore la sanction des prescriptions ci-dessus, mais que cette nullité, établie comme garantie pour l'Etat, n'est que relative et ne peut être invoquée que par lui. Dans un autre arrêt, du 18 mai 1877 (*Dalloz*, 480), il va plus loin : il déclare que les règles de l'ordonnance de 1836 « ne sont pas d'ordre public, mais constituent seulement des règles d'ordre intérieur et d'administration, dont l'inobservation ne peut être invoquée par l'Etat, vis-à-vis du tiers qui a contracté avec lui, comme une cause de nullité du contrat ». Par un arrêt du 18 janvier 1878 (*Gaz. de Wazemmes*, p. 53), il est revenu à sa jurisprudence de 1873.

Cet état de la jurisprudence était connu des auteurs des propositions de loi faites en 1882 ; c'était une des causes de ces propositions. Le Gouvernement a promis de donner les satisfactions demandées et de revenir à la législation de 1836. Le décret du 18 novembre 1882 a eu pour but d'accomplir cette promesse. Nous croyons donc que le Conseil d'Etat devrait revenir à sa jurisprudence de 1841 et 1845.

341. — Le décret de 1882, comme l'ordonnance de 1836, régit tous les marchés conclus pour le compte de l'Etat, à quelque département ministériel qu'ils se rapportent. La règle qu'il pose est applicable même aux travaux du Ministère de la guerre. Mais on comprend sans peine que l'adjudication, avec les lenteurs qu'elle entraîne et la publicité qu'elle nécessite, ne soit pas toujours compatible avec l'intérêt de la défense nationale. L'Administration profitera alors largement des facilités que lui accorde l'article 18, de passer des marchés de gré à gré. L'Instruction ministérielle du 25 novembre 1876 sur les travaux du service du génie rappelait les différents cas dans lesquels les marchés de gré à gré étaient permis : c'étaient les mêmes qui sont énumérés par l'article 18 du décret de 1882. Mais elle ajoutait que, « dans les « circonstances même où les conventions de gré à gré sont per- « mises, les chefs du génie doivent s'attacher à établir la concur- « rence toutes les fois qu'il peut en résulter des avantages pour « l'Etat. »

Le nouveau cahier de 1887, relatif à tous les travaux du département de la guerre, a admis des principes analogues. D'après l'article 18 du règlement qui le précède, « il peut être passé des marchés de gré à gré dans tous les cas spécifiés à l'article 18 du décret du 18 novembre 1882. » Et le paragraphe 1er de l'article 19 prescrit, comme l'Instruction de 1876, l'appel à la concurrence chaque fois qu'il paraîtra avantageux pour l'Etat. Mais le dernier alinéa de cet article contient une disposition nouvelle : l'appel à la concurrence « est obligatoire pour les marchés passés « en vertu du paragraphe 10 de l'article 18 du décret du 18 novem- « bre 1882. A cet effet, le chef de l'exécution devra procéder par « voie de concours restreint ». Il s'agit ici de tous les travaux qui, dans les cas d'urgence évidente amenée par des circonstances imprévues, ne peuvent pas subir les délais des adjudications. En pareil cas, le nouveau règlement prend un moyen terme : il n'exige pas les formalités ordinaires qui seraient trop longues, mais il s'efforce de sauvegarder, dans la mesure du possible, le principe de la publicité et de la concurrence.

Enfin, l'article 20 du règlement de 1887 va, dans certains cas, plus loin que le décret de 1882 lui-même : il autorise, lorsque la dépense ne dépasse pas 1500 fr., la fourniture ou l'exécution du travail sur simple facture, c'est-à-dire sans qu'aucun marché, même de gré à gré, soit passé d'avance, par convention approuvée par l'autorité supérieure.

C'est une sorte d'achat au comptant fait par un fonctionnaire désigné.

342. — *Travaux des départements.* — La personnalité du département est restée jusqu'en 1838 absorbée dans celle de l'Etat, et les travaux départementaux ne se distinguaient pas de de ceux l'Etat. Depuis 1838, ces travaux sont restés soumis aux règles en vigueur à cette époque pour les travaux de l'Etat, règles qui sont écrites dans l'ordonnance du 14 novembre 1836. L'adjudication doit donc se faire dans les formes édictées par cette ordonnance. C'est ce que déclare très nettement une circulaire ministérielle du 5 mai 1852, adressée aux préfets à la suite des décrets de décentralisation : « Les dispositions de l'ordonnance de 1836, dit-elle, ont été éten- « dues par analogie aux marchés pour les travaux et les autres « dépenses à la charges des départements. Ces travaux continue- « ront à faire l'objet d'adjudications avec concurrence et publicité, « sauf les exceptions expressément prévues par l'ordonnance « elle-même, et sauf les cas extraordinaires où vous croiriez « devoir solliciter de l'Administration centrale l'autorisation de « déroger à cette règle.

« Le décret du 25 mars ne changeant rien à cet état de choses « vous attribue seulement le droit de rendre les adjudications « définitives par votre seule approbation ; il n'y a d'exception que « pour les adjudications de travaux réservés par le § 9, ci-des- « sus. »

Ce dernier passage de la circulaire fait allusion aux lois alors existantes, qui réservaient au Ministre l'approbation des travaux dépassant un certain chiffre. Le décret de décentralisation ayant attribué au préfet le droit d'approuver les adjudications de tra- vaux départementaux quel qu'en soit le chiffre, l'approbation ministérielle n'est plus nécessaire que pour ceux qui concernent les prisons départementales, les asiles d'aliénés et les établissements d'instruction publique quand ils engagent la question de système ou de régime intérieur. Nous avons vu pourquoi l'Administration centrale a tenu à conserver la haute main sur ces travaux. (V. n°s 151 et 152.)

L'ordonnance de 1836, qui était en vigueur jusqu'en 1882 pour les travaux de l'Etat, a été modifiée et remplacée, en ce qui les concerne, par le décret du 18 novembre 1882. Mais ce texte est spécial aux marchés de l'Etat. C'est donc toujours l'ordonnance de 1836 qui régit les travaux départementaux.

Cette ordonnance pose en principe, comme le dit la circulaire précitée, la règle de la publicité de l'adjudication : la disposition de son article 1er est conforme, sur ce point, au décret de 1882 : le régime est donc le même pour le département et pour l'Etat. Mais quelques différences doivent être signalées dans l'énumération des cas où il y a dispense de concurrence et de publicité. Aux termes de l'article 2 de l'ordonnance, il peut être traité de gré à gré pour les travaux dont la dépense n'excède pas 10.000 fr. ou si le marché est passé pour plusieurs années, dont la dépense annuelle n'excède pas 3.000 fr. Pour l'Etat, le décret de 1882 fixe le maximum à 20.000 fr. au total ou à 5.000 fr. par an. Tous les autres cas exceptionnels sont les mêmes, qu'il s'agisse de l'Etat ou du département. (Ord. de 1836, article 2; Décret de 1882, art. 18. V. n° 332.) Le décret de 1882 mentionne seulement comme cas exceptionnel, dont l'ordonnance ne parle pas, celui où l'adjudication a pour objet de faire exécuter un travail aux lieu et place des adjudicataires défaillants, et à leurs risques et périls.

En ce qui touche la publicité, l'avis d'adjudication, pour le département, doit être porté à la connaissance du public un mois à l'avance. (Ord. de 1836, art. 6.) Ce délai est réduit à 20 jours pour l'Etat. (Déc. de 1882, art. 2.) Les formes de la publicité de l'avis et les mentions qu'il doit contenir sont identiques. (V. n° 334.)

343. — *Travaux des communes.* — Les travaux entrepris par les communes n'étaient pas soumis aux dispositions prescrites par l'ordonnance de 1836. Une ordonnance du 14 novembre 1837 est venue réglementer la matière. La loi du 5 avril 1884, sur l'organisation municipale, n'a apporté aucune modification au système de cette ordonnance : elle consacre le principe de la publicité et de la concurrence, comme pour les travaux de l'Etat.

« Actuellement, lit-on dans les travaux préparatoires de l'article « 114, la forme des marchés à passer pour ces travaux *est réglée « principalement par l'ordonnance royale du 14 novembre 1837.* « Aux termes de cette ordonnance, deux principes, deux règles « doivent présider à tous les travaux communaux. La première « règle, c'est que ces travaux doivent toujours, excepté dans « quelques cas particuliers et peu importants, être approuvés « par l'autorité supérieure. La seconde de ces règles, qui souffre « aussi certaines exceptions, c'est que les travaux doivent *faire « l'objet d'adjudications publiques.* L'adjudication est préparée par

« un cahier des charges approuvé par le préfet; on lui donne la
« publicité nécessaire, on reçoit les soumissions, et le préfet pro-
« nonce sur le résultat de l'adjudication qui ne devient définitive
« que lorsqu'elle a été approuvée par l'autorité préfectorale. »

Il résulte également de la discussion à laquelle la loi a donné
lieu au Sénat que l'ordonnance de 1837, qui « pose le sage principe de l'adjudication », doit être maintenue, et en outre qu'elle
a reçu la valeur d'une disposition législative qui, à l'avenir, ne
pourra être modifiée que par un décret du chef de l'État. (*Sénat.
Trav. parl. Off. du 13 mars 1884.*)

Par conséquent, c'est à l'ordonnance de 1837 qu'il faut se reporter pour déterminer les formes de l'adjudication. Remarquons
en passant qu'il ne s'agit pas ici des marchés de gré à gré, dont
il est question dans l'article 115 de la loi de 1884, et dont nous
traiterons ci-après. (V. n° 346.)

L'article 1er de l'ordonnance de 1837 pose en principe que
« toutes entreprises pour travaux et fournitures au nom des
« communes... seront données avec concurrence et publicité ».

L'article 2 énumère les cas dans lesquels un traité de gré à gré
pourra être passé. Il sera admis :

1° Pour les travaux dont la valeur n'excédera pas 3.000 fr.;

2° Pour les objets dont la fabrication est exclusivement attribuée à des porteurs de brevets d'invention, ou qui n'auraient
qu'un possesseur unique ;

3° Pour les ouvrages et les objets d'art et de précision dont
l'exécution ne peut être confiée qu'à des artistes éprouvés ;

4° Pour les fabrications qui ne sont faites qu'à titre d'essai ;

5° Pour les fournitures ou travaux qui n'auraient été l'objet
d'aucune offre aux adjudications et à l'égard desquels il n'aurait
été proposé que des prix inacceptables ;

6° Pour les travaux qui, dans les cas d'urgence absolue et
dûment constatée, amenée par des circonstances imprévues, ne
pourraient pas subir les délais des adjudications.

344. — Le principe de la concurrence et de la publicité a
été aussi appliqué par les travaux des chemins vicinaux de
grande communication, d'intérêt commun ou ordinaires, quand
ils s'exécutent non par prestations, mais à prix d'argent. L'Instruction générale sur les chemins vicinaux du 10 décembre 1870
s'exprime ainsi :

« Art. 149. — Les travaux à prix d'argent seront exécutés par
« voie d'adjudication.

« Toutefois, il pourra être traité de gré à gré sur séries de prix
« ou à forfait, avec l'autorisation du préfet :

« 1° Pour les ouvrages et fournitures dont la dépense n'excé-
« derait pas 3.000 francs.

« 2° Pour ceux dont l'exécution ne comporterait pas les délais
« d'une adjudication ;

« 3° Pour ceux qui, par leur nature ou leur spécialité, exige-

« raient des conditions particulières d'aptitude de la part de l'en-
« trepreneur ;

« 4° Enfin, pour ceux dont la mise en adjudication n'aurait pas
abouti. »

345. — Ici comme pour les travaux de l'Etat se soulève la question de validité des marchés de gré à gré passés en dehors
des cas exceptionnels prévus. Elle comporte ici une solution analogue à celle que nous avons indiquée pour les autres travaux de
l'Etat (n° 337).

Nous traiterons plus loin des formes de l'adjudication.

SECTION II

De la forme des marchés.

346. — Formes des marchés de gré à gré.
347. — Modèles spéciaux pour certains marchés.
348. — Cautionnement.
349. — Droits de timbre et d'enregistrement.
350. — Adjudications publiques. Affiches et avis.
351. — Publicité pour les travaux de l'Etat.
352. — Publicité pour les travaux des départements.
353. — Publicité spéciale pour les travaux du Ministère de la guerre.
354. — Soumission.
355. — Soumission verbale aux adjudications de peu d'importance.
356. — Soumission écrite.
357. — Papier timbré.
358. — Modèle, énonciations.
359. — Soumission par procuration.
360. — Soumission spéciale aux travaux du génie, modèle.
361. — Pièces jointes aux soumissions.
362. — Pièces spéciales pour les travaux du Ministère de la guerre.
363. — Dépôt de la soumission.
364. — Ancien système, inconvénients.
365. — Envoi des soumissions par la poste, ou dépôt dans une boîte spéciale.
366. — Envoi des soumissions aux travaux du Ministère de la guerre.
367. — Séance publique. Lieu de la séance, composition du bureau.
368. — Examen des pièces.
369. — Examen des soumissions.
370. — Procès-verbal d'adjudication.
371. — Délai de soumission avec rabais de 10 %, réadjudication.
372. — Approbation de l'adjudication.
373. — Refus d'approbation, conséquences.
374. — Prohibition de subordonner l'approbation à des conditions nouvelles.
375. — Nécessité d'une seconde adjudication.
376. — Délais impartis pour l'approbation.
377. — Le marché ne prend naissance qu'au jour de l'approbation.
378. — Troubles et entraves à la liberté des enchères.

346. — Les formes dans lesquelles doivent être passés les
marchés de gré à gré sont indiquées par l'article 19 du décret de
1882. Ils ont lieu : 1° soit sur un engagement souscrit à la suite
du cahier de charges ; 2° soit sur une soumission souscrite par
celui qui propose de traiter ; 3° soit sur correspondance, suivant
les usages du commerce. La forme de l'engagement est donc
d'une très grande simplicité.

Mais, comme le marché de gré à gré ne peut être passé que dans des cas exceptionnels limitativement énumérés par l'article 18, le marché doit rappeler celui des paragraphes de cet article dont il est fait application. L'absence de cette mention pourrait soulever la question de nullité du marché; nous avons dit plus haut comment elle devait être résolue (n° 337).

Les personnes qui peuvent passer ces marchés sont les Ministres ou les fonctionnaires qu'ils ont délégués à cet effet. Lorsqu'un délégué a consenti un contrat, il est, en principe, subordonné à l'approbation ministérielle, sauf en cas de force majeure, ou lorsque les dispositions particulières à certains services ou des textes spéciaux prononcent la dispense de cette approbation. Mais alors le marché doit spécifier soit le cas de force majeure, soit la disposition exceptionnelle.

Un marché par écrit n'est même pas toujours nécessaire. Lorsqu'il s'agit d'achats d'objets dont la livraison doit être immédiate, et dont la valeur n'excède pas 1.500 fr., il peut y être procédé par simple facture. (Art. 22.)

Quand un acte écrit est nécessaire, l'État, les départements, les communes et les établissements publics sont en général libres de rédiger comme ils l'entendent, et suivant les circonstances, les conventions constatant les marchés de gré à gré, et d'y insérer telles clauses qu'ils jugent utiles.

347. — Toutefois, cette règle comporte de nombreuses exceptions.

Ainsi, les travaux des ponts et chaussées et du génie, même quand ils sont l'objet de marchés de gré à gré, restent soumis aux dispositions du cahier des clauses et conditions générales de ces deux services. Chacun des cahiers le stipule expressément dans son article 1er. De même, les marchés de gré à gré pour les travaux des chemins vicinaux ne peuvent être exécutés que sur séries de prix ou à forfait, en suivant des règles spéciales.

Les agents voyers invitent les entrepreneurs à prendre connaissance des conditions de l'entreprise, à formuler et à leur remettre, dans un délai déterminé, leurs propositions par soumissions écrites. Les soumissions ainsi déposées doivent contenir l'engagement de se soumettre aux conditions du devis particulier des ouvrages, et aux clauses et conditions générales. Elles tiendront lieu de devis lorsqu'elles énonceront en outre les quantités, les prix et les conditions d'exécution des ouvrages.

Les agents voyers transmettront les soumissions, avec leur avis, au préfet pour les chemins de grande communication et d'intérêt commun, et aux maires pour les chemins vicinaux ordinaires.

La soumission la plus avantageuse sera acceptée par le préfet pour les chemins de grande communication et d'intérêt commun; par le maire, dûment autorisé, pour les chemins vicinaux ordinaires. Cette dernière acceptation sera soumise à l'approbation du préfet.

La soumission à forfait des ouvrages à exécuter devra toujours contenir la mention en toutes lettres de la somme fixe à payer à l'entrepreneur, laquelle somme ne pourra jamais excéder l'estimation du projet.

348. — Enfin, dans le marché de gré à gré, l'Administration stipulera les mêmes garanties que dans les adjudications relativement au cautionnement.

349. — Les droits de timbre et d'enregistrement des marchés de gré à gré sont à la charge de ceux qui traitent avec l'État.

350. — Quand il s'agit de marchés qui, par leur nature, sont nécessairement soumis à une adjudication publique, les formalités à observer sont plus compliquées.

Voici comment on procède.

L'avis des adjudications à passer est publié, sauf les cas d'urgence, au moins 20 jours à l'avance. Ce délai était d'un mois sous l'ordonnance de 1836.

La publicité, qu'il est de l'intérêt même de l'État de faire aussi étendue que possible, se fait à l'aide d'affiches et de tous les moyens ordinaires. »

351. — Pendant longtemps, elle fut réalisée à l'aide d'insertions au *Moniteur*, et dans deux journaux importants de Paris ; mais ces insertions ne se faisaient que pour les entreprises dépassant 50.000 fr. En outre, les journaux d'insertions n'étant pas déterminés à l'avance, la publicité à l'égard des entrepreneurs se trouvait fort incomplète.

Aussi renonça-t-on à ce système : actuellement, les insertions sont faites au *Journal officiel* et dans un journal spécial : le *Journal des Travaux publics*, avec lequel l'Administration a passé un traité sur les bases suivantes :

Le prix d'insertion est de 0 fr. 20 la ligne pour les adjudications le 30.000 fr. et au-dessus, elles sont, en outre, insérées au *Journal officiel*; de 10 à 30.000 fr., elles sont gratuites ; au-dessous de 10.000 fr., l'annonce ne se fait que dans la localité.

Les insertions sont préparées par l'Administration centrale ; mais ce sont les préfets qui traitent avec le *Journal des Travaux publics*. Aucune insertion n'est faite directement par le préfet dans les journaux de Paris. (*Circ. min. 7 novembre 1882.*)

Quand le chiffre de l'adjudication est d'une certaine importance, il est d'usage que des exemplaires d'affiches soient adressés au Ministre des travaux publics par le préfet et insérés au *Journal officiel*. (*Circulaires du 27 août 1837 et du 6 octobre 1848.*)

Ces règles doivent se combiner avec celles qui ont été posées par une dernière circulaire du 10 décembre 1883, aux termes de laquelle les avis d'adjudication des travaux de l'État ne seront plus insérés que par *extrait* dans deux journaux attitrés de Paris. Si, exceptionnellement, l'insertion entière est nécessaire, le préfet doit la demander en indiquant ses motifs.

Les travaux métalliques sont soumis à une règle spéciale lorsqu'ils dépassent 20.000 francs. Les ingénieurs doivent adresser au Ministre des travaux publics un exemplaire du dossier d'adjudication qui est communiqué, sans déplacement, aux intéressés. L'affiche donne avis de ce dépôt. (*Circ. min. du 11 août 1880 et du 7 novembre 1882.*)

Les affiches font connaître : 1° le lieu où l'on peut prendre connaissance du cahier des charges ; 2° les autorités chargées de procéder à l'adjudication ; 3° le lieu. le jour et l'heure fixés pour l'adjudication. (Décret du 18 nov. 1882, art. 2.)

352. — Pour les travaux des départements, de tout temps, les avis d'adjudication ont dû être insérés au *Journal des Travaux publics.* Une circulaire ministérielle récente a rappelé aux préfets cette obligation : « Je crois devoir vous signaler de nouveau, dit
« M. le Ministre, l'insertion au *Journal des Travaux publics* comme
« l'un des meilleurs modes de publicité pour les adjudications,
« et l'un des moyens les plus efficaces pour provoquer entre les
« soumissionnaires une concurrence sérieuse et toute à l'avantage
« de l'Administration. Je vous renouvelle donc l'autorisation qui
« vous a été donnée d'adresser au directeur de ce *Journal* les avis
« d'adjudication qui intéressent votre département. Comme par
« le passé, le prix des insertions est fixé à 0 fr. 20 la ligne, et
« cette dépense fait partie des frais d'affiches qui restent à la
« charge des adjudicataires, quand il ne s'agit pas de marchés
« passés au nom de l'État. Il serait d'ailleurs de la plus grande
« utilité que les adjudications de 30.000 francs et au-dessus soient
« également insérées dans le *Journal officiel.* » (*Bulletin du Min. de l'int., 1883, p. 166.*)

353. — *Travaux de l'Administration de la guerre.* — Les règles que nous exposons ici sont celles qui résultent du nouveau cahier de 1887 ; toutes les contestations relatives à l'adjudication qui ont pu naître sous l'empire du cahier de 1876 étant aujourd'hui tranchées, l'examen de ses dispositions n'offrirait plus aucun intérêt.

Dès que l'ordre est donné de mettre des travaux en adjudication, le chef du service, après entente avec le président de la Commission d'adjudication, fixe les lieu, jour et heures de la séance, et fait procéder aux publications nécessaires.

Les affiches, conformes à un modèle spécial (modèle n° 3, annexé à la notice n° 2 du 1er décembre 1887), doivent être établies et signées par le chef du service et apposées à sa requête, de concert avec le maire. Elles contiennent les mêmes mentions que les affiches concernant les autres travaux de l'État. (V. n° 351.) Elles doivent être apposées un délai d'avance, qui était d'un mois sous l'empire du cahier de 1876, et qui a été réduit, par le cahier de 1887, à 20 jours avant l'adjudication, sauf s'il y a urgence ou autorisation spéciale du Ministre. Les publications doivent être faites tant dans la place que les travaux concernent que dans les autres places de la Direction, et même dans d'autres Directions où l'on supposerait que peuvent se trouver des entrepreneurs disposés à se déplacer. Le contenu des affiches est inséré dans le même délai dans les journaux de la localité et dans les autres journaux désignés par le Ministre.

354. — Ainsi prévenu, l'entrepreneur prépare sa soumission, c'est-à-dire l'obligation qu'il prend d'exécuter les travaux à un prix déterminé. La soumission exige, pour être faite en connaissance de cause, l'étude préalable et approfondie des devis et cahiers des charges de l'entreprise. Les pièces, déposées à la préfecture, sont mises à la disposition des entrepreneurs. « Il leur est loisible de refaire et de vérifier tous les calculs d'appréciation ; ils peuvent, à cet effet, se livrer à des études et à des expériences sur le terrain. » Pour les travaux de l'Administration de la guerre, les pièces du marché communiquées aux candidats sont déposées au bureau du service d'où dépendent les travaux : l'article 5 de la notice n° 2 annexée au cahier de 1887 indique, pour chaque nature de marchés, l'énumération des pièces communiquées. Nous ne pouvons qu'y renvoyer.

Après la lecture des affiches, et après examen, au lieu désigné, du cahier des charges et des autres pièces, l'entrepreneur, une fois ses intentions arrêtées, peut en donner connaissance à l'Administration par déclaration verbale ou par soumission écrite.

355 — La soumission verbale est usitée surtout lorsqu'il s'agit d'adjudications aux enchères : il y est procédé en séance publique, au jour et au lieu indiqués par les affiches, à l'extinction des feux, comme pour les adjudications d'immeubles.

356. — Mais lorsqu'il s'agit d'adjudications au rabais, on a plutôt recours aux soumissions écrites. Nous indiquerons quelles mentions doivent contenir les soumissions et quelles pièces doivent les accompagner ; puis nous ferons connaître leur mode d'envoi et leur examen.

Les formes de la soumission sont réglées par l'ordonnance du 10 mai 1829 et deux circulaires ministérielles des 10 juillet 1858 et 27 mai 1883.

357. — Toute soumission doit, à peine de nullité, être écrite sur papier timbré. (Article 16 de l'ordonnance du 10 mai 1827.)

C'est une application de l'article 24 de la loi du 13 frimaire an VII, qui fait défense aux administrations publiques de rendre aucun arrêté sur un acte non écrit sur papier timbré. (C. d'Etat, 4 février 1876, *Boyer*, 101.)

358. — Du modèle joint à la circulaire du 27 mars 1883, il résulte que la soumission doit contenir les indications suivantes :

1° Nom, prénoms, profession et demeure du soumissionnaire ;

2° La mention que l'entrepreneur a pris communication des pièces du marché ;

3° L'indication des travaux auxquels ces pièces s'appliquent ; ces mentions sont formellement exigées, afin que l'entrepreneur ne puisse alléguer plus tard qu'il y a eu erreur sur l'objet du contrat ;

4° L'évaluation des travaux, non compris la somme à valoir;

5° L'engagement d'exécuter les travaux conformément aux conditions du devis et moyennant les prix d'application du bordereau. Lorsqu'il y a plusieurs entrepreneurs, cet engagement doit être pris solidairement;

6° Le rabais consenti sur les prix du bordereau, qui doit être mentionné en toutes lettres, en francs et en centimes, sans fraction de centimes.

Toute fraction de centime serait comptée comme centime en plus.

7° L'engagement de payer les frais de timbre et d'expédition du devis, du bordereau des prix et du détail estimatif, ainsi que du procès-verbal d'adjudication, et l'enregistrement auquel donnera lieu la soumission si elle est acceptée;

8° La date;

9° La signature.

359. — De plus, si la soumission est signée par un fondé de pouvoirs, elle doit être accompagnée de la procuration du mandant. « Cette procuration devrait même être notariée, parce que le préfet peut très bien ne pas savoir si la signature apposée au bas d'une procuration sous seing privé est ou non celle de l'individu qui est désigné comme l'ayant signée. Il ne faut pas, d'ailleurs, que la personne à qui la concession est accordée puisse à son gré maintenir ou annuler cette concession, en avouant ou en reconnaissant la signature qui lui a été attribuée. » (*Voy.* Delalleau, *Rev. de législ.* 1835, t. 1, p. 362.) Le passage que nous venons de citer est relatif aux concessions de travaux publics; mais comme les formalités sont les mêmes en matière d'adjudication d'entreprise, la recommandation du savant auteur s'y applique naturellement.

360. — *Travaux du ministère de la guerre.* — Le modèle de soumission annexé au cahier de 1887, et qui doit être annexé à l'affiche, est ainsi conçu : « Je, soussigné (nom, prénoms et qualité), « demeurant à....., arrondissement de....., département....., « déclare avoir pris une parfaite connaissance de toutes les « pièces du marché relatif aux travaux à exécuter pour la con- « truction de... (ou) pour l'entretien des bâtiments et ouvrages « de la place de..... pour les années.....

« Je m'engage à faire exécuter loyalement les ouvrages de « toute nature compris dans ces travaux (ou) compris dans le « lot n°..., en me soumettant, sans aucune exception ni restriction « pour leur exécution, achèvement et garantie, à toutes les con- « ditions générales et particulières stipulées aux différentes « pièces du marché, moyennant un rabais uniforme et général « (ou) une surenchère de... (en toutes lettres) pour cent (en « chiffres)... °/₀ (exemple 9, 5 °/₀) sur les prix dudit marché.

« En foi de quoi j'ai apposé ma signature sur la présente « soumission.

« A..., le... 18. (Signature.) »

Le rabais, ou surenchère, s'exprime par unités ou dixième d'unités pour cent, d'abord en toutes lettres, puis en chiffres entre parenthèses, sans ratures ni surcharges non approuvées. Si une fraction autre que des dixièmes d'unités se trouvait dans la soumission, on la ramènerait au nombre exact de dixièmes d'unités immédiatement inférieur, en cas de rabais. Cette soumission diffère peu, on le voit, de celle qui doit, en général, être produite pour les travaux ordinaires de l'État. Elle doit être faite sur papier timbré, sous peine de l'amende habituelle prononcée par la loi. Elle ne doit stipuler aucune condition de nature à modifier ou à annuler les clauses du cahier des conditions générales ou du cahier des charges spéciales, à peine de nullité.

361. — *Pièces jointes aux soumissions.* — Aux termes de l'article 4 du décret du 18 novembre 1882, les cahiers des charges déterminent l'importance des garanties pécuniaires à produire. D'autre part, les cahiers des clauses et conditions générales soit des ponts et chaussées, soit du génie, exigent la production de diverses pièces que nous nous contenterons d'énumérer, parce que nous les examinerons en détail dans le chapitre suivant. (N° 437 et suivants.)

Ce sont, d'après le cahier des ponts et chaussées :

1° Un certificat de capacité ;

2° Un acte régulier de cautionnement, ou au moins un engagement en bonne et due forme de fournir le cautionnement. Le certificat de capacité n'est pas exigé « lorsqu'il s'agit de la four-« niture des matériaux destinés à l'entretien des routes en em-« pierrement, ni pour les travaux de terrassement dont l'estima-« tion ne s'élève pas à plus de 20.000 fr. ».

362. — Pour les travaux du Ministère de la guerre, les pièces exigées étaient autrefois énumérées par l'article 2 du cahier de 1876 ; elles le sont aujourd'hui par l'article 2 du cahier du 1er décembre 1887, complété par l'article 7 de la notice n° 2 annexée à ce cahier.

L'entrepreneur doit produire :

1° Un acte de naissance, ou tout autre acte authentique constatant qu'il est Français ; ou, s'il est étranger, mais légalement autorisé à résider en France, une autorisation spéciale délivrée par le Ministre de la guerre ;

2° Un certificat de moralité légalisé par le maire de la commune où il est domicilié ;

3° Un certificat délivré par le greffe du tribunal de commerce auquel ressortit la commune dans laquelle il est domicilié, constatant qu'il n'a jamais été déclaré en faillite ou qu'il a, du moins, obtenu sa réhabilitation ; ce certificat ne doit pas avoir plus de six mois de date au moment de sa production ;

4° Lorsqu'un dépôt de garantie est exigé par le cahier des charges spéciales, un récépissé de versement constatant que ce versement a été effectué conformément aux instructions en vigueur sur les cautionnements.

5° L'autorisation de concourir délivrée par le chef du génie (V. n°ˢ 495 et suivants). Sous l'empire du cahier de 1876, on exigeait de plus de l'entrepreneur, un engagement d'une caution solidaire personnelle, pourvue également d'un certificat de moralité. Cette caution, qui s'engageait elle-même, ne devait pas être confondue avec le cautionnement, simple garantie pécuniaire. L'engagement qu'elle souscrivait devait, d'après le modèle annexé au cahier de 1876, être ainsi conçu : « Je, soussigné (nom, prénoms et « qualité), affirme avoir pris une parfaite connaissance de tous « les prix du bordereau, du cahier des clauses et conditions gé- « nérales et du cahier des charges du marché....., et je déclare « me rendre caution du sieur N... (nom et prénoms), pour le « cas où il serait reconnu adjudicataire ; et je m'engage à cet « effet, conjointement et solidairement avec lui, à l'entière et « ponctuelle exécution de toutes les clauses et de toutes les con- « ditions dudit marché. En foi de quoi j'ai apposé ma signature « sur le présent engagement.

« A...., le..... 18. (Signature.) »

L'engagement devait être écrit sur papier timbré ; s'il n'était pas écrit de la main même de la caution, elle devait l'approuver au-dessus de sa signature.

Le nouveau cahier de 1887, complété par la notice n° 1 y annexée, supprime cette caution personnelle solidaire. La production de ces pièces n'est donc plus nécessaire. Aussi le nouveau cahier ne les mentionne-t-il pas.

363. — L'ordonnance de 1836, dans son article 7, disait : « Les soumissions devront toujours être remises cachetées en séance publique », et le règlement général sur la comptabilité publique du 31 mars 1862 reproduisait cette disposition. Les paquets contenant les pièces étaient reçus cachetés, par le préfet, le Conseil de préfecture assemblé, et en présence de l'ingénieur en chef. Ils étaient immédiatement rangés sur le bureau, avec un numéro, dans l'ordre de leur présentation.

364. — La pratique avait révélé les inconvénients que présentait ce mode de procéder. Une circulaire ministérielle du 30 septembre 1878 les résume ainsi : « On fait remarquer qu'il « peut arriver, et qu'il arrive, en effet, qu'ainsi rassemblés à la « préfecture, à la même heure, les concurrents en profitent pour « s'entendre aux dépens de l'État. Ils pressentent leurs dispositions « réciproques, et quelquefois se coalisent pour écarter la concur- « rence. Quelques entrepreneurs fréquentent même les adjudi- « cations sans aucun désir d'y prendre part, et uniquement avec « l'intention de se faire acheter leur abstention.

« L'article 412 du Code pénal punit, il est vrai, d'un emprison- « nement de 15 jours à trois mois et d'une amende de 100 à « 5000 fr. ceux qui auraient troublé la liberté des enchères ou sou- « missions, et ceux qui, par dons ou promesses, auraient écarté « les entrepreneurs. L'ordonnance du 4 décembre 1838 contient, « de son côté, une clause de surenchère analogue à celle des

« ventes judiciaires d'immeubles, qui permet à l'Administration,
« de recevoir, pendant un délai d'au plus 30 jours, des offres et
« rabais sur le prix d'adjudication ; d'autre part, enfin, l'adjudi-
« cation ne devient définitive, dans la plupart des cas, qu'après
« l'approbation ministérielle. Mais ces diverses précautions restent
« le plus souvent impuissantes, et l'on peut craindre que le règle-
« ment adopté pour le dépôt des soumissions ne facilite l'entente
« entre les entrepreneurs. » (Pand. franç., Rép., v° *Adjudic. admin.*
(*État*), n° 1168.)

365. — Ces raisons avaient paru à M. le Ministre d'une
telle importance qu'il prescrivait, à l'avenir, l'insertion, dans les
affiches, d'une clause autorisant l'envoi des soumissions par la
poste :. « J'ai décidé, dit la même circulaire, qu'il y aura lieu, à
« l'avenir, d'insérer dans les affiches annonçant l'adjudication, à
« la suite de l'article relatant les conditions du dépôt des paquets,
« telles que les prescrivent les ordonnances de 1829 et de 1836,
« la disposition suivante : Les concurrents pourront toutefois
« faire parvenir leurs soumissions, avec les pièces exigées par
« l'article 10 de l'ordonnance du 10 mai 1829, par lettre chargée
« au préfet, avant le jour de l'adjudication. Cette lettre chargée
« devra porter extérieurement une mention indiquant la nature
« du contenu, et avertissant qu'elle ne doit pas être ouverte avant
« l'adjudication. Les lettres chargées ainsi parvenues au préfet
« seront déposées par lui sur le bureau, après la remise des pa-
« quets des autres concurrents en séance publique. Dans les dé-
« partements où il est d'usage de recueillir les paquets dans une
« boîte, il conviendra de stipuler en outre dans les affiches, d'une
« part que l'emploi de ce moyen demeure facultatif et ne fait pas
« obstacle à ce que les entrepreneurs qui n'en auraient pas profité
« soient admis à remettre leurs soumissions entre les mains du
« préfet en séance publique, et jusqu'au dernier moment, et
« d'autre part que, dans ce cas, la boîte déposée sur le bureau au
« moment de la séance ne devra être ouverte qu'après la remise
« des soumissions en séance publique. »

Le décret du 18 novembre 1882 est venu donner la sanction
législative aux prescriptions de cette circulaire : « Les soumis-
« sions, placées sous enveloppe cachetée, dit l'article 13, sont re-
« mises en séance publique. Toutefois, les cahiers des charges
« peuvent *autoriser* ou *prescrire* l'envoi des soumissions par lettre
« recommandée ou leur dépôt dans une boîte à ce destinée ; ils
« fixent le délai pour cet envoi ou ce dépôt. »

Ainsi, toute latitude est laissée à l'Administration : elle peut à
son gré maintenir l'ancien système du dépôt des soumissions en
séance publique ; ou bien accorder aux entrepreneurs qui ne
veulent pas se déplacer la permission d'envoyer leur soumission
par lettre ; ou enfin, si elle a des raisons de redouter une entente
entre eux, prescrire d'une manière absolue l'envoi de toutes les
soumissions par la poste. (Pand. franç., Rép., *eod. v°*, n° 1174.)
L'envoi devra d'ailleurs se faire dans les formes prescrites par la

circulaire de 1878, et conformément à l'ordonnance de 1829 ; la soumission doit être placée, soit dans un pli cacheté spécial, placé à l'intérieur d'un autre pli cacheté contenant toutes les pièces, soit dans un pli cacheté séparé. (V. n° 360, l'utilité de ces formalités.)

366. — Pour les travaux du génie, aucune disposition du cahier des charges de 1876 et de l'Instruction qui l'accompagne ne faisaient mention de l'envoi par la poste. Le cahier de 1887 est également muet à cet égard. Cependant, bien que l'inconvénient qui l'avait fait admettre soit moins grave ici que pour les autres travaux, puisque ceux-là seuls qui auront été acceptés par le chef du génie pourront prendre part à l'adjudication, la disposition de l'article 13 du décret de 1882 devra s'appliquer, car ce décret concerne tous les travaux de l'État et ses dispositions ne peuvent être restreintes que par un texte formel.

L'article 3 du cahier de 1876 prescrivait la remise des pièces sous deux plis différents. L'article 7 de la notice n° 2 annexée au cahier de 1887 contient une prescription analogue. Chaque candidat doit préparer pour le jour de l'adjudication deux plis cachetés et numérotés, portant son nom sur l'enveloppe.

Le pli n° 1 contient toutes les pièces dont nous avons donné l'énumération plus haut. (V. n° 362.)

Le pli n° 2, portant en suscription la désignation du lot soumissionné, renferme seulement la soumission. Nous avons vu plus haut comment elle devait être conçue. (V. n° 360.)

367. — Au jour fixé, il est procédé, au chef-lieu du département, à l'endroit indiqué par les affiches, à l'adjudication en présence du préfet, qui peut se faire remplacer par un conseiller de préfecture, du Conseil de préfecture assemblé, et de l'ingénieur en chef.

Toutefois, dans certaines circonstances, et lorsqu'il ne s'agit que de travaux neufs ne dépassant pas 15.000 fr., le préfet peut autoriser le sous-préfet à passer l'adjudication au chef-lieu d'arrondissement. Ce fonctionnaire se conforme alors aux règles générales : il est assisté du maire de la ville chef-lieu d'arrondissement et d'un ingénieur ordinaire. (*Ordonnance du 10 mai 1829, art. 19. (Pand. franç., Rép., v° Adjud. admin. (État), n° 1268)*.

Au contraire, pour des travaux exceptionnellement importants, l'adjudication peut avoir lieu au Ministère des Travaux publics, sous la présidence du Ministre ou du secrétaire général assisté d'une Commission spéciale. Ce système est habituellement pratiqué pour l'adjudication des grandes lignes de chemins de fer.

Les plis contenant les soumissions, remis au préfet au cours de la séance, ou envoyés par la poste, sont rangés sur le bureau. *Ordonnance du 10 mai 1829, art. 11, et décret du 18 novembre 1882, article 13.*)

368. — A l'instant fixé pour l'ouverture des paquets, le premier cachet est rompu publiquement : il est dressé un état des pièces contenues sous ce premier cachet. L'état dressé, les con-

currents se retirent de la salle, et le préfet, après avoir consulté
les membres du Conseil de préfecture et l'ingénieur en chef,
arrête la liste des concurrents agréés. (Art. 12 1.) (Pand. franç.,
v° *Adjudic. adm. (État)*, n° 1273.)

369. — Immédiatement après, la séance redevient publique.
Les plis renfermant les soumissions des concurrents agréés sont
seuls ouverts : il en est donné lecture à haute voix, et le soumissionnaire qui a fait l'offre la plus avantageuse est déclaré adjudicataire.

Si les prix de la soumission excèdent ceux du projet approuvé,
le préfet sursoit à l'adjudication. Il en rend compte au Ministre,
qui lui transmet des instructions conformes aux circonstances.
(Pand. franç., *cod. v°*, n° 127.)

Il peut arriver que plusieurs soumissionnaires offrent le même
prix, et que ce prix soit le plus bas de ceux portés dans les soumissions. L'article 14 du décret de 1882 décide que, dans ce cas,
« il est procédé à une réadjudication, soit sur de nouvelles sou-
« missions, soit, si les soumissionnaires dont les offres sont égales
« sont présents, séance tenante, à l'extinction des feux, entre ces
« soumissionnaires seulement. » (*Circ. du Min. des travaux publics du 27 mars 1883.*) Il est possible encore que cette réadjudication ne donne pas de résultat, soit parce que tous les entrepreneurs maintiennent leurs chiffres, soit parce qu'ils font tous
des modifications identiques. L'ordonnance du 4 décembre 1836
ne prévoyait pas ce cas, et une circulaire ministérielle du 31 juillet 1877 avait prescrit que le sort déciderait; l'article 14 du décret
de 1882 a sanctionné cette circulaire, et prescrit le tirage au sort.

370. — Dès que l'adjudication est faite, ses résultats sont constatés par un procès-verbal relatant toutes les circonstances de
l'opération. (Décret de 1882, art. 15.)
Le procès-verbal est signé par le préfet ou son délégué, par
les membres du bureau et l'adjudicataire. Une copie en est aussitôt transmise, avec les pièces à l'appui, au Ministre qui doit approuver l'adjudication. (Ordon. du 10 mai 1829, art. 17.)

371. — L'adjudication prononcée dans les formes qui précèdent, au profit de l'entrepreneur, ne lui assure pas encore d'une
manière absolue l'exécution des travaux qui peut lui être enlevée
soit par un rabais sur le prix d'adjudication, soit par le refus
d'approbation du Ministère.
Sous l'empire de l'arrêté du 19 ventôse an XI, il fallait procéder à deux adjudications, l'une préparatoire et l'autre définitive,

1. Antérieurement à l'ordonnance de 1829, ce droit d'élimination s'exerçait
lorsque les soumissions étaient ouvertes et les rabais connus. La commission
chargée de déterminer les formes nouvelles des adjudications pensa « que si
une sorte d'arbitraire était absolument indispensable, il fallait au moins l'exercer avant l'ouverture des soumissions; qu'il fallait préalablement discuter les
qualités des entrepreneurs; mais que, cette discussion une fois terminée et la
liste des concurrents arrêtée, l'adjudication devait échoir de droit à celui des
concurrents qui aurait déposé la soumission la plus favorable. « (*Voy.* rapp.
sur l'ordon. de 1829.)

faites en deux séances distinctes. L'ordonnance de 1836 supprima la double adjudication ; mais elle autorisa l'Administration à insérer dans le cahier des charges une clause qui lui permet de recevoir, pendant un certain délai, des offres sur le prix d'adjudication. Si, pendant ce délai, qui ne doit pas dépasser trente jours, il est fait une ou plusieurs offres de rabais d'au moins dix pour cent chacune, il est procédé à une réadjudication entre le premier adjudicataire et l'auteur ou les auteurs des offres de rabais. Il n'est guère besoin d'ajouter que les conditions imposées au premier adjudicataire sont également exigées de tous ceux qui se présentent à la réadjudication. (Art. 10, ordon. du 4 décembre 1836.)

L'article 16 du décret de 1882 a maintenu entièrement ces dispositions, sauf en ce qui concerne le délai, dont le maximum est réduit à 20 jours au lieu de 30.

372. — L'article 11 de l'ordonnance de 1836 subordonnait toujours les adjudications et réadjudications à l'approbation du Ministre compétent.

Le décret des 13-29 avril 1861 avait dérogé à cette disposition. L'article 2, 1°, avait remis aux préfets « l'approbation des adjudications autorisées par le Ministre pour travaux imputables sur les fonds du Trésor ou des départements, dans tous les cas où les soumissions ne renferment aucune clause extraconditionnelle, et où il n'aurait été présenté aucune réclamation ou protestation ». (Pand. franç., Rép., v° *Adjudic. admin. (État)*, n° 1310).

Ce système a-t-il été maintenu ? L'article 17 du décret de 1882 est ainsi conçu : « Sauf les exceptions spécialement autorisées ou « résultant des dispositions particulières à certains services, les « adjudications et réadjudications sont subordonnées à l'approba- « tion du Ministre, et ne sont valables et définitives qu'après cette « approbation. Les exceptions spécialement autorisées doivent « être relatées dans le cahier des charges. » Les termes généraux de cet article paraissent bien annuler le décret de 1861. M. le Ministre l'a pensé, car, dans une circulaire du 27 mars 1883, il s'est réservé le droit d'approuver toutes les adjudications. Cependant, par une autre circulaire du 17 avril 1884, il a conféré aux préfets la faculté d'approuver les adjudications des travaux de peu d'importance, tels que ceux de simple entretien, lorsqu'ils n'ont donné lieu à aucune réclamation ni protestation. Mais M. le Ministre fait remarquer que, conformément à l'art. 17 du décret de 1882, cette dérogation devra toujours être relatée dans le cahier des charges.

373. — L'adjudicataire dont la soumission n'est pas ratifiée n'est point recevable à se pourvoir par la voie contentieuse contre la décision portant refus d'approbation. Cette décision constitue un acte d'administration pure, qu'il n'appartient pas au Conseil d'État d'annuler. C'est là une conséquence nécessaire des dispositions de l'ordonnance du 4 décembre 1836 et du décret de 1882. Le contrat n'étant irrévocable et définitif qu'après l'approbation

de l'autorité supérieure, l'adjudication ne constitue, à proprement parler, qu'une promesse conditionnelle échangée entre l'entrepreneur et le chef de service. Le refus du Ministre empêche donc le contrat de se former, et, par suite, la réclamation de l'adjudicataire ne repose sur aucune base légale. (*Voy.* C. d'Etat, 31 août 1830, *Noel*, 340; 25 mai 1832. *Colin*, 281; 21 mai 1840, *Gouffier*, 145; 17 janvier 1849, *Casse*, 53; 13 juillet 1877, *Noël*, 710; 13 février 1874, *Dussausoy*, 172; 5 décembre 1884, *Latécoère*, 881. Pand. franç., Rép., v° *Adjudic. admin.* (*Etat*), n° 1345 et s.)

Il faut même admettre, contrairement à l'opinion de M. Dufour, qu'en aucun cas l'adjudicataire ne pourrait prétendre à une indemnité à raison du préjudice qu'il éprouve par suite du refus d'approbation. (Pand. franc., Rép., v° *Adjudic. admin.* (*Etat*), n°s 1328 et 1345.) Vainement on allègue que les affiches et publications ont constitué une offre dont l'adjudicataire s'est mis en mesure de profiter, et que, par suite, l'Administration a contracté envers lui une obligation qui doit, aux termes de l'article 1142 du Code civil, se résoudre en dommages-intérêts. (Voy. Dufour, *Droit adm.*, t. V, n° 637.)

L'offre de l'Administration n'est faite, en effet, que sous une condition connue de l'adjudicataire, les cahiers des charges réservant toujours l'approbation de l'autorité supérieure. L'adjudicataire s'est par conséquent soumis à toutes les chances résultant de cette réserve. Sous quel prétexte réclamerait-il alors une indemnité? L'article 1142 du C. civil, aux termes duquel toute obligation de faire se résout, en cas d'inexécution, en dommages-intérêts, ne s'applique que dans le cas où le contrat est pur et simple des deux côtés, et lorsqu'il existe entre les parties un lien de droit irrévocablement formé, à partir du moment où leurs volontés se sont rencontrées. Ici, les choses se passent autrement. L'Administration s'est obligée, sans doute, mais sous une condition, et l'entrepreneur ne peut se plaindre qu'elle exerce, le cas échéant, un droit que les cahiers des charges prennent soin de stipuler. (Voy. art. 3, cl. et cond. gén. de 1833, art. 5, et cl. et cond. gén. de 1866.)

Je conviens que le droit de l'adjudicataire à une indemnité serait certain, s'il ne se voyait écarté que pour faire place à un concurrent, ne réunissant pas, comme lui, toutes les conditions exigées. (Voy. M. *Dufour*, t. V, n° 639.) Mais cette hypothèse est tout à fait différente de celle dans laquelle se place le savant auteur. Nous avons supposé, en effet, que le Ministre refuse purement et simplement son approbation, soit que l'Administration renonce à exécuter les travaux, soit qu'elle entende procéder à une adjudication nouvelle. Dans ces deux cas, l'Administration use de son droit, conformément aux stipulations du cahier des charges.

374. — L'article 3 du cahier des clauses et conditions générales de 1833 autorisait expressément le Ministre et le préfet, qui pouvaient refuser leur approbation, à la subordonner à certaines con-

ditions : l'entrepreneur n'avait le droit de réclamer que si les modifications entraînaient une différence de plus d'un sixième sur le projet total. Dans notre précédente édition, nous avions critiqué cette faculté essentiellement contraire au droit commun, car si, lorsque des offres me sont faites, je puis proposer moi-même d'autres conditions, il est bien certain que je ne puis les imposer à celui qui m'a fait ces offres. Or la soumission non encore acceptée ne constitue en réalité qu'une proposition de la part du soumissionnaire.

La justesse de ces critiques a été reconnue, et le cahier de 1866 n'a pas reproduit cette faculté pour le Ministre, qui ne peut qu'accorder ou refuser son approbation. (Pand. franç., Rép., v° *Adjudic. admin. (État)*, n°s 1306 et s.)

La publication de l'avis d'adjudication constitue, pour les entrepreneurs appelés à soumissionner, un droit acquis à l'exécution du traité dans les conditions prévues par le cahier des charges. Le droit appartient bien au Ministre de modifier les clauses du contrat, tant que l'adjudication n'est pas prononcée : mais lui seul a ce droit, qui est refusé aux fonctionnaires de l'Administration, notamment à ceux qui sont chargés de présider la séance d'adjudication. (C. d'État, 20 juin 1859, *Lion*, 47 ; 11 décembre 1874, *Legrand*, 982.)

375. — Le refus d'approbation nécessiterait une nouvelle adjudication. L'Administration ne peut pas, de sa propre autorité, substituer un autre entrepreneur à celui qu'elle évince. (C. d'État, 26 janvier 1877, *Toinet*, 109.)

376. — Pour les travaux ordinaires, le Ministre n'est pas astreint à faire connaître son approbation ou son refus dans un délai déterminé.

Cette règle reçoit exception pour les travaux de la marine. L'article 6 du cahier des conditions spéciales à ces travaux, du 1er juillet 1884, oblige le Ministre à statuer dans un délai de cinquante jours, passé lequel l'entrepreneur est libre de renoncer à l'entreprise et de réclamer son cautionnement. Remarquons que ce n'est là pour lui qu'une simple faculté, et qu'il peut attendre plus longtemps la décision ministérielle. (Pand. franç., *loc. cit.*, n° 1328.)

L'approbation étant une formalité indispensable, ce sera l'entrepreneur qui devra prouver son existence lorsqu'elle sera mise en doute. (C. d'État, 31 janvier 1873, *Farrichon*, 112. Pand. franç., *loc cit.*, n° 1330.)

377. — Le marché ne prend naissance qu'au moment de l'approbation. Ce principe entraîne une conséquence qui a été plusieurs fois consacrée par la jurisprudence : lorsqu'un entrepreneur vient prendre la suite de travaux déjà commencés, et s'exécutant en régie au moment où il soumissionne, la régie continue à fonctionner dans tout le délai qui s'écoule entre l'adjudication et l'approbation : l'entrepreneur ne peut pas soutenir que les travaux ainsi exécutés ont été distraits de son entreprise, puisque celle-ci ne prend naissance qu'au jour de l'approbation. (C. d'Etat, 25 avril 1885, *Choyel*, 445. Pand. franç., *loc. cit.*, n° 1331.)

378. — L'article 412 du Code pénal punit d'un emprisonnement de quinze jours au moins, de trois mois au plus, et d'une amende de cent francs au moins et de cinq mille francs au plus, « ceux qui, dans les adjudications de la propriété, de l'usufruit ou de la location des choses mobilières ou immobilières, *d'une entreprise*, d'une fourniture, d'une exploitation ou d'un service quelconque, auront entravé ou troublé la liberté des enchères ou des soumissions par voies de fait, violences ou menaces, soit avant, soit pendant les enchères ou les soumissions ». Les mêmes peines sont prononcées contre ceux qui, par dons ou promesses, auront écarté les enchérisseurs.

Ces dispositions ont été déclarées applicables en matière de travaux publics. (*Voy.* Cass., 23 nov. 1849, J. du P., 1851, 1, 381.)

La jurisprudence décide avec raison que ces dispositions atteignent non seulement l'auteur principal du délit, mais encore celui qui, séduit par dons ou promesses, consent à se retirer de l'adjudication : en vendant ainsi sa retraite, il se rend complice du délit. (Cass., 8 janvier 1863, Sirey, 63, 1, 278 ; 14 août 1863, Sirey 63, 1, 551.)

Tomberaient également sous le coup de l'article 412 ceux qui se seraient associés pour, après avoir déterminé le plus haut prix d'un marché, convenir que celui qui se rendrait adjudicataire pour un prix inférieur partagerait avec ses coassociés la différence entre ce dernier prix et celui qui avait été primitivement déterminé entre eux. (Cass., 16 novembre 1841, 'Sirey, 42, 1, 148. Pand. franç., Rép., v° *Adjudic. admin.* (*État*), n° 1289.)

SECTION III

Règles particulières à certaines adjudications.

379. — Travaux du Ministère de la guerre : autorisation de concourir.
380. — Séance d'adjudication : examen des pièces.
381. — Examen des soumissions.
382. — Procès-verbal d'adjudication.
383. — Travaux spéciaux : séance préparatoire; adjudication définitive.
384. — Approbation.
385. — Travaux hydrauliques et bâtiments civils de la marine.
386. — Travaux communaux : autorisation de l'adjudication.
387. — Formes des adjudications : publicité.
388. — Séance : composition du bureau; présentation et examen des soumissions.
389. — Lieu d'adjudication.
390. — Procès-verbal ; approbation de l'adjudication.
391. — Adjudications des travaux des établissements publics.
392. — Adjudications des travaux des chemins vicinaux.
393. — Travaux spéciaux du Ministère des travaux publics : restriction de la concurrence.
394. — Cas d'application des adjudications restreintes.
395. — Modes de procéder.
396. — Adjudications restreintes du service des bâtiments civils et palais nationaux.
397. — Adjudication des travaux des associations syndicales.

379. — *Travaux du Ministère de la guerre.* — Les formes de l'examen des soumissions et de la séance d'adjudication étaient autrefois réglées par l'article 4 du cahier des clauses et conditions générales de 1876 et l'article 40 de l'Instruction ministérielle qui l'a suivi. Elles le sont aujourd'hui, et à partir du 1er janvier 1888, par la notice n° 2 annexée au cahier des clauses et conditions générales des constructions militaires, notice approuvée par le Ministre de la guerre à la même date que ce cahier (1er décembre 1887). Ces formes diffèrent d'une façon notable de celles suivies pour les autres travaux.

En premier lieu, les entrepreneurs soumissionnaires doivent obtenir du chef du service dont dépendent les travaux, l'autorisation de concourir, qui est constatée par un certificat d'acceptation. Cette autorisation est donnée sur la présentation, huit jours au moins avant l'adjudication, d'une demande indiquant l'intention de soumissionner (conforme au modèle n° 1, annexé au cahier des charges de 1888. V. *Bulletin officiel du Ministre de la guerre*, n° 83, p. 1301). Cette demande est appuyée d'un certificat de capacité (n°s 437 et suivants).

Au jour indiqué, la séance se tient à la mairie : le bureau se compose du maire, d'un fonctionnaire de l'intendance, et du chef du service dont dépendent les travaux, placés à droite et à gauche.

Il n'y a pas lieu, comme pour les adjudications ordinaires, de dresser dans la première partie de la séance la liste des concurrents admis, puisque cette liste est déjà dressée par le chef du service.

380. — Le chef du service présente toutes les pièces du marché, ainsi que les affiches et autres pièces ayant annoncé l'adjudication, la liste des candidats qu'il a autorisés à concourir, et, s'il y a lieu, un pli dans lequel se trouve la décision ministérielle qui fixe la limite des offres acceptables.

Le maire fait l'appel des candidats admis placés sur la liste par ordre alphabétique, et les invite successivement à remettre les deux plis cachetés contenant les pièces exigées (pli n° 1), et la soumission (pli n° 2).

Le maire reçoit les plis, fait une seconde lecture de la liste pour les retardataires et déclare qu'aucune soumission ne sera plus acceptée. Les différents plis sont classés et numérotés par lots, et il est procédé pour chaque lot de la manière suivante :

Les plis n° 1 sont ouverts, et la vérification en est faite par le bureau. Toutes les pièces incomplètes ou irrégulières entraînent la restitution à ceux qu'elles concernent du dossier complet et du pli n° 2, qui n'est pas ouvert : les signataires sont exclus du concours.

381. — La vérification terminée, le maire ouvre les plis n° 2, en donne lecture à haute voix. Toutes les soumissions qui ne contiennent pas les indications prescrites, ou dans lesquelles se trouvent soit des offres partielles, soit des conditions contraires,

en totalité ou en partie au cahier des clauses et conditions générales ou à celui des charges spéciales, sont considérées comme
nulles, et leurs signataires sont rayés de la liste des concurrents.

Les soumissions non timbrées ne sont pas refusées ; mais les
candidats sont soumis à l'amende habituelle pour omission du
timbre.

S'il n'a pas été fixé de limite aux rabais ou aux surenchères,
celui des concurrents qui a fait l'offre la plus avantageuse est
déclaré adjudicataire : si la limite existe, l'adjudication n'est prononcée qu'autant que l'offre y satisfait. Cette limite doit toujours
rester ignorée des soumissionnaires : elle n'est connue que des
membres du bureau qui procèdent à l'ouverture du pli contenant
la décision ministérielle.

Si plusieurs concurrents ont fait à la fois l'offre la plus avantageuse, il est procédé, séance tenante, à une nouvelle adjudication entre eux, sur soumission cachetée. S'ils se refusent à faire
de nouvelles offres, ou si elles sont encore égales entre elles, le
sort décidera.

Dans le cas où aucune des offres faites ne rentrerait dans les
limites fixées par la décision ministérielle, il pourrait être procédé, séance tenante, à une nouvelle adjudication entre les concurrents par voie de soumissions cachetées.

Lorsqu'un incident s'élève au cours de l'adjudication, le maire
prévient le public, et le bureau se retire pour délibérer. La décision est prise à la majorité des voix et annoncée au public à la
reprise de la séance. Cette décision est sans appel : toutefois, les
protestations et réclamations faites, séance tenante, par les soumissionnaires sont de suite l'objet d'une mention spéciale au
procès-verbal qui est alors signé par les réclamants.

L'adjudication est également prononcée publiquement et décidée à la majorité des voix.

382. — Les résultats de l'adjudication sont constatés au moyen
d'un procès-verbal qui est dressé par le fonctionnaire de l'intendance et qui relate toutes les circonstances de l'adjudication. Ce
procès-verbal est rédigé en deux originaux signés, ainsi que toutes
les pièces du marché, par les adjudicataires et les membres du bureau d'adjudication. Un original est rédigé sur papier libre et déposé avec les soumissions au secrétariat de la mairie. Une copie
est donnée dans les 24 heures par le chef du service au directeur,
qui la transmet au Ministre. L'autre original est timbré, et, après
approbation définitive, est enregistré aux frais de l'adjudicataire
par les soins du chef du service qui le conserve dans ses archives,
et en délivre à tout intéressé copie ou extrait.

Si, au moment de la clôture des opérations, un des adjudicataires est absent ou non représenté, ou s'il refuse de signer les
pièces, mention en est faite au procès-verbal, qui tient quand
même lieu de marché. Le chef du service en fait adresser un
extrait conforme au domicile de l'adjudicataire, par notification
administrative ou acte d'huissier.

383. — Une instruction du Ministre de la guerre, en date du 20 septembre 1884, a organisé un système particulier pour l'adjudication des travaux spéciaux qui ne peuvent être confiés qu'à des personnes reconnues capables, et sur la production des titres exigés par les instructions. Il y a deux séances : dans une séance préparatoire non publique, la Commission examine les titres et rend, sur l'admission, une décision qui est notifiée à l'intéressé.

La séance d'adjudication proprement dite, à laquelle n'assistent que ceux qui ont reçu notification qu'ils étaient admis à y prendre part, ne comprend plus alors que la seconde partie de la séance ordinaire, l'examen des soumissions.

384. — Comme dans les autres marchés, l'adjudication n'est définitive qu'autant qu'elle a été approuvée par le Ministre de la guerre. Cette approbation est donnée sur le vu du procès-verbal d'adjudication, qui est transmis au Ministre avec un rapport du chef du génie. Dès que le directeur du génie a reçu la décision du Ministre, il la transmet au chef du génie qui la notifie au sous-intendant militaire. Ce dernier veille à ce que l'adjudicataire fasse viser pour timbre et enregistrer le procès-verbal, et acquitte les frais d'adjudication. Au sujet du refus d'approbation, les mêmes questions se soulèvent que pour les autres travaux, et elles comportent les mêmes solutions. (V. n° 373.) Ainsi, l'adjudicataire évincé n'a pas le droit de se pourvoir au contentieux : il peut seulement agir par la voie gracieuse auprès du Ministre. En outre, l'article 5 du cahier de 1876 décide expressément qu'il ne peut prétendre à aucune indemnité.

En cas d'annulation, l'Administration ne peut pas substituer un nouvel adjudicataire à celui qu'elle repousse : il faut procéder à une réadjudication. De son côté, l'adjudicataire, une fois accepté, ne peut plus retirer sa soumission.

385. — Pour les travaux hydrauliques et les bâtiments civils de la marine, le cahier des clauses et conditions générales de 1884 contient un certain nombre de prescriptions particulières.

Pour être admis à concourir, il faut, en principe, être Français ; toutefois, les étrangers peuvent prendre part à l'adjudication avec une autorisation spéciale du Ministre de la marine.

La séance d'adjudication est tenue par le commissaire général de la marine, président, le directeur des travaux hydrauliques, le commissaire aux travaux, et l'inspecteur en chef, ou son délégué. Les soumissions sont reçues pendant les 15 minutes qui suivent l'ouverture de la séance.

Comme pour les travaux ordinaires, l'adjudication n'est définitive qu'après l'approbation du Ministre : mais elle doit intervenir dans les 50 jours qui suivent l'adjudication, sinon l'adjudicataire est libre de renoncer à l'entreprise et de se faire restituer son cautionnement provisoire. La notification de l'approbation est certifiée par le commissaire aux travaux sur les expéditions originales du traité.

Le préfet maritime peut, d'urgence, rendre exécutoires pour

un temps limité les adjudications des travaux d'entretien. En cas de non-approbation par le Ministre, les stipulations du marché sont applicables aux travaux exécutés par suite de l'approbation provisoire.

L'entrepreneur doit élire domicile sur le lieu des travaux dans les 15 jours de la notification de l'approbation : faute de quoi toutes les notifications peuvent lui être faites à la mairie de la commune désignée à cet effet par le cahier des charges.

Le cahier des clauses et conditions générales spécial au service des travaux hydrauliques et des bâtiments civils de la marine a été mis en vigueur le 1er juillet 1884. Ce nouveau cahier, qui est venu remplacer celui du 29 juin 1857, présente beaucoup d'analogie avec celui des ponts et chaussées. La circulaire ministérielle du 2 juillet 1884 en donne ce motif, que les entreprises de ces services sont analogues à celles du service des ponts et chaussées, et que l'on a voulu que les entrepreneurs de travaux publics fussent assurés de trouver dans les deux départements les mêmes principes et la même jurisprudence.

Ce cahier renferme, sous le titre « Dispositions générales », l'énumération des formalités qui précèdent, accompagnent ou suivent les adjudications.

386. — *Travaux des communes.* — C'est, en principe, le Conseil municipal seul qui peut autoriser les adjudications : exceptionnellement, l'autorité supérieure pourrait, conformément aux principes généraux, procéder à l'adjudication, s'il s'agit d'une dépense obligatoire que le Conseil refuse de voter. Dans cette catégorie de travaux rentre la construction d'écoles en vertu de la loi du 20 mars 1883. (C. d'Etat, 13 mars 1885, *Commune de Giry*, 299. Pand. franç., Rép., v° *Adjudic. admin. (Communes)*, n° 294.)

Le soumissionnaire est tenu de s'assurer, à ses risques et périls, que l'adjudication a été autorisée par une délibération du Conseil approuvée par le préfet : s'il ne le fait pas, la résiliation de l'entreprise, adjugée irrégulièrement, sera prononcée sans dommages-intérêts : la commune sera seulement tenue de payer les travaux utiles déjà exécutés. (C. d'Etat, 5 février 1875, *Commune de Gatti di Vivario*, 110.) Toutefois, l'adjudicataire pourrait exercer un recours personnel contre le maire dans les termes du droit commun.) Pand. franç., *loc. cit.*, n° 295.)

Mais une irrégularité de cette nature ne saurait plus être invoquée par la commune après qu'elle a adhéré à l'exécution des travaux, qu'elle les a reçus définitivement et qu'elle en a profité. (C. d'Etat, 3 juin 1881, *Commune de Sari di Porto-Vecchio*, 610.)

387. — Les formes des adjudications sont soumises à des règles analogues à celles que nous venons d'exposer pour les travaux de l'Etat : l'ordonnance du 14 novembre 1837 les détermine. L'avis des adjudications à passer sera publié, sauf les cas d'urgence, un mois à l'avance par affiches et tous moyens ordinaires de publicité. L'avis fera connaître le lieu où l'on pourra prendre

connaissance du cahier des charges, les autorités chargées de procéder à l'adjudication ; le lieu, le jour et l'heure fixés pour l'Adjudication.

Les affiches doivent être sur papier de couleur ; elles sont assujetties au timbre. Il est recommandé d'adresser des extraits au *Journal des Travaux publics*, à Paris. (Circ. min. int , 19 juin 1844. Bulletin off. 1844, p. 139. Pand. franç., Rép., v° *Adjudic. admin. (Communes)*, n° 297.)

388. — Les autorités qui assistent à la séance sont : le maire, deux conseillers municipaux désignés d'avance par le Conseil, ou, à défaut, pris dans l'ordre du tableau. Le receveur municipal doit être appelé à la séance avec voix consultative sur la solvabilité des soumissionnaires et sur l'appréciation du cautionnement. (Loi du 5 avril 1884, art. 89.)

Les soumissions devront toujours être remises cachetées en séance publique. Un maximum de prix ou un minimum de rabais arrêté d'avance par l'autorité qui procède à l'adjudication devra être déposé cacheté sur le bureau à l'ouverture de la séance.

Les cahiers de charges ou affiches peuvent stipuler, pour l'envoi des soumissions par la poste ou leur remise dans les boîtes, les mêmes formalités que pour les travaux de l'Etat.

Toutes les difficultés qui peuvent s'élever sur les opérations préparatoires sont résolues séance tenante, à la majorité des voix, sauf les recours de droit (même article).

Si plusieurs soumissionnaires offrent le même prix, il sera procédé, séance tenance, à une adjudication entre ces soumissionnaires seulement, soit sur de nouvelles soumissions, soit à extinction des feux. (Pand. franç., Rép., v° *Adjudic. admin. (Communes)*, 313-31.)

389. — Le lieu où on peut prendre connaissance du cahier des charges est habituellement la mairie de la commune où se fait l'adjudication. Cependant, s'il s'agit de travaux importants, on peut autoriser le maire à procéder au chef-lieu de la préfecture ou de la sous-préfecture. (Circ. min. du 9 juin 1858.)

On s'est demandé à diverses reprises si on pouvait poser en règle générale que les adjudications de travaux communaux d'une certaine importance se feraient obligatoirement au chef-lieu du département ou de l'arrondissement, afin d'assurer une plus grande concurrence. Ce n'est là qu'une faculté attribuée à l'autorité municipale : elle est libre de recourir ou non à ce moyen ; mais l'autorité supérieure s'est toujours refusée avec raison à l'y contraindre : « On ne saurait, par mesure générale, dit une circu- « laire ministérielle, et en vue de prévenir des abus, prescrire « que l'adjudication des travaux communaux aura lieu à la sous- « préfecture de l'arrondissement, même quand le bureau devrait « être composé suivant le vœu de la loi du 18 juillet 1837, c'est- « à-dire du maire et de deux membres du Conseil municipal. « Pour respecter autant que possible les attributions de l'autorité « municipale, le préfet doit se borner à examiner les circonstances

« de chaque espèce, et mettre, le cas échéant, à son approbation
« la condition que les travaux seront mis en adjudication au chef-
« lieu de l'arrondissement. » (*Bulletin. du min. de l'Inst.* 1857,
p. 258. Pand. franç., *loc. cit.*, n° 318-320.)

390. — Les résultats de chaque adjudication seront constatés
par un procès-verbal relatant toutes les circonstances de l'opération.

Les adjudications sont toujours subordonnées à l'approbation
du préfet et ne sont valables et définitives qu'après qu'elle est
obtenue.

391. — En principe, les adjudications concernant les établissements publics sont soumises aux mêmes règles que celles des
communes. La séance est présidée par le maire, assisté d'un
membre de la Commission administrative; le receveur de l'établissement y assiste. En un mot, on applique les dispositions de
l'ordonnance de 1837, sauf quelques différences que nous allons
signaler.

Pour les hospices et hôpitaux, les travaux de construction ou
de reconstruction ne pouvaient, en vertu du décret du 10 brumaire
an XIV, être adjugés qu'en présence du préfet, du sous-préfet ou
du maire, après deux publications par affiches. Ne prenaient
part à l'adjudication que les entrepreneurs dont les soumissions
déposées au secrétariat de l'Administration avaient été jugées présenter les garanties suffisantes par la Commission. Le soumissionnaire pouvait, jusqu'à l'approbation par le préfet, se désister,
en consignant la différence entre ses offres et celles du soumissionnaire qui le suivait immédiatement. (Pand. franç., Rép. v°
Adjudic. admin. (*Communes*). n° 397)

Les réparations étaient adjugées dans les mêmes formes; mais
quand elles ne dépassaient pas 1000 fr., il pouvait être traité de
gré à gré.

Actuellement, en vertu de la loi du 7 août 1851, les Commissions administratives délibèrent, sauf approbation du préfet, sur
les adjudications de travaux neufs excédant 3 000 fr. ; lorsque la
dépense est inférieure, la délibération de la Commission ne peut
être annulée par le préfet que pour la violation d'une loi ou d'un
règlement, ou sur la réclamation d'un intéressé.

392. — Les adjudications des travaux des chemins vicinaux sont
soumises aux règles suivantes, déterminées par l'instruction générale du 6 décembre 1870. Aux termes de l'article 152 : « Les ad-
« judications des chemins de grande communication et d'intérêt
« commun seront passées à la préfecture, par le préfet ou son
« délégué, président, et deux membres du Conseil général ou
« d'arrondissement, assistés de l'agent-voyer en chef. Lorsque les
« travaux devront s'exécuter sur le territoire d'un seul arron-
« dissement, l'adjudication pourra être passée à la sous-préfec-
« ture, par le sous-préfet, président, deux membres du Conseil
« général ou d'arrondissement, en présence de l'agent-voyer en
« chef, ou de l'agent-voyer d'arrondissement.

« Les membres du Conseil général ou d'arrondissement appelés
« à assister aux adjudications seront, suivant les cas, désignés
« par le préfet ou le sous-préfet.

« Pour les chemins vicinaux ordinaires, les adjudications
« seront passées, soit dans la commune de la situation des
« travaux, soit au chef-lieu du canton, soit à la sous-préfecture.
« Le bureau se composera du maire, président, et de deux con-
« seillers municipaux. Le receveur municipal et l'agent-voyer
« assisteront à ces adjudications. L'absence des personnes ci-
« dessus désignées, autres que le président, et dûment con-
« voquées, n'empêchera pas l'adjudication.

« Art. 153. — Les travaux des chemins de grande communica-
« tion et d'intérêt commun seront généralement adjugés par
« lignes, sauf la division en plusieurs lots pour une même ligne,
« si l'importance des travaux l'exige. Pour les chemins vicinaux
« ordinaires seulement, on pourra réunir dans un même lot tous
« les travaux à faire dans une commune à la condition de les
« diviser, s'il y a lieu, en trois sections : entretien, grosses répa-
« rations, travaux neufs. »

Pour toutes les autres questions, on applique les règles que
nous avons exposées plus haut pour les travaux de l'État, sauf
sur deux points :

En cas d'urgence, le délai de publicité peut être réduit, sans
jamais devenir inférieur à dix jours; si, à l'ouverture des soumissions, le rabais maximum est proposé à la fois par deux entrepreneurs, au lieu de tirer au sort, il est procédé séance tenante
entre eux à une nouvelle adjudication sur soumissions cachetées.
Les rabais de la nouvelle adjudication ne pourront être inférieurs
à ceux de la première. Si les concurrents maintiennent les rabais
primitifs, le bureau désignera, après avoir pris l'avis de l'agent-
voyer, celui des concurrents qui devra être déclaré adjudicataire.

L'adjudication est approuvée par le préfet. (Pand. franç., Rép.,
v° *Adjudic. admin.* (*Départements*), n°ˢ 43 et suivants.)

393. — Pendant de longues années, le seul système usité, en
dehors de l'adjudication publique, fut le marché de gré à gré.
Toutefois, ce système se conciliant mal avec les exigences de la
pratique, l'Administration en vint peu à peu à restreindre dans une
certaine mesure les adjudications. Elle commença par autoriser
les bureaux d'adjudications à prononcer l'exclusion pour des causes diverses, dont ils étaient seuls juges. Mais ce système qui laissait
trop de place à l'arbitraire dut être abandonné, en présence des
nombreuses réclamations qui se produisaient. L'Administration se
mit alors en quête d'un procédé qui ne fût pas en contradiction
manifeste avec le principe de l'adjudication.

394. — Depuis quelques années, le Ministère des travaux publics pratique un système qui porte de graves atteintes au principe de l'adjudication publique : nous voulons parler de l'emploi
des adjudications restreintes, qui est réglementé par les circulaires
ministérielles des 1ᵉʳ juin 1880, 27 mars 1883 et 26 mars 1885.

Ces deux derniers actes sont venus commenter et développer l'article 3 du décret de 1832. Cet article autorise l'Administration à « n'admettre que les soumissions qui émanent de personnes « reconnues capables par l'Administration, au vu des titres exi- « gés par les cahiers de charges et préalablement à l'ouverture « des plis renfermant les soumissions. » Étendant les dispositions de cet article, les circulaires ministérielles autorisent l'Administra- tion à n'admettre au concours que des entrepreneurs désignés à l'avance par elle, et elles appliquent cette dérogation à deux cas principaux :

1° Il s'agit de projets déterminés à l'avance (plans, conditions, etc...), et l'adjudication ne porte que sur les prix d'exécution;

2° Il s'agit d'un programme à remplir, d'un but déterminé à atteindre, et l'adjudication porte à la fois sur les projets à pré- senter pour l'accomplissement du travail et sur les prix d'exécu- tion. On emploie ce procédé chaque fois qu'il est utile de faire appel à l'initiative privée pour l'étude des projets. (Circulaires précitées.)

395. — Dans le premier cas, la liste des concurrents à appeler au concours est arrêtée par le Ministre, sur la proposition des ingénieurs et d'une Commission locale instituée à cet effet, et après avis du Conseil général des ponts et chaussées. Le préfet fixe la date de l'adjudication d'après la proposition de l'ingénieur en chef du département, qui en avise les concurrents agréés par l'Administration supérieure. A partir de ce moment, les forma- lités de l'adjudication sont suivies comme en matière ordinaire.

Dans le second cas, le Ministre nomme une Commission locale qui donne son avis sur les concurrents à appeler au concours et sur le programme à soumettre à l'Administration supérieure. Le Ministre statue sur la proposition de cette Commission après avis du Conseil général des ponts et chaussées. C'est la Commission locale qui est chargée de recevoir les offres des entrepreneurs, et de les transmettre avec son avis au Ministre. Il faut remarquer que celui-ci n'est pas obligé d'adopter le projet le plus économi- que : il se décide avec une liberté complète.

Dans les deux cas, les concurrents étant personnellement infor- més par l'Administration, on ne publie pas dans les journaux d'avis annonçant les adjudications et on n'appose pas d'affiches. (V. *Circulaire du 26 mars 1885.*) (Pand. franç., Rép. v° *Adjud. admin. (État)*, n° 1052 et suivants.)

Habituellement, le programme des conditions de l'entreprise contient une clause en vertu de laquelle les soumissionnaires s'engagent à exécuter leur marché dans un délai fixé et au prix du marché, quoiqu'il arrive dans le délai prévu.

396. — De même, les travaux du service des bâtiments civils et des palais nationaux ne peuvent être soumissionnés que par des entrepreneurs figurant sur une liste dressée par une Commis- sion spéciale.

Un arrêté ministériel du 9 avril 1878 a fait rentrer ces travaux dans les fournitures, travaux et exploitations « qui ne peuvent « être livrés sans inconvénient à une concurrence illimitée ». En conséquence, cet arrêté indique les conditions auxquelles les entrepreneurs seront admis à concourir.

Une Commission est instituée pour examiner leur honorabilité, leur solvabilité et leur capacité. Elle se compose : du secrétaire général du Ministère des travaux publics, président; du directeur des bâtiments civils et palais nationaux; d'un délégué de la Banque de France; d'un délégué de la préfecture de police; d'un délégué de la préfecture de la Seine; d'un inspecteur général des ponts et chaussées ou d'un ingénieur en chef; d'un inspecteur général ou d'un architecte des bâtiments civils et des palais nationaux. Les deux contrôleurs principaux attachés à la direction des bâtiments civils et des palais nationaux remplissent les fonctions de secrétaires avec voix consultative.

La Commission dresse, dans la deuxième quinzaine des mois de mai, juin, septembre et décembre, la liste des entrepreneurs admis à prendre part aux adjudications pendant le trimestre suivant. Les entrepreneurs qui désirent être admis sont tenus d'en faire la demande, dans la première quinzaine des mois ci-dessus indiqués, en joignant à leur demande les certificats exigés par l'article 3 du cahier des charges générales. Ils sont informés de la décision intervenue sur leur demande : ceux qui ne sont pas admis peuvent retirer aussitôt leurs certificats.

A part ces restrictions, le principe de la publicité s'applique comme pour les entreprises ordinaires.

397. — L'adjudication des travaux exécutés par les associations syndicales n'a pas été l'objet de dispositions réglementaires Cela s'explique si l'on songe que, ces travaux étant de nature très diverse, il serait difficile de les soumettre à des règles uniformes. L'acte constitutif du syndicat stipule souvent que les travaux seront adjugés, autant que possible, d'après le mode adopté pour ceux des ponts-et-chaussées, en présence du directeur du syndicat. Mais la forme de l'adjudication ne convient pas dans tous les cas. C'est ce qui arrive notamment en matière de curage. Il est rare que ces travaux s'exécutent à l'entreprise, chaque riverain préférant faire lui-même le curage dans sa propriété. On procède le plus souvent par voie de régie et en vertu de marchés de gré à gré.

Dans le chapitre suivant, nous trouverons des dispositions analogues pour les travaux de plusieurs services.

SECTION IV

Violation des règles sur les adjudications et voies de recours.

398. — Recours par la voie gracieuse avant l'approbation.
399. — Recours contentieux au Conseil d'État.
400. — Qui peut exercer ce recours ? Il n'est pas exclusivement réservé au soumissionnaire qui a fait l'offre la plus avantageuse.
401. — Le retrait du cautionnement n'élève pas une fin de non-recevoir.

402. — Le recours peut être formé par tous ceux qui ont pris part à l'adjudication.

403. — Bases légales du recours.

404. — Pouvoir d'appréciation du Conseil d'État. Formalités et conditions essentielles de l'adjudication.

405. — Distinction des irrégularités pouvant donner lieu à un recours gracieux de celles qui peuvent motiver un recours contentieux.

406. — Procédure du recours; délais; formes.

407. — Procédure spécialement au Conseil d'État.

408. — Cas exceptionnels, compétence du Conseil de préfecture.

398. — L'adjudication peut-elle être, de la part des soumissionnaires évincés, l'objet d'un recours, lorsque les formes établies par les règlements n'ont pas été observées, ou lorsque leurs réclamations ont trait à l'inaccomplissement par l'adjudicataire des conditions exigées pour être admis au concours?

Cette question, fort importante, a donné lieu à de vifs débats. Remarquons tout d'abord que les entrepreneurs ont incontestablement le droit de faire valoir auprès du Ministre ou du préfet les raisons qui, d'après eux, doivent motiver un refus d'approbation.

399. — Mais si leur prétention n'est pas admise, peuvent-ils former un recours contentieux et déférer la décision du préfet au Ministre, ou la décision de ce dernier au Conseil d'État?

Les conditions exigées ont pour effet de limiter le droit de concurrence, et de restreindre, entre ceux qui les remplissent, le choix à faire par l'Administration. Celle-ci, après les avoir imposées, ne peut plus se dispenser d'en tenir compte et traiter avec un soumissionnaire qui n'y a pas satisfait. Ainsi, l'insuffisance du cautionnement fourni, l'irrégularité du dépôt, l'agrément d'une soumission supérieure au rabais des concurrents éliminés, en un mot, la violation des prescriptions réglementaires relatives aux conditions à remplir pour être déclaré adjudicataire, autorisent les intéressés à se pourvoir devant le Conseil d'État pour obtenir l'annulation de l'adjudication. (*Voy.* Conseil d'État, 28 janvier 1836, *Séguin*, 263; 26 juillet 1851, *Martin*, 537; 9 janvier 1868, *Servat*, 13; Aucoc. II, n° 637; Perriquet, I, n° 103; Pand. franç., v° *Adjudications administratives* (*État*), n° 1332.)

L'acte d'approbation n'élève aucune fin de non-recevoir contre ces attaques. Il a pour unique effet de rendre l'adjudication définitive entre l'Administration et l'adjudicataire, et ne fait pas obstacle à l'action des tiers. Autrement, l'accomplissement des formalités ou des conditions imposées serait totalement dépourvu de sanction.

400. — Un auteur a émis l'opinion que les recours de cette nature ne peuvent être formés que par le soumissionnaire qui a fait l'offre la plus avantageuse. Il faut, suivant lui, que le réclamant « prouve non seulement que la soumission accueillie par « le préfet ne devait pas l'être, mais encore que c'était la sienne « qui devait être admise. S'il y avait une soumission plus avan-

« tageuse que la sienne, il n'a jamais eu de droit acquis à la
« concession, et il n'a par suite aucune qualité pour attaquer la
« décision du préfet. Pour que sa réclamation soit recevable, il
« faut qu'il puisse, dans ses conclusions, demander à être dé-
« claré concessionnaire de préférence à celui des concurrents à
« qui le préfet avait accordé la concession ». (Delalleau, *Rev. de*
« *législ.*, 1835, t. I, p. 365.)

Ces observations s'appliquent spécialement à l'adjudication
des concessions. Mais, comme les adjudications d'entreprises sont
soumises aux mêmes règles, il est nécessaire d'examiner la valeur
des motifs sur lesquels elles s'appuient.

Ces motifs ne nous semblent pas concluants. Lorsque l'Administration appelle les concurrents à l'adjudication, elle formule
elle-même les conditions du concours.

Elle prend envers tous l'obligation d'observer les formes prescrites et de donner sa préférence à celui d'entre eux qui présentera le plus fort rabais, en réunissant d'ailleurs toutes les autres
conditions requises. Si elle manque à cette promesse solennelle,
elle y manque à l'égard de tous les soumissionnaires, et non pas
seulement à l'égard de celui qui a fait le plus fort rabais. Tous
sont donc recevables, sans distinction, à demander la nullité de
l'adjudication. Mais, dit M. Delalleau, celui-là seul qui avait fait
la proposition la plus avantageuse avait un droit acquis à l'adjudication; donc lui seul est recevable à critiquer les opérations.
Cette conclusion est erronée.

Toute soumission constituant seulement une offre que l'Administration accepte ou refuse à son gré, il n'y a jamais, avant
l'approbation définitive, un contrat proprement dit entre elle et
les concurrents. Puisque, même après l'adjudication au profit de
celui qui a fait l'offre la plus avantageuse, l'Administration conserve la faculté de ne pas approuver l'adjudication, puisqu'en aucun cas elle n'a besoin de donner les motifs de son refus, il ne
peut pas prétendre qu'il est à son égard placé dans une situation
privilégiée. Je suppose qu'après qu'il aurait obtenu la nullité de
l'adjudication, l'Administration refuse d'approuver sa soumission';
comme ce refus échappe à l'appréciation de la juridiction contentieuse, il se trouve nécessairement sur la même ligne que les
autres concurrents évincés. Il n'a donc, à aucun moment, un
droit irrévocablement acquis, et les autres soumissionnaires ont,
comme lui, la faculté de demander la nullité de l'adjudication
prononcée au mépris des formes établies par la loi. (V. *Conclu-*
sions de M. Aucoc, commissaire du Gouvernement, sous l'arrêt
Servat, 9 janvier 1868; Pand. franç. v° *Adjudications adminis-*
tratives, (*État*), n° 1335.)

401. — Le même auteur soumet encore la légalité de la réclamation
du soumissionnaire évincé à une autre condition. Il pense qu'elle
ne devrait pas être accueillie, si ce soumissionnaire avait, aussitôt
après l'adjudication, retiré le cautionnement qu'il a dû fournir
pour être admis à concourir. Le cautionnement est la garantie de

ses engagements envers l'Etat. Il doit donc le laisser entre ses mains. Autrement, si sa réclamation venait à être accueillie, l'Administration se trouverait sans action contre lui. « Il demandera au Conseil d'Etat de le déclarer concessionnaire des travaux, à l'exclusion de tout autre, et le Conseil d'Etat ne peut le faire qu'autant que le dépôt de garantie existerait encore au moment de sa décision, puisque sans cela le Gouvernement n'aurait aucune garantie de l'exécution des travaux. »

J'hésite pour mon compte à adopter cette opinion. Il me paraît difficile d'obliger le soumissionnaire évincé à laisser ses fonds presque improductifs entre les mains du Trésor, pendant toute la durée du procès. M. Delalleau prend un point de départ inexact. Il suppose à tort que l'arrêt du Conseil d'Etat qui annule une adjudication a pour effet immédiat de faire déclarer le réclamant adjudicataire aux lieu et place de celui qui a été préféré. Mais n'est-ce pas là une erreur? L'adjudication annulée ne doit-elle pas être suivie d'une adjudication nouvelle où tous les concurrents seront de nouveau appelés? Et n'est-il pas temps, alors, de déposer le cautionnement exigé?

On pourrait être tenté de soutenir que l'opinion que nous combattons trouve un appui dans la jurisprudence. Quelques arrêts rendus en matière de marchés de fournitures ont déclaré non recevable le recours formé par un soumissionnaire qui n'avait pas offert le rabais le plus considérable. (C. d'Etat, 16 février 1870, *Balmier*, 109 ; 8 août 1882, *Lanvin*, 809.) Ces décisions ne sont pas basées sur ce motif, mais sur ce que, dans les hypothèses spéciales sur lesquelles elles statuaient, il ne s'agissait pas de véritables adjudications avec concurrence et publicité : l'Administration ne demandait des soumissions que pour se renseigner, se réservant la faculté de traiter avec celui des concurrents qui lui paraîtrait présenter les meilleures garanties.

402. — Enfin, le recours contre l'adjudication ne peut, bien entendu, être formé que par ceux qui ont pris part à l'adjudication : un simple particulier ne serait pas recevable à se plaindre. (C. d'Etat, 27 juin 1884, *Société des Tramways à vapeur de Cochinchine*, 511 ; Pand. franç., v° *Adjudications administratives (Etat)*, n° 1333.)

403. — En résumé, une adjudication peut être attaquée, soit parce que les formes prescrites n'ont pas été observées, soit parce que le candidat déclaré adjudicataire ne remplissait pas les conditions exigées par la loi, les règlements ou le cahier des charges ; mais c'est à la condition qu'il s'agisse d'un contrat qui ne peut être passé que par adjudication ou d'un contrat pour lequel l'Administration a formellement déclaré que les règles sur l'adjudication seraient suivies.

D'autre part, ne peuvent attaquer l'adjudication que ceux qui y ont intérêt ; ce que la jurisprudence interprète en n'admettant que le recours des personnes qui se sont présentées à l'adjudication.

404. — D'ailleurs, il ne faudrait pas croire que toute irrégularité commise dans les formes de l'adjudication soit de nature à motiver un recours des soumissionnaires évincés. Le Conseil d'État se réserve le droit d'examiner, d'une part s'il s'agit de la violation d'une formalité essentielle, de nature à porter atteinte au principe de la concurrence, et, d'autre part, si elle a été telle qu'un préjudice ait pu en résulter pour les concurrents. Ce sera surtout une question que le Conseil appréciera d'après les circonstances (V. *Arrêt du 9 janvier 1868, Servat*), qui, après avoir déclaré le recours recevable, le rejette, au fond, parce que la formalité omise n'avait pas d'importance. (Pand. françaises, v° *Adjudications administratives (État)*, n° 1340.)

405 — A un autre point de vue, il faut distinguer les causes de recours qui ne peuvent donner lieu qu'à un recours gracieux au Ministre, de celles qui peuvent faire l'objet d'un recours contentieux. Les premières sont fondées sur des actes dans lesquels l'Administration a un pouvoir pour ainsi dire discrétionnaire, arbitraire ou d'appréciation ; les secondes, sur des actes dans lesquels l'Administration est liée par la loi ou les règlements qu'elle doit appliquer et dont elle ne peut dénaturer ni le sens ni la portée.

Rentrent certainement dans les premières le refus du Ministre d'approuver une adjudication, ou bien l'éviction d'un concurrent par appréciation des pièces par lui produites. Cette solution s'applique, que l'approbation doive émaner du chef de l'État ou du Ministre (C. d'État, 28 janvier 1836, *Séguin*, 263), d'un sous-intendant militaire (C. d'État, 17 janvier 1849, *Casse*, 53), ou du préfet (C. d'État, 13 février 1874, *Dussausoy*, 172). — (Pand. françaises, v° *Adjudications administratives (État)*, n° 1342.)

L'appréciation des certificats produits est abandonnée au pouvoir discrétionnaire de l'Administration. Elle a le droit de les admettre ou de les rejeter sans que sa décision, qui constitue un acte d'administration pure, puisse être déférée au Conseil d'État par la voie contentieuse. (C. d'État, 25 nov. 1829, *Accolas*, 441 ; 9 janvier 1843, *Chovelon*, 13.)

Il en serait de même pour l'appréciation de la solvabilité d'une caution personnelle, ou d'un cautionnement immobilier.

Rentreraient dans les secondes : l'éviction ou l'acceptation d'un concurrent dont le certificat ne serait pas régulier en la forme, ou n'aurait pas été délivré par une des personnes indiquées au cahier des charges, ou dont le cautionnement, en argent ou en valeurs, ne remplirait pas les conditions exigées par ce cahier. Nous aurons à revenir sur ce point dans le chapitre suivant. (*Conditions requises pour être adjudicataire.*)

406. — Lorsqu'une irrégularité a été commise dans une adjudication, quand et comment peut-on présenter la réclamation ?

Les réclamants doivent d'abord avoir grand soin de ne donner prise à aucune fin de non-recevoir. Ainsi, s'il s'agit d'une infraction commise lors de l'examen des pièces, par exemple, de l'absence ou de l'irrégularité d'une pièce à fournir par l'adjudicataire, si cette infraction est connue des concurrents, ils feront bien, à la séance même, de faire toutes protestations et réserves. Il en est de même pour les infractions commises à la deuxième partie de la séance, dans l'ouverture et l'examen des soumissions.

Souvent, les cahiers des charges décident que les contestations qui surviendront dans cette partie de la séance seront tranchées immédiatement par le bureau : en ce cas, il est prudent de demander l'insertion des protestations au procès-verbal.

Nous pensons d'ailleurs que le délai pour attaquer l'adjudication ne court pas du jour où l'irrégularité a été commise, ni même de la date de la séance d'adjudication, mais seulement du jour de l'approbation par l'autorité compétente. (C. d'État, 10 novembre 1882. *Garès*, 871.) Jusqu'à ce moment, le contrat n'est pas formé et l'Administration n'est pas liée.

Les réclamants feront bien, aussitôt après le prononcé de l'adjudication qu'ils prétendent irrégulière, d'adresser une requête au Ministre ou au fonctionnaire chargé de l'approuver, en exposant les motifs de leurs critiques, et de déférer ensuite au Conseil d'État, soit la décision particulière qui interviendrait sur leur réclamation, soit la décision approbative de l'adjudication qui, repoussant implicitement la réclamation, emprunterait alors, à ce point de vue, un caractère contentieux. (C. d'État, 13 juillet 1877, *Noël*, 710 ; 28 février 1873, *Blanc*, 206.)

407. — La procédure à suivre devant le Conseil d'État sera celle d'un recours pour excès de pouvoirs. Il s'agit, en effet, d'actes de pure administration, qui ne sont pas susceptibles d'un recours au fond par la voie contentieuse ordinaire ; l'Administration a un pouvoir absolu pour accorder ou refuser l'approbation ; mais ce pouvoir est limité par l'observation des formes prescrites par la loi et les conditions exigées des adjudicataires.

De plus, le Ministre ne peut user de son droit que dans les prévisions du cahier des charges : il n'aurait pas le droit de refuser l'approbation à un adjudicataire pour permettre à un entrepreneur qu'il voudrait favoriser de prendre le marché. (C. d'État, 26 juillet 1851, *Martin*, 537 ; 8 décembre 1861, *Durouchoux*, 816.) Ainsi encore, il ne pourrait pas, en refusant l'approbation, remplacer l'adjudicataire évincé par un autre, même par celui qui aurait fait le rabais le plus avantageux : il faut recourir à une nouvelle adjudication. (C. d'État, 26 janvier 1877, *Toinet*, 109.)

408. — Toutefois, il se peut que la décision intervenant sur la réclamation, refusant l'approbation ou l'accordant, ne soit pas entachée d'excès de pouvoirs et que cependant elle constitue un acte dommageable, pouvant servir de base à une demande d'indemnité : ainsi, un entrepreneur serait fondé à réclamer des dommages-intérêts si le refus de l'Administration n'était intervenu que tardivement, après que l'entrepreneur avait dû, en exécution du marché passé avec lui par le chef du service local, faire des dépenses et des livraisons. (C. d'État, 29 juin 1870, *Dufoure*, 840 ;

10 juin 1868, *Doyère*, 643 ; 9 février 1872, *Hauts-Fourneaux de Franche-Comté*, 62 ; Pand. franç., v° *Adjudicat. admin. (État)*, n° 1351.)

Dans ce cas, la procédure à suivre ne sera pas celle de l'excès de pouvoirs. La demande devra être portée d'abord devant le Conseil de préfecture, puis en appel devant le Conseil d'État. (C. d'État, 5 décembre 1884, *Latecoëra*, 881 ; Pand. franç., *loc. cit.*, n° 1352.)

SECTION V

Frais de l'adjudication.

409. — Frais de publicité : travaux de l'État.
410. — Frais de publicité : travaux des départements, communes, établissements publics.
411. — Dérogations à ces règles.
412. — Marchés verbaux.
413. — Marchés écrits : contrat et pièces remises à l'entrepreneur.
414. — État de frais.
415. — Droits de timbre, bases de la perception, application à tous les marchés.
416. — Règles générales de la perception.
417. — Timbres à l'extraordinaire.
418. — Visa pour timbre, en débet.
419. — Pièces soumises au timbre.
420. — Pièces relatives au cautionnement.
421. — Règles spéciales pour les adjudications des chemins vicinaux.
422. — Enregistrement, délais.
423. — Montant des droits d'enregistrement : droit d'acte, droit proportionnel.
424. — Base de perception, évaluation du prix du marché ; rabais.
425. — Augmentation prévue du sixième.
426. — Résiliation du marché.
427. — Droits d'enregistrement sur le cautionnement.
428. — Quotité des droits.
429. — Règles spéciales aux chemins vicinaux.
430. — Règles spéciales aux chemins ruraux.
431. — Règles spéciales aux chemins de fer d'intérêt local et aux tramways.
432. — Versement des droits.
433. — Solidarité des contractants, dangers pour les communes et établissements.
434. — Frais d'adjudication pour les travaux du Ministère de la guerre.
435. — De la patente. — Les entrepreneurs de travaux publics y sont soumis. — Ancienne législation.
436. — Loi du 15 juillet 1880. — Droit fixe et droit proportionnel.
437. — Quels entrepreneurs sont soumis à la patente.
438. — Distinction de l'entrepreneur de travaux et du soumissionnaire de fournitures.
439. — Exercice simultané de plusieurs professions.
440. — Réunion des deux qualités d'entrepreneur de travaux publics et de soumissionnaire de fournitures.
441. — Sociétés entrepreneurs de travaux publics.
442. — La loi ne fait aucune exception quel que soit le but de l'entreprise.
443. — Sous-traités : imposition des sous-traitants. Jurisprudence.
444. — Sous-traités : imposition de l'entrepreneur ; maintien même en cas de cession totale.
445. — Calcul du montant des droits.
446. — Lieu d'imposition du droit fixe. Cas où il y a plusieurs établissements.
447. — Montant du droit fixe.
448. — Calcul de la partie variable du droit fixe.

449. — Annalité de l'impôt : évaluation du montant des travaux.
450. — Rectifications possibles des évaluations.
451. — Réclamations contre les évaluations : délai.
452. — Rectifications demandées par l'Administration : prescription.
453. — Cumul des droits sur les travaux de l'entrepreneur principal et des sous-traitants.

409. — L'article 21 du décret du 18 novembre 1882 dispose que : « Les droits de timbre et d'enregistrement auxquels donnent « lieu les marchés soit par adjudication, soit de gré à gré, sont à « la charge de ceux qui contractent avec l'Etat. Les frais de pu- « blicité restent à la charge de l'Administration. » Cette dernière phrase constitue une modification de l'ordonnance de 1836 et de l'article 7 du cahier des clauses et conditions générales des ponts et chaussées, qui mettaient ces frais de publicité à la charge de l'adjudicataire.

Les frais de publicité mis ainsi à la charge de l'État comprennent les affiches et les insertions dans les journaux de Paris et des départements; ces frais sont payés par l'ingénieur en chef ou le directeur des travaux sur les fonds destinés aux travaux, mais c'est le préfet qui est chargé de commander les affiches et insertions. Comme mesure de contrôle, le Ministre des travaux publics a adopté un modèle spécial d'affiches; de plus, il doit lui être adressé une copie des affiches commandées et des extraits insérés dans les journaux.(Circ. min. trav. publ., 27 mars 1883; Pand. franç., vº *Adjudic. adm. (Etat)*, nᵒˢ 368 et suivants.)

410. — Il faut remarquer, d'ailleurs, que le décret de 1882 est spécial aux travaux de l'Etat. Pour les travaux des départements, des communes et des établissements publics, on applique sans modification l'article 7 des clauses et conditions générales des ponts et chaussées, c'est-à-dire que l'on met les frais d'affichage et de publicité à la charge de l'entrepreneur. Il en est de même pour les travaux des chemins vicinaux (art. 7, cahier du 6 décembre 1870), et pour les travaux des chemins ruraux.

411. — L'Administration peut-elle déroger à l'article 21 du décret de 1882 et mettre les frais de publicité à la charge de l'adjudicataire? Non, car, de deux choses l'une : ou bien elle y déroge d'une manière générale en vertu d'un cahier de charges connu et mis avant l'adjudication à la disposition des entrepreneurs, et alors elle viole ouvertement le décret de 1882; ou bien postérieurement à l'adjudication elle y déroge par une convention expresse avec l'adjudicataire, et alors il y a violation de l'article 1ᵉʳ du décret, du principe de la publicité et de la concurrence ; le contrat doit être approuvé tel qu'il a été présenté au public avant l'adjudication.

Nous ne pouvons que répéter ici ce que nous avons dit au nº 409; le décret de 1882 est un règlement d'administration publique rendu en vertu d'une loi, il a force de loi, et sa seule sanction est la nullité de toute convention contraire à ses prescriptions.

L'Administration ne paraît pas l'avoir compris ainsi; elle a, dans plusieurs circonstances récentes, dérogé d'une manière générale à l'article 21 du décret de 1882. Ainsi, le Ministre du commerce, à la date du 25 août 1886, a approuvé le cahier des clauses et conditions générales imposées à tous les entrepreneurs de fournitures et de travaux pour l'exposition universelle de 1889. Ce cahier contient un article 8 qui impute formellement à l'adjudicataire les frais dont le décret de 1882 le décharge. (Pand. franç., Rép., vº *Adjud. admin.* (*État*), nº 1668. — V. aussi : *Cahier des charges des chemins de fer de l'État de 1883, art. 10.*)

Il est nécessaire que la jurisprudence applique avec fermeté le principe que nous avons posé ci-dessus, sans quoi le décret de 1882 n'aura bientôt plus d'autre valeur que celle d'une simple circulaire ministérielle.

412. — Certains marchés de gré à gré peuvent, lorsqu'ils sont peu importants, être faits verbalement. Dans ce cas, il n'y a pas de droits à payer, puisqu'il n'y a pas d'acte. (Décision min. int., 24 sept. 1842, citée dans le *Mémorial des percepteurs*, 1842, p. 255.)

413. — Mais, le plus souvent, qu'il s'agisse de contrat de gré à gré ou de contrat par adjudication, il y a rédaction d'un acte écrit et même de plusieurs, ce qui amène la perception d'un certain nombre de droits que nous allons examiner, en prenant pour type le contrat le plus commun, le contrat par adjudication.

L'article 6 du cahier des clauses et conditions générales de 1866 énumère les formalités qui doivent suivre l'adjudication. « Aussitôt après l'approbation de l'adjudication, le préfet délivre « à l'entrepreneur, sur son récépissé, une expédition, vérifiée par « l'ingénieur en chef et dûment légalisée, du devis, du borde- « reau des prix et du détail estimatif, ainsi qu'une copie certifiée « du procès-verbal d'adjudication, et un exemplaire imprimé « des présentes clauses et conditions générales. Les ingénieurs « lui délivreront, en outre, gratuitement, une expédition certifiée « des dessins et autres pièces nécessaires à l'exécution des tra- « vaux. » (Pand. franç, vº *Adjud. admin.* (*État*), nº 1376.) Nous verrons plus loin ce que doivent contenir ces diverses pièces, et quelle est leur autorité quant à l'exécution.

414. — Mais, en dehors de ces pièces, l'entrepreneur reçoit aussi un état dressé par le préfet indiquant les frais dus par l'entrepreneur. Ils comprennent principalement les droits de timbre et d'enregistrement que nous examinerons séparément.

415. — 1º *Droits de timbre.* — La base de la perception se trouve dans l'article 20 de la loi du 22 frimaire an VII, et l'art. 70, § 3, nº 2 de cette loi, qui ont été modifiés par les art. 78-80 de la loi du 15 mai 1818 ainsi conçus :

416. — « Art. 78. — Demeurent assujettis au timbre et à l'enre- « gistrement sur la minute, dans le délai de vingt jours, confor- « mément aux lois existantes : — 1º Les actes des autorités « administratives et des établissements publics portant transmis- « sion de propriété, d'usufruit et de jouissance ; les adjudications

« ou marchés de toute nature, aux enchères, au rabais, ou sur
« soumission ; — 2° les cautionnements relatifs à ces actes.
   « Art. 79. — La disposition de l'article 37 de la loi du 12
« décembre 1798 (22 frimaire an VII) qui autorise, pour les
« adjudications en séance publique seulement, la remise d'un
« extrait au receveur de l'enregistrement pour la décharge du
« secrétaire, lorsque les parties n'ont pas consigné les droits en
« ses mains, est étendue aux autres actes ci-dessus énoncés.

   « Art. 80. — Tous les actes, arrêtés et décisions des autorités
« administratives, non dénommés dans l'article 78, sont exempts
« du timbre sur la minute, et de l'enregistrement, tant sur la
« minute que sur l'expédition. Toutefois, aucune expédition ne
« pourra être délivrée aux parties que sur papier timbré, si ce
« n'est à des individus indigents, et à la charge d'en faire men-
« tion dans l'expédition. »

Ces règles sont générales, et s'appliquent non seulement aux
adjudications passées par l'Etat, mais encore à celles passées par
le départements, les communes et les établissements publics.
(Pand. franç., v° *Adjudic. admin. (Etat)*, n° 1825.)

417. — D'après ces règles, pour le paiement des droits de
timbre, il faut distinguer suivant que les pièces ont été dressées
par le maire ou les agents administratifs, ou bien par un ingénieur, architecte ou agent-voyer.

Au premier cas, la minute du cahier des charges est dispensée
de l'enregistrement et du timbre parce que, prise séparément de
l'acte d'adjudication, elle n'est qu'un acte administratif. (Loi du
15 mai 1818, art. 80.)

Quant à la copie du cahier des charges, elle est annexée à la
minute du procès-verbal d'adjudication dont elle fait partie intégrante : elle n'est donc pas soumise à un droit particulier (même
texte).

Mais les expéditions du cahier des charges délivrés avec celles
du procès-verbal sont soumises au timbre.

Si on se contente d'insérer dans le procès-verbal d'adjudication une mention de référence entre ce procès-verbal et la *minute*
du cahier des charges sur laquelle est intervenue l'approbation de
l'autorité supérieure, celle-ci devient partie intégrante de l'acte,
et il n'y a plus lieu d'appliquer l'article 80 de la loi de 1816 :
le droit de timbre est dû. (Solutions des 9 février, 6 mars et
29 juillet 1874; *Journal de l'enregistrement*, n°s 19548 et 21845.)

Lorsque les actes sont rédigés par les agents des ponts et chaussées ou architectes, ils sont soumis au timbre : ils peuvent être présentés à la formalité après l'approbation de l'autorité supérieure.
sauf paiement de l'amende si l'adjudication avait été faite sur
plan et devis non timbrés. (Décision du min. des finances, 8 juin
1852.) Quant aux pièces dressées par les hommes de l'art pour
le compte de particuliers ou dans leur propre intérêt, ils doivent
toujours être timbrés et enregistrés avant l'approbation. (Lois du

13 brumaire an VII, art. 12 et 24 ; du 22 frimaire an VII, art.
23 et 47 ; instructions 1336, § 10 ; 2096, § 4 et 2361, § 2.)

Il n'est pas indispensable que les actes soient écrits à l'avance
sur papier timbré ; après l'impression ou la rédaction, ils peuvent être timbrés à l'extraordinaire, pourvu que cette formalité
soit remplie avant la signature. Si l'acte était présenté au timbre
déjà signé, l'amende serait encourue. (Décision min. des finances,
24 décembre 1823 ; Circ. min., 12 février 1823 ; Inst. 1872 ;
Déc. min. des fin. 24 février, 1837 ; J. E. 11, 817.) Les receveurs
appliquent des timbres mobiles.

418. — Ces règles mettent les préfets, sous-préfets et maires
dans la nécessité de faire l'avance des droits de timbre, dont le
recouvrement peut se trouver difficile, ou même impossible, s'il
n'a pas été donné suite au projet d'adjudication. Afin d'éviter
ces déboursés, une décision ministérielle du 19 décembre 1835
a déclaré que, dans tous les cas où l'adjudication ne devait être
définitive qu'après l'approbation de l'autorité supérieure, les actes
seraient admis au visa pour timbre en débet, à la condition que
les adjudicataires acquitteraient à la fois les droits de timbre et
d'enregistrement. Cette décision s'applique naturellement aux
adjudications de travaux des communes et des établissements de
bienfaisance, qui sont soumises à l'approbation. (Pand. franç., v°
Adjudic. admin. (État), 828.) Si au contraire l'approbation n'est
pas nécessaire, les droits doivent être acquittés au préalable.

419. — Le timbre est applicable aux plans, procès-verbaux
d'estimation, rapports et autres actes sous seing privé, dressés
par les ingénieurs ou architectes pour l'État, le département, la
commune ou l'établissement public. (Lois du 13 brumaire an VII,
art. 12 et 24 ; 22 frimaire an VII, art. 23 et 47.) Il n'y a
d'exemption que pour les actes passés en la forme administrative.
(Trib. de Roanne, 26 décembre 1877 ; Trib. Corbeil, 13 mai
1880, J. E. 21490 et 21849 ; Trib. Saint-Etienne, 17 juillet 1883,
J. E. 22327.)

En dehors des pièces remises à l'entrepreneur au moment du
contrat, toutes les expéditions des procès-verbaux d'adjudication,
cahiers des charges, devis, plans, etc..., qui pourraient lui être
nécessaires par la suite, sont également délivrées sur timbre.
(Décision min. fin., 23 janvier 1832 ; Inst. 1401, § 10 ; Décision min. fin., 15 mars 1843.) Ces pièces pourraient être délivrées
sur papier libre et timbrées à l'extraordinaire, pourvu que la
formalité fût accomplie avant de faire usage des pièces.

Celles de ces expéditions qui seraient délivrées à un fonctionnaire public, pour en faire usage en sa qualité de fonctionnaire,
sont dispensés du timbre, pourvu qu'il y soit fait mention de la
destination. (Loi du 13 brumaire an VII, art. 16.)

Sont dispensés de timbre les copies des procès-verbaux d'adjudication, cahiers de charges et devis, produites à l'appui des ordonnances de paiement. (Circ, 17 mars 1870 ; Sir., 70, 2, 226.)

420. — La déclaration de versement du cautionnement est pas-

sible du droit de timbre, si elle est remise à l'entrepreneur pour lui servir de titre, et être produite à l'appui d'une demande en paiement; si, au contraire, elle n'est établie que comme pièce comptable, et en dehors de l'intervention de l'entrepreneur, elle en est exempte. (Lett. min. des fin., 5 septembre 1876.)

La quittance à souche et le récépissé du cautionnement délivré par le receveur sont soumis au timbre parce qu'ils forment titre pour l'entrepreneur.

421. — Pour les chemins vicinaux, les procès-verbaux d'adjudication et les marchés doivent également être timbrés. Mais on s'est demandé s'il était dû un droit distinct de timbre pour toutes les pièces accessoires telles que cahier des charges spéciales, devis et détail estimatif, plans, dessins des ouvrages d'art, profils, etc., dressés avant l'adjudication. M. le Ministre des finances a tranché la question dans une décision du 12 octobre 1885, dans laquelle on lit : « Les actes et pièces préparatoires aux adjudications, « notamment les cahiers des charges spéciales, devis et détail « estimatif, plans, dessins des ouvrages d'art et profils, sont « soumis au timbre comme les autres pièces de l'adjudication « quand elles s'y rattachent, soit par une annexe effective, soit « par une mention de référence, car alors elles se confondent « avec ce marché, et rentrent comme lui dans les prévisions de « l'article 78 de la loi du 15 mai 1818. Mais, par cela même qu'elles « font partie intégrante du marché, et qu'elles forment avec lui « un seul et même acte, elles ne peuvent être frappées d'un droit « d'enregistrement distinct de celui qui est perçu sur le procès-« verbal d'adjudication, et qui couvre le contrat tout entier. « Quant au cahier des charges générales, il est exempt de tout « impôt, attendu qu'il n'a aucun caractère contractuel. Les ordres « de services donnés par les agents voyers aux entrepreneurs « sont également exempts de tous droits de timbre et d'enregis-« trement comme documents d'ordre intérieur. »

422. — Tous les marchés passés par les autorités administratives doivent être enregistrés dans les 20 jours à peine de double droit. (Loi du 15 mai 1818, art. 78.) Mais ce délai ne court, pour les actes soumis à l'approbation de l'autorité supérieure, que du jour où l'approbation est parvenue à l'autorité qui en a dressé acte (Solution du 7 novembre 1872; Rép. pér., n° 3639), c'est-à-dire du jour où l'approbation est parvenue à la préfecture, à la mairie, etc. (Pand. franç. Rép., v° *Adjud. adm. (État)*, n° 1763.)

Ce principe s'applique à tous les actes sujets à approbation, notamment aux adjudications de travaux pour les communes et les établissements publics (Ordon. du 14 novembre 1837, art. 1, 2 et 10) ; les adjudications des services municipaux, gaz, eaux, etc, lorsque la concession dépasse 30 ans. (Loi du 5 avril 1884, art. 115; Circ. min. int., 15 mai 1884; Morgand, *Loi municipale*, p. 207.)

Lorsque l'approbation émane du chef de l'État, le délai court du jour où elle a été notifiée. Cette date ne peut s'établir par des présomptions, ni même par le cachet apposé sur l'ampliation dans les bureaux de la préfecture et indiquant le jour où elle a été reçue.

423. — Le droit d'enregistrement comprend le droit d'acte et le droit proportionnel suivant les principes posés par la loi de frimaire an VII. Le droit d'acte est soumis aux règles ordinaires; mais en ce qui concerne le droit proportionnel, le tarif a varié. Il avait été fixé par la loi du 28 avril 1816 (art. 51) à 1 0/0, applicable tant aux travaux exécutés aux frais du Trésor public qu'à ceux des administrations locales et des établissements publics. Cette disposition a été maintenue, en ce qui concerne les travaux à payer directement par le Trésor, par l'article 73 de la loi du 15 mai 1818. (Pand. franç. v° Adjudic. adm. (Etat), n° 1673.) Il en est de même sous l'empire du cahier des charges de 1866. Mais la loi du 28 février 1872 est venue, pour les travaux à la charge du Trésor seulement, transformer ce droit en un droit fixe gradué, dont le taux est ainsi fixé par l'article 2 : « Cinq francs pour les sommes « ou valeurs de 5000 fr. et au-dessous et pour les actes ne con- « tenant aucune énonciation des sommes ou valeurs supérieures « ni dispositions susceptibles d'évaluation ; à 10 fr. pour les « sommes ou valeurs supérieures à 5000 fr., mais n'excédant pas « 10.000 fr. ; à 20 fr. pour les sommes ou valeurs supérieures à « 10.000 fr., mais n'excédant pas 20.000 fr. ; et ensuite à raison « de 20 fr. par chaque somme ou valeur de 20.000 fr. ou fraction « de 20.000 fr. »

Cet article est applicable non seulement aux marchés du service des ponts et chaussées, mais encore à tous les marchés de l'Etat, dont le prix doit être payé directement par le Trésor public.

Mais il ne concerne pas les marchés des départements, communes et établissements publics qui restent soumis au droit de 1 fr. établi par l'article 51 de la loi du 28 avril 1816.

Sous l'empire de la loi du 15 mai 1818 (art. 73), il avait été décidé que le droit fixe serait seul applicable aux marchés des départements, qui devaient être traités comme marchés de l'Etat. Mais l'article 73 de la loi de 1818 étant abrogé par la loi de 1872, les départements, qui ont actuellement une personnalité distincte, doivent le droit de 1 0|0 fixé par la loi du 28 avril 1816. (V. Décision du min. des finances du 8 juin 1872, instruction 2458, § 2; Cass., 16 août 1875, D. P., 75, 1, 428, instruction 2631, § 10.)

424. — Pour l'évaluation du droit d'enregistrement, doit-on envisager le prix énoncé au procès-verbal d'adjudication? ou faut-il en retrancher le rabais consenti par l'adjudicataire ? Cette déduction doit être faite au préalable. C'est, en effet, sur le montant du marché que le droit est basé. Or, le rabais ne figure pas dans le montant du marché. (Perriquet, n° 129; Barry, art. 7, p. 38.)

En second lieu, peut-on, comme l'ont prétendu certains receveurs, prendre pour base le prix du procès-verbal d'adjudication augmenté du sixième? L'article 30 des clauses et conditions générales permet, en effet, d'augmenter d'un sixième le montant des travaux. Cette augmentation, qui est purement éventuelle, et qui souvent même ne se produira pas, ne saurait motiver la perception immédiate du droit : l'obligation imposée aux entrepreneurs par l'article 30 n'est que conditionnelle, et il est de règle que l'obligation éventuelle ne donne lieu à la perception du droit qu'au jour de l'événement. (*Perriquet*, I, n° 129 ; *Barry*, art. 8, p. 38.)

425. — Il est certain qu'un supplément de droit pourrait être exigé le jour où l'augmentation d'un sixième se réalisera. (Req., 18 juillet 1870, D. P., 71, 1, 157 ; Req., 29 décembre 1875. D. P., 76, 1, 126.) L'action en réclamation, qui appartient alors à l'enregistrement, ne se prescrit que par 30 ans. (Req. 28 décembre 1856, D. P., 57, 1, 101.)

Mais, pour que ce supplément de droit puisse être réclamé, il faut que ces travaux aient été exécutés en vertu de la convention, et qu'ils y aient été prévus, soit rigoureusement dans les conditions déterminées, soit avec les modifications que l'Administration jugerait à propos d'apporter au projet primitif. S'il était procédé par l'entrepreneur à des travaux supplémentaires non prévus dans le marché, l'Administration de l'enregistrement ne pourrait plus réclamer un supplément de droit *sur le marché*, à raison de l'exécution de ces travaux. Il s'agirait alors d'une convention nouvelle et distincte pour laquelle le droit d'enregistrement ne serait dû qu'autant qu'elle serait constatée par un acte sujet à la formalité. (Trib. de la Seine, 28 août 1863, Rép. périod., 1866 ; J. Enreg., 17766 ; Cass., 4 avril 1864, D. P., 64, 1, 298 ; 29 décembre 1876, D. P., 76, 1, 126 ; Pand. franç., Rép., v° *Adjud. adm.* (*État*), n°s 1732 et suivants.)

426. — Si l'entreprise vient à être résiliée par le fait de l'Administration, l'entrepreneur a le droit de réclamer le remboursement des frais d'Adjudication. (C. d'Etat, 25 juillet 1873, *Besson*, 697.)

427. — Il est dû, indépendamment des droits perçus sur le marché, un droit de cautionnement de 0 fr. 50 0|0. (Loi du 22 frimaire an VII, art. 79, § 2, n° 8.) Il doit être payé même quand le cautionnement est fourni en rentes sur l'Etat : car alors il ne s'agit pas du transfert d'inscription dispensé du droit par la loi du 22 frimaire an VII. (Trib. de la Seine, 24 avril 1833, *Journal de l'enregistrement*, n° 10648 ; Pand. franç., Rép., v° *Adjud. admin.* (*État*), n° 1679.)

428. — Sous l'empire de la loi du 15 mai 1818 (art. 73-1°), toutes les adjudications au rabais et les marchés pour constructions, réparations, entretien, etc., dont le prix était payable directement ou indirectement par le Trésor, étaient soumis au droit fixe de 1 fr. D'après l'article 1er, n° 9, de la loi du 28 février 1872, ces mêmes marchés, lorsque le prix en est payé *directement* par le Trésor, sont assujettis à un droit fixe gradué de 5 fr. jusqu'à 5000 fr., de 10 fr. jusqu'à 10.000 fr., de 20 fr. pour les marchés compris entre 10 et 20.000 fr., et ensuite à raison de 20 fr. par chaque somme ou valeur de 20.000 fr. ou fraction de 20.000 fr. (Pand. franç., loc. cit., n°s 1687-1688.)

Quant aux marchés qui sont payés *indirectement* par le Trésor, ils ne sont pas régis par la loi de 1872 : ils restent soumis au droit proportionnel de 1 0[0 établi par l'article 51, n° 3, de la loi du 28 avril 1816. (Cass., 16 août 1875, D. P., 75, 1, 428.)

Quant aux marchés passés par d'autres que l'Etat, ils continuent à être régis par la loi du 15 mai 1818, art. 73. (Pand. franç., *loc. cit.*, n° 1689.)

429. — En ce qui concerne les chemins vicinaux, la loi du 21 mai 1835 a établi des règles spéciales reproduites au cahier des clauses et conditions générales du 6 décembre 1870. En vertu de l'article 20 de cette loi, « les plans, procès-verbaux, certificats, « significations, jugements, contrats, marchés, adjudications de « travaux, quittances et autres actes ayant pour objet exclusif la « construction, l'entretien ou la réparation des chemins vici- « naux, seront enregistrés moyennant le droit fixe de 1 fr. porté « à 1 fr. 50 par la loi du 28 février 1872. (V. Instruction du 17 août 1872, *Journal de l'Enregistrement*, n° 19306, Pand. franç., Rép., v° *Adjud. adm. (Commune)*, n° 475.)

430. — Pour les chemins ruraux, la loi du 20 août 1881 (art. 18 dispose : « Les plans, procès-verbaux, certificats, significations, « jugements, contrats, marchés, adjudications de travaux, quit- « tances et autres actes ayant pour objet exclusif la construction, « l'entretien et la réparation des chemins ruraux seront enregis- « trés moyennant le droit fixe de 1 fr. 50. »

L'application de ce tarif ne peut se faire que sur la justification du caractère du chemin. Or, sont considérés comme chemins ru- raux, d'après l'article 1er de la loi : « Les chemins appartenant « aux communes, affectés à l'usage du public et non classés « comme chemins vicinaux. » La preuve de ces caractères sera fournie conformément aux dispositions de l'Instruction de l'En- registrement du 29 octobre 1881, n° 2656, § 10 ; « elle résultera « suffisamment, pour les chemins reconnus, de la mention dans « l'acte de l'arrêté de reconnaissance émanée de l'autorité admi- « nistrative. Pour les chemins non reconnus, elle pourra être « établie soit par un certificat du maire, visé par le préfet et joint « à l'acte soumis à la formalité, soit par tout autre document « contenant la preuve des faits constitutifs de la nature de la « voie. »

431. — Pour les chemins de fer d'intérêt local et tramways, la loi du 11 juin 1880 a dérogé, en ce qui concerne l'enregistrement, aux règles ordinaires. L'article 24 dispose : « Toutes les conventions « relatives aux concessions et rétrocessions des chemins de fer « d'intérêt local, ainsi que les cahiers de charges annexés, ne « seront passibles que du droit fixe de 1 fr. » Et l'art. 39 déclare. cette disposition applicable aux tramways.

Ces articles, ayant un caractère exceptionnel, doivent être en- tendus limitativement. (Instruction 2643, § 7.)

432. — C'est à la Caisse des dépôts et consignations, à Paris, dans les départements, à la caisse du trésorier-payeur général du

département, que le montant des frais d'adjudications doit être versé. (Pand franç., Rép., v° *Adjud. adm.* (*Etat*), n° 1367.) D'après une circulaire du Ministre des travaux publics du 17 avril 1867, aussitôt après l'adjudication, le Ministre ou le préfet adresse à la Caisse ou au trésorier-payeur l'état approximatif des frais à payer. L'adjudicataire fait le versement, en échange duquel il reçoit un récépissé à talon. Le trésorier-payeur reste chargé d'acquitter, à l'aide de la somme qu'il a reçue, les frais représentés par le montant des factures, bons ou états visés par le préfet. Si, les frais payés, il reste un excédent de la somme consignée, il est remboursé à l'entrepreneur sur la présentation de son récépissé, au dos duquel il donne quittance des sommes payées.

433. — En règle générale, c'est donc l'entrepreneur qui paie les frais du contrat, timbre et enregistrement. Mais lorsque le marché est passé non par l'État, mais par une commune ou un établissement public, si l'entrepreneur devient insolvable avant d'avoir acquitté les droits, c'est la partie pour qui les travaux sont exécutés, la commune ou l'établissement public, qui peut être recherchée par l'Administration de l'Enregistrement. (Pand. franç., v° *Adjud. adm.* (*Etat*), n° 1779.) Les communes feront donc bien de ne pas payer l'entrepreneur avant qu'il n'ait appliqué les droits : on applique les règles ordinaires; les parties contractantes sont solidairement responsables des droits dus au sujet de l'acte. Cette observation est surtout importante en ce qui concerne les droits à payer pour les travaux supplémentaires à l'égard desquels les droits ne sont pas acquittés dans un délai fixe à la suite de l'adjudication.

434. — *Travaux du département de la guerre.* — D'après l'article 7 du cahier de 1887 et l'article 18 de l'annexe n° 2 jointe audit cahier, qui renvoient à l'application du règlement du 3 avril 1869 sur la comptabilité du Ministère de la guerre, les frais de timbre et d'enregistrement sont à la charge de l'adjudicataire.

Les pièces du marché soumises au timbre sont : le cahier des charges spéciales et le procès-verbal d'adjudication. Cette dernière pièce doit, en outre, être enregistrée.

Les droits sont les mêmes que pour les marchés ordinaires de l'État. (V. n° 428.) Il arrive quelquefois qu'un chiffre n'est pas fixé par le procès-verbal d'adjudication parce que le marché est passé sur séries de prix. Dans ce cas, on indique au cahier des charges une somme approximative pour la perception des droits d'enregistrement. (Loi du 22 frimaire an VII, art. 16.) Si elle est dépassée, un supplément de droit sera exigible par l'Administration.

Le cahier de 1876 (art. 6) mettait également à la charge de l'entrepreneur toutes les additions qui viendraient à être faites au bordereau des prix, pendant la durée du marché, ainsi que les exemplaires, expéditions ou extraits, timbre et enregistrement du cahier des clauses et conditions générales, dont il ferait usage à l'appui d'une demande quelconque faite en justice ou devant toute autre autorité constituée. Le nouveau cahier ne contient pas de disposition analogue. Néanmoins les frais que nous venons d'énumérer doivent rester à la charge de l'adjudicataire, parce qu'ils constituent une suite de l'adjudication.

L'exécution de travaux supplémentaires non prévus et la résiliation du marché soulèvent des questions analogues à celles que nous avons étudiées pour le service des ponts et chaussées, et elles comportent les mêmes solutions. (Nᵒˢ 425 et 426.)

435. — Parmi les faux frais qui sont une conséquence, au moins indirecte, de l'adjudication, figure la patente qui est due par les entrepreneurs de travaux publics.

Les entrepreneurs de travaux publics sont des commerçants qui réalisent des bénéfices sur les entreprises dont ils se chargent. Il était donc logique de les soumettre à l'impôt de la patente, dont le but est d'atteindre les bénéfices que procure l'exercice d'une profession.

C'est ce qui a été fait de tout temps : la loi du 25 avril 1844 frappait déjà de la patente les entrepreneurs de travaux publics ; mais elle établissait entre eux, au point de vue de la quotité du droit, des catégories diverses, suivant que les entreprises portaient sur l'entretien des chemins vicinaux, des routes, etc., ou sur des travaux neufs de toute nature.

Ces classifications ne furent pas maintenues par la loi du 4 juin 1858, qui rangea dans une seule catégorie tous les entrepreneurs de travaux publics, sans rechercher s'ils exécutaient des travaux neufs ou des travaux d'entretien. Elle les soumit aux droits suivants :

1° Un droit fixe de 5 fr., plus un franc par 1,000 du montant annuel des entreprises, jusqu'au maximum de 10,000 fr. ;

2° Un droit proportionnel calculé au 15ᵉ sur *la maison d'habitation seulement.*

La loi du 29 mars 1872 vint modifier profondément ce système, en formulant des règles générales qui, applicables à toutes les patentes, frappaient aussi les entrepreneurs. Les nouvelles prescriptions peuvent se résumer ainsi :

1° Le patentable ayant plusieurs établissements devra un droit fixe entier à raison de chaque établissement (art. 1ᵉʳ) ;

2° Le maximum de droits imposés aux professions tarifées à raison d'éléments variables d'imposition est supprimé.

436. — Enfin, la loi du 15 juillet 1880 est venue remanier entièrement cette importante matière.

L'entrepreneur de travaux publics, dont il est question au tableau C, 4ᵉ partie, est frappé des droits suivants :

1° Droit proportionnel au 20ᵉ sur la maison d'habitation, et au 60ᵉ sur l'établissement industriel ;

2° Droit fixe de 5 fr., plus 0 fr. 25 par 100 fr. ou fraction de 100 fr., du montant annuel des entreprises.

Toutefois, lorsque le prix des entreprises sera de 500 fr. et au-dessous, l'entrepreneur sera imposé conformément aux règles du tableau A et en raison de l'objet spécial des entreprises, pourvu qu'il n'en résulte aucune surcharge comparativement aux taxes que produirait l'application du tarif ci-dessus.

Ce système est une combinaison de ceux admis par les lois de 1844, de 1858 et de 1872.

Conformément aux principes généraux en matière de patente, le droit imposé à l'entrepreneur comprend un droit proportionnel et un droit fixe. Mais l'un et l'autre se dédoublent. Pour le calcul du droit proportionnel, il faut envisager non seulement la valeur de l'habitation personnelle, mais encore celle de l'établissement industriel. C'est là en effet un élément fort important et assez exact de l'évaluation de l'importance des affaires du patentable. Mais, comme c'est surtout la valeur de l'habitation personnelle qui témoigne des bénéfices réalisés, on en tient un plus large compte que de celle de l'établissement industriel : elle est frappée au 20ᵉ, tandis que l'établissement n'est frappé qu'au 60ᵉ.

Le droit fixe se divise également en deux parties : un droit fixe invariable, de peu d'importance, et un second droit fixe, proportionnel au chiffre de travaux annuellement entrepris, qui se calcule à raison de 0 fr. 25 c. 0/0. Cette proportion est la même, quelle que soit la nature des travaux : il n'y a plus à distinguer, comme sous l'empire de la loi de 1858, entre les travaux neufs et ceux d'entretien ; il n'y a plus, comme sous l'empire de la loi de 1858, de maximum fixé. D'autre part, la fin de l'article accorde une faveur aux entreprises de travaux de minime importance, qui ne dépassent pas 500 fr.

Ces règles paraissent à première vue très simples ; cependant, leur application soulève d'assez nombreuses difficultés.

437. — La première question qui se soulève, et l'une des plus importantes, est celle de savoir quelles personnes sont soumises à cet impôt. La loi parle bien de « *l'entrepreneur de travaux publics* », mais elle ne dit pas à qui appartient cette qualité. L'entrepreneur de travaux publics n'est défini d'une manière précise par aucun texte ; et le plus souvent, cette profession n'est pas exercée isolément ; beaucoup d'entrepreneurs, presque tous même, font non seulement des travaux pour le compte de l'État ou des administrations, mais aussi des travaux privés, pour le compte de simples particuliers. Lors donc qu'on veut savoir si un patentable est entrepreneur de travaux publics il faut se reporter, suivant le conseil que donnait l'instruction ministérielle du 31 juillet 1859, aux lois de la matière et au sens usuel des mots : ajoutons qu'il faudra tenir compte, dans une large mesure, de la nature du contrat lui-même. C'est d'ailleurs ainsi que l'instruction ministérielle du 6 avril 1881 (art. 44) tranche la question. « La « dénomination d'entrepreneur de travaux publics, dit-elle, doit « être restreinte aux entrepreneurs de travaux publics proprement dits, c'est-à-dire aux adjudicataires des travaux qui sont « exécutés pour le compte de l'État, des départements, des communes, des hospices et autres établissements publics, ainsi que « pour le compte des compagnies concessionnaires de canaux,

« de chemins de fer, etc.; qui, par le privilège dont elles jouis-
« sent, peuvent être considérées comme des établissements pu-
« blics. »

Le premier élément d'appréciation sera donc celui-ci : devra
être considéré comme entrepreneur de travaux publics celui qui
soumissionne des travaux publics.

Nous avons vu précédemment qu'il fallait entendre par travaux
publics ceux que l'Administration fait exécuter dans l'intérêt des
services publics. (V. nos 3 et 4.) L'instruction ministérielle attribue
cette qualité aux *adjudicataires* de travaux : est-ce à dire que
l'adjudication soit une condition essentielle? Nullement : ce n'est
pas là le criterium auquel on reconnaîtra l'entreprise de travaux
publics. Dans un certain nombre de cas, les administrations peuvent passer des marchés de gré à gré pour l'exécution des travaux.
Notamment en ce qui concerne les travaux de l'État, le décret du
20 novembre 1882 (art. 18) autorise ce genre de contrat pour
les travaux dont la dépense n'excède pas 20.000 francs, pour les
travaux que le Gouvernement juge à propos de tenir secrets, etc.
Dans toutes ces hypothèses, il n'y a pas d'adjudication : le travail
ne cesse pas pour cela d'être travail public, et l'entrepreneur qui
s'en charge, d'être entrepreneur de travaux publics. Le Conseil
d'État a toujours tranché la question en ce sens, aussi bien sous
l'empire des anciennes lois que depuis la loi de 1880. (C. d'État,
Watel, 19 décembre 1860, 778; 12 février 1868, *Michel*, 152;
26 mai 1886, *Barreau*, 453.)

Donc, ce n'est pas à la forme des marchés qu'il faut s'attacher
pour apprécier la qualité d'entrepreneur de travaux publics, c'est
à leur nature seule.

438. — L'application exacte de cette règle permettra de distinguer l'entrepreneur de travaux publics, du soumissionnaire de
fournitures et de l'adjudicataire de services publics, qui ne doivent
pas être imposés d'après les mêmes bases. Dans certains cas où
l'entreprise a pour objet à la fois des travaux publics et des fournitures, la loi a établi une patente spéciale, ce qui tranche la difficulté. (V. notamment pour les entrepreneurs de distribution
d'eau (Tableau B), de balayage, arrosage et enlèvement des
boues (Tableau A, 5e classe), d'éclairage au gaz (Tableau A,
1re classe), etc. Dans les cas où la loi ne détermine pas une patente
distincte, il y a lieu de rechercher, d'après les principes généraux, si le patentable est réellement entrepreneur d'un travail
public, ou concessionnaire d'un marché de fournitures.

439. — Il peut arriver que l'exécution de travaux publics ne
constitue pas l'exercice de la profession d'entrepreneur, mais n'ait
lieu qu'à l'occasion et comme conséquence accessoire d'une autre
profession spécialement dénommée. Ainsi, le concessionnaire de
distribution d'eau qui, comme nous venons de le voir, est imposé
à un droit spécial, ne saurait être soumis à la patente d'entrepreneur de travaux publics à raison des travaux de canalisation
et autres, qu'il est obligé de faire sous les voies publiques. (C. d'É-

tat, 3 novembre 1882, *Cie des Eaux de la Rose*, 836 ; 22 fév. 1884, *Cie générale des Eaux de Rennes*, 20 juin 1884, 163 ; 20 juin 1884, *Cie Générale des Eaux*, 494.) Il en est de même pour les entrepreneurs d'omnibus et de tramways, d'abattoirs publics, etc...

Comme tous les patentables, les entrepreneurs de travaux publics sont soumis aux dispositions générales de la loi du 15 juillet 1880 en cas d'association ou d'exercice multiple d'industries classées distinctement. (Art. 7 et suivants, C. d'État, 12 décembre 1861, *Cail*, 883 ; 27 janvier 1882, *Durenne*, 88.) Seulement, l'application de ces dispositions est subordonnée à la condition de l'exercice d'industries essentiellement distinctes. Un entrepreneur n'est pas imposable pour les industries accessoires exploitées et organisées par lui dans l'intérêt unique de ses entreprises de travaux publics. Ainsi l'entrepreneur qui pour le besoin de ses travaux soumissionne l'exploitation d'une carrière n'est pas imposable à la patente comme exploitant de carrières ; il n'est patentable que comme entrepreneur de travaux publics. (C. d'État, 11 février 1859, *Toutain*, 129.)

440. — Enfin il arrive fréquemment que les deux qualités d'entrepreneur de travaux privés et d'entrepreneur de travaux publics se trouvent réunies. Faudra-t-il, parce qu'un entrepreneur de travaux ordinaires s'est porté une seule fois adjudicataire d'un travail public, qu'il soit soumis à la patente d'entrepreneur de travaux publics ? L'instruction du 6 avril 1881 répond ainsi à cette question : « Lorsqu'un charpentier, un menuisier ou un autre « artisan s'est rendu adjudicataire d'un travail public, il y a lieu « d'examiner si, d'après son importance, la manière dont elle « doit être suivie et le lieu où elle doit être exécutée, cette entre- « prise forme un établissement distinct de celui qui constitue la « profession habituelle de l'entrepreneur ou n'est qu'un accessoire « de cette profession. Dans le premier cas, il y a deux établisse- « ments passibles chacun d'un droit fixe ; dans le second, on ne « doit percevoir qu'un seul droit fixe, celui dont le taux est le « plus élevé. » Donc, si d'après son importance l'entreprise de travaux publics peut être considérée comme établissement distinct, l'entrepreneur est soumis à la patente d'entrepreneur de travaux publics pour cet établissement ; dans le cas contraire, si l'entrepreneur n'a qu'un seul établissement, on recherche, suivant la règle habituelle en matière de patente, quelle est la profession la plus imposée de celles qui y sont exercées.

441. — Lorsque la qualité d'entrepreneur de travaux publics appartient à une société, on applique, outre les règles précédentes, les dispositions générales de la loi de 1880 relatives aux sociétés commerciales.

Les sociétés anonymes sont traitées, en tant que personnes morales, comme le seraient des individus entrepreneurs de travaux publics. La société anonyme ne forme qu'un seul entrepreneur auquel on applique les règles ordinaires ; c'est la société qui est le patentable : les gérants et administrateurs, comme les simples actionnaires, ne payent pas de patente, à moins qu'ils n'exercent eux-mêmes en dehors de la société une profession patentée.

Il en est de même pour les sociétés en commandite, en ce qui concerne les commanditaires. Ils ne paient pas de patente personnelle ; quant aux associés solidaires et aux gérants, ils sont traités comme le seraient des associés en nom collectif.

Pour les associés en nom collectif, l'associé principal paye seul la totalité du droit fixe, car suivant l'exception établie par l'article 21 de la loi de 1880, les associés secondaires sont affranchis du droit fixe dans les entreprises de travaux publics. Quant au droit proportionnel, il est établi sur la maison d'habitation de l'associé principal et sur tous les locaux qui servent à la société pour l'exercice de son industrie. La maison d'habitation de chacun des autres associés est affranchie du droit proportionnel, à moins qu'elle ne serve à l'exercice de l'industrie sociale. En ce dernier cas, elle est, de même que les autres locaux servant à l'industrie sociale, imposable au nom de l'associé principal.

442. — Il faut remarquer aussi que tout entrepreneur de travaux publics, tout sous-traitant, doit être imposé à la patente. La loi ne fait aucune exception : elle ne prend en considération ni le mode de paiement, ni les conditions de l'adjudication, ni la durée des travaux, ni même le but et le mobile de l'entreprise. Celui qui se rend adjudicataire dans le seul but d'être utile aux habitants de sa commune ou de procurer du travail aux indigents est imposable aussi bien que celui qui cherche dans la réalisation de l'entreprise un profit légitime. (C. d'Etat, 18 août 1855, *Chédoz*, 609 ; 28 février 1856, *Jacquet*, 170 ; 9 mai 1860, *Poyetz*, 383.) Il importe peu également que l'entrepreneur ne se soit rendu adjudicataire que pour se procurer le placement des produits d'une industrie spéciale, et cela lors même qu'il aurait traité avec un tiers pour l'exécution en sous-traité des travaux autres que la fourniture et la pose des pièces de sa fabrication. (C. d'Etat, 12 décembre 1861, *Cuil*, 883 ; 27 janvier 1882, *Durenne*, 88 ; 11 décembre 1885, *Imbert*, 939.)

443. — Il arrive souvent que l'entrepreneur cède une partie des travaux à des sous-traitants. Puisqu'il faut s'attacher, pour déterminer le caractère de l'entrepreneur, à la nature même du travail exécuté, nous devons admettre que le sous-traitant exécutant un travail qui est par lui-même un travail public, est passible de la patente imposée aux entrepreneurs de ce genre de travaux.

Le Conseil d'État a été, à diverses époques, appelé à trancher la question. Sous l'empire des lois de 1844 et 1858, jusqu'en 1877, il ne considérait comme entrepreneur de travaux publics que l'adjudicataire responsable du travail dans toutes ses parties, et celui qui avait obtenu de l'adjudicataire la cession d'une partie de l'adjudication déterminée et complète. (C. d'Etat, 10 mars 1862, *Michelon*, 180 ; 4 juin 1862, *Michelon*, 444 ; 17 février 1863, *Claverier*, 140 ; 23 juin 1865, *Magniez*, 651 ; 12 février 1868, *Vivien*, 155 ; 4 août 1876, *Chirurgien*, 761.) Au contraire, il se refusait à imposer comme entrepreneur de travaux publics celui qui ne faisait que prêter à l'entrepreneur principal son concours pour l'exécution des travaux de son état rentrant dans l'entreprise, dès lors qu'il agissait sous la seule responsabilité de cet entrepreneur principal sans qu'il y ait eu cession d'une partie du marché. (C. d'Etat, 8 janvier 1867, *Chauvet*, 12 ; 20 septembre 1871, *Cabasse*, 171 ; 18 mai 1877, *Buisset*, 466.)

Mais en 1877, le Conseil d'Etat a modifié sa jurisprudence. (C. d'Etat, 13 juillet 1877, *Josserand*, 692.) A cette époque, il décida qu'il y avait lieu d'imposer comme entrepreneur de travaux publics un sous-traitant qui s'était chargé de la maçonnerie de dix gares d'une ligne de chemin de fer dont la construction entière était adjugée à un entrepreneur principal. Il s'agissait bien là d'un entrepreneur qui avait seulement prêté son concours à l'entrepreneur principal, mais qui n'était pas responsable, vis-à-vis de la Compagnie, de la bonne exécution du travail. La distinction jusqu'alors admise était donc abandonnée. Cette solution a été maintenue sous l'empire de la loi de 1880, et elle paraît aujourd'hui définitive. (C. d'Etat, 26 décembre 1885, *Rastoul*, 1006.)

La doctrine établie par le Conseil d'Etat dans ces derniers arrêts nous paraît trop absolue et conduirait à des conséquences inadmissibles. On ne peut appliquer la patente d'entrepreneur de travaux publics à tout entrepreneur secondaire qui travaille pour le compte de l'adjudicataire : il est certain que l'adjudicataire de la construction d'un bâtiment complet, ou de toute une ligne de chemin de fer, est obligé de recourir, pour mener le travail à bonne fin, à divers corps d'état, et on ne saurait raisonnablement soutenir que tous les entrepreneurs auxiliaires deviennent entrepreneurs de travaux publics.

A quoi donc reconnaîtra-t-on que ce caractère leur appartient ? La règle, suivant nous, est celle-ci : lorsque l'entrepreneur secondaire se chargera, en bloc et à forfait, de l'exécution d'une partie déterminée des travaux adjugés, ou d'une catégorie de travaux, la maçonnerie par exemple, et qu'il consentira à l'entrepreneur principal un prix calculé d'après un certain rabais sur le prix d'adjudication, il sera imposable comme entrepreneur de travaux publics. Il ne devra, au contraire, que la patente qui frappe sa profession particulière, lorsqu'il n'agira pour le compte de l'entrepreneur principal que comme il agirait pour le compte d'un propriétaire qui lui confierait des travaux.

444. — L'imposition des sous-traitants donne encore naissance à une autre difficulté. Il peut arriver que l'entrepreneur principal concède à des sous-traitants toutes les parties de l'entreprise, à l'un la maçonnerie, à l'autre la menuiserie, etc. Cessera-t-il pour cela d'être entrepreneur de travaux publics ? Nullement, car vis-à-vis de l'Administration pour le compte de laquelle le travail est exécuté, c'est lui seul qui est l'entrepreneur responsable ; et d'ailleurs, malgré les sous-traités, il réalise sur l'entreprise totale un bénéfice que la patente est précisément destinée à atteindre.

Plus fréquemment un entrepreneur qui se rend adjudicataire

d'un travail complet conserve pour lui-même les travaux concernant sa profession, et cède les autres à des sous-traitants. Ainsi la jurisprudence offre l'exemple suivant : un maître de forges a soumissionné la construction d'une usine à gaz, il exécute lui-même toute la partie métallurgique, mais il a recours, pour le reste du travail, à des sous-traitants.

Doit-il être imposé comme entrepreneur de travaux publics, ou doit-on lui maintenir sa patente de maître de forges ?

Le Conseil d'État se prononce dans le premier sens, et déclare qu'il n'y a pas lieu de se préoccuper des sous-traitants. (C. d'État, 27 janvier 1882, *Durenne*, 88.)

Il en serait ainsi alors même que l'entrepreneur principal aurait cédé à des sous-traitants aux prix de l'adjudication, c'est-à-dire sans réaliser aucun bénéfice. Par conséquent on ne considère que le fait de la soumission consentie par l'adjudicataire ; dès que le contrat est passé, cet adjudicataire est réputé, au point de vue de la patente, devoir exécuter lui-même les travaux.

445. — La patente des entrepreneurs de travaux publics soulève des questions délicates non seulement au point de vue des personnes soumises à la patente, mais encore au point de vue du montant des droits, de leur évaluation et de leur acquittement.

La loi du 15 juillet 1880 a établi, ainsi que nous l'avons vu, deux droits différents. Un droit fixe qui se compose d'une taxe invariable de 5 fr. et d'une taxe variable de 0, 25 0/0 du montant annuel des entreprises, et un droit proportionnel qui porte à la fois sur la maison d'habitation à raison de 1/20 et sur l'établissement industriel à raison de 1/60.

Le droit improprement appelé droit fixe emprunte un caractère particulier à sa partie variable annuelle et proportionnelle et donne lieu à de nombreuses difficultés.

446. — Depuis l'article 8 de la loi nouvelle qui n'est que la reproduction de l'article 9 de la loi de 1858, les droits fixes qui frappent les établissements sont imposables dans les communes où sont situés les établissements qui y donnent lieu. L'endroit où les travaux sont exécutés, celui où ils ont été adjugés, la résidence de l'ingénieur ou architecte, le domicile élu pour l'exécution des travaux ne sont pas pris en considération. Lorsque le patentable a plusieurs établissements, il doit un droit fixe pour chacun d'eux ; lors donc qu'il exécute des travaux dans divers endroits, il y a lieu de rechercher, en fait, quels sont ceux où il a un véritable établissement et ceux où il n'a que des ateliers provisoires, momentanés, où il ne se transporte avec son matériel que pour les besoins de l'ouvrage exécuté en cet endroit. (C. d'État, 17 décembre 1860, *Mangini*, 779 ; 26 décembre 1860, *Cross.* 805 ; 22 mai 1861, *Waring*, 387 ; 17 juin 1868, *Morlé*, 678 ; 14 décembre 1868, *Morlé*, 1027 ; 15 décembre 1869, *Castor*, 959.)

447. — Le montant du droit fixe dû au siège de l'entreprise ou à chaque établissement comprend le droit invariable de 5 fr. qui est dû autant de fois qu'il y a d'établissements distincts ; puis le

droit de 0, 25 0/0 calculé sur le montant de tous les travaux entrepris dans la circonscription de l'établissement imposé. Lorsque la loi dit qu'il est dû autant de droits fixes qu'il y a d'établissements distincts, elle ne fait allusion qu'à la partie invariable de la taxe ; il ne serait pas admissible en effet qu'un entrepreneur fût imposé à 0,25 0/0 dans chacun de ses établissements, même pour les travaux qu'il exécute dans les autres. Il y aurait double emploi ; et la jurisprudence reconnaît constamment que l'entrepreneur imposé au lieu de son principal établissement pour la totalité de ses entreprises ne peut l'être encore pour les diverses parties dans les communes où il a des ateliers, et réciproquement. (C. d'État, 3 août 1877, *Janin*, 786 ; 2 février 1881, *Moity*, 225 ; 10 mars 1882, *Moity*, 235 ; 9 juin 1882, *Varigard*, 545 ; 26 décembre 1884, *Visoud*, 947.)

Lorsque l'entreprise est faite par une société, le droit fixe dû par l'associé principal est payable au lieu où sont l'établissement industriel, les ateliers, et où est centralisée la comptabilité : on ne se préoccupe pas du siège social. (C. d'État, 28 décembre 1883, *Simon*, 967.)

448. — La partie variable du droit fixe de 0,25 0/0 sur chaque entreprise doit être établie sur le montant annuel et brut de l'entreprise. On ne considère que le montant brut sans admettre certaines déductions qu'il eût cependant été logique de consentir : par exemple celle du prix de vieux matériaux fournis par l'Administration et employés par l'entrepreneur. (C. d'État, 14 mars 1879, *Benoît*, 212) ; la valeur des matériaux mis en œuvre fournis soit par l'entrepreneur, soit par la compagnie pour le compte de laquelle il agit. (C. d'État, 26 mai 1886, *Barreau*, 453 ; 27 janvier 1882, *Durenne*, 88 ; 11 décembre 1885, *Imbert*, 939.)

Toutefois on ne tient pas compte, dans l'établissement du droit, du montant des travaux exécutés à l'étranger. (C. d'État, 7 février 1865, *Benckisen*, 154 ; 13 juillet 1877, *Eiffel*, 694.)

449. — La patente est établie au début de chaque année et est destinée à atteindre les travaux qui seront exécutés dans le courant de l'année pour laquelle les rôles sont publiés. Il faut dès lors procéder à une évaluation. Les règles d'après lesquelles elle doit se faire sont déterminées par l'instruction du 6 avril 1881 dont l'article 44 est ainsi conçu : « Quant au règlement des bases du droit fixe, les travaux qu'exécutera l'entrepreneur pendant l'année pour laquelle on établit la patente ne pouvant pas toujours être connus au moment de la confection de la matrice, les agents détermineront le prix des entreprises d'après les faits constatés pour l'année précédente, à moins que la notoriété, qui doit toujours être constatée avec soin en matière de patente, n'indique avec toutes les apparences de la certitude, ou d'une très grande probabilité, des changements dont il conviendrait alors de tenir compte. »

La patente étant annuelle, lorsque l'entreprise dure plusieurs années, les travaux qui donnent lieu à la perception doivent être déterminés chaque année. Le calcul se fait donc chaque année.

450. — D'autre part, il est admis depuis longtemps que le droit ne peut porter que sur les travaux réellement exécutés. Cette règle, consacrée par une jurisprudence constante sous l'empire de la loi de 1858, est maintenue sous la loi de 1880. L'évaluation du début de l'année n'est donc pas définitive, les événements peuvent prouver qu'elle est erronée, et toutes les fois que l'erreur se manifestera, l'entrepreneur ou l'Administration pourra en profiter.

Ainsi le chiffre porté à l'adjudication ne sera pas, par présomption souveraine, considéré comme le chiffre exact des travaux, car l'administration peut en cours d'exécution modifier la quantité d'ouvrage en plus ou en moins. Si la quantité d'ouvrage est réduite par le fait de l'Administration, le droit ne portera que sur le travail exécuté. (C. d'État, 31 août 1861, *Mara*, 776.)

De même, si, en cours d'entreprise, le premier entrepreneur est remplacé avant la fin de l'année par un autre, il ne doit payer les droits que sur les seuls travaux accomplis au moment où il quitte l'entreprise. (C. d'État, 31 août 1861, *Mara*, 776.) De même, encore, en cas de résiliation intervenant à un moment quelconque de l'entreprise (C. d'Etat. 7 novembre 1884, *Nicolier*, 755.)

451. — Ces conditions spéciales d'établissement du droit dispensent l'entrepreneur de présenter les réclamations portant sur l'évaluation du chiffre des travaux, dans les trois mois à partir de l'émission des rôles. Des arrêts du Conseil d'Etat qui décident que la perception a lieu seulement sur les travaux réellement effectués, il semble bien résulter que la réclamation peut se produire après l'expiration du délai de trois mois si le montant réel des travaux à exécuter n'est fixé qu'après l'expiration du délai de trois mois à partir de la publication du rôle. Ainsi, en présence d'une entreprise devant durer plusieurs années, la décision fixant le chiffre des travaux à exécuter dans une des années n'étant intervenue que plus de trois mois après la publication des rôles, l'entrepreneur a été déclaré recevable à faire évaluer le montant des droits, d'après cette décision et non d'après l'évaluation plus forte qui avait été faite au commencement de l'année par l'Administration (C. d'Etat, 20 janvier 1869, *Varigard*, 545) ; on a vu également le même principe appliqué dans les espèces que nous avons citées plus haut. (V. C. d'État, 7 novembre 1884, *Nicolier*, 755 ; C. d'État, 31 août 1861, *Mara*, 776.) Seulement il faut bien remarquer que le délai n'est pas supprimé, son point de départ est seulement reculé au jour de l'événement qui a fixé le montant des travaux ou démontré l'erreur commise dans l'évaluation ; le délai de trois mois compte donc à partir de la décision administrative qui a indiqué les travaux à exécuter, ou de celle qui a ordonné la cessation de ces travaux, ou de celle qui a prononcé la résiliation ou la réception mettant fin à l'entreprise, etc. (V., en dehors des arrêts ci-dessus cités : C. d'État, 4 avril 1872, *Mestrezat*, 199 ; 10 mars 1882, *Foy*, 232.)

452. — D'ailleurs l'Administration a, comme les entrepreneurs, le droit de faire rectifier l'évaluation primitive ; elle est seulement soumise de son côté à la prescription habituelle, ce qui soulève souvent des questions difficiles : ainsi lorsque, dans le calcul annuel du montant des droits, une entreprise ou partie d'entreprise a été omise pendant une ou plusieurs années, l'entrepreneur peut-il, en fin d'entreprise, et lors du règlement du compte, être recherché pour les travaux antérieurs au sujet desquels il n'a pas payé les droits ? L'affirmative a été soutenue par l'Administration : mais le Conseil d'État s'est prononcé en sens contraire dans l'espèce suivante : une société avait exécuté une entreprise dans une période de trois années ; pendant les deux premières années, l'associé principal n'avait été imposé qu'à raison des travaux exécutés pour son compte personnel, et les deux autres associés n'avaient acquitté aucun droit. A la fin de l'entreprise, l'Administration voulut, à l'aide d'un rôle supplémentaire, leur faire acquitter la patente pour les travaux exécutés dans les deux premières années. Le Conseil d'État a repoussé cette manière de voir et a décidé que l'imposition n'était due que pour la dernière année, celle dans laquelle l'Administration avait, régulièrement et en temps utile, imposé toutes les entreprises. (C. d'État, 8 décembre 1882, *Vergnioux*, 985.) Il en serait autrement si l'Administration ne réclamait pas la rectification d'erreurs commises, mais voulait arrêter définitivement un compte entre le Trésor et le contribuable au sujet de travaux dont le paiement et le règlement n'ont été faits qu'en fin d'entreprise. (C. d'État, 16 mars 1870, *Escarraguel*, 293 ; 20 avril 1883, *Olivier*, 377.)

453. — Enfin l'application de la patente à la fois à l'entrepreneur principal et aux sous-traitants soulève une question délicate, relativement au calcul des droits. Ne va-t-il pas y avoir double emploi ? les droits afférents *aux mêmes travaux* ne vont-ils pas se payer deux fois, d'abord par l'entrepreneur principal, ensuite par le sous-traitant ?

Écartons tout d'abord certains éléments de l'imposition au sujet desquels il n'y a pas de doute : la première partie du droit fixe, établie au taux invariable de 5 fr., sera évidemment due aussi bien par le sous-traitant que par l'entrepreneur principal ; il ne frappe pas, en effet, tel ou tel travail, mais l'exercice de la profession.

En ce qui touche le droit proportionnel basé sur l'importance de la maison d'habitation et de l'établissement industriel, pas de difficulté non plus, pour la même raison. Le double emploi ne se conçoit même pas.

Mais, que décider pour la seconde partie du droit fixe qui est calculée à raison de l'importance des travaux, à 0,25 0/0 du montant annuel de l'entreprise ? Ce droit frappera-t-il à la fois l'entrepreneur principal et le sous-traitant ? Pour mieux préciser, si l'entreprise est évaluée 100.000 francs et que l'entrepreneur principal cède à un sous-traitant 50.000 francs de travaux, devra-t-on frapper l'entrepreneur principal du droit de 0,25 0/0 sur 10.0000 fr. et le sous-traitant du même droit sur 50.000 fr.? ou bien doit-on faire la déduction des travaux sous-traités et frapper l'entrepreneur principal pour 50.000 fr. et le sous-traitant pour 50.000 francs?

Ce second mode de calcul paraît de beaucoup le plus équitable : il semble que si on ne l'admet pas, le droit sera acquitté deux fois à raison des mêmes travaux, ou au moins d'une même partie des travaux. Il est, en outre, conforme au texte de la loi de 1880 qui soumet au droit proportionnel « *le montant des travaux de l'entreprise* ».

Malgré l'importance de ces raisons, il ne paraît pas que ce mode de calcul ait été admis par la jurisprudence. Un premier point sur lequel elle a décidé en termes explicites, c'est que le sous-traitant doit la patente sur le montant des travaux dont il se charge; et ces travaux sont évalués non pas au prix qu'il consent à l'entrepreneur principal et qu'il recevra, mais bien au prix, presque toujours plus élevé, pour lequel ils figurent dans le marché passé par l'entrepreneur principal avec l'Administration. (C. d'Etat, 8 août 1884. *Min. des finances*, 728.)

La difficulté se trouve donc restreinte aux droits dus par l'entrepreneur principal. Il doit, sans aucun doute, les droits sur les travaux qu'il conserve; les doit-il aussi sur ceux qu'il cède à des sous-traitants?

Dans un arrêt récent, le Conseil d'État a décidé que la déduction ne devait pas être faite. « Considérant, dit-il, que la loi du « 4 juin 1858 soumet aux droits de patente les entrepreneurs de « travaux publics à raison du montant annuel de leur entre- « prise et qu'aucune disposition légale ne permet qu'il leur soit « fait de déduction... *de la valeur des travaux cédés à des sous-* « *traitants.* » (C. d'État, 27 janvier 1882, *Durenne*, 88.) Dans le même sens : (12 décembre 1861, *Cail*, 883 ; 10 mars 1862, *Michelon*, 180; 17 février 1863, *Claverier* 139.) Cette solution, fondée sur le motif que la loi de 1858 ne fait aucune distinction, doit naturellement être maintenue sous l'empire de la loi de 1880, qui ne distingue pas davantage.

Est-elle trop rigoureuse? On peut la justifier par cette considération que la patente est destinée à atteindre les bénéfices réalisés ; or, l'entrepreneur principal réalise un bénéfice sur la totalité de l'entreprise puisqu'il ne cède à un sous-traitant que moyennant un nouveau rabais; et celui-ci, d'autre part, réalise aussi un bénéfice sur les travaux dont il se charge. Il y a donc deux bénéfices distincts : par suite, la patente ne fait pas double emploi.

Ces considérations sont certainement importantes : mais elles ne sont pas exactement conciliables avec les décisions même du Conseil d'État. Il faudrait, pour qu'elles fussent déterminantes, que l'on recherchât, en fait, si l'entrepreneur principal réalise un bénéfice sur le sous-traitant : dans ce cas, il devrait la patente même sur les travaux cédés; il ne la devrait pas, au contraire, si le sous-traité n'était pas avantageux pour lui.

De cette manière, l'équité serait sauvegardée. Mais le Conseil d'État refuse d'entrer dans ces distinctions : dans l'arrêt précité (*Durenne*), il était justifié que l'entrepreneur principal avait sous-traité à des conditions identiques à celles de sa propre adjudication ; et dans l'arrêt de 1884, cité plus haut, il est dit formellement qu'il n'y a aucun compte à tenir des conventions qui ont pu intervenir entre l'adjudicataire et les sous-traitants. Au sujet de cette affaire, l'avis ministériel, dont le Conseil d'État a adopté les conclusions, s'exprimait ainsi : « L'assiette du droit ne saurait « être subordonnée à des conventions, sous-adjudications ou « marchés d'un caractère privé ; la plupart de ces conventions ne « sauraient jamais être exactement connues ; pour les travaux « ayant fait l'objet de sous-traités successifs, on serait amené à « tenir compte des rabais consentis chacun à leur tour par les « sous-traitants. Il pourrait arriver enfin que, par suite d'erreurs « dans les estimations ou par tout autre motif, un entrepreneur « dût sous-traiter à des prix majorés, ce qui entraînerait avec un « tel système d'interprétation l'application au sous-traitant d'une « imposition calculée d'après des sommes supérieures à celles « payées à l'entrepreneur principal d'après l'acte d'adjudication. »

Ces raisons d'utilité ont paru déterminantes au Conseil d'État et l'ont entraîné à consacrer un principe certainement critiquable au point de vue de l'équité.

CHAPITRE II

Des conditions requises pour être déclaré adjudicataire.

454. — Division de notre étude.
455. — Question générale : exclusion d'un entrepreneur de toute adjudication ou de toutes les adjudications d'un service.

454. — L'ordonnance du 7 décembre 1836 portant règlement sur les marchés passés au nom de l'État dispose, dans son article 3, que : « Les cahiers des charges détermineront la nature « et l'importance des garanties que les fournisseurs ou entrepre- « neurs auront à produire soit pour être admis aux adjudications, « soit pour répondre de l'exécution de leurs engagements. Ils « détermineront aussi l'action que l'Administration exercera sur « ces garanties en cas d'inexécution de ces engagements. »

Le décret du 18 novembre 1882, en admettant que toute personne peut, en principe, se porter adjudicataire, énumère cependant, dans son article 3, certaines restrictions qu'il juge nécessaire d'établir. — « Art. 3. Les adjudications publiques relatives « à des fournitures, travaux, transports, exploitations ou fabri- « cations qui ne peuvent être, sans inconvénient, livrés à une « concurrence illimitée, sont soumises à des restrictions permet- « tant de n'admettre que les soumissions qui émanent de per- « sonnes reconnues capables par l'Administration, au vu des

« titres exigés par le cahier des charges, et préalablement à l'ou-
« verture des plis renfermant les soumissions. »

Pour assurer ces garanties, le cahier de 1833 et, plus tard, le cahier des clauses et conditions générales de 1866 ont exigé :

1° Un certificat de capacité ;

2° Un acte régulier ou une promesse valable de cautionnement.

Des dispositions législatives, lois, ordonnances ou décrets, et aussi des arrêtés préfectoraux ou des cahiers de charges ont étendu ces conditions à tous les travaux des départements, des communes et des établissements publics.

Nous étudierons, dans deux sections distinctes, les règles qui concernent : 1° le certificat de capacité ; 2° l'acte de cautionnement.

455. — Mais auparavant nous avons à examiner une question qui se présente assez fréquemment en pratique.

Un entrepreneur peut-il être exclu, d'une manière générale, de toute adjudication ? La question soumise au Conseil d'État en 1874 (26 juin 1874, *Jigouzo*, 616) n'a pas été tranchée au fond. Le Conseil a seulement décidé qu'une contestation de cette nature ne pouvait pas être soumise au Conseil de préfecture. La question reste donc entière.

Suivant nous, une autorité quelconque appelée à mettre des travaux en adjudication n'a pas le droit de décider que tel entrepreneur sera toujours et systématiquement exclu. Il y aurait là une atteinte à la liberté des enchères, et une violation du principe de la libre concurrence. La loi a prescrit, dans les diverses espèces de marché, les conditions qu'il fallait remplir pour être adjudicataire de travaux : il n'appartient pas à une autorité quelconque de déclarer à l'avance que ces conditions ne sont pas et ne seront jamais remplies par telle ou telle personne. Une telle déclaration, non seulement serait contraire aux principes qui régissent les adjudications, mais encore elle serait dommageable à l'entrepreneur.

L'Administration est d'ailleurs suffisamment garantie soit par les conditions que la loi exige et qui lui ont paru suffisantes, soit par la faculté, qui lui est reconnue dans un certain nombre des cas, d'écarter un adjudicataire pour tel ou tel travail : l'approbation de l'autorité supérieure, préfet, Ministre, etc..., est presque toujours exigée. (V. nos 372-377.) Si l'entrepreneur n'est pas acceptable, ces fonctionnaires refuseront l'approbation. Spécialement en ce qui concerne les travaux communaux et départementaux, les ordonnances des 10 mai 1829 et 14 novembre 1837 autorisent bien le maire ou le préfet à éliminer des concurrents soumissionnaires. Mais on ne saurait tirer de là un argument contre la solution que nous proposons : ce droit accordé au préfet ou au maire est spécial : il ne peut s'exercer que pour une adjudication déterminée, et au moment même de l'ouverture de la séance d'adjudication. Il ne présente nullement le **caractère** d'une mesure générale.

Si une autorité prenait une mesure d'exclusion générale à l'égard d'un entrepreneur, celui-ci serait fondé à déférer directement sa décision au Conseil d'Etat pour excès de pouvoirs. Dans son avis émis au sujet de l'arrêt Jigouzo ci-dessus rappelé, M. le Ministre de l'intérieur, tout en déclarant qu'une pareille contestation n'était pas de la compétence du Conseil de préfecture, suivant la loi de pluviose an VIII, reconnaît que la décision de l'autorité administrative est susceptible d'être attaquée pour excès de pouvoirs, et d'être déférée directement de ce chef au Conseil d'Etat.

Telle nous paraît être la vraie doctrine, et nous ne pouvons que nous rallier à cette opinion. Nous ne cacherons pas, toutefois, que la jurisprudence du Conseil d'Etat ne semble pas très disposée à l'admettre, si on en croit un décret rendu en matière d'adjudications de fournitures. Par cet arrêt, le Conseil reconnaît valable la décision du Ministre de la marine qui exclut d'une manière absolue un entrepreneur du concours aux adjudications et marché de gré à gré de son département. (C. d'Etat, 13 avril 1883, *Darmanaden*, 339 ; ajoutez C. d'Etat, 16 août 1859, *Didier*, 599; et 8 février 1864, *Corre contre le Ministre de la guerre*, 103.)

SECTION PREMIÈRE

Certificat de capacité.

456. — Qui délivre le certificat de capacité.
457. — Rédaction.
458. — Responsabilité de celui qui le délivre.
459. — Certificat de moralité.
460. — Date des certificats et des travaux qu'ils mentionnent.
461. — Exceptions : entretien des routes, travaux de terrassement.
462. — Chemins vicinaux.
463. — Appréciation des certificats.
464. — Conséquences du défaut de certificat.
465. — Epoque de la présentation du certificat : visa de l'autorité chargée de le recevoir.
466. — Règles spéciales au département de la guerre : certificats de capacité et de moralité.
467. — Constatation de la nationalité : acte de naissance.
468. — Soumissionnaires écartés d'une manière générale.
469. — Règles spéciales aux sociétés pour tous les services.
470. — Sociétés en nom collectif.
471. — Sociétés anonymes.
472. — Règles spéciales à la ville de Paris.
473. — Incapacités spéciales : incompatibilités politiques.
474. — Services départementaux : membres du conseil général.
475. — Travaux des communes et des établissements publics.
476. — Services communaux : incompatibilités politiques.

456. — En principe, l'entrepreneur qui se présente à une adjudication doit « *fournir un certificat constatant sa capacité* ». (Art. 2 du cahier des clauses et conditions générales du 16 novembre 1866.) « Les certificats de capacité sont délivrés par des hommes « de l'art. » (Art. 3 du même cahier.)

Le texte ne désigne pas d'une manière précise l'homme de l'art qui délivrera le certificat : ce sera soit un ingénieur, appartenant ou non à l'Administration, soit un architecte sous la direction duquel l'entrepreneur aura travaillé.

On a essayé de soutenir que le certificat ne pouvait être délivré que par un ingénieur ou un architecte appartenant à une administration publique. Mais ce système aurait pour résultat d'écarter absolument des adjudications tous les entrepreneurs qui n'auraient exécuté que des travaux privés : on aboutirait ainsi à une impossibilité presque absolue, car il faut bien que l'entrepreneur, la première fois qu'il se charge d'un travail public, soit accepté avec un certificat relatif à des travaux privés. Sans quoi, tous les entrepreneurs se trouveront exclus des travaux publics.

L'ingénieur ou l'architecte auquel s'adresse l'entrepreneur n'est pas tenu de donner le certificat. Son refus, procédant d'une appréciation personnelle, ne saurait être l'objet d'un recours devant la juridiction contentieuse. (V. Perriquet, *Traité des trav. pub.*, I, n° 36 ; Dufour, *Dr. admin.*, t. VII, n° 150 ; C. d'Etat, 19 août 1835, *Culhat-Chassis*, 180 ; Pand. franç., *Adjudic. adm.*, (*Etat*), n° 1187.)

457. — L'ingénieur ou l'architecte est également libre de rédiger le certificat comme il l'entend, et celles de ses énonciations qui seraient préjudiciables à l'entrepreneur ne peuvent non plus donner lieu à un recours contentieux. (C. d'Etat, 29 novembre 1878, *Letestu*, 956.) Toutefois un avis du Conseil général des ponts et chaussées du 19 avril 1855 recommande aux ingénieurs d'éviter toute expression ou insinuation qui serait un brevet d'incapacité pour l'entrepreneur. (Pand. franç., *loc. cit.*, n° 1186.)

On a vainement essayé d'invoquer ici les principes qui régissent la faute de l'agent de l'Administration, et d'alléguer la responsabilité soit de l'Etat, soit du département, de la commune ou de l'établissement public pour le compte de qui le travail avait été exécuté. (V. arrêt précité.) Il faut reconnaître, avec la jurisprudence, que le rédacteur du certificat est absolument libre de formuler comme il l'entend son appréciation.

458. — Dans un cas seulement une action en responsabilité pourrait être dirigée personnellement contre lui devant les tribunaux de droit commun : c'est dans le cas de dol, de fraude par exemple lorsque le certificat renfermera des énonciations, sciemment inscrites, de faits matériels mensongers, ou des appréciations portant sur d'autres points que la capacité de l'entrepreneur, sur sa moralité, ou sur sa vie privée, etc. (*Cour d'Alger*, 7 juillet, 1874, D. P., 76, 2, 218.)

459. — La règle serait la même pour la délivrance des certificats de bonne vie et mœurs que les entrepreneurs solliciteraient du maire pour prendre part à une adjudication. Le refus du maire ne peut donner lieu contre lui à aucune action en responsabilité personnelle, parce qu'en délivrant les certificats de ce genre, le maire agit comme agent du pouvoir central, sous l'autorité de ses

supérieurs hiérarchiques, et fait un acte administratif. (Tribunal des Conflits, 10 avril 1880, *Gorry*, 357.)

460. — Les cahiers de charges exigent généralement que les certificats soient de date récente. L'article 3 du cahier des clauses et conditions générales établit même un délai passé lequel les certificats seraient dépourvus d'autorité : « Ils ne doivent pas avoir « plus de trois ans de date au moment de l'adjudication. »

D'après ce même article, « il y est fait mention de la manière « dont les soumissionnaires ont rempli leurs engagements, soit « envers l'Administration, soit envers les tiers, soit envers les « ouvriers dans les travaux qu'ils ont entrepris, surveillés, ou « suivis. » Les travaux au sujet desquels le certificat est délivré doivent avoir été exécutés dans les dix dernières années.

461. — Ces règles comportent une exception que consacre l'article 10 de l'ordonnance du 10 mai 1829 : il n'est pas exigé de certificat de capacité pour la fourniture des matériaux destinés à l'entretien des routes, ni pour les travaux de terrassement dont l'estimation ne s'élève pas à plus de 15.000 fr. Le cahier des clauses et conditions générales de 1866, qui admet la même exception, a élevé ce chiffre à 20.000 fr. (Pand. franç., v° *Adjud. administr.* (*Etat*), n° 1180.)

Une circulaire ministérielle du 20 août 1875 avait exigé que l'entrepreneur fournît, en pareil cas, un certificat de moralité et de solvabilité délivré par le maire de la commune; mais une autre circulaire du 23 février 1885 a supprimé cette exigence, et réduit les garanties au dépôt du cautionnement, dont nous parlerons plus loin.

L'exception consacrée par l'article 10 de l'ordonnance de 1829 ne s'étend pas, bien entendu, aux travaux du génie. (V. n° 466.)

462. — Le règlement du 21 juillet 1854 sur la conservation et l'entretien des chemins vicinaux, dans son article 183, dispose que : « Nul ne sera admis à concourir s'il n'a les qualités requises « pour entreprendre les travaux et en garantir le succès. A cet « effet, le concurrent sera tenu de fournir un certificat constatant « sa capacité et de présenter un acte régulier ou au moins une « promesse valable de cautionnement. Ce certificat, ou cet acte, « ou cette promesse, sera joint à la soumission ; mais celle-ci « sera placée sous un second cachet. Il ne sera pas exigé ce cer- « tificat de capacité pour la fourniture des matériaux destinés à « l'entretien des chemins, ni pour les travaux de terrassement « dont l'estimation ne s'élève pas à..... francs [1].

463. — L'appréciation des certificats produits est abandonnée au pouvoir discrétionnaire de l'Administration. Elle a le droit de les admettre ou de les rejeter, sans que sa décision, qui constitue un acte d'administration pure, puisse être déférée au Conseil d'Etat par la voie contentieuse. (C. d'Etat, 25 novembre 1829,

_____

[1] Chiffre à déterminer pour chaque entreprise.

Accolas, 546; 9 janvier 1843, *Chovelon*, 13; Pand. franç., *loc. cit.*, n° 1189.)

464. — Nous avons vu plus haut (n° 398) que la violation des formes prescrites pour l'adjudication pouvait donner lieu à un recours de la part des concurrents évincés. Ce recours pourrait-il être basé sur le défaut de production du certificat de capacité? Cette production est-elle une formalité substantielle? Le Conseil d'Etat avait d'abord décidé que cette prescription, n'étant établie que dans l'intérêt de l'Administration, ne pouvait motiver le recours des entrepreneurs. (C. d'Etat, 26 novembre 1886, *Gris*, 108%.) Mais il est revenu sur cette jurisprudence, et un arrêt du 9 janvier 1848 (*Servat*, 12) a posé nettement les principes : si l'absence de certificat provient de ce qu'il n'en a pas été délivré à l'entrepreneur, l'adjudication sera annulée; mais si le défaut de production ne provient que d'une omission, elle est toujours réparable, soit par une production tardive, soit même par des équivalents : telle serait la déclaration de l'ingénieur en chef présent à l'adjudication, que l'entrepreneur a travaillé sous ses ordres, et qu'il peut témoigner de sa capacité.

465. — Aux termes du second paragraphe de notre article 3, « les certificats de capacité sont présentés, huit jours au moins « avant l'adjudication, à l'ingénieur en chef, qui doit les viser à « titre de communication. » — « L'ingénieur ne peut, bien « entendu, dit à ce sujet la circulaire du Ministre des travaux « publics en date du 21 novembre 1866, refuser le visa qui lui est « demandé; mais la connaissance qu'il acquiert ainsi, avant l'ad-« judication, des noms des entrepreneurs, lui permet de prendre « en temps utile, sur chacun d'eux, les renseignements à l'aide « desquels il pourra lui même éclairer le bureau chargé de pro-« noncer sur l'admission des concurrrents. » (Pand. franç., v° *Adjud. admin.* (*Etat*), n°s 1180 et 1181.)

466. — *Travaux du Ministère de la guerre.* — Les garanties de capacité et de moralité exigées des candidats aux adjudications des travaux du Ministère de la guerre sont plus complexes que pour les autres travaux. Elles étaient énumérées dans l'article 2 du cahier des clauses et conditions générales de 1876, remplacé par l'article 2 du cahier de 1887. Ce sont :

1° Certificat de moralité délivré par le maire de la commune où est domicilié l'entrepreneur. Le cahier de 1887, en mention-nant ce certificat, exige qu'il soit dûment légalisé;

2° Certificat délivré par le greffier du tribunal de commerce de son domicile, constatant qu'il n'a pas été déclaré en faillite, ou au moins qu'il a été réhabilité, et un certificat semblable de la caution personnelle. Le cahier de 1887 exige que ce certificat n'ait pas plus de six mois de date; mais il n'est plus question de celui concernant la caution personnelle, qui est elle-même supprimée par le nouveau cahier.

3° Un certificat de capacité délivré par un homme de l'art (V. n° 456) dans les trois années qui auront précédé l'adjudication et constatant de quelle manière le soumissionnaire a rempli ses engagements soit envers les ouvriers, soit envers les tiers dans les travaux qu'il a exécutés, surveillés ou suivis. Ce certificat n'est pas encore suffisant pour faire admettre l'adjudicataire : il faut, de plus, qu'il ait été apprécié par le chef du génie;

4° L'autorisation, par le chef du génie, de prendre part au concours. Cette autorisation, dont l'autorité militaire est seule juge, est donnée sur le vu du certificat de capacité dont il vient d'être parlé, produit cinq jours au moins avant l'adjudication, d'après le cahier de 1876, et 8 jours avant, d'après le cahier de 1887.

Les règles concernant la délivrance du certificat de capacité, et son appréciation par le génie sont les mêmes que pour les travaux ordinaires. (V. ci-dessus, n°s 456 et suivants.)

467. — Outre ces conditions de capacité, l'article 2 du cahier de 1876 exige encore que l'entrepreneur produise un acte de naissance, ou un acte authentique constatant qu'il est Français, ou que s'il est étranger, mais légalement domicilié en France, il soit pourvu d'une autorisation spéciale du Ministre de la guerre. L'article 2 du cahier de 1887 reproduit cette exigence.

468. — Les femmes, les septuagénaires, les interdits, les individus munis d'un conseil judiciaire et les mineurs ne sont pas autorisés à concourir. (V. article 2 du cahier de 1876, et article 2 du cahier de 1887.)

469. — Les sociétés peuvent être déclarées adjudicataires des travaux : les règles à suivre diffèrent suivant qu'elles sont en nom collectif ou anonymes.

470. — Les sociétés en nom collectif qui veulent prendre part à l'adjudication doivent produire toutes les pièces que produisent les simples particuliers, et en outre :

1° La justification de la nationalité française et de la non-faillite pour *chaque associé;*

2° Une copie légalisée de l'acte constitutif de la société. Cet acte a pour but de prouver que la société a une durée au moins égale à celle de l'entreprise, et qu'elle n'est pas formée sous des réserves de nature à affaiblir la solidarité établie par la loi entre les associés;

3° Un certificat délivré par le greffier du tribunal de commerce constatant que l'extrait de l'acte de société a été déposé au greffe;

4° La justification de la publicité de l'acte de société prescrite par la loi : ce sera habituellement un exemplaire du journal dans lequel l'insertion aura été faite.

471. — Pour les sociétés anonymes, les mêmes pièces sont exigées, sauf celles relatives à la nationalité et à la non-faillite des associés. On se contente de la production de ces justifications pour le président et les membres du Conseil d'administration. En outre il faut : 1° l'engagement du directeur et d'un membre se déclarant personnellement responsable; 2° une copie de la délibération du Conseil d'administration autorisant le directeur et un

administrateur à soumissionner pour le compte de la société. (Inst. min. du 20 septembre 1884.)

472. — A Paris, il est dressé une liste des concurrents reconnus capables d'exécuter les travaux. Le soin d'apprécier la moralité, la capacité et la solvabilité des concurrents est confié à une une commission composée du préfet de la Seine, président, et de huit membres du Conseil municipal.

Les entrepreneurs qui désirent prendre part aux adjudications doivent envoyer à la préfecture une demande indiquant la nature des travaux qu'ils seraient en mesure de soumissionner. La demande peut viser plusieurs catégories de travaux; elle doit être accompagnée d'une note indiquant les travaux déjà exécutés par l'entrepreneur, et de toutes les pièces de nature à renseigner la commission.

473. — Existe-t-il, en matière d'adjudications de travaux publics, des incapacités à raison de fonctions politiques? Un sénateur, un député peuvent-ils être, à raison de leurs fonctions, écartés de l'adjudication, ou doivent-ils, une fois adjudicataires, donner leur démission? La raison de douter, c'est que les sénateurs et députés, appelés dans les débats parlementaires à exercer un contrôle sur les dépenses des services publics, se trouveraient contraints de statuer sur des dépenses qu'ils ont faites eux-mêmes. Sans doute ce motif est d'une haute importance, et, à notre avis, les membres des Assemblées parlementaires agiront sagement en s'abstenant de soumissionner les travaux de l'État; mais il faut reconnaître qu'aucun texte ne les en empêche, et ne prononce l'incompatibilité entre les fonctions de sénateur ou député et la situation d'entrepreneur de travaux publics.

474. — On s'est demandé également si un conseiller général pourrait être entrepreneur de travaux publics départementaux. Avant de répondre à cette question, nous ferons remarquer qu'il ne s'agit pas de savoir si l'adjudication faite au profit d'un conseiller général, est nulle ou valable : il est certain qu'elle ne peut pas être annulée à raison de la qualité de l'adjudicataire. Mais celui ci, une fois entrepreneur pour le compte du département, peut il conserver son mandat de conseiller général? La question soumise au Conseil d'État en 1882 n'a pas été résolue. (C. d'État, 12 juillet 1882, Couvert, 667.) Mais la solution peut se déduire de l'article 10 de la loi du 10 août 1871 et de la jurisprudence qui s'est formée au sujet de la même difficulté qui se soulève pour les travaux communaux. (V. n° 476.) D'après la loi du 10 août 1871 il y a incompatibilité entre le mandat de conseiller général et l'entreprise d'un service départemental. L'interdiction n'existe donc qu'autant qu'il s'agit d'exécuter toute une suite d'opérations constituant un service permanent : l'entrepreneur se trouve dès lors appelé à avoir de fréquents rapports avec le département, et il est dans une certaine mesure sous sa dépendance. (V. avis ministériel sous l'arrêt précité.) Les mêmes raisons ne se retrouvent plus lorsqu'il s'agit d'un travail unique et mo-

mentané à accomplir pour le département; dans ce cas, l'incompatibilité n'existe plus, car il n'y a pas « service départemental ».

475. — *Travaux des communes et des établissements publics.* — Les règles concernant la délivrance du certificat de capacité sont les mêmes que pour les travaux de l'État. Toute personne qui pourrait prendre part aux adjudications de travaux ordinaires doit être admise. Toutefois, la question s'est posée de savoir si un membre du Conseil municipal pouvait être adjudicataire. La question doit être résolue à l'aide de l'article 64 de la loi du 5 avril 1884, qui énumère les fonctions incompatibles avec celles de conseiller municipal. Une distinction doit être faite entre les adjudicataires de services communaux, qui ont avec la ville des rapports constants d'intérêt, et les adjudicataires d'un travail déterminé, essentiellement temporaire.

476. — Les entrepreneurs de services communaux ne peuvent être conseillers municipaux : il y a incompatibilité entre les deux fonctions : cela a été jugé pour les adjudicataires de travaux neufs et d'entretien à exécuter sur les chemins vicinaux (C. d'État, 12 août 1861, *Elect. de Laperche*, 730 ; 1er juin 1866, *Elect. de Chars*, 571 ; 11 juillet 1866, *Elect. Regneville*, 798) ; pour les directeurs et administrateurs d'une société d'éclairage (C. d'État, 3 décembre 1875, *Elect. de Bernay*, 375 ; 4 mai 1843, *Elect. de Lorient*, 429); pour le fermier des octrois municipaux (C. d'État, 13 juin 1862, *Elect. de St-Florent*, 479.) En un mot l'incompatibilité existe chaque fois que l'adjudicataire est appelé à avoir avec la commune des rapports d'affaires permanents, au sujet desquels il se trouve sous le contrôle du Conseil municipal. Il résulte de là que si un adjudicataire de ces services était nommé conseiller municipal, son élection serait nulle de droit. Mais qu'arrivera-t-il si l'adjudication a eu lieu postérieurement à la nomination ? Le conseiller municipal ou le maire peuvent-ils se porter adjudicataires ? Sans aucun doute, ils seront obligés de donner leur démission une fois l'adjudication prononcée. Mais ne faut-il pas aller plus loin, et dire que l'adjudication est nulle dès le principe, ou que, en d'autres termes, le maire et les conseillers municipaux doivent être écartés ? Aucun texte n'édicte cette incapacité : aussi admettrons-nous que l'adjudication ainsi prononcée serait valable, tout en reconnaissant que cela peut avoir de graves inconvénients au point de vue de la gestion des intérêts communaux ; la seule sanction est donc la déchéance des fonctions de maire, adjoint, ou conseiller municipal.

Lorsqu'il s'agit d'un travail déterminé et temporaire, la loi n'édicte pas les mêmes incompatibilités. Ainsi, sera éligible l'entrepreneur de construction d'une église (C. d'État, 1er juin 1866, *Elec. de Morcens*, 570); d'un mur de cimetière (C. d'État, 13 décembre 1878, *Elect. de Lenezy*, 1023); d'un abreuvoir (C. d'Etat, 26 juillet 1878, *Elect. de Flesquières*, 759); d'une maison d'école, d'une halle (C. d'État, 4 novembre 1881, *Elect. de Laruns*, 848, etc.) Et en sens inverse, les maires et conseillers municipaux peuvent, sans déchéance de leurs fonctions, être adjudicataires de ces travaux. Il y aura seulement lieu d'appliquer l'article 64 de la loi du 5 avril 1884 qui oblige les conseillers à ne pas prendre part aux délibérations relatives aux affaires qui les intéressent; mais ils ne seront pas obligés de donner leur démission. (Pand. franç., v° *Adjud. admin. (Communes)*, n° 29.)

Lorsque le maire voudra se porter adjudicataire, les formalités de l'adjudication seront remplies, conformément à l'article 83 de la loi du 5 avril 1884, par un conseiller municipal désigné par le Conseil : il en sera de même pour la surveillance et la direction des travaux.

On s'est également demandé si les maires ou fonctionnaires municipaux pouvaient remplir les fonctions de régisseurs des travaux par économie intéressant les communes. L'article 67 de l'ordonnance du 31 mai 1838 avait déclaré incompatibles les fonctions d'ordonnateur et d'administrateur avec celles de comptable : on avait conclu de là que le maniement des deniers publics pour toute espèce de services devait être interdit aux maires et aux fonctionnaires administratifs : il avait, en conséquence, été prescrit aux payeurs de ne pas admettre les maires à percevoir des fonds comme agents de services régis par économie. Mais on a fait remarquer que l'article 67 précité n'établissait l'incompatibilité des fonctions que dans le même service, et on a fait ressortir qu'il y avait intérêt à confier aux maires la gestion des travaux par économie, parce qu'ils avaient intérêt à surveiller la bonne exécution de ces travaux : aussi les maires sont-ils admis maintenant à remplir les fonctions de régisseurs, à la condition toutefois que la Régie s'applique à des services autres que ceux de la commune, par exemple au service général ou au service départemental. Les travaux des hospices, bureaux de bienfaisance ou autres établissements publics, ayant un caractère communal, les maires ne sauraient en avoir la régie. (V. Circulaire du directeur de la comptabilité générale des finances, de l'année 1844.)

SECTION II

Du cautionnement.

477. — Base légale du cautionnement.
478. — Cautionnement provisoire ; cautionnement définitif.
479. — Promesse valable de cautionnement.
480. — Cautionnement mobilier ; cautionnement immobilier.
481. — Composition du cautionnement mobilier.
482. — Réalisation du cautionnement mobilier.
483. — Règles spéciales pour les travaux des communes et des établissements de bienfaisance.
484. — Réalisation du cautionnement immobilier.
485. — Caution personnelle.
486. — Hypothèque de l'État sur les biens des entrepreneurs.
487. — Maintien de la loi du 4 mars 1793.
488. — Inutilité de l'acte notarié pour constituer l'hypothèque.
489. — Nature de l'hypothèque.

490. — Elle doit être inscrite.
491. — Enonciations de l'inscription.
492. — Date de l'hypothèque.
493. — Biens sur lesquels elle porte.
494. — Frappe-t-elle indistinctement les biens des cautions?
495. — Réponse à de nouvelles critiques dirigées contre notre système.
496. — Cette hypothèque est spéciale aux entreprises de l'État.
497. — Caractères du contrat de cautionnement.
498. — Rôle des cautions personnelles vis-à-vis des entrepreneurs.
499. — Rôle des cautions personnelles vis-à-vis de l'Administration.
500. — Diminution du cautionnement.
501. — Restitution totale ou partielle en cours d'entreprise.
502. — Durée de l'affectation.
503. — Existe-t-il un privilège de second ordre au profit des bailleurs de fonds, des fournisseurs et des ouvriers ?
504. — Moyens pratiques de garantie pour les bailleurs de fonds.
505. — Oppositions, saisies-arrêts, sur les intérêts ou arrérages du cautionnement et sur le cautionnement au moment de son retrait.
506. — Acquisition à l'État du cautionnement provisoire, au cas de non-réalisation du cautionnement définitif.
507. — Application du cautionnement aux débets de l'entrepreneur.
508. — Retrait du cautionnement.
509. — Formalités pour le retrait du cautionnement mobilier.

477. — L'entrepreneur doit à l'État une garantie de l'exécution des travaux. L'ordonnance du 18 mai 1829, dans son article 10 modifié par l'article 5 de l'ordonnance du 4 décembre 1836, exigeait que les soumissionnaires produisissent un acte régulier ou une promesse valable de cautionnement. Cette exigence a été maintenue par le décret du 18 novembre 1882. L'article 4 de ce dernier décret dispose que : « Les cahiers des charges détermi-« nent l'importance des garanties pécuniaires à produire : par les « soumissionnaires à titre de cautionnement provisoire pour « être admis aux adjudications ; par les adjudicataires, à titre de « cautionnements définitifs, pour répondre de leurs engagements. « Les cahiers de charges peuvent, s'il y a lieu, dispenser de « l'obligation de déposer un cautionnement provisoire ou définitif. « Ils peuvent disposer que le cautionnement réalisé avant l'adju-« dication, à titre provisoire, servira de cautionnement définitif. »

478. — Cet article prévoit deux cautionnements différents : 1° le cautionnement provisoire, qui peut être exigé, afin d'éviter la folle enchère, et qui doit être fourni préalablement à l'adjudication, sauf restitution aux candidats évincés. Ce cautionnement vient en déduction du cautionnement définitif ; mais, dans le cas où l'adjudicataire ne réaliserait pas le cautionnement définitif dans les délais fixés par le cahier des charges, le cautionnement provisoire serait acquis à l'État ; 2° le cautionnement définitif qui est destiné à garantir l'exécution des obligations du soumissionnaire. C'est surtout de ce dernier que nous nous occuperons.

479. — Nous savons déjà que, pour prendre part aux adjudications, les candidats doivent fournir une promesse valable de cautionnement. (V. n° 377.) L'adjudication prononcée, cette promesse doit être réalisée d'après les règles générales que posent les articles 5 et 19 du décret de 1882 sur les marchés de l'État.

480 — *Nature du cautionnement.* — Sous l'empire de l'ordonnance de 1829, l'entrepreneur pouvait, à son gré, offrir un cautionnement mobilier ou immobilier. Aujourd'hui, le cautionnement mobilier est la règle, le cautionnement immobilier l'exception ; il faut que le cahier des charges de l'entreprise le permette expressément.

481. — Aux termes de l'article 5 du décret de 1882, le cautionnement provisoire ou définitif peut être réalisé :

1° En numéraire ;

2° En rentes sur l'Etat et valeurs du Trésor au porteur ;

3° En rentes sur l'Etat nominatives ou mixtes ;

4° En valeurs du Trésor transmissibles par voie d'endossement pourvu qu'elles soient endossées en blanc : elles sont alors considérées comme valeurs au porteur. (Pand. franç., v° *Adjudications administratives (Etat)*, n°ˢ 1208 1210).

Ces divers titres étant soumis à des fluctuations de valeur sur le marché en Bourse, il fallait indiquer d'après quelles règles l'estimation en serait faite· Ces règles varient suivant qu'il s'agit du cautionnement provisoire ou du cautionnement définitif. Pour le premier, la valeur en capital des rentes est calculée au cours moyen du jour qui précède le dépôt ; pour le second, au cours moyen du jour de l'approbation de l'adjudication. Pour les deux cautionnements, les bons du Trésor à l'échéance d'un an ou de moins d'un an sont acceptés pour le montant de leur valeur en capital et intérêts.

Les cours sont déterminés d'après la cote officielle de la Bourse pour les rentes, et, pour les autres valeurs, d'après les derniers cours publiés au *Journal officiel*.

482. — Les formes à suivre pour la réalisation du cautionnement mobilier sont indiquées en détail par le décret de 1882.

C'est à la Caisse des dépôts et consignations, à Paris, ou, dans les départements, aux bureaux du trésorier payeur général, que doivent être déposés le numéraire ou les valeurs formant le cautionnement pour les travaux de l'Etat et des départements ; ils sont soumis aux règles spéciales à ces établissements.

Lorsque le cautionnement consiste en rentes nominatives, le titulaire de l'inscription souscrit une déclaration d'affectation de la rente, et donne à la Caisse des consignations un pouvoir irrévocable à l'effet de l'aliéner, s'il y a lieu. (Pand. franç., v° *Adjudications administratives (Etat)*, n° 1226.) Cette affectation est mentionnée au Grand-livre de la dette publique. Il n'est donc pas nécessaire que les titres soient transférés ou mis au porteur.

Lorsqu'il s'agit de valeurs au porteur, la simple remise à la Caisse suffit.

Si le cahier des charges a stipulé un cautionnement en rentes sur l'Etat, il ne pourrait pas être complété par d'autres valeurs, par exemple en obligations trentenaires. (C. d'Etat, 13 juin 1873, *Compoinville*, 551.)

Le cautionnement une fois constitué, aucun changement ne

peut être apporté à sa composition. (Déc. de 1882, art. 5.) Cependant, il peut arriver que les rentes ou valeurs déposées donnent lieu à un remboursement par le Trésor, à la suite d'un tirage
au sort : dans ce cas, la somme remboursée est touchée par la
Caisse des consignations et cette somme demeure affectée au cautionnement *jusqu'à due concurrence*, à moins que le cautionnement ne soit reconstitué en valeurs semblables. L'adjudicataire a
donc le choix.

Pendant la durée de l'entreprise, le cautionnement n'est pas
improductif : s'il consiste en rentes ou valeurs, l'entrepreneur en
touche les arrérages ou intérêts; s'il consiste en numéraire, il
est payé un intérêt de 3 0/0 par an à compter du soixantième jour
après le versement.

483. — Pour les travaux des communes et des établissements
de bienfaisance, l'ordonnance du 14 novembre 1837 (art. 5)
prescrit que les cautionnements à fournir par les adjudicataires
sont réalisés par les receveurs des communes et des établissements de bienfaisance. (Pand. franç., v° *Adjudications administratives (Communes)*, n° 321.) Le cautionnement provisoire restera à cette caisse : mais le cautionnement définitif, pour qu'il
puisse produire intérêt et qu'il ne se confonde pas avec les fonds
de la commune ou de l'établissement public, doit être versé au
compte courant du Trésor.

Les maires ou administrateurs doivent avoir soin de stipuler
dans les cahiers de charges que l'intérêt à verser aux déposants
ne dépassera pas 3 0/0, taux payé par le Trésor pour les fonds
versés.

Dans ses écritures, le receveur mentionne en un article distinct
les sommes provenant des cautionnements, qui sont versés au
Trésor : elles ne peuvent jamais être retirées du Trésor qu'après
réception des travaux et liquidation des comptes des entrepreneurs, sur une autorisation spéciale du préfet.

Lorsque les cautionnements sont fournis en rentes, les inscriptions sont également remises au Trésor.

Une circulaire ministérielle du 9 juin 1838 prescrit que, avant
l'adjudication, un exemplaire du cahier de charges soit adressé
par l'Administration locale au receveur des finances de l'arrondissement, afin que ce comptable puisse veiller au versement immédiat des fonds dans sa caisse, et à leur placement au Trésor,
ou enfin au dépôt des rentes, s'il y a lieu. Lorsque l'adjudication a
lieu au chef-lieu d'arrondissement, le cahier de charges stipule
que les dépôts seront faits directement, pour le compte de la
commune ou de l'établissement, à la recette des finances. (Circ.
précitée.) Cette prescription complète celle de l'article 14 de la
loi du 18 juillet 1837 en vertu de laquelle le receveur est appelé
à toutes les adjudications. Une copie du procès-verbal d'adjudication et du cahier de charges doit lui être remise, afin qu'il assure
la réalisation des engagements de l'adjudicataire quant au cautionnement.

484. — Les cautionnements immobiliers sont réalisés par un simple acte passé entre le soumissionnaire et le préfet, ou par-devant notaire. L'adjudicataire doit produire préalablement son contrat de mariage, un état d'inscriptions hypothécaires délivré par le Conservateur des hypothèques de l'arrondissement, et enfin un extrait de la matrice du rôle. Il est pris inscription au nom de l'État.

L'hypothèque ainsi constituée est soumise aux mêmes règles que les hypothèques ordinaires.

485. — L'engagement pris par un tiers qui se porte caution est réalisé de la même manière, par un acte passé avec le préfet ou par-devant notaire.

486. — L'État possède en outre une hypothèque sur les immeubles des entrepreneurs en vertu de l'adjudication, et sans qu'il soit nécessaire que l'affectation ait été consentie par une convention expresse. (Pand. franç., v° *Adjudic. admin.* (*État*), n°s 1406 et suivants.)

La loi des 28 octobre et 5 novembre 1790 porte en effet (art. 14, tit. 2) « que le ministère des notaires n'est pas nécessaire pour la passation des baux des domaines nationaux, ni *pour tous les actes* de l'Administration. Ces actes, ainsi que ces baux, emportent hypothèque et exécution parée. »

Une autre loi du 4 mars 1793, relative spécialement aux entrepreneurs et fournisseurs qui ont passé des marchés avec les agents de la République, a confirmé ces dispositions par son article 3, ainsi conçu : « Quoique les marchés (avec les entrepreneurs, marchands, fournisseurs) soient passés par des actes sous signature privée, la nation aura néanmoins hypothèque sur les immeubles appartenant aux fournisseurs et à leurs cautions, à compter du jour où les Ministres auront accepté leurs marchés. »

487. — Ces dispositions, ainsi qu'on le voit, confèrent à l'État une hypothèque générale sur les biens des fournisseurs et entrepreneurs, du jour où le Ministre a approuvé leurs marchés. Mais sont-elles encore en vigueur?

La cour de Paris, par un arrêt en date du 29 mars 1830 (*Duplan*, S. V, 30, 2, 231), a jugé que les droits au profit de l'État résultant d'adjudications par l'autorité administrative et même par actes privés emportent privilège ou simple hypothèque non déterminée et que le C. Nap. (art. 2098) a confirmé l'effet des dispositions ci-dessus citées.

Dans son Traité des privilèges et des hypothèques M. Troplong a combattu la doctrine de cet arrêt. Il lui reproche d'avoir confondu deux droits aussi distincts que l'hypothèque et le privilège, et d'avoir, en conséquence, cherché un motif de décider dans l'article 2098, uniquement relatif aux privilèges, et qui ne réserve que pour ceux-ci les droits du Trésor royal établis par des lois antérieures. (Voy. *Privil. et hypoth.*, n° 505 bis.)

Cette critique est certainement fondée. Il n'y a pas d'argument à tirer de l'art. 2098 pour la solution de la difficulté que la Cour de Paris avait à résoudre. Les lois des 5 nov. 1790 et 4 mars 1793 donnaient à l'État une hypothèque : elles ne lui conféraient pas un privilège. L'article 2098, en déclarant que « le privilège à raison des droits du Trésor royal, et l'ordre dans lequel il s'exerce, sont réglés par les lois qui les concernent », est donc complètement étranger à la question.

Toutefois, l'opinion de M. Troplong est vulnérable par d'autres côtés. Les dispositions du C. civ. ont sans doute un caractère général, elles règlent toutes les matières qui ne sont pas soustraites à son empire par d'autres dispositions exceptionnelles. Mais cette observation n'est vraie que dans les matières purement civiles et de droit commun. Les matières spéciales, celles qui ont trait à des intérêts placés de tout temps en dehors de la loi ordinaire, échappent nécessairement à sa réglementation, en vertu de la maxime : *Specialibus per generalia non derogatur*. Il faut donc reconnaître que le Code Nap. n'a pas porté atteinte aux lois antérieures qui créaient, en matière d'hypothèque, au profit de l'État des droits particuliers. Une disposition comme celle de l'article 2098 n'était pas nécessaire pour réserver ces droits. Il suffit que le texte nouveau soit muet pour que l'État soit admis à invoquer l'ancienne législation, et l'argument qu'on prétendrait tirer de l'article 2121, qui ne donne d'hypothèque légale à l'État que sur les biens des comptables, perd ici toute valeur.

Objecterait-on qu'antérieurement au Code civ. les lois de 1790 et de 1793 étaient déjà abrogées par l'article 56 de la loi du 11 brumaire an VII, ainsi conçu : « Les deux lois du 9 messidor an III, sur le régime hypothécaire et sur les déclarations foncières, ensemble toutes les lois, coutumes et usages antérieurs *sur les constitutions d'hypothèque*... demeurent abrogées? » Mais la loi de brumaire comme le Code civ. ne contient que des dispositions de droit commun. Ce qu'elle déclare abroger, ce sont toutes les lois relatives aux objets que la loi nouvelle embrassait, et non pas les lois spéciales en faveur du Trésor public. Si l'on admettait une autre interprétation, combien des dispositions exceptionnelles n'auraient-elles pas été mises à néant, qui cependant, de l'aveu de tout le monde, ont conservé toute leur vigueur depuis la publication de nos lois générales?

488. — Mais ne faut-il pas admettre au moins, avec M. le président Troplong, que si l'acte d'adjudication emporte hypothèque sans stipulation spéciale, il est tout au moins nécessaire que cet acte ait été passé devant notaire?

La Cour de cassation a jugé que de la combinaison des articles 14 de la loi du 28 oct. 1790, des articles 1 et 3 de la loi du 4 mars 1793 et des articles 2127, 2132 du C. civ., il résulte que le ministère des notaires n'est pas nécessaire pour les marchés passés avec l'Administration, et que les actes administratifs contenant les stipulations relatives auxdits marchés emportent hypothèque sur les immeubles des entrepreneurs. (*Voy.* Cass., 12 janv. 1835, *de*

Gayrosse, S. V., 35, 1, 11; Cass., 3 mai 1843, *Séguin;* Dal., *Rép.*, v^is *Privil. et hypoth*, n° 1572-2°; rej., 9 juin 1847, D. P. 53, 1, 306; M. Cotelle, t. III, p. 15; M. Châtignier, *Com. des cl. et condit. génér.* sur l'art. 2, n° 2; Dalloz, *Rép.*, v^is *Privil. et hypoth.*, n°s 1273 et suiv.)

M. Troplong s'est prononcé vivement contre cette jurisprudence. Suivant lui, l'article 2127, en exigeant que l'hypothèque soit constituée par acte notarié, s'oppose invinciblement à ce que l'État fasse valoir des hypothèques consenties par actes sous seing privé. Maintenez, dit-il, la loi de 1790; dites que tout traité, toute adjudication où l'État sera partie, emportera hypothèque sur les biens des fournisseurs et entrepreneurs; mais convenez au moins qu'en ce qui concerne les stipulations d'hypothèque les marchés doivent être notariés. (Voy. *Priv. et hypoth.*, 505 *bis*.)

L'article 2127 n'a pas cette portée. Il parle des actes notariés comme pouvant seuls conférer hypothèque. Mais (et les raisons que nous avons données sur la précédente question nous dispensent d'insister) il n'exclut pas par cela même, et dans les cas prévus par les lois spéciales, les actes administratifs auxquels elles ont attribué cet effet. Cette exception aux règles générales ne présente d'ailleurs aucun danger pour ceux qui traitent avec l'État. Les garanties que les parties trouvent dans l'intervention d'un notaire, elles les trouvent aussi bien dans celle des agents de l'Administration. Les formes solennelles de l'adjudication, l'approbation ministérielle ou préfectorale, dont sa validité dépend, remplacent, sans inconvénient pour les entrepreneurs, qui savent fort bien à quoi ils s'engagent, l'intervention d'un notaire. Le système préconisé par M. Troplong aurait pour unique résultat de mettre des frais considérables à la charge des entrepreneurs et d'apporter des lenteurs fâcheuses à l'expédition des affaires administratives. La Cour de cassation a sagement agi en le condamnant.

489. — J'ai déjà dit qu'on ne pouvait se méprendre sur le caractère du droit de préférence qui appartient à l'État sur les biens affectés au cautionnement de l'entrepreneur. Il s'agit d'une hypothèque et non pas d'un privilège.

Le texte des lois des 5 nov. 1790 et 4 mars 1793 ne permet pas l'hésitation. Toutes les deux parlent d'hypothèque, et comme les privilèges sont de droit étroit, on ne peut, en présence d'expressions aussi claires, prétendre qu'elles ont voulu établir un droit de cette nature. Les droits des créanciers hypothécaires antérieurs à l'adjudication sont donc préférables aux droits de l'État: c'est à ses représentants à prendre les précautions nécessaires pour sauvegarder ses intérêts au respect des tiers.

490. — Mais cette hypothèque n'a pas les caractères d'une hypothèque légale. Au moment où la loi du 4 mars 1793 a été promulguée, tous les contrats authentiques emportaient hypothèque. Cette loi a eu pour effet d'attribuer aux marchés sous seing privé passés avec les agents de l'État, et pour son compte,

les effets attachés aux contrats passés devant notaire, et par suite
de leur faire produire hypothèque. Mais, à la différence de l'hypothèque légale, qui a pour cause la faveur attachée à certaines
personnes, et qui existe indépendamment de tout contrat, l'hypothèque accordée au Trésor par la loi du 4 mars 1793 ne peut
dériver que d'un acte administratif portant obligation ; c'est dire
que son origine est véritablement conventionnelle, puisqu'il faut
un fait volontaire, une convention pour la faire naître.   .

Elle est donc soumise à l'inscription. Sous ce rapport, les dispositions du C. civ. seraient à bon droit invoquées contre l'État.
Le Code a établi, en effet, relativement à la publicité des hypothèques et à la nécessité de l'inscription, des règles générales à
l'observation desquelles l'ordre public est intéressé. Vainement
prétendrait-on opposer à cette solution les motifs que nous avons
donnés nous-même pour combattre le système de M. Troplong
sur la question de savoir si le C. civ. a laissé en vigueur les lois
de 1790 et de 1793. Il n'y a entre les deux cas qu'une analogie
trompeuse. L'hypothèque créée par ces lois n'a pas été atteinte
par le Code, parce que les lois générales ne dérogent pas aux lois
spéciales. Mais on ne peut rien conclure de là en ce qui concerne
la nécessité de l'inscription. Avant le C. civ., les hypothèques
dérivant des lois spéciales, et notamment de la loi de 1793, n'é-
pas assujetties à l'inscription, à raison des principes généraux de
la matière. Elles n'avaient pas un caractère occulte par exception :
toutes les hypothèques étaient également dispensées de l'inscription. Aussi ne trouve-t-on pas, dans les lois de 1790 et de 1793,
une disposition particulière à cet objet, qu'elle laisse soumis aux
règles alors en vigueur. En proclamant une règle diamétrale-
ment contraire, en déclarant qu'aucune hypothèque conventionnelle n'est dispensée d'inscription, le C. civ. a virtuellement
soumis aux nouveaux principes, non pas seulement les hypothèques dont il s'occupait, mais aussi celles créées par des lois antérieures qu'il respectait. La contradiction qu'on nous reprocherait
est donc purement apparente.

491. — En général, les inscriptions hypothécaires ne peuvent
être prises que pour une somme certaine et déterminée. (Art.
2132 C. civ.) Mais cette énonciation n'a jamais été rigoureusement exigée pour les hypothèques dont nous nous occupons, à
raison de la nature le plus souvent variable de la créance du
Trésor. (Arg., art. 2153.) On doit considérer comme valable, à ce
point de vue, l'inscription prise par l'État sur les biens de l'entrepreneur, à raison de sa créance éventuelle pour le cas de non-
exécution des travaux, bien qu'elle ne contienne pas une évaluation
de la créance, si elle indique d'ailleurs le montant de l'adjudication. « Les énonciations exigées par le C. civ. n'ont pour but que
de rendre les hypothèques tellement publiques et déterminées,
que quiconque est dans le cas de traiter avec un autre ait les
renseignements nécessaires pour faire toutes les vérifications qui
l'intéressent, et pour qu'il ne puisse être induit en erreur sur les

chances auxquelles se trouve exposée la propriété grevée d'hypothèques. » Or, l'inscription qui indique le montant de l'adjudication, pour sûreté et garantie de l'entière et parfaite exécution des travaux, et pour les sommes, indemnités et dommages-intérêts auxquels le défaut d'exécution pourrait donner lieu, réunit évidemment les caractères de clarté exigés par la loi. (Cass., 12 janv. 1835, *de Gayrosse, loc. cit.* ; Pand. franç., v° *Adjudic. adm.* (*État*), n°s 1415-1416.)

492. — L'hypothèque de l'État sur les biens affectés au cautionnement date du jour où le marché acquiert un caractère définitif et irrévocable au respect de l'Administration, c'est-à-dire du jour de l'approbation par l'autorité compétente. (Art. 3, L. du 4 mars 1793.)

493. — Elle s'étend, comme nous venons de le dire, sur tous les immeubles affectés spécialement à la garantie des obligations prises; mais elle ne frappe pas seulement les immeubles fournis à titre de cautionnement; les autres biens de l'entrepreneur en sont atteints. C'est ce qui ressort des termes de la loi du 4 mars 1793, suivant laquelle l'hypothèque de l'État frappe « les immeubles appartenant aux fournisseurs et à leurs cautions ». M. Troplong lui donne avec raison la dénomination « d'hypothèque générale ».

Mais des expressions mêmes de la loi « immeubles *appartenant* » on peut, ce me semble, induire la preuve que les biens qui entrent dans le patrimoine de l'entrepreneur postérieurement à l'adjudication en sont affranchis. La loi ne parle évidemment que des biens présents. C'est là sans doute une différence caractéristique entre cette hypothèque et les hypothèques générales créées par le C. civ. Mais il faut obéir avant tout à la loi spéciale, et ne pas se décider par des analogies plus ou moins frappantes. D'un autre côté, l'hypothèque créée par la loi de 1793, quoique générale, a, nous l'avons reconnu, une origine contractuelle. A ce titre, elle est régie par l'article 2129 du C. civ., qui permet bien d'hypothéquer par convention tous les biens présents, mais qui n'autorise pas l'affectation des biens à venir.

Cette restriction de l'hypothèque aux seuls biens appartenant à l'entrepreneur au moment de l'adjudication est d'ailleurs conforme à l'équité, l'Administration ne prenant que ces biens en considération lorsqu'elle traite avec lui.

494. — L'hypothèque de l'État frappe-t-elle indistinctement tous les immeubles des cautions, ou seulement ceux qui ont été fournis et acceptés à titre de cautionnement par l'Administration? Nous venons de dire que l'hypothèque du Trésor frappe tous les immeubles appartenant à l'entrepreneur, qu'ils soient ou non spécialement affectés à la garantie de l'exécution des travaux. Mais supposons que l'entrepreneur n'ayant pas d'immeubles, et ne fournissant pas une caution mobilière, présente un tiers qui s'oblige en son lieu et place. Il y est autorisé, comme on sait, par l'ordonnance de 1836 et l'article 1er du cahier des clauses et

conditions générales. Ce tiers fournit le cautionnement qui lui est demandé par l'Administration ; mais il a d'autres immeubles. Seront-ils aussi grevés de l'hypothèque du Trésor ?

A n'envisager que le texte de la loi de 1793, il faut répondre affirmativement, car elle dit expressément que la nation « aura hypothèque sur les immeubles appartenant aux fournisseurs et à leurs cautions ». D'où l'on peut tirer la conséquence que non seulement les immeubles affectés au cautionnement, mais tous les autres immeubles de la caution, sont grevés de l'hypothèque.

Toutefois, cette interprétation ne nous semble pas admissible. Que l'hypothèque ait un caractère général lorsqu'il s'agit de l'entrepreneur, on le comprend, bien que cela soit rigoureux : car on se demande déjà, en pareil cas, à quoi sert l'affectation qui résulte du cautionnement. Mais quand il s'agit de sa caution, cette solution devient inacceptable. Le tiers qui s'engage à fournir un cautionnement n'entend évidemment courir de chances que relativement aux immeubles engagés. Il n'entend pas prendre une obligation indéfinie, comme l'entrepreneur qui s'oblige, lui, sur tous ses biens personnels, présents et à venir, et qui n'a qu'un intérêt fort mince à ce que l'hypothèque soit ou ne soit pas restreinte aux biens affectés au cautionnement. Pour les tiers, il en est autrement, et le législateur aurait tendu un véritable piège à leur bonne foi, si on devait penser que par ces mots, « biens appartenant aux cautions », il a voulu désigner autre chose que les immeubles acceptés par l'Administration, à la garantie des obligations de l'entrepreneur.

495. — M. Batbie (*Droit public et administratif*, 2ᵉ édition, t. VII, p. 147, nᵒ 186) combat nos solutions et reprend l'opinion de M. Troplong : sans apporter d'arguments nouveaux, il nous reproche d'avoir un système qui n'est ni celui en vigueur sous les lois de 1790 et 1793, ni celui du Code ; parce que d'une part, contrairement à la loi de 1790, nous ne faisons porter l'hypothèque que sur les immeubles appartenant à l'entrepreneur au moment de l'adjudication, et que, d'autre part, nous ne la faisons pas porter sur tous les immeubles de la caution contrairement à la loi de 1793. Nous avons par avance répondu à ces objections en disant que l'hypothèque de l'État étant soumise à l'inscription, est subordonnée aux règles du Code civil sur la publicité des hypothèques, et à l'article 2129 qui n'autorise pas l'affectation par convention des biens à venir ; de plus, nous avons soutenu et soutenons encore que, même sous l'empire de la loi de 1793, étaient seuls soumis à l'hypothèque les immeubles acceptés par l'Administration pour la garantie des obligations de l'entrepreneur.

496. — En terminant, nous ferons remarquer que cette hypothèque générale établie par la loi n'est pas l'accompagnement nécessaire de tout travail public, mais seulement des travaux publics exécutés au nom et pour le compte de l'État directement. Ainsi, cette hypothèque n'appartient ni aux départements, ni aux communes, ni aux établissements publics. Quand les départements n'avaient pas une personnalité distincte de celle de l'Etat, avant 1838, l'hypothèque garantissait aussi leurs travaux. Mais depuis qu'ils sont devenus de véritables personnes morales distinctes, contractant en leur nom et pour leur propre compte, ils ne jouissent plus d'un droit que l'État s'est exclusivement attribué.

Depuis quelques années, ce dernier semble avoir renoncé, dans la pratique, au bénéfice de l'hypothèque : ainsi, l'Administration des ponts et chaussées ne prend pas l'inscription générale à laquelle elle a droit. Les Administrations paraissent disposées à suivre son exemple : mais il faut bien remarquer que si elles agissent ainsi, c'est par pure tolérance et dans le but de ménager le crédit des entrepreneurs. Jamais l'État n'a renoncé à son droit, qu'il peut exercer chaque fois qu'il le juge convenable.

497. — Nous venons de voir que, en général, l'Administration se contente du cautionnement mobilier ou immobilier spécifié au cahier des charges. Nous avons à nous demander maintenant quels sont les droits de l'État ou de l'Administration sur le cautionnement.

Le cautionnement ne constitue pas un dédit, c'est-à-dire que l'entrepreneur n'a pas le droit de se retirer en l'abandonnant : il est lié par son contrat principal, et le cautionnement n'est qu'un contrat accessoire : c'est un gage affecté à la garantie de la réalisation de tous les engagements qu'il a contractés. (Pand. franc., v° *Adjudic. adm. (État)*, n° 1202.)

Il garantit leur accomplissement dans les conditions de temps stipulées, ainsi que la bonne exécution des travaux et leur conservation, jusqu'à l'expiration des délais fixés par les marchés.

En conséquence, l'État possède sur les valeurs qui lui sont remises un véritable droit de gage qui lui permet, aux termes de l'article 2073 C. civ., de se faire payer sur ces valeurs de préférence aux autres créanciers. Ce droit existe aussi bien quand le cautionnement mobilier est fourni par une personne autre que l'entrepreneur, puisque, d'après l'article 2077, le gage peut être donné par un tiers pour le débiteur. Toutes les autres dispositions du chapitre Ier du titre 17 du C. civ. sont d'ailleurs applicables ici ; il n'y a été dérogé par aucune loi spéciale.

498. — Nous n'avons pas à rechercher ici quels sont les droits des cautions au respect des entrepreneurs. Ces droits sont fixés d'une manière générale par les dispositions du C. civ., dont les cautions des entrepreneurs de travaux publics peuvent, en toute hypothèse, invoquer le bénéfice.

Nous rappellerons donc seulement qu'en principe la caution a droit, contre l'entrepreneur, au remboursement de toutes les sommes, de toutes les avances, intérêts et frais de toute sorte qu'elle a avancés ou subis pour acquitter la dette de l'entrepreneur ou pour satisfaire aux obligations de celui-ci envers l'Administration. (Art. 2028 et suiv. du C. Civ.)

499. — Vis-à-vis de l'Administration, le rôle des cautions est singulièrement effacé par la jurisprudence, qui ne leur permet

pas de demander soit l'annulation des actes qui dérivent du marché (C. d'Etat, 14 juillet 1830, *Jouvenel*, 367), soit la résiliation de l'entreprise, et qui les déclare même non recevables à critiquer le décompte. (C. d'Etat, 15 mars 1849, *Rouvillois*, 152.) Nous aurons à voir si cette jurisprudence repose sur des motifs solides, lorsque nous nous demanderons si les créanciers de l'entrepreneur ont le droit d'exercer devant les tribunaux administratifs les droits de leurs débiteurs.

500. — Le cautionnement, une fois constitué, peut ne pas rester invariable : s'il s'agit, par exemple, d'un cautionnement immobilier, sa valeur peut se modifier.

Si l'immeuble affecté au cautionnement de l'entrepreneur vient à perdre la valeur qu'il avait au moment de l'affectation, l'Administration peut exiger de l'entrepreneur de nouvelles sûretés. Aux termes de l'article 2020 du C. nap., lorsque la caution reçue par le créancier volontairement ou en justice est ensuite devenue insolvable, il doit en être donné une autre. (Pand. franç., v° *Adjud. adm. (Etat)*, n° 1427.)

501. — D'autre part, dans les cahiers de charges, l'Etat s'assure, en général, une seconde garantie par une certaine retenue qu'il exerce sur les acomptes dus à l'entrepreneur. Ainsi, pour les travaux des ponts et chaussées, l'Administration retient un dixième sur le paiement des acomptes. (Art. 44 du cahier 1866, Pand. franç., v° *Adjud. adm. (Etat)*, n° 1241.)

En sens inverse, l'Etat peut, au fur et à mesure de l'avancement des travaux, renoncer à une partie du cautionnement. C'est ce que décide, pour les travaux des ponts et chaussées, l'article 4 (*in fine*) du cahier des clauses et conditions générales de 1866 : « Le « Ministre peut, dans le cours de l'entreprise, autoriser la restitu- « tion de tout ou partie du cautionnement. » L'Administration doit user de cette faculté dans la plus large mesure. (Circulaire ministérielle du 21 novembre 1866.)

502. — Le cautionnement, mobilier ou immobilier, garantissant l'exécution des obligations de l'entrepreneur, n'a plus de raison d'être et doit être restitué le jour où ces obligations sont remplies : « Le cautionnement, dit l'article 4 du cahier de 1866, « reste affecté à la garantie des engagements contractés par l'ad- « judicataire jusqu'à la liquidation définitive des travaux. »

Il peut être retenu tant que ces obligations ne sont pas réputées accomplies, c'est-à-dire tant que la réception définitive des ouvrages n'a pas eu lieu. Mais, après cette époque, il doit être restitué, s'il a été constitué en valeurs sur l'Etat ou en argent. Quant au cautionnement immobilier, qui n'a pas changé de mains, et qui est resté dans la possession, soit de l'entrepreneur, soit des tiers qui l'ont fourni, il redevient de libre disposition, et l'inscription cesse de produire, au profit du Trésor, ses effets utiles. L'entrepreneur ou sa caution ont le droit d'en requérir, et au besoin d'en faire prononcer la radiation. L'Administration objecterait à tort que l'entrepreneur n'est pas quitte envers elle, par suite de la réception définitive, et qu'il reste soumis pendant dix ans à la garantie des ouvrages. Le cautionnement n'est pas affecté à cette garantie, mais seulement à l'exécution des travaux, et il n'est pas applicable à la responsabilité décennale. (*Voy.* C. d'État, 2 déc. 1858, *Belond*, 693 ; Cour de Pau, 5 avril 1865, *Soubirons*, D. P., 65, 2, 175.)

503. — Des créanciers d'adjudicataires de services civils ont prétendu invoquer les dispositions du décret du 28 pluviôse an II, qui accorde un privilège aux ouvriers et fournisseurs sur les sommes dues aux entrepreneurs, pour faire décider qu'ils avaient, à ce titre, une sorte de privilège de deuxième ordre sur le cautionnement, privilège qui ne pourrait, il est vrai, s'exercer pendant l'entreprise, ni à l'encontre de l'Administration, mais qui atteindrait le cautionnement au moment de sa restitution.

La Cour de cassation a été appelée à trancher la question. Par un arrêt du 31 juillet 1849 (D. P.,49, 1, 197), elle a formellement décidé que le privilège conféré aux ouvriers et fournisseurs sur les sommes dues par l'État à un adjudicataire de travaux publics ne s'étendait pas au cautionnement : « Attendu, a dit la Cour, que « les privilèges sont de droit étroit et ne peuvent résulter que « d'une loi positive, manifestant clairement la volonté du législa- « teur, quant aux sommes ou valeurs qu'il entend soumettre à « l'exercice du privilège ;

« Attendu que le décret du 28 pluviôse an II, en accordant aux « ouvriers et fournisseurs une faculté de saisie qu'il refuse aux « créanciers particuliers de l'entrepreneur, confère, par cela « même, aux premiers un privilège sur les fonds déposés dans « les caisses des receveurs pour être délivrés aux adjudicataires ; « — Attendu que les expressions du décret ne mentionnent pas « nominativement le cautionnement, et ne sont pas telles non plus « qu'on doive nécessairement l'y déclarer compris par voie d'in- « terprétation ; — Attendu que le décret du 12 décembre 1806 a « été justement écarté comme étant spécial pour le service de « guerre. »

Ceci doit s'entendre non seulement des droits des créanciers de l'entrepreneur pendant la durée de l'entreprise, mais encore après qu'elle est terminée : ainsi, ils ne pourront invoquer, au moment de la restitution du cautionnement, aucun privilège pour en em- pêcher la remise à l'entrepreneur. Il n'est donc pas exact de dire qu'ils ont un privilège de second ordre, valable seulement après celui de l'Administration et qu'ils peuvent invoquer lors de la restitution.

Donc, ni les fournisseurs de matériaux, ni les personnes qui ont fait les fonds à l'aide desquels l'entrepreneur a réalisé le cau- tionnement, n'ont de privilège sur ce cautionnement après l'expi- ration des travaux. Il ne s'agit pas, en effet, ici, de sommes dues à l'entrepreneur à raison de l'exécution des travaux : l'État n'est, en ce qui concerne le cautionnement, qu'un simple dépositaire, non propriétaire des sommes à lui confiées, et obligé de les res- tituer à l'époque convenue.

504. — Pour les bailleurs de fonds, il arrivera le plus souvent, en pratique, qu'ils auront fait eux-mêmes et directement le versement. Dans ce cas, ils n'ont aucun besoin de privilège, puisque la propriété du cautionnement fourni continue à résider sur leur tête. S'ils n'ont pas eu soin de prendre cette précaution, ils se trouvent alors dans la situation ordinaire d'un prêteur qui aurait fourni de l'argent à un entrepreneur pour une cause ou pour une autre : travaux à entreprendre, achats à faire, etc. Ils n'auront par conséquent que la ressource de faire, après la fin des travaux, et avant la restitution du cautionnement, une saisie-arrêt aux mains de l'État. (Pand. franç., v° *Adjudications administratives (État)*, n° 1224.)

505. — Ainsi, personne n'a de privilège sur le cautionnement en dehors de l'Administration, à moins d'exception formellement stipulée au cahier des charges; mais les créanciers de l'entrepreneur peuvent, suivant le droit commun, faire saisie-arrêt ou opposition à la Caisse des dépôts et consignations pour les intérêts ou arrérages du cautionnement, ainsi que pour ce cautionnement lui-même lorsque, les travaux terminés, est intervenue la décision de l'Administration autorisant la restitution de ce versement.

Le décret de 1882 laisse subsister une grave lacune en matière d'opposition. Le soumissionnaire a la faculté de déposer le cautionnement à la caisse qu'il choisit : un adjudicataire, à Paris, peut déposer le cautionnement en province, et réciproquement : de telle sorte que les tiers ignoreront entre quelles mains ils doivent former opposition ; ils n'auront que la ressource de demander à l'Administration des renseignements officieux qu'elle n'est pas tenue de fournir. (Pand. franç., v° *Adjudications administratives*, (*État*), n° 1219.)

Pendant longtemps, on a exigé un certificat de non-opposition délivré par le greffier du tribunal civil dans l'arrondissement duquel les travaux avaient été effectués. Cette formalité a été supprimée par le décret de 1887 qui déclare nulles toutes les oppositions faites ailleurs qu'à la caisse où le cautionnement a été versé.

506. — Le décret de 1882 (art. 11) contient une disposition nouvelle fort importante : les cautionnements provisoires des soumissionnaires déclarés adjudicataires qui ne réalisent pas le cautionnement définitif dans le délai fixé par le cahier de charges sont acquis à l'État. (*Circ. min., 27 mars 1883* ; Pand. franç., v° *Adjudications administratives (État)*, n° 1236.)

507. — L'application des cautionnements définitifs à l'extinction des débets liquidés par les Ministres compétents a lieu aux poursuites et diligences de l'agent judiciaire du Trésor, en vertu d'une contrainte délivrée par le Ministre des finances. (*Déc. 1882,* art. 12.) Cette clause doit toujours être rappelée dans le cahier de charges pour être obligatoire. (*Circ. min., 27 mars 1883* ; Pand franç., v° *Adjudications administratives (État)*, n° 1237.)

508. — Le retrait du cautionnement rend nécessaire l'accomplissement de certaines formalités. Pour les travaux de l'État, l'article 10 du décret de 1881 dispose que « la Caisse des dépôts « et consignations restitue les cautionnements provisoires au vu « de la mainlevée donnée par le fonctionnaire chargé de l'adju- « dication, ou d'office aussitôt après la réalisation du cautionne- « ment définitif de l'adjudicataire.

« Les cautionnements définitifs ne peuvent être restitués, en « totalité ou en partie, qu'en vertu d'une mainlevée donnée par « le Ministre ou le fonctionnaire délégué à cet effet. »

509. — Lorsqu'il s'agit d'un cautionnement mobilier, on remplit ensuite les formalités prescrites par l'ordonnance du 3 juillet 1816.

L'entrepreneur remet, soit au directeur de la Caisse des dépôts et consignations, soit au receveur particulier, soit au receveur général, qui ont reçu le cautionnement, une réquisition de payement.

Cette réquisition contient élection de domicile dans le lieu où demeure le préposé de la Caisse des dépôts et consignations. Elle doit être accompagnée de l'offre de remettre les pièces à l'appui de la demande, ou mieux encore, de ces pièces elles-mêmes, c'est-à-dire : 1° du récépissé de cautionnement remis à l'adjudicataire au moment du dépôt ; 2° du certificat de non-opposition délivré par le bureau des oppositions si le versement a été fait à Paris ; 3° du certificat de non-opposition, délivré par le greffier du tribunal dans le ressort duquel les travaux ont été exécutés ; 4° enfin, de l'autorisation de rembourser le cautionnement donnée au dépositaire par le Ministre ou son délégué.

Il est fait mention de cette remise dans le visa que doit donner le préposé, conformément à l'article 69 du Code de procédure civile.

Conformément à l'article 4 de la loi du 28 nivôse an XIII, les sommes consignées sont remises à l'entrepreneur dix jours après la réquisition de payement.

Les préposés qui ne satisferaient pas au payement, après ce délai, seraient contraignables par corps, sans préjudice des droits du réclamant contre la Caisse des dépôts et consignations.

Lorsque le cautionnement a été fourni en immeubles, il y a lieu seulement d'obtenir la radiation hypothécaire prise au nom du Trésor, par le Conservateur des hypothèques de l'arrondissement où les biens sont situés. A cet effet, l'entrepreneur doit présenter à ce fonctionnaire un arrêté du préfet constatant qu'il a rempli toutes ses obligations.

Le retrait du cautionnement effectué sans réserves, lorsque l'entrepreneur a déjà accepté purement et simplement le procès-verbal de réception définitive et le décompte général des travaux, lorsque enfin il a donné quittance pour solde, rend ses réclamations ultérieures contre le décompte non recevables. (*Voy.* C. d'État, 14 janvier 1839, *Hémery*, 48.)

SECTION III

Cautionnement spécial des travaux du Ministère de la guerre.

510. — Comparaison générale des systèmes admis par les cahiers de 1876 et de 1887.
511. — Caution personnelle sous l'empire du cahier de 1876.
512. — Situation et obligations de cette caution.
513. — Cautionnement matériel sous les cahiers de 1876 et de 1887 : cautionnement provisoire et cautionnement définitif.
514. — Versement en numéraire du cautionnement provisoire.
515. — Versement en rentes.
516. — Dépôts à Paris.
517. — Dépôts dans les départements.
518. — Réalisation du cautionnement définitif : versement en numéraire.
519. — Consignation en rentes sur l'État.
520. — Cautionnements en immeubles.
521. — Restitution des cautionnements.
522. — Privilège de second ordre des fournisseurs, ouvriers et sous-traitants.
523. — Demande de restitution du cautionnement : pièces à joindre : formalités.
524. — Restitution partielle au cours des travaux.
525. — Réaffectation des cautionnements.
526 — Hypothèque générale de l'État.
527. — Cautionnement pour les travaux hydrauliques et bâtiments civils de la marine.

510. — Les règles concernant les cautionnements à fournir par les entrepreneurs des travaux du Ministère de la guerre appellent toute notre attention. Sous l'empire du cahier de 1876, elles étaient minutieusement indiquées par les dispositions de ce cahier, et une série d'instructions ministérielles du 17 octobre 1871, concertées entre les Ministres de la guerre et des finances, qu'il fallait combiner avec les prescriptions du décret du 18 novembre 1882.

Aujourd'hui, ces règles se trouvent dans l'article 3 du cahier de 1887 combiné avec la notice n° 1 annexée au cahier, les prescriptions du décret de 1882, et celles des instructions du 17 octobre 1872.

Sous l'empire du cahier des charges de 1876, comme sous l'empire des cahiers antérieurs, notamment de celui de 1833, le service du génie avait organisé d'une manière spéciale, toute différente de celle adoptée pour les services des autres Ministères, le système des garanties exigées de l'entrepreneur. Avant tout et en règle générale l'entrepreneur devait présenter une caution personnelle, dont la solvabilité était prouvée, et qui devait répondre solidairement avec lui de l'exécution de ses obligations; ce n'était qu'en cas de stipulations formelles du cahier des charges spécial à l'entreprise, qu'il devait fournir un cautionnement matériel en numéraire, valeurs ou immeubles; encore ce cautionnement matériel ne remplaçait-il pas la caution personnelle, mais ne faisait que s'y ajouter. Ce système complexe était à la fois gênant pour l'entrepreneur et difficile à appliquer pour l'Administration. Il a soulevé de nombreuses critiques. Les rédacteurs du nouveau cahier de 1887 ont complètement abandonné ce système, pour édicter purement et simplement celui qui est en usage pour les travaux des autres Ministères, et notamment pour les travaux des ponts et chaussées. La caution personnelle est entièrement supprimée, mais le cautionnement matériel en valeurs numéraires, ou immeubles, devient obligatoire pour tous les marchés, en vertu d'une clause formelle du cahier des clauses et conditions générales; l'article 3 du cahier des charges spéciales de l'entreprise n'a plus qu'à indiquer si le choix du cautionnement en numéraire, valeurs ou immeubles est laissé à l'entrepreneur, ou quelle nature de cautionnement lui est imposée. C'est l'application de la règle si nettement posée par l'article 4 du décret du 18 novembre 1882, qui régit tous les marchés passés au nom de l'Etat, à quelque service qu'ils se rapportent; l'ancien système du cahier de 1886 était abrogé par ce décret général; c'est pour cela que le nouveau cahier de 1887 n'a pas eu besoin de l'abroger expressément; il n'a eu qu'à faire d'une manière détaillée l'application au service du génie des règles prescrites par l'article 4 du décret de 1882.

Nous allons d'abord exposer les règles relatives à la caution personnelle du cahier de 1876; nous exposerons ensuite d'après ce même cahier les règles relatives au dépôt matériel de garantie, et au cautionnement matériel, en indiquant au fur et à mesure les modifications apportées à ces règles par le cahier de 1887.

511. — *Caution personnelle.* — L'article 2 du cahier de 1876 exigeait, en règle générale, une caution personnelle, c'est-à-dire l'engagement d'un tiers pourvu, comme l'entrepreneur, d'un certificat de moralité, et produisant un acte sur papier timbré par lequel il s'engageait solidairement avec le soumissionnaire. (Des modèles d'actes étaient délivrés aux adjudicataires par l'Administration). Les nom, qualité et domicile de la caution devaient être indiqués au chef du génie, en même temps que lui était demandée l'autorisation de concourir.

Aux termes du même art. 2, « les femmes, les septuagénaires, « les interdits, les majeurs pourvus d'un conseil judiciaire, ainsi « que les mineurs, n'étaient pas autorisés à servir de caution. »

512. — La caution des entrepreneurs des travaux du génie avait les mêmes droits que celle des entrepreneurs d'autres travaux : ainsi, elle avait un recours contre l'entrepreneur à raison des avances de frais, des dépenses ou des indemnités qu'elle était obligée de payer pour son compte, et dont elle était solidairement responsable.

Une question se soulevait à l'occasion des articles 14 et 44 du devis général : au cas de substitution de la caution aux lieu et place de l'entrepreneur pour l'exécution de travaux interrompus ou languissants, avait-elle, si elle se trouvait définitivement en perte, un recours contre l'obligé principal? La solution se trouvait dans la nature du contrat spécial intervenu entre l'entrepreneur et la caution. L'engagement de cette dernière, en tant qu'il avait pour objet la continuation éventuelle des travaux, constituait une obligation directe et principale : d'après l'art. 14, elle n'était pas seulement responsable des obligations de l'entrepreneur : elle prenait l'engagement de se substituer à son lieu et place et de courir, au besoin, les chances de son marché. Ne résultait-il pas de là que, pour la partie des travaux qu'elle exécutait elle-même, elle assumait directement toute la responsabilité, sans recours contre l'adjudicataire? Dans le cas inverse, celui-ci eût-il été admis à réclamer de la caution une part quelconque des bénéfices? Celle-ci aurait répondu à bon droit, que, mise par la faute de l'adjudicataire en son lieu et place, elle avait accompli à ses risques et périls une entreprise qu'il avait été contraint d'abandonner; que les bénéfices étant le fait de son travail, elle les avait seule gagnés et devait seule les conserver. A partir du moment où l'entrepreneur primitif disparaissait, le contrat était résolu, sauf le règlement des faits antérieurs : la caution continuait les travaux avec les bonnes et les mauvaises chances, sans partage des pertes et des bénéfices : elle travaillait pour son propre compte.

513. — Arrivons au cautionnement proprement dit. On distingue le dépôt provisoire de garantie et le cautionnement définitif.

I. — *Dépôt de garantie.* — Les cahiers de charges peuvent exiger des soumissionnaires un dépôt provisoire destiné à garantir le versement du cautionnement définitif s'ils sont reconnus adjudicataires.

Ces dépôts, dont le montant sera déterminé par les affiches, peuvent être opérés en numéraire ou en inscriptions de rentes sur l'Etat.

514. — 1° *Versement en numéraire.* — Lorsque le versement est stipulé en numéraire, il est fait à Paris, à la Caisse des dépôts et consignations; dans les départements, à la caisse des trésoriers payeurs généraux ou des receveurs particuliers. Ces fonctionnaires en délivrent un récépissé que les déposants joignent à leur soumission. S'ils ne sont pas déclarés adjudicataires, le versement leur est restitué sur la présentation à la Caisse où il a été effectué du récépissé sur lequel le chef du service pour lequel a été fait l'adjudication a mentionné le droit au remboursement. Ces dépôts ne produisent aucun intérêt.

Si, au contraire, le déposant devient adjudicataire, il doit, après l'approbation, réaliser son cautionnement définitif. Puis il obtient la restitution du versement provisoire sur la présentation du récépissé qui ne lui est remis que sur le vu de l'acte constatant la réalisation du cautionnement définitif. Il peut aussi convertir en l'augmentant le dépôt de garantie ou versement provisoire, en cautionnement définitif; il retire son récépissé sur lequel est inscrite la mention de l'échange projeté, indiquant le chiffre du cautionnement définitif. Il présente ensuite ce récépissé, et complète son cautionnement.

Les intérêts des sommes versées ne commencent à courir que

le 61ᵉ jour qui suit la date du versement du cautionnement définitif ou de la conversion du dépôt de garantie en cautionnement provisoire.

515. — 2° *Versement en rentes.* — Le versement de garantie en rentes nominatives, directes ou départementales, ou en rentes au porteur, est effectué à Paris à la Caisse des consignations, ou dans les départements. Il peut être fait en rentes 3 et 4 0/0 aux conditions déterminées par le décret du 31 janvier 1872.

516. — *Dépôts à Paris.* — Les soumissionnaires souscrivent sur les registres de la Caisse une déclaration qui lui donne tout pouvoir de convertir, vendre, réaliser et signer le transfert des rentes déposées et d'en appliquer le produit conformément au cahier des charges. Il est délivré un récépissé qui doit être joint à la soumission. Lorsque le déposant est déclaré adjudicataire, ou lorsqu'il est évincé, la restitution s'opère dans les mêmes formes que pour le cautionnement en numéraire. Les extraits d'inscriptions sont restitués par la Caisse dans les 4 jours qui suivent la présentation du récépissé.

Lorsque l'adjudicataire veut convertir son cautionnement provisoire en cautionnement définitif, il doit opérer la conversion dans le délai prescrit par le cahier des charges, sans quoi les rentes déposées pourront être vendues et le produit sera versé à la Caisse à titre de cautionnement en numéraire.

Si le dépôt a été fait en inscriptions de rentes départementales, elles sont converties en inscriptions directes par les soins du Ministre des finances, avant que l'acte de cautionnement définitif soit établi.

Si le dépôt a été fait en rentes au porteur, comme elles ne sont pas reçues à titre de cautionnement définitif, l'adjudicataire ne pourra obtenir la conversion : les titres lui seront restitués après la réalisation du cautionnement définitif.

517. — *Dépôts dans les départements.* — Ils sont reçus par les trésoriers généraux et les receveurs des finances. Le déposant signe un acte sur papier timbré fait double entre lui et l'agent du Trésor, par lequel il affecte le dépôt à la garantie de sa soumission, et donne tout pouvoir de convertir les rentes départementales en rentes directes, de remettre les extraits d'inscriptions à l'agent judiciaire du Trésor, et de vendre, réaliser, signer le transfert des inscriptions déposées. Le déposant s'engage en outre par le même acte à réaliser et à signer, par lui-même ou un fondé de pouvoirs, dans les délais fixés par le cahier des charges, l'acte définitif de cautionnement. En cas d'inexécution, les rentes seront vendues et le produit versé à la Caisse des consignations à titre de cautionnement en numéraire.

L'un des doubles de l'acte ci-dessus mentionné doit accompagner la soumission.

Si le déposant n'est pas déclaré adjudicataire, cette pièce lui est restituée avec la mention qu'il a droit au remboursement. Sur le vu de l'acte, le trésorier ou le receveur l'annule ainsi que le double resté entre ses mains, et restitue les inscriptions déposées.

Si le déposant est déclaré adjudicataire, il réalise le cautionnement définitif, et la restitution s'opère comme s'il s'agissait de numéraire.

S'il veut convertir le dépôt de garantie en cautionnement définitif, il retire son récépissé sur lequel est écrite la mention « à échanger contre un acte de cautionnement de... » francs. L'adjudicataire présente cette pièce à l'agent dépositaire, fait sa déclaration, et lui désigne au besoin le fondé de pouvoirs chargé de signer à Paris l'acte de cautionnement. Le dépositaire avise de cette désignation le Ministre des finances et lui transmet les inscriptions qui doivent être affectées au cautionnement définitif. L'adjudicataire complète ensuite son cautionnement dans les formes ordinaires.

518. — II. *Cautionnement définitif.* — A la réception de l'avis d'approbation, l'entrepreneur doit faire connaître au Ministre, par la voie hiérarchique, en quelles valeurs il entend réaliser son cautionnement, lorsque le choix lui est laissé par le cahier des charges. Le cautionnement doit être réalisé dans le délai fixé.

La notice n° 1 du cahier de 1887 déclare (art. 9) qu'à moins de stipulations contraires, ce délai est d'un mois à dater de la notification de l'avis d'approbation pour les cautionnements en numéraire, et à dater de l'acceptation du Ministre pour les cautionnements en immeubles. En cas de retard, le dépôt de garantie est saisi, et le Ministre peut prononcer la résiliation et la passation d'un autre marché, aux risques et périls de l'entrepreneur.

Les règles relatives à la réalisation sont différentes suivant qu'elle a lieu en numéraire, en rentes ou en immeubles.

1° *Versement en numéraire.* — Il est fait, à Paris, à la Caisse des consignations; dans les départements, chez les trésoriers généraux ou receveurs particuliers. Le versement est précédé d'une déclaration faite par le dépositaire sur un registre spécial, à l'effet de spécifier l'objet de la consignation, et de déterminer la garantie que la somme versée a pour but d'assurer.

Il est délivré un récépissé de versement, qui forme titre définitif au titulaire, qui le conserve entre ses mains. Mais il est tenu d'adresser au Ministre une copie de sa déclaration de consignation, certifiée par le consignataire, afin de justifier de l'exécution de ses obligations.

Les intérêts sont payés au lieu du versement à raison de 3 0/0 par an à partir du 61e jour qui suit le versement; ils sont réglés au 31 décembre de chaque année.

519. — 2° *Consignation en rentes sur l'État.* — Les inscriptions nominatives sont seules admises. La réception ne peut se faire qu'à *Paris*, au Ministère des finances, par l'agent judiciaire du Trésor public.

Les rentes affectées au cautionnement restent au nom du

titulaire, elles peuvent être fournies soit par l'adjudicataire, soit par un tiers; il suffit qu'elles soient de libre disposition.

La réalisation se fait de la manière suivante : le titulaire ou son fondé de pouvoirs, muni d'une procuration spéciale, conforme au modèle annexé à l'instruction n° 5 en date du 17 octobre 1872, enregistrée et légalisée par le sous-préfet, passe avec l'agent judiciaire du Trésor public un acte définitif de cautionnement en double, sous seing privé. L'agent judiciaire remet au titulaire un certificat dit *bordereau d'annuel* qui lui permet de toucher les arrérages de la rente soit à Paris, soit dans les départements.

520. — 3° *Cautionnements en immeubles.* — Les immeubles peuvent être admis au cautionnement à moins de disposition contraire du cahier des charges Toutefois, le cahier de 1887 exige même dans ce cas une autorisation du Ministre qui peut la refuser. (*Art. 1, notice 1 annexe au cahier*). Ils doivent être libres de tout privilège ou hypothèque, et d'une valeur excédant d'un tiers le chiffre du cautionnement. Dans le département de la Seine, l'acte est reçu par le notaire du Ministère de la guerre ; dans les départements, il est dressé par un notaire choisi par l'adjudicataire, sur la présentation d'une copie de la dépêche ministérielle donnant à l'entrepreneur l'autorisation de constituer le cautionnement en immeubles.

L'acte est dressé sur le vu des titres de propriété, et la grosse en est adressée, avec les titres et pièces, au préfet du département où sont situés les biens. Le préfet examine l'acte, les titres et les pièces, et soumet le tout à l'avis du Conseil de préfecture ; puis il requiert, s'il y a lieu, la prise d'inscription hypothécaire au profit de l'État. Il transmet au Ministre de la guerre le procès-verbal de la délibération du Conseil de préfecture, l'acte de cautionnement appuyé des diverses pièces qui ont été produites, le bordereau d'inscription, et un certificat délivré postérieurement à la date de cette inscription, constatant la situation hypothécaire de l'immeuble.

Le cautionnement n'est définitivement constitué qu'après que le Ministre en a prononcé l'acceptation.

521. — *Restitution des cautionnements.* — Une fois l'entreprise terminée et les comptes apurés, il y a lieu à la restitution du cautionnement. Toutefois, aux termes de l'article 7 du cahier de 1876, le cautionnement tel qu'il se trouve constitué au moment du règlement général et définitif des travaux reste affecté, pendant un an, à la garantie des engagements contractés par l'entrepreneur tant envers l'administration qu'envers les ouvriers, sous-traitants ou fournisseurs, dans l'ordre des privilèges reconnus par la loi.

Le cahier de 1887 (article 3) reproduit ces dispositions ; et pour trancher toute difficulté, il déclare que, dans le cas où il est fait une réception provisoire, le délai d'un an court du jour de cette réception. Mais par contre, et dans le but de garantir l'État contre toute éventualité, il ajoute : « En cas de contestation judi-

« ciaire, le cautionnement est conservé jusqu'au règlement défi-
« nitif du litige par la juridiction compétente. » La notice n° 1
annexée à ce cahier, dans son article 14, va plus loin encore : elle
décide que la mainlevée totale du cautionnement ne peut être donnée par le Ministre qu'autant que l'entrepreneur a été reconnu
quitte et libéré de toutes les obligations qui lui étaient imposées,
et que les comptes de son entreprise ont été apurés. En matière
de travaux, elle ne peut, à moins de dispositions contraires, être
donnée qu'après l'expiration du délai de garantie stipulé au cahier des charges spéciales.

Nous appelons toute l'attention de nos lecteurs sur ces dispositions. Lorsqu'on rapproche l'article 3 du cahier de l'article 14
de la notice, on voit que ces deux documents sont absolument
contradictoires.

D'après la notice, le cautionnement ne pourrait être restitué
avant qu'il ait été reconnu que l'entrepreneur a rempli ses obligations, que ses comptes ont été apurés et même que le délai
de garantie stipulé au cahier des charges spéciales à l'entreprise
soit écoulé. Au contraire, d'après l'article 8 du cahier, la restitution a lieu un an après la fin des travaux ou après la réception
provisoire, s'il y en a eu une.

D'après les art. 53 et 54 du cahier, immédiatement après l'achèvement des travaux, il y a lieu à une réception provisoire et il
est procédé à la réception définitive, après l'expiration du délai
de garantie, s'il y en a eu un de stipulé. Donc, s'il n'y a pas eu
de délai de garantie, on procède de suite à la réception définitive
de l'ouvrage ; dans le cas contraire, on procède, après l'achèvement
des travaux, à la réception provisoire, puis, après le délai de
garantie, à la réception définitive. (V. aussi art. 25 du règlement
sur les constructions militaires du 1er décembre 1887.)

Cela posé, quand le cautionnement doit-il être restitué? L'art. 3
répond : un an après la réception des travaux. Mais s'il y a deux
réceptions, une réception provisoire et une réception définitive ?
Il répond : « Dans le cas où il est fait une réception provisoire,
le délai court de la date de cette réception. »

Voilà qui est clair et précis. Les rédacteurs de la notice se sont
bornés à résumer les dispositions des anciennes instructions du
17 octobre 1872, qui sont restées en vigueur sur tous les points
où le nouveau cahier n'apporte aucune modification : sans remarquer que l'attention de la Commission chargée de la confection du cahier de 1887 avait été appelée spécialement sur ce
point, et qu'après une étude approfondie elle l'avait réglée d'une
manière aussi formelle qu'équitable.

Le dernier paragraphe de l'art. 3 du cahier de 1887 contient
une disposition nouvelle : « En cas de contestation judiciaire, le
cautionnement est conservé jusqu'au règlement définitif du litige
par la juridiction compétente. » Il est bien certain qu'il ne s'agit
ici que du cautionnement constitué, ainsi que le dit le paragraphe
précédent, tel qu'il se trouve au moment de la réception de l'ouvrage, c'est-à-dire après toutes les réductions qui ont pu être

faites en cours d'œuvre, au fur et à mesure de l'avancement des travaux. Néanmoins, cette clause nous paraît exorbitante. La solution des litiges qui suivent trop souvent les travaux se fait attendre plusieurs années; est-il juste que, pour un litige de minime importance, tout le cautionnement reste ainsi immobilisé? D'autre part, nous comprenons l'intérêt de l'État à s'assurer un gage contre l'insolvabilité de l'entrepreneur, mais ce gage devrait être restreint au cas où l'État peut craindre cette insolvabilité, au cas où c'est l'État qui est demandeur et qui réclame à l'entrepreneur la réfection de certains travaux, une certaine somme de dommages-intérêts, etc. ; encore la retenue sur le cautionnement devrait elle être restreinte à une somme égale à la valeur de la demande de l'État, en cas de contestation évaluée par la juridiction chargée de trancher le litige. Quand c'est l'entrepreneur qui est demandeur, qui critique son décompte, et réclame soit des plus-values, soit des indemnités, soit une autre interprétation de son devis ou du bordereau des prix, l'État n'a rien à craindre de l'insolvabilité de l'entrepreneur. La retenue du cautionnement n'apparaît plus que comme un moyen de pression sur l'entrepreneur pour l'amener à composition, à l'abandon de ses réclamations. De pareils procédés ne sont pas dignes de l'État et ne sont pas de son intérêt. Quelle confiance peut inspirer un pareil débiteur à l'entrepreneur qui lui fait l'avance des matériaux et de son travail? En présence des risques à courir, les conditions faites à l'État ne seront pas plus avantageuses que celles consenties aux particuliers, et elles seront d'autant plus onéreuses qu'il aura plus de moyens de se soustraire à ses obligations.

522. — En traitant du cautionnement pour les travaux des ponts et chaussées et les autres travaux de l'État, nous avons examiné et résolu négativement la question de savoir si les ouvriers et fournisseurs avaient un privilège de second ordre sur le cautionnement (n° 503). La question se représenterait également pour les travaux du génie si le législateur ne l'avait tranchée d'une manière formelle. Le privilège des ouvriers et fournisseurs sur le fonds à délivrer par l'État aux entrepreneurs a été établi par le décret du 26 pluviôse an II; les décrets des 13 juin et 12 décembre 1806, concernant le service de la guerre, ont étendu ce privilège aux sous-traitants des entrepreneurs et ont décidé, en outre, qu'il s'applique au moment de sa restitution et lorsque l'État, n'ayant plus besoin de cette garantie, en délivre le montant aux entrepreneurs. Le cahier des charges des travaux du génie de 1876, dans son article 7, rappelle donc expressément ce privilège de second ordre qui existe ici exceptionnellement en faveur des fournisseurs et des ouvriers. L'article 3 du cahier de 1887 se borne à déclarer que le cautionnement est affecté à la garantie des tiers dans l'ordre des privilèges reconnus par la loi.

Nous examinerons, dans un chapitre ultérieur, la manière dont s'exerce ce privilège sur les sommes à délivrer aux entrepreneurs.

523. — La demande de restitution du cautionnement ne peut être adressée qu'au Ministre de la guerre par l'intermédiaire du chef de service intéressé. Les formalités à suivre sont indiquées dans les instructions du 17 octobre 1872 : le cahier de 1887 n'a apporté aucune modification sur ce point.

S'il s'agit de numéraire, le remboursement ne peut avoir lieu qu'à la caisse où le versement a été effectué. La mainlevée est envoyée par le Ministre à l'agent préposé à cette caisse. Puis le titulaire présente une demande à laquelle sont joints :

1° Le récépissé du cautionnement définitif ;

2° Un certificat de non-opposition délivré par le greffier, et visé par le président du tribunal de première instance dans le ressort duquel les travaux ont été effectués. Le remboursement est opéré dans les dix jours qui suivent la présentation de la demande.

Lorsqu'il s'agit de rentes, les inscriptions sont restituées au Ministère des finances après que le Ministre de la guerre a donné mainlevée du cautionnement. L'entrepreneur adresse au Ministre des finances une demande sur papier timbré à laquelle sont joints l'acte définitif du cautionnement et le certificat qui aura servi à toucher les arrérages. Le retrait ne peut être opéré que par le titulaire ou son mandataire.

S'il s'agit d'immeubles, la radiation des inscriptions hypothécaires s'opère en vertu d'un arrêté du préfet, mentionnant la décision par laquelle le Ministre de la guerre a donné mainlevée desdits cautionnements, et sur la production d'un certificat de non-opposition délivré par le greffier et visé par le président du tribunal de première instance de l'arrondissement où était établi le siège du service de l'entrepreneur.

524. — Il convient de remarquer que le cautionnement matériel ne demeure pas nécessairement aux mains de l'Administration pendant toute la durée de l'entreprise. L'article 7 du cahier de 1876 dispose que « le Ministre peut, sur un rapport de chef du génie, « appuyé par le directeur, autoriser la restitution d'une partie « de ce cautionnement dans le cas où, par suite d'une diminution « dans l'importance des travaux ou de leur état d'avancement, « cette restitution serait jugée sans inconvénient ». Remarquons que ce n'est là qu'une disposition de pure faveur dont l'Administration peut à son gré ne pas user, sans que sa décision donne lieu à aucun recours contentieux. Il en est de même sous l'empire du cahier de 1887 : l'article 3 de ce cahier ne reproduit pas la disposition ci-dessus, mais son § 3, en parlant du cautionnement « tel qu'il est constitué au moment de la réception des travaux », suppose nécessairement que ce cautionnement ne reste pas invariable jusqu'à l'achèvement des travaux, et qu'il peut être réduit en cours d'œuvre. Cela résulte d'ailleurs de la notice n° 1 annexée au cahier, art. 14, et... des instructions du 17 octobre 1872 auxquelles elle renvoie.

525. — *Réaffectation du cautionnement.* — Le cahier de 1887 (notice 1, art. 8) contient à ce sujet une disposition qui ne se

trouvait pas dans l'ancien cahier. Lorsqu'un entrepreneur sortant est reconnu adjudicataire d'un nouveau marché, il peut, sur la demande écrite qu'il en fait au Ministre, par l'intermédiaire du chef de service, être autorisé à affecter le cautionnement ancien à la garantie du nouveau marché. Cette réaffectation s'effectue, pour les cautionnements en valeurs pécuniaires ou en immeubles conformément à l'instruction n° 7 du 17 octobre 1872 (sauf les modifications résultant du décret du 18 novembre 1882).

526. — Outre le cautionnement matériel, l'État possède, en vertu de la loi du 4 mars 1793, une hypothèque générale sur tous les immeubles de l'adjudicataire. Cette hypothèque n'est pas spéciale aux travaux du génie, et nous en avons traité ci-dessus.

527. — Les entrepreneurs des travaux hydrauliques et bâtiments civils dans les établissements de la marine versent un cautionnement dont la quotité est fixée par les conditions particulières du marché, et calculée à raison du trentième au moins, et du quinzième au plus de l'importance de l'entreprise.

En cas de prélèvement, par suite d'application de mesures pénales, l'entrepreneur est tenu, à la fin de chaque année, de ramener son cautionnement au chiffre primitif. A défaut de l'accomplissement de cette obligation dans le premier trimestre de l'année suivante, le Ministre a le droit de résilier le marché. (Art. 50 Cond. génér. de la marine,— V. instruction du 9 janvier 1836 combinée avec le décret du 18 novembre 1882.)

CHAPITRE III

Adjudication de travaux au profit des associations ouvrières.

528. — Historique.
529. — Disposition de la loi du 15 juillet 1848 et du décret du 18 août 1848.
530. — Loi du 24 juillet 1867 : organisation des sociétés à capital variable.
531. — Impossibilité pour les sociétés ouvrières d'obtenir, sous l'empire de cette législation, les adjudications de travaux publics.
532. — Modifications proposées en leur faveur en 1883. Travaux de la Commission.
533. — Travaux préparatoires du décret du 4 juin 1888.
534. — Art. 1er : lotissement des travaux à adjuger.
535. — Art. 2 : admission des sociétés ouvrières aux adjudications.
536. — Art. 3 : pièces à produire pour les associations ; motifs qui en ont fait exiger la production.
537. — Nécessité de justifier du nombre d'associés employés aux travaux pour les travaux au-dessus de 50.000 fr.
538. — Art. 4 : dispense de cautionnement ; motifs qui l'ont inspirée. Objections.
539. — Recours pour excès de pouvoirs en cas de violation des articles 2 et 4.
540. — Impossibilité d'évaluer le montant des travaux dans les marchés sur séries de prix.
541. — Art. 5 : droit de préférence des sociétés ouvrières, à égalité de rabais.
542. — Art. 6 : payement des acomptes.
543. — Art. 7 et 8 : application du droit commun.

528. — Depuis un certain nombre d'années, l'État et les municipalités des villes les plus importantes se sont préoccupés d'une manière générale d'encourager et de développer autant que possible chez les ouvriers l'esprit d'association. On a pensé que l'association était un des moyens les plus pratiques d'améliorer le sort des travailleurs. Le but poursuivi par le Gouvernement et différentes municipalités est ainsi résumé dans le rapport présenté par M. Chabrol, conseiller d'État, à la Commission chargée de préparer le décret du 4 juin 1888 : « Pour pousser les ouvriers dans cette voie, on leur offre en quelque sorte à titre de champs d'expériences les marchés de l'État, afin qu'ils puissent y essayer leurs forces, y faire leurs preuves, prendre confiance en eux-mêmes et inspirer confiance au public. » Nous allons d'abord faire l'historique des différents textes législatifs et règlements que ce point de vue économique a successivement inspirés.

529. — Le premier texte régissant la matière est un décret de l'Assemblée Nationale du 15 juillet 1848, qui autorise le Ministre des travaux publics à adjuger ou concéder de gré à gré aux associations ouvrières les travaux publics pour lesquels ce système ne présentera aucun inconvénient. D'après l'article 2, les association tion ouvrières, pour être admises à soumissionner, devaient préalablement justifier auprès de l'Administration de l'acte de société qui stipulerait notamment la création d'un fonds de secours destiné à subvenir aux besoins des associés malades ou blessés par suite de l'exécution des travaux. Il devait être pourvu à ce fonds par une retenue de 2 0/0 au moins sur les salaires.

Un règlement d'administration publique devait déterminer la nature des travaux à concéder, ainsi que la forme et les conditions des adjudications et des concessions : il fut promulgué le 18 août 1848.

Cette loi ne produisit pas de grands résultats. Peut-être la faute en est-elle au règlement du 18 août 1848, qui avait à résoudre les difficiles questions soulevées par la nécessité de concilier les intérêts de l'État avec ceux des associations ouvrières au point de vue de la détermination des garanties à exiger, de la constitution des sociétés principalement au sujet du fonds social.

Cette loi du 15 juillet 1848 et les textes qui l'accompagnaient sont donc tombés rapidement en désuétude.

530. — L'essai a été renouvelé en 1867. La loi du 24 juillet 1867 sur les sociétés commerciales, dans le but de réorganiser et reconstituer les associations ouvrières, créa un nouveau type de sociétés qui reçut le nom de sociétés à capital variable. Sans nous étendre en des développements qui ne rentrent pas dans le cadre de cet ouvrage, nous dirons seulement que ces sociétés se distinguent par trois caractères principaux : 1° elles ont un capital variable, c'est-à-dire que le capital social peut augmenter ou diminuer. Les augmentations peuvent avoir lieu d'année en année, en vertu de délibérations de l'assemblée générale, par portions inférieures à 200.000 francs ; mais, d'autre part, certains associés peuvent reprendre totalement ou partiellement leurs apports sans

cependant que ces retraits puissent réduire le capital social à une somme inférieure au dixième du capital primitif; 2° par exception aux règles générales énoncées par la loi de 1867, les actions ne peuvent être que de 50 francs; 3° et encore par exception à ces mêmes règles, le versement du dixième du capital suffit pour la constitution de la société.

531. — La loi de 1867 a été appliquée : un certain nombre de sociétés à capital variable se sont formées, mais le développement de cette institution a été lent. Il ne suffisait pas d'avoir créé et organisé ces sociétés, il fallait aussi leur ouvrir les portes du monde industriel et commercial, en mettant les lois et règlements généraux en harmonie avec la loi de 1867. Pour nous borner à ce qui fait l'objet de notre étude, il est certain que les lois et décrets sur l'organisation des travaux publics, les règlements, les différents cahiers des clauses et conditions générales contiennent des dispositions qui permettent difficilement aux sociétés à capital variable l'accès des entreprises des grands travaux publics. On peut s'en rendre compte par les chapitres précédents, où nous avons traité des conditions requises pour être déclaré adjudicataire, du cautionnement et des formalités des adjudications.

Néanmoins, ces tentatives et les résultats obtenus ont eu un écho dans le parlement. Dès l'année 1880, l'attention du Gouvernement avait été appelée sur les associations ouvrières et leur participation aux grands travaux de l'Etat. Plusieurs sociétés, invoquant la loi du 15 juillet 1848, s'étaient présentées aux adjudications, mais elles se heurtaient le plus souvent à l'interprétation donnée par l'avis du Conseil d'Etat du 20 décembre 1848 à l'article 1 du règlement du 18 août 1848, qui ne permettait pas d'adjuger aux associations ouvrières les travaux comportant des fournitures de matériaux; elles se heurtaient aussi à la difficulté de consigner le cautionnement exigé. Sur les réclamations qui s'étaient produites de différents côtés, le Gouvernement consentit à mettre à l'étude les améliorations qui pourraient êtres apportées à la législation de 1848. Une Commission fut nommée au Ministère des travaux publics. Elle comprenait un certain nombre d'inspecteurs généraux des ponts et chaussés et de directeurs du Ministère. Le travail de cette Commission aboutit à un projet qui apportait au règlement de 1848 deux modifications essentielles. La première consistait à admettre les associations ouvrières, moyennant le dépôt d'un cautionnement, aux adjudications de travaux comportant des fournitures lorsque l'importance du marché n'excédait pas 50.000 fr.; la seconde était relative à la suppression du maximum de rabais. Ce projet fut examiné par la section des travaux publics du Conseil d'Etat qui ne le laissa même pas aller jusqu'à l'assemblée générale : elle objecta que, dans l'état actuel de la législation, l'association ouvrière ne constituait pas un type de société particulier et légalement défini; que, par conséquent, il était nécessaire, avant d'accorder aux associations de ce genre une situation privilégiée vis-à-vis des entrepreneurs, de déterminer par une loi leurs conditions d'existence et leur caractère légal.

532. — C'est alors, en 1883, que le Gouvernement, sur l'invitation de M. Waldeck-Rousseau, crut devoir mettre à l'étude à la fois les réformes à apporter à la loi de 1867 pour la constitution des associations ouvrières, et les réformes à apporter à la législation générale des travaux publics, pour leur faciliter l'accès de ces travaux. A la date du 20 mars 1883 fut instituée une Commission. Souvent interrompus, les travaux de cette Commission furent repris d'une manière constante, à partir du 1er janvier 1888, sous la présidence de M. Christophle. Nous n'avons pas à entrer ici dans les détails des réformes qui sont proposées par cette Commission, nous nous bornerons à indiquer les règles générales et fondamentales qu'elle présente à la sanction législative pour la constitution des associations ouvrières.

En premier lieu, la Commission propose de modifier la loi du 29 juin 1872, amendée par la loi du 1er décembre 1878, de manière que les sociétés ouvrières de toute espèce, sociétés de coopération comme sociétés de production, soient exemptes de l'impôt de 3 0/0 sur leurs revenus, dividendes ou parts d'intérêts, et cela quand bien même leur fonds social ne serait pas alimenté par une cotisation périodique, mais par un versement successif, comme il arrive dans un grand nombre de sociétés coopératives anonymes à capital variable, constituées par actions de 50 ou de 100 francs et plus, dont le dixième ou le quart est exigible en souscrivant, et dont les autres fractions sont payables à échéances périodiques.

En second lieu, on a pensé que, pour faciliter aux associations ouvrières les moyens de se procurer les fonds nécessaires à la constitution de toute maison de commerce ou d'industrie, il fallait libérer le plus possible des droits fiscaux les délégations qui substituent le créditeur de l'association coopérative à elle-même auprès de son débiteur, car les associations ouvrières ne peuvent se procurer des fonds qu'en déléguant la créance collective résultant des travaux exécutés à des maisons de banque qui leur font des avances. Le droit de 1, 25 % proportionnel sur la transmission de cette sorte de créance serait remplacé par un droit fixe gradué et peu élevé. Un extrait légalisé de l'acte de société remplacerait partout l'acte notarié. Une acceptation sous seing privé remplacerait la signification par huissier de l'acte de délégation ; en troisième lieu, l'acte notarié ne serait plus exigé pour constituer les associations, un acte sous seing privé suffirait ; il en serait de même pour la constatation de la souscription de la totalité du capital social et le versement du dixième.

En quatrième lieu, le capital social pourrait être étendu au delà de 200.000 francs, et cette extension pourrait aller jusqu'à concurrence du montant d'une action de 50 francs par associé.

En cinquième lieu, on réduirait de 50 francs à 25 francs le minimum des coupures d'actions, en exigeant toujours pour le premier versement le quantum du dixième ou 2 fr. 50.

En sixième lieu, au point de vue de la responsabilité des associés, on chercherait à concilier l'intérêt de la société avec celui du sociétaire. Actuellement, les associés qui démissionnent ou sont exclus sont responsables pendant cinq ans envers les associés et envers les tiers du montant de leur souscription, pour toutes les affaires engagées au moment de leur retraite. Cette disposition pourrait être rédigée en ce sens que l'avoir social de l'associé démissionnaire serait déposé, au fur et à mesure de la liquidation des affaires dans lesquelles il aurait une quote-part de responsabilité, dans une caisse publique ou particulière, de manière que cet associé ne courre pas le risque de l'insolvabilité d'une société sur laquelle il n'a plus aucun moyen de contrôle.

En septième lieu, les formalités longues et coûteuses exigées pour la publicité des actes constitutifs des associations seraient remplacées par des insertions dans certaines conditions au *Journal officiel*.

En huitième lieu, on exigerait une participation dans des limites déterminées, des auxiliaires non-associés, dans les bénéfices des associations.

533. — Ces réformes de la loi de 1867 n'ont pas encore la sanction législative. Mais la Commission avait aussi pour mission de proposer les réformes à apporter à la législation générale, pour la mettre en harmonie avec les dispositions nouvelles sur les sociétés, et en particulier pour faciliter aux associations ouvrières l'accès des grands travaux publics. Au cours de ces travaux, la Commission, alors présidée par M. Christophle, entreprit, au mois de janvier 1888, de mettre sous forme de règlement les mesures à adopter en faveur des associations ouvrières, dans le but de leur faciliter la participation aux marchés de l'Etat. En conséquence, deux projets de règlements tendant à ce but, et traitant l'un des marchés de fournitures, l'autre des marchés de travaux publics, furent présentés au Gouvernement, qui suivit la procédure habituelle pour la transformation de ces projets en un décret sous forme de règlement d'administration publique, et en saisit le Conseil d'Etat. Une Commission fut constituée; elle se composait de MM. : Laferrière, vice-président du Conseil d'Etat, *président*; Collet, Blondeau, Alfred Picard, présidents de section; Hippolyte Dubois, Albert Delmas, Chabrol, Paul Dislére, Marquès di Braga, Rousseau, conseillers d'Etat en service ordinaire; Nicolas, de Livon d'Airolles, Gouzay, Prioul, Fournier et Duval, conseillers d'Etat en service extraordinaire; M. Christophle, député, ancien Ministre des travaux publics, gouverneur du Crédit foncier de France, vice-président de la Commission extra-parlementaire des associations ouvrières, et Monod, directeur de l'Assistance publique et des institutions de prévoyance au Ministère de l'intérieur, membres de la Commission, furent délégués par décret du 30 mars 1888 pour prendre part à la discussion de ces projets devant le Conseil d'Etat.

Il serait certainement très intéressant de reproduire les discussions de cette Commission ; mais pour ne pas sortir du cadre que nous nous sommes imposé, nous devons nous borner à donner le texte du décret en date du 4 juin 1888 (V. *Officiel* du 9 juin 1888, p. 2323), en ajoutant sous chaque article un commentaire qui en fera comprendre l'esprit et la portée.

534.— *Article premier.* — « Les adjudications et marchés de gré « à gré passés au nom de l'Etat sont, autant que possible, divisés « en plusieurs lots selon l'importance des travaux ou des fourni- « .tures, ou en tenant compte de la nature des professions inté- « ressées.

« Dans le cas où tous les lots ne seraient pas adjugés, l'Admi- « nistration aura la faculté, soit de traiter à l'amiable pour les « lots non adjugés, soit de remettre en adjudication l'ensemble « de l'entreprise, ou les lots non adjugés, en les groupant s'il y a « lieu. »

Cet article formule un principe qui, nous l'avons déjà vu, a été inséré tout récemment dans le cahier des clauses et conditions générales du génie (art. 6 du règlement provisoire), et qui devient maintenant commun à tous les marchés de l'Etat ; c'est celui du lotissement. Les motifs invoqués à l'appui sont ainsi indiqués dans le rapport fait à la Commission du Conseil d'Etat, par M. Chabrol, conseiller d'Etat. « Quels sont, dit le rapport, les motifs invoqués « à l'appui de ce nouveau principe ? On a fait remarquer tout « d'abord que le lotissement est la condition nécessaire de l'ad- « mission aux marchés de l'Etat des associations ouvrières, qui ne « peuvent pas soumissionner les entreprises générales, tant à cause « de la modicité de leurs ressources que de la spécialité technique « de leurs membres appartenant le plus souvent au même corps de « métier. On a ajouté que le lotissement procure certains avan- « tages à l'Etat. Il supprime les sous-traités et fait ainsi bénéficier « le Trésor des rabais consentis à l'entrepreneur général par les « sous-traitants. En second lieu, il assure une meilleure exécu- « tion des ouvrages, la réputation professionnelle de chaque « entrepreneur spécial se trouvant engagée plus étroitement dans « un marché où il figure comme contractant direct vis-à-vis de « l'Etat, que dans un sous-traité avec l'entrepreneur général qui « est seul responsable au regard du maître de l'ouvrage. Enfin « le lotissement, en amenant une division des chantiers, peut « prévenir les grèves, en rendant l'entente moins facile entre les « ouvriers. »

On remarquera que le lotissement n'est pas obligatoire pour l'Administration, et on en comprend les raisons. Dans un grand nombre de villes, le lotissement n'est pas praticable : au contraire de ce qui se passe à Paris, où chaque corps de métiers a son au- tonomie et son organisation propre, dans les villes de province, quand il n'y a pas des entrepreneurs généraux se chargeant de toute une construction, le plus souvent le même entrepreneur réunit et représente plusieurs corps de métiers. De plus, l'Admi-

ressés pécuniairement; mais l'Administration, qui a traité avec lui personnellement, n'a point à se préoccuper de ces intéressés. L'entrepreneur pourrait-il, au contraire, avoir de véritables associés, en d'autres termes, des entrepreneurs peuvent-ils s'associer pour se rendre adjudicataires d'un même travail? L'affirmative est évidente, mais à la condition que les membres de la société, ses statuts, etc., soient officiellement connus de l'Administration avant l'adjudication, et soient clairement indiqués dans la soumission ; sans quoi, le soumissionnaire seul qui a signé a, vis-à-vis de l'Administration, le caractère d'entrepreneur, et si en fait le travail est exécuté par les associés collectivement, l'Administration peut considérer qu'il n'y a qu'un entrepreneur et des sous-traitants, et appliquer les règles ci-dessus énoncées. (C. d'État, 10 janvier 1873, *Dousset et Artigue.*) Les affiches et insertions qui annoncent les adjudications mentionnent généralement que plusieurs entrepreneurs peuvent se réunir en société pour soumissionner, ou qu'une société en nom collectif peut soumissionner, mais on impose alors aux entrepreneurs ou aux membres de la société une déclaration par laquelle ils s'obligent conjointement et solidairement à toutes les charges résultant de l'adjudication des travaux qui forment un ensemble unique et indivisible. C'est l'application du principe de l'article 1218 C. civ. : l'obligation est indivisible quoique le fait qui en est l'objet soit divisible par sa nature, si le rapport sous lequel il est considéré dans l'obligation ne le rend pas susceptible d'exécution partielle. (V. Dalloz, 73, 3, 76.)

561. — Si les associés en nom collectif sont nombreux, l'Administration peut exiger qu'ils soient représentés, pour l'exécution des travaux, par un délégué unique qu'elle agréera. Rien ne s'oppose même à ce qu'une société anonyme soit déclarée adjudicataire, si cette société s'est officiellement annoncée comme telle, et si l'Administration y consent au moment de l'adjudication. Les sociétés anonymes peuvent être concessionnaires de travaux publics ; pourquoi ne pourraient-elles pas contracter avec l'Etat ou le département, etc., le marché de travaux publics pur et simple? Si on oppose que ces sociétés ne peuvent fournir les garanties et certificats actuellement prévus par les cahiers des charges ordinaires, notamment par le cahier des ponts et chaussées, l'Administration peut changer, pour des adjudications données, les dispositions de ces cahiers ; suivant l'article 3 du décret de 1882, l'Administration peut n'admettre que les soumissions qui émanent de personnes reconnues capables, au vu des titres exigés par le cahier des charges et préalablement à l'ouverture des plis cachetés. L'Administration peut donc rédiger ses affiches, insertions, et son cahier des charges, ou fixant les garanties que devront fournir les sociétés pour se porter soumissionnaires, les titres qui seront exigés de ces sociétés. En ce qui concerne la participation des associations ouvrières aux travaux publics, un décret du 4 juin 1888 a posé des règles

fixes que nous avons étudiées plus haut dans un chapitre spécial.
(V. ci-dessus, n°s 528 et suivants.)

562. — *Travaux du Ministère de la guerre.* — Aux termes du
cahier des clauses et conditions générales de 1876 (art. 13), il
n'était reconnu qu'un seul entrepreneur pour tous les ouvrages
figurant au bordereau. Il ne pouvait transmettre à qui que ce
soit la gestion et l'exécution des travaux, sauf les cas de maladie
et de force majeure.

Il était admis sans difficulté que, malgré le caractère absolu de
cette prohibition, l'entrepreneur pouvait, avec l'agrément du
chef du génie, déléguer un ou plusieurs de ses commis pour la
prise des attachements, les métrés et les pesées ainsi que pour la
signature des inscriptions sur les carnets et les registres. Cette
délégation ne pouvait être donnée que par acte authentique ;
une délégation par simple lettre ne suffisait pas. Le délégué,
devenu le représentant de l'entrepreneur, l'engageait par ses
actes. Le cahier de 1887 consacre des solutions analogues : les
ordres peuvent être notifiés au représentant de l'entrepreneur
sur les chantiers (art. 10); il peut se faire représenter pour la
surveillance des travaux par un agent capable de le remplacer
et agréé par le chef du service. (Art. 13.)

La délégation faite par l'entrepreneur à ses commis pour la
prise des attachements, métrés et pesées, ainsi que pour la
signature des inscriptions sur les carnets et registres, doit être
donnée par écrit dans la forme d'un sous-seing privé. (Art. 14.)

563. — En ce qui concerne les sous-traités, le cahier de 1876
contenait une disposition identique à celle du cahier des ponts
et chaussées : « L'entrepreneur ne peut sous-traiter pour aucune
« espèce de travaux dépendant de son marché qu'avec le consen-
« tement écrit du chef du génie ; dans tous les cas, il demeure
« personnellement responsable, ainsi que sa caution, tant envers
« l'Administration qu'envers les ouvriers et les tiers. » L'article
9 du cahier de 1887 contient une disposition identique ; il exige
seulement, pour tous les travaux du Ministère de la guerre, outre le
consentement écrit du chef de service, l'approbation du directeur. Le rapport qui précédait l'adoption du cahier de 1876 donnait
de cette prohibition des motifs parfaitement exacts : « Cette clause
« équitable qui, en garantissant aux ouvriers et fournisseurs des
« sous-traitants et tâcherons l'entière responsabilité de l'entre-
« preneur principal, même quand le sous-traité est clandestin
« et n'a pas été autorisé, assure à tous ceux qui concourent à
« l'exécution des travaux une sécurité nécessaire, cette clause,
« dis-je, est aussi légale qu'équitable, car l'Administration peut,
« en vertu de l'article 1121 du Code civil, stipuler valablement
« dans l'intérêt des tiers lorsque telle est la condition d'une sti-
« pulation faite pour elle-même. »

Pas plus que dans les travaux des ponts et chaussées, cette
clause n'est d'ordre public. (V. n° 516.)

564. — L'article 13 de l'ancien cahier édictait une sanction que

nistration peut avoir intérêt à ne pas diviser et affaiblir les responsabilités : elle peut craindre que la multiplicité des entrepreneurs n'amène des désordres ou des lenteurs. Il résulte des travaux de la Commission qu'il a été jugé nécessaire de laisser une entière liberté à l'Administration et que, la matière ne comportant pas de réglementation uniforme, devait faire l'objet de circulaires dans chaque département ministériel, soit pour chaque ouvrage, soit pour un certain nombre d'ouvrages déterminés et réunis en espèces ou classes, suivant leur nature et leurs lieux d'exécution.

Il en résulte nécessairement que si l'application ou la non-application de cet article peut donner lieu, avant une adjudication, à une demande ou à un recours gracieux devant le Ministre dans le service duquel rentre cette adjudication, elle ne saurait jamais donner lieu à un recours contentieux.

535. — *Article 2.* — « Les sociétés d'ouvriers français constituées « dans l'une des formes prévues par l'article 18 du Code de « commerce ou par la loi du 24 juillet 1867 peuvent soumission- « ner, dans les conditions ci-après déterminées, les travaux ou « fournitures faisant l'objet des adjudications de l'État.

« Des marchés de gré à gré peuvent également être passés avec « ces sociétés pour les travaux ou fournitures dont la dépense « totale n'excède pas 20.000 fr. »

Le décret a eu pour but d'améliorer la situation économique de notre pays; les mesures qu'il édicte sont des dispositions de faveur, et l'État a consenti à abandonner quelques-unes des garanties qu'il possède ordinairement, à cause de l'intérêt qu'il avait lui-même à améliorer la position de ses propres citoyens; il était donc naturel que le décret ne fût applicable qu'aux citoyens français. Le deuxième paragraphe de l'article a été inséré pour bien montrer qu'il n'était dérogé en rien au décret du 18 novembre 1882, et aux limites qu'il a fixées aux exceptions à la règle que tout marché de l'État doit être fait par adjudication publique avec concurrence et publicité.

536. — *Article 3.* — « Pour être admises à soumissionner soit « par voie d'adjudication publique, soit par voie de marché de « gré à gré, les entreprises de travaux publics ou de fournitures, « les sociétés devront préalablement produire :

« 1° La liste nominative de leurs membres ;

« 2° L'acte de société ;

« 3° Des certificats de capacité délivrés aux gérants, adminis- « trateurs ou autres associés spécialement délégués pour diriger « l'exécution des travaux ou fournitures qui font l'objet du mar- « ché et assister aux opérations destinées à constater les quan- « tités d'ouvrages effectuées ou de fournitures livrées.

« Les sociétés indiqueront en outre le nombre maximum des « sociétaires qu'elles s'engagent à employer à l'exécution du « marché.

« En cas d'adjudication, les pièces justificatives exigées par le

« présent article seront produites dix jours au moins avant
« celui de l'adjudication. »

Pour la première pièce exigée, on comprend que, quelle que
soit la faveur dont jouissent les sociétés ouvrières, on n'a pas
voulu déroger au principe qui domine tous les marchés de travaux publics. Ces marchés sont faits *intuitu personæ*. En dehors
donc de la nécessité d'assurer l'application de l'article 2, de vérifier si la société est bien une société d'ouvriers français, il est
utile de connaître individuellement les membres de la société, la
capacité et l'honorabilité de cet être collectif dépendant naturellement de la capacité et de l'honorabilité de ceux qui le composent.

Pour l'acte de constitution de la société, l'exigence se justifie
d'abord par la nécessité de savoir si la société est régulièrement
et légalement constituée. De plus, ainsi qu'on le verra plus loin,
le décret dispensant les sociétés ouvrières de l'obligation du cautionnement, la garantie de l'État ne se trouve plus que dans la
solvabilité de la société; or, la solvabilité de la société dépend des
dispositions financières de l'acte constitutif, de son capital social,
de sa composition et de sa réalisation plus ou moins complète.

La troisième exigence, celle du certificat de capacité, est celle
qui a soulevé le plus de discussions. Il n'en est pas d'une association ouvrière comme d'un entrepreneur individuel : celui-ci s'est
mis en évidence par une suite d'entreprises, il a travaillé sous les
ordres de plusieurs architectes, il peut obtenir des certificats
d'aptitude. Sans discuter les motifs qui font éloigner les associations ouvrières des entreprises particulières, il n'y a qu'à constater que, neuf fois ou dix, les sociétés ouvrières n'ont d'autres
recours pour se faire connaître que les entreprises de gré à gré
des travaux de l'État, et celles-ci sont difficiles à obtenir.

D'autre part, la capacité de la société dépend essentiellement
de la capacité de ceux qui la composent, et comme les membres
de la société peuvent changer, la société peut avoir été capable à
un certain moment et ne l'être plus, ou réciproquement. La difficulté a été tranchée par cette réflexion : on a considéré qu'il
serait plus simple et en même temps plus sûr de demander le certificat de capacité non de la société, mais de ses principaux
membres, de ceux qui auront la direction et la surveillance des
travaux; c'est donc aux directeurs, aux délégués ou contre-
maîtres chargés de la conduite des travaux que l'on demandera
un certificat émanant d'un entrepreneur ou d'un architecte sous
les ordres duquel ils auront travaillé.

537. — Le paragraphe suivant est une disposition de garantie,
destinée à empêcher que les faveurs du décret ne soient détour-
nées de leur but, que des capitalistes ou des entrepreneurs ne
forment entre eux une prétendue association ouvrière pour jouir
des bénéfices accordés par le décret. Comme disait M. Chabrol
en son rapport : on a voulu permettre à l'Administration de s'assurer du caractère réellement ouvrier des associations, et pour

des lois spéciales ou des règlements qui la régissent, et d'un autre côté par les contrats particuliers, ou cahiers des charges, conclus pour chaque entreprise.

553. — Les marchés de construction qui interviennent entre particuliers sont des contrats essentiellement personnels. On n'admet pas que l'entrepreneur puisse céder à un autre le bénéfice de son traité et se substituer un tiers pour l'exécution des travaux. Le propriétaire n'est pas tenu de croire à la capacité de ce tiers et d'avoir confiance dans son habileté. Lorsqu'il a traité avec le cédant, il a pris en considération son intelligence, son honnêteté, ses qualités personnelles. Il est libre de ne pas reconnaître chez un autre l'aptitude et la capacité qui l'ont déterminé à conclure le marché. Vainement objecterait-on que le cédant reste garant de la bonne exécution des travaux. Car on ne peut forcer le propriétaire à courir les chances d'un recours en garantie, qui suppose nécessairement l'inaccomplissement des conditions du traité, et qu'il a la certitude d'éviter en conservant l'entrepreneur comme obligé unique. La cession n'est donc valable que lorsqu'elle est expressément approuvée par le propriétaire.

Les marchés de travaux publics sont soumis aux mêmes règles.

554. — La plupart des cahiers de charges contiennent cette prohibition des sous-traités.

Mais cette clause est surabondante ; les conditions imposées par les ordonnances à l'admission des soumissionnaires seraient illusoires, s'il était permis à l'adjudicataire d'abandonner la direction de l'entreprise quand cela conviendrait à ses intérêts. Nous pensons donc que la cession intégrale ou partielle devrait être considérée comme nulle dans les cas même où, s'agissant de travaux autres que ceux des ponts et chaussées ou du Ministère de la guerre, la clause en question n'aurait pas été insérée dans le devis spécial de l'entreprise.

555. — L'ancien cahier des clauses et conditions générales des ponts et chaussées, dans son article 4, décidait que : « l'entrepreneur ne peut céder tout ou partie de son entreprise. » Aussi, en présence des termes de cette interdiction, on avait soutenu que la nullité était d'ordre public et pouvait être proposée non seulement par l'Administration, mais encore par l'entrepreneur et les sous-traitants. (Cour de Rennes, 19 février 1849, *Lhommédé*, D. P., 50, 2, 17 ; et en sens contraire : Cour de Lyon 10 août 1858, *Brune*, D. P., 59, 2, 102.) La Cour de cassation avait tranché la question par un arrêt du 8 juin 1863 (*Billote*, D. P., 64, 1, 273) et décidé que la nullité n'était pas d'ordre public, mais seulement établie en faveur de l'Administration.

556. — Le nouveau cahier des clauses et conditions générales des ponts et chaussées a reproduit cette doctrine dans son article 9 : « L'entrepreneur ne peut céder à des sous-traitants une ou plu-« sieurs parties de son entreprise sans le consentement de l'Ad-« ministration. Dans tous les cas, il demeure personnellement

« responsable, tant envers l'Administration qu'envers les ouvriers
« et les tiers.

« Si un traité est passé sans autorisation, l'Administration peut,
« suivant les cas, prononcer la résiliation pure et simple de l'en-
« treprise, soit procéder à une nouvelle adjudication à la folle
« enchère de l'entrepreneur. »

557. — On remarquera que ce cahier établit ainsi une responsabilité non seulement vis-à-vis de l'Administration, mais
encore envers les tiers : sous l'empire de l'article 4 de l'ancien
cahier des ponts et chaussées, la jurisprudence avait décidé que
les juges du fait pouvaient déclarer l'entrepreneur tenu envers les
fournisseurs et ouvriers de toutes les obligations contractées par
les sous-traitants. (Cour de cassation, 7 juin 1846, *Foriel*, D. P.,
46, 1, 334 ; 7 février 1867, *Fouilloux*, D. P., 67, 1, 108, et 5 mars
1872, D. P., 72, 1, 439.) L'article 9 du cahier des charges actuel
lève tous les doutes et déclare formellement l'entrepreneur responsable envers les tiers dans tous les cas.

558. — La clause portant interdiction des sous-traités doit, dans
la pratique, être appliquée avec discernement. Cette stipulation
n'a d'autre but, en effet, que de réserver, en toute circonstance, à
l'Administration, les garanties qu'elle a cru trouver dans l'adjudicataire. Or ces garanties ne lui sont pas enlevées lorsque l'entrepreneur se borne à se substituer un tiers pour l'exécution de
telle ou telle partie de l'entreprise, s'il a entendu rester responsable vis-à-vis de l'Administration, et si le sous-traité n'empêche
pas celle-ci d'exercer la direction à laquelle il s'est expressément
soumis.

Aussi voit-on tous les jours des entrepreneurs de travaux publics céder tout ou partie de leur entreprise, sans que l'Administration songe à user de rigueur envers le cédant. Elle tolère ces
marchés, parce qu'ils n'ont pas pour effet de dégager l'adjudicataire de ses obligations, et qu'il reste garant de l'exécution des
ouvrages de la manière et à l'époque convenues. (*Voy.* M. Dufour,
t. VII, n° 177.)

Nous aurons ultérieurement à rechercher quel est l'effet de ces
conventions au moment du règlement du compte, et à nous demander si les sous-traitants peuvent intervenir dans les débats
qui s'élèvent à cette occasion.

559. — Le cahier de 1866 prévoit une sanction à cette prohibition : c'est, au gré de l'Administration, soit la résiliation pure
et simple soit la résiliation avec réadjudication à la folle enchère
de l'entrepreneur. La réadjudication sur folle enchère est, comme
on le verra plus loin, une sanction très dure, car elle a pour effet
de faire supporter à l'entrepreneur la différence souvent considérable qui existe entre le prix d'adjudication et le marché primitif.

560. — Ici se place une question assez délicate ; l'entrepreneur
aura le plus ordinairement des bailleurs de fonds, des co-inté-

cela de les obliger à employer effectivement aux travaux qu'elles soumissionneront un certain nombre de leurs membres, dont le minimum sera fixé par le cahier des charges spéciales de chaque entreprise.

Cette disposition peut donner lieu à un recours contentieux de la part des concurrents évincés ; si l'adjudication était prononcée en faveur d'une société qui n'eût que les apparences d'une association ouvrière, un recours pour excès de pouvoirs pourrait être introduit en Conseil d'État contre la décision ministérielle qui aurait approuvé l'adjudication. D'autre part, en présence d'une décision refusant l'approbation de l'adjudication prononcée au profit d'une société, sous prétexte qu'elle ne serait pas une association réellement ouvrière, un recours semblable serait ouvert à cette société. A un autre point de vue, dans le cas où, en cours d'entreprise, l'Administration soutiendrait que la société n'exécute pas son engagement et n'emploie pas sur les chantiers le nombre de ses membres prescrits par le cahier des charges, il peut y avoir lieu à un véritable débat contentieux devant le Conseil de préfecture, et en appel devant le Conseil d'État.

538. — *Article 4.* — « Les sociétés d'ouvriers sont dispensées
« de fournir un cautionnement lorsque le montant prévu des tra-
« vaux faisant l'objet du marché ne dépasse pas cinquante mille
« francs. »

Cette disposition n'a pas été admise sans discussion.

On a objecté tout d'abord que la suppression du cautionnement enlève à l'État une garantie très utile de l'exécution intégrale du marché. En second lieu, on a dit que la situation ne serait plus égale entre les petits entrepreneurs et les associations ouvrières, ces dernières possédant un privilège difficile à justifier et contraire aux principes d'égalité.

Ces deux objections sont graves. Toutefois, on peut y répondre. En ce qui touche la première, il ne faut pas oublier que le cautionnement n'a pas pour but principal de garantir l'État contre les mal-façons et les retards pouvant se produire au cours du marché ; cette garantie se trouve dans la retenue prélevée sur les acomptes successifs. Le cautionnement est plutôt destiné à garantir le commencement d'exécution du marché en évitant que l'entrepreneur ne se ravise après avoir été déclaré adjudicataire. Cette hypothèse peut, sans doute, se présenter pour les associations ouvrières qui, tout comme un entrepreneur, peuvent être tentées de consentir des rabais trop considérables ; mais il est permis de croire que l'association essaiera moins que l'entrepreneur, dans ce cas, de se dérober à l'exécution du marché. D'abord, elle y parviendra moins facilement, puisqu'il lui sera nécessaire d'établir un accord préalable entre les membres de l'association qui tous ont intérêt à ce que le marché s'exécute, afin que la société ne perde pas la confiance de l'Administration.

En outre, la Société peut s'imposer sur la main-d'œuvre des sacrifices plus lourds que ceux que s'imposerait un entrepreneur.

Ajoutons que la garantie résultant de la collectivité est bien supérieure à la garantie toute matérielle du cautionnement : celui-ci n'a qu'une efficacité restreinte dans l'association parce que, réparti sur tous les membres, il se réduira pour chacun à une somme minime, dont il ferait l'abandon plutôt que de subir un marché onéreux.

Quant au privilège, il peut se justifier par les différences qui existent entre les entrepreneurs et les associations ouvrières au point de vue de la garantie résultant du cautionnement. D'ailleurs, les petits entrepreneurs sérieux ont assez de crédit pour se procurer les fonds nécessaires à la réalisation du cautionnement. Ce serait aller contre leurs véritables intérêts que de supprimer le cautionnement pour tout le monde, car ils se trouveraient exposés à la concurrence d'entrepreneurs insolvables et quelquefois peu scrupuleux. Le privilège n'est pas de nature à leur causer un grave préjudice.

539. — Un recours en excès de pouvoirs devant le Conseil d'État peut être exercé par les concurrents évincés contre la décision approuvant l'adjudication, si la société proclamée adjudicataire n'est pas réellement une association ouvrière, ou si le montant des travaux prévus dépasse cinquante mille francs. En sens inverse, une société pourrait former un recours en excès de pouvoirs contre la décision lui refusant le droit de concourir à l'adjudication, à moins de fournir un cautionnement.

540. — Mais on remarquera qu'il y a dans cet article 4 une grave lacune. Quand il s'agit de marché à l'unité de mesure ou sur devis, ou de marché à forfait, le cahier des charges indiquant toujours au moins d'une manière approximative le montant des travaux, c'est ce chiffre prévu au cahier des charges qui doit être pris en considération ; mais quand il s'agit de marché sur séries de prix, cette base d'estimation fait défaut. Il en résulte que, dans ce dernier cas, l'Administration est absolument souveraine, puisqu'elle n'est pas forcée d'indiquer le montant des travaux, que rien ne peut être légalement connu à cet égard d'après la définition même du marché. L'Administration elle-même, ou plutôt les fonctionnaires des différents services se trouveront souvent embarrassés ; il est probable que chaque Ministère enverra à ce sujet des instructions et des circulaires, indiquant la manière d'agir dans les différents cas qui peuvent se présenter dans chaque service. Outre que l'arbitraire laissé à l'Administration peut donner lieu aux plus graves abus, dont les sociétés ouvrières seront les premières victimes, la diversité des règles applicables dans les différents services, créera des difficultés considérables. On répondra bien que, surtout depuis le nouveau cahier de 1887 relatif aux travaux du Ministère de la guerre, le marché sur séries de prix est devenu exceptionnel dans tous les Ministères ; cependant ce marché a été conservé, et son emploi est prévu notamment pour tous les travaux d'entretien et de réparation ; or ce sont justement ces travaux, qui exigent plus

TITRE II

DE LA NATURE DU MARCHÉ DE TRAVAUX PUBLICS ET DE SES
DIVERSES ESPÈCES

CHAPITRE PREMIER

Nature du marché de travaux publics.

549. — Le contrat est un louage d'ouvrage.

550. — Il est synallagmatique et commutatif; il n'a pas en principe les caractères d'un contrat aléatoire.

551. — Il reste un louage d'ouvrage même dans le cas où les matériaux sont fournis par l'entrepreneur.

552. — Il est soumis aux règles du droit civil, à moins de dérogations par la loi où la convention.

553. — Prohibition des sous-traités.

554. — Dispositions des cahiers des charges sur ce point.

555. — Caractère de la nullité : ancien cahier des charges des ponts et chaussées de 1833. Jurisprudence.

556. — Nouveau cahier des charges des ponts et chaussées de 1866.

557. — Jurisprudence, responsabilité envers les tiers.

558. — Applications pratiques de ces règles.

559. — Sanction spéciale : résiliation du marché.

560. — Entrepreneurs associés, société en nom collectif, indivisibilité du marché.

561. — Clauses spéciales des cahiers des charges pour les sociétés en nom collectif ou anonymes, sociétés en participation et syndicats.

562. — Travaux du Ministère de la guerre : prohibition de sous-traiter sans autorisation de l'Administration : cahier de 1875.

563. — Responsabilité personnelle de l'entrepreneur envers l'Administration et envers les tiers.

564. — Sanction spéciale : résiliation du marché.

565. — Disposition spéciale aux sociétés : maintien de ces dispositions par le cahier de 1887.

549. — L'entreprise ou marché de travaux publics est un contrat par lequel un entrepreneur s'engage à exécuter un travail moyennant un prix que l'Administration s'oblige à lui payer. C'est donc un louage d'ouvrage. L'article 1710 du C. civ. définit en effet le louage d'ouvrage « un contrat par lequel l'une des parties s'engage à faire quelque chose pour l'autre, moyennant un prix convenu entre elles ».

550. — C'est aussi un contrat synallagmatique ou bilatéral dans les termes de l'article 1102 du Code civil. C'est également un contrat commutatif aux termes de l'article 1104 du même Code, c'est-à-dire dans lequel chacune des parties s'engage à donner ou à faire une chose qui est regardée comme l'équivalent de ce qu'on lui donne ou de ce qu'on fait pour elle, sans que ni l'une ni l'autre de ces prestations soit subordonnée à un événement futur et incertain. C'est donc à tort et bien improprement qu'on l'a quelquefois qualifié de contrat aléatoire. Les chances de perte ou de gain que peut courir l'entrepreneur sont de la nature de celles qui se rencontrent dans toutes les transactions. Elles n'ont rien de commun avec celles qui caractérisent le contrat aléatoire. Il ne paraît pas, du reste, qu'on ait jamais tiré aucune conséquence pratique de cette qualification inexacte qui n'a, dès lors, qu'un intérêt théorique.

551. — Très souvent l'entrepreneur s'engage à fournir les matériaux en même temps que la main-d'œuvre. (V. ci-dessus nos 44-47.) Quelle est en pareil cas la nature du marché ?

Le contrat ne change pas de caractère dans le cas même où les matériaux employés à la construction sont fournis en totalité par l'entrepreneur. L'article 1787 du C. civ., au titre des Devis et marchés, dit que « lorsqu'on charge quelqu'un de faire un ouvrage, on peut convenir qu'il fournira seulement son ouvrage ou son industrie, ou bien qu'il fournira aussi la matière ». Quand l'entrepreneur fournit la matière, le louage d'ouvrage se trouve jusqu'à un certain point réunir les caractères de la vente ; et il en résulte des conséquences importantes au point de vue de la perte des matériaux en cours d'exécution. (*Voy.* art. 1788, 1789, 1790 C. civ.) Mais il n'y a jamais une vente pure et simple : le travail, surtout en matière de constructions, est considéré comme la chose principale, et ce sont par suite les règles du louage d'ouvrage et non celles de la vente qu'il faut appliquer au contrat. (Pand. franc., *Rép.*, vo *Adjudications administratives* (*Etat*), no 994.) Nous avons, au surplus, indiqué dans le titre préliminaire quelles entreprises sont des marchés de travaux publics, et distingué ces marchés des marchés de fournitures. (V. nos 44 et suivants.)

552. — De ce que nous venons de dire il ressort que le marché de travaux publics est soumis aux règles du droit civil. Ces règles lui sont, suivant nous, pleinement applicables, toutes les fois qu'il n'y est pas dérogé, soit par des lois spéciales ou des règlements ayant force de loi, soit par la convention. C'est donc dans le Code civil, principalement dans le titre des Contrats et obligations, et dans celui du louage, qu'il faudra chercher les principes de droit à l'aide desquels devront être résolues les questions auxquelles les marchés de travaux publics pourraient donner lieu, et qui n'auraient pas été prévues soit par des lois spéciales, soit par les cahiers des charges.

Bien que le Code civil reste le souverain régulateur des marchés de travaux publics, cependant son domaine se trouve sensiblement restreint dans cette matière, d'un côté par le nombre

maintient l'article 9 du cahier de 1887 : lorsque la prohibition qu'il pose aura été méconnue, l'Administration pourra, soit prononcer la résiliation pure et simple de l'entreprise, soit passer un nouveau marché aux risques et périls de l'entrepreneur. Dans ce cas, il ne peut exiger la reprise de son matériel.

565. — Enfin, l'article 13 prévoyait le cas où une société serait déclarée adjudicataire ; elle était astreinte à se faire représenter vis-à-vis du service du génie par un délégué unique que celui-ci agréait et qu'il pouvait toujours faire remplacer.

Ces dispositions sont encore en vigueur : le cahier de 1887 n'a rien changé sur ces points.

CHAPITRE II

Des diverses espèces de marchés.

566. — Formes diverses du contrat.
567. — Marché à forfait.
568. — Caractères essentiels de ce marché.
569. — Avantages et inconvénients.
570. — Marché sur séries de prix.
571. — Son utilité et ses principales applications : modifications résultant du cahier de 1887 sur les travaux du Ministère de la guerre.
572. — Ses caractères essentiels, avantages qu'on en peut tirer.
573. — Graves inconvénients.
574. — Marché à l'unité de mesure.
575. — Différences avec le marché sur séries de prix.
576. — Différences avec le marché à forfait.
577. — Pratique : fréquent cumul de ces différents contrats
578. — Régie par économie.
579. — Régie simple.
580. — Régie intéressée.
581. — Règles d'exécution pour les travaux en régie.

566. — Nous venons de faire connaître les caractères essentiels du contrat d'adjudication. Mais ce contrat, en conservant ses conditions constitutives, se présente sous des modalités diverses. L'Administration a la faculté de choisir entre les marchés à *forfait*, les marchés sur *séries de prix*, et les marchés *à l'unité de mesure*. (Pand. franç., Rép., v° *Adjud. adm.* (*État*), n° 982.)

567. — On appelle marchés à forfait ou à prix fait, ou en bloc, ceux qui ont pour objet la confection d'un ensemble de travaux moyennant un prix fixe et déterminé.

La définition en a été récemment donnée par un acte officiel, le règlement provisoire de 1887 sur les travaux du Ministère de la guerre, aux termes duquel le marché à forfait « est celui où le travail demandé à l'entrepreneur est complètement déterminé et où le prix est fixé en bloc et à l'avance ».

Ils sont régis par l'article 1793 du Code civil, aux termes duquel : « Lorsqu'un architecte ou un entrepreneur s'est chargé

« de la construction à forfait d'un bâtiment d'après un plan
« arrêté et convenu avec le propriétaire du sol, il ne peut deman-
« der aucune augmentation de prix, ni sous le prétexte de l'aug-
« mentation de la main-d'œuvre ou des matériaux, ni sous celui
« de changements ou d'augmentations faits aux plans, si les
« changements ou augmentations n'ont pas été autorisés par
« écrit et le prix convenu avec le propriétaire. » (Art. 1793 C.
civ. C. d'Etat, 31 août 1837, *Département des Deux-Sèvres*, 451.)
Réciproquement, celui-ci n'a pas le droit d'obtenir une réduction
du prix fixé sous le prétexte de la diminution de la main-d'œuvre
et des matériaux. (C. d'Etat, 6 janvier 1853, *Com. de Brigneul*,
19.) Le bénéfice est essentiellement éventuel ; les parties, avant
de s'engager, doivent apprécier avec soin toutes les chances de
gain ou de perte. La signature du traité les lie irrévocablement,
et les rend non recevables à réclamer pour cause de lésion.

« Un marché en bloc, dit M. Tarbé de Vauxclairs, exclut tout
« métrage, tout décompte d'emploi du temps ou de fourniture
« de matériaux. Il est tellement aléatoire de sa nature, que l'on
« ne doit l'admettre que pour des ouvrages d'une exécution
« simple, d'une reconnaissance facile, et dont les prix courants
« sont bien connus. » (*Dict. des Trav. publics*, v° *Marchés en
bloc.*)

568. — Ce qui caractérise essentiellement les marchés à forfait,
c'est, comme nous venons de le dire, la détermination d'un prix
fixe invariable. Lorsque le prix est susceptible de s'élever ou de
s'abaisser, suivant les circonstances, quelque dénomination que
le contrat ait reçue dans les clauses et conditions, on peut être
certain que le marché n'appartient pas à la catégorie des marchés
à prix fait. Il en est ainsi alors même qu'un plan a été arrêté et
convenu, et que l'adjudication a été tranchée moyennant un prix
déterminé. Cette circonstance est décisive, lorsque l'examen des
clauses et conditions démontre que, dans l'intention des parties,
elles ont voulu en faire la base irrévocable de leurs conventions.
Si, au contraire, il se rencontre dans ces clauses des stipulations
incompatibles avec le forfait, la présomption disparaît, et il y a
lieu de donner au marché une qualification différente. Je suppose, par exemple, que l'on ait inséré dans le cahier des charges
une clause portant que les ouvrages devront être mesurés et
comptés pour ce qu'ils auront de dimensions réelles, et payés,
pour ceux non prévus, par assimilation aux prix réglés. En pareil
cas, le prix de l'adjudication, bien que consistant, au moment où
elle a eu lieu, en une somme fixe et déterminée, n'a pas ce caractère définitif et invariable qui n'appartient qu'aux marchés à
forfait. Ces sortes de marchés excluent, comme le dit fort justement M. Tarbé de Vauxclairs (*loc. cit.*), tout métrage et tout décompte des travaux. Si donc le cahier des charges réserve expressément aux parties le droit de faire procéder à de nouveaux mesurages, c'est qu'elles ont voulu qu'il leur fût tenu compte des
augmentations ou des diminutions opérées en cours d'exécution ;

et une pareille réserve est incompatible avec les contrats à prix fait. (*Voy.* C. d'Etat, 17 novembre 1849, *Léger de Chauvigny*, 609 ; 30 avril 1852, *Com. de Villers-Bocage*, 125 ; 28 juillet 1853, *Com. de Campandré-Valcongrain*, 807 ; 12 mai 1859, *Dép. des Ardennes*, 350.)

569. — Les marchés à forfait présentent cet avantage que le constructeur sait parfaitement dans quelle mesure il s'engage. Mais cet avantage est compensé par des inconvénients tellement graves, que l'usage de ces sortes de marchés tend de plus en plus à disparaître. « Il faut », disait déjà, en 1853, M. le commissaire du Gouvernement du Martroy, « que l'Administration reste maîtresse de l'œuvre et qu'elle puisse à chaque instant modifier ses plans, faire ce qu'elle ne prévoyait pas, ne pas faire ce qu'elle prévoyait. » Or, le forfait ne laisse pas à l'Administration une telle liberté : non seulement le prix fait ne peut pas être modifié ; mais de plus la nature et la dimension des ouvrages sont invariablement fixées.

Ces inconvénients ont amené l'État à ne se servir que rarement du marché à forfait, et les départements et les communes l'ont imité. Lorsque l'Administration veut conserver dans une certaine limite les avantages des marchés en bloc, elle a recours, de préférence, aux marchés *sur séries de prix*.

Nous aurons plus tard à examiner les conséquences des modifications apportées au forfait dans le cours des travaux.

570. — Dans le marché sur séries de prix, l'Administration a rédigé à l'avance un tableau détaillé du prix de toutes les natures d'ouvrages à exécuter ; mais la quantité n'est pas déterminée. Lorsque les travaux sont terminés, on procède au métrage qui fait connaître les sommes dues.

571. — Sous l'empire des cahiers de 1857 et de 1876, les marchés sur séries de prix étaient d'un usage presque exclusif dans le service du génie militaire. On justifiait cet usage en disant que la nature spéciale des travaux en comportait l'emploi sans inconvénients ; que ce mode d'adjudication permettait en outre de ne pas communiquer aux entrepreneurs le plan complet des ouvrages qui intéressent la défense du territoire. Nous avons vu plus haut que ces considérations n'ont pas paru suffisantes à la Commission chargée de la rédaction du cahier de 1887 pour maintenir un genre de marchés qui présentait de graves inconvénients pour les entrepreneurs. (V. n° 105.) Aussi le règlement du 1er décembre 1887 pose-t-il en principe qu'il y aura à l'avenir trois espèces de marchés en usage pour tous les travaux du Ministère de la guerre : le marché sur devis, le marché à forfait, et le marché sur séries de prix. D'après l'article 6 du règlement provisoire, ce dernier sera employé « pour les travaux qui ne peuvent être l'objet d'un projet défini, comme les réparations et « entretiens, et dans les cas spéciaux prescrits par le Ministre ». Le marché sur séries de prix ne sera donc plus employé, pour les travaux de la guerre, qu'à titre exceptionnel.

Il est aussi d'usage, dans l'Administration des ponts et chaussées, « d'adjuger la fourniture des matériaux pour l'entretien des « routes à tant du mètre cube de pierres ou du mille de pavés, « sans désignation exacte des quantités à fournir, afin qu'on puisse « les élever ou les réduire, selon que les fonds crédités par le « budget le permettent. Le marché n'est autre chose qu'*une série* « de prix convenus à l'avance, dont on fait l'application aux ap- « provisionnements que l'adjudicataire transporte sur la route, « conformément à un ordre de service qu'on lui délivre au com- « mencement de chaque campagne... » (*Voy.* C. d'Etat, 1er mars 1826, *Berdoly*, 139, et la note de l'arrêtiste.)

572. — Les marchés sur séries de prix sont donc ceux dans lesquels les prix de chaque nature d'ouvrage, de chaque série, sont invariablement fixés, l'Administration se réservant seulement le droit de faire, quant à la quantité, les modifications qu'elle juge convenables en cours d'exécution. De tels marchés tiennent du forfait, en ce que les parties ne peuvent, sous aucun prétexte, revenir sur les prix consentis; car si le prix total de l'adjudication reste indéterminé tant que les travaux ne sont pas achevés, puisque l'Administration a le droit d'augmenter ou de diminuer la masse des ouvrages, les prix partiels de chaque nature d'ouvrage sont au contraire définitivement fixés, et il est vrai de dire que, relativement à ces prix, il y a forfait entre l'Administration et l'entrepreneur. Ainsi, il a été jugé que lorsque le devis porte que les comptes de l'entrepreneur seront réglés d'après le calcul des déblais, cette disposition donne pour base invariable, au compte des transports, le cube des déblais, c'est-à-dire le volume, avant l'extraction des matériaux à extraire, et ne permet pas à l'entrepreneur de réclamer un supplément de prix sous le prétexte de l'augmentation donnée par le foisonnement au volume des matières extraites. (C. d'Etat, 24 mars 1853, *Dufour*, 386. — *Voy.* aussi 16 juillet 1851, *Sainte-Marie*, 527.)

573. — Nous avons montré les avantages que présentent les marchés sur séries de prix. Ces avantages sont compensés par de graves inconvénients. « L'Administration sait bien d'avance quels prix elle payera ; mais elle n'en connaît pas exactement la somme. L'ingénieur peut se laisser entraîner à faire beaucoup d'ouvrages imprévus ; l'entrepreneur ne s'y opposera pas, puisqu'il est sûr d'être payé.

« Quelque précaution, quelque talent qu'on ait mis à la fixation des prix de la série, il s'en trouvera de plus ou moins favorables à l'entrepreneur. L'ingénieur demeure donc le maître de le favoriser ou de lui nuire. Par exemple, si le prix du mètre cube de maçonnerie en briques est trop élevé, et que celui de maçonnerie de moellons soit trop faible, la position de l'entrepreneur sera très différente, selon qu'on lui donnera l'ordre de construire un mur en briques ou en moellons. Pour diminuer cet inconvénient, il faut que les marchés sur séries de prix soient accompagnés d'une description préalable des ouvrages, c'est-à-dire d'un devis bien précis sur la nature des constructions; mais alors l'entrepreneur ne manque pas de prétextes pour obtenir des substitutions qui peuvent lui profiter... Quand il s'agit d'ouvrages neufs d'une grande importance, une Administration qui craint de s'aventurer doit faire rédiger des devis et passer des adjudications sur l'ensemble des ouvrages prévus, et quoique, en définitive, le travail doive être payé sur l'application des prix aux métrés de chaque partie d'ouvrage, ce qui semble rentrer dans le système des séries de prix, on devra reconnaître que ce mode d'adjudication a tous les avantages des séries de prix proprement dites sans en avoir les inconvénients, puisque le directeur des travaux et l'entrepreneur ne peuvent plus arbitrairement dépasser la somme fixée, ni changer le mode d'exécution. » (*Dict. des Trav. publ.*, v° *Séries de prix*.)

574. — Cette troisième espèce de marché a pris dans la pratique la dénomination de *marchés à l'unité de mesure*.

575. — Ils diffèrent, comme on le voit, des marchés sur séries de prix, en ce que la quantité des ouvrages est déterminée à l'avance. D'un côté, le prix de chaque série est invariablement fixé; de l'autre, le marché détermine exactement le nombre de mètres cubes ou courants, de sorte que rien n'est laissé à l'arbitraire des agents chargés de la direction, de la surveillance et de l'exécution.

576. — Ils diffèrent aussi des marchés en bloc ou à forfait, en ce qu'ils comportent, en cours d'exécution, certains changements. Les circulaires ministérielles recommandent, il est vrai, aux ingénieurs d'évaluer avec soin les quantités d'ouvrages et d'en faire la base de l'adjudication. Mais les conditions générales des ponts et chaussées, spécialement applicables aux marchés à l'unité de mesure, réservent expressément à l'Administration la faculté de faire certaines modifications aux travaux. — D'après l'article 30, elle a le droit d'augmenter ou de diminuer la masse des travaux jusqu'à concurrence du sixième. Ces stipulations sont exclusives du forfait qui ne comporte pas de changements, soit de la part de l'Administration, soit de la part de l'adjudicataire.

577. — Tels sont les trois sortes de marchés en usage pour l'exécution des travaux publics. Les différences qui les séparent sont, comme on le voit, faciles à reconnaître en théorie. Dans la pratique, la chose n'est pas si aisée. Souvent, en effet, les trois sortes de marchés se trouvent réunies dans le même contrat. A côté d'un forfait se trouve une série de prix; à côté d'une série de prix, un marché à l'unité de mesure. Tout cela s'appliquant sans doute à des travaux distincts, mais concourant simultanément à l'achèvement d'une seule et même entreprise. C'est ainsi que, dans le service des ponts et chaussées dont les clauses et conditions générales impliquent, comme nous l'avons dit, le marché à l'unité de mesure, il arrive fréquemment que les stipulations spéciales relatives aux terrassements constituent un véritable forfait.

Il importe, on le comprendra, de tenir compte de ce mélange dans l'interprétation des marchés. Le caractère général de chacun d'eux est plus ou moins altéré par les stipulations exceptionnelles auxquelles s'appliquent les règles d'interprétation qui leur sont propres. Procéder autrement et appliquer exactement au service des ponts et chaussées les règles de l'unité de mesure, ou à celui du génie militaire celles des séries de prix, ce serait s'exposer aux plus graves mécomptes et aux erreurs les plus fâcheuses.

578. — Les travaux peuvent être exécutés suivant un mode particulier, qui a reçu le nom de *régie*. On distingue la régie par économie, la régie simple et la régie intéressée.

Dans la régie par économie, les travaux s'exécutent sur l'ordre et sous la direction immédiate des agents délégués par l'Administration qui traitent directement avec les fournisseurs et les ouvriers, sous la condition d'apporter la plus stricte économie. L'agent de l'Administration la représente, il n'est que son porte-paroles ; c'est l'Administration qui est supposée traiter directement avec le fournisseur et l'ouvrier, c'est donc elle que ceux-ci doivent mettre en cause en cas de contestation. Cet agent délégué agit sous la direction de ses chefs de services ; il fait les commandes, arrête les ouvriers et solde les dépenses. Ce mode de procéder n'est guère employé que lorsqu'il s'agit de travaux très peu importants, ou qui doivent être exécutés dans des conditions spéciales, exigeant pour tous les détails d'exécution l'intervention permanente des agents de l'Administration. La régie ainsi pratiquée ne peut être appliquée à des travaux importants sans perdre son caractère d'économie et devenir au contraire fort dispendieuse ; lors donc que la régie a pour objet un grand ouvrage ou décompose la régie en marchés partiels ou petites tâches confiées à de petits entrepreneurs qu'on appelle tâcherons de régie.

579. — La régie simple s'exécute dans les mêmes conditions, mais elle est dirigée par un agent salarié qui perçoit un traitement ou une rétribution fixe ; c'est ce qui a lieu pour les travaux d'entretien des routes.

580. — La régie est dite intéressée lorsque le régisseur, qui n'est généralement plus alors un agent de l'Administration, mais une sorte d'entrepreneur, reçoit comme rémunération une part des bénéfices, et une certaine somme comme prix de location s'il fournit le matériel, les outils, machines, etc.

581. — Les règles à suivre pour l'exécution des travaux en régie ne sont pas bien déterminées. Pour les travaux des ponts et chaussées, on les trouve dans l'ordonnance du 14 septembre 1822, dans les articles 10 et 92 du décret du 31 mai 1862, et dans un certain nombre de prescriptions établies, surtout au point de vue de la comptabilité, par les règlements du 10 septembre 1843, et du 28 septembre 1849, complétés par les circulaires du 29 novembre 1849, du 16 mai 1850 et du 25 octobre 1851. Pour les travaux des chemins vicinaux, on les trouve dans les articles 169

et 170 de l'instruction générale de 1870. Pour les travaux du Ministère de la guerre, on les trouve dans l'article 21 du règlement du 1er décembre 1887. Nous étudierons dans un chapitre spécial les règles généralement suivies pour l'exécution des travaux en régie.

Ces explications paraîtront peut-être un peu longues, mais nous les avons crues utiles. Elles nous offraient le moyen de faire connaître la nature et le vrai caractère des contrats qui vont maintenant, dans leurs détails et sous le rapport de leur exécution, faire l'objet de nos études.

TITRE III

DU PRIX DE L'ADJUDICATION ET DES PIÈCES QUI SERVENT A L'ÉTABLIR

CHAPITRE PREMIER

Des pièces du marché.

582. — Prix de l'adjudication.
583. — Pièces qui contiennent ses éléments.
584. — Procès-verbal d'adjudication.
585. — Devis-cahier des charges en général, ce qu'il contient.
586. — Il est complété le plus souvent par un bordereau des prix.
587. — Cahiers des clauses et conditions générales, adoptés par les différents services.
588. — Cahier des charges spécial à l'entreprise ou devis : sa distinction d'avec la pièce généralement appelée devis estimatif ou détail estimatif.
589. — Bordereau des prix.
590. — Bordereau proprement dit.
591. — Sous-détail.
592. — Valeur différente de ces deux parties du bordereau.
593. — Ponts et chaussées; système de 1881, système de 1884.
594. — Détail estimatif.
595. — Avant-métré.
596. — Stipulation de forfait quant aux mesures; sa valeur, exceptions.
597. — Cas où l'avant-métré joue un rôle particulièrement important.
598. — Plans, dessins, profils.
599. — Délivrance des pièces.
600. — Travaux du Ministère de la guerre : pièces remises sous l'empire du cahier de 1876.
601. — Règlement du 1er décembre 1887 : cahier des clauses et conditions générales.
602. — Pièces qui doivent être remises pour tous les marchés.
603. — Pièces spéciales à chaque espèce de marché : marchés sur devis et à forfait.
604. — Marché sur séries de prix.

582. — Le procès-verbal de l'adjudication énonce le chiffre auquel les ingénieurs ont évalué les travaux. Le véritable prix s'obtient en déduisant de ce chiffre le rabais offert par le soumissionnaire.

Mais cette opération fort simple se complique presque toujours, et des difficultés sérieuses surgissent au moment du décompte, lorsqu'il s'agit de fixer la somme due à l'entrepreneur. Le prix de l'adjudication, sauf le cas de forfait, ne consiste pas dans une somme ronde dont les éléments ne sont pas à considérer. Il y a lieu fréquemment de décomposer les chiffres établis, et d'apprécier la valeur des pièces qui ont servi à les déterminer. D'un autre côté, tous les travaux prévus ne sont pas toujours exécutés : il y a des réductions à faire sur le chiffre primitivement alloué. Enfin, des augmentations résultant des ordres donnés à l'entrepreneur en cours d'exécution entraînent des dépenses supplémentaires dont le règlement est sujet à contestations. Essayons de fixer les règles à suivre en pareille matière.

583. — Pour établir le montant intégral de la dépense, les ingénieurs sont nécessairement forcés de se livrer à des évaluations partielles de tous les travaux qui sont à exécuter. Les terrassements, les fouilles et extractions de matériaux, les transports, les ouvrages de maçonnerie, de charpente, de menuiserie, etc., etc., sont successivement l'objet d'études préparatoires dont les résultats sont consignés dans plusieurs pièces qui forment la base de l'adjudication.

Ces pièces sont :
1° Le procès-verbal d'adjudication ;
2° Le devis général de l'entreprise ou cahier des charges ;
3° Le bordereau de prix ;
4° Le détail estimatif ;
5° L'avant-métré.

584.— Nous avons déjà parlé du procès-verbal d'adjudication : c'est la pièce qui constate l'engagement de l'entrepreneur. Le plus souvent, pour l'énumération des obligations que l'entrepreneur s'engage à accomplir, il se réfère au devis ou aux autres pièces du marché.

Cependant, il arrive assez souvent qu'il contient des indications à cet égard. En ce cas, ces indications doivent être suivies avant tout; elles corrigent toutes autres indications contenues au devis ou autres pièces et doivent prévaloir sur elles. Bien que ce procès-verbal soit rédigé par les représentants de l'Administration, l'entrepreneur se soumet, en le signant, aux modifications qu'il apporte aux devis et autres pièces, et n'est plus fondé à invoquer les stipulations auxquelles il a été dérogé. Il a été jugé en ce sens que si le devis d'une adjudication a omis d'indiquer une partie de route, le procès-verbal qui désigne clairement cette portion de route comme faisant partie de celles dont la construction est l'objet du marché supplée à l'insuffisance du devis. (C. d'Etat, 30 juin 1839, Min. des Trav. publ., 361.)

585. — « Le devis-cahier des charges se divise en huit cha-
« pitres, dans lesquels on donne les indications générales et les
« profils en long et en travers, la description des ouvrages acces-
« soires, les indications des lieux d'extraction des matériaux, de
« leur qualité et préparation. On y indique, en outre, le mode
« d'exécution des terrassements et de la chaussée, le mode d'exé-
« cution des ouvrages accessoires, la manière d'évaluer les ou-
« vrages, et les conditions particulières et générales. » (Voy.
M. Husson, Lég. des Trav. publ., p. 488; Paud. franç., Rép., v°
Adjud. adm. (État), n°ˢ 1117 et suivants.)

« Le devis, dit M. Tarbé de Vauxclairs, est la description détaillée et circonstanciée de toutes les parties d'un travail à adjuger;
c'est la base du contrat projeté entre l'Administration et l'entrepreneur. C'est d'après le texte du devis que l'on juge le plus
grand nombre des contestations auxquelles peut donner lieu
l'exécution du travail : il est donc bien important de le rédiger
avec le plus grand soin. » (Voy. *Dict. des Trav. publ.*, v° *Devis.*;
MM. Cotelle, p. 103; Dufour, t. VII, p. 48; Chatiguier, p. 52;
Husson, p. 488.)

586. — Le devis ou cahier des charges est donc la pièce principale, la loi du contrat. Cependant, la plupart du temps, le devis
ou cahier des charges ne contient que l'énumération des charges
ou obligations imposées à l'entrepreneur et à l'Administration;
mais il ne détermine pas la principale obligation de l'Administration, le paiement : il ne fixe pas le prix.

On comprend, en effet, que pour plusieurs natures de contrats,
par exemple, pour les contrats des marchés sur séries de prix, il
est préférable de réunir dans une pièce ou cahier spécial toutes
les indications des prix applicables à chaque nature d'ouvrage;
cette pièce, dont nous parlerons tout à l'heure, est le bordereau
des prix. Contentons-nous donc de dire que ce n'est guère que
dans les marchés à prix total déterminé ou marchés à forfait, que
le cahier des charges contient l'indication des prix.

587. — La plupart des Administrations, partant de cette idée
que, pour tous les travaux qu'elles font exécuter, il y a un ensemble
de clauses et conditions d'un caractère général qui doivent être
exigées dans toutes les entreprises, ont fait rédiger d'avance un
cahier appelé cahier des clauses et conditions générales de telle
ou telle Administration, des ponts et chaussées, du génie, des
bâtiments civils, de tel département, etc. En sorte que, pour
chaque entreprise, il n'y a plus qu'à compléter ce cahier par un
devis ou cahier des charges spéciales de l'entreprise; ces deux
cahiers, le général et le spécial, ne forment alors qu'un même
tout, un ensemble qui constitue la convention, le marché, la loi
des parties. Remarquons d'ailleurs que le devis ou cahier spécial
ne se borne pas toujours à compléter le cahier général, il le modifie souvent; l'Administration, en effet, eu égard aux circonstances particulières, à la nature de l'entreprise, peut introduire
dans le cahier spécial des clauses qui dérogent à celles du cahier
général : il va sans dire qu'en ce cas, les clauses du cahier général auxquelles il est dérogé disparaissent, et qu'en cas de contradiction, c'est au cahier spécial qu'il faut se tenir. Ces dérogations soulèvent souvent des questions d'interprétation délicates.
En étudiant les clauses et conditions générales, nous indiquerons
les plus fréquentes et en déterminerons les conséquences.

588. — Le cahier des charges spécial de l'entreprise prend
particulièrement en notre matière le nom de devis. C'est improprement et en se laissant entraîner aux usages ordinaires des
marchés entre particuliers que l'on donne le nom de devis esti-

matif à la pièce dont nous parlerons plus loin et que nous appellerons toujours, de sa qualification technique, le détail-estimatif.

589. — Le bordereau des prix, ainsi que nous l'avons déjà dit, est la pièce contenant l'indication des prix applicables à l'entreprise, dans la plupart des services de l'Etat, et notamment dans le service des ponts et chaussées ; c'est, pour tout ce qui concerne les prix, la pièce capitale. (Pand. franç., Rép., v° *Adjud. adm.* (*Etat*), n° 1132.)

590. — Le bordereau des prix se divise en deux parties :

1° Le bordereau proprement dit, portant indication des prix d'application ; c'est une sorte de tableau contenant, en face de chaque nature d'ouvrage, le prix auquel sera payé une certaine quantité déterminée de cet ouvrage ; plus simplement, auquel sera payée l'unité de mesure de cet ouvrage. Ces prix sont énumérés sans détail, et généralement une observation imprimée prévient l'entrepreneur que « ce sont ceux sur lesquels porte le rabais de l'adjudication et qui doivent servir au règlement des comptes de l'entreprise ».

591. — 2° Le sous-détail, suite de renseignements sur la composition des prix, détails des éléments du prix d'unité de chaque nature d'ouvrage : par exemple, pour le prix d'un mètre cube de maçonnerie, porté au bordereau, le sous-détail indique que ce prix se compose, d'après l'Administration, du prix de la pierre évalué à ..., du mortier évalué à ..., du salaire des ouvriers, à ..., du bénéfice de l'entrepreneur, à ... tant pour 100, ou tant par unité de mesure.

Pendant longtemps, ces renseignements furent donnés à l'entrepreneur, afin qu'il pût se rendre compte des calculs qui avaient amené l'Administration à proposer le prix porté au bordereau. (V. n° 593.)

592. — La valeur de ces deux parties du bordereau est bien différente : la première, ou bordereau proprement dit, forme la loi des parties, elle indique seule les prix applicables ; la seconde, au contraire, n'est qu'une suite de renseignements dont l'Administration ne garantit pas l'exactitude ; l'entrepreneur ne peut se prévaloir de ces renseignements, ni se prévaloir de leur fausseté. Cette valeur est très clairement indiquée dans la circulaire du Ministre des travaux publics, du 10 juillet 1858.

Cette circulaire est remarquable à deux points de vue : 1° parce qu'avant cette époque, dans les marchés sur séries de prix passés pour le compte des ponts et chaussées, on s'en référait presque toujours pour les prix au détail estimatif, pièce qui, ainsi que nous le verrons plus loin, n'est plus destinée aujourd'hui qu'à l'évaluation de la dépense particulière approximative de chaque article et par la dépense générale ; 2° parce qu'elle change le mode d'adjudication, ou plutôt substitue un mode nouveau de soumission au rabais.

Nous reproduisons donc les principaux passages de cette circu-

laire : « Des difficultés qui se sont élevées dans plusieurs dépar-
« tements au sujet du règlement des comptes des travaux exé-
« cutés pour le service des ponts et chaussées ont démontré la
« nécessité : 1° de faire porter désormais le rabais souscrit, dans
« les soumissions des entrepreneurs, sur l'analyse des prix plutôt
« que sur les prix du détail estimatif, comme on l'a généralement
« fait jusqu'à présent ; 2° de modifier en conséquence la rédac-
« tion de l'analyse des prix ; 3° d'adopter, en outre, un modèle
« pour les soumissions des entrepreneurs, en exécution de l'ar-
« ticle 16 de l'ordonnance de 1829.

. « Après avoir examiné la question en Conseil général des ponts
« et chaussées, j'ai reconnu, avec le Conseil, qu'il y a lieu de
« substituer les deux formules ci-jointes à l'analyse des prix et
« au modèle de soumission aujourd'hui en usage dans le service
« des ponts et chaussées.

« La formule suivie jusqu'à ce jour pour l'analyse des prix
« renferme déjà une colonne pour les prix d'application distin-
« gués des prix élémentaires ; mais, du moment où cette pièce
« acquiert une importance nouvelle, il convient de lui donner
« une forme de nature à prévenir toute erreur et tout malentendu.
« On l'a, à cet effet, scindée en deux parties entièrement dis-
« tinctes. La première, et la plus importante, désignée sous la
« dénomination de bordereau des prix, servira de bases aux ad-
« judications. Les prix sont énumérés sans aucun détail, sans le
« mélange d'aucun chiffre étranger qui puisse former confu-
« sion.....

« La seconde partie, sous le simple titre de *Renseignements*,
« comprend les sous-détails et les calculs au moyen desquels les
« ingénieurs sont arrivés à l'établissement des prix. Il est bien
« évident qu'en général il doit y avoir concordance entre les
« deux parties ; mais si, par exception, ce fait ne se réalise pas,
« la formule adoptée avertit clairement les entrepreneurs que les
« prix du bordereau sont seuls applicables. »

Cette seconde partie du bordereau est appelée quelquefois sous-
détail. Cela vient de ce que, avant la circulaire de 1858, les prix
étaient contenus dans le détail-estimatif ; la partie comprenant
les éléments des prix était alors appelée sous-détail.

Bien qu'amoindri, le sous-détail conservait encore une certaine utilité en fait ; il pouvait aider l'entrepreneur à se rendre
compte des éléments qui entraient dans la composition du prix
fixé au bordereau pour chaque nature d'ouvrage ; aussi conti-
nuait-il d'être rangé parmi les pièces communiquées aux entrepreneurs avant l'adjudication.

593. — Un moment, le Ministre des travaux publics, pour éviter toute confusion entre la valeur du bordereau des prix et le
sous-détail, décida, par une circulaire du 12 avril 1881, « qu'à
« l'avenir, les renseignements sur la composition des prix (2° par-
« tie du bordereau ou sous-détail) ne seraient plus compris parmi
« les pièces remises aux adjudicataires. Ils continueront, d'ail-

« leurs, à être fournis à l'appui des projets d'exécution à titre de
« justification des prix du bordereau ». Le sous-détail devint
donc seulement une pièce de justification, fournie par les ingénieurs auteurs des plans, projets, devis et bordereau de prix
à l'Administration supérieure, devant servir à celle-ci de moyen
de contrôle. Cette circulaire était bien difficile à appliquer; avant
chaque adjudication, les entrepreneurs étaient obligés, pour se
rendre compte, de demander ces renseignements aux architectes
ou ingénieurs, qui les leur communiquaient à titre officieux ; à
défaut de cette communication, les projets, difficilement appré-
ciables, excitaient une défiance qui éloignait beaucoup de concurrents.

Aussi le Ministre, par une circulaire du 1er juin 1884, a-t-il
voulu porter remède à cet état de choses en consacrant, dans une
certaine mesure, la pratique des architectes et ingénieurs. On
continue bien à faire du bordereau des prix d'application et des
renseignements sur la composition des prix deux cahiers séparés,
dont le second est exclusivement destiné à l'Administration et
n'est jamais communiqué aux entrepreneurs ; mais on donne, au
bordereau des prix, les principaux éléments de composition de
ces prix : on place dans le tableau, à côté des prix d'application,
les prix élémentaires de transport et les prix à pied d'œuvre des
matériaux dont l'emploi est prévu par le détail estimatif et qui
jusque-là figuraient dans le sous-détail ou deuxième partie du
bordereau. (Pand. franc., vo *Adjud. adm. (Etat)*, no 1133.)

594. — Le *détail estimatif* est l'état détaillé de l'estimation
des dépenses à faire pour l'exécution d'un travail projeté, dont
les dimensions, proportions et qualités sont décrites dans une
autre pièce que l'on nomme le devis.

Le détail estimatif est un compte que se rend d'avance l'auteur du projet, afin d'éclairer l'Administration ou le propriétaire
sur l'importance des obligations qu'il contractera sous le rapport
des dépenses, dans le cas où il adopterait le projet.

En principe, les indications du détail estimatif ne sont pas op-
posables aux énonciations du devis et ne peuvent pas suppléer à
ses omissions. « C'est un document propre à éclairer l'Adminis-
« tration sur la fixation de la mise à prix des travaux (C. d'Etat,
« 17 février 1830, *Maury*, 578), et qu'elle communique officieu-
« sement aux entrepreneurs. Ceux-ci n'ont donc aucun argument
« à y puiser à l'encontre des énonciations du devis et du borde-
« reau des prix... Le devis avant tout, la série de prix, ou borde-
« reau, après; il ne faut pas sortir de là, et prendre le reste comme
« des prévisions incertaines qui, dans l'exécution, peuvent être
« complètement bouleversées. » (*Voy.* M. Delvincourt, *Liv. des
entrepr.*, p. 30; C. d'Etat, 30 juin 1859, *Bernard*, 458; 7 mars
1821, *Min. de l'int.*, 356; 16 décembre 1864, *Nercam*, 1015;
8 mars 1866, *Doumencq*, 236; 16 février 1883, *Min. des Trav.
publ.*, 191; 30 mai 1884, *Bonsirven*, 476.)

Le détail estimatif devient une pièce du contrat, et doit être consulté pour la détermination des prix, lorsque le devis ou le procès-verbal de l'adjudication s'y réfèrent expressément. Ses énonciations font alors la loi des parties qui ne sont pas fondées à leur opposer les indications fournies par les autres pièces du marché. (Batbie, *Droit administratif*, VII, p. 157; Pand. franç., Rép., v° *Adjud. adm. (Etat)*, n° 1142.)

Ces cas, du reste, assez fréquents avant la circulaire de 1858 (V. *suprà*, n° 592), ne se représentent presque jamais aujourd'hui.

595. — Il nous reste à parler de l'*avant-métré*. Cette pièce contient l'évaluation de la quantité de chaque nature d'ouvrage que l'Administration se propose de faire exécuter, le métrage approximatif des dimensions de chaque ouvrage. Il n'est, en général, qu'un simple renseignement, et il ne peut être invoqué ni par l'entrepreneur, ni contre lui. (C. d'Etat, 30 juin 1859, *Bernard*, 458; 10 décembre 1875, *Joret*, 1003; 15 février 1884, *Magain*, 142; 21 mars 1884, *Autixier*, 239; 14 mai 1886, *Védrine*, 420; Pand. franç., v° *Adjud. adm. (Etat)*, n° 1155.)

596. — Il ne fait la loi des parties que dans le cas où il existe, à cet égard, une stipulation suffisamment claire et précise. (C. d'Etat, 26 mai 1842, *Planthié*, 267.)

Cette stipulation est assez fréquente. Souvent une clause particulière du devis déclare obligatoire le chiffre de l'avant-métré, si l'entrepreneur ne réclame pas dans un délai déterminé à partir du piquetage. Le défaut de réclamation rend non recevable toute réclamation ultérieure, même fondée sur des erreurs matérielles. L'opération du piquetage se faisant contradictoirement avec l'entrepreneur, son silence est considéré comme emportant acceptation des évaluations de l'avant-métré. (C. d'Etat, 10 décembre 1846, *Castex*, 544; 13 février 1845, *Chapelle*, 66; 4 janv. 1851, *Orth*, 19; 6 mars 1856, *Passemard*, 183; 23 janvier 1868, *Giordano*, 80; 13 février 1868, *Avril*, 162.)

Il va sans dire qu'il en serait autrement, même dans ce cas, si les modifications de profils ou de quantités, ou changements ordonnés en cours d'exécution, avaient modifié les résultats de l'avant-métré. (C. d'Etat, 10 juillet 1874, *Lann*, 663; Pand. franç., loc. cit., n° 1153.)

597. — En dehors de ces exceptions, il faut remarquer avec M. Barry (*Comment. des clauses et conditions générales des ponts et chaussées, sur l'article 6*) que « le détail estimatif et l'avant-métré jouent un rôle important dans l'application des articles « 30, 31, 32 et 33 du cahier des charges des ponts et chaussées, « lorsqu'il s'agit de décider si les travaux ont été augmentés ou « diminués de plus d'un sixième; si les changements ordonnés « ont eu pour résultat de modifier de plus d'un tiers l'importance « de certaines natures d'ouvrage; enfin, si la dépense des tra- « vaux restant à exécuter se trouve augmentée d'un sixième « par suite de la variation des prix survenue au cours de l'entre- « prise ».

598. — Le cahier des charges contient ordinairement les indications générales et les profils en long et en travers, la description des ouvrages accessoires, etc. Les dessins et autres pièces nécessaires à l'exécution des travaux ne forment pas titre pour les parties, quand même ils auraient été communiqués à l'entrepreneur avant l'adjudication, à moins que le cahier des charges ne s'y réfère expressément.

599. — Le cahier des clauses et conditions générales des ponts et chaussées de 1866 décide que les pièces sont délivrées à l'entrepreneur sur son récépissé, et il mentionne dans son article 6 celles qui doivent lui être remises. Ce sont : 1° une expédition vérifiée par l'ingénieur en chef et dûment légalisée du devis, du bordereau des prix et du détail-estimatif ; 2° une copie certifiée du procès-verbal d'adjudication ; 3° un exemplaire imprimé des clauses et conditions générales ; 4° une expédition certifiée des dessins et autres pièces nécessaires à l'exécution des travaux.

Cet article ne parle pas de la copie de l'avant-métré : cependant, il doit en être remis une lorsque le devis s'y réfère expressément et que, par suite, l'avant-métré devient une des pièces constitutives du marché. Quant aux plans et dessins, ceux-là seuls doivent être remis à l'entrepreneur, qui sont nécessaires à l'exécution des travaux : les plans dressés avant l'adjudication et qui, à cette époque, auraient été communiqués à l'entrepreneur, ne font partie du marché que s'ils s'y réfèrent expressément.

La jurisprudence décide que les pièces seules dont l'entrepreneur a donné récépissé sont obligatoires. (C. d'Etat, 10 décembre 1875, *Joret*. 1002.) D'ailleurs, une erreur matérielle qui se serait glissée dans la copie du cahier des charges remis à l'entrepreneur ne modifierait pas le cahier original dont il a eu connaissance avant l'adjudication. (C. d'Etat, 7 juillet 1876, *Legrand*, 661.)

600. — *Travaux du génie sous le cahier de 1876.* — Le cahier de 1876 (art. 6) met à la charge de l'entrepreneur tous les frais d'impression du cahier des charges spéciales et du bordereau des prix, ainsi que des extraits de ces pièces nécessaires au service pendant la durée du marché. Ces pièces sont imprimées par l'imprimeur désigné par l'Administration, qui remet à l'entrepreneur, avec la note de frais qu'il doit solder, le nombre d'exemplaires auquel il a droit. En outre, l'Administration est tenue de lui remettre, sans frais, après l'approbation de l'adjudication : 1° une expédition du procès-verbal d'adjudication ; 2° un certain nombre d'exemplaires du cahier des clauses et conditions générales ; 3° des exemplaires de l'instruction sur les cautionnements.

Il n'est pas question des dessins et plans, qui ne sont remis qu'à mesure de l'avancement des travaux.

601. — *Travaux du Ministère de la guerre sous l'empire du cahier de 1887.* — Le règlement provisoire, publié au mois de décembre 1887, a posé, quant à la matière qui nous occupe, des règles plus détaillées que celles du cahier de 1876, et qui ont, en

outre, le mérite de s'appliquer, non seulement aux travaux du génie, mais encore à tous les travaux du département de la Guerre.

L'article 7 déclare, en règle générale, que « les obligations « communes imposées à tous les entrepreneurs des travaux de « constructions militaires sont insérées dans un cahier des clauses « et conditions générales approuvées par le Ministre de la « guerre ».

Ce n'est évidemment pas dans ce cahier que peuvent se trouver, pour les diverses entreprises, les éléments de constitution du prix. Aussi, l'article 8 ajoute-t-il que les obligations particulières à chaque marché sont insérées dans un cahier des charges spéciales.

602. — Chaque espèce de marchés comprend un certain nombre de pièces qui sont énumérées par l'article 6 du cahier des clauses et conditions générales, et les articles 9 et 11 du règlement provisoire de 1887. D'après le cahier de 1887, aussitôt après l'approbation de l'adjudication, le chef du service délivre sans frais à l'entrepreneur : 1° une copie certifiée conforme du procès-verbal d'adjudication; 2° un exemplaire imprimé des clauses et conditions générales; 3°, le cas échéant, les dessins et autres pièces nécessaires.

603. — Ces diverses pièces se rencontrent dans tous les marchés, quelle que soit leur nature. En outre, le règlement provisoire énumère les pièces spéciales à chaque espèce de marchés que le règlement provisoire prend soin d'énumérer. Ce sont :

I. Pour le marché sur devis (art. 9) : 1° Le cahier des charges spéciales mentionné à l'article 8 ; 2° le devis estimatif qui renferme la description des diverses parties de l'ouvrage avec leurs dimensions, l'indication des matériaux qui les composent, de leur mode d'exécution et de mise en œuvre, qui fait connaître le nombre, la longueur, la surface ou le cube des diverses espèces d'ouvrages et qui, pour chaque espèce, fait le total et y applique le prix correspondant; 3° la série de prix qui donne les prix applicables à chaque espèce d'ouvrages; 4° les dessins de la construction projetée, sauf dans le cas où leur divulgation présenterait des inconvénients au point de vue militaire. Ces diverses pièces suffisent à établir d'une manière très sûre, sous réserve des modifications à apporter au cours des travaux, le prix de l'entreprise.

II. Pour le marché à forfait : les pièces sont les mêmes que celles du marché sur devis (art. 11.)

604. — III. Pour le marché sur séries de prix : 1° le cahier de charges spéciales mentionné à l'article 8 ; 2° le cahier des prescriptions générales indiquant, pour tous les ouvrages prévus, les qualités requises pour les matériaux et les conditions de leur mise en œuvre ; 3° la série de prix.

La rédaction de cette dernière pièce qui est, au point de vue qui nous occupe, la plus importante dans les trois espèces de marchés, est confiée au service du génie, et elle diffère suivant

de main-d'œuvre que de fournitures, que solliciteront de préférence les associations ouvrières. Il est regrettable que quelques règles fixes n'aient pas été posées à ce sujet.

541. — *Article 5.* — « A égalité de rabais entre une soumission « d'entrepreneur ou fournisseur et une soumission de société « d'ouvriers, cette dernière sera préférée. Dans le cas où plu- « sieurs sociétés offriraient le même rabais, il sera procédé à une « réadjudication entre ces sociétés sur de nouvelles soumissions. « Si les sociétés se refusent à faire de nouvelles offres, ou si les « nouveaux rabais ne différaient pas, le sort en déciderait. »

Cette disposition, toute de faveur, ne peut se justifier évidemment que par des considérations d'intérêt politique. Elle peut donner lieu, comme la précédente, à des recours de même nature.

542. — *Article 6.* — « Des acomptes sur les ouvrages exécutés « ou les fournitures livrées sont payés tous les quinze jours aux « sociétés d'ouvriers, sauf les retenues prévues par les cahiers des « charges. » C'est encore là une disposition de faveur; nous en parlerons dans la deuxième partie du volume « Obligations de l'Administration; — paiement de l'entrepreneur ».

543. — Les deux derniers articles se passent de commentaires.

Article 7. — « Les sociétés d'ouvriers sont soumises aux clauses « et conditions générales imposées aux entrepreneurs de travaux « ou fournitures par les différents départements ministériels en « tout ce qu'elles n'ont pas de contraire au présent décret. »

Article 8. — « Les dispositions du présent décret ne sont pas « applicables aux marchés ou adjudications qui concernent les « travaux ou fournitures de la guerre et de la marine, lorsque « l'application de ces dispositions paraîtra au Ministre préjudi- « ciable aux intérêts du service. »

CHAPITRE IV

Règles spéciales aux adjudications de travaux de la ville de Paris.

544. — Système de l'adjudication restreinte. Caractères essentiels.
545. — Liste permanente d'admissibilité : Commission d'examen; forme des demandes d'inscription. — Pièces spéciales à produire par les associations ouvrières.
546. — Partage des travaux en catégories et en classes. Liste d'admissibilité pour chaque catégorie et chaque classe.
547. — Adjudication : formalités : appel individuel : publicité restreinte.
548. — Suppression du cautionnement pour les entrepreneurs comme pour les associations ouvrières. Remplacement par une retenue de garantie. Indications des cahiers de charges : maximum de retenue.

544. — La ville de Paris a depuis longtemps mis en pratique le système des adjudications restreintes que nous avons déjà décrit au sujet des travaux des ponts et chaussées. (V. n° 335.)

Mais le système employé par elle diffère du système ordinaire des adjudications restreintes et des autres systèmes d'adjudication par deux points essentiels : la suppression du cautionnement pour tout candidat à l'adjudication, et l'admissibilité, sans condition d'importance des travaux, des associations ouvrières, à la plupart des entreprises.

Le système d'adjudication actuellement en vigueur a été organisé par une suite de délibérations du Conseil municipal de l'année 1882 ; la plus importante de ces délibérations est celle du 26 juillet, qui a posé les règles à suivre tant au point de vue de la forme qu'au point de vue du fond, et qui, après avoir été approuvée par l'autorité compétente, a été immédiatement mise en vigueur.

545. — En principe, les candidats aux adjudications, entrepreneurs ou associations ouvrières, doivent, avant tout, obtenir leur admission sur une liste générale et permanente dressée par une Commission composée du préfet, président, et de huit membres du Conseil municipal, qui est déléguée pour l'examen des titres des concurrents au point de vue de la moralité, de la capacité et de la solvabilité, et qui apprécie souverainement si ces concurrents possèdent les qualités requises pour garantir la bonne exécution des travaux.

Les entrepreneurs et les associations ouvrières qui désirent prendre part aux adjudications doivent faire parvenir à la préfecture de la Seine (Direction des travaux, 1re division, 1er bureau) une demande appuyée de l'indication des travaux qu'ils ont déjà exécutés, et de toutes les pièces nécessaires pour permettre d'apprécier s'ils possèdent les qualités requises, et s'ils offrent les garanties de solvabilité et d'honorabilité désirables.

Les associations ouvrières doivent produire de plus : 1° une expédition de l'acte constitutif de l'association ; 2° la liste de leurs membres (noms, professions, adresses) ; 3° la désignation des mandataires chargés de représenter la société et de diriger les travaux ; ces mandataires doivent avoir été nommés en vertu de l'acte constitutif, leur nombre ne peut dépasser trois ; il est nécessaire de produire leur acte de nomination ou toute autre pièce constatant leur élection ; 4° les certificats de moralité et de capacité de ces mandataires ; 5° la justification d'un fonds de réserve dont nous parlerons plus loin.

Les mandataires délégués par les associations ouvrières doivent être munis de pleins pouvoirs à l'effet de soumissionner les travaux, de diriger la société, de contracter en son nom, en un mot de la représenter entièrement dans ses rapports avec l'Administration.

Les associations ouvrières doivent également justifier d'un fonds de réserve destiné à parer aux conséquences des accidents à leur charge, et à subvenir aux besoins des ouvriers blessés, ainsi que des veuves et des enfants. Ce fonds de réserve peut être suppléé par une assurance contractée en faveur des ouvriers, mais alors la police ou l'engagement de la Compagnie d'assurances doit être produit, afin que la Commission examine si elle offre des garanties sérieuses.

Dans le cas où l'acte constitutif de la société ne réunirait pas les conditions exigées, la société peut déclarer s'engager à les introduire dans ses statuts par un acte additionnel; la Commission a la faculté d'accorder un délai à cet effet.

546. — Dans leur demande d'inscription sur la liste, les entrepreneurs ou les associations ouvrières doivent indiquer avec soin la nature des travaux qu'ils désirent soumissionner, et l'une des trois catégories suivantes : 1° travaux ordinaires; 2° grands travaux; 3° travaux spéciaux susceptibles d'être concédés directement, et ne pouvant être confiés qu'à des entrepreneurs réunissant des conditions exceptionnelles et déterminées.

À chacune de ces trois catégories appartient une nomenclature détaillée, par nature, profession, etc., des travaux qui la composent, et la divise en un certain nombre de classes; les entrepreneurs ou associations ouvrières peuvent prendre connaissance de ces nomenclatures dans les bureaux de la ville; et ils doivent, dans leur demande, indiquer aussi exactement que possible la classe des travaux qu'ils sollicitent. La demande peut d'ailleurs s'appliquer à plusieurs catégories de travaux et à plusieurs classes de chaque catégorie.

La Commission, après avoir examiné les titres des candidats et prononcé leur admission sur la liste générale, les inscrit dans les catégories de travaux qu'ils ont demandées, et dans les classes de travaux qu'ils ont indiquées.

547. — Lorsqu'une adjudication est décidée, on dresse immédiatement une liste spéciale des entrepreneurs inscrits pour les catégories et les classes dans lesquelles rentrent les travaux à adjuger, et on prévient par affiches et individuellement ces entrepreneurs. Les formalités de l'adjudication sont ensuite remplies suivant les règles ordinaires : la séance est présidée par un conseiller de préfecture délégué, ayant pour assesseurs des conseillers municipaux. L'adjudication est approuvée par l'autorité compétente, également suivant les règles ordinaires.

548. — Ce qu'il faut bien remarquer, c'est qu'à moins d'exception spécialement énoncée dans le cahier des charges, les candidats n'ont pas à se préoccuper du cautionnement. Sauf certains cas tout à fait spéciaux pour lesquels il a été conservé, le cautionnement est supprimé, et cela d'une manière générale, tout aussi bien pour les entrepreneurs que pour les associations ouvrières. C'est là une différence capitale avec le système suivi pour les adjudications ordinaires, et même avec le système suivi pour les travaux de l'État depuis le décret du 4 juin 1888. En effet la dispense de cautionnement n'est pas spéciale aux associations ouvrières; il n'y a pas deux classes d'adjudicataires soumis à des conditions

différentes, les entrepreneurs d'une part, et les associations ouvrières de l'autre. Nous regrettons pour notre part que, contrairement au désir exprimé par les membres de la Commission chargée d'étudier les réformes à apporter aux associations ouvrières, la majorité du Comité rédacteur du décret du 4 juin 1888 se soit prononcée en sens contraire. Le système suivi par la ville de Paris, outre qu'il est beaucoup plus simple en pratique, évite l'inégalité de traitement entre les entrepreneurs et les associations ouvrières ; le privilège conféré à ces dernières, difficile à justifier, est, en tout cas, contraire au principe d'égalité des citoyens devant la loi.

Mais si, dans le système de la ville de Paris, le cautionnement a cessé d'être l'objet d'une obligation distincte et exigible préalablement à l'exécution des travaux, le cautionnement n'a pas entièrement disparu ; il se trouve reconstitué, dès le commencement des travaux, par une retenue de garantie sur les acomptes à payer au fur et à mesure de l'avancement, retenue dont le montant fixé par chaque cahier des charges peut s'élever jusqu'à trois dixièmes ; d'ailleurs les cahiers des charges déterminent en général le montant maximum auquel doit s'élever le total des retenues, et dès que ce maximum est atteint, les acomptes sont payés intégralement.

Ce système ingénieux paraît donner satisfaction à tous les intérêts ; en tous cas, il fonctionne depuis cinq années sans avoir donné lieu à aucune plainte de la part de l'Administration de la ville de Paris.

les places. L'article 13 du règlement provisoire dispose : « Afin
« de faciliter les études et projets des divers services constructeurs
« et de fournir à tout moment, et en cas de besoin, les éléments
« des marchés sur série de prix, le service du génie prépare,
« dans chaque place, à la même date, communique aux autres
« services, sur un modèle uniforme, et revise tous les trois ans, une
« série de prix applicable aux constructions militaires. Certaines
« parties de ces séries de prix peuvent d'ailleurs être communes
« à toutes les places de la direction ou à plusieurs d'entre elles.

« Chacun des chapitres de la série peut être l'objet d'un marché
« particulier, soit dans la forme où il a été arrêté, soit d'après une
« révision particlle s'il est nécessaire. »

Il ne s'agit pas ici, on le voit, d'une série de prix spéciale à
chaque entreprise et dressée au moment de chaque adjudication.
Il s'agit d'un tarif général des prix des différents travaux, analogue à celui qui existe pour la ville de Paris, et auquel il y a lieu
de se reporter chaque fois qu'il est procédé aux études préparatoires d'un projet. Cette série commune ne sert pas nécessairement
de base à chaque adjudication. Il y aura en outre, pour chaque
marché, une série de prix spéciale, qui pourra être la reproduction
textuelle de la série générale, ou même une simple référence à
ses dispositions, mais qui sera soumise à l'examen de l'entrepreneur avant l'adjudication.

Enfin, d'après l'article 14 du règlement provisoire, « le service
« du génie prépare également par direction et par place, s'il est
« nécessaire, un cahier des prescriptions générales correspondant
« à chacun des chapitres de la série de prix.

« Ce cahier comprend les indications nécessaires à la qualité
« des matériaux, et aux conditions générales de mise en œuvre à
« imposer aux entrepreneurs. Il peut être annexé aux pièces des
« marchés sur devis ou à forfait, soit en entier, soit par extraits. »

Telles sont les diverses pièces qui, en vertu du nouveau cahier
de 1887, sont comprises dans le marché et servent à la détermination du prix. Nous verrons plus loin comment se calcule le prix
des travaux imprévus lorsqu'il ne peut être déterminé à l'aide des
éléments ci-dessus. (Art. 32 et 33 du cahier de 1887.)

CHAPITRE II

Du prix de l'adjudication.

605. — Établissement du prix : invariabilité pour quelque cause que ce soit,
       erreur, omission, etc.
606. — Motifs des dispositions des cahiers de charges sur ce point.
607. — Principes qui dirigent l'Administration dans l'application de ces dis-
       positions.
608. — Applications, jurisprudence.
609. — Insuffisance reconnue du prix, erreurs, omissions.
610. — Difficultés imprévues que présente l'exécution du travail.
611. — Frais occasionnés par un transport plus onéreux des matériaux, une
       dureté plus grande du sol à déblayer, une augmentation des travaux
       d'extraction des pierres en carrière, la distance des carrières, etc.

612. — Erreurs matérielles, non-concordance entre le prix fixé et les éléments
         fournis au sous-détail; article 42 du cahier des ponts et chaussées;
         jurisprudence.
613. — Les mêmes règles sont applicables envers l'Administration.
614. — Critique de ces règles, justification de la jurisprudence.
615. — Exception : omission totale du prix d'un ouvrage indiqué au devis.
616. — Travaux du Ministère de la guerre.

605. — Nous venons de faire connaître les diverses pièces destinées à fixer le prix de l'adjudication. Nous avons vu quelle est leur importance relative. En résumé, il faut tenir pour certain qu'en principe, et sauf stipulation contraire, la seule pièce du contrat qui doive être consultée lorsqu'il s'élève une difficulté sur le prix des ouvrages adjugés, c'est le devis-cahier des charges. Toutes les autres, soit qu'elles aient été, soit qu'elles n'aient pas été communiquées à l'entrepreneur au moment de l'adjudication, n'ont pas un caractère obligatoire : elles ne font pas partie du contrat et peuvent seulement servir de renseignements dans le cas où les stipulations du devis pèchent par obscurité ou omission.

Mais ce principe une fois fixé, il reste à rechercher si les prix établis par le devis seul ou combiné (suivant le cas) avec les autres pièces rédigées par les ingénieurs avant l'adjudication sont susceptibles de modifications, et peuvent s'élever ou s'abaisser dans certaines circonstances déterminées.

A cet égard, l'ancien article 11, § 3, du cahier des clauses et conditions générales des ponts et chaussées, posait une règle précise qui a été reproduite dans l'article 42 du cahier de 1866 ainsi conçu : « L'entrepreneur ne peut, sous aucun prétexte, revenir « sur les prix du marché qui ont été consentis par lui. » L'ancien article 11 du cahier de 1833 en donnait pour raison que l'entrepreneur » a dû s'en rendre un compte exact et qu'il est censé avoir « refait et vérifié tous les calculs d'appréciation ».

606. — L'adjudication ayant tous les caractères d'un contrat, il n'est pas permis à l'entrepreneur qui a librement accepté ce contrat d'en répudier les conséquences onéreuses, sous le prétexte que les prix convenus sont insuffisants.

C'est ici particulièrement qu'apparaît, dans les marchés de travaux publics, le caractère de forfait. Le prix stipulé, telle est l'unique règle à suivre. Il n'appartient ni à l'entrepreneur, ni à l'Administration qui l'ont proposé et accepté d'élever contre sa composition des critiques même fondées en fait. Les erreurs ou les omissions sont signalées tardivement, et elles font loi parce que l'entrepreneur est censé en avoir tenu compte, soit en plus, soit en moins, dans le système de compensation auquel il a dû soumettre les diverses parties du devis. Il a droit à l'équivalent promis : mais il n'a droit qu'à cet équivalent. Sous ce rapport, l'article 42 n'est que l'application rigoureuse, mais logique, des principes qui régissent les contrats à titre onéreux.

607. — « Il est du devoir de l'Administration de ne se prêter à aucune dérogation qui serait préjudiciable aux intérêts de l'Etat.

Si un entrepreneur réalise des bénéfices exagérés, l'Administration n'a pas et ne peut avoir le droit d'exiger la révision des prix, et de diminuer le gain qui a été fait sur elle ; si, au contraire, l'entrepreneur essuie des pertes, il ne peut exiger que l'Administration vienne à son aide, autrement les conditions de publicité et de concurrence seraient tout à fait illusoires, les marchés ne seraient plus sérieux, et, en définitive, l'État, qui ne profiterait jamais des spéculations heureuses, supporterait presque toujours les conséquences des mauvaises. Les intentions de l'Administration, pas plus que les conditions du cahier des charges, ne se prêtent à aucun doute. L'Administration n'accordera aux entrepreneurs que ce qui leur est dû d'après le droit. » (*Circ. minist.*, 23 juillet 1851.)

Dans les contestations qui s'élèvent entre les entrepreneurs et l'Administration, la mission des Conseils de préfecture se borne donc à appliquer les prix du devis ; ils ne peuvent prendre contre leurs termes formels, et d'après des considérations d'équité, des mesures de conciliation auxquelles l'Administration seule a le droit de consentir. (C. d'État, 28 mars 1816, *Lachaume* et *Daillant*, 33.) Si favorables que soient les circonstances, toutes les demandes tendant à obtenir une augmentation du prix du marché ou une indemnité à raison des pertes subies, ne sont pas recevables par la voie contentieuse. Les Conseils de préfecture doivent les repousser par une déclaration formelle d'incompétence. (C. d'État, 30 mars 1854, *Foriel*, 267.)

Tel est le principe qu'il est nécessaire de ne jamais perdre de vue quand il s'agit d'appliquer l'article 42 des clauses et conditions générales. L'interprétation de cet article ne présente pas d'ailleurs de difficultés sérieuses, et il suffira, pour en faire comprendre le sens et la portée, de rappeler quelques-unes des nombreuses applications que le Conseil d'État a été appelé à en faire.

608. — Les applications sont, pour la plupart, une combinaison des principes que nous venons d'énumérer avec ceux de l'article 1156 du Code civil, qu'il ne faut pas oublier non plus : « on doit rechercher dans les conventions quelle a été la commune intention des parties plutôt que s'arrêter au sens littéral des termes. »

609. — En premier lieu, l'insuffisance même reconnue des prix portés au devis, et provenant des erreurs ou omissions qui existeraient dans la composition du sous-détail, ne saurait justifier les réclamations de l'entrepreneur.

Le devis de l'adjudication du sieur Rambour, soumissionnaire des travaux de construction de la route nationale de Sedan à Nevers, allouait 15 fr. 75 par mètre cube de pierres cassées et transportées. Sur la réclamation de l'adjudicataire, l'expertise démontra que le prix réel était de 20 fr. Néanmoins, le Conseil d'État refusa de lui accorder une indemnité. (C. d'État, 28 déc. 1849, *Rambour*, 726.) En somme, l'entrepreneur ne peut de-

mander un autre prix que celui fixé par le bordereau sous prétexte que le sous-détail aurait omis, dans le calcul du prix, un
des éléments de ce prix, par exemple, l'emmétrage des moellons, le déchet de la pierre, les droits d'octroi, le ciselage des
moellons piqués. (*Voy.* aussi C. d'Etat, 12 février 1841, *Best*, 62 ;
23 juillet 1841, *Mieulet*, 397 ; 22 juin 1843, *Laperrière*, 298 ;
6 juin 1844, *Lesellier*, 338 ; 7 fév. 1845, *Delorme*, 60 ; 31 mai
1855, *Deschamps*, 384 ; 16 juin 1849, *Com. de Chomérac* 338 ;
9 fév, 1860, *Dupeu*, 113 ; 13 février 1874, *Crété*, 166.)

610. — L'entrepreneur étant censé, aux termes de l'article 42
(art. 11 du cahier des charges de 1833), avoir refait et vérifié tous
les calculs d'appréciation, réclamerait aussi en vain contre les
prix fixés, sous le prétexte des difficultés qu'aurait présentées
l'exécution des travaux prévus. On lit dans un arrêt du 14 juin
1855 (*Dixmier et consorts*, 422) : — « Considérant que, quelle
qu'ait été la difficulté d'extraction du granit rencontré par les
entrepreneurs dans la tranchée du Cros, cette sorte de déblais se
trouve comprise dans la dénomination générale de rochers vifs
en masse compacte ; que dès lors les sieurs Dixmier et consorts
ne sont pas fondés à soutenir que les déblais dont il s'agit ne
rentrent pas dans la prévision de leur marché, et qu'aux termes
de l'article 14 des clauses et conditions générales, ils ne peuvent
être admis à revenir sur les prix librement consentis par eux. »
(*Voy.*, en ce sens, C. d'État, 22 octobre 1830, *Lancesseur*, 658 ;
6 juin 1834, *Tisserand*, 528 ; 19 mars 1835, *Merle*, 127 ; 28 mai
1835, *Magny*, 132 ; 6 janv. 1837, *Chabert*, 480 ; 31 août 1837,
Dép. des Deux-Sèvres, 622 ; 19 juin 1838, *François*, 384 ; 26 mai
1841, *Roger-Berdoly*, 210 ; 30 novembre 1883, *Dalifol* 880 ;
7 décembre 1883, *Bonamy*, 902.)

611. — Il a été jugé, dans le même ordre d'idées, que les entrepreneurs de la construction d'un môle, qui ont pris l'engagement de transporter les matériaux par mer, et qui ont fait leurs
charrois par terre, ne sont pas admis à réclamer une indemnité
sous prétexte que la mer n'était pas praticable, et que le trajet
par terre a été onéreux pour eux (C. d'Etat, 15 fév. 1833, *Tem-
pier*, 291) ;

Que l'entrepreneur n'est pas fondé à soutenir que le prix du
déblai, fixé par mètre cube transporté à 30 mètres, doit être augmenté, sous le prétexte que le transport ayant dû être fait sur des
terrains en pente, la distance totale ne devait pas être calculée
par relais horizontal de 30 mètres, mais par relais en rampe de
20 mètres, considéré comme l'équivalent du premier, et payé au
même prix, une pareille demande ayant pour objet de faire modifier, au profit de l'entrepreneur, le prix alloué par l'analyse
(C. d'Etat, 7 mai 1857, *Aubert*, 387) ;

Que l'entrepreneur n'est pas fondé à prétendre que le prix fixé
uniformément et sans distinction aucune pour l'extraction des
roches n'est pas applicable aux blocs de nature granitique (C.
d'Etat, 29 mars 1851, *Caron*, 232) ;

Que si un seul prix a été fixé pour les déblais, l'entrepreneur n'a pas droit à un prix plus élevé, alors même qu'il se trouve dans ces déblais des difficultés imprévues, par exemple, des maçonneries à démolir (C. d'Etat, 29 juin 1844, *Sicaud*, 405);

Qu'il n'a pas droit à une indemnité, à raison de l'augmentation des frais d'entretien survenus dans l'exploitation d'une carrière, par suite de sa dégénérescence. (C. d'Etat, 17 sept. 1844, *Lespinasse*, 586.)

Le Conseil d'État a aussi appliqué l'art. 11 (devenu article 42) au cas d'erreur commise dans le calcul de la distance d'une carrière. Le rédacteur du projet avait supposé que cette carrière était à 22 kilomètres des travaux, tandis qu'en réalité elle en était distante de 29 kilom. La réclamation de l'entrepreneur a été néanmoins rejetée. (C. d'Etat, 4 juin 1852, *Chovelon*, 222. *Voy.* encore 4 juil. 1837, *Barbe*, 629; 20 février 1874, *Colas*, 209; 28 janvier 1876, *Haudost*, 94; 10 novembre 1876, *Serratrice*, 799; 21 janvier 1881, *Laurent*, 97; 16 avril 1886, *Chovelon*, 368; 17 décembre 1886, *Villette*, 906.)

612. — L'entrepreneur n'est même pas fondé à réclamer contre les erreurs matérielles commises dans l'addition des prix du sous-détail. Ainsi l'omission d'un ou de plusieurs éléments du prix n'est pas susceptible d'être réparée, comme si, dans l'évaluation du prix du mètre d'une chaussée d'empierrement, le rédacteur du devis néglige de faire figurer l'emmétrage des moellons. (C. d'État, 23 déc. 1852, *Micé*, 658.) Mais de plus les erreurs commises dans le calcul de ces divers éléments n'autorisent aucune réclamation. Ce qui arrivera, par exemple, dans le cas où, après avoir énuméré séparément tous les éléments du prix d'un mètre cube de maçonnerie, et donné à chacun d'eux une évaluation exacte, le rédacteur du devis porte une somme inférieure au chiffre réel de ces éléments réunis.

Le sieur Rinjard, adjudicataire de la fourniture des matériaux destinés à l'entretien de la route de Briare à Angers, avait demandé et obtenu du Conseil de préfecture la rectification d'une erreur qui s'était glissée dans le sous-détail du prix du mètre cube de jard à extraire de la Loire. Il faisait remarquer que, d'après le sous-détail, le total de ce prix était de 2 fr. 05 c., tandis que, d'après les éléments qui le composaient, il aurait dû être porté à 2 fr. 15 c.

Le Ministre de l'intérieur se pourvut contre l'arrêté du Conseil de préfecture. Il invoqua la violation de l'article 11 des clauses et conditions générales de 1833 sous l'empire desquelles le marché avait été passé.

« On repousse, dit-il, l'application de cette clause, en disant que le sieur Rinjard demande, non pas qu'on revienne sur les prix du sous-détail, mais qu'on les lui alloue.

« Ce raisonnement ne tend qu'à déplacer la question : il est évident que l'entrepreneur a basé ses calculs et sa soumission sur le prix total du mètre cube de jard.

« En effet, si, comme il le soutient, il avait vérifié les éléments
dont se compose ce prix, il aurait remarqué l'erreur dont il se
plaint aujourd'hui et n'eût pas manqué de la signaler au moment
de l'adjudication.

« C'est dans la persuasion qu'il recevrait 2 fr. 05 c. par mètre
cube de jard, qu'il a offert un rabais de 14 pour 100 sur le
montant du détail estimatif, et il y a tout lieu de penser que ce
rabais eût été encore plus fort, si l'entrepreneur avait compté sur
le prix de 2 fr. 15 c.

« On ne pourrait, dès lors, sans nuire aux intérêts de l'État,
allouer au sieur Rinjard un prix plus élevé que celui qui est
indiqué dans le devis.

« En vain voudrait-on éluder les conditions du marché, en
faisant une distinction relative aux erreurs d'addition.

« L'article 42, déjà cité, écarte toute distinction de cette nature,
puisqu'il suppose que tous les calculs d'appréciation ont été
refaits et vérifiés, et qu'il n'admet de réclamation que contre les
erreurs de métrés ou de dimensions des ouvrages. » (*Voy.* Leb.,
1835, p. 50.)

Le Conseil d'État se prononça pour cette interprétation sous
l'empire du cahier de 1833. (C. d'État, 20 février 1835, *Min. de
l'intérieur*, 50.) On peut citer encore, comme l'ayant consacrée, les
arrêts suivants : C. d'État, 23 juillet 1841, *Mieulet*, 397 ; 22 juin
1843, *Laperrière*, 298 ; 9 février 1843, *Delorme*, 60. Sous l'empire de l'article 42 du cahier des charges de 1866, la même solution doit être donnée pour les mêmes motifs. Aussi la jurisprudence l'a-t-elle formellement maintenue. (C. d'État, 27 février
1874, *Colas*, 209 ; 20 février 1874, *Ternetz et Many*, 186.)

613. — Au surplus, l'Administration est liée, aussi bien que
l'entrepreneur, par les chiffres portés au devis, et elle n'a pas
plus que lui le droit d'éviter l'application de l'article 42 sous prétexte, soit d'omission dans la composition, soit d'erreur, même
matérielle, dans l'addition des prix du sous-détail. Cette solution,
commandée par l'équité, résulte de plusieurs arrêts, parmi lesquels
nous citerons celui du 6 juin 1814 (C. d'État, *Lesellier*, 338), ainsi
conçu :

« En ce qui touche l'application du prix de 12 fr. 52 c. au lieu
« de celui de 12 fr. 42 c. aux 43 m. 99 c. de béton fourni par l'en-
« trepreneur au pont de By : — Considérant que le prix de 12 fr.
« 52 c. est le prix du devis, et qu'il ne peut être modifié, ni au
« préjudice de l'entrepreneur, ni à son profit, sous prétexte d'er-
« reur, même matérielle, commise dans la composition de ce
« prix... » (*Voy.* enc. 16 nov. 1854, *Appay*, 877.)

Les erreurs de métré échappent seules à l'application de l'article 42.

614. — M. Delvincourt s'élève contre cette jurisprudence. Il ne
comprend pas qu'au moment du décompte on refuse de rectifier
les erreurs matérielles, les calculs erronés, les fausses additions.
« Ajoute-t-on par là quelque chose aux dépenses prévues ? Non,

sans doute, car la somme à dépenser a été réglée indépendamment des erreurs commises. Craindrait-on l'abus qu'on pourrait faire du changement de la jurisprudence actuelle? Ce serait sans doute bien à tort. Depuis plus de trente ans, sept ou huit réclamations seulement, fondées sur des erreurs matérielles, ont été, si nous ne nous trompons, soumises au Conseil d'État, et les allocations qu'elles avaient pour objet ont été, en somme, peu considérables. » (*Liv. des entrepr.*, p. 154.)

Nous nous associons à cette protestation en ce qu'elle a d'équitable, et nous pensons qu'en présence d'une erreur matérielle démontrée, l'Administration, qui doit à tous l'exemple de la justice et de la bonne foi, doit s'empresser de faire droit à la réclamation. Mais la juridiction contentieuse est assujettie à d'autres règles. Le contrat, qui fait la loi des parties, est aussi la sienne. Or, la distinction proposée par M. Delvincourt entre les erreurs qui portent sur la composition même des prix et les erreurs d'addition n'est pas compatible avec les termes formels de l'article 42. Dans l'un et l'autre cas, l'Administration a fixé, pour certains travaux, dans la pièce fondamentale du contrat, un prix inférieur au prix réel. L'entrepreneur, qui est censé avoir refait tous les calculs après elle, s'est trompé comme elle. Mais cela n'empêche pas que, de part et d'autre, il y ait eu consentement sur la chose et sur le prix : *Duorum placitum in idem consensus.* La seconde hypothèse, celle dans laquelle, les éléments du prix ayant été séparément prévus et évalués dans le sous-détail, il y a eu erreur d'addition dans le prix d'application, est même moins favorable à l'entrepreneur que la première. Car il lui suffisait, pour la relever, non pas de refaire l'appréciation du prix réel de revient, mais simplement de totaliser des éléments exacts et mis à sa disposition par la communication du sous-détail. Tant que l'article 42 sera maintenu dans les marchés, la juridiction contentieuse sera donc forcée de repousser toutes les réclamations sans distinction, et il ne lui sera pas permis d'accorder, par voie de disposition gracieuse, une augmentation sur les prix consentis. L'Administration active seule, nous le répétons, a ce droit. (C. d'État, 9 août 1836, *Min. de l'intérieur*, 393 ; 7 juin 1836, *Min. trav. pub.*, 278 ; 22 juin 1843, *Laperrière*, 299 ; 24 janvier 1867, *Agnus*, 102 ; 20 juin 1867, *Gôdebarge*, 594 ; 26 février 1875, *Pinelli*, 405 ; 26 février 1875, *Min. des trav. pub.*, 203 ; 16 juin 1875, *Bay*, 695 ; 10 novembre 1876, *Serratrice*, 799 ; 21 janvier 1881, *Laurent*, 97 ; 16 avril 1886, *Chovelon*, 368 ; 17 décembre 1886, *Villette*, 906.)

615. — Mais il est bien certain que, pour tout ouvrage, l'entrepreneur doit avoir un prix ; si donc, par erreur ou omission, un cahier de charges a prévu un ouvrage dont il a prescrit l'exécution, et que, soit ce cahier des charges, soit le bordereau des prix, ne contienne pas l'indication du prix à appliquer à cet ouvrage, l'Administration doit néanmoins allouer un prix dans le décompte. Vainement dirait-on que le devis ne porte aucun prix,

que l'entrepreneur en a eu connaissance; que peut-être il reti-
rera de son exécution un avantage indirect; que cela a dû entrer dans ses calculs. La jurisprudence en ce cas présume avec
raison que si un prix spécial n'a pas été fixé, ce prix doit être
établi d'après celui des ouvrages les plus analogues. (C. d'Etat,
4 juillet 1872, *Monet*, 413; 4 janvier 1878, *Hunebelle*, 27.)

616. — Des dispositions analogues existent au sujet du prix
pour les travaux du Ministère de la guerre : l'article 57 du cahier
de 1876 disposait que « tous les ouvrages prévus au bordereau
« sont payés à l'entrepreneur à la mesure, au poids ou à la pièce,
« aux prix qui y sont portés pour chaque unité..... L'entrepre-
« neur n'est jamais admis, sous aucun prétexte, à réclamer contre
« les prix du marché par lui consentis. » (Art. 57.) Cette disposition se justifie par les mêmes raisons que la prescription analogue du cahier des ponts et chaussées. (V. n° 606.) Elle a été
reproduite par le cahier de 1887 (art. 49) qui a en même temps
consacré l'exception déjà admise par le cahier de 1876 (art. 69).
Lorsqu'une modification est apportée au tarif des droits de
douane et d'octroi pendant la durée des travaux, il en est tenu
compte soit à l'entrepreneur, soit à l'État,

Nous verrons plus loin quels principes doivent être appliqués
lorsqu'il s'agit de fixer le prix des travaux imprévus.

TITRE IV

DES OBLIGATIONS QUI NAISSENT DU CONTRAT D'ADJUDICATION

617. — Division du titre.

617. — Nous examinerons dans deux chapitres distincts : 1° les obligations contractées par l'entrepreneur ; 2° les obligations contractées par l'Administration.

CHAPITRE PREMIER

Des obligations de l'entrepreneur.

SECTION PREMIÈRE

De la résidence.

618. — De l'obligation de résider sur le lieu des travaux.
619. — Clause habituelle des cahiers de charges. — Cahier des ponts et chaussées, articles 8 et 12.
620. — But de la clause : sanction.
621. — Détail des obligations résultant de cette clause.
622. — Élection de domicile.
623. — Délai de notification ; omission : conséquences.
624. — Effets et durée de l'élection de domicile.
625. — Résidence à proximité des travaux.
626. — Faculté de faire agréer un représentant.
627. — Visite des travaux.
628. — Contraventions et atteintes au domaine public commises par les tiers.
629. — Contraventions et atteintes à ce domaine commises par les agents de l'entrepreneur : règlements de police.
630. — Cahiers des charges des départements, communes, établissements publics : clause analogue.
631. — Travaux du Ministère de la guerre : règles spéciales édictées par le cahier de 1876.
632. — Dispositions du cahier de 1887.

618. — Le droit commun n'oblige point l'entrepreneur à résider sur le lieu des travaux pendant tout le temps de leur exécution. Dans les entreprises privées, à moins de clause expresse, le propriétaire ne peut exiger sa présence continue sur les chantiers ; cette stipulation est également nécessaire en matière de travaux publics.

Mais, de tout temps, une clause expresse a été insérée à cet égard dans les cahiers des charges.

619. — Le cahier des clauses et conditions générales de 1866 contient une clause ainsi conçue : *Art. 8.* « L'entrepreneur est « tenu d'élire domicile à proximité des travaux et de faire con- « naître le lieu de ce domicile au préfet; faute par lui de remplir « cette obligation dans un délai de quinze jours à partir de l'ap- « probation de l'adjudication, toutes les notifications qui se rat- « tachent à son entreprise sont valables, lorsqu'elles ont été « faites à la mairie de la commune désignée à cet effet par le « devis ou l'affiche d'adjudication. »

Art. 12. « Pendant la durée de l'entreprise, l'adjudicataire ne « peut s'éloigner du lieu des travaux qu'après avoir fait agréer « par l'ingénieur un représentant capable de le remplacer, de « manière qu'aucune opération ne puisse être retardée ou sus- « pendue à raison de son absence.

« L'entrepreneur accompagne les ingénieurs dans leurs tour- « nées, toutes les fois qu'il en est requis. »

620. — Ces dispositions ont été manifestement inspirées par une même pensée qu'exprime d'ailleurs l'article 12 du cahier de 1866 : il faut que l'administration ait toujours sous la main l'en- trepreneur ou son représentant, « afin qu'aucune opération ne puisse être retardée ou suspendue. »

Ces articles ne prononçant aucune sanction, c'est de cette idée que les tribunaux devront s'inspirer lorsqu'ils auront à pro- noncer sur les conséquences de l'inexécution, par l'entrepreneur, de son obligation de résidence ou d'élection de domicile. Ces faits pourront donner lieu à la mise en régie, ou même à la ré- siliation du marché, s'ils compromettent la bonne exécution des travaux, ou rendent impossible leur achèvement dans le délai fixé. (C. d'État, 1er février 1851, *Moneson*, 89; 8 juin 1883, *Longueville*, 549.)

D'après ces arrêts, une simple absence, fût-elle prolongée, n'aurait aucune conséquence dès lors que les travaux seraient normalement continués. On ne saurait, en effet, enchaîner l'en- trepreneur d'une façon définitive à son chantier : ce serait, sans profit pour personne, le mettre dans l'impossibilité de diriger plusieurs entreprises à la fois.

Ces considérations vont nous permettre d'assigner les limites apposées aux obligations des entrepreneurs.

621. — Ces obligations sont au nombre de trois:

1° Élection de domicile à proximité des travaux, avec notifica- tion au préfet du lieu choisi ;

2° Résidence à proximité des travaux, à moins d'avoir fait agréer un représentant par l'Administration ;

3° Nécessité de suivre les ingénieurs dans leurs tournées, toutes les fois qu'ils le demandent.

622. — 1° *Élection de domicile.* — L'élection de domicile sera faite le plus souvent en la forme ordinaire, par acte extrajudi- ciaire, ce qui coupera court à toute difficulté; elle pourra égale- lement se trouver dans le traité. Mais l'article 8 n'impose aucune forme spéciale : il se contente d'exiger que l'entrepreneur fasse connaître au préfet le lieu du domicile élu. On doit donc admettre que la forme de la notification importe peu, pourvu qu'elle ne soit pas douteuse, fût-elle faite par simple lettre.

Quant au choix du lieu où l'élection de domicile doit être faite, il est laissé à l'entrepreneur. Le cahier de charges ne contient qu'une désignation dont il est permis de regretter le caractère un peu vague; ce sera une question toute de fait à trancher d'après les circonstances, que celle de savoir s'il y a réellement proximité des travaux. Ajoutons que, lorsque le marché contiendra l'indication du lieu où le domicile doit être élu, le soumissionnaire sera lié par le contrat.

C'est ce qui aura lieu le plus souvent.

623. — L'article 8 impartit un délai de 15 jours pour la notification de l'élection au préfet. Ce délai est évidemment purement comminatoire. La sanction de la prescription de la loi se trouve dans la fin de l'article : faute de désignation dans le délai, « toutes les notifications qui se rattachent à l'entreprise sont va- « lables, lorsqu'elles ont été faites à la mairie de la commune dé- « signée à cet effet par le devis ou l'affiche d'adjudication ». Ici, la notification à la mairie suppléera la signification à personne, et l'entrepreneur qui n'aura pas fait d'élection de domicile ne sera pas recevable à soutenir qu'il ne l'a pas reçue. Telle est la seule sanction de l'article 8; elle est suffisante, car, comme nous l'avons vu plus haut, le but unique de l'article est d'éviter les retards dans les travaux.

624. — Le but de cette élection de domicile est de permettre une notification rapide de tous les ordres de service et de comptes relatifs à l'entreprise. Aussi est-on généralement d'accord pour reconnaître qu'elle n'a d'effet que pour la durée des travaux, et que, ces travaux achevés, l'élection disparaît, quand même il s'agirait de démêlés ou procès relatifs à ces travaux. (V. *Aucoc*, conf. n° 643; *Perriquet*, n° 143; C. d'État, 5 décembre 1873, *Martin et Bourdillon*, 916.) On a même jugé que si les travaux sont terminés le décompte ne peut valablement être signifié au domicile élu. (C. d'État, 13 janvier 1859. *Roussel*, 30; Pand. franç., Rép. v° *Adjudications administratives* (*État*), n° 1243.)

625. — 2° *Résidence à proximité des travaux*. — Par « résidence », l'article 8 ne saurait évidemment entendre un établissement fixe, avec défense absolue de s'absenter. Ce qui est interdit, c'est l'absence prolongée pendant un certain temps. Ici encore, il y aura une question de fait à résoudre : la seule exigence de la loi, c'est que les absences de l'entrepreneur ne puissent jamais nuire à la bonne exécution des travaux.

Le but de cette obligation est donc d'assurer l'exécution des ordres des ingénieurs et architectes et de forcer l'entrepreneur à veiller à ce que ses ouvriers exécutent ces ordres et observent continuellement les lois et règlements de police.

D'ailleurs, depuis l'article 12, l'entrepreneur qui veut s'absen-

ter n'a qu'à faire agréer par l'ingénieur un représentant capable
de le remplacer.

Cette disposition contient, vis-à-vis de l'ancien article 5 du
cahier de 1833, une modification importante en faveur de l'adjudicataire.

626. — Autrefois, en effet, celui-ci ne pouvait s'éloigner qu'après
autorisation, et pour affaires relatives à son marché : il était le
serf de son entreprise. Aujourd'hui, le cahier de 1866 lui permet
de s'absenter pour affaires quelconques, dont il n'est même pas
obligé de faire connaître la nature à l'ingénieur. De plus, il n'a
pas besoin de « l'autorisation » dont parle l'ancien article. Il suffit
qu'il fasse agréer par l'ingénieur un représentant capable. Dira-
t-on que l'Administration a le moyen de le retenir définitivement
en refusant tous les représentants qui lui sont proposés? Nous ne
pensons pas que l'article 12 ait voulu accorder ce droit à l'ingénieur; il prend soin de dire que le représentant doit être capable,
« de manière qu'aucune opération ne puisse être retardée ou sus-
« pendue à raison de son absence. » C'est limiter le droit de refus
de l'Administration; et, si elle prétendait en abuser, nous n'hési-
terions pas à reconnaître à l'entrepreneur le droit de s'adresser
aux Tribunaux, non seulement pour faire agréer la personne qui
présente les garanties voulues, mais encore pour demander des
dommages-intérêts à raison du retard que subit son déplacement.

Ici, comme pour l'élection de domicile, se pose une question
de distance. Quand pourra-t-on dire que l'entrepreneur « s'est
éloigné » du lieu des travaux? Là encore, ce sera une pure question de fait à résoudre : le voyage accompli par l'entrepreneur
fût-il très long, s'il est prouvé qu'aucun dommage n'en est résulté,
aucun reproche ne pourra lui être adressé. Au contraire, le déplacement ne durât-il qu'une journée, l'entrepreneur sera répré-
hensible si, dans ce délai, un événement survient qui nécessitait
sa présence : il devait faire agréer un représentant.

C'est l'ingénieur ordinaire directeur des travaux qui a qualité
pour autoriser l'entrepreneur à s'absenter et pour agréer un représentant.

627. — 3° *Visites des travaux.* — La présence de l'entrepreneur sur le lieu des travaux a pour corollaire des obligations spéciales dont l'accomplissement est soumis aux mêmes pénalités.
L'entrepreneur, soit par lui-même, soit par ses commis, est tenu
de visiter les travaux aussi souvent que cela est nécessaire pour
le bien du service. Il doit justifier de ces visites et accompagner
les ingénieurs dans leurs tournées toutes les fois qu'il en est
requis; mais il pourra, bien entendu, se faire remplacer par un
représentant agréé par l'Administration. (V. ci-dessus, n° 626.)

628. — L'ancien article 28 obligeait l'entrepreneur à surveiller,
dans l'étendue de son entreprise, les propriétaires riverains et les
cultivateurs qui se permettraient de labourer et de planter trop
près des routes, canaux et autres propriétés publiques, ou qui
détérioreraient les bornes, talus, fossés et plantations. Il devait

avertir sur-le-champ les ingénieurs « des contraventions qu'il
« apercevrait à cet égard, comme aussi de celles qui consiste-
« raient en des dépôts de bois ou de fumier, ou autres encombre-
« ments quelconques, ainsi que des anticipations qui seraient
« faites sur le domaine de la voie publique ».

Cette dernière disposition était dépourvue de sanction. Aucune peine et aucune responsabilité n'étaient encourues par l'entrepreneur qui n'en tenait pas compte.

Elle n'a pas été reproduite dans le cahier des charges de 1866,
et le droit commun n'impose pas cette obligation à l'entrepreneur. On ne saurait, en effet, assimiler ce dernier à un locataire
ou fermier, détenant pour le propriétaire, et tenu de prévenir
celui-ci des atteintes portées à la chose louée. L'entrepreneur
n'occupe pas seul les terrains sur lesquels il effectue les travaux;
il est accompagné par les agents de l'Administration qui les surveillent et les dirigent: c'est à ceux-ci qu'il appartient de défendre
les droits du propriétaire.

Toutefois, il en est autrement, en matière de contrat de concession, et on en comprend facilement la raison : c'est que le
concessionnaire, le plus souvent, surveille et dirige seul les travaux qu'il exécute, qu'il n'a donc pas auprès de lui les agents de
l'Administration. Nous verrons, en étudiant le contrat de concession, les mesures qui ont été prises à ce sujet.

629. — Mais il en est autrement des infractions aux lois et aux
règlements de police commises par les agents ou les ouvriers employés sur les travaux. L'entrepreneur n'est pas soumis seulement aux ordres des ingénieurs et, si ceux-ci omettent de lui
prescrire les précautions à prendre dans l'intérêt de la sûreté
publique, il n'en doit pas moins obéissance aux règlements locaux à ce relatifs. Il a été jugé que les article 319 et 320 du Code
pénal, qui punissent de peines correctionnelles l'homicide et les
blessures par imprudence, négligence ou inobservation des règlements, sont applicables à l'entrepreneur, lorsqu'il ne s'est pas
conformé aux dispositions des ordonnances et lorsque sa négligence a été cause d'un accident. (*Voy*. Cass., rej., 1er mars 1862,
Ch. crim. ; le *Droit* du 2 mars 1862.)

630. — Le cahier des clauses et conditions générales des bâtiments civils et bâtiments nationaux, et tous les cahiers de clauses
et conditions générales des départements contiennent des dispositions analogues à celles du cahier des ponts et chaussées, et
généralement ainsi conçues : « L'adjudicataire est tenu de faire
« élection de domicile à....., et d'y séjourner pendant toute la
« durée des travaux, à moins qu'il ne se fasse représenter par
« un associé ou contre-maître dont la capacité et la moralité
« seront notoirement connues. »

Il en est de même de la plupart des cahiers de charges de travaux communaux. Le cahier des travaux des chemins vicinaux
du 10 décembre 1870 contient des articles 8 à 12 qui reproduisent
textuellement les articles 8-12 du cahier des ponts et chaussées.

Il en est de même aussi pour les établissements de bienfaisance, hospices, etc...

631. — *Travaux du Ministère de la guerre.* — Les obligations imposées à l'entrepreneur par l'article 14 du cahier de 1876 étaient très strictes : « Pendant toute la durée du marché, l'entre-
« preneur est tenu de faire sa résidence habituelle dans la place
« ou à proximité des travaux que le marché concerne; il est ré-
« puté y avoir élu domicile pour tout ce qui a trait à son entre-
« prise.

« Il ne peut s'absenter, même pour les affaires de son service,
« sans l'agrément du chef du Génie, et toutes les fois qu'il en
« reçoit l'ordre de cet officier, il doit se présenter au bureau du
« Génie, ou se rendre sur les ateliers.

« Si le même marché concerne plusieurs localités, l'entrepre-
« neur doit résider dans celle que lui désigne le cahier des char-
« ges spéciales, et avoir, en outre, sur les points où cela est jugé
« nécessaire par le chef du Génie, un principal commis ou sup-
« pléant soumis, à cet effet, aux dispositions des 3ᵉ et 4ᵉ para-
« graphes de l'article précédent. » C'est-à-dire que ce principal commis ou suppléant doit être délégué par acte authentique et agréé par le Génie.

632. — Le cahier de 1887, dans son article 8, pose en principe que : « L'entrepreneur est tenu, à moins d'exceptions sti-
« pulées au cahier des charges spéciales, d'élire son domicile dans
« la place ou à proximité des travaux que le marché concerne
« et d'en informer le chef du service. » Cet article doit être complété par l'article 13 : « Pendant la durée de l'entreprise, l'adju-
« dicataire ne peut s'éloigner des localités où les travaux sont
« exécutés qu'après avoir fait agréer par le chef du service un ou
« plusieurs représentants capables de le remplacer, de manière
« qu'aucune opération ne puisse être retardée ou suspendue à
« raison de son absence.

« L'entrepreneur est tenu de se présenter aux bureaux du ser-
« vice ou de se trouver sur les ateliers toutes les fois qu'il en est
« requis par le chef du service. »

On voit que les rédacteurs du cahier de 1887 ont pensé que les dispositions du cahier de 1876 n'édictaient que des mesures inquisitoriales et vexatoires pour l'entrepreneur, qui n'avaient guère d'utilité pour l'Administration, celle-ci étant garantie par les articles 43, 44 et 45 que nous étudierons plus loin. Notons seulement ici la sanction spéciale édictée à la fin de l'article 8 :
« Faute par lui (l'entrepreneur) de remplir cette obligation dans
« un délai de quinze jours à partir de la notification de l'appro-
« bation de l'adjudication, toutes les notifications qui se ratta-
« chent à son entreprise sont valables, lorsqu'elles ont été faites
« à la mairie de la commune où a eu lieu l'adjudication. »

SECTION II

De l'obligation de fournir les matériaux indiqués par le devis.

633. — Clauses des cahiers des charges : cahier des ponts et chaussées, art. 22.
634. — Réception des matériaux, rebut.
635. — Conséquences.
636. — Contrôle de la juridiction contentieuse.
637. — Procédure, constatations, instruction, jugement.
638. — Réception provisoire des matériaux ; effets.
639. — Constatation du rebut, marque des matériaux.
640. — Remplacement des matériaux, reconstruction des ouvrages. Matériaux de qualité supérieure à celle exigée, maintien sans augmentation de prix. Matériaux de qualité inférieure, maintien, diminution de prix.
641. — Emploi des matériaux, ouvrages construits, absence de vérification préalable.
642. — Vérifications postérieures à l'emploi, démolitions, conséquences.
643. — Ouvrages de dimension plus forte ou plus faible.
644. — Expériences pour constater la bonne exécution des travaux.
645. — Effets de la réception quant aux risques des matériaux approvisionnés.
646. — Frais accessoires de la fourniture des matériaux. Conservation des matériaux approvisionnés.
647. — Droits d'octroi sur les matériaux.
648. — Droit de douane, de navigation, de pilotage.
649. — Subventions pour dégradations aux chemins par les transports.
650. — Provenance des matériaux, carrières indiquées au devis.
651. — Changement de carrières sur la demande de l'entrepreneur.
652. — Changement de carrières sans autorisation.
653. — Découvertes de carrières plus rapprochées que celles indiquées au devis
654. — Changement de carrières sur la demande de l'Administration.
655. — Article 9 du cahier des ponts et chaussées de 1833.
656. — Article 29 du nouveau cahier des ponts et chaussées de 1866.
657. — Jurisprudence : cas les plus fréquents, insuffisance des carrières prévues.
658. — Provenance des bois, coupés à faire dans les forêts de l'État.
659. — Démolition d'anciens ouvrages, soins à prendre, remploi des matériaux.
660. — Objets de valeurs, etc., trouvés dans les démolitions.
661. — Travaux du Ministère de la guerre. Cahiers de 1876 et de 1887.
662. — Approvisionnements du devis et approvisionnements par ordre sous le cahier de 1876. Changements autorisés.
663. — Vérification et acceptation provisoire.
664. — Rebut ; enlèvement des chantiers.
665. — Suppression, par le cahier de 1887, de la distinction entre les approvisionnements du devis et les approvisionnements par ordre.
666. — Cas de résiliation ; article 50 du cahier de 1887.
667. — Prescriptions du cahier de 1887 relatives à la qualité des matériaux.
668. — Acceptation provisoire.
669. — Enlèvement des matériaux refusés.
670. — Changements apportés à la qualité des matériaux.
671. — Prohibition de détruire les matériaux rebutés.
672. — Effets de la réception provisoire.
673. — Conservation des approvisionnements ; soins à prendre.
674. — Sanction des règles relatives aux matériaux ; articles 37 du cahier de 1876 et 27 du cahier de 1887.
675. — Emploi de matériaux autres que ceux prévus au devis.
676. — Provenance de matériaux, carrières prévues au devis, changement.
677. — Dispositions du cahier de 1887 relatives aux carrières ; changements sur la demande de l'entrepreneur.
678. — Droit de surveillance du chef de service sur les carrières.
679. — Démolition d'anciens ouvrages ; remploi des matériaux.
680. — Emploi de matériaux appartenant à l'État ; mode de paiement.

633. — Les cahiers des charges prennent soin d'indiquer les conditions que doivent réunir les matériaux, et autorisent l'Administration à exercer un contrôle incessant sur leur emploi. La fourniture des matériaux, en effet, est une partie essentielle des travaux. La main-d'œuvre a beau être parfaite, elle ne corrige jamais le vice inhérent à la matière employée. Il a donc fallu prendre des précautions minutieuses contre la fraude, ou simplement la négligence de l'entrepreneur.

Pour y parvenir, le cahier des ponts et chaussées de 1866 réglemente, non seulement la qualité et la vérification des matériaux (art. 22), mais encore leur provenance et le mode de fourniture (art. 19-21).

Aux termes de l'article 22, qui a remplacé en la modifiant une disposition analogue contenue dans l'article 12 du cahier de 1833 : « Les matériaux doivent être de la meilleure qualité dans chaque « espèce, être parfaitement travaillés et mis en œuvre conformé-« ment aux règles de l'art ; ils ne peuvent être employés qu'a-« près avoir été vérifiés et provisoirement acceptés par l'ingénieur « ou par ses préposés. Nonobstant cette réception provisoire et « jusqu'à la réception définitive des travaux, ils peuvent, en cas « de surprise, de mauvaise qualité ou de mal-façon, être rebutés « par l'ingénieur, et ils sont alors remplacés par l'entrepreneur. »

634. — Les matériaux sont soumis à des réceptions au fur et à mesure qu'ils sont amenés sur le chantier. Ceux qui n'ont pas les qualités requises sont rebutés, et leur emploi est interdit.

635. — Les mesures de rigueur ne peuvent pas, on le comprend, accroître les charges de l'Administration. Les conséquences du rejet ou du remplacement des matériaux reconnus vicieux ou ne réunissant pas les conditions de poids ou de dimension prescrites par le devis, sont, quelque préjudice qu'il en puisse éprouver, au compte de l'entrepreneur. Il est tenu d'enlever à ses frais les pièces dont l'usage est nuisible à la solidité de la construction, ou contraire aux règles de l'art et du goût. (C. d'État, 31 juin 1843, *Blondeau*, 323.) Il supporte sans recours contre l'Administration les frais de transport et les droits d'octroi antérieurement acquittés. (C. d'État, 2 juin 1837, *Hayet*, 547.) Il s'expose à voir refuser les travaux, si, malgré les injonctions reçues, il continue ses infractions aux clauses et conditions de l'entreprise et si l'emploi des matériaux substitués à ceux dont il devrait faire usage est jugé contraire à la destination des travaux.

Enfin, la démolition des ouvrages peut être ordonnée.

636. — Le droit accordé aux ingénieurs de rebuter les matériaux reconnus vicieux n'échappe pas au contrôle de la juridiction contentieuse, au moins en ce sens qu'une indemnité serait certainement accordée à l'entrepreneur dans le cas où il prouverait que les matériaux refusés avaient la qualité requise et les dimensions exigées par le devis.

637. — L'entrepreneur dont les matériaux sont rebutés à tort doit immédiatement réclamer contre l'ordre des ingénieurs, et éviter tout ce qui pourrait ressembler à un acquiescement à la décision dont il croit avoir à se plaindre. On ne manquerait pas, au moment du décompte, de lui rappeler qu'il s'est soumis à cette décision, et ses réclamations seraient à bon droit repoussées comme non recevables. (C. d'État, 18 août 1857, *Bacanain*, 666; 25 avril 1867, *Delsol*, 407; 16 décembre 1864, *Nercam*, 1016; 24 avril 1885, *Nercam*, 445).

Les articles 50 et 51 du cahier des charges portent référence à cet article 22, et organisent une procédure de constatation et d'instruction qui se termine par une instance devant le Conseil de préfecture. Nous reviendrons plus loin sur ce sujet.

638. — L'article 22 dit bien que malgré la réception provisoire les matériaux peuvent être rebutés jusqu'à la réception définitive des travaux. Mais cette réception provisoire a cependant un certain effet, lorsque les matériaux ont été reçus dans les formes prévues par le devis; c'est à l'Administration qu'il incombe d'établir la mauvaise qualité des matériaux; jusqu'à preuve contraire, la réception fait foi de leur qualité. (C. d'État, 12 avril 1878, *Dép. du Loiret*, 414; 21 juin 1878, *Dép. du Rhône*, 594.)

639. — Les ingénieurs doivent se borner à rebuter les matériaux, et ne peuvent les faire détériorer; ils ne peuvent employer un mode de constatation du rebut ayant pour conséquence de faire perdre aux matériaux une partie de leur valeur. Dans le silence du cahier des charges, les ingénieurs excèdent leur droit en faisant imprimer sur les matériaux refusés une marque qui en rend la vente plus difficile. Une indemnité est due à l'entrepreneur pour la dépréciation résultant de ce mode de procéder. (C. d'État, 5 juin 1846, *Jobert*, 327.)

L'entrepreneur doit, dans ces divers cas, suivre la procédure spéciale indiquée par les articles 50 et 51 du cahier des charges.

640. — De même, d'après l'article 23 (article 14 de l'ancien cahier), tous les matériaux doivent avoir les dimensions prescrites par le devis. « L'entrepreneur est tenu de faire immédia-
« tement, sur l'ordre des ingénieurs, remplacer les matériaux
« ou reconstruire les ouvrages dont les dimensions ou les dispo-
« sitions ne sont pas conformes au devis. »

Cet article accorde donc d'une manière absolue aux ingénieurs le droit d'interdire l'emploi de matériaux dont les dimensions ne seraient pas celles prévues au devis. Mais au lieu de rebuter les matériaux qui ne remplissent pas exactement les conditions du devis, les ingénieurs en autorisent souvent l'emploi, s'il ne leur paraît pas présenter d'inconvénients. C'est ce qui arrive surtout lorsque les matériaux présentés à la réception sont d'une qualité supérieure à celle exigée. En pareil cas la réception n'autorise jamais l'entrepreneur à réclamer une augmentation de prix. L'art. 23 ajoute : « Si les ingénieurs reconnaissent que les changements
« faits par l'entrepreneur ne sont contraires ni à la solidité ni au

« goût, les nouvelles dispositions peuvent être maintenues; mais
« alors l'entrepreneur n'a droit à aucune augmentation de prix,
« à raison des dimensions plus fortes ou de la valeur plus consi-
« dérable que peuvent avoir les matériaux ou les ouvrages...
« Si, au contraire, les dimensions sont plus faibles ou la valeur
« des matériaux moindre, les prix sont réduits en conséquence. »

On pourrait être tenté de critiquer cette disposition au
point de vue de l'équité: l'entrepreneur semble avoir toutes les
mauvaises chances contre lui. Mais il n'en est rien: s'il donne aux
matériaux des dimensions plus considérables, c'est de son plein
gré, et souvent même pour sa commodité personnelle. (C. d'État,
9 janvier 1874, *Letestu*, 34.) Par conséquent, il n'est pas fondé à
se plaindre. Ajoutons que, si l'augmentation était faite *par ordre*,
il aurait droit au paiement.

641. — L'Administration n'est plus recevable à invoquer l'article 23, et elle est tenue de payer les matériaux au prix fixé par
le devis, lorsque les ingénieurs n'en ont pas fait vérifier la qualité au moment même de leur emploi, et lorsqu'il est impossible, lors du règlement du compte, d'en fixer la valeur réelle
contradictoirement avec l'adjudicataire. Il a été jugé, par exemple,
que l'emploi donné prématurément, sur l'ordre d'un ingénieur, à
des matériaux sur le prix desquels il se proposait d'opérer des
retenues, ayant pour résultat de priver l'entrepreneur des moyens
de vérification auxquels il a droit d'après le devis, les retenues
opérées ne doivent pas être maintenues. (C. d'État, 10 mars 1859,
Manot, 189.)

642. — Toutefois, l'article 27 permet aux ingénieurs de vérifier la qualité des matériaux même après qu'ils sont employés,
s'ils ont des doutes: « Lorsque les ingénieurs présument qu'il
« existe dans les ouvrages des vices de construction, ils ordon-
« nent soit en cours d'exécution, soit avant la réception défini-
« tive, la démolition et la reconstruction des ouvrages présumés
« vicieux. Les dépenses résultant de cette vérification sont à la
« charge de l'entrepreneur lorsque les vices de construction
« sont constatés et reconnus. » Une fois la démolition opérée, il
est possible que le désaccord existe entre l'Administration et
l'entrepreneur sur la question de savoir si réellement les matériaux sont acceptables: on appliquera alors, pour la procédure
d'instruction, les articles 50 et 51 du cahier de 1866, et la
difficulté sera portée devant le Conseil de préfecture. (C. d'État,
28 juillet 1866, *Guernet*, 895; 21 juin 1878, *Département du
Rhône*, 593.)

Sous l'empire de l'ancien cahier, beaucoup moins explicite à
cet égard, le Conseil d'État avait déjà admis les solutions qu'est
venu consacrer le nouveau cahier. (C. d'État, 18 août 1857, *Courrière*, 663; 30 juin 1843, *Blondeau*, 323.)

643. — La règle que l'entrepreneur qui emploie des matériaux
de dimensions plus fortes n'a droit à aucune indemnité a été
appliquée aux *ouvrages* de dimensions plus fortes, bien que

l'article ne les vise pas formellement. Ainsi, le Conseil d'État a refusé toute indemnité pour l'emploi de cintres comportant l'emploi d'une quantité de bois plus considérable que celle prévue au devis, l'entrepreneur ayant modifié les dimensions pour faire usage de matériaux qu'il avait à sa disposition (C. d'État, 9 janvier 1874, *Letestu*, 34); pour une augmentation du cube de maçonnerie opérée volontairement par l'entrepreneur (C. d'État, 10 novembre 1876, *Servatrice*, 798), etc...

Toutefois, dans des circonstances exceptionnellement favorables, le Conseil d'État s'est départi de cette rigueur : ainsi, dans un cas où il était démontré en fait que les dimensions plus considérables données à l'ouvrage par l'entrepreneur, de son propre mouvement, avaient profité à l'Administration, une indemnité a été allouée. (C. d'État, 24 novembre 1875, *Gianoli*, 840.)

Si, au contraire, l'entrepreneur a donné aux matériaux des dimensions plus faibles, même avec l'autorisation des ingénieurs, les prix sont réglés non d'après les devis, mais d'après la valeur réelle. Cette règle, que posait déjà l'article 14 du cahier de 1833 et que la jurisprudence appliquait constamment (C. d'État, 14 juillet 1848, *Prévost*, 452), a été formellement maintenue par le nouveau cahier.

644. — Il ne faudrait pas assimiler aux démolitions exigées pour vérifier les matériaux, les expériences que l'Administration pourrait être tentée de faire au cours des travaux pour s'assurer de leur bonne exécution, dès lors qu'elles ne sont pas prévues par le cahier des charges. C'est ainsi que le Conseil d'État a alloué une indemnité à un entrepreneur de conduite d'eau parce que des essais partiels avaient été faits pour éprouver la résistance de la conduite avant que le travail ne fût terminé. (C. d'État, 20 avril 1883, *Grandou*, 383.)

645. — Quel est l'effet de la réception des matériaux ? Les matériaux reçus et approvisionnés deviennent-ils la propriété de l'Administration, ou restent-ils, au contraire, celle de l'entrepreneur?

La réception n'opère pas transmission de la propriété. Elle prouve seulement que les matériaux ont paru aux ingénieurs avoir les qualités exigées par le devis. Elle autorise l'entrepreneur à les employer, et elle les affecte définitivement à l'entreprise, de telle sorte qu'ils n'en peuvent plus être distraits pour d'autres services, sans l'autorisation écrite des ingénieurs. Mais elle ne les fait pas passer aux risques et périls de l'Administration (sauf, comme nous le verrons, le cas où leur perte est le résultat de la force majeure). Si donc ils diminuent sur les chantiers, et s'il n'est pas établi que cette diminution provient du fait de l'Administration, l'entrepreneur n'a droit à aucune indemnité. (C. d'État, 30 juin 1843, *Blondeau*, 323.)

646. — C'est à l'entrepreneur qu'il incombe de prendre toutes les précautions nécessaires à la conservation des matériaux approvisionnés avant leur emploi; il doit les préserver des grandes pluies, de la gelée, etc., et il supporte les frais ainsi nécessités. (C. d'État, 14 août 1852, *Geoffroy*, 393.) La perte ou la détérioration des matériaux par manque de soin ou imprévoyance sont supportées par l'entrepreneur. (C. d'Etat, 9 janvier 1874, *Letestu*, 34.) Les accidents de force majeure sont seuls à la charge de l'Administration.

647. — *Droits d'octroi sur les matériaux.* — L'Administration de l'octroi ne connait que celui qui introduit dans les limites de l'octroi les matériaux soumis aux droits : l'entrepreneur seul est donc responsable de ces droits. (C. d'Etat, 8 janvier 1844, *Ville d'Avignon*, 29.) L'entrepreneur peut-il réclamer le montant de ces droits à l'Administration pour le compte de laquelle est faite l'entreprise ? Souvent le cahier des charges, par une clause spéciale, déclare que l'entrepreneur doit supporter ces droits. En présence de cette clause, la jurisprudence décide que l'entrepreneur doit supporter, non seulement les droits existants au jour de la passation du contrat, mais encore les surtaxes établies postérieurement; les variations dans les tarifs sont supposées être entrées dans les prévisions des parties contractantes, en sorte que l'entrepreneur profite, sans diminution des prix fixés, des diminutions de droits d'octroi, et supporte sans indemnité les aggravations. (C. d'Etat, 2 mai 1873, *Monjalon*, 384 ; 7 avril 1874, *Compagnie du gaz de Wazemmes*, 336 ; 3 juillet 1874, *Compagnie du gaz de Saint-Malo*, 624 ; 4 juillet 1879, *Assistance publique*, 571.)

La clause n'a pas besoin d'être expresse ; elle peut résulter implicitement d'une autre : si, par exemple, le cahier des charges déclare les prix des matériaux calculés, matériaux rendus à pied d'œuvre, au lieu d'emploi, l'entrepreneur supporte les droits d'octroi, comme ceux de transport, etc. (C. d'Etat, 15 avril 1858, *Sarrat*, 307 ; 7 juin 1865, *Driot*, 618 ; 6 janvier 1882, *Fabrique de Notre-Dame d'Oloron*, 22.)

Mais, même en cas d'existence de cette clause, si, postérieurement au contrat, des décisions administratives viennent soumettre aux droits des matériaux qui, lors de la passation du contrat, étaient exempts de tous droits et n'étaient pas atteints par les tarifs en vigueur, l'entrepreneur peut demander en sus de son prix le remboursement de ces droits. (C. d'Etat, 10 juin 1868, *Compagnie des asphaltes*, 649.)

Dans certains cas exceptionnels, en présence d'augmentations considérables des droits d'octroi existants au jour de la passation du contrat, et portant sur les matériaux ou fournitures principales de l'entreprise, la jurisprudence a assimilé ces surtaxes à des droits nouveaux et décidé, comme dans les cas précédents, que l'entrepreneur pourrait en demander le remboursement. (C. d'Etat, 8 janvier 1875, *Ville de la Basse-Terre*, 6.)

En l'absence d'une clause expresse ou implicite, la jurisprudence décide qu'il faut apprécier les intentions des rédacteurs du bordereau des prix, et rechercher si les droits d'octroi sont entrés comme éléments dans la composition des prix. (C. d'Etat,

12 août 1854, *Jourdan*, 389 ; 27 novembre 1856, *Seive*, 667 ; 10 janvier 1873, *Jacquot*, 75 ; 10 mai 1878, *Péquart*, 440.) C'est un des cas d'utilité du sous-détail.

D'ailleurs il suffirait qu'il résultât du sous-détail que les droits d'octroi ont été pris en considération comme éléments du prix, et l'entrepreneur ne serait pas admis à tirer argument de ce que ces droits d'octroi n'y figureraient que pour des chiffres inexacts ; les éléments du sous-détail ne sont en effet que de simples renseignements : c'est à l'entrepreneur à refaire les calculs et à se rendre compte des prix avant de soumissionner. (V. n° 591.) (C. d'Etat, 2 mai 1873, *Monjalon*, 382.)

Malheureusement, depuis la circulaire ministérielle du 12 avril 1881 (V. n° 593), le sous-détail ne contient plus qu'une partie minime et insuffisante des éléments entrant dans la composition du prix. Il faudra donc le plus souvent rechercher si, en fait, le prix alloué pour les matériaux était assez élevé pour comprendre les droits d'octroi, au besoin ordonner une expertise pour vérifier ce point.

648. — Les mêmes règles doivent être appliquées au sujet des droits de douane (C. d'Etat, 25 avril 1875, *Péquart*, 372), et des droits de navigation (C. d'Etat, 22 avril 1868, *Niclotte*, 479), ou de pilotage. (C. d'Etat, 3 janvier 1881, *Datty*, 23.)

649. — Mais il ne faudrait pas les appliquer, par assimilation, aux subventions spéciales que l'entrepreneur devrait payer pour dégradations occasionnées aux chemins par le transport des matériaux. (Art. 14 de la loi du 21 mai 1836. C. d'Etat, 4 février 1858, *Colin*, 127.)

C'est là une sorte d'impôt particulier au propriétaire de mines, carrières, etc., ou aux industriels et entrepreneurs, qui est inhérent à la profession ; l'entrepreneur ne peut réclamer le remboursement de ces droits que si une clause expresse de son marché l'a stipulé.

650. — Il ne suffisait pas d'avoir dit d'une manière générale que les matériaux doivent être de bonne qualité : c'était aussi une sage précaution de préciser à l'avance la provenance des matériaux à employer. Les articles 19 et 20 contiennent à cet égard des règles relatives aux obligations de l'entrepreneur vis-à-vis de l'Administration et vis-à-vis des propriétaires dans les terrains desquels il a extrait des matériaux. Nous n'avons à nous occuper pour le moment que des premières : les secondes seront examinées au chapitre relatif à l'occupation temporaire.

Aux termes de l'article 19, « les matériaux sont pris dans les lieux indiqués au devis. L'entrepreneur y ouvre, au besoin, des carrières à ses frais ». L'article 20 ajoute : « Si l'entrepreneur « demande à substituer aux carrières indiquées dans le devis « d'autres carrières fournissant des matériaux d'une qualité que « les ingénieurs reconnaissent au moins égale, il reçoit l'autori- « sation de les exploiter et ne subit, sur les prix de l'adjudica-

« tion, aucune réduction pour cause de diminution des frais d'ex-
« traction, de transport et de taille des matériaux. »

Cet article prévoit le cas où la demande du changement de carrière est faite par l'entrepreneur; mais l'article 29 autorise également l'Administration à prescrire un changement. Il faut examiner séparément les deux hypothèses.

651. — En principe, l'entrepreneur étant lié par le contrat qu'il a souscrit peut être contraint de prendre les matériaux dans les carrières prévues par le devis tant qu'elles ne sont pas épuisées. C'est une pure faculté pour l'Administration de lui accorder, sur sa demande, d'extraire des matériaux dans d'autres carrières. Il résulte de là que le refus d'autorisation n'est susceptible d'aucun recours contentieux : la rédaction de l'article 19, qui dit que l'entrepreneur « *reçoit l'autorisation* », avait pu prêter à un doute ; mais on reconnaît aujourd'hui que ces mots signifient « peut recevoir ». Cette interprétation se justifie par cette considération que les ingénieurs ont à apprécier si la qualité des matériaux nouveaux est au moins égale à celle prévue : cette appréciation est souveraine. (C. d'Etat, 10 août 1850, *Lance*, 751 ; 10 mai 1878, *Chêne*, 437.)

Une autre conséquence, c'est que l'entrepreneur à qui cette autorisation est accordée, bénéficiant d'une faveur, ne saurait jamais réclamer de ce chef une indemnité : c'est lui seul qui supportera toutes les conséquences de la nouvelle exploitation.

Il n'est pas fondé, par exemple, à réclamer une indemnité pour l'ouverture de l'ancienne carrière qu'il a abandonnée (C. d'Etat, 16 août 1843, *Biesson*, 453), ou à raison des difficultés d'extraction qu'il rencontre dans la nouvelle carrière (C. d'Etat, 16 août 1860, *Plagnol*, 664), alors surtout que les ingénieurs déclarent avoir donné l'autorisation sous la condition qu'il n'aurait droit à aucune augmentation sur les prix pour les carrières désignées au devis. (C. d'Etat, 8 juin 1850, *Bernard*, 564.)

Enfin, il en serait ainsi dans tous les cas où la substitution n'aurait été motivée que par l'intérêt de l'entrepreneur. (C. d'Etat, 18 décembre 1885, *Connard*, 982.)

652. — A plus forte raison en est-il de même lorsque l'exploitation a eu lieu sans l'autorisation préalable des chefs de service. En vain l'entrepreneur invoquerait alors l'insuffisance des carrières désignées, s'il n'avait pas fait constater régulièrement leur épuisement. (C. d'Etat, 28 août 1837, *Clausel*, 620 ; 21 juillet 1839, *Pellée*, 401 ; 24 juillet 1847, *Bargy*, 488 ; 8 juin 1850, *Bernard*, 564 ; 9 août 1851, *Joly*, 610 ; 23 avril 1857, *Toussaint*, 327 ; 18 mars 1858, *Sourreil*, 236 ; 19 avril 1859, *Fournier*, 314.)

653. — Les travaux exécutés par l'entrepreneur amènent souvent la découverte de carrières plus rapprochées que celles indiquées au devis. On ne lui refuse pas alors l'autorisation d'y prendre les matériaux nécessaires à l'entreprise, s'ils sont d'une qualité au moins égale, et il ne subit sur les prix fixés aucune déduction pour cause de diminution de frais d'extraction, de transport et de taille. « Considérant, porte un arrêt du 22 février 1855 (*Andrieu*, 172), que le roc d'empierrement était, pour la plus grande partie, extrait d'autres carrières en dehors du rayon de 500 mètres, et que si ces carrières sont plus rapprochées de la route que celles indiquées au devis, l'entrepreneur n'en doit pas moins, aux termes du § 7 de l'article 9 des clauses et conditions générales, bénéficier du prix de 8 fr. 19 c. ; que, dès lors, c'est avec raison que le Conseil de préfecture a décidé que ce prix... serait appliqué dans le décompte définitif..... » (*Adde* C. d'Etat, 16 juillet 1875, *Genevière*, 698.)

Le Conseil d'Etat a fait respecter l'article 9 dans une autre circonstance qui mérite d'être rappelée.

Le sieur Santin, adjudicataire des travaux de construction d'un chemin vicinal, dont le marché se référait aux clauses et conditions générales, avait découvert des carrières plus rapprochées que celles désignées au devis. Il fut autorisé à les exploiter ; puis l'Administration, pour utiliser les prestations en nature, fit transporter à pied d'œuvre les pavés extraits de ces carrières, et elle se refusa ensuite à lui en payer le prix. Mais cette prétention fut repoussée par le Conseil d'Etat. Il décida « qu'il n'y avait lieu « de déduire du prix porté au devis, pour chaque mille de pavés, « que la somme afférente au transport effectué par les prestations « en nature ». (*Voy.* C. d. dEtat, 18 janv. 1845, *Santin*, 20.)

Il résulte de là que l'autorisation une fois accordée constitue un droit acquis pour l'entrepreneur, et ne peut plus lui être enlevée.

654. — Si l'entrepreneur est astreint par le cahier des charges à fournir des matériaux provenant des carrières spécifiées, il semble que, de son côté, l'Administration doive être liée par le contrat et qu'elle ne puisse exiger la fourniture de matériaux d'autre provenance.

655 — L'article 9 de l'ancien cahier de 1833 autorisait l'Administration à changer les lieux d'extraction pendant la durée de l'entreprise si cette mesure était reconnue indispensable à la bonne exécution des travaux. Mais le changement, après avoir été soumis à l'approbation du préfet, était signifié à l'adjudicataire qui avait le droit d'accepter ou de refuser les nouveaux prix d'extraction et de transport établis par les ingénieurs pour la nouvelle carrière, d'après les éléments de l'adjudication. En cas de refus, il devait déduire ses motifs dans le délai de dix jours.

Le droit de l'entrepreneur se trouvait donc sauvegardé par la faculté qu'il avait de refuser d'obéir aux ordres donnés à cet égard par le directeur des travaux. Toutefois, il n'avait pas le droit de demander pour cette cause la résiliation de son marché; il n'était même pas fondé à réclamer une indemnité à raison des bénéfices dont il se trouvait privé, et qu'il aurait pu faire sur les extractions et les transports dans les conditions prévues par le devis. En désignant de nouvelles carrières, l'Administration usait d'un droit consacré par la convention et dont l'exercice, sauf stipulation contraire, ne pouvait la soumettre à l'obligation de payer une indemnité à l'entrepreneur qui refusait de se conformer aux ordres des ingénieurs. (C. d'État, 10 septembre 1855, *Troye*, 626.)

Réciproquement, le refus de l'entrepreneur ne pouvait motiver une mise en régie. La faculté qui lui était accordée eût été illusoire si elle avait pu avoir pour conséquence l'application de mesures de rigueur. (C. d'État, 10 décembre 1846, *Castex*, 544.) L'article 9 n'était pas conçu dans cette pensée : il autorisait seulement l'Administration à considérer l'extraction et le transport des matériaux comme ne faisant pas partie de l'entreprise et à les adjuger à une autre soumissionnaire, ou encore à les faire exécuter sous la surveillance des ingénieurs par voie d'économie.

656. — Ces règles avaient l'inconvénient d'être compliquées et de donner lieu, par suite, à de nombreuses difficultés. L'article 29 du nouveau cahier a établi des principes plus simples : « Lors-« qu'il est nécessaire d'extraire des matériaux dans des lieux « autres que ceux qui sont désignés dans les devis, les prix en « seront réglés d'après les éléments de ceux de l'adjudication..... « Les nouveaux prix, après avoir été débattus par les ingénieurs « avec l'entrepreneur, sont soumis à l'approbation de l'Adminis-« tration. Si l'entrepreneur n'accepte pas la décision, il est statué « par le Conseil de préfecture. »

Cette règle est, on le verra, la même que celle qui régit les travaux imprévus, auxquels l'extraction de matériaux dans de nouvelles carrières est entièrement assimilée. L'entrepreneur n'a par conséquent plus le droit, comme sous l'empire du cahier de 1833, de se refuser à extraire les matériaux dans les lieux qui lui sont indiqués. Mais, d'autre part, notre article reconnaît et consacre son droit à de nouveaux prix qu'il discutera avec les ingénieurs, et qu'il pourra faire fixer contradictoirement par le Conseil de préfecture en cas de désaccord.

657. — Un prix nouveau est alloué sans difficulté lorsque les conditions d'extraction dans la nouvelle carrière sont plus difficiles (C. d'État, 7 août 1874, *Leglos*, 835) ; lorsque la distance de la nouvelle carrière au chantier est plus considérable que celle prévue au devis. (C. d'État, 7 août 1874, *Leglos*, 835 ; 2 juillet 1886, *Rouzier* (3e chef), 560.) Dans ce dernier cas, le prix nouveau doit être calculé, non pas d'après les éléments de formules prévues par le cahier des charges, mais d'après la distance réellement parcourue. (C. d'État, 4 juin 1875, *Commune d'Orvilliers*, 532.) Il peut résulter de ce mode de calcul une économie pour l'Administration. (V. l'*arrêt*.)

Une indemnité serait encore due, si, au lieu d'un changement de carrière, l'Administration prescrivait, dans l'intérêt des travaux, un mode d'extraction des matériaux différent de celui prévu par le devis, et plus coûteux ; par exemple, si elle substituait l'exploitation en carrière à l'exploitation par grande mine. (C. d'État,

6 mars 1872, *Mady*, 145 ; 28 février 1873, *Mady*, 211.)

Il arrive quelquefois que les carrières prévues par le devis ne sont pas suffisantes pour mener à bonne fin les travaux, ou ne contiennent pas les matériaux nécessaires.

Dans ce cas, il faut en désigner de nouvelles, et il y a lieu d'appliquer, en ce qui concerne les prix nouveaux, les règles que nous venons d'indiquer. (C. d'État, 2 juillet 1886, *Rouzier*, 560.) Si plusieurs carrières ont été indiquées et acceptées par l'entrepreneur, et que l'une d'elles soit inexploitable, aucune indemnité ne sera due, si d'ailleurs les autres carrières suffisent à fournir les matériaux nécessaires. (C. d'État, 27 décembre 1878, *Lobereau*, 1108.) Il n'y a lieu à nouveaux prix que s'il est indispensable de recourir à des carrières non prévues par le devis.

En résumé, l'entrepreneur a droit à des prix nouveaux ou à des indemnités : 1° si l'Administration ordonne de changer de carrières ; 2° si les carrières indiquées au devis sont épuisées ou insuffisantes. L'entrepreneur doit avoir soin d'exiger des ordres écrits dans le premier cas, et de faire constater, dans le deuxième, l'insuffisance ou l'épuisement. En cas de contestations, il faudrait saisir de suite le Conseil de préfecture.

L'entrepreneur qui ne réclame pas la fixation de prix nouveaux est réputé se contenter des prix du bordereau. (C. d'État, 12 février 1875, *Beretta*, 124.) Des réserves ne suffiraient pas toujours pour sauvegarder ses droits, par exemple, s'il était impossible, en fin d'entreprise, de constater l'état des carrières au jour du changement.

658. — Les principes relatifs aux extractions de matériaux dans les carrières s'appliquent également aux coupes de bois nécessaires dans les forêts. Si les bois abattus dans les forêts prévues par le devis sont reconnus impropres aux travaux, l'entrepreneur a droit à une indemnité. (C. d'État, 12 février 1875, *Beretta*, 124.)

659. — Lorsque l'entrepreneur, aux termes du devis, doit démolir d'anciens ouvrages, « les matériaux sont déplacés avec « soin pour qu'ils puissent être façonnés de nouveau et rem- « ployés s'il y a lieu ». (Art. 24 du cahier de 1866, identique à l'article 16 de l'ancien cahier.) Cette disposition ne donne lieu à aucune difficulté particulière.

L'article 26 prévoit le remploi des matériaux : « Lorsque les in- « génieurs jugent à propos d'employer des matières neuves ou « de démolition appartenant à l'État, l'entrepreneur n'est payé « que des frais de main-d'œuvre et d'emploi, d'après les éléments « des prix du bordereau, rabais déduit. » En pareil cas, l'entrepreneur ne peut répéter de dommages pour manque de gain sur les fournitures supprimées. (C. d'État, 8 mars 1860, *Fagot*, 204.) Toutefois, il pourrait demander une indemnité si l'emploi des matériaux présentait une importance telle que les conditions du marché fussent profondément modifiées. (C. d'État, 14 juin 1878, *Divert*, 582.)

660. — Au cours des démolitions effectuées par l'entrepreneur, des objets précieux peuvent être mis à découvert. L'application des règles de l'article 716 du Code civil, sur le Trésor, entraînerait l'attribution à l'inventeur de la moitié des objets trouvés. L'article 25 du cahier des ponts et chaussées déroge à cet règle : l'Administration se réserve la propriété des matériaux qui se trouvent dans les fouilles et démolitions faites dans les terrains appartenant à l'État, sauf à indemniser l'entrepreneur de ses soins particuliers. Elle se réserve également les objets d'art de toute nature qui pourraient s'y trouver, sauf indemnité à qui de droit.

661. — *Travaux du ministère de la guerre.* — La fourniture et l'emploi des matériaux destinés aux travaux du Génie ont été minutieusement réglementés par le cahier des clauses et conditions générales de 1876 (art. 27, 28 et 48). Le nouveau cahier de 1887, applicable à tous les travaux de la guerre, a apporté à ces dispositions, dans les articles 24 à 27 et 59, de nombreuses et importantes modifications. Nous examinerons simultanément ses dispositions et celles du cahier de 1876 qui est encore en vigueur pour certaines directions.

662. — D'après le cahier de 1876, l'entrepreneur doit, dès qu'il a reçu l'ordre d'exécuter un ouvrage déterminé, faire ses approvisionnements. Ils comprennent deux catégories de matériaux : ceux qui sont mentionnés au cahier des charges, et ceux qui sont approvisionnés par ordre. Ces deux sortes d'approvisionnements ne sont pas soumis aux mêmes règles. Pour les premiers, l'entrepreneur jouit, quant au mode de les réaliser, d'une assez grande liberté : il peut choisir le moment qu'il juge le plus convenable, pourvu que les travaux ne souffrent aucune interruption ; lui seul apprécie la quantité de matériaux qu'il croit nécessaire, et s'il en fait venir une quantité trop considérable, il n'a droit, en aucun cas, à une indemnité de l'État, sauf dans un cas spécial de résiliation prévu par l'article 68. — Les matériaux approvisionnés par ordre, c'est-à-dire en vertu d'une prescription spéciale indiquant que l'approvisionnement est fait pour le compte de l'État et fixant leur quantité et leur nature, sont traités différemment : l'entrepreneur n'est pas maître de les restreindre, puisqu'il doit se conformer aux ordres qu'il reçoit ; il peut par conséquent arriver qu'à l'expiration du marché ou après l'achèvement des travaux, une certaine quantité de matériaux reste sans emploi. On ne peut raisonnablement les laisser pour compte à l'entrepreneur qui n'a fait qu'obéir aux ordres reçus ; aussi doivent-ils être repris soit par l'entrepreneur entrant, s'il y en a un, soit par l'État, à la condition qu'ils aient été acceptés (art. 28 et 68). La reprise s'effectue aux prix de l'ancien bordereau ou de gré à gré. Nous aurons à examiner plus loin les questions qu'elle soulève.

Qu'ils soient approvisionnés par ordre ou en vertu du cahier, les matériaux doivent « être toujours de la qualité prescrite par « le cahier des charges et de premier choix dans l'espèce, à moins

« que le marché ne spécifie à cet égard des conditions particu-
« lières.

« Lorsque le bordereau, le cahier des charges ou les ordres
« citent explicitement le lieu de provenance, la fabrique ou la
« marque des objets à fournir, l'entrepreneur ne peut en sub-
« stituer, d'autres même sous prétexte de qualité supérieure, sans
« que le chef du Génie ait autorisé par écrit cette substitution. »

L'entrepreneur est donc lié d'une manière définitive par les
pièces du marché ; c'est à lui à examiner s'il pourra se procurer,
dans les conditions prévues, les objets de provenance, de fabrique ou de marque indiquées au devis : si les prix par lui consentis le constituent en perte, il n'est pas fondé à réclamer. (C. d'Etat,
9 avril 1868, *Martine*, 401 ; 7 janvier 1869, *Flasselière*, 12 ;
6 juillet 1883, *Gellerat*, 630 ; 28 décembre 1883, *Demerle*, 978.)

Ici comme pour les travaux des ponts et chaussées, l'entrepreneur ne peut, de sa propre autorité, remplacer les matériaux
prévus par d'autres, même de qualité supérieure.

663. — Il ne suffit pas que les matériaux soient de la provenance indiquée au devis : ils ne peuvent être déposés sur les chantiers et employés qu'après l'approbation du chef du Génie. « Il
« n'est déposé sur les ateliers que des matériaux à employer dans
« les travaux de l'entreprise : ces matériaux ne peuvent être mis
« en œuvre qu'après avoir été vérifiés et acceptés provisoirement
« par les officiers du Génie. Une fois ainsi acceptés, ils ne peu-
« vent plus être enlevés qu'avec le consentement du chef du
« Génie. Nonobstant cette acceptation provisoire, et jusqu'à l'ex-
« piration du délai de garantie, ils peuvent, en cas de surprise
« ou de mauvaise qualité, d'avaries provenant du fait de l'entre-
« preneur ou de mal-façon, être rebutés par les officiers du Génie,
« et ils sont alors remplacés par l'entrepreneur.

664. « — L'entrepreneur doit enlever des chantiers, dans un
« délai déterminé par le chef du génie, les matériaux refusés ;
« faute de quoi cet officier peut faire transporter ces matériaux
« partout où il le juge convenable ; les faire, au besoin, déposer
« sur un terrain pris en location, et même les faire jeter dans
« les remblais, le tout aux frais de l'entrepreneur et sans que ce
« dernier puisse élever aucune réclamation. »

Bien que ces dispositions paraissent attribuer aux officiers
chargés de la direction des travaux un pouvoir discrétionnaire,
les droits de l'entrepreneur sont sauvegardés d'une façon plus
complète que pour les travaux des ponts et chaussées.

665. — Remarquons en terminant que le cahier de 1887 ne
fait pas, en principe, de distinction entre les matériaux approvisionnés par ordre, et ceux que l'entrepreneur amène sur les chantiers au fur et à mesure des besoins de l'ouvrage dont il a accepté
l'entreprise. Cela tient à ce que, par la substitution du marché à
l'unité de mesure au marché sur série de prix, les approvisionnements par ordre sont devenus beaucoup plus rares, et qu'on
a été conduit naturellement à adopter les règles suivies pour des

marchés à l'unité de mesure dans les autres services, et notamment dans le service des ponts et chaussés. En principe donc, l'entrepreneur, connaissant approximativement les dimensions de chaque ouvrage composant l'entreprise, a dû prendre ses mesures pour se procurer les matériaux nécessaires, et pour ne pas en approvisionner plus qu'il n'en avait besoin. Mais il va sans dire que si, par suite de changements apportés en cours d'œuvre, de diminution, par exemple, d'une certaine nature de travaux, il se trouvait avoir approvisionné trop de matériaux, soit de toute espèce soit d'une seule, il devrait lui être tenu compte de cette perte dans l'indemnité qui lui serait allouée. D'autre part, il se peut que le cahier des charges spécial à l'entreprise impose à l'entrepreneur des approvisionnements déterminés ; si ces approvisionnements dépassent les besoins, il aura droit à indemnité. Enfin il se peut que le directeur des travaux ait cru devoir ordonner des approvisionnements de matériaux, non prévus au cahier des charges : les conséquences qui peuvent en résulter doivent encore donner lieu à une indemnité pour l'entrepreneur. Nous étudierons toutes ces questions au chapitre des imprévisions et changements apportés au marché. Bornons-nous à dire qu'en principe il n'y a plus de différence entre les matériaux approvisionnés par ordre ou en vertu des clauses du marché, et ceux qui sont approvisionnés par l'entrepreneur de son plein gré comme nécessaires à l'entreprise, si ce n'est que, pour les premiers, l'Administration ne sera jamais admise à contester la nécessité des approvisionnements, ce qu'elle pourra toujours faire pour les seconds.

666. — Sous le bénéfice de cette même observation, nous appellerons l'attention de nos lecteurs sur l'article 50 du cahier de 1887 qui, pour les cas de résiliation prévus par les articles 37, 38, 39 et 40 (Cessation, ajournement des travaux, sous-traité sans autorisation, mobilisation, état de guerre, décès ou faillite de l'entrepreneur), met sur la même ligne les matériaux nécessaires à la construction et ceux approvisionnées par ordre ; ces matériaux sont alors acquis à l'État, au prix de l'adjudication, s'ils remplissent les conditions du marché.

Le cahier de 1887 s'est donc placé surtout au point de vue du marché à l'unité de mesure ; mais le marché sur série de prix, bien que devenu exceptionnel, n'a pas disparu ; il est encore pratiqué notamment pour les travaux de réparation et d'entretien. On peut même dire que pour ces travaux il est le plus souvent employé ; il est pratiqué aussi fréquemment pour les ouvrages d'art, travaux en fer, etc. ; dans ces marchés sur série de prix, comme sous l'empire du cahier de 1876, il y a encore à distinguer les matériaux approvisionnés par ordre et ceux que l'entrepreneur a approvisionnés de lui-même, et nous ne pouvons que renvoyer à ce que nous avons dit à ce sujet d'après le cahier de 1876. Toutefois, nous ajouterons une observation importante : ces travaux sur séries de prix s'exécuteront le plus souvent de deux manières : ou bien le directeur des travaux donnera les ordres d'approvisionnements des matériaux qu'il juge nécessaires aux travaux qu'il a en vue, et il indiquera ensuite au fur et à mesure l'emploi de ces matériaux, c'est-à-dire l'ouvrage à exécuter ; ou bien il indiquera à la fois tout un ouvrage, un bastion, un mur, un bâtiment ou une portion de bâtiment dont il indiquera les dimensions et remettra les plans, profils, etc. Dans le premier cas, l'entrepreneur aura droit au paiement de tous les matériaux, puisqu'il a reçu l'ordre de les approvisionner ; dans le second cas, l'ouvrage partiel qui lui aura été indiqué devra être considéré comme une petite entreprise à l'unité de mesure ; dès qu'il a reçu l'indication de cet ouvrage partiel, celle de ses dimensions et les plans et profils, l'entrepreneur est autorisé et même astreint à faire les approvisionnements nécessaires à l'exécution de cet ouvrage partiel. Ces approvisionnements nécessaires devront être assimilés alors aux approvisionnements par ordre, suivant les règles que nous venons d'exposer, et sous le bénéfice de la même observation.

667. — Le nouveau cahier de 1887 ne diffère pas sensiblement de celui de 1876 sur la question qui nous occupe. L'article 24 établit la règle générale que « les matériaux doivent être de la meil- « leure qualité dans chaque espèce, être parfaitement travaillés et « employés conformément aux règles de l'art ». Bien entendu, quoique cet article ne le spécifie pas, ils devront être conformes aux prescriptions du cahier des charges spéciales de l'entreprise.

668. — Comme sous l'empire de l'ancien cahier, l'acceptation préliminaire du chef de service est indispensable ; et, même lorsqu'elle est intervenue, l'Administration peut encore faire enlever les matériaux : « Ils ne peuvent être employés qu'après avoir été « vérifiés et provisoirement acceptés par le chef du service ou « ses délégués. Nonobstant cette acceptation, ils peuvent, en cas « de surprise, de mauvaise qualité ou de mal-façon, être rebutés « par le chef du service, et ils sont alors remplacés par l'entre- « preneur. » Cette disposition est la reproduction presque textuelle de l'ancien article 27.

669. — Pour les matériaux refusés, un délai est fixé à l'entrepreneur pour les enlever ; ce délai passé, ils peuvent, comme sous l'empire du cahier de 1876, être jetés dans les remblais. Mais il faut remarquer que l'ancien cahier s'en tenait à cette sanction brutale, sans profit pour personne : le nouveau cahier admet des solutions plus raisonnables (art. 25). Sans doute, la faculté de jeter les matériaux dans les remblais est conservée ; mais les chefs de service peuvent aussi les faire déposer « sur des terrains pris en « location, ou les faire remettre à l'Administration des domaines « pour être vendus, le tout aux frais de l'entrepreneur et sans « qu'il puisse élever aucune réclamation. En cas de remise aux « Domaines, le produit net de la vente des matériaux sera versé, « au nom de l'entrepreneur, à la Caisse des dépôts et consigna- « tions ». Ce procédé a l'avantage, tout en respectant les droits

de l'adjudicataire, de sauvegarder les intérêts de l'Administration puisque, les matériaux se trouvant enlevés du chantier, il n'y a pas à craindre qu'ils soient, par fraude, employés aux travaux. Les mêmes dispositions sont applicables aux matériaux en excédent après la construction ou en fin de marché.

670. — En ce qui concerne les changements qui peuvent être apportés à la qualité des matériaux, les dispositions du nouvel article 26 sont analogues à celles de l'ancien cahier : l'entrepreneur ne peut, de lui-même, apporter aucune modification aux projets; il est tenu, sur un simple ordre du chef de service, de faire remplacer les matériaux ou reconstruire les ouvrages dont les dimensions ou les dispositions ne sont pas conformes aux dessins d'exécution qui lui ont été remis. Néanmoins, le chef de service peut lui donner certaines autorisations : ainsi, il peut permettre l'emploi de matériaux de qualité différente de celle prévue, s'il n'y trouve aucun inconvénient ; mais lorsque cette autorisation est donnée à l'entrepreneur sur sa demande, il n'a droit à aucune indemnité pour l'emploi de matériaux plus coûteux, tandis que les prix à lui payer sont réduits lorsque leur valeur est moindre (art. 25). Nous aurons à revenir sur cette question en parlant des travaux imprévus.

Notons ici que, par une heureuse innovation, bien que, d'après les règlements, les acomptes à payer aux entrepreneurs en cours d'œuvre ne doivent être établis que d'après les travaux faits, il a paru qu'il était juste de tenir compte également des travaux non terminés et même des approvisionnements, l'Administration ne risquant rien, puisque les matériaux approvisionnés forment la garantie de la somme délivrée. (V. art. 51 du cahier et rapport sur le règlement.)

671. — Comme pour les travaux des ponts et chaussées, l'Administration peut refuser les matériaux, mais elle ne peut les détériorer ni les frapper de marques de nature à en diminuer la valeur commerciale. Bien que le cahier de 1887 ne reproduise pas cette interdiction, elle doit être maintenue, car elle est l'application du droit commun.

672. — Lorsque les matériaux ont été régulièrement reçus, c'est à l'Administration qu'il incombe de prouver leur mauvaise qualité. Mais la réception faite par les officiers chargés de travaux n'a qu'un caractère provisoire : l'article 28 dit formellement qu'ils peuvent être refusés jusqu'à l'expiration du délai de garantie. Il en est de même sous l'empire du cahier de 1887 : l'article 24 autorise le refus des matériaux, nonobstant l'acceptation provisoire jusqu'au moment de la réception définitive des travaux.

673. — L'obligation imposée à l'entrepreneur de n'employer que des matériaux de bonne qualité entraîne cette conséquence qu'il est tenu de veiller à la conservation des matériaux approvisionnés et d'empêcher les détériorations : « C'est à l'entrepreneur « seul, dit l'article 27, qu'incombent toutes les mesures à prendre, « et toutes les dépenses à faire pour la conservation des maté-

« riaux par lui approvisionnés pour les besoins de son entreprise
« et susceptibles de se détériorer, par une cause quelconque,
« avant leur mise en œuvre. » En vertu de cette disposition, des
matériaux déjà acceptés pourraient être rebutés au moment de
leur emploi, s'il était prouvé qu'ils ont subi une détérioration,
faute par l'entrepreneur d'avoir pris les précautions nécessaires.
Le cahier de 1887 ne renouvelle pas formellement cette prescription ; mais elle résulte de l'article 28 qui oblige d'une manière
générale l'entrepreneur à réparer à ses frais « les *pertes*, *avaries*
ou dommages occasionnés aux travaux par suite de sa négligence ».

674. — L'obligation d'employer des matériaux conformes à
ceux du devis est sanctionnée par l'article 37 du cahier de
1876, qui prévoit pour les vérifications des mesures analogues
à celles qu'établit le cahier des ponts et chaussées. « Lorsque
« le chef du Génie présume qu'il existe dans un ouvrage ou une
« partie d'ouvrage des vices d'exécution ou des matériaux dé-
« fectueux qu'on ne peut découvrir à simple vue, il peut, soit
« pendant la durée même des travaux, soit ultérieurement, jus-
« qu'à l'expiration du délai de garantie, ordonner la démolition
« et la reconstruction de cet ouvrage ou partie d'ouvrage. Les
« dépenses résultant de cette opération sont au compte de l'en-
« trepreneur toutes les fois que la démolition ordonnée fait dé-
« couvrir des vices de construction ou des matériaux défectueux ;
« elles sont au compte de l'Etat dans le cas contraire. » Cette
disposition donne lieu aux mêmes difficultés que celles que
nous avons examinées pour les travaux des ponts et chaussées
(V. n° 642) : la question de savoir si la démolition a été ordonnée à
bon droit peut être portée devant la juridiction contentieuse
après l'instruction préparatoire réglée par l'article 70. Ces dispositions sont reproduites par le cahier de 1887 presque dans
les mêmes termes. (Art. 27.) Il convient toutefois de remarquer qu'avec le nouveau cahier, la démolition ne peut être
faite que jusqu'à la réception définitive des travaux et non plus
jusqu'à l'expiration du délai de garantie. En outre, lorsque des
vices de construction sont constatés, les dépenses résultant de
cette vérification et des réfections qu'ils nécessitent sont à la
charge de l'entrepreneur même en ce qui concerne la réfection
des travaux qui n'ont pas été exécutés par lui. Cette dernière disposition, fort onéreuse, n'est pas, il faut l'avouer, strictement
conforme à l'équité.

675. — Bien que, dans son article 37, le cahier de 1876 sanctionne
rigoureusement l'obligation d'employer les matériaux prévus, il
laisse une certaine latitude au chef du Génie : si des matériaux
autres que ceux désignés ont été employés, le chef du Génie peut
les maintenir s'il n'y voit pas d'inconvénient pour la bonne exécution du travail ; si ces matériaux sont de qualité ou de dimensions supérieures à celles prévues, ils ne sont inscrits et payés que
suivant les qualités et dimensions ordonnées ; si au contraire ils

sont de qualité ou de dimensions inférieures, on ne paie que leur
valeur réelle. Il en est de même sous l'empire du cahier de 1887.
(Art. 26, § 3.)

676. — En général, les cahiers des charges spéciaux de chaque entreprise indiquent, non seulement la nature et la qualité
des matériaux, et leurs lieux de provenance d'une manière générale, mais même fixent nominativement les lieux d'extraction.
De deux choses l'une alors : ou les carrières sont désignées par
avance, dans les formes habituelles, par des arrêtés préfectoraux
antérieurement rendus, et l'entrepreneur n'a plus qu'à ouvrir ses carrières après les formalités légales, et à puiser les matériaux; ou bien ces carrières ne sont pas encore désignées ; en ce
dernier cas, d'ailleurs peu fréquent, c'est à l'entrepreneur à s'a-
dresser à l'autorité préfectorale et à lui demander la résiliation.

Relativement aux carrières, les dispositions du cahier de 1876
(art. 28) peuvent se résumer ainsi : en général, les lieux d'extraction sont désignés par les cahiers particuliers de l'entreprise.
Tous les frais d'ouverture sont à la charge de l'entrepreneur, qui
est tenu de prendre les matériaux uniquement dans les carrières
prévues. Si elles sont reconnues insuffisantes en cours d'exécution, il en est désigné d'autres par l'Administration : mais l'entrepreneur a droit à une indemnité s'il subit un préjudice. (C.
d'Etat, 2 février 1877, *Martin*, 128.) D'ailleurs l'entrepreneur peut,
s'il croit trouver à meilleur compte des matériaux identiques, dans
des carrières plus avantageuses pour lui, être autorisé sur sa demande à opérer la substitution ; mais il n'a droit à aucune indemnité soit pour ouverture de nouvelles carrières, soit pour
qualité supérieure des matériaux, etc... Les principes à appliquer
sont les mêmes que ceux qui régissent les travaux des ponts et
chaussées. (V. n° 651.)

677. — Le cahier de 1887 s'occupe des carrières dans les articles 21 et 22 dont les dispositions présentent beaucoup d'analogie avec celles de l'ancien cahier : « Les matériaux doivent
« être pris dans les lieux indiqués au cahier des charges spéciales ;
« l'entrepreneur y ouvre des carrières à ses frais. Si le cahier des
« charges n'indique pas les carrières ou les lieux de provenance,
« il appartient à l'entrepreneur de se pourvoir de matériaux à ses
« risques et périls, sans pouvoir, de ce chef, réclamer aucune
« indemnité. » (Art. 21.)

Quant aux mesures à prendre pour l'extraction et pour le paiement des matériaux par l'entrepreneur, nous les examinerons
plus loin dans un chapitre spécial. (V. *Dommages causés par les
travaux publics, occupation temperaire.*)

L'article 22 du nouveau cahier prévoit le cas où la substitution
est opérée sur la demande de l'entrepreneur : « S'il demande à
« substituer aux carrières indiquées dans le cahier des charges
« spéciales d'autres carrières fournissant des matériaux d'une
« qualité que le chef du service reconnaît au moins égale, il re-
« çoit l'autorisation de les exploiter et ne subit, sur les prix de

« l'adjudication, aucune réduction pour cause de diminution des
« frais d'extraction, de transport et de taille des matériaux ; mais
« il n'a droit non plus de ce chef à aucune indemnité. » C'est la
reproduction presque textuelle de l'ancien article 27.

L'entrepreneur ne peut livrer au commerce, sans l'autorisation
du propriétaire, les matériaux extraits. Nous reviendrons sur
cette prohibition en traitant de l'occupation temporaire.

678. — Enfin, le cahier de 1887 contient, dans son article 23,
une disposition nouvelle : le chef du service peut librement examiner les carrières, fours, usines et en général tout atelier où
seraient préparés les matériaux destinés aux constructions. L'entrepreneur devra prendre des mesures pour que cet examen ne
rencontre aucune difficulté ; il devra accompagner le chef du
service toutes les fois qu'il en sera requis.

Cette prescription protège efficacement les intérêts de l'Administration, puisqu'elle lui permet de surveiller la préparation
même des matériaux dans laquelle peuvent se commettre des
fraudes difficiles à découvrir après coup ; et elle n'est pas défavorable à l'entrepreneur, puisqu'elle supprime en partie le danger
pour lui d'apporter sur les chantiers des matériaux qui seraient
refusés.

679. — Le cahier de 1876, dans son article 29, déclare que l'administration a le droit, en cours d'œuvre, d'imposer à l'entrepreneur l'emploi, de préférence à ceux qu'il a lui-même approvisionnés, de matériaux appartenant à l'Etat, que ces matériaux
soient neufs ou proviennent de démolitions ou de fouilles ; cela
sans indemnité, quelle que soit l'importance de la substitution ;
l'Etat ne paye plus alors que les frais de main-d'œuvre et d'emploi, d'après les conditions du marché. De plus, l'entrepreneur est
responsable de ces matériaux, dès leur livraison. Cependant, l'article admet que les prix portés au bordereau pour les ouvrages
exécutés avec les matériaux de l'Etat supposent ces matériaux
rendus à pied-d'œuvre, et les matériaux sont réputés tels s'ils ne
se trouvent pas à plus de deux relais de 30 mètres de la construction.

Pour refuser toute indemnité à l'entrepreneur, on est parti de
ce principe que le marché étant sur série de prix, il n'y avait ni
détail estimatif, ni quantités fixées à l'avance dans les travaux ; que,
par conséquent, l'entrepreneur n'était pas admis à réclamer une
compensation des fournitures faites en plus ou en moins, ou de la
diminution de l'importance de certains travaux avantageux, ou de
l'augmentation de l'importance de certains travaux désavantageux. Mais cet article ne ferait pas obstacle à ce que l'entrepreneur obtienne une indemnité dans le cas où, par suite de cet ordre d'emploi de matériaux de l'Etat, il serait obligé de garder des
matériaux approvisionnés par lui, conformément à des prescriptions de son cahier de charges, ou conformément à des ordres précédemment donnés par l'Administration ; ces approvisionnements
doivent être payés, si l'entrepreneur n'en trouve pas l'emploi, ou

s'il n'en trouve qu'un emploi partiel; la fausse manœuvre étant commise par l'Administration, l'entrepreneur n'en peut être responsable. Toutefois, l'Administration pourrait même, dans ces cas, opposer à l'entrepreneur qu'il aurait pu employer tout ou partie de ces matériaux approvisionnés dans d'autres parties de la construction et ne souffrir ainsi aucun préjudice ou un préjudice moindre. (C. d'Etat, 18 décembre 1885, *Nercam*, 445.)

680. — Le cahier de 1887, comme celui de 1876, déclare que l'emploi des matières neuves ou de démolitions appartenant à l'Etat peut toujours être imposé à l'entrepreneur : le chef du service est juge de l'opportunité de cette mesure. (Art. 31.) Dans ce cas, l'entrepreneur n'est payé que des frais de main-d'œuvre et d'emploi d'après les éléments des prix de la série, rabais déduit. Cette disposition est la même que celle du cahier de 1876. (Art. 29.)

L'entrepreneur est responsable des matériaux dès qu'ils lui sont livrés; il est tenu de les remplacer s'ils sont détériorés par sa faute. Sur ce point, les dispositions des deux cahiers sont identiques. Il en est de même pour le calcul du prix avec les matériaux rendus à pied d'œuvre, et pour la distance à partir de laquelle les matériaux sont considérés comme à pied d'œuvre : elle est de 60 mètres.

Mais en ce qui concerne l'indemnité, le cahier de 1887, dans son article 31, contient une disposition plus équitable que celle de l'article 29 du cahier de 1876, conséquence nécessaire de la substitution du marché à l'unité de mesure au marché sur série de prix : « l'entrepreneur ne peut réclamer aucune plus-value ou indemnité, quelle que soit la quantité ou la nature des matériaux appartenant à l'Etat employés dans les travaux tant que le montant total de l'entreprise ou les quantités partielles des ouvrages restent dans les limites fixées, le cas échéant, par le marché. » Ces mots « le cas échéant » signifient que, dans les cas où le marché ne fixe pas même approximativement le montant de l'entreprise ou les quantités des ouvrages, c'est-à-dire dans les marchés sur série de prix, qui peuvent être exceptionnellement employés, la disposition du cahier de 1876, article 29, est restée en vigueur.

SECTION III

De l'obligation de supporter les faux frais de l'entreprise.

681. — Ce qu'on entend par faux frais. Énumérations non limitatives des cahiers de charges.
682. — Jurisprudence : dépenses qu'elle considère comme faux frais.
683. — Dépenses qui, bien que constituant des faux frais, doivent être remboursées à l'entrepreneur : chemins servant à l'Administration après la fin de l'entreprise.
684. — Subventions spéciales pour dégradations aux chemins vicinaux.
685. — Indemnités aux propriétaires qui ont eu à souffrir de l'exécution des travaux : cahier de 1883, article 9.
686. — Nouvelle rédaction : article 18 du cahier de 1866.
687. — L'entrepreneur ne supporte pas les indemnités pour dommages résultant de la nature des travaux, des plans, ou des ordres reçus.
688. — Formalités qui doivent précéder l'occupation temporaire. Renvoi.

689. — Responsabilité encourue au sujet des accidents. Principe général. Renvoi.

690. — Garantie du paiement des diverses indemnités : retenue d'un dixième de garantie.

691. — L'entrepreneur peut-il se faire restituer le dixième de garantie en consignant la somme due pour indemnités ?

692. — Responsabilité de l'entrepreneur au sujet des dommages causés aux immeubles sur lesquels il exécute ses travaux.

693. — Faux frais des travaux du Ministère de la guerre. Énumérations non limitatives des cahiers de 1857 et de 1876.

694. — Règles analogues à celles qui régissent les travaux des ponts et chaussées. Exemples.

695. — Faux frais extraordinaires. Appréciation des Tribunaux.

696. — Faux frais utiles à l'Administration après la fin de l'entreprise.

697. — Subventions spéciales; droits d'octroi et de douane. Renvoi.

698. — Hypothèses particulières : prêts de terrains à l'entrepreneur, conformément aux prévisions du cahier de charges.

699. — Prêts de terrains non prévus par le cahier : obligation de les évacuer à première réquisition.

700 — Réparations aux immeubles prêtés : état de lieux. Assurance.

701. — Silence du cahier de 1887 à cet égard : ses motifs.

702. — Occupation de terrains militaires loués à des particuliers.

703. — Prêts et location d'outils à l'entrepreneur par l'État.

704. — Obligation pour l'entrepreneur de fournir des outils aux ouvriers militaires employés par ordre.

705. — Travaux de démolition et remploi des matériaux.

681. — On entend par faux frais toutes les dépenses nécessaires de l'opération qui sont destinées à la préparer, ou qui sont la conséquence de l'exécution des travaux. Tous ces frais sont en principe, compris dans l'évaluation des prix fixés par le devis de l'adjudication et ne peuvent, par conséquent, entrer en ligne dans le compte, sauf, bien entendu, le cas où les changements ordonnés en cours d'exécution les rendraient plus considérables. La plupart des cahiers des charges donnent des faux frais une énumération qui est purement énonciative.

Voici celle que donne le cahier des ponts et chaussées de 1866 dans son article 18 : « L'entrepreneur est tenu de fournir à ses « frais les magasins, équipages, voitures, ustensiles et outils de « toute espèce nécessaire à l'exécution des travaux, sauf les « exceptions stipulées au devis. Sont également à sa charge l'éta- « blissement des chantiers et chemins de service et les indemni- « tés y relatives, les frais de tracé des ouvrages, les cordeaux, « piquets et jalons, les frais d'éclairage des chantiers, s'il y a « lieu, et généralement toutes les menues dépenses et tous les « faux frais relatifs à l'entreprise. »

682. — Ces énumérations données par les cahiers des charges n'étant qu'incomplètes, la jurisprudence est obligée dans chaque espèce de raisonner par analogie. De ses décisions se dégage nettement une règle générale que l'on peut formuler ainsi : sont considérées comme faux frais et ne donnent lieu à aucune indemnité supplémentaire, les dépenses qui sont la conséquence prévue, nécessaire et directe du travail, et sans lesquelles il serait impossible de l'exécuter; doivent au contraire être payées à l'entrepreneur les dépenses accessoires qui ne rentraient pas dans les prévisions et dont la nécessité ne s'est révélée qu'en cours d'entreprise. (C. d'Etat, 3 avril 1841, *Puyoo*, 134; 16 mars 1883, *Chabanel*, 294.)

Cette règle est souvent d'une application délicate, et notamment il est difficile de déterminer exactement quels sont les ouvrages accessoires qui peuvent rentrer dans les faux frais, et ceux qui constituent en réalité des travaux supplémentaires. Nous allons donc citer quelques-uns des exemples qui sont fournis par la jurisprudence.

Sont considérés comme faux frais et ne donnent droit à aucune indemnité :

1° L'établissement des chemins nécessaires à l'exécution des travaux (C. d'Etat, 23 novembre 1850, *Mourier*, 861), sauf dans les cas où ils serviraient à l'Administration (V. n° 683);

2° Les échafauds de toutes sortes (C. d'État, 14 août 1852, *Geoffroy*, 393) ;

3° Les ponts de service (C. d'État, 12 juillet 1860, *Erard*, 536);

4° Les manèges et bassins à chaux (C. d'Etat, 12 février 1841, *Best*, 61);

5° Les frais d'établissement d'ateliers et bureaux;

6° Les ouvrages préparatoires, tels que cintres et couchis. (C. d'Etat, 9 août 1865, *Langlade*, 787 ; 4 avril 1879 *Bouchet*, 300.) Cependant, en ce qui concerne les cintres, la règle n'est pas absolue. Le cintrage ne donne pas lieu à indemnité lorsqu'il s'exécute dans des conditions ordinaires, pour un travail prévu par le devis. comme par exemple le cintrage des croisées d'un bâtiment; mais la règle serait différente, si l'emploi des cintres, non prévu par le devis, était devenu nécessaire en cours d'entreprise, à raison du mauvais état des voûtes à réparer. (C. d'Etat, 6 juillet 1863, *Gariel*, 521 ; 20 juillet 1877, *Commune de Martigues*, 727.) Il s'agit alors en effet non plus d'une conséquence de l'entreprise, mais d'un véritable travail imprévu;

7° Les dépenses, faites par l'entrepreneur, de réparation ou d'amélioration d'une route pour emmagasiner les matériaux de telle manière qu'ils ne gênent pas la circulation (C. d'Etat, 7 mars 1834, *Palazzi*, 477 ; 4 juillet 1879, *Sogno*, 569);

8° Les dépenses nécessaires pour aller chercher les matériaux à une grande distance (C. d'Etat, 3 avril 1841, *Puyoo*, 134);

9° Les frais de couverture et d'entretien des matériaux (C. d'Etat, 14 août 1852, *Geoffroy*, 393);

10° La fourniture d'outils aux ouvriers (C. d'Etat, 31 mars 1874, *Bouvet*, 320);

11° La fourniture de l'eau nécessaire à la confection du mortier (C. d'Etat, 30 juillet 1886, *Raskin*, 683);

12° Les frais de ballast et de pose d'une voie mobile destinée au service de l'entreprise (C. d'Etat, 24 juillet 1874, *Mayoux*, 708.)

Au contraire, ne seront pas considérés comme faux frais et donneront lieu à un prix supplémentaire :

1° L'emploi de cintres, non prévus au devis (C. d'Etat, 6 juillet

1853, *Gariel*, 521 ; 20 juillet 1877, *Commune de Martigues*, 727) ;

2° Les fournitures de bois imprévues, nécessaires pour soutenir les fouilles (C. d'État, 1er décembre 1876, *Primet*, 856) ;

3° Les frais d'enlèvement de détritus de matériaux soumis à des recoupes pour lesquelles l'entrepreneur a obtenu une indemnité spéciale (C. d'État, 20 juin 1865, *Dagien*, 637).

683. — Il faut néanmoins remarquer que les dépenses faites par l'entrepreneur accessoirement à son entreprise peuvent, dans certains cas, donner lieu à indemnité, même si elles constituent des faux frais. C'est ce qui arrive toutes les fois que le travail accessoire fait par l'entrepreneur, non seulement est utile pendant l'entreprise mais encore est utilisé par l'Administration, soit pour une entreprise ultérieure, soit pour les besoins de ses propres services, pendant ou après l'entreprise. Ainsi, on a souvent décidé que si des chemins établis par l'entrepreneur servent, soit pendant les travaux, soit après leur achèvement, aux agents de l'Administration ou aux transports exécutés par celle-ci pour d'autres causes que pour les besoins de l'entreprise, il y a lieu à un partage proportionnel de la dépense nécessitée par ces chemins, entre l'Administration et l'entrepreneur. (C. d'État, 29 décembre 1852, *Maget*, 655 ; 23 décembre 1850, *Mourier*, 861 ; 11 décembre 1874, *Demonet*, 987.)

684. — On range parmi les faux frais les subventions spéciales pour les dégradations causées aux chemins vicinaux. (Loi du 21 mai 1836, art. 14.) Ces subventions sont comprises dans l'établissement des prix. (C. d'État, 4 février 1858, *Colin*, 127.)

Sous l'empire de la loi du 28 juillet 1824, les entrepreneurs de travaux publics, considérés comme étant aux lieu et place de l'Administration, étaient affranchis de l'obligation d'acquitter des subventions spéciales sur les chemins vicinaux. (C. d'État, 24 avril 1837, *Min. des tr. publ.*, 525 ; 12 déc. 1838, *Guémy et Deroys*, 691.)

La rédaction de l'article 14 de la loi du 21 mai 1836 n'autorise plus l'exercice d'un semblable privilège. Il permet, en effet, aux communes de demander des subventions à raison des exploitations ou entreprises industrielles appartenant à des particuliers, à des établissements publics, ou à l'État. Or, l'Administration n'ayant plus la prérogative dont elle jouissait antérieurement, les entrepreneurs en sont par conséquent privés eux-mêmes. Les marchés de travaux publics ont d'ailleurs le caractère industriel auquel le payement de la subvention est subordonné, de sorte qu'à aucun titre les entrepreneurs n'en peuvent être affranchis. Telle est, sur ce point, la jurisprudence constante depuis 1836. (C. d'État, 9 janvier 1843, *Aubelle*, 20 ; 18 juillet 1846, *Malâtre*, 347 ; 17 juin 1848, *Deguerre*, 387.) Il a été jugé dans le même sens qu'en l'absence d'une stipulation particulière les entrepreneurs ne sont pas fondés à réclamer de l'Administration le remboursement des subventions qui doivent être considérées comme l'une des charges de l'entreprise. (C. d'État, 4 fév. 1858, *Colin*, 127.)

685. — Parmi les faux frais de l'entreprise figurent également les indemnités dues aux propriétaires qui ont à souffrir de l'exécution des travaux. C'est ce que l'article 9 de l'ancien cahier des ponts et chaussées de 1833 exprimait ainsi : « L'entrepreneur « payera, sans recours contre l'Administration, tous les dom- « mages que pourront occasionner la prise, le transport ou le « dépôt des matériaux ; il en sera de même des dommages pour « l'établissement des chantiers, chemins de service et autres in- « demnités temporaires qui font partie des charges et faux frais « de l'entreprise. » Cet article donnait lieu à une discussion : comme il parlait uniquement des indemnités temporaires, on pourrait se demander si tous les dommages permanents devaient rester à la charge de l'Administration. Tel n'était pas le sens à attribuer à cette disposition : elle employait une expression impropre qui trouvait son explication dans la première partie de l'article 9 qui, parlant des dommages mis à la charge de l'entrepreneur, désignait nommément ceux qui résultent de l'extraction, du dépôt, du transport des matériaux, de l'établissement de chemins de service, etc. Le caractère général de ces dommages, celui qui justifiait, en ce qui les concerne, la responsabilité exclusive de l'entrepreneur, c'est qu'ils proviennent de son fait, de sa négligence, ou qu'ils ont pour cause l'accomplissement même des obligations imposées par le marché. C'était donc à cette condition, et à cette condition seulement, qu'il fallait s'attacher, dans l'application de l'article 9, quand s'élevait la question de savoir si un dommage quelconque devait être réparé par l'entrepreneur ou par l'Administration. — Il avait été justement décidé, d'après ces considérations, que les dommages causés aux propriétés voisines des travaux, par suite de l'explosion de mines, rentrent dans les indemnités qui, aux termes de l'article 9, font partie des charges et faux frais de l'entreprise, et doivent être payés par l'entrepreneur, sans recours contre l'Administration. (C. d'État, 7 mai 1852, *Alazard*, 147.)

686. — L'article 18 du nouveau cahier emploie les expressions suivantes qui ne prêtent à aucune ambiguïté : « Sont également à la charge de l'entrepreneur « l'établissement des chantiers et « chemins de service et les indemnités y relatives. » Ainsi, l'entrepreneur est tenu de supporter sans recours toutes les dépenses d'indemnités à allouer aux propriétaires des terrains fouillés pour l'extraction des matériaux ou occupés pour le dépôt de ces matériaux, les chantiers, ou les chemins de service, ainsi qu'aux propriétaires voisins qui pourraient avoir à souffrir. Pour ces propriétaires voisins, les dommages peuvent provenir du fait ou de la faute de l'entrepreneur ; lui seul en devra réparation. C'est c'est ce qui arrivera, par exemple, si le mur d'une propriété voisine des travaux s'écroule faute d'avoir été convenablement étayé, si l'entrepreneur inonde une propriété en y déversant des eaux

qui le gênent, ou encore si les ouvriers commettent des dégâts.

687. — Mais il est bien entendu que l'entrepreneur ne supporte pas les indemnités dues pour les dommages résultant de la nature ou de la disposition des ouvrages, et qui proviennent du plan, des prescriptions du devis, ou des ordres auxquels l'entrepreneur est tenu d'obéir.

Ainsi, un propriétaire se plaint de ce que l'on a détourné, pour l'alimentation d'un canal, une partie des eaux qui passaient sous les roues de son usine, ou que le changement du niveau de la voie publique a diminué les facilités d'accès de sa maison, ou que les jours sont obstrués par les ouvrages construits, ou que ses caves sont exposées à des inondations par suite de la disposition nouvelle des lieux. L'entrepreneur actionné a le droit alors de mettre l'Administration en cause, et d'obtenir d'elle le remboursement de l'indemnité due au propriétaire. La stipulation contenue dans l'article 18 n'est pas appelée à régir ces diverses hypothèses. (C. d'Etat, 11 août 1869, *Alasseur*, 805 : 3 décembre 1875, *David*, 946.) Toutefois, la responsabilité de l'entrepreneur se trouverait engagée s'il avait par sa faute aggravé le préjudice inhérent à la nature du travail, par exemple, en retardant l'exécution des travaux. (C. d'Etat, 14 juillet 1876, *Lejeune*, 689.

688. — Lorsque l'établissement des chantiers et chemins nécessite l'occupation temporaire de terrains appartenant à des particuliers, avant d'y procéder, les entrepreneurs devront prévenir les propriétaires et justifier de l'autorisation de l'Administration. Nous examinerons ce point en parlant de l'occupation temporaire en général.

689. — L'entrepreneur est également seul responsable des accidents qui se produisent sur les chantiers. L'Administration ne pourrait être poursuivie qu'autant que ses agents auraient donné soit à l'entrepreneur, soit aux ouvriers un ordre de nature à engager sa responsabilité. (C. d'Etat, 19 novembre 1875, *Zeig*, 928.)

Il sera question de l'indemnité due en pareil cas aux ouvriers, dans le chapitre des dommages causés par les travaux.

690. — Pour assurer le paiement des indemnités de toute nature, et notamment des faux frais de l'entreprise, les articles 9 et 35 du cahier de 1833 autorisaient l'Administration à conserver le montant de la retenue de garantie jusqu'à ce qu'il ait été justifié du paiement, par des quittances en forme. Le Conseil d'Etat se montrait rigoureux dans l'application de cette prescription, et il décidait que l'entrepreneur, même après réception définitive, n'était pas fondé à réclamer les intérêts de la retenue tant que toutes ses obligations n'étaient pas remplies. (C. d'Etat, 16 juillet 1855, *Rouvière*, 562 ; 16 février 1860, *Trône*, 125.)

Le nouveau cahier de 1866 contient des dispositions analogues. D'après l'article 48, le dernier dixième de la retenue de garantie n'est payé à l'entrepreneur qu'après la réception définitive et lorsqu'il a justifié de l'accomplissement des obligations énoncées dans l'article 19. De son côté, l'article 19 énumère, parmi les justifications que doit faire l'entrepreneur, celle du paiement des indemnités pour établissements de chantiers et chemins de service, c'est-à-dire les faux frais de l'article 18. En présence de ces dispositions, le Conseil d'Etat a maintenu la même jurisprudence. (C. d'Etat, 10 juillet 1874, *Lann*, 663.)

691. — La retenue de garantie se compose, comme nous le verrons, du dixième des acomptes versés à l'entrepreneur pendant l'exécution des travaux; elle s'élève, par suite, à un chiffre important dans les grandes entreprises. Les difficultés qui surgissent entre l'entrepreneur et les propriétaires ont pour effet de l'immobiliser entièrement entre les mains de l'Administration. Pour remédier, autant qu'il est possible, à cet inconvénient, M. Delvincourt conseille aux entrepreneurs de consigner à la Caisse des dépôts le montant des indemnités réclamées, et de mettre, par un acte extrajudiciaire, l'Administration, en la personne du préfet, en demeure de solder la retenue de garantie, en réclamant expressément les intérêts en cas de retard. Nous ne contestons pas la valeur de cet expédient dans la pratique; mais rigoureusement l'Administration peut se refuser à se dessaisir du montant de la retenue, même après consignation des indemnités réclamées. L'article 9 de l'ancien cahier aussi bien que les dispositions actuelles ne permettent pas de recourir à cet expédient, et quelque dure que soit, dans certains cas, leur application, ils peuvent être invoqués comme faisant la loi des parties.

692. — L'entrepreneur n'est pas obligé seulement à réparer les dommages causés par son fait aux propriétés particulières; il est de plus responsable des dégradations qu'il cause aux ouvrages à la construction ou à la réparation desquels il est préposé. Ainsi, le Conseil d'Etat a jugé que les entrepreneurs chargés de la restauration d'un édifice public devaient être condamnés à supporter les frais de reconstruction d'une tour qui s'était écroulée à la suite d'une manœuvre maladroite exécutée dans le cours des travaux. (C. d'Etat, 23 déc. 1845, *Destève et Brillant*, 590.) Les articles 1382 et suiv. du Code civil peuvent être invoqués contre l'entrepreneur aussi bien par l'Administration que par les particuliers : il lui suffit d'établir que le dommage dont elle demande la réparation provient du fait de celui-ci pour qu'elle ait droit à une indemnité.

693. — *Travaux du Ministère de la guerre.* — Le cahier du Génie de 1876 établit un principe analogue à celui du cahier des ponts et chaussées : tous les faux frais de l'entreprise sont à la charge de l'entrepreneur. Que faut-il entendre par faux frais?

L'article 23 de l'ancien cahier des charges de 1857 donnait une longue énumération des faux frais. Les rédacteurs du cahier de 1876 ont voulu, dans l'article 23, donner non une énumération détaillée, mais l'indication sommaire des différents genres de faux frais à la charge de l'entrepreneur, établir pour ainsi dire, les

principales catégories de faux frais. Cette disposition, pas plus
que celle de l'ancien article 23 et que celle de l'article 18 du
cahier des ponts et chaussées, n'est limitative : « L'entrepreneur
« est tenu d'établir ou fournir à ses frais, les magasins, hangars,
« équipages, voitures ou autres moyens de transport, machines,
« ustensiles, instruments et outils de toute espèce nécessaires à
« la bonne et prompte exécution des travaux, au tracé et au pro-
« filement des ouvrages, à leur métré et à la reception des four-
« nitures.

« Sont également à sa charge l'établissement des chantiers et
« chemins de service, ainsi que les indemnités y relatives, les
« frais de tracé des ouvrages, les frais d'éclairage des chantiers,
« les subventions spéciales pour dégradations aux chemins vici-
« naux et autres, et généralement toutes menues dépenses, tous
« les faux frais relatifs à l'entreprise, tous les moyens et tous les
« débours même non prévus au cahier des charges ou borde-
« reaux, reconnus nécessaires par le chef du Génie au cours du
« marché pour l'exécution normale des travaux, objet du
« contrat. »

Ces indications générales sont le plus souvent complétées par
les cahiers ou devis spéciaux, ou le bordereau de prix de chaque
entreprise, mais on a pris soin de bien faire remarquer que ces indications ne sont pas elles-mêmes limitatives, en mettant dans l'article 25, à la charge de l'entrepreneur, « tous les moyens et tous
« les débours, même non prévus au cahier des charges ou bor-
« dereau, reconnus nécessaires par le chef du Génie au cours du
« marché pour l'exécution normale des travaux, objet du con-
« trat ».

694. — Les faux frais comprennent donc ici les mêmes dépenses que pour le service des ponts et chaussées. Ainsi rentrent
dans les faux frais : le bardage des matériaux (C. d'État, 8 décembre 1882, *Monier*, 1003) ; le paiement des feuilles de dépenses
et des états d'émargements (C. d'État, 16 novembre 1883,
Rouard, 825) ; la construction d'un chemin de fer, les frais de
réparation de dégradations aux routes (C. d'État, 27 avril 1883,
Perrichont, 410 ; 28 décembre 1883, *Demerle*, 978); la fourniture
de l'eau nécessaire à la fabrication du mortier (C. d'État,
30 juillet 1886, *Raskin*, 683) ; l'installation de ponts de service
(C. d'État, 9 juillet 1886, *Vernaudon*, 598) ; l'empierrement de
routes. (C. d'État, 30 juillet 1886, *Raskin*, 683.)

695. — On remarquera que, quels que soient les pouvoirs du
directeur des travaux, il ne peut cependant exiger que les moyens
et les débours que comporte l'exécution normale des travaux;
c'est aux Tribunaux à apprécier ce que comporte cette exécution
normale et quels sont les frais extraordinaires qui, suivant la commune intention des parties, ont été imposés à l'entrepreneur.
Ainsi, bien que la fourniture de l'eau nécessaire aux travaux soit
en général comprise dans les faux frais, le Conseil d'État a cependant accordé une indemnité à l'entrepreneur dans un cas où il

avait dû aller chercher l'eau à six kilomètres et en fournir aux troupes gardant le fort en construction. (C. d'État, 16 novembre 1883, *Rouard*, 825.)

696. — De même encore, la jurisprudence permet à l'entrepreneur de réclamer une partie des faux frais lorsqu'ils constituent, postérieurement à l'adjudication, un bénéfice directement utile à l'Administration. Ainsi, l'entrepreneur ayant été obligé d'empierrer un chemin de service, cet empierrement a servi plus tard à l'Administration qui a utilisé les pierres pour la cour de la caserne faisant l'objet de l'entreprise ; il a droit au remboursement d'une part proportionnelle de sa dépense. (C. d'État, 30 juillet 1886, *Raskin*, 683.) Il en est de même si l'entrepreneur avait installé des bassins et abreuvoirs que le Génie a utilisés après la fin des travaux. (C. d'État, 9 juillet 1886, *Vernaudon*, 598.) De même encore si l'entrepreneur a établi des chemins de service qui, après la résiliation du marché, continuent à être utilisés par la seconde entreprise, car il a dû être tenu compte de l'existence de ces chemins dans la nouvelle adjudication.

697. — Nous avons étudié précédemment la question des subventions spéciales dues par les entrepreneurs pour dégradations aux chemins (n° 684), et la question des droits d'octroi, de douane et de navigation (n° 647) : nous n'y reviendrons pas.

698. — Le dernier alinéa de l'article 6 prévoit un certain nombre d'événements qui peuvent, au cours de l'entreprise, augmenter les faux frais de l'entreprise, et stipule qu'ils ne donneront lieu à aucune indemnité :

En principe, l'État ne doit aucun prêt de terrains à l'entrepreneur : celui-ci, tenu de tous les faux frais de l'entreprise, doit louer à ses frais les emplacements utiles aux dépôts de matériaux, chemins de service, etc., et recourir, s'il y a nécessité, à l'occupation temporaire, toujours à ses frais. Cependant, l'État se réserve le droit de ne pas appliquer cette règle d'une manière absolue : tout en établissant le principe, l'article 31 du cahier de 1876 autorise les prêts de ce genre : « l'État ne prête de locaux « ou de terrains pour les besoins de l'entreprise qu'à titre tout « à fait exceptionnel et quand le cahier des charges spéciales « précise les locaux et les terrains à prêter. » Cette indication des terrains qui peuvent être prêtés fait donc partie du contrat ; elle lie l'entrepreneur, en ce sens qu'il ne peut réclamer le prêt d'autres locaux que ceux dont il est question au cahier des charges spéciales ; mais elle ne lie pas l'État, en ce sens qu'il a toujours le droit, au cours de l'entreprise, et sur la demande de l'entrepreneur, de lui remettre des locaux plus étendus ou plus commodes que ceux prévus par le cahier.

699. — Il peut arriver que, pour l'exécution des travaux, l'État prête à l'entrepreneur des terrains ou des locaux quelconques. Cette hypothèse, tout à fait exceptionnelle, est régie par l'article 31 du cahier de 1876.

Pour bien affirmer qu'il s'agit là d'une mesure toute bénévole

cet article pose en principe que le prêt a toujours lieu à charge
d'évacuation, sans indemnité, à la première réquisition du chef
du Génie. Il peut résulter de là pour l'entrepreneur un préjudice
très sérieux, si, par exemple, il est obligé d'enlever sans délai des
matériaux approvisionnés dans des bâtiments à lui prêtés en pareil cas, il n'a rien à réclamer : c'était à lui, s'il redoutait un
danger, à ne pas user de la faveur que lui offrait l'Etat.

700. — L'entrepreneur supporte les réparations *quelles qu'elles
soient*. Ainsi, il doit non seulement les réparations locatives, telles qu'elles sont déterminées par l'article 1754 du Code civil, mais
même les grosses réparations qui ne sont pas corrélatives de la
jouissance.

Au point de vue de l'incendie, il est considéré comme un locataire ordinaire : « il répond de l'incendie des bâtiments qui lui
« sont prêtés, à moins qu'il ne prouve que l'incendie est arrivé
« par cas fortuit ou force majeure, ou vice de construction, ou
« que le feu a été communiqué par une maison voisine. »

C'est encore par analogie avec ce qui se passe pour les locataires que « un état descriptif des lieux est dressé par un adjoint
« du Génie, vérifié et signé par l'entrepreneur, et visé par le chef
« du Génie; aucun changement ne peut y être apporté sans la
« permission par écrit de cet officier; si l'entrepreneur en a fait,
« il est tenu au premier avis de faire rétablir les lieux dans leur
« état primitif. A l'expiration du marché, l'entrepreneur doit éva-
« cuer les locaux et terrains de l'Etat dont il dispose, y faire exé-
« cuter les réparations de toute nature reconnues nécessaires et
« remettre le tout au service du Génie; faute par lui d'avoir com-
« plètement satisfait à ces dispositions, il est procédé d'office à
« leur exécution sur l'ordre du chef du Génie et par les moyens
« que cet officier indique ».

Les diverses circonstances que réglemente cet article peuvent,
on le voit, entraîner pour l'entrepreneur un surcroît de dépenses
qui constituent des faux frais de l'entreprise.

701. — Le cahier de 1887 ne contient pas de disposition analogue à l'article 31 du cahier de 1876 : ce silence s'explique par
ce motif que, même d'après le cahier de 1876, le prêt devait être
prévu par le cahier des charges spéciales. Or, le cahier de 1887
(art. 20), en mettant tous les faux frais de l'entreprise à la charge
de l'adjudicataire, réserve expressément les dérogations qui résulteront du cahier des charges spéciales : c'est donc à ce document
qu'il faudra se reporter pour chaque entreprise.

702. — A la question des prêts de locaux et de terrains se rattache l'occupation de terrains militaires qui sont loués par l'Etat
à des particuliers, et qu'il devient nécessaire d'occuper au cours
des travaux. Cette matière, régie par l'article 31 du cahier de
1876, rentre dans le chapitre de l'occupation temporaire que
nous examinerons plus loin. Remarquons seulement ici que l'Etat
prend alors à sa charge les indemnités à payer à ses locataires
pour dépossessions, mais qu'il ne le fait qu'autant que l'occupation

est *nécessaire* aux travaux. Le cahier de 1887 ne contient aucune disposition à ce sujet ; il faut donc, suivant l'observation que nous avons faite plus haut, s'en référer dorénavant aux cahiers des charges spéciaux des entreprises.

703. — Il peut arriver que l'entrepreneur ne possède qu'un matériel insuffisant et que l'Etat soit disposé à lui fournir les outils ou instruments de travail qui lui manquent. Remarquons qu'il n'est jamais forcé de le faire, l'entrepreneur étant tenu de fournir le matériel nécessaire. Mais s'il y consent, la situation est régie par l'article 32 du cahier de 1876 : « En cas d'urgence, il peut « être prêté à l'entrepreneur, sur son récépissé, des outils appar- « tenant à l'Etat. Dans ce cas, l'entretien de ces outils est à la « charge de l'entrepreneur auquel il est fait, en outre, sur la « dépense des travaux calculée au prix du bordereau, une déduc- « tion établie d'après un prix d'estimation pour location, arrêté « de concert entre lui et le chef du Génie, et approuvé par le « directeur. »

Cette disposition n'est que la consécration pure et simple du droit commun, puisqu'elle se contente de permettre un contrat librement débattu entre l'entrepreneur et l'Etat. Cela explique que le cahier de 1887 ne contienne pas d'article analogue ; malgré ce silence, la même faculté existe pour l'Etat, et elle s'exerce dans les mêmes conditions.

704. — Inversement, l'entrepreneur, à qui l'État peut imposer l'emploi d'ouvriers militaires, « est tenu, quand il en est requis par « le chef du Génie, de leur fournir et d'entretenir en bon état les « outils, machines, engins et agrès de toute espèce qui leur sont « nécessaires : il lui est alloué, à cet effet, un prix fixé par le bor- « dereau. » C'est donc l'application pure et simple du marché.

Le cahier de 1887 contient une disposition identique : l'article 16 oblige également l'entrepreneur à fournir, au prix du marché, tout le matériel nécessaire à l'emploi d'ouvriers militaires ou de prisonniers de guerre.

705. — L'entreprise comprend souvent la démolition d'anciens bâtiments, et, dans ce cas, le marché prévoit ordinairement le remploi d'une partie des matériaux. D'après l'article 38 du cahier de 1876, « l'entrepreneur doit faire exécuter les travaux de démoli- « tion avec soin et de façon à assurer la conservation des matériaux « qui en proviennent ; il est tenu de remplacer à ses frais ceux « de ces matériaux qui sont brisés ou détériorés par la faute de « ses ouvriers ou de ses agents. » Il importe, en effet, que les matériaux soient conservés dans le meilleur état possible, soit parce qu'ils présentent une valeur intrinsèque, soit parce qu'ils doivent être mis en œuvre dans l'entreprise elle-même. L'article 29 oblige en effet l'entrepreneur à employer les vieux matériaux provenant de démolition ou de fouilles. Il n'a droit pour cette substitution, qui peut toujours lui être imposée, à aucune indem- nité, quelle qu'en soit l'importance.

Le cahier de 1887 reproduit textuellement, dans son article 29, la disposition de l'article 38 de l'ancien cahier.

SECTION IV

Des obligations de l'entrepreneur relativement à ses ouvriers.

706. — Droits de contrôle de l'Administration sur le personnel employé aux travaux.

707. — Choix des commis et chefs d'ateliers, qui doivent être capables de remplacer momentanément l'entrepreneur.

708. — L'Administration ne peut exiger la substitution à l'entrepreneur d'un remplaçant permanent.

709. — Recours contre les décisions exigeant le renvoi des agents et ouvriers.

710. — L'entrepreneur demeure responsable des fraudes et mal-façons commises par les agents même acceptés.

711. — Nombre d'ouvriers; liste nominative. Droit du directeur du chantier.

712. — Stipulations relatives à la nationalité des ouvriers.

713. — Paiement mensuel des salaires : article 15 du cahier de 1866. Droit pour l'Administration de faire directement les paiements à défaut de l'entrepreneur.

714. — L'entrepreneur est-il directement tenu des salaires dus par les sous-traitants aux ouvriers qu'ils ont employés? — Jurisprudence.

715. — Insertion d'une clause spéciale à cet égard dans les cahiers de charges : article 9 du cahier de 1866.

716. — L'entrepreneur doit justifier du paiement des ouvriers employés par les sous-traitants.

717. — Cette prescription s'applique-t-elle aux commis et autres employés?

718. — Mesures de protection en faveur des ouvriers blessés. Arrêtés ministériels des 15 décembre 1848 et 22 octobre 1851.

719. — Loi du 11 juillet 1868 : création de caisses d'assurance.

720. — Responsabilité générale de l'entrepreneur : renvoi.

721. — Droits des ouvriers contre l'Administration.

722. — Travaux du Ministère de la guerre. Réglementation du cahier de 1876. Modifications apportées par le cahier de 1887.

723. — Cahier de 1887. — Nécessité d'une délégation expresse aux commis remplaçant l'entrepreneur.

724. — Liste nominative des ouvriers, indiquant leur nationalité.

725. — Nombre des ouvriers.

726. — Droit du chef du génie d'ordonner le renvoi d'ouvriers ; restrictions apportées par le cahier de 1887.

727. — Recours contre les décisions du chef des travaux.

728. — Dommages résultant de la faute du chef des travaux. Responsabilité de l'État.

729. — Droit de police des chantiers.

730. — Emploi volontaire ou imposé d'ouvriers militaires.

731. — Réclamations contre le nombre des ouvriers militaires imposés.

732. — Réquisitions d'ouvriers civils.

733. — Mode de paiement des ouvriers employés par l'entrepreneur.

734. — Surveillance de l'Administration sur les paiements.

735. — Fournitures d'outils aux ouvriers militaires.

736. — Paiements effectués aux corps auxquels appartiennent les ouvriers militaires.

737. — Contestations au sujet des salaires. Tentative de conciliation par le chef du Génie.

738. — Responsabilité au sujet des accidents : assurances : soins à donner.

739. — Travaux départementaux et communaux.

706. — L'entrepreneur n'est pas seul maître du choix des em-

ployés et des ouvriers : les représentants de l'Administration peuvent, dans l'intérêt de la bonne exécution des travaux, exiger le remplacement des ouvriers « pour insubordination, incapacité ou défaut de probité ». La plupart des cahiers de charges contiennent des dispositions sur ce point. Pour les travaux du service des ponts et chaussées, ce droit était déjà consacré pour les articles 18 et 19 du cahier de 1833; il a été maintenu par l'article 13 du cahier de 1866, qui est la reproduction presque textuelle des deux anciens articles.

707. — D'après le 1er alinéa, « l'entrepreneur ne peut prendre « pour commis et chefs d'ateliers que des hommes capables de « l'aider et de le remplacer au besoin dans la conduite et le mé- « trage des travaux. » Le remplacement ne peut, bien entendu, être que momentané et accidentel. On conçoit aisément que l'entrepreneur ne puisse pas rester d'une manière permanente sur les chantiers; il faut que, pendant ses absences, les agents de l'Administration trouvent à qui parler. C'est pourquoi on exige l'emploi de commis suffisamment capables; mais, en aucun cas, ils ne pourraient être présumés agir pour lui en son nom d'une manière générale. S'il faut accomplir un acte important, susceptible d'engager les intérêts de l'entrepreneur, ce dernier ne sera responsable de son accomplissement par un préposé que sur la preuve d'un mandat formel. Ainsi, il a été jugé que les employés n'avaient pas qualité, en dehors d'un mandat spécial, pour signer des états de situation. (C. d'Etat, 30 juin 1842, *Beslay*, 343.)

708. — Les ingénieurs ne sauraient non plus arguer de l'article 13 pour obliger l'entrepreneur à nommer un représentant permanent qui dirigerait ses travaux à sa place; le contrat de travaux publics est, comme nous l'avons vu, contracté en vue de la personne, et nous avons indiqué les conditions requises pour être déclaré adjudicataire. L'Administration ayant reconnu la capacité de l'entrepreneur, ses agents, pas plus qu'elle-même, ne peuvent revenir sur cette décision. En présence d'un ordre des ingénieurs exigeant un remplaçant permanent, l'entrepreneur aurait le droit de suspendre les travaux. (C. d'Etat, 6 mars 1874, *Avan*, 235.)

709. — L'ingénieur directeur des travaux apprécie seul l'incapacité ou les fautes des ouvriers ou agents. Il a le droit d'exiger leur changement ou leur renvoi; mais il est évident que sa décision n'est pas sans recours. L'entrepreneur peut en demander l'annulation à l'ingénieur en chef, puis au Ministre, supérieurs hiérarchiques de l'ingénieur. Nous ne pensons pas qu'un recours contentieux soit ouvert contre une décision de ce genre, qui n'est que de pure administration. Toutefois, si l'entrepreneur alléguait une mauvaise volonté évidente qui lui ait causé un préjudice, il pourrait poursuivre l'ingénieur dans les termes du droit commun et en vertu de l'article 1382 du Code civil, et l'Etat comme responsable, en vertu de l'article 1384. (C. d'Etat, 29 décembre 1876, *Dalley*, 955.)

710. — Ce droit donné aux ingénieurs ne dégage pas la responsabilité de l'entrepreneur au sujet des malfaçons ou fraudes commises par les ouvriers ; l'entrepreneur ne pourrait alléguer que l'ingénieur, n'ayant par exigé le renvoi de l'agent incapable a accepté son ouvrage. « L'entrepreneur demeure d'ailleurs « responsable des fraudes ou malfaçons qui seraient commises « par ses agents et ouvriers dans la fourniture et dans l'emploi « des matériaux. » (Art. 13.)

711. — Aux termes de l'article 14, qui est la reproduction de l'ancien article 20, « le nombre des ouvriers de chaque profession « est toujours proportionné à la quantité d'ouvrage à faire. Pour « mettre l'ingénieur à même d'assurer l'accomplissement de cette « condition, il lui est remis périodiquement, et aux époques par « lui fixées, une liste nominative des ouvriers. »

L'entrepreneur est obligé, ici encore, de se conformer aux ordres du directeur des travaux et de mettre sur les chantiers le nombre d'ouvriers qui lui est prescrit ; s'il ne se conformait pas aux mises en demeure qui lui sont adressées à ce sujet, et qu'il en resultât un retard dans la marche des travaux, il pourrait encourir la mise en régie.

D'ailleurs, ce droit du directeur des travaux est susceptible de discussion même contentieuse ; l'exigence d'un nombre d'ouvriers exagéré par rapport à l'importance de l'ouvrage donnerait droit à une indemnité. (Conseil d'Etat, 6 juillet 1865, *Lann*, 703.)

712. — Il arrive fréquemment que les cahiers des charges particuliers de l'entreprise stipulent l'emploi exclusif d'ouvriers français ou ne permettent l'emploi d'ouvriers étrangers que dans une proportion indiquée. (V. notamment cahiers des charges de la ville de Paris.) L'entrepreneur qui a accepté cette condition en soumissionnant est obligé de s'y conformer, et l'ingénieur aurait le droit d'exiger le renvoi immédiat de tout ouvrier étranger, ou du nombre de ces ouvriers qui dépasse la proportion permise.

713. — La première et la plus importante des obligations contractées par l'entrepreneur vis-à-vis des ouvriers est le paiement des salaires. Le cahier de 1833 se contentait de la constater sans entrer dans aucun détail sur la manière de la réaliser. Le cahier de 1866 est plus explicite ; l'article 15 dispose : « L'entrepreneur « paie les ouvriers tous les mois ou à des époques plus rappro- « chées si l'Administration le juge nécessaire. En cas de retard « régulièrement constaté, l'Administration se réserve la faculté « de faire payer d'office les salaires arriérés sur les sommes dues « à l'entrepreneur, sans préjudice des droits réservés par la loi du « 26 pluviôse an II aux fournisseurs qui auraient fait des opposi- « tions régulières. »

Le paiement mensuel des salaires concorde avec les paiements faits chaque mois par l'Administration. (Art. 44.) Mais celle-ci peut, si elle le juge convenable, exiger des paiements plus fréquents : l'entrepreneur est obligé de se conformer aux ordres qu'il reçoit à ce sujet. Toutefois, il ne serait pas admissible que l'Administration pût exiger à chaque instant le changement des époques de paiement ; nous croyons qu'elle doit les déterminer une fois pour toutes au début de l'entreprise.

Sous l'empire du cahier de 1833, rien n'était prescrit pour le cas où l'entrepreneur ne se conformait pas à son obligation. Certains cahiers, notamment celui des travaux du Ministère d'Etat, stipulaient, pour l'Administration, la faculté de pourvoir, aux lieu et place de l'entrepreneur, au paiement des salaires qui n'avaient pas été effectué au jour indiqué, ou déterminé par l'usage et le règlement du chantier. Ces avances étaient précomptées sur les sommes à payer à l'entrepreneur qui s'exposait, en outre, à voir prononcer la résiliation du marché.

L'article 25 a érigé en règle générale cette faculté exceptionnelle. L'Administration peut faire directement les paiements, à l'aide des sommes dues à l'entrepreneur, en cas de retard régulièrement constaté. Aucune forme n'a été prescrite pour cette constatation. Le mode ordinaire sera un rapport de l'ingénieur soumis à la contradiction de l'entrepreneur, puis une décision du préfet contre laquelle l'entrepreneur pourra se pourvoir par les voies de droit. (*Barry*. Commentaire du cahier des ponts et chaussées, art. 15.)

Comme garantie de paiement, les ouvriers ont un privilège sur les sommes dues aux entrepreneurs. Nous verrons plus loin dans quelles conditions il s'exerce.

714. — Le paiement des salaires donne lieu à une grave difficulté. L'entrepreneur est, en principe, tenu au paiement des ouvriers qu'il emploie directement ; mais en est-il de même à l'égard de ceux qui sont employés par les sous-traitants ? Peut-il être condamné à les payer dans le cas même où il ne doit plus rien au sous-traitant ?

La difficulté a été soumise à la Cour de cassation sous l'empire du cahier de 1833. Ce cahier, dans son article 4, interdisait les sous-traités, et dans son article 11, imposait à l'entrepreneur l'obligation de payer les ouvriers et employés dont il pouvait avoir besoin. De la combinaison de ces deux dispositions, la Cour suprême tirait cette conclusion que : lorsqu'un entrepreneur principal a, au mépris de l'article 4, confié une partie des travaux à des sous-traitants, ceux-ci sont considérés par les ouvriers comme les préposés de l'adjudicataire qui doit être, par conséquent, condamné à leur payer tous leurs salaires, même s'il ne doit rien au sous-traitant. Il ne peut pas opposer aux ouvriers que, n'ayant pas été parties au cahier des charges, ils ne doivent pas se prévaloir des clauses qu'il renferme, les tiers pouvant réclamer le bénéfice des stipulations faites à leur profit, conformément à l'article 1121 du Code civil. (Req., 17 juin 1846; *Foriel*; D. P., 46,1, 334.) Cet arrêt consacre très formellement une distinction entre le cas où le sous-traité est interdit et celui où il est permis; dans la première hypothèse, l'entrepreneur principal doit directement tous les salaires des ouvriers; il ne les doit pas dans le second, et il ne peut être recherché qu'en vertu de l'article 1166 du Code civil, dans la mesure de ce qu'il doit au sous-traitant.

Une décision ultérieure a d'ailleurs nettement décidé que l'entrepreneur d'une ligne de chemin de fer, autorisé par son cahier des charges à sous-traiter, n'est tenu ni au paiement des salaires des ouvriers employés par des sous-traitants, ni au paiement des fournitures faites à ces derniers pour le compte de l'entreprise, dès lors qu'il ne doit plus rien au sous-traitant. (Civ., 27 avril 1863; D. P., 63,1,187.)

Cette jurisprudence était critiquable; on pouvait observer notamment que l'interdiction de sous-traiter était édictée dans l'intérêt exclusif de l'Administration et nullement dans l'intérêt des ouvriers; que ceux-ci ne pouvaient, par conséquent, invoquer l'article 1121 et les principes de la stipulation pour autrui. La Cour de cassation avait reconnu la justesse de ces critiques et modifié sa jurisprudence, en déclarant que l'entrepreneur n'était responsable qu'à la condition qu'il résultât des expressions du contrat, ou des circonstances, que la stipulation avait été faite, non en faveur de l'Administration seule, mais aussi en faveur des ouvriers. (Civ. cass., 7 févr. 1866; D. P., 66,1,83; — Cass. req., 31 juillet 1867; D. P., 68,1,25.) Malheureusement elle n'a pas persévéré dans cette doctrine et elle est revenue à l'ancienne. (V. Cass. civ., 5 mars 1872; D. P., 72,1,439.)

On remarquera que cette jurisprudence n'est pas particulière aux ouvriers, mais s'étend aux fournisseurs et en général aux tiers qui ont acquis des droits contre les sous-traitants relativement à l'entreprise, soit par contrat, soit par quasi-contrat.

715. — Pour éviter toute discussion, un certain nombre d'Administrations ont pris l'habitude d'insérer dans les cahiers des charges particuliers des entreprises une clause qui, en cas de sous-traité, astreint l'entrepreneur à payer, à défaut du sous-traitant, les fournisseurs et ouvriers.

Pour les travaux des ponts et chaussées, cette clause a été imposée d'une manière générale dans l'article 9 du cahier de 1866; on est allé même plus loin que ne l'avait fait la jurisprudence, et on a supprimé la distinction qu'elle avait établie : l'article 9, qui permet le sous-traité avec l'autorisation de l'Administration, déclare que, même dans ce cas, l'entrepreneur demeure personnellement responsable tant envers l'Administration qu'envers les ouvriers et les tiers.

716. — Comme conséquence de la disposition ci-dessus, l'article 1er du cahier des ponts et chaussées exige de l'entrepreneur, pour toucher le solde de l'entreprise, la justification du paiement intégral de tous les ouvriers qu'il a employés directement, et encore de ceux qui ont été employés par ses sous-traitants. Faute de cette justification, l'Administration refusera de lui délivrer ce qui lui reste dû, et pourra procéder elle-même au paiement des ouvriers. Toutefois, en cas de faillite de l'entrepreneur, cette règle reçoit exception : l'Administration pour laquelle les travaux ont

été exécutés doit verser ce qui reste dû entre les mains du syndic, qui est le représentant de la masse des créanciers, y compris les ouvriers. (C. d'Etat, 3 juin 1881, *Raymond*, 607.)

717. — L'article 11 de l'ancien cahier des ponts et chaussées de 1833 imposait à l'entrepreneur l'obligation de payer non seulement les ouvriers, mais encore les commis, et tous les autres agents nécessaires pour la bonne exécution des travaux. L'article 15 du cahier de 1866 ne parle que des ouvriers. L'expression comprend-elle les commis et autres employés ? Un doute sérieux ne peut exister à ce sujet : le but de l'article est de protéger les créances nées du travail, créances que le Code civil lui-même juge particulièrement favorables. On ne voit pas, à cet égard, de raison de distinguer entre les ouvriers proprement dits, et les commis, contre-maîtres, etc. Mais il ne faudrait pas étendre le bénéfice de cette disposition aux fournisseurs. Nous verrons plus loin leurs droits et ceux des sous-traitants.

718. — Il nous reste à faire connaître quelques dispositions prises dans l'intérêt des ouvriers blessés sur les chantiers de travaux publics.

A l'époque où Louis XIV s'occupait avec passion de la construction du palais de Versailles et de la restauration du Louvre, il avait, dans un accès de bienveillance pour une classe dont l'ancienne monarchie ne se préoccupait guère, ordonné que des gratifications, ou même des pensions reversibles sur les veuves, fussent accordées aux ouvriers tués ou blessés dans les travaux des bâtiments. Cet acte de bienveillance fut-il suivi d'effet? L'histoire ne l'apprend pas. Dans tous les cas, il resta isolé, et bien des années, bien des Gouvernements passèrent avant qu'on songeât à assurer le sort des infortunés pour lesquels la révolution de 1848 devait créer les Invalides civils. On avait trop oublié jusque-là les ouvriers : on tomba alors dans l'exagération contraire. Mais le Gouvernement avait cédé à une pensée généreuse, et il devait en rester quelque chose.

Après la suppression des Invalides civils, un arrêté ministériel du 15 déc. 1848, modifié sur quelques points par un arrêté du 22 octobre 1851, prit, dans l'intérêt des ouvriers blessés sur les chantiers de travaux publics, des dispositions excellentes. D'après l'art. 1er, des ambulances doivent être établies par les soins des ingénieurs ou architectes sur les ateliers qui, par leur importance, leur situation et la nature des travaux, rendent cette mesure nécessaire. Les ouvriers atteints de blessures sont recueillis dans ces ambulances, y reçoivent les premiers secours, et de là sont transportés à l'hôpital ou à domicile, où ils sont soignés gratuitement (art. 3). Pendant la durée de l'interruption du travail, les ouvriers soignés à l'hôpital reçoivent la moitié de leur salaire, s'ils sont mariés ou s'ils ont des charges de famille (arrêté ministériel du 22 oct. 1851, art. 4). La veuve ou la famille des ouvriers tués ou de ceux qui succombent par suite d'une maladie occasionnée par les travaux, ont droit à une indemnité de 300 fr. (art. 6).

En cas de mutilation qui rende l'ouvrier impropre au travail de sa profession, on lui alloue la moitié du salaire pendant une année, à partir du jour de l'accident (art. 5). Ces secours peuvent, du reste, être augmentés par des décisions spéciales du Ministre des travaux publics (art. 7).

Pour assurer le service médical et le payement des secours, l'article 16 du cahier de 1866 prescrit qu'une retenue de un centième sera exercée sur les sommes dues à l'entrepreneur. La partie de cette retenue qui reste sans emploi à la fin de l'entreprise est remise à l'entrepreneur.

719. — La loi du 11 juillet 1868 et le règlement d'administration publique du 10 août suivant, sont venus compléter ces dispositions. En vertu de ces textes, il est créé : 1° une caisse d'assurance qui a pour objet de payer, au décès de chaque assuré, à ses héritiers ou ayants droit, une somme déterminée d'après les circonstances ; 2° une caisse d'assurance en cas d'accidents, ayant pour objet de servir des pensions viagères aux personnes assurées qui, dans l'exercice de travaux agricoles ou industriels, seront atteintes de blessures entraînant une incapacité permanente de travail, et de donner des secours aux veuves et enfants mineurs des assurés qui auront péri par accident dans l'exercice des travaux. Les propositions d'assurances sont reçues à la Caisse des dépôts et consignations, par les agents des contributions directes et les receveurs des postes. Cette institution permet aux ouvriers de s'assurer des secours plus considérables pour eux ou leurs familles.

D'autre part, il arrive fréquemment que des entrepreneurs s'adressent à des compagnies d'assurances particulières afin d'être garantis par elles des conséquences des accidents qui peuvent survenir à leurs ouvriers. Mais ce procédé, auquel ils sont libres de recourir ou de ne pas recourir, n'a rien de commun avec la retenue prescrite par l'article 16, et ne les en dispenserait pas.

720. — La responsabilité encourue par les entrepreneurs à raison d'accidents survenus aux ouvriers dans le cours des travaux, la fixation et le paiement de l'indemnité donnent lieu à de graves et nombreuses difficultés, que nous examinerons plus tard, en traitant des dommages causés par l'exécution des travaux publics.

Disons seulement ici que la retenue doit porter sur l'ensemble des travaux exécutés, même sur les travaux supplémentaires. (C. d'État, 10 juillet 1874, *Lann*, 666.)

721. — Les droits des ouvriers blessés ne se bornent pas à l'obtention des secours fixés par les dispositions dont nous venons de parler. L'allocation de ces secours n'a lieu qu'à titre gracieux, et ne fait pas obstacle aux réclamations que l'ouvrier ou sa famille croient devoir faire à l'Administration, lorsqu'ils sont insuffisants.

Nous verrons ultérieurement quels sont les tribunaux compétents pour connaître de ces sortes de questions.

722. — *Travaux du Ministère de la guerre.* — Les règles que nous venons d'étudier, relativement aux obligations de l'entrepreneur quant aux ouvriers, sont spéciales aux travaux de l'Administration des ponts et chaussées, seuls régis par le cahier de 1866.

Le cahier de 1876 établissait des règles analogues, mais plus sévères.

D'après l'art. 18 : « L'entrepreneur est tenu d'avoir un nombre « suffisant de commis, de bons appareilleurs, de maîtres ouvriers « et de piqueurs intelligents qui soient en état de l'aider dans « l'organisation des ateliers ainsi que dans la conduite des tra- « vaux ; il doit également avoir des ouvriers et des moyens de « transport en assez grand nombre pour pouvoir procéder acti- « vement et sans interruption à l'exécution des ouvrages. »

Cet article présente, on le voit, une certaine analogie, avec l'article 13 du cahier des ponts et chaussées : pour les deux es- pèces de travaux, l'entrepreneur doit disposer d'un nombre suffisant de commis et ouvriers de toutes sortes, capables de mener à bonne fin l'entreprise. Mais il ne stipule pas, comme le cahier des ponts et chaussées, que les commis et chefs d'ateliers soient capables de remplacer l'entrepreneur au besoin ; il exige seulement que les agents « soient en état de l'aider ». La ques- tion ne se posera donc pas de savoir s'ils ont qualité pour signer des pièces en son nom, en dehors de tout mandat spécial. (V. n° 707.)

723. — L'article 14 du cahier de 1887 reproduit au contraire tex- tuellement la disposition de l'article 13 du cahier des ponts et chaus- sées. Mais, afin d'éviter toute discussion, il exige que l'entrepre- neur donne à ses commis une délégation expresse « pour la prise « des attachements, métrés et pesées, ainsi que pour la signature « des inscriptions sur les carnets et registres ». Cette délégation est donnée par acte sous seing privé. L'article exige de plus, clause nouvelle, que les commis ou chefs d'ateliers soient de nationalité française.

724. — Ce même cahier, dans son article 15, reproduit la dispo- sition de l'article 14 du cahier des ponts et chaussées relative à la remise au directeur des travaux de la liste nominative des ou- vriers, disposition que le cahier de 1876 ne contenait pas ; et, détail à noter, ce cahier de 1887 exige que la liste indique la nationalité de l'ouvrier. Aucune disposition, cependant, ni du décret de 1882, ni du cahier des charges de 1887 ne prohibe l'em- ploi d'ouvriers étrangers ; mais une clause du cahier des char- ges spécial à chaque entreprise peut prohiber cet emploi, ou ne le tolérer que dans une proportion déterminée.

725. — Les autres solutions qui sont admises au sujet des ponts et chaussées doivent être maintenues : ainsi le nombre des ouvriers doit toujours être proportionné aux travaux à exécuter, et si le directeur des travaux exigeait la présence d'un nombre d'ouvriers exagéré, des dommages-intérêts pourraient être réclamés à l'Administration ; si le nombre d'ouvriers était insuffisant, la mise en régie pourrait être prononcée (art. 51 du cahier de 1876 et art. 43 du cahier de 1887), alors surtout que l'entrepreneur ne se conformerait pas aux ordres de service qui lui seraient donnés à cet égard.

726. — L'article 22 du cahier de 1876 consacre, en outre, pour le chef du génie, un droit analogue à celui que l'article 23 du cahier de 1866 confère à l'ingénieur : « Le chef du génie peut, « dans tous les cas, ordonner le renvoi immédiat de ceux qui ne « sont pas de bonne conduite sur les ateliers, qui manquent d'as-« siduité au travail, qui sont peu propres à l'ouvrage auquel ils « sont employés, ou qui donnent lieu à des plaintes. Aucun ou-« vrier, les manœuvres exceptés, ne peut être renvoyé des ate-« liers sans le consentement du chef du génie. »

Et l'article 37 ajoute : « L'entrepreneur ne peut, sans le con-« sentement du chef du génie, arrêter ni modifier la distribution, « sur les ateliers, des commis, maîtres-ouvriers et piqueurs. »

Le cahier de 1887 consacre pour le directeur des travaux les mêmes droits, à l'exception des deux derniers.

C'étaient là des facultés exorbitantes au sujet desquelles nous ne pouvons que partager l'avis de nombre d'auteurs : « Il n'y a « pas d'article qui demande à être appliqué avec plus de modé-« ration. » (*Barry*, sur l'art. 23, n° 6.) Le cahier des ponts et chaussées ne renferme pas de dispositions analogues; les rédacteurs du cahier de 1887 les ont donc supprimées. Les intérêts de l'Etat sont d'ailleurs suffisamment sauvegardés par le pouvoir de réglementation et de police dont nous allons parler.

727. — Le directeur des travaux possède des droits fort étendus en ce qui concerne les ouvriers. Toutefois, il n'est pas maître absolu, et ses décisions en cette matière pourront certainement être déférées à ses supérieurs hiérarchiques. Mais, pas plus qu'en matière de travaux des ponts et chaussées, elles ne sauraient donner lieu à un recours contentieux.

728. — Si les agissements du directeur des travaux, empreints d'une mauvaise volonté certaine, ont causé un dommage à l'entrepreneur, celui-ci peut-il attaquer l'Etat en responsabilité en vertu de l'article 1384 du Code civil? La question, soulevée pour les travaux des ponts et chaussées, n'a pas été résolue expressément par le Conseil d'Etat. (C. d'Etat, 29 décembre 1876, *Dalbry*, 955.)

Il n'est pas contestable que l'Etat soit responsable des actes dommageables accomplis par ses agents dans l'exercice de leurs fonctions et à raison de ces fonctions. Si, par exemple, un accident arrive sur un chantier par la faute d'un officier du génie, comme la mort d'un ouvrier, l'Etat peut être poursuivi. (Cons. d'Etat, 20 nov. 1874, *Zeig*, 908.) Le cahier de 1887 prévoit même le cas de faute. (Art 18.)

Il n'y a aucune raison de décider autrement dans le cas qui nous occupe : le chef du génie qui renvoie à tort des ouvriers et qui, par ce fait, cause un dommage à l'entrepreneur, doit être déclaré responsable ainsi que l'Etat. Mais la difficulté ne sera pas jugée par le Conseil de préfecture, auquel la loi du 28 pluviôse an VIII n'attribue pas compétence à ce sujet. D'après une juris-prudence constante, la demande devra être portée devant le Ministre de la guerre, sauf recours au Conseil d'Etat. (C. d'Etat, 28 novembre 1874, *Zeig*, 908, et nombreux arrêts cités en note.)

729. — C'est aussi au chef de service qu'il appartient de faire les règlements pour le bon ordre des travaux et la police des chantiers, et de les faire respecter.

« Les commis, maîtres-ouvriers, piqueurs et ouvriers de « toute espèce, disent les articles 22 du cahier de 1876, et 12 du « cahier de 1887, sont soumis sur les ateliers à la police des « agents militaires; dans les cas graves motivant l'arrestation « d'aucun d'eux, ils sont remis entre les mains de l'autorité judi-« ciaire, conformément aux dispositions des articles 22 et 23 du « titre VI de la loi du 10 juillet 1791.» C'est le résumé des dépo-sitions des textes auxquels il y est fait allusion.

730. — L'entrepreneur de constructions militaires peut, sui-vant le droit commun, comme tout autre entrepreneur, prendre à son service des ouvriers militaires en congé régulier, ou auto-risés par le chef de corps. Mais l'Administration s'est réservé ici un droit particulier et très important : celui d'imposer à l'en-trepreneur les ouvriers militaires.

D'après l'article 20 du cahier de 1876, « les soldats et prison-« niers de guerre, ainsi que les condamnés militaires, peuvent « être employés, par ordre, à l'exécution des travaux.

« Au compte de l'Etat, pour motif d'économie ou d'urgence « d'exécution, notamment quand il y a insuffisance d'ouvriers « civils dans la localité ;

« Au compte de l'entrepreneur, lorsque, faute par celui-ci « d'avoir réuni le nombre de travailleurs nécessaires, le chef du « génie lui impose des ouvriers militaires, afin que les travaux « puissent être terminés en temps utile.

« Leur emploi n'ouvre, en tout cas, à l'entrepreneur aucun « droit à indemnité. »

731. — L'article 16 du cahier de 1887 reproduit les mêmes dispositions, sauf de légères différences au sujet du paiement des ouvriers, différences que nous indiquerons plus loin ; mais, tout en déclarant que l'entrepreneur ne peut élever aucune réclamation au sujet de l'emploi de ces ouvriers militaires, il pré-voit que cette clause doit être mise en harmonie avec les diverses natures de marchés, puisque, d'après ce cahier, à l'encontre de ce que prescrivait le cahier de 1876, les marchés peuvent être princi-palement à l'unité de mesure ou à forfait, et exceptionnellement seulement sur séries de prix. Toute réclamation n'est donc inter-dite que « tant que le montant total de l'entreprise ou les quan-« tités partielles des ouvrages restent dans les limites fixées par le « marché ». Nous verrons en effet que dans le marché sur série de prix, pour tout ce qui excède ces limites, l'entrepreneur n'est pas supposé avoir accepté d'avance les conditions du cahier des charges ou de son devis spécial.

732. — Enfin l'article 21 prévoit le cas où les travaux indispensables « exigeant la plus grande célérité, les ouvriers de l'en- « trepreneur, joints aux travailleurs que la garnison peut fournir, « sont insuffisants ». En pareil cas, les autorités civiles, sur la réquisition du chef du génie ou du directeur, doivent, conformément à la loi du 10 juillet 1791 (article 24 du titre VI), employer tous les moyens légalement praticables qui sont en leur pouvoir pour procurer le supplément d'ouvriers nécessaires. Les ouvriers destinés aux travaux sont alors réquisitionnés. Bien que cette loi soit encore en vigueur, le cahier de 1887 n'a pas reproduit cette clause, qui n'a plus guère d'application aujourd'hui en présence du nouvel article 38 qui, en cas de mobilisation, déclaration d'état de guerre ou de siège, donne le droit à l'entrepreneur de résilier son marché.

Les règles relatives au paiement des ouvriers varient suivant les catégories d'ouvriers.

733. — L'article 19 du cahier de 1876 réglemente le mode de paiement. « Tous les 15 jours au moins, l'entrepreneur doit payer « intégralement ce qui est dû aux ouvriers : il ne peut, nonob- « stant tout usage contraire, exercer des retenues sur les salaires « dont il est convenu avec eux, si ce n'est en cas d'opposition, ou « pour se rembourser des avances qu'il leur aurait faites. »

L'article 17 du cahier de 1887 a remplacé ces délais de paiement par ceux prescrits à l'article 15 du cahier des ponts et chaussées.

Le second alinéa de l'article 19 du cahier de 1876 indique comment se font les paiements : « Les paiements sont individuels et « se font les dimanches et les jours de fête pendant la matinée, ou, « les jours de travail, aux heures de repos. »

Le cahier de 1887 ne prescrit rien à ce sujet ; c'est au directeur des travaux à fixer ce point, en vertu de son pouvoir réglementaire pour la police et le bon ordre des chantiers.

734. — Enfin, le même article 19 du cahier de 1876 détermine le mode de surveillance à exercer sur les paiements, et prescrit les formes à suivre en cas de non-paiement par l'entrepreneur, ce que ne fait pas le cahier des ponts et chaussées : « Le chef du « génie s'assure de la plus ou moins grande régularité avec la- « quelle s'effectuent ces paiements. En cas de retard de plus d'une « quinzaine, il invite, par la voie de l'ordre, l'entrepreneur à se li- « bérer ; huit jours après, si les réclamations persistent, le direc- « teur peut, sur le rapport du chef du génie, autoriser celui-ci à « faire payer d'office tout ou partie des salaires arriérés sur les « sommes dues à l'entrepreneur, sans préjudice des droits réser- « vés par la loi aux fournisseurs qui auraient fait des oppositions « régulières. »

Le cahier de 1887 déclare seulement qu'en cas de retard de

quinze jours, l'entrepreneur sera invité à se libérer par la voie de l'ordre.

L'Administration ne se réserve donc plus le droit de procéder d'office au paiement.

Au sujet de l'action de suite et du privilège des ouvriers et fournisseurs et sous-traitants, nous renvoyons aux numéros 714 et suivants, où toutes ces questions sont étudiées.

735. — Dans le cas où, en vertu de l'article 20 du cahier de 1876, les travaux sont exécutés par des ouvriers militaires ou des prisonniers, l'entrepreneur est tenu de leur fournir tous les outils nécessaires : en outre, il doit les payer d'après des règles qui sont écrites dans l'article 59.

736. — Il ne verse pas directement aux travailleurs les sommes qui leur sont dues, mais aux corps auxquels les hommes sont attachés, qui feront la répartition : « Les sommes dues aux sol-« dats et aux prisonniers de guerre, ainsi qu'aux condamnés mi-« litaires employés par ordre sur les travaux, sont payées aux con-« seils d'administration des corps auxquels ils appartiennent, ou « au chef de détachement. Lorsque ces paiements ne donnent pas « lieu à des mandats du directeur, l'entrepreneur est tenu de les « effectuer sur la production d'états d'émargement dressés par les « officiers du génie, visés par le chef du génie, et signés par la « partie prenante ».

Les sommes ainsi payées par l'entrepreneur sont portées à son compte, de deux manières différentes, suivant que les ouvriers travaillent au compte de l'Etat ou au compte de l'entreprise.

Si les ouvriers sont au compte de l'Etat, « le montant de la « feuille d'émargement acquittée par l'entrepreneur est porté au « compte de ce dernier. Il lui est tenu compte, d'ailleurs, au prix « du bordereau ou à l'estimation, des fournitures de matériaux « ou autres objets qu'il reçoit l'ordre de faire aux ouvriers mili-« taires. »

Si les ouvriers sont employés au compte de l'entrepreneur, une distinction doit être faite, suivant la nature des travaux.

S'il s'agit de travaux qui doivent être payés à l'entrepreneur à la journée, le montant de la feuille d'émargement est porté en compte à l'entrepreneur sans addition d'aucun bénéfice ni indem-nité.

Si, au contraire, il s'agit d'ouvrages qui doivent être payés au mètre, « on porte en compte à l'entrepreneur, outre le montant « de la feuille d'émargement, sans l'addition d'aucune indemnité, « la dépense de l'ouvrage résultant de l'application des prix du « bordereau, comme si cet ouvrage avait été fait par des ouvriers « civils; mais on déduit de la somme ainsi calculée autant de « fois les 3|5 du prix d'une journée d'ouvrier civil qu'il a été em-« ployé de journées d'ouvriers militaires. »

Le cahier de 1887, dans son article 18, a simplifié ces règles : l'entrepreneur continue toujours à payer lui-même aux conseils d'administration des corps les sommes dues aux militaires qu'il emploie volontairement ; mais pour ceux qui sont employés par ordre, c'est l'Administration militaire qui, dans tous les cas, les paye directement, conformément aux tarifs arrêtés par le Ministre. Il est ensuite tenu compte de ces paiements à l'entrepreneur suivant la nature du marché, les clauses et conditions générales, et les devis particuliers de l'entreprise.

737. — Enfin, le cahier de 1876 prévoit le cas où des difficultés s'élèvent entre l'entrepreneur et ses agents et ouvriers au sujet des salaires. D'après l'article 22, les parties sont tenues, « avant d'avoir recours aux tribunaux, d'avoir recours au chef du « génie, qui les concilie s'il le peut. » Bien que cette prescription soit très sage, puisqu'elle a pour but d'éviter les procès, il faut reconnaître qu'elle est à peu près dépourvue de sanction : il s'agit, en effet, d'une mesure d'ordre purement intérieur dont l'inobservation ne peut exercer aucune influence sur la recevabilité de l'action devant les tribunaux ; et, d'autre part, il est assez difficile de savoir quelles mesures l'Administration pourra prendre contre ceux qui auront violé la règle.

Ces raisons ont déterminé les rédacteurs du cahier de 1887 à ne pas la maintenir.

738. — L'entrepreneur est seul responsable, sauf le cas de faute personnelle des agents de l'Administration, des accidents qui peuvent survenir aux ouvriers sur les chantiers. (Art. 24 du cahier de 1876 et 18 du cahier 1887.) Nous n'avons pas à rechercher pour le moment quelle est l'étendue de cette responsabilité, cette question devant trouver sa place au chapitre où il sera traité des dommages causés par l'exécution des travaux publics, tant aux personnes qu'aux propriétés. Contentons-nous de signaler ici la différence qui existe entre le cahier du génie et celui des ponts et chaussées : il n'est pas fait, pour les travaux de l'Administration de la guerre, de retenue du 1 $_0$/° pour les indemnités à payer aux ouvriers.

Ceux-ci peuvent d'ailleurs, outre les droits qu'ils conservent contre l'entrepreneur, recourir aux assurances, comme pour les travaux des ponts et chaussées. (V. n° 719.)

En outre, aux termes des mêmes articles, « les ouvriers civils « peuvent être traités dans les hôpitaux militaires. L'entrepreneur « est tenu d'acquitter le montant des journées de traitement « d'après les décomptes établis par le service de l'intendance. « En cas de non-paiement dans les huit jours qui suivent la no- « tification administrative de ce décompte, le montant en sera « retenu sur le premier acompte à délivrer à l'entrepreneur ».

739. — *Travaux départementaux et communaux.* — Les dispositions que nous venons d'examiner sont spéciales aux travaux de l'Etat. En ce qui concerne les travaux des départements, des communes et des établissements publics, le sort des ouvriers n'a pas été l'objet des mêmes préoccupations. Sans doute les cahiers de charges relatifs à ces travaux peuvent contenir une référence, soit aux cahier des ponts et chaussées, soit aux arrêtés des 15 dé-

cembre 1848 et 22 octobre 1871 ; mais ils ne le font pas toujours et cela est regrettable.

Il résulte de là que les questions de responsabilité devront être tranchées d'après le droit commun : nous verrons plus tard quelles solutions elles comportent.

SECTION V

De l'obligation d'achever les travaux dans le délai fixé par le devis.

740. — Obligation de terminer les travaux à l'époque convenue.

741. — Condition essentielle de l'application des pénalités en cas de retard ; il faut que le retard soit imputable à la faute de l'entrepreneur.

742. — Exemples de retards n'engageant pas la responsabilité de l'entrepreneur.

743 — Exemples de retards engageant cette responsabilité.

744. — Constatation du retard imputable à l'entrepreneur. Différences avec le droit civil. Nécessité de conventions spéciales.

745. — Absence de conventions dans le cahier des charges ; procédure régulière à suivre.

746. — Principales pénalités stipulées dans les cahiers de charges ; retenue. Mise en régie, résiliation.

747. — Formalités essentielles à suivre pour l'application de ces mesures de rigueur. Renvoi en ce qui concerne la régie et la résiliation.

748. — Formalités essentielles pour l'application de la retenue ou amende.

749. — Cumul de la retenue avec d'autres pénalités.

750. — Pouvoirs des Tribunaux.

751. — Travaux du Ministère de la guerre : cahier du génie de 1876.

752. — Retard dans l'exécution d'un travail déterminé, régie partielle, règles spéciales.

753. — Avantages et inconvénients de cette manière de procéder.

754. — Recours par la voie gracieuse ; recours par la voie contentieuse.

755. — Retard ou négligence dans l'exécution de l'ensemble des travaux.

756. — Cahier des travaux du Ministère de la guerre de 1887.

757. — Amende encourue sans mise en demeure, par la seule échéance du terme.

758. — Concession de sursis ; conditions de constatation des évènements qui ont entravé le travail de l'entrepreneur.

759. — Cette stipulation n'exclut pas l'application du droit commun.

760. — Autres pénalités : mise en régie, résiliation.

761. — Raison d'être de ces procédures administratives : différences avec le droit civil, inconvénients.

762. — Rôle de la juridiction contentieuse à cette matière.

763. — Responsabilité spéciale pour les travaux du Ministère de la guerre : peine d'emprisonnement (art. 430 du Code pénal.)

740.—L'une des principales obligations de l'entrepreneur consiste à exécuter le travail dans le temps fixé par le marché, ou, à défaut d'une convention formelle, dans un délai proportionné à la nature des travaux, à leur but et à leur importance.

Les cahiers de charges ne manquent pas de stipuler, pour le cas d'inaccomplissement de cette obligation, les peines les plus sévères.

Nous rechercherons d'abord dans quels cas les retards sont imputables à l'entrepreneur, et comment ils se constatent.

Nous exposerons ensuite les peines les moins fortes qui n'empêchent pas l'entreprise de continuer et constituent, seulement des aggravations des obligations de l'entrepreneur ; nous étudierons plus loin, et dans des chapitres spéciaux, eu égard à l'importance des questions qu'elles soulèvent, les peines comme les mises en régie, la résiliation, etc., qui sont le prélude de la cessation de l'entreprise ou cette cessation complète.

741. — Quel que soit le genre de pénalité stipulé contre l'entrepreneur, la première condition d'application est que le retard soit imputable à sa faute. Ce principe, conforme au droit commun en matière de responsabilité, a toujours été admis par la jurisprudence, aussi bien pour les travaux de l'État que pour ceux des départements, des communes et des établissements publics.

742. — Ainsi, aucune peine ne peut être infligée à l'entrepreneur, s'il prouve :

1° Que, si la durée des travaux a dépassé les prévisions, cette circonstance est due à l'importance des travaux supplémentaires régulièrement prescrits et autorisés en cours d'exécution, et qu'il a été obligé d'exécuter (C. d'État, 26 décembre 1885, *Ville de Besançon*, 1013);

2° Que le retard dans l'exécution provient de travaux supplémentaires nécessités par les insuffisances du devis, et qui ont donné lieu à un devis supplémentaire, dont l'exécution n'a pu être commencée que longtemps après l'adjudication (C. d'État, 20 avril 1883, *Neirinck*, 393);

3° Que ce retard provient de modifications apportées au devis dans l'intérêt de l'Administration (C. d'État, 31 août 1847, *Commune de Bucy-le-Long*, 620; 25 mars 1846, *Edely*, 157);

4° Que les plans, profils et détails, ainsi que les ordres de service, ne lui ont pas été remis de manière à lui permettre d'achever ses travaux dans les délais prévus ;

5° Que le ralentissement des travaux ou les temps d'arrêts survenus ont eu pour cause la négligence ou la faute de l'architecte (C. d'État, 29 juin 1869, *Fabre*, 653 ; 8 août 1873, *Champoussin*, 777);

6° Que le retard est dû à des cas de force majeure, sous la condition, souvent insérée aux cahiers des charges, que la constatation de la force majeure ait été faite dans les conditions prescrites. Nous reviendrons sur ce point en traitant de l'obligation de l'Administration d'indemniser l'entrepreneur des dommages qu'il a subis par cas de force majeure.

743. — Mais la pénalité serait infligée, par exemple, si, bien que toutes les pièces aient été remises en temps utile, et que des mises en demeure aient été faites, l'entrepreneur n'a pas apporté une activité suffisante, et n'a pas non plus réuni les approvisionnements prescrits par le cahier des charges (C. d'État, 4 mai 1877, *Blanc*, 429); ou si, malgré plusieurs mises en demeure, il ne maintient pas sur le chantier le nombre d'ouvriers nécessaire à l'achèvement de l'entreprise (C. d'État, 3 janvier 1881, *Crété*, 25) ; ou s'il abandonne les travaux et enlève son matériel (C. d'État, 16 février 1883, *Marchal*, 202); ou si, étant en déconfiture, il interrompt les travaux et se trouve hors d'état de les continuer régulièrement.(C. d'État, 8 juin 1883, *Longueville*, 549.)

744. — En matière de travaux privés, la constatation des retards imputés à l'entrepreneur n'est soumise à aucune règle précise. Dans l'usage, le propriétaire adresse une requête au président du tribunal civil, statuant en référé, afin d'obtenir la nomination d'un architecte, qui vérifie l'état d'avancement des travaux. Sur le rapport de cet architecte, le président statue et autorise le propriétaire à faire continuer les travaux par un autre entrepreneur, et aux frais du premier. La décision du juge du référé n'a, on le voit, qu'un caractère provisionnel, et ne fait nul obstacle à ce que le tribunal saisi des questions qui ne manquent pas de s'élever en pareil cas, apprécie les faits d'une manière toute contraire. L'entrepreneur déclaré en retard est condamné à supporter l'excédent de dépenses auxquelles sa négligence a donné lieu, et de plus à des dommages-intérêts pour la réparation du préjudice que le propriétaire justifie avoir éprouvé par suite de l'inexécution, dans le délai convenu, des obligations qui lui étaient imposées. S'il était constaté, au contraire, que le propriétaire eût induit en erreur le juge du référé et obtenu à tort l'exécution des travaux par un autre entrepreneur, nul doute qu'il dût être condamné à la réparation du préjudice causé au premier.

En matière de travaux publics, comme les tribunaux civils sont essentiellement incompétents pour ordonner des mesures, même essentiellement provisoires, il n'est pas possible de recourir à la voie du référé afin de faire constater les retards. D'un autre côté, les lois administratives contiennent sur ce point, comme sur tant d'autres, une lacune complète. C'est aux conventions des parties, c'est-à-dire aux cahiers des charges, qu'il appartient de la combler. L'Administration doit prévoir le cas où des retards auraient lieu, et imposer à l'entrepreneur le mode de constatation qui lui convient. Quand une pareille stipulation se rencontre, elle fait la loi des parties, et il faut nécessairement recourir au mode de constatation qu'elle indique. Tout autre est irrégulier, et l'entrepreneur est fondé à prétendre que l'Administration, en ne l'employant pas, a renoncé volontairement à exiger de lui l'exécution des travaux dans le délai fixé. Il échappe, par suite, à l'application de la retenue stipulée ou aux conséquences de la mise en régie. (C. d'Etat, 4 nov. 1835, *Préfet de police*, 209.)

745. — Lorsque le cahier de charges spécial ne contient aucune disposition à cet égard, on se conforme à des usages que la pratique a admis pour suppléer à l'insuffisance des prescriptions réglementaires.

En général, on procède à la vérification contradictoire de l'état d'avancement des travaux. L'adjudicataire est mis en demeure d'avoir à se trouver à un jour indiqué sur le lieu où ils s'exécutent. L'ingénieur ou l'architecte directeur des travaux procède, en sa présence, à leur récolement, et dresse un procès-verbal de sa visite. Ce procès-verbal lui est communiqué avant d'être adressé au préfet, et il est admis à présenter ses observations.

Tout autre mode de procéder est défectueux ; il expose l'Administration à voir repousser son recours en indemnité contre l'entrepreneur, ou à supporter les conséquence de la régie. Ainsi, des lettres écrites à l'entrepreneur par l'architecte et par le maire d'une commune, afin d'activer l'achèvement des travaux n'ont pas été considérées comme constatant régulièrement le retard, et comme pouvant justifier l'application de la retenue imposée par le cahier des charges. (C. d'État, 23 avril 1857, *Descamps*, 333.)

Est-ce à dire qu'en l'absence d'un procès-verbal dressé contradictoirement, le recours de l'Administration devrait être nécessairement déclaré non recevable ? Je ne le crois pas.

L'accomplissement de cette formalité a pour résultat de couper court à toute difficulté sérieuse. Elle donne à la juridiction contentieuse un moyen facile de vérifier et de constater la réalité des reproches adressés à l'entrepreneur. Les observations de celui-ci, jointes au procès-verbal, lui permettent de statuer en connaissance de cause, soit sur l'application de la retenue, soit sur les conséquences de la régie. Ce mode de constatation est donc naturellement indiqué. Mais, à défaut d'une stipulation précise du cahier des charges, il peut être suppléé par l'instruction à la rédaction d'un procès-verbal ; et si, par exemple, les informations des experts présentent à cet égard un caractère de certitude et de netteté suffisant, rien ne s'oppose à ce que les tribunaux administratifs les prennent pour base de leurs décisions. (C. d'État, 3 août 1849, *Ville de Paris*, 453.)

746. — En général, les cahiers des charges relatifs à l'exécution des travaux publics stipulent, contre l'entrepreneur en retard, trois espèces de pénalités. Ou bien il est assujetti à une retenue sur le montant des travaux adjugés ; ou bien il est convenu que les travaux seront mis en régie ; ou bien l'Administration se réserve la faculté de résilier le marché. Le plus souvent ces diverses pénalités sont cumulativement insérées dans le cahier des charges. Elles sont toutes les trois parfaitement légales et dérivent des principes les plus constants du droit commun. Aux termes de l'article 1142 du Code civ., toute obligation de faire se résout en dommages-intérêts, en cas d'inexécution de la part du débiteur. Ces dommages-intérêts, au lieu d'être laissés à l'appréciation du juge, peuvent être fixés par la convention elle-même. Il y a alors obligation avec clause pénale, et il est de principe que l'on peut demander en même temps l'exécution de l'obligation principale et la peine, quand la peine a été stipulée pour le simple retard. (Art. 1229 C. civ.) Or, la convention par laquelle l'entrepreneur, en cas d'inexécution des travaux dans le délai fixé, s'oblige à subir une retenue sur le montant des travaux adjugés, n'est qu'une application légitime de ces dispositions.

La mise en régie est aussi conforme aux règles du droit commun, puisque, d'après les termes formels de l'article 1144, le créancier peut, en cas d'inexécution, être autorisé à exécuter lui-même l'obligation aux dépens du débiteur. Enfin, la résiliation du marché peut être imposée dans le même cas, étant de règle certaine que les conventions se résolvent par le défaut d'exécution de la part du débiteur. La résiliation n'a même pas besoin d'être stipulée; car la condition résolutoire est toujours sous-entendue dans les contrats synallagmatiques pour le cas où l'une des deux parties ne satisfait point à ses engagements. (Art. 1183 C. civ.)

747. — L'application de ces mesures de rigueur doit être précédée de certaines formalités qui se rattachent au mode de constatation du retard. Ainsi, d'après l'article 46 du cahier des ponts et chaussées, l'entrepreneur qui ne se conforme pas aux prescriptions du devis et aux ordres des ingénieurs doit être mis en demeure, par arrêté préfectoral, d'y satisfaire dans un délai déterminé, qui n'est pas moindre de dix jours. La mise en régie ou l'exécution aux frais de l'entrepreneur ne peut intervenir qu'après un second arrêté. Le cahier du génie contient des dispositions analogues (art. 50 et 51), sauf que les délais accordés à l'entrepreneur sont plus brefs. Nous examinerons ces différents articles en parlant de la mise en régie et de la résiliation.

748. — Lorsque la peine consiste en une retenue prévue par le cahier des charges spéciales, son application sera soumise aux règles du droit civil. (Art. 1139, 1145 et 1230 du Code civil.) Les dommages-intérêts, même lorsqu'ils résultent de l'application d'une clause pénale, ne sont dus que du jour de la mise en demeure, à moins de stipulation contraire expresse insérée au contrat. Ainsi, lorsque le cahier des charges stipulera une indemnité par chaque jour de retard dépassant la date d'achèvement des travaux, cette indemnité ne sera due qu'autant qu'une mise en demeure aura été adressée à l'entrepreneur. (C. d'Etat, 12 nov. 1880, *Laurent*, 874; 5 mai 1882, *Valadier*, 441.)

Cette mise en demeure doit viser spécialement la clause pénale : l'entrepreneur doit être averti d'avoir à achever les travaux dans le délai fixé, faute de quoi l'indemnité lui sera réclamée; une mise en demeure, accompagnée d'une simple menace de mise en régie, comme celles qui sont le plus souvent adressées par arrêté préfectoral, ne suffirait pas à entraîner l'application de la clause pénale. (C. d'Etat, 9 mars 1877, *Ville de Bordeaux*, 265.) Lorsque la clause pénale consiste en une indemnité successive par mois ou par jour de retard, c'est seulement à partir de cette mise en demeure que le délai commence à courir. (C. d'Etat, 13 mai 1881, *Commune d'Espezel*, 509.)

749. — Si la retenue a été expressément convenue, l'Administration a le droit de l'appliquer à l'entrepreneur, soit séparément et sans autre peine, soit en mettant les travaux en régie ou en prononçant la résiliation.

Dans le cas de régie (bien que le contrat d'adjudication continue à subsister, l'exécution des travaux étant seulement confiée à un tiers pour le compte de l'entrepreneur), la retenue stipulée pour cause de simple retard est due par application de l'article

2229 du C. civ. Elle est due également en cas de résiliation, parce que l'Administration qui rompt le contrat ne perd point son droit à des dommages-intérêts, et peut toujours réclamer ceux qu'elles a fixés d'un commun accord avec l'entrepreneur, pour le retard dans l'exécution, sans préjudice de tous ceux auxquels la résiliation elle-même peut justement donner lieu.

750. — Ajoutons que les tribunaux, auxquels sera soumise la difficulté, devront se conformer au contrat, et qu'ils n'auront pas le droit de substituer une peine arbitrairement établie à la clause pénale prévue par le cahier des charges. Ainsi, un Conseil de préfecture ne peut, lorsque le cahier stipule la mise en régie pour le cas de retard, impartir à l'entrepreneur un délai d'achèvement avec une amende par chaque jour de retard. (C. d'Etat, 23 février 1870, *Prévost* 153.)

751. — *Travaux du Ministère de la guerre.* — Le cahier des clauses et conditions générales du génie de 1876 est plus explicite que celui des ponts et chaussées : il prévoit, dans les articles 50 et suivants, le retard imputable à l'entrepreneur. Le cahier de 1887 a fait de même, tout en modifiant les principes. Avant d'examiner ces dispositions, remarquons que, comme pour les travaux des ponts et chaussées, les principes du Code civil devront être respectés quand il s'agira d'appliquer les pénalités ou déchéances prévues par le contrat ; il faut avant tout que le retard soit imputable à l'entrepreneur conformément aux règles et aux exemples ci-dessus exposés.

Le cahier de 1876 distingue le retard apporté dans l'exécution d'un travail déterminé de celui qui porte sur l'ensemble de l'entreprise et qui résulte d'une mauvaise volonté ou d'une impuissance générale.

752. — Le retard dans l'exécution d'un travail déterminé est prévu par l'article 50 : « Lorsque les ordres du chef du génie rela-
« tivement à un travail déterminé n'ont point été exécutés dans le
« délai prescrit, cet officier met l'entrepreneur en demeure d'y pour-
« voir, et lui assigne à cet effet un nouveau délai de cinq jours au
« plus, passé lequel le directeur peut autoriser l'exécution du
« travail en souffrance, soit par des ouvriers militaires ou civils
« employés à la journée au compte de l'entrepreneur et payés
« d'après un tarif fixé par cet officier, soit par tout autre
« moyen. » Les frais d'embauchage de ces ouvriers sont également au compte de l'entrepreneur. Les matériaux nécessaires à l'exécution du travail peuvent aussi être, s'il y a lieu, achetés au compte de l'entrepreneur. Les dépenses sont réglées comme il est dit au 3ᵉ paragraphe de l'article 55.

Ainsi, avant de procéder à l'exécution de ce travail spécial aux frais de l'entrepreneur, une mise en demeure doit lui être adressée, et un certain délai peut lui être imparti afin qu'il accomplisse son obligation.

« Si, passé ce délai, les dispositions prescrites n'ont pas été
« exécutées, le directeur ordonne l'établissement d'une régie aux

« frais de l'entrepreneur, soit pour la totalité, soit pour une partie
« seulement des travaux.

« Il est aussitôt rendu compte au Ministre qui peut,... soit pres-
« crire la continuation de la régie, soit ordonner l'exécution par
« la caution..., soit résilier le marché, soit ordonner la passation
« d'un nouveau marché aux risques et périls de l'entrepreneur. »

753. — Cette disposition, qui ne se trouvait pas dans le cahier
du génie de 1857, constitue pour le cahier de 1876, une supério-
rité sur le cahier des ponts et chaussées de 1866 ; en cas de retard
imputable à l'entrepreneur, ce dernier ne donne à l'Administration que l'arme brutale de la mise en régie de toute l'entreprise ;
l'article 50 du cahier de 1876 organise une sorte de régie partielle suffisante pour sauvegarder les intérêts de l'Administration,
et qui, ne portant pas une grande atteinte au crédit de l'entrepreneur, lui permet de se relever, ou de prendre les mesures nécessaires pour que l'incident ne se renouvelle plus. On peut cependant regretter la brièveté des délais impartis à l'entrepreneur ;
l'article fixe le maximum de ces délais, mais non le minimum,
l'officier qui dirige les travaux peut le restreindre à son gré : il
peut donner vingt-quatre heures, même moins. Cet arbitraire
transforme l'innovation d'un bienfait en un moyen de vexation ;
d'autant que rien n'empêche de mettre soit en même temps, soit
successivement, plusieurs ouvrages de l'entreprise en état de régie
partielle ; on peut même aussi, dans une certaine mesure, éluder
les prescriptions de l'article 51 sur la mise en régie d'une partie
d'ensemble de l'entreprise.

754. — Une fois la mise en demeure notifiée, l'entrepreneur
peut en contester l'opportunité devant le directeur du génie dont
l'autorisation est nécessaire pour que l'exécution des travaux se
fasse d'office ; il pourra, lors même du règlement de compte, demander à être déchargé des conséquences de cette exécution, s'il
prétend qu'elle a été mise à tort à sa charge.

755. — Lorsque la négligence de l'entrepreneur atteint l'ensemble des travaux, c'est l'article 51 qui s'applique : « Lorsque
« l'entrepreneur ne se conforme pas d'une manière générale aux
« ordres de service donnés par les officiers du génie, lorsque les
« travaux ne sont pas entrepris à l'époque fixée, qu'ils languissent
« ou qu'ils sont suspendus, et qu'on peut craindre que leur exé-
« cution ne soit pas terminée à l'époque prescrite, le directeur,
« sur le rapport du chef du génie, met l'entrepreneur et sa cau-
« tion en demeure de se conformer aux ordres de cet officier
« dans un délai déterminé qui ne doit pas être inférieur à dix
« jours. »

Il va sans dire que, pour l'application de cette clause, il est nécessaire que le retard soit imputable à l'entrepreneur, suivant les
règles ci-dessus exposées ; le dernier alinéa de l'article 42 a soin
d'y faire allusion et parle spécialement des cas de force majeure :
« Les cas de force majeure de nature à entraver l'exécution des
« travaux pourront donner lieu à la concession de sursis sous la

« condition que les faits auront été constatés à la diligence des
« entrepreneurs, et au moment où ils seront produits, par l'au-
« torité administrative compétente. Dans ce cas, les pénalités ne
« courront qu'à dater de l'expiration du sursis, la responsabilité
« de l'entrepreneur restant soumise aux disptitions de l'ar-
« ticle 28. »

Ici, comme pour les travaux des ponts et chaussées, une mise
en demeure doit précéder toute mesure de rigueur; mais si
l'adjudicataire n'en tient pas compte, la mise en régie ou la résiliation peuvent être prononcées. Nous verrons plus loin, dans un
chapitre spécial, dans quelles formes ces mesures sont prises, et
quelles conséquences elles entraînent.

756. — Le cahier général des travaux du Ministère de la guerre
de 1887 inaugure un système un peu différent dans certaines
parties : il constate tout d'abord l'obligation générale de l'entrepreneur « de rendre les ouvrages faits et parfaits et les lieux
« remis en état aux époques qui lui sont fixées par le registre
« d'ordres, conformément aux stipulations du cahier des charges
« spéciales. » (Art. 41.)

757. — Si un retard est apporté à la remise des travaux, une
amende peut être infligée à l'entrepreneur : c'est là une innovation du cahier de 1887. (Art. 42.) « En cas de retard à l'époque
« fixée pour la terminaison des travaux, l'entrepreneur est pas-
« sible d'une amende basée, pour toute la durée du retard, sur le
« montant du service non exécuté à cette date.

« Le taux de cette amende, qui sera encourue sans aucune mise
« en demeure et par la seule déchéance du terme, sera, par jour
« de retard, de 0 fr. 50 pour 1000 fr. pendant les 30 premiers jours ;
« de 1 fr. à dater du 31º, sans que la pénalité totale puisse être
« inférieure à un minimum fixé par le cahier des charges spéciales,
« ni dépasser le dixième du montant du service en souffrance au
« jour fixé pour l'achèvement des travaux. »

L'Administration de la guerre a voulu se soustraire à la jurisprudence que nous avons citée plus haut au sujet des travaux des
ponts et chaussées : elle a pris soin de stipuler, comme c'était son
droit, que l'amende, véritable clause pénale, serait encourue de
plein droit et sans mise en demeure. Cette clause, quoique sévère,
est licite.

758. — D'après le dernier alinéa de l'article, « les cas de
« force majeure de nature à entraver l'exécution des travaux pour-
« ront donner lieu à la concession de sursis, sous la condition
« que les faits auront été constatés, à la diligence des entrepre-
« neurs et au moment où ils se seront produits, par l'autorité
« administrative compétente. Dans ce cas, les pénalités ne cour-
« ront qu'à dater de l'expiration du sursis, la responsabilité de
« l'entrepreneur restant soumise aux dispositions de l'article 28. »

759. — L'Administration est seule juge des cas de force majeure en ce qui concerne le sursis à accorder et sa durée. Mais
elle n'a certainement pas entendu se soustraire aux règles es-

sentielles qui dominent les contrats, et se réserver le droit de faire supporter à l'entrepreneur les conséquences de faits de force majeure tels qu'ils ne pouvaient entrer dans les prévisions des parties au moment du contrat. Une pareille stipulation est impossible : aussi l'article 42 renvoie-t-il à l'article 28, d'après lequel « l'entrepreneur est tenu des cas de force majeure conformément au droit commun ».

760. — Outre l'amende, le retard général apporté par l'entrepreneur aux travaux peut donner lieu, comme sous l'empire de l'ancien cahier, à la mise en régie ou à la résiliation. (Art. 43 et 44.) Nous en traiterons plus loin.

761. — Nous terminerons par une observation générale applicable à toutes les pénalités infligées à l'entrepreneur pour le retard. On voit que la juridiction administrative ne comporte pas la procédure simple et prompte du référé de la juridiction civile ; pour répondre aux exigences du service et éviter que les travaux publics ne restent longtemps en suspens, on n'a pas voulu que les retards donnent lieu à la procédure ordinaire, et c'est pour cela qu'on a créé cette procédure anormale que nous venons de décrire, et dans laquelle c'est l'une des parties, l'Administration, qui est constituée juge de l'inexécution ou du retard dans l'exécution, et juge souveraine en ce sens qu'aucune décision de la juridiction contentieuse ne peut détruire les mesures qu'elle a cru devoir prendre. Sans énoncer et développer ici les critiques que cette procédure a soulevées, ce que nous ferons plus loin, en étudiant la matière de la régie et celle de la résiliation, bornonsnous à faire remarquer le rôle de la juridiction contentieuse.

762. — L'entrepreneur ne peut demander à la juridiction contentieuse d'annuler les mesures prises, l'Administration étant seule juge de leur opportunité ; il peut lui demander d'apprécier non la mesure, mais ses conséquences. Il peut soutenir qu'il ne se trouvait pas dans un des cas où la mesure peut être prise, que le retard ne lui était pas imputable, que les formes prescrites n'ont pas été suivies, etc. Les juges peuvent alors, sans annuler la mesure prise, déclarer qu'elle l'a été à tort et qu'un préjudice en est résulté pour l'entrepreneur ; ils condamnent l'Administration à supporter seule toutes les conséquences de l'état de fait qu'elle a créé, et à indemniser l'entrepreneur de tout le préjudice que cet état lui a fait éprouver.

763. — Enfin, cette responsabilité pécuniaire n'est pas la seule que les retards puissent faire encourir à l'entrepreneur. Il est exposé en outre à une responsabilité pénale, que l'article 45 du nouveau cahier détermine ainsi : « L'entrepreneur est passible « des peines d'emprisonnement et d'amende prononcées par les « articles 430 et suivants du Code pénal si, sans y avoir été « contraint par force majeure, il fait manquer les travaux ou « fournitures dont il est chargé ; si, par négligence, il occa- « sionne des retards préjudiciables à leur exécution et à leur « livraison..... »

La poursuite, en pareil cas, est exercée par les autorités judiciaires, sur la dénonciation du Ministre de la guerre, et elle est
soumise aux règles du droit commun.

SECTION VI

Obligation de se conformer aux ordres du directeur des
travaux ; changements au devis : conditions nécessaires
pour que l'entrepreneur puisse s'en prévaloir.

PARAGRAPHE PREMIER

Travaux des ponts et chaussées.

764. — Changements en cours d'exécution : dispositions des cahiers de charges.
765. — Nécessité d'un ordre écrit.
766. — Cahier des ponts et chaussées de 1833, article 7.
767. — Cahier des ponts et chaussées de 1866, article 10.
768. — Registre d'ordres. Inscriptions des ordres : modes de constatation de
la réception par l'entrepreneur : signature du registre ou notification.
769. — Absence de registre d'ordres, ou de mention d'un ordre au registre :
manière d'y suppléer.
770. — Absence d'ordre écrit : reconnaissance d'un ordre verbal par les ingénieurs.
771. — Cas exceptionnels : preuve indirecte de l'ordre verbal : jurisprudence.
772. — Par qui l'ordre écrit doit-il être donné ?

764. — Le droit commun, en imposant aux entrepreneurs
l'obligation de ne pas s'écarter des termes du contrat, astreint
le maître de l'ouvrage à ne pas modifier en cours d'exécution les
travaux commencés. Or, il n'en est pas de même en matière de
travaux publics. Les conditions particulières de ces entreprises
rendent presque toujours indispensable, au profit de l'Administration, une dérogation aux règles ordinaires. Aussi la plupart
des cahiers de charges, et en particulier celui des ponts et chaussées, tout en déclarant que l'entrepreneur ne pourra de lui-
même apporter le plus léger changement au projet et au devis,
l'oblige-t-il expressément à se conformer aux changements qui
lui sont ordonnés par écrit pour des motifs de convenance, d'u-
tilité ou d'économie.

Prenons donc comme règle que « l'entrepreneur doit se con-
« former aux changements qui lui sont prescrits pendant le cours
« du travail ».

765. — Le cahier des ponts et chaussées impose cependant
certaines conditions que doit réunir l'ordre, pour que l'entrepreneur soit obligé de s'y conformer.

L'ordre doit émaner de l'ingénieur directeur des travaux, qui
le donne sous sa responsabilité, et par écrit.

766. — L'article 7 du cahier de 1833, beaucoup moins explicite que l'article 10 du cahier actuel, se contentait de dire que

l'entrepreneur « se conformera pendant le cours du travail aux
« changements qui lui sont ordonnés par écrit et sous la respon-
« sabilité de l'ingénieur... ». La jurisprudence avait décidé que
l'ordre écrit était une condition indispensable pour que, d'une
part, les ordres soient obligatoires pour l'entrepreneur et que,
d'autre part, il ait le droit d'exiger le prix des travaux supplémentaires auxquels ils donnent lieu. (C. d'État, 31 mai 1833,
Soullié, 344; 27 février 1836, *Charageat*, 283; 2 juin 1837,
Hayet, 547; 29 février 1839, *Thibault*, 96; 30 juin 1842, *Beslay*,
343; 8 juin 1850, *Montbrun*, 566; 11 décembre 1853, *Bassinet*,
1128; 18 mars 1858, *Sourreil*, 237; 19 avril 1859, *Fournier*,
314, etc...)

Malgré ces nombreuses décisions, la formalité de l'ordre écrit
était fréquemment négligée. Une circulaire ministérielle du
23 juillet 1851 avait rappelé aux ingénieurs que c'était pour eux
« un devoir rigoureux » de délivrer des ordres écrits : cependant ils ne s'y conformaient pas toujours; et, dans notre première
édition, nous émettions le vœu de voir figurer dans le cahier des
ponts et chaussées une disposition analogue à celle qui se trouvait
déjà dans le cahier des palais impériaux, et prescrivant d'une
manière absolue l'ordre écrit.

767. — C'est ce qu'ont fait les rédacteurs du cahier de 1866.
L'art. 10 dispose : « L'entrepreneur se conforme également aux
« changements qui lui sont prescrits pendant le cours du tra-
« vail, mais seulement lorsque l'ingénieur les a ordonnés par
« écrit et sous sa responsabilité. Il ne lui est tenu compte de ces
« changements qu'autant qu'il justifie de l'ordre écrit de l'ingé-
« nieur. »

Cette disposition est absolument formelle : l'imprudence de
l'entrepreneur qui se contente d'un ordre purement verbal est
impardonnable. Néanmoins, il arrive encore fréquemment que,
soit par faiblesse, soit par négligence, soit par une confiance
exagérée, des entrepreneurs n'exigent pas d'ordre écrit : presque toujours ils ont à s'en repentir, l'Administration n'hésitant
jamais à opposer cette fin de non-recevoir. Il serait trop long
d'énumérer les nombreuses décisions par lesquelles le Conseil
d'État a repoussé des demandes d'indemnités faute de production
d'ordre écrit. Aussi nous contenterons-nous de citer quelques-
unes des plus récentes. (V. C. d'État, 12 février 1875, *Beretta*,
124; 8 mars 1878, *Lapierre*, 283; 3 février 1882, *Sainte-Colombe*,
120; 13 mai 1885, *Pastrie*, 326; 8 août 1885, *Prévost*, 789; 17 décembre 1886, *Villette*, 906.)

768. — En pratique, et suivant une circulaire ministérielle du
28 juillet 1852 qui, la première, prescrit cette mesure, il est tenu
un registre d'ordres de service, où tous les ordres sont inscrits
sans classification, mais à leur date et sans lacune. La circulaire
ministérielle du 28 juillet 1858 sur la tenue des bureaux des ingénieurs, complétant celle de 1852, a établi les prescriptions suivantes :

« Art. 9.—L'ingénieur fait tenir un registre des ordres de ser-
« vice aux entrepreneurs. Les ordres donnés aux divers entrepre-
« neurs avant et pendant l'exécution des travaux y sont inscrits
« par ordre chronologique, sans lacune et sans classification, et
« portés immédiatement à la connaissance de l'entrepreneur qui
« appose sa signature en forme de reçu dans la colonne réservée
« à cet effet. En cas de refus ou d'éloignement de l'entrepreneur,
« l'ordre lui est notifié au domicile qu'il a élu par un agent de
« l'Administration, et mention est faite sur le registre du nom de
« l'agent et de la date de la notification. Il est formé, à la fin du
« registre, un répertoire dans lequel un article est réservé à cha-
« que entreprise.

« Art. 10.—Sur les chantiers assez importants pour qu'un bureau
« y soit affecté, et qu'un conducteur y soit placé à demeure, il
« pourra être ouvert un registre spécial d'ordres de service sem-
« blable au registre général.

« Art. 11.—Les ordres sont inscrits sur le registre par les soins
« de l'ingénieur ordinaire, soit que l'ingénieur en chef, dans
« sa correspondance, ait pris l'initiative de ces ordres, soit qu'ils
« émanent de l'ingénieur ordinaire lui-même. Dans le premier
« cas, il fait mention de la date de la lettre écrite par l'ingénieur
« en chef.

« L'ingénieur en chef, dans ses tournées, lorsqu'il le juge né-
« cessaire, inscrit lui-même ses ordres sur le registre. »

769. — Lors donc qu'une contestation survient sur le point
qui nous occupe, la production du registre d'ordres peut le plus
souvent la trancher.

Il va sans dire que l'inscription de l'ordre sur le registre n'est
pas prescrite à peine de nullité, et qu'il pourrait n'être pas tenu
de registres, ou que l'ingénieur pourrait donner l'ordre soit dans
une lettre, soit en marge d'un plan, d'un dessin, etc., sans que cet
ordre fût ensuite inscrit sur le registre. La tenue des registres
est un moyen d'éviter toute contestation, et les entrepreneurs
feront bien de l'exiger.

770. — Sous l'empire de l'ancien article 7 du cahier de 1833,
le Ministre des travaux publics, dans diverses circonstances, avait
admis que la règle devait être ainsi interprétée; qu'à défaut d'ordre écrit, il faut s'en rapporter à la déclaration de l'ingénieur
directeur des travaux, qu'en aucun cas l'entrepreneur ne pourrait contredire cette déclaration; mais que si cet ingénieur ou
l'administrateur reconnaissait qu'un ordre verbal avait été donné,
cette reconnaissance équivalait à la production de l'ordre écrit.
La jurisprudence du Conseil d'État s'était emparée de cet avis, et
avait décidé qu'un ordre verbal était suffisant s'il était reconnu
par les agents de l'Administration. (C. d'État, 8 juin 1850, *Montbrun* 566; 24 février 1853, *Cressonnier*, 276; 12 août 1854. *Jourdan*, 789; 8 février 1855, *Lescure* 227; 15 avril 1855, *Roulet;*
10 janvier 1856, *Nepvauet*, 53.)

771.—Le Conseil d'État est même allé plus loin, et, contraire-

ment à la théorie que nous venons d'exposer, il a admis qu'en
cas de dénégation, l'ordre verbal pouvait être prouvé par les pièces du dossier, et même résulter de l'instruction ordonnée par
un tribunal administratif, par exemple d'une enquête. (C. d'État,
27 mars 1874, *Picardeau*, 302.) Mais les hypothèses dans lesquelles
le Conseil d'État s'est ainsi prononcé étaient exceptionnellement
favorables à l'entrepreneur, et il avait été constaté que le changement était, sinon indispensable, au moins très profitable à la
bonne exécution de l'ouvrage.

Sous l'empire de l'article 10 du nouveau cahier des charges de
1863, l'ancienne jurisprudence du Conseil d'État a persisté, mais
avec plus de rigueur. On a vu par les nombreuses décisions ci-
dessus citées que presque toujours les réclamations non appuyées
d'un ordre écrit ont été repoussées. On ne peut citer en sens
contraire que de rares exemples. (C. d'État, 27 juin 1871, *Simon*,
56; 28 novembre 1873, *Martin*, 916; 9 janvier 1874, *Letestu*, 34;
27 mars 1874, *Picardeau*, 302.)

772. — Par qui l'ordre écrit doit-il être donné? En principe,
l'ingénieur seul a qualité pour le signer. Telle est la règle que les
entrepreneurs feront bien de ne pas perdre de vue. (C. d'État,
21 juillet 1839, *Pellée*, 401; 18 août 1857, *Courrière*, 663.)

Cependant ici encore, le Conseil d'État a admis de nombreuses
dérogations à la règle. Ainsi lorsqu'un conducteur des ponts et
chaussées, chargé en fait de la direction des travaux, sous la
surveillance de l'ingénieur dont il est le subordonné, a donné
des ordres écrits prescrivant de nouveaux travaux, l'entrepreneur
a droit au paiement. (C. d'État, 27 mars 1874, *Picardeau*, 302;
18 février 1876, *Guide*, 162.) Il en est surtout ainsi lorsque
l'ordre a été donné par le conducteur des ponts et chaussées sous
l'empire d'une nécessité urgente (C. d'État, 24 juillet 1847.
Colonna, 493; 23 avril 1857, *Toussaint*, 328.)

La circulaire ministérielle du 28 juillet 1858 ci-dessus citée a
même prévu le cas dans le paragraphe suivant : « En cas d'urgence constatée, le conducteur détaché sur un atelier isolé où il
existe un registre spécial pourra donner des ordres de service à
l'entrepreneur, et les inscrira sur le registre; mais il en rendra
compte immédiatement à l'ingénieur. Dans tous les cas l'ingénieur ou le conducteur appose sa signature au bas de l'ordre
qu'il a donné. » Enfin la règle que l'ingénieur seul peut prescrire
des modifications recevrait encore exception dans le cas où le
cahier des charges spécial de l'entreprise désignerait un fonctionnaire aux ordres duquel l'entrepreneur serait tenu de se soumettre. (C. d'État, 2 mai 1884, *Mandon*, 335.)

PARAGRAPHE II

Travaux du Ministère de la guerre.

773. — Cas exceptionnels où le marché à l'unité de mesure est employé.
774. — Cas les plus fréquents : comment peuvent se produire des change-
     ments et modifications dans le marché sur série de prix.

775. — Modification dans le genre du travail exigé ou dans les conditions d'exécution.
776. — Changements, dans le sens propre du mot, ou changements à des ordres primitivement donnés, ayant ou non reçu un commencement d'exécution.
777. — Dispositions du cahier de 1876 (art. 35, 36, 37); registre d'ordres; constatation de la réception par l'entrepreneur; signature du registre ou notification.
778. — Par qui l'ordre écrit doit-il être donné?
779. — Observation sur la notification des ordres et leur teneur.
780. — Cahier de 1887. — Substitution du marché sur devis au marché à l'unité de mesure ou sur série de prix.
781. — Art. 10. Directeur des travaux; délégation de pouvoirs; notification à l'entrepreneur; registre d'ordres; signature.
782. — Prohibition de la preuve indirecte par reconnaissance de l'ordre verbal.
783. — Exceptions : urgence, nécessité.
784. — Art. 11, plans, profils, types-modèles.
785. — Règlement du 1er décembre 1887. Types et modèles de matériaux; notification; acceptation.

Pour les travaux du Ministère de la guerre, nous nous placerons d'abord au point de vue du cahier de 1876.

773. — Les travaux du génie peuvent, sous l'empire du cahier de 1876, s'exécuter quelquefois par un marché à l'unité de mesure, comprendre un ouvrage déterminé, dont les dimensions mêmes comme toutes les autres conditions d'exécution sont indiquées au jour de l'adjudication. C'est ce qui a lieu fréquemment pour la construction d'une caserne, d'une écurie, d'un magasin, d'un bâtiment militaire quelconque. On conçoit qu'alors des changements peuvent se produire dans les mêmes conditions que dans les marchés à l'unité de mesure du service des ponts et chaussées.

774. — Mais ce n'est pas le cas le plus fréquent; sous l'empire du cahier de 1876, le marché sera presque toujours un marché sur série de prix; et c'est ici que nous sommes amené à examiner d'une manière générale comment, dans un marché sur série de prix, où l'ouvrage n'est pas indiqué, il peut y avoir des changements; les explications que nous allons donner peuvent s'appliquer à tous les marchés sur séries de prix, à quelque service qu'ils se rapportent.

775. — Dans un marché sur série de prix, il y a, comme nous l'avons dit plus haut (nos 570 et suiv.), un certain nombre de bases fixes : le genre du travail est déterminé, ce sera le terrassement, la maçonnerie, le plus souvent à la fois des terrassements, des maçonneries, des constructions; chaque genre de travail sera indiqué, et une série de prix correspondant à chaque genre de travail et à chaque détail de ce genre sera soigneusement fixée. De plus, les conditions dans lesquelles chaque travail sera exécuté, ainsi que les matériaux à employer, les outils et machines nécessaires, seront aussi indiqués. On sait que les travaux du génie sont soumis à un cahier de clauses et conditions générales en date du 25 novembre 1876, et de plus à des devis ou cahiers de charges spéciaux pour chaque entreprise. Or, il se peut qu'en cours d'exécution des changements soient apportés dans les

nature ou genre de travaux à exécuter, ou dans les conditions d'exécution, ou dans les matériaux à employer, ou dans les outils et machines prévus.

776. — De plus, des changements peuvent avoir lieu dans les mêmes conditions que pour les marchés à l'unité de mesure ; et c'est ce qu'il est facile de comprendre par les quelques explications que nous allons donner.

Si nous supposons le cas le plus fréquent où l'entreprise comprend l'ensemble des ouvrages à exécuter dans une circonscription déterminée, où l'ensemble des ouvrages composant un fort, une enceinte de place forte, une route stratégique, ou l'ensemble des travaux que le service du génie fera exécuter dans tel département ou dans telle ville, durant un nombre d'années fixé, des changements peuvent avoir lieu sur des ordres positivement donnés, qui ont ou qui n'ont pas encore reçu un commencement d'exécution.

En pratique, dans ce cas, et suivant l'article 37 des clauses et conditions générales du génie de 1876, les officiers directeurs des travaux transmettent à l'entrepreneur un plan avec profils, élévations, dimensions, etc., des ouvrages, au fur et à mesure que le tour d'exécution de ces ouvrages approche. Cette remise de pièces avec la mention « bon pour exécution » est toujours faite un certain temps à l'avance ; elle autorise l'entrepreneur à prendre ses mesures préparatoires : transport, emmagasinage de matériaux, achats d'outils, de machines, etc. ; elle l'autorise également à commencer les travaux au jour fixé. Si, postérieurement à cette remise, avant que les travaux ne soient commencés ou après leur commencement, les officiers du génie apportent des modifications à ces plans, profils et élévations, aux dimensions ou conditions d'exécution qu'ils ont prescrites, il y a, quant à cette partie de travaux, des changements qui se présentent encore dans des conditions analogues à ceux que nous avons vu se produire dans les marchés à l'unité de mesure. Par rapport à cette partie de travaux déjà commandés, il y a une sorte de marché à l'unité de mesure.

777. — Nous aurons donc à examiner pour les marchés sur séries de prix, et en particulier pour les marchés des travaux du génie, la matière des changements apportés à l'entreprise. Pour le moment, nous nous sommes borné à faire connaître ce qui est nécessaire pour que l'entrepreneur doive se conformer à l'ordre et ce qu'il doit exiger avant de s'y conformer.

Le cahier de 1876 a déterminé avec soin tout ce qui concerne les ordres et leur constatation.

Article 35 : « Les ordres et les instructions donnés à l'entrepre-
« neur pour tout ce qui concerne le service de l'entreprise et
« l'exécution des travaux sont inscrits sur un registre établi à cet
« effet, coté et parafé par le directeur du génie et déposé au
« bureau du génie de la place. Les ordres sont donnés par le
« chef du génie, ou, à son défaut, par l'officier chef d'atelier. Ils

« précisent les dimensions et la provenance des matériaux à
« employer, visent les articles de la deuxième partie du cahier
« des clauses et conditions générales applicables à l'exécution
« des travaux qu'ils concernent, et indiquent les numéros du
« bordereau qui seront appliqués au paiement de l'ouvrage.

« Chaque nouvel ordre est aussitôt présenté, et au besoin noti-
« fié administrativement à l'entrepreneur qui est tenu de le dater
« et de le signer. Dans le cas où les indications qu'il contient
« donneraient lieu à des observations de l'entrepreneur, celui-ci
« devra les formuler dans le délai de cinq jours, faute de quoi il
« sera réputé les avoir consenties avec toutes leurs conséquences.
« Le délai de cinq jours court à partir de la présentation ou de
« la notification administrative prévue par le paragraphe précé-
« dent. Le visa du chef du génie doit précéder cette notification
« dans le cas où l'ordre contesté émane de l'officier chef d'ate-
« lier. »

L'article 35 doit être complété par cette disposition de l'article 36 : « L'entrepreneur est tenu dans l'exécution des ouvrages
de suivre exactement les plans, profils, élévations, dimensions,
cotes, pentes et alignements qui lui sont donnés par les officiers
du génie. »

A côté de l'article 35 du cahier de 1876, il faut aussi placer la
disposition de l'article 37 : « L'entrepreneur doit également se
conformer aux changements qui peuvent lui être prescrits par
les officiers du génie au cours de l'exécution des travaux, mais
ces changements doivent être prescrits par écrit. »

Ici donc, comme pour les travaux des ponts et chaussées, l'ordre
écrit est nécessaire : il est même exigé par la jurisprudence d'une
façon plus stricte et plus sévère encore. En ce qui concerne, par
exemple, les travaux nouveaux, non prévus par le bordereau ou
série de prix, le Conseil d'Etat a maintes fois refusé d'allouer des
indemnités par suite du défaut de justification d'*ordres réguliers*.
(C. d'Etat, 9 février 1883, *Harmand*, 157 ; 21 mars 1883, *Letur-
geon*, 325 ; 24 avril 1885, *Nercam*, 445 ; 3 juillet 1885, *Pechwerty*, 647 ; 18 décembre 1885, *Connard*, 983 ; 9 juillet 1886,
Vernaudon, 598.) Quelques arrêts permettent, il est vrai, de supposer que le Conseil d'Etat reconnaît suffisant l'ordre verbal lorsqu'il est reconnu par les agents de l'Administration ou prouvé
par les pièces du dossier (C. d'Etat, 8 juin 1850, *Montbrun*, 566 ;
24 février 1853, *Cressonnier*, 276 ; 12 août 1854, *Jourdan*, 789 ;
8 février 1855, *Lescure* 127) ; mais, si raisonnables et si équitables que soient ces décisions, on ne saurait en induire, en présence d'un grand nombre d'arrêts contraires, que la jurisprudence ait voulu poser en règle absolue les exceptions qu'elles
consacrent.

Il semble, d'après certains de ces arrêts, que le Conseil d'Etat
n'admette pas, comme il le fait pour les travaux des ponts et
chaussées, l'allocation d'une indemnité lorsque, en l'absence
d'ordres réguliers, ils ont été reconnus nécessaires ou seulement
utiles et profitables à l'État, (V. notamment C. d'État. 18 décem-

bre 1885, *Connard*, 983.) Mais ce ne sont que des décisions d'espèces, et fort heureusement le Conseil d'État paraît, dans des
arrêts plus récents, disposé à appliquer aux travaux du génie
les mêmes règles qu'aux travaux des ponts et chaussées, en se
montrant toutefois beaucoup plus rigoureux. (C. d'État, 9 juillet
1886, *Vernaudon*, 598.)

778. — On remarquera que les ordres doivent être donnés par
le chef du génie ou par le chef d'atelier ; mais en ce dernier cas, ils
doivent être visés par le chef du génie. Nous croyons du reste qu'il
faut appliquer ici les mêmes exceptions que nous avons signalées
pour le service des ponts et chaussées, et que l'ordre écrit d'un
officier délégué par le chef du génie, ou même par les gardes du
génie, dans les cas urgents, pourrait être considéré comme équivalent a un ordre régulier. (C. d'État, 23 avril 1857, *Toussaint*,
327.) Cependant on sait qu'en matière de travaux du génie la jurisprudence est très sévère et fort peu favorable aux exceptions.

779. — Les ordres doivent être non pas seulement communiqués, mais notifiés à l'entrepreneur. Les ordres de services sont,
ici comme pour les travaux des ponts et chaussées, inscrits sur
un registre spécial, appelé registre d'ordres. L'ancien cahier du
génie de 1857 obligeait l'entrepreneur à venir prendre connaissance de ce registre ; la seule inscription de l'ordre prouvait qu'il
en avait eu connaissance. Le nouveau cahier de 1876, plus équitable, exige la communication antérieure de l'ordre à l'entrepreneur, qui doit y apposer sa signature et la date ; en cas de refus
de l'entrepreneur, une notification régulière dans la forme administrative est nécessaire. Notons aussi les indications précises
que doit contenir l'ordre : c'est là une prescription très sage qu'il
est regrettable de ne pas voir figurer dans le cahier des ponts
et chaussées et dans ceux des autres services ; en se reportant
aux articles du devis particulier et aux numéros du bordereau
des prix visés par l'ordre, l'entrepreneur peut se rendre compte
immédiatement de ses conséquences favorables ou dommageables, soit pour l'instant, soit pour l'époque du règlement de
comptes.

780. — *Cahier de 1887.* — Le nouveau cahier de 1887, applicable à tous les travaux du Ministère de la guerre et commun
aux divers services de ce Ministère a, comme nous l'avons dit,
changé le type de marché adopté en règle générale et choisi le
marché sur devis à l'unité de mesure. Au lieu de se référer purement et simplement aux règles posées sur le point qui vous
occupe, par les cahiers des services des autres Ministères où ce
genre de marchés est employé, il a cru devoir poser des règles
spéciales plus précises et reproduire, en les complétant et modifiant, les dispositions de l'ancien cahier de 1876.

781. — L'article 10 est ainsi conçu : « Le représentant du ser-
« vice militaire vis-à-vis de l'entrepreneur est le chef de service,
« qui peut déléguer tout ou partie de ses pouvoirs à ce sujet

« aux officiers ingénieurs, ou agents sous ses ordres. Cette
« délégation est notifiée à l'entrepreneur. »

Les rédacteurs du cahier ont, comme on le voit, tenu compte
de la jurisprudence ci-dessus rappelée; mais, pour éviter toute
discussion sur le point de savoir si les agents inférieurs ont bien
le droit de donner tel ou tel ordre, ils ont exigé que la délégation
donnée à ces agents, indiquant l'étendue de leurs pouvoirs, fût
notifiée aux entrepreneurs. La production de l'acte de notification
tranchera le plus souvent, en effet, toute discussion.

Le même article établit les règles concernant le registre d'ordres : « Un registre spécial, dit registre d'ordres, coté et paraphé
« par le directeur, est destiné à recevoir l'inscription de tous les
« ordres, instructions et communications de toute nature qui
« doivent être notifiés à l'entrepreneur. Ce registre est déposé
« dans les bureaux du service. Chaque nouvel ordre, daté et
« signé, est aussitôt présenté à l'entrepreneur, ou à son repré-
« sentant, qui est également tenu de le dater et de le signer.
« En cas de refus de la part de ce dernier, l'ordre lui est notifié
« par un agent assermenté qui en dresse procès-verbal. Lors-
« que l'entrepreneur refuse de signer le registre d'ordres ou ne
« le signe qu'avec réserves, il lui est accordé un délai de cinq
« jours francs pour formuler par écrit ses observations. »

Conformément à la jurisprudence qui s'était formée sous
l'empire du cahier de 1876, le cahier de 1887 ajoute que, « passé
« ce délai, l'entrepreneur est réputé avoir accepté l'ordre avec
« toutes ses conséquences. »

782. — Mais, pour éviter l'application de la jurisprudence
relative aux ordres verbaux, le cahier de 1887 dispose : « Les
« paiements ne sont faits que conformément aux ordres ainsi
« donnés par écrit et l'entrepreneur n'est jamais admis à invo-
« quer des ordres verbaux pour réclamer le paiement des tra-
« vaux qui ne lui ont pas été régulièrement commandés sous
« cette forme. » Ainsi, sous l'empire du nouveau cahier, l'entrepreneur ne sera pas admis à invoquer les ordres verbaux,
même quand les agents de l'Administration reconnaîtront les avoir
donnés. Nous croyons d'ailleurs que dans ce cas comme dans celui
où il est prouvé d'autre manière que les ordres verbaux ont été
donnés, l'entrepreneur aurait une action en responsabilité personnelle contre les agents auteurs de ces ordres.

Il en serait de même dans tous les cas où les travaux auraient
été commandés, mais non régulièrement et dans les formes prescrites. Les tribunaux administratifs appliqueront évidemment ici
les mêmes règles que pour les travaux départementaux et communaux. (V. nᵒˢ 807 et suiv.)

783. — Il est certain d'ailleurs que l'entrepreneur peut discuter la question de savoir si les ordres ont été régulièrement
donnés et dans les formes prescrites, et que les tribunaux administratifs auraient à apprécier la gravité des irrégularités commises, et les circonstances de la cause. Par exemple en cas d'urgence

ou de nécessité absolue, un ordre envoyé par écrit ou par télégraphe à l'entrepreneur ou à son représentant pourrait être considéré comme valable ; mais même en ce cas et pour éviter toute difficulté l'entrepreneur fera bien de demander la régularisation postérieure de l'ordre, par son inscription sur le registre, ou son visa par l'autorité compétente s'il n'émane pas d'elle.

784. — L'article 10 est complété par l'article 11. « L'entrepreneur, dit ce dernier article, « doit commencer les travaux dès qu'il « en a reçu l'ordre du chef du service d'exécution. Il est tenu de « se conformer strictement aux plans, profils, tracés, ordres de « service, et, s'il y a lieu, aux types et modèles qui lui sont don- « nés pour ces travaux.

« L'entrepreneur doit également se conformer aux change- « ments qui peuvent lui être prescrits au cours de l'exécution des « travaux, mais ces changements doivent lui être prescrits par « écrit dans la forme tracée à l'article 10. Il ne lui est tenu « compte de ces changements qu'autant qu'il justifie d'un ordre « écrit. »

Par suite de la substitution du marché sur devis ou à l'unité de mesure au marché sur série de prix, la question des changements apportés aux travaux a pris une importance considérable : nous y reviendrons plus loin.

785. — Le règlement du 1er décembre 1887, qui précède et commente le cahier de 1887, ajoute, dans son article 24, une disposition très sage : « Indépendamment des ordres proprement « dits, le registre porte notification à l'entrepreneur de l'accep- « tation des types de matériaux à employer dans la construction « et des refus prononcés, des prix supplémentaires approuvés « par le Directeur. Dans le cas de lotissement, il indique, afin « de déterminer la responsabilité de chaque entrepreneur, les « époques particulières où les diverses parties de la construction « et les natures d'ouvrages doivent être achevées. Enfin, on y « consigne toutes les communications dont il importe de garder « trace en vue des contestations ou réclamations ultérieures. »

Dans un chapitre spécial traitant des réclamations de l'entrepreneur, nous exposerons les formalités à remplir et la procédure à suivre pour le cas où l'entrepreneur n'accepte pas les décisions du directeur ou les prix par lui proposés.

PARAGRAPHE III

Travaux des départements, des communes et établissements publics.

786. — Différence essentielle qui sépare ces travaux de ceux de l'État. — Le directeur des travaux ne représente le département, la commune ou l'établissement public que dans la mesure de son mandat.
787. — Principes qui doivent guider l'entrepreneur.
788. — Un ordre écrit n'est pas nécessaire en général, mais les cahiers de charges l'exigent souvent.
789. — Difficultés de preuve de l'ordre verbal.

790. — Reconnaissance de l'ordre par le directeur des travaux; plans, profils d'exécution, commencement de preuve par écrit.

791. — Nécessité d'examiner si celui qui donne l'ordre, a le pouvoir de le donner; renvoi aux règles sur l'organisation des travaux des départements, des communes, etc.

792. — Preuve à la charge de l'entrepreneur.

793. — Ordres émanant du Préfet.

794. — Ordres émanant du Maire.

795. — Ordres émanant de l'architecte.

796. — Etendue du mandat de l'architecte.

797. — Résumé des principes qui déterminent l'étendue des pouvoirs du Conseil municipal et du Maire en matière de travaux communaux.

798. — Exceptions : jurisprudence, travaux dont la nécessité est démontrée.

799. — Travaux simplement utiles; prise de possession, reconnaissance de l'utilité.

800. — Travaux de luxe ou de décoration.

801. — La commune ne doit que ce dont elle a profité, et ne paye que dans la mesure du profit qu'elle a tiré des travaux.

802. — Exceptions à cette règle : travaux urgents, nécessaires, d'une utilité reconnue.

803. — Reconnaissance de la dette par la prise de possession des travaux : une réception régulière n'est pas nécessaire, faits qui en tiennent lieu.

804. — Exemples d'autres reconnaissances de la dette : offre de paiement, acompte, délibérations du Conseil municipal, etc.

805. — Autres preuves de l'urgence, de la nécessité ou de l'utilité ; expertise.

806. — Impossibilité de produire ces preuves: travaux dont l'urgence, la nécessité ou l'utilité ne sont pas démontrées, recours contre ceux qui les ont ordonnés.

807. — Recours de l'entrepreneur contre l'architecte.

808. — Recours contre le Maire.

809. — Recours contre le curé, desservant ou ministre du culte.

810. — Recours contre les membres du Conseil municipal.

811. — Clause spéciale dans certains cahiers de charges.

786. — Nous allons maintenant étudier ces différentes questions au point de vue des travaux des départements, des communes et des établissements publics. Cette étude est beaucoup plus difficile. Pour les travaux de l'Etat, les cahiers contiennent toujours une clause obligeant l'entrepreneur à se conformer aux ordres écrits des ingénieurs, architectes, directeurs des travaux etc..., et à cause des liens étroits qui unissent les membres de l'Administration, ces directeurs des travaux sont toujours supposés représenter entièrement l'Etat, maître de l'ouvrage, qui parle par leur organe. Au contraire, les architectes, et d'une manière générale les directeurs de travaux départementaux et communaux ne représentent les départements et les communes que dans la mesure du mandat qui leur a été donné par les Conseils généraux ou municipaux, les maires et les préfets. De plus, ces derniers ne représentent les départements ou communes que dans la mesure des pouvoirs qui leur sont conférés par la loi. Les départements et communes sont, on l'a dit bien souvent, des mineurs placés sous la tutelle administrative ; la gestion de leurs intérêts est assujettie à des formalités particulières. Nous avons dit qu'avant de prendre part à une adjudication, un entrepreneur devait s'inquiéter avant tout de savoir si les travaux étaient régulièrement ordonnés, qui les dirigerait, et quels seraient les pouvoirs de ces directeurs des travaux. Rigoureusement il devrait aussi s'inquiéter de ces deux choses toutes les fois qu'un ordre

lui est donné par le directeur des travaux ; mais pour tous les ordres qui sont donnés en exécution du devis de l'entreprise, il est inutile qu'il se livre à un nouvel examen. Cet examen n'est nécessaire que quand l'ordre comporte un changement soit au cahier des clauses et conditions générales de la ville, du département, etc., soit au devis particulier de l'entreprise. Malheureusement le législateur n'a rien fait pour l'éclairer, et les conventions, les cahiers de charges donnent fort peu d'indications.

787. — Nous allons essayer de résumer et condenser en quelques règles générales et faciles à appliquer les principes qui doivent guider l'entrepreneur dans son examen.

Les départements, les communes et les établissements publics emploient habituellement le marché à forfait, plus ou moins modifié dans ses parties accessoires, mais généralement rigoureusement conforme, dans ses dispositions essentielles, à la définition que nous avons donnée de ce marché ; ils emploient assez souvent aussi le marché à l'unité de mesure.

788. — En premier lieu, l'entrepreneur doit-il exiger, toutes les fois que l'ordre qui lui est donné lui paraît comporter un changement aux conditions générales ou au devis, un ordre écrit et signé du directeur des travaux ?

Nous savons que le cahier des ponts et chaussées ne régit pas les travaux ; il semble par conséquent que la règle de l'article 10 ne soit pas applicable. Pour éviter toute difficulté, il arrive fréquemment que le cahier des charges stipule la nécessité de l'ordre écrit pour tous les changements et travaux imprévus. Il faut alors appliquer les règles que nous avons exposées ci-dessus pour les travaux de l'Etat (n° 765 et suivants). (*Voyez* comme application : C. d'Etat, 9 février 1883, *Noninville*, 161.) En pareil cas, aucune difficulté n'est possible. (*Adde* C. d'Etat, 20 avril 1883, *Neirinck*, 393 ; 22 janvier 1875, *Martinet*, 73.) Ce soin qu'apportent les communes à stipuler la nécessité de l'ordre écrit démontre suffisamment que, si cette clause n'existait pas, le travail devrait être payé même s'il avait été exécuté par un ordre verbal.

789. — Mais nous remarquerons que ce système donnera lieu à de graves difficultés pratiques : si le directeur des travaux nie avoir donné l'ordre, il sera nécessaire de recourir à la preuve testimoniale qui ne pourra être administrée que dans les termes du droit commun. Le plus souvent, l'entrepreneur sera dans l'impossibilité de la fournir, d'autant plus que les présomptions ne lui sont pas favorables.

790. — Cependant si le directeur des travaux reconnaît avoir donné l'ordre, il en sera ici comme pour les travaux de l'Etat. Ajoutons que, bien souvent, l'entrepreneur aura un commencement de preuve par écrit, dans les plans, profils, dessins qui lui seront remis pour l'exécution des changements ou des travaux qui en auront été la conséquence.

La preuve que l'ordre de changement a été donné sera donc le plus souvent possible, même en cas d'ordre verbal.

791. — En deuxième lieu, il ne suffit pas que l'entrepreneur prouve avoir reçu l'ordre ; il faut qu'il prouve que celui qui l'a donné en avait le pouvoir.

La difficulté est d'autant plus grande qu'il n'y a pas ici, comme pour les travaux de l'Etat, une Administration représentée par des agents déterminés, dont les titres et les pouvoirs sont nettement établis dans les cahiers de charges. On a vu par l'exposé de l'organisation générale des travaux des départements et des communes (n°s 138 et suivants), que, pour ces travaux, il y a un certain nombre d'agents directeurs qui agissent simultanément. Pour les travaux des départements, la haute direction appartient au préfet, souvent représenté lui-même par des agents délégués, et la direction immédiate appartient à un architecte, un ingénieur, ou un agent voyer.

792. — L'entrepreneur, à la réception de l'ordre, doit d'abord rechercher si l'architecte, l'ingénieur, l'agent voyer a agi dans l'étendue de ses pouvoirs, et c'est lui qui sera obligé de faire la preuve de l'affirmative en cas de contestation. La légalité des dérogations apportées au devis ne se présume pas plus que ces dérogations elles-mêmes. Si l'ordre est donné directement par le préfet ou par le maire, ou si, donné par l'architecte ou l'ingénieur, il est approuvé par eux, l'entrepreneur devra encore, en cas de contestation, faire la preuve que le préfet ou le maire avaient le pouvoir de le donner.

793. — Cela se comprend pour le préfet ; le rôle de ce fonctionnaire dans les travaux départementaux est bien défini par la loi. Nous avons donné aux numéros 148 et suivants tous les renseignements nécessaires. Nous allons donc étudier spécialement cette matière au point de vue des travaux communaux, les règles que nous allons donner pour ces travaux étant dans la mesure des principes exposés au Titre II, relatif aux travaux des départements. (V. n°s 138 et suivants.)

794. — Il peut sembler excessif que ce soit à l'entrepreneur à prouver la régularité des ordres en vertu desquels les changements ont été faits, par exemple, en ce qui concerne les ordres donnés par le maire. Celui-ci joue un rôle considérable dans les travaux communaux.

L'entrepreneur est placé sous ses ordres, il est à son égard dans une situation dépendante et subordonnée. En attribuant au maire la direction et la surveillance des travaux, la loi entend, en effet, lui réserver autre chose qu'un droit d'inspection purement honorifique. Sans doute, l'entrepreneur auquel le maire voudrait, contrairement aux stipulations des devis, imposer des changements susceptibles de nuire à la solidité de l'édifice, a parfaitement le droit de se refuser à les faire. Responsable, comme constructeur, des malfaçons, il peut et doit repousser toute intervention qui a pour conséquence de porter atteinte aux conditions essentielles de toute construction conforme aux règles de l'art. Mais lorsqu'il s'agit de travaux qui entraînent simplement des augmentations de dépenses, il semble que l'autorisation du maire, représentant de la commune, et spécialement commis à la direction des travaux, doive le sauvegarder contre des réclamations ultérieures. Est-ce à lui de s'assurer que le maire ou ses délégués outrepassent leurs attributions en approuvant, sans l'agrément de l'autorité supérieure, des dépenses excessives ? L'entrepreneur n'est pas le tuteur de la commune, il n'est pas tenu de veiller à ses intérêts et de la protéger contre ceux-là mêmes qui la représentent. Si elle est mal administrée, qu'elle dirige son action contre qui de droit. La responsabilité, s'il y a lieu, doit remonter plus haut que lui.

Ces raisons sont graves : mais l'intérêt communal exigeait qu'on n'en tînt pas compte. C'est à l'entrepreneur à se défendre contre une ingérence illégale des membres de la municipalité : c'est à lui d'exiger, quand un changement lui est prescrit, qu'on lui présente les décisions administratives qui approuvent les travaux et ouvrent les crédits. L'accomplissement de cette obligation offre dans la pratique bien des difficultés, mais on ne saurait trop le recommander à l'entrepreneur : car on voit fréquemment des communes, invoquant la violation des formes administratives, refuser le prix des travaux exécutés sous les yeux et avec le consentement du corps municipal tout entier. L'Administration supérieure, trompée, appuie ces réclamations, et les tribunaux administratifs, préoccupés avant tout de la loi et de l'intérêt communal, leur donnent un accueil favorable.

Les plans et devis, telle est donc la loi de l'entrepreneur. Il doit s'y conformer en toute circonstance. Si onéreuses que soient les charges et conditions du marché, sa soumission le lie irrévocablement, et il ne peut s'en dégager sous aucun prétexte, lorsque l'Administration, restant elle-même dans les termes du contrat, en exige l'exécution.

Le moment n'est pas venu de faire connaître les diverses sanctions que le cahier des charges assigne à l'accomplissement de cette obligation essentielle. Mais il fallait la signaler ici comme celle à l'observation de laquelle l'entrepreneur est le plus strictement soumis.

795. — Ce principe comporte une exception importante qui résulte des droits de l'architecte, directeur des travaux.

Presque toujours le cahier des charges enjoint à l'entrepreneur de se conformer, sauf règlement de compte, à toutes les modifications qui seraient jugées nécessaires par l'architecte, en cours d'exécution. Ce mandat, qui est donné dans le cahier des charges, est approuvé, comme toutes les parties de ce cahier, par le Conseil municipal et le préfet ; par conséquent : « l'entrepreneur « est placé sous la direction de l'architecte ; il est tenu de se « conformer à ses ordres, et quant à la dimension des maté- « riaux, et quant aux conditions et aux moyens d'exécution de « certains ouvrages. Le mandat donné à cet égard à l'architecte

« emporte virtuellement l'autorisation des dépenses qui peuvent
« être ainsi ordonnées. » (Observ. du com. du gouvern. M. Lebon,
1853, p. 809.) Cette doctrine de l'Administration a été confirmée
par la jurisprudence. (Conseil d'Etat, 28 juillet 1853, *Commune de
Campondré*, 807 ; 5 déc. 1837, *Ministre de la justice*, 649 ; 30
avril 1852, *Commune de Villiers-Bocage*, 125 ; 7 mai 1857, *Lé-
ponelle* 379 ; 30 mai 1861, *Ville de Champlitte*, 469 ; 20 juillet
1867, *Commune de la Chapelle*, 701 ; 28 juillet 1869, *Commune
d'Anjouin*, 773 ; 29 novembre 1872, *Commune de Jouins*, 678,
10 janvier 1873, *Commune de Menetou-Salon*, 41 ; 11 novembre 1881, *Mieme*, 873 ; 31 mars 1882, *Commune de Fays-Billot*,
333 ; 2 mai 1885, *Mandon*, 334.)

796. — Mais il est essentiel de remarquer que, à moins de stipulation expresse, le pouvoir conféré par cette clause à l'architecte ne s'étend qu'aux détails de l'exécution. Elle ne lui
donne pas le droit de modifier les plans d'ensemble ou les parties essentielles du projet. Les modifications qui intéressent l'ensemble de la construction restent soumises à l'approbation préalable de l'autorité supérieure, et l'entrepreneur qui les exécuterait
sur l'ordre pur et simple de l'architecte, dans un cas où la nécessité absolue n'en serait pas démontrée, serait certainement obligé
d'en payer le prix. Le Conseil d'État a fait plusieurs fois cette
distinction entre les modifications de détails et les changements
aux plans d'ensemble, et réservé seulement pour les premiers,
à l'entrepreneur, un recours contre la commune. (C. d'État, 25 juin
1857, *Mazet*, 528 ; 12 mai 1859, *Dép. des Ardennes*, 347.)

On voit que la solution eût été différente, et que l'entrepreneur
se serait vu refuser le prix de modifications non autorisées au
plan d'ensemble. C'est qu'en effet le mandat confié à l'architecte,
et qui contient en lui même la dispense de l'autorisation administrative, ne peut avoir d'autre objet que la bonne exécution
des travaux prévus. Il n'implique pas l'abandon des garanties
ordinaires pour ce qui concerne les augmentations relatives aux
parties essentielles des projets. On veut faciliter l'action de l'architecte, et non pas lui donner une liberté absolue et complète.
Pour ne pas entraver à chaque instant l'initiative nécessaire à
la bonne exécution des travaux, on le dégage de l'obligation de
consulter l'Administration à propos des détails infinis de la construction. Mais autre chose est de changer le mode d'exécution
prescrit par les devis, de réparer une erreur ou une omission
commise au moment de la rédaction des plans, autre chose de
substituer aux constructions prévues d'autres constructions entraînant des dépenses considérables. Quand l'architecte dépasse
ainsi son mandat, l'entrepreneur n'est plus tenu de lui obéir, et
c'est à bon droit que la commune lui reproche une soumission à
laquelle il avait le droit de se soustraire.

Il faut d'ailleurs tenir compte des expressions dont se sert le
cahier des charges, pour apprécier en fait l'étendue du mandat
donné à l'architecte.

En dehors de ce mandat, l'architecte ne peut donner aucun

ordre qui n'ait été régulièrement autorisé. Résumons donc brièvement les principes relatifs à l'autorisation des travaux communaux.

797. — Sous l'empire de la loi du 18 juillet 1837 (art. 19 et 45), le Conseil municipal était appelé à délibérer sur toutes les dépenses ordinaires et extraordinaires de la commune ; aucune construction nouvelle ou reconstruction entière ou partielle ne pouvait avoir lieu sans l'approbation préalable du préfet ou du Ministre suivant l'importance de la dépense. Il résultait de là que l'entrepreneur qui faisait des augmentations au devis, ou même de simples changements, était obligé, pour en obtenir le prix, de justifier de l'accomplissement de cette double formalité, soit qu'il y ait eu, soit qu'il n'y ait pas eu forfait. Dans l'un et l'autre cas, l'incapacité de la commune la protégeait. Sous l'empire de cette loi, il avait été jugé maintes fois que les ordres formels du maire n'autorisaient pas l'entrepreneur à réclamer à la commune le prix de travaux autres que ceux qui avaient été compris dans l'adjudication, s'ils n'avaient pas été autorisés par le Conseil municipal et le préfet. (C. d'Etat, 11 février 1858, *Thureau*, 142 ; 29 février 1859, *Commune de Vézac*, 767 ; 19 avril 1860, *Commune de Gonnord*, 338.)

La loi du 24 juillet 1867 avait modifié cette législation dans une certaine mesure, mais sans la faire disparaître : sous son empire, le Conseil municipal réglait par ses délibérations les travaux d'entretien et de grosses réparations « quand la dépense totale « afférente à ces projets et autres de même nature adoptés dans le « même exercice ne dépasse pas le cinquième des revenus ordi- « naires, ni en aucun cas la somme de 50,000 fr. ». Mais en dehors de ce cas l'approbation préfectorale restait nécessaire : par conséquent, l'entrepreneur qui réclamait le payement de travaux imprévus devait justifier de l'autorisation par une délibération régulière revêtue de l'approbation préfectorale. (C. d'État, 30 mai 1873, *Lannes*, 495.)

La loi du 5 avril 1884, en donnant au maire la direction et la surveillance des travaux (art. 90), n'a en aucune façon dérogé à ces principes qui ont été fréquemment appliqués par le Conseil d'Etat depuis sa promulgation. (C. d'Etat, 1er mai 1884, *Mandon*, 334 ; 8 août 1884, *Fafeur*, 739, etc.)

Dans le cas où l'entrepreneur a reçu de l'architecte des ordres formels, sans approbation régulière, il a le droit, en se refusant à les exécuter, de demander la résiliation de son marché. (C. d'Etat, 31 janvier 1873, *Commune de Fouleix*, 118.)

798. — Telles sont les règles générales ; mais la jurisprudence y a apporté un certain nombre d'exceptions qu'il importe d'étudier.

La première exception est relative aux travaux dont la nécessité est démontrée en cours d'exécution, et dont l'urgence ne permet pas d'attendre l'accomplissement des formalités ordinaires. L'entrepreneur est tenu d'exécuter ces travaux sur l'ordre pur et simple de l'architecte ou du maire, et la commune doit lui en rembourser le prix. (C. d'Etat, 6 juillet 1858, *Commune de Saint-Projet*, 493 ; 13 décembre 1855, *Ville de Bergues*, 727 ; 18 août

1856, *Billamboz*, 556; 18 avril 1861, *Commune de Pierre-Buffiè-res*, 289; 10 mars 1864, *Delettre*, 245; 28 juillet 1864, *Ville d'Aix*, 712; 27 janvier 1865, *Commune de Petit-Prissé*, 123; 31 mars 1865, *Commune de Fontaine-l'Abbé*, 392; 2 mai 1866, *Moinard*, 420; 22 juillet 1869, *Commune d'Anjoin*, 723; 10 janvier 1873, *Commune de Ménetou-Salon*, 41; 14 février 1873, *Baudinard*, 177; 27 juin 1873, *Commune d'Oisly*, 607; 11 novembre 1881, *Moine*, 873; 17 février 1882, *Commune de Neuville*, 195; 17 février 1882, *Carlier*, 197; 19 mai 1882, *Hugot*, 521; 17 novembre 1882, *Commune de Jars*, 904; 7 août 1886, *Thévenet*, 738.)

Cette première exception n'a pas besoin d'être justifiée. La nécessité fait loi, et il ne pouvait venir à l'idée de personne de laisser à la charge de l'entrepreneur des dépenses absolument inévitables.

799. — Il faut aller plus loin, et reconnaître que les travaux qui n'ont pas ce même caractère d'urgence et de nécessité abso-lue doivent encore être payés par la commune, si leur utilité est hors de doute, et si elle en a pris possession par ses représen-tants légaux.

En effet, il est un principe applicable aux mineurs comme aux individus qui jouissent de la plénitude de leurs droits; c'est que nul ne peut s'enrichir aux dépens d'autrui : *Nemo alterius damno locupletari potest.* C'est en considération de cette règle fonda-mentale dans toute législation basée sur les principes de l'équité naturelle, que le droit romain, pourtant si formaliste, accordait une action au tiers lésé par un acte du tuteur, accompli en de-hors de son mandat, lorsque cet acte avait profité au pupille. « *Sed ex dolo tutoris, si factus est locupletior (pupillus), puto in* « *eum dandam actionem...* » (L. 15, Dig., *De dolo malo*.) La même loi prévoit même, dans son § 1er, l'hypothèse dont nous nous occupons. Ulpien se demande si les municipes pourraient être l'objet d'une action de cette nature, et il déclare qu'il n'y voit pas d'obstacle. — « *Sed, an in municipes de dolo detur actio, dubi-* « *tatur ? Et puto, ex suo quidem dolo non posse dari : quid enim* « *municipes dolo facere possunt? Sed si quid ad eos pervenit ex* « *dolo corum, qui res eorum administrant, puto dandam.* »

Je ne vois aucune raison pour ne pas appliquer aujourd'hui les mêmes règles. Notre opinion trouve d'ailleurs un appui iné-branlable dans l'article 555 du C. civ., qui n'autorise le proprié-taire du sol sur lequel des plantations, constructions et ouvra-ges ont été faits par un tiers et avec ses matériaux, à conserver ces constructions, qu'à la condition de rembourser la valeur des matériaux et le prix de la main-d'œuvre. Or, l'entrepreneur qui dépasse les prévisions du devis se trouve exactement dans la si-tuation prévue par l'article 555, car il est peu important, au point de vue de l'application de cet article, qu'il s'agisse de simples augmentations à une construction commencée, ou d'une con-struction entière. La commune a toujours le droit de refuser les ouvrages pour lesquels il a été fait des dépenses non autorisées. Lorsqu'au contraire elle prend possession de ces ouvrages, lors-

qu'elle les reçoit définitivement et y installe les services communaux, elle déclare implicitement qu'elle entend, usant de l'option qui lui est donnée par l'article 555, conserver les augmentations qui ont pu être faites. Au surplus, cette acceptation ne
peut avoir de conséquences pour la commune qu'en ce qui touche
les travaux dont l'utilité n'est pas contestée. Les dépenses d'ornementation et d'agrément, celles qui sont occasionnées par
une exécution plus parfaite qu'il n'était nécessaire, par l'emploi
de matériaux non pas plus solides, mais plus luxueux, ne doivent pas entrer en compte.

800. — La jurisprudence a indiqué ce qu'il fallait entendre par
« travaux utiles ». N'ont ce caractère que les travaux indispensables à la bonne exécution du travail, nullement ceux « *de décora-*
tion qui n'étaient pas nécessaires à la bonne exécution de l'entreprise », quand bien même ils auraient été commandés par
l'architecte. (C. d'Etat, 15 décembre 1882, *Picavet*, 1035.)

801. — La commune doit tout ce dont elle a réellement profité.
(C. d'Etat, 15 mars 1855, *Comm. de Saint-Nicolas de la Grave*, 196;
28 juin 1855, *Consist. israélite du Bas-Rhin;* 30 mai 1861, *Ville de*
Champlitte, 469; 10 avril 1873, *Commune de Ménetou-Salon,* 41;
3 juillet 1874, *Commune de Cassis,* 634; 17 juillet 1874, *Commune*
de Souvigné, 690; 16 juillet 1875, *Bay,* 695; 3 décembre 1875,
Commune de Vaire-sous-Corbie, 981; 3 juin 1882, *Lorenzoni,*
610; 19 mai 1882, *Hugot,* 521; 6 février 1885, *Commune du Hail-*
lan, 161; 20 novembre 1885, *Commune de Roocourt,* 865; 26 novembre 1886, *Commune de Plounérin,* 836.)

802. — Dans l'hypothèse que nous venons d'examiner, aussi bien
que dans le cas d'urgence, il n'y a aucune distinction à faire
entre les simples modifications au plan et les travaux nouveaux
et distincts des travaux adjugés. Dans l'un et l'autre cas, le prix
doit en être payé à l'entrepreneur par la commune qui en a pris
possession, et qui entend les conserver. Pour les modifications
au plan dont l'urgence ou l'utilité sont certaines, on ne peut pas
reprocher à l'entrepreneur l'omission des formes légales, puisque,
si on y avait eu recours, il est indubitable que les travaux auraient été autorisés. Pour les travaux entièrement nouveaux, et
que les devis n'ont pas prévus, cette raison peut fort bien ne pas
exister, mais la prise de possession couvre l'irrégularité commise, et l'art. 555 du C. civ. s'oppose à ce que la commune s'en-
richisse aux dépens de l'entrepreneur. Cette solution a été consacrée par un certain nombre d'arrêts. (C. d'Etat, 26 février 1823,
Soubiron, 334; 22 décembre 1859, *Commune de Vézac,* 767;
29 juin 1877, *Commune de Giscos,* 657.)

En résumé, les changements apportés au devis, les augmentations dans les quantités de travaux, etc., peuvent, en dehors d'ordres régulièrement donnés, être invoqués par l'entrepreneur et lui
être payés :

1° En cas de nécessité et d'urgence du travail ;
2° En cas d'utilité de ce travail.

Et comme principe général, la commune n'est pas admise à contester la nécessité ou l'urgence du travail ni son utilité, si elle a pris possession de l'ouvrage.

803. — Ce principe s'applique non seulement quand il y a eu réception régulière de l'ouvrage dans les conditions ordinaires, indiquées le plus souvent au cahier des charges, mais même en cas de simple prise de possession matérielle de l'ouvrage : par l'occupation du bâtiment, la livraison à la circulation de la route, du pont, etc. (C. d'Etat, 7 avril 1869, *Commune de Coulanges*, 328; 27 juin 1873, *Commune d'Asly*, 607; 6 juin 1879, *Ozanne*, 469; 3 juin 1881, *Lorenzoni*, 610.)

804. — De même, d'autres faits que la prise de possession peuvent rendre la commune non recevable à contester la nécessité ou l'utilité des travaux. Ces faits sont laissés à l'appréciation des juges, nous citerons notamment : l'offre de paiement fait par la commune au moyen d'un crédit porté au budget (C. d'Etat, 2 juillet 1880, *Commune de Saint-Sauveur-Levasille contre Gasse-Guillois*, 636); la reconnaissance de la dette dans une délibération régulière intervenue après l'accomplissement des travaux (C. d'Etat, 29 juin 1877, *Commune de Giscos*, 657; 8 décembre 1882, *Fontana*, 1008); le paiement d'un acompte. (C. d'Etat, 3 juin 1881, *Lorenzoni*, 610.)

805. — Enfin, si l'entrepreneur ne peut invoquer aucun fait rendant la commune non recevable, il peut prouver la nécessité ou l'utilité des travaux par tous les moyens de preuve ordinaires, le plus souvent la preuve sera faite par une expertise. (C. d'Etat, 28 juillet 1869, *Commune d'Anjoin*, 723; 30 mars 1870, *Fabrique de Rouez*, 375; 20 décembre 1872, *Héritiers Vidal*, 744; 23 juillet 1875, *Commune de Bucil*, 739; 3 décembre 1875. *Commune de Vaire-sous-Corbie*, 98; 19 mai 1882, *Hugot*, 522; 8 août 1884, *Commune de Marseillette*, 739; 7 août 1886, *Thévenet*, 738.)

806. — En dehors des circonstances exceptionnelles que nous venons de mentionner, la règle générale reprend son empire, et la nécessité de l'autorisation administrative reparaît dans toute sa rigueur. Mais l'entrepreneur qui n'a agi que d'après l'ordre de l'architecte, du maire ou des membres de la Commission municipale chargés de la surveillance des travaux, ou même sur l'assentiment du Conseil municipal, n'aura-t-il pas un recours contre les officiers municipaux? L'affirmative nous paraît certaine. C'est bien assez que la faute commise par l'entrepreneur, qui obéit aux injonctions ou aux désirs de l'autorité municipale, ait pour conséquence la perte de son action contre la commune. Le maire ou les membres de la Commission sont aussi en faute vis-à-vis de lui. Leur qualité seule est contre eux un argument sans réplique; ils ne pouvaient ignorer que les travaux supplémentaires auraient dû être préalablement approuvés par le Conseil municipal et par le préfet, et qu'en fait ils ne l'avaient pas été. Représentants légaux de la commune, chargés, en son nom, de veiller à l'exécution stricte des clauses du cahier des charges, leur pre-

mier devoir est de retenir l'entrepreneur qui s'en écarte. Si, au contraire, ils le poussent dans la voie où son intérêt le sollicite si puissamment d'entrer, ils substituent leur responsabilité personnelle à celle de la commune, parce qu'on ne peut voir en eux que des mandataires qui excèdent sciemment les limites de leur mandat. Vainement objecterait-on, dans leur intérêt, que l'entrepreneur ne peut lui-même ignorer l'étendue de leurs pouvoirs, et que dès lors il y a lieu d'appliquer la disposition de l'article 1997 du Code civil, aux termes duquel « le mandataire qui « a donné à la partie avec laquelle il contracte en cette qualité « une suffisante connaissance de ses pouvoirs n'est tenu d'au- « cune garantie pour ce qui a été fait au delà, s'il ne s'y est per- « sonnellement soumis ». L'entrepreneur, en effet, n'est pas réputé de plein droit connaître les délibérations du Conseil municipal et les actes de l'administration supérieure relatifs aux travaux. Le Conseil municipal prend souvent, en cours d'exécution, des déterminations nouvelles, et ses décisions sont approuvées par le préfet, sans que l'entrepreneur en soit nécessairement instruit. Les ordres qui lui sont donnés peuvent donc être le résultat de changements régulièrement approuvés, et rien ne l'oblige (au moins en ce qui les concerne) à demander aux administrateurs de la commune s'ils agissent en vertu d'autorisations régulières. Il y a donc en sa faveur une présomption de bonne foi, qui ne cède qu'à la preuve contraire, et si on n'établit pas, comme l'exige l'article 1997, qu'il a agi sachant réellement que les dépenses n'étaient pas approuvées, son action contre ceux qui lui ont donné des ordres doit être déclarée recevable et fondée.

On n'hésite pas, dans le droit commun, à déclarer le tuteur qui excède son mandat personnellement obligé envers les tiers. « L'équité non moins que l'intérêt social, dit à ce sujet « M. Demolombe, exige que chacun soit directement et person- « nellement responsable de ses actes illicites ; et en aucun cas le « tuteur ne pourrait chercher dans sa qualité ni dans son mandat « une excuse à de tels actes : car son mandat bien entendu ne lui « prescrit en aucune manière de violer les règles de la bonne foi, « même dans l'intérêt du mineur... » Plus loin, l'éminent auteur ajoute : « Si, en effet, le tuteur a dépassé son mandat et causé un « dommage à un tiers, il en doit certainement la réparation. » (Cass., 17 avr. 1827, *Pinette*, S., 27,1, 456 ; — M. Demolombe, t. VIII, p. 117 et 118.)

Il faut, de toute nécessité, appliquer ces principes dans l'hypothèse dont nous nous occupons. En s'engageant dans cette voie, la jurisprudence rend hommage à la justice et à la vérité légale, et assure aux communes une protection sérieuse et efficace. (*Voy.* Cass., 13 mai 1818, *Ville de Stenay* ; C. d'État, 23 avr. 1839, *Pougin de Maison-Neuve*, 117 ; 19 avril 1860, *Com. de Gonnord*, 338. *Cons.* aussi M. Cotelle, t. II, p. 489 ; M. Husson, p. 766.) — « Sans doute, dit ce dernier auteur, la responsabilité « des maires est surtout morale, en présence des règlements géné-

« raux et des stipulations qui arment les entrepreneurs du droit
« d'exiger des autorisations régulières. Cependant, si sous pré-
« texte d'urgence ou par d'autres motifs dont ils sont juges comme
« administrateurs, ces fonctionnaires prennent sur eux de faire
« exécuter des ouvrages non encore autorisés et qui ne sont point
« admis ultérieurement, il répugne d'admettre qu'en aucune cir-
« constance ils ne puissent être actionnés pour le payement du
« prix des travaux irréguliers après les autorisations nécessaires.
« Il y a là un cas de responsabilité personnelle qui ne peut attein-
« dre que l'ordonnateur des travaux. »

807. — La jurisprudence a fait application de ces principes :
1° en admettant le recours de l'entrepreneur contre l'architecte.
(C. d'État, 7 juillet 1882, *Duchez*, 652 ; 19 mai 1882, *Just.*, 524 ;
26 novembre 1886, *Commune de Plounérin*, 836.)

808. — 2° En admettant le recours contre le maire. (C. d'État,
30 mai 1873, *Lannes*, 493 ; 21 novembre 1879, *Pastré*, 725 ; 8 décembre 1882, *Pey*, 1012.)

809. — 3° En admettant le recours contre le curé. (C. d'État,
11 décembre 1862, *Loudios*, 769 ; 13 février 1880, *Mercier*, 183.)

810. — 4° En admettant le recours contre des membres du
Conseil municipal ou d'une Commission administrative dirigeant
un établissement public. (C. d'État, 19 avril 1860, *Commune de
Gonnord*, 338.)

Les mêmes principes sont applicables aux travaux départementaux.

811. — Un certain nombre de cahiers de charges, pour éviter
que la responsabilité des administrateurs de la commune puisse
être mise en doute, contiennent une clause portant expressément
que les travaux autres que ceux portés aux devis seront payés
par ceux qui les ordonnent. Application de cette clause a été
faite à l'occasion de travaux diocésains au préjudice du préfet
qui avait prescrit les dépenses sans l'autorisation de l'Administration supérieure. (Pau, 14 juillet 1831, *Ponts ; Journal des communes*, VIII, p. 9.) Les principes sur lesquels est fondée cette décision s'appliquent évidemment en matière de travaux communaux.

PARAGRAPHE IV

*Obligation de se conformer aux ordres de l'ordonnateur dans les
marchés à forfait.*

812. — Droit commun : article 1793 du Code civil. Son but et son esprit.
813. — Changements aux devis, nécessité d'une convention écrite conclue avec
le propriétaire. La preuve de la convention sur le changement ne
peut être faite que par écrit ; la convention sur le prix peut être prouvée par tous les modes autorisés par la loi.
814. — Application de ces règles aux entreprises de travaux publics à forfait.
815. — Conditions essentielles de l'existence du marché à forfait ; prix en
bloc invariablement fixé, plan convenu.
816. — Travaux imprévus dans les marchés à forfait ; convention modificative
en cours d'œuvre.

817. — Imprévisions découvertes en cours d'œuvre, à la charge de l'entrepreneur.

818. — Etendue de cette obligation de l'entrepreneur, ses limites.

819. — Forfait pur et simple et forfait mitigé : clauses modificatives, leurs conséquences.

820. — Exceptions aux règles ci-dessus, application des articles 1109, 1110 et 1117 du Code civil. L'entrepreneur peut en certains cas demander la résiliation du marché, jamais une augmentation du prix.

821. — Preuve du forfait en matière de travaux communaux.

812. — L'article 1793 du C. civ. règle ce qui concerne les dépenses non prévues dans les devis et marchés exécutés pour le compte des particuliers. Ses dispositions ont eu pour but de mettre fin à des abus invétérés. L'exposé des motifs en indique l'objet et la portée.

« Un architecte ou un entrepreneur se charge de la construction *à forfait* d'un bâtiment d'après un plan arrêté et convenu avec le propriétaire du sol; le propriétaire avait calculé la dépense qu'il voulait faire et qu'il pouvait faire; cependant, l'architecte vient parler d'augmentation de prix. Il ne manque pas de prétextes. Ici c'est l'augmentation de la main-d'œuvre, là c'est l'augmentation des matériaux. Quelquefois aussi l'architecte a fait quelques changements sur le plan; il a fait des augmentations qu'il prétend être nécessaires ou utiles, ou du moins agréables, et sur cela de longues et coûteuses contestations. L'architecte invoque la règle que nul ne peut s'enrichir aux dépens d'autrui. Il prétend que le propriétaire a été instruit des augmentations; qu'il les a tacitement approuvées; que, du moins, il ne les a pas contredites; qu'on ne fera aucun tort au propriétaire en l'obligeant à payer à dire d'experts. De son côté, le propriétaire dit qu'il a traité à forfait, que si les matériaux avaient baissé de prix, il n'aurait point été autorisé à demander un rabais; qu'il n'a point consenti aux changements, que les changements n'augmentent pas intrinsèquement la valeur de la chose, que sa position personnelle ne lui permet pas de plus grands déboursés. Notre loi a sagement décidé que lorsqu'un architecte ou un entrepreneur s'est chargé de la construction *à forfait* d'un bâtiment d'après un plan arrêté avec le propriétaire du sol, il ne peut demander aucune augmentation de prix, ni sous le prétexte d'augmentation de la main-d'œuvre ou des matériaux, ni sous celui de changements ou d'augmentations faits sur ce plan, si ces changements ou augmentations n'ont été autorisés par écrit, et si le prix n'a été convenu avec le propriétaire. » (Discours de M. Joubert dans la séance du Corps législatif du 16 ventôse an XII; voy. *Locré*, t. XIV, p. 462.)

813. — Ainsi, d'après le droit commun, lorsqu'il s'agit de constructions entreprises moyennant un forfait, l'entrepreneur ou l'architecte demeurent responsables des augmentations exécutées, par addition aux plans et devis, sans une autorisation écrite du propriétaire et sans que le prix en ait été convenu à l'avance. Cette double condition est indispensable pour que celui-ci soit tenu d'en payer le prix. L'autorisation écrite doit émaner du pro-

priétaire lui-même, et elle doit être représentée dans le cas même où les travaux imprévus sont devenus nécessaires en cours d'exécution. Rien ne peut la suppléer ; l'entrepreneur invoquerait vainement un commencement de preuve par écrit, fortifié de présomptions graves, précises et concordantes. Ni la preuve testimoniale, ni le serment, ni l'interrogatoire sur faits et articles ne pourraient être demandés. L'article 1793 n'admet point d'exception à ses rigueurs. (*M. Duvergier*, Louage, n° 366 ; *M. Troplong*, *ibid.*, n° 1018 ; *M. Frémy-Ligneville*, Législat. des bâtim., n° 25 ; Cass., 28 janv. 1846, *Urbain*, D. P., 46, 1, 245.) Une convention sur le prix est également nécessaire. Mais l'article 1793 n'exige point qu'elle soit constatée par écrit. A cet égard, on peut recourir, pour établir son existence, à tous les modes de preuves autorisés par la loi.

814. — Il en est de même en ce qui concerne les entreprises à forfait de travaux publics. Tout ce que nous venons de dire concerne uniquement les travaux pour lesquels on n'a pas stipulé un forfait. Dans les entreprises à prix fait, les règles à suivre sont essentiellement différentes. L'article 1793 du C. civ. s'applique alors dans toute sa rigueur. Toutes les augmentations, quelle qu'en soit la nature, qu'elles soient relatives à l'ensemble des travaux ou seulement aux détails de l'exécution, restent à la charge de l'entrepreneur seul, lorsqu'elles n'ont pas été régulièrement autorisées. Leur nécessité survenue en cours d'entreprise, l'utilité des améliorations que l'entrepreneur a faites, le bénéfice qu'en peut retirer la commune, l'insuffisance des prescriptions des devis, les ordres formels du maire, de la Commission municipale ou de l'architecte, ne sauraient modifier les conditions essentielles du traité, et ouvrir à l'entrepreneur une action en supplément de prix ou en indemnité contre qui que ce soit. En acceptant le forfait, il s'est soumis d'avance à toutes les chances favorables et défavorables, et il a renoncé à toute demande en supplément de prix. (Cass., 28 juillet 1846, *Urbain*, D. P., 46, 1, 245.) C'est à lui de ne point céder à des ordres ou à des exigences qui s'écartent des conditions du devis ; s'il agit autrement, il ne peut que s'imputer à lui-même les conséquences, fâcheuses pour ses intérêts, dues à sa trop grande facilité et à son manque d'énergie. (C. d'Etat, 7 mai 1852, *Commune de Revin*, 134 ; 14 février 1861, *Legay*, 120 ; 23 janvier 1864, *Borguet*, 164 ; 18 janvier 1881, *Rouxel*, 74 ; 20 juillet 1883, *Thareau*, 679 ; 23 mai 1884, *Marquie*, 424.)

815. — Mais, avant d'appliquer cette règle sévère, il sera souvent indispensable de déterminer d'abord la nature du marché, au sujet de laquelle des doutes s'élèvent fréquemment.

816. — Deux conditions essentielles caractérisent le marché à forfait : 1° un prix en bloc invariablement fixé ; 2° un plan convenu et arrêté à l'avance définitivement. L'absence ou l'insuffisance de l'une de ces deux conditions enlève au marché son caractère. Ainsi il n'y a pas forfait par cela seul que pour faciliter

les droits d'enregistrement un prix total a été fixé. (C. d'Etat, 31 mars 1882, *Loiselot*, 333.) Il ne suffirait même pas que le contrat, dans son texte, contînt le mot forfait, et constatât par exemple que l'entrepreneur s'est chargé « à forfait, moyennant un certain prix, de construire une maison suivant plan, coupes, etc., déterminés ». Ce contrat sera bien un commencement de preuve par écrit qu'il y a eu un plan arrêté et convenu entre les parties, et autorisera la preuve par témoins ou présomptions, mais la preuve complète et usuelle doit être la production du plan, portant la signature des parties. (Cass., req., 27 février 1882, D. P., 83, 1, 207.)

817. — Il faut observer aussi qu'il ne résulte pas de ce qui précède qu'il ne puisse jamais y avoir lieu à des travaux imprévus avec le marché à forfait; il faut appliquer ici le droit commun.

D'abord les parties qui ont formé la convention peuvent la modifier en cours d'œuvre; mais, remarquons-le, cette convention modificative doit être soumise à toutes les conditions de forme, d'autorisation, etc., qui seraient nécessaires à une convention isolée. En présence d'une convention de ce genre, réunissant toutes les conditions de régularité, l'entrepreneur peut, sans crainte de n'en être pas payé, exécuter les travaux qu'elle prévoit. (C. d'Etat, 7 août 1863, *Dagory*, 663; 14 février 1861, *Legay*, 121; 29 mai 1868, *Péreire*, 571.)

Mais cette condition d'autorisation régulière est absolument indispensable. (C. d'Etat, 15 janvier 1881, *Sénard*, 69; 1er juin 1883, *Thareau*, 517.)

818. — Il faut aussi remarquer que l'imprévu à la charge de l'entrepreneur est une des conséquences du contrat aléatoire que l'on appelle forfait; le constructeur doit au propriétaire un ouvrage déterminé; si, pour obtenir cet ouvrage, il est nécessaire en cours d'œuvre d'augmenter la quantité des matériaux, de changer les conditions d'exécution, etc., le constructeur doit les supporter puisque c'est justement pour se soustraire à une difficulté de leur règlement que le propriétaire a stipulé un forfait.

L'entrepreneur n'est tenu que dans les limites du marché, et ces limites sont posées par les plans et profils; conséquemment les travaux nécessaires pour les réaliser, qu'ils aient été prévus ou non, sont à la charge de l'entrepreneur, mais ceux-là seuls. C'est à la juridiction contentieuse qu'il appartient de rechercher ces limites, et elle a sous ce rapport un grand pouvoir d'appréciation.

819. — Dans cette recherche, les juges doivent prendre bien garde que les règles ci-dessus ne s'appliquent qu'au forfait pur et simple, rentrant rigoureusement dans les conditions que nous avons déterminées. Or, il arrive souvent que les parties, tout en passant un marché à forfait, y placent des clauses qui en modifient le caractère, et qui naturellement doivent en modifier les effets.

820. — En décidant que l'entrepreneur qui, ayant traité à forfait, exécute des travaux supplémentaires reconnus indispensables en cours d'entreprise, n'a pas cependant droit à un supplément de prix, nous n'avons pas voulu dire que, dans toute hypothèse, il serait tenu de les faire. On admet généralement que, bien que le contrat soit essentiellement aléatoire, l'entrepreneur n'a pas entendu prendre à sa charge, d'une manière absolue, tous les risques de l'entreprise. « Lorsque, par exemple, les fouilles font décou-« vrir qu'il faudra dépenser 30.000 fr. pour consolider le sol « d'une construction dont le prix a été fixé à 200.000 fr., il n'a « certes pas été dans l'intention des parties qu'une augmentation « aussi considérable entrerait dans les possibilités du forfait ; elle « change l'objet sur lequel elles ont voulu contracter ; cet objet « n'est plus le même. Il y a erreur considérable sur la chose et « sur le prix. Par conséquent, le propriétaire ne pourra pas « forcer l'entrepreneur à supporter cette augmentation de dé-« pense en vertu du forfait, et l'entrepreneur ne pourra pas obli-« ger le propriétaire à la subir ; chacun d'eux pourra demander « la nullité du marché pour cause d'erreur, en vertu des arti-« cles 1109, 1110 et 1117 du C. civ. » (Voy. *M. Frémy-Ligne-*« *ville*, p. 30.) Mais si l'entrepreneur n'use pas, dans ce cas parti-culier, de la faculté qui lui est ouverte, l'article 1793 est évi-demment applicable. « Il ne pourra pas demander une aug-« mentation de prix ; la nécessité des travaux ne serait point un « motif suffisant pour le lui faire accorder ; car le propriétaire, « averti de la dépense, se serait peut-être arrêté et n'aurait pas « continué la construction. » (Voy. *Législ. des bâtim., ibid. ;* C. d'Etat, 23 mai 1884, *Marquié*, 424.)

821. — Nous avons vu que l'article 1793 ne permet à l'entre-preneur de réclamer le prix des dépenses en augmentation qu'à la double condition de rapporter un ordre écrit, et de prouver qu'il y a eu convention sur le prix. L'autorisation du Conseil municipal et l'approbation du préfet, en matière de travaux com-munaux, satisfont amplement à la première de ces conditions. Mais supposons qu'aucun devis n'ait été dressé, et que la dépense relative aux augmentations n'ait pas été fixée. L'entrepreneur pourra-t-il en exiger le prix ? S'il s'agissait de travaux privés, l'autorisation écrite du propriétaire ne suffirait pas. Mais ici, il faut prendre garde d'exagérer la sévérité de la loi. Les formes particulières auxquelles l'autorisation est soumise font nécessai-rement présumer que cette autorisation n'a pu être donnée à la légère. Il n'est pas à craindre que la commune soit entraînée à des dépenses trop considérables ; l'approbation du préfet n'est intervenue qu'en connaissance de cause, et il y aurait quelque chose d'odieux à repousser la demande de l'entrepreneur, faute de convention sur le prix.

CHAPITRE II

Des obligations de l'Administration.

SECTION PREMIÈRE

De l'obligation de faire exécuter dans le délai convenu tous les travaux compris dans l'adjudication.

822. — L'entrepreneur a un droit acquis à l'exécution de tous les ouvrages compris dans son marché.

823. — Droit à indemnité pour les travaux non exécutés : son évaluation.

824. — Droit à la résiliation. Renvoi.

825. — Travaux à l'égard desquels existe le droit de l'entrepreneur : travaux prévus et travaux supplémentaires ou nouveaux.

826. — Droit de l'Administration de confier à un autre entrepreneur les travaux supplémentaires qui ne se rattachent pas directement à l'entreprise.

827. — L'entrepreneur ne peut les réclamer, sous prétexte que l'Administration aurait le droit de les lui imposer.

828. — L'appréciation du caractère des travaux nouveaux appartient aux Tribunaux : jurisprudence

829. — Clauses spéciales qui se trouvent dans certains cahiers de charges, relativement à l'exécution en régie à la diminution de l'entreprise, etc.

830. — Droit de l'entrepreneur à l'exécution dans le délai convenu : distinction de la renonciation à l'entreprise et de l'ajournement.

831. — Conséquences de l'ajournement : résiliation. Le droit à indemnité existe-t-il?

832. — Jurisprudence sous l'empire du cahier de 1833 : critiques.

833 — Dispositions du cahier de 1866.

834. — Conditions pour que le droit à indemnité existe : nécessité d'une faute de l'Administration.

835. — Retards résultant de l'augmentation des travaux.

836. — Retards provenant du manque de fonds : critique de la jurisprudence.

837. — Retards provenant du défaut de livraison des terrains en temps utile.

838. — Nécessité d'un dommage subi par l'entrepreneur.

839. — Evaluation de l'indemnité due.

840. — Dommages indirects provenant du fait de l'Administration : augmentation du prix des matériaux et de la main-d'œuvre.

841. — Retards provenant d'une faute initiale de l'entrepreneur : pas d'indemnité.

842. — Retards dans les payements : renvoi.

843. — Dommages résultant d'une activité inusitée imprimée aux travaux.

844. — Travaux des départements et des communes : règles identiques.

845. — Travaux du Ministère de la guerre : cahier de 1876 : droit de réduction de l'Administration.

846. — Absence de difficulté dans le marché sur séries de prix.

847. — Ajournement des travaux : le droit à indemnité existe-t-il lorsqu'il n'y a pas réclamation? Critique des dispositions du cahier : jurisprudence.

848. — Accélération inusitée des travaux.

849. — Cahier de 1887 : consécration tacite du droit à indemnité.

850. — Augmentation ou diminution de la masse des travaux : distinction entre les différents marchés.

851. — Cessation absolue ou ajournement des travaux : renvoi.

852. — Accélération des travaux.

853. — Retard dans les payements.

822.—Nous venons de passer en revue les diverses obligations de l'entrepreneur. A ces obligations correspondent autant de droits dont l'exercice et le maintien lui sont assurés et reconnus.

Nous avons vu, par exemple, que le bénéfice de l'adjudication lui est exclusivement personnel, qu'il ne peut le transmettre et le céder qu'avec l'agrément de l'Administration. Par voie de conséquence, celle-ci n'est pas fondée à céder à un tiers tout ou partie de l'entreprise. L'adjudicataire a un droit acquis à l'exécution de tous les travaux compris dans son marché. Personne ne doit lui être substitué sans son assentiment pour leur exécution totale ou partielle, et il peut prétendre à une indemnité si l'Administration vient à méconnaître ce droit.

C'est l'application de l'article 1794 du Code civil. Non seulement l'entrepreneur ne peut se voir substituer un autre adjudicataire, mais encore l'Administration ne peut pas exécuter elle-même par voie de régie une partie des travaux concédés. Ces principes, qui se justifient par cette considération que l'entrepreneur peut légitimement compter sur tout le bénéfice que lui procurerait l'entreprise, ont été fréquemment consacrées par la jurisprudence du Conseil d'Etat. (C. d'Etat, 30 juin 1859, *Bernard*, 458; 8 mars 1860, *Fagot*, 203; 26 juillet 1864. *Genève*, 708; 13 août 1867, *Comm. de Dangé*, 763; 13 février 1868, *Avril* 164; 14 mai 1875, *Mergou*, 484; 23 mai 1877, *Gérard*, 486; 14 janvier 1881, *Colas*, 59; 14 mars 1881, *Ville de Toulouse*, 313.)

823. — L'indemnité due à l'entrepreneur est fixée dans les termes de l'article 1794 du Code civil : elle doit comprendre toutes les dépenses de l'entrepreneur et tout ce qu'il aurait pu gagner dans les travaux qui ne lui ont pas été confiés. Les dépenses de l'entrepreneur sont évaluées d'après les données du cahier des charges et les documents fournis; elles sont au besoin déterminées par une expertise. Quant aux bénéfices, on part le plus souvent de ce principe que le bénéfice réalisé sur un travail est égal au dixième de la dépense; principe qui ressort des sous-détails, ou éléments de composition des prix, où l'on donne le plus généralement l'énonciation d'un prix déterminé pour les matériaux, d'un autre pour la main-d'œuvre, et d'un dixième du total de ces deux prix comme bénéfice. Comme ces éléments de composition des prix sont le plus souvent communiqués à l'entrepreneur avant l'adjudication, on admet que ce sont ceux sur lesquels il a pu compter, et qui sont la plus exacte expression de la vérité. Dans ce système, il n'y a pour déterminer le bénéfice dont a été privé l'entrepreneur, qu'à ajouter un dixième du chiffre représentant les dépenses. (C. d'Etat, 13 août 1867, *Commune de Dangé*, 763; 14 mai 1875, *Mergou et Mayen*, 484.) Il est évident d'ailleurs que les Tribunaux administratifs ne sont pas obligés de s'attacher à cette base d'appréciation qui peut manquer dans bien des cas, et qui n'est pas toujours absolument exacte. On sait au surplus que les éléments de composition des prix ne sont communiqués à l'entrepreneur qu'à simple titre officieux et comme renseignements; ils ne peuvent avoir que cette même valeur au point de vue qui nous occupe. Aussi, dans un grand nombre de cas, les Tribunaux administratifs ordonnent-ils la détermination de l'indemnité par une expertise. (C. d'Etat, 13 février 1868, *Avril et Isouard*, 164; 29 mai 1877, *Min. de l'int. contre Gérard*, 486.)

824. — Ajoutons que le fait de l'Administration de distraire de l'entreprise une partie des travaux adjugés ne donne pas seulement à l'entrepreneur un droit à une indemnité, mais aussi un droit à la résiliation de l'entreprise; assez souvent même il pourra cumuler le droit à indemnité et le droit à résiliation. Nous étudierons les questions soulevées par l'exercice de ce droit dans un chapitre subséquent : De la résiliation au profit de l'entrepreneur.

825. — A quels travaux s'étend la règle que nous venons de formuler? Elle comprend évidemment tous les travaux prévus expressément par le marché; mais si des travaux imprévus deviennent indispensables, l'Administration peut-elle, soit les exécuter en régie, soit les donner à un autre entrepreneur sans offrir le travail à l'entrepreneur primitif? Pour résoudre la question, il convient de distinguer entre les travaux imprévus qui sont la conséquence de l'entreprise, et les travaux supplémentaires ou nouveaux qui, ne s'y rattachant pas directement, peuvent être l'objet d'une adjudication séparée.

Pour les premiers, nous avons déjà vu que dans la rigueur des principes l'entrepreneur ne pourrait être contraint de les exécuter, mais qu'il a paru nécessaire de déroger en notre matière au droit commun; l'entrepreneur est tenu de se conformer aux changements ordonnés par le directeur des travaux, soit quant à leur mode d'exécution, soit quant à leur quotité. Cette obligation s'étend non seulement aux changements proprement dits, c'est-à-dire au remplacement de certains modes d'exécution par d'autres, à la substitution de certains matériaux à ceux qui sont prescrits au devis, mais encore aux ouvrages non prévus qui seraient jugés nécessaires, ainsi qu'aux augmentations dans les quantités ou dimensions des travaux prévus. (*Voyez* art. 10 du cahier des ponts et chaussées et la section VI du chapitre 1ᵉʳ ci-dessus.)

D'où, par conséquence, l'obligation pour l'Administration de réserver ces travaux à celui qui a l'obligation éventuelle de les exécuter; si elle les confiait à d'autres, ou les faisait exécuter en régie par ses propres agents, l'entrepreneur aurait droit à une indemnité et même à la résiliation de son entreprise sous des conditions que nous déterminerons plus loin.

826. — En ce qui concerne les ouvrages nouveaux qui ne se rattachent pas directement aux travaux adjugés, il arrive quelquefois que le droit qui appartient à l'adjudicataire d'exécuter seul les travaux expressément compris dans l'adjudication est étendu, par les stipulations du cahier des charges, aux travaux quelconques qu'il conviendrait à l'Administration de faire exécuter par addition aux travaux prévus. Cette clause accessoire doit être respectée, comme s'il s'agissait des travaux prévus, et il est dû une indemnité à l'adjudicataire s'il n'a pas été mis en demeure de soumissionner les ouvrages nouveaux. (C. d'Etat, 14 février 1845, *Segré*, 77.)

Mais cette stipulation est indispensable. Les ouvrages exécutés en augmentation et qui ne sont pas réservés, par une clause spéciale, à l'entrepreneur, peuvent être confiés à tout autre. Le contrat d'adjudication ne lie l'Administration à son égard que dans les limites mêmes de ce contrat. En dehors des ouvrages prévus et de leurs conséquences, la liberté des contractants reprend son empire, et les deux parties retrouvent leur indépendance.

Relativement aux ouvrages nouveaux, l'entrepreneur en charge est sur le même rang que les tiers et il n'a droit à aucune indemnité si l'Administration prend le parti de les faire exécuter par ses agents ou par tout autre entrepreneur. (C. d'État, 19 août 1832, *Guinot*, 489; 31 décembre 1838, *Ville de Bourges*, 712; 18 août 1857, *Bacanain*, 666.)

827. — Pour contraindre l'Administration à lui confier l'exécution des ouvrages nouveaux non prévus, l'entrepreneur ne saurait argumenter du droit que, d'après la plupart des cahiers de charges elle possède, de lui imposer l'exécution de certains ouvrages imprévus. Outre que cette faculté n'existe que pour les travaux qui sont la conséquence des travaux prévus, elle ne peut créer un droit de réciprocité, et conférer à l'entrepreneur le droit d'exécuter ces travaux si cela lui convient. Le droit invoqué par l'entrepreneur serait contraire aux principes ordinaires, nul ne pouvant être contraint de confier à un tiers l'exécution d'un travail quelconque. Une stipulation formelle est donc nécessaire pour le créer, et on ne peut le faire sortir au moyen d'une interprétation équitable, mais qui n'est rien moins que juridique, de la faculté accordée exceptionnellement à l'Administration d'imposer à l'adjudicataire l'exécution des ouvrages imprévus. De ce qu'on m'impose une obligation rigoureuse, il ne s'ensuit pas logiquement que j'aie un droit corrélatif plus large que celui qui est consacré par la loi commune. C'est tout le contraire qui est vrai; le droit diminue à mesure que l'assujettissement augmente.

Notons que le droit consacré au profit de l'Administration a des limites, qu'il s'étend seulement aux ouvrages nouveaux n'excédant pas le sixième du montant de l'adjudication, que, dès qu'il s'agit d'ouvrages plus considérables, il y a lieu à une adjudication nouvelle à laquelle l'entrepreneur est appelé en première ligne, et qu'il lui est toujours loisible et facile, en ne se présentant pas ou en proposant un rabais exagéré, de ne pas en prendre l'exécution à sa charge. Or, la prétendue faculté qu'invoquerait l'entrepreneur de soumissionner, à l'exclusion de tous autres, les ouvrages nouveaux, n'a point été réglée par les conditions générales. Il s'ensuivrait qu'elle serait absolue, qu'elle pourrait s'étendre à des ouvrages importants, et qu'à l'obligation restreinte qui lui est imposée correspondrait un droit sans limites à tous les ouvrages que l'Administration jugerait à propos d'ajouter aux travaux primitivement entrepris. Il n'en peut être ainsi.

828. — La question de savoir si les travaux confiés à un autre qu'à l'adjudicataire sont des travaux entièrement nouveaux ou des augmentations des travaux prévus, ou des conséquences de ces travaux, doit être résolue en fait par les Tribunaux adminis-

tratifs, qui devront prendre en considération la nature du marché et les termes du cahier des charges. C'est surtout en ce qui concerne les marchés sur série de prix que l'appréciation sera difficile. C'est ce qu'on a vu dans l'affaire *Hunebelle frères, contre Ville de Paris*. (C. d'Etat, 26 novembre 1880, 941.) Aux termes de son cahier des charges, l'entrepreneur avait été déclaré adjudicataire des travaux d'entretien de toute nature concernant un service (eaux, égouts et voie publique à Paris), et des travaux neufs du même genre dont la dépense n'excéderait pas 20.000 francs ; ultérieurement un arrêté préfectoral autorise les propriétaires à faire exécuter par des entrepreneurs de leur choix certains travaux (branchements particuliers d'égouts) dont la construction était confiée auparavant à la ville pour le compte des propriétaires. L'entrepreneur avait-il droit à une indemnité pour les pertes éprouvées et le bénéfice éventuel retiré ? Il est bien certain que la ville de Paris n'aurait pas eu le droit de confier ces travaux à un autre entrepreneur agissant pour son compte. C'eût été confier à un autre qu'à l'adjudicataire une partie des travaux du service des égouts dont le total des travaux sans exception avait été adjugé. (C. d'Etat, 18 mai 1881, *Ville de Toulouse*, 313.) Mais la ville de Paris n'avait pas garanti à l'entrepreneur que le service des égouts comprendrait toujours, et jusqu'à l'expiration du marché, les menus travaux qu'il comprenait lors de l'adjudication, ni même garanti le montant annuel ou le montant total des travaux, ou un minimum de ce montant ; la quantité des travaux à exécuter était donc indéterminée, et l'indemnité a été refusée.

829. — Les cahiers des charges contiennent souvent des exceptions aux règles que nous venons de poser.

Ainsi l'Administration se réserve la faculté d'enlever à l'entrepreneur la fourniture d'une partie des matériaux, en lui imposant en cours d'œuvre l'emploi de matières neuves ou de démolitions appartenant à l'Etat, en étant simplement payé de ses frais de main-d'œuvre et d'emploi, mais sans pouvoir réclamer de dommages-intérêts pour manque de gain sur les fournitures supprimées. (Ancien art. 17 des clauses et conditions des ponts et chaussées de 1833, et nouvel article 26 du cahier de 1866.) Toutefois, si en fait l'Administration imposait ainsi l'emploi des matériaux de l'État pour la presque totalité ou tout au moins une grande partie des matériaux nécessaires, on pourrait considérer que les conditions prévues par les parties au moment de l'adjudication ne sont pas réalisées, et il pourrait y avoir lieu à une indemnité. Dans certains cas même, la jurisprudence a considéré que l'entreprise avait plutôt le caractère d'une fourniture de matériaux qu'un travail proprement dit, et elle a refusé à l'Administration le droit d'imposer l'emploi de matériaux lui appartenant. (Entreprise d'entretien des voies publiques, des trottoirs, égouts, etc.) (C. d'Etat, 14 juin 1878, *Divert frères*, 582.)

Nous avons dit plus haut que la prohibition d'enlever une partie des travaux à l'entrepreneur visait non seulement la substitution d'adjudicataire, mais encore l'exécution en régie par l'Administration. (C. d'Etat, 14 janvier 1878, *Divert*, 585.) Ici comme pour tous les marchés, l'Administration peut cependant se réserver la faculté de faire exécuter en régie une partie de l'entreprise déterminée par le cahier de charges. Elle peut alors user de ce droit, mais elle ne doit pas l'excéder : il faut appliquer ici le droit commun de l'interprétation des conventions. (C. d'Etat, 29 novembre 1872, *Artigue*, 677.)

L'Administration peut encore se réserver la faculté de diminuer sans indemnité le montant de l'entreprise. (V. article 31 du cahier des ponts et chaussées expliqué ci-dessous dans la matière des résiliations.)

830. — Non seulement l'entrepreneur a un droit acquis à l'exécution de tous les travaux compris dans son marché, mais il a, de plus, le droit de les exécuter dans le délai convenu, ou, à défaut de stipulation, dans les délais reconnus nécessaires eu égard à l'importance et à la nature des ouvrages. Les retards causés par l'Administration peuvent entraîner un certain nombre de conséquences qu'il est nécessaire d'examiner en détail.

Remarquons qu'il ne s'agit pas de la renonciation absolue à l'entreprise : elle aurait pour conséquence la résiliation immédiate. De même l'entrepreneur aurait le droit de demander la résiliation en cas d'un ajournement qui équivaudrait pour lui à la cessation des travaux. L'article 36 de l'ancien cahier de 1833 assimilait à cet égard l'ajournement indéfini des travaux à la cessation absolue : mais il avait le tort de ne pas préciser la durée de l'interruption suffisante pour motiver une demande de résiliation. L'article 34 du nouveau cahier a comblé cette lacune; il assimile à la cessation absolue des travaux « leur ajournement pour plus « d'une année soit avant, soit après un commencement d'exécu- « tion ».

831. — La conséquence de cet ajournement étant la résiliation, dont nous traiterons plus loin dans un chapitre spécial, nous n'avons à nous occuper ici que des retards ne constituant pas la cessation des travaux ni l'ajournement de plus d'une année, et qui, par conséquent, laissent subsister le marché.

La résiliation ne pouvant être demandée en pareil cas, l'entrepreneur va subir un préjudice. Lui en est-il dû réparation ? L'Administration est-elle tenue de l'indemniser?

Si l'on ne consulte que les principes généraux, la réponse à cette question est facile : l'Administration, liée à l'entrepreneur par un contrat, n'aliène pas sa liberté d'action : elle pourrait renoncer définitivement aux travaux; à plus forte raison est-elle maîtresse de retarder l'achèvement des ouvrages suivant ses convenances. L'entrepreneur ne peut donc exiger par la voie contentieuse la révocation des ordres qu'il reçoit à ce sujet. Mais l'exercice de ce pouvoir trouve nécessairement son contrepoids dans l'obligation de réparer le dommage qui lui est causé. L'Administration n'est pas, en vertu de sa qualité seule, à l'abri des recours qui appartiennent aux tiers lésés par ses actes. Aucune loi n'a créé en sa faveur une semblable immunité. Elle doit donc la réparation du préjudice résultant des retards qu'elle apporte dans l'exécution des travaux.

832. — Sous l'empire du cahier de 1833, le droit de l'entrepreneur à une indemnité avait été consacré à diverses reprises. (C. d'Etat, 24 juillet 1848, *Prévost*, 452 ; 27 janvier 1853, *Causse et Desmons*, 169 ; 26 juin 1845, *Dumoulin*, 366 ; 15 septembre 1847, *Lapito*, 642 ; 16 avril 1851, *Brouillet*, 281 ; 16 avril 1852, *Callou et consorts*, 111 ; 30 juin 1859, *Bernard*, 459.) Ces divers arrêts, en consacrant le droit de l'entrepreneur à une indemnité, déclarent que cette indemnité est distincte de celle qui est due en cas de résiliation : de telle sorte que l'entrepreneur peut les cumuler, si par exemple, après un ajournement indéfini, la résiliation a été prononcée. (C. d'État, 25 janvier 1862, *Belly*, 59.)

Mais il s'en fallait de beaucoup que cette jurisprudence fût constante ; et on rencontre d'autres arrêts du Conseil d'État, en assez grand nombre, qu'il est bien difficile de concilier avec ceux que nous venons de citer. Ainsi, il a été jugé à plusieurs reprises, « qu'en dehors des cas prévus par les articles 36 et 40 du cahier « des clauses et conditions générales de 1833, les entrepreneurs « de travaux publics ne peuvent réclamer aucune indemnité à « raison des dommages que leur occasionneraient les retards ap- « portés par l'Administration dans l'exécution des travaux de leur « entreprise ». Toutefois, ces arrêts reconnaissaient qu'il était loisible à l'Administration, Ministre ou préfet, d'accueillir à titre gracieux la demande de l'entrepreneur qui n'était pas recevable par la voie contentieuse. (C. d'État, 11 décembre 1856, *Duprez*, 711 ; 27 novembre 1856, *Perrier*, 672 ; 14 août 1852, *Geoffroy*, 393 ; 28 juin 1858, *Thébault*, 102 ; 16 mars 1870, *Sogno*, 302.)

Dans notre première édition, nous avions signalé cette contradiction ; et après avoir réfuté les arguments sur lesquels se fondait le refus d'indemnité à l'entrepreneur, nous arrivions à cette conclusion : « Les Conseils de préfecture doivent donc accueillir « les réclamations de l'entrepreneur, lorsque le retard provient « de dispositions prises par l'Administration en violation des con- « ventions arrêtées et des usages reçus. »

833. — Cette opinion fut adoptée par les rédacteurs du cahier des ponts et chaussées de 1866 ; ce cahier, dans son article 34, après avoir déterminé les conditions nécessaires pour que l'ajournement des travaux ouvre à l'entrepreneur le droit à la résiliation, ajoute ces mots bien significatifs : « Sans préjudice de l'indemnité qui peut être allouée s'il y a lieu. »

La jurisprudence, après la publication du cahier de 1866, est entrée dans cette voie : on trouve, après cette date, des arrêts qui, bien que statuant sur des entreprises encore régies par le cahier de 1833, consacrent le droit à indemnité. (C. d'État, 13 mars 1874, *Monjalon*, 265.) Sous l'empire du nouveau cahier, cette solution ne fait plus de doute, ainsi que nous allons le voir. Les développements qui suivent sont applicables aussi bien au retard apporté par l'Administration au commencement des travaux qu'à ceux provenant d'une suspension en cours d'exécution.

834. — Un premier point certain c'est que, pour que l'entrepreneur soit fondé à se plaindre du retard et à formuler une réclamation, il faut que l'interruption des travaux ait eu lieu par la faute de l'Administration. (C. d'État, 23 février 1870, *Vallé*, 148.) Il en serait autrement, conformément au droit commun, si le retard était dû à un cas de force majeure. (C. d'État, 9 février 1877, *Violet*, 152 (motifs); 19 janvier 1883, *Assistance publique*, 70 ; 4 juin 1886, *Braquessac*, 495.)

Au contraire, lorsqu'il est justifié que le retard est réellement dû à une faute ou à une négligence de l'Administration, l'indemnité est due.

C'est ce qui a lieu, par exemple, lorsque le ralentissement provient :

Soit d'une remise tardive des plans, profils ou ordres de service. (C. d'État, 24 juin 1870, *Voisin*, 807; 9 août 1870; *Département du Tarn*, 1047 ; 13 février 1874, *Fleurant*, 169; 11 décembre 1874, *Démonet*, 985; 24 avril 1874, *Min. des travaux publics*, 386; 9 janvier 1874, *Letestu*, 34 ; 19 janvier 1883, *Assistance publique*, 70; 16 mars 1877, *Gase*, 293; 2 juin 1876, *Blanc*, 517; 2 mars 1877, *Demeure*, 227; 29 décembre 1876, *Dupond*, 948 ; 11 mai 1883, *Vernaud*, 463; 18 novembre 1881, *Monjalon*, 910; 19 janvier 1883, *Assistance publique*, 70; 9 février 1877, *Violet*, 151 ; 14 janvier 1881, *Colas*, 58 ; 8 août 1884, *Diard*, 737 ; 20 février 1886, *Latrille*, 178);

Soit de lenteurs et irrégularités dans la direction des travaux, par la faute des agents de l'Administration. (C. d'État, 7 janvier 1876, *Hospices de Bordeaux*, 26; 26 nov. 1886, *Nozeran*, 837.)

On trouve, il est vrai, un grand nombre d'arrêts qui refusent toute indemnité ; mais ils ne portent aucune atteinte au principe, qu'ils prennent le plus souvent soin de consacrer : le refus est motivé par des considérations de fait et par l'absence de tout dommage réel. (C. d'État, 21 décembre 1877, *Bru*, 1039; 9 mai 1879, *Catani*, 379; 29 décembre 1876, *Chevalier*, 958; 29 janvier 1875, *Foucaux*, 83; 23 novembre 1877, *Coquelet*, 921 ; 24 mai 1878, *Mayoux*, 490; 16 janvier 1876, *Rouzaud*, 556; 27 janvier 1882, *Min. des travaux publics*, 101; 27 décembre 1878, *Lobereau*, 1108; 4 janvier 1878, *Hunnebelle*, 29; 17 décembre 1886, *Villette*, 906; 16 juillet 1886, *Gondran*, 644; 4 juin 1886, *Braquessac*, 495.)

835. — Lorsque le retard résulte, non d'une négligence de l'Administration, mais de l'importance donnée à certains travaux ou de l'exécution de travaux supplémentaires, la jurisprudence a considéré qu'il y avait là pour l'Administration l'exercice de son droit d'augmenter l'importance des travaux prévus ou d'ordonner des travaux supplémentaires, et que l'exercice de ce droit, quelles qu'en fussent les conséquences, ne pouvait donner lieu à indemnité. (C. d'Etat, 26 décembre 1885, *Ville de Besançon*, 1013.)

836. — Les retards dans l'exécution provenant de manque de fonds, d'insuffisance des crédits inscrits aux budgets sur lesquels sont payés les travaux, donnent lieu à certaines difficultés. L'Administration encourt-elle à ce sujet une responsabilité? Il semblerait, à première vue, et à s'en tenir à la stricte équité, que la question ne pût pas faire un doute : si l'État, un département ou une commune a entrepris des travaux trop considérables pour ses ressources, il y a faute, et il paraît difficile de faire supporter à l'entrepreneur les conséquences de cette faute. Ces considérations d'équité n'ont pas prévalu : sous l'arrêt du 11 décembre 1856 (*Serret et consorts,* 711), on lit le résumé des conclusions du Commissaire du Gouvernement ainsi conçu : « M. le Commissaire du « Gouvernement a fait remarquer que les retards apportés par « l'Administration au paiement des travaux non encore reçus ne « donnant lieu à aucune indemnité au profit de l'entrepreneur, « on se trouvait conduit à refuser également toute indemnité pour « les retards apportés par l'Administration à l'exécution; que si « les retards d'exécution devaient donner lieu à des demandes « d'indemnité de la part de l'entrepreneur, l'Administration, pour « se mettre à l'abri de ces réclamations, aurait la ressource d'obli- « ger l'entrepreneur à exécuter, et de ne pas lui donner les fonds « sur lesquels il aurait compté; qu'ainsi, en définitive, la doctrine « destinée à protéger les entrepreneurs aboutirait pour eux à de « plus graves préjudices. »

Nous aimons à croire que les dangers contre lesquels on veut protéger l'entrepreneur ne sont pas aussi réels que ceux auxquels il reste exposé, et il ne nous paraît pas que les considérations d'intérêt général invoquées pour refuser aux entrepreneurs toute indemnité lorsque l'interruption des travaux provient d'un manque de fonds, soient suffisantes pour créer une pareille dérogation au droit commun. Quoi qu'il en soit, la jurisprudence est formelle : non seulement le défaut de paiement motivé par l'absence de fonds disponibles n'autorise pas l'entrepreneur à suspendre les travaux (C. d'État, 19 mars 1849, *Daussier,* 169; 19 juillet 1872, *Sarlin,* 440), mais encore il n'a droit à aucune indemnité lorsqu'il entraîne une suspension temporaire. (C. d'État, 14 juin 1855, *Dixmier,* 422; 19 juillet 1855, *Bardinon,* 549.)

Toutefois, si la suspension était telle que la résiliation pût être obtenue, il y aurait lieu à indemnité. (C. d'État, 14 février 1873, *Lartigue,* 173). (V. ci-après *Résiliation.*)

837. — La livraison à l'entrepreneur des terrains sur lesquels doivent s'exécuter des travaux donne quelquefois lieu à des difficultés; l'Administration n'a pas toujours eu la précaution de s'assurer, avant l'adjudication, qu'elle serait en mesure de livrer les terrains en temps utile, soit parce que les formalités d'expropriation ne sont pas terminées, soit pour toute autre cause. Dans ce cas, elle a commis une faute dont l'entrepreneur ne doit pas subir les conséquences ; si un retard en résulte, il a droit à une indemnité. (C. d'État, 4 juillet 1872, *Agustinetty,* 419; 5 juin 1874, *Min. de l'intérieur,* 522; 7 février 1873, *Guernet,* 132; 4 juillet 1873, *Syndicat des marais de la Dives,* 614.)

Mais pour que le droit à indemnité existe, il est nécessaire, d'une part, que le défaut de livraison des terrains ait empêché même de commencer les travaux (C. d'État, 26 décembre 1873, *Serratrice*, 976 ; 17 juillet 1874, *Fresnel*, 693) ; et d'autre part que l'occupation de ces terrains fût prévue au début des travaux. (C. d'État, 5 mai 1864, *Boisard*, 425 ; 30 janvier 1874, *Quebault*, 118 ; 13 avril 1883, *Saignes*, 344.)

838. — Il est certain que pour que l'entrepreneur ait droit à une indemnité, il faut qu'il ait, en fait, subi un dommage. Ainsi, en cas de retard provenant d'une faute de l'Administration pour certains travaux, aucune responsabilité ne sera encourue par elle si, eu égard aux autres travaux en train, l'entrepreneur avait des éléments suffisants pour ne pas interrompre l'entreprise. (C. d'Etat, 12 mars 1886, *Fleurant*, 233.) Ce sera presque toujours une question de fait à examiner.

839. — On peut se demander ce que doit comprendre la réparation due par l'Administration. Il y a lieu d'appliquer le droit commun résultant des articles 1382 et suivants du Code civil, toutes les fois qu'il n'y a pas été expressément dérogé par le contrat. Par conséquent, on ne peut déterminer *a priori* la quotité de l'indemnité qui sera due : l'entrepreneur ayant droit à la réparation du dommage subi justifiera de son importance devant le Conseil de préfecture, qui appréciera. Remarquons seulement que si, par suite des retards provenant du fait de l'Administration, les travaux se sont détériorés, elle est tenue à la réparation. (C. d'Etat, 27 juillet 1870, *Commune de Vaudeurs*, 954.)

D'autre part, il y a évidemment à tenir compte des événements de force majeure qui peuvent, dans une certaine mesure, diminuer la responsabilité de l'Administration, quand ils se combinent avec un retard provenant de sa faute. (C. d'Etat, 19 janvier 1883, *Ass. publique*, 70.)

840. — Le retard dans les travaux entraîne aussi quelquefois des dommages indirects dont l'Administration doit la réparation. Ainsi, lorsque le retard se prolonge, il arrive que le prix des matériaux ou de la main-d'œuvre subit une augmentation. L'entrepreneur ne se trouve plus, par conséquent, dans les conditions prévues par le contrat, puisqu'il pouvait, en le passant, compter sur un achèvement plus rapide, de telle sorte que les prix ne fussent pas modifiés. La jurisprudence tient, avec raison, compte de ces changements, et elle accorde constamment une indemnité. Il n'y a pas là une dérogation à la règle par laquelle il est défendu à l'entrepreneur de revenir sur les prix qu'il a consentis, car il ne s'agit pas d'une modification volontaire. (C. d'Etat, 5 mars 1876, *Loiselot*, 230 ; 19 mai 1882, *Loiselot*, 517.)

Toutefois, cette solution n'est pas absolue : si, par exemple, par le cahier de charges spéciales, l'entrepreneur s'était interdit toute réclamation, il y aurait lieu d'appliquer strictement le contrat. (C. d'Etat, 30 mai 1879, *Alauzet*, 443.)

841. — Si le droit à indemnité pour l'entrepreneur n'est pas contestable lorsqu'un retard dommageable lui a été causé par la faute de l'Administration, il n'en est pas de même au cas où le retard provient indirectement d'une faute initiale que lui-même aurait commise. Ainsi, un entrepreneur a commencé les travaux prématurément et sans attendre l'ordre de service prévu expressément par le devis; plus tard, il faut suspendre les travaux : il n'a droit à aucune indemnité. (C. d'Etat, 20 mars 1874, *Barthélemy*, 276.) A plus forte raison cette solution doit-elle être admise dans le cas où la suspension de travail aurait été nécessaire pour en assurer la bonne exécution, par exemple, à raison de la mauvaise saison. (Même arrêt.)

842. — Les retards dans l'exécution des travaux ne sont pas les seuls qui puissent occasionner un dommage à l'entrepreneur: il est possible que le défaut de paiement aux époques fixées lui cause un grave préjudice : nous examinerons les questions qui se soulèvent à cet égard en traitant du paiement.

843. — D'après ce qui précède, l'Administration est tenue de faire exécuter les travaux dans un délai déterminé d'avance, ou tout au moins à déterminer d'après les circonstances, sous peine d'indemnité vis-à-vis de l'entrepreneur : c'est l'application du contrat et des règles générales de droit civil. Or, si ces règles interdisent un retard préjudiciable à l'entrepreneur, elles ne permettent pas davantage une activité en dehors des prévisions des parties. Une activité inusitée imprimée aux travaux peut causer soit un préjudice direct, soit un préjudice indirect, par suite de l'augmentation des prix de la main-d'œuvre ou des matériaux qu'elle entraine: en ce cas, une indemnité est due par l'Administration. (*Barry*, Cahier des ponts et chaussées, art. 33, n° 4; C. d'Etat, 26 septembre 1871, *Colas*, 176; 18 juillet 1873, *Giroux*, 669.) On trouve il est vrai des arrêts qui refusent l'indemnité; mais ils sont motivés uniquement par des considérations de fait, qui ne portent aucune atteinte au principe. (C. d'Etat, 24 avril 1874, *Bessières*, 378; 1er juin 1877, *Giroux*, 535; 30 novembre 1883, *Dalifol*, 880; 15 février 1884, *Maguin*, 142.)

844. — Toutes les règles que nous venons d'exposer s'appliquent sans difficulté aux travaux des départements et des communes aussi bien qu'aux travaux de l'Etat : seulement les clauses des cahiers de charges sont généralement moins dures pour l'entrepreneur, et la jurisprudence est plus favorable parce qu'il s'agit moins de l'application de dispositions restrictives d'un cahier de charges que des règles générales qui régissent les contrats ordinaires. Voyons s'il en est de même pour les travaux du Ministère de la guerre.

845. — *Travaux du Ministère de la guerre.* — Nous examinerons la question successivement sous l'empire des cahiers de 1876 et de 1887.

I. *Cahier de 1876.* — Il n'est pas douteux que, comme dans les marchés des ponts et chaussées, l'Administration reste maîtresse de faire exécuter les travaux quand elle l'entend, et d'en réduire au besoin l'étendue : elle seule est juge des exigences de l'intérêt général qu'elle représente et sa décision à cet égard ne peut donner lieu à un recours contentieux. (*Barry*, Cahier du génie, article 66, n° 12.)

Mais, dans le cas où elle use de cette faculté, quelles consé-quences en résulte-t-il ?

846. — Il est bien certain que pour le service du Ministère de la guerre, comme pour tout autre service, l'entrepreneur adju-dicataire de tous les travaux d'une certaine catégorie ou de tous les travaux à exécuter pendant une certaine période, dans telle ou telle ville ou place de guerre, a droit à une indemnité, si l'Admi-nistration confie à un autre entrepreneur des travaux de la caté-gorie prévue, ou des travaux de la place désignée au contrat; mais l'Administration, par la nature même du contrat, reste libre de la quantité de travaux rentrant dans le marché qu'elle entend faire exécuter : il ne saurait être question ici de résiliation ou d'indemnité pour cause de diminution ou d'augmentation dans la masse des travaux : il s'agit, en effet, de marchés sur séries de prix, dans lesquels la quantité à exécuter n'est pas déterminée. La question d'indemnité ne pourrait donc se soulever qu'au cas où, des ap-provisionnements ayant été faits par ordre ne trouveraient pas leur emploi, par suite d'une diminution dans la quantité des travaux auxquels ils étaient destinés. Nous verrons ce qui se passe en pareil cas en traitant de la reprise des approvisionne-ments et du matériel. La question d'indemnité ne se pose donc qu'en cas de retards à l'exécution, provenant du fait du génie, et causant un dommage à l'entrepreneur.

847. — L'article 66 du cahier de 1876 autorise l'entrepreneur à exiger la résiliation dans le cas d'ajournement des travaux pour plus d'une année. En ce cas il peut obtenir une indemnité qui est fixée par le Ministre. En cas de contestation, le Conseil de préfec-ture et, s'il y a lieu, le Conseil d'Etat sont appelés à statuer. Nous verrons, en parlant de la résiliation, quelles difficultés peuvent s'élever au sujet de cette indemnité : constatons seulement ici que le droit à indemnité, en cas de résiliation, est consacré par le cahier de 1876 lui-même.

Ce droit à indemnité existe-t-il encore en cas de retard insuf-fisant pour motiver la résiliation ? L'avant-dernier alinéa répond négativement à la question. « En dehors des cas de cessation ab-« solue ou d'ajournement de plus d'une année donnant ouver-« ture à résiliation, il ne sera accordé à l'entrepreneur aucune « indemnité pour retard avant le commencement des travaux, ni « pour suspension ou ralentissement en cours d'exécution. » M. Barry, après avoir constaté que l'Administration de la guerre a voulu se soustraire à la jurisprudence que nous avons citée plus haut en matière de travaux des ponts et chaussées, formule con-tre cette disposition des critiques auxquelles nous nous associons pleinement. « Si les retards dont l'entrepreneur a été victime « constituaient des fautes véritables, de fausses manœuvres, ou « s'ils avaient pour conséquence de prolonger l'entreprise au delà

« de sa durée prévue, nous croyons que l'entrepreneur serait
« fondé, nonobstant la clause précitée, à réclamer une indem-
« nité. » (*Barry*, Cahier du génie, art. 66, n° 10.) C'est ce qui
aurait lieu, par exemple, si des ordres mal conçus avaient occasionné un retard. (C. d'État, 13 mai 1881, *Sogno*, 504.)

Le Conseil d'État s'est nettement prononcé contre la stricte
application de l'article 66 dans l'arrêt du 9 mars 1883 (*Baudet*, 259) dont nous extrayons le considérant suivant qui fait
bien comprendre le point de vue auquel se place le Conseil
d'État : « En ce qui concerne l'indemnité de 10.000 fr. réclamée
« à raison du préjudice résultant de la suspension des travaux :
« Considérant qu'il est reconnu que le sieur Baudet a dû, pour
« se conformer aux ordres de service des officiers du génie, se
« mettre en mesure de terminer rapidement la construction de
« baraques sur un terrain qui n'a pu être mis à sa disposition
« qu'un mois avant l'ordre donné par le Ministre de la guerre
« d'arrêter les travaux; qu'il en est résulté pour le sieur Baudet
« un préjudice dont il sera fait une juste appréciation en élevant
« de 3.000 fr. l'indemnité de 1.000 fr. allouée de ce chef par le
« Conseil de préfecture. »

848. — La question est la même en ce qui concerne l'accélération inusitée des travaux; et, à cet égard, la jurisprudence du
Conseil d'État fournit des éléments de décision, applicables au
retard, et qui prouvent que ce tribunal n'est pas disposé à se
conformer strictement à l'article 66. Les arrêts qui ont été rendus
sur la question et qui refusent l'indemnité, se fondent tous sur
des considérations de fait, qui, loin d'être incompatibles avec le
principe même du droit à indemnité en font supposer l'existence. Ainsi, par exemple, il est constaté en fait que l'accélération n'avait rien d'excessif (C. d'État, 8 décembre, 1882. *Monier*,
1003); que la rapidité avec laquelle les travaux ont été conduits
rentrait dans les prévisions du devis (C. d'État, 9 février 1883, *Mathieu*, 157); que l'entrepreneur avait été averti en passant le marché
(C. d'État, 24 avril 1885, *Nercam*, 445), etc. De telles décisions
ne démontrent nullement que l'entrepreneur n'ait pas droit à
une indemnité pour accélération exagérée et imprévue des travaux, et nous pensons qu'il y a lieu d'appliquer, au moins en
principe, les règles que nous avons données ci-dessus pour les
travaux des ponts et chaussées.

849. — II. *Cahier de 1887.* — Les dispositions du nouveau
cahier tendent, sur le point qui nous occupe, à se rapprocher du
cahier des ponts et chaussées.

Nous savons déjà qu'il n'exige pas en règle absolue le marché
sur séries de prix : par conséquent la question d'augmentation
et de diminution de la masse des travaux, presqu'impossible à
prévoir sous le cahier de 1876, pourra très bien se soulever ici
comme pour les travaux des autres Ministères.

L'entrepreneur a droit à l'exécution de tous les travaux compris
dans son marché; mais conformément au droit commun, l'Administration n'est liée, ni en ce qui concerne le temps, ni en ce

qui touche les quantités. Quels seront les droits de l'entrepreneur en cas de modifications?

L'article 37 du nouveau cahier prévoit, comme l'article 66 de
l'ancien, la cessation absolue des travaux ou leur ajournement
pour plus d'une année : dans les deux cas, la résiliation est de
droit pour l'entrepreneur qui peut, en outre, réclamer une indemnité. L'article 37 ne contenant aucune disposition nouvelle
à ce sujet, nous l'examinerons, comme l'ancien article 66, en
traitant de la résiliation. Mais il est essentiel de remarquer que
la disposition prohibitive que nous avons critiquée plus haut, et
qui refuse toute indemnité à l'entrepreneur en dehors de ces
deux cas, ne se retrouve plus : l'Administration de la guerre
s'est conformée à la jurisprudence du Conseil d'Etat ; par conséquent toutes les règles que nous avons exposées plus haut en
traitant des travaux des ponts et chaussées, des départements, etc.,
au sujet des retards provenant du fait de l'Administration, s'appliqueront maintenant sans contestation aux travaux de la guerre.

850. — D'autre part, le nouveau cahier prévoit l'augmentation
et la diminution de la masse des travaux, et distingue, à cet égard,
les marché sur devis des marchés sur séries de prix.

Dans le marchés sur devis, s'il y a augmentation de plus d'un
sixième, l'article 33 autorise la demande de résiliation : nous verrons plus loin que la question d'indemnité ne se pose pas, puisque, grâce à la faculté de résiliation, l'entrepreneur peut s'en
tenir aux termes stricts de son marché.

En cas de diminution, le nouveau cahier fait une distinction
entre les marchés sur devis et les marchés sur séries de prix.

Dans le marché sur devis, c'est l'article 34 qui s'applique. Si
la diminution n'excède pas le sixième, l'entrepreneur ne peut
élever aucune réclamation. Les redacteurs du cahier de 1887 ont
voulu écarter ici l'application de la jurisprudence que nous avons
signalée plus haut à propos des travaux du service des ponts et
chaussées, des départements, etc. La question d'indemnité ne se
pose donc que si la diminution est de plus d'un sixième : alors
l'entrepreneur « reçoit, s'il y a lieu, à titre de dédommagement,
« une indemnité qui est fixée par le Ministre sur la proposition
« du directeur, et, en cas de contestation, est réglée par la juri-
« diction compétente. »

La même règle s'applique, d'après l'article 35, au cas où « les
« changements ordonnés ont pour résultat de modifier l'impor-
« tance de certaines natures d'ouvrages, de telle sorte que les
« quantités prescrites diffèrent de plus d'un tiers, en plus ou en
« moins, des quantités prévues au devis ».

Dans le marché sur séries de prix, la difficulté ne peut que très
rarement se présenter ; néanmoins, faisant allusion aux principes
que nous avons énoncés ci-dessus, l'article 36 décide que :
« Aucune demande d'indemnité ne peut être admise au sujet des
« quantités et des proportions des ouvrages ordonnés, à moins
« que ces quantités ou proportions n'aient été spécialement pré-
« vues dans le marché relatif à la construction. »

851.—Le cas de cessation absolue des travaux ou d'ajournement de plus d'une année est réglementé comme par l'ancien cahier. L'entrepreneur a droit, d'après l'article 37, à la résiliation et à une indemnité s'il y a lieu. Cette question se représentera au chapitre que nous consacrerons à la résiliation.

852.— Le cas d'accélération extraordinaire n'étant pas textuellement prévu, nous ne pouvons que nous référer à ce que nous avons dit plus haut à cet égard. Il en est de même pour tous les retards qui proviendraient indirectement du fait de l'Administration, comme défaut de livraison des terrains, de remise des plans, etc...

853. — Seul, le retard dans les paiements est prévu par l'article 58 : il ne peut jamais donner lieu à une indemnité, *sous aucune dénomination*, qu'il se produise pendant ou après les travaux. C'est la consécration de la jurisprudence que nous avons citée plus haut relativement aux travaux des ponts et chaussées.

SECTION II.

De l'obligation d'indemniser l'entrepreneur des dommages causés aux ouvrages par suite d'événements de force majeure.

854. — Distinction du cas où l'ouvrier ne fournit que son travail et de celui où il fournit en même temps la matière.
855. — Règles du droit civil.
856. — Difficultés qu'elles soulèvent dans les marchés sur devis, à l'unité de mesure et sur séries de prix : jurisprudence de la Cour de cassation.
857. — Jurisprudence administrative : les cas de force majeure sont à la charge de l'entrepreneur.
858. — Faculté de déroger à ces règles par une convention spéciale. Cahier des ponts et chaussées : motifs de ses dispositions sur ce point.
859. — Définition des cas de force majeure en matière ordinaire.
860. — Cas de force majeure en matière de travaux publics. Exemples.
861. — Les faits de guerre sont-ils des événements de force majeure?
862. — Cas où l'entrepreneur aurait un recours contre l'auteur du dommage subi.
863. — Cas dans lesquels la force majeure n'est pas reconnue : augmentations des prix, etc...
864. — Règles à suivre lorsque l'augmentation de prix provient du fait de l'Administration.
865. — Il n'y a pas lieu à indemnité lorsque le dommage a été précédé d'une faute de l'entrepreneur ou d'un avis de l'Administration.
866. — Une convention spéciale peut déroger à l'article 26 et revenir au droit commun.
867. — Il n'y a pas lieu de rechercher si la réception des matériaux avait été faite.
868. — Droit à indemnité pour la perte du matériel.
869. — Les cas de force majeure doivent être signalés dans le délai de 10 jours, à peine de déchéance.
870. — Formes dans lesquelles l'Administration doit être avisée.
871. — Calcul de l'indemnité.
872. — Travaux du Ministère de la guerre.
873. — Cahier de 1857.
874. — Cahier de 1876.
875. — Cahier de 1887.

854. — Le contrat de louage d'ouvrage présente des caractères différents suivant que l'ouvrier s'engage à fournir son travail ou

qu'il s'engage à fournir la matière; le contrat, dans le premier cas, est un louage d'ouvrage, dans le second il est à la fois une vente et un louage.

Dans le cas où l'ouvrier ne fournit que son travail, les conséquences des événements de force majeure sont faciles à déterminer : Article 1759 du Code civil : « Si la chose vient à périr,. l'ouvrier n'est tenu que de sa faute. » Cependant, même dans ce cas, l'entrepreneur subit dans une certaine mesure les conséquences de la force majeure : Article 1790 : « Si la chose vient à périr sans « la faute de l'ouvrier avant que l'ouvrage ait été reçu et sans que « le maître fût en demeure de le vérifier, l'ouvrier n'a point de « salaire à réclamer, à moins que la chose n'ait péri par le vice de « la matière. » Ces principes reçoivent rarement leur application d'une manière absolue et générale en ce qui concerne les travaux de l'Etat. Il est rare que l'Etat fournisse à ses entrepreneurs tous les matériaux dont ils ont besoin. Mais il en est autrement en ce qui concerne les travaux des communes et des établissements publics, particulièrement des hospices. Ces personnes morales ont des biens immeubles, des terrains, des forêts, etc. ; il est certain qu'elles ont intérêt à utiliser les matériaux, pierres, bois, sable, chaux, etc., qu'elles peuvent tirer de leurs immeubles ; elles se réservent donc souvent la faculté de fournir ces matériaux ou une partie de ces matériaux. L'Etat fait rarement la même réserve ; il stipule seulement l'obligation de remployer les matériaux provenant d'anciens ouvrages ou qu'il a lui-même approvisionnés. (V. Article 34 du cahier des ponts et chaussées, article 29 du cahier du génie de 1876, article 31 du cahier du Ministère de la guerre de 1887.)

855. — Il n'entre pas dans le cadre de cet ouvrage de reproduire ici toutes les applications que les commentateurs du Code civil ont données des articles 1787, 1789 et 1790 : nous ne pouvons qu'y renvoyer. Nous appellerons seulement l'attention de nos lecteurs sur ces mots de l'article 1790 : « Si la chose vient à « périr avant que l'ouvrage ait été reçu et sans que le maître fût « en demeure de le vérifier..... » Pour la réception, la vérification, et les faits qui peuvent en tenir lieu, ce sont exclusivement les règles administratives qu'il faut appliquer, nous les exposerons plus loin dans un chapitre spécial : « De la réception provisoire et définitive. »

Le cas où l'ouvrier fournit la matière est prévu par l'article 1788 du Code civil : « Si la chose vient à périr, de quelque manière que ce soit, avant d'être livrée, la perte en est pour l'ou« vrier, à moins que le maître ne fût en demeure de recevoir la « chose. » Cette disposition n'est qu'une application de la maxime générale : *Res perit domino*. Avant la livraison, l'ouvrier qui fournit la matière est seul propriétaire de la chose à laquelle il ajoute son travail : si elle vient à périr, l'équité veut que la perte tout entière soit pour lui, sans qu'il ait à rechercher si la perte provient d'une imprudence qu'il aurait commise, ou résulte d'un événement de force majeure. Même dans ce dernier cas, comment le maître pourrait-il supporter la perte, puisque l'événement est en dehors des calculs humains, qu'il était impossible à prévoir ou à prévenir, que par conséquent le maître n'a point de faute à se reprocher ?

Après la réception, la situation de l'ouvrier change complétement. Il ne supporte pas la perte : la maxime *Res perit domino* vient à son secours. Il l'invoque même à bon droit, avant la réception, lorsque le maître a été mis en demeure : car sa négligence ou son mauvais vouloir n'ont pas pour effet de prolonger au delà de sa limite normale la responsabilité de l'ouvrier. Mais, sauf ce cas, l'application de l'article 1788 est inévitable : l'ouvrier n'a pas d'indemnité à attendre.

856. — Ces principes s'appliquent facilement en cas de marché à forfait ; mais ils donnent lieu à des difficultés pour les marchés sur devis à l'unité de mesure et les marchés sur série de prix. Les auteurs semblent pour la plupart reconnaître que l'article 1788 du Code civil s'applique même aux constructions. (V. Duranton, t. XVII, n° 250 ; Lepage, *Loi des bâtiments*, t. II, p. 75.) Les matériaux demeurent, en effet, la propriété des entrepreneurs, tant que l'édifice n'est ni achevé, ni livré, et c'est par ce motif que la Chambre des requêtes de la Cour de cassation, dans un arrêt du 11 mars 1839 (D. P., 1839, I, 305), a mis à leur charge l'écroulement de constructions avant leur achèvement et livraison. (V. dans le même sens, *Dalloz*, Jurispr. gén. v° *Louage d'ouvrage et d'ind.*, n° 127.) Toutefois, la Cour de cassation semble être revenue sur cette jurisprudence dans un arrêt du 13 août 1860 (D. P., 1860, I, 106), dont nous extrayons le motif suivant : « Attendu qu'il ne s'agissait ni d'ouvrages pour « lesquels le propriétaire aurait fourni la matière, ni d'ouvrages « restant, jusqu'à la livraison effective ou offerte, à la libre dispo- « sition de l'entrepreneur, mais de constructions dont les maté- « riaux et la main-d'œuvre étaient fournis par l'entrepreneur et « qui s'incorporaient au sol du propriétaire ; qu'ainsi les prin- « cipes posés par les articles 1788, 1789 et 1790 du Code civil « étaient sans application à l'espèce ; attendu qu'en l'absence de « tout vice des matériaux, de toute faute de l'entrepreneur, la perte « résultant des dégradations causées par des faits de force majeure « au sol ainsi modifié est pour le propriétaire du sol qui a ordonné « ces modifications et ne peut être imposée à l'entrepreneur. » Cet arrêt a soulevé de nombreuses critiques (V. notamment *Perriquet*, Législation des bâtiments, t. I, n° 64), et il paraît contredit par des arrêts postérieurs. Au principal motif qu'il donne, on peut objecter en effet que les matériaux une fois employés deviennent par accession la propriété du maître du sol et que, par conséquent, s'ils viennent à périr, la perte devra être supportée par ce dernier. Mais cette objection est réfutée par l'article 1790 qui met à la charge de l'ouvrier la perte de la main-d'œuvre dans le cas où la matière a été fournie par le maître. En effet, le travail s'incorpore à la chose comme les matériaux s'incorporent au terrain sur lequel les constructions s'élèvent. Donc, puisque le législateur a voulu que le travail restât aux risques de l'ouvrier jusqu'à l'achèvement et la livraison, il a voulu la même chose à l'égard des matériaux que l'entrepreneur emploie.

857. — La jurisprudence administrative semble fixée en ce sens que les cas de force majeure qui surviennent avant la réception sont à la charge de l'entrepreneur. (C. d'État, 9 mars 1870, *Millerand*, 271 ; 20 juillet 1877, *Petit*, 727.) Ce dernier arrêt, rendu à l'occasion de l'incendie du Palais de Justice, en 1871, s'appuie principalement sur le considérant suivant : « Sur les « conclusions tendant à obtenir des indemnités à raison de la « perte des galeries provisoires, des échafaudages et des matériaux « détruits par l'incendie : Considérant qu'il résulte des « dispositions du cahier des charges que le sieur Petit était pro- « priétaire des galeries provisoires et des échafaudages qu'il était « tenu d'établir ; qu'ainsi c'est lui qui doit en supporter la perte ; « que si pour réclamer une indemnité à raison de la perte des « matériaux transportés dans la salle haute il soutient que ces « matériaux auraient été reçus, il ne fournit aucune preuve à « l'appui de cette allégation, et que l'Administration ne peut être « considérée comme ayant été en demeure de les recevoir alors « que l'objet du contrat était la confection d'un travail et non « la fourniture de matériaux ; que, dans ces circonstances, le « sieur Petit n'est pas fondé à réclamer de ce chef une indem- « nité. » Toutefois, en notre matière, le Conseil se montre assez large au point de vue des faits qu'il admet comme constituant réception de l'ouvrage, et il se contente généralement de la réception provisoire ou d'une simple prise de possession. (C. d'État, 5 décembre 1884, *Rouxel*, 883.)

858. — Telles sont les règles ordinaires : il est bien entendu qu'elles ne sont pas d'ordre public, et qu'on peut toujours y déroger par une convention spéciale ; mais il faut que cette convention existe. En matière de travaux publics, on a jugé à propos de l'insérer d'une manière générale, au moins en ce qui concerne les travaux des ponts et chaussées : nous verrons plus loin que la règle ne s'applique pas aux travaux départementaux et communaux.

Les motifs de cette dérogation au droit commun sont faciles à saisir.

L'Administration ne doit pas traiter les adjudicataires avec la rigueur que comporte le droit commun. Elle n'est pas, vis-à-vis d'eux, dans la position où se trouve un propriétaire qui engage toute sa fortune dans une construction. Elle est tenue à plus de ménagements et trouve dans sa bienveillance même des compensations et des avantages. De tout temps on a compris que l'Administration, qui par ses agents surveille incessamment les ouvrages, qui sait tout ce que l'entrepreneur fait et tout ce qu'il ne fait pas, dont l'action s'exerce sur les détails et sur l'ensemble des travaux, qui a le droit de donner des ordres et de modifier à son gré les dispositions arrêtées, ne devait pas laisser à sa charge les pertes et avaries causées aux travaux par suite d'événements de force majeure. L'Administration a un immense intérêt à ce qu'il ne soit pas ruiné subitement par un de ces cas fortuits qui surprennent la prudence humaine. Au lieu de l'abandonner à lui-même, elle lui tend la main, le relève, et par là fait une chose utile au point de vue général, en favorisant l'esprit d'entreprise, dont le concours lui est si nécessaire.

C'est en s'inspirant de ces idées que l'art. 26 des conditions générales de 1833, après avoir posé en principe qu'il ne serait alloué à l'entrepreneur aucune indemnité, à raison des pertes, avaries ou dommages, occasionnés par négligence, imprévoyance, défaut de moyens ou fausses manœuvres, excepte de cette disposition « les « cas de force majeure qui, dans les dix jours au plus après l'é-« vénement, auraient été signalés par l'entrepreneur ».

L'article 28 du cahier de 1866 est conçu en termes identiques.

859. — On a depuis longtemps donné la définition de la force majeure et des cas fortuits. — « *Quæque sine culpa accidunt, rapinæ, tumultus, incendia, aquarum magnitudines, impetus prædonum, a nullo præstantur.* » L. 23, *D. De regul. juris.* — Vinnius a défini aussi le cas fortuit : « *Omne quod humano cœptu prævideri non potest, nec cui præviso potest resisti.* « (L. 5, § 2, *De loc. cond.*)

« Deux grandes causes produisent les cas fortuits ou de force majeure, ainsi appelés à raison de l'action invariable qu'ils exercent sur la faiblesse humaine : 1° la nature ; 2° le fait de l'homme. Les cas fortuits naturels sont : l'impétuosité d'un fleuve qui sort de son lit (l. 15, § 2, Dig. *Loc. cond.*); les tremblements de terre (*id.*); la chaleur excessive (*id.*); les neiges immodérées (l. 78, § 3, Dig., *De cont. empt.*); les gelées (C. civ, art. 1773); la grêle (*id.*); les tempêtes (l., § 2, *Si quis caution.*); le feu du ciel (C. civ., art. 1773); l'incendie (Dig., *De incendiis*); la maladie (l. 5, § 4, Dig., *Commodati*); la mort (*id.*). — Mais les accidents de la nature ne constituent des cas fortuits, dit très bien M. Troplong (*Louage*, n° 207), qu'autant que, par leur intensité et leur force excessive, ils sortent de la marche accoutumée de la nature. On ne doit pas, en conséquence, mettre au rang des cas fortuits ou qualifier de force majeure les événements non calamiteux en eux-mêmes et qui sont le résultat du cours ordinaire et régulier de la nature, comme la pluie, le vent, la neige, le froid, le chaud, les crues ordinaires des fleuves et rivières. La raison en est que les saisons ont leur ordre et leurs dérangements, et leurs perturbations occasionnent seules des dommages aussi nuisibles qu'imprévus.

« Les cas fortuits provenant du fait de l'homme sont la guerre, l'invasion des pirates, l'assaut des voleurs (l. 5, § 5, Dig., *Commodati*), le fait du prince, la violence exercée par un plus puissant (Médicis, quæst. 13; M. Troplong, n° 208.) » (*Voy.* Dalloz, Répert., v° *Force majeure.*)

860. — En matière de travaux publics, la difficulté de reconnaître les cas de force majeure est plus grande encore qu'en droit civil;

car, comme on l'a fait remarquer avec raison, l'allocation d'une indemnité à l'entrepreneur en réparation de la perte de la chose est ici une disposition exceptionnelle et de faveur, qui suppose l'existence d'un événement extraordinaire, plus fort que la volonté humaine et qu'il n'était pas possible de prévoir. (*Perriquet*, II, n° 268.) Il faut donc rechercher, dans les nombreuses espèces soumises aux Tribunaux, l'idée qui a inspiré les décisions rendues, sans prétendre néanmoins obtenir des règles générales absolument fixes.

Ont été considérés comme faits de force majeure donnant droit à indemnité, tant sous l'empire du cahier de 1833 que sous l'empire du cahier de 1866 :

1° L'interposition des travaux d'un chemin de fer entre le lieu où l'entreprise s'exécute et les carrières désignées au devis lorsqu'elle crée, pour l'extraction et le transport des matériaux, des difficultés imprévues au moment de l'adjudication. (C. d'Etat, 8 décembre 1853, *Hémery*, 1040.)

2° La crue subite d'une rivière faisant obstacle à ce que le charroi des matériaux s'effectue dans les conditions du marché et nécessitant un mode de transport plus onéreux. (C. d'État, 6 août 1855, *Joly*, 275 ; 10 septembre 1855, *Troye et Danjou*, 627.)

3° Une tempête ou un ouragan qui a causé des dégâts. (C. d'État, 19 juin 1855, *Decuers*, 542 ; 19 mai, *Bacquey*, 459 ; 30 janvier 1868, *Masson*, 127 ; 8 juin 1883, *Dupuy*, 550.)

4° Pluies continuelles ou sécheresse exceptionnelle. Le Conseil d'Etat a statué sur un certain nombre d'espèces dans lesquelles, tout en refusant l'indemnité à raison des circonstances, il a consacré le principe du droit à indemnité. Le refus était, en effet, motivé soit sur ce que l'entrepreneur avait d'avance renoncé à l'indemnité, soit sur ce qu'il aurait pu se préserver des conséquences de l'événement. (C. d'Etat, 19 mai 1864, *Bacqucy*, 450 ; 1er avril 1868, *Guerney*, 368 ; 21 mai 1875, *Grégoire*, 506.)

Dans d'autres hypothèses, au contraire, il a ordonné l'expertise à la seule fin d'évaluer le montant du dommage. (C. d'Etat, 17 avril 1874, *Dupuy*, 342) ou accordé *de plano* l'indemnité. (C. d'Etat, 8 juin 1883, *Dupuy*, 550.)

5° Des fièvres paludéennes ayant entraîné le renchérissement de la main-d'œuvre ou le ralentissement des travaux pourraient donner lieu à indemnité. C'est ce qui résulte d'un arrêt dans lequel l'indemnité est refusée par le motif qu'en fait aucun retard n'a été apporté aux travaux. (C. d'Etat, 6 mars 1874, *de Puymory*, 238.) Cependant, le Conseil d'Etat a refusé de voir un cas de force majeure dans des fièvres sévissant à l'état endémique dans le pays où s'exécutent les travaux. (C. d'Etat, 16 avril 1886, *Chovelon*, 368.)

6° Des gelées ayant détruit les pierres ou entravé les travaux pourraient aussi entraîner l'allocation d'une indemnité ; mais ce serait à la condition qu'elles fussent réellement exceptionnelles et en dehors de toute prévision possible (C. d'Etat, 9 janvier 1874, *Lelestu*, 34 ; *adde* : 24 juin 1846, *Duché*, 367), et qu'il n'y eût pas faute de la part de l'entrepreneur. (C. d'Etat, 21 décembre 1877, *Bru*, 1039; 10 septembre 1855, *Tiroye et Danjou*, 662; 5 janvier 1860, *Joly*, 13; 19 févr.er 1868, *Beau*, 181; 30 juin 1866, *Canal Saint-Martin*, 748.)

A plus forte raison en est-il de même de la crue qui cause un dommage direct aux ouvrages ou aux chantiers, par exemple, en endommageant un pont. (C. d'Etat, 29 mai 1856, *Devaux*, 394.) Il en serait ainsi alors même que la principale cause des dégâts serait un batardeau placé en avant des travaux pour les protéger. Son existence ne saurait constituer une faute ou une négligence à la charge de l'entrepreneur, ou en causant des avaries à des cintres. (C. d'Etat, 9 janvier 1874, *Letestu*, 38.) Une crue donne encore lieu à une indemnité lorsqu'elle a causé un dommage indirect en enlevant des matériaux ou des outils, pourvu toutefois qu'il n'y ait aucune négligence de l'entrepreneur et qu'il ait été dans l'impossibilité de les mettre à l'abri (C. d'Etat, 5 mai 1864, *Boisard*, 423; 19 juillet 1872, *Sarlin*, 440; 18 février 1876, *Guide*, 161; 29 novembre 1884, *Min. des travaux publics*, 852); ou en retardant les travaux (C. d'Etat, 22 décembre 1876, *Croze*, 935); ou en dégradant les ouvrages déjà faits. (C. d'Etat, 19 novembre 1876, *Serratrice*, 799.)

Mais si le dommage résultant de la crue de la rivière a été prévu par le devis, aucune indemnité n'est due. (C. d'Etat, 27 juin 1871, *Langlade*, 60.)

Il peut arriver, dans ces diverses hypothèses, que la réparation des accidents causés doive se faire immédiatement. Si les ingénieurs donnent à l'entrepreneur l'ordre d'y procéder, il doit se soumettre à peine de mise en régie. (C. d'Etat, 22 septembre 1859, *Bouffier*, 659.) Mais s'il est obligé de faire rapidement des achats de matériaux à des conditions onéreuses, l'Administration lui en doit compte, et est tenue de payer les prix de facture au lieu des prix du bordereau. (C. d'Etat, 9 janvier 1874, *Letestu*, 34.)

7° Une grève d'ouvriers nécessaires aux travaux est encore considérée comme un cas de force majeure. (C. d'Etat, 21 juin 1878, *Département du Rhône*, 593.)

861. — Une difficulté grave s'est élevée en ce qui concerne les faits de guerre; il semble bien qu'ils présentent au plus haut degré le caractère de force majeure. Cependant, par d'anciens arrêts, le Conseil d'Etat avait refusé de les considérer comme tels, et avait décidé notamment que l'enlèvement de matériaux par une armée ennemie ne donnait pas lieu à indemnité. (C. d'Etat, 8 juillet 1829, *Gilly*, 251.)

Mais cette jurisprudence n'a heureusement pas persisté longtemps. Se dégageant des préjugés qui tendaient à faire de la législation administrative un droit essentiellement exceptionnel, elle n'a pas tardé à entrer dans une voie plus large et plus conforme aux saines notions de la raison et de l'équité. Dès 1830, c'est-à-dire avant même que le cahier de 1833 eût admis le principe général de l'indemnité, le Conseil d'Etat avait jugé que l'entrepreneur avait droit à une indemnité pour le renchérissement des matériaux résultant du passage d'une armée. (C. d'Etat, 31 août 1830. *Hospices de Dax*, 394.)

On pourrait être tenté de croire, à la lecture de certains arrêts plus récents, que le Conseil d'Etat est revenu à son ancienne jurisprudence; mais il suffit de les examiner attentivement pour voir que ce ne sont que des décisions d'espèce, insuffisantes pour détruire le principe. Toutefois nous citerons avec regret l'arrêt du Conseil d'Etat du 27 décembre 1878. (*Lobereau*, 1109.) Cet arrêt se rapproche beaucoup de l'arrêt de 1829, en décidant que l'interruption des travaux provenant de faits de guerre ne rentre pas dans le cas de pertes, avaries ou dommages résultant d'événements de force majeure qui, aux termes de l'article 28, peuvent ouvrir le droit à indemnité.

Peut-être cet arrêt a-t-il été inspiré par cette considération que, dans l'espèce, il n'y avait pas dommage matériel causé directement aux travaux, mais seulement un retard dans leur exécution. Quand bien même c'eût été la pensée du Conseil d'Etat, nous estimerions que c'est trop restreindre la portée de l'article 28. Nous persistons donc à croire, avec la plupart des auteurs (Perriquet, I, n° 270 ; Aucoc, II, n° 655), que les faits de guerre étant essentiellement empreints de force majeure doivent donner lieu à indemnité. C'est en ce sens qu'il avait été jugé, avant 1870, que l'augmentation du prix de la poudre résultant, dans l'ancien comté de Nice, de l'annexion de ce pays à la France, nécessite une indemnité. (C. d'Etat, 22 août 1868, *Giordano*, 474.) S'il n'y a pas là fait de guerre proprement dit, il y a au moins conséquence d'un fait de guerre.

862. — Signalons qu'en ce qui concerne les faits de l'homme, la jurisprudence exige en général que ce soit un de ces faits à raison desquels l'entrepreneur n'aurait pas de recours contre leurs auteurs. S'il s'agissait d'un vol, d'un dégât commis par un particulier, l'entrepreneur n'aurait de recours que contre l'auteur du délit, ou du fait dommageable, et l'Administration ne devrait pas d'indemnité. (C. d'Etat, 19 mai 1864, *Bacquey*, 462.) Il y aurait lieu à indemnité, au contraire, en cas d'existence dans les terrains à draguer de pieux et de débris de matériaux que les ingénieurs n'auraient pas soupçonnés, et qui ont rendu le travail plus difficile et plus dispendieux (C. d'Etat, 22 février 1857, *Teyssier*, 169). et en cas d'interposition d'un chemin de fer entre le lieu des travaux et la carrière prévue au devis. (C. d'Etat, 8 décembre 1853, *Hémery*, 1042.)

863. — Les circonstances invoquées comme constituant la force majeure doivent, nous avons dit, avoir un caractère calamiteux et n'être pas susceptibles de prévision dans les limites de la prudence humaine. Lorsque l'événement est de nature à être prévu par un homme vigilant et soigneux de ses intérêts, le droit à une indemnité disparaît. Ainsi l'augmentation notable du prix des matériaux pendant l'exécution des travaux, en dehors de toute cause extraordinaire et inattendue, donne droit seulement à la résiliation au profit de l'entrepreneur (ancien art. 39 du cahier

des ponts et chaussées, nouvel art. 33 du même cahier), et ne peut jamais justifier une demande d'indemnité. (C. d'Etat, 8 fév. 1855, *Bertrand*, 128; 28 janvier 1858, *Marcelin*, 99; 3 fév. 1859, *Degréane*, 99; 5 décembre 1873, *Martin et Boudillon*, 876; 25 fév. 1876, *Commune de Samatan*, 201; 23 novembre 1877, *Coquelet*, 921; 13 févr. 1880, *Min. des travaux publics*, 181; 16 avril 1886, *Chovelon*, 368; 17 décembre 1886, *Villette*, 906.)

De même le Conseil d'Etat refuse de voir la force majeure:

1° Dans les accidents résultant de l'emploi de la mine lorsqu'il est prévu par le devis (C. d'Etat, 12 décembre 1861, *Dubuisson*, 889);

2° Dans la difficulté de trouver des ouvriers par suite de l'exécution simultanée de travaux sur d'autres points du département. (C. d'Etat, 29 juin 1850, *Lévy*, 636, etc...,)

Consulter encore sur la question : C. d'Etat, 19 févr. 1837, *Coste*, 497; 8 févr. 1838, *Bagros*, 86; 16 juillet 1846, *Bidou*, 402; 20 août 1847, *Clauzel*, 587; 31 janvier 1848, *Martenot*, 59; 12 août 1853, *Morizot*, 870; 21 juin 1855, *Canal des Alpines*, 449; 26 août 1858, *Chemin de fer du Midi*, 617.

864. — Pour l'augmentation du prix de la main-d'œuvre ou des matériaux provenant du fait de l'Administration quelques explications sont nécessaires.

Nous aurons à examiner, en traitant de la résiliation, la question de savoir si l'entrepreneur a droit à une indemnité lorsqu'il se produit une augmentation telle que la dissolution du marché soit possible. Mais, dès maintenant, il faut nous demander si, le marché étant maintenu, l'entrepreneur peut avoir droit à une indemnité pour les augmentations de prix que l'Administration a causées par son fait ou sa faute.

Il y a lieu de distinguer : si l'augmentation provient d'un acte que l'Administration n'avait pas le droit d'accomplir, soit à cause des stipulations particulières du marché, soit en vertu des règles du droit commun, l'article 1134 dans un cas, l'article 1382 dans l'autre exigent qu'une indemnité soit payée. (C. d'Etat, 26 sept. 1871, *Colas*, 834; 18 juillet 1873, *Giroux*, 669; 24 avril 1874, *Bessières*, 378; 3 mars 1876, *Loiselot*, 230.)

Si au contraire l'augmentation provient d'un fait normal que l'Administration avait le droit d'accomplir, par exemple de l'exécution d'autres travaux dans les environs, aucune indemnité n'est due, puisqu'il n'y a pas faute : tout ce que pourra faire l'entrepreneur, ce sera de demander la résiliation par application de l'article 33, et si l'augmentation est suffisante. (C. d'Etat, 19 mai 1864, *Jacquelot*, 469; 20 mars 1874, *Mady*, 273.)

865. — D'un autre côté, il est bon de rappeler ici que si la force majeure a été précédée d'une faute commise par celui qui en souffre, il doit s'en prendre à lui-même et en subir les conséquences. Cette règle a été plusieurs fois appliquée par la jurisprudence administrative.

Le sieur Tisserand, entrepreneur de travaux publics, avait construit dans le voisinage d'une rivière les fours destinés à cuire la chaux nécessaire aux travaux. Il en avait lui-même choisi l'emplacement. Une crue considérable des eaux vint tout à coup inonder ces fours et jeter la perturbation dans ses travaux. Il demanda une indemnité : mais elle lui fut justement refusée, parce que le dommage dont il se plaignait avait pour cause première la faute qu'il avait personnellement commise en ne prenant pas le soin d'éloigner ses fours à chaux de la rive, et en ne les plaçant pas sur un lieu assez élevé pour les rendre inaccessibles aux crues ordinaires du fleuve. (C. d'État, 6 juin 1834, *Tisserand*, 374; *voy.* aussi : 9 janvier 1828, *Hayet*, 39; 8 avril 1858, *Dalbiez*, 287; 26 août 1858, *Chemin de fer du Midi*, 616; 22 sept. 1859, *Bouffier*, 659; 16 décembre 1864, *Nercam*, 1016; 19 mai 1864, *Bacquey*, 459; 1er avril 1868, *Guernet*, 368, 21 mai 1875, *Grégoire*, 506; 21 décembre 1877, *Bru*, 1039.)

A plus forte raison en serait-il de même si, averti par l'Administration du danger, il n'avait tenu aucun compte de ses avis. (C. d'État, 8 avril 1858, *Dalbiez*, 287.)

Si l'entrepreneur a volontairement préféré un mode de transport des matériaux autre que celui prévu au devis, si par exemple il a substitué le transport par eau au transport par terre, l'Administration ne doit pas d'indemnité à raison de la perte des bateaux survenue même par force majeure. (C. d'État, 1864, *Aubert;* V. cependant en sens contraire, 17 avril 1874, *Dupuy*, 342.)

866. — Enfin, on peut, par convention spéciale, déroger, pour les travaux de l'État, à la règle de l'article 26. Elle est elle-même une dérogation au droit commun auquel on peut toujours revenir : il n'y a qu'à appliquer le contrat. (C. d'État, 19 mai 1864, *Bacquey*, 459; 21 mai 1875, *Grégoire*, 506.)

Nous avons déjà eu, à plusieurs reprises, l'occasion de signaler le principe que le cahier de 1866 n'est pas de plein droit applicable aux travaux départementaux et communaux (C. d'État, 10 mars 1859, *Bonnefous*, 187 et 269; 7 février 1873. *Fabrique de Nuits*, 138), et nous avons dit plus haut que la clause du nouvel article 28, par là même que, constituant une dérogation au droit commun, elle devait être interprétée restrictivement, ne régissait pas ces travaux. C'est donc au droit commun qu'il faut se reporter; et il y a lieu de décider que, à moins d'une clause formelle du cahier particulier de l'entreprise, l'entrepreneur répondra seul des événements de force majeure. (Perriquet, 1, n° 266; C. d'État, 19 mars 1870, *Millerand*, 271; 20 juillet 1877, *Petit*, 727.) Nous verrons plus loin ce qu'il faut décider quant aux travaux du Ministère de la guerre.

867. — L'article 28 des clauses et conditions générales constitue, ainsi que nous l'avons dit plus haut, une exception à la règle *Res perit domino*. C'est une mesure de faveur contraire aux principes du droit commun, qui veut que l'entrepreneur subisse seul la perte de la chose dont le maître n'a pas encore pris livraison. Il n'y a donc pas à examiner, pour son application, si au moment où l'événement arrive, l'Administration avait procédé à la réception des matériaux détruits et endommagés. La prise de possession n'est pas nécessaire; autrement l'article 28, au lieu d'être une faveur, serait purement et simplement l'application aux travaux publics des principes ordinaires. Aussi est-ce, suivant nous, par une préoccupation intempestive de la maxime *Res perit domino*, que le Conseil d'Etat a décidé que la perte, même par force majeure régulièrement constatée, de matériaux non reçus et non approvisionnés, ne donne point droit à une indemnité au profit de l'entrepreneur. (*Voy.* C. d'Etat, 1er juin 1836, *Riondet*, 255 ; 31 janv. 1848, *Martenot*, 59.) Qu'importe, en effet, que les ingénieurs n'aient pas reçu les matériaux? La réception a pour effet de les affecter définitivement à l'entreprise ; l'entrepreneur ne peut plus les en distraire pour une autre destination. Mais la mainmise de l'Administration, sa prise de possession, ne sont pas ici plus nécessaires que lorsqu'il s'agit des travaux qu'un accident inattendu vient détruire avant la réception. Pour ce cas, la jurisprudence du Conseil applique sans hésiter l'article 28 des conditions générales. Pourquoi donc faire une distinction? Pourquoi priver l'entrepreneur du bénéfice de cette disposition, lorsque la force majeure et ses résultats ont été régulièrement constatés, lorsqu'il est certain qu'un préjudice lui a été causé, et lorsque les ingénieurs ont été mis en demeure d'en évaluer l'importance? Le défaut de réception rend sans doute cette évaluation plus difficile; ce sera une raison pour mettre à la charge de l'entrepreneur la preuve de l'existence et de la quotité du préjudice causé; s'il ne fait pas cette preuve, on lui refusera justement toute indemnité. Mais, lorsqu'au contraire il établira clairement que les matériaux perdus ou endommagés étaient destinés à l'entreprise, qu'ils ont été approvisionnés dans ce but ; lorsque enfin l'étendue du dommage sera aisément appréciable, nous ne voyons aucune raison sérieuse pour lui refuser l'application de la disposition si manifestement bienveillante de l'article 28.

868. — Nous déciderons, en vertu des mêmes considérations, que l'entrepreneur a droit à une indemnité pour la perte, non des matériaux (cela est constant), mais du matériel (outils, ustensiles, moyens de l'entreprise). Dira-t-on que le matériel, étant la propriété même de l'entrepreneur, périt pour son compte? S'il est vrai que l'article 26 est une dérogation à la règle *Res perit domino*, il n'y a pas de distinction à faire. Le texte de l'article 28 ne se prête pas d'ailleurs à cette distinction. Il accorde une indemnité à l'entrepreneur à raison des pertes, avaries ou dommages, sans limiter sa libéralité au cas où ces pertes portent seulement sur les ouvrages ou sur les matériaux. Il faut donc repousser toute interprétation restrictive. (*Voy.* C. d'Etat, 19 juillet 1885, *Decuers*, 542 ; 18 février 1876, *Guide*, 161 ; V. ci-dessus, n° 837.)

869. — L'article 28 du nouveau cahier, identique en cela encore à l'article 26 du cahier de 1833, subordonne l'allocation de l'indemnité à une condition de forme : L'événement doit être « *signalé par l'entrepreneur* » dans le délai de dix jours. Passé ce délai, l'entrepreneur n'est pas admis à réclamer.

Des termes de cet article, il résulte que ce n'est pas un délai franc : c'est dans les dix jours que l'entrepreneur doit faire sa réclamation.

La légalité de cette condition n'est pas discutable. « Ici, les « règles spéciales du service s'écartant du droit commun dans des « vues d'équité et de faveur pour l'adjudicataire, l'Administra- « tion avait bien le droit d'y mettre la condition d'un délai pour « constater les causes et l'étendue des dommages. » (*Cotelle*, III, p. 96.)

La prescription est absolue en ce sens que si l'entrepreneur a gardé le silence pendant plus de dix jours, il est entièrement dé- chu. (C. d'Etat, 29 juin 1844, *Sicaud*, 405 ; 15 décembre 1846, *Pluvinet*, 554 ; 17 juin 1852, *Caville*, 242 ; 14 septembre 1852, *Clausse*, 419 ; 3 mars 1853, *Coupa*, 283 ; 12 janvier 1854, *Sérager*. 25 ; 18 mars 1858, *Sourreil*, 225 ; 13 juin 1860, *Berneau*, 465 ; 16 août 1860, *Plagnol*, 664 ; 19 mai 1864, *Jacquelot*, 469 ; 6 mars 1872, *Mady*, 149 ; 29 décembre 1876, *Dupond*, 948 ; 21 décem- bre 1877, *Bru*, 1039 ; 8 mars 1878, *Lapierre*, 283 ; 15 février 1884, *Maguin*, 142 ; 13 mars 1885, *Min. des travaux publics*, 325 ; 9 juillet 1886, *Vinciguerra*, 593.)

870. — Mais en quoi consiste exactement l'obligation de l'en- trepreneur ? Quelles formalités doit-il remplir pour conserver intact son droit à indemnité ? L'article 28 exige seulement qu'il *signale* le fait aux agents de l'Administration : ce simple avertis- sement équivaut à une mise en demeure de faire les constatations nécessaires. Le contraire avait été soutenu par l'Administration, qui prétendait exiger, dans le délai, une constatation des dégâts. Mais déjà sous l'empire du cahier de 1833, le Conseil d'Etat avait repoussé cette prétention en décidant que l'entrepreneur satisfai- sait à ses obligations et sauvegardait ses droits en avisant par lettre, dans les dix jours, les ingénieurs de l'événement survenu. (C. d'Etat, 24 janvier 1856, *Brion et Pochet*, 87.) Il a été décidé que si les ingénieurs avertis ne font pas les constatations, aucune fin de non-recevoir ne peut en résulter contre l'entrepreneur. (C. d'Etat, 19 février 1868, *Beau*, 178.) La même solution doit être maintenue sous l'empire du cahier de 1866.

En outre, il n'est même pas indispensable qu'il y ait eu avis de la part de l'entrepreneur : l'avertissement exigé par l'article 28 n'a d'autre but que de prévenir l'Administration, et de la mettre en mesure de faire les constatations nécessaires. Mais si elle a d'avance reconnu la force majeure et constaté ses résultats, la dé- chéance n'est plus opposable. (C. d'Etat, 22 septembre 1859, *Bouf- fier*, 659 ; 18 juin 1880, *Ministre des travaux publics*, 584.)

Mais il faut en pareil cas que, non seulement l'événement soit constaté, mais encore que la force majeure soit reconnue : ainsi l'entrepreneur n'aurait droit à aucune indemnité si un agent de l'Administration avait constaté le fait, en l'attribuant à une autre cause que la force majeure, alors que l'entrepreneur ne l'a pas signalé. (C. d'Etat 13 mars 1885, *Pastric*, 326.)

Le délai de dix jours commence à courir du jour même de

l'événement : peu importe qu'il se soit renouvelé et que la demande porte sur l'ensemble des dommages qui ont eu pour cause les accidents successifs. L'entrepreneur doit signaler chaque événement en particulier dans le délai. (C. d'Etat, 19 mai 1864, *Jacquelot*, 469.)

D'après ce que nous venons de dire, aucune forme sacramentelle n'est exigée pour l'avis que l'entrepreneur doit adresser à l'Administration. Cependant, M. Barry (art. 29, n° 12) enseigne que l'entrepreneur doit nécessairement signaler le fait par écrit, et demander à l'ingénieur un accusé de réception de manière à bien préciser la date de la réclamation.

C'est là certainement une excellente précaution qu'on ne saurait trop conseiller aux entrepreneurs. Mais il paraît difficile d'aller aussi loin que le fait le savant auteur, et d'infliger une déchéance à l'entrepreneur qui n'a pas réclamé par écrit : peu importe, suivant nous, la forme de la réclamation, dès lors que son existence dans le délai voulu n'est pas contestée par l'Administration, ou qu'elle est prouvée. Il serait possible de recourir à la preuve dans les termes du droit commun, non seulement en ce qui touche le fait de force majeure, mais encore quant à l'existence d'une réclamation verbale dans le délai voulu. Peut-être cette preuve sera-t-elle difficile en fait : il n'en demeure pas moins vrai qu'elle est recevable en droit.

871. — Quant au calcul de l'indemnité due en pareil cas, il se fera d'après les principes du droit commun. En cas de désaccord, le montant en sera fixé après expertise par le Conseil de préfecture, et en appel par le Conseil d'État.

La réception sans réserve de l'indemnité accordée par décision ministérielle pour pertes résultant de force majeure rend l'entrepreneur non recevable à réclamer ultérieurement une augmentation d'indemnité, sous le prétexte que la somme par lui reçue était insuffisante. (C. d'Etat, 10 janv. 1856, *Humbert-Droz*, 41.)

872. — *Travaux du Ministère de la guerre.* — Les règles relatives aux événements de force majeure ont subi des innovations successives : aussi est-il nécessaire d'examiner la question sous l'empire des trois cahiers de 1857, de 1876 et de 1887.

873. — 1° *Cahier de 1857.* — Ce cahier ne posait pas en règle générale que les cas de force majeure dussent donner lieu à indemnité : on restait par conséquent sous l'empire du droit commun tel qu'il résulte du Code civil. (V. *suprà*, n° 855.) Toutefois, l'art. 58 relatif à la résiliation disait : « Dans les circonstances « exceptionnelles telles que celles qui résultent de la déclaration « de l'état de guerre ou de l'état de siège, le Ministre se réserve « d'accorder, s'il y a lieu, des dédommagements à l'entrepre- « neur. » Ce n'était donc qu'une disposition de pure faveur; et le refus d'indemnité, même dans ces cas exceptionnels, ne pouvait motiver un recours contentieux. Telle était du moins la solution qui paraissait résulter du texte lui-même : mais elle ne fut pas admise par le Conseil d'Etat: les causes prévues par l'article 48 motivant la résiliation du marché, il décida que l'entrepreneur aurait, en outre, droit à une indemnité qui serait fixée par le Conseil de préfecture en cas de désaccord avec le Ministre. (C. d'Etat, 18 décembre 1874, *Morel*, 1026.)

874. — 2° *Cahier de 1876*. — Le cahier de 1876 stipula qu'aucune indemnité ne serait due en cas de résiliation, sauf pour cessation absolue ou ajournement de plus d'une année. Qant à l'indemnité pour cas de force majeure, il n'en était pas plus question que sous l'empire du cahier de 1857; donc, ici encore, on restait sous l'empire du droit commun. Cela résulterait au besoin du dernier paragraphe de l'article 69 qui déclare que l'entrepreneur n'a droit à aucune indemnité en dehors des cas qu'il énumère et parmi lesquels ne figurent pas les événements de force majeure. Tout au plus peut-on admettre le droit à indemnité dans le cas prévu par l'article 46. D'après cet article, toutes les mesures de précaution à prendre pour mettre les travaux à l'abri des conséquences de l'hiver doivent rester à la charge de l'entrepreneur. En outre : « L'entrepreneur est également responsable de « toutes les avaries, pertes ou dégradations qui seraient causées, « soit par sa négligence ou le retard mis à exécuter les travaux, « soit par la non-observation des prescriptions du chef du « génie. »

« Au contraire, quand les ordres de cet officier ont été ponc- « tuellement suivis, les mesures de précaution à prendre sont au « compte de l'État, ainsi que les travaux qui seraient à faire pour « réparer les dégradations que ces précautions seraient impuis- « santes à prévenir; sauf toutefois le cas où il y aurait vice d'exé- « cution ou emploi de matériaux défectueux. »

Sans doute ici, l'entrepreneur a droit à indemnité ; mais c'est plutôt à raison de la faute commise par l'agent de l'Administration qu'à raison de la force majeure : nous parlerons donc de cette disposition dans la section suivante.

875. — 3° *Cahier de 1887*. — Enfin, sous l'empire du cahier de 1887, aucune discussion n'est possible : l'article 28 dispose formellement que « l'entrepreneur est tenu des cas de force majeure « conformément au droit commun ». L'application de la jurisprudence qui s'est formée en matière de travaux des ponts et chaussées est donc formellement exclue. L'Administration est dans son droit en imposant une telle clause : mais il est permis de la déplorer et de constater qu'elle n'est guère conforme à l'esprit du cahier de 1887, qui a voulu se montrer, sur bien des points, plus équitable que le cahier de 1876 et qui y a réussi.

Nous verrons plus tard quelles conséquences peuvent résulter de cette clause, lorsque l'événement est de telle nature qu'il entraîne la résiliation.

SECTION III

De l'obligation d'indemniser l'entrepreneur des pertes et dommages qui proviennent du fait de l'Administration.

876. —Principe de l'obligation de l'Administration
877. —Cas dans lesquels l'Administration est tenue :règle générale.
878. — Exemples : jurisprudence.

876. — L'entrepreneur est tenu d'exécuter le contrat avec exactitude et ponctualité; mais l'Administration est, de son côté, strictement obligée envers lui. On a dû, il est vrai, dans un intérêt supérieur, lui permettre de s'affranchir, dans certaines circonstances, d'une partie de ses obligations. Toutefois, si grande que dût être, à ce point de vue, la liberté dont elle jouit, il était impossible que cette liberté fût absolue et sans limites. C'est bien assez qu'on lui ait reconnu le droit, soit d'imposer à l'entrepreneur des changements imprévus, soit de résoudre le contrat lui-même pour obéir à des exigences dont elle est seule arbitre. Ce privilège considérable trouve nécessairement un contrepoids dans l'obligation de réparer le dommage causé aux entrepreneurs par l'exercice de ces facultés contraires au droit commun, et c'est en effet ce qui est unanimement reconnu par les auteurs et la jurisprudence,

Nous avons étudié, dans la section I, les conséquences des retards à l'exécution des travaux provenant du fait de l'Administration, soit qu'ils résultent d'ordres spéciaux, soit qu'ils proviennent de défaut de livraison des terrains sur lesquels ils doivent être effectués ; dans la section II, nous venons de voir dans quelles limites les événements de force majeure peuvent engager l'Administration. Dans cette section, nous avons à nous demander quels sont les faits qui, directement accomplis par l'Administration, peuvent engager sa responsabilité.

877. — Nous n'avons pas l'intention d'énumérer ici les espèces presque innombrables dans lesquelles l'Administration peut, par son fait ou sa faute, se trouver responsable vis-à-vis de l'entrepreneur : une telle énumération serait forcément incomplète, car le droit de l'entrepreneur est subordonné aux circonstances, et il est impossible de prévoir toutes celles où ses réclamations sont admissibles. Des nombreuses décisions qui ont été rendues sur la question ressort cette thèse générale que l'Administration doit indemniser l'entrepreneur du préjudice qu'elle lui cause par son fait, son imprudence ou sa négligence, soit par l'inobservation des obligations qu'elle a contractées envers lui, soit par l'obstacle illégitime qu'elle apporte à l'exercice des droits qui lui sont garantis par les stipulations des cahiers de charges et les dispositions de la loi. Point n'est besoin ici de stipulations particulières : il suffit d'appliquer les règles générales des articles 1134 et suivants du Code civil sur les conventions, et celles des articles 1382-1384 sur la responsabilité.

878. — Si de cette formule générale on veut passer à l'application, le mieux est de consulter la jurisprudence du Conseil d'État. Nous ne nous attarderons pas à rechercher tous les arrêts rendus sur la matière : mais nous devons en citer un certain nombre, soit à titre d'exemple, soit parce qu'ils statuent sur des espèces intéressantes.

Comme il ne s'agit pas ici de l'application de clauses spéciales d'un cahier régissant tels ou tels travaux, mais bien du droit commun qui est le même pour toutes les entreprises, nous ne ferons aucune distinction entre les travaux des ponts et chaussées, du Ministère de la guerre, des départements ou des communes.

Le droit à indemnité par suite d'une faute de l'Administration a été reconnu dans les hypothèses suivantes :

1° Lorsque les modifications apportées par les ingénieurs à l'exécution du devis ont eu pour résultat des dépenses plus considérables que les dépenses prévues : si, par exemple, le transport des matériaux devant, aux termes du devis, avoir lieu par eau, un mode de transport plus onéreux a été imposé en cours d'exercice (C. d'État, 31 mars 1846, *Min. des trav. pub.*, 171); ou si les ingénieurs ont interdit les procédés habituellement usités pour l'extraction des déblais à l'aide de la mine (C. d'État, 6 juin 1866, *Fabre*, 596) ; ou s'ils ont imposé à l'entrepreneur l'obligation de commencer les déblais dans une direction autre que celle prévue au devis et qui les a rendus plus onéreux (C. d'État, 28 janvier 1876, *Haudost-Sauvage*, 94) ; ou lorsque l'Administration renonce au tracé général ayant servi de base à l'adjudication, pour mettre à l'étude un tracé différent. (C. d'État, 29 novembre 1872, *Artigue*, 677; 28 avril 1876, *Coste*, 403.) Bien entendu, il y a lieu d'examiner si, en fait, ces changements ont porté préjudice à l'entrepreneur : ainsi le changement d'emplacement des travaux ne donnera lieu à indemnité que si ce changement est postérieur à l'adjudication. (C. d'État, 5 juillet, 1878, *Blondin*, 653.) De même les modifications aux plans et dessins donnent aussi lieu à indemnité : mais il faut qu'elles soient postérieures à la préparation des matériaux : sans quoi il n'y a pas de préjudice. (C. d'État, 8 décembre 1876, *Gaggione*, 863.) De même, l'indemnité est refusée si la modification a été faite sur la demande de l'entrepreneur (même arrêt). (C. d'État, 14 janvier 1881, *Colas*, 58.)

Il n'y a pas lieu non plus à indemnité lorsque l'Administration, tout en causant un certain dommage à l'entrepreneur, n'a fait qu'user de son droit, par exemple en défendant l'emploi d'un mode de travail défectueux ou dangereux (C. d'État, 24 mai 1878, *Mayoux*, 491; 26 juillet 1878, *Redon*, 765; 17 décembre 1880, *Armagnacq*, 1037); ou se servir d'une faculté qui lui était réservée par le contrat. (C. d'État, 20 février 1885, *Min. des trav.- pub.* 229.)

2° Lorsque l'Administration donne l'ordre de commencer les travaux après un laps de temps dépassant considérablement les délais entrant dans les prévisions des parties lors de l'adjudication (C. d'État, 26 février 1875, *Agustinetty*, 205); ou lorsqu'il se produit des retards dans la remise des plans, profils, etc. (C. d'Etat, 13 février 1874, *Fleurant*, 169; 20 juillet 1877, *Commune de Martigues*, 729; 11 mai 1883, *Vernaud*, 463; 18 novembre 1884, *Mongalon*, 910; 19 janvier 1883, *Assistance publique*, 70; 8 août 1884, *Diard*, 737; 26 février 1886, *Latrille*, 178, etc.)

3° Lorsque l'Administration qui a pris l'engagement de fournir les carrières d'où les matériaux doivent être extraits ne les met pas, dans le délai fixé, à la disposition de l'entrepreneur. (C. d'Etat, 12 avril 1838, *Bouteillé*, 211.)

4° Lorsque l'Administration apporte des retards dans la livraison des terrains (C. d'Etat, 4 juillet 1872, *Agustinetty*, 420; 4 juillet 1873, *Syndicat de la Dives*, 616), ou lorsque des retards ou difficultés ont été apportés aux travaux par les agents de l'administration. (C. d'Etat, 11 mai 1883, *Vernaud*, 463); et lorsque l'Administration prolonge pendant dix ans une entreprise dont la durée prévue n'était que de cinq ans. (C. d'Etat, 2 mai 1873, *Mongallon*, 383.)

5° Lorsque l'entrepreneur a dû faire des modifications onéreuses au devis, par suite d'erreurs commises dans la rédaction des projets. (C. d'Etat, 18 mars 1858, *Sourreil*, 326; 12 novembre 1886, *Vergnioux* 791.) Application a été faite notamment, dans le cas, par exemple, où l'entrepreneur a été induit en erreur sur la nature des terrains à déblayer, par suite de sondages irréguliers et insuffisants prescrits par l'Administration, et qui ont servi de base à la fixation des prix. (C. d'Etat, 8 février 1855, *Ansart-Manem*, 130; 10 mars 1859, *Bonnefons* 187; 10 juillet 1874, *Lann*, 663; 12 février 1875, *Beretta*, 124; 12 août 1879, *Guillotin*, 660; 16 mai 1879, *Hughes*, 395.)

Mais aucune indemnité ne saurait être allouée de ce chef lorsqu'il n'y a pas faute de l'Administration, et lorsque le dommage ne provient que de l'insuffisance des moyens d'action ou de la maladresse de l'entrepreneur. (C. d'Etat, 10 décembre 1880, *Pouey*, 996.)

6° Lorsque l'Administration jette le trouble dans l'entreprise par d'autres travaux qu'aucune clause de son marché ne l'obligeait à souffrir sans indemnité. (C. d'Etat, 15 avril 1858, *Min. des trav. pub.*, 504; 30 juin 1868, *Canal Saint-Martin*, 740.) Le Conseil d'Etat a notamment accordé une indemnité pour privation de l'emplacement ou de partie de l'emplacement où devaient se trouver les chantiers de l'entreprise. (C. d'Etat 8 décembre 1882, *Dessoliers*, 999.)

7° Lorsque, par suite de la réduction en cours d'exécution des travaux commencés, le matériel approvisionné n'a pas reçu l'emploi auquel il était destiné. (C. d'Etat, 28 janvier 1858, *Marcellin*, 99; 1er août 1858, *Peaucellier*, 636.)

8° Lorsque, par suite de l'opposition des propriétaires qui n'ont pas reçu l'indemnité de dépossession à laquelle ils ont droit, l'entrepreneur ne peut commencer ses travaux à l'époque fixée, et se trouve forcé de laisser pendant un certain temps ses matériaux sans emploi. (C. d'Etat, 7 mars 1834, *Deschandeliez*, 171; 19 mai 1882, *Choël*, 526.)

9° Lorsque l'Administration ayant interverti l'ordre des travaux ou imposé l'exécution de travaux de nuit, il est résulté de l'obéissance de l'entrepreneur aux ordres des ingénieurs une augmentation notable de dépense (C. d'État, 12 août 1854. *V. de Tarascon*, 789); ou lorsque l'entrepreneur a dû exécuter des maçonneries de perré durant les mois de décembre et de janvier et lorsque les gelées ont avarié la chaux éteinte et dégradé les maçonneries. (C. d'État, 7 juin 1865, *Driot*, 620.)

10° Lorsque l'Administration ayant ordonné la cessation des travaux, certaines dépenses faites par l'entrepreneur, en vue des ouvrages prévus par les devis, se trouvent sans objet. (C. d'État, 1er août 1858, *Peaucellier*, 635 ; 28 janvier 1858, *Marcellin*, 101.)

11° Lorsque la mauvaise exécution des épuisements faits en régie a augmenté les difficultés du travail. (C. d'État, 19 février 1868, *Beau*, 182.)

12° Lorsque les dommages ont été causés aux travaux par des aliénés que l'Administration s'était réservé le droit d'employer. (C. d'État, 3 mars 1876, *Giroux*, 226.)

13° Lorsque l'entrepreneur ayant stipulé le droit de fournir, au prix du bordereau, les ouvriers nécessaires à ceux des travaux de son entreprise qu'il y aurait lieu de faire en régie, l'Administration emploie néanmoins d'autres ouvriers. (C. d'État, 16 mars 1826, *Legrand*, 130.)

14° Accélération extraordinaire imprimée aux travaux. (V. ci-dessus n° 483.)

15° Lorsque la régie ou la résiliation de l'entreprise ont été indûment prononcées. (V. ci-après, *Régie et Résiliation*.)

16° Nous avons dit ci-dessus qu'il est de principe que les augmentations survenues dans les prix ne donnent pas lieu à indemnité. Toutefois lorsque l'entrepreneur supporte les conséquences d'une augmentation de ce genre portant soit sur les matériaux, soit sur la main-d'œuvre, par suite d'une faute de l'Administration, des dommages-intérêts lui sont dus. Il a été fait application de cette règle à des espèces très diverses. Ainsi il a été jugé qu'une indemnité était due lorsque, pendant une suspension des travaux non imputable à l'entrepreneur, une hausse des prix s'était produite. (C. d'État, 3 mars 1876, *Loiselot*, 230; 18 mai 1882. *Loiselot*, 517; 19 janvier 1883. *Admin. de l'ass. publique*, 70, 2° espèce.)

TITRE V

DE LA MISE EN RÉGIE

Division du titre.

Nous abordons dans ce titre une matière qui a donné lieu à de nombreux débats. Pour mettre de l'ordre dans notre étude, nous la diviserons en quatre chapitres. Nous ferons connaître :
1° L'objet et le but de la régie ;
2° Dans quel cas elle peut être ordonnée ;
3° Quelles sont ses formes et les conditions de son établissement.
4° Quels sont ses effets.

CHAPITRE PREMIER

Objet de la régie.

879. — Application aux travaux publics de la règle générale posée par l'article 1144 du Code civil.
880. — L'intervention des tribunaux n'est pas nécessaire.
881. — Justification des dispositions relatives à la mise en régie.
882. — Distinction de la mise en régie et de la régie
883. — La mise en régie partielle est-elle possible ?

879. — L'article 1144 du C. civ. autorise le créancier, en cas d'inexécution de la convention, à la faire exécuter lui-même aux dépens de son débiteur. La mise en régie, si fréquemment employée en matière de travaux publics, n'est qu'une application de cette règle du droit commun. Elle consiste, en effet, dans la substitution à l'entrepreneur d'un gérant chargé, sous la surveillance des agents administratifs, d'exécuter les travaux aux risques et périls de l'adjudicataire en retard. Elle ne fait pas disparaître le contrat, qui reste obligatoire pour les parties et continue de produire tous ses effets légaux. Elle permet seulement à l'Administration, en écartant un entrepreneur inhabile ou négligent, de poursuivre avec rapidité et dans les conditions stipulées par les devis l'exécution des travaux adjugés.

880. — Remarquons toutefois qu'il ne s'agit pas uniquement d'une application pure et simple de l'article 1144. Le Code civil n'admet l'exécution aux frais de l'entrepreneur que moyennant une autorisation de justice : les tribunaux ne sont pas tenus de

prescrire cette exécution par cela seul que le créancier y conclut ; ils n'ont pas seulement à apprécier le droit du créancier, ils ont à rechercher si la mesure d'exécution est conforme aux intérêts des parties, à juger la question d'opportunité.

Au contraire, en matière de travaux publics, cette intervention des tribunaux n'est pas nécessaire. Pour les travaux des ponts et chaussées et du Ministère de la guerre, les cahiers des clauses et conditions générales autorisent l'Administration à prononcer directement la régie. Nous aurons à rechercher plus loin quelle situation est faite aux entrepreneurs de travaux départementaux et communaux qui ne sont pas de plein droit soumis aux règles concernant les travaux des ponts et chaussées. Nous nous placerons pour le moment au point de vue de ces derniers travaux.

C'est l'Administration seule qui ordonne la mesure, qui se constitue à la fois juge du droit du créancier, c'est-à-dire de son propre droit, et juge de la question d'inexécution du travail qu'elle a elle-même ordonné. Plusieurs auteurs, et notamment M. Barry dans son « Commentaire des clauses et conditions générales des ponts et chaussées », font remarquer que les exigences du service ne justifient pas cette situation anormale, qui aurait pu être modifiée dans le sens du droit commun, sans retards ni préjudice pour personne, si on eût adapté à la juridiction administrative la procédure simple et prompte du *référé*. Nous ne pouvons que nous associer à ces critiques : nous avons déjà constaté à plusieurs reprises cette lacune de la procédure administrative ; nous en examinerons les conséquences, en exposant le système suivi pour la présentation et le jugement des réclamations de l'entrepreneur.

881. — La mise en régie a été l'objet de nombreuses critiques. L'Administration supérieure a plusieurs fois manifesté sa répulsion pour une mesure qui se termine le plus souvent par des procès. Elle se plaint d'être responsable du régisseur, de sa négligence ou de son improbité, et elle recommande à ses agents la résiliation qui lui paraît présenter bien plus d'avantages. D'un autre côté, les entrepreneurs voient dans la régie une cause presque certaine de ruine. La substitution en leur lieu et place d'un tiers qui, touchant un traitement fixe, n'a point d'intérêt personnel à l'exécution économique des travaux ; qui, avant tout, est l'homme de l'Administration et toujours disposé à céder à ses exigences, quelque coûteuses qu'elles puissent être, amène en effet trop souvent pour eux les plus fâcheux résultats. Cependant, malgré ces plaintes respectives, la mise en régie ne cesse pas d'être pratiquée. Il n'est point de mesure que les ingénieurs emploient plus souvent dans le cas où les travaux languissent et où il est à craindre qu'ils ne soient pas achevés dans le délai fixé par le marché ; et il n'en est point à laquelle les entrepreneurs, s'ils avaient à choisir, ne préféreraient en général la régie. C'est qu'en effet, pour l'Administration comme pour ceux-ci, cette mesure ayant un caractère essentiellement provisoire n'engage pas irrévocablement l'avenir : elle suspend l'exécution du contrat en ce qui concerne la direction de l'entrepreneur ; mais elle ne le brise pas, et, pres-

crite à propos, suffit souvent pour donner une nouvelle impulsion aux travaux ; les résistances disparaissent, la bonne volonté revient, les ressources surgissent comme par enchantement : en peu de jours la régie cesse d'être nécessaire, et l'adjudicataire, effrayé des conséquences que son mauvais vouloir ou sa négligence auraient pu produire, s'engage résolûment dans la bonne voie. Pour l'entrepreneur réellement malheureux, la régie est un temps d'arrêt qui lui permet de reprendre haleine et de réunir les ressources qui, un instant, lui ont fait défaut. L'espérance dore la triste réalité et la lui fait trouver moins dure. Chaque jour, il se voit près du moment où l'Administration, prenant en considération ses efforts et son zèle, lui permettra de ressaisir la direction des travaux dans des conditions plus favorables. Ce n'est trop souvent qu'une illusion chèrement payée; mais tous la préfèrent à cette ruine immédiate qui s'appelle la réadjudication à la folle enchère. Lorsqu'une situation est fortement engagée, il est difficile d'apprécier l'étendue des sacrifices qu'il est indispensable de subir et il faut beaucoup de courage pour s'y résoudre. Voilà pourquoi, si nous ne nous trompons, une mesure que tout le monde condamne, dont tout le monde se plaint et qui n'est en effet sans inconvénients pour personne, est si généralement employée.

882. Malgré la similitude des expressions employées, la mise en régie ne doit pas être confondue avec la régie. Nous avons vu précédemment que l'Administration peut faire exécuter directement les travaux par ses agents : dans ce cas on dit que l'exécution se fait en régie : et, s'il y a un marché, il intervient uniquement entre l'Administration et le régisseur; mais il n'existe pas d'entrepreneur.

Au contraire, la mise en régie suppose un contrat préexistant passé entre l'Administration et un entrepreneur ordinaire qui ne tient pas les engagements par lui contractés : comme les travaux ne peuvent rester en souffrance, on fait intervenir un moyen intermédiaire d'exécution, grâce auquel le contrat primitif subsiste, quoique les détails de son exécution soient confiés à une personne nouvelle. (*Aucoc*. Dr. adm., 2ᵉ éd., II, nº 669; *Perriquet* I, nº 270; *Barry*, Cahier des ponts et chaussées, art. 35, nº 1.)

883. — La question a été soulevée de savoir si l'Administration pouvait prononcer une mise en régie partielle de l'entreprise. Le Conseil d'État ne l'a pas résolue (C. d'État, 21 mars 1884, *Autixier*, 238) ; mais elle l'a été par le Conseil général des ponts et chaussées et par M. le Ministre des travaux publics, dans un sens négatif. Dans un avis délibéré les 6 décembre 1882 et 31 janvier 1883 (affaire *Moulin et Fournis*), le Conseil des ponts et chaussées a décidé qu'il y avait lieu de rapporter un arrêté ordonnant la mise en régie d'une partie seulement de l'entreprise. Une décision ministérielle du 16 février 1883 approuva cet avis. (*Adde* C. d'État, 26 novembre 1886. *Tróglia*, 839.)

Cette solution paraît conforme aux dispositions de l'article 35 :

d'une part, les termes de cet article sont généraux et s'appliquent à la totalité de l'entreprise; d'autre part, après la régie prononcée, il faut procéder à l'inventaire du matériel qui est remis aux mains du régisseur pour continuer l'entreprise : comment cette remise pourra-t-elle s'effectuer si l'entrepreneur primitif continue les travaux en même temps que le régisseur? Enfin il faut tenir compte de ces considérations très justes que le Conseil des ponts et chaussées expose dans l'avis ci-dessus cité : « Admettre la légalité des régies partielles serait méconnaître le caractère du contrat passé entre l'Administration et l'entrepreneur. Dans une entreprise, il peut se faire que l'entrepreneur ait calculé de manière à se contenter, sur certains genres de travaux, d'un bénéfice moindre, pendant que, par voie de compensation, des travaux d'une autre espèce lui procurent une plus grande rémunération. Le droit qui serait reconnu à l'Administration aurait pour conséquence, en bouleversant ses calculs, de consacrer une injustice flagrante. De plus, il y aurait un grave danger à permettre des régies partielles qui ne peuvent que créer des conflits entre ouvriers travaillant côte à côte et obéissant à des directions différentes, et rendre inévitables des conflits entre l'Administration et les entrepreneurs. »

Le nouveau cahier des clauses et conditions générales du Ministère de la guerre de 1887 a organisé un système spécial de régie publique, applicable dans certains cas qu'il détermine. Les rédacteurs de ces cahiers ont contribué à diminuer, par un ensemble de mesures spéciales, les inconvénients ci-dessus relatés. Nous verrons dans un chapitre spécial « De la mise en régie dans les travaux du Ministère de la guerre », s'ils ont réussi et si leur système ne donne pas lieu à d'autres critiques.

CHAPITRE II

Cas dans lesquels la mise en régie peut être ordonnée.

884. — Cahier de 1833 : lacunes qu'il présentait.
885. — Cahier de 1866 : article 35.
886. — Cas de mise en régie : retard dans l'exécution des travaux.
887. — Le retard provenant du défaut de paiements des acomptes n'est pas une excuse.
888. — L'entrepreneur ne peut invoquer une autorisation de suspendre les travaux donnée par l'ingénieur.
889. — Il faut qu'il y ait un retard réel non imputable à l'Administration ou à ses agents.
890. — Le retard provenant de travaux en cours d'exécution n'est pas une cause de mise en régie.
891. — La mise en régie peut être prononcée pour infraction au devis.
892. — La mise en régie peut être prononcée pour refus d'obéir aux ordres des ingénieurs.
893. — Cas de force majeure.
894. — Exemples de causes de mise en régie.

884. — Le cahier de 1833 présentait à cet égard de regrettables lacunes. A s'en tenir au texte de l'article 24, la mise en régie pou-

vait être prononcée seulement « lorsqu'un ouvrage languira faute
« de matériaux, ouvriers, etc., de manière à faire craindre qu'il ne
« soit pas achevé aux époques prescrites, ou que les fonds cré-
« dités ne puissent pas être consommés dans l'année ». Dans notre
première édition, nous avions critiqué cette disposition en disant
qu'il n'en pourrait être ainsi sous peine de désarmer presque
absolument l'Administration dans un grand nombre de circonstances où l'emploi de la régie est le seul moyen de vaincre l'ob-
stination et la mauvaise volonté de l'entrepreneur. Et nous ajou-
tions :

On ne doit donc pas hésiter à recourir à cette mesure toutes les
fois qu'il s'écarte sciemment soit des indications du devis, soit des
ordres auxquels il est tenu de se soumettre. L'Administration n'a
pas le droit seulement d'exiger que les travaux soient achevés
dans le délai fixé ; il faut bien lui reconnaître la faculté d'arrêter
leur exécution, si elle n'est pas conforme aux conditions du marché. Ainsi le retard dans l'exécution, l'inaccomplissement des
obligations prises, la désobéissance aux ordres des ingénieurs,
telles sont, à un point de vue général, les trois circonstances
dans lesquelles l'établissement de la régie est autorisé.

Le système suivi sous l'empire de ce cahier pouvait se résumer
ainsi : le préfet ordonnait l'établissement de la régie par un seul
arrêté ; il fixait à l'entrepreneur un certain nombre de mesures
qu'il devait prendre dans un délai déterminé passé lequel, faute
d'exécution, la régie était immédiatement organisée. Il était rendu
compte de la situation au directeur général, qui pouvait ordonner soit la continuation de la régie, soit une nouvelle adjudication
à la folle enchère de l'entrepreneur. (Art. 21.)

885. — Le cahier de 1866 est plus explicite tant au point de
vue des cas où la mise en régie peut être prononcée qu'au point
de vue des mesures plus protectrices des droits de l'entrepreneur.

D'après l'article 35 : « Lorsque l'entrepreneur ne se conforme
« pas, soit aux dispositions du devis, soit aux ordres de service qui
« lui sont donnés par les ingénieurs, un arrêté du préfet le met
« en demeure d'y satisfaire dans un délai déterminé. Ce délai, sauf
« le cas d'urgence, n'est pas de moins de 10 jours à dater de la
« notification de l'arrêté de mise en demeure.

« A l'expiration de ce délai, si l'entrepreneur n'a pas exécuté
« les dispositions prescrites, le préfet, par un second arrêté, or-
« donne l'établissement d'une régie aux frais de l'entrepreneur.
« Dans ce cas, il est procédé immédiatement, en sa présence, ou
« lui dûment appelé, à l'inventaire descriptif du matériel de l'en-
« treprise. »

Nous n'avons à nous occuper, dans ce chapitre, que des causes
qui peuvent motiver la mise en régie : l'étude des formes à suivre
se trouvera dans le chapitre suivant.

886.— Ainsi que nous venons de le voir (n° 884), la jurisprudence
admettait, sous l'empire de l'ancien cahier, trois causes de mise
en régie. Elles subsistent sous le cahier de 1866.

1° *Retards dans l'exécution des travaux.* — Dans un chapitre précédent (nos 740 et suiv.), nous avons constaté que l'exécution des travaux dans le délai fixé par le marché constitue la principale obligation de l'entrepreneur. Sous l'empire du cahier de 1833, la jurisprudence du Conseil d'Etat offre de nombreux exemples de régies établies pour vaincre la lenteur ou la négligence de l'entrepreneur. (C. d'Etat, 22 fév. 1821, *Dabournial*, 272; 11 janv. 1837, *Chanard*, 12; 6 fév. 1846, *Parfait*, 72; 29 juin 1850, *Lévy*, 634; 1er fév. 1851, *Moneron*, 89; 22 août 1853, *Portanguein*, 871; 19 fév. 1857, *Com. de Couterne*, 159; 29 juillet 1858, *Gâté*, 531; 10 mars 1859, *Manot*, 189; 7 avril 1859, *Ville de Périgueux*, 269; 28 juillet 1864, *Niclotte*, 702.)

Sous l'empire du cahier de 1866, la mise en régie pour la même cause n'est pas moins fréquente. (C. d'Etat, 8 août 1873, *Champoussin*, 777; 13 avril 1883, *Saignes*, 344; 13 mai 1887, *Sabourin*, 399.)

887. — La négligence de l'entrepreneur ne trouve pas d'excuse dans le défaut de paiement d'acomptes. Le paiement d'acomptes pendant l'exécution des travaux est, sauf stipulations contraires, facultatif pour l'Administration, et subordonné à l'existence de fonds disponibles.

Nous avons vu plus haut, en parlant des dommages causés par l'Administration, que le retard provenant de défaut de paiements partiels n'autorise pas l'entrepreneur à demander une indemnité, et ne lui permet pas d'abandonner les travaux. (C. d'Etat, 19 mars 1849. *Daussier*, 169; V. nos 842 et suiv.) Par conséquent, si un entrepreneur, alléguant le défaut de paiement des acomptes aux époques convenues, mettait un retard volontaire à l'exécution des travaux, la mise en régie pourrait être prononcée. (C. d'Etat, 15 juin 1883, *Mondielli*, 576.) Il en serait autrement dans le cas où le cahier des charges stipulerait le paiement d'acomptes dans des conditions déterminées. Nous reviendrons sur ce point en traitant du paiement des travaux.

888. — L'obligation de terminer les travaux à l'époque fixée par le devis est tellement rigoureuse que l'entrepreneur invoquerait même en vain l'autorisation écrite de l'ingénieur en chef de suspendre les travaux jusqu'au règlement du compte des ouvrages exécutés. L'autorité supérieure a seule qualité pour modifier les conditions essentielles du contrat. L'autorisation de l'ingénieur n'enlève donc pas au préfet, qui n'a pas approuvé la suspension, le droit de mettre l'adjudicataire en demeure, et, en cas de désobéissance à ses injonctions, de prescrire l'établissement de la régie. (C. d'Etat, 15 juin 1841, *Bau*, 245.)

889. — Mais, pour que la mise en régie puisse être prononcée, il faut tout d'abord qu'il y ait réellement retard : les tribunaux auront à s'enquérir de ce point. Ainsi, il a été jugé que la mise en régie avait été prononcée à tort et que l'entrepreneur devait être déchargé de ses conséquences parce qu'au moment de la mise en régie, il avait encore un temps suffisant pour terminer

les travaux à l'époque fixée par le contrat. (C. d'Etat, 19 février 1857, *Com. de Couterne*, 159.)

Il faut en second lieu que le retard ne soit pas imputable à l'Administration elle-même ou à ses agents. Ainsi il a été jugé que la mise en régie était irrégulière :

1° Lorsque des ouvriers avaient été détournés des chantiers et enlevés à l'entreprise pour l'exécution d'autres travaux de l'Etat (C. d'Etat, 9 avril 1873, *Croize*, 333) ;

2° Lorsque la lenteur des travaux est due à un ensemble de fautes de l'architecte (C. d'Etat, 29 juin 1869, *Fabre*, 653) ;

3° Lorsque le plan où les ordres qui ont été donnés ne permettent pas une exécution plus rapide. (C. d'Etat, 19 février 1857, *Laborie*, 155.)

890. — Il faut enfin que les travaux qu'on prétend en retard soient bien ceux qui ont été prévus au contrat, et non des travaux imposés en cours d'exécution. L'obligation de terminer les ouvrages à l'époque convenue ne s'étend qu'à ceux qui ont été l'objet des prévisions du devis. (C. d'Etat, 12 avril 1838, *Bouteillé*, 211 ; 14 février 1861, *Dupond*, 119.)

Toutefois, il en serait différemment dans l'hypothèse suivante : Un cahier de charges stipulant que si l'entrepreneur primitif refuse de se charger des travaux supplémentaires, il en sera fait une adjudication spéciale, celui-ci a accepté de s'en charger : lorsque la régie est prononcée pour retards apportés à l'exécution des nouveaux travaux, il ne peut pas soutenir qu'il ne doit pas en supporter les conséquences parce qu'ils ne faisaient pas partie du devis primitif. (C. d'Etat, 29 juillet 1858, *Gaté*, 551.)

Il s'est, en effet, formé par l'acceptation de l'entrepreneur, un nouveau contrat.

891. — 2° *Infractions au devis.* — L'inexécution des obligations imposées par le devis, ou l'exécution défectueuse des travaux autorisent également l'Administration à prononcer la mise en régie. (*Voy.* C. d'Etat, 11 déc. 1838, *Bruneau*, 664 ; 20 nov. 1840, *Piedvache*, 404 ; 12 avril 1843, *Serres*, 162 ; 4 janv. 1851, *Orth*, 19 ; 3 janv. 1853, *Coupa*, 283.)

L'entrepreneur ne peut trouver d'excuse aux infractions au devis que dans les ordres des ingénieurs ou de l'Administration supérieure. Mais la preuve de ces ordres le met pleinement à couvert. (C. d'Etat, 19 juillet 1851, *Lavaud*, 518 ; Cons. *suprà*, n°s 764 et suiv.)

892. — 3° *Refus d'obéir aux ordres des ingénieurs.* — Placé sous les ordres des ingénieurs ou de l'architecte directeur des travaux, l'entrepreneur est tenu de se conformer à leurs prescriptions. Sa désobéissance non justifiée donne lieu à l'application de l'article 35. (C. d'Etat, 31 mai 1848, *Richard*, 357 ; 4 avril 1873, *Escarraguel*, 310 ; 9 juin 1882, *Escarraguel*, 559 ; 7 juin 1878, *Pianelli*, 549 ; 12 janvier 1877, *Guernet*, 58.)

Nous n'avons pas à fixer ici l'étendue de cette obligation. Il nous suffira de rappeler qu'elle n'est pas absolue ; les stipulations du cahier des charges font la loi de l'Administration comme celle des entrepreneurs ; elles créent à son profit des droits positifs, mais aussi des obligations. L'entrepreneur n'est pas obligé de se soumettre à des injonctions contraires aux indications du devis et aux droits qu'il tient des conditions générales. Tel est le principe général qui domine cette matière. (C. d'Etat, 14 février 1861, *Dupond*, 119 ; 9 avril 1868, *Martine*, 404 ; 29 juin 1869, *Fabre*, 655 ; 6 mars 1874, *Avon*, 237 ; 21 mars 1884, *Autixier*, 238 ; 15 février 1884, *Maguin*, 142.)

La régie, qui n'est qu'une mesure de coercition dirigée contre l'entrepreneur en faute, sera donc justement établie lorsque les ingénieurs auront respecté les stipulations du contrat. Dans le cas contraire, le refus de l'entrepreneur ne justifie pas la mise en régie, dont les conséquences restent à la charge de l'Administration. (*Voy*. C. d'Etat, 10 décembre 1846, *Castex*, 544 ; 19 fév. 1857, *Laborie*, 152 ; 22 sept. 1859, *Bouffier*, 659 ; 14 février 1861, *Dupond*, 119 ; 21 mars 1884, *Autixier*, 239.)

Il en serait de même si les ingénieurs imposaient des obligations impossibles à remplir par suite de circonstances spéciales, comme l'élévation du niveau d'une rivière. (C. d'Etat, 6 mars 1874, *Avon*, 236.)

893. — Que faut-il décider quant aux cas de force majeure ? Si un ingénieur donne l'ordre à l'entrepreneur d'accomplir les travaux nécessaires pour la réparation des événements de force majeure, celui-ci peut-il, par le motif que les dépenses ne lui incombent pas définitivement, refuser d'exécuter le travail ? Un pareil refus autoriserait l'Administration à prononcer la mise en régie : tout ce que l'entrepreneur peut faire en pareil cas, c'est de demander la résiliation de son entreprise si les circonstances sont de telle nature qu'elle puisse être accordée. (C. d'Etat, 22 septembre 1850, *Bouffier*, 659.)

894. — Les trois causes que nous venons d'examiner ne sont pas les seules qui puissent motiver la mise en régie. La pratique en révèle un grand nombre d'autres qui, toutes, il est vrai, rentrent sous la rubrique générale « inexécution des obligations »; mais qu'il est bon néanmoins de signaler. Ainsi la mise en régie est prononcée à bon droit dans les hypothèses suivantes :

1° Mauvais état des affaires de l'entrepreneur le mettant dans l'impossibilité de continuer les travaux (C. d'Etat, 4 juillet 1873, *Syndicat de la Dives*, 614) ;

2° Défaut absolu de paiement des ouvriers ayant entraîné l'interruption des travaux (C. d'Etat, 31 janvier 1873, *Collège d'Aubagne*, 116 ; 7 janvier 1864, *Feuillâtre*, 22) ;

3° Non-réalisation des approvisionnements nécessaires, nonobstant une mise en demeure (C. d'Etat, 10 mars 1859, *Marrot*, 189 ; 3 janvier 1881, *Crété*, 25) ;

4° Abandon presque complet des chantiers par les ouvriers (C. d'Etat, 3 janvier 1881, *Crété*, 25) ; ou abandon par l'entrepreneur sans prévenir l'Administration. (C. d'Etat, 16 février 1883,

Marchal, 202 ; 8 juin 1883, *Longueville*, 549 ; 13 avril 1883, *Saignes*, 344.)

CHAPITRE III

Des formes de la mise en régie.

895. — Organisation de la régie sous le cahier de 1833 : critique de ses dispositions.

896. — Dispositions du cahier de 1866 : article 35.

897. — Aperçu général des formalités : conséquences de leur inobservation.

898. — La mise en régie est prononcée par le préfet ou son délégué.

899. — Constatation du retard : ses formes.

900. — Nécessité d'un premier arrêté de mise en demeure.

901. — Fixation d'un délai de dix jours pour se conformer aux ordres.

902. — Calcul du délai : stipulations particulières.

903. — Prorogation de délai : quand elle a été accordée, une nouvelle mise en demeure n'est pas nécessaire.

904. — Dans le délai, l'entrepreneur a le droit de se conformer aux ordres reçus.

905. — Arrêté de mise en régie.

906. — Un recours contentieux peut-il être formé contre cet acte ?.

907. — Compétence du Conseil de préfecture.

908. — L'entrepreneur est relevé de la régie s'il justifie de moyens suffisants d'exécution.

909. — Nomination d'un régisseur.

910. — Nécessité d'un inventaire descriptif du matériel et des approvisionnements.

911. — Conséquences de l'omission de l'inventaire.

912. — L'inventaire doit être dressé contradictoirement.

913. — Avis donné au Ministre qui peut ordonner la réadjudication.

914. — L'entrepreneur peut-il demander lui-même la réadjudication ?

895. — Nous avons vu, dans les chapitres précédents, que la régie reposait moins sur les principes du droit civil et sur la loi que sur la convention. C'est donc principalement dans les cahiers des charges qu'il faut chercher les règles auxquelles elle est soumise.

L'ancien cahier des ponts et chaussées de 1833, dans son article 21, organisait ainsi la régie : « Le préfet, dans un arrêté qu'il « notifiera à l'entrepreneur, ordonnera l'établissement d'une régie « aux frais dudit entrepreneur, si, à une époque fixée, il n'a pas « satisfait aux dispositions qui lui seront prescrites. A l'expira« tion du délai si l'entrepreneur n'a pas satisfait à ces dispositions, « la régie sera organisée immédiatement et sans autre formalité. « Il en sera aussitôt rendu compte au directeur général qui, selon « les circonstances, pourra ordonner la continuation de la régie « aux frais de l'entrepreneur, ou prononcer la résiliation du mar« ché et ordonner une nouvelle adjudication sur folle enchère. »

La plupart des auteurs ont, avec raison, critiqué ces dispositions rigoureuses et laconiques qui laissaient à l'Administration un pouvoir sans limites, dont il lui était facile d'abuser contre l'entrepreneur. D'ailleurs, en pratique, on suivait un système un peu plus compliqué mais donnant quelques garanties à l'entrepreneur. Une Commission chargée, en 1817, de fixer d'une manière nette et claire les droits et les devoirs des agents administratifs au moment de la mise en régie, avait détaillé, dans un rapport au Ministre, les formalités qu'elle croyait nécessaires : l'article 21 du cahier de 1833 ne donnait qu'un résumé de ce rapport. Les conclusions du rapport de la Commission avaient été reproduites par l'article 36 du cahier du Ministère d'Etat et étaient observées, quoique sans force obligatoire, pour tous les autres travaux de l'Etat.

D'après ce rapport, « pour que les régies aient un caractère
« légal qui puisse ôter tout prétexte d'opposition ou de réclama-
« tion aux entrepreneurs, il faut :
« 1° Qu'il soit constaté par un procès-verbal ou un rapport
« bien motivé que les conditions de l'adjudication n'ont pas été
« remplies;
« 2° Qu'une décision de M. le directeur général, ou du moins
« une décision de l'autorité locale, autorise la régie;
« 3° Qu'un arrêté en détermine les conditions, nomme le ré-
« gisseur, qui doit fournir un cautionnement, et à qui il doit
« être prescrit un mode de comptabilité tel qu'il ne puisse pas-
« ser aucun marché, faire aucune dépense sans l'ordre ou l'ap-
« probation formelle de l'ingénieur, et qu'enfin les dépenses soient
« bien justifiées et puissent être vérifiées toutes les fois que cela
« est nécessaire;
« 4° Qu'au moment de l'établissement de la régie, il soit
« dressé un inventaire des équipages, outils et ustensiles de l'en-
« trepreneur, et dressé un état de situation des travaux, appro-
« visionnements et dépenses exécutés par l'entrepreneur, con-
« formément au devis, lesquels inventaire et état de situation, en
« cas de refus par l'entrepreneur de les reconnaître et de les si-
« gner, doivent être revêtus de toutes les formes nécessaires pour
« établir leur authenticité;
« 5° Que les marchés passés par l'entrepreneur soient mainte-
« nus, lorsque les parties avec lesquelles il a contracté offrent des
« garanties suffisantes pour l'exactitude de l'exécution; qu'il ait
« connaissance de toutes les opérations de la régie, et ait la fa-
« culté de présenter des fournisseurs, sous-traitants et ouvriers
« auxquels on devra donner la préférence lorsque l'ingénieur les
« aura reconnus admissibles, et que la régie n'aura pas déjà pris
« avec d'autres des engagements définitifs;
« 6° Enfin, que la régie ne puisse subsister que le temps né-
« cessaire pour passer une adjudication à la folle enchère, à
« moins que la situation des travaux ne permette d'en rendre
« la gestion à l'entrepreneur. »

L'énumération de ces formalités ne présente plus aujourd'hui qu'un intérêt rétrospectif, en ce qu'elle montre l'évolution qui s'est opérée pour arriver aux dispositions du cahier de 1866. Aussi n'avons-nous pas l'intention de les reprendre en détail. Nous nous contenterons de signaler celles d'entre elles qui peuvent encore présenter quelqu'intérêt, en examinant les règles posées par le cahier actuel.

896. — D'après l'article 35 du cahier de 1866, lorsqu'il y a lieu à la mise en régie pour l'une des causes dont il a été parlé au chapitre précédent, et lorsque l'entrepreneur ne se conforme pas, soit aux dispositions du devis, soit aux ordres des ingénieurs, « un arrêté du préfet le met en demeure d'y satisfaire dans un « délai déterminé. Ce délai, sauf le cas d'urgence, n'est pas de « moins de dix jours à dater de la notification de l'arrêté de mise « en demeure.

« A l'expiration de ce délai, si l'entrepreneur n'a pas exécuté « les dispositions prescrites, le préfet, par un second arrêté, or- « donne l'établissement d'une régie aux frais de l'entrepreneur. « Dans ce cas, il est procédé immédiatement, en sa présence, ou « lui dûment appelé, à l'inventaire descriptif du matériel de l'en- « treprise.

« Il en est aussitôt rendu compte au Ministre qui peut, selon « les circonstances, soit ordonner une nouvelle adjudication à la « folle enchère de l'entrepreneur, soit prononcer la résiliation « pure et simple du marché, soit la continuation de la régie. » La simple lecture de cet article montre que le système actuel est essentiellement différent de celui du cahier de 1833.

897. — Dès que l'inexécution des obligations est constatée, le préfet, représentant l'Etat, intervient. Il prend un premier arrêté pour mettre l'adjudicataire en demeure de se conformer à son cahier de charges; une notification lui est faite; puis, à partir de cette notification, il a dix jours au moins pour obéir. Enfin, s'il n'obéit pas, un second arrêté est rendu pour ordonner la mise en régie; puis le Ministre est prévenu. Sous le cahier de 1833, il n'intervenait qu'un seul arrêté prononçant immédiatement la régie pour le cas d'inexécution des obligations : quant à la reprise du matériel, le cahier de 1833 ne la réglementait pas.

Reprenons les diverses formalités qui précèdent ou accompagnent la mise en régie. Il est essentiel de les déterminer avec précision, car, ainsi que nous le verrons, si elles n'ont pas été régulièrement observées. le Conseil de préfecture peut déclarer la mise en régie mal fondée, et en laisser toutes les conséquences à la charge de l'Administration.

898. — C'est le préfet qui a le pouvoir de prononcer la mise en régie pour les travaux de l'Etat.

Le même pouvoir appartient, bien entendu, à son délégué; il a été jugé avec raison que la mise en régie prononcée par le conseiller de préfecture remplaçant le préfet est régulière. (C. d'Etat, 19 juillet 1872, *Sarlin*, 440.)

Toutefois la validité de la délégation pourrait être attaquée, si elle n'a pas été faite suivant les règles prescrites par la loi.

Nous verrons plus loin quelle autorité est investie de cette mission pour les travaux du Ministère de la guerre et ceux des départements et des communes.

899. — Comment l'intervention préfectorale est-elle provoquée? Evidemment par les ingénieurs chargés de la direction technique

de l'entreprise. Le cahier du Ministère d'Etat, dont nous avons cité plus haut les dispositions, exigeait, sous l'ancienne législation, que l'inexécution des obligations fût constatée par un procès-verbal ou un rapport bien motivé. Sous l'empire de ce cahier, il a été jugé que la rédaction d'un procès-verbal n'est pas prescrite à peine de nullité, par le motif « qu'aucune disposition du cahier « n'oblige l'Administration à faire précéder par une semblable « constatation les mises en demeure par elle prononcées contre « les entrepreneurs ». (C. d'Etat, 16 janvier 1874, *Gauthier*, 63.) Le cahier de 1866, ne contenant non plus aucune prescription de ce genre, la même solution doit être maintenue. Cependant il faut reconnaître que si cette formalité n'est pas prescrite à peine de nullité, tout fait un devoir à l'Administration de l'accomplir.

Comment, en effet, serait-il possible, en cas de contestation, de fournir la preuve que les travaux étaient réellement en retard? L'entrepreneur ne manque jamais de prétendre qu'il avait rempli toutes ses obligations. Si un état de la situation des travaux n'est pas dressé au moment de la mise en régie, il faudra nécessairement recourir à une expertise pour éclairer les tribunaux administratifs. C'est faire dépendre le sort des contestations du résultat toujours douteux d'une vérification faite après coup, et dans les conditions les plus défavorables.

Le rapport doit être fait par les ingénieurs ou l'architecte directeur des travaux : il est communiqué à l'entrepreneur avant d'être adressé au préfet. S'il ne réclame pas immédiatement contre les énonciations de cette pièce, on admet difficilement, au moment du décompte, l'exactitude de ses protestations qui sont considérées comme tardives.

900. — Le préfet, une fois saisi de la difficulté, rend un premier arrêté de mise en demeure. L'omission de ce premier arrêté rendrait la mise en régie irrégulière et en entraînerait l'annulation. (C. d'Etat, 25 mai 1841, *Roger-Berdoly*, 212; 6 juin 1844, *Lessellier*, 338; 15 décembre 1846, *Pluvinet*, 554; 13 février 1868, *Avril*, 162; 16 mars 1883, *Olivo Guidi*, 297.) Non seulement il faut que la mise en demeure existe, mais encore elle ne peut être suppléée par aucune autre formalité, comme par exemple par des ordres de service des agents chargés de la direction des travaux (arrêt *Olivo Guidi* ci-dessus); et il faut de plus qu'elle soit notifiée à l'entrepreneur. (C. d'Etat, 25 mai 1841, *Roger-Berdoly*, 212.)

Il suffit d'ailleurs que la notification soit régulière. Il n'est pas nécessaire qu'elle soit faite par ministère d'huissier; une simple notification administrative suffit pour que son existence puisse être prouvée ultérieurement. C'est à l'Administration qu'il appartient de prendre ses précautions à cet égard, pour le cas où l'entrepreneur viendrait à nier l'accomplissement de la formalité.

Déjà, sous l'empire du cahier de 1833, les prescriptions relatives aux travaux du Ministère d'Etat exigeaient une mise en demeure qui avait pour but de signaler à l'entrepreneur les travaux à raison desquels l'Administration croit nécessaire de recourir à la régie. Cette mise en demeure portait fixation d'un délai passé lequel la régie serait prononcée. Ce sont ces dispositions qui ont passé dans le cahier de 1866, qui a précisé les formes de cette mise en demeure.

901. — L'article 35 exige que l'arrêté de mise en demeure fixe un délai déterminé qui, sauf le cas d'urgence, ne peut pas être de moins de dix jours à dater de la notification. Cette règle est strictement appliquée par la jurisprudence. Le délai est franc : il doit s'écouler dix jours entre la notification de l'arrêté de mise en demeure et la mise en régie. (C. d'Etat, 12 août 1848, *Nobilet*, 526 ; 4 avril 1879, *Bouchet*, 300.)

902. — De plus, le délai doit s'écouler non pas entre la notification de la mise en demeure et celle de la mise en régie, mais bien entre la première et la signature de l'arrêté de mise en régie. (C. d'Etat, 4 avril 1879, *Bouchet*, 300.) Ainsi, serait irrégulière la régie prononcée par un arrêté rendu moins de dix jours après la notification de la mise en demeure, quand bien même elle ne serait notifiée qu'après l'expiration du délai.

Le délai est de dix jours francs ; ainsi la notification de l'arrêté de mise en demeure ayant eu lieu le 25 avril, l'arrêté de mise en régie ne peut être rendu avant le 6 mai. (V. ci-dessus arrêt *Nobilet*.)

Cependant le Conseil d'État s'est quelquefois départi de cette rigueur dans un cas où, bien que le délai imparti fût de moins de dix jours, on avait laissé à l'entrepreneur un répit de plus de dix jours avant de rendre l'arrêté prononçant la régie. (C. d'Etat, 16 avril 1880, *Gautier*, 380.)

Exceptons toutefois le cas où l'on trouverait dans le devis une stipulation particulière. Rien ne s'oppose à ce qu'il soit dérogé aux formes prescrites par l'article 35. Ainsi, lorsque, dans le cahier des charges spéciales d'une entreprise de travaux publics, il est dit que « si un travail urgent n'est pas exécuté dans les délais prescrits, il sera dressé procès-verbal de cette inexécution, et que l'Administration pourra faire achever, *immédiatement et sans autre formalité*, ledit travail aux frais des entrepreneurs », c'est à tort que ceux-ci se plaindraient de l'inobservation des formes établies par l'article 21 pour les mises en régies ordonnées par application de cet article, et demanderaient en conséquence à être déchargés des effets onéreux de la régie. (*Voy.* C. d'Etat, 12 mai 1846, *Jobert*, 280 ; 30 mars 1867, *Nuixe*, 325.)

903. — Bien que le délai soit, en principe, fixé à 10 jours, l'Administration jouit à cet égard d'une certaine latitude. Tout d'abord, elle peut restreindre les délais dans les cas d'urgence, qui sont formellement exceptés par l'article 35. (C. d'Etat, 31 décembre 1878, *Cravio*, 1141.)

D'autre part, l'Administration a la faculté de proroger le délai accordé, en faveur de l'entrepreneur dont les efforts prouvent la bonne volonté. Mais ce n'est pas là, on le comprend, un droit dont il puisse revendiquer l'exercice : l'Administration est seule juge de ce qu'il convient de faire.

Lorsque le délai primitivement imparti a été prorogé, il n'est pas nécessaire de signifier à l'entrepreneur une nouvelle mise en demeure. L'arrêté qui a fixé l'époque de la mise en régie n'est pas périmé faute d'avoir été mis à exécution à l'époque indiquée.

Les sieurs Leroy et Déculant s'étaient rendus adjudicataires de travaux à exécuter pour la construction d'une route. Ils n'avaient pas achevé ces travaux à l'époque convenue. Le préfet prit un arrêté qui ordonnait la mise en régie et en fixait l'époque au 1er octobre 1827, dans le cas où ils n'auraient pas mis à ce moment les diverses parties de la route en état de réception. Cet arrêté ne fut mis à exécution que le 1er décembre 1835. Les entrepreneurs soutinrent alors que la régie avait été indûment établie, l'arrêté pris en 1827 ne pouvant plus, suivant eux, produire d'effet plusieurs années après. Mais le Conseil d'Etat repoussa avec raison cette prétention et décida que, l'Administration ayant pu proroger le délai, ils étaient mal venus à invoquer contre elle un acte de bienveillance et de faveur. (C. d'Etat, 26 fév. 1840, *Leroy et Déculant*, 62 ; 16 avril 1880, *Gautier*, 380 ; 8 juin 1883, *Longueville*, 549.)

Néanmoins nous devons constater que cette règle ne doit pas être considérée comme trop absolue : les tribunaux auront à apprécier si la mise en régie prononcée est bien la suite de la mise en demeure notifiée à l'entrepreneur, lorsque le délai écoulé entre les deux actes sera manifestement exagéré ; et ils pourront, s'ils constatent le contraire, annuler la régie et en mettre les conséquences à la charge de l'Etat. (C. d'Etat, 16 janvier 1874, *Gauthier*, 62.) « Considérant, dit cet arrêt... qu'il est établi par l'in- « struction qu'un arrêté de mise en demeure a été pris contre le « sieur Gauthier le 22 octobre 1867 ; que cet arrêté lui a été notifié « le 16 novembre suivant, et que l'arrêté préfectoral qui l'a mis en « régie n'a été pris que plus de six mois après, le 17 juin 1868, « sans une nouvelle mise en demeure, et sans une constatation suf- « fisante, que, depuis le 16 novembre 1867, le sieur Gauthier n'avait « rien fait pour se conformer aux prescriptions de l'arrêté de mise « en demeure du 17 octobre 1867 ; que, dans ces circonstances, le « requérant est fondé à soutenir que la mise en demeure dont il a « été frappé dans l'arrondissement d'Orléansville a été irréguliè- « rement prononcée..... »

904. — Dans le délai qui précède la mise en régie, l'entrepreneur peut se conformer à la mise en demeure qu'il a reçue : l'article 35 lui réserve formellement ce droit ; et, s'il en use, la mise en régie prononcée serait irrégulière, quand bien même il ne se serait soumis que sous réserves aux ordres reçus. (C. d'Etat, 10 mai 1875, *Joret*, 1094. *Adde* : 9 avril 1868, *Martine*, 401.)

905. — Le délai expiré, le préfet prend un nouvel arrêté ordonnant la mise en régie : nous avons vu plus haut que l'existence de ces deux arrêtés successifs est indispensable. Comme

l'arrêté de mise en demeure, l'arrêté de mise en régie doit être notifié à l'entrepreneur. Cette notification était déjà exigée à peine de nullité sous l'ancien cahier. (C. d'Etat, 2 juin 1837, *Hayet*, 327 ; 19 juillet 1833, *Dubost*, 402 ; 23 avril 1840, *André-Jean*, 131 ; 25 mai 1841, *Roger-Berdoly*, 210.) Il en est de même sous l'empire du cahier de 1866.

906. — L'arrêté préfectoral de mise en régie une fois rendu est-il définitif ? L'entrepreneur a-t-il, en supposant l'arrêté régulier en la forme, le droit d'en demander l'annulation ?

Cet arrêté est un acte purement administratif, qui n'est pas susceptible d'être attaqué par la voie contentieuse. L'entrepreneur a seulement le droit de le déférer à la censure du Ministre, s'il le croit susceptible de réformation. Mais les Conseils de préfecture sont incompétents pour le rapporter, ou même en suspendre provisoirement les effets. (C. d'Etat, 19 juillet 1833, *Commission des digues de la Saône*, 402 ; 23 fév. 1844, *Dufour*, 110.)

Les sieurs Vivet et Paillotet s'étaient rendus adjudicataires des travaux de construction d'une écluse, avec perrés aux abords. En cours d'exécution, un arrêté du préfet de la Haute-Saône leur enjoignit, sous peine de mise en régie, d'avoir à démolir, dans un délai déterminé, une partie des perrés exécutés contrairement aux devis. Les entrepreneurs ne s'étant point soumis à cet arrêté, la régie fut établie. Le Conseil de préfecture, saisi de leurs réclamations, rendit un arrêté par lequel il ordonnait une expertise, afin de faire constater si les travaux dont la démolition était prescrite avaient été mal exécutés. L'arrêté portait en outre « qu'il ne serait rien changé à l'état de choses actuel, quant aux perrés et à leurs enrochements, jusqu'à la décision à intervenir ».

Le Ministre des travaux publics se pourvut contre cette partie de l'arrêté, dont le Conseil d'Etat prononça l'annulation par les motifs suivants : « Considérant que si le Conseil de préfecture « était compétent pour décider qu'il serait procédé par experts à la « visite et reconnaissance des travaux exécutés par les sieurs Pail- « lotet et Vivet, il n'a pu, sans excéder ses pouvoirs, ordonner qu'il « ne serait rien changé aux constructions dont la démolition avait « été prescrite par l'arrêté ci-dessus visé du préfet. Art. 1er. L'ar- « rêté du Conseil de préfecture de la Haute-Saône, en date du « 16 mars 1847, est annulé pour excès de pouvoirs dans celle de « ses dispositions portant qu'il ne sera rien changé à l'état de « choses actuel, quant aux perrés et à leurs enrochements, jusqu'à « la décision à intervenir. » (C. d'Etat, 5 juillet 1851, *Vivet*, 495.)

La mise en régie est donc une mesure essentiellement administrative soulevant des questions d'opportunité. L'Administration active seule peut la détruire ou la maintenir, en la prenant sous sa responsabilité. C'est une application de ce principe que les Conseils de préfecture, sauf exception inscrite dans la loi, n'ont pas qualité pour réformer les actes de l'Administration, mais seulement pour régler les conséquences de ces actes.

907. — C'est pourquoi si les Conseils de préfecture ne peuvent,

sous aucun prétexte, annuler l'arrêté et s'opposer aux mesures prescrites au préjudice de l'entrepreneur, il ne faudrait pas croire que celui-ci se trouve privé du droit de réclamer par la voie contentieuse contre les conséquences d'une régie indûment imposée. L'Administration supérieure a seule qualité pour confirmer ou rapporter les décisions des autorités locales qui prononcent la régie ; mais ce droit considérable, et dont l'exercice ne peut être entravé, ne fait pas obstacle à ce que l'entrepreneur, qui sait ne pas se trouver dans l'un des cas où la régie est autorisée, porte sa réclamation devant le Conseil de préfecture, seul juge des difficultés sur le sens et l'exécution des marchés de travaux publics. Et il doit obtenir une indemnité, s'il prouve qu'au moment où la mise en régie a été prononcée, il avait satisfait aux prescriptions du devis et obéi aux ordres des ingénieurs. (*Voy.* C. d'Etat, 11 juin 1837, *Chanard*, 12 ; 12 août 1848, *Nobilet*, 524 ; 19 mars 1849, *Daussier*, 169 ; 29 mars 1855, *Gâté*, 246 ; 12 juillet 1855, *Lavagne*, 521 ; 14 fév. 1861, *Dupond*, 119. *Adde* : arrêts cités au chapitre des causes de la mise en régie, nos 884 et suiv.)

En résumé, si la juridiction contentieuse n'est pas compétente pour apprécier l'opportunité de la mise en régie, ni pour annuler l'arrêté qui la prononce, parce que c'est un acte de l'Administration, elle a le droit de statuer sur les conséquences que cette mesure entraîne pour l'entrepreneur ; et celui-ci peut soutenir devant elle qu'il ne doit pas les supporter, soit parce qu'il ne se trouve pas dans un des cas prévus par la loi, soit parce que les formes prescrites n'ont pas été observées, etc. (V. *Barry*, art. 35, n° 3.) Nous verrons plus loin comment doit s'apprécier l'indemnité.

Un arrêt récent a très nettement posé la règle en ces termes : « Considérant que s'il n'appartient pas au Conseil de préfecture « d'annuler un arrêté préfectoral prononçant la mise en régie, il « lui appartient d'examiner la régularité et la légitimité de la « mise en régie, et d'apprécier si les dépenses résultant de cette « mesure doivent être mises à la charge de l'entrepreneur, ou si « ce dernier a droit à une indemnité..... » (C. d'Etat, 3 janvier 1881, *Crété*, 25.)

Ajoutons qu'un recours direct ne pourrait pas non plus être formé devant le Conseil d'Etat pour excès de pouvoirs contre l'arrêté de mise en régie. En pareil cas, le Conseil saisi se borne à déclarer que l'entrepreneur reste libre de réclamer devant le Conseil de préfecture la réparation pécuniaire des conséquences de la mise en régie. (C. d'Etat, 30 juillet 1863, *Daussier*, 611 ; 7 janvier 1864, *Raoult*, 22 ; 9 août 1865, *Delalée*, 785.)

908. — L'entrepreneur devrait être relevé des conséquences de la régie s'il justifiait de moyens d'action suffisants pour mener les travaux à bonne fin ; mais là non plus ce ne serait pas la juridiction contentieuse qui serait appelée à statuer : il aurait à justifier de ses moyens d'exécution devant l'autorité administrative, soit devant le préfet qui pourrait retirer de lui-même son arrêté de

mise en régie, soit devant le Ministre, supérieur hiérarchique du préfet, qui peut annuler l'acte de son subordonné. Mais l'entrepreneur pourrait se pourvoir devant le Conseil de préfecture pour demander que les conséquences de la régie soient mises à la charge de l'Administration.

909. — La nomination du régisseur est le premier acte qui suit l'établissement de la régie, et c'est à coup sûr l'un des plus importants. Comme, en principe, les frais de la régie sont à la charge de l'entrepreneur qui, après l'achèvement des travaux, a le droit d'exiger un compte de clerc à maître, l'Administration doit apporter la plus grande circonspection dans le choix qu'elle fait.

· « Elle doit, disait le Ministre des travaux publics en 1837, « prendre toutes les mesures nécessaires pour qu'il n'y ait pas « dilapidation des deniers de l'entrepreneur, et pour que, en cas « d'infidélité de la part du régisseur, l'Administration qui se con- « stitue directement responsable puisse exercer un recours utile. (*Voy.* C. d'État, 31 août 1837, *le Département des Deux-Sèvres*, 45.) Dans ce but, l'arrêté du préfet qui nomme le régisseur lui impose l'obligation de fournir un cautionnement dont le chiffre est fixé par l'Administration, et dont l'importance varie nécessairement suivant la nature des travaux. Mais cette garantie serait bien souvent insuffisante, car il est rare qu'un cautionnement en rapport avec les dépenses à effectuer puisse être imposé au régisseur. Aussi est-il dans l'usage de lui prescrire un mode de comptabilité, tel qu'il ne puisse passer aucun marché et faire aucune dépense sans l'ordre ou l'approbation formelle de l'ingénieur. Enfin, les dépenses ne sont admises en compte qu'après justification complète, et elles peuvent être vérifiées toutes les fois que cela est nécessaire. (*Voy.* le rapport de la Commission de 1817, *suprà*, n° 895.) C'est à ces conditions seulement que la régie, toujours onéreuse pour l'entrepreneur, peut ne pas être aussi une cause de pertes pour l'Administration.

910. — Une fois la régie définitivement prononcée, il reste à accomplir certaines formalités qu'énumère l'article 35. La première est l'inventaire descriptif du matériel de l'entreprise auquel il doit être procédé « immédiatement, en la présence de l'entre- « preneur ou lui dûment appelé ». Le matériel devant passer aux mains du régisseur qui va continuer l'entreprise, il est indispensable d'établir dès le principe les bases du règlement de compte ultérieur.

D'ailleurs, l'inventaire ne doit pas porter exclusivement sur le matériel, comme semble le dire l'article 35 : il faut aussi constater les approvisionnements existants et les travaux déjà effectués. (C. d'État, 4 juillet 1873, *Syndicat de la Dives*, 614 ; 17 juillet 1874, *Commune de Saint-Ciers Lalande*, 689.)

Aussi, dès qu'il est nommé, le régisseur fait-il procéder à l'inventaire des équipages, outils et ustensiles de l'entrepreneur, et dresser un état de la situation des travaux, approvisionnements et dépenses exécutés par lui, conformément au devis. Ces pièces lui sont présentées pour qu'il en reconnaisse l'exactitude et qu'il les signe. En cas de refus, la régie prend à ses frais toutes les mesures nécessaires pour que les énonciations de ces documents puissent, en cas de difficulté, au moment du règlement des comptes, lui être opposées.

911. — Cet inventaire est-il une formalité substantielle dont l'omission puisse entraîner l'annulation de la mise en régie? Sur ce point, la jurisprudence n'est pas très nette. Le Conseil d'Etat décide qu'il n'y a point là une formalité d'ordre public, substantielle et *sine qua non*, en ce sens qu'on ne peut considérer comme irrégulière une mise en régie qui n'a pas été accompagnée d'un inventaire, si l'entrepreneur n'a pas réclamé cet inventaire. (C. d'Etat, 16 janvier 1874, *Gauthier*, 62. — Aucoc, t. I, n° 674; — Perriquet, t. I, n° 287.) Mais si l'entrepreneur réclame cette mesure et qu'il soit passé outre, la régie est-elle entachée d'une nullité de forme qui en met les conséquences à la charge de l'administration? Plusieurs auteurs, et notamment M. Perriquet dans le passage ci-dessus, enseignent l'affirmative. Le Conseil d'Etat semble s'être prononcé en sens contraire dans un arrêt assez récent. (12 janvier 1877, *Guernet*, 57.) Dans cette affaire, le mémoire présenté pour M. Guernet invoquait expressément comme cause d'irrégularité de la mise en régie l'absence d'inventaire. Si le Conseil d'Etat avait admis qu'il y eût là une formalité substantielle, il se fût arrêté à cette cause d'irrégularité, et ne l'aurait repoussée qu'après avoir recherché et constaté si l'entrepreneur avait réclamé cette mesure au moment de la mise en régie; or, il se borne à déclarer que, « pour la solution des questions actuellement soumises au Conseil, il est sans intérêt d'examiner si les formalités prescrites par le même article 35, pour la rédaction de l'inventaire descriptif du matériel, ont été observées ». Il semble donc qu'il ne considère l'absence d'inventaire comme une irrégularité substantielle que si l'entrepreneur allègue et prouve que cette irrégularité lui a causé un préjudice, l'a mis dans l'impossibilité de faire constater ses droits à la fin de la régie, en l'empêchant d'établir l'importance de son matériel, l'état d'avancement des travaux au moment de la mise en régie, et les travaux réellement effectués pendant la régie. Ce serait donc une question à résoudre en fait dans chaque espèce. (V. aussi C. d'Etat, 17 juillet 1874, *Commune de Saint-Ciers Lalande*, 689.)

Nous ne saurions nous rallier à cette manière de voir, et il nous semble que c'est avec raison que les auteurs voient dans l'inventaire une formalité substantielle. L'article 35 des clauses et conditions générales met cette formalité sur le même pied que la mise en demeure et l'arrêté de mise en régie. Il prescrit ces trois formalités : mise en demeure, arrêté de mise en régie et inventaire, par les mêmes expressions impératives, et c'est ce que fait aussi la circulaire ministérielle explicative du cahier de 1866 qui a accompagné sa publication : « Le préfet, dit-elle, ordonne, s'il y a lieu, par un second arrêté, l'établissement de la régie, et il est, dans ce cas, immédiatement procédé à l'inventaire descriptif du matériel de l'entreprise. »

912. — L'inventaire doit être contradictoire, dit l'article 35; mais la jurisprudence décide que s'il a été dressé par l'Administration ou par le régisseur hors la présence de l'entrepreneur, celui-ci n'aura pas pour cela le droit d'exiger le paiement de tout le matériel; mais il pourra contester les énonciations de l'inventaire auquel il n'a pas pris part, droit qu'il n'aurait pas s'il y avait assisté. (C. d'Etat, 4 avril 1879, *Min. des travaux publics*, 300.) Il en serait différemment si l'entrepreneur avait accepté l'inventaire sans réserve (même arrêt). Enfin, l'inventaire doit être immédiat; mais là encore, la jurisprudence déclare que les tribunaux ont un pouvoir d'appréciation : s'il est établi que le retard apporté à la confection de l'inventaire n'a pas causé de préjudice à l'entrepreneur, aucune conséquence n'en résulte. (C. d'Etat, 9 juin 1882, *Escarraguel*, 558.)

913. — Aussitôt la régie prononcée, il est rendu compte au Ministre qui peut, selon les circonstances, soit ordonner une nouvelle adjudication à la folle enchère de l'entrepreneur, soit prononcer la résiliation pure et simple du marché, soit prescrire la continuation de la régie.

914. — On s'est posé la question de savoir si ce droit était réciproque, et si l'entrepreneur était fondé à demander qu'il fût procédé à la réadjudication?

M. Cotelle s'est prononcé pour l'affirmative. (2ᵉ édit., t. III, p. 81.) « Nous croyons, dit M. Dufour, que c'est là une erreur. Il est dit (art. 21) que le directeur général pourra, selon les circonstances de l'affaire, ordonner la continuation de la régie ou ordonner une nouvelle adjudication. Il est appelé à opter, et ne doit se guider, dans son option, que par une appréciation des circonstances. L'esprit de la disposition n'est-il pas, d'ailleurs, exclusif de l'idée qu'il puisse dépendre de l'entrepreneur de faire adopter un parti plutôt que l'autre? La mise en régie et la résiliation avec adjudication nouvelle ne sont-elles pas destinées à remédier au retard d'exécution? Ne sont-elles pas inspirées et dominées par des motifs d'urgence, et, à ce titre, leur usage n'est-il pas abandonné au pouvoir discrétionnaire de l'Administration? Eh quoi! nous avons démontré que la mise en régie ne pouvait être empêchée, ni entravée par les réclamations de l'entrepreneur, et il aurait le droit de la faire cesser en demandant qu'il soit procédé à une nouvelle adjudication! Il y aurait là une inexplicable contradiction. Disons-le donc sans hésiter, l'Administration n'a à consulter que les exigences de l'intérêt public, lorsqu'il s'agit de maintenir la régie ou de recourir à une adjudication nouvelle. Ses déterminations n'ont rien que de spontané; et telle est la latitude dont elle jouit, qu'elle n'a même pas besoin de donner la régie pour préalable à la résiliation. Dès que le directeur général a connaissance de l'état de langueur des travaux, il est libre de prescrire au préfet de mettre l'entrepreneur en demeure ou de procéder immédia-

tement à la folle enchère de l'entrepreneur. » La justesse de cette.
doctrine n'est pas sérieusement contestable, et M. Cotelle s'y est
rallié lui-même dans sa troisième édition. (T. III, p. 151 et suiv.)

CHAPITRE IV

Effets de la mise en régie..

915. — La mise en régie laisse subsister le contrat entre l'entrepreneur et l'Administration.
916. — Ce n'est pas une mesure définitive, l'entrepreneur peut en être relevé.
917. — L'Administration peut seule mettre fin à la régie, son refus ne donne pas lieu à un recours contentieux.
918. — Nomination du régisseur, son caractère juridique.
919. — Les marchés passés par l'entrepreneur ne sont pas résiliés.
920. — L'entrepreneur surveille la régie.
921. — Devoirs du régisseur.
922. — Frais de la régie : l'entrepreneur supporte les excédents sur le prix de l'adjudication.
923. — L'entrepreneur ne profite pas des bénéfices, raisons qui ont inspiré cette clause; critiques.
924. — L'entrepreneur peut-il toujours discuter les frais de régie ? Fin de non-recevoir.
925. — Exemples de frais incombant à l'entrepreneur.
926. — Exemples de frais qu'il ne doit pas supporter.
927. — Conséquences d'une régie indûment imposée.
928. — Fins de non-recevoir opposées à l'entrepreneur.
929. — Évaluation de l'indemnité due, règles à suivre.
930. — Cas principaux dans lesquels la régie peut être déclarée irrégulièrement ordonnée ou prononcée à tort.
931. — L'entrepreneur a-t-il droit à une indemnité pour la privation du bénéfice qu'il aurait réalisé sur les travaux mis en régie ?
932. — Mesures qui peuvent suivre la mise en régie régulièrement prononcée.

915. — Ainsi que nous l'avons déjà dit, la mise en régie ne met
pas fin aux rapports de l'Administration avec l'entrepreneur. Son
unique effet est de substituer à celui-ci un agent salarié, payé de
ses deniers, qui surveille et organise les travaux sous la direction
des ingénieurs.

916. — Elle ne constitue d'ailleurs pas une mesure dont le caractère soit définitif de sa nature : elle est, ainsi qu'on l'a vu (n° 912),
soumise à l'approbation du Ministre, qui peut opter entre différents partis, et ordonner notamment la continuation de la régie.
Dans ce dernier cas, l'entrepreneur peut encore être relevé de la
régie si la situation des travaux permet de lui en rendre la gestion.

Toutefois nous avons vu ci-dessus qu'il y aurait lieu d'accorder
le rétablissement de l'entreprise, si l'entrepreneur justifiait de
moyens suffisants (n° 908).

917. — L'Administration est juge des circonstances, et son refus
ne saurait donner lieu contre elle à aucune allocation d'indemnité,
dans le cas où la mise en régie est régulière et justifiée. L'entre-

preneur prouverait vainement que, depuis, il a réuni les ressources nécessaires pour faire face aux dépenses ; aucune stipulation des conditions générales n'impose à l'Administration l'obligation de faire cesser une régie justement prononcée dans le principe.

918. — Le premier acte qui suit immédiatement la mise en régie
est la nomination d'un régisseur : celui-ci est considéré comme le
remplaçant de l'entrepreneur, et comme travaillant en ses lieu
et place : il doit continuer les opérations, exécuter les marchés,
agir comme lui-même agirait s'il avait exactement rempli ses
obligations. (Aucoc, II, nos 671-672.) Il ne doit rien faire d'important sans en référer à l'ingénieur, et il doit tenir un compte très
exact de ses dépenses parce que, ainsi que nous le verrons plus
loin, il sera obligé d'en justifier vis-à-vis de l'entrepreneur dont il
est le remplaçant. Suivant l'expression de M. Dalloz, « l'action
« manquant de la part de l'entrepreneur, elle est suppléée par la
« substitution d'un agent administratif qui opère et reprend les
« travaux pour lui et à son compte, conformément au principe
« de l'article 1144 du Code civil qui donne au créancier le droit
« d'exécuter lui-même l'obligation aux dépens du débiteur en
« retard. » (D. A., vo Travaux publics, no 517.)

Si donc le régisseur est, d'une part, l'employé de l'Administration, il est, de l'autre, le mandataire de l'entrepreneur, dont il
ne doit pas négliger les intérêts. Sa mission se résume dans la stricte
et parfaite exécution du contrat.

Quant au choix du régisseur, l'Administration a un pouvoir
discrétionnaire : elle est aussi intéressée que l'entrepreneur à ce
que le choix soit heureux. L'entrepreneur n'a d'ailleurs aucun
droit à contester la nomination qui est faite ; et s'il en résulte
pour lui des conséquences onéreuses, il les fera valoir lors du
règlement du décompte.

919. — De ces principes généraux résultent plusieurs conséquences. La première est que les marchés passés par l'entrepreneur ne sont pas résiliés par le seul fait de la mise en régie, lorsque les parties avec lesquelles il a contracté offrent des garanties
suffisantes pour l'exactitude de l'exécution. « Le régisseur dé-
« signé par le préfet doit continuer les opérations de l'entrepreneur,
« maintenir et faire exécuter les marchés qu'il a passés pour les
« approvisionnements de matériaux.... » (Aucoc, II, no 672.)

920. — D'autre part les opérations se faisant pour le compte
de l'adjudicataire, il ne peut pas être tenu à l'écart des travaux.
L'ancien cahier de 1833 ne lui accordait pas le droit d'y intervenir : mais le rapport de la Commission de 1847 voulait en outre qu'il eût connaissance de toutes les opérations de la régie, et
lui réservait la faculté de présenter des fournisseurs, sous-traitants,
et ouvriers auxquels on devait donner la préférence lorsque
l'ingénieur les reconnaissait admissibles, et que la régie n'avait
pas déjà pris avec d'autres des engagements définitifs.

L'article 36 du cahier des palais impériaux l'autorisait même à *suivre les opérations* de la régie, tant que son intervention n'était pas de nature à entraver l'exécution des ordres de l'architecte.

Ces dispositions équitables sont devenues le droit commun sous l'empire du cahier de 1866. D'après l'article 35 « pendant la « durée de la régie, l'entrepreneur est autorisé à suivre les opé- « rations, sans qu'il puisse toutefois entraver les ordres des in- « génieurs ». C'est la seule restriction qui soit apportée à son droit de surveillance, et elle était nécessaire dans l'intérêt même des travaux.

921. — D'autre part, le régisseur n'étant qu'un mandataire, et le contrat d'adjudication continuant d'exister entre les parties qui y ont figuré, l'entrepreneur conserve les droits qui en résultent à son profit : il peut, notamment, réclamer l'établissement du décompte général de son entreprise, et la justification, par compte de *clerc à maître*, de toutes les dépenses et frais de régie que l'Administration entend lui faire supporter. (C. d'État, 14 fév. 1834, *Vourgère et Raquin*, 134; Barry, art. 35, n° 8.)

Le droit de surveillance est si bien consacré par la jurisprudence, qu'il a été alloué une indemnité à des entrepreneurs pour frais de surveillance, pendant la régie, à la suite d'une décision constatant l'établissement irrégulier de cette régie. (C. d'Etat, 18 novembre 1881, *Monjalon*, 910.)

Le régisseur doit, non seulement tenir un compte exact de ses dépenses, mais encore être responsable vis-à-vis de l'entrepreneur de la mauvaise gestion des travaux, des dilapidations, fautes lourdes, etc. Mais le recours devrait être dirigé contre l'Administration dont il n'est que l'agent.

922. — Quant aux conséquences de la mise en régie, elles sont ainsi réglées par l'article 35 du cahier de 1866.

« Les excédents de dépenses qui résultent de la régie ou de la « réadjudication sur folle enchère sont prélevés sur les sommes qui « peuvent être dues à l'entrepreneur, sans préjudice des droits à « exercer contre lui, en cas d'insuffisance. Si la régie ou la folle « enchère amène, au contraire, une diminution dans les dépenses, « l'entrepreneur ne peut réclamer aucune part de ce bénéfice, qui « reste acquis à l'Administration. » Comme on le voit, l'entrepreneur supporte toutes les pertes, sans pouvoir jamais réclamer les bénéfices, s'il y en a.

923. — Quoiqu'il n'arrive pas souvent que les régies se résolvent en un bénéfice sur le prix de l'adjudication, il est à regretter que l'on ait cru devoir insérer cette clause dans les cahiers des charges. On a été dominé par cette idée, que la mise en régie constituant une peine, il serait singulier qu'elle eût pour résultat de donner un profit à l'entrepreneur. Mais on n'a pas fait attention que la mise en régie ne résout pas le contrat, et que, s'il est juste et convenable de punir l'entrepreneur qui ne remplit pas ses engagements, il ne faut pas que l'indemnité accordée à l'Administration puisse jamais dépasser la réparation du préjudice

28

causé. Autrement, on s'expose à violer la règle que nul ne doit s'enrichir aux dépens d'autrui. Or, c'est ce qui arrivera nécessairement si l'on abandonne à l'Administration, dans toute hypothèse, le bénéfice de l'entreprise. On serait resté beaucoup mieux dans les convenances et la justice, en laissant aux Conseils de préfecture le soin de fixer la part que l'Administration pourrait prendre dans ce bénéfice, pour lui tenir lieu des dommages-intérêts auxquels elle peut avoir droit suivant les circonstances.

924. — Pour que l'entrepreneur ait le droit d'élever des contestations contre le montant des dépenses de la régie, il ne faut pas qu'on puisse lui opposer un acquiescement : s'il avait d'abord accepté le décompte tel qu'il lui était présenté il ne serait pas recevable plus tard à le critiquer. (C. d'État, 19 mai 1882, *Loiselot*, 517.) Nous aurons à revenir sur cette règle en traitant des décomptes en général.

925. — En principe, c'est à lui qu'incombent la charge de toutes les conséquences normales de la régie et toutes les dépenses nécessaires pour mener les travaux à bonne fin. Ainsi, il doit supporter :

1° Toutes les dépenses d'entretien des ouvrages faits jusqu'à ce que les travaux soient en état de réception (C. d'État, 4 avril 1873, *Escarraguel*, 310);

2° Les journées de régie fournies par les ordres de l'architecte (C. d'État, 2 mai 1884, *Préfet de la Corrèze*, 335);

3° Le traitement du régisseur, mais à la condition que ce traitement ne soit pas exagéré. Les juges auront à apprécier ce point en fait dans chaque espèce. Ainsi, lorsqu'il plaît à l'Administration de prendre des précautions supplémentaires, par exemple de charger, à côté du régisseur, un conducteur, de la surveillance des travaux, les frais qui en résultent n'incombent pas à l'entrepreneur. (C. d'État, 30 mai 1861, *Bouchaud*, 464 ; 19 décembre 1879, *Chazotte*, 835.)

926. — Mais l'entrepreneur mis en régie n'est pas tenu de supporter les dépenses de luxe frustratoires et inutiles, telles que celles de vues photographiques des travaux, de reproduction des plans, etc. (C. d'État, 11 mai 1883, *Escarraguel*, 455.)

Il a le droit aussi de rejeter du décompte toutes les dépenses qu'il démontre provenir d'une mauvaise gestion. Les avaries ou dommages causés aux travaux par la négligence, l'imprudence ou l'imprévoyance du régisseur, tous les frais occasionnés par le défaut de moyens ou par des fausses manœuvres, restent à la charge de l'Administration. Ainsi, lorsque les travaux exécutés par le régisseur ont coûté un prix supérieur à celui des travaux de même nature précédemment exécutés par l'entrepreneur, il y a lieu de faire supporter par l'Administration cet excédent de dépenses, soit en totalité, soit en partie, suivant les circonstances. (C. d'État, 31 août 1837, *Dép. des Deux-Sèvres*, 451 ; 18 janv. 1845, *Richard*, 21 ; 7 janvier 1877, *Guernet*, 62.)

Il pourrait aussi demander à l'Administration une indemnité

pour les détériorations qui auraient été faites à son matériel, et qui seraient imputables à la faute, ou même seulement à la négligence des agents dirigeant les travaux, ou à de fausses manœuvres ordonnées par le régisseur. (C. d'Etat, 16 fév. 1883, *Pinard*, 196.) Mais il n'aurait droit à une indemnité pour l'usure de ce matériel que s'il avait subi, pendant la régie, une dépréciation résultant d'un emploi abusif. (C. d'Etat, 16 mars 1883, *Olivo Guidi*, 297.)

Le décompte ne devrait pas non plus comprendre les dépenses résultant de cas de force majeure, d'imprévisions, de causes accidentelles, qui se produisent pendant la régie ; à ce point de vue, il faut raisonner comme si les travaux n'étaient pas en régie. (C. d'Etat, 23 mai 1884, *Grebault*. 425.)

927. — Arrivons maintenant au cas où la régie a été irrégulièrement ordonnée. Nous avons déjà vu que l'entrepreneur n'a pas le droit de demander à la juridiction contentieuse l'annulation de la mesure. Il n'a que le droit de faire retomber sur l'Administration les conséquences qui en résultent.

928. — Pour cela, avant tout, il faut qu'il ne se soit pas rendu irrecevable à le faire. Toute indemnité cesse d'être due s'il est établi que l'entrepreneur a acquiescé à la mise en régie. La vérification et l'approbation sans réserves des mémoires et pièces comptables des travaux faits pour son compte par voie de régie le rendent non recevable à réclamer ultérieurement, tant en la forme qu'au fond, contre la mesure prise contre lui. (*Voy.* C. d'Etat, 26 nov. 1846, *Hiers Jardin*, 510.) On lit dans un autre arrêt : « Considérant qu'il résulte « de l'instruction que non seulement le sieur Darfeuille père, agis- « sant en qualité de fondé de pouvoirs de son fils, a consenti à « l'établissement de la régie ordonnée par l'arrêté préfectoral du « 9 septembre 1846, mais que, par sa lettre du 23 octobre 1846, « susvisée, le sieur Darfeuille fils a lui-même acquiescé à ladite « régie ; que, dès lors, il en doit supporter toutes les conséquences, « et qu'il n'y a lieu ni d'apprécier les motifs qui l'ont fait pronon- « cer, ni de rechercher si, au moment de son organisation, le « délai accordé par ledit arrêté préfectoral du 9 septembre 1846 « était réellement expiré. » (C. d'Etat, 29 déc. 1853, *Darfeuille*, 1126 ; 19 mai 1882, *Loiselot*, 517.)

Cependant il ne faudrait pas exagérer les conséquences de cette règle : on ne doit pas perdre de vue que la mise en régie est une mesure administrative à laquelle l'entrepreneur est contraint de se soumettre ; par conséquent, s'il avait continué comme *tâcheron* les travaux dont il était primitivement adjudicataire, on ne saurait lui opposer que cela constitue un acquiescement à la mise en régie. Ce n'est plus comme adjudicataire qu'il agit, mais en vertu d'un nouveau contrat auquel sa première qualité est étrangère. (C. d'Etat, 6 février 1885, *Sérail*, 160.) Mais, en ce cas, il devrait néanmoins se garder d'accepter sans réserves des paiements pour solde. (C. d'Etat, 22 avril 1882, *Rabasse*, 408.)

929. — Il n'y a aucune distinction à faire entre les irrégularités de forme et les irrégularités de fond, lorsqu'il s'agit d'apprécier les suites de la mise en régie. Dans l'un et l'autre cas, l'Administration est responsable : elle doit indemniser l'entrepreneur des dommages qu'il a soufferts par suite d'une mesure, soit irrégulièrement prise, soit inopportune. Les principes qui régissent la matière ont été très nettement posés par les motifs de l'arrêt Hayet (2 juin 1837, 231), dans lesquels on lit que, « en établis-« sant la régie sans avoir observé les formalités préalables pres-« crites par le cahier des clauses et conditions générales, l'Admi-« nistration a empêché l'entrepreneur de prévenir les résultats « onéreux de ce mode d'exécution des travaux, et doit, dès lors, « l'indemniser du préjudice qu'elle a pu lui causer. » L'entrepreneur a le droit de laisser à la charge de l'Administration les pertes que la régie a occasionnées. (C. d'Etat, 7 août 1886, *Prost*, 744.)

Ce n'est point par sa faute que celle-ci lui a substitué un régisseur et s'est mise en son lieu et place : il n'avait aucun moyen de s'opposer à une mesure qu'elle a prise dans l'exercice souverain de ses pouvoirs, et dont elle doit, par conséquent, subir toutes les conséquences. (C. d'Etat, 14 fév. 1861, *Dupont*, 119.)

930. — Nous avons déjà vu plus haut (n° 884 et suiv.), en traitant des cas dans lesquels la mise en régie pouvait être prononcée, les principales espèces sur lesquelles la jurisprudence a été appelée à statuer : dans toutes les hypothèses que nous avons citées dans ce chapitre, et que nous avons signalées comme ayant entraîné une mise en régie irrégulière, l'entrepreneur aurait droit à la réparation du préjudice subi. Sans les reprendre en détail, nous devons rappeler les plus essentielles.

Il a été jugé que, lorsque, eu égard à l'état d'avancement des travaux au moment de la mise en régie, l'entrepreneur avait encore un temps suffisant pour terminer les travaux à l'époque fixée par le contrat, il doit être déchargé des dépenses de la mise en régie (C. d'Etat, 19 fév. 1857, *Com. de Couterne*, 159). Dans l'espèce, l'entrepreneur avait été mis en demeure par un arrêté du sous-préfet, qui lui faisait injonction d'avoir à terminer ses travaux avant la fin du mois, contrairement aux stipulations du marché, qui fixait une époque plus éloignée pour l'achèvement des ouvrages.

De même, l'entrepreneur ne doit pas supporter les dépenses d'une régie prononcée par suite du refus qu'il a fait de réparer les dégradations survenues à un mur auquel, en vertu d'ordres exprès de l'architecte, il avait été donné une épaisseur insuffisante. Ces dégradations ne provenant pas de malfaçons qui lui fussent imputables, son refus était légitime, et la mise en régie non justifiée. (C. d'Etat 19 fév. 1857, *Laborie*, 152.) On a appliqué les mêmes principes dans une espèce, où les retards reprochés à l'entrepreneur provenaient du fait de l'Administration. (C. d'Etat 16 mars 1857, *Roch-Vidal*, 183.)

Il a encore été jugé que les conséquences de la régie devaient rester à la charge de l'Administration dans les hypothèses suivantes :

1° S'il n'y avait pas eu d'arrêté de mise en demeure, si cet arrêté n'avait pas été notifié à l'entrepreneur, ou si le délai imparti pour satisfaire à la mise en demeure avait été moindre de dix jours, sans que l'urgence fût invoquée (C. d'Etat, 31 décembre 1878, *Ville de Toulon*, 1142; 4 avril 1879, *Bouchet*, 300; 6 août 1887, *Polge*, 664);

2° S'il était prouvé que l'entrepreneur s'était soumis à l'arrêté de mise en demeure, tout en réservant son droit (C. d'Etat, 10 décembre 1875, *Joret*, 1003);

3° S'il était justifié que les ordres de service des ingénieurs imposaient à l'entrepreneur des obligations autres que celles qui résultent des clauses et conditions générales et du devis de l'entreprise (C. d'Etat, 14 février 1861, *Dupont*, 119; 23 avril 1880, *Beldant*, 401);

4° S'il lui était impossible d'accomplir les ordres reçus dans le délai fixé (C. d'Etat, 9 avril 1868, *Martine*, 404; 29 juin 1869, *Fabre*, 653; 6 mars 1874, *Avon*, 236);

5° Lorsque la mise en régie est fondée sur l'inexécution d'une mise en demeure d'avoir à effectuer un certain chiffre de déblais et de dépenser une certaine somme dans un délai prescrit, si d'une part, des difficultés exceptionnelles et imprévues ont entravé la marche des travaux, et si, d'autre part, l'entrepreneur a dépensé une somme supérieure à celle indiquée. (C. d'Etat, 25 février 1887, *Foy*, 184-186.)

931. — Il peut arriver ici, tout comme lorsque la régie est régulière, que l'exécution des travaux donne un bénéfice. La règle à suivre pour l'attribuer sera-t-elle la même que lorsque la mise en régie est régulière? (V. n° 923.)

Dans ce cas, l'entrepreneur est fondé à réclamer le montant de la différence. (C. d'Etat, 12 août 1848, *Nobilet*, 524; 9 avril 1868, *Martine*, 404.) Mais pourrait-il, en outre, exiger une indemnité pour la privation du bénéfice qu'il aurait réalisé sur les travaux exécutés en régie? Le Conseil d'État, saisi de cette question dans l'affaire Nobilet, l'a résolue contre l'entrepreneur. Est-ce avec raison? Il nous paraît difficile de l'admettre. Comment! par le fait de l'Administration l'entrepreneur se voit évincé, il voit ses travaux confiés à un tiers, qui n'est point, comme lui, appelé à prendre part aux bénéfices de l'entreprise et n'y met pas nécessairement cette économie sévère et bien entendue avec laquelle il les aurait exécutés sans nul doute, et il n'aura pas le droit de demander à l'Administration une indemnité pour lui tenir lieu du gain qu'il aurait réalisé et qu'elle lui a fait perdre par sa faute! Il faut convenir que cette rigueur ne s'accommode guère avec les principes généraux du droit contre l'application desquels, dans l'espèce, aucune exception ne peut être invoquée. M. Cotelle (n° 258) semble approuver cette doctrine, à notre estime trop sévère, et il décide que l'Administration ne doit à l'entrepreneur que la réparation du *dommage matériel* qui lui a été causé. Mais la privation du bénéfice que l'entrepreneur aurait fait ne constitue-t-il pas un dommage matériel? Le manque de gain n'a pas, que nous sachions, le caractère de dommage moral, et comme il provient directement et immédiatement de la faute de l'Administration, comme il n'est pas une de ces conséquences éloignées dont l'auteur d'un quasi-délit peut en général être exonéré, nous ne voyons absolument aucune raison pour repousser la demande de l'entrepreneur. Le Conseil d'Etat nous semble avoir été mieux inspiré, lorsqu'il a décidé qu'on devait tenir compte à un entrepreneur à tort mis en régie, « tant de l'influence que l'existence du bâtiment par lui élevé a pu avoir sur les salaires payés par la régie, *que de l'économie que cet entrepreneur aurait pu réaliser s'il était resté chargé de la direction des travaux.*» (C. d'Etat. 21 fév. 1845, *Hayet*, 83.)

Ces critiques, que nous formulions contre la jurisprudence dans notre première édition, ont été entendues.

Depuis l'arrêt *Nobilet*, dont nous venons de parler, le Conseil d'Etat est revenu à sa jurisprudence primitive : il reconnaît aujourd'hui que l'entrepreneur est fondé à demander une indemnité pour les bénéfices dont il a été privé par la mise en régie irrégulière, sous la condition toutefois qu'il justifie de la certitude d'un bénéfice. (C. d'Etat, 10 décembre 1875, *Joret*, 1003; 4 avril 1879, *Bouchet*, 300; 16 mars 1883, *Olivo Guidi*, 298. *Adde*: Aucoc, II, n° 675; Perriquet, I, n° 296.)

932. — A la suite de la mise en régie régulièrement prononcée, l'article 35 permet à l'Administration de choisir entre différents partis. Le Ministre peut, suivant les circonstances, ordonner une nouvelle adjudication à la folle enchère de l'entrepreneur, soit prononcer la résiliation pure et simple du marché, soit prescrire la continuation de la régie. C'est principalement des conséquences qu'entraîne ce dernier parti que nous venons de traiter: les suites de la résiliation et de la réadjudication sur folle enchère seront examinées plus loin. Remarquons seulement que le nouveau texte est plus large que l'ancien article 21, sous l'empire duquel il semblait que la réadjudication à la folle enchère fût indispensable : la pratique, il est vrai, ne l'avait pas entendu ainsi; mais ce n'était là qu'une interprétation, et il est préférable à tous égards que les diverses facultés soient expressément réservées.

Remarquons seulement ici que le droit d'ordonner la réadjudication sur folle enchère ne résulterait pas des principes généraux, et n'existerait pas s'il n'y avait pas la stipulation formelle de l'article 35; la conséquence est que cette réadjudication ne pourra pas être ordonnée dans les entreprises qui ne sont pas soumises au cahier des ponts et chaussées, ou dont les cahiers spéciaux ne contiendront pas une disposition formelle. (C. d'Etat, 22 mai 1874, *Contour*, 479.)

D'autre part, le droit d'ordonner la réadjudication, dès lors qu'il est réservé par le contrat, ne peut, quand il est mis en œuvre, faire l'objet d'aucun recours contentieux : c'est un acte administratif qui ne peut être annulé, sauf à la victime, si elle en a subi des conséquences dommageables et illégales, à demander une indemnité. (C. d'Etat, 27 octobre 1837, *Boilie*, 475; 25 juillet 1873, *Noel*, 696.) Nous étudierons plus loin les formes de la réadjudication et les conséquences des irrégularités dont elle peut se trouver affectée.

C'est également en parlant de la résiliation que nous examinerons les questions relatives à la reprise du matériel et au défaut d'inventaire.

De même l'entrepreneur est fondé, en cas de régie irrégulièrement prononcée, ou prononcée à tort, à réclamer un prix de location, comme représentation de l'usure de son matériel pendant la durée de la régie. (C. d'Etat, 28 janvier 1873, *Marco*, 14; 29 février 1873, *Daumer*, 208; 4 juillet 1873, *Alauch*, 671; 24 mai 1878, *Mayoux*, 490.)

CHAPITRE V

Règles spéciales aux travaux des ministères de la guerre, des départements, des communes et des établissements publics.

933. — Avant-propos.
934. — Travaux du Ministère de la guerre. Cahier des charges de 1876. Cas dans lesquels la mise en régie peut être ordonnée.
935. — Cahier de 1887.
936. — Régie partielle et cahier de 1876.
937. — Cas de régie partielle, théorie.
938. — Cas de régie partielle, pratique.
939. — Régie partielle sous le cahier de 1887.
940. — Formes à suivre pour la mise en régie, d'après le cahier de 1876. Régie totale.
941. — Formes à suivre pour la mise en régie partielle : cahier de 1876.
942. — Formes à suivre pour la mise en régie : cahier de 1887.
943. — Effets de la mise en régie, cahier de 1876. Pouvoirs de l'Administration.
944. — Droits conservés à l'entrepreneur.
945. — Gérant éventuel, régisseur désigné par avance.
946. — Prise de possession de l'entreprise par l'Administration.
947. — Remise des locaux, terrains, matériaux approvisionnés, etc.
948. — Modes d'exécution des travaux après la mise en régie.
949. — Reprise et emploi du matériel de l'entrepreneur.
950. — Règlement du compte de régie.
951. — Cahier de 1887 et modifications.
952. — Suppression du gérant éventuel.
953. — Substitution pure et simple du chef de service, directeur des travaux, à l'entrepreneur, dès la prononciation de la régie.
954. — Mode d'exécution des travaux après la mise en régie.
955. — Commission instituée pour la confection de l'inventaire et le procès-verbal de l'état des travaux.
956. — Droits conservés à l'entrepreneur.
957. — Travaux départementaux et communaux.
958. — Le cahier des charges des ponts et chaussées n'est pas de plein droit applicable.
959. — Cause de mise en régie.
960. — Autorité chargée de prononcer la mise en régie.
961. — Chemins vicinaux.
962. — Formes de la mise en régie.
963. — Effets de la mise en régie.

933. — Les règles que nous avons étudiées dans le chapitre précédent sont spéciales aux travaux de l'Etat et dérivent des

prescriptions du cahier des clauses et conditions générales des ponts et chaussées. Or, nous savons que ce cahier n'est pas applicable de plein droit à toutes les entreprises : pour tous les travaux de la guerre, il y a un cahier spécial ; pour les travaux des départements, des communes, etc..., il n'y a pas de cahier contenant des règles générales, et il faut se reporter au cahier particulier de chaque entreprise. D'où la nécessité d'étudier séparément les difficultés relatives à la mise en régie pour ces différents travaux.

Toutefois, nous devons dès maintenant faire une remarque qui dominera tout ce chapitre : un grand nombre des règles que nous avons étudiées quant aux causes, à la forme et aux effets de la mise en régie, découlent plus encore de l'équité et des principes du droit civil que de conventions spéciales ; elles se retrouvent, par conséquent, dans toutes les entreprises. Quand nous les rencontrerons, nous nous contenterons de les signaler : notre but est uniquement de faire ressortir ici les différences qui séparent, au point de vue de la régie, les travaux du Ministère de la guerre et ceux des départements et des communes, de ceux de l'Administration des ponts et chaussées.

Cette étude se divise naturellement en deux parties : travaux du Ministère de la guerre ; travaux des départements, des communes et des établissements publics.

934. — *Travaux du Ministère de la guerre.* — Pour les travaux du génie, les caractères généraux de la mise en régie sont les mêmes que pour les travaux des ponts et chaussées. Nous n'avons donc qu'à renvoyer à ce que nous avons dit plus haut relativement à ses motifs et à ses caractères.

En ce qui touche ses causes, il faut distinguer deux cas : ou bien il s'agit de l'ensemble des travaux, ou bien il s'agit seulement d'une partie déterminée de l'entreprise, le reste marchant à souhait. Le premier cas est prévu par l'article 51 du cahier de 1876, qui s'exprime ainsi : « Lorsque l'entrepreneur ne se conforme pas, d'une manière générale, aux ordres de service donnés par les officiers du génie, lorsque les travaux ne sont pas entrepris à l'époque fixée, qu'ils languissent, ou qu'ils sont suspendus et qu'on peut craindre que leur exécution ne soit pas terminée à l'époque prescrite, le directeur, sur le rapport du chef du génie, met l'entrepreneur et sa caution en demeure de se conformer aux prescriptions de cet officier dans un délai déterminé, qui ne doit pas être inférieur à dix jours. Si, passé ce délai, les dispositions présentes n'ont pas été exécutées, le directeur ordonne l'établissement d'une régie aux frais de l'entrepreneur, soit pour la totalité, soit pour une partie seulement des travaux. »

Nous reviendrons plus loin sur les formes à suivre ; constatons seulement ici que la marche est à peu près la même que pour les travaux ordinaires. Quant aux causes pouvant motiver la mise en régie, elles sont identiques à celles que nous avons signalées pour les travaux des ponts et chaussées, et l'énumération de l'article 51 du cahier de 1876, pour être plus complète que celle du cahier de 1866, n'est cependant pas limitative. (C. d'Etat, 14 janvier 1881, *Raskin*, 56 ; 13 mai 1881, *Sogno*, 504 ; 30 juillet 1886, *Raskin*, 683.)

935. — Le nouveau cahier de 1887 n'apporte aucune modification à ces principes ; l'article 43 dispose : « Lorsque l'entrepreneur ne se « conforme pas, soit aux dispositions du marché, soit aux ordres « de service qui lui sont donnés, le directeur, sur la proposition « du chef de service, le met en demeure d'y satisfaire dans un « délai déterminé qui, sauf le cas d'urgence, n'est pas inférieur « à 10 jours.

« A l'expiration de ce délai, si l'entrepreneur n'a pas exécuté « les dispositions prescrites, le directeur suspend les travaux ou « ordonne l'établissement d'une régie aux frais de l'entrepre- « neur, soit pour la totalité, soit pour une partie seulement des « travaux ou fournitures. »

Les termes généraux dont se sert cet article pour indiquer les causes de la mise en régie permettent évidemment l'application de la jurisprudence que nous avons citée.

936. — Telles sont les règles à suivre lorsque le retard porte sur la totalité de l'entreprise ; mais l'article 50 du cahier 1876 prévoit également l'hypothèse où un travail déterminé est en souf- france : « Lorsque les ordres du chef du génie relativement à un « travail déterminé n'ont point été exécutés dans le délai prescrit, « cet officier met l'entrepreneur en demeure d'y pourvoir, et lui « assigne à cet effet un nouveau délai de cinq jours au plus, « passé lequel le directeur peut autoriser l'exécution du travail « en souffrance, soit par des ouvriers militaires employés à la « journée au compte de l'entrepreneur et payés d'après un tarif « fixé par cet officier, soit par tout autre moyen. »

937. — Nous reviendrons plus loin sur les formes à suivre dans ce cas spécial ; constatons seulement que la mise en régie partielle ne peut être ordonnée que pour inexécution des ordres : l'entrepreneur aura certainement le droit de déférer la décision prise à cet égard aux supérieurs hiérachiques, soit de l'officier chargé des travaux, soit du directeur du génie ; mais, pas plus qu'en matière des travaux des ponts et chaussées ni qu'en cas de retard portant sur l'exécution totale, il ne pourra s'adresser aux Tribunaux pour faire réformer la décision. Il pourra seulement plus tard, conformément aux principes ordinaires, de- mander une indemnité, soit parce qu'il n'était pas en faute, soit parce que les ordres étaient irréguliers, soit parce qu'ils étaient contraires au devis.

938. — Nous venons de dire que la régie partielle ne pouvait être ordonnée que dans le seul cas de désobéissance, refus d'o- béissance ou retard à obéir aux ordres des officiers du génie ; en réalité, c'était là, sous le cahier de 1876, une question de for- me plutôt que de fond ; il est évident en effet que toutes les fois qu'il se produisait un retard dans l'exécution du travail, que les

travaux languissaient, les officiers du génie donnaient l'ordre d'activer le travail, d'exécuter une quantité déterminée d'ouvrage par jour, et si cela n'était pas fait, ils pouvaient dire qu'il y avait désobéissance à leurs ordres. En somme, la manière de parler du cahier de 1876 s'explique surtout par la nature du marché alors employé, qui était le marché sur série de prix. Puisqu'il n'y avait aucun travail prévu d'avance dans un devis, tout travail était exécuté en conformité d'un ordre, et par conséquent tout inexécution du travail était une désobéissance à un ordre.

En réalité donc la disposition du cahier de 1876 n'était qu'un trompe-l'œil, et dans la pratique la régie partielle était prononcée dans les mêmes cas que la régie totale.

939. — Le nouveau cahier de 1887, qui prenait pour base le marché sur devis, ne pouvait conserver la même pratique, en employant les mêmes expressions ; aussi a-t-il été obligé d'employer des termes plus nets. Art. 43 : « Lorsque l'entrepreneur ne se « conforme pas, soit aux dispositions du marché, soit aux ordres « de service qui lui sont donnés..., le directeur ordonne l'établisse- « ment, d'une régie aux frais de l'entrepreneur, soit pour la totalité, « soit pour une partie seulement des travaux. »

940. — Si le retard porte sur l'ensemble des travaux, l'article 51 du cahier de 1876 déclare que : « Lorsqu'un retard est à craindre, « le directeur, sur le rapport du chef du génie, met l'entrepre- « neur et sa caution en demeure de se conformer aux prescrip- « tions de cet officier dans un délai déterminé qui ne doit être « inférieur à 10 jours.

« Si, passé ce délai, les dispositions prescrites n'ont pas été « exécutées, le directeur ordonne l'établissement d'une régie aux « frais de l'entrepreneur, soit pour la totalité, soit pour une partie « seulement des travaux.

« Il est aussitôt rendu compte de cette mesure au Ministre qui « peut, selon les circonstances, soit prescrire la continuation de la « régie, soit exiger la continuation du marché, soit enfin ordon- « ner la passation d'un nouveau marché aux risques et périls de « l'entrepreneur. »

Conformément aux règles générales, on voit que ce n'est pas seulement l'entrepreneur qui est mis en demeure, mais aussi la caution personnelle qui garantit l'exécution du contrat. (Art. 51 du cahier) ; cette caution a la faculté de se substituer à l'entrepreneur et d'exécuter le marché à son lieu et place, ce qui lui évite de supporter les conséquences de la régie. C'est d'ailleurs la seule différence notable entre l'article 51 du cahier de 1876 et l'article 35 du cahier des ponts et chaussées.

Toutes les règles que nous avons exposées plus haut pour les travaux des ponts et chaussées au sujet des délais, de la double décision, de la notification, des voies de recours contre la décision, sont applicables ici. (V. *Barry*, art. 51.) Quelques différences de détail dérivant de la nature des choses sont seulement à signaler.

Ainsi, c'est le directeur du génie qui remplace le préfet pour la prise des arrêtés. Plus complet que le cahier de 1866, celui de 1876 exige un rapport préalable du chef du génie, destiné à attirer l'attention de son supérieur sur la situation des travaux.

D'après l'article 51, le délai qui doit séparer l'arrêté de mise en demeure de celui de mise en régie est de dix jours ; : les cas d'urgence ne sont pas exceptés, comme pour les travaux ordinaires : par conséquent ce délai ne peut pas, en principe, être réduit. Il peut, au contraire, être augmenté.

L'article 53 prescrit, comme l'article 35 du cahier de 1866, la confection d'un inventaire ; mais, en outre, il édicte certaines mesures de détail quant à la conduite de l'entrepreneur après la mise en régie : « Dès que la mise en régie ou la passation d'un marché « à leurs risques et périls a été signifiée à l'entrepreneur et à sa « caution, il leur est interdit d'intervenir dans les travaux qui « en sont l'objet.

« L'entrepreneur évincé est tenu de remettre, sur l'ordre des chefs « du génie, les locaux et les terrains qui lui ont été prêtés. Faute « par lui de le faire, il devient responsable des conséquences, et « il est procédé d'office et à ses frais à la reprise des lieux nonob- « stant toute opposition.

« Un procès-verbal détaillé constatant l'état d'avancement « des travaux ainsi que la situation des ateliers, la nature, la « quantité et la qualité du matériel et des matériaux approvi- « sionnés, est immédiatement dressé par le sous-intendant militaire « en présence du maire, du chef du génie et du gérant ou du nou- « vel entrepreneur.

« Sommation d'assister à l'opération est faite à l'entrepreneur « évincé et à sa caution, qui peuvent d'ailleurs, l'un et l'autre, « consigner leurs observations au procès-verbal. »

Cet article admet tous les principes que nous avons exposés au sujet des travaux des ponts et chaussées : il prend soin seu lement de les formuler, ce que n'a pas fait le cahier de 1866.

941. — Lorsque le retard, au lieu de porter sur l'ensemble de l'entreprise, n'est relatif qu'à un travail déterminé, c'est l'article 5) qui s'applique. L'officier qui dirige les travaux met l'entrepreneur en demeure d'y pourvoir ; il lui accorde pour cela un délai de 5 jours au maximum ; ce délai expiré, le directeur peut autoriser l'exécution du travail en souffrance, au compte de l'entrepreneur, par le moyen qu'il juge le plus convenable.

Lorsque cet article fut inséré au cahier de 1876, il constitua une heureuse innovation, au dire de tous les auteurs. (Barry, art. 50, n° 1.) Sous l'empire du cahier de 1857, qui ne contenait rien d'analogue, il n'y avait d'autre ressource, pour l'exécution d'un travail partiel, de peu d'importance peut-être, que la mise en ré gie de toute l'entreprise ; nous avons vu qu'il en est encore de même sous le cahier des ponts et chaussées ; or c'est là une mesure rigoureuse qui peut être aussi préjudiciable à l'Administration qu'à l'entrepreneur : aussi le nouvel article 50 constituait-il un réel progrès.

Mais ce que l'on peut critiquer dans sa disposition, c'est l'extrême brièveté du délai accordé à l'entrepreneur après la mise en demeure : il a droit à cinq jours au maximum. Aucun minimum n'étant fixé, il peut dépendre d'un chef des travaux de réduire le délai à quelques heures, et de rendre ainsi illusoire la mesure protectrice de l'article 50.

942. — Le cahier de 1887 consacre les mêmes règles, sauf les deux modifications suivantes : il n'y a plus lieu, sous l'empire de ce cahier, de se préoccuper de la caution personnelle qui a été supprimée. Ensuite, les délais qui doivent s'écouler entre la mise en demeure et la prononciation de la régie ont été uniformément fixés à 10 jours en cas de régie partielle comme en cas de régie totale. C'est là un progrès, mais qui malheureusement est immédiatement détruit par l'adjonction de ces mots « sauf le cas d'urgence ». Qui sera juge de l'urgence ? Si on décide que c'est l'Administration active qui est seule par sa situation, sa connaissance des besoins de l'état, etc., capable d'apprécier s'il y a ou non urgence à diminuer les délais, la disposition de l'article 49 « le délai ne sera pas inférieur à 10 jours » n'aura plus de sanction ; il dépendra de l'Administration active de prétendre qu'il y a urgence, et de diminuer les délais toutes les fois qu'il lui plaira ; de plus, cet article 43 ne fixe aucun minimum de délai ; en cas d'urgence, l'Administration pourra donner à l'entrepreneur 24 heures, 8 heures, une heure même. Pour éviter cet arbitraire, il faut nécessairement admettre le contrôle de la juridiction contentieuse. Si l'entrepreneur prétend que la mise en régie est irrégulière et veut en faire retomber les conséquences sur l'Administration, il faut bien que les Tribunaux administratifs recherchent en fait s'il y avait urgence ou non. Evidemment on ne peut mettre à la charge de l'entrepreneur de prouver que l'Administration a abusé de la faculté qui lui est laissée par l'article 49. Le délai est de 10 jours ; c'est la règle; si elle n'a pas été observée, la mise en régie est irrégulière, à moins que l'Administration ne prouve que l'on se trouvait dans l'exception, qu'il y avait urgence. Cette preuve l'oblige à dévoiler des raisons de politique étrangère ou intérieure qui nécessitaient le prompte exécution du fort, de la caserne, des baraquements, de de la ligne stratégique, etc. Il eût été plus simple de laisser l'Administration active seule juge de la question de savoir s'il y avait urgence, et d'autre part de fixer un délai minimun à observer même en cas d'urgence, sous peine de nullité. On aurait pu fixer ce délai à 10 jours en temps ordinaire et à cinq jours en cas d'urgence.

D'après l'article 44, aussitôt la régie prononcée, le chef du service se substitue complètement à l'entrepreneur. « Il prend pos-« session du matériel de toute nature, des approvisionnements et « des locaux de l'entreprise qu'il juge utiles à la continuation des « travaux en souffrance.

« Un procès-verbal de l'état d'avancement des travaux ainsi que « du matériel, des approvisionnements et des locaux dont il est « pris possession est immédiatement dressé par le directeur, en « présence du maire ou de son délégué, du chef de service ou « chef de chantier, de l'agent désigné pour prendre charge du

« matériel et tenir les comptes de la régie. Sommation d'assister
« aux opérations est faite à l'entrepreneur. »

Enfin le même article prescrit, au sujet de l'exécution des travaux, un certain nombre de mesures que nous examinerons en traitant des effets de la régie.

Ce système est, on le voit, tout à fait semblable à celui du cahier de 1876.

943. — *Effets de la mise en régie.* — D'après l'article 51 du cahier de 1876, le premier acte qui doit suivre la mise en régie est, comme pour les travaux des ponts et chaussées, l'avis donné au Ministre. Ce dernier peut prendre tel parti qu'il juge convenable, ordonner la continuation de la régie, résilier le marché, ou ordonner la passation d'un nouveau marché, aux risques de l'entrepreneur. Sa décision à cet égard n'est susceptible d'aucun recours contentieux, puisque le droit qu'il a de la prendre dérive du marché lui-même.

Pour les deux premiers partis, c'est la même règle que dans les travaux des ponts et chaussées; mais il n'en est pas de même du troisième. Le cahier de 1866 prescrit la *réadjudication à la folle enchère de l'entrepreneur.* Ici, au contraire, le Ministre peut ordonner purement et simplement la passation d'un nouveau marché. L'art. 54 a pris soin de faire ressortir la différence de situation qui résulte de cette disposition : « Les travaux mis en
« régie sont exécutés, suivant les circonstances, d'après des mar-
« chés particuliers passés à bref délai, ou au moyen d'achats di-
« rects et d'ouvriers travaillant à la journée, sans que l'entrepre-
« neur évincé ni sa caution puissent intervenir, autrement que
« dans la limite prévue dans l'article précédent. Dans le cas où
« le Ministre a décidé qu'un marché serait passé à leurs risques
« et périls, ils ne peuvent davantage intervenir ni élever aucune
« réclamation contre les conditions ou le mode de passation de
« ce marché. »

Et le dernier paragraphe de l'article 54 ajoute : « Quand un
« marché est passé aux risques et périls de l'entreprise, il a la
« durée qui restait à courir à celle-ci. Lors même que cette durée
« serait supérieure à trois années, le nouvel adjudicataire n'a pas
« la faculté de résilier à l'expiration du terme. »

944. — Ces articles donnent évidemment à l'Administration des pouvoirs fort étendus ; mais s'ensuit-il que l'entrepreneur soit tout à fait à sa discrétion quant à la passation des marchés? Non, car il pourra toujours revendiquer l'application de l'article 1144 du Code civil. Tout ce que l'Administration peut exiger de lui, ou à ses dépens, c'est l'exécution du contrat. Si elle va au delà, si par exemple elle introduit dans le nouveau marché des travaux imprévus, ou si elle exige l'exécution à des conditions plus onéreuses que celles du devis, l'entrepreneur primitif pourra toujours demander à la juridiction contentieuse l'exonération des dépenses causées par le fait de l'Etat. Le dernier paragraphe de l'article 54, relatif à la durée des nouveaux marchés,

paraît poser une règle contraire : « Lors même, dit-il, que le
« temps restant à courir serait supérieur à trois années, le nouvel
« adjudicataire n'a pas la faculté de résilier à l'expiration du
« ternaire. » M. Barry explique cette disposition de la manière suivante : « Lorsque le marché embrasse les travaux de six exerci-
« ces, avec faculté réciproque de résiliation à l'expiration du pre-
« mier ternaire, comme le prévoit l'article 8, l'entrepreneur n'est
« lié, en réalité, que pour trois années, puisqu'il dépend de lui de
« se délier à la quatrième. Il en résulte que si la régie est pro-
« noncée et la réadjudication à la folle enchère a lieu avant l'ex-
« piration de la troisième année, ou du moins avant le 1er juil-
« let de la troisième année (époque à laquelle l'entrepreneur doit
« avoir fait connaître son intention de résilier, aux termes de
« l'article 65), le nouveau marché ne peut avoir pour durée que
« le temps qui reste à courir jusqu'à l'expiration de la troisième
« année. Ainsi, en supposant que la réadjudication à la folle
« enchère ait eu lieu le 1er juillet de la seconde année, le nou-
« veau marché n'aura qu'une durée de dix-huit mois. » (Barry,
art. 54.)

Il est évident que si on décidait autrement, on imposerait à
l'entrepreneur primitif un marché plus long que celui pour lequel il s'était engagé ; or la régie ne doit apporter aucun changement au contrat.

945. — Une fois la régie prononcée, l'Administration n'a pas à se
préoccuper de la désignation d'un régisseur : cette nomination est
faite à l'avance dès le début du marché. D'après l'article 52 :
« En vue d'assurer en temps opportun l'exécution des mesures
« prévues par les deux articles qui précèdent, il est institué dans
« chaque place un gérant éventuel, accrédité auprès du trésorier-
« payeur général conformément aux règlements sur la matière.
« Ce gérant est chargé, s'il y a lieu, d'acquitter le paiement des
« salaires dus aux ouvriers dans le cas prévu par l'article 19. »
En exécution de cet article, il a été jugé que la nomination d'un
régisseur n'était pas indispensable à la régularité de la mise en
régie, surtout si cette nomination n'a pas été sollicitée par l'entrepreneur.

946. — Lorsque la régie est installée, l'entrepreneur est exclu
de la conduite des travaux. Les règles sont à peu près les mêmes
que pour les travaux des ponts et chaussées. En vertu de l'article 54, « pendant la durée de la régie, l'entrepreneur est auto-
« risé à en suivre les opérations, sans qu'il puisse toutefois en-
« traver l'exécution des ordres donnés par les officiers ou le
« gérant. Il peut d'ailleurs en être relevé s'il justifie des moyens
« nécessaires pour reprendre les travaux et les mener à bonne
« fin. »

Cette interdiction d'intervenir directement dans les travaux
est encore reproduite par le 1er alinéa de l'article 53 : « Dès que
« la mise en régie ou la passation d'un marché à leurs risques
« et périls a été signifiée à l'entrepreneur et à sa caution, il leur

« est interdit d'intervenir dans les travaux qui en sont l'objet. »

947. — Les autres actes qui suivent la notification ont pour but de retirer effectivement l'entreprise des mains de l'entrepreneur, et d'établir les bases du règlement de compte qui devra être fait ultérieurement. Les règles à suivre sont, à peu de choses près, les mêmes que pour les travaux des ponts et chaussées. « Article 53 : L'entrepreneur évincé est tenu de remettre, sur « l'ordre du chef du génie, les locaux et les terrains qui lui ont « été prêtés. Faute par lui de le faire, il devient responsable des « conséquences, et il est procédé d'office, à ses frais, à la reprise « des lieux, nonobstant toute opposition.

« Un procès-verbal détaillé, constatant l'état d'avancement des « travaux ainsi que la situation des ateliers, la nature, la quan- « tité et la qualité du matériel et des matériaux approvisionnés, « est immédiatement dressé par le sous-intendant militaire en « présence du maire, du chef du génie ou du gérant et du nouvel « entrepreneur.

« Sommation d'assister à l'opération est faite à l'entrepreneur « évincé et à sa caution qui peuvent d'ailleurs, l'un et l'autre, « consigner leurs observations au procès-verbal. Un procès- « verbal analogue est établi dans le cas où la caution est pure- « ment et simplement substituée à l'entrepreneur. »

Il a été jugé que l'inventaire ne constituait pas une formalité essentielle à la validité de la régie. (C. d'Etat, 12 janvier 1877, *Guernet*, 57.) Mais l'entrepreneur aurait le droit de faire supporter à l'Administration les conséquences que son absence pourrait entraîner pour lui ; cette jurisprudence soulève les mêmes critiques que pour les travaux des ponts et chaussées.

L'article 53 et l'article 54 mettent sur le même pied la mise en régie pure et simple, et la passation d'un nouveau marché aux risques et périls de l'entrepreneur : il n'y a donc pas de distinction à faire.

948. — L'exécution des travaux, une fois la mise en régie prononcée, est réglementée par l'article 55. L'Administration jouit, à cet égard, d'une latitude absolue : l'entrepreneur peut surveiller ce qui se fait ; mais il ne peut ni intervenir ni entraver l'exécution des ordres des officiers. « Les travaux mis en régie « sont exécutés, suivant les circonstances, d'après des marchés « particuliers passés à bref délai, ou au moyen d'achats directs « et d'ouvriers travaillant à la journée, sans que l'entrepreneur « évincé ni sa caution puissent intervenir autrement que dans la « limite prévue à l'article précédent. Dans le cas où le Ministre « a décidé qu'un marché serait passé à leurs risques et périls, ils « ne peuvent davantage intervenir, ni élever aucune réclamation « contre les conditions ou le mode de passation du marché. »

Nous avons vu plus haut que, cependant, en passant de nouveaux marchés, l'Administration ne pouvait pas dénaturer le contrat primitif ni en rendre les conditions plus onéreuses pour l'entrepreneur.

Les deux derniers alinéas de l'article 55 s'occupent des moyens d'exécution proprement dits, de la reprise du matériel et du règlement de compte.

949. — Il faut remarquer, au sujet de la reprise du matériel, qu'elle ne doit pas s'effectuer lorsque les travaux sont continués en régie : le marché se continue dans ce cas; au contraire elle doit être effectuée lorsqu'il y a passation d'un nouveau marché aux risques et périls de l'entrepreneur. Nous nous contenterons de citer ici la règle : toutes les questions concernant la reprise du matériel trouveront place au chapitre de la résiliation; et la passation d'un nouveau marché par l'Administration n'est qu'un genre de résiliation.

Qu'il y ait continuation de la régie ou nouveau marché, le 3e alinéa de l'article 55 autorise l'usage du matériel de l'entreprise : « Dans l'un et l'autre cas, il peut être fait usage, sur l'ordre du « directeur, de tout ou partie du matériel et des approvisionne-« ments de l'entreprise, y compris les chevaux. La valeur des ap-« provisionnements et du matériel ainsi retenus est indiquée dans « le procès-verbal prévu par l'article 52; elle est calculée d'après « les éléments fournis par le bordereau, ou, à défaut, elle est esti-« mée de gré à gré ou à dire d'experts. Lorsqu'il n'est rien spé-« cifié à cet égard, cette mesure ne s'applique qu'aux matériaux « approvisionnés par ordre pour le compte de l'Etat, lorsqu'ils « ont été d'ailleurs acceptés par un officier du génie. » Il résulte de là que les matériaux approvisionnés volontairement par l'entrepreneur et qui n'ont pas été l'objet d'une réception provisoire peuvent être enlevés par lui : ils n'appartiennent pas à l'Administration, et à aucun titre elle n'a de droits sur eux.

950. — Enfin, le dernier alinéa de notre article s'occupe du règlement de compte : « Lorsque le compte des travaux exécutés « en régie ou en vertu d'un marché passé aux risques et périls « de l'entreprise accuse une dépense plus forte que celle qui « serait résultée de l'application des prix du bordereau et des « conditions du marché primitif, l'excédent de dépense tombe « tout entier à la charge de l'entrepreneur évincé et de sa caution, « et le remboursement en est poursuivi par toutes les voies de « droit; si, au contraire, la dépense est moindre, la différence « profite à l'État. »

Cette règle est identique à celle que nous avons rencontrée pour les travaux des ponts et chaussées : ici encore, l'entrepreneur évincé a le droit d'exiger du régisseur un compte de clerc à maître, et il peut se refuser à supporter les dépenses occasionnées par les maladresses ou les fautes qu'il a commises.

Si la régie était reconnue irrégulière, l'entrepreneur aurait le droit de réclamer, outre les indemnités ordinaires, un prix de location du matériel qui a été utilisé pendant la régie. (C. d'Etat, 3 janvier 1873, *Murco*, 14; 21 février 1873, *Daumer*, 208; 4 juillet 1873, *Alauch*, 671.)

951. — *Cahier de 1887.* — Le nouveau cahier a apporté

quelques modifications aux règles que nous venons de signaler. À la suite de la mise en régie, le Ministre est avisé, comme sous l'empire du cahier de 1876, et il peut, à son gré, choisir l'un des trois partis suivants : continuation de la régie, résiliation, ou passation d'un nouveau marché aux risques et périls de l'entreprise.

952. — Nous n'avons rien à dire, pour le moment, de la résiliation. Quant à la continuation de la régie et à la passation d'un nouveau marché, elles sont régies également par l'article 44 qui a simplifié les règles suivies sous le cahier de 1876. Cet article s'occupe tout d'abord de l'organisation de la régie; il n'y a plus maintenant de régisseur éventuel désigné d'une manière générale. L'article 50 du règlement provisoire annexé au cahier édicte seulement à cet égard la disposition suivante : « Dans le service du « génie, chaque chefferie comporte un gérant qui opère pour « tous les payements à faire sur tous les chantiers du service. *Le* « *gérant ne peut être qu'exceptionnellement chef de chantier.* »

953. — Aussi l'article 44 du cahier ne prévoit-il pas comme hypothèse normale de la régie celle où le gérant sera installé chef de chantier. « Dès que le directeur a prononcé la mise en régie « totale ou partielle, dit-il, le chef du service se substitue com-« plètement à l'entrepreneur pour les fournitures ou travaux dont « il s'agit, et les effectue au compte de celui-ci. » Donc, il n'y a plus intervention d'une personne étrangère que l'Administration choisit à son gré pour l'introduire dans l'entreprise; la mise en régie est traitée comme l'exécution en régie directe : c'est le chef du service, l'Administration elle-même, par conséquent, qui se substitue à l'entrepreneur.

954. — Le mode d'exécution des travaux est, pour le surplus, le même que sous l'ancien cahier : « Le chef du service prend « possession du matériel de toute nature, des approvisionnements « et des locaux de l'entreprise, qu'il juge utiles à la continua-« tion des travaux en souffrance. Un procès-verbal de l'état « d'avancement des travaux, ainsi que du matériel, des appro-« visionnements et des locaux dont il est pris possession est « immédiatement dressé par le directeur, en présence du maire « ou de son délégué, du chef du service ou chef de chantier, de « l'agent désigné pour prendre charge du matériel et tenir « les comptes de la régie. Sommation d'assister aux opérations « est faite à l'entrepreneur. »

955. — Cette disposition, analogue à celle de l'ancien cahier, n'appelle aucune observation. Mais les personnes qu'elle énumère constituent une Commission possédant, à l'égard de la confection de l'inventaire, des pouvoirs que détermine l'alinéa suivant : « La Commission a le droit de déléguer le personnel « auxiliaire nécessaire pour les opérations matérielles auxquelles « doit donner lieu l'établissement du procès-verbal. Ce person-« nel peut opérer en l'absence des membres de la Commission « qui doit assister au début de l'opération et à la clôture du

29

« procès-verbal.» Cette disposition, qui ne se trouve dans aucun des cahiers précédents, a pour but de faciliter les opérations de l'inventaire ; elle ne porte aucune atteinte aux droits de l'entrepreneur puisqu'il peut toujours assister aux opérations , auxquelles il est convoqué, et qu'en cas d'irrégularités commises par le délégué, il pourrait saisir de ses protestations la Commission entière.

956. — Comme sous l'ancien cahier, « pendant la durée de la « régie, l'entrepreneur est autorisé à en suivre les opérations, « sans qu'il puisse toutefois entraver l'exécution des ordres des « officiers ou ingénieurs. »

Enfin, les deux derniers paragraphes s'occupent du règlement de compte : comme ils ne contiennent aucune prescription nouvelle, il nous suffit d'en donner le texte, en renvoyant aux développements relatifs aux cahiers de 1876 et de 1866 : « Les excé-« dents de dépense qui résultent de la régie ou de l'adjudica-« tion aux risques et périls de l'entrepreneur sont prélevés sur « les sommes qui peuvent lui être dues, sans préjudice des « droits à exercer contre lui en cas d'insuffisance.

« Si la régie ou l'adjudication aux risques et périls de l'entre-« preneur amène au contraire une diminution dans les dépenses, « l'entrepreneur ne peut réclamer aucune part de ce bénéfice, « qui reste acquis à l'Etat. »

957. — *Travaux départementaux et communaux.* — La jurisprudence du Conseil d'Etat offre de nombreux exemples de mise en régie de travaux départementaux et communaux ; presque toujours elle est prononcée pour des causes identiques à celles que nous venons de voir. (C. d'Etat, 4 mai 1877, *Blanc*, 429 ; 31 décembre 1878, *Cravio*, 1141; 3 janvier 1881 ; *Crété*. 25 ; 15 février 1884, *Maquin*, 142 ; etc....)

On pourrait par conséquent se demander si la mise en régie des travaux communaux ou départementaux est, en règle générale, soumise aux mêmes règles que la mise en régie des travaux de l'Etat. Cette question n'est pas seulement relative aux causes qui peuvent la motiver, mais aussi à ses formes et à ses effets, dont nous traiterons dans les deux chapitres suivants.

958. — La réponse se trouve dans les développements que nous avons déjà donnés. D'une part, nous savons que le cahier de 1866, spécial aux travaux des ponts et chaussées, n'est pas de plein droit applicable aux autres entreprises; d'autre part, nous avons vu que, si les stipulations de l'article 35 de ce cahier n'existaient pas, l'Administration serait obligée de se conformer au droit commun tel qu'il résulte de l'article 1144 du Code civil, c'est-à-dire de demander l'autorisation de la justice pour obtenir l'exécution directe de l'obligation aux frais du débiteur. Par conséquent, ce droit commun sera seul applicable de plein droit aux travaux départementaux et communaux, que ne régit pas *de plano* le cahier de 1866. Il faut, pour que ce cahier puisse être invoqué, que le cahier de charges spécial contienne une référence à ses dispositions. Cette référence s'y rencontre presque tou-

jours soit d'une manière tout-à-fait générale, soit pour quelques prescriptions, et c'est ainsi que la jurisprudence est fréquemment amenée à traiter les travaux départementaux et communaux comme ceux de l'Etat. Ajoutons d'ailleurs que le rédacteur du cahier de charges spécial aurait le droit d'y insérer, au sujet de la mise en régie, telles stipulations qu'il jugerait utiles, sous la seule réserve qu'elles ne violent pas les principes d'ordre public en matière de conventions.

Ces règles générales une fois établies, nous n'avons plus qu'à étudier les diverses espèces qui ont été soumises aux Tribunaux, soit quant aux causes, soit quant aux formes, soit quant aux effets de la mise en régie : comme il ne s'agit ici que d'applications par analogie, nous ne reprendrons pas en détail l'énumération des principes.

959. — Ici comme en matière ordinaire, lorsque la régie a été ordonnée sans motifs valables, les frais qu'elle entraîne doivent rester à la charge de l'Administration. Cela a été décidé notamment dans une espèce où un ordre de l'architecte ayant prescrit de pousser jusqu'à six mètres la profondeur de fouilles qui, d'après le devis, s'arrêtaient à 0,60 en contre-bas du pavé de l'église, l'entrepreneur avait vainement demandé que le Conseil municipal fût appelé à voter les fonds nécessaires à ce travail, et à approuver un devis supplémentaire, et s'était vu mettre en régie pour avoir refusé de continuer les travaux sur la notification d'un ordre de service du maire non accompagné de la justification d'une délibération du Conseil. (31 janvier 1873, *Commune de'Fouleix*, 118.)

Décidé de même : 1° qu'une indemnité est due à l'entrepreneur de travaux départementaux lorsqu'un préfet, après avoir ordonné la démolition d'ouvrages pour infraction aux prescriptions d'un avant-métré qui n'avait pas été soumis à la signature de l'entrepreneur et pour des mal-façons qui n'ont pas été constatées contradictoirement, a prononcé la mise en régie (C. d'Etat, 10 décembre 1875, *Joret*, 1002) ; 2° qu'il y a lieu à résiliation au profit de l'entrepreneur de travaux communaux lorsque, l'exécution des travaux qui devait être terminée dans un délai fixé ayant été retardée par le fait de la commune, le maire a cependant prononcé la résiliation. (C. d'Etat, 21 mai 1875, *Prévost*, 508.)

Au contraire la mise en régie a été déclarée régulière, par application du cahier de 1866, en cas d'abandon des travaux par l'entrepreneur, de l'inexécution des ordres de transport à lui donnés, et de l'impossibilité constatée où il se trouve de reprendre le travail (C. d'Etat, 12 janvier 1877, *Guernet*, 57) ; en cas d'activité insuffisante apportée aux travaux par l'entrepreneur sans qu'il y eût aucune faute à la charge de l'Administration (C. d'État, 4 mai 1877, *Blanc*, 429) ; en cas de refus de l'entrepreneur d'exécuter les travaux nécessaires pour mettre l'ouvrage en état de réception définitive. (C. d'État, 13 février 1885, *Geneviève*, 196.)

960. — A qui appartient-il de prononcer la mise en régie ? Ce ne peut être, bien entendu, qu'au représentant légal de l'Administration pour le compte de laquelle les travaux sont exécutés.

Or, nous avons déjà vu en traitant des travaux départementaux que c'est le préfet qui a la direction de ces travaux : c'est donc à lui qu'appartiendra pour eux le droit de prononcer la mise en régie ; pour les travaux communaux, nous avons vu également que la loi du 5 avril 1884, comme les lois antérieures, en confiait la direction au maire : donc c'est lui qui prononcera la régie. Enfin, pour les établissements publics de toute nature, la mise en régie sera prononcée par le préfet s'ils dépendent à un titre quelconque de l'Administration départementale ; par le maire, s'ils relèvent de l'Administration communale.

961. — En matière de chemins vicinaux, lorsque les travaux sont soumis au cahier des clauses et conditions générales du 6 décembre 1870, c'est au préfet qu'il appartient de prononcer la mise en régie : comme en matière ordinaire, le Conseil de préfecture est appelé à en examiner la légalité pour statuer sur les conséquences qui peuvent en résulter vis-à-vis de l'entrepreneur. (C. d'État, 11 mai 1883, *Lacour*, 459.)

962. — Quelles sont les formes de la mise en régie pour les travaux communaux ?

Lorsqu'il y a dans le cahier de charges une référence générale aux dispositions du cahier de 1866, il n'y a qu'à se conformer aux règles que nous avons précédemment exposées. Ainsi, il a été jugé, par application de l'article 35 du cahier de 1866 régissant une entreprise déterminée :

1° Que c'est le maire qui doit mettre l'entrepreneur en demeure préalablement à la résiliation et à la réadjudication sur folle enchère (C. d'État, 31 décembre 1878, *Cravio.* 1141) ;

2° Que le maire a pu, par application du même article, accorder à l'entrepreneur un délai de trois jours seulement, au lieu de dix, en se fondant sur l'urgence. (Même arrêt. — *Adde :* 9 avril 1868, *Martine*, 401.)

Lors, au contraire, que cette référence n'existe pas, il faut s'en tenir aux stipulations du cahier de charges spéciales, qui font la loi des parties contractantes. Si enfin le cahier particulier ne contenait aucune disposition à ce sujet (ce qui est peu pratique), il faudrait s'adresser aux Tribunaux qui statueraient dans les conditions ordinaires et pourraient ordonner l'exécution de l'obligation aux frais du débiteur. Mais alors ce n'est plus une véritable mise en régie, soumise aux règles particulières des travaux publics.

L'approbation du Ministre de l'intérieur pour les arrêtés de mise en régie, prescrite par l'article 35 du cahier des clauses et conditions générales, n'est pas exigée lorsque les travaux sont payés sur les fonds départementaux. (C. d'État, 4 mai 1877, *Blanc*, 429.) Et dans un arrêt plus récent (3 janvier 1881, *Crété*, 26) le Conseil d'État a de nouveau posé le principe en termes très précis : « Considérant qu'en admettant que les entrepreneurs « puissent se prévaloir de l'inobservation de cette formalité, la « disposition invoquée dudit article 35 n'est applicable qu'aux « travaux de l'État et ne concerne pas les travaux payés sur les

« fonds départementaux, travaux dont les préfets sont chargés
« d'assurer et de surveiller l'exécution. » (*Adde :* 13 avril 1883,
Saignes, 344.)

963. — Quant aux effets de la mise en régie pour les travaux départementaux et communaux, nous ne pouvons que répéter ce
que nous avons dit au sujet des formes à suivre. S'il existe une
référence générale au cahier des ponts et chaussées, toutes les
solutions que nous avons indiquées plus haut doivent être maintenues; s'il y a des dispositions particulières dans le cahier
spécial, on doit s'y conformer ; enfin, en cas de silence absolu, les
Tribunaux trancheront les difficultés d'après les seuls principes
du droit civil.

TITRE VI

CONSÉQUENCES DES MODIFICATIONS APPORTÉES AU CONTRTAT.

964. — Division de ce titre.

Nous avons vu : 1° que l'Administration avait le droit d'augmenter ou de diminuer les quantités de chaque nature d'ouvrage ou la quantité totale d'ouvrage prévues au devis, et que l'entrepreneur devait se conformer à tous les ordres donnés en ce sens par le directeur des travaux ; 2° que dans certains cas, par suite d'imprévisions du devis, d'erreurs, d'événements arrivant en cours d'exécution, il était nécessaire d'apporter des changements au devis, d'augmenter les travaux prévus ou de les diminuer, d'exécuter des travaux nouveaux. Nous avons déterminé dans quelles conditions et moyennant quelles précautions l'entrepreneur avait le droit de faire retomber sur l'Administration les conséquences de ces modifications du contrat.

Il faut étudier maintenant ces conséquences et les modifications qu'elles apportent dans les rapports de l'Administration et de l'entrepreneur, réservant les cas où les conséquences sont de nature à amener la rupture du contrat, la résiliation, pour l'étudier d'une manière particulière dans le chapitre spécial que nous consacrerons à la résiliation de l'entreprise en général, à ses divers ses causes et à ses effets.

CHAPITRE PREMIER

Conséquences des modifications de l'importance de l'ouvrage total ou de certaines natures d'ouvrages, au point de vue de l'indemnité due à l'entrepreneur.

965. — Droit pour l'Administration de modifier le devis en cours d'œuvre; sa raison d'être.

966. — Augmentation dans la masse des ouvrages; article 30 du cahier de 1866.

967. — Situation qui en résulte pour l'entrepreneur. Trois questions se posent.

968. — Solutions données par le cahier des ponts et chaussées.

969. — Absence d'indemnité en cas d'augmentation dans la masse des travaux; motifs de cette règle.

970. — Critique.

971. — Diminution dans la masse des ouvrages, article 31 du cahier de 1866.

972. — L'entrepreneur, en cas de diminution du sixième, a droit à la résiliation et à une indemnité.
973. — Examen critique de l'article 31.
974. — Choix de l'entrepreneur; résiliation ; renvoi.
975. — Demande d'indemnité.
976. — L'entrepreneur a-t-il droit à une indemnité représentant non seulement le remboursement des dépenses, mais encore le bénéfice qu'il aurait fait sur les travaux supprimés?
977. — Modifications de l'importance de certaines natures d'ouvrages : article 32 du cahier de 1866.
978. — Motifs de cette clause.
979. — Ancien article 39 du cahier de 1833.
980. — Modifications apportées par l'article 32 du cahier de 1866 : amélioration de la situation.
981. — Exemples.
982. — Application de la règle de l'article 39; principales hypothèses sur lesquelles s'est prononcée la jurisprudence.
983. — L'article 32 n'est pas applicable aux tâcherons.
984. — L'article 32 n'est-il applicable qu'en cas où les modifications proviennent d'ordres de l'Administration?
985. — Calcul de l'indemnité.
986. — Renonciation à l'article 32.
987. — La demande d'indemnité est formée en fin de compte.

965. — Nous avons déjà eu plusieurs fois l'occasion de signaler ce principe général que l'Administration n'est pas et ne peut pas être liée d'une manière absolument irrémédiable par les stipulations du contrat, surtout par celles qui ne portent que sur des détails d'exécution. L'intérêt des services publics, auxquels elle est chargée de pourvoir, exige qu'elle soit toujours maîtresse de modifier les plans et les conditions d'exécution, si les circonstances démontrent la nécessité de ces changements. De l'exercice de cette faculté peuvent résulter, soit une augmentation dans la masse des travaux, soit une diminution, soit une modification dans l'importance relative des diverses natures des travaux, soit enfin l'exécution de travaux nouveaux.

966. — L'augmentation dans la masse des ouvrages est prévue par l'article 30 du cahier de 1866 : « En cas d'augmentation dans « la masse des travaux, l'entrepreneur est tenu d'en continuer « l'exécution jusqu'à concurrence du sixième en sus du montant « de l'entreprise. Au delà de cette limite, l'entrepreneur a droit « à la résiliation de son marché. »

967. — Quelle sera la situation de l'entrepreneur ? Évidemment, les travaux qui dépassent les prévisions du marché doivent lui être payés : sur quelles bases le seront-ils ?

En outre, l'exécution d'une quantité de travail plus grande que celle sur laquelle il comptait peut lui causer un préjudice, par exemple en le retenant, lui, son matériel et ses ouvriers, plus longtemps qu'il ne pensait, et en lui rendant ainsi impossible la soumission de nouvelles entreprises. A-t-il droit de ce chef à une indemnité ?

Enfin, l'entrepreneur est-il tenu à l'exécution de cet excédent d'ouvrage ? Peut-il demander la résiliation de ce contrat ?

968. — Le cahier des clauses et conditions générales des ponts

et chaussées a examiné ces trois questions; il a répondu affirmativement à la première et à la troisième, négativement à la seconde.

Pour la première question, nous n'avons pas à l'étudier maintenant ; elle recevra dans le chapitre suivant un développement suffisant.

Pour la troisième, nous nous bornerons ici à constater que l'entrepreneur est fondé à demander la résiliation dès qu'il reçoit un ordre dont l'exécution doit entraîner une augmentation de plus du sixième ; il n'est pas tenu de continuer l'exécution jusqu'à ce que ce chiffre soit atteint. (C. d'État, 2 juin 1876, *Blanc*, 517 ; 30 mai 1879, *Alauzet*, 443 ; 9 août 1880, *Gellerat*, 786 ; 3 décembre 1880, *Villebessy*, 970.)

En résumé, le droit de l'entrepreneur en cas d'augmentation d'ouvrage se réduit à ceci : si le sixième est excédé, faculté de demander la résiliation ; si le sixième n'est pas dépassé, droit au paiement des travaux supplémentaires d'après des règles données.

969. — Quant à la raison pour laquelle, contrairement au droit commun et à l'équité, l'Administration répond négativement à la deuxième question, elle nous est donnée par la circulaire ministérielle, rendue pour l'application du cahier de 1886.

« Il n'y a pas, dit la circulaire, identité dans le cas d'augmen-
« tation de la masse de l'ouvrage et dans le cas de sa diminution :
« lorsqu'il s'agit d'une augmentation dans la masse des travaux,
« l'entrepreneur n'a rien à demander de plus que la résiliation ;
« les conditions de son contrat ne sont pas sensiblement modi-
« fiées, et il ne souffre pas par là même de dommage, dont il y ait
« lieu de l'indemniser. »

970. — Certes, le cahier de 1866 constitue un progrès notable sur le cahier de 1833; par une heureuse innovation, il accorde, comme nous le verrons plus loin, une indemnité dans le cas de diminution dans la masse des ouvrages, mais on peut regretter qu'elle n'ait pas été étendue au cas d'augmentation ; dans son commentaire des clauses et conditions générales de 1866, M. Barry, sous l'article 31, formule dans les termes suivants de justes critiques auxquelles nous ne saurions mieux faire que de nous associer : « Sans doute, en cas d'augmentation de plus d'un
« sixième, le préjudice sera, en général, moins grand que dans le
« cas de diminution ; mais n'est-ce pas cependant un dommage
« réel que cette éviction de l'entrepreneur qui est obligé de de-
« mander sa résiliation, éviction, par le fait de l'Administration,
« d'un marché à l'exécution duquel l'entrepreneur avait un droit
« acquis? Le temps perdu qui eût pu être employé utilement
« ailleurs, la privation d'un légitime bénéfice : ne sont-ce pas là,
« par exemple, des éléments sérieux d'indemnité? » Ajoutons que dans le cas où l'entrepreneur ne demande pas la résiliation et continue l'entreprise, l'indemnité n'est pas moins due : entre deux maux, l'entrepreneur a choisi le moindre, est-ce une raison pour

qu'il ne reçoive pas d'indemnité de celui qui le frappe? Pour ne pas perdre un bénéfice sur la partie de l'entreprise restant à exécuter, il continue les travaux, mais il les continue après le terme fixé; son matériel, ses ouvriers, sont retenus et lui rendent impossible la soumission de nouvelles entreprises plus lucratives que l'entreprise présente, et qui lui auraient donné des bénéfices plus considérables que celui qu'il fera sur les travaux en augmentation. Enfin, cette augmentation d'ouvrage peut amener un renouvellement du matériel peut-être spécial employé dans l'entreprise, et dont le service peut amener l'usure complète, sans qu'il ait le temps de faire les réparations nécessaires à moins de s'en procurer un de rechange. On comprend d'autant moins la rigueur de l'article 31, qu'ainsi que nous le verrons plus loin, un droit à indemnité est accordé en cas d'augmentation ou diminution partielle de l'entreprise : Article 32 : « Lorsque l'importance de certaines natures « d'ouvrages est modifiée de telle sorte que les quantités prescri- « tes diffèrent de plus d'un tiers, en plus ou en moins, des quan- « tités portées au détail estimatif, l'entrepreneur peut présenter, « en fin de compte, une demande en indemnité. » Ainsi, lorsque chaque nature d'ouvrage prise à part est augmentée d'un tiers, il a droit à une indemnité; si on augmente ensemble toutes les natures d'ouvrages d'un tiers, il n'y a plus de droit à une indemnité. En sorte que si par suite du renchérissement des matériaux ou tout autre cause l'entrepreneur vient, en cours d'exécution, à perdre sur une nature d'ouvrage, et qu'on augmente cette nature d'un tiers, l'entrepreneur a droit à une indemnité; si, par suite de ces mêmes causes, il vient à perdre sur toutes les natures d'ouvrages, il n'a plus droit qu'à la résiliation, soit en vertu de l'article 31, soit en vertu de l'article 33, dans certaines conditions que nous examinerons au chapitre de la résiliation.

971. — Envisageons maintenant l'hypothèse inverse : au lieu d'augmenter l'importance des travaux, l'Administration juge à propos de la diminuer. Ce cas est prévu par l'article 31 du cahier. « En ce cas de diminution dans la masse des ouvrages, « l'entrepreneur ne peut élever aucune réclamation, tant que la « diminution n'excède pas le sixième du montant de l'entreprise. « Si la diminution est de plus du sixième, il reçoit, s'il y a lieu, « à titre de dédommagement, une indemnité qui, en cas de con- « testation, est réglée par le Conseil de préfecture. »

972. — A la lecture de ce texte, il semble qu'en cas de diminution de plus du sixième l'entrepreneur ait droit à l'indemnité, mais non à la résiliation de son entreprise. Mais la rédaction de l'article 31 s'explique historiquement : l'ancien article 39 du cahier 1833 accordait déjà à l'entrepreneur le droit à la résiliation dans les deux cas : « Si, dit-il, les changements en plus ou en « moins excèdent le sixième du montant de l'entreprise, il pourra « demander la résiliation de son marché. » Or il est certain qu'on n'a pas voulu enlever à l'entrepreneur ce qu'il avait déjà; on a voulu lui donner quelque chose de plus, qu'il n'avait pas encore:

le droit à indemnité ; c'est ce qu'explique très bien la circulaire ministérielle rendue pour l'application du cahier de 1866 : « Dans « l'état actuel, lorsque, soit les augmentations, soit les diminu- « tions n'excèdent pas le sixième du montant total de l'estima- « tion, l'entrepreneur n'a aucune réclamation à élever ; au delà « du sixième en plus ou en moins, dans l'un comme dans l'au- « tre cas, il ne lui est ouvert qu'un droit, le droit à la résiliation « de son entreprise. Dans le nouveau cahier des charges, on lui « accorde en outre, pour le cas de diminution de plus du sixième, « le droit à une indemnité qui en cas de contestation est réglée « par le Conseil de préfecture. » (C. d'Etat, 3 décembre 1880, *Ministre des travaux publics* 970 ; 26 novembre 1880, *Hunne- belle* 941.)

973. — Cette disposition est à coup sûr fort équitable ; mais elle n'est pas encore suffisante. Les raisons qui motivent l'in- demnité dans le cas où la diminution excède le sixième existent également lorsque cette proportion n'est pas atteinte : si, par exemple, la diminution est d'un neuvième ou d'un dixième, c'est un neuvième ou un dixième de ses approvisionnements, de ses ouvriers, etc., qui vont être inutilisés. Pourquoi faire supporter cette perte à l'entrepreneur, du moment où il n'y a aucune faute à lui reprocher ? Tout au moins serait-il équitable de l'in- demniser quelle que soit la diminution, dès lors qu'il est justifié en fait qu'elle lui a causé un dommage.

974. — Le mode de calcul de la diminution de plus du sixiè- me, et la question de savoir si une indemnité est due en cas de résiliation, seront étudiés au chapitre de la résiliation.

975. — Si l'entrepreneur ne veut pas user de la faculté de ré- siliation, il peut continuer les travaux, et il a alors droit à une indemnité qui, dit l'article 31, sera fixée par le Conseil de préfec- ture. Ce tribunal aura évidemment à tenir compte de tous les éléments du préjudice, notamment de la dépréciation des approvisionnements non utilisés, de la rupture des engagements que l'entrepreneur a pu contracter, et enfin de la perte de béné- fice.

976. — Relativement à ce dernier élément de l'indemnité, une discussion s'est élevée : on a fait remarquer que l'article 31 ne parle que de dédommagement, et que la circulaire ministérielle, dans le passage ci-dessus transcrit, ne parle que du dédommage- ment des dépenses. C'est ce que l'on veut faire résulter aussi de la circulaire ministérielle du 14 avril 1877. L'argument tiré de cette dernière circulaire n'est pas bon, et tourne au contraire à l'avan- tage de la thèse contraire. Cette circulaire, rendue dans le but d'apporter plusieurs modifications au cahier de 1866, en ce qui concerne les adjudications d'une grande importance, ordonne de modifier les articles 34 et 35 sur plusieurs points, et notamment en ce sens qu'en cas de résiliation pour cause d'insuffisance de crédits et de suspension de travaux pendant un an, clause nou- velle qu'elle crée, « l'entrepreneur aura droit en outre à une in-

« demnité égale au cinquième ou sixième du montant des dépen-
« ses restant à faire en vertu de l'adjudication, déduction faite du
« sixième. » La circulaire a bien soin de dire qu'elle ne déroge en
aucune façon « au droit qui appartient à l'Administration de ré-
« duire d'un sixième l'entreprise, ni à l'article 31 du cahier ». Mais
de plus, si on considère le sens de la phrase ci-dessus transcrite,
on voit qu'il s'agit « du montant des dépenses » à faire par l'Administration, du montant de l'entreprise ; et non de celles qu'a
faites l'entrepreneur en vue de cette entreprise. Quant à la circulaire de 1866, elle cite un exemple de préjudice subi par l'entrepreneur et déclare qu'il lui est dû dédommagement ; elle n'indique pas plus que le texte de l'article 31 les éléments de l'indemnité à accorder. Il faut remarquer que cet article 31, en disant
que l'indemnité en cas de discussion sera réglée par le Conseil de
préfecture, laisse celui-ci absolument libre : il pourra donc s'inspirer du droit commun, et appliquer les articles 1794 et 1184 du
Code civil. (C. d'État, 8 décembre 1882, *Dessoliers*, 998.)

977. — Arrivons à la troisième hypothèse, qui est régie par
l'article 32 du cahier de 1866. Aux termes de cet article : « Lors-
« que les changements ordonnés ont pour résultat de modifier
« l'importance de certaines natures d'ouvrages de telle sorte que
« les quantités prescrites diffèrent de plus d'un tiers, en plus ou
« en moins, des quantités portées au détail estimatif, l'entrepre-
« neur peut présenter en fin de compte, une demande en
« indemnité basée sur le préjudice que lui auraient causé les mo-
« difications apportées à cet égard dans les dispositions du pro-
« jet. » C'est là une disposition nouvelle : le cahier de 1833 ne
contenait aucune règle de ce genre. L'innovation ne peut qu'être
approuvée au point de vue de l'équité.

978. — En effet, les marchés de travaux publics sont le plus
souvent consentis et acceptés en vue des compensations que, dans
ses calculs antérieurs à l'adjudication, l'entrepreneur fait entre
les prix alloués pour les différentes natures d'ouvrages ou de
main-d'œuvre. Le premier soin de l'entrepreneur qui veut concourir à une adjudication est, en effet, d'étudier le devis de l'entreprise, les prix établis dans le bordereau, et d'en apprécier
l'exactitude en en recherchant les éléments dans le sous-détail.
L'entrepreneur qui négligerait une pareille précaution agirait
nécessairement en aveugle, puisque cet examen seul peut lui
permettre de faire un rabais sur des bases sérieuses. Se rendre
compte des charges de l'entreprise, d'une manière précise et
exacte, apprécier en conséquence le bénéfice réalisable à l'aide
des calculs de l'ingénieur ou de l'architecte, rédacteurs du devis,
du cahier des charges et des autres pièces et documents qui forment les divers éléments du contrat à intervenir, telle est donc
l'opération préliminaire en l'absence de laquelle le succès définitif serait livré au pur hasard.

Mais la pratique journalière démontre que les devis, si soigneusement dressés qu'ils soient, renferment des erreurs, soit des

omissions, des évaluations insuffisantes, soit, au contraire, des
doubles emplois ou des évaluations qu'une économie bien entendue peut atténuer. Le plus souvent aussi, de ces calculs dont les
éléments pris séparément reposent sur des données inexactes ou
erronées, ressort une balance générale qui peut servir de base au
marché. L'entrepreneur expérimenté aperçoit vite les compensations à faire, et il en déduit la balance sur laquelle il établit son
rabais.

Cela étant, on comprend aisément que le résultat final de l'o-
pération est subordonné à l'absence de toute modification dans
la masse des travaux au cours de l'entreprise. S'il survient, en
effet, pendant l'exécution, des changements, en plus ou en moins,
dans telle ou telle partie des travaux, tous les calculs de l'entrepreneur se trouveront dérangés à son détriment ou au contraire
à son avantage. Si l'Administration augmente d'une manière considérable les prévisions désavantageuses, l'entrepreneur fera une
perte correspondante ; si elle augmente celles que lui offrent une
large rémunération, son bénéfice s'accroîtra au contraire dans
une mesure sur laquelle la stricte exécution du contrat ne lui
permettait pas de compter.

979. — Les entrepreneurs n'ont pas, on le comprend, à se
préoccuper de cette dernière hypothèse qui leur est toute favorable. Mais comment procédera-t-on dans la première, c'est-à-
dire lorsque les augmentations porteront sur des travaux ou
mains-d'œuvre désavantageuses, ou lorsque les diminutions auront trait à des prix favorables ? L'ancien cahier des clauses et
conditions générales de 1833 réglait le cas d'une manière sommaire, mais souverainement injuste. D'après l'article 39, si les
augmentations ou diminutions dépassaient le sixième du montant des travaux, le droit à la résiliation était ouvert à l'entrepreneur. Telle était la seule ressource qui lui fût laissée. La résiliation, on ne le sait que trop, n'est qu'un remède extrême, qui, le
plus souvent, n'est qu'une cause de ruine, s'ajoutant à d'autres
causes, lorsqu'elle intervient au milieu d'opérations depuis longtemps engagées. Qu'au début d'une entreprise, alors que les approvisionnements et les marchés particuliers ne sont pas encore
faits, la résiliation puisse présenter l'avantage de rendre à l'entrepreneur une liberté dont il a besoin pour d'autres affaires,
c'est ce qui n'est pas douteux. Mais s'il s'agit de travaux commencés depuis plusieurs années, auxquels, pendant un temps
considérable, l'entrepreneur a donné son temps et ses soins, pour
lesquels il a employé tout son crédit, résilier avant l'achèvement total, c'est le plus souvent courir à une perte certaine.

L'article 39 n'était donc qu'un leurre, d'autant mieux qu'il
exigeait que les changements ordonnés, pour motiver la résiliation, dépassassent en plus ou en moins le sixième de la masse
totale des travaux adjugés. Or, une telle limite n'est presque jamais franchie par l'effet des premiers ordres. L'entrepreneur
marchait donc en aveugle pendant un certain temps, et ce n'é-
tait qu'en cours d'exécution, c'est-à-dire quand ses chantiers

étaient organisés et ses frais généraux exposés en totalité, qu'arrivaient les ordres définitifs, qui seuls lui donnaient le droit d'agir pour sortir d'une situation devenue intolérable.

Jusque-là tout lui était refusé. Aucune indemnité ne lui était accordée. Fût-il ruiné par des modifications dues au caprice ou à l'inhabileté des directeurs de travaux, il n'avait pas de recours. Il lui fallait s'incliner devant la lettre du contrat. (*Voy.* Conseil d'Etat, 25 avril 1867, *Delsol.* 407.)

980. — Cette situation, heureusement, a été modifiée par le nouveau cahier des charges en date du 16 novembre 1866. L'article 32 de ce cahier s'est inspiré des réclamations légitimes et incessantes qu'avait de tout temps motivées l'application de l'article 39 du cahier de 1833. Dans quelle mesure l'a-t-il fait et quels sont aujourd'hui les droits des entrepreneurs?

« Il sera équitable, a dit le Ministre des travaux publics dans « sa circulaire interprétative, en date du 21 novembre 1866, de « tenir compte à l'entrepreneur de tous changements qui modifie- « raient de plus d'un tiers, en plus ou en moins, certaines natures « d'ouvrages; il peut se faire, en effet, que l'on n'augmente que « les ouvrages qui lui donnent des pertes ou au moins un béné- « fice presque nul, tandis que l'on diminuerait ceux qui devaient « lui être favorables. Dans ce cas, au delà d'un certain taux d'aug- « mentation ou de diminution, une indemnité peut être légitime- « ment due et le nouveau cahier des charges, article 32, en pose « le principe. »

Ainsi donc, il est bien entendu désormais que l'entrepreneur aura droit à une indemnité toutes les fois que les changements, en plus ou en moins, dépasseront de plus d'un tiers les quantités prescrites pour certaines natures d'ouvrages. Et, bien qu'on pût le croire à la première lecture de la circulaire ministérielle, le droit à indemnité n'est pas ouvert seulement dans le cas où l'augmentation des ouvrages qui donnent de la perte coïncide avec une diminution de ceux qui donnent du bénéfice. Les deux cas sont entièrement distincts, et, dans l'un comme dans l'autre, qu'ils se produisent ensemble ou séparément, le droit à une indemnité est reconnu.

981. — Prenons un exemple. Je suppose que le devis et le bordereau d'une entreprise ne prévoient que 100 mètres cubes de maçonnerie hourdée, alors qu'ils en prévoient 400 de maçonnerie en pierres sèches. Le prix fixé pour cette dernière est avantageux, tandis que le prix établi pour la maçonnerie hourdée est insuffisant. Le sous-détail a omis un élément essentiel, le transport du mortier. Voici qu'en cours d'exécution on commande à l'entrepreneur de faire 200 autres mètres cubes de cette maçonnerie et de réduire en conséquence à 200 mètres la maçonnerie à pierres sèches. Ce cas est celui de la circulaire; il y a à la fois diminution des travaux avantageux et augmentation des ouvrages dont la rémunération est insuffisante. L'application de l'article 32 va alors de soi-même.

Mais elle ne serait pas plus contestable dans l'hypothèse où l'augmentation de la partie désavantageuse des travaux n'aurait pas pour corollaire une diminution correspondante des ouvrages bien payés. Ainsi, pour continuer notre exemple : le devis ne prévoyait que de la maçonnerie hourdée à des prix désavantageux, ou bien il ne prévoyait que de la maçonnerie à pierres sèches à des prix rémunérateurs. En cours d'exécution, on augmente, dans le premier cas, la masse des ouvrages, ou bien, dans le second, on la diminue d'un tiers. Dans l'un et l'autre cas, l'article 32 restera applicable et l'entrepreneur pourra réclamer une indemnité.

Ce qui pourrait faire naître le doute, c'est la stipulation de l'article 29, d'après laquelle les prix des ouvrages non prévus sont réglés d'après les éléments de ceux de l'adjudication. Or, comment concilier cette stipulation avec l'article 32, si cet article ne prévoit pas uniquement l'hypothèse où l'augmentation des ouvrages désavantageux est accompagnée de la diminution des travaux bien rémunérés ?

Notre réponse sera péremptoire : l'article 29 et l'article 32 des nouvelles clauses et conditions générales concordent parfaitement. Le second, en effet, n'a en vue que les augmentations qui dépassent le tiers des quantités prévues. C'est à cette condition absolue que le droit à l'indemnité, c'est-à-dire à la détermination d'un prix nouveau, est subordonné, tandis que l'article 29 a en vue toute augmentation inférieure au tiers. La perte, sans doute, peut être considérable dans ce cas ; et il eût été bien plus équitable de ne pas imposer de condition au droit de l'entrepreneur. Mais ce ne peut être, à coup sûr, une raison pour opposer l'art. 29 à l'article 32, lorsque l'augmentation des ouvrages prévus dépasse le tiers, et refuser en conséquence à l'entrepreneur un nouveau prix, sur le prétexte que l'augmentation des ouvrages désavantageux n'aurait pas de contre-partie dans la diminution des ouvrages avantageux.

982. — La jurisprudence offre de nombreuses applications de ce principe. Elle a alloué des indemnités aux entrepreneurs dans les espèces suivantes :

1° Lorsque le détail estimatif prévoyant 646 m. cubes d'enrochements, dont 448 mètres provenant d'une ancienne digue et 197 m. à fournir par l'entrepreneur, et 186 m. de perrés, il résultait du décompte des travaux qu'il avait été exécuté 1085 m.c. d'enrochements, tous fournis par l'entrepreneur, et 1080 m. de perrés (C. d'Etat, 11 mai 1870, *Vertut*, 568) ;

2° Lorsque le cube des déblais dans le rocher a été augmenté dans des proportions considérables : dans l'espèce, de près de la moitié (C. d'Etat, 5 décembre 1873, *Roques*, 914) et en général lorsqu'il y a une modification dans la nature des différents déblais nécessaires, la proportion de roc se trouvant, par exemple, plus élevée qu'on ne croyait (C. d'Etat, 7 août 1874, *Leglos et Moret*, 836) ;

3° Lorsqu'il y a augmentation de la surface des perrés et emploi d'une quantité de béton supérieure à celle prévue. (C. d'Etat, 21 décembre 1877, *Bru et Pantade*, 1039.) D'après ce dernier arrêt, l'Administration ne peut pas se prévaloir, à titre de compensation, de la suppression d'une autre maçonnerie : la compensation ne serait possible que s'il s'agissait de deux maçonneries de nature identique ;

4° Lorsqu'il y a augmentation de plus d'un tiers dans la masse des maçonneries de moellons. L'Administration ne peut alléguer à titre de compensation le bénéfice réalisé sur d'autres ouvrages prévus au devis (C. d'Etat, 17 janvier 1879, *Maille*, 43) ;

5° Lorsque les déblais sont augmentés de plus d'un tiers par suite d'éboulements, alors même que l'entrepreneur se serait engagé à déblayer les éboulements sans indemnité (C. d'Etat, 25 mars 1881, *Aleth*, 348);

6° Lorsque la diminution de plus d'un tiers provient de ce que l'Administration a fait exécuter une partie des travaux en régie (C. d'Etat, 8 décembre 1882, *Dessoliers*, 999);

7° Lorsqu'il y a augmentation de plus d'un tiers dans le cube des remblais d'emprunt, des déblais de roc schisteux et de la maçonnerie ordinaire. (C. d'Etat, 16 mars 1883, *Chabanel*, 294.) Le préjudice doit s'évaluer en prenant pour base les quantités prévues au projet, et non les quantités augmentées d'un tiers que l'Administration pouvait exiger sans indemnité. (Même arrêt.)

Au contraire, l'indemnité a été refusée dans l'hypothèse suivante :

Augmentation de plus d'un tiers des déblais transportés en batelet. (C. d'Etat, 7 août 1883, *Micon*, 770.) Il faut remarquer que le refus est motivé, non sur l'application de l'article 32, mais sur l'absence de préjudice, qui n'existait pas en fait. Cette solution est trop raisonnable pour qu'il n'y ait pas lieu de la généraliser. L'article 32 a pour but de rendre l'entrepreneur indemne, et non de lui procurer un bénéfice.

983. — L'article 32 du cahier des ponts et chaussées n'est applicable qu'aux *entrepreneurs ;* ainsi, à la suite d'une résiliation, le tâcheron chargé de continuer les travaux ne pourrait l'invoquer sous prétexte qu'une partie des travaux restant à faire ont été confiés à d'autres tâcherons. (C. d'Etat, 19 juin 1885, *Thiry*, 609.)

984. — Plusieurs auteurs soutiennent qu'une condition essentielle pour l'application de l'article 32, c'est que les modifications résultent d'ordres donnés au cours des travaux, et non d'accidents, d'imprévisions, de cas de force majeure, etc. (Perriquet, t. I, n° 183.) M. Barry, dans son Commentaire des clauses et conditions des ponts et chaussées, se rallie à cette opinion, mais exprime ses regrets que la question soit ainsi résolue. « On peut se « demander, dit-il, si cette jurisprudence remplit bien le but que « s'est proposé l'auteur du cahier des clauses et conditions en « adoptant les articles 30, 31 et 32, c'est-à-dire de permettre aux « soumissionnaires d'établir leurs calculs sur les bases du détail « estimatif en les garantissant contre les changements notables « qui pourront y être apportés pendant l'exécution des travaux. « Dans cet ordre d'idées, il semble qu'il importe peu que ces chan-

« gements soient dus à la volonté de l'Administration ou à l'insuf-
« fisance des évaluations de l'avant-métré, ces évaluations n'eus-
« sent-elles qu'un caractère purement provisoire. » (Barry, art. 32,
« nº 2.)

Nous nous associons pleinement à ces raisons, mais nous
croyons que la jurisprudence en a tenu compte, et que l'opinion
opposée à celle ci-dessus exprimée a fini par triompher. Certainement sous l'empire du cahier de 1833, en présence du texte
de l'article 39, aucun doute n'était possible : dans le cas où,
dans le cours de l'entreprise, il serait « ordonné par l'Adminis-
« tration d'augmenter ou de diminuer la masse des travaux,
« l'entrepreneur pourra demander la résiliation de son marché. »
Mais le nouvel article 32 du cahier de 1866 contient une
disposition absolument neuve, conçue dans des termes très
généraux et qui ne distinguent pas entre les causes d'augmentation et de diminution. Le Conseil d'Etat a eu à trancher assez
récemment la question dans deux arrêts; il s'agissait d'augmentation de plus d'un tiers des déblais, produits non par des ordres
de l'Administration, mais par des événements de force majeure,
des éboulements résultant de la nature du sol. Le Conseil, dans
l'opinion ci-dessus exprimée, aurait dû écarter *de plano* la demande d'indemnité de l'entrepreneur, puisque les éboulements ne
résultaient pas de changements ordonnés par l'Administration ; il
a prescrit au contraire une expertise pour rechercher si les éboulements s'étaient réellement produits et si leur importance était
bien telle que le prétendait l'entrepreneur. (C. d'Etat, 25 mars 1881,
Aleth, 348; 15 février 1884, *Maguin*, 142.)

985. — Quant au calcul de l'indemnité, la seule base à envisager est le préjudice subi : lorsque ce préjudice n'existe pas en
fait, il n'est rien dû à l'entrepreneur, quels que soient les changements. (C. d'Etat, 7 août 1883, *Micon*, 770.)

Lorsqu'il existe, il doit être évalué d'après les circonstances, et
au besoin par un expertise que les Tribunaux administratifs n'hé-
sitent pas à ordonner en pareil cas. (C. d'Etat, 15 février 1884.
Maguin, 142.)

Il n'est d'ailleurs pas contestable que le calcul de l'indemnité
doive se faire d'après le chiffre de travaux prévus par le
contrat, et non pas d'après ce chiffre augmenté d'un tiers.
Dès que le tiers d'excédent ou de diminution est atteint, l'indemnité est due pour tout ce tiers.

986. — Il est permis à l'entrepreneur de renoncer par son
traité à invoquer la disposition toute de faveur de l'article 32.
Ce n'est que l'application du droit commun, et la convention doit
être respectée. (C. d'Etat, 15 mars 1881, *Aleth*, 348.)

987. — L'article 32 n'édictant aucune déchéance, l'entrepreneur n'est pas tenu de faire de réserves au cours des travaux : c'est
seulement enfin de compte qu'il est tenu de faire valoir ses réclamations. (C. d'Etat, 7 décembre 1877, *Département de Seine-et-
Marne*, 980. — *Adde* : 7 avril 1876, *Redon*, 373; 17 janvier 1879,
Maille, 43.

988. — *Travaux du Ministère de la guerre.* — Sous l'empire du cahier de 1876, les différentes questions que nous venons d'examiner ne se posaient pas au sujet des travaux du génie : le marché sur séries de prix était seul employé : il n'y avait donc pas à se préoccuper de l'augmentation ou de la diminution de la masse des travaux, puisqu'aucune quantité n'était prévue ; et il n'y avait pas non plus à s'arrêter à la proportion qui pouvait exister entre les différents ouvrages, puisque cette proportion n'était pas prévue. Aussi le cahier de 1876 ne contient-il aucune disposition analogue aux articles 30-32 du cahier de 1866. Nous avons vu d'ailleurs précédemment ce qui se passe au sujet des travaux imprévus ; et aux développements que nous avons donnés à cet égard il suffit d'ajouter la règle générale écrite dans le § 3 de l'art. 69 :

« Si pendant la construction d'un ouvrage, des changements or-
« donnés par écrit, autres toutefois que ceux pouvant résulter de
« l'emploi, prévu par l'article 29, de matériaux appartenant à l'Etat,
« étaient de nature à porter préjudice aux intérêts de l'entrepre-
« neur, celui-ci recevrait une indemnité dans laquelle on tien-
« drait compte, aux prix du marché, des sommes pour les
« travaux faits et de celles qui résulteraient des changements
« prescrits ; elle ne pourrait, dans aucun cas, être basée sur les
« éventualités de bénéfices que l'entrepreneur aurait pu réaliser
« si ces changements n'avaient pas eu lieu. »

989. — Mais, le cahier de 1887 ayant admis les modes de marchés ordinaires pour les travaux du Ministère de la guerre, de nouvelles dispositions étaient nécessaires. On les trouve dans les articles 33-35 du nouveau cahier, ainsi conçus :

« Art. 33. En cas d'augmentation dans la masse des travaux
« d'un marché sur devis, l'entrepreneur est tenu d'en continuer
« l'exécution jusqu'à concurrence d'un sixième en sus du mon-
« tant de l'entreprise, calculé en y comprenant, s'il y a lieu, la
« somme réservée pour les frais imprévus. Au delà de cette limite,
« l'entrepreneur a droit uniquement à la résiliation de son mar-
« ché. »

« Art. 34. En cas de diminution dans la masse des ouvrages
« d'un marché sur devis, l'entrepreneur ne peut élever aucune
« réclamation tant que la diminution n'excède pas le sixième du
« montant de l'entreprise calculé ainsi qu'il est dit à l'article pré-
« cédent. »

« Si la diminution est de plus du sixième, il reçoit, s'il y a lieu,
« à titre de dédommagement, une indemnité qui est fixée par le
« Ministre sur la proposition du directeur, et, en cas de contes-
« tation, est réglée par la juridiction compétente.

« Art. 35. Lorsque, dans les marchés sur devis, les change-
« ments ordonnés ont pour résultat de modifier l'importance de
« certaines natures d'ouvrages, de telle sorte que les quantités
« prescrites diffèrent de plus d'un tiers, en plus ou en moins des
« quantités portées au devis, l'entrepreneur peut présenter, en fin
« de compte, une demande en indemnité basée sur le préjudice
« que lui auraient causé les modifications apportées à cet égard

« dans les prévisions du projet. Cette demande en indemnité
« est réglée comme il est dit en l'article précédent. »

Ces articles sont la reproduction *textuelle* des articles 30-32 du
cahier de 1866 : ils soulèvent donc les mêmes questions, et nous
ne pouvons que renvoyer aux explications déjà données plus
haut. (Nᵒˢ 966 et suiv.)

990. — *Travaux départementaux et communaux.* — Si ces travaux sont exécutés sur un traité contenant une référence pure et
simple au cahier de 1866, il y aura lieu de les traiter comme les
travaux des ponts et chaussées, et d'appliquer les articles 30-32.

Si cette référence n'existe pas, le cas d'augmentation ou de
diminution, ou de changements dans l'importance respective des
ouvrages doit avoir été prévu par la convention, qui s'appliquera
seule.

Enfin si, ce qui est peu probable et peu pratique, le contrat
est muet à cet égard, il n'y aura qu'à appliquer le droit commun tel qu'il résulte des dispositions du Code civil, en tenant
compte du caractère forfaitaire du marché et des règles ci-dessus
exposées au sujet des travaux imprévus dans les entreprises
départementales et communales (V. nᵒˢ 786 et suiv.).

CHAPITRE II

**Conséquences des changements ordonnés en cours d'exécution
et des travaux imprévus en général : prix de ces travaux,
et modifications des prix du contrat.**

991. — Prix des travaux imprévus. Cahier de 1833, article 22. Cahier de
1866, article 29.
992. — L'entrepreneur a le droit de discuter les nouveaux prix.
993. — Règles générales à suivre pour leur fixation.
994. — Quels sont les travaux imprévus donnant lieu à de nouveaux prix ?
Jurisprudence, exemples.
995. — Cas spéciaux : imprévisions résultant du vice du plan.
996. — Imprévisions résultant du vice du sol.
997. — Procédure à suivre pour la fixation des nouveaux prix.
998. — Constatation des travaux imprévus.
999. — Refus de l'Administration, voies de recours.
1000. — Discussion des prix entre l'entrepreneur et les ingénieurs ; voies de
recours.
1001. — Exceptions : clauses de renonciation à des prix nouveaux ou suppléments de prix.
1002. — Bases de la discussion des prix.
1003. — Application ; exemples.
1004. — Exception ; contrat particulier, acceptation du rabais pour les prix
supplémentaires.
1005. — Prix nouveaux alloués non pour ouvrages nouveaux, mais pour conditions nouvelles d'exécution d'un ouvrage prévu.
1006. — Cas spéciaux où les prix totaux ne peuvent s'appliquer, mais où leurs
éléments pourraient être séparément appliqués.
1007. — Cas dans lesquels les conditions nouvelles d'exécution, ou les travaux imprévus, entraînent une modification générale des prix du
bordereau.
1008. — Règles spéciales aux travaux d'épuisement : cahier de 1833, articles 22
et 24 ; cahier de 1866, article 17.
1009. — Travaux du Ministère de la guerre.

1010. — Cahier de 1876, art. 40; l'Etat se réserve de faire exécuter les travaux imprévus par d'autres que par l'entrepreneur. A égalité d'offres, préférence de l'ancien entrepreneur, à moins de mise en adjudication.

1011. — Limites du droit réservé à l'Administration.

1012. — L'entrepreneur primitif restant chargé des travaux imprévus, détermination des prix.

1013. — Distinction entre les travaux prévus et les travaux imprévus. Exemples, jurisprudence.

1014. — Fixation des prix à l'estimation.

1015. — Ces prix subissent le rabais de l'adjudication.

1016. — Le rabais de l'adjudication est applicable à tous les nouveaux prix, quel que soit leur mode de fixation. Exemples.

1017. — Prix convenus pour les travaux nouveaux pour toute la durée du marché. Assimilation aux prix du bordereau de l'adjudication. Invariabilité.

1018. — En cas d'urgence, l'entrepreneur doit exécuter le travail imprévu, et recevoir le prix provisoirement fixé, sous réserves de ses droits.

1019. — Fixation des prix à l'économie.

1020. — Fixation des prix à forfait.

1021. — Cahier de 1887. Même droit réservé à l'Administration. Mais obligation pour l'entrepreneur d'exécuter le travail imprévu, s'il en est requis.

1022. — Mode unique de détermination des prix : adoption du système des ponts-et-chaussées.

1023. — Règles spéciales en cas d'urgence.

991. — Les travaux imprévus étaient autrefois régis par l'article 22 du cahier de 1833, aux termes duquel « les prix en se-« ront réglés d'après ceux de l'adjudication par assimilation aux « ouvrages les plus analogues. Dans le cas d'une impossibilité « absolue d'assimilation, les prix seront réglés sur une estima-« tion contradictoire, en prenant pour terme de comparaison les « prix courants du pays ». L'article 29 du cahier de 1866 contient une première disposition analogue; mais il ajoute une pres-cription nouvelle fort importante : « Lorsqu'il est nécessaire « d'exécuter des ouvrages non prévus ou d'extraire des maté-« riaux dans des lieux autres que ceux qui sont désignés dans « les devis, les prix en sont réglés d'après les éléments de ceux « de l'adjudication, ou par assimilation aux ouvrages les plus « analogues. Dans le cas d'une impossibilité absolue d'assimila-« tion, on prend pour terme de comparaison les prix courants « du pays.

« Les nouveaux prix, après avoir été débattus par les ingénieurs « avec l'entrepreneur, sont soumis à l'approbation de l'Adminis-« tration. Si l'entrepreneur n'accepte pas la décision, il est statué « en Conseil de préfecture. »

992. — Le droit de discussion de l'entrepreneur est consacré bien plus nettement que par l'ancien article 22. M. le Minis-tre, dans la circulaire accompagnant le cahier de 1866, a fait ressortir la différence de situation en ces termes : « L'un des « reproches les plus sérieux qui fussent articulés contre l'ancien « cahier des charges portait sur la clause relative au règlement « du prix des ouvrages non prévus au devis : cette clause, après « avoir posé les bases d'après lesquelles ce règlement aurait lieu, « semblait donner à l'Administration seule le droit d'y pourvoir,

« sans que l'entrepreneur eût en quelque sorte le droit de con-
« tester sa décision. Dans le nouveau cahier, les bases anciennes
« sont conservées, mais le droit de l'entrepreneur est placé en
« regard de celui des représentants de l'Administration, et s'il
« n'accepte pas le règlement approuvé par le Ministre, la déci-
« sion définitive est renvoyée au Conseil de préfecture. Il n'est
« pas besoin d'insister pour faire comprendre combien la situa-
« tion de l'entrepreneur est améliorée, puisqu'il saura, dans un
« court délai, à quoi s'en tenir sur le prix des nouveaux ouvrages
« qu'il doit exécuter, tandis que précédemment il restait dans
« une incertitude funeste à ses intérêts, quelquefois jusqu'à la li-
« quidation complète de son entreprise. »

993. — Les prix nouveaux sont fixés, d'après l'article 29, par
comparaison avec les éléments de l'adjudication, et, si toute
assimilation est impossible, par estimation contradictoire en prenant pour terme de comparaison les prix courants du pays.

994. — Bien qu'il soit impossible de poser *a priori* une règle
absolue caractérisant les travaux imprévus de nature à donner
lieu à une indemnité au profit de l'entrepreneur, on peut cependant poser quelques principes qui se dégagent de la jurisprudence
du Conseil d'État.

Il est tout d'abord certain que l'entrepreneur ne peut pas, lorsqu'il allègue des difficultés imprévues, exiger une allocation supplémentaire par simple raison d'équité : il peut fort bien arriver
qu'il se soit, de bonne foi et sans qu'il y ait faute lourde de sa
part, trompé sur les difficultés des travaux, sur les renseignements qui lui sont fournis par l'Administration, tels que sondages, métrés, etc... Lui seul doit supporter les conséquences de
ses erreurs, fussent-elles excusables. Cette règle ressort nettement de la circulaire du 23 juillet 1831, aux termes de laquelle:
« Si un entrepreneur réalise des bénéfices exagérés, l'Admini-
« tration n'a pas et ne peut pas avoir le droit d'exiger la revi-
« sion du prix, et de diminuer le gain qui a été fait sur elle; si
« au contraire l'entrepreneur essuie des pertes, il ne peut exiger
« que l'Administration vienne à son aide : autrement, les con-
« ditions de publicité et de concurrence seraient tout à fait illu-
« soires, les marchés ne seraient plus sérieux, et, en définitive,
« l'État, qui ne profiterait jamais des spéculations heureuses, sup-
« porterait presque toujours les conséquences des mauvaises. »
Le Conseil d'État a décidé de même dans un grand nombre d'arrêts dont nous ne citerons que ceux postérieurs à 1866 (C. d'État,
9 avril 1868, *Martine*, 406; 20 février 1874, *Colas*, 212; 28 janvier 1876, *Haudost*, 96; 10 novembre 1876, *Serratrice*, 801;
21 janvier 1881, *Laurent*, 97).

Il faut ensuite se garder de confondre les réclamations fondées sur l'insuffisance des prix, par suite de leur composition erronée ou des omissions du sous-détail, avec celles qui ont pour
objet le payement des travaux imprévus que l'entrepreneur est
souvent obligé de faire en cours d'entreprise.

La tendance naturelle des entrepreneurs, lorsqu'une difficulté surgit dans l'exécution d'un travail prévu, est de faire considérer ce travail comme l'un de ceux dont l'article 29 l'autorise à réclamer le payement. L'Administration, il n'est pas besoin de le dire, est souvent animée d'une tendance contraire, et prétend faire ranger dans la classe des travaux prévus des travaux d'une nature essentiellement différente. C'est aux tribunaux administratifs qu'il appartient de faire les distinctions nécessaires et d'appliquer, en conséquence, soit l'article 42, soit l'article 29.

A cet égard, on ne peut mieux faire que de recourir à la jurisprudence du Conseil d'Etat. Quelques exemples feront, mieux qu'un exposé théorique, comprendre la distinction à observer, quant au règlement du prix, entre les travaux prévus et les ouvrages nouveaux.

Premier exemple. — Le devis de l'entreprise du sieur Bonnefons, entrepreneur de travaux de creusement du canal maritime au port de Cette, portait que les terrains à extraire étaient composés de sable, de vase et de quelques parties d'argile. Il fut reconnu en cours d'exécution par l'ingénieur en chef lui-même que, contrairement à ces prévisions, l'entrepreneur avait rencontré, dans la darse et dans la moitié du canal, une couche continue de tuf de 1 à 3 mètres de profondeur sous la basse mer. L'entrepreneur réclama, au moment du décompte, un prix spécial, et le Conseil d'État reconnut que l'exécution des déblais dans un pareil terrain constituait un travail non prévu, pour lequel il y avait lieu de procéder à un règlement particulier. (C. d'Etat, 24 janvier 1856, *Bonnefons*, 93 ; 10 mars 1859, *Bonnefons*. 187.)

Autre exemple. — Le sieur Anssart-Manem, adjudicataire des travaux du chemin de fer de Tours à Bordeaux, avait, devant le Conseil de préfecture de la Charente, réclamé le prix d'extraction de 109,038 mèt. cubes de roches, dont l'existence n'avait pas été révélée par les sondages insuffisants, ou pratiqués en dehors du tracé du chemin de fer avant l'adjudication.

Le Conseil de préfecture repoussa cette réclamation par application de l'article 11. Mais son arrêté fut annulé par le décret suivant :

« Considérant que l'article 23 du devis porte que des sondes, « ouvertes à l'avance sur toute la longueur de la partie à adjuger, « mettent à même d'apprécier la nature des couches à déblayer, « sous le rapport des mains-d'œuvre de fouille et de charge ;.....
« que, contrairement aux énonciations de cet article, aucune sonde « n'a été ouverte à la tranchée de Sillac ; les sondes, à la tran-« chée de l'Oisellerie, au lieu d'être ouvertes dans les limites de la « courbe que le chemin de fer décrit sur ce point, ont été par er-« reur pratiquées sur le prolongement de la tangente de cette « courbe, à une distance de 12 et 15 mètres du tracé ; et enfin, les « sondes des tranchées de l'Escalier, des Galants et des Brissants, « n'ont pas été conduites jusqu'au niveau de la voie à établir ;.....
« que les déblais du parcours curviligne sur lequel il n'a été fait « aucune sonde, et les déblais des couches inférieures jusqu'aux-

« quelles les sondes auraient dû être pousées, différaient totale-
« ment du terrain sablonneux ou du rocher très divisé, accusés par
« les sondages effectués ; que ces déblais consistaient en un rocher
« dur et massif, et n'ont pu être arrachés qu'à la poudre ;..... que
« la position irrégulière de certaines sondes, et les données inexac-
« tes résultant de ce que tous les sondages ont été arrêtés à plu-
« sieurs mètres au niveau de la voie, ont induit le sieur Anssart-
« Manem en erreur sur la véritable nature des travaux à exécuter ;
« que, dans ces circonstances, l'Administration ne peut être fondée
« à maintenir l'application du prix moyen stipulé par l'article 23
« du devis ; qu'il résulte de l'instruction, et notamment des rap-
« ports dressés les 6 et 14 juin 1847 par l'ingénieur ordinaire Saige,
« et l'ingénieur en chef Duvignaud, chargés de la surveillance de
« l'entreprise, que la perte subie par le sieur Anssart-Manem, à
« raison de la nature imprévue du travail, s'élève à une somme de
« 148.000 fr... » (C. d'État, 8 fév. 1855, *Anssart-Manem*, 130.)

Autre exemple , — D'après un cahier des charges, le sable de
carrière à employer dans la construction faisant l'objet d'une entreprise devait provenir de toute carrière qui serait désignée par
l'Administration dans un rayon de 500 mètres, mesurés horizonta-
lement, autour de la construction, ou de 2.000 mètres au plus,
dans des conditions telles que le sable n'ait pas à monter pour
être amené à pied-d'œuvre. L'entrepreneur alléguant que, dans
le périmètre ainsi défini, il n'existait que des gisements tels que
l'exploitation n'en donnait pour 4 mètres de terre extraite qu'un
mètre de sable mélangé, que le lavage réduisait encore des cinq
neuvièmes, qu'il n'existait donc pas de carrière de sable proprement dite, et que ce ne pouvait être en prévision de cette situation que le prix du sable avait été fixé au prix minime porté au
bordereau, le Conseil d'Etat a statué ainsi : « Considérant que les
« articulations des requérants sont suffisamment précises, et que
« si elles étaient reconnues exactes elles leur donneraient droit, à
« raison de la difficulté imprévue d'extraction du sable, à un sup-
« plément de prix ; que dans ces circonstances il y a lieu d'ordon-
« ner qu'elles seront vérifiées par une expertise. » (C. d'Etat,
13 mai 1881, *Sogno et Mottet*, 504.)

Il faut remarquer d'ailleurs qu'il y a là une question de fait à
résoudre d'après les circonstances, et que les tribunaux administratifs pourront décider, non seulement d'après le texte du contrat, mais d'après son esprit, et devront surtout s'attacher à la
commune intention des parties. (C. d'Etat, 16 novembre 1883,
Rouard, 823.)

C'est ainsi que l'allocation des prix nouveaux a été admise
dans un grand nombre d'espèces, dont voici les principales :

1° Le projet contenait des déblais à opérer dans le grès ; on a
rencontré du roc calcaire beaucoup plus dur (C. d'Etat, 13 juin
1879, *Miallet*, 495) ;

2° Les sondages constataient des terres mélangées de roche
tendre ; les déblais ont été effectués dans le roc pur très dur

(C. d'Etat, 18 mars 1881, *Paris*, 313 ; 27 janvier 1882, *Renaudin*, 100);

3° Le devis prévoyait du sable, de la vase et de l'argile; on a rencontré du tuf en couches continues ou des graviers très durs (C. d'Etat, 16 mai 1879, *Hughes*, 396 ; 23 janvier 1880, *Leborgne*, 107);

4° Il a été rencontré des blocs erratiques non prévus, exigeant des modes d'extraction exceptionnels ou des couches de rocher plus dures que celles prévues par le devis (C. d'Etat, 6 mars 1874, *Puymory*, 238 ; 10 juillet 1874, *Lann*, 663).

Par contre, les prix nouveaux sont refusés lorsque la demande n'est fondée que sur de prétendues omissions du bordereau, alors qu'en fait ces omissions n'existent pas. (C. d'Etat, 9 février 1883, *Brun*, 157 ; 8 décembre 1882, *Monier*, 1002 ; 9 juillet 1886, *Vernaudon*, 597.)

De même, le prix nouveau serait refusé s'il était justifié que les déblais de nature prétendue exceptionnelle rentraient dans les prévisions du devis. (C. d'Etat 7 décembre, 1883, *Bonamy*, 902 ; 9 mai 1884, *Guyard*, 367 ; 6 février 1885, *Queinner*, 159.)

995. — Lorsque l'imprévision provient d'un vice du plan il y a lieu de distinguer. Si l'erreur commise par son auteur est telle qu'un entrepreneur connaissant sa profession ne puisse pas la laisser échapper, il encourt une responsabilité. (C. d'Etat, 10 juin 1882, *Commune de Bona*, 592.) Si au contraire les vices du plan ne proviennent pas de fautes grossières et peuvent facilement échapper à l'examen, l'entrepreneur n'est pas tenu des conséquences des erreurs commises par l'architecte ou la personne pour le compte de laquelle il a exécuté l'entreprise. (Cour de Paris, 17 novembre 1849 ; C. d'Etat, 5 février 1857, *Gruel*, 99 ; 16 décembre 1881, *Lamoureux*, 1015 ; 31 mars 1882, *Pyolet*, 331.)

996. — Dans les imprévisions résultant du vice du sol, une distinction doit être faite.

Si le vice est apparent, l'entrepreneur doit se refuser à exécuter le travail ; si non toutes les conséquences en resteraient à sa charge. (Aubry et Rau, *sur Zacharix*, p. 374 ; Cass., 12 février 1835 ; Paris, 5 mars 1863, D. P., 63, 5, 239 ; Bordeaux, 21 avril 1864, D. P., 65, 2, 39 ; C. d'Etat, 23 mai 1884, *Lesenne*, 423.)

Si, au contraire, le vice du sol n'est pas apparent, le travail supplémentaire doit être payé à part à l'entrepreneur. (C. d'Etat, 28 juin 1855. *Consistoire du Bas-Rhin*, 473 ; 10 janvier 1856, *Nepvauët*, 52 ; 10 décembre 1857, *Crouy*, 810 ; 22 novembre 1872, *Ville de Fontainebleau*, 647 ; 31 janvier 1862, *Oliva*, 63 ; 5 mars 1875, *Giaccobi*, 227 ; 10 juillet 1878, *Giaccobi*, 698 ; 11 novembre 1881, *Moine*, 873 ; 2 mai 1884, *Maquenne*, 343.)

997. — Nous avons déjà vu que l'article 29 du cahier de 1866 constituait un progrès sur les articles 9 et 22 du cahier de 1833 en ce qu'il établissait nettement le droit de discussion de l'entrepreneur : « Les nouveaux prix, après avoir été débattus par les « ingénieurs avec l'entrepreneur, sont soumis à l'approbation

« de l'Administration. Si l'entrepreneur n'accepte pas la décision,
« il sera statué par le Conseil de préfecture. »

998. — L'entrepreneur doit, au cours des travaux, avoir soin
de faire constater les travaux et les difficultés imprévus à mesure
qu'ils se présentent : cette précaution est surtout indispensable
pour les ouvrages qui ne pourraient plus être constatés une fois
les travaux achevés; l'entrepreneur s'exposerait alors à un rejet
pur et simple. (C. d'Etat, 30 juin 1842, *Beslay*, 343 ; 30 juillet
1857, *Bourdon*, 619.)

999. — En cas de refus de l'Administration, il s'adressera au
Conseil de préfecture pour la faire ordonner. (C. d'Etat, 8 juin
1850, *Bernard*, 564 ; 19 avril 1859, *Fournier*, 238 ; Barry, *Commentaire de l'art 29*, n° 6.)

1000. — La constatation faite, une discussion s'engage entre
l'entrepreneur et les ingénieurs ; en cas de désaccord, ceux-ci prennent une décision dont ils demandent l'approbation au Ministre.

L'entrepreneur peut ensuite déférer cette décision au Conseil
de préfecture, et en appel au Conseil d'Etat.

1001. — La règle serait différente, et il n'y aurait pas lieu à
indemnité, si le marché avait expressément stipulé que l'entrepreneur, avant de déposer sa soumission, se rendrait compte
par lui-même, à l'aide des sondages qu'il ferait par ses ouvriers,
de la nature du sol à déblayer. (C. d'Etat, 21 janvier 1881, *Laurent*, 97.)

Dans un grand nombre de cas, l'Administration fait insérer au
cahier une clause comme celle-ci : « L'entrepreneur ayant pu se
« rendre compte soit par les sondages et travaux préliminaires
« exécutés en régie, soit par les sondages des ingénieurs, de la na-
« ture du sol et de sa composition, il ne sera alloué aucun prix nou-
« veau pour difficultés imprévues. » Cette clause est appliquée avec
beaucoup de rigueur par le Conseil d'Etat. (C. d'Etat, 9 juillet
1886, *Vinciguerra*, 593.) Il nous semble qu'en cela le Conseil va
trop loin. Quand les travaux préliminaires sont exécutés par l'entrepreneur qui fait de plus, lui-même, les sondages, on comprend
cette jurisprudence ; mais quand ces travaux préliminaires et ces
sondages sont faits par les ingénieurs seuls, ou par un autre entrepreneur, il n'est pas équitable de faire supporter par l'adjudicataire les conséquences des erreurs commises, et de l'inexactitude
des renseignements fournis. Dans la commune intention des parties, cette clause ne peut être entendue qu'en ce sens que l'entrepreneur n'aura droit à aucun supplément de prix, quelles que
soient les difficultés présentées par l'exécution du travail, tant
qu'on ne rencontrera que les couches de pierres ou de terre révélées par les sondages ; mais on n'a pas voulu dire par là que
l'entrepreneur devait supporter la conséquence de la rencontre
de couches de pierre ou terre de nature imprévue, ou celle
d'une nappe d'eau souterraine. Aucun entrepreneur ne peut
accepter un contrat présentant un pareil aléa ; l'insertion de

la clause ci-dessus, interprétée ainsi que le fait le Conseil d'Etat, suffirait pour qu'aucun entrepreneur ne se présente à l'adjudication.

1002. — Quelles sont les bases de la discussion, quel est le mode de règlement des nouveaux prix ? Ils sont réglés, dit l'article 29 des clauses et conditions des ponts et chaussées, d'après les éléments de ceux de l'adjudication ou par assimilation aux ouvrages les plus analogues. C'est là le mode normal de fixation des prix nouveaux. Ce n'est qu'en cas d'impossibilité absolue que, suivant ce même article 29, l'on prend pour comparaison les prix courants du pays. L'entrepreneur n'est payé sur estimation et d'après les prix des journées et de la main-d'œuvre qu'autant que les travaux ne sont pas susceptibles d'être mesurés et payés d'après les prix du bordereau. Sous l'empire de l'ancien article 22 du cahier de 1833, qui contenait la même prescription, la jurisprudence était très rigoureuse sur ce point. (C. d'Etat, 11 janvier 1837, *Chanard* 11 ; 24 août 1846, *Pierron*, 450 ; 19 janvier 1850, *Varenne*, 75; 10 janvier 1856, *Humbert-Droz*, 41.) Elle l'est encore sous l'empire de l'article 29 du cahier de 1866. (C. d'Etat, 12 février 1875, *Min. de l'intérieur*, 124; 20 avril 1883, *Grandou*, 383.)

Cependant il convient de signaler une différence entre l'article 29 actuel et l'ancien article 22. Cette dernière disposition ne permettait l'estimation contradictoire que lorsqu'il y avait impossibilité absolue d'assimilation.

Telle était du moins l'interprétation primitivement donnée par la jurisprudence. Le Conseil d'Etat, après bien des discussions, était arrivé plus tard à reconnaître le caractère contentieux de la matière, même dans le cas où les travaux pouvaient être réglés par les prix des ouvrages analogues du devis : mais il est bien vrai que c'est l'article 29 du nouveau cahier qui a fait cesser toute discussion sur ce point. La fixation des prix doit donc être contradictoire, et faite en cas de non-entente par le Conseil de préfecture avec appel au Conseil d'Etat.

D'autre part, l'ancien article 24 ne permettait pas d'agir de suite, et l'entrepreneur ne pouvait être fixé sur les prix des ouvrages nouveaux qu'on lui commandait que lors de la liquidation définitive de son entreprise. L'article 29 du cahier de 1866 lui permet de réclamer de suite devant le Conseil de préfecture.

Les prix alloués par le Conseil de préfecture ou antérieurement convenus pour des travaux non prévus et auxquels les prix de la série ne sont pas applicables ne sont pas soumis au rabais de l'adjudication.

Telle était la jurisprudence sous l'empire de l'article 22 de l'ancien cahier; elle s'est fermement maintenue. (C. d'Etat, 2 juin 1866, *Fabre*, 596; 26 juillet 1867, *Pascal*, 699 ; 4 mai 1870, *Commune de Bons*, 540 ; 27 mars 1874, *Min. des travaux publics*, 301.) Il est bien certain en effet que le rabais n'a été consenti que sur les prix de l'adjudication, les seuls qui fussent dans les prévisions des parties.

1003. — Remarquons toutefois que ce principe n'est pas absolu : il ne s'appliquera qu'autant qu'il y aura entièrement prix nouveau, c'est-à-dire qui n'est pas déduit des prix figurant au bordereau. Ainsi sont passibles du rabais d'adjudication les prix déterminés au moyen des éléments du bordereau. (C. d'État, 17 décembre 1880, *Armagnacq*, 1037; 27 mars 1874, *Picardeau*, 300; 30 juin 1876, *Pupin*, 629 (13ᵉ considérant); 27 mai 1881, *Commune de Cuisery*, 575; 27 juillet 1883, *Bellettre*, 706; 31 juillet 1885, *Bure*, 744.) Même quand une expertise aurait été nécessaire pour les fixer (C. d'État, 27 mars 1874, *Picardeau*, 300 (4ᵉ considérant), et dans le cas où les prix fixés ne seraient pas précisément des prix nouveaux mais plutôt des suppléments aux prix portés au bordereau. (C. d'État, 9 juillet 1875, *Commune de Corenc*, 682.)

1004. — Seraient encore soumis au rabais les prix supplémentaires auxquels il aurait été appliqué par convention spéciale. (C. d'État, 18 juin 1880, *Boillot*, 578.)

1005. — Des difficultés se présentent surtout quand le nouveau prix est rendu nécessaire non par un ouvrage nouveau, mais par des conditions nouvelles d'exécution d'un ouvrage prévu. Une distinction est nécessaire : ou le nouveau prix aura été composé exclusivement des prix du bordereau de l'entreprise; dans ce cas, il sera susceptible du rabais de l'adjudication; ou il n'aura pas été composé exclusivement de ces prix, et il aura été nécessaire de recourir à des éléments autres que ceux mêmes de l'adjudication; alors il ne devra pas supporter ce rabais. (C. d'État, 27 mai 1881, *Humbert*, 575.)

1006. — Dans certains cas, en présence d'un travail nouveau, ou d'un mode d'exécution nouveau, l'assimilation à un travail prévu est impossible; on ne trouve pas de prix applicable, mais on pourrait, en décomposant les prix, appliquer un ou plusieurs éléments composant ces prix; dans ces cas, doit-on faire la déduction du rabais? Nous ne le pensons pas. Prenons un exemple : les prix du devis comprennent généralement trois éléments pour le prix d'un ouvrage : la fourniture des matériaux, la main-d'œuvre, un dixième du total des deux premiers éléments pour le bénéfice; l'Administration fait exécuter un ouvrage en régie, ne laissant à l'entrepreneur que la fourniture des matériaux; peut-on appliquer purement et simplement l'élément de prix représentant la fourniture, et faire sur ce prix le rabais de l'adjudication? Le Conseil d'État s'est prononcé en sens contraire, et avec raison suivant nous. (C. d'État, 29 décembre 1876, *Dalby*, 955; 19 janvier 1877, *Berneau*, 81.) Il ne serait même pas équitable d'appliquer l'élément de prix relatif à la fourniture, en y ajoutant un dixième comme bénéfice, et de faire le rabais de l'adjudication; en effet, l'entrepreneur pouvait perdre sur la fourniture et gagner sur la main-d'œuvre : il a établi et consenti son rabais sur l'ensemble des éléments du prix, sur le total du prix. Ce qu'il importe de rechercher, c'est si le prix envisagé dans son total est applicable ou non au travail nouveau; les experts et les juges peuvent s'inspirer des éléments de prix du bordereau pour fixer le prix du travail nouveau, mais le prix qu'ils déterminent est sans contredit un prix nouveau sur lequel le rabais de l'adjudication n'a pas été consenti.

1007. — L'application de l'article 29 est souvent très difficile, et il n'est pas rare que les conditions nouvelles d'exécution d'un travail prévu entraînent la modification d'une partie des prix de l'adjudication; certaines hypothèses sont très délicates. En voici une que la pratique nous a révélée plusieurs fois et qui n'a point encore été résolue par la jurisprudence.

Dans une entreprise, le prix du sable ou de la pierre a été fixé à 1 fr. le mc. En cours d'exécution on change les carrières indiquées au devis, ou on exige une provenance ou qualité différente, et l'entrepreneur demande un nouveau prix. On le fixe conformément à l'article 29, on lui alloue 2, 3, ou 4 fr. le mc. Mais voici que l'entrepreneur s'aperçoit que cette indemnité fixée d'une manière abstraite est tout à fait insuffisante dans l'application. En acceptant, lors de l'adjudication, certains prix frappés d'un rabais pour des travaux dont le sable ou la pierre étaient des éléments, il savait qu'il perdait quelques centimes sur ces matériaux dont la quantité avait été mal calculée. On suppose par exemple qu'il entrait dans le mètre cube de maçonnerie 0,30 c. de sable, il en entre en réalité 40 ou 50; la perte, alors que le sable était de 1 fr. le mc., était de 4 à 5 centimes; maintenant qu'il va employer du sable valant 2, 3 ou 4 fr. le mc., cette perte sera non de 3 c., mais de 4 à 5 c. par mc. de maçonnerie. N'est-ce donc pas le cas, outre la fixation nouvelle du prix du sable pris isolément, de remanier les prix primitifs, calculés sur des éléments de valeur différente? L'équité le veut évidemment, et d'ailleurs le moyen est très simple. Il consiste, dans l'espèce, à distraire du prix de la maçonnerie, le prix du sable, et à payer ce sable à part dans les proportions réellement employées. Autrement la fixation d'un nouveau prix conformément à l'article 29 ne serait qu'une mesure absolument insuffisante. D'ailleurs, l'Administration ne peut pas se plaindre. C'est par son fait, dans l'intérêt de ses travaux, que le changement a eu lieu. Comment et sous quel prétexte pourrait-elle se dispenser de subir toutes les conséquences de ce changement?

1008. — Parmi les ouvrages nouveaux que l'entrepreneur est tenu d'exécuter malgré le silence du devis figurent souvent des travaux d'épuisement, constructions de batardeaux, etc., dont il est impossible d'évaluer à l'avance la valeur. Ces travaux étaient autrefois régis par les articles 22-24 du cahier de 1833, dont les dispositions peuvent se résumer ainsi : lorsque ces travaux étaient nécessaires, les dépenses étaient constatées par attachement, et sur des contrôles tenus sous la surveillance de l'ingénieur. (Art. 23.) Ces formalités étaient rigoureusement exigées par la jurisprudence, qui refusait toute indemnité aux entrepreneurs qui ne les avaient pas remplies. (C. d'Etat, 15 décembre 1846, *Pluvinet*, 554; 24 juillet 1848, *Prévost*, 452; 30 juillet 1857, *Bourdon*, 619.) Les paiements, imputés sur la somme à valoir, étaient remboursés à l'entrepreneur avec quarantième en sus pour le dédommager de ses avances de fonds. Il était tenu de payer à vue, en présence d'un employé désigné par l'ingénieur, les rôles ou états dressés pour le compte des travaux et de les faire quittancer par les parties prenantes. En outre, deux quarantièmes lui étaient alloués pour les fournitures d'outils et de machines, et la conduite des travaux.

Le quarantième d'indemnité pour avance du capital était le seul dédommagement attribué à l'entrepreneur qui n'avait pas droit aux intérêts. (C. d'Etat, 18 septembre 1855, *Troye*, 626.) Le quarantième était supprimé lorsque, l'Administration ayant payé les travaux de ses propres deniers, aucune avance n'avait été faite par l'entrepreneur. (C. d'Etat, 2 décembre 1853, *Mombrun*, 1013; 16 mars 1836, *Legrand*, 130; 23 juillet 1841, *Mieulet*, 396.)

Le cahier de 1866 a organisé, dans l'article 17, un système beaucoup plus simple : « S'il y a lieu de faire des épuisements ou « autres travaux dont la dépense soit imputable sur la somme à « valoir, l'entrepreneur doit, s'il en est requis, fournir les outils « et machines nécessaires pour l'exécution des travaux. Le loyer « et l'entretien de ce matériel lui sont payés au prix de l'adjudi- « cation. » Les travaux de ce genre sont donc maintenant exécutés par les soins et aux frais de l'Administration. Les difficultés seront par conséquent bien plus rares qu'avec l'ancien article. Toutefois, il peut arriver que les travaux causent un préjudice à l'entrepreneur par suite de la façon défectueuse dont l'Administration les fait exécuter. Son droit à indemnité est alors incontestable. (C. d'État, 19 février 1868, *Beau*, 182; 1er juin 1870. *Grias*, 693; 16 juin 1876, *Grias*, 578.)

1009. — *Travaux du Ministère de la guerre.* — Nous avons vu plus haut (nos 773 et suivants) dans quelles conditions des modifications pouvaient se produire dans les travaux prévus, et nous avons parlé de la différence qui existait à cet égard entre le cahier de 1876 et le cahier de 1887, différence provenant de ce que le même genre de contrat n'est pas admis par eux.

Il faut examiner maintenant quelle influence ces modifications ont sur les prix, sous l'empire de ces deux cahiers.

1010. — I. *Cahier de 1876.* — La disposition qui correspond à l'article 29 du cahier des ponts et chaussées est l'article 40, ainsi conçu : « Les ouvrages dont les prix ne figurent pas au « bordereau sont payés à l'entrepreneur ainsi qu'il sera dit ci- « après, à l'estimation, à l'économie, ou à forfait.

« Toutefois, l'Etat se réserve la faculté de traiter de gré à gré, « pour ces ouvrages, avec d'autres que l'entrepreneur, celui-ci « ayant droit seulement à la préférence, à égalité d'offres. Ces « ouvrages peuvent également faire l'objet d'une adjudication « spéciale, auquel cas l'entrepreneur est soumis, comme les « autres candidats, aux règles établies pour ces opérations. »

Pour les travaux des ponts et chaussées, nous avons vu (n° 825) que l'entrepreneur avait un droit de préférence absolue à l'égard des travaux non prévus, dont l'exécution était reconnue nécessaire au cours de l'entreprise. S'il consentait à s'en charger, l'Administration n'avait pas le droit de s'adresser ailleurs. L'article 40 consacre le principe inverse : l'Etat est entièrement libre de faire exécuter ces travaux imprévus comme il l'entend ; sans doute il peut les confier à l'entrepreneur primitif, mais il a aussi le droit de s'adresser à d'autres en toute liberté. Il peut, soit passer des marchés de gré à gré, soit procéder à des adjudications distinctes. L'entrepreneur y est admis comme tous ses concurrents, mais il est traité de la même manière et obligé de se soumettre de nouveau à toutes les conditions et formalités de l'adjudication : c'est une nouvelle entreprise qui commence. Le seul avantage qui lui soit fait, c'est qu'il a droit à la préférence en cas d'égalité d'offres. Il faut reconnaître que ces prescriptions sont fort dures, bien qu'il soit du droit strict de l'Administration de les imposer.

1011. — Le droit de procéder à de nouvelles adjudications doit être maintenu dans de justes limites. L'Etat n'a pas le droit, sous prétexte qu'il s'agit de travaux nouveaux, non prévus par le bordereau, de distraire certaines parties de l'entreprise ; si cela arrivait, l'entrepreneur aurait droit à une indemnité. (C. d'Etat, 29 novembre 1872, *Artigue*, 675.) Ce droit naîtrait encore à son profit si la préférence lui était refusée à égalité d'offres avec d'autres concurrents : c'est au Conseil de préfecture qu'il devrait s'adresser. Il en serait de même pour la violation des formes et conditions des adjudications : le droit commun s'applique intégralement, comme s'il s'agissait d'une entreprise nouvelle et distincte.

1012. — Dans le cas où, l'Administration n'usant pas de la faculté qui lui est accordée de recourir à un nouveau marché, c'est l'entrepreneur primitif qui est chargé des travaux non prévus, il faut déterminer les bases d'après lesquelles ils seront payés ; trois modes de règlement sont possibles : l'estimation, l'économie, ou le forfait.

1013. — La première question qui se pose est celle de savoir dans quels cas il y a lieu réellement à la fixation de nouveaux prix. D'après l'article 40, il faut qu'il s'agisse d'un travail qui n'est pas prévu par le bordereau. Ce sera, la plupart du temps, une question de fait à examiner, l'entrepreneur s'efforçant de démontrer que le travail est autre que celui prévu, l'Administration soutenant qu'il suffit d'appliquer le bordereau. La jurisprudence offre un certain nombre d'hypothèses qu'il est bon de rappeler à titre d'exemple et pour guider dans l'interprétation de la règle. On peut consulter à cet égard les arrêts suivants (C. d'Etat, 27 avril 1883, *Perrichont*, 411 ; 21 mars 1883, *Léturgeon*, 323 ; 21 mars 1883, *Autixier*, 321 ; 25 juillet 1884, *Paris*, 662 ; 18 décembre 1885, *Connard*, 982 ; 9 juillet 1886, *Vernaudon*, 597).

Voyons maintenant quels sont les modes de règlement des prix nouveaux. Trois systèmes peuvent être suivis : les ouvrages sont payés à l'estimation, à l'économie, à forfait.

1014. — Le premier cas est régi par l'article 41, dont les dispositions sont assez complexes.

Le principe est que l'évaluation, ou estimation des travaux, se fait d'avance, et d'un commun accord, entre l'entrepreneur et le chef du génie ; non pas que le prix total du travail soit déterminé *a priori*, ce qui constituerait un forfait ; mais il est établi une véritable série, comprenant tous les prix qu'il sera nécessaire de connaître pour le règlement du nouveau travail : celui-ci achevé, il ne restera qu'à mesurer les quantités, et à faire l'application des prix.

Ceci posé, deux cas doivent être distingués : ou bien les prix peuvent être déterminés d'après les éléments déjà existants au bordereau primitif ; ou bien ce dernier ne peut fournir aucune indication.

1er Cas. — « Les prix à l'estimation, dit l'article 41, sont obli- « gatoires pour l'entrepreneur toutes les fois qu'ils peuvent se cal- « culer à l'aide des prix élémentaires portés au bordereau. » Ainsi l'entrepreneur n'aura pas le droit, dans ce cas, de refuser les prix qui seront fixés. Mais il pourra toujours soutenir que le règlement a été fait par une interprétation inexacte du bordereau, et qu'il ne contient pas les éléments que le chef du génie a prétendu en tirer ; ce cera alors une question de vérification et d'interprétation qui devra être soumise au Conseil de préfecture, et en appel au Conseil d'Etat. (C. d'Etat, 21 mars 1883, *Ministre de la guerre*, 323.)

2e Cas. — « A défaut de ces éléments, ajoute l'article, ils sont « établis au moyen d'une analyse basée sur des résultats d'expé- « riences et sur les prix courants de la localité. » Ici, la discussion est entièrement libre : les prix ne sont pas obligatoires pour l'entrepreneur qui peut les discuter de toutes les manières. C'est encore le Conseil de préfecture qui sera appelé à trancher le différend. Les prix ne sont d'ailleurs valables « qu'après avoir été « approuvés par le directeur du génie ».

1015. — Dans l'un et l'autre cas, « ils sont calculés de manière « à pouvoir subir, comme ceux du bordereau, le rabais ou la suren- « chère résultant de l'adjudication. » Nous avons vu que, pour les travaux des ponts et chaussées, on suit une règle différente, suivant que les nouveaux prix ont été composés exclusivement avec ceux du bordereau, ou avec des éléments étrangers. Ici, il n'y a pas lieu de faire cette distinction.

1016. — Le rabais, en règle générale, doit être appliqué à tous les travaux faits par l'entrepreneur, à tous les prix, qu'ils proviennent du bordereau de l'entreprise ou de convention postérieure, et quel que soit dans ce dernier cas le mode employé pour leur fixation. Ainsi ce rabais a été déclaré applicable à des prix fixés à l'estimation d'après les éléments du bordereau (C. d'Etat, 27 avril 1883, *Perrichont* 410); à des prix fixés en dehors des éléments du bordereau (C. d'État, 16 novembre 1883, *Rouard*, 824); à des travaux et fournitures exécutés à l'économie. (Même arrêt Perrichont ci-dessus, et 28 décembre 1883, *Demerlé*, 977.)

1017. — Il arrive quelquefois que les prix nouveaux à l'estimation sont convenus pour toute la durée du marché ; l'article 41 indique les formes à suivre dans ce cas : « Quand les prix sont « convenus pour toute la durée du marché, ils sont inscrits à la « suite du bordereau avec un numéro d'ordre ; en outre, s'ils ont « été l'objet de quelques conditions particulières, ces conditions « sont ajoutées au cahier des charges spéciales. Chacune de ces « additions doit être visée pour valoir timbre, et enregistrée aux « frais de l'entrepreneur. »

Les nouveaux prix ainsi établis sont assimilés à ceux du bordereau ; on leur applique le principe de l'invariabilité du prix ; l'entrepreneur ne peut plus y revenir sous aucun prétexte. (C. d'Etat, 16 novembre 1883, *Rouard*, 823.)

1018. — Les discussions nécessaires à l'estimation et la réunion des renseignements de fait prennent toujours un certain temps ; il est possible que la situation de l'entreprise ne comporte pas ces délais. C'est le cas que prévoit le dernier alinéa de l'article 41 : « En cas d'urgence, le chef du génie peut obliger l'entrepreneur à « exécuter un ouvrage déterminé au prix d'estimation. Si ce « prix n'a pas pu être fixé à l'amiable, comme il vient d'être dit, le « travail est néanmoins commencé à l'époque indiquée, et payé « d'après un prix fixé provisoirement par le directeur du génie. « Le prix définitif est déterminé le plus tôt possible d'après les « règles de la jurisprudence administrative. »

Ainsi l'entrepreneur n'a pas le droit de laisser les travaux en souffrance sous prétexte de désaccord au sujet des prix nouveaux : il doit exécuter le travail, sauf à contester ultérieurement, devant les tribunaux, le prix qui lui a été alloué.

1019. — Les ouvrages à l'économie sont régis par l'article 42 : « Les ouvrages à l'économie ou à la journée sont ceux qui, « n'ayant pas de prix au bordereau, ou ne pouvant s'en déduire, « s'exécutent au moyen d'ouvriers dont les journées sont payées « à l'entrepreneur au prix du marché, ou à prix convenu. »

Ainsi l'exécution à l'économie n'est possible qu'autant que la fixation des prix ne peut pas se déduire du bordereau. L'exécution à l'estimation est le mode préféré, celui auquel on doit, en général, recourir ; cela se comprend, puisque c'est celui qui se rapproche le plus du marché primitif. C'est l'entrepreneur lui-même qui fournit les ouvriers à l'Administration, et celle-ci les lui paie, ordinairement au prix qui a été prévu par le marché pour la journée d'ouvrier. Mais ce n'est pas là une règle absolue : la convention peut déterminer un prix différent, équivalant, autant que possible, à celui que l'entrepreneur est obligé de payer.

La jurisprudence décide que quand les journées d'ouvrier sont payées aux prix fixés par le marché, les officiers du génie ont un pouvoir discrétionnaire pour déterminer le prix du bordereau applicable. Ainsi, dans le cas où le bordereau prévoit plusieurs espèces d'ouvriers, et plusieurs classes d'ouvriers dans chaque espèce, les officiers du génie déterminent comme ils l'entendent l'espèce et la classe dans lesquelles rentrent les ouvriers employés pour les nouveaux travaux, (C. d'Etat, 27 avril 1883, *Perrichont*, 411 ; 24 avril 1885, *Nercam*, 445.)

M. Barry fait remarquer à propos qu'il arrive souvent dans la pratique que, par dérogation à l'article 42, on fait exécuter de cette façon une foule de petits travaux, pour éviter des attachements nombreux. Et il ajoute que « l'Administration ne peut « procéder ainsi qu'avec le consentement de l'entrepreneur, car « il en résulte souvent une désorganisation de ses ateliers qui « peut être de nature à lui causer un préjudice ». (Barry, Cahier du génie, art. 43, n° 1.) Cette solution est très raisonnable.

1020. — Enfin, le troisième mode d'exécution, qui présente un caractère tout à fait exceptionnel, est régi par l'article 43 : « Les « ouvrages à forfait ne diffèrent de ceux à l'estimation qu'en ce « que les prix non prévus au bordereau sont arrêtés en bloc. Ce « mode de paiement n'est, d'ailleurs, admissible que lorsqu'il « est impossible d'établir un détail d'analyse, et que, de plus, le « chef du génie ne juge pas qu'il soit dans l'intérêt de l'Etat « d'avoir recours à l'exécution du travail à la journée.

« Les prix à forfait doivent être établis de manière à être pas- « sibles du rabais ou de la surenchère résultant de l'adjudication ; « et, comme ceux à l'estimation, ils ne sont valables qu'après « avoir reçu l'approbation du directeur. »

Cette disposition n'appelle aucune observation particulière, car elle est d'une application peu fréquente.

1021. — II. *Cahier de 1887.* — Le nouveau cahier s'occupe du règlement de prix des ouvrages non prévus dans l'article 32, dont plusieurs dispositions présentent beaucoup d'analogie avec celles de l'ancien cahier.

Le premier alinéa réserve à l'Etat, comme l'article 10 du cahier de 1876, la faculté de faire exécuter par qui il veut les travaux imprévus. « Lorqu'il est jugé nécessaire d'exécuter des ouvrages, « de fournir des matériaux, d'employer des ouvriers dont le prix « ne figure pas au marché, l'Etat se réserve de traiter, pour ces « ouvrages, fournitures ou journées, avec d'autres que l'entre- « preneur. » Evidemment, s'il intervient une nouvelle adjudica- tion, l'entrepreneur primitif pourra y prendre part ; mais il sera sur le même pied qu'un étranger ; le nouveau cahier ne lui accorde même pas le droit de préférence à égalité d'offres. L'Ad- ministration est en possession d'une liberté complète d'action ; et cela est d'autant plus rigoureux que le second alinéa de l'arti- cle 32 prend soin de dire que « si l'entrepreneur en est requis, « il doit les exécuter ». Ainsi, il est à la disposition absolue de l'E- tat : il ne peut pas refuser d'exécuter le travail, tandis qu'il n'est pas sûr de l'obtenir, s'il le désire.

1022. — Quant au mode de détermination des prix, le nou- veau cahier n'admet plus les trois systèmes différents qu'organi- sait le cahier de 1876. Il consacre un mode de règlement unique, qui se rapproche à la fois du cahier des ponts et chaussées et

de l'article 41 du cahier de 1876. Les prix ds nouveaux travaux « sont réglés d'après les éléments de ceux de l'adjudication,
« ou par assimilation aux ouvrages les plus analogues. Dans le
« cas d'une impossibilité absolue d'assimilation, on prend pour
« termes de comparaison les prix courants du pays ». Ainsi, ce
n'est plus uniquement dans le bordereau que l'on recherche les
éléments d'évaluation, mais bien dans toutes les conditions de
l'adjudication. Cette différence tient à ce que le marché sur séries
de prix n'est plus le mode ordinairement employé : il ne peut plus
être question d'établir une nouvelle série.

Le cas où l'assimilation est impossible est réglementé comme
par l'ancien cahier. En outre la règle concernant le rabais est la
même : « Les prix, dit l'article, sont calculés de manière à être
« soumis au rabais ou à la surenchère du marché. »

1023. — Les contestations relativement à la fixation des nouveaux prix, et l'exécution des travaux à des prix provisoires en
cas d'urgence sont régies par des règles identiques à celles de l'ancien cahier : « Les nouveaux prix, après avoir été débattus par
« le chef du service et l'entrepreneur sont soumis à l'approbation
« du directeur. Si l'entrepreneur n'accepte pas le prix fixé par
« le directeur, il exécute néanmoins les travaux qui sont payés
« provisoirement d'après ce prix jusqu'à décision de la juridic-
« tion compétente.

« En cas d'urgence, l'entrepreneur est tenu, sur l'ordre écrit
« du chef du service d'exécution, d'exécuter immédiatement les
« travaux, sauf règlement ultérieur des dépenses. »

TITRE VII

DES RÉCEPTIONS PROVISOIRES ET DÉFINITIVES ET DU DÉLAI DE GARANTIE.

1024. — Utilité des réceptions et raison d'être des méthodes suivies.
1025. — Cahier des ponts et chaussées de 1833, article 35.
1026. — Cahier des ponts et chaussées de 1866, articles 46 à 48.
1027. — Réception provisoire. Elle doit être expresse et accompagnée des formalités prévues par les articles ci-dessus. Cas exceptionnels où elle peut être tacite.
1028. — Effets de la prise de possession sans réserve, en matière de travaux départementaux et communaux.
1029. — Refus de procéder à la réception. L'entrepreneur peut adresser une mise en demeure à l'Administration; procédure à suivre; pouvoirs de la juridiction administrative.
1030. — Autorité compétente pour procéder à la réception.
1031. — Procès-verbal contradictoire. Détail des formalités.
1032. — Cas où le directeur des travaux constate des malfaçons : travaux complémentaires ordonnés. Contradiction opposée par l'entrepreneur. Procédure pour trancher le différend.
1033. — Effets de la réception provisoire. Délai de garantie.
1034. — Point de départ du délai de garantie.
1035. — Situation de l'entrepreneur pendant ce délai.
1036. — Expiration du délai de garantie. Réception définitive.
1037. — Refus par l'Administration de procéder à la réception définitive. Causes légitimes de refus.
1038. — Résistance de l'entrepreneur à mettre les travaux en état; mesures de coercition.
1039. — Refus mal fondé; droits de l'entrepreneur; mise en demeure; procédure; pouvoirs de la juridiction administrative.
1040. — Effets de la prise de possession de l'ouvrage, au point de vue de la réception définitive.
1041. — Résultats de la réception définitive. Libération de l'entrepreneur de tout ce qui concerne les travaux.
1042. — Réception définitive accordée sous réserves; résultats; procédure à suivre par l'entrepreneur.
1043. — Malgré la réception définitive, l'entrepreneur reste soumis à la garantie de droit commun : articles 1792 et 2270 du Code civil.
1044. — Résultats pécuniaires de la réception définitive. Paiement du solde, restitution du dixième de garantie et du cautionnement.
1045. — Travaux du Ministère de la guerre : cahier de 1876. Impossibilité d'appliquer le système du cahier des ponts et chaussées, à cause de la nature du marché. Réceptions successives partielles; attachements et métrés. Renvoi.
1046. — Délai de garantie : article 49.
1047. — Distinction entre les gros et les menus ouvrages; sa raison d'être.
1048. — Point de départ du délai.
1049. — Obligations de l'entrepreneur pendant le délai.
1050. — Cahier de 1887; marché sur devis; adoption du système de réception du cahier des ponts et chaussées.
1051. — Forme des réceptions.
1052. — Cas où des défectuosités sont constatées; sursis à la réception; procédure spéciale.

1053. — Durée du délai.
1054. — Travaux départementaux et communaux. Règles posées par les cahiers de chaque entreprise. Effets de la prise de possession.
1055. — Qui procède à la réception? Pouvoirs du préfet, du maire, de l'architecte directeur des travaux; délégation à des fonctionnaires ou à des hommes de l'art.
1056. — Après la réception définitive, la responsabilité décennale subsiste seule.
1057. — Effets de la réception définitive en ce qui concerne l'Administration.

1024. — Lorsque les travaux sont terminés, l'Administration, avant d'en faire l'acceptation définitive qui la liera et l'obligera à payer le solde du prix, a besoin de se rendre un compte exact de la façon dont l'entrepreneur a tenu ses engagements, et d'examiner si l'exécution est conforme aux règles de l'art. On comprend qu'une vérification de ce genre ne peut pas résulter d'un seul examen : certaines malfaçons n'apparaissent pas à première vue : il en est même qui sont de telle nature qu'elles ne peuvent se manifester qu'au bout d'un certain temps. Aussi l'Administration a-t-elle imaginé le système suivant : elle fait procéder à la réception provisoire des travaux par ses représentants; puis elle laisse écouler un certain espace de temps appelé délai de garantie, avant de faire la réception définitive.

1025. — Ce système existait déjà sous l'empire du cahier de 1833. D'après l'article 35, « immédiatement après l'achèvement « des travaux, il sera procédé à la réception provisoire, et la ré- « ception définitive n'aura lieu qu'après l'expiration du délai « de garantie. Pendant ce délai, l'entrepreneur demeurera respon- « sable de ses ouvrages et sera tenu de les entretenir.

« Ce délai de garantie sera de trois mois après la réception « pour les travaux d'entretien, et de six mois pour les terrasse- « ments et les chaussées d'empierrement, d'un ou de deux ans « pour les ouvrages d'art, suivant les stipulations du devis. »

1026. — Le cahier de 1866, dans ses articles 46-48, a reproduit ces dispositions, en comblant certaines lacunes qu'elles présentaient. Nous allons étudier ces textes, en suivant la marche logique des choses : réception provisoire, ses formes et ses effets; délai de garantie et situation de l'entrepreneur pendant qu'il court; enfin, réception définitive.

L'article 46 dispose : « Immédiatement après l'achèvement des « travaux, il est procédé à une réception provisoire par l'ingé- « nieur ordinaire en présence de l'entrepreneur, ou lui dûment « appelé par écrit. En cas d'absence de l'entrepreneur, il en est « fait mention au procès-verbal. »

1027. — La réception provisoire doit donc être faite aussitôt l'achèvement des travaux : l'entrepreneur y a intérêt, puisque cette réception seule fait courir le délai de garantie à l'expiration duquel il sera libéré. En principe la réception ne peut être qu'expresse et régulière. Avant la rédaction du cahier de 1866, un règlement du 28 septembre 1849 sur la comptabilité des travaux publics avait, dans son article 23, nettement indiqué comment il devait être procédé à la réception et exigeait qu'elle eût lieu suivant les formalités prescrites. Cet article a été résumé par le cahier de 1866 dans la clause ci-dessus transcrite. L'entrepreneur ne peut donc en règle générale, pour les travaux de l'Etat, invoquer des faits d'où résulteraient suivant lui une réception tacite ; cependant lorsque ces faits consistent dans la prise de possession sans réserves de l'ouvrage, et lorsque les circonstances sont très favorables à l'entrepreneur, la jurisprudence admet quelquefois la réception tacite. (C. d'Etat, 14 novembre 1873, *Curière et Bofassé*, 824 ; 20 mars 1873, *Escarraguel*, 313.)

1028. — En ce qui concerne les travaux des départements et des communes, le règlement du 28 septembre 1849 n'est pas applicable ; et, à moins de clause expresse ou de référence nettement indiquée au cahier des ponts et chaussées, c'est la règle inverse qu'il faut suivre. Ainsi le Conseil d'Etat décide formellement que si une ville s'est mise en possession sans réserves des travaux exécutés, cette mise en possession équivaut à la réception provisoire et fait courir le délai de garantie. (C. d'Etat, 30 novembre 1883, *Dalifol*, 883.)

L'entrepreneur prudent doit même, en ce qui concerne les travaux départementaux et communaux, prendre ses précautions, car la question de savoir quel est le caractère de la prise de possession est résolue en fait d'après les circonstances ; les juges ont plein pouvoir d'appréciation.

1029. — Lors donc que l'Administration tarde à faire procéder à la réception, qu'elle s'y refuse, ou qu'elle prend possession avant d'avoir légalement procédé à la réception, l'entrepreneur doit la mettre en demeure ; et si cette mise en demeure reste sans effet, saisir les tribunaux administratifs. Ceux-ci, après avoir reconnu que les travaux sont en état de réception, peuvent déclarer qu'ils sont reçus, et que le délai de garantie commence à courir ; ils peuvent même déclarer que les travaux doivent être considérés comme reçus au jour de la mise en demeure adressée par l'entrepreneur et que le délai de garantie a commencé à courir à cette date. (C. d'Etat, 3 février 1859, *Batisse*, 107 ; 27 juin 1871, *Langlade*, 61 ; 24 avril 1874, *Bernasse*, 383 ; 16 juin 1875, *Bay*, 697 ; 7 janvier 1876, *Hospices de Bordeaux*, 25 ; 30 avril 1880, *Vernand*, 424.)

1030. — Par qui doit être faite la réception ? L'ancien cahier ne le disait pas, et, sous son empire, le droit de la faire appartenait, en vertu du décret du 7 fructidor an XII, aux ingénieurs chargés de la direction des travaux. Aux termes de l'article 14, les ingénieurs ordinaires sont chargés, sous les ordres de l'ingénieur en chef, de suivre et de faire exécuter les travaux des ponts et chaussées. Ils font, à ce titre, toutes les vérifications et toisés qui doivent précéder la réception des travaux et la réception elle-même.

La disposition du cahier de 1866 est un peu différente : au lieu que la réception soit faite par le directeur des travaux, elle le sera toujours par l'ingénieur ordinaire dans la circonscription duquel l'entreprise a été exécutée.

1031. — Quant aux formes à suivre pour la réception, elles sont indiquées à la fois par le cahier de 1866 et le règlement du 28 septembre 1849 sur la comptabilité des travaux publics.

L'article 46 du cahier exige que la réception soit contradictoire : l'entrepreneur doit être convoqué, et son absence, s'il y a lieu, mentionnée au procès-verbal. Le cahier de 1833 contenait déjà cette prescription équitable. Si l'entrepreneur n'avait pas été convoqué, il serait en droit de contester les énonciations du procès-verbal si elles lui faisaient grief. Il est d'ailleurs de l'intérêt même de l'Administration qu'il soit présent : elle paraît l'avoir compris, car la jurisprudence n'offre pas d'espèce où on ait omis de convoquer l'entrepreneur.

D'après le règlement de 1849, un procès-verbal est dressé en triple expédition : l'une des expéditions est envoyée à l'ingénieur en chef, une autre remise à l'entrepreneur, et la troisième conservée dans le bureau de l'ingénieur ordinaire.

Le procès-verbal a pour but de constater l'état des travaux et de faire savoir si leur exécution est suffisante pour que la réception définitive intervienne ultérieurement.

« La réception est l'acte par lequel l'agent chargé de diriger « les travaux les visite, les reconnaît, les contrôle, et constate, par « un procès-verbal, qu'ils sont exécutés conformément aux règles « de l'art, du devis, et que l'entrepreneur a rempli ses obliga- « tions. » (Voy. M. Delvincourt, Liv. des entrepren., p. 273.)

1032. — Par conséquent, si l'ingénieur constate des malfaçons, il doit les faire ressortir, et prescrire, au besoin, un complément d'ouvrages. Il déclare que les travaux ne sont pas, pour le moment, en état de réception provisoire. En présence de cette déclaration, le délai de garantie ne court pas. (C. d'Etat, 26 février 1840, *Servy*, 63 ; 9 juin 1849, *Mourguès*, 319 ; 23 décembre 1852, *Bitard-Evrat*, 661 ; 3 février 1859, *Bâtisse*, 106 ; 30 juillet 1875, *Ville de la Châtre*, 754.)

Il est bien entendu que l'entrepreneur aura le droit de contester par tous les moyens ordinaires l'exactitude des énonciations du procès-verbal, et d'obtenir, s'il y a lieu, une expertise à l'effet de trancher le différend.

C'est au Conseil de préfecture qu'il appartiendra de fixer, en cas de discussion, la date de la réception définitive. (C. d'Etat, 23 février 1883, *Joncourt*, 218.)

Lorsque les travaux sont reconnus utilisables sous la seule condition que certaines réparations soient effectuées, et qu'au lieu de les faire exécuter par l'entrepreneur primitif on se contente de mettre à sa charge une indemnité suffisante pour couvrir les frais, à quelle date se place la réception définitive ? Le Conseil d'Etat, appelé à statuer sur une espèce de ce genre, a répondu que la réception définitive devrait être considérée comme faite à l'époque où l'Administration pour laquelle le travail était exécuté aurait pu normalement terminer les opérations. (C. d'Etat, 11 mai 1883, *Escarraguel*, 455.) En effet l'entrepreneur ne saurait subir les conséquences du retard apporté par l'Administration elle-même, non par lui, à la mise en état des travaux. Si elle l'avait exigé, il aurait accompli les travaux nécessaires : au lieu de cela, elle a préféré recevoir une indemnité, et se charger elle-même des réparations : elle doit les faire aussi rapidement que l'entrepreneur lui-même.

1033. — L'effet principal de la réception provisoire est de faire courir le délai de garantie. D'après l'article 47, « il est procédé « de la même manière à la réception définitive après l'expiration « du délai de garantie.

« A défaut de stipulation expresse dans le devis, ce délai est de « six mois à dater de la réception provisoire, pour les travaux « d'entretien, les terrassements et les chaussées d'empierrement, « et d'un an pour les ouvrages d'art. »

Ainsi que nous l'avons déjà dit, le délai de garantie a pour but de donner aux malfaçons le temps d'apparaître.

En matière civile, lorsque les travaux sont terminés, l'entrepreneur a le droit de contraindre le propriétaire à en prendre livraison. Il suffit que les ouvrages soient en état de réception, c'est-à-dire, conformes aux conditions du marché, pour qu'aussitôt après leur achèvement il puisse en obtenir le payement. Il en est autrement en matière de travaux publics. Les cahiers des charges stipulent, par dérogation au droit commun, que pendant un certain laps de temps, qui court à partir de la réception provisoire des ouvrages, l'entrepreneur sera tenu de les entretenir, et ne pourra obtenir le solde qui lui est dû qu'après la réception définitive. C'est un temps d'épreuve assez long pour permettre à l'Administration de voir si les ouvrages réunissent les conditions de solidité requises pour être définitivement livrés à l'usage du public. On a appelé ce temps d'épreuve : délai de garantie.

Le délai est plus ou moins long suivant la nature des travaux. D'après l'article 35 du cahier de 1833 le délai était de trois mois pour les travaux d'entretien, de six mois pour les terrassements et chaussées, d'un ou deux ans pour les ouvrages d'art suivant les stipulations du devis. D'après l'article 47 du cahier de 1866, « à défaut de stipulation expresse dans le devis, le délai est de « six mois, à dater de la réception provisoire, pour les travaux « d'entretien, les terrassements et les chaussées d'empierrement, « et d'un an pour les ouvrages d'art. »

1034. — Le point de départ du délai de garantie est la date du procès-verbal de réception provisoire. Dans certains cas exceptionnels on a essayé de donner à ce procès-verbal un effet rétroactif, et d'en faire remonter le délai de garantie au jour de la cessation des travaux. Mais la jurisprudence s'est toujours montrée contraire, sauf dans les cas que nous signalerons plus loin.

Voici notamment une espèce qui a été soumise au Conseil d'Etat : un ordre de service avait ordonné, au 24 novembre 1870, la suspension des travaux. Aucune réception provisoire n'avait été faite. Au mois de novembre 1871, l'entreprise prit fin. L'entrepreneur soutint que le délai de garantie avait commencé à courir au mois de novembre 1870, date de la suspension, les travaux déjà exécutés à cette époque devant être considérés comme reçus provisoirement. Le Conseil d'Etat a refusé d'admettre cette prétention par les motifs suivants : « Considérant..... que la suspension prononcée par l'ordre de service du 24 novembre 1870 « ne s'appliquait qu'aux travaux de l'année 1870 ; que l'entreprise « n'a pris fin que le 8 novembre 1871, date à laquelle la résiliation en a été prononcée ; que les effets de la réception provisoire ne sauraient, en aucun cas, remonter à une époque « antérieure, et qu'ainsi c'est seulement à partir du 8 novembre « 1871 qu'a pu courir le délai de garantie ; que les entrepreneurs « n'allèguent pas qu'à l'expiration de ce délai l'Administration « ait refusé de prononcer la réception définitive... » (C. d'Etat, 19 juin 1874, *Caillat et Tissier*, 596.)

1035. — Examinons maintenant la situation de l'entrepreneur pendant le délai de garantie. Il ne peut, bien entendu, exiger le paiement du solde de l'entreprise, ni la restitution de son cautionnement : l'article 48 dit formellement que ce paiement n'intervient qu'après la réception définitive. De plus, en vertu de l'article 47, « pendant la durée de ce délai, il demeure responsable de ses ouvrages, et est tenu de les entretenir. »

Mais l'obligation d'entretien des travaux n'est pas illimitée. On peut poser comme règle générale que l'entrepreneur est seulement responsable des dégradations qui proviennent de sa faute ou de son fait, malfaçons, mauvais matériaux, négligence, etc...

Ainsi, il a été jugé qu'il n'y a pas lieu d'accorder à un entrepreneur des indemnités pour les déblais qu'il a été obligé de faire par suite d'éboulements survenus aux travaux d'une route avant l'expiration du délai de garantie, et pendant qu'il était encore responsable de ses ouvrages. (C. d'Etat, 28 août 1837, *Clauzel*, 436.)

En sens contraire, il a été décidé avec raison qu'il ne répondait pas des dégradations provenant des vices du plan. (C. d'Etat, 5 février 1857, *Gruel ;* 8 mai 1874. *Fabrique de Romans*, 425 ; 12 mars 1875, *Adam*, 250 ; 21 décembre 1877, *Chambrouty*, 1041.)

Même solution pour la mauvaise qualité des pierres dont l'emploi était prescrit par le devis.

De même encore l'entrepreneur cesse d'être tenu de pourvoir aux dépenses d'entretien, lorsque ces dépenses sont nécessitées par des circonstances particulières dont la responsabilité ne peut lui être imputée. Ce qu'il doit, c'est la réparation des défectuosités ou des détériorations, qui ont pour cause l'inexécution ou la mauvaise exécution des conditions du marché. Mais si, ces conditions ayant été observées, une circonstance fortuite, étrangère à l'entrepreneur, exerce sur les ouvrages une action destructive en dehors des prévisions de l'Administration elle-même, les dépenses qui en résultent restent à la charge de celle-ci.

Le sieur Force s'était rendu adjudicataire des ouvrages et fournitures à faire pour l'établissement du chemin vicinal de Saint-Jean à Saint-Pierre-sur-Erve. La réception provisoire eut lieu le 2 avril 1845. Le procès-verbal constatait que l'entrepreneur avait rempli toutes ses obligations. Mais le chemin, immédiatement après la réception, ayant été livré au public, une circulation énorme et tout à fait en désaccord avec les prévisions des devis s'établit. Comme l'épaisseur de l'empierrement avait été calculée sur des données de beaucoup inférieures à la circulation réelle, des dégradations considérables eurent lieu, et le sieur Force, sur l'ordre du maire, dut verser sur la chaussée 510 mètres cubes de pierre broyée. Quand il s'agit de régler le décompte, la commune se refusa à payer ces fournitures, sous le prétexte que l'entrepreneur était tenu de pourvoir à l'entretien des ouvrages pendant le délai de garantie. Mais le Conseil d'Etat repoussa cette prétention, à raison des circonstances que nous venons de signaler, et en appliquant ce principe, que l'entretien n'est dû qu'à raison des détériorations qui ont pour cause la négligence et l'inhabileté de l'entrepreneur. (C. d'Etat, 28 juillet 1849, Com. de Saint-Jean-sur-Erve, 422.)

Antérieurement, et par des considérations analogues, le Conseil d'Etat avait jugé que, lorsque aucune clause du cahier des charges ne met à la charge de l'entrepreneur les dépenses nécessaires pour protéger les ouvrages terminés contre les accidents et dégradations indépendants de la bonne confection des travaux, il ne doit pas supporter ces dépenses; qu'ainsi un entrepreneur de maçonnerie n'est pas, en dehors de toute convention spéciale, tenu de faire les frais des travaux de défense usités dans les grands monuments publics et destinés à protéger les arêtes vives des constructions et les membres d'architecture délicats et fragiles, des détériorations que peuvent occasionner les ouvriers en menuiserie, en serrurerie, étrangers à son entreprise. (C. d'Etat, 3 mai 1839, Saigne, 265. Voy. enc. 26 juillet 1851, Bitard-Evrat, 538.).

1036. — A l'expiration du délai de garantie intervient la réception définitive. D'après l'article 47, il y est procédé de la même manière que pour la réception provisoire.

L'expiration du délai n'entraîne pas nécessairement réception définitive, ce n'est pas là un résultat, une conséquence de plein droit. (C. d'Etat, 20 mars 1873, Escarraguel, 313; 14 janvier 1881, Commune d'Espaignes, 71.)

1037. — L'Administration refuse quelquefois, à l'expiration du délai, de procéder à la réception définitive.

Mais le refus de l'Administration peut provenir de causes légitimes. Ainsi, lorsque le procès-verbal de réception provi-

soire met à la charge de l'entrepreneur les réparations ou les
réfections nécessaires au complet accomplissement des obligations de l'entrepreneur, l'Administration ne peut être contrainte
de procéder à la réception définitive, tant que les conditions stipulées par les procès-verbaux de réception provisoire n'ont pas
été remplies. Le délai de garantie se trouve alors prorogé par le
fait même de l'entrepreneur, dont les réclamations seraient à
bon droit écartées. (C. d'Etat. 8 juin 1850, *Mombrun*, 566 ; 23 déc.
1852, *Bitard-Evrat*, 660 ; 8 fév. 1855, *Lescure*, 127.)

1038. — Pour vaincre la résistance de l'entrepreneur, toutes
les mesures de coercition qui ont été stipulées par le marché
peuvent être employées. La réception provisoire des ouvrages ne
met pas obstacle à ce que la régie, ou au besoin la résiliation du
marché soient prononcées, sous la réserve, bien entendu, des
droits de l'entrepreneur, et sauf à mettre à la charge de qui de
droit les conséquences des mesures adoptées suivant les principes que nous avons indiqués.

1039. — L'expiration du délai fixé pour la garantie des ouvrages met l'Administration en demeure de procéder à leur réception définitive ; si, intentionnellement ou par négligence, elle
refuse de le faire, l'entrepreneur devra lui adresser une sommation qui servira ultérieurement à déterminer le point de départ
des intérêts du solde, pour le cas où sa résistance serait reconnue
mal fondée. (C. d'Etat, 8 déc. 1853. *Rouvière-Cabane*, 1036 ; 3 février 1859, *Batisse*, 106 ; 24 avril 1874, *Bernasse*, 383 ; 16 juin
1875, *Bay*, 697.)

Il résulte même de l'arrêt du 16 juin 1875 que l'entrepreneur
pourrait, en cas de refus non motivé de la part de l'Administration, demander aux tribunaux de décider que la réception provisoire tiendra lieu de réception définitive. Il fallait qu'il en fût
ainsi : sans quoi l'Administration aurait pu, après avoir reçu les
travaux provisoirement et en avoir pris possession, ajourner
indéfiniment le paiement du solde et la restitution du cautionnement.

Il faut même aller plus loin. Plusieurs arrêts ont décidé que si
l'entrepreneur, en présence du refus de l'Administration à faire
procéder à la réception provisoire, a formé une demande à ce sujet
devant la juridiction contentieuse, il n'aura pas besoin de former
une seconde demande de réception définitive, celle-ci sera faite de
plein droit à l'expiration du délai de garantie. (C. d'Etat, 13 mars
1874, *Monjalon*, 265 ; 14 novembre 1873, *Curière et Bonafé*, 824 ;
8 mars 1878, *Bernasse*, 286.)

1040. — Il arrive fréquemment, surtout pour les travaux communaux, que l'Administration ne fait pas procéder à une réception définitive régulière, mais prend simplement possession de
l'ouvrage et y installe les services auxquels ils sont destinés. Si
cette prise de possession est accompagnée de réserves suffisantes,
signifiées à l'entrepreneur, on n'en peut rien induire contre l'Administration qui conserve tous ses droits. (C. d'Etat, 5 décembre

1873, *Martin*, 916 ; 12 décembre 1873, *Min. des trav. publics*, 943.)
Mais si la prise de possession a lieu sans réserves, on peut dire
que les formalités de la réception étant prescrites dans l'intérêt de
l'Administration, elle a le droit d'y renoncer expressément ou
tacitement. (C. d'Etat, 30 novembre 1883, *Dalifol*, 883.) C'est là
une question de fait que la juridiction contentieuse décidera d'a-
près les circonstances.

1041. — La réception définitive libère l'entrepreneur des charges relatives à l'entretien. De plus, elle l'affranchit de la responsabilité quant aux réfections, changements et réparations d'ouvrages défectueux, ou contraires au devis, ou irréguliers et
incomplets. Lorsque les travaux ont été reçus définitivement,
l'Administration se plaindrait vainement qu'ils sont mal conçus,
qu'ils présentent des dispositions mauvaises et contraires aux
indications des devis ou aux ordres des ingénieurs. Tous les
vices apparents, tous ceux qui pouvaient aisément être l'objet de
rectifications au moment de la réception, se trouvent ainsi
purgés par le fait de la réception. Le Conseil d'Etat a jugé
qu'après la réception définitive, une ville est sans droit pour
demander l'établissement de rejets d'eau adaptés aux châssis des
croisées (C. d'Etat, 29 juillet 1846, *ville de Gien*, 415) ; — que, de
même, l'Administration n'est plus recevable à prétendre que l'entrepreneur était obligé à porter à huit mètres, conformément aux
conditions du cahier des charges, la largeur d'un chemin définitivement reçu avec une largeur inférieure. (C. d'Etat, 23 juillet
1846, *Châtelet*, 414.) — Enfin, lorsque la réception définitive a eu
lieu, l'Administration n'est plus fondée à contester, en alléguant
des erreurs de métrage, la quantité des travaux reçus et payés, et à
demander, en conséquence, par voie de remboursement, une portion du prix qu'elle a payé. « Considérant que la réception des tra-
« vaux a eu lieu le 19 juillet 1848, et que le prix en a été soldé ; que,
« dans ces circonstances, la ville d'Orange n'est plus recevable à
« contester la quantité des travaux reçus et payés et à demander la
« restitution des sommes qu'elle aurait payées en trop par suite
« de ces erreurs ; qu'ainsi c'est à tort que le Conseil de préfecture
« a décidé que le sieur Léaune serait tenu de restituer à la ville
« d'Orange 2.584 fr. 02. ».(C. d'Etat, 12 juillet 1855, *Léaune*, 518 ;
26 nov. 1857, *Pinel*, 748 ; 14 avril 1864, *Boret*, 355 ; 4 mai 1870,
Massin, 555 ; 31 mars 1874, *Commune de Passais*, 325 ; 16 janvier
1880, *Neau*, 109.)

1042. — Il n'est pas besoin de dire que la réception faite sous
toutes réserves ne dispense pas l'entrepreneur de remplacer ou
de réparer tout ce qui est reconnu défectueux ou contraire aux
stipulations du marché. (C. d'Etat, 12 mai 1859, *Dép. des Ardennes*, 349.)

Mais il faut que ces réserves aient été portées à la connaissance
de l'entrepreneur : des réserves faites au moyen d'un renvoi
ajouté au procès-verbal en dehors de la présence de l'entrepreneur qui n'a ni signé ni approuvé ce renvoi doivent être consi-

dérées comme inexistantes. (C. d'Etat, 11 janvier 1884, *Commune d'Ouroux*, 45.) D'ailleurs, au point de vue de l'entrepreneur, ces réserves équivalent à un refus de réception, et lui donnent le droit de saisir la juridiction administrative pour faire décider que les ouvrages sont en bon état, et que le délai de garantie est expiré. La question de savoir si les travaux sont en état de réception définitive, et à quelle date ils se trouvaient dans cet état, est alors tranchée, en fait, soit après expertise, soit *de plano*. (C. d'Etat, 14 janvier 1881, *Commune. d'Épaignes*, 71.)

1043. — Elle ne couvre pas davantage les vices de construction qui proviennent des fraudes commises par l'entrepreneur au moment de la confection des ouvrages, et qui ont pour résultat d'en altérer la solidité. Le délai de garantie n'est, comme nous l'avons déjà dit, qu'un temps d'épreuve stipulé dans l'intérêt unique de l'Administration, et qui lui permet de ne se dessaisir du solde dû à l'entrepreneur qu'à un moment où il est probable qu'aucune action en responsabilité ne devra être ultérieurement intentée. On sait que les défectuosités apparaissent presque toujours dans les premiers temps qui suivent l'achèvement des travaux. Le délai de garantie a été calculé de manière à leur donner, dans la plupart des circonstances, le temps de se manifester. Mais la stipulation de ce délai n'a pas eu pour objet, en ce qui concerne les vices latents, de déroger aux prescriptions du droit commun et de porter atteinte au droit qui résulte, pour tout propriétaire qui construit, des articles 1792 et 2279 du C. civ. Pendant dix ans, l'entrepreneur reste donc soumis à l'obligation de réparer les vices de construction et les malfaçons qui sont de nature à entraîner la ruine totale ou partielle de l'édifice.

Dans la pratique, la distinction que nous admettons sera sans doute d'une application quelquefois difficile; mais elle repose sur des données exactes au point de vue théorique. Nous reviendrons sur cette question quand nous nous occuperons de la responsabilité décennale des architectes et des entrepreneurs. (C. d'Etat, 2 août 1851, *Desfosseux*, 576; 12 juillet 1855, *Léaune*. 548.)

1044. — La réception définitive donne à l'entrepreneur le droit de réclamer : 1° le solde de ce qui lui est dû ; 2° la restitution du dixième de garantie (art. 48) ; 3° la restitution de son cautionnement.

Enfin, d'après l'article 49, « si l'entrepreneur ne peut être en-« tièrement soldé dans les trois mois qui suivent la réception « définitive régulièrement constatée, il a droit, à partir de l'expi-« ration de ce délai de trois mois, à des intérêts calculés d'après « le taux légal pour la somme qui lui reste due ». Nous verrons, en traitant du paiement, les questions qui peuvent se soulever à cet égard.

1045. — *Travaux du Ministère de la guerre. Cahier de 1876.* — Le système de réception provisoire et définitive organisé par le cahier des ponts et chaussées ne pouvait être appliqué aux tra-

vaux exécutés suivant le cahier du génie de 1876. Le marché
étant non sur devis, mais sur series de prix ; il n'y avait pas
un ouvrage déterminé, unique, dont on dut, après l'achèvement,
vérifier la bonne exécution et la conformité au devis, ou aux
modifications ordonnées en cours d'œuvre; il y avait une suite
d'ouvrages, ou si l'on veut des quantités de chaque nature d'ouvrage, exécutés au fur et à mesure que les ordres étaient donnés
et pendant un délai comprenant plusieurs années ou exercices. Ces
ouvrages successifs ou ces quantités de chaque nature d'ouvrage
sont, au fur et à mesure de leur exécution, l'objet d'une suite de
réceptions partielles, constatées par des pièces appelées attachements, métrés, etc. Comme ces pièces déterminent les quantités d'ouvrages exécutées par l'entrepreneur, et qu'il n'y a plus
qu'à mettre en regard de ces quantités les prix portés à la serie
pour établir le compte de ce qui est dû à l'entrepreneur, on comprend qu'il est plus logique de rejeter l'étude de cette matière
au titre suivant, dans le chapitre où nous traiterons « de l'établissement des décomptes dans les travaux du Ministère de la
guerre ».

1046. — Nous n'avons donc à nous préoccuper ici que du
délai de garantie, dont il est ainsi traité par le cahier de 1876,
article 49 : « L'entrepreneur garantit pendant dix ans, suivant les
« règles du droit commun, les gros ouvrages qu'il fait exécuter ;
« il garantit les autres pendant un an à partir du jour de l'ap-
« probation, par le Ministre, des comptes de l'exercice.

« Toutefois, les dégradations ou les avaries dues, soit à la na-
« ture du sol, soit aux vices des plans et projets, soit à la qua-
« lité défectueuse des matériaux prescrits, ne sont pas au compte
« de l'entrepreneur, à moins qu'il ne soit prouvé qu'il s'est écarté
« d'une façon préjudiciable des ordres qu'il avait reçus. »

1047. — Ainsi une distinction doit être faite : pour les gros
ouvrages il n'y a qu'à appliquer le droit commun de la responsabilité décennale, dont nous parlerons ultérieurement. Quant aux
menus ouvrages, la durée de la responsabilité est d'une année.
M. Barry explique ainsi cette réduction de délai : « Les travaux au-
« tres que les gros ouvrages ne subissent guère de dégradation pen-
« dant une année que par suite, précisément, de l'usage qui en
« a été fait et auquel ils étaient destinés. Ce ne sont que des dé-
« penses d'entretien qu'il y a lieu de leur consacrer. » (Cahier
du génie, art. 49, n° 2.) Il en résulte que, dans le courant de la
première année, l'entrepreneur est tenu à faire les réparations
d'entretien. Cette responsabilité se cumule d'ailleurs avec celle
de dix ans. (Cass., 19 mai 1851, D. P., 51, 1, 138 ; C. d'Etat, 21 juillet 1853, *Bouillaut* 751 ; 12 juillet 1855, *Leaune*, 518.) Nous
aurons à revenir sur ce point.

1048. — Il n'y a pas ici de réception provisoire faisant courir le délai de garantie : par conséquent l'année ou les dix ans
ne commencement qu'à dater du jour de l'approbation par le
Ministre des comptes de l'exercice, ainsi que le dit formellement

l'article 49. L'expiration de l'année tient lieu de réception définitive.

1049. — En vertu du dernier alinéa de l'article, l'obligation de garantie n'existe à la charge de l'entrepreneur que dans la limite des fautes qu'il a commises : ne sont à sa charge que les avaries survenues par suite de désobéissance préjudiciable aux ordres reçus. Mais il ne répond pas des vices du plan (C. d'Etat, 30 octobre 1834, *Desgranchamps*, 696; 5 février 1857, *Gruel*, 99; 29 novembre 1870, *Finot*, 1090); des vices du sol, ni de la mauvaise qualité des matériaux *dont l'emploi était prescrit.* C'est l'application du droit commun.

1050. — *Cahier de 1887.* — Le cahier de 1887 a abandonné le système du cahier de 1876 pour revenir à celui des travaux des ponts et chaussées : il prescrit une réception provisoire et une réception définitive.

Art. 53. « Immédiatement après l'achèvement des travaux, il « est procédé à une réception provisoire par le chef de l'exécu- « tion, en présence de l'entrepreneur ou lui dûment appelé par « écrit. Cette réception donne lieu à l'établissement d'un procès- « verbal constatant l'opération; si l'entrepreneur fait défaut, cette « circonstance est mentionnée au procès-verbal, et il ne peut en « aucun cas se prévaloir de son absence. »

« Art. 54. Il est procédé de la même manière à la réception dé- « finitive après l'expiration du délai de garantie stipulé s'il y a « lieu au cahier des charges spéciales. Pendant la durée de ce « délai l'entrepreneur demeure responsable de ses ouvrages.

« Dans le cas où aucun délai de garantie n'a été prévu au « cahier des charges spéciales, la réception mentionnée à l'article « 53 est définitive. La réception définitive ne modifie en rien les « responsabilités imposées à l'entrepreneur par l'article 1792 du « Code civil. »

Ainsi, le principe général est, comme pour les travaux des ponts et chaussées, qu'il faut une double réception ; cependant, il peut résulter du cahier spécial qu'il suffira d'une seule : c'est ce qui arrive lorsque ce cahier ne mentionne aucun délai de garantie; la réception définitive résulte alors de la réception provisoire.

1051. — Quant aux formes de la réception, ce sont les mêmes que pour les travaux ordinaires; elle doit aussi être contradictoire, ou du moins l'entrepreneur doit être appelé *par écrit.* C'est là une formalité substantielle dont l'inobservation entraînerait la nullité du procès-verbal de réception. Le cahier ajoute que l'entrepreneur dûment appelé ne pourra en aucun cas se prévaloir de son absence; nous pensons que cela signifie seulement qu'il ne peut arguer de son absence pour critiquer la forme de la réception, la manière dont il a été procédé aux opérations, les mesures de vérifications qui ont été employées; mais qu'il reste recevable à critiquer au fond les résultats de l'examen ; que par exemple, si le procès-verbal mentionne des malfaçons, des ouvrages à réparer ou à refaire, il pourra néanmoins faire porter sur ce point ses réclamations.

Les opérations de réception sont faites par le chef de chantier en présence et sous la surveillance du chef de service qui rédige et signe avec l'entrepreneur le procès-verbal.

1052. — Si les mesures de vérification amènent la découverte de défectuosités et de malfaçons, le chef de service doit immédiatement surseoir à la réception ; il constate ces défectuosités dans un procès-verbal qu'il accompagne d'un rapport détaillé, et qui est envoyé de suite au Ministre avec les pièces à l'appui. (V. art. 25 du règlement du 1er décembre 1887.) Après examen du rapport du chef de service, et du mémoire que l'entrepreneur peut lui remettre, le Ministre décide quels travaux devront être exécutés avant que la réception ne soit prononcée. La décision du Ministre peut donner lieu à un recours contentieux devant la juridiction administrative.

1053. — Enfin, ce cahier ne fixe pas *a priori*, comme celui de 1866, un délai de garantie par nature d'ouvrages. Le délai doit être fixé pour chaque entreprise par le cahier particulier : et si ce cahier ne le détermine pas, il n'y a ni réception définitive, ni délai de garantie : on retombe simplement sous l'application de l'article 1792 du Code civil.

1054. — *Travaux départementaux et communaux.* — Ces travaux n'étant pas de plein droit soumis au cahier des ponts et chaussées, les règles que nous avons exposées plus haut ne s'appliqueront pas à leur réception, à moins d'une référence formelle à ce cahier. Si elle n'existe pas, c'est au cahier spécial de l'entreprise à déterminer les règles qui doivent être suivies. Mais, trop souvent, ce cahier ne contient aucune prescription à ce sujet, et la réception définitive ne résulte, en fait, que de la prise en possession par l'Administration communale. Cette solution est maintenue par la jurisprudence, lors même que les formes prescrites par le cahier spécial n'ont pas été observées, si, par exemple, le procès-verbal exigé n'a pas été dressé. (C. d'Etat, 1er juin 1883, *Commune de Ménac*, 516.)

1055. — En principe, il est procédé à la réception par le Préfet pour les travaux départementaux, par le maire pour les travaux communaux.

Les architectes chargés de la direction des travaux communaux procèdent aussi le plus souvent à leur réception. Mais est-il essentiel de faire observer que l'opération n'est régulière qu'autant que le cahier des charges leur donne à cet égard une mission formelle. « En principe, le droit de faire des ré- « ceptions d'ouvrages ne résulte pas nécessairement de la fonc- « tion de directeurs des travaux ; à moins de convention particu- « lière, c'est le maître qui doit y procéder, c'est-à-dire celui qui « administre et paye. En matière de travaux publics, plusieurs « décrets et ordonnances réglementaires ont conféré le droit dont

« il s'agit aux ingénieurs des ponts et chaussées. Mais c'est là
« une dérogation au principe qui n'est pas susceptible d'être
« étendue d'un cas à un autre par voie d'analogie. » (Observat.
du Minist. de l'intér. M. Lebon, 1846, p. 385.)

Ces observations du Ministre de l'intérieur étaient présentées
en 1846 à l'occasion d'un pourvoi formé par le sieur Sauvage,
entrepreneur de travaux hydrauliques exécutés pour la ville de
Brives. L'ingénieur des ponts et chaussées, chargé par la
ville de la surveillance des travaux, avait délivré à l'adjudicataire des attestations que celui-ci voulait faire considérer comme
ayant le caractère de véritables procès-verbaux de réception. Il
se refusait, en conséquence, à exécuter des travaux reconnus nécessaires à l'achèvement complet des travaux. Devant le Conseil d'Etat, la ville soutint en droit qu'on ne pouvait les lui
opposer, l'ingénieur n'ayant pas eu qualité pour les délivrer.
Cette prétention fut appuyée, comme on l'a vu, par le Ministre;
mais le Conseil d'Etat ne jugea pas la question et se borna à
décider que, dans l'espèce, les certificats n'équivalaient pas à des
procès-verbaux de réception. (C. d'Etat, 9 juillet 1846, *Ville de Brives*, 384.) On ne peut donc tirer de cet arrêt aucune induction
favorable à la thèse de droit soutenue dans l'intérêt de la ville ;
mais les raisons invoquées par le Ministre nous semblent fondées,
et nous sommes disposés à nous rallier à ses conclusions. (Consult. 25 sept. 1830, *Dardel*, 438.)

Mais les prescriptions du cahier de charges à cet égard ne
présentent pas un caractère absolument obligatoire. Ainsi, il a été
jugé qu'en présence d'un cahier de charges, d'après lequel la
réception provisoire devait être prononcée par l'architecte municipal, on devait néanmoins considérer comme régulière la réception de travaux par une commission nommée par le préfet
sur la demande du Conseil municipal qui, en présence du maire,
de l'entrepreneur et de l'*architecte de la ville*, a opéré ladite réception. (C. d'Etat, 10 juillet 1885, *Escande*, 674.)

Dans le cas où, par suite d'une référence, les travaux sont
régis par le cahier des ponts et chaussées, c'est l'ingénieur-
directeur des travaux qui a seul qualité pour opérer la réception : il n'a même pas besoin de recourir à l'intervention de la
municipalité. (C. d'Etat, 27 février 1885, *Ville de Tarascon*, 255.)

Il faut même aller plus loin. Non seulement le cahier des charges peut donner à l'architecte ou au directeur des travaux le
pouvoir de procéder à la réception, mais cette délégation peut
être donnée par une délibération dûment approuvée, soit à l'architecte qui dirige les travaux, soit à tout autre architecte ou
homme de l'art qu'il plaît au Conseil général ou au Conseil municipal de choisir. (C. d'Etat, 2 février 1877, *Bertin*, 125.)

1056. — Dans le cas où une réception définitive est intervenue,
la responsabilité décennale de l'article 1792 subsiste seule. Les
tribunaux ont alors à rechercher si les dégradations survenues sont
de nature à tomber sous le coup de cet article. C'est ce qui résulte

très nettement d'un arrêt du Conseil d'Etat, rendu en matière de travaux communaux, qui a rejeté une action en responsabilité contre l'architecte et l'entrepreneur par le motif suivant : « Considérant que le procès-verbal de réception constate que les-« dits travaux ont été exécutés conformément aux conditions du « devis ; que si, plusieurs années après la réception, des dégra-« dations se sont produites dans les façades nord et ouest du « presbytère, il résulte de l'instruction que ces dégradations ne « sont pas de nature à entraîner contre l'architecte et l'entrepre-« neur la responsabilité édictée par les articles 1792 et 2270 du « Code civil. » (C. d'État, 28 mai 1880, *Commune de Bellegarde-Poussieux*, 484.)

1057. — Comme pour les travaux ordinaires, lorsqu'une réception définitive a été faite, la commune est tenue au paiement du solde de l'entreprise et à la restitution du cautionnement, et l'entrepreneur est déchargé de ses obligations. (C. d'État, 3 juin 1881, *Lorenzin*, 610 ; 11 novembre 1881, *Moine*, 873.)

On s'est posé à ce sujet la question de savoir si, le procès-verbal de réception étant dressé par le Préfet ou le Maire, ou par l'homme de l'art délégué régulièrement, la réception doit produire immédiatement ses effets, ou s'il faut attendre l'approbation du Conseil général ou municipal et celle du Préfet pour les travaux communaux. Le Conseil d'Etat a décidé qu'en l'absence de toute clause expresse du cahier des charges stipulant cette suspension des effets de la réception, celle-ci devait produire ses effets du jour où le procès-verbal est dressé. Dès ce jour, les obligations de l'entrepreneur cessent, le département ou la commune doivent le solde du prix et la restitution du cautionnement; l'entrepreneur peut les poursuivre pour faire courir les intérêts. (C. d'État, 7 août 1883, *Commune de Guignes*, 775.)

TITRE VIII

DES DÉCOMPTES PARTIELS ET GÉNÉRAUX

CHAPITRE PREMIER

De la communication des décomptes et de ses effets.

1058. — Opérations diverses qui précèdent et accompagnent le règlement du compte final de l'entreprise.
1059. — Article 32 du cahier des ponts et chaussées de 1833.
1060. — Article 41 du cahier de 1866.
1061. — Pièces diverses soumises à l'acceptation de l'entrepreneur, soit en cours d'entreprise, soit en fin de compte.
1062. — L'article 32 du cahier de 1833 ne parlait pas des décomptes partiels et généraux : conclusions de la jurisprudence à cet égard.
1063. — Heureuse innovation de l'article 41 du cahier de 1866 : décomptes provisoires et décomptes définitifs.
1064. — Décomptes mensuels.
1065. — Décomptes de fin d'année, décompte définitif, décomptes partiels provisoires et décomptes partiels définitifs.
1066. — Communication des décomptes : pièces nécessaires pour éclairer l'entrepreneur, et qui doivent accompagner le décompte.
1067. — Pièces que doit comprendre la communication.
1068. — Formes de la communication, cahier de 1833.
1069. — Formes de la communication, cahier de 1866.
1070. — Formes de droit commun applicables aux travaux départementaux et communaux ; comparaison avec celles du cahier des ponts et chaussées.
1071. — Détails : accomplissement pratique des règles prescrites par le cahier des ponts et chaussées.
1072. — A qui la communication doit-elle être faite ? Qui peut critiquer le décompte ?
1073. — Pièces communiquées en cours d'exécution et avant le décompte final.
1074. — Formes des réserves et des réclamations de l'entrepreneur.
1075. — Elles doivent être écrites.
1076. — Elles doivent être motivées.
1077. — L'entrepreneur qui a fait des réserves et des réclamations motivées lors de la présentation des décomptes partiels n'est pas obligé de les renouveler lors de la présentation du décompte définitif. Cas où il n'a fait que des réserves.
1078. — Cas où l'entrepreneur saisit dans les vingt jours le Conseil de préfecture.
1079. — Cas où, dans ce même délai, il adresse ses réclamations à l'Administration supérieure par la voie gracieuse.
1080. — Effets de l'acceptation du décompte ou de l'absence de réserves.
1081. — Étendue de la déchéance.
1082. — Exceptions ; travaux nouveaux ou supplémentaires non portés en décompte.

1083. — Prise de possession par l'Administration de matériaux approvisionnés pour des travaux autres que ceux de l'entreprise.

1084. — Faits qui se sont produits ou qui se sont révélés depuis la présentation du décompte.

1085. — Travaux qui ne figurent pas au décompte, mais qui devraient y figurer.

1086. — Erreurs matérielles.

1087. — Omissions.

1088. — Les deux dernières exceptions peuvent être invoquées par l'Administration elle-même, après l'approbation des décomptes.

1089. — Hypothèse particulière. Réclamation qui n'a pas sa base dans le décompte.

1090. — Droit de l'Administration de vérifier le décompte après son examen par l'entrepreneur : droit d'approbation de l'autorité supérieure.

1091. — Les changements faits au décompte par l'autorité supérieure donnent-ils le droit à l'entrepreneur de revenir sur son acceptation?

1092. — Conséquences de l'approbation du décompte par l'autorité supérieure.

1093. — Déchéance spéciale résultant de l'acceptation par l'entrepreneur du paiement des travaux.

1094. — C'est à celui qui invoque la déchéance résultant de l'acceptation du décompte, de l'absence de réserves dans les délais, ou de l'acceptation du solde, à faire la preuve des faits qu'il avance.

1095. — L'acceptation expresse ou tacite s'interprète restrictivement.

1096. — Critique des dispositions de l'article 41 du cahier des ponts et chaussées.

1058. — Pour faciliter la comptabilité et préparer les éléments du compte final de l'entreprise, un certain nombre d'opérations préparatoires sont nécessaires en cours d'exécution. Les pièces qui les constatent sont ordinairement communiquées à l'entrepreneur. Dans un délai déterminé, il accepte ou refuse de tenir pour exactes les évaluations qui s'y trouvent énoncées.

1059. — L'article 32 des clauses et conditions générales de 1833 avait pour objet de régler soit les formes de cette communication, soit les conséquences de l'acceptation ou du refus de l'entrepreneur. Il était ainsi conçu :

« Les métrages généraux et partiels, les états d'attachement,
« les états de dépenses, les états de situation et les procès-verbaux
« de réception devront être communiqués à l'entrepreneur et ac
« ceptés par lui.

« En cas de refus, il déduira, par écrit, ses motifs dans les dix
« jours qui suivront la présentation desdites pièces, et, dans ce
« cas seulement, il sera dressé procès-verbal de l'acte de présen
« tation et des circonstances qui l'auront accompagné. Un plus
« long délai mettrait souvent dans l'impossibilité de rechercher et
« de constater les causes d'erreur qui auraient pu donner lieu à
« quelques réclamations. En conséquence, il est expressément
« stipulé que l'entrepreneur ne sera jamais admis à élever de ré
« clamations au sujet des pièces ci-dessus indiquées après le dé
« lai de dix jours, et que, passé ce délai, lesdites pièces seront
« censées acceptées par lui, quand bien même il ne les aurait
« pas signées.

« Le procès-verbal de présentation devra être toujours joint à
« l'appui des pièces qui n'auront pas été acceptées. »

1060. — L'article 41 du cahier de 1866 est un peu différent : la juxtaposition de ces deux articles suffira pour faire ressortir leurs différences :

« Art. 41 cahier 1866 : « A la fin de chaque année, il est
« dressé un décompte de l'entreprise, que l'on divise en deux par-
« ties : la première comprend les ouvrages et portions d'ouvrages
« dont le métré a pu être arrêté définitivement, et la seconde
« les ouvrages et portions d'ouvrages dont la situation n'a pu être
« établie que d'une manière provisoire. Ce décompte, auquel sont
« joints les métrés et les pièces à l'appui, est présenté sans déplace-
« ment, à l'acceptation de l'entrepreneur : il est dressé procès-ver-
« bal de la présentation et des circontances qui l'ont accompagnée.
« L'entrepreneur, indépendamment de la communication qui
« lui est faite de ces pièces, est, en outre, autorisé à faire transcrire
« par ses commis, dans les bureaux des ingénieurs, celles dont il
« veut se procurer des expéditions.

« En ce qui concerne la première partie du décompte, l'accep-
« tation de l'entrepreneur est définitive, tant pour l'application du
« prix que pour les quantités d'ouvrages. S'il refuse d'accepter ou
« s'il ne signe qu'avec réserves, il doit déduire ses motifs, par écrit,
« dans les vingt jours qui suivent la présentation des pièces.

« Il est expressément stipulé que l'entrepreneur n'est point admis
« à élever de réclamations au sujet des pièces ci-dessus indiquées
« après le délai de vingt jours, et que, passé ce délai, le décompte
« est censé accepté par lui, quand bien même il ne l'aurait pas si-
« gné, ou ne l'aurait signé qu'avec une réserve dont les motifs ne
« seraient pas spécifiés.

« Le procès-verbal de présentation doit toujours être annexé aux
« pièces non acceptées. En ce qui concerne la deuxième partie du
« décompte, l'acceptation de l'entrepreneur n'est considérée que
« comme provisoire.

« Les stipulations des paragraphes 2, 3, 4, 5, 6 et 7 du présent
« article s'appliquent au décompte général et définitif de l'entre-
« prise.

« Elles s'appliquent aussi aux décomptes définitifs partiels qui
« peuvent être présentés à l'entrepreneur dans le courant de la
« campagne. »

1061. — Ces articles, comme on le voit, créent une déchéance
rigoureuse contre les réclamations qui se produisent après le
délai fatal de dix jours. Ils ont donné lieu à des difficultés nombreuses sur la plupart desquelles la jurisprudence est aujour-
d'hui fixée. Avant d'en commencer l'examen, il n'est pas inutile
d'indiquer succinctement l'objet des divers documents soumis à
l'acceptation de l'entrepreneur.

Les *métrages* généraux ou partiels constatent et déterminent
la quantité des travaux, en longueur, largeur et épaisseur.

Les *états d'attachement* comprennent les dépenses établies
d'après les rôles de journées, et les fournitures faites dans les
travaux en régie.

Les *procès-verbaux de réception* constatent l'état d'achèvement des travaux, ou les modifications à apporter pour que l'achèvement soit considéré comme complet.

1062. — L'art. 32 ne parlait pas des *décomptes partiels et généraux*, omission singulière, car ce sont les pièces les plus importantes au point de vue du règlement des travaux. Ce sont celles contre lesquelles l'entrepreneur a le plus d'intérêt à réclamer. Elles donnent, en effet, le résumé complet et détaillé de toutes les autres ; elles fixent non seulement les quantités exécutées, mais les prix de chaque espèce d'ouvrage, et contiennent l'application aux travaux exécutés des conditions du marché. Ce sont, le mot l'indique, les comptes de l'entreprise.

Les décomptes sont partiels quand ils embrassent seulement une campagne ou une période déterminée ; les décomptes généraux sont le résumé de tous les décomptes mensuels ou annuels.

Malgré cet oubli de l'article 32, la jurisprudence, s'inspirant de l'esprit de cet article mais en exagérant encore la rigueur, décidait que la déchéance, faute de réserve en temps utile, s'appliquait aux décomptes provisoires ou partiels présentés en cours d'exécution, et aux décomptes définitifs présentés en fin d'entreprise. (C. d'Etat, 31 mai 1831, *Roussel-Agnus*, 409 ; 23 avril 1857, *Toussaint*, 327 ; 24 juin 1858, *Saintex*, 460.)

1063. — Heureusement l'article 41 du nouveau cahier de 1866 est venu porter remède à cet état de choses. Son texte clair et précis mentionne les décomptes, et stipule expressément que tout décompte concernant des ouvrages ou partie d'ouvrages dont l'état et les prix ne sont établis que d'une manière provisoire a exclusivement le caractère provisoire, de sorte qu'étant présenté comme tel à l'entrepreneur, l'acceptation que celui-ci donne n'est que provisoire également.

Pour bien comprendre cette différence entre les décomptes, il faut se reporter à leur caractère et à leur but. En général il est dressé des décomptes mensuels, des décomptes de fin d'année, des décomptes définitifs partiels, et un décompte général et définitif.

1064. — « A la fin de chaque mois, il est dressé, dit l'article 40 du cahier de 1866, un décompte des ouvrages exécutés et des dépenses faites pour servir de base aux paiements à faire à l'entrepreneur. » C'est une mesure d'administration, depuis longtemps prescrite par l'article 29 du règlement du 28 septembre 1849 sur la comptabilité du Ministère des travaux publics. Ce décompte, que l'Administration ne dresse que pour se rendre compte de l'état d'avancement des travaux et des paiements partiels qu'elle peut par avance faire à l'entrepreneur, ne constitue pas un droit pour celui-ci, qui ne peut ni le contredire, ni par conséquent l'accepter. L'entrepreneur peut seulement, si l'Administration prétend s'appuyer sur ce décompte pour lui refuser un paiement partiel, s'adresser à elle pour en obtenir la rectification; il peut même, si le paiement d'acompte au fur et à mesure de l'avancement des travaux dans des proportions données est formellement stipulé dans son contrat, s'adresser à la juridiction contentieuse. Mais au point de vue du règlement définitif des comptes, ces décomptes mensuels, à moins de stipulation contraire, ne sont pas à considérer.

1065. — Les autres décomptes : ceux de fin d'année, ceux qui sont définitifs partiels, et enfin le décompte général et définitif ont une grande importance. Et ce sont surtout de ceux-là que s'est préoccupé l'article 41 du cahier de 1866 dans son premier paragraphe ci-dessus transcrit. Cette distinction entre les décomptes annuels ou partiels provisoires, et les décomptes annuels ou partiels définitifs, ou entre les parties provisoires et les parties définitives d'un même décompte annuel, fait connaître d'avance à l'entrepreneur tous les faits relatifs à l'exécution des travaux et toutes les appréciations de prix faites par les agents de l'Administration, sans l'engager, et sans le forcer à donner ou à refuser son acceptation; ces décomptes provisoires peuvent donner lieu à des réclamations et observations amiables et souvent à des rectifications.

Si une entente ne se produit pas avant que des décomptes provisoires ne soient à leur tour présentés comme définitifs, du moins l'entrepreneur sera prévenu et pourra préparer ses observations. L'importance de cette distinction consiste surtout en ce que, comme le déclare l'article 41, l'acceptation de l'entrepreneur est définitive en ce qui concerne la première partie des décomptes, la partie définitive; quant à la seconde, ce n'est qu'un renseignement qui lui est donné. (C. d'Etat, 18 février 1876, *Guide,* 161; 28 juillet 1882, *Gulpa,* 738; 21 décembre 1877, *Bru,* 1038.)

1066. — La communication doit comprendre toutes les pièces nécessaires pour éclairer l'entrepreneur et le mettre en mesure de formuler ses réclamations. La déchéance est subordonnée à cette condition, et elle ne serait pas encourue si la communication était assez incomplète pour ne pas permettre à la partie intéressée de se rendre compte des prétentions de l'Administration· Comment reprocher à l'entrepreneur de n'avoir pas fait de réserves, si ces prétentions ne s: sont pas clairement manifestées? On ne peut encourir une déchéance que lorsqu'il a été possible de l'éviter. (C. d'Etat, 30 juin 1842, *Beslay,* 343.)

1067. — Mais cette condition est seule nécessaire, et l'Administration n'est pas tenue de communiquer en une seule fois toutes les pièces dont elle entend se servir. Elle peut faire plusieurs communications en cours d'exercice, et le délai court, pour chacune des pièces, du jour de la présentation. Il suffit, nous le répétons, que chaque communication considérée isolément soit complète, et permette à l'entrepreneur de faire sur chacune d'elles ses réclamations. (C. d'Etat, 15 mars 1838, *Delavault,* 165.)

« Les métrages généraux et partiels, les états d'attachement, etc., etc., devront être *communiqués* à l'entrepreneur... »

1068. — Quelle est la forme de cette communication? Les ingénieurs doivent-ils lui délivrer une copie complète et exacte des pièces destinées à l'établissement du compte? Ou suffit-il que ces pièces soient mises à sa disposition dans les bureaux pour qu'il en prenne connaissance sans déplacement ?

Avant la publication du cahier de 1866, dans l'usage, on procédait par voie de notification : mais ce n'était qu'une faveur dont l'entrepreneur n'était pas en droit de réclamer le bénéfice, si l'Administration jugeait à propos de ne pas la lui accorder. Une simple lettre suffisait pour le mettre en demeure. « Considé-« rant que, mis en demeure par lettre du 8 fév. 1843, reçue le « 12 dudit mois, de prendre communication du métré général des « travaux par lui exécutés, le sieur Colonna-Lecca a laissé écou-« ler, sans prendre communication ni présenter de réclamation « contre ledit métré, le délai de dix jours déterminé par l'art. 32 « des Clauses et conditions générales ; que, dès lors, le métré dont « il s'agit était devenu définitif et devait constituer, sans que l'en-« trepreneur pût être admis à demander qu'il y fût fait de mo-« dification, l'un des éléments du décompte de son entreprise...» C. d'Etat, 7 fév. 1845, *Colonna-Lecca*, 61. Voy. aussi : 15 mars 1849, *Rouvillois*, 152.)

M. Delvincourt critiquait ces décisions. Il rappelait qu'aux termes de l'article 32, il doit être dressé procès-verbal de la présentation, que le procès-verbal de présentation devra toujours être joint à l'appui des pièces qui n'auront point été acceptées, et qu'enfin l'entrepreneur a, pour réclamer, les dix jours qui suivront la présentation desdites pièces. Or, ajoute-t-il, comment concilier ces dispositions avec le système qui permet à l'Administration de communiquer sans déplacement? «Comment dresser « et joindre un procès-verbal de présentation quand il n'y a pas « eu de présentation, et comment faire courir une déchéance « quand l'événement qui en est le point de départ n'a pas eu « lieu ? » (*Liv. des entrep.*, pp. 262 et 263.)

1069. — Ces observations étaient fort justes. Cependant, les rédacteurs du cahier de 1866 ont maintenu et loyalement consa-cré le système de la communication sans déplacement; ce système, par la manière dont il est appliqué en pratique, n'offre pas tous les inconvénients qu'on lui reproche.

1070. — Ce n'est donc que dans les travaux départementaux et communaux, dont le cahier de charges ne porte pas référence au cahier des ponts et chaussées, que le décompte est notifié à l'entrepreneur ; encore, même en ce qui concerne ces travaux, le décompte seul est-il notifié ; en ce qui concerne les pièces à l'appui, la notification contient simplement déclaration que les pièces sont à la disposition de l'entrepreneur dans un bureau dé-terminé. Dans ce cas, le délai, s'il y en a un stipulé au cahier, court du jour de cette notification du décompte. (C. d'Etat, 21 juin 1866, *Champy*, 712 ; 26 décembre 1879, *Papet*, 874.) L'Ad-ministration se met en mesure de prouver l'accomplissement des formalités; un procès-verbal de présentation ou de notification n'est pas absolument nécessaire : le Conseil d'Etat admet, comme prouvant suffisamment la communication, un acte de notification de compte à l'entrepreneur, ou une lettre chargée donnant avis à l'entrepreneur que le décompte et les pièces sont déposées à l'endroit convenu, avec un procès-verbal, ou constatation du dépôt des pièces à cet endroit convenu. (C. d'Etat, 28 novembre 1880, *Francart*, 943.)

1071.—En ce qui concerne les travaux des ponts et chaussées, ou quand les cahiers de charges des travaux départementaux et communaux se réfèrent au cahier des ponts et chaussées, on procède de la manière suivante : Notification est faite à l'entrepreneur que le décompte et les pièces sont à sa disposition (acte original et copie remise à l'entrepreneur) ; il est dressé procès-verbal de ce qui s'est passé ensuite : du refus de l'entrepreneur de prendre communication, de la communication si elle a eu lieu, de la signature de l'entrepreneur, de ses réserves ; si l'entrepreneur dûment avisé ne se présente pas dans le délai de vingt jours, procès-verbal de ce fait est dressé ; ce procès-verbal, joint à l'original de la notification ci-dessus, prouve alors l'accomplissement des formalités.

1072. — La communication doit être faite à l'entrepreneur, non à ses associés ou à sa caution. Pour être valable, la renonciation au droit de critiquer les pièces communiquées ne peut émaner que de celui avec lequel l'Administration a traité, et avec lequel doit se régler le compte. Les sous-traitants ou la caution de l'entrepreneur n'ont pas qualité pour l'engager par leur acceptation,. A plus forte raison, en serait-il ainsi de l'acceptation émané d'un simple commis agissant sans une autorisation régulière. (C. d'Etat, 30 juin 1842, *Beslay*, 343 ; 14 déc. 1843, *Richard*, 597.)

1073.—Outre les décomptes, l'article 32 avait omis de mentionner une foule d'autres documents tels que les mentions portées au carnet des conducteurs, les ordres de service, les relevés de travaux, etc., etc., auxquels ses dispositions s'appliquent incontestablement. L'énumération qu'il donne dans son § 1er est donc purement indicative : elle n'a aucun caractère limitatif, et l'on doit tenir pour certain que, quelles qu'en soient la nature et l'espèce, les documents présentés à l'acceptation de l'entrepreneur doivent être l'objet d'une protestation, s'ils contiennent une erreur préjudiciable à ses intérêts, soit dans l'évaluation des quantités exécutées, soit dans l'application inexacte des prix convenus. C'est là, sans aucun doute, une exception à la règle que les déchéances ne peuvent être étendues à des cas autres que ceux formellement prévus : et cette exception ne repose pas, dans l'espèce, sur une base juridique bien solide. Mais la jurisprudence est constante, et il n'y a point d'espoir de la voir se modifier. Que les entrepreneurs se tiennent pour avertis : lorsqu'un document quelconque a été accepté par eux expressément ou tacitement, on n'admet point leurs réclamations, sous le prétexte qu'il s'agit d'une pièce dont l'article 32 n'a pas parlé. (*Voy.* C. d'Etat, 12 mars 1846, *Cuvelier*, 147; 15 mars 1849, *Rouvillois*, 153; 31 mai 1851, *Roussel-Agnus*, 409; 26 décembre 1873, *Serratrice*, 976; 9 janvier 1874, *Letestu*, 34.)

1074. Jusqu'ici nous nous sommes occupés de l'acceptation des pièces communiquées, et de ses effets sur le règlement de décompte. Voyons maintenant dans quelles formes l'entrepreneur doit énoncer ses griefs, sur quelles pièces ses refus doivent porter, et quelles en sont les conséquences.

« Si l'entrepreneur refuse d'accepter, dit l'article 41 du cahier « des ponts et chaussées de 1866, ou s'il ne signe qu'avec réserves, « il doit déduire ses motifs, par écrit, dans les vingt jours qui sui- « vent la présentation des pièces. » L'article 32 du cahier de 1833 ne donnait que dix jours à l'entrepreneur.

1075. — Par écrit : c'est là une condition absolue, essentielle. La déchéance est encourue si l'entrepreneur se borne à faire verbalement des observations. (C. d'Etat, 10 janvier 1856, *Chanudet*, 55; 26 février 1866, *Astier*, 133; 25 avril 1873, *Roux*, 344.) On s'est demandé si l'entrepreneur devait faire ses réclamations sur papier timbré.

L'Administration a essayé d'opposer une fin de non-recevoir tirée de ce que les réclamations envoyées par la poste ou autrement n'étaient pas écrites sur papier timbré. Il est certain que cela est plus régulier, mais on ne saurait considérer comme nulle et non avenue une réclamation formulée par écrit, dans les délais, parce qu'elle serait sur papier libre. Il faut appliquer ici la règle générale d'après laquelle le défaut d'emploi du papier timbré n'a pas pour sanction la nullité de l'acte, mais une amende, une peine spéciale.

Aussi est-ce avec raison que le Conseil d'État a déclaré admissible une réclamation que l'entrepreneur avait d'abord formulée sur papier libre dans les délais voulus, et qu'il avait ensuite formulée à nouveau sur papier timbré après l'expiration de ces délais.

Les réserves écrites sont généralement consignées par l'entrepreneur sur le décompte même, après qu'il en a pris connaissance. Il peut cependant les faire parvenir par lettre ou autrement au directeur des travaux. Quant aux réclamations motivées, elles peuvent être formulées soit sur le décompte même, soit par un acte postérieur ; il n'est pas nécessaire de les faire signifier par huissier, mais en cas d'envoi par la poste ou autrement, il est prudent d'exiger un accusé de réception, afin de pouvoir établir au besoin qu'il a rempli la formalité dans le délai voulu.

Pour soutenir que des réclamations orales suffisent pour conserver les droits de l'entrepreneur on a quelquefois essayé de faire valoir que leur existence était reconnue par les ingénieurs, et on a invoqué la jurisprudence en matière d'ordres verbaux relatifs aux changements en cours d'exécution et qui acquièrent la valeur d'ordres écrits quand leur existence est constatée par l'intruction. Mais le Conseil d'État a depuis longtemps repoussé ce raisonnement. (C. d'État, 23 avril, 1857, *Toussaint*, 327.)

1076. — En second lieu, les réserves de l'entrepreneur doivent être *motivées*. — Des réserves générales et dont l'objet n'a pas été spécifié dans les dix jours ne préservent pas l'entrepreneur de la déchéance. (C. d'État, 12 mars 1846, *Cuvelier*, 146 ; 10 déc. 1846, *Ardenne*, 546 ; 10 janv. 1856, *Humbert-Droz*, 21 ; 23 avril 1857, *Toussaint*, 327.)

Ainsi, le Conseil d'État a déclaré insuffisante la déclaration d'un entrepreneur qui s'était borné à dire qu'il refusait d'accepter le décompte « vu qu'il lui était dû une somme bien plus forte que « 9.912 fr. qu'on lui retranchait, somme qu'il n'abandonnerait « jamais. »(C. d'État, 1er juin 1850, *Robert Merle*, 534 ; 22 février 1866, *Astier*, 133 ; 24 avril 1867, *Toussaint*, 327; 7 août 1874, *Legles et Moret*, 837.)

Les réclamations de l'entrepreneur doivent être motivées sur chaque point où il attaque le décompte ; les motifs donnés sur un point ne peuvent conserver le droit de réclamer sur d'autres points. (C. d'État, 28 juillet 1869, *Lassus*, 723 ; 4 août 1876, *département d'Oran*, 738.)

Mais en exigeant des réserves motivées, l'article 32 ne demande pas un exposé complet des moyens à faire valoir dans l'intérêt de l'entrepreneur. Il suffit que les réserves indiquent nettement les divers chefs de réclamation. Le but de l'article 32 a été de donner à l'Administration la possibilité de rechercher et de constater l'exactitude et la réalité des erreurs signalées. Les réserves assez explicites pour permettre cette recherche remplissent donc toutes les conditions exigées. (C. d'État, 31 mai 1851, *Simard et Hubert*, 260 ; 11 juin 1875, *Nercam*, 583 ; 29 décembre 1876, *Dupond*, 949.)

1077. — Mais que faudrait-il décider si, au moment de la présentation des décomptes partiels, les réserves avaient été régulièrement développées dans les vingt jours ? Les protestations de l'entrepreneur contre les énonciations erronées de ces pièces ont-elles besoin d'être renouvelées lors d'une présentation ultérieure si on lui communique d'autres pièces contenant les mêmes erreurs ? Ainsi un décompte partiel est présenté à l'acceptation de l'entrepreneur, qui le refuse parce que le prix de la maçonnerie a été porté à un prix inférieur au prix convenu. Plus tard, un nouveau décompte, rédigé sur les mêmes bases, lui est présenté. Faudra-t-il qu'il proteste derechef contre le prix indiqué ?

Cela n'est pas nécessaire. Quand l'entrepreneur a contesté un prix dans un décompte partiel, il est bien certain que son silence, lors de la communication d'un décompte ultérieur, ne prouve pas qu'il accepte ce prix. Ce silence s'explique facilement par la protestation antérieure. Obliger l'entrepreneur à renouveler, lors de la présentation de chacune des pièces qui doivent servir à l'établissement du compte, toutes les réclamations antérieures relatives aux divers éléments que ces pièces reproduisent, pro-

noncer la déchéance en cas d'oubli, c'est exagérer évidemment la
rigueur déjà si grande de l'article 41. Le rédacteur du cahier des
charges a eu soin d'expliquer les motifs de cette disposition. On
a voulu que l'Administration avertie pût immédiatement faire les
vérifications nécessaires pour apprécier la valeur des réclamations de l'entrepreneur. L'Administration, une fois prévenue,
peut-elle raisonnablement se plaindre d'avoir été dans le cas de
laisser échapper les moyens de vérification à sa disposition ?

Le Conseil d'État s'est prononcé plusieurs fois en ce sens.
Voici l'une de ces décisions : « Sur le moyen tiré par notre Mi-
« nistre, de ce que le sieur Marcelin ayant accepté sans réserve
« le décompte définitif de son entreprise, ses réclamations de-
« vaient être déclarées non recevables ; considérant qu'il résulte
« de l'instruction, et qu'il n'est pas contesté, qu'en acceptant le
« décompte définitif de son entreprise en date du 28 décembre
« 1854, le sieur Marcelin n'a pas renoncé aux réclamations anté-
« rieurement formées par lui le 22 août 1853 ; que dès lors c'est
« avec raison que le Conseil de préfecture a statué au fond sur
« lesdites réclamations. » (C. d'État, 28 janvier 1858 *Marcelin*,
100 ; 8 août 1865, *Boistelle* ; 755, 1ᵉʳ avril 1868, *Lefièvre*, 375 ;
4 août 1876, *département d'Oran*, 731.)

De même, le Conseil d'État a décidé que lorsque l'entrepreneur a fait des réserves sur des procès-verbaux de réception
des travaux, il ne peut être considéré comme y ayant renoncé
s'il reçoit sans réserves le solde de son décompte. (C. d'État,
5 décembre 1884, *Latécoère*, 881.)

Si l'entrepreneur n'a accepté que sous réserves, mais sans déduire les motifs dans le délai fixé par l'article 41, lors du décompte général, il formule de nouveau tous ses griefs et les dé-
veloppe alors régulièrement. Pourra-t-on lui opposer la déchéance
pour toutes les demandes qni se réfèrent aux indications contenues dans les états partiels soumis à son acceptation?

Il n'est pas douteux que la déchéance s'applique aux décomptes
partiels comme aux décomptes généraux. Mais quand des réserves ont été faites au moment de la communication, il y a
quelque rigueur à la prononcer.

Dans ce cas, en effet, l'entrepreneur a pu assez naturellement
renvoyer au moment de la présentation du décompte général, le
développement de ses réserves. Le texte de l'art. 32 portait « qu'en
cas de refus d'accepter il serait dressé procès-verbal de l'acte de
présentation et des circonstances qui l'auront accompagné. Si
l'Administration, considérant l'acceptation avec réserve, comme
un refus d'accepter, faisait dresser un procès-verbal de présentation, nous ne verrions pas de difficulté à ce que le délai de déchéance courût à partir de ce procès-verbal, lequel serait une
mise en demeure d'expliquer les réserves. Mais si la présentation
de la pièce se trouve seulement constatée par la signature que
l'entrepreneur a mise au bas de son acceptation sous réserve, la
déchéance se trouve rigoureuse, parce que le texte de l'article 32
n'avertissait pas (au moins explicitement) l'entrepreneur qu'il

était dans un cas de déchéance, et parce qu'il pouvait lui sembler sans inconvénient de renvoyer au moment de la présentation du décompte général des réserves que l'Administration ne le mettait pas en demeure d'expliquer immédiatement. » (*Voy.* M. Lebon, Observ. sur le décret du 23 avril 1857, *Toussaint*, 327 ; 7 janvier 1861, *Feuillat*, 22.)

Plusieurs auteurs, s'appuyant sur deux arrêts postérieurs du Conseil d'Etat (29 décembre 1876, *Dupond*, 949 ; 11 juin 1875, *Nercam*, 583), ont pensé que le Conseil était revenu sur sa jurisprudence. Nous ne le croyons pas. Ces arrêts étaient basés sur ce que l'entrepreneur n'avait pas exposé les motifs de ses réclamations. Dans le premier, par exemple, il s'agissait d'un entrepreneur qui, au cours des travaux, s'était borné à signaler au Préfet les difficultés exceptionnelles qu'il prétendait rencontrer dans les dragages ; il est bien certain que ces réclamations vagues n'étaient pas suffisantes ; l'entrepreneur devait demander clairement un nouveau prix pour ces dragages, et en indiquer les motifs, dire par exemple qu'ils ne rentraient pas dans ceux prévus au devis, et ne pouvaient être classés dans les divisions du bordereau ; ces réclamations, n'étant pas suffisantes, auraient dû être renouvelées plus tard et, comme dernier délai, dans les vingt jours de la présentation du décompte. Le Conseil s'est prononcé dans le sens de la jurisprudence que nous indiquions ci-dessus, dans un cas analogue. Il a décidé que l'entrepreneur qui a fait des réserves suffisantes sur les procès-verbaux de réception des travaux ne devait pas être considéré comme y ayant renoncé parce qu'il avait reçu sans réserves le solde de son décompte. (C. d'Etat, 5 décembre 1884, *Latécoëre*, 881.)

1078. — Si la réclamation formulée contre un des éléments du compte subsiste, sans qu'il soit nécessaire de la renouveler contre chacune des pièces ultérieurement communiquées et où l'erreur se représente, à plus forte raison en est-il ainsi lorsque le Conseil de préfecture a été, dans les vingt jours, saisi de la contestation. « Considérant que le sieur Bertrand avait saisi le « Conseil de préfecture de l'Yonne d'un recours contre les états « de situation provisoire de son entreprise dans les délais fixés « par l'article 32 du cahier des Clauses et conditions générales, « et que ledit Conseil n'avait pas encore statué lorsque le décom- « pte définitif a été communiqué à l'entrepreneur ; que, dans ces « circonstances, le silence gardé par le sieur Bertrand ne peut être « considéré comme l'abandon des réclamations antérieures qu'il « avait formées et qui n'avaient pas encore été jugées ; que, dès « lors, c'est à tort que le Conseil de préfecture lui a opposé la « déchéance prononcée par l'article 52 du cahier des Clauses et « conditions générales, ci-dessus visé... » (C. d'Etat, 4 mai 1854, *Bertrand*, 396. *Voy.* aussi 29 mai 1856, *Chanudet*, 395.)

Le recours formé devant la juridiction contentieuse renferme la protestation la plus énergique contre les prétentions de l'Administration : elle dispense l'entrepreneur de toute réclamation dans une autre forme; il n'en est point qui ait au même degré le caractère de mise en demeure. (C. d'Etat, 3 fév. 1854, *Aubry de Miramont*, 166; 4 août 1866, *Beynel*, 949; 8 août 1884, *Diart*, 737.)

1079. — Les réclamations adressées directement à l'Administration produisent les mêmes effets. Bien que ces sortes de demandes n'aient pas un caractère contentieux, il est impossible de ne pas les considérer comme suffisantes pour protéger le droit de l'entrepreneur contre toute déchéance. Elles doivent être considérées comme le développement des réserves faites au moment de la présentation du décompte. Elles prouvent que l'entrepreneur n'a jamais songé à renoncer au redressement des griefs dont il se plaint. L'Administration est-elle bien venue, en pareil cas, à se prévaloir du défaut de développement des réserves, puisqu'elle trouve dans les réclamations qui lui ont été faites tous les motifs, ou au moins les motifs essentiels sur lesquels elles sont fondées? N'a-t-elle pas été, dès ce moment, mise en demeure d'y faire droit, et n'était-elle pas en mesure de contrôler les allégations de l'entrepreneur et de faire les vérifications nécessaires? (C. d'Etat, 27 nov. 1856, *Seive et consorts*, 667.)

Mais si la réclamation formulée devant le Ministre a été rejetée par décision notifiée à l'entrepreneur, elle devrait être renouvelée. (C. d'Etat, 13 février 1868, *Avril et Issouard*, 163.)

1080. — L'acceptation des pièces communiquées est expresse ou tacite.

L'acceptation expresse résulte de la déclaration formelle de l'entrepreneur; l'acceptation tacite, de l'expiration, sans protestations, du délai imparti par le cahier des charges.

Toutes deux produisent les mêmes effets; les pièces acceptées deviennent irrévocablement les éléments du compte; elles en forment la base, et ne peuvent plus, sous aucun prétexte, être écartées ou méconnues.

1081. — Quelle est l'étendue de la déchéance opposée à l'entrepreneur qui ne s'est pas conformé à l'article 42 du cahier, ou à l'Administration qui a approuvé le décompte ou payé le solde?

L'acceptation du décompte définitif emporte approbation de toutes les opérations qui y figurent. Il n'y a pas de distinction à faire entre les travaux prévus par le devis primitif de l'entreprise et les modifications ordonnées en cours d'exécution. La forclusion qui en résulte s'applique aussi bien aux réclamations relatives aux changements prescrits par les ingénieurs qu'à celles qui concernent les parties non modifiées des travaux. Le Conseil d'Etat a jugé que ces changements deviennent partie intégrante des travaux à faire, et se confondent avec eux dans l'exécution, et par suite dans les métrés et les états de dépense; que l'article 32 des Clauses et conditions générales comprenant dans ses termes tous les métrés généraux et partiels, tous les états d'attachement de dépense et de situation, s'applique par conséquent à toutes les réclamations qui pourraient s'élever, soit sur la qualité, soit sur le prix d'ouvrages ordonnés en cours d'exécution, et nécessairement compris dans le même décompte ; que, dès lors, on doit considérer comme atteintes par la déchéance les réclamations de cette nature qui sont présentées par l'entrepreneur plus de dix jours après la notification du décompte. (*Voy.* 22 août 1853, *Morizot*, 866; 4 mai 1854, *Deroy*, 394; 4 janvier 1884, *Dental*, 22.)

La déchéance qui résulte de son expiration est d'une rigueur injustifiable. Elle a été critiquée par tous les auteurs qui se sont occupés de ces matières spéciales, et elle disparaîtra sans aucun doute de la rédaction nouvelle du cahier des charges. Dans la pratique, le Conseil d'Etat trouve quelquefois le moyen de venir au secours de l'entrepreneur, lorsqu'une réclamation digne d'être accueillie se présente. Mais ce n'est là qu'un palliatif insuffisant ; il est toujours fâcheux pour celui dont le droit est évident de ne pouvoir se confier qu'aux sentiments intimes de justice dont ses juges sont animés. Le juge lui-même qui, pour satisfaire sa conscience, se voit en opposition directe avec la loi du contrat, est tenté d'introduire dans sa décision ces systèmes de conciliation et de compensation qui ne sont jamais qu'une demi-justice. Rarement la lutte qui s'établit ainsi dans son esprit tourne à l'avantage du justiciable. Il faut donc espérer, dans un avenir prochain, la réformation d'une disposition que le cahier des charges des palais impériaux a déjà repoussée comme exorbitante.

Nos espérances ont été malheureusement déçues, la nouvelle clause du cahier de 1866 est un peu moins rigoureuse que celle de l'ancien cahier, mais il subsiste toujours ce résultat regrettable que, sur la question capitale de l'entreprise, le règlement des comptes, l'entrepreneur, quelle que soit l'importance d'un ouvrage qui peut avoir duré plusieurs années, n'a qu'un délai de quelques jours pour examiner un décompte que l'Administration a mis de longs mois à préparer. Dira-t-on qu'il y a un intérêt majeur pour l'Etat à ce que les comptes ne restent pas longtemps en suspens, et qu'un plus long délai pourrait compromettre les finances publiques? Mais le législateur a pris ses précautions pour qu'il n'en soit pas ainsi; les lois de déchéances au profit de l'Etat sont assez nombreuses, jamais débiteur n'a été mieux armé contre ses créanciers. Il n'était point nécessaire d'ajouter à ces lois générales de déchéance et de prescription des déchéances conventionnelles encore plus rigoureuses.

1082. — La déchéance s'étend en outre aux demandes d'indemnité présentées pour le préjudice subi par l'entrepreneur, en cours d'exécution des travaux. (C. d'Etat, 8 août 1865, *Boistelle*, 755 ; 24 janvier 1872, *Clet*, 41.)

Mais il en est autrement en ce qui concerne les ouvrages entièrement nouveaux : l'acceptation des décomptes définitifs n'empêche pas l'entrepreneur de réclamer le prix des travaux supplémentaires non compris dans ces décomptes, et qui ont été exécutés en vertu d'ordres écrits ou verbaux, lorsque ces ordres ne sont pas déniés : « Considérant que si le sieur Cressonnier a

« accepté purement et simplement les décomptes définitifs des
« entreprises dont il s'était rendu adjudicataire, lesquels ne
« contenaient que le règlement, pour tout ou en partie, des four-
« nitures et travaux prévus au devis, il résulte de l'instruction et
« il est reconnu par l'Administration qu'en dehors des prévisions
« des devis, ledit sieur Cressonnier a exécuté, sur les lignes de
« grande communication nᵒˢ 49, 50 et 53, en vertu d'ordres qui
« ne sont pas déniés, des travaux supplémentaires qui nont pas
« été compris dans lesdits décomptes, et qui devaient faire l'objet
« de règlements particuliers ; qu'ainsi c'est à tort que le Conseil
« de préfecture a rejeté, comme non recevable, la réclamation
« du sieur Cressonnier relative auxdits travaux supplémentaires,
« par le motif qu'il avait accepté, sans réserve, le décompte
« définitif ci-dessus énoncé, et qu'en présence des contestations
« qui s'élevaient en présence desdits travaux, il y avait lieu d'or-
« donner l'expertise demandée par ledit sieur Cressonnier... »
(C. d'Etat, 24 fév. 1853, *Cressonnier* ; 5 janv. 1850, *Saudino et
Léo*, 37.)

1083. — Il a été jugé dans le même ordre d'idées que, lorsque
l'Administration a employé, sans le consentement des entrepreneurs, des matériaux approvisionnés par eux à des travaux qui ne
faisaient pas partie de l'entreprise dont ils étaient adjudicataires,
ils ne sont pas tenus de réclamer le prix de ces matériaux dans
les vingt jours à partir de celui où ils ont eu connaissance du
décompte de l'entreprise ; et que c'est à tort qu'en pareil cas leur
demande est déclarée non recevable, par application de l'article
41 des Clauses et conditions générales. (C. d'Etat 10 janv. 1856,
Humbert-Droz, 42; 17 mars 1876, *Sarlin et Rabattu*, 291.)

1084. — De même la déchéance ne pourrait être appliquée à
une réclamation fondée sur des faits qui ne se seraient produits ou ne
se seraient révélés que depuis l'acceptation du décompte (C. d'E-
tat, 7 avril 1876, *Redon*, 373); ou sur des points que le décompte
ne permettait pas de vérifier ; ainsi un travail peut ne pas figurer
au décompte dans un article spécial et être englobé dans le prix
d'un autre travail ; malgré l'acceptation des prix du décompte,
la déchéance ne serait pas encourue parce que l'examen du
décompte ne pouvait révéler à l'entrepreneur le mode de classement ainsi pratiqué. (C. d'Etat, 31 mars 1882, *Com. de Fays-
Billot*, 333.)

1085. — Le même raisonnement est applicable aux réclamations relatives aux travaux qui ne figurent pas au décompte,
quand même ils auraient dû y figurer. (C. d'Etat, 4 avril 1873,
Escarraguel, 314.) Et il en serait ainsi quand bien même l'Administration aurait qualifié l'acte présenté de décompte général; les tribunaux administratifs auraient en ce cas le droit de
rechercher en fait si cet acte avait bien le caractère d'un règlement de compte général et définitif. (C. d'Etat, 9 février 1883,
Barny, 162.)

1086. — L'acceptation des pièces communiquées n'élève pas

une fin de non-recevoir contre les réclamations relatives aux erreurs matérielles. L'article 34 des Clauses et conditions générales ne stipule pas cette exception à la déchéance qu'il prononce; mais il ne l'exclut pas expressément, et cela suffit pour qu'on doive l'admettre. Erreur ne fait pas compte, c'est un adage vulgaire, et qui repose sur les principes les plus certains du droit. L'article 541 du C. de procéd. civile porte qu'il ne sera procédé à la revision d'aucun compte, sauf les cas d'erreurs, omissions, faux ou doubles emplois, et le Conseil d'État ne fait point difficulté d'appliquer cette disposition en matière de travaux publics. (C. d'Etat, 31 oct. 1833, *Min. du commerce*, 612; 19 nov. 1837, *Coste*, 497; 17 janv. 1838, *Jacob*, 37; 20 janv. 1843, *Blandin*, 32; 10 déc. 1846, *Min. des trav. publics*, 542; 1ᵉˢ fév. 1851, *Monneron*, 89; 18 août 1857, *Bucquoy*, 671, sous l'empire du cahier de 1833; et C. d'Etat, 11 décembre 1871, *Barbuteau*, 288; 21 juin 1878, *département du Rhône*, 601; 22 novembre 1878, *Lartigue*, 932; 31 mars 1882, *Loiselot*, 933, sous l'empire du cahier de 1866.)

1087. — Si, dans le compte de l'entreprise, on n'a pas fait figurer une dépense qui a été réellement faite, il y a omission autorisant la réclamation de l'entrepreneur. (C. d'État, 26 juillet 1851, *Émery*, 542.)

Il y a double emploi, et par conséquent lieu à réduction, si, pour indemniser l'entrepreneur du changement de matériaux, on ajoute aux prix alloués pour les matériaux primitifs le prix des matériaux nouveaux. (C. d'État 19 nov. 1887, *Coste*, 497.)

On doit considérer comme une erreur matérielle, donnant lieu à révision, l'omission au décompte définitif de travaux qui ont été compris au premier décompte de l'entreprise. (C. d'État, 10 déc. 1846, *Min. des trav. publics*, 542.)

Mais l'erreur qui tient au choix de la base même du décompte n'est pas susceptible de rectification. (C. d'État, 31 octobre 1833, *Min. des travaux publics*, 612.)

Application de ces principes a été faite surtout à l'erreur de métrage (C. d'Etat, 27 juin 1865, *ville de Poitiers*, 664; 26 juin 1869, *Lemière*, 621), et à de fausses application du devis (C. d'État, 21 février 1867, *Gouvenot*, 191).

Il faut remarquer que l'exception relative aux erreurs matérielles et omissions est réciproque.

1088. — Bien que l'Administration rédige elle-même le décompte, elle a le droit, même après avoir présenté et approuvé cette pièce, de rectifier les erreurs matérielles dont elle reconnaît l'existence, et de saisir le Conseil de préfecture de ses réclamations. (C. d'État, 19 nov. 1837, *Coste*, 497; 23 avril 1837, *Min. des trav. publics*, 134; 10 déc. 1846, *Min. des trav. publics*, 542). Mais sa demande en rectification pour être recevable devant la juridiction contentieuse, doit être préalablement présentée à l'entrepreneur dans les termes de l'article 32. Tant que cette formalité n'est pas remplie, le Conseil de préfecture ne peut être appelé à statuer sur la question de savoir si une somme doit être retran-

chée du décompte, parce qu'elle y aurait été indûment portée par
suite d'erreurs matérielles commises dans le calcul. (C. d'État, 18
août 1857, *Bucquoy*, 671.) Il n'est pas besoin d'ajouter que l'entrepreneur, auquel une omission ou un double emploi sont signalés régulièrement, doit s'empresser de contester la rectification proposée dans le délai que lui réserve le cahier des charges ;
la déchéance s'applique certainement dans ce cas comme en tout
autre. (C. d'État 16 fév. 1856, *Trône*, 125.)

1089. — Ces décisions sont fondées en droit et en équité. On
comprend, en effet, que lorsque les réclamations sont étrangères au décompte lui-même, et n'ont pas pour objet d'en infirmer
les résultats, l'acceptation de cette pièce ne puisse avoir pour
effet de porter atteinte aux droits de l'entrepreneur. De ce qu'il
a renoncé à attaquer le décompte, on ne peut raisonnablement
induire qu'il entend également renoncer à telle autre demande
dont la base est en dehors de la pièce acceptée et reconnue. Les
renonciations sont de droit étroit et se renferment exclusivement
dans l'objet qu'avait en vue le renonçant.

Le Conseil d'État qui, dans les arrêts ci-dessus cités, a si bien
compris et appliqué cette règle, nous semble l'avoir mal à propos mise en oubli dans l'espèce suivante.

L'entreprise du sieur Juve a été résiliée le 3 décembre 1850. Le
12 décembre, postérieurement à l'acceptation sans réserve du décompte définitif, Juve présenta une demande d'indemnité fondée
sur ce que la résiliation prononcée dans l'intérêt exclusif de l'Administration, en dehors de toute faute commise par lui, lui avait
causé un préjudice considérable. Le Conseil de préfecture de la
Seine accueillit en partie cette réclamation ; mais sur le pourvoi
du Ministre des travaux publics, elle fut déclarée non recevable.
Le Conseil d'État décida qu'il y avait lieu d'appliquer dans l'espèce la déchéance prononcée par l'art. 32 des Clauses et conditions générales, la réclamation s'étant produite plus de dix jours
après la présentation du décompte de l'entreprise. (*Voy.* 24 mai
1854, *Juve*, 486.)

On ne trouve pas dans cette décision la rectitude de doctrine
qu'on rencontre ordinairement dans les arrêts du Conseil d'État,
et l'on est fondé à se demander en quoi l'acceptation du décompte peut faire obstacle à la réclamation d'une indemnité à
raison des pertes provenant d'une résiliation indûment prononcée. Le décompte contient le règlement des diverses dépenses de
l'entreprise ; il n'y est pas question des conséquences de la résiliation qui, par le seul fait de son existence, a mis fin aux opérations et forme la limite extrême à laquelle les comptes doivent
nécessairement s'arrêter. Le décompte n'embrassant ainsi que la
période antérieure, l'entrepreneur qui l'accepte renonce certainement à critiquer le règlement des dépenses de cette période ;
mais il ne renonce qu'à cela. Il n'est pas plus juste de l'obliger à
faire des réserves pour le préjudice qu'il a éprouvé par suite de
la résiliation que pour les dépenses occasionnées par des tra-

vaux en cours d'exécution et dont le règlement n'est pas compris dans le décompte. Le Conseil d'État qui, dans ce cas, refuse à bon droit de prononcer la déchéance, se met donc, nous le croyons, en contradiction avec lui-même lorsqu'il la prononce dans le second. Ces deux situations sont exactement semblables, s'il est vrai (et cette règle ne semble pas contestable) que l'acceptation d'une pièce quelconque destinée au règlement de l'entreprise ne lui donne un caractère définitif qu'en ce qui concerne les travaux et les opérations qu'elle concerne exclusivement.

1090. — Même après l'acceptation formelle par l'entrepreneur des états qui lui sont présentés, l'Administration conserve le droit d'y apporter, jusqu'à l'approbation par le Ministre, toutes les modifications qu'elle juge convenable. Ce droit considérable résulte des dispositions du décret du 7 fructidor an XII sur l'organisation du corps des ponts et chaussées. L'article 14 charge les ingénieurs ordinaires sous les ordres des ingénieurs en chef de faire les réceptions d'ouvrages, et de régler *provisoirement* les comptes des entrepreneurs. Le Ministre ou le préfet, dans le cas où il n'y a pas eu d'augmentation sur les dépenses autorisées (décret du 29 avril 1861, tableau D, n° 14), ont seuls le droit d'arrêter définitivement les comptes. Il a été jugé en ce sens : 1° que l'acceptation des décomptes par l'entrepreneur ne fait pas obstacle à ce que le Ministre des travaux publics fasse procéder à leur revision, et en modifie les résultats en cas d'inexactitude (C. d'État, 31 mai 1855, *Loustalot et Dagonneau*, 380); 2° que le décompte dressé par l'ingénieur ordinaire, qui a été présenté à l'acceptation de l'entrepreneur avant d'avoir été soumis à la vérification de l'ingénieur en chef et à l'approbation du Ministre, ne lie pas l'Administration (C. d'État, 12 janv. 1853. *Courrière*, 113); 3° qu'une transaction entre les ingénieurs et l'entrepreneur, et signée par eux, ne constitue qu'un simple projet, et n'est obligatoire pour l'Administration qu'autant qu'elle a été approuvée par l'autorité supérieure. (C. d'État, 25 juin 1857, *Pelet*, 526. *Voy.* aussi : 18 août 1857, *Bucquoy*, 671.)

1091. — L'entrepreneur, en acceptant en bloc le décompte, fait souvent une compensation entre ses divers éléments. Certains prix, peut-être, lui ont paru faibles; mais il n'a pas jugé à propos de réclamer, parce que d'autres lui ont semblé assez avantageux pour compenser la perte.

Les réserves faites par l'Administration, ayant pour résultat de soumettre ceux-ci à un débat, ne le dégageront-elles pas de son acceptation, et ne lui rendront-elles pas la liberté de critiquer les premiers? Puisqu'il est forcé de lutter pour faire maintenir les prix avantageux, ne doit-il pas reprendre le droit de faire porter au chiffre qu'ils doivent avoir, les prix qui le sont moins?

La jurisprudence ne l'entend pas ainsi. Suivant elle, le décompte accepté par l'entrepreneur fait sa loi quand même et toujours. A l'Administration seule, désormais, il est permis de le critiquer; pour lui, son rôle se borne à le faire maintenir. Cette

33

inégalité de situation est contraire à l'équité ; elle est contraire aux principes les plus certains des conventions. L'acceptation de l'entrepreneur contient implicitement la condition que l'Administration acceptera elle-même les pièces communiquées. Si cette condition ne se réalise pas, les parties reprennent nécessairement leur liberté, et l'entrepreneur doit être admis à faire valoir toutes les réclamations qu'il n'avait pas eu, jusqu'à ce moment, intérêt à formuler. Dans l'état actuel de la jurisprudence, les entrepreneurs doivent donc ne jamais accepter les pièces où se trouvent ces sortes d'équivalents; l'équilibre pouvant se trouver rompu par la seule volonté de l'Administration, la prudence les oblige à présenter tous leurs griefs lors de la communication, sauf à y renoncer si, de son côté, l'Administration n'élève point de réclamations contre le décompte.

Il est évident, d'ailleurs, que l'entrepreneur peut contester les modifications apportées au décompte par l'Administration supérieure; mais ce qu'il faut remarquer c'est que ces modifications ne lui donnent le droit de contester que les points modifiés; il ne saurait prétendre avoir le droit de revenir sur les autres points du décompte, s'il ne les a pas contestés lui-même. (C. d'Etat, 10 janvier 1860, *Trône*, 127; 7 avril 1865, *Barthe*, 428 ; 16 juillet 1880, *Castaings*, 668.)

1092. — Il n'y a pas d'ailleurs à se méprendre sur les conséquences de l'approbation totale ou partielle donnée par l'Administration supérieure : l'entrepreneur est lié par son acceptation et l'Administration se trouve définitivement engagée par son approbation.

L'approbation de l'Administration peut n'être que tacite, implicite, et s'induire de certains faits qui ne se comprendraient pas s'il n'y avait pas approbation; on l'a induite de l'autorisation d'effectuer les paiements et de restituer le cautionnement. (C. d'Etat, 8 février 1864, *Commune de Montlieu*, 115; 22 novembre 1878, *Lartigue*, 932; 27 juin 1865, *Ville de Poitiers*, 663.) Cependant le Conseil d'Etat a décidé que la mainlevée donnée de l'hypothèque prise sur les biens de l'entrepreneur n'entraînait pas approbation du décompte, mais seulement reconnaissance que l'entrepreneur avait bien rempli ses obligations. (C. d'Etat, 20 février 1880, *Lebreton*, 202.) Une condition est d'ailleurs exigée pour que l'entrepreneur puisse tirer argument d'un acte de l'administration : c'est qu'il s'agisse d'un acte contradictoire, ou tout au moins d'un acte qui lui a été notifié ou dont l'Administration lui a donné connaissance; ainsi l'inscription au budget et le vote, par une commune ou un département, d'une somme nécessaire au paiement du décompte, n'emporte pas approbation. (C. d'Etat, 6 juin 1879, *Ozanne*, 468.) Mais il en serait autrement si l'entrepreneur avait été prévenu de ce vote, ou si la somme avait été mandatée à son profit, ou si les délibérations du Conseil municipal avaient été prises sur la demande. (C. d'Etat 20 décembre 1872, *Ville de Bergerac*, 741.)

1093. — L'entrepreneur qui a l'intention d'élever des réclamations contre le décompte doit se garder de toucher le solde qui lui est offert. L'acceptation d'un mandat de paiement emporte nécessairement déchéance. (C. d'État, 28 avril 1824, *Lappoterie*, 258 ; 2 juin 1837, *Hayet*, 227.)

Il a été jugé plus récemment, dans le même sens, que l'acceptation sans réserve du prix des métrés, qui avaient été acceptés au fur et à mesure de l'exécution des travaux, et après leur complet achèvement, du montant des retenues de garantie, rend l'entrepreneur non recevable à attaquer, soit le mode de vérification, soit les résultats obtenus. (C. d'État, 20 avril 1847, *Min. de la guerre*, 220. *Voy.* aussi : 23 juillet 1857, *Bouchet*, 586.)

La même fin de non-recevoir est également susceptible d'être opposée par l'entrepreneur à l'Administration, qui, après l'approbation du compte et le paiement du solde, tenterait de revenir sur cette approbation sous le prétexte d'erreur dans l'interprétation des clauses du marché. (C. d'État, 31 octobre 1833, *Cayla*, 612 ; 16 juillet 1857, *Gidel*, 553 ; 22 sept. 1860, *Vinyes*, 660.)

Des réserves expresses font obstacle à l'application de la déchéance. (C. d'État, 16 nov. 1854, *Théaux*, 879.) Mais il faut, bien entendu, que ces réserves soient dûment constatées, soit par le décompte, soit par un acte extrajudiciaire adressé au préfet. (C. d'État, 13 mars 1867, *Chaigneau*, 267.)

Un arrêt plus récent du Conseil d'État fait bien comprendre le sens et la portée de la règle ci-dessus. Un entrepreneur était chargé de faire une route pour une commune et avait reçu sans réserves des mandats de paiement de ses travaux au fur et à mesure de leur avancement. Etait-il fondé à demander à la fin de l'entreprise, lors de la réception du dernier mandat, qu'il fût procédé à une expertise à l'effet de déterminer exactement le cube total des déblais extraits ? Le Conseil d'État ayant décidé, par appréciation des faits et des termes du contrat, que les paiements mensuels devaient être considérés comme des paiements définitifs et pour solde, la réclamation de l'entrepreneur ne pouvait être admise que pour le travail correspondant au dernier mandat. (C. d'État, 28 avril 1882, *Rabasse*, 408.)

1094. — Enfin il est bien certain que c'est celui qui oppose la fin de non-recevoir, quelle qu'elle soit, qui doit la prouver. Ainsi l'Administration qui prétend invoquer la déchéance provenant du défaut de réserves, ou de réclamation dans les vingt jours de la présentation du décompte, doit prouver que le décompte a été présenté et notifié à l'entrepreneur, et qu'il porte la signature de celui-ci sans réserves (C. d'État, 26 novembre 1880, *Francart*, 943); de même, si elle prétend que l'entrepreneur a touché sans réserves le solde de son entreprise, la fin de non-recevoir sera certainement repoussée, si elle n'est pas justifiée par la production de la quittance. (C. d'État 27 juin 1879, *Pot*, 543 ; 16 février 1883, *Ministre des travaux publics*, 195.)

1095. — Comme tout acte qui implique renonciation à un

droit, l'acceptation s'interprète restrictivement. Elle n'emporte une fin de non-recevoir contre les réclamations de l'entrepreneur, que relativement aux pièces qui en ont fait l'objet. Ainsi, l'acceptation des métrages n'emporte pas, par elle seule, celle des pièces qui ont pour objet de fixer le prix des travaux ; réciproquement, on peut contester les métrages si on a seulement accepté le décompte. « Considérant que le sieur Colonna-« Lecca, n'ayant été mis, par aucun acte des agents de l'Adminis-« tration, en demeure de prendre communication du décompte « lui-même, cet entrepreneur était recevable dans les réclamations « par lui formées contre ledit décompte, en tant que lesdites ré-« clamations ne tendaient pas à remettre en question les quantités « d'ouvrages énoncées au métré... » (C. d'Etat, 7 fév. 1845, *Colon-« na-Lecca*, 61.)

1096. — Nous avons déjà eu l'occasion de dire, et on ne saurait trop répéter, que toutes les pièces présentées, quels qu'en soient la nature et le caractère, doivent être l'objet des réclamations de l'entrepreneur, lorsqu'elles contiennent des erreurs ou des omissions susceptibles de lui causer préjudice. Il n'y a pas à distinguer, sous ce rapport, entre les documents destinés à appliquer les prix du marché, et ceux qui ont pour objet de constater la quotité des travaux. Cette distinction a été souvent présentée et n'a jamais été accueillie par le Conseil d'Etat. Elle a cependant, il faut le dire, quelque chose de spécieux. Le but de l'article 41 est indiqué par l'exposé de motifs que le rédacteur des Clauses et conditions générales a inséré dans son texte. L'Administration a voulu être en mesure de rechercher et de constater les erreurs contre lesquelles l'entrepreneur réclame. Voilà pourquoi il faut que les réserves soient motivées ; voilà pourquoi il faut qu'elles le soient dans le délai de dix jours. Mais, lorsqu'il s'agit de réclamations qui s'attaquent uniquement, non à la dimension et à la quotité des ouvrages, mais bien aux prix établis dans le décompte, le motif à raison duquel la déchéance a été établie ne se présente plus, et, par conséquent, il répugne à la raison que la déchéance elle-même puisse être encourue. S'il n'est pas toujours possible de reconnaître et de constater, après l'achèvement des ouvrages, le chiffre exact en mètres et en cubes des travaux effectués ; si, relativement à cet objet, les résultats des recherches et des vérifications seraient fort souvent incertains et problématiques, on peut toujours, après comme au moment de l'exécution, savoir quel est le prix fixé par le devis pour chaque espèce d'ouvrages. Or, ce prix est acquis à l'entrepreneur ; il est la base du marché, sa condition essentielle, et sa quotité ne peut pas dépendre de l'inaccomplissement d'une formalité inutile et sans intérêt pour l'Administration.

Ces considérations ne sont pas sans force ; mais la jurisprudence n'en tient nul compte (C. d'Etat, 16 mars 1850, *Laurent*, 259 ; 11 mai 1854, *Deroy et Dubuc*, 394 ; 31 mars 1882, *Loiselot*, 333), et il est certain que l'interprétation rigoureuse qu'elle donne de

l'article 32 est conforme, sinon à l'esprit, au moins à la lettre formelle de cette disposition. Il serait difficile peut-être, en présence
de termes aussi explicites, de créer des exceptions là où le texte
n'a pas fait de distinctions.

L'article 41 est une stipulation exorbitante. Ses rigueurs sont
exagérées et bien souvent sans utilité. On comprendrait que l'absence de réserves mit à la charge de l'entrepreneur la preuve de
ses allégations, et que l'Administration ne fût condamnée à payer
que les travaux dont on pourrait reconnaître l'exécution au moment du décompte. Mais il est manifestement contraire à l'équité
de la voir échapper à une obligation aussi étroite, sous le prétexte que l'entrepreneur a omis de réclamer en temps opportun.
Cela n'est point digne de l'Administration, qui doit donner l'exemple de la bonne foi, et qu'il est choquant de voir se réfugier,
comme un plaideur peu sûr, au fond, de la bonté de sa cause,
dans les chicanes et les exceptions. Je sais qu'on invoque la nécessité de régler promptement et sans trop de difficultés les grandes entreprises auxquelles le pays doit une partie de sa prospérité. Mais c'est acheter bien cher un tel avantage, et le moyen
n'est pas aussi merveilleux qu'on se l'imagine. Ces conditions
exorbitantes écartent des adjudications bon nombre de concurrents : on s'habitue à considérer l'Administration comme une ennemie contre laquelle toutes les ruses sont permises ; l'entente, si
essentielle au succès, fait défaut, et fait place à des sentiments de
défiance réciproques ; on cherche enfin à regagner d'un côté ce
qu'on est certain de perdre de l'autre ; les procès et les contestations naissent ainsi de la rigueur même de la clause qui a eu pour
but de les prévenir. Il nous semble que l'Administration aurait
tout à gagner en renonçant à des stipulations qui font naître
contre elle tant de rancunes et dont les résultats sont aussi
contestables.

CHAPITRE II

De l'établissement et de la communication des décomptes dans les travaux du ministère de la guerre.

1097. — Cahier de 1876. — Constatation du travail, de sa nature, de sa quantité ; registre d'attachements. Article 36.

1098. — Présentation de ce registre à l'entrepreneur, signature, réserves, délai
des réclamations.

1099. — Jurisprudence.

1100. — Application des prix aux quantités de travaux relevées sur les attachements, carnets de comptabilité ; présentation, délai des réclamations. Article 61.

1101. — Importance des délais prescrits par les articles 36 et 61 ; conséquences
de l'absence de réclamations contre les attachements et les carnets.

1102. — Relevés des inscriptions des carnets arrêtés, classification des dépenses ; registre de comptabilité. Article 62.

1103. — Communication de ce registre à l'entrepreneur, vérifications à faire
par ce dernier, signature, réserves.

1104. — Comptes d'exercice. Article 63. Règlements définitifs et comptes sommaires.

1105. — Délais des réclamations contre les comptes d'exercice ; déchéance spéciale établie par le décret du 13 juin 1806 pour les comptes du Ministère de la guerre

1106. — Application aux travaux du génie. Article 70 du cahier.

1107. — Jurisprudence, principales hypothèses, règles à suivre.

1108. — Cahier de 1887. — Règles générales. Article 46.

1109. — Pièces servant à constater les éléments des comptes. Carnet-journal. Délai de réclamation.

1110. — Cahier d'attachements et carnet de métrés; délai des réclamations.

1111. — Décompte de fin d'entreprise ou de fin d'exercice; règlement général; délai des réclamations.

1112. — Observations sur les délais prescrits par le cahier de 1887 pour les réclamations. Délai nouveau imparti pour réclamer contre le décompte définitif ou de fin d'exercice.

1113. — Cas dans lesquels les délais du décret 1806 ont été conservés.

1097. — En ce qui concerne les travaux du Ministère de la guerre, deux systèmes différents sont suivis par le cahier de 1876 et par celui de 1887 : le premier cahier ayant pour base le marché sur séries de prix, et le second, le marché sur devis, la différence dans la nature du marché a pour conséquence nécessaire des systèmes de comptabilité différents.

Cahier de 1876. — Le premier point pour l'établissement des comptes, c'est la constatation du travail fait, de sa nature et de sa quantité. On sait que, dans le marché sur séries de prix, si la nature du travail est généralement prévue au contrat, du moins d'une manière générale, la quantité du travail ne l'est pas : sa durée seule, ou tout au moins le nombre d'exercices, c'est-à-dire d'années pendant lesquels il doit s'effectuer, est aussi généralement fixée. De là des mesures particulières à prendre pour constater l'état des lieux avant les travaux, et les ouvrages faits au fur et à mesure de leur exécution, et avant le commencement d'autres travaux qui pourraient les recouvrir ou en empêcher le métrage.

C'est dans ce but que l'article 36 des Clauses et conditions de 1876 dispose que : « Aucun travail ne doit être exécuté sans que « les cotes du niveau, les mesures de dimensions et les autres « indications nécessaires aux métrés, surtout celles que l'exécution « des travaux doit faire disparaître, aient été relevées par l'officier « chef d'atelier, en présence de l'entrepreneur; rapportées, avec « leur date, sur le registre d'attachements ouvert à cet effet; et si- « gnées par l'officier et l'entrepreneur. Ce registre est coté et para- « phé par le directeur du génie, et déposé au bureau du génie de « la place.

« Dans le cas où l'entrepreneur aurait fait exécuter, sans préve- « nir en temps opportun l'officier du génie, un travail dont les « cotes ou les dimensions ne pourraient plus être vérifiées, cet « officier peut faire faire des fouilles, ou faire démolir telles parties « de l'ouvrage qu'il jugera nécessaire, en vue de s'assurer que les « cotes ou dimensions sont bien celles qui auraient été prescrites; « le tout aux frais de l'entrepreneur, et sans qu'il soit fondé à « réclamer de ce fait une indemnité.

1098. — « L'entrepreneur, continue l'article, est invité par la

« voie de l'ordre à signer le registre d'attachements. Lorsqu'il s'y
« refuse ou ne le signe qu'avec réserves, un délai de dix jours est
« accordé à dater de cet ordre pour formuler par écrit ses obser-
« vations. Passé ce délai, les attachements sont censés acceptés
« par l'entrepreneur, et avoir été signés par lui sans réserves. »

1099. — Le dernier paragraphe de cet article est appliqué très
rigoureusement, par la jurisprudence. (C. d'Etat, 27 avril 1883,
Perrichont, 410.) Si les officiers du génie négligent de prendre les
attachements, l'entrepreneur doit les mettre en demeure de le
faire, au besoin s'adresser au Conseil de préfecture ; néanmoins
s'il n'a pas réclamé la prise d'attachements, aucune fin de non-
recevoir ne peut lui être opposée de ce chef : il doit seulement réclamer lors de la présentation du compte. (C. d'Etat, 9 mars 1883,
Baudet, 259.)

L'entrepreneur auquel les attachements sont présentés ou
qui appose sa signature sur le carnet (registre d'attachements),
doit porter son attention, non seulement sur les métrés ou dimensions données aux ouvrages, mais encore sur leur classification
par nature ou catégorie suivant le cahier des charges ; il doit aussi
veiller à ce que. les ouvrages imprévus, d'une nature différente
de ceux prévus, soient bien indiqués comme tels ; en un mot il
doit vérifier, outre le métrage, toutes les indications des attachements ou du carnet. La jurisprudence, pour l'application de la
fin de non-recevoir tirée de l'absence de réserves, ne distingue
pas entre le métrage et les autres indications. (V. pour la classification des déblais : C. d'Etat, 9 août 1880, *Albertolli*, 781 ;
27 avril 1883, *Perrichont*, 410; pour la classification des pierres :
C. d'Etat, 21 mars 1883, *Ministre de la guerre*, 328; pour les
catégories de transports de terre ou de pierre : C. d'Etat,
25 juillet 1884, *Paris*, 662.)

1100. — Les quantité, nature et catégorie d'ouvrages, une fois
déterminées, il faut y faire l'application des. prix, autrement dit
procéder à l'inscription des dépenses ou sommes dues à l'entrepreneur. C'est ce que règle l'article 60 du cahier ainsi conçu :

« Les inscriptions destinées à établir les sommes dues à l'en-
« trepreneur sont faites sur des carnets, relevées sur un registre de
« comptabilité, et reproduites dans des comptes d'exercice.

« Les dimensions, les surfaces et les produits résultant d'appli-
« cation de prix, de surenchères, de rabais, sont inscrits avec deux
« décimales, les volumes et les poids avec trois. La dernière déci-
« male à conserver est augmentée d'une unité quand la première
« de celle qu'on néglige est égale ou supérieure à cinq.

« Les erreurs commises dans les inscriptions sont toujours
« corrigées ostensiblement et approuvées au-dessus de la signature
« ou en marge ; elles ne doivent jamais être grattées ni sur-
« chargées. »

Cet article est complété par l'article 61 :

« Tous les éléments de dépense, tels que journées, mesurages,
« pesées, avec les numéros du bordereau qui leur correspondent

« et avec ceux des articles et des sections que les ouvrages con-
« cernent, sont, ainsi que les dépenses acquittées sur feuilles de
« paiement, portés, par ordre de dates, et sans lacunes, sur des
« carnets côtés et paraphés par le chef du génie ou le directeur,
« et tenus par les officiers chargés des ateliers ou leurs adjoints;
« ces carnets sont arrêtés aux époques fixées par les instructions
« et signés par l'entrepreneur après chaque arrêté.

« Si l'entrepreneur refuse de signer les carnets ou ne les signe
« qu'avec réserves, il est fait application des dispositions de l'arti-
« cle 36, en ce qui concerne le délai qui lui est accordé pour for-
« muler ses observations. »

1101. — Nous appelons l'attention sur ces articles 36 et 61,
surtout en ce qui concerne le court délai accordé pour faire des
réserves, et présenter des observations motivées. Les pièces dont
il est parlé dans ces articles ont une importance capitale ; les indications qu'elles contiennent, et qui ne sont pas contredites par
des observations motivées, deviennent incontestables, elles sont
reproduites sous diverses formes, dans les pièces postérieures où
on en tire les conséquences, et c'est alors que bien souvent on se
repent de n'avoir pas fait d'observations en temps voulu. Il est
permis, d'ailleurs, de regretter la brièveté du délai accordé à l'entrepreneur pour réclamer; nous ne saurions mieux faire que de
renvoyer à ce sujet aux critiques que nous avons formulées à
propos de l'article 4 du cahier des ponts et chaussées.

1102. — D'après l'article 62 : « Les inscriptions faites sur les
« carnets sont, après chaque arrêté, relevées par article et par
« section d'ouvrage, par les soins du chef du génie, sur un regis-
« tre coté et paraphé par le directeur, et conservé au bureau du
« génie de la place. On y porte d'abord les travaux exécutés au prix
« du bordereau ou à l'estimation, en leur faisant l'application de
« ces prix, et on inscrit ensuite les dépenses acquittées sur feuilles
« de paiement.

« Ce registre est arrêté par article et par section, et signé par
« l'entrepreneur après chaque arrêté, ainsi qu'à la récapitulation
« finale, aux époques fixées par les instructions.

« L'entrepreneur peut toujours faire prendre copie du registre
« de comptabilité déposé au bureau du génie. »

1103. — On remarquera cette faculté qui est accordée à l'entrepreneur de prendre copie du registre, et la disposition qui l'oblige à
le signer après chaque arrêté : par ces faits, le registre, bien qu'établi en dehors de l'entrepreneur et par l'Administration seule, devient une pièce contradictoire, qui lui est opposable. Il doit donc
se tenir au courant des mentions portées sur ce registre et, à chaque arrêté, le vérifier avec soin. Comme, en définitive, ce registre
ne fait que reproduire, en les classant, les éléments fournis par
les attachements et les carnets, si l'entrepreneur a fait des réclamations au sujet des mentions de ces dernières pièces, il doit
avoir soin de s'assurer qu'il a été fait droit à ces réclamations, sans
quoi, sans avoir besoin de les renouveler, il doit nécessairement

ne signer qu'avec réserves ces observations, et référence à leur
contenu. Le Conseil d'Etat a bien quelquefois admis l'entrepreneur à soutenir des réclamations antérieurement faites, malgré
l'absence de réserves au moment de la signature du registre; mais
c'était dans des cas tout à fait exceptionnels et favorables. (C.
d'Etat, 13 juillet 1883, *Corre*, 665.)

1104. — Les éléments constatés dans les attachements et les carnets de comptabilité servent à la confection des comptes d'exercice, qui sont les véritables décomptes.

Article 63 : « Les comptes d'exercice se composent de règle-
« ments définitifs des travaux, de comptes sommaires, de borde-
« reaux des prix, du procès-verbal d'adjudication et du cahier
« des charges spéciales ou d'extraits de ces trois pièces.

« Les règlements reproduisent, article par article, et par sec-
« tion d'ouvrage, les inscriptions consignées sur le registre de
« comptabilité, mais en supprimant les éléments de détails et en
« groupant, pour chaque article et pour chaque section séparé-
« ment, les quantités de même nature et de même prix, ainsi
« que les dépenses acquittées sur feuilles de paiement; ils sont
« arrêtés et signés par article, ainsi qu'à la récapitulation finale.

« Les comptes sommaires sont le résumé succinct des règle-
« ments généraux et définitifs; ils reproduisent sommairement
« la dépense de chaque article et de chaque section, et ils don-
« nent le relevé détaillé des mandats d'acomptes délivrés à l'en-
« trepreneur dans le courant de l'exercice, ainsi que l'indication
« des sommes qui lui restent dues pour parfait paiement.
« L'arrêté qui constate ce résultat est signé par l'entrepreneur
« et le chef du génie.

« Les règlements et comptes sommaires sont dressés par les
« soins du chef du génie; il est établi :
« 1 Deux copies sur papier libre du règlement définitif établi
« en tous détails, suivant la forme en usage dans le service du
« génie;
« 2° Une copie, sur papier timbré, du même règlement abrégé,
« mentionnant, sans autres détails, par articles et sections, les
« pages du registre de comptabilité, les numéros et le texte des
« articles du bordereau des prix, les quantités, les prix et les
« sommes résultant de leur application;
« 3° Trois copies du compte sommaire, sur papier libre;
« 4° Une expédition sur timbre, du procès-verbal d'adjudica-
« tion. Cette dernière pièce, ainsi que les expéditions timbrées
« du cahier des charges spéciales et du bordereau des prix, ne
« sont produites que pour le premier des exercices auxquels
« l'entreprise se rapporte, au moment du paiement pour solde.
« Les frais de timbre restent seuls en compte de l'entrepre-
« neur.

« Les comptes d'exercice ne sont définitifs qu'après leur appro-
« bation par le Ministre de la guerre. »

1105. — On remarquera que les deux articles 62 et 63 ne

fixent pas, comme les articles du cahier des ponts et chaussées qui leur correspondent, de délai pour la présentation des réclamations contre les pièces dont ils parlent. Cela tient à ce que, comme nous l'avons expliqué plus haut, des délais très stricts sont impartis pour réclamer contre les attachements et les carnets qui en forment les éléments ; cela tient aussi à une législation toute spéciale qui régit les dettes de l'Etat provenant du Ministère de la guerre.

Pour ce qui concerne le service de la guerre, le décret du 13 juin 1806 a créé spécialement, et en dehors de la déchéance quinquennale des créances de l'Etat, à laquelle nous consacrerons un chapitre spécial (V. nᵒˢ 1173 et suiv.), une déchéance d'une nature particulière, applicable aux réclamations des entrepreneurs et fournisseurs contre les comptes qui leur sont présentés.

« Toutes réclamations, dit l'article 3, dont les pièces n'auront « pas été présentées dans les six mois qui suivront le trimestre où « la dépense aura été faite, ne pourront plus être admises en li-« quidation. »

1106. — L'article 70 du cahier du génie de 1876 a fait application de ce principe en ces termes : « Toutes réclamations rela-« tives à des travaux ou à des dépenses de l'entreprise, autres que « celles périmées dans les délais fixés par les articles 36 et 61 ci-« dessus, sont frappées de déchéance, si elles n'ont point été pré-« sentées dans les six mois qui suivent la date de l'arrêté, par le « chef du génie, du règlement définitif des travaux de l'exercice. « Ces réclamations n'ont, d'ailleurs, de caractère officiel que « quand elles sont écrites et signées. »

Lors donc que, conformément à l'article 63 du cahier, l'entrepreneur reçoit copie du compte d'exercice (arrêté de règlement définitif et compte sommaire, pour tous les travaux accomplis pendant l'exercice), il doit le vérifier. S'il contient les erreurs contre lesquelles il a protesté conformément aux articles 36 et 61, et s'il en contient d'autres, il doit ne signer qu'avec réserves, soit en se référant aux réclamations déjà produites, s'il s'agit de reproductions de précédentes erreurs, soit en annonçant de nouvelles réclamations, s'il s'agit d'erreurs nouvelles. Ces réserves faites, il doit immédiatement rassembler ses preuves, classer les erreurs, rédiger son mémoire et, avant six mois, l'adresser à l'Administration.

En effet l'article 63 déclare bien que le compte n'est définitif qu'après son approbation par le Ministre de la guerre, mais cela n'est vrai que pour l'Administration, c'est à dire que jusqu'à cette approbation, elle a le droit de modifier le compte ; mais quant à l'entrepreneur, comme le fait remarquer l'article 70, le compte doit être considéré comme définitif, du jour où il est arrêté par le chef du génie et lui est présenté. C'est de ce jour que court le délai de réclamation.

1107. — Il est nécessaire en effet d'observer que l'article 70 du cahier de 1876 déroge dans une certaine mesure à l'article 3 du décret de 1806. Le Conseil d'Etat a décidé que le point de départ du délai n'est pas l'expiration du trimestre où les travaux ont été exécutés, mais le jour de la présentation de l'arrêté de compte de l'exercice. (C. d'Etat, 28 décembre 1883, *Demerlé*, 977.) Il est même allé plus loin, et, dans un cas où le cahier des charges spécial à l'entreprise stipulait que, par exception, l'article 3 du décret du 13 juin 1866 serait applicable, il a décidé que l'entrepreneur était recevable à réclamer, plus de six mois après l'expiration du trimestre dans lesquels les travaux avaient été effectués, contre des erreurs qui ne lui avaient été révélées que par le compte définitif, et qu'il n'avait pas été mis à même de connaître, ni par des attachements, ni par des décomptes partiels, ni autrement. (C. d'Etat, 13 juillet 1883, *Corre*, 665.)

D'ailleurs, ici comme pour les travaux des ponts et chaussées, le délai ne court que de l'arrêté de compte définitif. S'il plaît à l'Administration de dresser des décomptes provisoires, sans arrêté de compte, ces décomptes ne peuvent avoir vis-à-vis de l'entrepreneur que le caractère provisoire ; en conséquence, une réclamation formée dans les six mois de la présentation du compte général et définitif serait recevable, nonobstant l'acceptation d'un précédent décompte provisoire. (C. d'Etat, 20 juin 1884, *Pechwerty*, 507.)

L'entrepreneur n'est pas obligé de formuler un mémoire complet : il suffit qu'il précise ses réclamations, indique nettement les points sur lesquels elles portent, et les motifs sur lesquels il s'appuie. (C. d'Etat, 16 novembre 1883, *Rouard*, 823 ; 20 juin 1884, *Pechwerty*, 507 ; 25 juillet 1884, *Paris*, 662.)

Il arrive quelquefois que, malgré les dispositions du cahier de 1876, le décompte n'est pas dressé par exercices, qu'il y a des chevauchements d'exercices, que, par exemple, sous prétexte d'épuiser les crédits, l'Administration comprend comme exécutés pendant une année, des travaux qui n'ont été exécutés que l'année suivante. Le décompte, en ce cas, ne fait pas courir le délai de réclamation de l'entrepreneur, qui a droit à un décompte de fin d'année pour ces travaux. (C. d'Etat, 20 juin 1884, *Pechwerty*, 507.) Seulement, il faut bien comprendre que cette prorogation des délais ne s'étend qu'à la partie du décompte relative aux travaux compris par anticipation dans ce décompte. Si un décompte comprend des travaux exécutés en 1879 et des travaux exécutés en 1880, et qu'il soit présenté dans le courant de l'année 1880, pour une entreprise non encore terminée, le délai ne court pas pour la partie du décompte relative aux travaux exécutés en 1880 par anticipation, mais le délai court au sujet de la partie du décompte relative aux travaux exécutés en 1879 ; pour ces travaux en effet le décompte est régulier. (C. d'Etat, 11 mai 1883, *Copin*, 466.)

Dans le même sens, des réclamations relatives à deux exercices peuvent être présentées par le même acte, mais la question de déchéance doit être examinée séparément pour chaque exercice. (C. d'Etat, 2 mai 1884, *Mourier*, 344.)

L'étendue de la déchéance est la même que celle qui est établie par le cahier des ponts et chaussées et dont nous avons parlé dans le chapitre précédent (n° 1018). Cette déchéance s'applique aux réclamations autres que celles qui concernent l'exécution des travaux, l'application des prix, etc.; notamment à une demande d'indemnité basée sur la hausse de la main-d'œuvre (C. d'Etat, 2 mai 1884, *Mourrier*, 344), à une demande d'indemnité pour activité excessive imprimée aux travaux et perte d'industrie. (C. d'Etat, 11 juillet 1884, *Oudin*, 594.) La jurisprudence applique très rigoureusement la déchéance. (C. d'Etat, 6 juillet 1883, *Guillerat*, 630; 9 février 1883, *Mathieu*, 157.) Il arrive parfois, dans des cas fort rares du reste, que le Ministre de la guerre offre, à titre gracieux, une certaine somme, malgré la déchéance encourue; en ce cas, les tribunaux administratifs doivent se borner à en donner acte, mais ils ne peuvent rien allouer de plus que la somme offerte. (C. d'Etat, 9 août 1880, *Albertolli*, 781; 8 décembre 1882, *Monier*, 1002.)

1108. — *Cahier de 1887.* — Le cahier consacre un titre entier, le titre III, au règlement des dépenses; le système qu'il inaugure, bien qu'un peu compliqué, évite beaucoup de difficultés, et fait disparaître un certain nombre des principales causes de conflit entre l'entrepreneur et l'Administration.

D'après l'article 46, « à défaut de stipulations spéciales dans le « marché, les comptes sont établis d'après les quantités d'ouvrages « réellement effectuées, suivant les dimensions et les poids consta- « tés par des métrés définitifs et des pesages faits en fin ou en « cours d'exécution, sauf les cas prévus par l'article 26, et les « dépenses sont réglées d'après les prix et les méthodes de mesu- « rage indiqués au marché.

« L'entrepreneur ne peut, dans aucun cas, pour les métrés et « pesages, invoquer en sa faveur les us et coutumes, non plus que « pour l'interprétation ou l'explication des diverses clauses de son « marché. »

1109. — Ces règles générales posées, le premier des documents donnant les éléments des comptes est le carnet-journal, où l'on porte, à mesure qu'ils se produisent, et sans lacunes, tous les faits de dépenses ne donnant pas lieu à un métré, et où l'on inscrit, quand il y a lieu, le nombre des journées d'ouvriers; d'après l'article 27 du règlement du 1er décembre 1887, le carnet-journal sert à l'inscription :

1° Des longueurs, quantités et poids constatés contradictoirement sur le chantier avec les entrepreneurs et fournisseurs;

2° De la réception des matériaux entrant en approvisionnement au compte de l'Etat, et de leur consommation;

3° Du résumé des journées d'ouvriers;

4° De la mention pour mémoire et pour date des attachements servant aux métrés;

5° Enfin de tous les autres faits intéressant l'exécution des travaux et pouvant ouvrir des droits contre l'Etat aux entrepreneurs et fournisseurs.

Les inscriptions du carnet-journal ont seulement pour objet une constatation et ne comportent aucun calcul autre que l'addition des quantités de même nature.

Le carnet-journal est tenu par le chef de chantier, ou par ses agents, si le chef de service veut bien l'autoriser. Les inscriptions, dit l'article 26 du règlement ci-dessus cité, sont signées par l'entrepreneur ou son agent dûment délégué, et, le cas échéant, par le fournisseur. Elles ne forment titre pour l'entrepreneur ou le fournisseur qu'après avoir été acceptées par le chef de chantier et visées par le chef de service.

Le carnet-journal est arrêté et visé le 15 et le dernier jour de chaque mois par le chef de chantier, qui y résume et y précise les éléments de comptabilité.

Il est, aux mêmes dates, présenté à l'entrepreneur qui doit le signer pour acceptation, et revêtu du visa du chef du service, lequel comporte autorisation de relever les inscriptions de la quinzaine aux livres et registres de comptabilité.

1110. —En dehors de ce carnet-journal, et en raison de l'importance des mesurages, on a créé spécialement pour les métrés un carnet, dit carnet de métrés pour la tenue à jour des attachements; double d'un recueil de croquis d'attachements sur lequel sont portés des lettres ou signes de renvoi répétés au carnet, de façon qu'il soit possible de retrouver facilement les parties correspondant aux diverses inscriptions. Le cahier de 1887 consacre un article à la tenue de ce registre et à la prise des attachements.

« Les attachements, pesées et éléments de métrés sont pris au « fur et à mesure de l'avancement des travaux par le chef de chan-« tier ou son délégué, contradictoirement avec l'entrepreneur ou lui « dûment convoqué ; l'entrepreneur doit les signer au moment de « la présentation qui lui en est faite. Ils sont inscrits par l'agent « qui les relève sur des carnets ou des dessins, et signés par lui et « par l'entrepreneur ou un de ses commis muni d'une délégation « par écrit.

« Les métrés des ouvrages ou parties d'ouvrages sont portés à « l'aide des éléments du cahier d'attachements sur des carnets de « métrés, qui doivent être arrêtés aux époques fixées par les ins-« criptions et signés par l'entrepreneur.

« Aucun objet payable au poids ne peut être mis en place, aucun « travail ayant pour conséquence de faire disparaître les éléments « de métrés ne peut être exécuté, sans que le chef de chantier ait « été prévenu en temps opportun.

« Dans le cas contraire, le chef de chantier peut, aux frais de « l'entrepreneur, faire exécuter les fouilles ou démolir les parties « d'ouvrages nécessaires pour la vérification des poids, des cotes « ou dimensions.

« Les éléments de dépenses résultant des attachements et des « carnets sont portés sur un registre de comptabilité, où un « compte particulier est ouvert à chaque entrepreneur concourant « au travail, qui peut toujours en faire prendre copie.

« Les comptes des registres sont arrêtés, au moins tous les deux
« mois, à partir de la fin de février, et signés après chaque arrêté
« par l'entrepreneur ; les erreurs commises, corrigées ostensible-
« ment, doivent être également approuvées par l'entrepreneur.

« Lorsque l'entrepreneur refuse de signer les attachements, car-
« nets ou registres, il est dressé procès-verbal de la présentation
« qui lui est faite de ces documents, et il lui est accordé un délai
« de dix jours à dater de la présentation ainsi constatée pour for-
« muler ses observations. Le même délai lui est accordé pour le
« même objet dans le cas où il ne signe les attachements, carnets
« et registres qu'avec réserves : le délai court alors de la date de la
« signature. Faute par l'entrepreneur d'avoir formulé et déduit ses
« réclamations par écrit dans ce délai, il est réputé avoir accepté
« les attachements et n'est plus ensuite recevable à en contester
« les inscriptions.

« Les résultats des attachements inscrits sur les carnets ne sont
« portés en compte au registre de la comptabilité qu'autant qu'ils
« ont été admis par le chef de service. »

Le règlement du 1ᵉʳ décembre 1887 ajoute, dans son article 34,
que l'entrepreneur est autorisé à consulter dans les bureaux du
service les carnets, attachements, etc., et à prendre copie.

1111. — « En fin d'entreprise, dit l'article 48 du cahier, et à la
« fin de chaque exercice, il est établi par le chef du service d'exécu-
« tion un décompte constituant le règlement général de l'entreprise
« ou de l'exercice ; le décompte, appuyé des éléments qui ont servi
« à l'établir, est présenté, sans déplacement des pièces, à l'accepta-
« tion de l'entrepreneur ; si ce dernier refuse de l'accepter, il est
« dressé un procès-verbal de la présentation, et il lui est accordé un
« délai de vingt jours à dater de la présentation ainsi constatée
« pour déduire par écrit les motifs de son refus.

« Lorsque l'entrepreneur ne signe le décompte qu'avec des ré-
« serves, le même délai lui est accordé pour en déduire les motifs
« par écrit. L'entrepreneur doit en conséquence, dans l'un et l'autre
« cas, formuler, au cours de ce délai de vingt jours, les réclamations,
« autres que celles périmées conformément aux articles 10 et 47
« ci-dessus, auxquelles le décompte pourrait donner lieu de sa part :
« il n'est plus admis ensuite à en élever aucune, excepté pour
« omissions ou erreurs matérielles et dans les conditions prévues
« en l'article 60. Sous cette seule réserve, le règlement général est
« censé accepté par lui, passé ledit délai de vingt jours, quand bien
« même il ne l'aurait pas signé, ou ne l'aurait signé qu'avec des
« réserves dont il n'aurait pas déduit les motifs. »

1112. — On voit qu'en dehors des mesures nécessaires pour
mettre la comptabilité en harmonie avec la nature du marché
qui est dorénavant le marché sur devis, le cahier de 1887 prescrit
une méthode plus simple et plus rapide que l'ancienne. Ce qu'il
faut surtout remarquer, c'est la correspondance qu'il établit entre
l'Administration et l'entrepreneur, à chaque instant et pour toutes
les parties de l'entreprise ; il en résulte que les pièces qui servent

à établir les bases du compte ont, dès l'origine, un caractère contradictoire. Toutes ces pièces sont signées par l'entrepreneur, et
pour éviter les difficultés que nous avons signalées au sujet des
travaux des ponts et chaussées, l'entrepreneur peut se faire remplacer par un commis, mais à la condition de lui donner à cet
effet une délégation spéciale. Nous voyons cependant avec
regret que le nouveau cahier a conservé le court délai de dix
jours pour réclamer contre les indications des arrêtés et des attachements; que, bien plus, par une imitation du cahier des ponts
et chaussées, imitation qui n'était certainement pas nécessitée par
la nature du marché adopté, le cahier de 1887 crée une déchéance
spéciale pour les réclamations contre les décomptes. C'est une
aggravation de l'ancien état de choses. Nous avons dit que sous
le cahier de 1876, l'entrepreneur n'avait aucun délai spécial à
observer pour ses réclamations contre les décomptes; il n'était
soumis qu'à la déchéance générale de six mois du décret de 1806;
aujourd'hui et sous le nouveau cahier, il est soumis à une déchéance spéciale de vingt jours. Si le décret de 1806 subsiste
encore virtuellement en droit, en fait, il est abrogé, puisque le
nouveau cahier prescrit un délai de vingt jours et qu'il est applicable à tous les travaux et à toutes les fournitures du Ministère de
la guerre, ainsi que le déclare son article premier. Peut-être peut-
on dire qu'il y a là une illégalité, que si un texte législatif a prescrit un délai sous peine de déchéance, il n'est point permis
de l'abroger en fait par une clause d'un cahier de charges applicable à tous les travaux du Ministère, et qui est élaboré par une
commission exclusivement nommée par le Ministre, sans aucune
délégation du Pouvoir législatif. Mais nous ferons observer que si
les membres du Parlement peuvent voir dans ce fait un cas de
responsabilité ministérielle, la disposition du cahier est légale et
obligatoire pour les particuliers. Si le décret de 1806 est d'ordre
public, c'est en ce sens que le délai qu'il prescrit ne peut être
étendu; mais il est très loisible d'y déroger par une convention
particulière, qui restreint au contraire ce délai; à ce point de vue,
le décret n'est plus d'ordre public, la convention est donc obligatoire pour les entrepreneurs qui la signent : c'est à eux à voir,
avant de se présenter aux adjudications, s'ils veulent accepter
cette convention.

1113. —Le décret de 1806 conserve encore cependant une faible application. Nous avons vu, en traitant des décomptes dans
les travaux des ponts et chaussées, que l'expiration du délai de
vingt jours n'emportait pas déchéance pour les réclamations fondées sur des omissions et erreurs matérielles ; il en est de même
pour les travaux du Ministère de la guerre sous l'empire du cahier de 1887 ; seulement les rédacteurs du cahier ont eu bien soin
de dire que ces réclamations restent soumises alors au droit
commun pour les réclamations des travaux du Ministère de la
guerre, c'est-à-dire au décret de 1806. Article 60 : « Les récla-
« mations pour omissions et erreurs matérielles, qui seules peuvent

« être admises après le délai fixé à l'article 47, doivent être, sous
« peine de déchéance, présentées dans les six mois qui suivent la
« date à laquelle le chef de service a arrêté le règlement général de
« l'entreprise. »

CHAPITRE III

De l'action en règlement de compte.

1114. — Objet de ce chapitre. — Règlement du compte.
1115. — L'entrepreneur a qualité pour le demander.
1116. — *Quid* de ses héritiers ?
1117. — Droits de ses créanciers.
1118. — Réclamation des sous-traitants, cessionnaires, associés etc.... ;
   distinction : sous-traités, cession, etc., approuvés ou non-ap-
   prouvés.
1119. — Formes de l'approbation : approbation tacite.
1120. — Critiques de la jurisprudence en ce qui concerne particulièrement
   les sous-traitants.
1121. — Réclamations des cautions.
1122. — Recevabilité de l'action des syndics.
1123. — Contre qui l'action en règlement doit être dirigée.
1124. — Travaux des départements.
1125. — Action de l'Administration contre l'entrepreneur.

1114. — Nous venons d'étudier tout ce qui concerne la communication des comptes de l'entreprise, et les effets de l'acceptation ou du refus des pièces communiquées. Il nous faut maintenant, prenant le cas où des difficultés s'élèvent entre l'Administration et l'entrepreneur, faire connaître les personnes qui ont le
droit, à un titre quelconque, de s'adresser à la juridiction contentieuse pour obtenir le règlement définitif de l'entreprise.

1115. — En première ligne, l'entrepreneur, partie au contrat,
a évidemment qualité pour agir.

1116. — L'héritier de l'entrepreneur, continuant sa personne,
jouit des droits qu'il avait lui-même, et il est admis à réclamer,
aux lieu et place de son auteur, contre les opérations du décompte,
sauf, bien entendu, à voir repousser ses réclamations par toutes
les fins de non-recevoir ou les moyens de fond qui auraient pu
être invoqués contre celui-ci. Le Conseil d'Etat a décidé notamment qu'en cas de diminution dans la masse des travaux, si l'entrepreneur renonce à demander une indemnité, et si cette renonciation est produite par l'Administration, les héritiers sont non
recevables à réclamer cette indemnité. (C. d'Etat, 5 juillet 1852,
héritiers Dalalande, 278.)

1117. — En est-il de même des créanciers de l'entrepreneur ?
— Ont-ils le droit d'intervenir devant la justice administrative,
soit en vertu de l'art. 1166, comme le représentant et exerçant
ses droits, soit en vertu de l'art. 1167, pour attaquer les actes
faits en fraude de leurs droits ou tout au moins pour surveiller et
contrôler l'établissement du décompte ?
Sur ce point la jurisprudence paraît fixée. Le Conseil d'Etat se

prononce en toute hypothèse pour la non-recevabilité de l'action ou de l'intervention des créanciers. (C. d'Etat, 22 fév. 1821, *Dubournial;* 14 juillet 1830, *Jouvenel,* 367; 14 fév. 1834, *Raquin,* 136; 12 fév. 1841, *Best,* 61; 15 mars 1849, *Rouvillois,* 152; 26 mars 1850, *Painchaux,* 314; 10 fév. 1859, *Brenon et consorts,* 120; *voy.* cep. 15 avril 1857, *Velut,* 276.) — Ces divers arrêts sont conçus en termes à peu près identiques : ils se bornent à résoudre la question par la question. Ainsi l'arrêt du 10 fév. 1859 porte « que les sieurs Brenon et consorts, en supposant « qu'ils soient créanciers des sieurs Vinot et Sevin, entrepreneurs « de travaux publics, ne peuvent être admis, en cette qualité, à « les représenter vis-à-vis de l'Administration, et à intervenir en « leur nom dans le règlement du décompte de leur entreprise; « que dès lors c'est avec raison que le Conseil de préfecture les a « déclarés non recevables dans leur demande. »

Cette rédaction laconique n'est pas de nature à éclairer la question : on trouve dans ces arrêts des autorités; on y chercherait vainement des lumières. Ce laconisme s'explique peut-être par la difficulté qu'a dû rencontrer le Conseil d'Etat pour donner une bonne raison à l'appui de ses décisions. Comment, en effet, expliquer l'exception qu'il crée ici aux principes du droit commun? L'art. 1166 autorise tous les créanciers, sans distinction, à exercer les droits que leur débiteur négligent laisse périr, hormis ceux qui sont attachés à sa personne. Or, il ne s'agit pas ici de droits de cette nature. Tous les auteurs qui se sont occupés de l'explication de l'art. 1166 reconnaissent que les droits purement pécuniaires n'appartiennent pas à cette catégorie, sauf le cas où la loi a stipulé des exceptions particulières. (Art. 631, 634, 481, 1446 C. civ.) Il faut qu'à l'intérêt pécuniaire vienne se joindre un intérêt moral pour que l'exercice de l'action soit interdit aux créanciers. Or, d'une part, le droit qui appartient à un entrepreneur de travaux publics de critiquer le décompte et de demander le payement du solde est essentiellement et purement pécuniaire. D'un autre côté, aucun texte de loi n'interdit, en matière administrative, aux créanciers, l'exercice de ce droit. La loi du 28 pluv. an VIII, en attribuant aux Conseils de préfecture la connaissance des contestations qui s'élèvent entre *les entrepreneurs* et l'Administration, à l'occasion des marchés de travaux publics, ne peut pas s'interpréter en un sens restrictif, sous le prétexte qu'en parlant des entrepreneurs elle n'a pas parlé de leurs créanciers. Ne pas nommer ceux-ci, ce n'était pas les exclure. Devant les tribunaux, le créancier représente son débiteur; il est son ayant cause; il est, par une fiction légale, mais très réelle, ce débiteur lui-même. La loi du 28 pluv. an VIII, en donnant aux entrepreneurs le droit de porter leurs réclamations contre le décompte devant les Conseils de préfecture, appelle donc virtuellement à l'exercice de ce droit tous ceux qui, d'après la loi commune, ont la faculté d'agir en son nom et en son lieu et place.

Pour que l'interprétation contraire fût admissible, il faudrait que l'application des principes ordinaires ne fût pas compatible

34

avec la nature et l'organisation particulière des juridictions administratives. Mais il n'en est pas ainsi. On admet les héritiers à la discussion du décompte; et il le fallait bien, en vérité, à moins de déclarer l'Administration libérée quand l'entrepreneur vient à mourir avant le règlement définitif de l'entreprise. Mais pourquoi donc en écarter les créanciers? Dira-t-on qu'ici des difficultés particulières peuvent se présenter; que l'intervention des tiers fera naître des questions préjudicielles dont la solution devra être renvoyée devant les tribunaux administratifs? Mais verra-t-on là un argument vraiment sérieux? Tous les jours, les Conseils de préfecture sont tenus de s'arrêter devant des questions préjudicielles. C'est un inconvénient inévitable, parce qu'il est la conséquence même de la nature de l'institution et du caractère exceptionnel des juridictions administratives. Dira-t-on, enfin, que les débats sur le compte, entre l'Administration et les tiers, sont pour ainsi dire impossibles, parce que les éléments du procès sont, en partie au moins, entre les mains de l'entrepreneur? Je reconnais la gravité de l'objection au point de vue pratique; mais je ne puis y voir un obstacle insurmontable à l'exercice d'une faculté reconnue et consacrée par la loi. Il ne faut pas, d'ailleurs, s'en exagérer l'importance. Les réclamations de l'entrepreneur ne sont recevables devant le Conseil de préfecture que lorsqu'elles ont été formulées dans les vingt jours de la présentation du décompte, avec motifs à l'appui. Le droit de ses créanciers est naturellement subordonné à l'accomplissement de cette formalité. Ils ne peuvent poursuivre le redressement de leurs griefs contre le décompte qu'autant que cette condition a été remplie. Il n'y a donc pas à craindre que leurs réclamations s'égarent et se multiplient à l'infini. Enfin, la crainte de s'exposer à des frais inutiles, quand ils n'auraient pas en main la justification de leurs demandes, rendrait leur intervention très rare et sans danger pour l'intérêt public.

A l'appui de la jurisprudence, on invoque le principe de la responsabilité personnelle de l'entrepreneur, et on dit que, suivant les règles générales, les créanciers peuvent exercer tous les droits de leurs débiteurs à l'exception de ceux qui sont exclusivement attachés à la personne, et il faut considérer comme tel le droit de discuter le décompte avec l'Administration. Cette manière de voir, dont M. Aucoc s'est fait le partisan dans ses conférences (t. II, n° 616), conduit d'abord à ce résultat équitable et logique qu'il faut distinguer entre le droit de demander le payement du prix d'un travail, le prix dû par l'Administration, qui est un droit certainement pécuniaire et qui n'est certainement pas attaché à la personne, et le droit d'intervenir au règlement du décompte, qui est, au contraire, personnel. Cette distinction a été adoptée par la jurisprudence. A ce point de vue, il n'y a pas de différence à faire entre les créanciers, les cessionnaires, les cautions, sous-traitants ou autres ayants cause de l'entrepreneur; la même doctrine leur est applicable.

Certes il y a là un pas de fait vers l'équité; mais alors pourquoi

ne pas aller plus loin et permettre aux ayants cause de l'entrepreneur d'intervenir au règlement du décompte ? En demandant
le règlement du prix de ses travaux, et en discutant ce règlement,
l'entrepreneur s'occupe-t-il d'autre chose que d'un droit pécuniaire ? Dira-t-on que ce droit, bien que n'étant pas personnel
de sa nature, l'est devenu par la convention, par une clause du
cahier des charges ? Nous ne verrions pas bien le but de cette
clause : le prompt et juste règlement d'un décompte ne peut dépendre du caractère plus ou moins accommodant d'un entrepreneur ; en pareille matière on ne doit s'inspirer que du droit et
de l'équité.

Les principes suivis par la jurisprudence amènent des conséquences fâcheuses au crédit de l'entrepreneur et, indirectement, à
l'État, au département ou à la commune. Dans tous les cas où
l'entrepreneur a des créanciers, bailleurs de fonds ou ayants cause,
l'Administration, au moment du règlement du décompte, n'a pas
en face d'elle le principal intéressé. Dans ces conditions, le prêteur fera des conditions fort dures et, à moins d'avoir un gros
capital personnel, l'entrepreneur ne pourra offrir aux adjudications qu'un faible rabais. On a cherché, dans ces dernières années,
à favoriser les petits entrepreneurs, les sociétés coopératives,
syndicats et associations ouvrières. On a dans ce but pris des
mesures spéciales (lotissement des entreprises par nature de
travaux, etc.). On n'a pas pris garde que ces petits entrepreneurs,
ces associations, etc., ayant peu ou point de capitaux personnels,
étaient toujours obligés d'avoir recours à des bailleurs de fonds
et au crédit de leurs fournisseurs ; il eût fallu leur rendre ces emprunts faciles et peu onéreux. Le capital et le travail s'unissent
pour une entreprise, tous les deux ont le même intérêt et doivent
avoir le même droit à discuter le décompte qui doit leur assurer
leur rémunération à tous les deux.

1118. — Il y a toute une catégorie de personnes qui ont dans
l'entreprise un intérêt direct : ce sont les associés, les cessionnaires, les sous-traitants et les cautions. Leur situation est-elle préférable à celle des créanciers ?

L'entrepreneur peut avoir des associés, des coïntéressés ; le
fait n'a, en lui-même, rien d'illicite. Mais s'ils ne sont pas en nom
dans le procès-verbal d'adjudication, l'Administration, par une
fiction juridique, les considère comme n'existant pas, et ne pouvant en conséquence exercer aucune action contre elle. Si au contraire les associés, coïntéressés, sous-traitants, ont été agréés par
l'Administration au moment de l'adjudication, ou si, postérieurement à cette adjudication, l'Administration a été prévenue des associations, parts d'intérêt, sous-traité, cession totale ou partielle,
et si elle a donné son approbation, elle a, par ce fait, reconnu l'existence et les droits de ces personnes ; elle ne peut leur dénier le
droit d'agir contre elle. Cette distinction est très bien indiquée
dans l'article 9 du cahier des ponts et chaussées de 1866. (Voyez
supra, nᵒˢ 553 et suiv.)

C'est ainsi qu'en l'absence de toute indication au procès-verbal d'adjudication ou d'approbation postérieure, le droit d'intervenir au règlement du décompte a été refusé aux associés, sous-traitants, cessionnaires, etc., par les arrêts suivants. (C. d'État, 10 février 1859, *Brenon et consorts*, 120 ; 16 mai 1872, *Coiret*, 321 ; 10 janvier 1873, *Doussel*, 37 ; 28 novembre 1873, *Martin et Bourdillon*, 917 ; 17 décembre 1880, *Mayoux*, 1010.)

1119. — En règle générale, l'approbation du sous-traité, de l'association, de la cession, doit être expresse pour être prise en considération au point de vue qui nous occupe. Cependant la jurisprudence a admis dans certains cas très favorables l'approbation tacite résultant d'actes de l'Administration, qui ne se comprendraient pas sans cette approbation. C'est ainsi par exemple qu'un entrepreneur ayant cédé son entreprise en cours d'œuvre, l'Administration est entrée en relations avec le cessionnaire, lui à donné des ordres, a procédé contradictoirement avec lui à la réception de l'ouvrage, ou a admis ce cessionnaire à la discussion du décompte. (C. d'État, 14 décembre 1854, *Ville de Nangis*, 979.) Dans une autre espèce, un entrepreneur avait prévenu l'Administration qu'il avait cédé son entreprise ; les agents de l'Administration avaient assisté et concouru à la prise de possession du cessionnaire et lui avaient laissé continuer les travaux ; la cession a été reconnue valable vis-à-vis de l'Administration. (C. d'État, 24 décembre 1863, *Franciel*, 887.) Mais cette approbation tacite doit émaner évidemment de l'autorité qui serait compétente pour donner l'approbation expresse. (C. d'Etat, 10 janvier 1873, *Doussel*, 37.)

Cette jurisprudence relative aux associés, sous-traitants et cessionnaires est aussi critiquable que celle relative aux créanciers.

1120. — En ce qui concerne les sous-traitants de l'entrepreneur principal, les arrêts se fondent spécialement sur les dispositions de l'article 9 du cahier des Clauses et conditions générales, d'après lequel l'entrepreneur ne peut céder tout ou partie de son entreprise. On en tire la conséquence que le sous-traitant qui a contracté au mépris de cette clause a dû s'attendre à n'avoir affaire qu'avec l'entrepreneur.

Mais il me semble que le Conseil d'Etat s'est mépris sur la portée de cette prohibition, édictée uniquement en vue de l'exécution des travaux. (*Voy.* C. d'Etat, 19 mars 1848, *Min. des trav. publ.*, 649 ; 26 mars 1850, *Painchaux*, 314.) L'Administration, qui soumet l'admission de l'adjudicataire à des conditions d'aptitude, ne veut pas qu'au moyen de sous-traités « les travaux soient abandonnés à des spéculateurs inconnus ou inhabiles ». Mais l'exclusion des sous-traités n'implique pas la négation des droits attachés en général à la qualité de créancier.

Les sous-traitants ne viennent pas demander à l'Administration le règlement de leur entreprise. Ils n'entendent pas faire intervenir dans le débat les conditions particulières de leur traité. L'Administration est étrangère à ces conventions ; elle les interdit, et il est juste que ce compte particulier se règle en arrière d'elle et devant les juges ordinaires. Mais ce que les sous-traitants peuvent demander, c'est, en leur qualité d'ayants cause de l'entrepreneur principal, le règlement du compte qui est dû à celui-ci, abstraction faite de ses obligations envers eux. Ils se présentent alors, en un mot, comme créanciers de l'entrepreneur, et non pas comme sous-traitants. L'interdiction des sous-traités contenue dans l'article 9 n'a donc rien à faire ici. L'Administration n'est pas fondée à dire qu'ayant traité avec l'entrepreneur seul, elle ne connaît pas, même pour ce qui concerne l'établissement du compte, les tiers qui exercent ses droits. Car c'est là le sort commun de tous ceux qui contractent des obligations réciproques et qui ont des comptes à régler avec une personne ayant des créanciers. On ne peut y échapper que dans les cas formellement prévus par la loi. Or, nous le répétons, la loi est muette, et l'article 9 des conditions générales n'a pas la portée d'une stipulation de nature à écarter les créanciers de l'entrepreneur.

1121. — Quel que soit le mérite de ces considérations, la jurisprudence du Conseil d'État ne paraît pas disposée à en tenir compte et n'admet pas même les cautions à la discussion du décompte, si l'entrepreneur est seul désigné dans le procès-verbal de l'adjudication. (C. d'État, 6 juin 1830, *Gogœcha*. 283 ; 14 juill. 1830-*Jouvenel*, 367 ; 15 mars 1849, *Rouvillois*, 152.) Cependant, aux raisons que nous venons de signaler, vient s'ajouter celle-ci, savoir : que si la caution n'est pas précisément partie au contrat, cependant elle est connue de l'Administration, par laquelle elle a dû être agréée. De plus, l'État possède, en vertu de la loi du 4 mars 1793, une hypothèque sur les immeubles affectés par les tiers à la garantie des obligations de l'entrepreneur. Ne semble-t-il pas conséquent de donner à celui qui s'est porté caution le droit de défendre ce gage, en prenant part à la discussion du décompte, puisque sa dette s'élève ou s'abaisse suivant que le solde dû à l'entrepreneur est plus ou moins élevé ?

1122. — Ce qui montre bien le vice du système adopté par le Conseil d'État, c'est l'exception qu'il admet pour le cas où l'entrepreneur est tombé en faillite. On ne voit pas alors qu'il fasse difficulté de reconnaître aux syndics le droit d'intervenir dans les débats du compte. (C. d'État, 9 juillet 1886, *Vinciguerra, syndic de la faillite Coli et Pistoresi*, 593.) On remarquera que la jurisprudence ne donne pas seulement au syndic le droit d'intervenir : elle le considère comme légalement substitué à l'entrepreneur qui, par le jugement déclaratif de faillite, est dessaisi de l'exercice de ses droits et actions. Ainsi lorsqu'un entrepreneur tombe en faillite, c'est au syndic seul qu'il appartient de discuter le décompte, et réciproquement c'est contre ce syndic que toute action de l'Administration doit être exercée. Il a même été jugé que si un entrepreneur a été déclaré en faillite, c'était au syndic et non à l'entrepreneur que devaient être notifiés l'avis du dépôt du décompte et la sommation d'en prendre connaissance, et que la notification faite à l'entrepreneur n'avait même pas pour effet de faire courir le délai fixé pour produire les réclamations. (C. de préf. de la Savoie, 18 mars 1887, *faillite Germonty*. Pandectes françaises, 1887, IV, 23.)

Or, qu'est-ce qu'un syndic, sinon le représentant de la masse et de chacun des créanciers, agissant en leur lieu et place, et exerçant leurs droits ? A ce point de vue, il paraît certain que si les créanciers, pris individuellement, n'ont pas le droit d'agir, les syndics, considérés comme leurs représentants, devraient être également déclarés non recevables. Le Conseil admet, au contraire, leurs réclamations, appliquant ainsi les dispositions du droit commun en matière de faillite. Vainement dirait-on, pour justifier cette exception à sa propre jurisprudence, que, dans le cas de faillite, l'entrepreneur lui-même est destitué de ses biens et du droit d'ester personnellement en justice, et qu'il faut bien admettre, en son lieu et place, les représentants que la loi lui a donnés. Car il n'eût pas été plus contraire à la loi de refuser, dans le cas de faillite, tout droit d'action aux syndics que de le refuser aux créanciers lorsque la faillite n'est pas déclarée. Le Conseil pouvait déclarer les règles en matière de faillite inapplicables devant les juridictions administratives, aussi bien que toute autre règle empruntée au droit commun. Si l'entrepreneur failli est également empêché d'agir, il peut l'être physiquement dans l'autre hypothèse : il peut être interdit, ou sous le coup de poursuites criminelles, ou absent ; il peut apporter des lenteurs calculées à l'établissement du compte, en un mot, compromettre volontairement ou involontairement les créanciers, ce qui nous paraît suffire pour expliquer et justifier, sans exception, leur intervention devant la justice administrative. Il n'y a pas, tout au moins, de raison pour leur permettre d'exercer ce droit par l'intermédiaire des syndics de la faillite, et le leur interdire personnellement.

1123. — Soit l'action de l'entrepreneur ou de ses héritiers, soit l'action des créanciers ou des syndics de la faillite, doit être dirigée contre l'Administration qui a fait exécuter les travaux. L'État, les départements ou les communes doivent être mis en cause suivant qu'il s'agit de travaux publics généraux, départementaux ou communaux. Il n'y a pas à se préoccuper, à ce point de vue, des subventions fournies par des parties intéressées. Ainsi il arrive souvent que l'État contribue à l'exécution de travaux exécutés pour le compte d'une commune, et que, de même, une commune ou un département s'engagent à verser une certaine somme pour l'exécution d'un travail d'utilité générale. Dans le premier cas, les travaux n'en conservent pas moins leur caractère de travaux communaux; dans le second, ils ne perdent pas celui de travaux de l'État. Voilà ce qu'il ne faut pas oublier quand il s'agit de savoir contre qui l'action à fin d'exécution ou de règlement du marché doit être intentée. (C. d'État, 22 juin 1877, *Escarraguel*, 621.)

1124. — Les mêmes règles doivent être observées en matière

de travaux exécutés pour le compte des départements. Le préfet exerce les actions intéressant le département, véritable personne morale distincte de l'Etat. Le préfet seul a donc qualité pour réclamer contre le décompte, et réciproquement, c'est contre lui seul que doivent être formées les réclamations des entrepreneurs. De même, en matière de travaux communaux, l'action doit être exercée contre le maire en exercice. Nous ne saurions mieux faire que de renvoyer, à ce sujet, à l'organisation des travaux publics communaux (nos 175 et suivants).

1125. — Il ne peut pas s'élever de difficultés lorsqu'il s'agit des réclamations de l'Administration contre l'entrepreneur. Elle s'adresse naturellement à celui avec lequel elle a traité, ou à ses héritiers.

Cependant on s'est demandé si, dans le cas où l'entrepreneur tombe en faillite, l'action ne doit pas être dirigée uniquement et exclusivement contre les syndics. En général, les syndics ont seuls qualité pour représenter le failli, privé, par le fait de la déclaration de faillite, du droit d'ester personnellement en justice. Mais il y a des circonstances, et c'est ce qui a lieu en matière de règlement de décompte, où la présence de l'entrepreneur au débat peut être, on le comprend, d'un intérêt essentiel ; cela suffit, croyons-nous, pour autoriser l'Administration à l'y appeler ou à l'y maintenir. Il a été jugé que, lorsque l'entrepreneur chargé d'une régie de travaux publics est tombé en faillite après l'achèvement des travaux, et que l'Administration, pour le compte de laquelle ils ont été faits, intente une demande en dommages-intérêts, à raison de vices graves et de malfaçons, l'action doit être dirigée à la fois contre l'entrepreneur et contre les syndics : l'entrepreneur assigné personnellement ne peut être mis hors de cause. Si l'article 443 du C. de comm. exige qu'après la déclaration de faillite toutes les actions mobilières soient exercées contre les syndics, aucune disposition législative ne défend d'appeler le failli en cause, soit pour fournir des renseignements, soit pour répondre aux conclusions qui seront dirigées contre lui personnellement. (C. d'Etat, 26 juill. 1854, Morèle, 718.)

TITRE IX

DES PAIEMENTS ET DE LA DÉCHÉANCE

CHAPITRE PREMIER

Des paiements d'acompte et définitif, et de la retenue de garantie.

1126. — Paiements à compte : leur nécessité.

1127. — Paiements à compte sous l'empire des art. 15 et 33 du cahier de 1833 et du règlement du 28 septembre 1849.

1128. — Cahier de 1866 : art. 44.

1129. — Conséquences des retards dans les paiements : limites du droit de l'entrepreneur.

1130. — Conséquences du défaut complet de paiements d'acompte : droit de l'entrepreneur de demander la résiliation.

1131. — Les paiements doivent s'effectuer tous les mois d'après l'importance des travaux accomplis.

1132. — Les sommes ordonnancées doivent être payées immédiatement.

1133. — Retenues que subit l'entrepreneur.

1134. — Retenue du dixième : cahiers de 1833 et de 1866.

1135. — Époque de la restitution de la retenue de garantie : le refus de restitution donne-t-il lieu à un recours contentieux? Distinctions.

1136. — Pièces à fournir pour obtenir la restitution.

1137. — Conditions auxquelles la restitution est subordonnée : réception définitive.

1138. — L'entrepreneur doit justifier de l'accomplissement de toutes ses obligations.

1139. — Formes du paiement du solde.

1140. — Conséquences du retard apporté au paiement du solde : allocation des intérêts : cahier de 1833.

1141. — Point de départ des intérêts sous le cahier de 1833 : modifications du cahier de 1866.

1142. — Travaux pour lesquels le cahier de 1833 reste en vigueur.

1143. — Nécessité d'une véritable demande en justice.

1144. — Les intérêts courent de plein droit, sous le cahier de 1866, trois mois après la réception définitive ; une demande en justice ne peut être présentée plus tôt.

1145. — L'allocation des intérêts est obligatoire.

1146. — Ils sont alloués sur toutes les sommes dues à l'entrepreneur qui ne peut demander d'autres dommages-intérêts.

1147. — Intérêts des intérêts : nécessité d'une demande spéciale.

1148. — Cas où le retard apporté au paiement du solde provient de la part de l'entrepreneur.

1149. — Cas où il provient de difficultés inhérentes à la liquidation.

1150. — La retenue de garantie est-elle productive d'intérêts?

1151. — Effets du paiement du solde.

1152. — Une provision est quelquefois accordée à l'entrepreneur en attendant la solution des contestations.

1153. — Travaux du Ministère de la guerre : cahier de 1876. Droit de l'entrepreneur aux acomptes.

1154. — Aucun délai n'est fixé pour leur versement.

1155. — L'entrepreneur est même tenu de se mettre en avance. Dans quelles
limites ? Difficultés auxquelles donne lieu l'article 64.

1156. — Droits de l'entrepreneur lorsque l'Administration exige des avances
exagérées.

1157. — Limite maxima des acomptes : retenue de garantie.

1158. — Quelles sont les dépenses effectuées sur lesquelles les acomptes
doivent être calculés ?

1159. — Comprennent-elles les approvisionnements ?

1160. — Époque du paiement du solde : approbation des comptes.

1161. — Intérêts du solde : une demande en justice est toujours nécessaire.

1162. — Formalités à suivre pour le paiement.

1163. — Cahier de 1887 : son système général.

1164. — Paiement d'acompte : pièces à fournir ; formalités.

1165. — Les acomptes sont payés tous les deux mois autant que possible.

1166. — Calcul des acomptes : ses éléments.

1167. — Il est tenu compte des approvisionnements.

1168. — Retenue de garantie.

1169. — Paiement pour solde : conditions auxquelles il est effectué.

1170. — Formalités à suivre pour le paiement du solde.

1171. — Allocation des intérêts pour retard au paiement du solde après la réception définitive.

1172. — Cas où il y a contestation : versement à la Caisse des dépôts et consignations.

1126. — En général, à moins de convention formelle, l'entrepreneur n'a droit au paiement de ses dépenses qu'après l'achèvement intégral des travaux et leur réception définitive. Mais
cette règle est d'une application impossible en matière de travaux publics. On ne trouverait pas d'adjudicataire assez riche
pour avancer les sommes énormes nécessaires à la confection des
travaux exécutés pour le compte de l'État, des départements et
quelquefois même des communes. Les cahiers des charges
contiennent donc des clauses qui autorisent l'Administration à
verser des acomptes en cours d'exercice.

1127. — Sous l'empire du cahier de 1833, ces paiements
étaient régis par les articles 15 et 33. D'après l'article 15, il pouvait « être accordé des acomptes sur le prix des matériaux jusqu'à concurrence des quatre cinquièmes de leur valeur ». De
plus, l'article 34 portait que « les paiements d'acomptes pour
« ouvrages faits s'effectuent en raison de l'avancement des tra-
« vaux, en vertu de mandats du préfet, expédiés sur des certifi-
« cats de l'ingénieur en chef, d'après les états fournis par l'ingé-
« nieur ordinaire, *jusqu'à concurrence des neuf dixièmes de la*
« *dépense*, et déduction faite des avances qui auront pu être dé-
« livrées sur les approvisionnements avant leur emploi ».

Le règlement du 28 septembre 1849 complétait ces dispositions, en indiquant les règles qui devaient être suivies pour la
délivrance des certificats de paiement.

« Lorsqu'il y a lieu de faire un paiement à un entrepreneur,
« l'ingénieur ordinaire rédige *un certificat pour paiement*, indi-
« quant la nature et le montant des dépenses.

« Cette pièce doit être accompagnée d'un décompte en quan-

« tités et deniers des ouvrages exécutés et des dépenses faites par
« l'entrepreneur pour justifier la proposition du paiement. Le
« décompte contient une situation comparative des fonds ordon-
« nancés mis à la disposition de l'ingénieur ordinaire sur le cha-
« pitre du budget qui doit supporter le paiement proposé, et des
« certificats pour paiement précédemment délivrés.

« Le certificat pour paiement et le décompte sont envoyés à
« l'ingénieur en chef : *le certificat de paiement est seul produit*
« *au payeur à l'appui du mandat.* » (Art. 29.)

Les mandats de paiement sont délivrés par les ingénieurs en
chef : à cet effet, les préfets leur sous-délèguent les ordonnances
de délégation mises à leur disposition par le Ministre des travaux
publics. (Art. 7.)

Sous l'empire de ces dispositions, il était d'usage que l'entrepreneur donnât chaque mois à l'entrepreneur un certificat
de paiement. « Très souvent, dans les entreprises importantes,
« il reçoit aussi, vers le 20, un mandat d'acompte sur le travail
« du mois suivant. » (*Chatignier*, sur l'art. 34.)

1128. — L'Administration elle-même a un grand intérêt à la
délivrance des acomptes, car de leur paiement exact dépend, la
plupart du temps, le succès de l'entreprise, et son achèvement
dans les délais fixés. Les rédacteurs du cahier de 1866 se
sont inspirés de cette idée. D'après l'art 44, « les paiements
« d'acompte s'effectuent tous les mois, en raison de la si-
« tuation des travaux exécutés, sauf retenue d'un dixième
« pour la garantie, et d'un centième pour la Caisse de secours des
« ouvriers. Il est en outre délivré des acomptes sur le prix des
« matériaux approvisionnés jusqu'à concurrence des quatre cin-
« quièmes de leur valeur.

« Le tout sous la réserve énoncée à l'article 49 ci-après. »

1129. — La première question qui se pose au sujet de cet article est celle de savoir dans quelle mesure l'Administration est
liée par sa disposition. Qu'arrivera-t-il si un retard est apporté au
paiement ?

Remarquons tout d'abord que les sommes à payer sont proportionnelles aux travaux exécutés dans le courant du mois ; l'entrepreneur ne pourra jamais exiger une somme plus considérable,
qui constituerait une avance. L'art. 44 fixe à cet égard un maximum : mais il ne fixe pas de minimum. Si l'Administration n'a
pas les fonds disponibles, elle peut se refuser au versement de
l'acompte mensuel, sans que l'entrepreneur ait aucune réclamation à élever.

Telle était déjà la règle sous l'empire du cahier de 1833. Les
articles 15 et 34 ne créaient pas, au profit de l'entrepreneur, un
droit susceptible d'être exercé par la voie contentieuse, et ne lui
permettaient pas d'obtenir une indemnité sous prétexte d'un retard de paiement pendant l'exécution des travaux. Telle était la
disposition formelle de l'article 34, § 2, que le Conseil d'État appliquait avec rigueur. (C. d'État. 6 mai 1836, *Rey-Giraud*, 226 ;

31 janvier 1848, *Martenot*, 59 ; 24 mai 1854, *Fougeron*, 494 ;
10 septembre 1855, *Troye et Danjou*, 626.) La demande d'une
indemnité devait toujours être repoussée, sous quelque forme
qu'elle se présentât : ainsi le prix de l'adjudication n'étant rigoureusement exigible qu'après la réception définitive, l'entrepreneur réclamait vainement, avant cette époque, les intérêts des
sommes restées entre les mains de l'Administration. (C. d'Etat,
22 août 1853, *Moizot*, 866.) Il était aussi reconnu que le défaut de
paiement n'autorisait pas davantage la suspension des travaux de
la part de l'entrepreneur, et l'exposait à supporter les conséquences de la régie ou de la résiliation prononcées à la suite de
cette suspension. (C. d'Etat, 19 mars 1849, *Daussier*, 169.) Enfin,
la délivrance des mandats ne constituait pas même un droit acquis au paiement, et il appartenait au préfet, lorsqu'il les considérait comme délivrés à tort à l'entrepreneur eu égard à l'avancement des travaux, d'en ordonner la restitution. (C. d'Etat, 1er décembre 1852, *Bertrand*, 574.)

Sous l'empire du cahier de 1866, les mêmes solutions doivent
être conservées.

L'article 44 renvoie à la réserve énoncée à l'article 49. Or, cet
article déclare précisément que l'entrepreneur n'a jamais un droit
acquis au paiement mensuel. « Les paiements ne pouvant être faits
« qu'au fur et à mesure des fonds disponibles, il ne sera jamais
« alloué d'indemnités, sous aucune dénomination, pour retard
« des paiements pendant l'exécution des travaux. » Dans cet alinéa,
il s'agit spécialement des paiements d'acompte en cours d'exécution : le paiement du solde est réglementé par le second alinéa,
dont nous parlerons plus loin.

Le principe est absolu : en cas de retard dans les paiements, l'entrepreneur n'a rien à réclamer. (V. arrêts cités plus haut, rendus
sous l'empire du cahier de 1833. *Adde :* 20 décembre 1872, *Vidal*,
746 ; 29 décembre 1876, *Chevalier*, 959.) A plus forte raison en
serait-il ainsi, si l'Administration avait un juste motif de refuser
le paiement, par exemple si une opposition à l'acquittement des
mandats avait été faite entre ses mains. (C. d'Etat, 26 décembre
1884, *Faivre*, 965.)

Nous avons vu également que le défaut de paiement des
acomptes n'autorisait pas l'entrepreneur à suspendre les travaux.
(N° 887.)

1130. — Toutefois il nous semble que le contrat, suivant les règles
posées par le Code civil, doit être exécuté de bonne foi : si le retard
dans les paiements d'acompte ne confère aucun droit à l'entrepreneur, le défaut complet de paiement d'acompte, ou le retard
prolongé pendant une ou plusieurs années, détruiraient les conventions, et seraient absolument contraires à ce que les parties
avaient raisonnablement pu prévoir. L'article 44 prévoit le retard
dans les paiements d'acomptes, il ne prévoit pas l'absence complète d'acompte, ou un retard assez prolongé pour équivaloir à
cette absence complète. Si on interprétait en sens contraire cet

article 44, la situation des entrepreneurs serait tellement aléatoire qu'ils ne pourraient offrir aux adjudications que des rabais très faibles, ou même ne soumissionneraient pas du tout. Nous croyons que la jurisprudence, ayant eu conscience des conséquences que produirait cette dernière interprétation, sans affirmer précisément la règle que nous venons de poser ci-dessus, évite avec grand soin de prononcer la règle contraire. (V. Barry, Cahier des ponts et chaussées, art. 49, n° 3; Perriquet, I, n° 415.)

Dans un arrêt du 1er avril 1868 (*Guernet*, 471), le Conseil d'Etat a refusé d'allouer aucune indemnité pour retard dans les paiements, sans la motiver uniquement par la disposition de l'article 49 : le Conseil d'Etat a cru devoir justifier son refus par cette considération de fait, que l'entrepreneur n'alléguait pas que la somme des travaux exécutés pendant l'année ait été inférieure à celle qu'il avait reçu l'ordre d'exécuter, et en raison de laquelle il avait dû organiser ses chantiers.

Dans un autre arrêt du 16 janvier 1874 (*Gauthier*, 63), il s'agissait d'un entrepreneur qui, pour faire prononcer la nullité de la régie qu'il avait subie, faisait valoir qu'il n'avait reçu que des acomptes insuffisants et très espacés, en sorte qu'au moment de la mise en régie, il était à découvert d'une somme considérable. Le Conseil, sans repousser en droit la prétention de l'entrepreneur, s'est borné à rechercher si en fait elle était fondée, s'il avait reçu des acomptes réguliers au fur et à mesure de l'avancement des travaux, et s'il avait protesté contre les situations mensuelles et annuelles de l'entreprise qui avaient servi de base au paiement des acomptes. Nous croyons donc, avec les auteurs ci-dessus cités, qu'en cas d'absence complète d'acomptes pendant une ou plusieurs années, l'entrepreneur pourrait cesser les travaux et demander la résiliation de l'entreprise, et que si l'Administration, pour le forcer à continuer l'ouvrage, prononçait la mise en régie, cette régie serait mal fondée.

1131. — Revenons maintenant à l'examen de l'article 44.

D'après le premier alinéa, les paiements doivent s'effectuer « tous les mois en raison de la situation des travaux exécutés ». Sous l'empire du cahier de 1833, le paiement mensuel n'était pas prescrit : c'était seulement d'après l'état d'avancement des travaux que les acomptes étaient délivrés, et aux époques que les ingénieurs jugeaient convenables. La stipulation que les paiements se feront tous les mois est corrélative de l'obligation imposée à l'entrepreneur de payer tous les mois ses ouvriers. Il est bien entendu que le paiement mensuel ne s'effectuera que dans les limites du travail accompli au cours du mois précédent, et il devra être tenu compte non seulement des ouvrages exécutés, mais du prix des matériaux approvisionnés jusqu'à concurrence des quatre cinquièmes de leur valeur. (Art. 44, p. 2.) Toutefois, les discussions qui s'élèveraient entre l'entrepreneur et les ingénieurs au sujet de l'importance du travail accompli, ou du prix des approvisionnements, ne pourraient donner lieu qu'à un recours gracieux au Ministre, mais non à un débat contentieux, puisque l'Administration n'est pas strictement tenue de payer.

Conformément au droit commun, le paiement par erreur donnerait lieu à restitution : il a été jugé que le préfet pouvait ordonner la restitution de mandats délivrés à tort eu égard à l'état d'avancement des travaux. (C. d'Etat, 1er décembre 1852, *Bertrand*, 576.)

1132. — Les sommes liquidées et ordonnancées pour paiement d'acompte doivent, en principe, être payées immédiatement : mais il est de règle qu'elles ne portent pas intérêts de plein droit. (C. d'Etat, 16 avril 1823, *Perret*, 278.) Il en serait différemment s'il y avait demande en justice, après la liquidation d'un acompte. La même question se soulève, plus compliquée, au sujet des intérêts du solde. Nous l'examinerons plus loin.

1133. — Les paiements d'acompte ne doivent pas égaler la valeur totale des travaux effectués ; l'entrepreneur est soumis à deux retenues : retenue d'un dixième pour la garantie ; retenue d'un centième pour la Caisse de secours des ouvriers. Cette dernière n'appelle aucune observation ; il nous suffit de renvoyer à ce qui a été dit plus haut au sujet des mesures prises en faveur des ouvriers blessés. (V. no 718.)

1134. — La retenue de garantie existait déjà sous l'empire du cahier de 1833 ; et l'article 37 permettait de stipuler qu'elle cesserait de croître lorsqu'elle aurait atteint un maximum déterminé. L'article 45 du nouveau cahier contient une disposition analogue : « Si la retenue du dixième est jugée devoir excéder « la portion nécessaire pour la garantie de l'entreprise, il peut « être stipulé au devis, ou décidé en cours d'exécution qu'elle « cessera de s'accroître lorsqu'elle aura atteint un maximum « déterminé. »

1135. — Ainsi que nous le verrons sous l'article 48, cette retenue ne peut être restituée qu'après la liquidation définitive de l'entreprise. On a conclu de là que toute demande antérieure à la réception définitive, tendant à la réduction ou à la restitution du dixième de garantie, pourrait être repoussée par l'Administration, sans que son refus pût donner lieu à un recours contentieux. La question comporte des distinctions trop souvent omises. L'article 45 prévoit deux cas : celui où il est décidée en cours d'exécution que la retenue cessera de s'accroître ; et celui où il est stipulé au marché qu'elle ne dépassera pas une certaine limite. Dans le premier cas, si l'entrepreneur demande à l'Administration de renoncer à l'avenir à la perception d'un dixième, nul doute que sa demande ne puisse être repoussée par une décision souveraine : il sollicite une faveur, constituant une dérogation au contrat. (C. d'Etat, 14 décembre 1837, *Dormont*, 545 ; 27 janvier 1848, *Legrand*, 30.) Mais il n'en est plus de même lorsque le marché a stipulé que la retenue cesserait à partir du jour où une certaine somme est atteinte : si l'Administration prétendait continuer à la percevoir, l'entrepreneur serait en droit de s'y refuser, et de porter le débat devant la juridiction contentieuse : il ne demanderait, en effet, que l'exécution du contrat.

Lorsqu'il s'agit de la restitution du solde, l'entrepreneur est obligé d'attendre la réception définitive et de justifier de l'exécution de toutes ses obligations : si l'Administration consent à lui faire une restitution anticipée, c'est une mesure toute gracieuse de sa part : l'entrepreneur ne peut donc pas l'exiger.

1136. — D'après la circulaire ministérielle du 1er août 1877, l'entrepreneur qui demande la restitution de la retenue de garantie doit fournir aux ingénieurs un certificat délivré par le trésorier général chargé d'acquitter les mandats, et constatant que le montant de ladite retenue n'est frappé d'aucune opposition, et qu'il ne lui a été signifié non plus aucun acte de cession ou de transport.

1137. — L'article 48 indique les conditions auxquelles la restitution peut être opérée. « Le dernier dixième n'est payé à « l'entrepreneur qu'après la réception définitive et lorsqu'il a « justifié de l'accomplissement des obligations énoncées à l'ar- « ticle 19. » Cette disposition et le renvoi qu'elle contient sont la reproduction de l'art. 9, § 4, du cahier de 1833. Il faut d'abord qu'il y ait eu réception définitive. (C. d'État, 5 mars 1875, *Giac-cobi*, 227 ; 12 août 1879, *Commune de Colombier-le-Vieux*, 666.) Nous avons vu précédemment à quelles conditions se faisait la réception définitive, et quand elle pouvait être considérée comme effectuée. (V. n° 1036.) Il n'y a rien à ajouter à ce sujet.

1138. — La seconde condition, c'est que l'entrepreneur justifie qu'il a payé les indemnités et dommages mis à sa charge. C'est dans l'intérêt de l'Administration, et non dans l'intérêt des tiers, que cette clause a été insérée : on a voulu qu'elle conservât entre ses mains un gage suffisant pour répondre aux recours dont elle pourrait être l'objet en cas d'insolvabilité de l'entrepreneur. Les créanciers de celui-ci seraient donc mal fondés à se plaindre de ce que l'Administration a jugé convenable de renoncer à l'exécution de cette clause. (C. d'État, 12 juillet 1851, *Syndics Lespinasse*, 513.)

1139. — Le paiement du solde dû à l'entrepreneur se fait dans la même forme que les paiements d'acompte, c'est-à-dire par mandats du préfet, expédiés sur les certificats de l'ingénieur en chef.

1140. — Le droit au paiement s'ouvre par la réception définitive des travaux et les justifications dont il vient d'être parlé : mais, en fait, l'exercice de ce droit est retardé fréquemment par les contestations qui s'élèvent à l'occasion du décompte définitif. L'article 34 du cahier de 1833 venait déjà, dans ce cas, au secours de l'entrepreneur : « Si, les travaux étant entièrement reçus, « disait-il, l'entrepreneur ne pouvait pas être entièrement soldé « à l'expiration du délai de garantie, il pourra prétendre à des

« intérêts pour cause de retard de paiement de la somme qui lui
« restera due à dater de cette époque. »

Déjà sous l'empire de cette disposition, les cahiers des charges
dérogeaient quelquefois au cahier des Clauses et conditions générales, en reportant le point de départ des intérêts au jour de l'approbation par le préfet du procès-verbal de réception (C. d'Etat.
7 mai 1857, *Lépaulle*, 278) ; ou, au contraire, en rendant exigible
tout ou partie du solde avant la réception définitive.·(C. d'État,
12 avril 1851, *Béguery*, 268.)

1141. — L'article 49 du nouveau cahier est plus complet et
plus favorable à l'entrepreneur : « Si l'entrepreneur ne peut être
« entièrement soldé dans les trois mois qui suivent la réception
« définitive régulièrement constatée, il a droit, à partir de l'expi-
« ration de ce délai de trois mois, à des intérêts calculés d'après
« le taux légal pour la somme qui lui reste due. »

Actuellement comme autrefois, les intérêts se calculent au taux
légal de 5 °/₀ fixé par la loi du 3 septembre 1807. (C. d'Etat, 10 août
1850, *Lance*, 755 ; 7 mai 1857, *Lépaulle*, 387 ; 9 août 1865, *Langlade*,
789.) Mais, avec l'ancien cahier, les intérêts du solde ne couraient pas de plein droit à dater du jour de la réception définitive.
Aux termes de l'article 1153 du C. civ., une demande est indispensable pour faire courir les intérêts fixés par la loi : il n'y avait aucune raison pour ne pas appliquer cette disposition en matière
administrative. Aussi l'appliquait-on rigoureusement ; et il avait été
jugé que, d'après l'article 34 des Conditions générales, les entrepreneurs dont les travaux ont été définitivement reçus sont fondés
à réclamer les intérêts des sommes qui leur sont dues, aux termes
de l'article 1153 du C. civ., au-delà du jour de la demande qui en
a été faite (C. d'Etat, 26 juill. 1856, *Min. des trav. publ.*, 562) ;
que les intérêts des sommes dues à l'entrepreneur courent seulement du jour où ils ont été demandés, et non pas de l'expiration
du délai de garantie, ou à partir de l'époque où les demandes par
lui faites, à l'effet d'obtenir son solde, ont eu le caractère de mise
en demeure. L'article 1153 du C. civ. doit s'entendre en ce sens
que les intérêts sont dus du jour où il y a demande d'intérêts et
non pas seulement demande du capital. (C. d'Etat, 24 mars 1853,
Lespinasse, 383 ; 26 déc. 1856, *Brousse*, 733) ; que les intérêts
auxquels, d'après le cahier des charges de son entreprise, un
entrepreneur peut prétendre, ne courent pas de plein droit à l'expiration du délai de garantie, lorsqu'il n'existe pas à cet égard
dans le marché une stipulation spéciale, mais seulement du jour
de la demande. (C. d'État 10 déc. 1857, *Crouy*, 810 ; 1ᵉʳ déc.,
1849, *Syndicat de la Ligue de Balafray* ; 10 août 1850, *Hᵗᵉʳ Lance*,
751 ; 5 avril 1851 *Dagieu*, 251 ; 20 janv. 1853, *Raoult*, 151 ; 22
août 1853, *Morizot*, 866 ; 26 juill. 1855, *Rouvière*, 562 ; 25 juin 1857,
Petit, 780 ; 19 avril 1859, *Fournier*, 314 ; 3 juill. 1861, *Girard*, 577.)
Par application de la même règle, les intérêts des sommes devenues exigibles postérieurement à la demande des intérêts n'étaient
dus qu'à partir du jour de l'échéance. (C. d'Etat, 7 avril 1859, *Ville*

de Périgueux, 259.) Si on ne pouvait préciser le jour de la demande, les intérêts couraient seulement à partir du 31 décembre de l'année dans laquelle la réclamation a été présentée. (C. d'Etat, 10 mars 1859, *Monot*, 189.) Mais, pour faire courir les intérêts, il n'était pas nécessaire que la demande en fût faite par la voie contentieuse. Il suffisait qu'elle fût adressée au préfet ou au maire, suivant qu'il s'agit de travaux exécutés pour le compte de l'Etat ou d'une commune.

1142. — Les principes et la jurisprudence que nous venons d'exposer n'ont plus qu'un intérêt historique, pour les travaux des ponts et chaussées, depuis le cahier de 1866, et en ce qui concerne la situation prévue spécialement par l'article 49; mais ils restent en vigueur même pour les travaux des ponts et chaussées dans toutes les autres situations. C'est ainsi, par exemple, qu'il faudrait les appliquer à une créance de l'entrepreneur pour les matériaux repris en compte par l'Administration. Il y a là un achat pur et simple auquel le droit commun doit s'appliquer. (C. d'Etat, 21 juin 1878, *Département du Rhône*, 600.)

De plus, pour tous les travaux des communes et des départements, et en général pour tous ceux au sujet desquels le cahier des ponts et chaussées n'a pas été adopté, et dont les cahiers ne contiennent aucune référence au cahier des ponts et chaussées, ce sont toujours les principes et la jurisprudence ci-dessus qu'il faut appliquer. (C. d'Etat, 31 mars 1876, *Michon* c. *Ville de Paris*, 335.)

1143. — Nous compléterons donc cette jurisprudence en ajoutant qu'on exige généralement qu'il y ait eu réellement demande en justice, c'est-à-dire que le Conseil de préfecture ait été saisi : c'est du jour où la requête lui a été adressée, et non du jour de la demande au préfet, que les intérêts commencent à courir. (C. d'Etat, 29 janvier 1863, *Erard*, 92.) Par exception, on a considéré comme suffisante la demande adressée au préfet pris, non pas comme adversaire de l'entrepreneur et représentant de l'Administration, mais comme président du Conseil de préfecture. (C. d'Etat, 26 mai 1864, *Mialane*, 582; 5 mars 1868, *Gillet*, 262.) Dans ce cas, il y a véritablement requête au tribunal : aussi, malgré ces arrêts, a-t-on jugé qu'une simple lettre au préfet, pris comme fonctionnaire, n'était pas suffisante. (C. d'Etat, 31 mars 1876, *Michau*, 336.)

En cas de contestation au sujet de la demande régulière des intérêts, ce sera, conformément au droit commun, l'entrepreneur qui devra en prouver l'existence.

1144. — Le cahier de 1866 a profondément modifié ce système : sous son empire, aucune demande n'est nécessaire : les intérêts courent de plein droit, au profit de l'entrepreneur, du jour où expire le délai de trois mois après la réception définitive. (C. d'Etat, 13 mars 1885, *Ministre des travaux publics*, 326; 2 juillet 1885, *Rouzier*, 561; 12 novembre 1886, *Vergnioux*, 791.)

On s'est demandé si cette disposition faisait obstacle à ce que l'entrepreneur présente, avant l'expiration des trois mois, une réclamation des intérêts et si le droit commun, qui veut que les intérêts courent du jour de la demande est encore app.icable si cette demande est faite avant l'expiration du délai de trois mois ; le Conseil d'Etat, par deux arrêts successifs, s'est prononcé pour la négative ; les intérêts courent de plein droit à l'expiration des trois mois, mais rien ne peut les faire courir avant. (C. d'Etat, 12 janvier, 1875, *Min. int. c. Beretta*, 124 ; 20 février 1880, *Lebas et Godbarge*, 200.)

1145. — Le droit de l'entrepreneur aux intérêts dans le cas prévu par l'article 49 est absolu, c'est-à-dire que, lorsqu'il y a demande d'allocation, les sommes dues étant déterminées, le Conseil de préfecture n'a pas le droit de les refuser et d'autoriser l'Etat à surseoir au paiement, sous quelque prétexte que ce soit. (C. d'Etat, 30 décembre 1871, *Daumer*, 369.)

1146. — Les intérêts peuvent être réclamés sur toutes les sommes qui restent dues à l'entrepreneur en vertu du marché. Ainsi, ils sont alloués même pour les sommes dues en vertu d'une transaction (C. d'Etat, 30 novembre 1877, *Maille et Rodiès*, 950) ; pour les créances résultant de la reprise des matériaux par l'Administration. (C. d'Etat, 21 juin 1878, *Dép. du Rhône*, 600, etc...)

L'entrepreneur qui se trouve dans la situation prévue par l'article 49 du cahier de 1866 ne peut d'ailleurs réclamer d'autres dommages-intérêts que les intérêts d'après les règles ci-dessus fixées. (C. d'Etat, 12 février 1875, *Beretta*, 124 ; 20 février 1880, *Lebas et Godbarge*, 200.)

La même règle devrait être suivie dans les travaux où le cahier des ponts et chaussées n'est pas applicable ; le Conseil d'Etat applique en effet le droit commun de l'article 1153 du Code civil, et déclare que l'entrepreneur n'est pas fondé à réclamer pour le préjudice éprouvé par suite des retards apportés dans le règlement de son décompte, des dommages-intérêts, autres que les intérêts fixés par la loi. (C. d'Etat, 4 août 1876, *fabrique de Coussa*, 779 ; rapprochez de Cass., 13 janvier 1852, D. P., 52, 1, 238.)

1147. — Les intérêts exigibles peuvent eux-mêmes produire des intérêts, quand ils sont dus pour une année entière et quand, après cette période, ils ont été l'objet d'une demande spéciale. Cette demande fait courir les intérêts des intérêts à partir du jour où elle a été faite. (*Voy.* art. 1154 du C. civ. ; C. d'Etat, 26 juillet 1855, *Min. des trav. publ.*, 562 ; 15 avril 1857, *Ville d'Alger*, 267 ; 3 déc. 1857, *Com. de la Carneille*, 757 ; 15 avril 1858, *Roulet*, 303 ; 19 avril 1859, *Bodeau*, 309 ; 12 mai 1859, *Dép. des Ardennes*, 347 ; 18 juin 1860, *Hémery*, 486 ; 19 février 1868, *Beau* ; 19 mars 1874, *Monjalon*, 266 ; 13 mars 1885, *Min. des trav. publics*, 326 ; 12 novembre 1886, *Vergnioux*, 791.) Une convention spéciale insérée au cahier pourrait porter que les intérêts des intérêts seraient dus de plein droit ou à des conditions déterminées : il n'y aurait qu'à s'y conformer.

1148. — Mais il est certain que les intérêts ne sont pas dus si l'entrepreneur n'a pas touché le solde par sa faute, par exemple s'il a négligé de toucher les mandats qui lui étaient délivrés. (C. d'État, 13 mars 1867, *Chaigneau*, 267.)

1149. — L'Administration est-elle fondée à refuser le paiement des intérêts, lorsque le retard apporté à la délivrance du solde provient des difficultés inhérentes à la liquidation de l'entreprise? La question se posait déjà sous le cahier de 1833.

Le § final de l'article 34 semblait avoir été inséré dans le cahier des charges en prévision de ces difficultés. Il portait que « si les « travaux étant définitivement reçus, l'entrepreneur ne pouvait « pas être entièrement soldé... il pourra prétendre à des intérêts... ». La rédaction du nouvel article 49 est, à peu de chose près, identique, et la pensée de ses auteurs est certainement la même; or, le rédacteur n'a pas en vue le cas où les fonds manqueraient dans les caisses publiques : *Fiscus semper dives*. Les retards dont il s'occupe sont ceux qui sont la conséquence des débats relatifs à l'apurement des comptes.

Cependant la jurisprudence a fait à ce sujet plusieurs distinctions. Si le retard dans la délivrance du solde provient de contestations mal fondées élevées par l'entrepreneur, elle lui refuse tout droit aux intérêts. (C. d'État, 15 mars 1849, *Bourdonnay-Duclesio*, 153; 10 mai 1851, *Mourrat*, 336; 8 déc. 1853, *Rouvière-Cabane*, 1036.) Réciproquement, elle condamne l'Administration à les payer, lorsque les difficultés suscitées par celle-ci paraissent sans fondement sérieux. (C. d'État, 6 mai 1836, *Ghefaldy*, 228; 28 mars 1838, *Court*, 189; 10 janv. 1839, *Combe*, 23; 6 janv. 1853, *Schwind*, 46; 24 mai 1854, *Garreau*, 490.)

Enfin, plusieurs arrêts ont posé comme règle que dans le cas où le retard n'est que la conséquence de circonstances étrangères à l'Administration, et non de contestations mal fondées, les intérêts ne sont pas dus. (*Voy.* C. d'État, 16 mai 1837, *Min. des trav. publics*, 165; 31 août 1837, *Saigne*, 456; 26 nov. 1839, *Thomas*, 543; 3 avril 1841, *Puyoo*, 134; 15 mars 1849, *Bourdonnay-Duclesio*, 153.)

« Ces décisions nous paraissent prêter à la critique à tous les « points de vue; le paiement des intérêts n'est pas une peine, ce « n'est qu'une restitution; il est dû, dit l'article 1153 du C. civ., sans « que le créancier soit tenu de justifier d'aucune perte. A admettre « donc, en toute rigueur, que l'Administration pour laquelle les « travaux ont été exécutés puisse bénéficier des intérêts des sommes « restant dues par elle à l'entrepreneur quand ce dernier a à s'im- « puter les retards apportés aux paiements, on ne saurait com- « prendre pour quelle raison ce dernier, alors qu'il n'a à ce sujet « rien à se reprocher, serait privé de l'intérêt des sommes qui lui « appartiennent, et dont un autre a sans droit profité. Le droit de « cette autre partie aux intérêts de sommes dont elle est débitrice « doit avoir une cause légitime; cette cause, où la rencontrer, dans « les espèces que nous examinons? Les retards, dit-on, sont pro- « venus des difficultés inséparables de toute entreprise : mais l'exis-

« tence de ces difficultés inévitables, étant comme un cas de force
« majeure, ne peut pas plus nuire à l'entrepreneur que profiter à
« la partie stipulante. Il était donc rigoureusement nécessaire de
« se maintenir, en pareil cas, dans les termes du droit commun, et
« d'accorder les intérêts au créancier non soldé à l'échéance de sa
« créance. » (*Voy*. M. Delvincourt, p. 308.)

1150. — Les sommes retenues à titre de garantie ne sont pas
productives d'intérêts avant la réception des travaux. La retenue de garantie n'est, en effet, qu'une partie du prix de l'adjudication, et l'Administration, nous l'avons vu, ne doit les intérêts de ce prix qu'après la réception définitive. (C. d'Etat, 2 juin
1837, *Hayet*, 227.)

Même après la réception définitive, les intérêts de la retenue
de garantie ne sont pas exigibles, lorsque l'entrepreneur n'a pas
entièrement soldé les dommages dus aux propriétaires. La retenue, on le sait, a principalement pour objet de pourvoir au paiement des indemnités qui peuvent être réclamées par des tiers à
l'entrepreneur. D'après les articles 48 et 49, il n'en peut obtenir
le montant qu'après avoir justifié qu'il a payé les indemnités et
dommages mis à sa charge. D'où il suit que le principal n'étant
pas dû tant que les quittances d'indemnité ne sont pas rapportées, les intérêts de la retenue ne courent pas. (*Voy*. C. d'Etat,
26 juil. 1855, *Rouvière*, 562; 18 fév. 1860, *Trône*, 125.) Ainsi.
en ce qui concerne la retenue de garantie, les intérêts ne courent
pas trois mois après la réception définitive, à moins que l'entrepreneur n'ait fait avant l'expiration de ce délai la justification du
paiement des indemnités dues aux tiers, sans quoi les intérêts ne
courent que du jour où ces justifications sont présentées.

1151. — Le paiement du solde a pour effet de libérer complètement l'Administration envers l'entrepreneur, désormais non recevable dans toute critique qu'il prétendrait élever contre le décompte (*voy*. C. d'Etat, 28 avril 1824, *Lapotterie*, 258; 2 juin
1837, *Hayet*, 227), sauf toutefois le cas où l'acceptation du mandat pour solde n'aurait eu lieu que sous réserve. (*Voy*. C. d'État,
16 nov. 1854, *Théaux*, 879.)

Ce paiement a également pour effet de mettre obstacle à toute
réclamation que l'Administration pourrait, de son côté, adresser
à l'entrepreneur. (*Voy*. C. d'Etat, 16 juillet 1857, *Gidel*, 553;
26 nov. 1857, *Pinel*, 748.)

A plus forte raison, un Ministre ne peut, sans excéder ses pouvoirs, ordonner le reversement par un entrepreneur, sous menace
de contrainte, d'une somme qu'il aurait reçue en trop dans le
prix de ses travaux liquidés et payés, sans aucune contestation,
lors de la liquidation. (C. d'État, 22 sept. 1859, *Vinyes*, 660.)

Mais, si puissante qu'elle soit, la fin de non-recevoir qu'on prétendrait tirer du paiement du solde cède devant l'autorité de la
chose jugée. (*Voy*. C. d'Etat, 3 juillet 1861, *Girard*, 577.)

1152. — Les contestations qui s'élèvent sur le décompte ayant
pour résultat immédiat d'empêcher l'entrepreneur de toucher le

solde qui lui est dû, le Conseil d'État lui accorde quelquefois une
provision dont la délivrance doit lui être faite immédiatement,
et à valoir sur le chiffre définitif de sa créance. (*Voy.* C.
d'Etat, 24 mai 1854, *Garreau*, 490.) Mais ce n'est là qu'une
mesure de faveur : en droit strict, l'entrepreneur ne peut prétendre à aucune partie du solde avant la liquidation. (C. d'État,
14 déc. 1837, *Dormont*, 545.) Il y a à cet égard, dans le
cahier des charges, une lacune regrettable, et l'équité voudrait tout au moins que l'entrepreneur pût toucher immédiatement, sans crainte de voir repousser par une fin de non-recevoir
ses justes réclamations contre le décompte, la somme que l'Administration reconnaît elle-même lui devoir. Combien de fois n'arrive-t-il pas que, pressé par les nécessités du moment, il préfère
renoncer aux demandes les mieux fondées moyennant le chétif
appoint que l'Administration lui présente ? La lutte n'est possible
que pour celui qui peut attendre, et combien peu d'entrepreneurs
sont dans ce cas !

1153. — *Travaux du Ministère de la guerre.* — En ce qui touche
les paiements, le cahier de 1876 diffère essentiellement sur plusieurs points du cahier des ponts et chaussées. La matière est
régie par l'article 64 dont nous allons examiner les différentes
dispositions.

Le premier paragraphe consacre bien, comme pour les travaux ordinaires, le paiement d'acomptes au cours des travaux et
du solde en fin d'entreprise : « L'entrepreneur est payé des som-
« mes qui lui sont dues au moyen d'acomptes dans le courant de
« l'année, et d'un solde final, après la liquidation par le Ministre,
« des comptes de l'exercice. » Mais là s'arrête la ressemblance.

Remarquons en passant que cet article prévoit le cas d'un marché qui doit se prolonger pendant plusieurs années consécutives,
comme sont ordinairement les marchés de travaux d'entretien :
il ne faudrait pas conclure de là que les marchés ayant pour but
l'exécution d'un ouvrage déterminé soient soumis à une règle
différente.

1154. — Nous avons vu que, pour les travaux des ponts et
chaussées, les acomptes doivent être versés tous les mois, au
moins, quand il y a des fonds disponibles (V. n° 1131), et nous
avons constaté qu'il était de l'intérêt de l'Administration elle-
même que ces paiements fussent effectués régulièrement. Les
rédacteurs du cahier de 1876 n'ont pas été de cet avis : non seulement ils ne fixent aucune époque pour le paiement de ces acomptes, mais encore ils ont enlevé toute sanction à la prescription du
premier paragraphe : « Aucune époque n'est fixée pour la déli-
« vrance de ces acomptes : par suite, l'entrepreneur ne peut,
« faute d'en recevoir, ni réclamer une indemnité, ni demander la
« résiliation de son marché, ni suspendre, de lui-même, les tra-
« vaux dont il a obtenu l'adjudication. » Ainsi, l'entrepreneur
est entièrement à la discrétion de l'Administration qui peut à son

gré lui verser des acomptes ou l'obliger à avancer les frais de l'entreprise sans rien recevoir.

1155. — Cette situation déjà pénible est encore aggravée par le paragraphe suivant : « Il est tenu, au contraire, de se mettre au « besoin en avance, dans le courant de l'année, d'une somme « au moins égale au fonds de roulement déterminé par l'article 11. « Cette avance est, bien entendu, complètement indépendante de « celle des frais nécessités par l'acquisition du matériel et l'instal- « lation des chantiers, tels qu'ils sont définis par l'article 25 ci- « dessus. Elle est également indépendante de la retenue ci- « après. »

Sous l'empire du cahier de 1857, cette prescription de faire des avances existait déjà : l'article 56 exigeait que l'entrepreneur se mît en avance, dans le courant de l'année, d'un sixième des fonds accordés pour l'exercice, quand il s'agissait de travaux faits sur les fonds du service ordinaire, et d'un douzième pour les travaux exécutés sur les crédits du service extraordinaire. Ce texte avait l'avantage de préciser, mieux que ne le fait l'article 64 du cahier de 1876, l'étendue de l'obligation de l'entrepreneur, mais il avait l'inconvénient de constituer un danger grave pour l'entrepreneur : il pouvait dépendre de l'Administration, en se faisant accorder une somme très forte pour un exercice, d'exiger indirectement une forte avance de l'entrepreneur, quitte à ne payer celui-ci que plus tard ; étant donné notre constitution, et le contrôle exercé par le Corps législatif sur les dépenses de l'Etat, le vote du budget, divisé en crédits pour chaque Ministère, crédits dont la destination doit être déterminée avant le vote du budget, cet inconvénient devait se présenter rarement.

Toutefois, pour l'éviter, le cahier de 1876, dans son article 64, adopte un système qui, en général et à moins de circonstances exceptionnelles, est beaucoup plus dur pour l'entrepreneur. On part des principes posés dans l'article 11, § 2. Le cahier des charges prévoit et détermine le montant des fonds que l'entrepreneur et sa caution doivent mettre au service de l'entreprise, à titre de fonds de roulement, indépendamment des dépenses d'ins- tallation, des avances ou retenues. De cette façon, l'entrepreneur sait à quoi il s'engage ; il est bien vrai que, le marché étant sur séries de prix, il ne sait pas quelle quantité d'ou- vrage il exécutera, mais il sait de quelle somme il pourra se trouver à découvert, et par conséquent quelle somme il doit avoir toujours disponible ; il peut prendre ses précautions en conséquence. Cette disposition de l'article 11 était le correc- tif nécessaire de la nature du marché, le seul qui puisse rendre un tel marché acceptable. Or, tout cela pouvait être détruit par la disposition de l'article 64 qui déclare que l'entrepreneur est toujours obligé de continuer les travaux, quelle que soit la dé- pense qui en résulte pour lui, quand bien même il ne serait pas couvert au fur et à mesure par les acomptes payés. Tous les cal- culs de l'entrepreneur pouvaient être annulés, le correctif qui rendait le marché acceptable n'existait plus. C'est évidemment pour éviter ce résultat qu'a été inséré le paragraphe 3 de l'article 64 : mais ce paragraphe est conçu dans des termes vagues et difficiles à comprendre. Quelle est exactement l'avance que doit faire l'entrepreneur?

D'après M. Barry (Cahier du génie, art. 64, n° 3), « Dire qu'il « devra au besoin se mettre en avance d'une somme au moins « égale au fonds de roulement déterminé par l'article 11, c'est « dire qu'il ne pourra pas être contraint de se mettre à découvert « d'une somme notablement supérieure, et que par conséquent « la faculté que se réserve l'Administration de payer à son gré, « ne peut s'exercer que dans cette mesure. » Cette solution est conforme à l'équité et à la raison ; mais il faut reconnaître qu'il est difficile de la faire résulter du texte de l'article 64, dont les mots « au moins égale » sont difficiles à comprendre. On a voulu dire que l'entrepreneur pourrait faire telles avances qui lui seraient demandées par l'Administration, ce qui était bien inutile à dire, et qu'en tous cas il serait tenu de faire ces avances jusqu'à ce que le fonds de roulement soit doublé. C'est là ce qui nous parait exorbitant. On détermine, dans un article spécial, le fonds de roulement que l'entrepreneur doit s'attendre à être obligé d'employer dans l'entreprise, puis, par un article subsidiaire, on déclare qu'éventuellement, dans des conditions qui ne sont pas déterminées et qu'il est impossible de prévoir, ce fonds de roulement pourra être porté au double, sans que l'entrepreneur puisse réclamer aucune indemnité. Ce n'est donc pas sur le fonds de roulement déterminé suivant l'article 11 que l'entrepreneur doit compter, c'est sur le double : c'est en vue de ce double des fonds de roulement qu'il doit prendre ses mesures. Le correctif apporté par l'article 11 à la nature du marché disparaît donc à peu près ; il eût été plus simple d'augmenter le total des fonds de roulement, et de ne fixer qu'au tiers ou au quart de ce fonds de roulement la somme des avances que l'entrepreneur serait tenu de faire en plus.

1156. — Qu'arriverait-il si l'Administration imposait à l'entrepreneur une avance exagérée? Deux garanties existent pour l'adjudicataire : la première consisterait dans l'allocation des intérêts des sommes avancées en excédent, par application de l'article 1153 du Code civil. La seconde consiste dans le refus de l'entrepreneur de continuer les travaux. Mais ce refus aboutira à une mise en régie : les tribunaux pourront-ils la déclarer irrégulière en présence de l'article 64 ? Cela nous parait certain en présence des arrêts rendus en ce sens en matière de travaux des ponts et chaussées. (C. d'État, 16 janvier 1874, *Gauthier*, 62; 12 janvier 1877, *Guernet*, 57.)

1157. — Si l'Administration n'a pas voulu s'obliger strictement au paiement des acomptes, elle a eu grand soin de fixer une limite qu'elle ne dépassera en aucun cas : « Les acomptes, dit « le 4° alinéa de l'article 64, ne peuvent, en tous cas, jamais

« excéder les cinq sixièmes de la dépense effective quand il s'agit
« des travaux faits sur les fonds du service ordinaire, et les onze
« douzièmes dans le cas de travaux exécutés sur les crédits du
« service extraordinaire. Toutefois, le remboursement des dé-
« penses acquittées sur feuilles de paiement n'est point soumis à
« cette retenue. » On voit que la retenue de garantie n'est pas
la même que pour les travaux des ponts et chaussées: au lieu de
s'élever au dixième uniformément, elle est tantôt du sixième et
tantôt du douzième. En outre, il n'est pas question ici de la retenue d'une centième pour assurances.

1158. — Il convient de remarquer ces mots « dépense effective ». On ne doit pas, en ce qui concerne les acomptes, prendre
en considération la dépense prévue pour l'entreprise pendant
l'exercice et allouée par les articles du budget, ou, si on aime
mieux, les crédits alloués pour l'entreprise pour l'exercice: ce que
l'on doit examiner, c'est la somme réellement dépensée, la partie
des crédits qui a été employée, car il se peut, et cela se présente
fort souvent, que pour des causes diverses, l'entreprise soit ralen-
tie ou le nombre des travaux diminué en cours d'exercice, ce
qui fait que la dépense réellement faite, qui ne doit jamais être
supérieure aux crédits alloués, peut très souvent leur être notablement inférieure.

1159. — Par ce système d'acomptes, on couvre l'entrepreneur
des avances qu'il a faites dans l'exercice, et on lui donne une partie de ses bénéfices sur les travaux effectués; mais cela était-il
suffisant ? Les entrepreneurs font presque toujours dans un exercice des dépenses qui ne seront utilisées que dans les exercices
suivants; il faut préparer d'avance les travaux à exécuter dans
ces exercices, se mettre en mesure d'y faire face, et par exemple
faire des approvisionnements souvent considérables de matériaux. Les rédacteurs du cahier de 1876 ont nettement indiqué
qu'il ne devait pas être tenu compte de ces dépenses de l'entrepreneur; pour eux, ces dépenses rentraient dans le fonds de roulement, dans la somme que l'entrepreneur devait avoir prévue
comme pouvant être, à toute époque, employée dans les travaux.
Ils n'ont voulu tenir compte de ces dépenses que quand les calculs de l'entrepreneur étaient déjoués par le fait même de l'Administration, c'est-à-dire que quand celle-ci exigeait des approvisionnements par avance, et en fixait la quotité à l'entrepreneur. C'est ainsi que doit être compris le paragraphe de l'article
64 ainsi conçu :

« Les approvisionnements faits par l'entrepreneur pour l'exé-
« cution des travaux ne comptent pas dans l'évaluation de la dé-
« pense effective, même quand ils sont rendus sur les ateliers, à
« moins que l'entrepreneur ne les ait faits par ordre pour le
« compte de l'Etat, et qu'ils n'aient été, en outre acceptés par un
« officier du génie. » Nous avons vu plus haut à quelles règles
étaient soumis les matériaux approvisionnés (V. n° 1083). Constatons seulement que, ici encore, la règle est absolument différente

de celle admise par le cahier des ponts et chaussées : pour les travaux ordinaires, des acomptes sur le prix des matériaux approvisionnés peuvent être versés jusqu'à concurrence des 4|5 ; ici, au contraire, sauf en cas exceptionnel, tout acompte sur la valeur des matériaux est refusé.

1160. — D'après notre article, « le paiement pour solde n'a « lieu qu'après l'approbation par le Ministre des comptes de « l'exercice et, s'il y a lieu, la justification par l'entrepreneur de « l'accomplissement des obligations mises à sa charge envers les « tiers par l'article 26. » Pour les travaux du Ministère de la guerre, nous avons vu que la réception définitive était remplacéé par le règlement des comptes de l'exercice. (V. n° 1045.) C'est après l'approbation de ces comptes que la retenue de garantie est versée à l'entrepreneur ; tandis que pour les travaux des ponts et chaussées, elle est restituée un an après la réception définitive.

1161. — La règle touchant les intérêts du solde n'est pas la même que pour les travaux ordinaires : d'après l'article 49 du cahier des ponts et chaussées, l'entrepreneur a droit au versement du solde dans les trois mois qui suivent la réception définitive (sauf la retenue de garantie) ; faute de ce paiement, il est de plein droit créancier des intérêts des sommes qui lui restent dues. Le cahier de 1876 ne renferme aucune disposition analogue : d'où cette première conséquence que l'entrepreneur ne sera jamais de plein droit créancier des intérêts des sommes restant dues : il devra toujours, pour les obtenir, s'adresser à la justice en vertu de l'article 1154 du Code civil ; mais, en sens inverse, il peut former sa demande immédiatement, sans attendre l'expiration d'aucun délai ; et, lorsqu'il sera créancier de plus d'une année d'intérêts, il aura droit à la capitalisation, pourvu qu'il en fasse la demande. (C. d'Etat, 19 février 1868, *Beau*, 178 ; 13 mars 1874, *Monjalon*, 265.)

1162. — Enfin, les autres paragraphes de l'article 64 contiennent l'énumération des formalités du paiement ; il nous suffira de reproduire le texte qui n'appelle aucun commentaire : « Les « paiements sont faits à l'entrepreneur au moyen de mandats « timbrés à ses frais, que lui délivre le directeur, et dont il donne « récépissé au chef du génie sur le registre de comptabilité. Ces « mandats ne sont payables que jusqu'au 30 juin de la seconde « année de l'exercice à la caisse du payeur, et jusqu'au 20 du « même mois pour les autres caisses ; ceux qui n'ont pas été « acquittés à cette époque sont annulés. Le Ministre peut d'ail- « leurs ordonnancer directement les dépenses que ces mandats « ont pour objet, pourvu que la demande lui en soit faite à temps. « Indépendamment des pièces dont le règlement du 3 avril « 1869 prescrit l'établissement aux directeurs pour être jointes « au premier mandat d'acompte, doivent être joints à ce man- « dat, à la diligence de l'entrepreneur, un extrait certifié du « procès-verbal d'adjudication mentionnant l'approbation et « l'enregistrement, un extrait du cahier des charges faisant con-

« naître le montant du cautionnement et les conditions de paie-
« ment, et un certificat de réalisation de ce cautionnement, ou de
« la dispense qui en a été donnée.

« Les ordonnances ministérielles de paiement peuvent être
« émises jusqu'au 31 juillet de la seconde année de l'exercice ;
« elles doivent être présentées au Trésor, au plus tard le 31 août
« à la caisse du payeur, et le 20 du même mois aux autres cais-
« ses. Passé ce délai, les sommes qui n'ont pas été payées ne
« peuvent plus l'être que par rappel sur les exercices clos.

« Dans le cas de saisies-arrêts ou oppositions sur les sommes
« mandatées ou ordonnancées, ces sommes sont versées par le
« payeur à la Caisse des dépôts et consignations, et ce versement
« libère le département de la guerre vis à vis de l'entrepreneur. »

1163. — *Cahier de 1887.* — Le nouveau cahier relatif aux
travaux du Ministère de la guerre ne donne plus lieu aux mêmes
critiques que celui de 1876 ; il a modifié dans un sens équitable
les conditions de paiement des entrepreneurs. Ainsi que nous
l'avons dit plus haut (n° 1050), il a réorganisé, dans les articles
53 et 54, la réception provisoire et la réception définitive, qui
s'effectuent à peu près comme pour les travaux des ponts et
chaussées. Il admet en outre le paiement d'acomptes en cours
d'entreprise, et d'un solde final.

1164. — D'après l'article 45, 1er alinéa, du règlement provisoire,
« les dépenses des travaux à l'entreprise sont soldées par des paie-
« ments d'acomptes, et par un solde final ».

Le second paragraphe du même article est relatif aux pièces à
fournir ; ce sont celles indiquées à la section I (travaux) de la nomenclature jointe au « règlement du 3 avril 1869 ». L'ancien
cahier renvoyait au même règlement. Il est encore question des
pièces à fournir pour le paiement des acomptes et pour le paiement du solde dans les articles 49 du règlement provisoire et
56 du cahier, dont il suffit de citer le texte. Article 49 : « Tous
« les mémoires, factures et décomptes définitifs fournis à titre de
« pièces justificatives aux agents du Trésor chargés des paie-
« ments, doivent être timbrés ou visés pour timbre et établis sur
« papier de l'un des formats déterminés par les lois sur le timbre.»

Art. 56 (du cahier). – « L'entrepreneur est soumis, notamment
« en ce qui concerne tous droits de timbre et d'enregistrement
« des comptes et des pièces justificatives à produire à l'appui, à
« toutes les dispositions du règlement du 3 avril 1869 sur la
« comptabilité-finances du département de la guerre, ainsi qu'au
« règlement du 1er décembre 1887 sur la comptabilité des tra-
« vaux. » La fin de cet article fait allusion au chapitre VIII du
règlement provisoire (art. 57-62), qui contient les règles imposées aux chefs de service et directeurs des travaux en ce qui
touche la comptabilité. L'examen de ces dispositions ne rentre
pas dans le cadre de cet ouvrage, et nous ne pouvons que renvoyer au texte lui-même, ainsi qu'au rapport présenté par la Commission chargée de la rédaction du nouveau cahier.

1165. — Le paiement des acomptes est réglementé par les articles 46 du règlement provisoire et 51 du cahier. Hâtons-nous de constater que ces dispositions sont plus équitables et plus précises que celles du cahier de 1876.

Les deux articles (46 et 51) reproduisent le même principe en termes à peu près identiques : « Les paiements d'acomptes s'effectuent, en raison de la situation des travaux exécutés, autant « que possible tous les deux mois, et plus souvent si l'Adminis- « tration militaire le juge utile. » Cette règle se rapproche beaucoup (à part la différence du délai) de celle admise pour les travaux des ponts et chaussées. Sans doute l'Administration ne contracte pas la stricte obligation de payer tous les deux mois l'ouvrage fait : elle se réserve, comme elle peut et doit le faire, la faculté de ne pas payer d'acomptes si elle manque des fonds disponibles ; mais elle prévient l'entrepreneur que, dans les conditions normales, elle le paiera tous les deux mois, d'après l'importance des travaux exécutés, et même plus souvent si elle le juge utile. Ainsi on applique la règle suivie par le cahier des ponts et chaussées de 1866, en disant que les paiements d'acomptes s'effectuent autant que possible tous les deux mois ; on a bien voulu établir que ce délai n'était pas garanti et que l'Administration était seule juge de la possibilité et de l'opportunité des paiements, que par conséquent il ne sera jamais alloué d'indemnités sous aucune dénomination que ce soit pour retard de paiement pendant l'exécution des travaux. Mais il nous semble que rien, dans le texte de l'article 51, n'empêche d'appliquer la jurisprudence que nous avons signalée pour les travaux des ponts et chaussées, (article 49 du cahier de 1866). La convention doit être interprétée de bonne foi : si l'entrepreneur n'est pas fondé à se plaindre d'un retard de six, sept, huit mois dans le paiement des acomptes, il est bien certain qu'un retard d'une ou plusieurs années n'a pas été prévu, que l'entrepreneur a dû justement compter qu'il recevrait des acomptes, et que le retard ne durerait pas une ou plusieurs années ; il aurait droit en ce cas à une indemnité, et même à la résiliation de son entreprise. Pour apprécier la demande de l'entrepreneur, les tribunaux administratifs devront tenir compte de la durée de l'entreprise, de son importance, des acomptes déjà payés, etc. Nous regrettons à ce sujet que les rédacteurs du cahier de 1887 n'aient pas cru devoir conserver la disposition de l'article 11 du cahier de 1876, relative au fonds de roulement et en la modifiant comme nous l'avons indiqué ci-dessus, la disposition du paragraphe 9 de l'article 64 indiquant le maximum des avances obligatoires pour l'entrepreneur. On eût évité ainsi toute difficulté.

1166. — Le premier alinéa de l'article 46 du règlement, et le dernier de l'article 51 du cahier, prennent soin de sauvegarder absolument tous les droits de l'autorité militaire en prescrivant qu'elle « sera libre de déterminer le mode d'évaluation du ser- « vice fait, et d'établir, soit un décompte définitif, soit un décompte

« approximatif, à moins de sipulations expresses et contraires dans
« le marché ».

Le calcul des acomptes se fait plus largement que sous l'empire du cahier de 1876. D'après l'article 46 du règlement : « Le
« montant des acomptes est calculé en prenant pour base les élé-
« ments extraits du livre de comptabilité du chantier, savoir :

« 1° Le dernier arrêté du livre de comptabilité de chantier ;

« 2° Le montant des travaux non terminés ;

« 3° Le montant des approvisionnements.

« La valeur totale de ces trois catégories d'éléments, déduc-
« tion faite des acomptes déjà payés et de la retenue de garantie,
« donne la somme que le chef du service d'exécution certifie pou-
« voir être payée à l'entrepreneur. Sur le vu de ce certificat,
« le directeur émet le mandat de la somme à payer. »

1167. — On remarquera que dans l'énumération de cet article figurent tous les approvisionnements effectués, sans distinction, contrairement à la disposition correspondante du cahier de
1876 : et l'article 51 du cahier de 1887 revient sur ce point, en
décidant que « les approvisionnements faits par l'entrepreneur
« pour l'exécution des travaux, et qui ont été acceptés par le chef
« du service d'exécution comptent dans l'évaluation de la dépense
« effective ». Le nouveau cahier est donc plus large sur ce point
que l'ancien, et il se rapproche davantage du système admis pour
les travaux des ponts et chaussées.

1168. — Sous le nouveau cahier, il y a également une retenue de garantie : l'ancienne proportion est conservée. D'après
l'article 52, identique à l'article 47 du règlement provisoire, « les
« acomptes ne doivent pas excéder soit les 5/6 soit les 11/12 des
« droits constatés, suivant qu'il s'agit de travaux ordinaires ou de
« travaux extraordinaires, ce qui sera indiqué au cahier de charges
« spéciales ». Cette dernière disposition seule est nouvelle; elle a
pour but de prévenir toute contestation sur la nature des travaux.

1169. — Quant au paiement pour solde, qui consiste dans la
restitution de la retenue de garantie, il est effectué, comme
sous le cahier de 1876, « après l'approbation définitive des comptes
« par le Ministre, et, s'il y a lieu, la justification par l'entrepre-
« neur de l'accomplissement des obligations mises à sa charge
« par l'article 21. » (Art. 55 du cahier.) Bien que le système de
la réception définitive soit maintenant admis, ce n'est pas
après qu'il y a été procédé que le paiement du solde est dû ; il faut
attendre l'approbation définitive des comptes. Toutefois, nous
verrons tout à l'heure que cette réception produit un certain effet
quant au cours des intérêts.

1170. — Enfin, les formalités d'ordre intérieur à remplir pour
arriver au paiement du solde sont indiquées par l'article 48 du règlement provisoire qu'il nous suffira de transcrire : « Le paiement
« unique et intégral, ou le paiement pour solde des travaux de
« l'entreprise, a lieu au moyen d'une ordonnance ou d'un man-

,« dat émis après approbation, par le Ministre, du décompte défi-
« nitif.

« Le décompte, dûment vérifié et arrêté par le chef du service
« d'exécution, est le relevé par entreprise, et dans l'ordre des
« numéros de la série de prix ou du devis, de l'arrêté final du
« registre mentionné à l'article 39. Il relate ensuite, s'il y a lieu,
« les acomptes déjà payés avec les dates et numéros des ordonnan-
« ces ou mandats antérieurs, le montant des retenues à opérer
« pour retards, et la somme nette à payer. Il est accompagné du
« procès-verbal de réception indiqué à l'article 25. Le décompte
« est adressé au directeur qui, après vérification, le transmet au
« Ministre.

« Quand le Ministre ne se réserve pas l'ordonnancement
« du montant de la créance, il renvoie le décompte au directeur
« avec les pièces à produire au Trésor, et ce dernier émet, au
« profit de l'intéressé, un mandat égal à la somme nette à payer.

« En cas de retenue pour retards, il en mandate le montant,
« au profit du Trésor, sur le crédit des travaux. »

A la suite de cet article, on trouve, dans le règlement provisoire de 1887 (chap. VII et VIII), un certain nombre de règles
relatives à la comptabilité qui doit être tenue par les agents de
l'Administration, et aux comptes qu'ils doivent rendre au Ministre : nous n'avons pas à les examiner, car elles n'intéressent pas
les entrepreneurs.

1171. — Enfin, il est question, dans l'article 58 du cahier, des
retards apportés dans les paiements : après avoir rappelé les
principes ci-dessus exposés relatifs au paiement des acomptes,
contrairement au cahier de 1876, et conformément au cahier du
service des ponts et chaussées, cet article admet une indemnité
pour retard dans le paiement du solde.

Lorsque le retard porte sur le paiement du solde postérieurement à la réception définitive, une indemnité peut être allouée :
elle consistera en l'intérêt des sommes dues qui courra de plein
droit, comme pour les travaux ordinaires. La demande en justice n'est donc plus nécessaire, comme sous l'empire du cahier de
1876 : « Toutefois, dit l'article 58, si l'entrepreneur n'a pas été
« entièrement soldé dans les six mois qui suivent la réception
« définitive régulièrement constatée, il a droit, à partir de l'expira-
« tion de ce délai de six mois, à des intérêts calculés d'après le
« taux légal, pour la somme qui lui reste due. »

1172. — Enfin, le dernier alinéa prescrit une mesure d'ordre
en cas de contestation : « En cas de contestation sur le montant
« des acomptes ou du solde et du refus par l'entrepreneur de le
« recevoir, la somme ordonnancée est versée, à la diligence de
« l'Administration, à la Caisse des dépôts et consignations, et ce
« versement libère l'État de toute obligation relative au paiement
« des intérêts, quelle que soit l'issue de la contestation. »

CHAPITRE II

De la déchéance quinquennale.

1173. — Motifs des lois de déchéance.
1174. — Loi du 29 janvier 1831.
1175. — Caractères de la déchéance établie par cette loi.
1176. — Créances qui y sont soumises.
1177. — La déchéance s'applique même aux frais faits pour conserver la créance.
1178. — Elle ne s'applique pas aux capitaux des sommes déposées à titre de cautionnement.
1179. — Mais elle s'applique aux intérêts de ces cautionnements.
1180. — Par qui la déchéance peut être invoquée.
1181. — La chose jugée sur le fonds de la créance ne fait pas obstacle à l'application de la déchéance.
1182. — Le Conseil d'État est juge d'appel des contestations sur la déchéance : les Conseils de préfecture et les Tribunaux civils sont incompétents.
1183. — Le Ministre a le droit de ne pas opposer la déchéance.
1184. — Délai de la déchéance : Quel en est le point de départ ? Cas où les travaux s'exécutent en plusieurs exercices.
1185. — En cas de contestation sur la créance, le délai ne commence-t-il à courir que du jour du jugement ?
1186. — Les causes de suspension de la prescription ordinaire n'interrompent pas le cours du délai de déchéance.
1187. — Réclamation du paiement : ses formes; pièces à produire.
1188. — Jurisprudence.
1189. — La déchéance ne s'applique que s'il y a négligence de la part du créancier.
1190. — A qui la demande en paiement doit-elle être adressée ?
1191. — Demande en justice devant un tribunal incompétent.
1192. — Cas où l'Administration elle-même apporte des obstacles à la liquidation.
1193. — La déchéance interrompue peut reprendre son cours.
1194. — Les départements et les communes ne peuvent invoquer les lois sur la déchéance.

1173. — Les règles particulières de la comptabilité de l'État ne permettaient pas, en matière de prescription, l'application des règles consacrées par les lois civiles. L'État ne pouvait sans danger rester pendant trente ans exposé aux demandes de ses créanciers. A diverses reprises, des lois ont été promulguées dans le but de réduire ce délai et, en même temps, de fixer le caractère et les conditions de la prescription spéciale dont il peut se prévaloir. La première en date remonte au 24 frimaire an VI. Cette loi ordonna la liquidation de toutes les sommes dues par l'État, et déclara que tous ces créanciers seraient tenus de produire leurs titres avant le 1er germinal de la même année, sous peine de déchéance. Depuis cette époque, on trouve dans la législation un grand nombre de dispositions analogues, parmi lesquelles nous citerons les décrets des 25 févr. 1808 et 13 déc. 1809, les lois de finances des 15 janv. 1810, 28 avril 1815, 25 mars 1817 et 17 août 1822.

1174. — Toutes ces lois ont un caractère commun. Elles ont pour but de régler l'arriéré, d'en obtenir la prompte liquidation et de prononcer la peine de la déchéance contre les créanciers qui ne présenteraient pas leurs titres dans le délai imparti. En un mot, elles gouvernent le passé, et ne statuent pas pour l'avenir. Cette manière de procéder avait un immense inconvénient : elle plaçait les créanciers de l'Etat sous l'empire de dispositions variables et susceptibles d'être incessamment modifiées. On comprit bientôt qu'il était convenable et possible de poser des règles uniformes, et de fixer les principes essentiels de la matière. Dans ce but, on inséra dans la loi de finances du 29 janvier 1831 les dispositions suivantes : Article 9 : « Seront prescrites et défini-« tivement éteintes au profit de l'Etat, sans préjudice des déchéan-« ces prononcées par les lois antérieures ou consenties par des « marchés ou conventions, toutes créances qui, n'ayant pas été « acquittées avant la clôture des crédits de l'exercice auquel « elles appartiennent, n'auraient pu, à raison de justifications « suffisantes, être liquidées, ordonnancées et payées dans un « délai de cinq années, à partir de l'ouverture de l'exercice, pour « les créanciers domiciliés en Europe, et de six années pour les « créanciers résidant hors du territoire européen. Le montant « des créances frappées d'opposition sera, à l'époque de la clô-« ture des paiements, versé à la Caisse des dépôts et consigna-« tions. Le terme de prescription des créances portant sur « l'exercice de 1830, et antérieurs, est fixé au 31 décembre 1834 « pour les créanciers domiciliés en Europe, et au 31 décembre « 1835 pour les créanciers résidant hors du territoire européen.» Article 10. « Les dispositions des deux articles précédents ne « seront pas applicables aux créances dont l'ordonnancement et « le payement n'auraient pu être effectués dans les délais déter-« minés par le fait de l'Administration, ou par suite de pourvois « formés devant le Conseil d'Etat. Tout créancier aura le droit « de se faire délivrer, par le Ministre compétent, un bulletin « énonçant la date de sa demande et les pièces produites à « l'appui. »

Essayons de bien faire comprendre le sens et la portée de ces articles dans leur application aux marchés de travaux publics.

1175. — La déchéance établie par la loi de 1831 contre les créanciers qui ne font pas valoir leurs droits dans les cinq ans de l'exercice auquel leur créance appartient, emprunte aux considérations qui l'ont fait introduire un caractère d'ordre public incontestable. Le terme ordinaire de prescription a paru insuffisant pour exprimer la nature spéciale de la peine infligée aux créanciers négligents du Trésor. Cette peine consiste dans une déchéance radicale et absolue. Elle ne comporte dès lors que les exceptions expressément prévues par la loi qui l'établit, et c'est à tort qu'on voudrait combler les lacunes de cette loi par les dispositions du droit civil. Réciproquement, il faut écarter toutes les analogies au moyen desquelles on chercherait à l'étendre à des cas autres que ceux qui ont été spécialement et expressément prévus. C'est le propre des lois exceptionnelles d'être soumises à une interprétation en quelque sorte judaïque, et de ne point admettre ces tempéraments, que les tribunaux sont disposés à adopter dans l'application du droit commun. Ces observations préliminaires étaient indispensables avant d'étudier les difficultés spéciales de la matière.

Ajoutons qu'il n'y a pas à distinguer entre les créanciers français et les créanciers étrangers; les lois françaises, même les lois de prescription ou de déchéance sont, dit le Conseil d'Etat, exécutoires même à l'égard des étrangers habitant hors du territoire français par le seul fait de leur promulgation en France. (C. d'Etat, 14 novembre 1884, *Szaniawshi*, 779.)

1176. — En principe, toutes les créances sur l'Etat sont assujetties à l'application des lois relatives à la déchéance. Application a été faite à la créance du prix d'un objet d'art (C, d'Etat, 28 mai 1866, *Liquidateurs Mirès*, 526); à celle du remboursement des taxes d'octroi et de fabrication illégalement perçues (C. d'Etat, 4 juin 1875, *Lacoussade*, 518); à celle résultant de la vente d'une prise maritime. (C. dE'tat, 28 novembre 1879, *Gallo*, 757); à celle résultant de l'indemnité due pour dommages causés par l'exécution d'un travail public (C. d'Etat, 28 mai 1880, *Min. des trav. publ.*, 500; 25 février 1881, *Raveaud*, 209); à la créance résultant du décompte d'une entreprise de travaux publics. (C. d'Etat, 26 juillet 1855, *Hayet*, 559; 9 juin 1876, *Quéret*, 544; 8 mai 1880, *Min. des trav. publ.*, 500; 25 février 1881, *Raveaud*, 209.)

1177. — La déchéance est applicable sans distinction entre le principal de la créance et les frais pour la conserver. La déchéance applicable au principal d'une créance atteint les frais faits à l'occasion de cette créance, dont ils sont l'accessoire et dont ils doivent suivre le sort. (C. d'Etat, 2 juin 1837, *Pelletier-Dubos*, 218; 19 décembre 1839, *Mathieu de Reischoffen*, 589; 8 février 1855, *Com. de Prétin*, 115; 28 mai 1866, *Liquidateurs Mirès*, 526.)

Le Conseil d'Etat a fait de ce principe une application à une demande en paiement d'un exécutoire de dépens, formée plus de cinq années après l'ouverture de l'exercice durant lequel est intervenu l'arrêt définitif prononçant la condamnation de l'Etat aux dépens. En vain on avait soutenu que les dépens n'avaient été liquidés, et l'exécutoire délivré, que quelques mois avant la demande : le Conseil a répondu que la créance résultait de l'arrêt et que l'exécutoire n'était qu'une pièce justificative qui ne la constituait pas. (C. d'Etat, 2 juillet 1875, *Bornot*, 653.)

1178. — La déchéance ne s'applique pas aux capitaux des sommes déposées au Trésor public, à titre de cautionnement pour la garantie des obligations imposées aux comptables, fournisseurs et entrepreneurs de travaux publics. Il est facile de saisir que la déchéance ne peut être opposée lorsqu'il s'agit d'un cautionnement fourni en immeubles ou en valeurs. Celui qui a fourni un tel cautionnement reste propriétaire des immeubles ou des valeurs, c'est pour lui que l'État les détient. Dans ces conditions, pourquoi aurait-on distingué entre le cautionnement ainsi fourni et celui qui est fourni en argent comptant ; la distinction eût été aussi illogique qu'inique. D'autre part, l'État n'a aucun droit sur les fonds représentant le cautionnement, qu'autant que les entrepreneurs, fournisseurs ou comptables n'auraient pas rempli leurs obligations ; sauf ce cas, l'État n'a entre les mains qu'un dépôt.

Or la créance qui naît du dépôt n'est pas régie par les lois applicables à toutes les créances en général. Ainsi, d'après l'article 1293 du C. civ..., la compensation n'a pas lieu en matière de dépôt ; le dépositaire est tenu de restituer intégralement ce qu'il a reçu. Le dépôt est chose sacrée pour celui qui l'a pris en garde : il ne peut s'en emparer et le conserver sous aucun prétexte. Frappé de la nature spéciale de l'action qui appartient au déposant, le législateur a tenu à la soustraire aux règles faites pour les autres créances sur l'État. Le projet de la loi du 9 juillet 1836, portant règlement définitif du budget de l'exercice 1833, contenait une disposition ainsi conçue : « La prescrip-« tion établie par l'article 9 de la loi du 29 janv. 1831 sera appli-« quée aux capitaux et intérêts des cautionnements de toute « nature versés au Trésor public... » Mais la Commission de la Chambre des députés demanda la suppression de cet article : « Les « cautionnements, dit M. Dufaure, peuvent être fournis de trois « manières : ou en immeubles, ou en rentes, ou en sommes ver-« sées dans les Caisses de l'État. Dans tous les cas, ce sont des « propriétés. Le cautionnement est une véritable propriété qui « ne cesse pas un instant d'appartenir à celui qui l'a versé, si « bien qu'il en perçoit toujours les intérêts s'il est en fonds, les « arrérages s'il est en rentes, et les fruits s'il est en immeubles. « — Eh bien ! ce qui est propriété dans tous les cas doit être « assujetti à des règles semblables, et si vous veniez à décider « qu'il y a prescription pour les cautionnements versés en numé-« raire, qu'ils sont perdus après cinq ans, il y aurait inégalité « choquante entre les trois natures de cautionnements. Remar-« quons que nous-mêmes, nous avons senti que l'État ne pouvait « rester toujours débiteur ; nous lui avons donné le droit de les « verser à la Caisse des dépôts et consignations, pour que toutes « les garanties lui soient accordées. Il n'y a rien de plus à lui « donner. » C'est en effet ce que porte expressément l'article 26 de la loi. Aux termes de cet article, l'État est autorisé, à l'expiration d'une année après le terme fixé pour le retrait du cautionnement, à en remettre le montant à la Caisse des dépôts. Mais c'est le seul droit qui lui appartienne, l'article combattu par M. Dufaure ayant été rejeté sur les observations que nous venons de rappeler.

Les fonds déposés au Trésor par les entrepreneurs de travaux publics ou par des tiers en leur lieu et place, pour servir de cautionnement, sont donc affranchis des peines portées par l'article 9

de la loi du 29 janv. 1831, contre les créanciers négligents du
Trésor public. Quelle que soit, au surplus, la qualité des préten-
dants droit, qu'il s'agisse des entrepreneurs ou des bailleurs de
fonds, la solution est la même. C'est toujours un dépôt dont la
restitution est demandée, et il n'y a pas, dès lors, de distinction à
établir entre ceux qui exercent l'action, du moment que leur
droit au fond est reconnu. (C. d'État, 4 mai 1854, *Largey*, 380.)

1179. — Ce même arrêt a décidé que les intérêts du cautionnement ne participent pas au privilège accordé au cautionnement
lui-même. Ils constituent non un dépôt, mais une créance ordinaire, ordonnancée et payée sur les crédits ouverts par la loi de
finances; le paiement en reste soumis par conséquent aux lois de
déchéance. Mais cette solution offre prise à une objection grave.
Les intérêts du cautionnement sont l'accessoire du cautionnement lui-même, et à ce titre, il semble qu'ils en devraient suivre
le sort. Nous avons vu le Conseil d'Etat appliquer ce principe au
cas où il s'agit de frais faits pour conserver une créance atteinte
par les lois de déchéance. Il déclare ces frais prescrits avec le
principal auquel ils se rattachent. Ne serait-il pas naturel, par
analogie, d'étendre l'immunité dont jouit le cautionnement aux
intérêts qu'il produit ? Il faudrait donc un texte spécial, ce nous
semble, pour déclarer la déchéance applicable aux intérêts du
cautionnement. Le Conseil d'Etat, dans une espèce où il s'agissait
du cautionnement d'un avoué, a décidé que la déchéance quinquennale établie par l'article 2277 du Code civil avait été rendue
applicable aux intérêts du cautionnement par un avis du Conseil d'Etat, approuvé par l'empereur Napoléon, le 24 mars 1809.
(C. d'Etat, 15 décembre 1859, *Dugué*, 741.) Cet arrêt ne nous
paraît pas avoir été contredit par aucun arrêt postérieur.

1180. — Quelle est l'autorité compétente pour invoquer la déchéance ? D'après la loi de 1831, la déchéance est applicable à la
liquidation, à l'ordonnancement et au remboursement des
créances. Elle est donc opposée, au moment de l'ordonnancement
ou de la demande d'ordonnancement, par le Ministre compétent.
C'est ce Ministre qui a seul qualité pour opposer la déchéance.
(C. d'Etat, 8 mars 1851, *Rivron*, 172 ; 12 août 1854, *Reig*, 784 ;
28 mai 1862, *Roumagoux*, 435.). « Considérant, dit ce dernier arrêt,
« que l'application des dispositions qui prononcent des déchéances
« contre les créanciers de l'Etat a été réservée par les lois ci-des-
« sus visées, et notamment par celle du 29 janvier 1831, aux Mi-
« nistres compétents, sauf recours au Conseil d'Etat; qu'ainsi, le
« Conseil de préfecture était incompétent pour statuer sur l'ex-
« ception de déchéance opposée par l'Administration. » (Dans le
même sens : *Batbie*, Droit administratif, t. VIII, p. 225. — *Serrigny*, t. III, n° 1303. — *Dareste*, Justice administrative, p. 300.
— *Aucoc*, t. II, n° 599.)

1181. — Ainsi, quel que soit le titre sur lequel reposent les
créances dont le paiement est demandé, il appartient toujours au
Ministre compétent d'en refuser le paiement, si la demande n'a

36

pas été présentée dans les délais prescrits. Il ne suffit donc pas à l'entrepreneur d'avoir fait consacrer ses droits par le Conseil de préfecture ou par le Conseil d'Etat. Vainement il invoquerait la chose jugée résultant de décisions contradictoires et définitives. La chose jugée ne protège que le fond même de la créance ; elle fait obstacle à ce que cette créance soit l'objet d'un nouveau débat, soit quant à son existence, soit quant à son *quantum ;* mais elle ne s'oppose pas à ce que le Ministre, auquel seul il appartient de liquider les dettes à la charge du Trésor (Art. 19, ord. du 31 mai 1838), repousse la demande en paiement, si elle n'a pas été présentée devant les juges compétents dans le délai imparti par la loi. (C. d'Etat, 8 mars 1831, *Rivron*, 172.)

L'attribution conférée aux Ministres est donc, comme on le voit, complètement indépendante de la sphère réservée aux tribunaux, soit administratifs, soit judiciaires. Elle consiste, comme l'a fort bien dit M. Dufour, « à examiner toutes les créances sur « le Trésor public, et à vérifier les titres qui les justifient, pour les « admettre, les rejeter ou les réduire. C'est une garantie d'une « nature toute spéciale, en vertu de laquelle les créanciers de « l'Etat, alors même qu'ils se trouvent porteurs de titres réguliè- « rement obtenus et susceptibles d'une exécution immédiate, se- « lon les règles du droit privé, sont tenus, pour parvenir au « paiement, de passer par une juridiction nouvelle, pour faire « reconnaître l'existence et fixer la quotité de leurs droits. »

De là cette conséquence que la déchéance pourrait fort bien être opposée par le Ministre liquidateur, même au porteur d'un jugement ou d'un arrêt déclarant l'existence de la créance contre l'Etat.

De là aussi cette conséquence que tout tribunal, civil ou administratif, est incompétent pour prononcer d'office la déchéance ou pour statuer sur elle, si elle est invoquée par l'Administration. Dans ce cas, ce tribunal doit se déclarer incompétent ou surseoir à statuer, jusqu'à ce que la question ait été tranchée par le tribunal compétent qui, comme nous le verrons plus loin, est le Conseil d'Etat ; ce seul tribunal peut, lorsqu'au cours d'un débat est opposée la déchéance, trancher la question. (C. d'Etat, 28 mars 1880, *Min. des trav. publ.* c. *Delrieu*, 501.)

1182. — Cette juridiction exercée par chacun des Ministres, relativement aux dépenses de leur département, n'est pas souveraine. Le Conseil d'Etat est juge d'appel des contestations en matière de déchéance. C'est à lui qu'il appartient d'apprécier définitivement si les conditions exigées par la loi se rencontrent, et autorisent l'application des dispositions qui la prononcent.

Il résulte de ce que nous venons de dire que les Conseils de préfecture ne doivent jamais être saisis de questions de cette nature. Juges des contestations relatives aux travaux publics, ils statuent sur le fonds même du débat, et ne sont pas appelés à prononcer sur les difficultés qui se rattachent à la liquidation et à l'ordonnancement des créances. (C. d'Etat, 8 mars 1871, *Ri-*

vron, 172; 12 mars 1854, *Reig*, 781; 27 novembre 1856, *Dudon*, 660; 3 février 1857, *Charpentier*, 90; 4 février 1858, *Hubaine*, 105; 28 mai 1862, *Roumayoux*, 435.)

Il en est de même des tribunaux civils. (C. d'Etat, 26 juin 1845, *Commune de Voreppe*, 368; 8 février 1855, *Commune de Prétin*, 115; 14 juin 1862, *Lechevalier*, 490.)

Cependant si une décision d'un tribunal civil ou d'un Conseil de préfecture avait statué sur une question de déchéance, et si l'Administration, sans attaquer cette décision, lui laissait acquérir force de chose jugée, il nous semble qu'en ce cas, le principe de la chose jugée, tout comme celui de la transaction ou convention tacite, s'opposerait à ce que la déchéance fût postérieurement opposée. (C. d'Etat, 17 mai 1855, *Bénech*, 358.) On peut dire que, dans ce cas, il y a renonciation tacite de l'Administration à ce moyen de défense.

1183. — Il faut bien remarquer, en effet, que si le Ministre a le droit d'opposer la déchéance, ce n'est pas pour lui une obligation : il peut ne pas l'opposer, bien qu'elle soit encourue, et le Conseil d'Etat ne saurait l'opposer pour lui. Bien plus, le Ministre, après avoir pris une première décision prononçant la déchéance, aurait le droit de rapporter cette décision et de relever son créancier, fournisseur, ou entrepreneur, de la déchéance édictée par la loi de 1831. On a essayé de soutenir le contraire en disant que, lorsqu'un Ministère a rejeté une réclamation par application de la loi de 1831, il y a, au profit de l'Etat, droit acquis à profiter de la déchéance, si réellement elle est encourue. Mais il faut remarquer que les Ministres chargés chacun dans leur département de liquider les dépenses publiques (décret du 31 mai 1862, art. 62) le font sous leur responsabilité, et en faisant acte, non de juges, mais d'administrateurs. (C. d'Etat, 20 février 1880, *Carrière*, 186; *Aucoc*. Conf. t. I, 458; *Ducrocq*, t. I, p. 319.) On admet très bien que, même au cours d'un procès, le Ministre peut reconnaître une créance qu'il avait d'abord déniée, soit parce que le créancier produit des preuves nouvelles, soit parce que la légalité ou l'équité lui font considérer les choses à un autre point de vue. Pourquoi ne pourrait-il pas renoncer à une déchéance qu'il croit avoir prononcée à tort ? (V., dans le sens de l'affirmative, C. d'Etat, 12 août 1879, *Esquino*, 656.)

1184. — Le délai de la déchéance établie par la loi de 1831 a été fixé à cinq années pour les habitants du continent européen, et à six années pour tous les autres créanciers.

Mais quel est le point de départ de cette prescription spéciale ? D'après l'article 9, les créances qui y sont soumises sont celles qui, n'ayant pas été acquittées avant la clôture de l'exercice auquel elles appartiennent, n'auraient pu être liquidées et payées dans un délai de cinq années *à partir de l'ouverture de l'exercice*. Ainsi le paiement de travaux exécutés dans le cours de l'exercice 1882 devra être demandé avant la fin de l'exercice 1886. Cette disposition semble, au premier aspect, assez claire et assez pré-

cise pour ne pouvoir donner lieu à des difficultés sérieuses : il
est bon cependant de s'y arrêter un instant.

Pour savoir à quel exercice appartient une créance, il faut se
reporter au décret du 31 mai 1862, article 6, ainsi conçu : « Sont
« seuls considérés comme appartenant à un exercice les services
« faits et les droits acquis du 1er janvier au 31 décembre de
« l'année qui lui donne son nom. »

La plupart des travaux ne s'achèvent pas dans un seul exercice.
Le plus ordinairement leur exécution demande plusieurs années.
Dans ce cas, la créance de l'entrepreneur doit-elle être considérée comme unique, ou au contraire ne peut-on soutenir qu'elle
se divise en autant de fractions qu'il y a eu d'années, et, par
suite, d'exercices ? La déchéance n'atteint-elle pas, dès lors, les
dépenses faites avant les cinq dernières années ? Il résulte de plusieurs arrêts que, lorsqu'il s'agit de créances qui s'augmentent par
annuités, la déchéance est encourue pour les années antérieures
aux cinq années qui ont précédé la réclamation. Ainsi, dans une
espèce où la réclamation avait pour objet des frais d garde annuels, le Conseil a décidé que le réclamant n'avait droit qu'aux
frais de la dernière période quinquennale. (C. d'Etat, 1er décembre 1853, de Germigney, 970.)

Mais les motifs qui ont dicté ces solutions ne se retrouvent pas
ici. La créance de l'entrepreneur n'est pas divisible entre les divers exercices pendant lesquels elle a pris naissance. Elle est née
de l'exécution du marché, c'est-à-dire d'un fait qui, envisagé
comme cause génératrice de créance, n'est pas susceptible de se
fractionner. C'est d'ailleurs par la réception définitive des travaux
que la créance de l'entrepreneur lui est définitivement acquise.
Jusque-là, il ne lui est rien dû, et les acomptes qu'il reçoit, au
cours de l'exécution, ne constituent que des avances auxquelles il
a si peu droit que, d'après les dispositions du cahier des charges,
tout retard de paiement ne permet pas de suspendre, ou même de
retarder l'exécution des travaux. C'est donc la réception définitive qui est essentiellement le point de départ de la créance. Or,
quand cette réception a-t-elle lieu ? A la fin des travaux, c'est-à-
dire dans le cours du dernier exercice. C'est donc à partir de
ce moment que la prescription commence à courir.

1185. — Les expressions dont se sert le décret du 31 mai 1862
ont quelquefois donné lieu à des difficultés.

On a soutenu par exemple que, lorsqu'une créance était contestée et reconnue judiciairement, il n'y avait droit acquis, et par
conséquent point de départ du délai, que du jour du jugement. Il
y a bien, il est vrai, quelques très anciens arrêts du Conseil d'Etat
rendus en ce sens, mais la jurisprudence est, depuis longtemps,
fixée en sens contraire, de même que la doctrine. Les créances
appartiennent à l'exercice où elles ont pris naissance, les jugements sont déclaratifs et non constitutifs de ces créances; ils ne
peuvent faire revivre une créance pour laquelle la déchéance est
encourue. Du jour où un entrepreneur a livré son travail et où

ce travail a été reçu, il y a droit acquis ; du jour où un fournisseur a remis ses fournitures et où elles ont été acceptées, il y a
aussi droit acquis ; du jour où un propriétaire a subi un dommage par suite de l'exécution d'un travail public, il y a encore
droit acquis : si, à partir de ce jour, il s'écoule cinq ans sans réclamation, une instance intentée postérieurement n'empêche pas la
déchéance d'avoir couru. (C. d'Etat, 8 mars 1851, *Riveron*, 172 ;
28 mai 1866, *Bordeaux-Larichardière, liquidateurs Mirès*, 526 ;
2 juillet 1875, *Bornot*, 653 ; 25 février 1881, *Raveaud*, 210 ;
9 février 1883, *la Providence*, 145.)

Mais le délai ne commence à courir que lorsque le droit est
exigible ; donc, dans les créances à terme ou sous condition, il ne
court que du jour de l'arrivée du terme ou de celui de l'arrivée
de la condition. (C. d'Etat, 12 janvier 1854, *Birkel*, 89.)

1186. — Cependant certaines causes qui suspendent en général
la prescription ne suspendent pas la déchéance de la loi de 1831.
Il faut appliquer, par exemple, l'article 2278 du Code civil qui
déclare que la courte prescription de l'article 2277 court contre
les mineurs et autres incapables, malgré l'article 2252. (Batbie,
t. VIII, p. 225 ; C. d'Etat, 19 mai 1853, *Doucerain*, 540.)

1187. — Dans les cinq ans à dater de la réception définitive,
l'entrepreneur doit remettre à l'Administration le décompte de
son entreprise et les pièces nécessaires pour apprécier le mérite
de ses réclamations. La remise de ces pièces est indispensable.
Une réclamation pure et simple, dénuée de tout document justifi-
catif, n'aurait pas pour effet d'arrêter le cours de la déchéance. Il
faut, ce sont les termes exprès de l'article 9, que la demande soit
appuyée sur des « justifications suffisantes ». Mais que faut-il
entendre par ces expressions ?

Une définition serait aussi dangereuse qu'inutile. La loi s'en
remet évidemment sur ce point à la conscience du juge. C'est à
lui d'apprécier si l'Administration a été en demeure de faire
droit aux demandes de l'entrepreneur, et si celles-ci étaient
appuyées des pièces nécessaires pour permettre à l'Administration de prendre un parti. On comprend qu'à cet égard, on ne
doit pas se montrer trop exigeant, et qu'un formalisme extrême
serait aussi contraire à la justice qu'au vœu même de la loi. Il y
a des demandes dont la justification dépend de mesures à ordonner, comme cela arrive aussi lorsque l'Administration refuse à
l'entrepreneur le prix d'une dépense non portée au devis qu'il
prétend avoir faite, sur l'ordre et avec l'approbation des ingénieurs. Exiger en pareil cas une justification, c'est-à-dire la
preuve complète de la dette de l'Etat, ce serait méconnaître au
plus haut point la pensée du législateur qui, en édictant la déchéance quinquennale, n'a pas voulu faire violence à la nature
même des choses, et a dû conséquemment tenir compte des conditions ordinaires de l'établissement des créances contre l'Etat.

Pour toutes les dépenses dont la preuve dépend d'une vérification à ordonner, d'une expertise ou de l'aveu des agents de

l'Administration, il suffit donc à l'entrepreneur de demander ce qu'il croit lui être dû. L'Administration est mise, par sa réclamation, en demeure de contester, et elle doit appeler, sans plus de délai, son adversaire devant le Conseil de préfecture, pour faire statuer sur les difficultés qui s'élèvent entre eux. Son inaction, si prolongée qu'elle soit, n'a pas pour effet de compromettre les droits de l'entrepreneur. L'article 10 de la loi du 29 janvier 1831 suspend, en effet, le cours de la déchéance pendant tout le temps où le fait de l'Administration met obstacle à la liquidation et à l'ordonnancement des créances. Le Conseil d'Etat a fait une application remarquable de cet article dans l'espèce suivante : le sieur Bernard, entrepreneur des travaux du séminaire diocésain de Toulouse, termina ces travaux en 1836. Dès 1837, il remit ses comptes détaillés au Préfet qui les adressa au Ministère des cultes. Il s'engagea alors, entre le Ministre et le Préfet, une longue correspondance qui dura sept années. Le sieur Bernard n'avait cessé, pendant tout ce temps, de réclamer le paiement du solde, ce qui n'empêcha pas l'Administration de lui opposer la déchéance quinquennale. Le Ministre des cultes, par une décision du 10 décembre 1846, jugea que l'article 9 de la loi du 29 janvier 1831 était applicable à Bernard, faute par lui d'avoir saisi le Conseil de préfecture dans les cinq ans de la réception des travaux.

1188. — Cette décision exagérait la sévérité déjà si grande de cette loi. Sur le pourvoi du sieur Bernard, le commissaire du Gouvernement fit remarquer que l'entrepreneur avait produit toutes les pièces desquelles il prétendait faire résulter sa créance; que si, en fait, le Ministre n'y avait pas trouvé la justification complète de ses prétentions, c'était à lui qu'il appartenait de saisir le Conseil de préfecture; que la production faite par Bernard constituait le Ministre en demeure de faire statuer sur le litige, et que son inaction ne pouvait nuire à l'entrepreneur, étranger aux longs retards que la liquidation de sa créance avait éprouvés. Le Conseil d'Etat se rangea à cet avis. (C. d'Etat, 23 juin 1850, *Bernard*, 608. *Adde :* 28 juillet 1849 , *Brunet*, 431 ; 6 avril 1854, *Héritiers Theil*, 283 ; 21 décembre 1854, *Lebobe*, 996 ; 9 juin 1876, *Quéret*, 545.) Nous reproduisons les motifs de ce dernier arrêt : « Considérant que, si les travaux dont le sieur Quéret a été dé- « claré adjudicataire ont été reçus définitivement en 1861, et si le « sieur Quéret n'a saisi le Conseil de préfecture que le « 23 décembre 1867, il résulte de l'instruction que, dès 1861, le « sieur Quéret a adressé au Ministre des travaux publics diverses « réclamations contre le décompte de son entreprise, et « que ces réclamations comprenaient tous les chefs de de- « mande qui ont été portés postérieurement devant le Conseil « de préfecture; que, par diverses décisions dont la dernière porte « la date du 13 mai 1862, le Ministre a reconnu le bien-fondé « d'un certain nombre de demandes formées par l'entrepreneur « et lui a accordé soit des indemnités, soit des suppléments de

« prix ; que le montant des sommes ainsi allouées n'a été payé
« qu'au commencement de l'année 1865 à l'entrepreneur, qui ne
« les a reçues qu'en faisant les réserves les plus formelles de son
« droit de porter le surplus de ses réclamations devant l'auto-
« rité compétente; que, dans ces circonstances, aux termes de
« l'article 10 de la loi du 29 janvier 1831, il n'y a pas lieu d'ap-
« pliquer au sieur Quéret la déchéance quinquennale résultant de
« l'article 9 de ladite loi. »

1189. — Pour que la déchéance s'applique, il faut que les
créanciers aient à se reprocher une négligence quelconque. C'est
ce qui résulte de l'article 10 de la loi du 29 janvier 1831, qui est
venu restreindre la portée de l'article 9 : « Les dispositions des
« deux articles précédents, dit-il, ne seront pas applicables aux
« créances dont l'ordonnancement et le paiement n'auraient pu
« être effectués dans les délais déterminés par le fait de l'Admi-
« nistration, ou par suite de pourvois formés devant le Conseil
« d'État.

« Tout créancier aura le droit de se faire délivrer par le Minis-
« tre compétent un bulletin énonçant la date de sa demande et
« les pièces à l'appui. »

1190. — La demande n'est pas toujours adressée au Ministre;
elle peut l'être à une Administration, à un préfet, ou à un autre
fonctionnaire; il est prudent d'exiger un récépissé. Cependant, à
défaut du bulletin prévu par la loi de 1831, ou d'un récépissé, la
preuve pourrait être faite de toute manière, par un constat d'huissier dressé au moment de la remise de la pièce, par exemple. La
preuve pourrait être faite également par des pièces postérieures
émanant de l'Administration. (C. d'État, 29 mars 1860, *Bon-
fils*, 272.)

1191. — Une demande en justice équivaudrait à la demande
adressée à l'Administration, et la prescription serait interrompue.

C'est en se plaçant à ce point de vue que le Conseil d'État a
plusieurs fois jugé que même les demandes formées devant l'autorité judiciaire peuvent avoir pour effet d'interrompre la déchéance. (C. d'État, 10 mai 1852, *Touillet*, 535 ; 9 mars 1854,
Comm. d'Essoyes, 175 ; 23 juillet 1857, *Ville de Metz*, 568.) Mais il
n'en faut pas conclure que les demandes portées devant la juridiction ordinaire aient toujours cet effet. Elles ne le produisent
que dans le cas où les tribunaux sont compétents pour connaître
du litige engagé sur le fond du droit entre l'État et son créancier.
Plusieurs auteurs (notamment M. Batbie, t. VIII, p. 225) ont
soutenu qu'il fallait appliquer ici l'article 2246 du Code civil, aux
termes duquel la citation en justice, donnée même devant un juge
incompétent, interrompt la prescription ; nous croyons qu'ils ont
raison en théorie, mais la jurisprudence est contraire. Elle a plusieurs fois refusé d'appliquer l'article 2246 du C. civ., aux
termes duquel la citation en justice, donnée même devant un
juge incompétent, interrompt la prescription. (C. d'État, 12 mars
1880, *de Plazanet*, 297.)

Elle n'attribue ce résultat qu'aux demandes régulièrement formées, et ne considère pas, comme ayant ce caractère, celles qui ont été portées à tort devant une juridiction qui ne pouvait en connaître. (C. d'Etat, 22 juin 1848, *Fleurot*, 420 ; 19 mai 1853, *Touillet*, 535.)

En matière de travaux publics, la juridiction compétente pour connaître des difficultés qui se rattachent à l'exécution des travaux publics est le Conseil de préfecture, et, sur l'appel, le Conseil d'Etat. La déchéance ne serait donc pas interrompue par une réclamation formée devant l'autorité judiciaire.

1192. — L'exception au principe de la déchéance, admise par l'article 10 de la loi de 1831 pour le cas où l'Administration elle-même s'oppose, par son fait, à la justification de la créance, a été appliquée dans plusieurs autres circonstances. Nous citerons notamment un décret du 10 janvier 1856 ainsi conçu : « Considérant qu'il résulte de l'instruction que, nonobstant la « demande formée par le sieur Billard à l'effet de toucher les inté-« rêts de son cautionnement, le préfet du Calvados a, pour garan-« tir les droits du Trésor, retenu le récépissé sur le vu duquel les « intérêts devaient être touchés, jusqu'à la liquidation définitive des « comptes de l'entreprise, arrêtée par décision ministérielle du « 7 nov. 1854; qu'il suit de là que c'est par le fait permanent de l'Ad-« ministration que le sieur Billard a été empêché de toucher les « intérêts de son cautionnement, et que la prescription ne « peut, en conséquence, lui être opposée ; que dès lors c'est « à tort que notre Ministre des finances a rejeté la réclamation du « sieur Billard à l'effet d'obtenir le paiement des intérêts de son « cautionnement à partir du 1er janvier 1840. » (C. d'Etat, 10 jan-« vier 1856, *Billard*, 32.)

De même, dans une espèce où le Ministre des finances avait sursis à statuer sur une demande, ce fait de l'Administration a été considéré comme la privant du droit d'opposer la déchéance encourue quelque temps après. (C. d'Etat, 16 avril 1863, *Hospice de Cherbourg*, 368.)

1193. — La déchéance, interrompue par une cause quelconque, reprend son cours quand cette cause a disparu. C'est ce qui arrive lorsque l'Administration cesse d'apporter des obstacles à la liquidation, ou lorsqu'une décision définitive a été rendue sur le fond du litige par la juridiction contentieuse. Dans l'un et l'autre cas, l'entrepreneur doit s'empresser d'agir : autrement, il s'expose à la déchéance, s'il reste dans l'inaction jusqu'à l'expiration du terme de cinq ans, à partir de l'ouverture de l'exercice dans le cours duquel il était facile, soit de faire constater son droit, soit d'obtenir son paiement. (C. d'Etat, 26 juillet 1855, *Hayet*, 559.)

Il n'est pas nécessaire que le procès qui retarde la liquidation ou le paiement provienne d'un démêlé entre l'Administration et son créancier : ce procès pourrait se débattre entre l'Administration et un tiers, ou entre le créancier et un tiers; ainsi le Conseil d'Etat a refusé d'appliquer la déchéance dans un cas où, une créance ayant été liquidée et ordonnancée dans les cinq ans, le paiement n'en avait pu être effectué par suite de l'opposition d'un tiers. (C. d'Etat, 8 janvier, 1863, *Combarel de Leyval*, 1.)

1494. — Les lois de déchéance ont été faites dans l'intérêt de l'Etat. Les départements et les communes ne peuvent s'en prévaloir.

La question, en ce qui concerne les départements, avait fait quelque doute, à l'époque où leur personnalité venait d'être créée; mais le Conseil d'Etat a, de suite, nettement tranché la question. (C. d'Etat, 27 mai 1834, *Préfet du Bas-Rhin*, 417; 27 août 1840, *Amet*, 337.) Depuis cette époque, le décret du 31 mai 1862, sur la comptabilité publique, s'est exprimé d'une manière formelle dans son article 480 : « Les règles prescrites par le présent décret « pour les dépenses générales de l'Etat s'appliquent aux dépenses « des départements, sauf en ce qui concerne la déchéance quin- « quennale, à laquelle les créances départementales ne sont pas « soumises. »

Cependant cette règle souffre exception en ce qui concerne les dépenses départementales qui sont acquittées sur le fonds commun, et que la loi du 10 mai 1838 a effacées des budgets des départements pour les transférer au budget de l'Etat. « Le budget « départemental n'est, en réalité, qu'une fraction du budget de « l'Etat, au moins en ce qui concerne les dépenses ordinaires. » (Circ. min. du 1er déc. 1838; M. Cotelle, t. 1er, p. 181.)

La loi du 10 août 1871 a rendu plus tranchée encore la séparation entre le budget de l'Etat et celui des départements. Nous ne saurions mieux faire que de renvoyer à ce sujet à ce que nous nous dit *suprà*, organisation des travaux publics dans les départements. (*Voy.* n°s 138 et suivants.)

TITRE X

DU PRIVILÈGE DES FOURNISSEURS ET OUVRIERS SUR LES SOMMES
DUES PAR L'ÉTAT AUX ENTREPRENEURS DE TRAVAUX PUBLICS

1195. — Motifs du privilège : son origine.
1196. — Texte du décret du 26 pluviôse an II.
1197. — Différence entre le privilège et l'action directe.
1198. — Le décret du 26 pluviôse est toujours en vigueur.
1199. — Conditions auxquelles le privilège est subordonné.
1200. — Travaux des communes et des associations syndicales.
1201. — Travaux des départements.
1202. — Il faut qu'il s'agisse de créances nées de travaux publics ; travaux
     du domaine privé de l'Etat.
1203. — Travaux exécutés par des concessionnaires.
1204. — Observation critique.
1205. — Travaux auxquels l'Etat contribue.
1206. — Le mode de paiement est indifférent.
1207. — Le privilège ne peut pas résulter uniquement des clauses du cahier
     des charges, ni de conventions particulières.
1208. — Le privilège ne frappe ni le cautionnement, ni les sommes déposées.
1209. — Règle différente pour le cautionnement des entrepreneurs de travaux
     de la guerre
1210. — Dispense d'inscription. Une saisie-arrêt est-elle nécessaire pour créer
     le droit des créanciers privilégiés ?
1211. — Personnes qui ont droit au privilège
1212. — Cas exceptionnel dans lequel les sous-traitants peuvent le réclamer.
1213. — Quid au sujet des sommes qui auraient été payées aux fournisseurs
     et ouvriers.
1214. — Droits des propriétaires de terrains fouillés.
1215. — Le privilège n'est pas attaché aux créances ayant pour cause l'inexé-
     cution des contrats passés par l'entrepreneur avec ses fournisseurs.
1216. — Faillite de l'entrepreneur : ses effets relativement au privilège.
1217. — Saisies-arrêts pratiquées par des créanciers étrangers à l'entreprise.
     Cessions ou transports.
1218. — Même après la réception définitive, ces saisies-arrêts ou transports ne
     font pas obstacle à l'exercice du privilège.
1219. — Concurrence des créanciers personnels sur ce qui reste dû après le
     paiement des ouvriers et fournisseurs.
1220. — Le privilège des ouvriers n'est pas préférable à celui des fournisseurs.
     Concours du privilège des ouvriers et fournisseurs avec d'autres
     privilèges spéciaux.
1221. — Compétence.

1195. — Il importe au crédit de l'Etat que les fournisseurs et les
ouvriers employés par les entrepreneurs des travaux exécutés à
ses frais soient intégralement payés de ce qui leur est dû. En lui
donnant la faculté de se substituer des tiers pour l'exécution des
travaux immenses qui l'intéressent, la loi devait veiller à ce que
ces entreprises ne devinssent pas une cause de ruine pour tous
ceux qui y concourent. Or c'est ce qui arriverait fréquemment si

on eût laissé l'entrepreneur maître absolu du prix de l'adjudication, et libre d'en disposer au détriment de ceux qui lui assurent ce prix, par leur travail, ou la fourniture des matériaux nécessaires à l'accomplissement de ses obligations. D'un autre côté, l'exécution des travaux doit être prompte ; il est essentiel qu'elle ne soit pas entravée par le manque de fonds, et les fonds manqueraient à chaque instant, si les agents du Trésor étaient forcés de s'en dessaisir indistinctement, au profit de ceux qui justifieraient d'un droit de créance contre l'entrepreneur. Assurer le paiement des ouvriers et des fournisseurs attachés à l'entreprise est, à ce double point de vue, une nécessité de premier ordre. Aussi, depuis le jour où la centralisation administrative a commencé à faire sentir ses bienfaits dans notre pays, l'État n'a-t-il cessé, dans l'intérêt de son crédit et de la prompte exécution des ouvrages, de protéger les ouvriers et fournisseurs contre les créanciers de l'entrepreneur pour des causes étrangères aux travaux.

M. Cotelle rappelle à ce sujet qu'en 1680 des créanciers particuliers de l'entrepreneur des travaux de défense militaire exécutés à Saint-Omer, ayant formé des saisies-arrêts entre les mains du trésorier des fortifications, Louvois ordonna à l'intendant de dessaisir le juge civil des contestations qui s'étaient élevées à ce sujet, parce qu'il n'appartenait pas, disait-il, aux tribunaux ordinaires de mettre des obstacles à l'exécution des ouvrages publics entrepris sur les ordres du roi. (Voy. *Cours de droit adm.*, t. III, p. 297.)

1196. — Toutefois, l'ancien régime ne laissait à cet égard que des précédents administratifs; si la pratique était assez conforme à ce qui existe aujourd'hui, elle était, il faut bien le reconnaître, essentiellement arbitraire : car, ne reposant sur aucun texte, elle était sujette à tous les abus qu'entraîne l'absence de règle précise. Il appartenait au législateur moderne de fixer irrévocablement les principes.

C'est ce qu'a fait la Convention nationale par un décret du 26 pluviôse an II, rendu sur la proposition du député Marrager, et après avoir entendu le rapport de ses comités de législation, d'agriculture, du commerce, des ponts et chaussées et de navigation intérieure réunis. Voici le texte de ce décret :

« Art. 1er. Les créanciers particuliers des entrepreneurs et « adjudicataires des ouvrages faits ou à faire pour le compte de « l'État ne peuvent, jusqu'à l'organisation définitive des travaux « publics, faire aucune saisie-arrêt ni opposition sur les fonds « déposés dans les caisses des receveurs d'arrondissement, pour « être livrés aux entrepreneurs ou adjudicataires.

« Art. 2. Les saisies-arrêts et oppositions qui auraient été faites « jusqu'à ce jour par les créanciers desdits entrepreneurs ou « adjudicataires sont déclarées nulles et comme non avenues.

« Art. 3. Ne sont point comprises dans les dispositions des ar- « ticles précités les créances provenant du salaire des ouvriers « employés par lesdits entrepreneurs, et les sommes dues pour

« fournitures de matériaux et autres objets servant à la construc-
« tion des ouvrages.

« Art. 4. Néanmoins, les sommes qui resteront dues aux entre-
« preneurs ou adjudicataires, après la réception des ouvrages,
« pourront être saisies par leurs créanciers particuliers lorsque
« les dettes mentionnées en l'article 3 auront été payées. »

1197. — Cette loi a créé, comme on le voit, un véritable privilège au profit des ouvriers et fournisseurs de l'entreprise, et au
préjudice des créanciers particuliers de l'entrepreneur. Destinée
à faciliter l'exécution des travaux publics, en la débarrassant des
entraves que les créanciers personnels des entrepreneurs n'y ap-
portaient que trop souvent sous l'ancien régime, elle a consacré
une règle que l'équité sanctionne et que le Code civil s'est
appropriée, jusqu'à un certain point, en matière de devis et marchés, lorsqu'il a accordé aux ouvriers une action directe en paiement contre le maître débiteur de l'entrepreneur. (Art. 1798,
C. civ.)

Toutefois, il ne faut pas confondre le privilège créé par le décret de pluviôse au II, avec l'action directe accordée aux ouvriers
par cet article 1798. Cette dernière disposition peut être utilement invoquée en matière de travaux publics ; mais les effets du
droit qu'elle consacre sont de beaucoup moins énergiques que
ceux du privilège créé par le décret. D'une part, en effet, l'action
directe appartient seulement aux charpentiers, maçons et autres
ouvriers qui ont été employés à la construction. Les fournisseurs
ne peuvent l'exercer. (Lyon, 21 janvier 1846, *Guesdon*, S. V., 46,
2, 262.) Au contraire, le décret de pluviôse nomme expressément les fournisseurs et leur donne droit au privilège. D'un autre
côté, l'action directe accordée aux ouvriers contre le maître a
bien pour conséquence de leur permettre de saisir les sommes
qu'il doit à l'entrepreneur, et même de se les approprier au détriment des autres créanciers de celui-ci, qui sont réduits à exercer,
aux termes de l'article 1166, les droits de leur débiteur, et qui,
n'ayant pas plus de droits que lui, ne peuvent s'opposer au paiement des créanciers de l'entreprise envers lesquels le maître est
directement et personnellement obligé. Ce droit est considérable
sans aucun doute, et constitue une faveur précieuse, puisqu'il
donne à une certaine catégorie de créanciers le moyen de se
faire payer au détriment de ceux qui n'en font pas partie. Mais
ce n'est pas là un privilège dans le sens légal du mot, et le bénéfice de l'action directe est loin de produire, en toute hypothèse,
les mêmes résultats. Tandis que le privilège a pour effet d'imprimer à l'objet auquel il s'applique une marque indélébile qui
s'oppose à ce que les tiers puissent, sous aucun prétexte, se l'approprier, et qui subsiste au profit du bénéficiaire, sans que celui-ci soit obligé d'agir en justice pour faire reconnaître et proclamer son droit de préférence, l'action directe ne constitue qu'un
droit personnel qui n'est efficace qu'à la condition d'être exercé
à temps et est sujet à se perdre, faute de vigilance et d'activité.

Ainsi la cession régulièrement faite par l'entrepreneur, des sommes qui lui sont dues, met obstacle à l'action directe des ouvriers quant aux sommes cédées : leur droit se trouve restreint à la partie qui n'a pas été transportée. (Cass. rej., 18 janv. 1854, *Fèvre*, S. V., 54, 1, 241.) — Or, nous verrons bientôt que le privilège résultant du décret du 26 pluviôse an II résiste à la cession. Il s'exerce malgré elle à quelque date qu'elle ait eu lieu ; il fait toujours et péremptoirement obstacle à ce que l'entrepreneur favorise ses créanciers personnels au détriment des créanciers de l'entreprise. Les garanties que donnent aux ouvriers et fournisseurs les dispositions du décret de pluviôse sont donc plus nombreuses et plus solides que celles qui résultent de l'action directe.

Ajoutons que le privilège résultant du décret du 26 pluviôse an II est d'autant plus indispensable, que l'article 2103, § 4, aux termes duquel les architectes, entrepreneurs, maçons ou autres ouvriers ont un privilège sur les ouvrages qu'ils ont édifiés, n'existe pas en matière de travaux publics. Le domaine public est inaliénable et ne peut pas tomber en expropriation. Or, comme la fin du privilège, c'est le paiement sur le prix du gage, il fallait nécessairement que la loi assurât aux créanciers de l'entreprise un autre moyen de consolider leur créance [1].

1198. — Cependant on a prétendu que le décret de pluviôse n'était plus aujourd'hui susceptible d'application, parce qu'il n'avait eu, à son origine, qu'un caractère provisoire. C'est tirer une conséquence erronée d'un fait incontestable. L'article 1er porte, en effet, que le décret sera exécuté seulement « jusqu'à l'orga- « nisation définitive des travaux publics ». Ce qu'indiquait déjà son titre même, ainsi conçu : « Décret qui interdit *provisoirement* « aux créanciers particuliers la faculté de faire des saisies-arrêts ou « oppositions sur les fonds destinés aux entrepreneurs de tra- « vaux pour le compte de l'État. » Mais s'il est vrai que, dans la pensée de ses auteurs, le décret ne devait avoir qu'une durée transitoire, il est également certain qu'au moment où il a été rendu, on avait le projet de rédiger un Code des travaux publics, où toutes les dispositions des lois spéciales, et notamment celles concernant le privilège des ouvriers et fournisseurs, auraient été refondues. Or, cette organisation définitive des travaux publics annoncée par l'article 1er du décret est encore attendue. Toute la législation relative à cette importante matière est éparse dans des lois nombreuses, mises au jour quand le besoin s'en fait sentir, mais sans ordre, sans plan d'ensemble et sans cette coordination qu'avait en vue le législateur de l'an II. Aucune de ces lois ne contient d'ailleurs l'abrogation formelle ou tacite d'un décret qui, bien que provisoire, répond à un besoin permanent, et qu'il se- rait déplorable de voir disparaître, s'il n'était immédiatement

---

1. *Voyez* aussi l'ordonnance du 13 mai 1829, qui applique le décret du 26 pluviôse an II aux créanciers des entrepreneurs de travaux publics dans les colonies.

remplacé par des dispositions analogues. Loin d'avoir été abrogé, le décret du 26 pluviôse a reçu une consécration nouvelle, lorsqu'en 1810 le Gouvernement l'a déclaré exécutoire dans les provinces hollandaises réunies à la France, (Déc. du 8 nov. 1810[1].) Enfin les tribunaux n'ont pas cessé d'en faire respecter les dispositions. (*Voy.* Poitiers, 18 fév. 1837, *Lombard*, S. V., 37, 2, 467; Paris, 27 août 1853, *Cépré*, D. P., 54, 2, 104.)

1199. — Le privilège accordé aux ouvriers et fournisseurs est subordonné à quatre conditions. Il faut qu'il s'agisse : 1° de travaux publics ; 2° de travaux faits ou à faire pour le compte de l'Etat ; 3° de fonds déposés dans les caisses publiques pour être délivrés aux entrepreneurs ou adjudicataires ; 4° de créances ayant pour cause le salaire des ouvriers ou des fournitures de matériaux. C'est à la lumière de cette règle fondamentale, que nous trouvons heureusement et nettement formulée dans un arrêt de la Cour de cassation, rendu au rapport de M. le conseiller Laborie (*voy.* 18 déc. 1860, *Sous-comptoir des entrepreneurs* ; S.-V., 61, 1, 282), que nous allons rechercher : 1° à quels travaux le décret peut s'appliquer; 2° à quelles personnes il est accordé; 3° sur quelles sommes il peut s'exercer ; 4° quelles sont les créances qu'il garantit. Nous examinerons ensuite quel est le rang du privilège en concours avec d'autres créances privilégiées et, en dernier lieu, quel est le tribunal compétent pour connaître des difficultés qui s'élèvent à son occasion.

1200. — Les fournisseurs et ouvriers n'ont droit au privilège que lorsqu'il s'agit de travaux entrepris pour *le compte de la nation*. Tels sont les termes de l'article 1er du décret. Or, les privilèges sont de droit étroit; on ne peut les étendre, par analogie, d'un cas à un autre. Il ne peut être question, par exemple, en matière de travaux communaux, du privilège créé par le décret de pluviôse. Sans doute, les travaux communaux sont assimilés par la jurisprudence aux travaux publics, lorsqu'ils ont pour objet le domaine public communal. Mais les communes forment des individualités distinctes de l'Etat, et les fonds qu'elles destinent à leurs travaux ne sont pas versés dans la caisse des receveurs des finances, mais dans celle des percepteurs ou receveurs municipaux. Le texte du décret ne permettait donc pas son extension aux travaux communaux. (*Voy.* en ce sens : Cass. rej., 12 déc. 1831, *Coste*, S. V., 32, 1, 275; Lyon, 21 janv. 1846, *Guesdon*, S. V., 46, 2, 262; Angers, 31 mars 1852, *Caisse de la Sarthe*, S. V., 52, 2, 219; Cass. rej., 18 janv. 1854, *Fèvre*, S. V., 54, 1, 441; Caen, 20 juin 1859, *Mosselmann*, S. V., 60, 2, 51; Trib. de comm. de la Seine, 29 mars 1860, *Syndics Rochart*, le *Droit* du 31 mars 1860; Grenoble, 7 février 1868, D. P., 69, 2, 103.)

Il en faut dire autant des travaux exécutés pour le compte des

---

1. *Voyez* aussi l'ordonnance du 13 mai 1829, qui applique le décret du 26 pluviôse an II aux créanciers des entrepreneurs de travaux publics dans les colonies.

hospices ou des fabriques, ou même des associations syndicales. (*Voy.* Dall. *Rép.*, vº *Trav. pub.*, nº 1048.)

Toutefois, en ce qui concerne celles-ci, une exception doit être faite relativement aux travaux des associations formées pour l'exécution des digues destinées à mettre les villes à l'abri des inondations, en vertu de la loi du 28 mai 1858. — Cette loi a mis en effet ces travaux à la charge de l'Etat qui en fournit les fonds. Les contributions exigées des particuliers ont le caractère d'un véritable impôt. Elles tombent dans la caisse de l'Etat et s'y mêlent avec ses propres deniers. Il s'agit bien alors des travaux qu'avait en vue le décret, et des fonds sur lesquels il entendait faire frapper le privilège.

1201. — La question est beaucoup plus délicate lorsqu'il s'agit de travaux départementaux; cependant nous pensons qu'elle doit être résolue dans le même sens, et que les sommes dues à l'entrepreneur sont affranchies de toute cause de préférence au profit des fournisseurs et ouvriers.

Depuis la loi du 10 mai 1838, il ne peut y avoir aucun doute sur le caractère de l'agglomération départementale. Les départements constituent des personnes morales, capables de tous les actes de la vie civile. Ils peuvent posséder, transmettre (art. 29), recevoir des legs (art. 31), emprunter (art. 34) et plaider même contre l'Etat. L'article 36 suppose le cas où un litige existe entre l'Etat et le département, et il veut que l'action soit intentée et soutenue au nom du département par le plus ancien membre du Conseil de préfecture. La personnalité du département, qui d'ailleurs a ses ressources et ses fonds spéciaux, est donc essentiellement distincte de l'Etat, puisque la loi reconnait qu'il a des intérêts propres, et consacre à son profit le droit de les faire prévaloir par les voies légales.

Les partisans du système contraire sont d'accord avec nous sur ce point; mais ils prétendent que la loi de 1838 a introduit un état de choses entièrement nouveau et, à coup sûr, inexistant au moment de la promulgation du décret du 26 pluviôse. Ils rappellent qu'aux termes de l'instruction donnée par l'Assemblée nationale, le 8 janvier 1790, pour servir à l'exécution du décret du 22 décembre 1789, sur la division de la France en départements, « l'Etat est un; les départements ne sont que les sections « d'un même tout; une administration uniforme doit les embras- « ser tous dans un régime commun. » — Mais on fait observer que cette déclaration, toujours vraie au point de vue politique, n'a jamais eu, même à l'origine, le sens qu'on lui prête aujourd'hui.

« M. Herman, ancien conseiller d'Etat, dans un traité fort esti- « mé de l'administration départementale, dit qu'on a donné à « cette phrase de l'instruction de 1790 une portée qu'elle n'avait « pas, même dans l'esprit des rédacteurs de cette instruction, « car, dès l'origine, on voit les départements admis à faire les « principaux actes de personnes *civiles.* Voici l'une des nombreuses

« preuves qu'il donne : La nation possédait alors de nombreux
« édifices provenant des ordres religieux supprimés ; si les dépar-
« tements avaient été considérés comme ne formant que des sec-
« tions de l'État dans la véritable acception du mot, l'Assemblée
« nationale n'eût-elle pas mis immédiatement à la disposition des
« administrations de département les bâtiments qui leur étaient
« nécessaires? C'est ce qu'elle n'a pas fait, et ces administrations
« durent acquérir de la nation des édifices et en solder le prix au
« moyen d'impositions établies sur les habitants de chaque dé-
« partement ; et c'est dans le premier trimestre de 1791 que fu-
« rent rendues la plupart des lois spéciales à chaque département
« qui autorisèrent cette acquisition.

« A la vérité, M. Vivien, rapporteur de la loi du 10 mai 1838,
« s'est exprimé ainsi : « Le département touche de si près à
« l'État tout entier, qu'il se confond *souvent* avec lui ; rarement
« il a des intérêts propres; le plus ordinairement il n'est qu'une
« fraction du grand tout, une division purement administrative »
« Si l'on pèse attentivement chacun des membres de cette phrase
« on est loin d'y trouver un sens aussi absolu que celui qu'on vou-
« drait lui donner. M. Vivien ne dénie pas absolument aux dé-
« partements tout caractère d'individualité; il admet, au con-
« traire, d'une manière implicite, que le département ne se con-
« fond pas toujours avec l'État, qu'il a quelquefois des intérêts
« propres, que, dans certains cas, il ne peut plus être considéré
« comme une simple division administrative. L'opinion de M. Vi-
« vien ne peut être considérée comme concluante contre l'exis-
« tence civile des départements.

« Une preuve certaine de l'individualité administrative des dé-
« partements résulte de leur système financier. En effet, dès
« 1791, ils devaient pourvoir aux dépenses particulières, mises à
« leur charge au moyen de sous additionnels perçus sur les
« contribuables de chaque département, et le produit de ces im-
« positions appartenait au département qui les avait perçues. Le
« droit individuel de chaque département sur ces produits ne
« résulte pas seulement de leur affectation exclusive aux dépen-
« ses locales : il a été formellement reconnu par un arrêté du
« 17 octobre 1801, et par un arrêté du Ministre de l'intérieur,
« du 21 mars 1804, où l'on trouve cette phrase : « Le fonds des
« dépenses variables appartient au département où il est imposé. »
« M. Herman (déjà cité) résume ainsi son opinion : Nous pen-
« sons qu'au point de vue politique, celui qui, à nos yeux, gui-
« dait l'Assemblée nationale dans son instruction du 8 janvier
« 1790, les départements étaient et sont encore des sections du
« même tout; ce principe forme et doit former la base du Gouver-
« nement français; mais qu'au point de vue administratif, les
« départements étaient, en fait, dès leur origine, et qu'ils sont
« aujourd'hui, en droit de véritables personnes civiles. »

Ces considérations, empruntées à un rapport très remarquable
de M. le conseiller Pécourt, ont reçu la sanction de la Cour suprême à l'occasion d'un pourvoi formé contre un arrêt de la Cour

de Bordeaux. (Cass. rej., 9 août 1859, *Marionnaud*, S. V., 60, 1, 557.) L'arrêt, après avoir constaté que les départements ont une existence distincte de celle de l'Etat, et constituent de véritables personnes civiles ayant leur individualité et leurs intérêts propres, ajoute, en conséquence, qu'en décidant que le privilège accordé par le décret du 26 pluviôse an II aux ouvriers et fournisseurs de matériaux, pour l'exécution des travaux entrepris au nom de l'Etat, ne s'applique pas aux travaux et fournitures faits pour le compte d'un département, la Cour impériale de Bordeaux, loin de violer les articles 1 et 3 du décret susdaté, en a fait une juste application. (*Voy.* Bordeaux, 30 nov. 1858, même aff. S. V. 58, 2, 317 ; M. Cotelle, *Dr. adm.*, t. III, nᵒˢ 356 et suiv. — *Contrà* : Angers, 31 mars 1852, *Caisse de la Sarthe*, S. V., 52, 2, 219; D. P., 53, 2, 22; M. Pont, *Priv. et hypoth.*, nᵒ 56.)

1202. — Ce principe, que les privilèges sont de droit étroit et ne peuvent être étendus par analogie, entraîne la conséquence suivante : pour que le privilège existe, il faut qu'il s'agisse de créances nées de travaux publics, c'est-à-dire de travaux exécutés dans l'intérêt des services publics et non dans l'intérêt du domaine privé de l'Etat. (V. nᵒ 1199.)

La question a été tranchée formellement par l'arrêt de la Cour de cassation du 18 décembre 1860. (D. P., 62, 1, 28.)

L'arrêt en donne cette raison décisive que le privilège, restreint par les termes mêmes du décret aux travaux publics pour le compte de l'Etat, « est sans application, soit aux travaux qui, quoique faits pour le compte de l'Etat, n'auraient pas le caractère de travaux publics ou d'utilité générale, et, par exemple, à des travaux ayant pour objet une dépendance, non du domaine public, mais du domaine de propriété de l'Etat, soit enfin aux travaux qui, quoique d'utilité publique, ne seraient pas exécutés pour le compte de l'Etat, et, par exemple, aux travaux exécutés pour le compte des communes ou des départements ; — que, sous ce double rapport, il est sans application aux travaux exécutés pour le compte de la liste civile sur des immeubles qui, dépendant du domaine de l'Etat, en ont été distraits, quant à la jouissance et à l'administration, pour être affectés à la dotation de la Couronne ; qu'il n'en est pas, en effet, des travaux ordonnés par le chef de l'Etat, comme usufruitier de ces immeubles dans l'intérêt ou les convenances de sa jouissance viagère, aux frais et pour le compte de la liste civile, et payables sur des fonds qui ne sont ni déposés dans les caisses publiques, ni frappés d'une affectation spéciale, comme des travaux ordonnés par une loi ou en exécution des lois, dans un but d'utilité générale, et payables sur des fonds déposés avec cette affectation dans les caisses des receveurs des finances ; que, d'ailleurs, la liste civile, objet d'une organisation particulière, aux termes du sénatus-consulte du 1ᵉʳ déc. 1852, et du décret du 14 du même mois, demeure soumise en général aux règles du droit civil, sauf certaines modifications étrangères à la question soulevée par le pourvoi... »

On remarquera la portée générale de cet arrêt : les règles constitutionnelles relatives à l'ancienne liste civile n'y sont invoquées que subsidiairement. D'après la constitution actuelle, l'argument tiré du mode de paiement des travaux, sur les fonds spéciaux de la liste civile, n'a plus de valeur, puisque celle-ci est abolie : mais il reste l'argument décisif : le privilège n'a été créé que pour les travaux qui sont exécutés par l'Etat en vue de services publics, et non pour ceux qu'il exécute dans l'intérêt de son domaine privé. Aussi la jurisprudence a-t-elle continué à appliquer la doctrine de cet arrêt. (Cass. civ., 9 juin 1880, D. P., 80, 1, 303; 4 décembre 1882, D. P., 83, 1, 191 ; Paris, 15 décembre 1882, D. P., 83, 2, 207.)

1203. — Un arrêt de la Cour de Poitiers, en date du 9 mars 1859 (*Green* c. *Gœpfert*, S. V., 59, 2, 284), et un autre arrêt de la Chambre des requêtes du 16 juillet 1860, rendu dans la même affaire (S. V., 60, 1, 896), ont posé en principe que le privilège de créance suppose, par sa nature même, l'affectation d'une chose ou d'une valeur au paiement d'une dette, par préférence à tous autres créanciers, et que l'article 3 du décret du 26 pluviôse an II n'étant que la conséquence de ce principe, le droit de préférence créé par cette loi n'appartient pas aux fournisseurs et ouvriers employés par les compagnies de chemins de fer à leurs frais, et non aux frais de l'Etat. Cette solution doit être approuvée, et il faut l'appliquer, en la généralisant, à tous les travaux publics faisant l'objet d'une concession. (*Voy.* Paris, 13 fév. 1860, *Jolly et consorts; Gazette des Trib.* du 16 fév. 1860.) Il est impossible d'assimiler la caisse d'une compagnie concessionnaire à la caisse de l'Etat. Les compagnies sont des associations essentiellement distinctes de celui-ci. Les fonds dont elles dirigent l'emploi sont leur propriété propre : elles n'en doivent compte qu'à leurs actionnaires, et non pas aux agents du Gouvernement. Vainement a-t-on prétendu qu'étant substituées par les stipulations des cahiers des charges aux lieu et place de l'Etat pour l'exécution même des travaux concédés, elles doivent, dans leurs rapports avec les tiers, être soumises aux lois applicables à l'Etat. Cela est vrai en ce qui concerne l'exécution même des travaux. Mais, en leur donnant des droits plus étendus que ceux qui appartiennent d'ordinaire aux entrepreneurs de travaux publics, les cahiers des charges approuvés par les décrets de concession ne modifient pas néanmoins leur qualité, et ne les confondent pas avec l'Etat dont elles empruntent parfois la puissance, mais auquel elles restent essentiellement étrangères. Les fonds que les compagnies affectent aux travaux ne sont donc pas les fonds de l'Etat, et les travaux qu'elles dirigent sont exécutés à leurs frais et non *au compte de la nation*. Si, la plupart du temps, l'Etat subventionne ces entreprises en garantissant aux actionnaires un minimum d'intérêt, cette garantie, soumise à la condition éventuelle que les produits de la ligne concédée ne suffiront pas pour couvrir l'intérêt garanti ne constitue pas une valeur susceptible de privilège. Cette valeur n'entre pas dans la caisse des compagnies, et elle ne peut y recevoir l'empreinte et l'affectation spéciale qui caractérisent et constituent, au profit des tiers, le droit de préférence. Aussi la Cour de cassation a-t-elle fait remarquer avec justesse que cette garantie ne peut être considérée comme une participation à la confection des travaux ; qu'elle ne constitue qu'un engagement éventuel destiné à soutenir le crédit de la compagnie, et à inspirer de la confiance dans le succès de l'entreprise ; que l'État n'est point tenu de fournir et d'avancer aucune somme pour la construction du chemin ; d'où la conséquence que les fournisseurs et ouvriers sont dans l'impuissance d'indiquer le dépôt, dans une caisse publique, d'aucune valeur provenant de l'État et spécialement affectée au paiement des entrepreneurs ou adjudicataires des travaux à exécuter, condition essentielle pour qu'aux termes de l'article 3 du décret, le privilège puisse s'exercer.

1204. — Cette doctrine a été approuvée dans un article publié par la *Revue critique* (1860, tome, II, page 565), par M. Hérisson : « Sans doute, dit-il, le sieur Gœpfert soutenait à « juste titre que les motifs du décret de pluviôse, tirés de l'uti-« lité générale des travaux accomplis, militaient en sa faveur. « Mais c'est là une simple considération qui, comme interprète « d'une loi créatrice d'un privilège, ne saurait nous toucher. « Les privilèges, on le sait, sont de droit étroit ; ils doivent se « restreindre rigoureusement dans les termes de la loi : aucune « raison d'analogie ne peut suffire à les étendre au delà des li-« mites qui leur sont tracées. » Nous partageons pleinement cette manière de voir, mais en déplorant la lacune regrettable qui existe dans le décret de pluviôse an II ; il n'y a pas de raison sérieuse à l'appui de la distinction qui résulte si clairement de son texte, entre les travaux publics exécutés pour le compte de la nation, et ceux qui sont entrepris dans son intérêt et à sa place par des concessionnaires. Pourquoi les travaux communaux et départementaux ne seraient-ils pas également soumis, sous ce rapport, à la même règle ? S'il est bon de soutenir le crédit de l'État par des dispositions protectrices, et d'éviter tout obstacle à l'accomplissement de ses projets, cela est essentiel aussi quand il s'agit des autres travaux publics. L'importance qu'ils ont prise dans les dernières années, importance que ne soupçonnait pas le législateur de l'an II, justifierait une assimilation à tous égards désirable. Espérons que lorsque viendra l'organisation définitive des travaux publics depuis si longtemps promise, on saura profiter de l'expérience acquise. En attendant, les tribunaux ne peuvent qu'appliquer la loi dans toute sa rigueur et avec toutes ses conséquences : *Dura lex, sed lex.*

En résumé, on peut assimiler aux travaux de l'État ceux des concessionnaires qui se sont substitués à l'État pour l'exécution de travaux ayant pour objet des services publics, mais seulement dans le cas où à cette première condition, que les travaux aient pour objet des services publics, se trouve jointe la deuxième, aussi essentielle, que les fonds soient déposés dans les caisses publiques de l'Etat avec affectation au paiement des entrepreneurs.

1205. — Nous avons dit que le garantie d'un minimum d'intérêt, ne constituant qu'un engagement éventuel de la part de l'Etat, et n'entrant pas effectivement dans la caisse de la compagnie, ne pourrait servir de matière au privilège. Mais il ne faudrait pas assimiler à cette hypothèse le cas où l'Etat contribue directement de ses deniers aux travaux exécutés, soit par une compagnie, soit par une commune ou un département. Rien ne s'oppose à ce que cette contribution soit affectée au paiement exclusif des fournisseurs et ouvriers. Du moment que l'Etat paye en partie les travaux, il est juste de dire que ces travaux sont exécutés pour son compte, ce qui suffit pour justifier l'application du décret de pluviôse an II. Il importe peu qu'en définitive les travaux ne doivent pas rester la propriété de l'Etat. C'est la subvention qu'il faut considérer et non l'intérêt du domaine public. La Cour de Paris a jugé en ce sens que le décret de pluviôse est applicable au cas de travaux ayant pour objet de mettre les rues de Paris en état de viabilité, bien que l'exécution de ces travaux soit pour une moitié à la charge de la ville de Paris, pour seulement l'autre moitié à la charge du Trésor. 30 juillet 1857, *Syndics Leroy de Chabrol*, S.V., 58, 1, 200. *Voy*, aussi Paris, 17 août 1853, *Cepré*, D. P., 54, 2, 104 ; 13 juil. 1861. *Sous-comptoir des entrepren. ; le Droit* du 18 oct. ; M. Cotelle, t. III, nos 367 et 369 ; Cass. civ., 9 juin 1880 ; D P., 80, 1, 305 ; 4 décembre 1882 ; D. P., 83, 1, 191 et la note.)

1206. — Il importe peu, d'ailleurs, que les fonds soient versés directement par l'Etat aux entrepreneurs, ou soient remis d'abord dans la caisse de la ville, du département, ou même du concessionnaire, pour être ensuite donnés aux entrepreneurs. (Paris, 26 août 1853 ; D P. 54, 2, 104.) Il en serait ainsi, même dans le cas où l'Etat fournirait seulement une subvention au concessionnaire, subvention payable soit une fois pour toutes, soit par parties à des échéances déterminées. C'est ce qu'a décidé un récent arrêt (Cass. civ., 9 juin 1880 ; D. P., 80, 1, 305) qui, après avoir constaté que l'Etat, par là même qu'il fournit une subvention au concessionnaire, doit être considéré comme ayant véritablement contribué aux frais de l'ouvrage, fait la distinction suivante : lorsque la subvention résulte de la garantie d'un minimum d'intérêts, le privilège est impossible ; il existe au contraire lorsqu'une somme est versée dans la caisse sociale.

« Attendu, ajoute-t-il, que si la subvention, au lieu de faire l'objet « d'un versement immédiat, a été, en vertu du droit d'option dont « l'Etat a fait usage, répartie sur un certain nombre d'annuités, « cet ajournement d'échéances n'a pas eu pour effet d'enlever à « l'allocation ni son caractère ni son affectation. » (*Adde* : Civ. rejet, 22 janvier 1868, D. P., 68, 1, 55.)

1207. — Dans tous les cas où, l'Etat ne faisant pas les frais de l'entreprise, le privilège n'existe pas, les stipulations les plus précises du cahier des charges seraient impuissantes à le créer. La loi seule, en effet, peut déroger au principe de l'égalité des créanciers et constituer entre eux des causes de préférence. — (*Voy.* Caen, 20 juin 1859, *Mosselmann*, S. V., 60, 2, 51.)

De même, l'entrepreneur et l'Administration ne peuvent, ni par convention entre eux, ni par convention avec les ouvriers et fournisseurs, créer, au profit de quelques-uns des créanciers privilégiés par la loi du 28 pluviôse an II, des causes de préférence. La loi ne reconnaît qu'une seule classe de créanciers privilégiés qui sont tous placés sur le pied d'égalité : ce principe est d'ordre public, et on ne peut y déroger. (Cass., 22 janvier 1868; D. P., 68, 1, 55.)

Disons toutefois que cette opinion n'est pas admise sans difficulté ; on soutient quelquefois que les ouvriers doivent passer avant les fournisseurs par application de l'article 2101 du Code civil dont le paragraphe 4 « déclare privilégiés les salaires des « gens de service pour l'année échue, et ce qui est dû pour l'année « courante ».

Nous ne saurions admettre cette manière de voir : le Code civil est une loi générale qui ne peut avoir dérogé à une loi spéciale comme l'est le décret de pluviôse an II. (Caen, 14 janvier 1855, D. P., 56, 2, 135.)

1208. — Enfin, le privilège suppose encore qu'une somme est due par l'État à l'entrepreneur. Ne seraient pas considérés comme une somme due le cautionnement et les sommes dont l'État peut se trouver détenteur à titre de dépôt. La jurisprudence n'est cependant pas unanime sur la question. La doctrine contraire a été admise par deux arrêts des Cours d'Angers (20 décembre 1850, *Houette*, Sirey, 51, 2, 172) et de Paris (16 mars 1866, *Conti*, D. P., 66, 2, 76), qui prétendent que le cautionnement, destiné à être rendu à l'entrepreneur, rentre par sa nature dans les dispositions du décret de pluviôse an II.

Mais la Cour de cassation et la majorité des auteurs se prononcent en sens contraire parce que, outre que le texte du décret ne mentionne pas le cautionnement, ses termes ne permettent pas de l'y comprendre par voie d'interprétation. (Req., 3 juillet 1845, *Debrousses*, 49, 1, 197 ; Bordeaux, 21 novembre 1848, *Debrousses* ; Sirey, 49, 1, 747 ; Aubry et Rau, III, § 263 *bis*, note, 74.) (V. n° 503.).

1209. — Toutefois, il y a exception à la règle pour les travaux du service de la guerre, dans lesquels le cautionnement est affecté par privilège au paiement des ouvriers et fournisseurs et des sous-traitants. (Décrets des 13 juin et 12 déc. 1806; Civ. rej., 10 mars 1818 ; D. A., 9, 65 ; Req., 20 février 1828 ; D. P., 28, 1, 138 ; Paris, 16 mars 1866, *Conti*, D. P., 66, 2, 76.) (V. n° 522.)

1210. — Comme tous les privilèges sur les meubles, le privilège des ouvriers et fournisseurs est dispensé d'inscription. La loi n'a subordonné son existence à aucune formalité. Les articles 1 et 3 du décret du 26 pluviôse, le premier en interdisant aux créanciers particuliers de l'entrepreneur de former des saisies-arrêts entre les mains des receveurs de districts, le second en déclarant valables celles qui seraient faites par les créanciers de l'entreprise, semblent, il est vrai, avoir considéré ce mode de procéder comme une condition sans laquelle on ne serait pas admis à réclamer le bénéfice du privilège. Cependant il n'en est rien. Si la loi parle à plusieurs reprises de la saisie-arrêt, c'est que le plus souvent, en effet, le créancier est obligé d'y avoir recours pour obtenir le paiement de ce qui lui est dû. Le gage affecté à sa créance se trouvant entre les mains d'un tiers, la saisie-arrêt est naturellement indiquée comme le mode le meilleur et le plus convenable pour assurer ce paiement. Elle est nécessaire pour manifester au Trésor public les droits des ouvriers et fournisseurs : elle ne l'est pas pour constituer le droit lui-même qui existe en vertu des dispositions mêmes de la loi. De sorte que, par exemple, en cas de faillite de l'entrepreneur, avant toute saisie-arrêt pratiquée par ses ouvriers ou ses fournisseurs, ceux-ci auraient le droit de réclamer le privilège sur les sommes dues par l'Etat. Les créanciers particuliers de l'entrepreneur se plaindraient alors en vain de l'absence d'une formalité dont l'opportunité et la convenance sont abandonnées à la discrétion des intéressés, et qui n'est pas imposée comme une condition essentielle pour créer à leur profit une cause légitime de préférence. (*Voy.* M. Hérisson, *loco citato.*)

Un système contraire est soutenu par plusieurs auteurs :

Le droit de préférence, dit-on, ne doit pas exister, autant que possible, en dehors d'une manifestation qui en fasse connaître l'existence aux intéressés. L'article 3 du décret de pluviôse ne réserve les droits des créanciers de l'entreprise, à titre de créances privilégiées, que pour faire exception aux articles 1 et 2, et dire ainsi que les saisies-arrêts formées pour les faire valoir auront effet, à l'exclusion des saisies-arrêts ayant pour objet les droits des créanciers de l'entrepreneur. Enfin, l'article 15 du cahier des ponts et chaussées ne réserve que les droits des créanciers qui ont fait des oppositions régulières. (V. Perriquet, *Trav. publ.*, n° 466.)

Nous répondrons que l'existence du privilège est manifestée par son inscription dans la loi : les fonds que l'Etat destine à l'exécution des travaux doivent, avant tout, servir à payer les fournisseurs et ouvriers ; ils ne rentrent pas, comme les autres biens de l'entrepreneur, dans le gage de ses créanciers, et comme conséquence, la loi prohibe à ces derniers de faire aucune saisie-arrêt sur ces fonds. Dans le crédit qu'ils font à l'entrepreneur, ils ne doivent pas tenir compte de ces fonds. Les articles 1, 2 et 3 de la loi de l'an II ne disent pas seulement que les saisies-arrêts des ouvriers et fournisseurs primeront toutes autres saisies-arrêts, mais qu'en principe toute saisie-arrêt est nulle et non avenue ; il n'y a d'exception que pour les ouvriers et fournisseurs qui peuvent employer ce moyen d'exercer leur privilège. L'article 15 du cahier des ponts et chaussées, en parlant des fournisseurs qui ont fait des oppositions régulières, se place, non pas dans le cas de concours entre les créanciers ordinaires et les privilégiés, ouvriers et fournisseurs, mais dans le cas de concours entre ces deux classes de privilégiés ; comme toutes deux sont nécessaires à l'entreprise, et placées sur le même rang, la priorité appartient aux membres de ces deux classes qui ont les premiers fait valoir régulièrement leurs droits. Nous persistons à croire que, même en l'absence de toute saisie-arrêt, les créanciers ordinaires ne peuvent concourir, avec les créanciers privilégiés, sur les sommes dues par l'Etat. Si, par exemple, l'entrepreneur tombe en faillite, le syndic ne pourra, même en l'absence de saisies-arrêts, toucher ces sommes au nom de la masse des créanciers.

Remarquons que, dans le cas dont nous venons de parler, bien que la faillite ait, en général, pour conséquence de dépouiller chaque créancier de ses droits d'action, ce n'est pas aux syndics qu'il appartient d'exercer les droits des ouvriers et fournisseurs. Ceux-ci ne cessent pas de pouvoir saisir-arrêter les sommes dues par l'Etat, pour se les faire attribuer en dehors de la faillite.

En effet, les créanciers privilégiés sont, pour ainsi dire, les ennemis naturels de la masse. Il y a entre eux un antagonisme perpétuel qui s'oppose à ce que les syndics, représentants de celle-ci, restent les mandataires légaux et nécessaires des ouvriers et fournisseurs. La Cour de cassation a, depuis longtemps, décidé que, dans la lettre comme dans l'esprit du Code de commerce, les syndics ne peuvent représenter la masse des créanciers que dans les affaires qui présentent pour tous une unité d'intérêts, mais qu'il n'en peut pas être de même lorsque certains créanciers ont des intérêts opposés à ceux d'autres créanciers de la même faillite, parce qu'alors, l'unité d'intérêt cessant, chacun d'eux doit agir contre les autres dans son intérêt individuel et absolument distinct et séparé de celui de la masse ; — d'où il suit qu'ils ne peuvent plus être représentés par des syndics qui n'ont de caractère légal que pour représenter la généralité des créanciers réunis en masse. (25 juin 1814, *Querremont*, Dall., *Rép.*, v° *Faillite*, n° 548.)

Il est difficile de concilier avec cette doctrine, aujourd'hui incontestable, la solution donnée par un arrêt de la Cour de Poitiers, en date du 16 mars 1838 (*syndics Chauveau*, S. V., 40, 2, 485), à la question de savoir si les ouvriers et fournisseurs sont obligés de recourir au ministère des syndics pour faire valoir leurs droits contre le Trésor. Il est certain, comme le dit cet arrêt, que le décret du 26 pluviôse an II n'a pas dérogé aux règles générales admises en matière de faillite. Mais, en refusant aux ouvriers et fournisseurs le droit d'agir isolément pour faire proclamer et constater leurs droits, il nous paraît s'être mépris sur le sens et la portée de l'article 533 du Code de commerce et sur le pouvoir qu'il confère aux syndics de la faillite. (*Voy.* Dalloz, *Rép.*, v° *Faillite*, n° 234.)

1211. — A quelles personnes le privilège appartient-il ? Il résulte de l'article 3 du décret que les ouvriers et les fournisseurs ont seuls le droit de le réclamer, les premiers pour leurs salaires et les autres pour le prix des matériaux et autres objets servant à la construction des ouvrages.

Les sous-traitants que l'entrepreneur principal se substitue pour l'exécution totale ou partielle des ouvrages compris dans l'adjudication n'ont aucun droit de préférence à l'encontre de ses autres créanciers. Il a été jugé en ce sens, en matière de travaux des ponts et chaussées, « que le sous-traité ne saurait engendrer, « au profit du sous-traitant, ni droit, ni action contre l'Adminis- « tration qui y est restée étrangère, et lui donne seulement droit « et action contre l'entrepreneur principal, son cédant et son « obligé; — que, dès lors, les créanciers de l'adjudicataire peu- « vent faire saisir ces sommes, au préjudice du sous-traitant, « entre les mains de l'Administration, sauf au premier à exercer « ses droits comme créancier de l'entrepreneur. » (Limoges, 26 janvier 1848, *Pitance*, S. V., 48, 2, 303; M. Cotelle, t. III, n° 353.)

L'arrêt de la Cour de cassation en date du 21 juillet 1848 (*Monard*), ci-dessus cité, a été à tort considéré comme ayant jugé le contraire, et décidé que le privilège résultant du décret du 26 pluviôse an II peut être réclamé par les sous-traitants des entrepreneurs de travaux publics. (*Voy.* la notice de l'arrêt précité, et la note sur l'arrêt de la cour de Bordeaux, en date du 21 novembre 1848, S. V., 49, 2, 270.) Jamais la Cour de cassation n'a décidé pareille chose. Il s'agissait dans l'affaire Monard, non pas d'un sous-traitant, mais d'un particulier dans la propriété duquel des matériaux avaient été extraits, et qui, à défaut de fournisseur, réclamait le privilège du décret sur les sommes dues à l'entrepreneur. L'arrêt n'avait donc pas à trancher la question sur laquelle la notice le fait statuer. Ce qui apparemment a donné lieu à la méprise du rédacteur, c'est que le jugement attaqué avait refusé le privilège sous le prétexte que la loi de pluviôse, combinée avec un décret du 12 décembre 1806, ne l'accorde qu'aux sous-traitants et non pas aux fournisseurs de matériaux. On a pensé sans doute que la Cour de cassation, en annulant ce jugement, a entendu proclamer la thèse contraire, et décider conséquemment que la loi du 26 pluviôse an II accorde le privilège non seulement aux sous-traitants, mais à tous les fournisseurs de matériaux. Mais, en réalité, l'arrêt n'a pas eu besoin de prendre le contre-pied du jugement attaqué. D'abord il a écarté le décret du 12 décembre 1806, relatif à l'Administration de la guerre, et dont les dispositions ne pouvaient être combinées avec le décret de pluviôse, dans leur application à la cause, s'agissant de travaux des ponts et chaussées. Puis, il a constaté que les dispositions de ce dernier décret consacraient, au profit des fournisseurs, le privilège inutilement revendiqué par le demandeur en cassation devant les juges du fond. Il n'y a, dans cette décision fort exacte, rien qui, de près ou de loin, soit de nature à faire penser que la cour a voulu reconnaître aux sous-traitants un droit que ne leur donne pas le décret, par cela seul qu'il ne les nomme pas.

1212. — Quelquefois, les sous-traitants s'engagent à fournir les

matériaux nécessaires à l'exécution de la partie des travaux qui
leur a été rétrocédée par l'entrepreneur principal ; ne doit-on pas,
alors, les assimiler aux fournisseurs, et les faire jouir du privi-
lége à raison de leur créance contre celui-ci ?

Il faut faire ici une distinction. Ou bien les fournitures auront
été faites directement par le sous-traitant, ou bien, au contraire
(et c'est ce qui arrive le plus souvent), il aura eu recours à des
tiers.

Dans le premier cas, nous n'hésitons pas à dire que le sous-
traitant doit jouir du bénéfice du décret. Il se trouve alors dans
la situation que la loi a prévue, et à laquelle elle a voulu attacher
le privilège. Il sera donc payé, à raison de ses fournitures, de
préférence aux créanciers personnels de l'entrepreneur, et il viendra en concurrence avec les autres créanciers privilégiés. Dans
la seconde hypothèse il en est autrement, et ce n'est pas aux sous-
traitants, mais aux fournisseurs avec lesquels il a contracté lui-
même que le privilège appartient. Notons, en effet, que par
le sous-traité, il s'est mis aux lieu et place de l'entrepreneur. Vis-
à-vis des tiers associés à l'entreprise par la fourniture des matériaux qu'il a employés, il est l'entrepreneur lui-même, et, pas
plus que celui-ci, il ne peut être admis à leur disputer le prix de
l'adjudication. Autrement, les sous-traités auraient pour résultat
d'enlever, dans un grand nombre de circonstances, aux créances
que la loi a voulu protéger, tout le bénéfice qui résulte de ses
dispositions. Les sous-traités, il ne faut pas l'oublier, sont interdits par les cahiers des charges. Ils jouissent souvent, il est vrai,
d'une tolérance de fait, mais cette tolérance ne peut, à coup sûr,
faire obstacle à l'exercice des droits qui, lorsqu'il n'y a pas de
sous-traité, sont entourés d'une protection spéciale.

A l'encontre des créanciers personnels de l'entrepreneur, la situation du sous-traitant est la même, et il n'a droit à aucune préférence, puisqu'il n'est qu'un intermédiaire entre les fournisseurs
véritables de l'entreprise et l'adjudicataire, et que le sous-traité
ne peut avoir pour résultat de créer une nouvelle classe de créanciers privilégiés.

1213. — Une question délicate s'élève cependant ici, soit
que le débat s'agite entre les sous-traitants et les créanciers de
l'entreprise, soit qu'il s'élève entre eux et les créanciers personnels de l'entrepreneur : doit-on leur accorder le privilège à cause
des sommes qu'ils justifieront avoir payées aux fournisseurs et
ouvriers ? La Cour de cassation a tranché la question au sujet
de l'action directe dans les termes suivants : « Attendu, dit-elle,
« que le bénéfice de la subrogation est réservé par le § 3 de l'article
« 1251 C. civ. à celui qui, étant obligé à la dette, en a effectué le paie-
« ment ; que tel n'était pas le cas en ce qui concerne les deman-
« deurs ; qu'ils étaient seuls obligés au paiement des salaires vis-à-
« vis des ouvriers par eux employés ; qu'en payant la dette ils ont
« éteint leur propre obligation ; qu'ils ne pourraient pas dès lors
« être subrogés à des droits qui avaient cessé d'exister, et, après le

« paiement des ouvriers, exercer à leurs lieu et place une action
« qui, d'après l'article 1798, n'est ouverte en leur faveur que pour le
« cas de non-paiement. » (12 février 1866, Ch. civ. ; Sirey, 1866,
1, 94.)

Il ne faut pas conclure de là que la même doctrine doive être
admise en ce qui concerne le privilège. Dans un arrêt récent (25
février 1885; D. P., 85. 1, 281), la Cour de cassation a posé à son
égard une règle toute contraire, dans les termes suivants : « At-
« tendu, en droit, que la loi du 26 pluviôse an II, article 3, a créé un
« privilège au profit des créances provenant du salaire des ou-
« vriers employés par les entrepreneurs de travaux pour le compte
« de l'Etat, et des sommes dues pour fournitures de matériaux et
« autres objets servant à la construction desdits ouvrages ;
« Attendu que ce privilège, fondé sur la nature de la créance, doit
« profiter aux sous-traitants qui justifient être créanciers de l'en-
« treprise à raison des travaux qu'ils ont exécutés pour cette en-
« treprise ; qu'en effet, l'origine de leur créance est bien celle à
« laquelle le législateur de l'an II a entendu attacher un carac-
« tère de créance privilégiée, à savoir, les salaires des ouvriers et
« les sommes représentant le prix des fournitures. »

Ainsi, l'origine de la créance doit seule être prise en considération : il n'y a aucune assimilation à établir entre l'hypothèse
actuelle et celle prévue par l'article 1798, qui confère aux ouvriers
une action directe contre le propriétaire de l'ouvrage.

Remarquons qu'il ne faudrait pas assimiler les tâcherons aux
sous-traitants : le tâcheron, qui apporte une coopération directe
et matérielle à l'entreprise, n'est, en somme, qu'un ouvrier ou, si
l'on veut, une sorte de contre-maître : il doit donc avoir le privilège des ouvriers. Sur ce point, comme sur la distinction du
sous-traitant et du tâcheron, nous ne pouvons que renvoyer à ce
que nous avons dit ci-dessus (n°⁸ 553 et suiv.).

1214. — Les propriétaires dont les terrains ont été fouillés
pour l'extraction des matériaux doivent être considérés comme
des fournisseurs ; ils ont, par conséquent, un privilège sur les
sommes dues à l'entrepreneur. (M. Féraud-Giraud, *Des dommages*, p. 83.)

Toutefois, le principe a paru soumis à une condition, c'est que
les terrains eussent été régulièrement désignés. Lorsqu'il s'agit
de fouilles et d'extractions opérées en dehors des limites fixées
par les désignations administratives, on a pensé que la créance
du propriétaire était une créance personnelle contre l'entrepreneur, et n'avait pas droit aux garanties accordées aux créances
nées à l'occasion de l'entreprise. (*Voy.* M. Cotelle, t. III, n° 351.)
Il nous est difficile de partager cette opinion. La distinction
qu'on propose conduit à ce résultat singulier, que le propriétaire,
contre lequel l'entrepreneur a commis une voie de fait, serait
moins protégé que celui dont les terrains ont été fouillés après
l'accomplissement des formalités prescrites par la loi. La jurisprudence, d'accord avec la raison, repousse cette anomalie.

M. Cotelle cite lui-même deux ordonnances du 15 juin (*Rigault*) et du 29 juin 1847 (*Dupont*), d'après lesquelles l'entrepreneur qui excède les limites fixées par le devis ou l'arrêté de désignation des terrains, perd le bénéfice de la juridiction administrative, et se trouve soumis, pour l'appréciation de l'indemnité, aux règles du droit commun et aux tribunaux ordinaires. Comment donc la même voie de fait pourrait-elle, dans le cas qui nous occupe, avoir pour lui des conséquences favorables et affranchir les sommes qui lui sont dues d'un privilège auquel le propriétaire aurait droit, si l'entrepreneur n'avait rien à se reprocher ?

Mais, d'un autre côté, il n'y a, au point de vue de l'application du décret du 26 pluviôse, aucune différence dans la nature même des créances qui naissent contre l'entrepreneur dans l'un ou l'autre cas. Toutes deux, quoi qu'on dise, sont des créances personnelles, la désignation administrative des terrains fouillés n'ayant pas pour résultat de substituer ou d'ajouter la garantie de l'Etat à la garantie personnelle de l'adjudicataire. Mais toutes deux sont aussi des créances de l'entreprise, en ce sens que les matériaux provenant de l'extraction servent, dans l'un et l'autre cas, à la construction des ouvrages. Or. c'est à cette condition seule qu'est attaché le privilège créé par l'article 3 du décret. (*Voy.* C. d'Etat, 19 juillet 1854, *Léon*, 682.)

M. Cotelle n'admet pas non plus l'existence du privilège dans le cas où les terrains ont été fouillés à la suite d'une convention intervenue entre le propriétaire et l'entrepreneur. Mais on ne comprend pas vraiment pourquoi le propriétaire, qui fournit les pierres ou déblais nécessaires aux travaux, serait plus mal traité que les fournisseurs des bois et des fers. Ceux-ci n'ont pas à rapporter l'approbation administrative des contrats qui lient l'entrepreneur avec eux. La créance qu'ils invoquent est aussi une créance essentiellement personnelle. M. Cotelle a fait une confusion entre les dettes personnelles et les dettes particulières de l'entrepreneur. Celles-là seules, c'est-à-dire celles qui sont étrangères aux travaux, ne jouissent pas du privilège. Si le caractère personnel de ses obligations était pris en considération, on ne sait pas à quelles créances pourrait s'appliquer le décret de l'an II. C'est donc ajouter à la loi et faire une distinction là où la règle est générale, que de refuser aux propriétaires des carrières ou terrains fouillés à la suite d'une convention le droit qu'on accorde à tous les autres fournisseurs. (Consult. le décret du 19 juin 1854.)

Il n'est pas besoin de dire que les créances d'indemnités à raison des dommages causés à la propriété par suite de l'exécution de travaux ne sont pas garantis par le privilège. En pareil cas, les propriétaires ne peuvent pas être considérés comme des fournisseurs. L'article 9 des Clauses et conditions générales pour les ponts et chaussées porte seulement que « l'entrepreneur ne sera « entièrement soldé et ne pourra recevoir le montant de la rete- « nue pour garantie dont il est parlé dans l'article 25, qu'après « avoir justifié, par des quittances en forme, qu'il a payé les in-

« demnités et dommges mis à sa charge. » Cette stipulation, qui n'a d'ailleurs qu'un caractère contractuel, ne créc pas une cause de préférence au profit des propriétaires. Elle subordonne le paiement définitif du solde dû à l'entrepreneur à l'acquittement de ses dettes envers eux, mais n'empêche pas l'effet des saisies-arrêts pratiquées par d'autres créanciers, ou des transports régulièrement consentis.

1215. -- Ce n'est qu'aux créances pour salaires ou pour fournitures de matériaux et autres objets servant à la construction que le privilège est attaché. Il ne faut pas sortir de là. Cela paraît tout d'abord assez facile. Cependant on s'y est quelquefois trompé.

Ainsi, un créancier s'est présenté, invoquant un arrêt rendu à son profit, et qui condamnait l'entrepreneur à des dommages-intérêts à raison de l'inexécution d'une convention relative à des transports de matériaux. Le créancier disait : Ma créance a droit au privilège, car elle est née à l'occasion de l'exécution des travaux ; je ne suis pas un créancier particulier de l'entrepreneur; je suis un créancier de l'entreprise. Si l'entrepreneur m'avait laissé exécuter le contrat qui nous liait, j'aurais eu sans difficulté, pour le prix des transports, un privilège sur les sommes dues par l'Etat. Les dommages-intérêts qui m'ont été accordés ne tiennent-ils pas lieu de cette créance, et ne doivent-ils pas jouir des mêmes avantages ?

Cette prétention était inadmissible. Si, pour avoir droit au privilège, il faut avoir concouru aux travaux, soit par la main-d'œuvre, soit par la matière fournie, comment celui qui précisément se plaint d'en avoir été empêché par le fait de l'entrepreneur pourrait-il jouir du droit de préférence ? C'est ce qu'un arrêt a fait remarquer avec beaucoup de justesse, en disant : « Que l'on « ne peut reconnaître à des dommages-intérêts le même carac- « tère qu'à la créance même qui serait due à Minot si les trans- « ports avaient été effectués, puisque, dans ce dernier cas, il eût « été créancier pour avoir coopéré directement et matériellement « à l'œuvre, tandis que, dans le cas dont il s'agit, il n'est créan- « cier des entrepreneurs que parce qu'ils l'ont empêché de con- « courir à ces travaux, lesquels ont été exécutés par d'autres aux- « quels le droit de saisie-arrêt serait ouvert; qu'ainsi Minot doit « être rangé dans la classe des créanciers particuliers des entre- « preneurs... » (Bourges, 16 juin 1852, Allard, J. du Pal. 1852, 2, 249.)

Dans le cas où un artiste a été chargé d'exécuter un ouvrage d'art, par exemple une statue pour l'ornementation d'un édifice, ses ouvriers ont droit au privilège. Le travail, dès lors qu'il est exécuté dans l'intérêt de l'Etat, est un travail public qui donne lieu à l'application de la loi du 26 pluviôse. (Req., 20 août 1862, D. P., 63, 1, 141.)

1216. — La faillite de l'entrepreneur n'a pas pour résultat de faire disparaître l'affectation spéciale qui résulte du décret. Si l'article 550 du Code de commerce déclare que « le privilège et « le droit de revendication établis par le n° 4 de l'article 2102 du « C. civ., au profit du vendeur d'effets mobiliers, ne seront point « admis en cas de faillite », cette disposition exceptionnelle ne peut être étendue arbitrairement. Pour anéantir le droit spécial résultant formellement des articles 1 et 2 du décret du 26 pluviôse, il aurait fallu un texte également précis, ce qui n'existe pas. Si les privilèges ne peuvent pas s'établir par analogie, on ne peut pas davantage les faire disparaître par analogie. La loi qui les établit doit donc être respectée en matière de faillite, lorsqu'un texte formel n'en a pas interdit, dans ce cas, l'application. (Cass., 21 juillet 1847, de Monard, S. V., 48, 1, 342.

Mais, en admettant le privilège des ouvriers et fournisseurs en cas de faillite de l'entrepreneur, on a voulu le restreindre. D'après l'article 549 du Code de commerce, le salaire acquis aux ouvriers employés directement par le failli pendant le mois qui aura précédé la déclaration de faillite sera admis au nombre des créances privilégiées, au même rang que le privilège établi par l'article 2101 du C. civ. pour le salaire des gens de service. On a prétendu que ce texte était applicable en matière de travaux publics, et que, là comme ailleurs, le privilège des ouvriers ne pourrait s'exercer qu'à raison des salaires dus pour le mois antérieur à la faillite. Mais ce système ne peut invoquer aucune raison solide. Le décret du 26 pluviôse contient une disposition expresse qui comprend sans distinction et sans limitation « les créances provenant du salaire des ouvriers employés par les entrepreneurs ». D'un autre côté, il s'agit d'une loi spéciale, due à des considérations particulières et dont le but serait certainement manqué, si l'article 549 du C. de commerce pouvait être considéré comme y ayant dérogé. L'article 549 est venu modifier les règles du droit commun pour le cas de faillite : il s'applique aux créances particulières soumises à son empire, mais il n'a pas touché à la législation des travaux publics : les auteurs de la loi l'auraient dit, et le texte s'en fût exprimé assez clairement pour éviter toute équivoque. (Voy. Caen, 14 janv. 1856, Heulard, D. P., 56, 2, 135.)

1217. — L'une des conséquences les plus importantes du privilège accordé aux fournisseurs et ouvriers, c'est de ne pas permettre aux créanciers particuliers de l'entrepreneur de saisir-arrêter dans les caisses publiques, avant la réception des ouvrages, les sommes qui peuvent lui être dues. Cela résulte implicitement, mais d'une manière fort claire, de l'article 4 du décret, qui porte : « Néanmoins, les sommes qui resteront dues aux entre« preneurs et adjudicataires, après la réception des ouvrages, « pourront être saisies par leurs créanciers particuliers, lorsque « les dettes mentionnées en l'article 3 auront été payées. » L'autorisation de saisir-arrêter, après la réception, suppose forcément l'interdiction de saisir-arrêter avant cette réception. La saisie-arrêt, bien que ne constituant souvent qu'un acte conservatoire, devait être prohibée pour faire produire à la loi tous ses effets utiles. Il fallait laisser à l'entrepreneur la libre disposition du prix de l'adjudication, afin de le mettre à même de payer les créanciers de l'entreprise, et d'obtenir ainsi le crédit nécessaire à la continuation des travaux. (Poitiers, 28 fév. 1837, *Lombard*, S. V., 38, 2, 467.) L'agent du Trésor, entre les mains duquel des oppositions sont faites prématurément, n'en doit tenir aucun compte. Il paye valablement l'entrepreneur, nonobstant les saisies-arrêts de ses créanciers particuliers.

Bien plus, ces créanciers se prévaudraient inutilement d'un acte de cession régulier et dûment signifié. L'affectation qui résulte du décret a, comme nous l'avons dit, un caractère d'ordre public. Les mêmes raisons qui ont fait interdire les oppositions, avant la réception des ouvrages, exigent qu'on ne tienne pas plus de compte des transports. L'entreprise ne doit pas être arrêtée par le manque de fonds, et la stagnation des travaux serait inévitable, s'il était permis à l'entrepreneur de distribuer, en cours d'exercice, à des créanciers étrangers à l'entreprise, les fonds que le Trésor a voulu consacrer exclusivement à son achèvement. Il faut, à tout prix, que le crédit de l'entrepreneur soit maintenu pendant toute la durée des travaux, et la division de ses créanciers en deux catégories distinctes, ayant des droits différents, est, à coup sûr, le meilleur moyen de le fonder et de le soutenir. On a dit, il est vrai, que les transports faits sans fraude par l'entrepreneur n'ont pas les mêmes inconvénients que la saisie-arrêt, en ce qu'ils n'immobilisent pas, entre les mains du payeur, toute la créance de l'entrepreneur pour une dette souvent minime, et qu'ils peuvent lui être indispensables pour lui procurer les fonds nécessaires à l'entreprise. Mais ces considérations ne justifient pas l'exception qu'on voudrait introduire au principe proclamé par le décret, l'indisponibilité des sommes dues par l'État au respect des créanciers particuliers. A combien d'abus ne prêterait pas d'ailleurs une pareille doctrine ? L'effet utile de la loi ne tarderait pas à disparaître. La règle n'est efficace qu'à la condition d'être inflexible. (*Voy.* Alger, 17 juillet 1850, *Souquedauch*, S. V., 51, 2, 255; Paris, 17 août 1852, *Cepré*, D. P., 54, 2, 104; Req., 21 mars 1855, *Guilbert*, S. V., 56, 1, 735; Cass. 22 janvier 1868, D. P., 68, 1, 55.)

Nous n'avons pas besoin d'ajouter que, soit les saisies-arrêts, soit les transports signifiés par les ouvriers et fournisseurs avant la réception des ouvrages, ont pour conséquence d'empêcher le paiement de l'entrepreneur, qui cesse de pouvoir toucher directement les acomptes auxquels il a droit.

1218. — La réception, même définitive, des travaux n'a pas pour effet de rendre libres les fonds déposés dans les caisses publiques au préjudice des créanciers privilégiés. Leur privilège subsiste tant qu'ils ne sont pas payés, alors même que la saisie-arrêt, pratiquée à leur requête, est postérieure à la réception. Nous avons déjà dit, et c'est ici le cas de le répéter, que la saisie-arrêt constitue la manifestation de la créance, mais ne crée pas le privilège qui résulte de la nature même de cette créance. La cession consentie à un créancier particulier de l'entrepreneur, avant ou après la réception, n'altère dans aucune hypothèse le droit privilégié des ouvriers ou fournisseurs. Cela résulte implicitement, mais d'une manière certaine, de l'article 4 du décret qui n'autorise les saisies-arrêts des créanciers particuliers, après la réception des ouvrages, que « lorsque les dettes mentionnées en l'article 3 « auront été payées ».

1219. — Le paiement intégral des créanciers privilégiés a pour résultat, suivant cet article, de rendre au fonds commun ce qui reste dû à l'entrepreneur. Tous ses créanciers, pour des causes purement personnelles, y ont un droit égal, sauf, bien entendu, les causes de préférence spéciales qui peuvent être attachées à la nature de leur créance. Tous peuvent saisir-arrêter ce reliquat : tous peuvent se le faire céder, comme toute autre créance de leur débiteur. L'indisponibilité dont il a été un instant frappé ayant cessé, les créanciers particuliers qui, faute de diligence, ont vu passer les fonds entre les mains de créanciers plus actifs, ne peuvent critiquer les paiements ou les transports effectués à leur préjudice. Car ce serait faire revivre à leur profit le privilège créé par le décret de pluviôse, privilège introduit, comme on l'a vu, pour une autre classe de créanciers. (Paris, 10 mai 1845, *Estienne*, S. V., 45, 2, 494.)

1220. — Quel est le rang des privilèges accordés par le décret de pluviôse soit entre eux, soit lorsqu'ils sont en concours avec d'autres privilèges de nature différente ?

Il est de règle générale que les privilèges de même nature concourent entre eux au marc le franc. — *Privilegia non tempore existimantur, sed ex causâ; et si quidem ejusdem fuerint tituli, concurrunt, licet diversitas temporis in his fuerit.* (Art. 2097, C. civ.) Il semble donc qu'aucune difficulté ne puisse s'élever, et que les fournisseurs doivent être mis sur la même ligne, quelle que soit la date de leur créance. Cependant, la prétention contraire s'est produite, et l'on a invoqué dans l'intérêt des ouvriers les articles 549 du C. de comm., et 2101 du C. civ. Mais la Cour de Caen (14 janv. 1856, *Heulard*, D. P., 56, 2, 135) a repoussé cette thèse en disant « que l'article 549 du C. de comm. n'a pour « objet que de faire disparaître la difficulté grave qui s'était élevée « sur le point de savoir si l'ouvrier devait être ou non classé parmi « les gens de service et avait droit au même privilège, et quelle « devait être l'étendue de ce privilège; que l'article 2101 C. civ., au- « quel renvoie l'article 549 du C. de comm., n'a réglé que les privi- « lèges généraux sur les meubles qui peuvent être le gage commun « des créanciers d'un débiteur, et que cet article n'a ni modifié, ni « abrogé le décret du 26 pluv. an II; que ce décret a créé en faveur « des ouvriers et fournisseurs un droit spécial, exceptionnel, sur « les fonds dus par l'État à un entrepreneur de travaux publics, et « que ces fonds ne peuvent être attribués à ses autres créanciers « tant que les premiers n'ont pas été payés; que, dès lors, l'article

« 2101 C. civ. ne peut, en cette matière, trouver son application. »

L'examen du point de savoir quel est le rang du privilège des ouvriers et fournisseurs en concours avec des privilèges de nature différente, ne doit pas être fait ici avec toute l'étendue qu'une pareille difficulté comporte. Elle se rattache, en effet, à la question si controversée du rang des privilèges spéciaux en conflit avec les privilège généraux. S'il nous est permis d'émettre une opinion dans ce débat, nous dirons que nous préférons l'opinion de Pothier (*Introd.* au titre XX de la *Coutume d'Orléans*, nº 216), qui veut que les privilèges spéciaux passent avant les privilèges généraux.

Quant au concours du privilège des fournisseurs et ouvriers avec d'autres privilèges spéciaux, il n'y a pas lieu de s'en occuper, les fonds du Trésor public n'étant, à notre connaissance, grevés, à titre spécial, d'aucun autre privilège que celui qui nous occupe en ce moment.

1221. — Nous aurons épuisé le sujet qui nous occupe lorsque nous aurons dit que toutes les questions qui s'élèvent à l'occasion du privilège des fournisseurs et ouvriers sont de la compétence des tribunaux ordinaires.

Le Conseil de préfecture, alors même qu'il est compétent pour fixer le chiffre de certaines créances garanties par le privilège, par exemple, celle du propriétaire à raison des extractions de matériaux, ne peut statuer sur les questions essentiellement civiles de validité de saisie-arrêt ou de concurrence que fait naître l'exercice du privilège. Ce point ne semble pas susceptible de difficulté. Toutefois, le contraire a été plaidé ; le Conseil d'Etat et la Cour de cassation ont eu à se prononcer et se sont décidés l'un et l'autre pour la compétence judiciaire. (*Voy.* Cass., 12 mars 1822, *Brodermann*, S. V., 22, 1, 130 ; C. d'Etat, 17 juillet 1816, *de la Chaussée* ; 2 février 1826, *Salé*, 52 ; 15 avril 1828, *Sarrat*, 307 ; 30 avril 1828, *Duval et consorts*, 417.)

TITRE XI

DE LA RÉSILIATION DU MARCHÉ

CHAPITRE PREMIER

De la résiliation prononcée par suite de la faute ou de la négligence de l'entrepreneur.

1222. — Droit commun : la résiliation peut être prononcée contre l'entrepreneur dans tous les cas où il manque à ses engagements.

1223. — Dispositions du cahier des ponts et chaussées de 1833 et de celui de 1866.

1224. — Il n'est pas nécessaire que la régie ait été préalablement ordonnée.

1225. — En ce qui concerne les travaux de l'Etat, la résiliation est prononcée par le Ministre ; tout autre fonctionnaire est incompétent.

1226. — En ce qui concerne les travaux des départements, la même compétence appartient au préfet, après avis conforme du Conseil général.

1227. — En ce qui concerne les travaux communaux le maire, sur l'avis du Conseil municipal, met en demeure l'entrepreneur ; la résiliation est sur sa demande prononcée par le préfet.

1228. — La résiliation ainsi prononcée par ces fonctionnaires est un acte de pure administration. La juridiction contentieuse en règle seulement les conséquences.

1229. — Absence de clause spéciale au cahier des charges : droit commun : la résiliation doit être demandée au Conseil de préfecture.

1230. — Dans le cas d'une clause spéciale attribuant à l'Administration la faculté de prononcer la résiliation, la juridiction contentieuse conserve-t-elle concurremment le même pouvoir?

1231. — L'Administration a le choix entre la résiliation pure et simple et la réadjudication sur folle enchère.

1232. — En règle générale, l'entrepreneur n'a droit à aucune indemnité. Exceptions.

1233. — La reprise du matériel est facultative pour l'Administration.

1234. — Les matériaux approvisionnés par ordre sont repris.

1222. — La condition résolutoire est toujours sous-entendue dans les contrats synallagmatiques, pour le cas où l'une des parties ne remplit pas les engagements qu'elle a contractés. (Art. 1184 du C. civ.) De quelque manière que l'entrepreneur manque à ses obligations, soit qu'il compromette le succès des opérations par son incurie ou sa négligence, soit qu'il modifie, malgré les ordres des ingénieurs ou les prescriptions du devis, les conditions de l'entreprise, l'Administration ne peut pas rester désarmée, et elle a, en toute hypothèse, le droit de prononcer la résiliation du marché.

1223. — Le cahier des Clauses et conditions générales des ponts et chaussées de 1833 avait fait application de ces principes

38

dans l'article 4 en déclarant que, si l'Administration venait à découvrir que la clause prohibitive des sous-traités avait été éludée, l'adjudication pourrait être résiliée, et dans l'article 21, où l'Administration se réserve de prononcer la résiliation du marché lorsqu'un ouvrage languit faute de matériaux ou d'ouvriers, de manière à faire craindre qu'il ne soit pas achevé aux époques prescrites ou que les fonds crédités ne puissent pas être consommés dans l'année.

Ces dispositions n'avaient pas un caractère limitatif, et la jurisprudence avait maintes fois décidé, qu'en les édictant, l'Administration n'avait pas eu la pensée de déroger au droit commun. (C. d'Etat, 12 février 1841, *Best*, 61; 26 mai 1853, *Vergereau*, 534; 30 déc. 1858, *Marye-Busselot*, 780.)

Le cahier des ponts et chaussées de 1866, après avoir, dans son article 9, reproduit l'article 4 de l'ancien cahier, tout en maintenant la disposition de l'article 21, dans son article 35, a tenu à employer des expressions qui ne peuvent laisser place à aucun doute : « Lorsque, dit-il, l'entrepreneur ne se conforme pas soit « aux dispositions du devis, soit aux ordres qui lui sont donnés « par les ingénieurs..., le Ministre pourra prononcer la résiliation « du marché. »

1224. — Dans ces diverses circonstances, la mise en régie précède ordinairement la résiliation, mais elle n'en est pas le préliminaire indispensable. L'article 35 ne laisse à cet égard aucune place au doute. Il donne au Ministre, à l'expiration du délai imparti à l'entrepreneur, le droit d'ordonner la continuation de la régie ou de prononcer la résiliation, et d'ordonner une nouvelle adjudication. Or, au moment où le Ministre est appelé à se prononcer, la régie n'a pas encore commencé ses opérations. L'art. 9 fournit encore un argument sans réplique à l'appui de cette solution. Il autorise l'Administration à procéder à la réadjudication lorsque l'entrepreneur a cédé à des tiers tout ou partie de son entreprise, et ne parle pas de la mise en régie comme devant précéder cette mesure. Cela est conforme enfin aux règles ordinaires, la résiliation, ainsi que nous venons de le dire, étant de droit lorsqu'une partie manque à l'exécution de ses obligations. (V. sous le cahier de 1833, C. d'Etat, 15 juin 1841, *Beau*, 245; et sous le cahier de 1866, C. d'Etat, 31 décembre 1878, *Cravio*, 1142.)

La même question se présente à l'occasion de la réadjudication à la folle enchère de l'entrepreneur, et doit être résolue de la même manière.

1225. — En ce qui concerne les travaux de l'Etat, la résiliation basée sur l'article 1184 du Code civil, c'est-à-dire pour inexécution des conditions, ne peut être prononcée que par le Ministre. On a pensé que la rupture d'un marché était chose aussi grave que sa conclusion, et qu'elle devait être l'œuvre de celui qui avait approuvé cette conclusion du marché. Elle assure d'ailleurs aux entrepreneurs un double examen de la situation. Tout autre fonctionnaire en dehors du Ministre est donc incompétent pour prononcer la résiliation. (C. d'Etat, 7 avril 1864, *Jean*, 331.)

1226. — Il arrive souvent que les cahiers des charges des départements et des communes contiennent la même clause, permettant au département ou à la commune de prononcer la résiliation pour les causes ci-dessus.

En matière de travaux départementaux, c'est alors le préfet qui, après avis conforme du Conseil général, met en demeure l'entrepreneur de satisfaire aux ordres qui lui sont donnés, et prononce après un certain délai, prévu au cahier de charges, la résiliation de l'entreprise.

1227. — En ce qui concerne les travaux communaux, c'est le maire qui met en demeure, et c'est le préfet qui prononce la résiliation. Bien entendu, le maire commence par consulter le Conseil municipal, et, sur l'autorisation de celui-ci, il met l'entrepreneur en demeure de satisfaire aux ordres qui lui ont été donnés par l'architecte et aux prescriptions du devis. Si l'entrepreneur ne se soumet pas à cette injonction, le maire, fort de l'autorisation du Conseil municipal, peut demander au préfet de prononcer la résiliation.

Telle est la procédure qui est organisée dans les cahiers des charges que les préfets de chaque département mettent à la disposition des maires comme modèle de devis pour les travaux de leur commune; cette procédure est très sage : les travaux communaux sont dirigés par le maire sous la surveillance du préfet, on donne au préfet les pouvoirs du Ministre dans les travaux de l'Etat, et au maire le pouvoir du préfet dans ces mêmes travaux. On retrouve donc ainsi les mêmes garanties de contrôle et de double examen qui sont prescrites pour les travaux de l'Etat.

1282. — La résiliation ainsi prononcée en vertu du cahier des charges par le Ministre ou par le préfet est un acte de pure administration, que la juridiction contentieuse ne peut annuler. Il faut faire ici la même distinction que nous avons faite au sujet de la mise en régie : l'entrepreneur qui soutient que la résiliation a été irrégulièrement prononcée ou mal à propos ordonnée, parce que, au fond, il s'était conformé aux ordres des ingénieurs ou architectes, et aux prescriptions du devis, ne peut demander au Conseil de préfecture d'annuler la résiliation prononcée, mais il peut lui demander de déclarer que la résiliation a été irrégulièrement prononcée ou est mal fondée, et de condamner en conséquence l'Administration à une indemnité représentant le préjudice subi par l'entrepreneur. (C. d'Etat, 24 juillet 1848, *Midy*, 451; 8 mai 1861, *Guillemin*, 352; 20 février 1868, *Goquelat*, 199.)

1229. — Dans tous les cas où il ne s'agit pas de travaux des ponts et chaussées, et où il ne se trouve aucune clause analogue à l'article 35 du cahier de 1866, réservant à l'Administration le droit de prononcer elle-même la résiliation pour inexécution des

conditions, il faut avoir recours au droit commun ; l'une des parties n'a pas le droit d'appliquer à son profit et par sa seule volonté l'article 1184 : elle doit forcément s'adresser aux tribunaux qui jugeront si la résiliation est encourue. Les tribunaux administratifs, le Conseil de préfecture et en appel le Conseil d'Etat, remplacent ici les tribunaux judiciaires; c'est ce qu'établit très bien un arrêt du Conseil d'Etat du 19 décembre 1869 (*Fouque*, 938), dont nous détachons le motif suivant: « Considérant que les tra-
« vaux faisant l'objet du traité ont le caractère de travaux publics;
« que dès lors, aux termes de la loi du 28 pluviôse an VII, le Con-
« seil de préfecture était compétent pour statuer sur les difficultés
« relatives à l'exécution des clauses et conditions de cette entreprise
« et pour en prononcer la résiliation en cas d'inexécution desdites
« clauses et conditions. »

1230. — On s'est demandé si la réciproque était vraie, c'est-à-dire si, dans les cas où le cahier des charges, par une disposition analogue à l'article 35 du cahier des ponts et chaussées, déclare que l'Administration, en cas d'inexécution des prescriptions du devis, ou de non-obéissance aux ordres de l'architecte, peut elle-même prononcer la résiliation, le Conseil de préfecture reste compétent pour prononcer cette résiliation, si elle lui est demandée. La question se présente souvent en matière de travaux communaux. Bien des maires, au lieu de suivre la procédure ci-dessus, que trace le cahier des charges, mettent l'entrepreneur en demeure d'exécuter les prescriptions du devis ou de se conformer aux ordres de l'architecte; puis, au lieu d'en référer au préfet, et de lui demander de prononcer la résiliation, ils assignent l'entrepreneur devant le Conseil de préfecture pour que celui-ci la prononce. Le Conseil d'Etat a eu à juger récemment une affaire de ce genre, dans laquelle le maire avait demandé au Conseil de préfecture de prononcer la résiliation et la réadjudication à la folle enchère de l'entrepreneur et dans laquelle le Conseil de préfecture avait fait droit à cette demande; l'arrêté du Conseil de préfecture a été annulé par le motif suivant : « Con-
« sidérant que l'arrêté attaqué a ordonné la réadjudication à la
« folle enchère de l'entrepreneur, des travaux restant à exécuter et
« prescrit les conditions dans lesquelles il y serait procédé; que,
« par cette disposition, le Conseil de préfecture est sorti de la li-
« mite de ses attributions et qu'il y a lieu d'annuler de ce chef
« l'arrêté dont s'agit. » (C. d'Etat, 6 janvier 1888, *Prévost* contre
« *ville de Vannes*, 25.) Il est bien certain qu'il n'y a pas à distinguer entre la résiliation avec réadjudication à la folle enchère et la résiliation pure et simple. Les arguments sont les mêmes. Dans le cas où l'Administration se réserve de prononcer la résiliation pour inexécution des conditions du marché, son but et les motifs qui lui font insérer cette clause sont exactement les mêmes que ceux qui lui font s'attribuer le pouvoir de prononcer la mise en régie de l'entrepreneur. Ces deux pouvoirs, de prononcer la mise en régie, ou de prononcer la résiliation sont de même nature et appellent les

mêmes solutions; la jurisprudence l'a très bien compris en décidant, comme nous l'avons vu plus haut, que dans le cas où l'Administration a prononcé la résiliation, la juridiction contentieuse n'a pas plus le droit d'annuler cette résiliation qu'elle n'aurait celui d'annuler une mise en régie; elle doit décider de même que la juridiction contentieuse n'a pas plus le droit de prononcer la résiliation qu'elle n'aurait le droit de prononcer la mise en régie.

1231. — L'Administration a le choix entre la résiliation pure et simple et la résiliation avec réadjudication à la folle enchère de l'entrepreneur.

Lorsque l'Administration fait suivre la résiliation d'une réadjudication à la folle enchère, l'entrepreneur supporte la différence entre le prix de la première adjudication et le prix de la seconde. Si, au contraire, la réadjudication amène une diminution dans les prix et frais des ouvrages, ce bénéfice reste acquis à l'Administration. (Art. 35, Cl. et cond.)

1232. — Dans aucun cas l'entrepreneur dont les fautes constatées ont amené la résiliation du contrat n'est fondé à réclamer une indemnité (C. d'Etat, 7 avril 1823, *Treillet*) ou la reprise de son matériel (C. d'Etat, 13 août 1840, *Tirail*, 313; 10 janv. 1856, *Nepraüet*, 52). Lorsque par incapacité, négligence ou mauvaise foi, il ne remplit pas les conditions de son marché et compromet les intérêts de l'Administration, elle seule a le droit de se plaindre, et l'exercice des mesures que la loi ou le cahier des charges lui permettent d'employer ne doit pas être pour elle une cause de préjudice. Il a été jugé, en conséquence, que lorsque l'entrepreneur a refusé, à plusieurs reprises, d'obéir aux ordres de l'architecte ou aux injonctions du préfet, et que les retards dans l'exécution de ses travaux ne sont imputables qu'à sa négligence, le Conseil de préfecture doit laisser à sa charge toutes les conséquences de la résiliation et de l'adjudication à la folle enchère qui l'a suivie. (C. d'Etat, 26 juin 1856, *Murgues*, 442.) C'est à la condition toutefois que les travaux dont l'achèvement a été réadjugé conservent les formes et les dimensions de ceux qui ont fait la base de la première adjudication. Si, après la résiliation, le projet primitif subissait des modifications essentielles, l'entrepreneur devrait être exonéré de toutes ses conséquences, parce qu'il s'agirait en réalité d'une entreprise nouvelle et différente de celle dont il avait accepté les chances. (C. d'Etat, 20 janv. 1830, *Héritiers de Biromel*, 49.)

1233. — L'article 43 du cahier de 1866 déclare que « la re-« prise du matériel est facultative pour l'Administration, dans les « cas prévus par les articles 9, 30, 33, 35 et 37 ». On comprend très bien qu'il en soit ainsi dans le cas qui nous occupe. La résiliation est prononcée par l'Administration; mais, par suite de faute de l'entrepreneur, ce dernier supporte toutes les conséquences de sa faute, et notamment celle de conserver un matériel qui peut désormais lui être inutile; l'Administration n'a à se préoccuper que de son intérêt; si elle juge que le matériel existant peut être utile pour la continuation des travaux, elle se réserve la faculté de l'acquérir. On trouvera l'étude des conditions de la reprise du matériel plus loin (nᵒˢ 1250 et suivants).

1234. — Le même article 43 décide que, dans tous les cas de « résiliation, les matériaux approvisionnés par ordre et déposés sur « les chantiers, s'ils remplissent les conditions du devis, sont acquis « à l'Etat au prix de l'adjudication. Les matériaux qui ne seraient « pas déposés sur les chantiers ne sont pas portés en compte de « l'entrepreneur ». Ici l'utilité de ces approvisionnements était reconnue d'avance par l'Administration ; ils lui permettent de continuer de suite l'entreprise. Nous étudierons les conditions de reprise des matériaux aux nᵒˢ 1258 et suivants.

CHAPITRE II

De la résiliation dans l'intérêt de l'Administration.

1235. — Cas où l'Administration peut résilier le marché, bien que l'entrepreneur ne soit pas en faute.

1236. — Droit commun ; motif des dispositions spéciales des cahiers de charges.

1237. — Distinction à établir entre les cas de résiliation par application du droit commun, et les cas de résiliation par application des dispositions des cahiers des charges.

1238. — Droit commun.

1239. — Dispositions du cahier des ponts et chaussées de 1833.

1240. — Diminution notable du prix des ouvrages. Cahier de 1866, renonciation à cette clause.

1241. — Cessation absolue ou ajournement indéfini des travaux. Cahier des ponts et chaussées de 1833; difficultés, jurisprudence.

1242. — Cahier de 1866, article 24 : cessation absolue de travaux, ajournement pour plus d'une année.

1243. — Conséquences différentes de ces deux causes de résiliation.

1244. — La résiliation est ici une mesure d'opportunité ; la juridiction contentieuse ne peut l'annuler ; elle ne peut qu'en déduire les conséquences suivant les règles portées au cahier des charges.

1245. — La résiliation résulte du fait de la cessation des travaux ; en l'absence d'une décision de l'Administration, l'entrepreneur n'a qu'à demander à la juridiction contentieuse de le constater.

1246. — Il en est de même en cas d'ajournement pour plus d'une année.

1247. — Il n'est pas nécessaire que les travaux aient été commencés puis ajournés.

1248. — Mais il ne suffit pas que le travail n'ait pu être achevé dans le délai fixé ; cas de force majeure, nécessité d'une faute de l'Administration.

1249. — Conséquences de la résiliation ; rachat des outils et ustensiles.

1250. — Le rachat du matériel est obligatoire pour l'Administration.

1251. — Mais l'entrepreneur doit le demander ; il peut agir devant la juridiction contentieuse. Si l'entrepreneur ne le demande pas de suite, on peut lui opposer la renonciation.

1252. — Le matériel est, à partir de la résiliation, aux risques et périls de l'Administration.

1253. — Etendue de la reprise du matériel.

1254. — « Matériel nécessaire pour l'achèvement des travaux » : appréciation par le Conseil de préfecture et en appel par le Conseil d'Etat.

1255. — Le matériel doit être estimé dans l'état où il est au moment de la résiliation.

1256. — Il faut aussi faire compte de la nature et de la quantité des travaux restant à exécuter.

1257. — Estimation par les experts, leurs pouvoirs.
1258. — Rachat des matériaux approvisionnés.
1259. — Double condition nécessaire : dépôt au chantier, ordre d'approvisionnement.
1260. — Les matériaux ne peuvent être repris que s'ils sont conformes aux prescriptions du devis; exemples et jurisprudence, sous l'empire du cahier de 1833.
1261. — Cahier de 1866; matériaux vérifiés; matériaux approvisionnés mais non vérifiés.
1262. — Évacuation des chantiers.
1263. — Indemnité due à l'entrepreneur : cahier de 1833 ; fixation d'un maximum, critiques, jurisprudence.
1264. — Cahier de 1866. Suppression du maximum d'indemnité; éléments d'appréciation.
1265. — Cette indemnité de résiliation est distincte de celle qui est due pour ralentissement des travaux; conséquences, jurisprudence.
1266. — Modifications apportées au cahier de 1866. Avis du Conseil des ponts et chaussées et circulaire de 1877.
1267. — Silence de l'entrepreneur, continuation des travaux, renonciation tacite.

1235. — L'Administration a le droit incontestable de résilier le marché par sa seule volonté. Elle n'est pas assujettie, sous ce rapport, à aucune règle, et elle est libre de ne prendre conseil que de son intérêt et de ses convenances.

Cette faculté n'a rien de contraire au droit commun. L'article 1794 autorise le maître à résilier le marché à forfait quoique l'ouvrage soit déjà commencé, et tous les auteurs sont d'accord pour décider, d'une part, que cette faculté n'est pas réciproque, qu'elle ne peut pas être exercée par l'ouvrier, et d'autre part, qu'elle s'étend non pas seulement aux marchés à forfait, mais *à fortiori* aux marchés à tant la pièce et à tant la mesure. (*Voy.* M. Troplong, *du louage*, nᵒˢ 1028 et 1029.) Les articles des Clauses et conditions générales des ponts et chaussées que nous allons étudier n'ont donc fait que maintenir au profit de l'Administration le droit qu'elle trouvait écrit dans les dispositions du C. civ.; seulement (et c'est là que se trouve la différence entre les marchés de travaux publics et les marchés régis par le droit commun), les conséquences de la résiliation ne sont pas les mêmes dans les deux cas.

1236. — Il faut donc, en règle générale, appliquer, même en matière de travaux publics, l'article 1794 du Code civil : d'où la conséquence que la résiliation peut être prononcée dans l'intérêt de l'Administration dans tous les cas, même en dehors de ceux qui sont spécialement prévus par les cahiers de charges. Seulement, les cahiers de charges, dans le but d'épargner à l'Administration l'obligation de payer des indemnités souvent considérables, ont prévu les cas les plus fréquents, et décidé que, quand la résiliation serait prononcée dans ces cas, le droit commun ne serait plus applicable, et qu'il faudrait suivre des règles spéciales qu'ils indiquent.

1237. — Il est nécessaire de distinguer les deux hypothèses: celle où la résiliation est prononcée par application du droit commun, et celle où elle est prononcée par application des articles spéciaux des cahiers des charges. Il est évident, en effet, que les dérogations au droit commun, en faveur de l'administration, stipulées dans les articles des cahiers des charges, ne s'appliquent qu'aux cas spécialement prévus par ces articles, et que, dans tous les autres cas, on doit appliquer l'article 1794 du Code civil, avec toutes les conséquences que la jurisprudence en a tirées.

C'est ainsi par exemple que malgré les termes des articles 34, 36 et 43 du cahier des ponts et chaussées, dans tous les cas non prévus par ce cahier, une jurisprudence constante admet que l'indemnité due à l'entrepreneur comprend, non seulement les pertes occasionnées par la résiliation, mais les bénéfices dont elle a privé l'entrepreneur. (C. d'Etat, 21 juin 1833, *Thomas*, 347 ; 6 juillet 1863, *Charier*, 519 ; 19 mai 1864, *Bacquet*, 463 ; 27 décembre 1865, *Bacquet*, 1030 ; 7 avril 1876, *Rodarie*, 376 ; 7 août 1883, *de Lemperière*, 778.)

1238. — Nous ne saurions, sans dépasser le cadre de cet ouvrage, exposer ici les règles de droit civil édictées pour le cas de résiliation dans l'intérêt du maître de l'ouvrage. Nous ne pouvons que renvoyer sur ce point aux différents traités de droit civil, toute notre attention devant porter sur les dérogations que l'Administration a cru devoir introduire en sa faveur.

1239. — Dans le cahier des Clauses et conditions générales des ponts et chaussées de 1833, les articles 36 et 39 prévoyaient deux cas spéciaux de résiliation dans l'intérêt de l'Administration :

« Art. 36. Dans le cas où l'administration ordonnerait la cessa-
« tion absolue ou l'ajournement indéfini des travaux adjugés,
« l'entrepreneur pourra requérir qu'il soit procédé de suite à la
« réception promise des ouvrages exécutés et à la réception défi-
« nitive, après l'expiration du délai de garantie. Après la ré-
« ception définitive, il sera, ainsi que sa caution, déchargé de
« toute garantie pour raison de son entreprise.

« Art. 39. Si pendant le cours de l'entreprise, les prix subis-
« saient une augmentation notable, le marché pourra être résilié
« sur la demande qui en sera faite par l'entrepreneur ; en cas de
« diminution notable, la résiliation du marché pourra être éga-
« lement prononcée, à moins que l'entrepreneur n'accepte
« les modifications qui lui seraient prescrites par l'Administra-
« tion.

1240. — *Diminution notable du prix des ouvrages.* — Aux termes de l'article 39 des clauses et conditions générales, la résiliation du marché peut être prononcée, en cas de diminution notable des ouvrages, à moins que l'entrepreneur n'accepte les modifications qui lui seraient prescrites par l'Administration.

L'article précité ne dit pas ce qu'il faut entendre par « diminution notable ». Ce silence est regrettable : on a compris, lors de la rédaction du nouveau cahier des charges des palais impériaux, qu'il était préférable, dans l'intérêt commun des parties, de fixer les limites dans lesquelles le droit de l'Administration peut s'exercer. D'après l'article 33, ce droit accordé à l'Administration de prononcer la résiliation, est restreint au cas où les variations survenues dans les prix auraient pour effet de diminuer d'un sixième la dépense totale des ouvrages à exécuter.

Dans le cahier des charges de 1866, l'Administration a renoncé à ce droit pour revenir au droit commun. Dans la circulaire envoyée aux différents membres du corps des ponts et chaussées, à l'occasion de l'envoi du nouveau cahier, M. le Ministre explique les motifs dans les termes suivants : « L'Administration perd le droit de résilier le contrat lorsque les prix viennent à diminuer d'une manière notable. Cette faculté ne trouvait à s'exercer que dans des circonstances infiniment rares, et elle aurait, le plus souvent, donné lieu à des difficultés insolubles ; il était donc opportun d'y renoncer. »

Il ne nous reste donc plus à parler que du deuxième cas : cessation absolue ou ajournement indéfini des travaux.

1241. — *Cessation absolue ou ajournement indéfini des travaux.* — « Prononcer la cessation absolue des travaux, c'est rési-« lier le marché. Aussi, dans ce cas, l'entrepreneur pourra re-« quérir qu'il soit de suite procédé à la réception provisoire des « ouvrages exécutés, et à la réception définitive après l'expira-« tion des délais de garantie. » (*Voy.* M. Cotelle, t. III, n° 411.)

Le Cahier des ponts et chaussées de 1833 ne définissait pas l'ajournement indéfini. C'était aux tribunaux administratifs qu'il appartenait conséquemment de décider si, en fait, la suspension ordonnée présente ce caractère. Cette appréciation varie nécessairement dans chaque affaire. (C. d'Etat. 23 août 1843, *Lapègue*, 486 ; 14 juin 1855, *Dixmier*, 422 ; 19 juillet 1855, *Baudinon*, 442.) Cela est fâcheux : l'Administration devrait être obligée, lorsqu'elle arrête les travaux, de faire connaître la durée de la suspension. Autrement, l'entrepreneur qui ne sait, au moment où elle a lieu, si elle est provisoire ou définitive, ne demande pas immédiatement le règlement de ses comptes. Le temps s'écoule, les matériaux se détériorent sur les chantiers, les ateliers se dispersent, les outils et ustensiles restent sans emploi. De là des pertes énormes et une source de conflits interminables. Ici encore, le cahier de charges du Ministère d'Etat présentait une heureuse innovation. L'ajournement ordonné pour plus d'une année autorisait l'entrepreneur à demander la résiliation.

1242. — On y trouve la base de la disposition nouvelle du cahier de 1866 ainsi conçue : Art. 34 : « Lorsque l'Administration or-« donne la cessation absolue des travaux, l'entreprise est immédia-« tement résiliée. Lorsqu'elle prescrit leur ajournement pour « plus d'une année, soit avant, soit après un commencement « d'exécution, l'entrepreneur a le droit de demander la résilia-« tion de son marché, sans préjudice de l'indemnité qui, dans ce « cas, comme dans l'autre, peut lui être allouée s'il y a lieu.

« Si les travaux ont reçu un commencement d'exécution,

« l'entrepreneur peut requérir qu'il soit procédé immédiate-
« ment à la réception provisoire des ouvrages exécutés, et à
« leur réception définitive après l'expiration du délai de ga-
« rantie. »

1243. — On voit, que dans les deux circonstances prévues par
cet article, il y a une résiliation prononcée au profit de l'Administration : seulement, en cas d'ordre de cessation absolue des travaux, la résiliation est de plein droit et *ipso facto* prononcée,
tandis que dans l'autre cas, l'initiative de la demande en résiliation
est laissée à l'entrepreneur. Dans le premier cas, la juridiction
administrative, si elle est saisie, n'a qu'à tirer les conséquences
légales du fait accompli ; dans le second, l'entrepreneur doit d'a-
bord prouver son droit, et la juridiction administrative doit, avant
tout, examiner s'il est fondé à demander la résiliation ; elle examine ensuite quelles sont les conséquences de la résiliation.
(C. d'État, 7 décembre 1877, *Jolly et Delafoy*, 983.)

1244. — Quelle que soit la cause pour laquelle la cessation
absolue des travaux ou leur ajournement indéfini sont ordonnés,
l'entrepreneur n'y peut trouver matière à réclamation. Aucun
recours par la voie contentieuse ne lui est ouvert contre une
mesure dont l'opportunité et la convenance sont abandonnées au
pouvoir discrétionnaire de l'Administration. (Voy. *suprà*, n° 546.)
Mais comme, dans ces diverses circonstances, la résiliation est
motivée par l'intérêt unique de celle-ci, en dehors de toute faute
commise par l'entrepreneur, il eût été souverainement injuste
de lui refuser la réparation du préjudice qu'elle lui fait éprouver.
Les règles du droit commun exigent cette réparation (art. 1794
C. civ.), et les articles des Clauses et conditions n'y ont pas apporté une dérogation absolue. Mais ils ont mesuré l'indemnité
due à l'entrepreneur. Ils lui accordent seulement le droit de
réclamer le rachat des outils et ustensiles indispensables à l'entreprise ; — en second lieu, la reprise des matériaux approvisionnés, — et enfin une indemnité.

Étudions successivement les conditions auxquelles ces diverses
réparations sont subordonnées.

1245. — Il n'est pas nécessaire que l'Administration déclare
elle-même son intention de faire cesser absolument les travaux,
et prononce la résiliation du marché. Cette résiliation est une
conséquence nécessaire du fait de la cessation absolue des travaux. Que l'Administration la prononce ou non, elle existe ; seulement quand l'Administration ne la prononce pas, l'entrepreneur
est obligé de s'adresser aux tribunaux administratifs qui la prononcent ; ces tribunaux ont une liberté complète d'appréciation :
ils examinent la situation, interprètent les décisions et les actes
de l'Administration, et doivent surtout s'attacher aux effets produits par ces décisions et ces actes. Si ces effets consistent réellement dans une cessation absolue des travaux, la résiliation s'ensuit, quelle que soit la couleur ou l'apparence données à ces actes
ou décisions. Le Conseil d'État l'a formellement décidé dans l'af-

faire Dessoliers. (C. d'Etat, 22 mai 1875, 493.) Nous reproduisons
le principal motif de son arrêt : « Considérant que par sa déci-
« sion du 19 août 1872, le gouverneur général civil de l'Algérie
« ne s'est pas borné à prescrire des modifications au projet qui
« n'auraient eu pour effet que de diminuer de moins du sixième
« le montant de la dépense prévue; qu'il a ordonné la suspension
« absolue et indéfinie des travaux de constructions du port de
« Ténès dont le requérant était adjudicataire ; que, dans ces cir-
« constances, c'est à tort que le Conseil de préfecture a rejeté la
« demande du sieur Dessoliers. »

1246. — Il en est de même quant à l'ajournement de plus
d'une année : le droit à la résiliation existe par cela seul qu'en
fait les travaux ont été ajournés pour plus d'un an ; peu importe
quels soient les actes ou les décisions de l'Administration qui sont
causes de cet ajournement, et quand bien même une décision donnerait à l'ajournement une durée moindre d'un an ; nous citerons à ce sujet l'arrêt du Conseil d'Etat de l'affaire Planche (C.
d'Etat, 20 février 1874, 188): « Considérant qu'il résulte de l'ins-
« truction que l'adjudication des travaux a eu lieu le 10 août 1870;
« que c'est seulement le 17 août 1871, après un ajournement qui s'é-
« tait prolongé plus d'une année par le fait de l'Administration, que le
« sieur Planche a reçu notification d'un arrêté qui le mettait en de-
« meure de commencer les travaux, et que le département n'est pas
« fondé à se prévaloir de ce qu'un ordre de service aurait prescrit
« certaines opérations de piquetage comme devant avoir lieu le
« 1er dudit mois, pour soutenir qu'il n'a pas laissé expirer le délai
« fixé par l'article 34 du cahier de 1866; que dans ces circon-
« stances, etc. »

1247. — Cet arrêt est intéressant à un autre point de vue.
L'Administration avait plusieurs fois essayé de soutenir que l'article 34 n'avait établi le droit à la résiliation qu'en cas de suspension de travaux déjà commencés; le Conseil d'Etat a déclaré
que la clause s'appliquait même au cas où les travaux adjugés
ne seraient pas commencés. A défaut d'une date précise fixée
par le cahier de charges spécial, ou lors de l'adjudication, pour
le commencement des travaux, il y aura lieu de rechercher la
commune intention des parties.

1248. — Le Conseil d'Etat n'a pas admis toutefois qu'un droit
à indemnité au profit des entrepreneurs résultât de la seule circonstance que le travail n'aurait pas été achevé dans le délai fixé,
alors que le retard provient de suspensions ordonnées par l'Administration, ne dépassant pas un an, ou d'insuffisance de crédits. Il exige la preuve d'une faute imputable à l'Administration. (C. d'Etat, 13 juin 1873, *Compamille*,...; 1er février
1874, *Foucaux*, 142; 17 avril 1874, *Ville de Paris*, 345; 8 mai 1874,
Ladouceur, 423; 29 juin 1875, *Foucaux*, 83; 7 décembre 1877,
Jolly et Delafoy, 983.)

Spécialement en ce qui concerne les faits de la guerre, il est
reconnu qu'ils constituent en eux-mêmes des cas de force ma-

jeure ; mais il a été quelquefois décidé que, à raison des circonstances, ils ne devraient pas être considérés comme entraînant l'ajournement inévitable des travaux, et la résiliation a été prononcée avec indemnité lorsque les faits allégués ont été justifiés. Le droit à indemnité a, de même, été reconnu dans un certain nombre d'espèces. (C. d'Etat, 17 avril 1874, *Ville de Paris*, 345 ; 7 décembre 1877, *Jolly*, 983 ; 2 août 1877, *Michel*, 800.)

1249. — Voyons maintenant quelles sont les conséquences de la résiliation prononcée.

1° *Rachat des outils et ustensiles.* — L'article 40 du cahier de 1833 portait que, dans les cas énumérés ci-dessus, « les outils et « ustensiles indispensables à l'entreprise, que l'entrepreneur ne « voudra pas garder pour son compte, seront acquis par l'Etat « sur l'estimation qui en sera réglée de gré à gré, ou à dire d'ex- « perts, d'après la valeur première desdits outils et ustensiles, et « déduction faite de leur degré d'usure, le tout au taux du com- « merce et sans augmentation du dixième ou de toute autre plus- « value, sous prétexte de bénéfice présumé. »

L'article 43 du cahier de 1866 a posé les mêmes principes en les précisant :

« Dans les cas de résiliation prévus par les articles 34 et 36, les « outils et équipages existant sur les chantiers, et qui eussent été « nécessaires pour l'achèvement des travaux, sont acquis par « l'Etat si l'entrepreneur ou ses ayants droit en font la demande, « et le prix en est réglé de gré à gré ou à dire d'experts. Ne sont « pas comprises dans cette mesure les bêtes de trait ou de somme « qui auraient été employées dans les travaux. »

1250. — Cet article impose à l'Administration une obligation à laquelle elle ne peut se soustraire sous aucun prétexte. Dès que la résiliation est prononcée, elle est tenue d'acquérir au prix de l'estimation les outils et ustensiles dont l'entrepreneur a dû se munir pour l'exécution des travaux.

1251. — Cette obligation, toutefois, est subordonnée à une condition : il faut que l'entrepreneur manifeste l'intention d'user du bénéfice que le cahier des charges lui assure. Tant qu'il ne fait pas connaître sa volonté, il est présumé vouloir y renoncer, et il peut même, à un moment donné, être considéré comme y ayant réellement renoncé. C'est ce qui arriverait, par exemple, dans le cas où, après une suspension prolongée, il reprendrait les travaux sans réclamation, et sans provoquer l'expertise. (C. d'Etat, 1er décembre 1852, *Bertrand*, 574.)

1252. — Du moment, au contraire, que l'entrepreneur manifeste ses intentions à une époque où on ne peut lui opposer un abandon tacite de ses droits, il se forme, entre l'Administration et lui, un contrat qui renferme tous les éléments d'une vente, *res, pretium, consensus.*

En effet, en vertu de l'article 43, l'Administration est strictement obligée de reprendre le matériel de l'entreprise, et elle ne peut, sous aucun prétexte, se soustraire à cette obligation. De son côté, la déclaration de l'entrepreneur emporte de sa part un engagement irrévocable. Quant au prix, l'expertise en fournit les éléments, et le Conseil de préfecture le détermine définitivement, s'il y a lieu. La vente est donc parfaite, comme celle dont le prix est laissé à l'arbitrage d'un tiers. (Art. 1592 C. civ.)

Il suit de là que le matériel de l'entreprise est, à partir de la résiliation, aux risques et périls de l'Administration, suivant la maxime *res perit domino*. Si donc il se détériore ou disparaît par suite d'événements quelconques, la perte est pour elle, non pour l'entrepreneur. (C. d'Etat, 30 décembre 1871, *Daumer*, 372.) Celui-ci cesse d'être tenu de signaler les cas de force majeure dans le délai de dix jours, conformément à l'article 28, qui ne s'applique que dans le cas où il est propriétaire des objets perdus, et où l'Administration, lui accordant une faveur, était libre d'y mettre les conditions qu'elle juge convenables. Vainement aussi, l'Administration se plaindrait-elle de la négligence ou de l'imprévoyance de l'entrepreneur, qui ne l'aurait pas prévenue des risques auxquels les matériaux étaient exposés. C'est à elle de veiller ; il n'est plus responsable, parce qu'il n'est plus propriétaire. (*Voy.* C. d'Etat, 19 juillet 1855, *Decuers*, 542.) Cependant un arrêt antérieur a laissé à sa charge la détérioration du matériel, survenue depuis la résiliation, sous le prétexte qu'elle ne provenait pas des retards que l'Administration aurait apportés à l'expertise, ni d'un défaut de surveillance de sa part. (C. d'Etat, 27 juillet 1850, *Chaussat*, 719.) Mais c'est à tort, certainement, que cet arrêt subordonne le paiement du matériel à la preuve d'une faute commise par l'Administration. L'entrepreneur n'a pas à faire une pareille preuve, s'il est vrai, comme nous l'avons dit, qu'à partir de sa déclaration qu'il entend user du bénéfice de l'article 43, il cesse de pouvoir être considéré comme ayant encore sur le matériel un droit de propriété.

Il résulte de là que si, postérieurement à sa demande de reprise, l'entrepreneur continue à s'occuper de son matériel, l'Administration doit lui tenir compte des frais de garde et d'entretien depuis le jour de sa demande. (C. d'Etat, 21 juillet 1874, *Mayoux*, 708 ; 23 avril 1873, *Mayoux*, 342; 21 mai 1875, *Dessoliers*, 492.)

1253. — L'article 43 n'autorise l'Administration à reprendre que les outils et ustensiles *que l'entrepreneur ne veut pas garder pour son compte*. Cependant des ingénieurs ont eu quelquefois la pensée de retenir le matériel destiné par l'entrepreneur à d'autres travaux, sous le prétexte que ce matériel était d'une absolue nécessité pour la continuation des ouvrages. Une semblable prétention n'est pas sérieuse. Alors même que le texte du cahier des charges ne se serait pas exprimé à cet égard, comme l'obligation imposée à l'Etat n'a eu d'autre but que de donner à l'entrepreneur des garanties contre l'arbitraire de l'Administration, il serait impossible de retourner contre lui la seule arme défensive qui lui ait été laissée. Son droit de propriété sur le matériel ne cesse pas par le seul fait de la résiliation ; il faut, pour que sa dépossession s'accomplisse, qu'usant du droit d'option que lui assure l'article 43, il se soit prononcé pour la cession. Tant qu'il n'a pas fait cette déclaration, l'Administration seule est obligée vis-à-vis de lui ; il ne l'est pas envers elle. M. Cotelle cite, comme s'étant prononcé dans ce sens, un avis du Conseil général des ponts et chaussées en date du 5 mai 1854. (T. III, nᵒˢ 437, 438 et 439.)

L'État est obligé de reprendre, non seulement les outils et ustensiles proprement dits, mais encore tous les moyens et agencements qui sont *indispensables* à l'exécution des travaux, tous ceux que l'entrepreneur a dû se procurer dans ce but, et qui peuvent être utiles, par conséquent, soit à l'entrepreneur nouveau auquel l'Administration confie la continuation des ouvrages, soit à elle-même, si elle en reprend la direction.

Un arrêt a décidé que « l'autorisation accordée aux entrepre- « neurs de fabriquer eux-mêmes la chaux entraînait comme con- « séquence l'autorisation de construire des fours pour la cuire, « que dès lors lesdits fours doivent être considérés comme indis- « pensables à l'entreprise ». (C. d'État, 27 juillet 1850, *Chaussat*, 719.) Le même arrêt condamne également l'Administration à reprendre, à ce titre, deux ponts placés sur des fossés coupant un chemin de service, et à payer les frais d'établissement de ce chemin construit pour le transport des matériaux nécessaires à l'entreprise.

Mais le matériel hors de service peut être refusé par l'Administration. (*Ibid.*)

Il en serait de même du matériel qui n'a pas entièrement rempli l'office auquel il est destiné, mais qui aurait encore été employé si l'entreprise avait continué. (C. d'État, 30 janvier 1868, *Masson*, 131.)

L'Administration doit tenir compte à l'entrepreneur, non seulement du matériel proprement dit, mais de toutes les dépenses d'installation, puits, chemins de service, baraquements, etc., qui sont indispensables pour l'entreprise. (C. d'État, 21 juin 1878, *Département du Rhône*, 394.)

1254. — Les difficultés que soulève la question de savoir quels sont les outils et équipages « qui eussent été nécessaires pour « l'achèvement des travaux » doivent être soumises à la juridiction contentieuse, au Conseil de préfecture, et en appel au Conseil d'État ; la jurisprudence est nettement fixée en ce sens.

Si l'État est, en principe, tenu de reprendre le matériel, il faut néanmoins que l'entrepreneur forme une demande à cet égard, au moment de l'achèvement des travaux. La demande serait tardive si elle était présentée seulement après que les outils et ustensiles auraient été remis à sa disposition sans qu'il ait été provoqué ni enquête ni expertise. (C. d'État, 1ᵉʳ décembre 1872, *Bertrand*, 576.)

La question de savoir quels sont les outils et équipages « néces-

« saires pour l'achèvement des travaux » sera tranchée par la juridiction contentieuse, d'après les circonstances, et en particulier
par interprétation du cahier des charges spéciales de l'entreprise.
Dans une espèce où le cahier spécial contenait la disposition suivante : « la reprise des objets que l'Administration ne reconnai-
« trait pas nécessaires à l'achèvement des travaux ne pourra être
« exigée », il a été décidé : « que cette clause avait pour objet de
« limiter expressément l'obligation de l'entrepreneur entrant ou
« de l'Administration, aux objets susceptibles d'être utilisés pour
« la continuation des travaux, mais ne saurait faire obstacle à ce
« que, dans le cas où l'entrepreneur contesterait les appréciations
« de l'Administration à cet égard, cette contestation soit portée
« devant le Conseil de préfecture. juge de toutes les difficultés qui
« peuvent s'élever sur l'interprétation du contrat. » (C. d'Etat,
9 mai 1873, *Mayoux*, 386.)

Au point de vue qui nous occupe, il faut prendre l'entreprise
dans l'état où elle se trouvait au moment de la résiliation; ce
n'est donc pas seulement du projet primitif, présenté lors de l'adjudication, qu'il faut tenir compte, mais encore des modifications
en plus ou en moins qui ont été depuis prescrites par l'Administration.

C'est ce que fait très bien comprendre l'arrêt suivant du
Conseil d'Etat : « En ce qui concerne la reprise du matériel : —
« Considérant que, pour déterminer la partie du matériel de l'en-
« treprise du sieur Dessoliers à reprendre par l'Etat en exécution
« de la décision ci-dessus visée du Conseil d'Etat du 21 mai 1875,
« le Conseil de préfecture a défini les travaux restant à exécu-
« ter au moment de la suspension, en tenant compte seulement
« du devis de l'entreprise, et non des modifications prescrites en
« cours d'exécution.

« Mais considérant que si, par la décision dont s'agit, le Con-
« seil d'Etat a rejeté les conclusions du sieur Dessoliers tendant
« à faire décider que, pour l'indemniser des modifications ap-
« portées au projet, l'Etat serait tenu de reprendre le matériel
« non utilisable créé à raison de ces modifications, il a en même
« temps reconnu que le requérant avait droit, par application
« des Clauses et conditions générales ci-dessus visées, à la re-
« prise du matériel qui eût été nécessaire pour l'achèvement des
« travaux dont il était chargé; que, pour déterminer la nature et
« l'importance de ce matériel, il faut rechercher quels étaient, au
« moment où la suspension a été ordonnée, les travaux que le
« sieur Dessoliers avait encore à exécuter en tenant compte, non
« seulement du devis de son entreprise, comme l'a fait le Con-
« seil de préfecture, mais des changements apportés au projet;

« Considérant qu'il résulte de l'instruction que les experts ont
« fait une juste appréciation tant des travaux ainsi définis que
« de la nature et de l'importance du matériel qui eût été néces-
« saire au sieur Dessoliers pour les achever; que, dans ces cir-
« constances, il y a lieu de condamner l'Etat à reprendre le maté-
« riel porté au tableau annexé au rapport des experts, et dont la

« valeur est fixée par ledit rapport à 366.926 fr. 99. » (C. d'E-tat, 6 août 1881. *Dessoliers*, 823.)

1255. — On voit, par ce dernier considérant, qu'il y aura à te-nir compte à la fois de la nature des travaux restant à exécuter et de l'importance qu'ils présentent : il faudra rechercher si le matériel n'est pas hors de proportion avec la quantité de travail non encore achevé. (Dans le même sens : C. d'Etat, 18 novembre 1881, *Monjalon*, 910.)

1256. — L'estimation de l'outillage est faite par les experts d'après sa valeur première et déduction faite de son degré d'u-sure. L'expertise ne lie pas le Conseil de préfecture, qui peut éle-ver ou abaisser, d'après ses propres appréciations, le chiffre des évaluations. Il jouit à cet égard de la plus complète indépen-dance, mais en tenant pour règle, cependant, que « l'acquisition « par l'Etat des outils et ustensiles devenus sans emploi, par « suite de la résiliation de l'entreprise, a pour but d'épargner « une perte à l'adjudicataire, mais ne peut devenir pour lui l'oc-« casion d'un bénéfice ; que dès lors le prix alloué par l'Etat à « l'adjudicataire ne peut, en aucun cas, excéder le montant des « dépenses par lui faites. » (C. d'Etat, 22 juin 1854, *Abram*, 614.)

1257. — Le pouvoir des experts est strictement limité par l'ar-ticle 43 du cahier, et ils ne peuvent, sous quelque prétexte que ce soit, changer l'obligation de l'Administration ; c'est ce que fait très bien comprendre le passage d'un arrêt du Conseil d'Etat ainsi conçu : « Considérant que le Conseil d'Etat a décidé, par « application de l'article 43 du cahier des Clauses et conditions « générales ci-dessus visé, que l'Etat était tenu de reprendre le « matériel et les outils existants sur les chantiers, et qui eussent « été nécessaires pour l'achèvement des travaux ; qu'il a, en con-« séquence, chargé les experts d'en déterminer la valeur ; qu'au « lieu de fixer la somme due par l'Etat pour la reprise du maté-« riel, le Conseil de préfecture a, sur l'avis des experts et du « tiers-expert, condamné l'Etat à payer au sieur Ladouceur une « indemnité à raison de la dépréciation dudit matériel ; que cette « disposition est contraire à l'article 43 du cahier des Clauses et « conditions générales précité, et méconnaît l'autorité de la « chose jugée par la décision ci-dessus rappelée du Conseil d'E-« tat ; que, dès lors, le Ministre des travaux publics est fondé à « soutenir que l'Etat ne peut être tenu qu'au paiement d'une « allocation proportionnelle à la valeur des objets existants en-« core en magasin, et qui seront remis à l'Administration. » (C. d'Etat, 3 janvier 1877, *Ladouceur*, 29)

1258. — 2° *Rachat des matériaux approvisionnés*. — L'article 40 du cahier de 1833 déclarait que : « Les matériaux approvi-« sionnés par ordre et déposés sur les travaux, s'ils sont de bonne « qualité, seront également acquis par l'Etat au prix d'adjudication. » L'article 43 du cahier de 1866 a simplement précisé ces termes : « Les matériaux approvisionnés par ordre et déposés sur les

« chantiers, s'ils remplissent les conditions du devis, sont acquis
« par l'Etat au prix de l'adjudication. Les matériaux déposés sur
« les chantiers ne sont pas portés au décompte. »

1259. — Ainsi la double condition est indispensable. L'entrepreneur doit justifier d'un ordre d'approvisionnement. Le dépôt
sur le lieu des travaux n'est pas suffisant. (C. d'Etat, 8 juillet 1840, *Lixaule*, 218.) Réciproquement, l'ordre d'approvisionnement a été considéré comme ne pouvant assurer à l'entrepreneur la reprise de ses matériaux non encore déposés sur le
lieu des travaux. (C. d'Etat, 16 fév. 1850, *Mombrun*, 160;
16 février 1883, *Pinard*, 196.) Cette jurisprudence s'appuie avec
beaucoup de force, il faut le reconnaître, sur le texte de l'article
43. Mais elle est d'une rigueur extrême; car l'Administration
prononçant la résiliation quand elle le juge convenable peut,
en ne consultant que son intérêt, saisir l'instant où les ordres des
ingénieurs ne sont encore qu'à moitié exécutés par l'achat ou
l'extraction des matériaux. L'ordre d'approvisionnement devrait
suffire pour rendre leur reprise obligatoire, du moment qu'ils
restent sans emploi, au moins immédiat. C est en s'inspirant de
ces idées que le Conseil d'Etat a jugé que l'entrepreneur a le
droit d'exiger le prix des matériaux, lorsque le défaut de dépôt à
pied d œuvre provient du fait des ingénieurs, qui se sont abste-
nus d'indiquer le lieu d'emploi (C. d Etat, 2 mars 1839, *Piedvache*,
186), ou si le retard à leur dépôt en chantier n'est pas imputable
à l'entrepreneur. (C. d Etat, 5 décembre 1873, *Belin*, 925.)

L'article 43 n'impose à l'Etat que la reprise des matériaux de
bonne qualité, et conformes aux prescriptions du devis.

Sous l'empire du cahier de 1833, on appliquait les règles suivantes aux matériaux :

1260. — Il ne suffit pas, pour qu'ils soient acceptables, qu'ils
aient été extraits des carrières indiquées au devis, si leur exploitation a eu lieu en temps défavorable. (C. d'Etat, 27 juillet 1850,
Chaussat, 719.)

La vérification et la réception de ces matériaux se font dans les
formes ordinaires par les ingénieurs. Un état de situation dressé
par un conducteur ne supplée pas, à moins de stipulation particulière, à une réception régulière. (C. d'Etat, 19 juillet 1855,
Decuers, 542.)

Les ingénieurs repoussent les matériaux qui ne réunissent pas
les conditions convenues : ils reçoivent et, par suite, ils acquièrent
pour l'Etat, ceux qui les possèdent; les indications du devis servent de règle, les mots « bonne qualité », qui se trouvent dans
l'article 40, n'ayant ici qu'un sens relatif. Si donc les devis particuliers d'une entreprise prescrivaient l'emploi de matériaux inférieurs, l'Administration ne pourrait pas invoquer l'article 40 pour
rebuter tout ce qui resterait à l'entrepreneur au moment de la
résiliation. (C. d'Etat, 3 fév. 1830, *Lespinasse*.)

Les matériaux reçus antérieurement ne sont pas soumis à une
nouvelle vérification. Aucune disposition particulière du cahier
des charges ne l'exige.

39

Quant aux autres, l'entrepreneur doit, sans retard, mettre l'Administration en demeure de les reprendre et de procéder à leur réception. Comme c'est seulement, ainsi que nous avons eu plusieurs fois l'occasion de le dire, par la manifestation de sa volonté, que naît pour l'Etat l'obligation du rachat, les matériaux restent jusque-là aux risques et périls de l'entrepreneur. Il s'expose donc à les voir rebutés, et par suite à perdre la valeur, lorsque, avant la mise en demeure, ils subissent des détériorations telles qu'ils cessent d'être acceptables. (C. d'Etat, 2 juin 1837, *Hayet*, 277.) S'il est possible, au moment du règlement du compte, de reconnaître les quantités et les qualités, le Conseil de préfecture et le Conseil d'Etat ne se refusent pas à accorder un délai pour mettre en état de réception les matériaux approvisionnés et déposés sur les chantiers. (C. d'Etat, 19 juil. 1855, *Decuers*, 542.) Mais, nous le répétons, la prudence commande à l'entrepreneur de ne pas attendre jusque-là pour manifester ses intentions, et les faire connaître catégoriquement à l'Administration.

1261. — Sous l'empire du cahier de 1866, une distinction est nécessairement imposée par l'article 22 du cahier : « les maté- « riaux ne peuvent être employés qu'après avoir été vérifiés et pro- « visoirement acceptés par l'ingénieur ou par ses préposés. » Quant aux matériaux approvisionnés et reçus provisoirement, l'Administration ne peut, en règle générale, en refuser la reprise ; il est bien vrai que, « nonobstant la réception provisoire et jusqu'à la « réception définitive des travaux, les matériaux peuvent, en cas de « surprise, de mauvaise qualité ou de malfaçon, être rebutés » ; mais c'est là une exception : il y a présomption que les matériaux reçus satisfont aux conditions du devis, et c'est alors à l'Administration à faire la preuve du contraire, si elle refuse la reprise. (C. d'Etat, 12 avril 1878, *Département du Loiret*, 414 ; 21 juin 1878, *Département du Rhône*, 594.)

Quant aux matériaux approvisionnés par ordre, déposés sur les chantiers, mais non encore reçus, il est bien certain que le fait que l'Administration n'a pas encore procédé à leur réception ne suffit pas pour l'autoriser à en refuser la reprise ; il faut alors appliquer la jurisprudence que nous venons d'exposer au sujet du cahier de 1833. On doit rechercher, par exemple, si les matériaux approvisionnés sont bien de la nature prescrite, et s'ils sont susceptibles d'être utilement employés pour les travaux, et si, comme quantités et catégories, ils répondent bien aux ordres qui ont été donnés. (C. d'Etat, 16 janvier 1883, *Pinard*, 196.)

Il faut d'ailleurs appliquer ici ce que nous avons dit pour les outils et ustensiles ; les matériaux doivent être évalués d'après leur état au moment de la résiliation. (C. d'État, 12 janvier 1873, *Murco*, 16 ; 12 janvier 1877, *Guernet*, 61.) De même aussi, c'est à partir de la résiliation que les matériaux sont aux risques et périls de l'Administration. (C. d'État, 30 décembre 1871, *Daumer*, 372.)

1262. — L'article 8 de l'ancien cahier de 1833 portait qu'en cas d'adjudication en continuation d'ouvrages, l'entrepreneur entrant serait tenu de reprendre le matériel de l'entrepreneur sortaut, si celui-ci déclarait vouloir le céder. On avait soulevé la question de savoir si cette disposition était applicable aux cas de résiliation. Le Conseil d'État avait répondu négativement. (C. d'État, 6 décembre 1866, *Nercam*, 1115. *Adde* : 12 janvier 1873, *Murco*, 16.) Aujourd'hui l'article 8 a disparu, et la rédaction de l'article 43 du nouveau cahier tranche la difficulté ; l'entrepreneur se trouve en effet dans l'alternative, ou de garder ses matériaux, ou de les céder à l'Administration à des conditions déterminées. Mais, dans l'un et l'autre cas, il n'a rien à remettre à l'entrepreneur entrant, et il doit, en vertu de l'article 43, « évacuer les chantiers, magasins et emplacements utiles à l'entreprise dans le délai qui est fixé par l'Administration. »

1263. — 3° *Indemnité due à l'entrepreneur*. — L'article 40 du cahier de 1833 s'exprimait ainsi : « Les matériaux qui ne sont « pas déposés sur les chantiers restent au compte de l'entrepreneur. Mais, tant pour cet objet que pour toutes autres réclamations, il pourra lui être alloué une indemnité qui sera fixée « par l'Administration et qui, dans aucun cas, ne devra excéder « le cinquantième du montant des dépenses restant à faire en « vertu de l'adjudication. » Dans notre précédente édition, nous avions élevé contre cet article les critiques suivantes :

Ces dispositions contiennent une dérogation formelle à l'article 1794 du C. civ., qui n'est que l'application à la matière des devis et marchés du principe général déposé dans l'article 1142 du même Code. Elles fixent à l'appréciation des tribunaux administratifs une limite infranchissable, qu'il ne leur est permis de dépasser sous aucun prétexte, et quel que soit en réalité le préjudice causé à l'entrepreneur.

Cette dérogation au droit commun semble due à cette fausse idée que l'État n'est pas, vis-à-vis des entrepreneurs de travaux publics, dans la situation d'un particulier vis-à-vis d'un autre particulier. Pour certaines personnes, l'intérêt général, dont il est la personnification la plus élevée, légitime et justifie ces dispositions exceptionnelles qu'on rencontre trop fréquemment en matière administrative. Cette appréciation erronée des droits de l'État a engendré, par une sorte de compensation déplorable, cette maxime à l'usage de certaines personnes, qu'on peut tout se permettre contre les intérêts du Trésor. C'est un état de guerre permanent. Pour rétablir l'équilibre et ramener les particuliers à l'exacte observation de leurs devoirs, il est juste que l'État donne le premier l'exemple de la modération, et consente à descendre de cette sphère inaccessible aux lois qui régissent tout le monde. C'est en acceptant la loi commune quand elle le blesse, qu'il la fera respecter quand elle lui est favorable. Nous croyons donc que les cahiers des charges devraient se borner à rappeler que l'entrepreneur a le droit d'exiger une indemnité en cas de résiliation. En rendant ainsi à la juridiction contentieuse une liberté complète d'appréciation, et en lui permettant d'accorder une réparation égale au préjudice souffert, l'Administration ferait une chose juste et en même temps profitable. Son intérêt, non moins que l'équité, la convient à renoncer à ces conditions abusives qui exercent la plus détestable influence sur les rapports des entrepreneurs avec elle.

Ajoutons que la jurisprudence se conformait avec une extrême rigueur à l'article 40. M. Cotelle (t. III, p. 244 et suiv.) et M. Chatignier (p. 114) citent plusieurs décrets du Conseil d'Etat, rendus cependant dans les espèces les plus favorables, et qui ont refusé inflexiblement, soit d'élever l'indemnité de résiliation au-dessus du cinquantième, soit de lui tenir compte des bénéfices présumés de l'entreprise. (C. d'État, 10 fév. 1850, *Montbrun*, 566; 23 nov. 1850, *Faugeron*, 859; 9 fév. 1852, *Ballereau*, 587; 23 janvier 1862, *Belly*, 59.) Nous nous bornerons à rappeler les motifs du décret rendu dans l'affaire Faugeron : «Considérant qu'aux termes des articles 36 et 40 combinés du cahier des Clauses et conditions générales imposées aux entrepreneurs, dans le cas où, par suite de cessation absolue ou d'ajournement indéfini des travaux adjugés, l'Administration a prononcé la résiliation du marché, il peut être alloué à l'entrepreneur une indemnité fixée par l'Administration, et qui, dans aucun cas, ne doit excéder le cinquantième du montant des dépenses restant à faire en vertu de l'adjudication; — Considérant que l'Administration a, par décision en date du 20 mars 1840, résilié l'entreprise des travaux de construction du chemin de fer de Tours à Nantes, dont les sieurs Faugeron, Thiercelin et Hue avaient été déclarés adjudicataires le 8 novembre 1847; que cette résiliation a été prononcée à raison de la cessation absolue des travaux, indéfiniment ajournés par suite de l'envoi et de l'admission forcée sur les chantiers des ouvriers des ateliers nationaux, et qu'ainsi lesdits entrepreneurs ne peuvent avoir droit, aux termes des articles susvisés, à une indemnité supérieure au cinquantième du montant des dépenses restant à faire en vertu de leur adjudication; — Considérant dès lors que c'est à tort que le Conseil de préfecture de Maine-et-Loire a, par sa décision du 2 mai 1849, alloué auxdits entrepreneurs la somme de 34.904 fr. 21 c., en prenant pour base de cette indemnité les bénéfices présumés de leur entreprise. »

1264. — L'article 34 du cahier de 1866 n'a pas reproduit la fixation de l'indemnité faite par l'article 40 de l'ancien cahier; il se borne à dire que dans les deux cas, cessation absolue des travaux ou ajournement, l'entrepreneur pourra obtenir une indemnité.

Cette indemnité doit être fixée à l'amiable, et si on ne peut s'entendre, par le Conseil de préfecture, avec appel au Conseil d'État. En l'absence de toute dérogation au droit commun, c'est donc l'article 1794 du Code civil que ces juridictions devront appliquer; en conséquence, elles devront tenir compte non seulement des pertes subies mais encore du bénéfice que l'entrepreneur aurait pu faire sur les travaux qui lui sont retirés. (C. d'État, 14 février 1873, *Lartigue*, 174.) L'indemnité du préjudice comprend les pertes, les faux frais, les intérêts du cautionnement qui aurait pu être placé en valeurs productives, etc. (C. d'État, 7 avril 1876, *Rodaria*, 377.) Pour tous ces calculs, on doit tenir compte de l'intérêt non à 5 % mais à 6 %, car nous sommes ici en matière commerciale. (C. d'État, 26 septembre 1871, *Masson*, 178.) Quant au bénéfice, on doit le calculer sur le montant total des travaux, y compris les travaux imprévus commandés en cours d'exécution. L'Administration avait soutenu qu'on devait en déduire le sixième, sous prétexte que l'article 31 lui donnait le droit de faire cette diminution en cours de l'entreprise; cette prétention a été repoussée. (C. d'Etat, 7 janvier 1876, *Hospices de Bordeaux*, 21.) Le Conseil d'Etat, s'inspirant d'un élément du bordereau des prix qui est généralement reproduit dans toutes les entreprises, évalue le plus souvent au dixième de la dépense le bénéfice qu'aurait pu faire l'entrepreneur sur les travaux. (C. d'État, 13 août 1867, *Commune de Dangé*, 762.)

1265. — L'indemnité prévue par l'article 34 du cahier des ponts et chaussées est distincte de celle qui est due pour préjudice causé par le ralentissement des travaux, ou leur suspension provenant du fait de l'Administration. (C. d'Etat, 19 mars 1874, *Monjalon*, 265.) D'où, comme première conséquence, la jurisprudence a déduit que, tout en refusant de prononcer la résiliation par application de l'article 34, un Conseil de préfecture pouvait allouer une indemnité pour suspension ou ralentissement des travaux (C. d'Etat, 13 janvier 1874, *Fleurant*, 169; 2 juin 1876, *Blanc*, 517); et qu'elle est due également, même dans le cas où l'entrepreneur s'est borné à la demander, sans prétendre cependant à la résiliation. (C. d'Etat, 16 mai 1877, *Gasc*, 293.) D'où, comme seconde conséquence, on déduit aussi que les indemnités peuvent être cumulées, c'est-à-dire qu'un entrepreneur a droit à une indemnité pour le préjudice causé par la suspension ou le ralentissement des travaux antérieurement à la prononciation de la résiliation, et à une indemnité pour les travaux dont il est privé, et la perte que cette privation lui inflige; c'est ce que fait très bien comprendre l'arrêt du Conseil d'Etat dans l'affaire Monjalon ci-dessus citée : « Sur les « conclusions des sieurs Monjalon tendant à ce qu'il leur soit al- « loué, en outre de l'indemnité réclamée pour la résiliation de leur « entreprise, une seconde indemnité de 100.000 fr. pour le pré- « judice que leur aurait causé la suspension des travaux qui a « précédé la résiliation : Considérant qu'il résulte de l'instruc- « tion que les travaux, complètement arrêtés à la fin d'octobre « 1870, avaient été ralentis d'une manière très préjudiciable à « l'entrepreneur dès la fin de la campagne de 1869, et que ce « ralentissement provenait du fait de l'Administration qui atten- « dait, pour permettre aux sieurs Monjalon d'achever leur entre- « prise, l'accomplissement d'autres travaux opérés en régie par « d'autres entrepreneurs; — Considérant que l'indemnité prévue « par les articles 36 et 40 pour le fait même de la résiliation de « l'entreprise est étrangère à celle qui peut être due aux entre- « preneurs, à raison du dommage que leur a fait éprouver le ra- « lentissement prolongé ou la suspension des travaux provenant

« du fait de l'Administration; qu'ainsi les réclamants sont fondés
« à réclamer de ce chef une indemnité distincte. » Mais il n'est
pas nécessaire que les juges décomposent dans leur décision l'indemnité accordée, et fassent la part afférente à chaque préjudice;
si l'entrepreneur s'est fondé sur les deux causes de préjudice, il
suffit qu'il ait été tenu compte de ces deux éléments dans la fixation d'une indemnité totale et unique, et que la décision en porte
la preuve dans ses motifs. (C. d'Etat, 29 janvier 1875, *Foucaux*, 83.)

1266. — Depuis la publication du cahier de 1866 quelques réformes ont paru nécessaires : le cahier de 1866 n'est pas absolument équitable pour les entrepreneurs, et, d'autre part, il peut
dans certains cas compromettre les intérêts de l'Etat.

Il arrive souvent, en effet, que la résiliation est prononcée, soit
parce que l'ajournement est prescrit pour plus d'une année, soit
parce que la juridiction administrative apprécie que les crédits
ouverts ne sont pas en rapport avec les dépenses d'installation de
l'entrepreneur; l'Administration, en présence alors de l'article 1794
du Code civil, est dans l'obligation de dédommager l'entrepreneur de toutes ses dépenses, de tous ses travaux et de tout ce
qu'il aurait pu gagner dans son entreprise. Pour les travaux minimes, le Trésor n'a pas à redouter de grand embarras : mais
pour les grands travaux, lignes de chemins de fer, ponts, ouvrages d'art, ports, bassins, etc., le Trésor peut se trouver en face
de dépenses considérables, pour lesquelles rien n'aura été prévu.

D'autre part, la question des crédits n'est pas moins délicate.
Tout entrepreneur sérieux, en se présentant à une adjudication,
doit chercher à se rendre compte du temps qui sera employé à
l'exécution complète des travaux. Cependant, la durée de l'exécution n'est généralement pas limitée dans les projets de travaux
publics qui servent de base aux adjudications, et si on l'indique
quelquefois, ce n'est qu'à titre de renseignement et sans engager
à aucun degré l'Administration, qui ne peut elle-même disposer à
l'avance des crédits non votés. Cette liberté absolue que l'Administration est obligée de se réserver a souvent pour conséquence
d'imposer aux entrepreneurs des charges imprévues, et, par cela
même, peu équitables, si, au lieu d'ajourner indéfiniment les travaux ou de les suspendre pendant plus d'une année, seuls cas prévus par l'article 34, elle ne peut accorder pendant plusieurs années successives que des crédits hors de proportion avec les dépenses d'installation et avec l'importance de l'entreprise.

Ces considérations ont porté le Ministre des travaux publics à
regretter deux choses : la première, que le cahier des charges
n'ait pas prévu le cas d'un ralentissement anormal dans la marche
des travaux ; la seconde, que, supprimant l'indication de tout
maximum dans le chiffre de l'indemnité, il puisse compromettre
les intérêts du Trésor.

Après avis du Conseil général des ponts et chaussées, il fut décidé
que les clauses suivantes seraient désormais inscrites dans tous
les cahiers des charges spéciaux des entreprises importantes :

« 1° L'entrepreneur prendra les mesures nécessaires pour que
« les travaux puissent être exécutés dans le délai de . . . . .
« années;

« 2° Si cette durée, à raison de l'insuffisance des crédits, est
« portée à . . . . . années, il ne pourra, de ce fait, élever aucune
« réclamation ;

« 3° Passé ce délai, et pour chacune des années ultérieures,
« l'entrepreneur aura droit, en dehors du prix de ces travaux, à
« l'allocation d'une somme fixe de . . . . ., diminuée du rabais
« de l'adjudication;

« 4° A l'expiration de la . . . . . année, l'Administration, sur
« la demande de l'adjudicataire, prononcera la résiliation de l'en-
« treprise : elle pourra également la prononcer de sa propre
« initiative.

« Dans l'un et l'autre cas, il sera alloué à l'entrepreneur une
« indemnité égale au . . . . . du montant des dépenses restant
« à faire en vertu de l'adjudication, après le retranchement du
« sixième réservé ci-dessous ;

« 5° Les dispositions de l'article qui précède sont applicables au
« cas de la cessation absolue des travaux ou de leur ajournement
« pour plus d'une année. Elles n'auront d'ailleurs nullement pour
« objet de déroger au droit, qui appartient à l'Administration, de
« réduire d'un sixième la masse des ouvrages, en vertu de l'arti-
« cle 31 des Clauses et conditions générales. » (V. circulaire du
Ministre des travaux publics du 14 avril 1877.)

1267. — Quelle que soit l'indemnité à laquelle l'entrepreneur
a le droit de prétendre, elle peut lui échapper si, après la suspension, il ne s'empresse pas de requérir la réception immédiate des
travaux et la résiliation du marché, et si surtout il reprend sans
protestation les travaux commencés, sur l'ordre qui lui est donné.
L'Administration voit dans son silence un acquiescement aux mesures ordonnées, et une renonciation à toute réclamation ultérieure. On lit dans un décret du 28 janvier 1858 (*Thébault*, 102) :
« Considérant qu'il résulte de l'instruction que les travaux du
sieur Thébault n'ont pas été suspendus en 1848...; que le 12 juin
1850 il a reçu l'ordre de suspendre ses travaux, mais qu'il ne justifie pas qu'il ait mis alors l'Administration en demeure de procéder à leur réception et de lui en payer le prix; qu'à cette époque
il n'a formé devant le Conseil de préfecture aucune demande en
résiliation ; que depuis, il a repris l'exécution des travaux de son
entreprise, et qu'il ne justifie pas avoir fait des réserves de réclamer une indemnité; que, dans ces circonstances, le sieur Thébault
n'est pas fondé à se prévaloir des dispositions des article 36 et 40
du cahier des Clauses et conditions générales...» (*Voy* enc. C. d'Etat,
27 novembre 1856, *Perrier et consorts*, 672.) La même jurisprudence été maintenue depuis cette époque : un arrêt récent (C. d'Etat,
2 mai 1884, *Mandon et Demay*, 334) en a fait l'application en ces
termes : « Considérant que les sieurs Mandon et Demay n'ont de-
« mandé à aucune époque ni la réception des travaux suspendus,
« ni la résiliation de leur marché; que si, par acte des 26 décem-

« bre et 15 janvier 1872, ils ont manifesté leur prétention de ne
« continuer les travaux que sous certaines conditions, ils n'ont
« saisi la juridiction contentieuse d'aucune demande, et qu'au
« contraire ils ont continué les travaux sans que les conditions
« nouvelles par eux réclamées aient été acceptées par l'Administra-
« tion ; — Considérant dès lors que les sieurs Mandon et Demay
« n'étaient pas fondés à réclamer les indemnités ci-dessus spé-
« cifiées. . . . . »

CHAPITRE III

De la résiliation par suite de la faillite ou du décès de l'entrepreneur.

1268. — Faillite de l'entrepreneur ; droit commun, clauses des cahiers de charges.
1269. — Mort de l'entrepreneur; caractère du contrat d'entreprise, différence avec le contrat de concession au point de vue de la dissolution par le décès de l'entrepreneur.
1270. — La résiliation s'opère de plein droit; point de demande ; constatation par l'Administration ou la juridiction contentieuse.
1271. — Conséquences de cette résiliation. Point d'indemnité.
1272. — Reprise du matériel : différence entre le cas de faillite et celui de mort de l'entrepreneur.
1273. — Reprise des matériaux approvisionnés.

1268. — Deux circonstances entraînent de plein droit la résiliation de l'entreprise : ce sont la faillite et la mort de l'entrepreneur.

En ce qui concerne la faillite, c'est une application des principes
généraux, un effet de la faillite qui, ainsi que le déclare l'article 443 du Code de commerce, emporte pour le failli dessaisisse-
ment de tous ses biens. L'entrepreneur étant dessaisi de son entreprise, et le contrat passé par l'Administration pour l'exécution
de l'ouvrage étant fait essentiellement en considération de la personne, il en résulte que ce contrat est résolu et qu'il appartient
à l'Administration seule d'apprécier si elle peut renoncer à son
droit de résolution, et accepter le syndic de la faillite à la place
«u failli. Aussi l'article 37 du cahier des ponts et chaussées de
1866 porte-t-il : « En cas de faillite de l'entrepreneur, le contrat
« est résilié de plein droit, sauf à l'Administration à accepter, s'il
« y a lieu, les offres qui peuvent être faites par les créanciers
à pour la continuation de l'entreprise. » Cette cause de résiliation est reproduite dans les cahiers du Ministère de la guerre de
1876 et de 1887, ainsi que nous le verrons plus loin ; on la reproduit généralement dans les cahiers des départements et des
communes; mais même si cette clause ne se trouvait pas inscrite dans le cahier d'une entreprise, il n'en faudrait pas moins
l'appliquer, parce que ce n'est que l'application du droit commun.

1269. — La mort de l'entrepreneur est aussi une cause de résiliation. (Art. 1795 et 1796 du C. civ.)

A cet égard, il est essentiel d'observer que le contrat d'adjudication cesse d'avoir le caractère du louage d'ouvrage pour prendre celui du louage, lorsque le prix, au lieu d'être une somme d'argent, consiste dans la concession au profit de l'adjudicataire, pendant un temps déterminé, de droits à percevoir. Dans ce cas, le décès de l'adjudicataire ne met pas fin au contrat, car l'article 1742 du C. civ. décide expressément que le contrat de louage n'est pas résolu par la mort du bailleur ni par celle du preneur. Les héritiers de l'adjudicataire seraient donc tenus, en pareil cas, d'achever les travaux commencés. (C. d'Etat, 5 juin 1845, *Héritiers Detrez*, 320.)

1270. — La résiliation de plein droit résulte de l'événement même, faillite ou décès de l'entrepreneur. L'Administration n'a qu'à constater le fait, et, en cas d'opposition, le Conseil de préfecture le constate également; il reconnaît ce qui existe et il en fixe les conséquences.

1271. — Les conséquences de la résiliation se manifestent à trois points de vue : indemnité, reprise du matériel et reprise des approvisionnements. D'indemnité, il n'en peut être question ici. Ce sont deux cas de force majeure, et si la faillite est quelquefois imputable à l'entrepreneur, l'Administration a fort sagement agi en ne demandant pas une indemnité qui n'aurait pas pu lui être payée.

1272. — En ce qui concerne la reprise du matériel, il faut distinguer le cas de faillite et le cas de décès de l'entrepreneur. En droit strict, d'après les règles du droit commun, l'Administration ne doit pas la reprise du matériel; un cas de force majeure se présente, chacune des parties en supporte les conséquences. Aucune dérogation n'a été apportée sur ce point en ce qui concerne la faillite, cet événement pouvant être imputable à la partie adverse; l'Administration ne cherche que son intérêt : aussi la plupart des cahiers de charges déclarent que la reprise du matériel est facultative pour l'Etat; c'est-à-dire que l'Administration pourra, si elle le veut, obliger le syndic à lui livrer le matériel de l'entreprise, suivant les conditions ordinaires des reprises que nous avons étudiées plus haut (nos 1253 et suivants). (Art. 43, cahier de 1866.) Au contraire, en cas de décès de l'entrepreneur, l'Administration a voulu venir en aide aux héritiers, et par bienveillance pour eux, par dérogation au droit commun, elle leur a laissé le choix de garder le matériel ou d'en demander la reprise; au cas où cette demande est formée, la reprise est obligatoire pour l'Administration. La plupart des cahiers de charges contiennent cette clause. (V. art. 43 du cahier des ponts et chaussées de 1866.) La reprise s'effectue suivant les règles ordinaires.

1273. — En ce qui concerne les matériaux approvisionnés, la règle est la même pour le cas de faillite et le cas de décès de l'entrepreneur. La plupart des cahiers de charges, et notamment le cahier des ponts et chaussées, déclarent que les matériaux approvisionnés par ordre, qui sont déposés sur les chantiers et qui remplissent les conditions du devis, sont repris aux taux fixés par le bordereau, ou par experts. (V. art 43 du cahier des ponts et chaussées de 1866.)

CHAPITRE IV

De la résiliation dans l'intérêt de l'entrepreneur.

1274. — Augmentation des prix; augmentation de la masse des travaux; faculté de résiliation, dispositions des cahiers de charges.

1275. — Les dispositions du cahier n'excluent pas les causes de résiliation de droit commun.

1276. — Applications de ce principe : jurisprudence.

1277. — Causes de résiliation spécialement prévues par les cahiers. — Augmentation des prix. Cahier des ponts et chaussées de 1833, difficultés; jurisprudence.

1278. — Cahier des ponts et chaussées de 1866. Proportion de l'élévation de prix et bases de l'estimation.

1279. — Augmentation momentanée, causée par la force majeure; distinction entre les cas d'application de l'article 28, et ceux de l'article 33 du cahier de 1866.

1280. — Importance de cette distinction, exemples.

1281. — Précautions à prendre par l'entrepreneur quand l'augmentation se produit.

1282. — L'entrepreneur n'a pas le choix entre la résiliation et une augmentation des prix.

1283. — Il ne peut réclamer d'indemnité.

1284. — Cas où l'augmentation des prix provient du fait de l'Administration. Discussion. Solution admise par la jurisprudence. Règle générale.

1285. — Exceptions, exemples.

1286. — Ouvrages exécutés en régie par l'Administration; concurrence avec l'entrepreneur pour la main-d'œuvre.

1287. — Augmentation dans la masse des travaux. Précautions à prendre pour l'entrepreneur quand l'augmentation dépasse le sixième. Demande de résiliation, formes.

1288. — Difficultés relatives aux travaux d'entretien des routes et chemins.

1289. — Diminution de plus du sixième dans la masse des travaux : résiliation.

1290. — Conséquences de la résiliation dans l'intérêt de l'entrepreneur, absence d'indemnités, reprise du matériel facultative.

1291. — Critiques

1292. — Règle à suivre pour la reprise du matériel.

1293. — Reprise obligatoire des matériaux approvisionnés par ordre; règles à suivre.

1294. — Indemnité due en cas de diminution de plus du sixième. Bases de l'évaluation.

1295. — Refus de l'Administration de consentir à la demande de résiliation de l'entreprise : conséquences, continuation des travaux sous réserves, indemnité due.

1296. — Procédure à suivre pour obtenir la résiliation.

1297. — Effets de la résiliation, en cas de continuation des travaux par le même entrepreneur.

1274. — L'article 39 du cahier de 1833 disposait que « si pen-
« dant le cours de l'entreprise, les prix subissaient une augmen-
« tation notable, le marché pourra être résilié sur la demande
« qui en sera faite par l'entrepreneur; en cas de diminution no-
« table, la résiliation du marché pourra être également pronon-
« cée, à moins que l'entrepreneur n'accepte les modifications
« qui lui seraient prescrites par l'Administration.

« Et dans le cas où, pendant le cours de l'entreprise, et sans
« changer les charges et les prix, il serait ordonné par l'Adminis-
« tration d'augmenter ou de diminuer la masse des travaux. l'en-
« trepreneur sera tenu d'exécuter les nouveaux ordres, sans ré-
« clamation, à moins qu'il n'ait été autorisé à faire des appro-
« visionnements de matériaux qui demeureraient sans emploi,
« et pourvu que les changements en plus ou en moins n'excè-
« dent pas le sixième du montant de l'entreprise : auquel cas il
« pourra demander la résiliation de son marché. »

Ces dispositions ont été précisées et modifiées par le cahier de
1866 dans les termes suivants :

« Art. 30. En cas d'augmentation dans la masse des travaux,
« l'entrepreneur est tenu d'en continuer l'exécution jusqu'à
« concurrence d'un sixième en sus du montant de l'entreprise.
« Au delà de cette limite, l'entrepreneur a droit à la résiliation de
« son marché.

« Art. 31. En cas de diminution dans la masse des ouvrages,
« l'entrepreneur ne peut élever aucune réclamation tant que la
« diminution n'excède pas le sixième du montant de l'entreprise.
« Si la diminution est de plus du sixième, il reçoit, s'il y a lieu,
« à titre de dédommagement, une indemnité qui, en cas de
« contestation, est réglée par le Conseil de préfecture.

« Art. 33. Si, pendant le cours de l'entreprise, les prix subis-
« sent une augmentation telle que la dépense totale des ouvrages
« restant à exécuter d'après le devis se trouve augmentée d'un
« sixième comparativement aux estimations du projet, le marché
« peut être résilié sur la demande de l'entrepreneur. »

1275. — Ces circonstances sont indiquées seulement à titre
d'exemple. Les articles du cahier de 1866 ne doivent pas être
considérés comme contenant une dérogation à la faculté accordée par le droit commun à toute partie qui se plaint de l'inexécution d'un contrat, d'en demander la résolution. (Art. 1184 du
C. civ.) Loin de déroger à l'article 1184, ces articles étendent
son application à une circonstance (l'augmentation notable des
prix) où il n'eût pas pu secourir l'entrepreneur, et se borne
dans l'autre (la diminution ou l'augmentation de la masse des
travaux) à régler, en la limitant, l'application des règles ordinaires. Ce qui résulte de ces clauses, c'est que, dans le premier
cas, elles ont amélioré la condition de l'entrepreneur, et qu'elles
l'ont, au contraire, rendue plus mauvaise dans le second. Mais on
ne peut, sans violer les principes les plus certains de l'interprétation juridique, conclure de son silence sur les autres causes
de résiliation, qu'elle ne permet pas à l'entrepreneur de les invoquer. Les restrictions à une faculté que la loi ordinaire consacre.
ne doivent pas être facilement présumées. Or, quelle apparence
y a-t-il que le rédacteur du cahier des charges ait voulu restreindre le droit de l'entrepreneur, lorsqu'on songe que cette
restriction aurait eu pour conséquence un amoindrissement
correspondant des droits qui appartiennent à l'Administration.
Si, en effet, on devait s'en tenir, en matière de résiliation, aux

dispositions de l'article 34, on serait bien forcé d'admettre que, cet article n'ayant parlé que d'une circonstance dans laquelle l'Administration peut demander la résiliation de l'entreprise, la cessation absolue ou l'ajournement indéfini des travaux, elle n'a pas la faculté d'invoquer le droit commun dans toute autre circonstance où ses intérêts pourraient cependant l'exiger. Or, il n'est pas vraisemblable que l'Administration ait entendu renoncer à une faculté aussi essentielle dans tous les cas (et ils sont nombreux) où le but et les conditions de l'entreprise sont méconnus par l'entrepreneur, et où la mise en régie ne constituerait qu'un palliatif insuffisant. Mais si l'article 34 n'est pas limitatif en ce qui concerne l'Administration, les articles 30, 31 et 33 n'ont pas ce caractère au respect de l'entrepreneur; il ne peut pas y avoir deux poids et deux mesures sous ce rapport. Concluons de là qu'en dehors des cas prévus par les Clauses et conditions générales, l'entrepreneur peut demander la résiliation, lorsque les conditions de son marché ne sont pas observées par l'Administration. Toute inexécution de ses clauses, toute infraction aux stipulations du devis, pourront servir de base à une demande de cette nature, et elles la justifieront, si les conséquences de l'infraction sont telles qu'elles n'ont pas dû entrer dans les prévisions des parties au moment du traité, et si elles sont assez importantes pour déranger les calculs, ébranler les combinaisons et modifier sensiblement le caractère, la nature et les conditions de l'entreprise.

1276. — La jurisprudence du Conseil d'Etat nous fournit une application de ce principe.

Un arrêté du Conseil de préfecture de la Côte-d'Or, en date du 14 juin 1858, avait prononcé la résiliation de l'adjudication faite le 14 novembre 1857 aux sieurs Piot frères et Béranger, entrepreneurs des travaux de canalisation à exécuter pour l'établissement de fontaines publiques dans la ville d'Auxonne. La résiliation avait été prononcée, sur la demande des entrepreneurs, à raison de modifications considérables apportées, en cours d'exécution, au projet primitif, par l'ingénieur chargé de la direction des travaux.

La ville d'Auxonne se pourvut contre cet arrêté. Elle prétendit que ces changements avaient été prescrits par l'Administration en vertu de la faculté qu'elle s'était réservée par l'article 8 du cahier des charges, et qu'aucune clause ne conférait aux entrepreneurs le droit de demander, pour ce motif, la résiliation de leur marché.

Les entrepreneurs répondaient que les changements ordonnés ne pouvaient être considérés comme de simples modifications du projet primitif autorisées, en effet, par l'article 8, mais qu'elles avaient pour résultat de substituer à ce projet une entreprise complètement nouvelle; que par conséquent la ville ayant excédé la limite de ses droits, ils ne pouvaient être tenus de continuer l'exécution d'un marché dont les conditions se trouvaient essentiellement modifiées. Suivant eux, l'absence d'une clause stipu-

lant à leur profit le droit de demander la résiliation ne pouvait
leur être objectée, ce droit étant inhérent au contrat, et la ville
ne prouvant pas qu'ils eussent renoncé à s'en prévaloir. C'est en
ce sens que se prononça le Conseil d'État. (13 juin 1850, *Ville
d'Auxonne*, 467.)

Ceci posé, nous devons dire quelques mots des causes de résiliation spécialement prévues par le cahier des Clauses et conditions générales. Nous nous demanderons ensuite quelles sont les
conséquences de la résiliation prononcée par application de ces
clauses, ou des dispositions du droit commun.

1277. — *Augmentation du prix des ouvrages.* — L'article 39
du cahier des Clauses et conditions générales ne disait pas ce que
l'on devait entendre par augmentation notable du prix des ouvrages. La juridiction contentieuse jouissait, à cet égard, d'une
liberté complète d'appréciation. Nous nous bornerons à citer
quelques exemples.

Le Conseil d'État a déclaré *notable* une augmentation de 25
p. 100. (26 nov. 1857, *Lavaud*, 749.) Le Ministre des travaux
publics, consulté à l'occasion de cette affaire, avait émis un avis
favorable à l'entrepreneur. « Il résulte, disait-il, des rapports
« d'ingénieurs, que, dans l'espace d'une année ou de dix-huit
« mois, de 1853 à 1854 et années suivantes, les prix des maté-
« riaux, des fournitures de toute nature, et de la main-d'œuvre,
« ont augmenté dans la proportion d'environ 25 p. 100. Cette
« augmentation est considérable, et, de l'avis des ingénieurs et
« du Conseil général des ponts et chaussées, que j'ai cru devoir
« consulter, elle est assez notable pour entraîner l'application de
« l'article 39 des Clauses et conditions générales. » Il ne faut
point voir là une règle absolue; c'est à titre d'indication que
nous citons ce précédent.

« Le cahier des Clauses et conditions générales de 1811 voulait
« que l'augmentation fût le résultat d'une cause majeure et im-
« prévue; la rédaction actuelle ne reproduit pas cette condition,
« mais l'esprit est resté le même. On n'admettra d'augmentation
« notable que celle qui se sera produite dans des circonstances
« en dehors des prévisions possibles de l'entrepreneur, et qui
« aura été assez persistante pour altérer véritablement les bases
« fondamentales du contrat. Tel serait, par exemple, le renché-
« rissement dans le prix des salaires, causé par une levée extraor-
« dinaire d'hommes, en cas de guerre déclarée depuis l'adjudi-
« cation. Telles seront encore, suivant ce qu'enseignent MM. Co-
« telle, t. III, p. 78, et Dufour, t. IV, p. 360, dont nous adoptons
« l'opinion, l'augmentation résultant de la mise en adjudication de
« travaux nouveaux dans la même contrée. (C. d'État, 8 fév. 1855,
« *Bertrand*, 128.) Mais on a jugé qu'il n'y avait pas augmentation
« notable de nature à autoriser une demande en résiliation, dans une
« espèce où les entrepreneurs se plaignaient : 1° de ce que les pro-
« priétaires des carrières désignées pour les extractions avaient
« subitement et considérablement élevé leurs prix; 2° de ce que le
« prix des pavés à fournir s'était trouvé augmenté par l'application

« d'un tarif d'octroi non prévu au sous-détail. (C. d'Etat, 15 déc.
« 1842, *Béraud et Perrichon*.) Même décision dans une autre espèce,
« où l'entrepreneur excipait d'un renchérissement survenu dans
« le prix des matériaux, par suite de l'exécution simultanée, dans
« le département, de divers ouvrages publics, mais que le Conseil
« n'a pas trouvé *suffisant* pour justifier la réclamation. » (C. d'Etat,
28 déc. 1859, *Rambour*. — *Voy.* M. Chatignier, p. 121.) De même
l'application rigoureuse des conditions du marché (C. d'Etat,
20 déc. 1836, *Delamare et Renoult*, 368), ou la survenance de
difficultés imprévues dans l'extraction des matériaux (C. d'Etat,
24 oct. 1827, *Dieny et Roux*), ou le renchérissement des objets qui,
bien que destinés à l'exécution des travaux, restent la propriété
de l'entrepreneur, par exemple, des wagons servant au transport
des déblais, ne l'autoriseraient pas à réclamer la résiliation par
application de l'article 39 des Clauses et conditions générales.
(C. d'Etat, 19 fév. 1857, *Bresseau*, 157.)

1278. — L'article 33 du cahier de 1866 évite toutes ces difficultés : d'une part il fixe la proportion de l'élévation des prix qui
doit amener la résiliation, d'autre part il fixe la base première de
cette proportion. L'augmentation doit être d'un sixième, et on
prend pour base les estimations du projet, qu'il faut comparer
avec les prix courants au moment de la demande de résiliation.
Cette manière d'évaluer l'augmentation avait déjà été fixée par
la jurisprudence dans quelques arrêts, sous l'empire du cahier de
1833. (C. d'Etat, 30 décembre 1871, *Bétourné*, 369.) Les estimations du projet, prises pour bases, ne doivent pas subir le rabais
accepté par l'entrepreneur. (C. d'Etat, 21 juin 1878, *Département
du Rhône*, 597.)

Il est bien certain qu'il ne faut pas tenir compte de l'augmentation antérieure à l'adjudication, quand bien même, dès cette
époque, les prix courants auraient été supérieurs à ceux prévus
au projet. L'entrepreneur, qui connaissait cette circonstance au
moment de l'adjudication, pouvait en tenir compte, et ne pas soumissionner, ou ne soumissionner qu'avec un rabais moins considérable. (C. d'Etat, 13 juin 1879, *Syndicat du canal de la Sou-
laise*, 497.) Une augmentation momentanée ne saurait être non
plus prise en considération. (C. d'Etat, 31 mars 1876, *Sérail*, 339.)
Le Conseil d'Etat semble exiger une augmentation qui ait eu une
certaine persistance et qui existe encore au moment où la
demande est formée. (C. d'Etat, 8 mars 1878, *Lapierre*, 285.)

1279. — Dans certains cas cependant, une augmentation momentanée du prix de la main-d'œuvre pourra être prise en considération : c'est lorsque cette augmentation proviendra d'un cas
imprévu de force majeure, par exemple d'une épidémie qui sévit
dans la localité où s'exécutent les travaux, et qui occasionne le
départ d'un certain nombre d'ouvriers et la hausse de la main-
d'œuvre; seulement il faut bien remarquer que, dans ces cas, il
ne faut pas appliquer l'article 33 du cahier, il n'y a pas lieu à
résiliation. (C. d'Etat, 6 mars 1874, *de Puymory et Masson*, 238.)
D'après l'article 28 du cahier, l'entrepreneur doit former une

demande d'indemnité basée sur l'événement de force majeure qui a déterminé la hausse du prix, et lui a causé ainsi un préjudice. C'est ce que fait très bien comprendre l'arrêt suivant du Conseil d'Etat dont nous croyons utile de reproduire les termes (C. d'Etat, 21 juin 1878, *Département du Rhône*, 599) : « Consi-« dérant que, pour prétendre que c'est à tort que le Conseil de pré-« fecture a alloué au sieur S., à titre d'indemnité, différentes aug-« mentations sur le prix des travaux exécutés après le 6 juillet « 1870, le département du Rhône se fonde sur ce que cette partie « de la demande de l'entrepreneur était basée sur le préjudice « résultant pour lui de l'augmentation de plus d'un sixième sur-« venue dans les prix des matériaux et de la main-d'œuvre, depuis « le 6 juillet 1870 ; que, d'après le département, le Conseil de pré-« fecture ayant reconnu dans la première partie de sa décision « que l'augmentation alléguée ne s'était pas réalisée, ledit Conseil « n'aurait pu, sans contradiction, allouer à l'entrepreneur des plus-« values représentant, pour chaque espèce de travaux exécutés « après le 6 juillet 1870, l'excédent de la dépense sur les prix du « devis ; que le sieur S... soutient, au contraire, que sa demande « n'était fondée que sur des événements de force majeure, ren-« trant dans les termes de l'article 28 des Clauses et conditions « générales, et par lui signalées dans les délais établis par ledit « article ; — Considérant qu'il résulte de l'instruction que la sé-« cheresse exceptionnelle de 1870, et la grève des ouvriers maçons « qui a désorganisé le chantier pendant un mois, ont créé à l'en-« trepreneur des difficultés telles que ces événements peuvent « être considérés comme constituant des cas de force majeure don-« nant lieu, aux termes de l'article 28 des Clauses et conditions « générales, à l'allocation d'une indemnité. »

1280. — Nous appelons l'attention de nos lecteurs sur cette jurisprudence qui peut recevoir des applications très importantes. Prenons comme exemple les grèves qui se sont produites dans ces dernières années, en particulier en 1888, et qui ont désorganisé les chantiers de la plupart des entreprises. Lorsqu'une grève se produit, l'entrepreneur doit immédiatement en prévenir l'Administration ; l'ingénieur directeur des travaux qui est sur les lieux peut constater le fait. Pendant la durée de la grève, l'entrepreneur subit, par suite de ce cas de force majeure, un préjudice considérable, arrêt ou ralentissement des travaux, et hausse de la main-d'œuvre, car il est obligé, pour ne pas arrêter complètement l'entreprise, d'embaucher à n'importe quel prix des ouvriers de bonne volonté. La grève terminée, il y a lieu de régler cette situation ; c'est le cas d'appliquer l'article 28 des Clauses et conditions générales. Mais la grève se termine le plus souvent dans des conditions défavorables aux entrepreneurs, qui sont obligés de se soumettre à une augmentation de salaire des ouvriers. Il y a là, non plus une augmentation momentanée du prix de la main-d'œuvre, mais une hausse persistante ; c'est alors le cas d'appliquer l'article 33 ; si cette hausse de la main-d'œuvre est telle que la dépense totale des ouvrages à exécuter d'après le devis se trouve augmentée d'un sixième comparativement aux estimations du projet, le marché peut être résilié sur la demande de l'entrepreneur.

1281. — Il n'est pas toujours facile à l'entrepreneur de reconnaître si les ordres qui lui sont donnés sont de nature à motiver la résiliation du marché. Il se trouve alors placé dans une situation extrêmement difficile. S'il arrête immédiatement les travaux, il s'expose, dans le cas où il serait jugé qu'il n'y avait pas lieu à résiliation, à voir mettre à sa charge toutes les conséquences de la régie, ou de la réadjudication à la folle enchère, prononcée après l'abandon des travaux. Si, au contraire, il en continue l'exécution, il peut voir opposer une fin de non-recevoir à sa réclamation. Pour éviter ce double danger, l'entrepreneur n'a qu'une chose à faire. Dès qu'il acquiert la conviction qu'un cas de résiliation se présente, il doit immédiatement porter sa demande devant l'autorité administrative, et, sur le refus de celle-ci d'y faire droit, devant le Conseil de préfecture. Il doit en même temps faire connaître à l'Administration que, s'il continue les travaux, c'est sous la réserve la plus expresse et la plus complète de tous ses droits. Cette protestation nous paraît de nature à sauvegarder ses intérêts. (*Voy.* M. Delvincourt, p. 138 et suiv.)

1282. — En général, l'entrepreneur n'a pas le choix entre la résiliation et une augmentation des prix fixés par le devis. L'article 39 du cahier des Clauses et conditions générales l'autorise uniquement à demander la résiliation; s'il n'use pas de ce droit pendant la durée de son entreprise, et s'il continue l'exécution des travaux, il n'est pas recevable à réclamer un supplément de prix. Un décret du 14 août 1854 (*Pierron et Mangini*, 783) a fait, dans les termes suivants, l'application de cette règle consacrée depuis longtemps par la jurisprudence. « En ce qui touche l'aug-
« mentation du prix des journées de voitures et des ouvriers ter-
« rassiers : Considérant qu'aux termes des articles 11 et 39 du
« cahier des Clauses et conditions générales les entrepreneurs ne
« peuvent, sous aucun prétexte d'erreur ou d'omission dans la
« composition des prix de sous-détail, revenir sur les prix par
« eux consentis, et qu'en cas d'augmentation notable des prix en
« cours d'exécution de l'entreprise, ils peuvent seulement en de-
« mander la résiliation. » (*Voy.* aussi C. d'Etat, 3 juillet 1852, *Delalande*, 278; 8 juin 1850, *Bernard*, 564; 23 juin 1853, *Nougaret*, 627; 28 janvier 1858, *Marcelin*, 99; 16 août 1860, *Plagnol*, 654.) L'entrepreneur ne peut même se prévaloir, afin d'obtenir de la juridiction contentieuse une allocation supplémentaire, de l'offre d'une augmentation proportionnelle sur les prix de son adjudication, offre que lui ont faite les ingénieurs en cours d'exécution, mais qu'il a alors refusée. (C. d'Etat, 15 juin 1861, *Lescure*, 523.)

1283. — L'entrepreneur n'a pas non plus le droit de demander une indemnité pour les travaux antérieurs à la demande de résiliation, pas plus qu'il ne peut réclamer une indemnité quelconque en dehors d'une demande de résiliation après l'achèvement des travaux. (C. d'Etat, 28 janvier 1858, *Marcelin*, 101 ; 23 juin 1864, *Deslandes-Orière*, 597 ; 11 mai 1872, *Robert*, 287 ; 5 décembre 1873, *Martin et Bourdillon*, 920 ; 9 juin 1876, *Quéret*, 548.)

1284. — Mais en sera-t-il de même dans le cas où l'augmentation du prix des matériaux ou de la main-d'œuvre provient du fait de l'Administration ? Supposons, par exemple, qu'après l'adjudication, le gouvernement fasse exécuter, dans le voisinage, d'autres travaux de même nature, qui nécessitent l'emploi de nombreux ouvriers, et rendent les matériaux plus rares et plus coûteux. L'entrepreneur, qui n'a pu prévoir l'augmentation de dépenses résultant de cet état de choses, sera-t-il placé dans l'alternative de subir la perte qu'il lui occasionne, ou de faire résilier le marché ? M. Cotelle examine cette question et pense qu'une indemnité est due à l'entrepreneur, lorsque la cause en est « imputable aux « travaux du gouvernement qui se font concurremment sur le « même lieu, pour l'achat des matériaux et l'emploi de la main- « d'œuvre, sauf à l'Administration à faire elle-même résilier le « marché dès que la demande en indemnité et augmentation des « prix lui est connue. » (*Cours de droit admin.*, t. III.) On peut ajouter que, en donnant à l'entrepreneur le droit de demander la résiliation toutes les fois qu'il survient une augmentation notable dans les prix, le cahier des charges crée à son profit une faculté dont il lui est loisible de profiter. Mais cette faculté ne fait nul obstacle à l'exercice de l'action en indemnité, dans le cas où l'Administration est elle-même l'auteur du dommage. C'est seulement lorsque l'augmentation survenue provient de causes étrangères à celle-ci, que l'entrepreneur a pour unique ressource la résiliation, aux termes de l'article 39, parce qu'alors, en effet, le droit commun ne l'autorise pas à lui demander la réparation d'un préjudice auquel elle n'a pas donné lieu. (C. d'Etat, 12 août 1854, *Ville de Tarascon*, 789.) L'hypothèse dont nous nous occupons est tout autre, et le double droit qui appartient à l'entrepreneur, en pareille circonstance, ne semble pas douteux. Mais la jurisprudence se prononce contre cette opinion : elle fait remarquer que l'exercice d'un droit ne peut pas, en l'absence de toute renonciation à ce droit, donner naissance à une action en indemnité ; qu'en faisant exécuter d'autres travaux dans les environs, en payant même pour ces travaux des prix de main-d'œuvre plus élevés, l'Administration ne fait qu'user du droit qui appartient à tout propriétaire de faire exécuter plusieurs ouvrages à la fois dans la même localité, et de payer les ouvriers le prix qu'il lui convient ; qu'elle n'a pas renoncé à ce droit qu'elle tient de la loi commune et non du cahier des charges, et que, par conséquent, elle ne doit aucune indemnité à l'entrepreneur que ces faits peuvent toucher. La question a été directement posée et résolue dans l'affaire Oudin. (C. d'Etat 11 juillet 1884, *Oudin*, 594.) « Sur les « chefs de réclamation tendant à l'allocation d'indemnité pour « l'augmentation du prix de la main-d'œuvre, et pour les aug- « mentations du prix de revient des terrassements qui en auraient

« été la conséquence ; considérant qu'aucune disposition, soit du
« devis général, soit du cahier de charges de l'entreprise, n'autorise
« le requérant à demander une augmentation des prix du borde-
« reau à raison de la hausse qui se serait produite dans le prix de
« la main-d'œuvre ou des matériaux ; considérant que, pour faire
« supporter à l'Etat les conséquences de cette hausse, le sieur
« Oudin invoque trois motifs : la simultanéité de grands travaux en-
« trepris pour le compte de l'Etat dans la région de l'Est ; la célé-
« rité, etc. . . . . . en ce qui concerne la première cause d'augmen-
« tation ; considérant que le fait que de nombreux travaux de
« fortification ont dû être exécutés simultanément dans la région
« de l'Est ne peut motiver une modification des clauses du marché
« accepté par cet entrepreneur. »

1285. — Mais il y a des cas où l'Administration n'use pas de son
droit, où au contraire le fait de l'Administration outrepasse ses
droits et constitue une violation du contrat dont l'augmentation
des prix n'est que la conséquence : en ce cas l'entrepreneur doit
obtenir une indemnité ; nous citerons comme exemple l'affaire
Colas. (C. d'Etat, 26 septembre 1871, *Colas*, 177.) « Considérant
« que les travaux dont le sieur Colas s'est rendu adjudicataire,
« sur les instances réitérées des ingénieurs, ont été terminés deux
« ans au moins plus tôt que ne le comportaient les prévisions du
« devis ; que ce résultat est dû à l'activité extraordinaire déployée
« par le sieur Colas, d'après les ordres formels des ingénieurs ;
« que, dans ces circonstances, il est juste d'indemniser l'entre-
« preneur de l'augmentation anormale que la nécessité de main-
« tenir sur les chantiers une quantité considérable d'ouvriers a
« fait subir aux prix de la main-d'œuvre, et qu'il convient de lui
« allouer de ce chef une indemnité de 13.000 fr. » (Dans le même
sens, C. d'Etat, 13 juillet 1873, *Giroux*, 669 ; 24 avril 1874, *Bessières*, 379.)

1286. — Le Conseil d'Etat a eu à plusieurs reprises à trancher
une espèce assez délicate : c'est celle où l'Administration emploie,
dans l'entreprise même, des ouvriers en régie pour certains travaux : pour ces ouvriers elle fait concurrence à l'entrepreneur, et,
en offrant un prix supérieur à celui qu'il paye, elle lui fait tort ;
l'indemnité a été refusée dans cette espèce par les motifs suivants : « Considérant qu'aucune clause du marché intervenu
« entre le sieur Mady et l'Administration n'obligeait celle-ci à
« accepter pour les ouvriers que, d'après les prévisions du devis,
« elle devait employer en régie, le taux des salaires réglé par
« l'entrepreneur ; que, dès lors, le sieur Mady n'est pas fondé à sou-
« tenir qu'elle a contrevenu à ses engagements en payant des
« prix plus élevés que les siens aux ouvriers qu'elle occupait ;
« qu'en admettant que ce fait ait entraîné l'augmentation dans
« les prix signalés par le requérant, cette augmentation ne lui
« donnait d'autre droit, aux termes de l'article 33 des Clauses et
« considérations générales, que celui de demander la résiliation
« de son entreprise. » (C. d'Etat, 20 mai 1874, *Mady*, 275 ;

19 mai 1864, *Jacquelot*, 470.) Toutefois, si l'Administration avait offert à ces ouvriers un prix réellement exagéré, ou si, pour se les procurer, elle avait employé des procédés pouvant nuire directement à l'entrepreneur, une indemnité serait accordée. C'est ce qu'a décidé le Conseil d'Etat dans l'affaire Oudin : « En ce « qui concerne la troisième cause d'augmentation de la main- « d'œuvre : considérant que le sieur Oudin n'établit pas que « l'Administration ait embauché directement des ouvriers, mais « qu'il résulte de l'instruction qu'il a été adressé par le conduc- « teur des travaux, aux ouvriers maçons, des appels faisant con- « naître que tous ceux qui se présenteraient trouveraient du tra- « vail à 0 fr. 55 c. ou 0 fr. 60 c. l'heure, et que leur voyage « serait payé ; qu'une expertise est nécessaire, pour permettre « d'apprécier si ces offres émanant de l'Administration ont eu « pour conséquence d'obliger le sieur Oudin à payer, à tout ou « à partie des maçons, des prix plus élevés que le prix en usage « dans la région à la même époque. » (C. d'Etat, 11 juillet 1884, *Oudin*, 594.)

1287. — *Augmentation de la masse des travaux.* — L'Admi- nistration a le droit d'augmenter la masse des travaux jusqu'à concurrence du sixième en sus du montant de l'entreprise. Au delà de cette limite, l'entrepreneur a droit à sa résiliation.

Soit dans le cas d'augmentation du prix des ouvrages, soit dans le cas d'augmentation ou de diminution de la masse des travaux adjugés, la résiliation ne peut plus être demandée lors- que l'entrepreneur a achevé les travaux sans se plaindre. Son si- lence emporte acquiescement aux ordres de l'Administration, ou annonce la volonté d'accepter les conditions nouvelles d'exé- cution du contrat. Il a été jugé, en ce sens, que lorsque les en- trepreneurs ont exécuté le marché en se conformant aux modi- fications qui y ont été faites par l'Administration, sans autre réclamation que celle d'un dédommagement, en cas de préjudice constaté, ils ne peuvent en demander la résiliation après son exé- cution consommée, et réclamer l'établissement d'un compte de clerc à maître en qualité de mandataires et agents du gouver- nement. (C. d'Etat, 10 juillet 1832, *Zhendre*, 364.) Ainsi encore, on a considéré comme déchu du droit d'obtenir la résiliation l'entre- preneur qui, après une première demande, sollicite l'ajourne- ment de l'examen de ses réclamations jusqu'après l'achèvement des travaux et la présentation du décompte définitif (C. d'Etat, 10 sept. 1855, *Troye et Danjou*, 626) ; ou qui, au lieu de requé- rir la réception immédiate, n'use pas de cette faculté, mais con- tinue les travaux commencés lorsqu'il reçoit l'ordre de les reprendre (C. d'Etat, 27 nov. 1856, *Perrier et consorts*, 672) ; ou qui, en cours d'exécution, n'élève aucune réclamation sur la quantité des travaux ordonnés. (C. d'Etat, 30 juillet 1857, *Bourdon*, 619. *Voy.* enc. 15 sept. 1831, *Fiard*, 380 ; 14 sept. 1852, *Clausse*, 419; 23 juin 1853, *Nougaret*, 627 ; 29 juillet 1858, *Talichet*, 549.)

Mais l'entrepreneur étant tenu d'exécuter, jusqu'à concurrence du sixième en sus, tous les travaux ordonnés en cours d'exercice qui sont un accessoire de l'entreprise, l'exécution d'une partie seulement de ces travaux additionnels ne le prive pas du droit de renoncer à son marché, dès qu'il s'aperçoit que l'augmentation dépasse le sixième du chiffre primitif. (*Voy.* C. d'Etat. 23 décembre 1852, *Maget*, 655; 2 juin 1876, *Blanc*, 517.)

L'entrepreneur ne serait pas suffisamment sauvegardé par une demande en augmentation de prix devant l'Administration, si en même temps il acceptait de nouveau le prix stipulé. Il y aurait présomption qu'il s'en est rapporté à l'Administration et a renoncé au recours contentieux. (C. d'Etat, 5 décembre 1873, *Martin et Bourdillon*, 920.)

L'adjudicataire seul, ou celui qui lui est régulièrement substitué, peut intenter l'action en résiliation ou en paiement d'un prix supplémentaire. (C. d'Etat, 22 mars 1860, *Léger*, 247.)

1288. — Des cas se présentent fréquemment dans lesquels il est impossible de déterminer *a priori*, lors de la passation du marché, l'importance des travaux à exécuter; c'est ce qui arrive notamment pour les travaux d'entretien aux routes et chemins. La dépense à faire peut varier d'après une foule de circonstances qu'on ne peut prévoir à l'avance. Faudra-t-il, dans ces cas, appliquer l'article 30? y a-t-il lieu à résiliation pour augmentation ou diminution de plus d'un sixième? et en cas d'affirmative comment s'y prendra-t-on pour faire le calcul? Le Conseil d'Etat a examiné ces questions dans une espèce fort intéressante que nous croyons nécessaire de relater. Un sieur Vigneau était adjudicataire des travaux d'entretien d'une portion de la route nationale n° 132; le cahier de charges spécial ne contenait aucune dérogation à l'article 30 du cahier de 1866. Un arrêté du Conseil de préfecture de la Gironde prononça une résiliation pour augmentation de plus du sixième : le Ministre se pourvut contre cette décision en alléguant que l'article 30 n'était pas applicable au marché, à raison de sa nature : les travaux d'entretien, disait-il, s'exécutent dans des conditions spéciales; ils sont adjugés sur séries de prix et ne comportent pas, comme les travaux neufs, un chiffre de dépenses déterminé d'avance; par conséquent, les indications portées aux bordereaux de prix ne peuvent être données qu'à titre de renseignement et n'ont d'autre but que d'établir approximativement la somme que l'Administration est en mesure de consacrer annuellement à l'entreprise.

Le Conseil d'Etat a refusé d'adopter cette manière de voir : il a déclaré que l'article 30 était applicable aux entreprises de ce genre et que, par conséquent, la résiliation devait être prononcée, attendu « qu'il résulte de l'instruction et qu'il n'est même pas « contesté que les travaux exécutés par le sieur Vigneau, lors « de sa demande de résiliation, d'après les prix portés au borde- « reau, excédaient de plus du sixième les estimations portées au « même bordereau pour le montant total des dépenses de l'entre- « prise... » (C. d'Etat, 1er avril 1881, *Vigneau*, 388.) Ainsi l'estimation de l'augmentation ou de la diminution du sixième doit se faire d'après les indications portées au bordereau : ce ne sont pas là, comme le disait le Ministre, des renseignements vagues dont il est interdit à l'entrepreneur de se prévaloir.

1289. — *Diminution de plus d'un sixième dans la masse des travaux.* — On a remarqué que l'article 31 du cahier de 1866 ne parle, en cas de diminution de plus d'un sixième, que de l'indemnité due à l'entrepreneur: il ne dit pas que l'entrepreneur puisse exiger la résiliation. Il est reconnu qu'il n'y a là qu'un oubli.. L'ancien cahier de 1833 accordait le droit à la résiliation en cas de diminution comme au cas d'augmentation, et on a voulu rendre meilleure la condition de l'entrepreneur en lui accordant, en outre, le droit à indemnité dans le cas de diminution. C'est ce que fait très bien ressortir la circulaire ministérielle qui accompagne le cahier de 1866 : « Dans l'état actuel, dit-elle, lorsque, soit
« les augmentations, soit les diminutions n'excèdent pas le sixiè-
« me du montant total de l'estimation, l'entrepreneur n'a aucune
« réclamation à élever ; au delà du sixième en plus ou en moins,
« dans l'un comme dans l'autre cas, il ne lui est ouvert qu'un
« droit, le droit à la résiliation de son entreprise. Dans le nouveau
« cahier des charges, on lui accorde en outre, pour le cas de
« diminution de plus du sixième, le droit à une indemnité. »

L'augmentation ou la diminution dont parlent les articles 30 et 31 sont exclusivement l'augmentation ou la diminution de la masse des travaux, et non pas seulement de certaines parties de l'entreprise. (C. d'Etat, 25 avril 1867, *Delsol*, 407.) Dans cette hypothèse, c'est l'article 32 ci-dessus expliqué qu'il faut appliquer.

1290. — L'article 40 de l'ancien cahier de 1833 et l'article 30 du cahier de 1866 ne donnent à l'entrepreneur que le droit à la résiliation pure et simple de l'entreprise; il ne peut demander une indemnité, il ne peut exiger la reprise de son matériel par l'Administration ; cette reprise n'est que facultative; il a droit seulement à la reprise des matériaux approvisionnés par ordre.

1291. — En refusant toute indemnité dans le cas d'augmentation de plus du sixième, ces articles nous paraissent d'une rigueur excessive, et nous nous étonnons que les auteurs les approuvent sans réserves. Les motifs par lesquels ils se décident ne répondent pas, nous le croyons, à toutes les objections. « Lorsque, dit M. Chatignier (p. 119), la résiliation n'est pas prononcée par l'Administration, de son propre mouvement, mais qu'elle a été provoquée par la demande de l'entrepreneur, elle est censée intervenir dans son intérêt et à son profit. Aussi ne lui accorde-t-on plus ni la reprise de son matériel ni aucune indemnité; il est présumé se trouver assez dédommagé par la décharge de ses obligations et par la faculté qui lui est donnée de se retirer immédiatement. » Nous pensons que cette présomption, presque toujours démentie par les faits, n'a pas de fondement juridique. On comprend très bien, lorsque la cause de la résiliation est personnelle à l'entrepreneur, ou simplement étrangère à l'Administration, que la demande d'une indemnité échoue contre une fin de non-recevoir. La résiliation n'est alors qu'une faveur, et l'entrepreneur doit s'estimer heureux de voir disparaître des obligations dont l'accomplissement intégral pouvait entraîner sa ruine. Mais en est-il de même lorsque la résiliation, quoique prononcée sur sa demande et dans son intérêt, procède d'une circonstance qui est le fait de l'Administration elle-même? L'augmentation de la masse des ouvrages a ce caractère, et il ne faut pas dire, comme le pense à tort M. Dufour (t. VII, n° 204), que la résiliation constitue alors une mesure de faveur, qu'elle intervient par suite d'une option réservée à l'entrepreneur, auquel on ne saurait dès lors ménager une action en dommages-intérêts. L'entrepreneur qui demande la résiliation dans l'hypothèse qui nous occupe exerce un droit dans le sens rigoureux du mot. Ce droit, il le tient de la loi, dont le cahier des charges n'a fait que s'approprier les dispositions. S'il est vrai qu'il ait la faculté de choisir entre la continuation des travaux et la résiliation, il n'est pas juste, lorsqu'il préfère celle-ci, que l'Administration soit exonérée des conséquences d'une situation qu'elle a créée. Deux voies lui sont ouvertes : il choisit celle qui lui présente le moins de chances défavorables, mais on n'en peut raisonnablement conclure que l'Administration, qui seule a changé les conditions du marché, soit quitte envers lui.

Vainement dirait-on qu'il fallait bien laisser à l'Administration le droit de modifier, suivant les exigences de l'intérêt public, les ouvrages en cours d'exécution. Car il n'est pas question de supprimer cette faculté, mais seulement de régler les conséquences de son exercice vis-à-vis de l'entrepreneur, dont les droits ne doivent pas être sacrifiés, sans une équitable réparation, aux intérêts généraux du pays.

1292. — Ainsi nous n'avons pas, pour ce cas, à nous occuper d'indemnité. Quant à la reprise du matériel, facultative pour l'Administration, nous ne pouvons que renvoyer à ce que nous avons dit au sujet de la résiliation dans l'intérêt de l'Administration ; si cette dernière opte pour la reprise du matériel, il faut appliquer toutes les règles que nous avons exposées plus haut. (N° 1250 à n° 1261.)

1293. — A la différence de la reprise du matériel, celle des matériaux approvisionnés par ordre et déposés sur les chantiers est obligatoire pour l'Administration. Nous ne pouvons à ce sujet que renvoyer à ce que nous avons dit plus haut. (N° 1258 à n° 1261.)

1294. — Par exception, nous avons vu que, en cas de diminution de plus du sixième dans la masse des travaux, l'entrepreneur reçoit, aux termes de l'article 31 du cahier de 1866, une indemnité qui, en cas de contestation, est réglée par le Conseil de préfecture. Cette disposition s'imposait, et la circulaire ministérielle qui accompagne le cahier de 1866 le constate en ces termes : « L'entrepreneur a dû organiser ses moyens d'action, préparer « ses outils, ses matériaux, le nombre de ses ouvriers en rapport « avec le montant de l'estimation ; tout à coup on vient déduire

« ce montant du tiers, de la moitié ou de plus encore ; voilà pour
« lui des dépenses improductives : il est juste de l'en dédom-
« mager. »

Il semblerait, d'après ce passage de la circulaire, que l'indemnité
comprend seulement les pertes subies et non les bénéfices dont
l'entrepreneur a été privé. On s'accorde cependant à dire que,
dans le silence de l'article 31, la question doit être résolue suivant
les principes du droit commun et que les articles 1794 et 1148
du Code civil ne distinguent pas entre la perte et le bénéfice : autrement le dédommagement serait incomplet. (V. Barry, p. 106.)
Nous devons donc renvoyer ici aux règles que nous avons posées
en cas de résiliation pour le fait de l'Administration (nos 1263 et
suivants).

1295. — Nous venons de parler du cas où la résiliation intervient sur la demande de l'entrepreneur, l'Administration faisant
elle-même droit à cette demande, et nous avons vu que, dans
cette circonstance, la jurisprudence ne lui accorde aucune indemnité. Mais il n'en est pas de même lorsque la demande en résiliation, quoique fondée sur des causes légitimes, a été à tort
repoussée par l'Administration. et lorsque, sur son refus d'y faire
droit, l'entrepreneur a été forcé de continuer les travaux dans des
conditions défavorables. Il est alors autorisé à réclamer la réparation
du préjudice que le rejet ou l'ajournement de sa demande a pu lui
causer. (C. d'Etat, 10 septembre 1853, *Troye et Danjou*, 626.)
C'est ce qui résulte encore d'un décret du 8 février 1855 (*Bertrand*, 128) conçu dans les termes suivants : « Considérant qu'aux
« termes de l'article 39 des Clauses et conditions générales imposées
« aux entrepreneurs, si, pendant le cours de l'entreprise, les prix
« subissent une augmentation notable, le marché peut être résilié
« sur la demande faite par l'entrepreneur ; — Considérant qu'il est
« établi par l'instruction, et notamment par les rapports des ingé-
« nieurs produits au dossier, qu'une augmentation notable des
« prix de la main-d'œuvre et des matériaux, résultant de la con-
« struction simultanée du chemin de fer de Paris à Lyon, a été con-
« statée en 1848 et en 1847, dans l'entreprise des travaux du sieur
« Bertrand et qu'elle était de nature à lui faire obtenir la résilia-
« tion de son marché ; — Considérant que le sieur Bertrand a
« demandé le 25 juillet 1845 cette résiliation, et qu'à cette époque
« l'augmentation notable des prix existait encore, et qu'elle s'est
« prolongée dans le cours de 1847, postérieurement à cette de-
« mande ; — Considérant que la résiliation n'a été prononcée que
« le 25 août 1848 ; que, dans ces circonstances, il y a lieu, et à par-
« tir du 25 juillet 1847, jour où le sieur Bertrand a demandé la
« résiliation qu'il avait droit d'obtenir, de tenir compte audit sieur
« Bertrand du préjudice qui est résulté pour lui de la continuation
« de son entreprise, mais en ce qui touche seulement l'augmenta-
« tion des prix de la main-d'œuvre et des matériaux. » (*Voy.* enc.
C. d'Etat 22 juin 1843, *Lepontois*, 297 ; 19 janvier 1854, *Cas-
sou*, 45 ; 19 avril 1859, *Dupond*, 316 ; 14 février 1868, *Beau*, 183 ;
15 juin 1870, *Mathieu*, 776 ; 11 mai 1872, *Gonthier*, 282.)

1296. — Dans tous les cas où l'entrepreneur, en vertu des dispositions du cahier des charges ou du droit commun, croit pouvoir obtenir la résiliation, il doit porter sa demande devant l'autorité administrative, et, en cas de refus, devant le Conseil de préfecture, compétent pour connaître toutes les difficultés en matière de travaux publics. (*Voy.* C. d'Etat, 16 fév. 1835, *Franciel*, 120; 27 fév. 1835, *Grillon*, 182; 20 juil. 1836, *Min. des finances*, 368; 15 sept. 1843, *Copigneaux*, 538.) — Ainsi, lorsqu'une clause du cahier des charges autorise l'entrepreneur à demander la résiliation dans le cas où, par suite de modifications ordonnées en cours d'exécut on, le montant des dépenses se trouve considérablement augmenté, le Conseil de préfecture, saisi de la demande de l'entrepreneur, est compétent pour y statuer. (C. d'Etat, 18 août 1856, *Billamboz*, 556.)

1297. — L'effet principal de la résiliation est de mettre fin au contrat. Mais elle ne détruit pas toujours les rapports qui existaient entre l'adjudicataire et l'Administration. Il arrive souvent, au contraire, que les travaux sont repris par le même entrepreneur. Dans ce cas, soit que la résiliation ait été prononcée dans l'intérêt de l'Administration, soit qu'elle ait été prononcée dans l'intérêt de l'adjudicataire, il y a lieu de fixer, par une nouvelle convention, le prix des travaux qui restent à effectuer. Les anciens prix ne peuvent plus servir de base au règlement. En l'absence d'une convention préalable, la seule voie régulière pour déterminer le prix des ouvrages est celle d'une expertise contradictoire. (C. d'Etat, 14 juillet 1830, *Jouvenel*, 367.) On applique quelquefois aussi à ces travaux les prix alloués par la régie pour des ouvrages de même nature. (C. d'Etat, 16 mai 1837, *Min. des trav. publics*, 165.)

CHAPITRE V

De la résiliation dans les entreprises du Ministère de la guerre.

SECTION PREMIÈRE

Cahier du génie de 1876.

1298. — Généralités.

1299. — Résiliation dans l'intérêt de l'Administration : premier cas, marché sur série de prix; périodes; faculté de mettre fin au contrat à chaque période.

1300. — Résiliation applicable à tous les genres de marchés: trois cas.

1301. — L'entrepreneur ne fournit pas le cautionnement exigé.

1302. — L'entrepreneur ne satisfait pas aux obligations personnelles qui lui sont imposées : exemple, sous-traité.

1303. — L'entrepreneur apporte du retard ou de la négligence dans les travaux; régie; résiliation pure et simple; résiliation avec réadjudication.

1304. — Mort ou mise en faillite de l'entrepreneur.

1305. — Règle spéciale au cas de décès de l'entrepreneur.

1306. — Exception à ces règles.

1307. — Faculté pour l'Administration de prolonger le marché pendant trois mois.
1308. — La décision de l'Administration est irrévocable.
1309. — Règles applicables à la caution.
1310. — Règles spéciales au cas de faillite de l'entrepreneur.
1311. — Résiliation dans l'intérêt de l'entrepreneur.
1312. — Cessation ou ajournement des travaux.
1313. — Résiliation de plein droit; place déclarée en état de guerre; déclaration de l'état de siège.
1314. — L'énumération des causes de résiliation contenue au cahier de charges n'est pas limitative.
1315. — Constatation de la résiliation.
1316. — Conséquences de la résiliation. Reprise du matériel non obligatoire pour l'Etat.
1317. — Règles spéciales en cas de mise en régie; différence avec le cas de réadjudication.
1318. — Règles relatives aux cas de résiliation pour cause d'état de siège ou de guerre.
1319. — Exceptions par convention spéciale.
1320. — Reprise des matériaux.
1321. — Indemnité.
1322. — Cas de force majeure.
1323. — Faute de l'entrepreneur.
1324. — Cessation absolue ou ajournement des travaux.
1325. — Cas de résiliation de droit commun.

1298. — La possibilité de la résiliation du marché résulte, en cette matière, de principes analogues à ceux que nous avons exposés au sujet des travaux des ponts et chaussées. De même encore, il y a lieu de distinguer les cas où la résiliation est prononcée dans l'intérêt de l'Administration, de ceux où elle intervient dans l'intérêt de l'entrepreneur. Le cahier de 1876, dans ses articles 65 et 66, fait cette distinction, à laquelle nous nous conformons pour l'étude de ces dispositions.

1299. — L'article 65 prévoit quatre cas de résiliation en faveur de l'Administration. Le premier cas est spécial aux marchés qui sont passés pour une ou plusieurs périodes déterminées, avec faculté réciproque de résiliation à l'expiration de chaque période. C'est l'hypothèse prévue par l'article 8 du cahier de 1876 qui, dans le cas où les adjudications portent sur l'ensemble des travaux à exécuter aux fortifications et aux bâtiments militaires compris dans une circonscription déterminée, décide que « le mar-« ché part du commencement de l'année indiquée dans le cahier « des charges, et embrasse généralement les travaux de six exer-« cices, avec faculté réciproque de résiliation à l'expiration du « premier ternaire ». L'article 65 revient sur cette faculté réciproque de résiliation, qui est plutôt une fin normale du marché que son abandon par l'une ou l'autre des parties. « Dans le cas « prévu au 2ᵉ paragraphe de l'article 8, les marchés peuvent être « résiliés à l'expiration du premier ternaire, soit par l'entrepre-« neur, soit par le Ministre, à la seule condition de prévenir par « écrit six mois à l'avance, c'est-à-dire avant le 1ᵉʳ juillet de la « troisième année. » Cette hypothèse n'appelle pour le moment aucune observation particulière : chacune des parties contractantes, ayant le droit de se dégager à la fin d'une période déterminée, use ou n'use pas de son droit. Toutefois, pour que la faculté de résiliation existe, il faut qu'il n'y ait pas de prescription contraire dans le cahier des charges spéciales. C'est ce qui a été jugé sous l'empire du cahier de 1857 dont la disposition, sur ce point, était analogue à celle du cahier de 1876. (C. d'État, 9 février 1877, *Guillotin*, 147.)

1300. — Dans les trois autres cas, c'est en faveur de l'Administration seule que la résiliation est possible. « Le Ministre, dit l'arti- « cle 65, a le droit de résilier tous marchés... » Ainsi, il ne s'agit plus uniquement de marchés passés pour une ou plusieurs pério- des : il s'agit, d'une manière générale, de tous les marchés de tra- vaux du Ministère de la guerre, quels qu'en soient l'objet et la forme, ce qui comprend même ceux qui ont pour objet un ouvrage nettement déterminé tel qu'un fort ou tout autre établissement militaire, caserne, hôpital, manutention, etc.

1301. — Le premier cas de résiliation en faveur de l'Adminis- tration est prévu en ces termes : « Lorsque l'entrepreneur n'a pas « fourni son cautionnement à l'expiration du délai fixé, ou qu'en « cas de mort de sa caution, il n'en a pas fait agréer une autre « dans le délai de trois mois ; le tout conformément à ce qui a été « dit à cet égard dans l'instruction sur les cautionnements à four- « nir par les entrepreneurs du service du génie. » Nous avons exposé précédemment (nos 477 et suivants) les règles relatives au cautionnement à fournir par les adjudicataires du service du génie : nous ne pouvons qu'y renvoyer, en constatant que leur violation pourra entraîner le prononcé de la résiliation par le Ministre.

1302. — Le second cas de résiliation se produit « quand l'en- « trepreneur ne satisfait pas aux obligations personnelles que lui « imposent les articles 13 et 14 du présent cahier ; notamment en « cas de sous-traité passé sans autorisation ». Les prescriptions des articles 13 et 14 sont relatives à l'unité de direction de l'en- treprise, à la délégation d'un suppléant pour la surveillance des travaux, aux sous-traités et à la résidence.

Les obligations des entrepreneurs à cet égard ont été exami- nées précédemment en détail, et il n'y a pas lieu d'y revenir. (V. nos 718 et suivants.) •

Remarquons seulement que l'article 13 du cahier prévoit textuel- lement le cas où l'entrepreneur manque à ses engagements : celui du sous-traité : « Si un sous-traité est passé sans autorisation, « dit-il, l'Administration peut, suivant les cas, soit prononcer la « résiliation pure et simple, conformément à l'article 65, soit « procéder à la passation d'un marché aux risques et périls de « l'entrepreneur. » Les questions relatives à la prohibition des sous-traités ont été examinées plus haut, nous n'y reviendrons pas. Il suffit de remarquer que l'entrepreneur, manquant à ses engagements, puisqu'il ne se conforme pas à la prohibition du sous-traité, qu'il avait acceptée, n'a pas à se plaindre si la résiliation est prononcée. La décision du Ministre à cet égard est souveraine, et n'est soumise à aucun recours contentieux : il peut opter entre deux partis : soit résilier, soit ordonner la passation d'un nouveau marché aux risques de l'entrepreneur. Le cahier des ponts et chaussées exige une réadjudication à la folle enchère : cette prescription sauvegarde mieux les intérêts de l'entrepreneur. La décision du Ministre qui prononce la résiliation peut bien être l'objet d'un recours gracieux : elle ne saurait donner lieu à un recours contentieux, à moins que l'entrepreneur ne soutienne qu'il ne se trouvait pas dans le cas prévu par l'article 13, c'est-à-dire qu'il n'avait pas fait un sous-traité. Nous avons examiné plus haut à quels caractères on reconnaissait le sous-traité, sa distinction d'avec le marché passé avec les fournisseurs, etc. ; nous renvoyons aux règles et à l'exposé de jurisprudence que nous avons fait à ce sujet. (Nᵒˢ 453 et suivants.)

1303. — Le troisième cas est relatif aux retards apportés dans les travaux conformément aux articles 51 et 54.

Nous avons indiqué (nᵒˢ 751 et suivants) les hypothèses dans lesquelles il y avait retard imputable à l'entrepreneur, et nous savons déjà que ces retards peuvent donner lieu à la mise en régie. En outre, le dernier paragraphe de l'article 51 décide que, postérieurement à la mise en régie, le Ministre a le droit de prendre un parti définitif : il peut prescrire la continuation de la régie ; mais il peut aussi « résilier purement et simplement le « marché ». C'est là un droit absolu dont il peut user ou ne pas user à son gré, et dont l'exercice ne donne lieu à aucun recours contentieux ; l'entrepreneur a manqué à son obligation ; par conséquent, il n'est pas fondé à se plaindre lorsque, conformément au droit commun, la partie avec laquelle il a traité refuse de maintenir le contrat. Il a d'ailleurs accepté par avance la résiliation en cas d'inexécution, puisqu'il s'est soumis au cahier de charges qui est la loi du contrat. Toutefois, il serait, bien entendu, recevable à soutenir devant le Conseil de préfecture, et en appel devant le Conseil d'Etat, que la mise en régie qui a précédé la résiliation étant irrégulière (V. nᵒ 907), cette dernière n'a pas été valablement prononcée. Enfin il pourrait encore prétendre que les formes prescrites n'ont pas été observées : nous verrons tout à l'heure en quoi elles consistent.

1304. — Enfin, le quatrième cas est ainsi prévu : « La résilia- « tion résulte de plein droit de la mort de l'entrepreneur, ou de « sa mise en faillite, sauf les cas exceptionnels prévus aux articles « 15 et 16 ci-dessus. » Plus que tous autres, les marchés de travaux publics pour le service du génie reposent sur l'*intuitus personæ*. L'Administration exige de l'entrepreneur des garanties de capacité toutes personnelles : c'est lui seul qu'elle investit de sa confiance, et elle n'a aucune raison de la reporter sur ses successeurs. Ces considérations justifient la résiliation du contrat lorsque l'entrepreneur meurt avant la fin du marché ; des considérations analogues s'appliquent au cas de faillite, qui est en quelque sorte la mort commerciale de l'entrepreneur, et qui démontre son insol-

vabilité, contre laquelle l'Administration de la guerre prend des
précautions toutes spéciales. Reprenons séparément le cas de décès et celui de faillite.

1305. — D'après l'article 15, le décès entraîne résiliation « de
« plein droit, trois mois après ». Pendant cette période de trois
mois, l'Administration peut exiger la continuation de l'entreprise
et l'exécution de tous les services, soit de la caution, soit des
héritiers. D'après M. Barry (Cahier du génie, art. 25, n° 1), ce droit
que se réserve l'Etat n'a rien d'exorbitant, en ce qui concerne la caution, qui a dû, depuis longtemps, se mettre en mesure
d'apprécier les chances de l'entreprise et qui pouvait s'attendre
à l'éventualité d'un remplacement. « Mais, dit cet auteur, il est
« plus difficile de le justifier vis-à-vis des héritiers, car, s'ils suc-
« cèdent aux obligations de leur auteur, c'est à la condition que
« ces obligations ne soient pas attachées exclusivement à la per-
« sonne. On comprend quel embarras peut causer à une famille
« la nécessité de pourvoir, pendant trois mois, à l'exécution d'une
« entreprise de travaux publics suspendue par la mort du chef
« de la famille. » Nous ne pouvons qu'approuver ces critiques :
le système établi par l'article 36 du cahier des ponts et chaussées
est certainement plus conforme aux principes, en même temps
qu'il sauvegarde mieux les intérêts des entrepreneurs. Quoi qu'il
en soit, la prescription est trop formelle pour qu'on puisse tenter
de s'y soustraire ; mais elle doit être restreinte dans de sages limites : dans les trois mois qui suivent le décès, les héritiers et la
caution ne sont tenus qu'à une chose : assurer le service, c'est-à-
dire ne pas laisser les travaux en souffrance, et les maintenir dans
un état tel qu'ils puissent être transmis sans inconvénients au
nouvel adjudicataire. Mais c'est là tout : l'Administration ne peut
pas les obliger à mettre en train de nouveaux travaux, à établir
de nouveaux chantiers, à faire des approvisionnements considérables dont l'emploi est lointain, etc...

1306. — Un cas se présente dans lequel le décès est sans influence sur la continuation de l'entreprise : c'est le cas où deux
entrepreneurs ont soumissionné conjointement les travaux à
exécuter : chacun étant obligé pour le tout, le décès de l'un
d'eux laisse l'autre seul responsable de la continuation des travaux. (C. d'Etat, 7 février 1873, *Guernet*, 137.) Il faut seulement
que les deux entrepreneurs soient, *tous deux*, adjudicataires,
c'est-à-dire que leur nom figure au procès-verbal. La résiliation
s'opérerait si l'entrepreneur adjudicataire s'était seulement adjoint,
ultérieurement, un associé n'ayant avec l'Administration aucun
traité direct et personnel. (C. d'Etat, 10 janvier 1873, *Dousset*, 37.)

1307. — Si les successeurs de l'entrepreneur sont liés dans
une certaine mesure, soit parce que le marché est résilié contre
leur volonté, soit parce qu'ils sont tenus contre leur gré de le
continuer pendant trois mois, l'Administration est, au contraire, absolument libre. D'une part, le Ministre peut, sur la demande des héritiers, leur accorder la continuation de l'entreprise,

soit en leur nom, soit par un fondé de pouvoirs : il faut, dans ce cas, qu'il y ait accord des deux parties ; le Ministre ne peut pas imposer la continuation de l'entreprise au delà de trois mois, pas plus que les héritiers ne peuvent l'exiger pour aucune durée ; ils font leur demande, que le Ministre accueille ou repousse à son gré, sans que sa décision puisse jamais donner lieu à un recours contentieux. Il n'est pas tenu de leur laisser l'entreprise pendant trois mois : il peut, immédiatement après le décès, invoquer la résiliation et faire procéder à une nouvelle adjudication : la fin de l'article 15 le dit formellement.

1308. — Toutefois, on admet que l'Administration ne peut plus revenir sur sa décision une fois prise. Si, par exemple, elle a mis les héritiers en demeure d'assurer le service pendant trois mois, elle ne peut pas, quelques jours après, exiger la résiliation immédiate sans dédommager les héritiers des suites de toutes leurs dépenses ; inversement, si une fois elle a exigé la résiliation, elle ne peut réclamer la continuation de l'entreprise pour ce qui reste à courir du délai de trois mois. Cette dernière solution est même plus absolue que la précédente, car, dans cette hypothèse, le génie ne peut pas révoquer sa décision même avec indemnité : la résiliation prononcée est irréparable.

1309. — Ce que nous venons de dire des héritiers s'applique à la caution : « A défaut d'héritiers, ou par suite de leur renoncia-« tion, la caution peut également obtenir la continuation de l'en-« treprise. » Ainsi la caution est, d'une part, tenue de continuer l'entreprise pendant trois mois, à défaut des héritiers, sans qu'il y ait là pour elle un droit acquis ; d'autre part, elle peut, mais seulement à défaut de demande de la part des héritiers, obtenir du Ministre l'autorisation de continuer définitivement l'entreprise.

Il faut remarquer que, si les héritiers continuent le marché, la caution n'est pas tenue de les garantir vis-à-vis de l'Etat : elle n'était liée que vis-à-vis de l'entrepreneur primitif, et son obligation a pris fin au jour du décès. Elle peut, il est vrai, consentir à cautionner les héritiers : mais il faut qu'elle y consente ; sinon, une autre caution sera demandée.

1310. — Le cas de faillite est réglementé par l'article 16 de la même manière que le cas de décès, sauf que le point de départ du délai de trois mois est différent, et que les créanciers, au lieu des héritiers, ont le droit d'offrir la continuation de l'entreprise. « En cas de faillite de l'entrepreneur, le marché est également « résilié de plein droit, trois mois après la déclaration de faillite, « sauf au Ministre à accepter, s'il le juge convenable, les offres « qui pourraient être faites par la caution ou par les créanciers, « pour la continuation de l'entreprise.

« Dans ce cas, comme dans celui prévu à l'article précédent, « la caution est tenue, sur l'ordre du chef du génie, de continuer « les travaux pendant trois mois au plus, après le décès ou la « déclaration de faillite. » Il faut remarquer seulement que, contrairement à ce qui a lieu pour les héritiers, les créanciers ne sont pas tenus d'assurer le service pendant les trois mois qui suivent la mise en faillite : cette obligation n'incombe qu'à la caution.

1311. — L'article 66 porte que « la résiliation sera accordée immédiatement à l'entrepreneur qui la demande » dans quatre cas. C'est une innovation du cahier de 1876 : l'ancien cahier, dans son article 57, s'occupait uniquement de la résiliation provenant du fait de l'entrepreneur : celle qui était imputable à l'Adminis‑ tration était régie par les principes du droit commun.

1312. — La première hypothèse de résiliation au profit de l'entrepreneur est « le cas d'ajournement des travaux pour plus « d'une année, soit avant, soit après commencement d'exécution. « Ce délai d'un an ne peut, toutefois, commencer à courir que « de la réalisation du cautionnement en valeurs exigées par l'ins‑ « truction spéciale. »
La seconde est « le cas de cessation absolue des travaux ».

Ces deux causes de résiliation sont empruntées au cahier des ponts et chaussées de 1866 (art. 34); par conséquent, tous les détails que nous avons donnés précédemment doivent être repro‑ duits ici. Il faut remarquer seulement que le cahier de 1876 ne reproduit pas la distinction que fait le cahier de 1866 au sujet du point de départ de la résiliation : pour les travaux des ponts et chaussées, la résiliation résulte de plein droit de la cessation absolue des travaux, tandis que l'entrepreneur doit la demander en cas d'ajournement de plus d'une année. Dans les travaux du génie, l'entrepreneur est obligé de demander la résiliation dans les deux cas.

Le délai pour demander la résiliation court du jour de la réa‑ lisation du cautionnement en *valeurs exigées* par les instructions; par conséquent il ne faut pas le fixer à l'époque du dépôt des valeurs affectées au cautionnement, alors que certaines d'entre elles peuvent encore être refusées ou remplacées : il faut que le cautionnement soit définitivement réalisé et accepté.

1313. — Il existe encore deux autres causes de résiliation que prévoit l'article 66 : « Lorsque la place, menacée d'hostilités, est « déclarée en état de guerre; enfin, la résiliation est la consé‑ « quence du seul fait de la déclaration de l'état de siège dû à la « présence de l'ennemi. » Dans ces deux cas, la résiliation est imputable à un fait de force majeure.

Les deux hypothèses entraînent les mêmes conséquences géné‑ rales : néanmoins, une différence essentielle les sépare : lorsque la place est déclarée en état de guerre, la résiliation doit être demandée par l'entrepreneur; au contraire, lorsque l'ennemi est présent, la résiliation s'opère de plein droit. Cette différence était déjà consacrée par l'article 57 du cahier de 1857.

1314. — On peut se demander si cette énumération des causes de résiliation en faveur de l'entrepreneur est limitative : on n'y voit pas figurer la cause générale que l'Administration a soin de stipuler en sa faveur dans l'article 65, à savoir : l'inexécution des engagements. Est-ce à dire qu'elle puisse prononcer la résiliation dès que l'entrepreneur violera le contrat, tandis que celui-ci sera tenu de se soumettre à toutes ses fantaisies, dès lors qu'elles ne sont pas prévues par le cahier? Evidemment il y a lieu d'appliquer ici, outre les dispositions du cahier, les principes généraux qui régissent les conventions. Or, l'inexécution du contrat par l'une des parties peut toujours entraîner la résiliation, dès lors qu'il n'existe pas à cet égard une clause spéciale et précise dérogeant au droit commun. L'entrepreneur pourra, par conséquent, invoquer comme cause de résiliation tout manquement grave de l'Administration à ses engagements. Cela paraît bien résulter d'un arrêt rendu par le Conseil d'Etat (13 mai 1881, *Sagno*, 504), dans l'hypothèse suivante : l'entrepreneur demandait la résiliation, alléguant que les exigences des officiers du génie et le retard dans les paiements d'acomptes à raison des travaux faits avaient entraîné pour eux la nécessité d'augmenter le fonds de roulement. Le Conseil a repoussé, il est vrai, la demande ; mais il ne l'a pas fait parce qu'il la considérait comme non recevable; il l'a examinée au fond et a déclaré qu'en fait elle n'était pas admissible, parce que les prétendues causes de dommage alléguées n'existaient pas. C'est bien reconnaître que la résiliation aurait pu s'ensuivre si les griefs avaient été justifiés, bien qu'ils ne fussent pas prévus par le cahier. Cette solution a d'ailleurs été admise à plusieurs reprises par le Conseil d'Etat pour les travaux des ponts et chaussées, en admettant le droit à résiliation avec dommages-intérêts pour inaccomplissement par l'Administration des obligations qu'elle avait contractés. (C. d'Etat, 13 juin 1860, *Ville d'Auxonne*, 407; 27 février 1874, *Colas*, 209.) Il n'y a aucune raison de refuser d'appliquer les mêmes règles aux travaux de la guerre.

Remarquons enfin qu'il est une cause de résiliation dont ne parle pas le cahier de 1876 : l'augmentation de plus du sixième dans la masse des travaux. On reconnaît généralement que cette cause ne peut pas se produire, les marchés de la Guerre portant non sur des quantités déterminées de travaux, mais se faisant sur séries de prix. Nous verrons tout à l'heure qu'il n'en est plus de même sous le cahier de 1887.

1315. — Comment se constate la résiliation, dans toutes les hypothèses que nous venons d'examiner? Il n'y a pas à se préoccuper de la question lorsque la résiliation est opérée de plein droit par la mort ou la faillite de l'entrepreneur, ou la présence de l'ennemi. Dans les autres cas, il faut appliquer l'article 67 : « La « déclaration de résiliation est constatée, pour l'entrepreneur, « par la lettre qu'il adresse à cet effet au Ministre et qu'il remet « au chef du génie, lequel en donne immédiatement récépissé; « pour le département de la guerre, elle est constatée par la trans- « cription, sur le registre d'ordres, de la décision ministérielle « qui la prononce. »

1316. — Les conséquences de la résiliation doivent être envisagées à trois points de vue : 1° au point de vue de la reprise du matériel ; 2° au point de vue de la reprise des approvisionnements ; 3° au point de vue de l'indemnité qui peut être due à l'entrepreneur.

La reprise du matériel est régie par le dernier alinéa de l'article 25 ainsi conçu : « La reprise du matériel, à l'expiration du « marché, n'est obligatoire ni pour l'État ni pour l'entrepre- « neur entrant, excepté dans le cas spécifié à l'article 68 ci-après, « et dans celui où le cahier des charges spéciales du nouveau « marché fait mention de cette obligation et indique la valeur du « matériel auquel elle s'applique. Ce matériel ne peut d'ailleurs « être diminué, en cours d'entreprise, qu'avec l'agrément du « chef du génie. »

En vertu de cet article, l'Administration ne peut jamais être contrainte à reprendre le matériel ; mais l'entrepreneur peut, dans certains cas que nous allons étudier, être obligé de le céder, en tout ou en partie : 1° lorsque les travaux sont mis en régie ; 2° lorsque, dans les cas prévus par l'article 51, le Ministre, au lieu d'ordonner la continuation de la régie, ordonne qu'un nouveau marché sera passé aux risques et périls de l'entrepreneur : l'article 55 déclare « qu'il peut être fait usage de tout ou partie « du matériel et des approvisionnements de l'entreprise, y com- « pris les chevaux. »

1317. — Quoique cet article 55 semble mettre sur la même ligne les deux cas, une distinction importante doit être faite. Dans le cas de régie, il n'y a pas, à proprement parler, reprise du matériel de l'entrepreneur : ce matériel est seulement retenu par l'Administration qui s'en sert pour continuer l'ouvrage ; ce matériel, sans cesser d'appartenir à l'entrepreneur, passe aux mains des ouvriers de l'Administration et est employé sous la direction des officiers du génie, ou sous celle d'un régisseur. L'ouvrage terminé ou la régie levée, l'entrepreneur demande à l'Administration un compte de clerc à maître ; les pertes, les avaries, les dilapidations causées par fautes lourdes, négligence ou imprudence, doivent rester à la charge de l'Administration, responsable de ses agents. Et même dans le cas où, sur le recours contentieux de l'entrepreneur, la régie est reconnue mal fondée ou irrégulièrement prononcée, l'entrepreneur est fondé à demander un prix de location représentant l'usure de son matériel. Au contraire, dans le cas où un nouveau marché est passé aux risques et périls de l'entrepreneur, il y a, si l'Administration le juge utile, une véritable reprise ou cession du matériel ou d'une partie du matériel ; ce matériel cesse d'appartenir à l'entrepreneur sortant, l'Administration en devient propriétaire, et le cède à l'entrepreneur entrant.

1318. — Aux deux cas prévus par l'article 55, il faut encore ajouter ceux dont parle l'article 68 : « Dans le cas de résiliation « provenant de la déclaration de la place en état de guerre ou

« de siège, dit cet article, l'entrepreneur sortant est tenu, si le
« directeur en donne l'ordre, d'abandonner à l'Etat la totalité ou
« la partie qui lui sera désignée de son matériel et de ses appro-
« visionnements. Cette cession a lieu au prix du bordereau; à
« défaut, il est traité de gré à gré ou à dire d'experts. »

Dans les deux cas spéciaux de résiliation dont il est question
ici, l'entrepreneur est contraint d'obéir à l'ordre qu'il reçoit et
d'abandonner tout ou partie de son matériel qui lui sera payé
d'après la convention ou sur évaluation : mais, si l'Administration refuse de le prendre, il ne peut pas l'y contraindre. Cette
règle paraît dure et ne trouve pas une justification suffisante
dans les nécessités de la défense du territoire.

En ce qui concerne l'évaluation du matériel et les difficultés
auxquelles la reprise peut donner lieu, il faut appliquer les
mêmes principes que pour les travaux des ponts et chaussées :
ainsi, l'entrepreneur ne doit jamais réaliser un bénéfice sur le
matériel cédé. (C. d'Etat, 22 juin 1854, *Abram*, 614.)

1319. — Les règles que nous venons d'exposer peuvent recevoir exception en vertu des conventions particulières contenues
dans les cahiers de charges spéciaux des entreprises ; ainsi, l'article 27, § 8, prévoit que le cahier des charges d'une place ou
d'une entreprise déterminée peut stipuler que le nouvel entrepreneur devra reprendre le matériel de l'entrepreneur sortant. Le
plus souvent, le cahier, pour éviter toute difficulté, spécifie l'inventaire du matériel et indique sa valeur.

1320. — En ce qui concerne les *matériaux*, la règle est différente : ceux qui ont été approvisionnés par ordre et acceptés
restent seuls au compte de l'Etat ; quant aux autres, l'entrepreneur ne peut en exiger la reprise. Nous savons déjà ce qu'il faut
entendre par « matériaux approvisionnés par ordre et acceptés »
(n° 1320). L'évaluation se fera, comme pour le matériel, soit d'a-
près les prix du bordereau, soit par convention, soit à dire d'experts.

1321. — Quant à la question de savoir si une indemnité est
due, il faut distinguer entre les divers cas de résiliation.

1322. — Dans une première catégorie, il faut ranger les cas de
force majeure, ou assimilés par la convention, en particulier
ceux qui sont prévus par l'article 65, la mort ou la faillite de l'entrepreneur, et ceux dont parle l'article 66 dans ses § 3 et 4, lorsque la place est déclarée en état de guerre ou en état de siège.
Ces cas de force majeure entraînent la résiliation pure et simple
du marché, sans indemnité de part ni d'autre. Il faut remarquer,
toutefois, que l'entrepreneur est dans une situation très difficile
dans les cas prévus par l'article 66, § 3 et 4, et que l'Administration, loin de chercher à atténuer pour l'entrepreneur les effets
de la résiliation, s'est au contraire donné le droit de les aggraver;
elle se réserve de prendre, dans le matériel de l'entrepreneur, ce
qui pourra lui être utile, et de lui laisser le reste, dont il ne saura

que faire la plupart du temps. Que l'Administration se réserve de reprendre en totalité le matériel ou de ne pas le reprendre, c'est déjà beaucoup ; lui laisser le droit de reprendre ce matériel en partie, et suivant qu'elle le jugera bon, c'est trop ; si les nécessités de la situation exigeaient cette clause, il fallait admettre une indemnité en faveur de l'entrepreneur.

Sous l'empire du cahier de 1857, il était stipulé qu'en pareil cas le Ministre pourrait accorder une indemnité à l'entrepreneur. Le Conseil d'État avait refusé de voir là une disposition toute de faveur, et avait admis que les contestations sur le montant des indemnités fussent portées devant la juridiction contentieuse. (C. d'Etat, 18 décembre 1874, *Morel*, 2026.) Afin d'éviter l'application de cette jurisprudence, les rédacteurs du cahier de 1876 n'ont pas reproduit la disposition relative à l'indemnité. Néanmoins, il sera toujours loisible à l'Administration d'en accorder une.

1323. — Dans une seconde catégorie, il faut ranger les cas de résiliation par la faute de l'entrepreneur, et par exemple les cas prévus par les § 1, 2, 3 de l'article 65. La faute de l'entrepreneur explique la disposition fiscale de l'article 65 : « Ces cas de « résiliation n'ouvrent à l'entrepreneur aucun droit à indemnité : « dans les cas 1, 2 et 4, il est tenu, au contraire, ainsi que ses « héritiers ou sa caution, sur la réquisition du chef du génie in- « scrite au livre d'ordres, d'assurer le service aux clauses et con- « ditions de l'entreprise au delà du jour où la résiliation est pro- « noncée, pour un temps qui ne peut excéder trois mois. » Ainsi l'entrepreneur ne peut rien exiger de l'Administration qui ne fait qu'user d'un droit légitime ; au contraire, la résiliation peut entraîner à sa charge des conséquences pécuniaires, notamment dans le cas de la réadjudication à la folle-enchère.

1324. — En ce qui concerne les cas de résiliation dans l'intérêt de l'Administration, qui forment la troisième catégorie, l'article 66 déclare : « En dehors des cas de cessation absolue ou d'a- « journement de plus d'une année donnant ouverture à ré- « siliation, il ne sera accordé à l'entrepreneur aucune indem- « nité pour retard avant le commencement des travaux ni « pour suspension ou ralentissement en cours d'exécution. » Nous avons étudié précédemment cette disposition sur laquelle il est inutile de revenir (n°ˢ 847 et suiv.).

L'article 66 fixe les conséquences de la résiliation dans ces deux premiers cas : « Dans les cas de résiliation spécifiés aux « deux premiers paragraphes du présent article, l'entrepreneur « peut recevoir, à titre de dédommagement, une indemnité, qui « est fixée par le Ministre. En cas de contestation, le Conseil « de préfecture, et, s'il y a lieu, le Conseil d'Etat sont appelés à « statuer. Dans aucun cas, une indemnité ne peut être basée sur « des éventualités de bénéfices que l'entrepreneur aurait pu réa- « liser. » Cette disposition admet, comme pour les travaux des ponts et chaussées, le principe de la discussion contradictoire du chiffre de l'indemnité, mais elle se montre moins large que le cahier de 1866, en supprimant du calcul l'éventualité des bénéfices à réaliser par l'entrepreneur qui, d'après le droit commun de l'article 1794, devrait entrer en compte. Ainsi, l'entrepreneur ne perdra rien, en ce sens que ses déboursés lui seront restitués ; mais ne gagnera rien non plus, si légitime que fût son espoir de bénéfices. (C. d'État, 26 septembre 1871, *Masson*, 178 ; 25 février 1875, *Agustinetty*, 204 ; 29 janvier 1875, *Foucaux*, 83.)

1325. — On sait d'ailleurs que les cas prévus par l'article 66 ne sont pas les seuls où la résiliation est entraînée par le fait de l'Administration ; il faut y ajouter toutes les autres causes de droit commun. Dans toutes ces causes de droit commun, la juridiction contentieuse devra apprécier les conséquences de la résiliation, au point de vue de l'indemnité à allouer à l'entrepreneur. (C. d'État, 26 juin 1856, *Murgues*, 442 ; 16 novembre 1883, *Rouard*, 825.) Mais il faut remarquer que, pour tous les cas de résiliation régis par le droit commun, il faut appliquer pour la quotité de l'indemnité, non les règles spéciales du cahier du génie, mais celles du droit commun ; l'entrepreneur devra donc être indemnisé, non seulement du préjudice subi, mais de tout le bénéfice qu'il aurait réalisé en exécutant les travaux.

SECTION II

Cahier de 1887.

1326. — Causes de résiliation imputables à l'entrepreneur.
1327. — Sous-traités sans autorisation.
1328. — Augmentation de la masse des travaux.
1329. — Renonciation à l'entreprise, et ajournement indéfini.
1330. — Faits de guerre.
1331. — Décès ou faillite de l'entrepreneur.
1332. — Conséquences de la résiliation : cas dans lesquels il n'y a pas lieu à indemnité.
1333. — Cas dans lesquels il y a lieu à indemnité.
1334. — Reprise du matériel.
1335. — Reprise des matériaux.
1336. — Notification de la résiliation.

1326. — Le nouveau cahier des charges des travaux du Ministère de la guerre n'établit pas aussi nettement que le cahier de 1876 la distinction entre les causes de résiliation imputables à l'Administration et celles imputables à l'entrepreneur. Néanmoins, cette division résulte suffisamment de la nature même des causes de résiliation qu'il indique dans ses divers articles.

Il est question de la résiliation dans les articles 9, 33, 37, 38, 39, 40 et 50 que nous reprendrons successivement.

1327. — Aux termes de l'article 9 : « Si un sous-traité est passé « sans autorisation, le Ministre est en droit, suivant les cas, soit « de prononcer la résiliation pure et simple de l'entreprise, soit « de procéder à une nouvelle adjudication aux risques et périls « de l'entrepreneur. » Ce texte est la reproduction à peu près exacte de l'article 13 de l'ancien cahier : par conséquent, nous n'avons rien à ajouter sur la faculté de résilier qu'il accorde à l'Administration. Remarquons seulement que le droit d'option du Ministre est plus restreint que sous l'ancien cahier : s'il n'adopte pas la résiliation pure et simple, il est obligé, comme cela se fait pour les ponts et chaussées, de recourir à la réadjudication à la folle enchère, au lieu de passer un marché dans la forme qui lui convient.

1328. — La seconde cause de résiliation (en faveur de l'entrepreneur, celle-là) est prévue par l'article 33 : « En cas d'augmenta-« tion dans la masse des travaux d'un marché sur devis, l'entre-« preneur est tenu d'en continuer l'exécution jusqu'à concur-« rence du sixième en sus du montant de l'entreprise calculé en « y comprenant, s'il y.a lieu, la somme réservée pour frais im-« prévus. Au delà de cette limite, l'entrepreneur a droit unique-« ment à la résiliation de son marché. » Cette cause de résilia-tion, empruntée aux travaux des ponts et chaussées, ne figurait pas dans le cahier de 1876, qui ne prévoyait pas de marchés sur devis; mais ces marchés étant rétablis par le cahier de 1887, il fallait admettre la cause de résiliation. Nous ne pouvons que ren-voyer, à cet égard, aux règles que nous avons exposées au sujet des travaux des ponts et chaussées (nos 1287 et suiv.).

La diminution dans la masse des travaux peut donner lieu à une indemnité (art. 34), mais non entraîner la résiliation.

1329. — Comme sous l'empire du cahier de 1876, et conformé-ment aux principes généraux en matière de travaux publics, l'Administration a le droit, soit de renoncer définitivement à l'entreprise, soit d'en ajourner l'exécution. Ces deux décisions peuvent donner lieu à la résiliation en faveur de l'entrepre-neur.

D'après l'article 37, dans le premier cas, la résiliation a lieu de plein droit : « Lorsque le Ministre ordonne la cessation abso-« lue des travaux, l'entreprise est immédiatement résiliée. » Au contraire, lorsqu'il s'agit d'ajournement, l'entrepreneur est obli-gé de demander la résiliation : « Lorsqu'il prescrit leur ajourne-« ment pour plus d'une année, soit avant, soit après un commence-« ment d'exécution, l'entrepreneur a le droit de demander la « résiliation de son marché..... » C'est une faculté qui lui est accordée, et à laquelle il peut renoncer : il a le droit d'attendre que l'Administration reprenne le travail.

Quant aux questions d'indemnité et de reprise du matériel qui se soulèvent au pareil cas, nous les examinerons plus loin (nº 1334).

1330. — Les faits de guerre sont réglementés par l'article 38 comme ils l'étaient par le cahier de 1876; on a seulement ajouté la mobilisation. « En cas de mobilisation, ou lorsque la place, me-« nacée d'hostilités, est déclarée en état de guerre, la résiliation est « accordée immédiatement à l'entrepreneur qui la demande.

« La résiliation est la conséquence du seul fait de la déclara-« tion de l'état de siège dû à la présence de l'ennemi. » Ainsi la distinction entre le cas de résiliation de plein droit et ceux où elle est une pure faculté pour l'entrepreneur est maintenue.

Ici encore se place la question d'indemnité que nous étudierons plus loin.

1331. — Le décès de l'entrepreneur et la faillite entraînent encore la résiliation de l'entreprise, comme sous le cahier de 1876. Art. 39 : « En cas de décès de l'entrepreneur, le contrat est rési- « lié de plein droit, sauf à l'Administration militaire à compter, « s'il y a lieu, les offres qui peuvent être faites par les héritiers « pour la continuation des travaux.»

Art. 40. « En cas de faillite de l'entrepreneur, le contrat est « également résilié de plein droit, sauf à l'Administration mili- « taire à accepter, s'il y a lieu, les offres qui peuvent être faites « par les créanciers pour la continuation de l'entreprise. »

Les caractères généraux de ces deux causes de résiliation n'offrent rien de spécial sous l'empire du cahier de 1887, et nous ne pouvons que nous référer à leur égard aux détails donnés dans le commentaire du cahier de 1876. Mais une différence essentielle doit être signalée : avec le nouveau système, les héritiers ne sont plus tenus de continuer le service pendant les trois mois qui suivent le décès; quant à la caution, comme elle est supprimée, il n'y a plus à lui imposer la suite de l'entreprise aux lieu et place de l'obligé principal.

Telles sont les causes de résiliation sous le cahier de 1887; il y a lieu de faire ici la même observation que pour le cahier de 1876 (n° 1314) : l'énumération n'est pas limitative, et toute violation grave du contrat par l'une des parties peut autoriser l'autre à demander la résiliation, conformément au droit commun.

1332. — Arrivons maintenant aux conséquences de la résiliation, c'est-à-dire à l'indemnité et à la reprise du matériel.

Le cas prévu par l'article 9 ne donne lieu à aucune indemnité au profit de l'entrepreneur, puisque c'est par sa faute que le contrat est résilié; au contraire, il pourrait, bien que le cahier ne le dise pas, être condamné à payer des dommages-intérêts à l'Administration, s'il était démontré que le sous-traité passé sans autorisation a entraîné pour elle un préjudice. L'hypothèse est peu pratique : mais elle doit être réglée d'après les principes du droit commun. Dans le cas de nouvelle adjudication passée aux risques et périls de l'entrepreneur déchu, il doit subir la différence entre son rabais et celui qui est obtenu dans le nouveau marché.

Dans l'hypothèse de l'article 33 (augmentation de plus d'un sixième de la masse des travaux), l'entrepreneur n'a droit à aucune indemnité; l'article dit qu'il peut *uniquement* demander la résiliation.

1333. — Il n'en est pas de même en cas de cessation absolue ou d'ajournement prolongé des travaux. L'article 37 est formel: « L'entrepreneur a le droit de demander la résiliation de ce mar-

« ché, dit-il, sans préjudice de l'indemnité qui, dans ce cas
« comme dans l'autre, peut lui être allouée, s'il y a lieu, et dont
« la quotité est fixée par la juridiction compétente. » Ainsi,
dans les deux cas, l'entrepreneur a droit, non seulement à la
résiliation du marché, mais encore à la réparation du préjudice
subi, qui sera évalué d'après les circonstances : rien de plus
juste, puisque le marché est résilié par la seule volonté de l'Administration, toujours maîtresse de se dégager. On ne saurait
approuver aussi pleinement le mode de calcul de l'indemnité que
fixe l'article : « Dans aucun cas, cette indemnité ne peut être
« basée sur les éventualités de bénéfices que l'entrepreneur au-
« rait pu réaliser, mais seulement sur les dépenses par lui faites
« qui sont restées improductives par suite de la non-exécution des
« travaux. » Cette disposition, identique à celle du cahier de
1876, donne lieu aux mêmes critiques (n° 1321) ; il est regrettable que le cahier de 1887 l'ait maintenue.

Lorsque la résiliation est prononcée par suite de mobilisation, déclaration d'état de guerre ou de siège, l'entrepreneur n'a
droit à aucune indemnité (art. 38) ; il y a là, en effet, un cas de
force majeure dont l'Administration n'est pas responsable.

De même, en cas de décès ou de faillite de l'entrepreneur, aucune indemnité n'est due ni par l'une ni par l'autre des parties :
là aussi, il y a force majeure.

Dans toutes les hypothèses de résiliation non réglementées par
le cahier, il faudra appliquer le droit commun, puisqu'il n'y est
pas dérogé, c'est-à-dire que la partie qui a causé la résiliation,
et qui aura amené pour l'autre un dommage, en devra la réparation dans la limite du préjudice.

1334. — Enfin, l'article 50 réglemente la reprise du matériel
et détermine les obligations de l'entrepreneur sortant à la suite de
la résiliation. Comme sous l'ancien cahier, l'Etat n'est pas tenu
à la reprise du matériel, bien que cela ne soit pas dit expressément. Au contraire, l'entrepreneur est tenu de le céder dans
cinq cas ; il peut s'y refuser dans un.

Art. 50. « Dans les cas de résiliation prévus par les articles
« 9, 37, 38, 39 et 40 (sous-traité sans autorisation, cessation ab-
« solue ou ajournement des travaux par l'Administration, faits
« de guerre, décès ou faillite de l'entrepreneur), les outils et
« équipages existants sur les chantiers, et qui eussent été néces-
« saires pour l'achèvement des travaux sont cédés à l'Etat par
« l'entrepreneur ou ses ayants droit, si le directeur en donne l'or-
« dre, et le prix en est réglé de gré à gré ou à dire d'experts.

« La cession du matériel est facultative pour l'entrepreneur
« dans le cas prévu par l'article 33 (augmentation de plus du
« sixième). »

Dans toutes les hypothèses prévues par le premier alinéa, l'entrepreneur est entièrement à la disposition de l'Administration :
si le directeur l'ordonne, il doit abandonner tout le *matériel*;
mais il ne peut en imposer la reprise. En cas de contestation sur

les prix, on aura recours à l'expertise, et au besoin à la juridiction contentieuse. Au contraire, lorsqu'il s'agit de résiliation pour augmentation des travaux, les deux parties sont libres : l'entrepreneur ne peut pas imposer la reprise du matériel, mais il peut en refuser la cession.

1335. — Pour les *matériaux*, il faut, comme sous le cahier de 1876, se demander s'ils sont ou non approvisionnés par ordre.

« Les matériaux nécessaires à la construction et approvisionnés « par ordre sont acquis à l'État au prix de l'adjudication, s'ils « remplissent les conditions du marché.

« Ceux qui ne seraient pas déposés, ou sur les chantiers à « pied-d'œuvre, ou dans les lieux indiqués par les ordres de « service, ne sont pas portés en compte.

« Le chef du service constate, dans un procès-verbal établi en « présence de l'entrepreneur ou de ses ayants droit dûment appelés, l'existence de ces matériaux au jour de la cessation du « marché. »

Ainsi, la reprise des matériaux approvisionnés n'est obligatoire pour l'État qu'autant qu'ils l'ont été *par ordre* : le nouveau cahier ne formule pas la condition de l'acceptation préalable : mais elle résulte suffisamment de cette clause « s'ils remplissent « les conditions du marché », question qui pourra donner lieu à un débat contentieux. En pareil cas, les deux parties sont tenues : l'entrepreneur ne peut plus disposer des matériaux, de même qu'il ne peut être contraint de les enlever. Si, au contraire, les matériaux ne sont pas approvisionnés par ordre, chacune des parties est libre : la reprise ne peut résulter que d'une convention librement consentie de part et d'autre.

1336. — Il faut remarquer que le nouveau cahier n'indique pas comment sera notifiée la résiliation dans les cas où elle est facultative. Puisqu'il existe encore un registre d'ordres, la résiliation imposée par l'Administration résultera de l'inscription qui y sera faite ; celle exigée par l'entrepreneur, dans les cas où c'est son droit, résultera soit d'une lettre, soit d'une notification extra-judiciaire, conformément au droit commun.

TITRE XII

DE LA RESPONSABILITÉ DES ARCHITECTES ET ENTREPRENEURS

1337. — Objet de ce titre. — Division.

1337. — Les articles 1792 et 2270 du C. civ., relatifs à la responsabilité décennale des architectes et entrepreneurs, ont été l'objet de nombreuses explications. Les principes de cette matière ont été exposés avec soin par tous les commentateurs du C. civ. et par des auteurs spéciaux. Mais, dans ces nombreux ouvrages, on trouve peu de renseignements précis sur l'application de la responsabilité décennale en matière de travaux publics. Il est donc essentiel de rapprocher les principes du droit commun des règles propres au droit administratif. C'est ce que nous nous proposons de faire ici. En faisant connaître sur chaque question les règles consacrées par la loi et la jurisprudence civiles, nous exposerons avec détail les modifications que la jurisprudence du Conseil d'Etat, si riche de documents trop peu connus, leur a fait subir.

Nous diviserons ce titre en deux chapitres. Dans le premier, nous exposerons tout ce qui concerne le principe de la responsabilité, les personnes contre lesquelles elle peut être invoquée, et les cas divers où elle est encourue. Dans le second, nous traiterons de la durée de l'action en garantie.

CHAPITRE PREMIER

Du principe de la responsabilité décennale et de ses diverses applications.

1338. — Textes sur lesquels est fondée la responsabilité décennale.
1339. — Motifs et but du législateur.
1340. — Les articles 1792 et 2270 du Code civil s'appliquent en matière de travaux publics. Controverse.
1341. — La responsabilité n'est pas encourue par les ingénieurs employés par l'Etat; même règle pour les agents subalternes.
1342. — Responsabilité de l'entrepreneur dans les travaux de l'Etat, et de l'architecte et de l'entrepreneur dans les travaux départementaux et communaux.
1343. — Causes de responsabilité et conditions d'exercice de l'action : décision.
1344. — *Vices du plan.*
1345. — L'architecte répond des vices du plan, même s'il n'en est pas l'auteur.
1346. — Plans approuvés par une Commission spéciale ou par le Conseil des bâtiments civils.

1347. — Responsabilité à l'égard des remaniements et modification du plan en cours d'œuvre.

1348. — Nécessité de l'existence d'une faute à la charge de l'architecte.

1349. — Direction et surveillance des travaux; négligence; absence d'ordres ou de visites des travaux.

1350. — L'entrepreneur n'est pas responsable des accidents dus aux vices du plan.

1351. — Il n'encourt aucune responsabilité par suite des ordres que lui donne l'architecte.

1352. — *Vices du sol*. Responsabilité de l'architecte.

1353. — Avertissements donnés à l'Administration.

1354. — Cas où l'architecte a choisi lui-même le terrain.

1355. — Cas où l'architecte prend la suite de travaux commencés.

1356. — L'entrepreneur est, en principe, responsable des vices du sol. — Exceptions au principe général en ce qui concerne les travaux de l'État; le principe peut recevoir son application en matière de travaux des départements et des communes.

1357. — L'entrepreneur peut-il se refuser à construire, à cause des vices du sol?

1358. — *Malfaçons*. L'architecte en est responsable.

1359. — Controverse : jurisprudence de la Cour de cassation. — Autorités doctrinales.

1360. — Jurisprudence administrative.

1361. — Nécessité d'une faute à la charge de l'architecte. Exemples.

1362. — Cas où la responsabilité de l'architecte est dégagée.

1363. — Clause autorisant l'architecte à exiger la démolition des ouvrages mal faits.

1364. — Clause portant que l'entrepreneur ne peut faire de changements au devis sans l'ordre écrit de l'architecte.

1365. — Partage de la responsabilité entre l'architecte et l'entrepreneur : renvoi.

1366. — Responsabilité de l'entrepreneur. Exemples.

1367. — Nécessité d'une faute : cas où l'entrepreneur est exonéré.

1368. — Partage de la responsabilité en cas de faute commune.

1369. — Une condamnation solidaire peut-elle être prononcée? Doctrine et jurisprudence.

1370. — Répartition dans le cas où la solidarité n'est pas prononcée.

1371. — L'architecte n'est responsable des mal-façons que subsidiairement à l'entrepreneur. Distinctions à faire.

1372. — Consentement donné par l'Administration à l'exécution de travaux défectueux.

1373. — Il n'y a pas à distinguer entre la construction d'un édifice ou la confection de gros ouvrages, ni entre la ruine et les simples accidents.

1374. — Jurisprudence du Conseil d'État.

1375. — Menus ouvrages : absence de responsabilité décennale.

1376. — Qui doit faire la preuve des malfaçons? Controverse en droit civil.

1377. — Système adopté par le Conseil d'État.

1378. — Constatations à faire en cours d'exécution.

1379. — Objet de l'obligation de l'entrepreneur et de l'architecte : réparation des malfaçons.

1380. — Exceptions : condamnation en argent, cas dans lesquels elle est prononcée.

1381. — Étendue des condamnations : réparation complète du préjudice.

1382. — La responsabilité ne doit pas être une source de bénéfices pour l'Administration.

1338. — L'article 1792 du C. civ. est ainsi conçu : « Si l'édifice, construit à prix fait, périt en tout ou en partie par le vice de la construction, même par le vice du sol, les architectes et entrepreneurs en sont responsables pendant dix ans. » Application spéciale du principe posé par les articles 1382 et 1383 du C. civ., l'article 1792 est, avec l'article 2270, le seul texte qui régisse les constructions au point de vue de la garantie des ouvrages.

Encore l'article 2270 n'est-il guère que la reproduction du premier, puisqu'il se borne à dire qu'après dix ans l'architecte et les entrepreneurs sont déchargés de la garantie des gros ouvrages qu'ils ont faits ou dirigés.

1339. — Les principes fixés par ces textes n'ont pas besoin de justification ; ils ont leur fondement dans le contrat de louage d'ouvrage, dont ils sont la sanction rigoureuse mais indispensable. L'ignorance des choses que l'on doit savoir, la négligence qu'on apporte dans l'exercice de sa profession ont de tout temps été considérées comme des fautes assez graves pour engager la responsabilité de leur auteur ; *imperitia culpæ adnumeratur.* (L. 139, Dig.. *De regul. juris.*) Le législateur ne pouvait pas veiller avec trop de soin à la solidité des constructions. Dans la discussion du C. civ., M. Réal faisait observer que les architectes, pour déterminer les propriétaires à construire, cherchent ordinairement à leur persuader que la dépense sera modique. « Peut-être, « ajoutait-il, y a-t-il lieu de craindre que, si on leur fournit un « moyen de ne pas répondre des mauvaises constructions, ils ne « prennent plus aucun soin de rendre les édifices solides. » (*Voy.* Locré, t. XIV, p. 365.) La responsabilité décennale, fondée sur les principes généraux du droit, est donc encore justifiée par des considérations puissantes d'ordre et de sécurité publiques.

1340. — Ces considérations ont plus de force encore dans la matière des travaux publics. S'il importe que les constructions privées réunissent les conditions de solidité nécessaires pour en assurer la durée, combien à plus forte raison en est-il ainsi lors qu'il s'agit des édifices destinés à l'usage commun des citoyens ! Les dangers d'une construction défectueuse ne menacent pas seulement alors quelques individus isolés, mais bien des masses compactes de personnes assemblées dans un but politique, religieux ou commercial. C'est dire que les lois spéciales aux travaux publics, loin de songer à créer, en ce qui les concerne, une exception aux règles du droit commun, auraient plutôt cherché à rendre plus étroite la responsabilité des agents préposés à leur direction.

Aussi, les travaux publics, au moins ceux de l'État et des départements, s'exécutent sous les yeux et sous la surveillance incessante de l'Administration, sur les plans d'hommes habiles, et après l'approbation de Conseils spéciaux, qui, par leur composition, présentent toutes les garanties désirables. Les malfaçons y sont pour ainsi dire impossibles. L'article 1792 du C. civ. suffit pour réprimer les rares infractions qui se présentent aux règles essentielles des constructions. Il suffit même, en ce qui concerne les travaux des communes dirigés en général par des fonctionnaires ou des agents moins habiles, et dont la surveillance est beaucoup moins complète. Le droit commun est donc resté, et restera longtemps encore sans doute, la règle à suivre dans notre matière, toutes les fois qu'il s'agit d'apprécier la part de responsabilité qui incombe aux entrepreneurs et aux architectes.

Cependant, un certain nombre d'auteurs ont mis en doute ce principe, en raison même des mesures de garantie exceptionnelles prises par l'Administration au sujet des travaux qu'elle fait exécuter.

Le cahier du service des ponts et chaussées de 1866 ne contient aucune disposition formelle au sujet de la responsabilité décennale, et il semble résulter des articles 46 à 48 que l'entrepreneur, responsable de ses ouvrages dans toute la période qui s'écoule entre la réception provisoire et la réception définitive, tenu encore pendant un délai déterminé que fixe l'article 47 en cas de réception provisoire, non suivie de réception définitive (V. n° 1035), se trouve entièrement libéré soit par cette réception, soit par l'expiration du délai. Les articles 1792 et 2270 du C. civ., dit-on, sont inapplicables aux travaux des ponts et chaussées, « à « raison des précautions spéciales qui sont prises pour la bonne « exécution des travaux, de la surveillance incessante des ingé- « nieurs, et des formalités de la réception provisoire et de la ré- « ception définitive ». (Aucoc, II, n° 688.) M. Barry fait remarquer que cette doctrine résulte également d'un avis du Conseil général des ponts et chaussées du 1er décembre 1851, et il ajoute : « Nous « avons dit nous-même qu'une dérogation au droit commun nous « aurait paru ici parfaitement justifiée par la nature des travaux « des ponts et chaussées et la manière dont ils sont dirigés et « surveillés. » (Barry, *Cahier des ponts et chaussées*, art. 48, n° 8.)

Ces considérations sont d'une incontestable valeur, et il semble naturel que les rédacteurs du cahier de 1866, en prescrivant un délai spécial de garantie, aient eu la volonté de déroger au délai de droit commun. Tel n'a pas été l'avis du Conseil d'Etat : il a décidé que la réception définitive n'avait d'effet qu'au point de vue du paiement du solde et de la retenue de garantie, mais qu'elle ne déchargeait en rien l'entrepreneur des obligations que le droit commun lui impose. Il est bien vrai que, dans la pratique, l'Etat, en ce qui concerne les travaux des ponts et chaussées, s'abstient généralement d'invoquer contre les architectes et les entrepreneurs la garantie décennale. Mais les départements, les villes et les communes, même dans les cas où elles ont imposé le cahier des ponts et chaussées, ou des cahiers contenant des clauses analogues, à l'entrepreneur et à l'architecte, n'ont pas hésité à poursuivre ceux-ci dans tous les cas où, suivant le droit commun, la responsabilité décennale eût été encourue, et le Conseil d'Etat a sanctionné ces poursuites. (C. d'Etat, 8 mai 1874, *Fabrique de Romans*, 425 ; 27 juillet 1877, *Colin*, 740 ; 9 novembre 1877, *Manuel contre département de Seine-et-Oise*, 866 ; 20 avril 1883, *Département du Jura*, 387 ; 30 novembre 1883, *Commune de Margny*, 884 ; 6 février 1885, *Méra*, 162 ; 4 décembre 1885, *Commune de Saint-Gal*, 931 ; 23 janvier 1885, *Dubois*, 97.)

1341. — Les ingénieurs civils et militaires, et en général tous les agents quelconques préposés par l'Administration à la direction où à la surveillance des travaux, échappent à l'application de l'article 1792 du C. civ. Leur qualité de fonctionnaires les met à l'abri de toute recherche relativement aux fautes et à la négligence dont ils peuvent se rendre coupables. La perte de la confiance de l'Administration, leur destitution, au besoin, ont paru des garanties suffisantes pour exciter et soutenir leur zèle. Il ne faut pas oublier, d'ailleurs, qu'au moins en ce qui concerne la rédaction des plans, l'action en responsabilité n'aurait pas à leur égard de fondement juridique. Les plans des travaux sont, préalablement à l'exécution, soumis à l'approbation des Conseils des bâtiments civils ou militaires, ou de la Commission mixte des travaux publics, dont l'examen couvre la responsabilité des auteurs des projets ou des agents chargés de la direction et de l'exécution des travaux. L'ingénieur qui les a rédigés ou qui les fait exécuter obéit, après cette approbation, aux ordres de ses supérieurs hiérarchiques. S'il s'est trompé, c'est avec eux, et ce serait sur eux, si cela était possible, que devrait retomber la responsabilité.

Ce que nous disons des ingénieurs s'applique à tous les agents quelconques de l'Administration, quels que soient leur grade et leurs fonctions dans la hiérarchie. Les agents-voyers, les conducteurs, les piqueurs des ponts et chaussées sont des fonctionnaires publics, et ils jouissent des prérogatives attachées à leur qualité.

1342. — Lorsqu'il s'agit de travaux exécutés pour le compte de l'Etat, l'entrepreneur est donc seul, et en principe, responsable de la bonne exécution des travaux.

Quant aux travaux exécutés pour le compte des départements ou des communes, la responsabilité peut, au contraire, se partager entre l'entrepreneur et l'architecte ; ni l'un ni l'autre n'ont le caractère de fonctionnaires publics. Simples particuliers, ils sont soumis à la loi ordinaire. Tels sont du moins les principes, mais nous avons vu (n° 86), en parlant de l'organisation du corps des ponts et chaussées, que cette administration avait pris ses précautions pour soustraire, en pratique, ses membres à la loi commune ; nous ne pouvons que renvoyer aux explications que nous avons données à cette place.

1343. — Nous allons rechercher maintenant dans quels cas l'action en responsabilité peut être intentée soit contre l'entrepreneur, soit contre l'architecte ; à quelles conditions elle est soumise ; dans quelle mesure les condamnations peuvent être encourues.

1344. — *Vices du plan.* — L'article 1792 du C. civ. ne parle pas des vices du plan, et dans la discussion qui a précédé la rédaction définitive de cet article, il n'en a pas été question. Il n'est cependant pas douteux qu'une responsabilité soit encourue à raison de désordres qui se manifestent dans des constructions faites contrairement aux règles de l'art. Mais plus délicate est la question de savoir dans quelle mesure l'architecte et l'entrepreneur sont tenus ; l'entrepreneur est-il complètement couvert par les plans que lui remet l'architecte, ou bien est-il soumis, lui aussi, à une responsabilité pour avoir exécuté des plans défectueux? Pour résoudre la question, nous examinerons successivement la responsabilité qui incombe à l'architecte et celle qui incombe à l'entrepreneur, d'après les nombreuses espèces que fournit la jurisprudence.

Que l'architecte soit responsable de ses plans, cela n'est pas douteux. Ainsi, la responsabilité a été reconnue dans les espèces suivantes :

1° Disposition vicieuse d'une voûte (C. d'État, 18 juin 1852, *Chapot*, 244) ; — 2° imperfections du projet et modifications apportées en cours d'exécution (C. d'État, 6 mai 1853, *Courtieux*, 501); — 3° inclinaison insuffisante donnée à une toiture (C. d'Etat, 13 mai 1855, *Commune de Waldweistroff*, 730); — 4° profondeur insuffisante des fondations (C. d'Etat, 5 février 1857, *Gruel*, 99); infiltrations dont la cause ne peut être attribuée qu'au mode vicieux de construction prescrit par le devis (C. d'Etat, 21 mars 1861, *Bastien*, 215); —5° erreurs dans les dimensions des plans (C. d'Etat, 12 mai 1869, *Maurice* 455 ; 23 janvier 1874, *Revel*, 83. — *Adde* : 7 août 1875, *Martin*, 852; 16 juin 1876, *Colombier*, 582 ; 21 décembre 1877, *Chambrouty*, 1042; 23 mars 1877, *Barbou*, 319; 15 janvier 1886, *Delaplace*, 47 ; 17 décembre 1886, *Fabrique de Lanhouarneau*, 904.)

1345. — Pour échapper à la responsabilité qui pèse sur lui, l'architecte rédacteur des projets se prévaudrait en vain de cette circonstance que la construction a été dirigée par un autre, s'il était démontré, en fait, que les vices de la construction sont la conséquence unique des vices mêmes du plan. (Cass., 20 nov. 1817, *Héritiers de Montfeu*, S. V., 19, 1, 102; Paris, 11 janv. 1845, J. du Pal., 45, 1, 139; M. Duvergier, n° 354; M. Troplong, n° 1001; Frémy-Ligneville, n° 95; Lepage, t. II, p. 28.) Seulement il aurait le droit de faire supporter à l'architecte directeur des travaux une part des dommages-intérêts. Celui-ci, en effet, en exécutant des plans vicieux, s'associe à la faute commise et se la rend personnelle. L'architecte est encore responsable, et *a fortiori*, lorsque les constructions ont été élevées d'après des plans remis par le propriétaire. Il doit corriger leurs défauts, et si le propriétaire n'y consent pas, il est de son devoir de refuser tout concours à l'exécution des travaux. (Bourges, 13 août 1841, D. P., 42, 2, 73; Cass., 19 mai 1851, *Milan*, S. V., 51, 1, 393; Aix, 16 janv. 1858, *Curtil*, S. V., 58, 2, 539; M. Troplong, n° 995; M. Duvergier, n° 351.)

1346. — Le principe qui sert de base à ces arrêts, rendus à l'occasion de procès civils est, sans contredit, susceptible d'application en matière de travaux publics. Les architectes des départements et des communes ne peuvent invoquer aucune immunité spéciale. Leur devoir le plus essentiel est d'apporter, dans la rédaction des plans, tout le soin et toute l'habileté dont ils sont capables, comme aussi de signaler aux administrations qui les emploient les défectuosités de ceux dont l'exécution seule leur

est confiée. (*Voy.* C. d'Etat, 24 juillet 1859, *Hartmann*, 544.) Ici,
toutefois, se présente une difficulté. Lorsque les travaux ont une
certaine importance, les plans et profils sont soumis à l'approbation du Conseil général des bâtiments civils. Cette approbation
n'a-t-elle pas pour effet de dégager la responsabilité, soit de l'architecte rédacteur, soit de l'architecte dont la mission se borne
à la surveillance des travaux ?

Le Conseil d'Etat s'est prononcé pour la négative dans l'espèce
suivante.

Le sieur Oudet, architecte du département de la Meuse, avait
rédigé les plans d'une église à construire dans la commune
des Noyers. Les travaux étaient à peine terminés que des accidents graves se manifestèrent. Une expertise ordonnée par le
Conseil de préfecture démontra que ces détériorations provenaient en majeure partie d'un vice essentiel dans la conception
du plan. Le Conseil de préfecture condamna en conséquence
Oudet à supporter la moitié des dépenses à faire pour rétablir la
solidité de l'édifice.

L'architecte se pourvut au Conseil d'Etat. Il soutint, d'une
part, qu'il ne pouvait être déclaré responsable des vices d'un
plan dressé conformément aux indications et aux conditions
imposées par le Conseil municipal, et que, d'un autre côté,
l'approbation donnée à ce plan par la Commission départementale des bâtiments civils devait avoir pour effet de dégager sa
responsabilité.

Cependant, le Conseil d'Etat rejeta le pourvoi par les motifs
suivants :

« Considérant qu'il résulte de l'instruction que les détériora-
« tions survenues à l'église de la commune des Noyers ont été
« en partie causées par les vices du plan de reconstruction de
« ladite église, dressé par le sieur Oudet; que l'approbation
« donnée à ce plan par la Commission départementale des bâti-
« ments civils et par le préfet de la Meuse ne peut, nonobstant
« les modifications dont elle a été accompagnée et qui ont même
« atténué les imperfections dudit plan, avoir pour effet d'affran-
« chir l'architecte de la responsabilité établie par les articles 1792
« et 2270 du Code civil, *et qu'il a d'ailleurs acceptée en concou-*
« *rant, sans protestations ni réserves, à l'exécution de projet mo-*
« *difié...* » (C. d'Etat, 5 avril 1851, *Oudet*, 239.)

Ce dernier membre de phrase semble indiquer que, dans la
pensée du Conseil d'Etat, la responsabilité serait également encourue par l'architecte qui ne serait pas l'auteur du plan, et dont
le rôle se bornerait à la direction et à la surveillance des travaux. On ne saurait se dissimuler toutefois que la situation de
ce dernier serait encore plus favorable que celle de l'auteur des
plans.

1347. — Ainsi, la responsabilité de l'architecte est engagée :
1° quand il est l'auteur des plans ; quand bien même ces plans
auraient été approuvés par le propriétaire, département, com-

mune, etc), et quand même cette approbation n'aurait eu lieu que sur l'avis d'une commission d'hommes de l'art ; 2° quand il n'est que partiellement l'auteur des plans, parce que les plans par lui présentés ont été remaniés et modifiés par d'autres, et n'ont pas été approuvés tels qu'ils les a présentés ; mais en ce qui concerne ces remaniements et modifications, l'architecte n'est responsable que s'il se charge de l'exécution de l'ouvrage; en ce cas en effet, la raison d'être de cette responsabilité est qu'en se chargeant de l'exécution il approuve et fait siens les remaniements et modifications, les déclare sans dangers et en endosse la garantie ; 3° quand il n'est aucunement l'auteur des plans, ou que ces plans ont été entièrement remaniés et modifiés par d'autres, avant leur approbation ; ici encore, nécessairement, la responsabilité n'est encourue par la raison ci-dessus que si l'architecte se charge de l'exécution.

Qu'arrive-t-il si des remaniements ou modifications sont apportés aux plans et devis en cours d'exécution ?

Evidemment la responsabilité de l'architecte est engagée s'il a apporté des changements au plan accepté, soit de sa propre autorité, soit sur la demande de l'entrepreneur et sans en avertir l'Administration. (C. d'Etat, 2 mai 1861, *Dauvergne*, 328.) Elle l'est encore si les changements sont proposés par lui et acceptés par l'Administration.

Si les changements sont demandés par l'Administration, l'architecte doit avoir grand soin d'examiner s'ils ne peuvent avoir aucune conséquence fâcheuse au point de vue de la durée et de la solidité de l'édifice ; s'il consent aux changements demandés, il les approuve et en endosse la garantie. (C. d'Etat, 7 août 1874, *Amé*, 839.) Si l'architecte croit que les changements demandés compromettent son œuvre, il peut et il doit en avertir l'Administration, et si elle insiste, se refuser à s'y conformer, ou, en tous cas, signifier qu'il ne continuera à exécuter l'œuvre dans les conditions nouvelles que comme contraint par un ordre formel et en déclinant toute responsabilité. Ces réserves suffisent pour le mettre à l'abri. (C. d'Etat, 3 mars 1874, *Fivel*, 323.)

1348. — Une condition indispensable pour que l'architecte soit tenu, c'est qu'il y ait une faute commise par lui dans la rédaction des plans : la cause de la responsabilité se trouve dans une preuve d'incapacité ou de négligence professionnelles. D'où il résulte que si, les plans étant bien dressés, il résulte de leur exécution un dommage impossible à prévoir, aucune responsabilité ne sera encourue. C'est ce qui a été jugé dans l'espèce suivante : un architecte ayant été chargé de la construction d'un réservoir d'eau avait dressé des plans réguliers : le travail étant achevé, il se produisit une dilatation des voûtes supérieures qui entraîna d'importantes dégradations. Un effet de ce genre n'avait jamais encore été observé, et, par conséquent, l'architecte ne pouvait le prévoir ; aussi le Conseil d'Etat refusa-t-il de mettre à sa charge les conséquences de l'accident. (C. d'Etat, 23 janv. 1864, *Mary*, 52.)

1349. — *Direction et surveillance des travaux*. — L'architecte n'est pas seulement tenu de préparer un plan conforme aux règles de l'art : il doit encore en surveiller l'exécution, en exiger de l'entrepreneur l'application exacte, et lui fournir toutes les indications et tous les renseignements nécessaires. En ne le faisant pas, il engage sa responsabilité. La jurisprudence a fait application de cette règle à de nombreuses espèces dont quelques-unes sont intéressantes.

Ainsi, l'architecte a été déclaré responsable des vices de construction d'un dôme d'église dont la démolition avait été reconnue nécessaire parce que ses ordres et instructions aux entrepreneurs avaient manqué de précision et que la surveillance exercée sur eux avait été insuffisante. (C. d'État, 10 mars 1859, *Bonnefous*, 187; 23 janvier 1874, *Revel*, 83.)

Il résulte même de cet arrêt qu'il n'est pas nécessaire que les vices de construction proviennent d'ordres formels donnés par l'architecte : sa responsabilité peut résulter de l'absence d'ordres ; d'où il résulte qu'il ne pourrait opposer à l'entrepreneur qui se retrancherait derrière lui, l'absence d'ordres écrits : des ordres verbaux suffisent, puisque, s'il n'en existait d'aucune sorte, l'architecte serait encore tenu. Nous aurons à revenir sur ce point en parlant des malfaçons en général.

De même encore, la responsabilité de l'architecte par suite de défaut de surveillance a été admise dans l'espèce suivante : d'après une clause du cahier des charges, il était prescrit que, l'architecte ne résidant pas sur les lieux et ne pouvant exercer une surveillance constante, l'entrepreneur l'avertirait toutes les fois qu'il rencontrerait une difficulté dans l'exécution des travaux : malgré cette clause, si l'architecte n'a pas surveillé effectivement l'entreprise, il est responsable; car son insertion a eu pour but d'imposer une obligation à l'entrepreneur et non d'exonérer l'architecte de toute obligation. (C. d'État, 18 février 1863, *Barre*, 148.)

1350. — Les vices du plan sont directement et immédiatement imputables à l'architecte. Lui seul en supporte les conséquences : l'entrepreneur n'en peut être tenu à aucun titre que ce soit. Son premier devoir, en effet, est de se soumettre aux ordres et aux prescriptions des hommes de l'art chargés de la direction des travaux. Comment, en bonne justice, lui ferait-on un reproche d'avoir suivi leurs indications? Sa mission se borne précisément à se conformer strictement aux plans qui lui sont remis. Le cahier des charges lui en fait toujours un devoir, et à défaut d'une stipulation expresse, ce devoir lui est imposé par la nature même de sa profession. En le plaçant sous les ordres de l'architecte, on n'a dû attendre de lui que des qualités passives, l'obéissance et la subordination la plus complète. Sans doute, il y a des entrepreneurs capables de corriger les imperfections des projets et les vices des plans. Mais cette habileté, au point de vue de la responsabilité décennale, ils ne sont pas tenus de l'avoir. En conséquence, on a décidé avec raison que les modifications apportées par l'entrepreneur dans les détails de l'exécution, si elles ne concernent que les dimensions des matériaux et le mode de confection de certains ouvrages, n'autorisent pas les tribunaux à lui faire supporter, dans une proportion quelconque, et solidairement avec l'architecte, les suites de leur écroulement. Celui-ci seul doit être mis en cause. (C. d'État, 30 oct. 1834, *Desgranchamps*, 695; 23 nov. 1850, *Meynadier*, 853; 15 nov. 1851, *Hamelin*, 663; 31 mai 1855, *Bon*, 364; 13 déc. 1855, *Commune de Waldweistroff*, 730; 5 fév. 1857 *Gruel*, 99. — *Consultez*. enc. 8 mai 1861, *Syndicat du canal d'Isle*, 358; 14 juillet 1876, *Ville de Nogent-sur-Seine*, 692.)

1351. — A plus forte raison, l'entrepreneur sera-t-il déclaré non responsable lorsqu'une clause spéciale du cahier des charges l'oblige à se conformer aux prescriptions de l'architecte, sans distinction. Nous avons vu précédemment les conséquences que cette clause pouvait entraîner relativement à l'augmentation des dépenses prévues; il faut appliquer des règles analogues en ce qui touche la responsabilité décennale. Si, en cours d'exécution, l'architecte impose à l'entrepreneur des modifications au plan primitif, et qu'il en résulte ultérieurement des dégradations, l'architecte seul sera responsable.

Nous examinerons plus loin l'hypothèse où la dégradation est imputable tant à l'architecte qu'à l'entrepreneur et nous indiquerons les règles qui président au partage de la responsabilité. (N° 1368.)

1352. — *Vices du sol.* — Ici, il faut étudier la responsabilité de l'architecte et celle de l'entrepreneur.

L'architecte et responsable des vices du sol. (Art. 1792 C. civ.)

Le projet du Code stipulait une exception à cette règle pour le cas où l'architecte fait au maître des représentations afin de le dissuader de bâtir. Mais cette exception fut repoussée par le Conseil d'Etat. M. Tronchet fit observer que l'architecte ne doit pas suivre les caprices d'un propriétaire assez insensé pour compromettre sa sûreté personnelle ainsi que la sûreté publique. « Il n'y a « aucun inconvénient, ajoutait M. Treillard, à être sévère à l'é- « gard de l'architecte; le propriétaire ne connaît pas les règles de « la construction : c'est à l'architecte à l'en instruire et à ne pas « s'en écarter par une complaisance condamnable. » (*Voy.* Locré, t. XIV, p. 364 et 365.)

1353. — La règle est donc absolue, et la jurisprudence l'applique avec une juste rigueur. (Cass. rej., 12 fév. 1850, *Rabardy*, D. P., 50, 1, 311.)

Mais on peut se demander si elle conserve ce caractère en matière administrative. Là, il faut bien le reconnaître, l'architecte n'est pas dans une situation aussi indépendante. L'Administration exige plus de soumission que les particuliers : elle est d'ailleurs plus éclairée, et les projets qu'elle exécute sont soumis à des épreuves qui doivent avoir pour effet, sinon de dégager complètement la responsabilité de l'architecte, au moins d'en diminuer l'étendue. C'est du moins ce qui nous paraît résulter d'un arrêt ancien. On voit, par les termes de cet arrêt, que le Conseil d'Etat ne répugnerait pas, le cas échéant, à faire fléchir la règle, et qu'il entend se réserver le droit d'apprécier les circonstances.

« ... Considérant qu'il résulte de l'instruction que les tassements « qui ont amené ces lézardes ont été causés par la nature maréca-« geuse du sol sur lequel l'église est bâtie ; que le sieur Leydercke « a formellement averti le Conseil municipal des inconvénients « qui pouvaient résulter du choix de cet emplacement, et que, le « Conseil ayant persisté dans sa résolution malgré cet avertisse-« ment, l'architecte a pris toutes les précautions qu'il a jugées uti-« les, et toutes celles qui ont été indiquées par le Conseil des bâti-« ments civils pour en prévenir ou en atténuer les effets ; que, d'ail-« leurs, les experts ont déclaré que ces tassements ne sont pas de « nature à compromettre la solidité de l'édifice ; que, dans ces cir-« constances, c'est avec raison que le Conseil de préfecture a laissé « à la charge de la commune seule les dépenses à faire pour ré-« parer les lézardes et prévenir de nouvelles dégradations de ce « genre. » (C. d'Etat, 13 déc. 1855, *Commune de Waldweistroff*, 730.)

Le dernier motif donné par cet arrêt, savoir, que les tassements n'étaient pas de nature à compromettre la solidité de l'édifice, eût été seul écrit dans l'arrêt si, dans la pensée du Conseil d'Etat, le droit commun eût, dans toute sa rigueur, régi le débat. En rappelant, au contraire, les circonstances qui excusaient l'architecte et tendaient à justifier sa conduite, il a voulu indiquer que les ordres ou l'approbation de l'autorité administrative peuvent, dans certains cas, dégager sa responsabilité. Pour qui connait le laconisme ordinaire des arrêts du Conseil, un telle induction doit sembler très voisine de la vérité.

Nous verrons d'ailleurs dans un instant que ces principes ont été formellement consacrés par le Conseil d'Etat en ce qui touche l'entrepreneur.

1354. — Mais, pour que cette exception au droit commun existe, il faut, bien entendu, que des circonstances extraordinaires soient réunies : si, contrairement à ce qui s'est passé dans l'espèce citée plus haut, l'architecte investi de la confiance de l'Administration a choisi lui-même le terrain, ou l'a accepté sans aucune observation, les principes généraux reprennent leur empire, et la responsabilité n'est pas douteuse. (C. d'Etat, 11 mai, 1870, *Gilée*, 570 ; 23 mars 1877, *Barbou*, 319 ; 17 décembre 1886, *Fabrique de Lanhouarneau*, 904.)

Dans ces cas, en effet, il n'a pas rempli la mission qui lui était confiée, puisqu'il n'a pas usé des connaissances techniques qu'il doit posséder, pour prévenir l'Administration du danger.

1355. — Il en serait différemment si l'architecte n'avait fait que prendre la suite de travaux commencés sous la direction d'agents de l'Administration. C'est ce qui a été jugé dans l'espèce suivante : les agents du service municipal avaient exécuté les fouilles, et préparé le sol pour l'établissement de bassins ornant une promenade publique : l'architecte n'eut qu'à faire exécuter les travaux de maçonnerie et d'édification. Quelque temps après, le terrain ayant cédé, un certain nombre de blocs de pierre employés aux bordures furent détériorés : la responsabilité de l'architecte fut, avec raison, écartée par le Conseil d'État. (C. d'État, 2 juillet, 1872, *Montjoye*, 474.)

1356. — L'entrepreneur est également responsable des vices du sol, en vertu de l'article 1792 : il doit examiner le sol avant d'y construire.

Mais, si la règle est générale lorsqu'il s'agit de travaux privés, elle comporte certaines réserves lorsqu'il y a entreprise de travaux publics. Le plus souvent, en effet, dans cette dernière hypothèse, l'entrepreneur est obligé d'accepter l'emplacement sur lequel la construction doit s'élever, emplacement qui a été désigné par les délibérations des représentants de l'Administration après toutes les études nécessaires. (C. d'État, 13 décembre 1855, *Commune de Waldweistroff*, 731 ; 27 juillet 1872, *Montjoye*, 474.)

En matière de travaux de l'État, principalement, la responsabilité de l'entrepreneur à raison des vices du sol est peu fréquente : l'Administration ne cherche pas à se prévaloir, en pareil cas, des dispositions de l'article 1792, et cela est de toute justice, parce que l'entrepreneur, vis-à-vis de l'État, est dans une position essentiellement subordonnée ; le choix de l'emplacement es, toujours déterminé avant l'adjudication, soit par l'expropriation soit par des décisions administratives qu'il n'est pas en son pouvoir de faire modifier.

Mais il n'en est pas toujours de même en matière de travaux communaux, et, dans un certain nombre d'hypothèses, la responsabilité de l'entrepreneur peut se trouver engagée en même temps que celle de l'architecte.

1357. — Mais une grave question se soulève à ce sujet : l'entrepreneur qui n'a pas confiance dans la nature du sol peut-il se refuser à l'exécution du travail? La question a été soumise au Conseil d'État qui l'a résolue par des distinctions qui nous paraissent à la fois équitables et conformes aux principes juridiques. D'après lui, l'entrepreneur étant, en principe, responsable des vices du sol, a le droit, au moment où il reconnaît que l'emplacement choisi ne présente pas une solidité suffisante, de suspendre les travaux, et, si l'Administration est en désaccord avec lui, de porter la question devant le Conseil de préfecture. Si, devant ce tribunal, l'Administration soutient qu'il est possible d'élever des constructions solides moyennant l'exécution de travaux supplémentaires dont elle s'engage à tenir compte, l'entrepreneur est obligé de continuer le travail ; mais il est déchargé de toute responsabilité provenant du vice du sol. (C. d'État, 31 août 1861, *Baron*, 789.) L'intérêt de l'entrepreneur est ainsi pleinement sauvegardé. Si l'Administration connaissait le vice du sol sur lequel elle veut faire élever la construction, et qu'elle n'en ait pas prévenu l'entrepreneur, celui-ci serait également déchargé de la responsabilité; et de plus, ce serait à l'Administration à réparer les dommages survenus, (C. d'Etat, 6 mars 1872, *Commune des Bains de Rennes*, 134.)

1358. — *Malfaçons.* — Ici encore, il y a lieu d'envisager successivement la responsabilité encourue par l'architecte, et celle qui incombe à l'entrepreneur.

En principe, l'architecte est responsable des malfaçons, lorsqu'elles auraient pu être prévenues par une surveillance attentive. (C. d'Etat, 12 juillet 1855, *Léaune*, 518.) En acceptant la direction des travaux, direction pour laquelle il lui est alloué des honoraires proportionnels aux sommes dépensées, il prend l'obligation d'empêcher l'entrepreneur d'éluder les prescriptions du devis, ou de construire contrairement aux règles de l'art. Mandataire de l'Administration, il répond, à ce titre, des fautes qu'il commet dans l'accomplissement de ce mandat; la plus grave, à coup sûr, consiste dans la négligence de ses devoirs de contrôle et de surveillance. Sans doute, il ne profite pas, comme l'entrepreneur, des économies exagérées qui ont pour résultat des vices de construction; mais si, comme nous le verrons bientôt, on peut trouver dans cette circonstance un motif pour atténuer, en ce qui le concerne, les conséquences de sa faute, il est bien impossible d'y voir une excuse absolue et de nature à dégager complètement sa responsabilité. (C. d'État, 16 juillet 1857, *Tournesac*, 552.)

1359. — Cette jurisprudence a trouvé des contradicteurs. L'architecte, a-t-on dit, n'est pas un spéculateur; sa rémunération se borne à un salaire modique: il ne profite pas des malfaçons. D'ailleurs, l'article 1792 du C. civ. ne le déclare responsable que lorsqu'il s'agit de travaux à prix fait, c'est-à-dire lorsque, se faisant lui-même entrepreneur, il assume les conséquences onéreuses en même temps qu'il profite des chances favorables de cette nouvelle position. On cite en ce sens un arrêt de la Cour de cassation, suivant lequel « l'article 1792, qui rend les architec-« tes responsables pendant dix ans des édifices qu'ils font cons-« truire, ne se rapporte qu'aux édifices construits à prix fait; d'où « il suit que, quand des édifices n'ont pas été construits par des « architectes, à prix fait, cet article est inapplicable. » (C. d'État, 12 nov. 1844, *Ville de Saint-Germain-en-Laye;* Dall., v° *Louage d'indust.*, n° 138.)

Ce système a été développé avec habileté dans un article inséré dans la *Revue pratique de droit français.* L'auteur de cet article, M. Derouet, démontre très clairement que l'article 1792, placé au titre du louage d'ouvrage et d'industrie, ne s'applique qu'aux architectes qui, abandonnant la partie élevée et vraiment artistique de leur profession, se font entrepreneurs de constructions. Les détails dans lesquels il entre à cet égard ne permettent réellement aucun doute sur la pensée qui a inspiré, lors de la rédaction de l'article 1792, les auteurs du C. civ. Nous ne pouvons et nous ne voulons pas refaire après lui cette étude : le lecteur pourra s'y reporter, s'il le juge utile. (Voyez *Rev. prat.*, t. II, p. 433 et suiv.)

Mais ce n'est pas sur ce point que repose, à notre sens, la difficulté. Toute l'argumentation de M. Derouet n'établit, en effet, qu'une seule chose, c'est qu'au moment où le législateur a rédigé l'article 1792, il n'a eu en vue que l'architecte-entrepreneur. Il ne s'est nullement préoccupé, nous l'accordons volontiers, de l'architecte, en tant que rédacteur des plans, ou directeur des travaux, ne prenant aucune part, soit aux pertes, soit aux bénéfices, en un mot de l'architecte considéré comme homme de l'art. Mais il reste à savoir si les principes généraux du droit ne rendaient pas inutiles, à cet égard, des dispositions spéciales, et si on ne trouve pas, par exemple, dans les articles 1382 et 1383 du C. civ., ou dans les textes relatifs aux obligations du mandataire, des principes assez larges pour justifier l'action en responsabilité dirigée par le propriétaire contre l'architecte, dont l'inhabileté ou l'incurie sont la cause certaine du préjudice souffert. Quant à nous, il nous semble impossible d'admettre que l'architecte, rédacteur de plans vicieux, ou qui a laissé exécuter sous ses yeux, par infraction aux conditions stipulées dans le devis, des travaux dont la ruine prochaine est inévitable, ne soit pas responsable, dans une certaine mesure, du préjudice éprouvé par le propriétaire.

M. Derouet a bien compris que son système était attaquable de ce côté, et il essaye de prouver que l'architecte doit échapper à la loi commune. Il le représente entouré de personnes intéressées à dissimuler les fraudes commises dans les constructions ; l'entrepreneur, les sous-traitants, les ouvriers eux-mêmes, sont pour lui des adversaires qui, « du bas en haut de la construction... », se relient les uns aux autres par cette solidarité intime que donne la passion et le besoin du lucre. En présence de cette coalition, dit l'auteur, « que peut donc l'architecte ? Faudra-t-il que « chaque heure de la journée soit par lui passée près de l'entre- « preneur et de l'ouvrier ? Est-il possible que sous les yeux « de cet architecte soit placé chaque grain de sable, chaque par- « celle de chaux, chaque pierre de taille, chaque pièce de bois « ou de fer... pour qu'il regarde, pèse, soupèse et mesure avant « leur emploi ? Est-il possible qu'après avoir refusé des bois, « des pièces de fer par lui reconnus défectueux, l'architecte « attende sur le chantier que d'autres bois, d'autres pièces, d'au- « tres fers lui soient présentés de nouveau.... » ? etc. etc.

Oui, sans doute, répondrons-nous, tout cela est possible. Une surveillance exacte suffira pour empêcher toutes fraudes, toutes celles au moins qui sont de nature à engager la responsabilité de l'architecte. Il n'est pas besoin pour cela qu'il soit jour et nuit sur les chantiers où la construction se prépare et s'établit. Il suffit que ses visites soient fréquentes, et son attention toujours en éveil. Quand il soupçonne la fraude, il a le droit de faire démolir les ouvrages vicieux, l'aspect des matériaux en montre la plupart du temps la mau-

vaise qualité. Quand l'architecte aura fait son devoir, il sera
bien rare que l'entrepreneur, même le plus habile dans la mauvaise acception du mot, réussisse à le tromper. A notre tour,
nous demanderons à M. Derouet. s'il est juste que le propriétaire,
envers lequel l'architecte a pris l'obligation de surveiller l'exécution des travaux, supporte les conséquences de l'inaccomplissement de ses devoirs ? Est-il possible, lorsque j'ai confié à un
homme de l'art la direction des travaux que je fais exécuter, que
je sois sans recours contre lui, si les vices de la construction
sont tels, qu'une surveillance complète les eût certainement em-
pêchés de se produire ? La mission de l'architecte est difficile,
soit : mais si celui auquel j'ai donné ma confiance ne se sent pas
l'aptitude ou le talent nécessaires, qu'il s'abstienne, et ne pro-
mette pas ce qu'il est incapable de tenir. (*Consult.* MM. Troplong,
du Louage, n° 1002 ; Frémy-Ligneville, *Législ. des bât.*, n°s 83,
93 et suiv. ; Sourdat, *Traité de la respons.*, n°s 771 et suiv.; Duvergier, n° 334 ; Zachariæ, t. III, p. 48 ; Marcadé, sur les articles
1792 et 1793, n° 1 ; Aubry et Rau, 4e édit., p. 374, t. IV, p. 529.

1360. — En matière de travaux publics, la responsabilité en-
courue par l'architecte à raison des malfaçons est consacrée
d'une manière constante par la jurisprudence. (V. notamment :
C. d'Etat, 18 février 1863, *Barre*, 148; 30 avril 1868, *Commune
de Garons*, 511; 12 mai 1869, *Maurice*, 455; 31 janvier 1873,
Commune de Fouleix, 118; 12 février 1875, *Commune de la
Nouvelle*, 146; 9 novembre 1877, *Manuel*, 866; 6 février 1885,
Merx, 162.)

1361. — Une condition essentielle pour que la responsabilité
de l'architecte soit encourue, c'est qu'il y ait faute à sa charge.
(C. d'Etat, 10 janvier 1873, *Mayeur*, 39 ; 24 avril 1885, *Commune
de Liesle*, 442) Nous verrons plus loin, n° 1376, à qui incombe
la preuve en cette matière.

La faute peut résulter d'actes très divers. Ainsi, la responsabilité a été admise dans les hypothèses suivantes :

1° L'architecte, tout en n'exerçant qu'une surveillance insuffisante, a autorisé des modifications aux plans, qui ont compro-
mis la solidité de l'édifice (C. d'Etat, 2 mai 1861, *Dauvergne*, 328 ;
23 janvier, 1874, *Revel*, 83);

2° L'affaissement qui s'est produit dans la toiture des bas-
côtés d'un marché est, d'une manière générale, attribué à l'architecte, dont la responsabilité se trouve engagée par un ensemble de faits constitutifs de faute (C. d'Etat, 19 juillet 1871, *Commune de Vic-en-Bigorre*, 102);

3° Les parquets d'une maison d'école se sont détériorés par
suite de la nature des remblais employés, et du défaut d'aération
(C. d'Etat, 11 mai 1870, *Gilée*, 570);

4° La mauvaise exécution des travaux provient de ce que l'architecte n'a pas prescrit les précautions nécessaires eu égard à
l'état du sol et laissé exécuter des maçonneries insuffisantes.
(C. d'Etat, 9 novembre 1877, *Manuel*, 866.)

1362. — Au contraire, la responsabilité de l'architecte se trouve dégagée si l'événement est imputable : 1° à un cas de force majeure ou à un accident impossible à prévoir (C. d'Etat, 23 janvier 1864, *Mary*, 52); 2° à une faute exclusivement commise par l'entrepreneur; 3° à une faute exclusivement commise par l'Administration. (C. d'Etat, 31 mars 1874, *Fivel*, 323.)

1363. — La responsabilité de l'architecte est surtout engagée lorsqu'aux termes du cahier des charges l'architecte est autorisé à faire démolir et reconstruire, aux frais de l'entrepreneur, tous les ouvrages qui seraient mal exécutés, ou qui n'auraient pas les dimensions prescrites par le devis. L'extension donnée à ses droits entraîne, par une juste conséquence, une aggravation correspondante de ses obligations. (C. d'Etat, 7 juillet 1859, *Monniot*, 679.)

1364. — Les architectes insèrent fort souvent dans les cahiers des charges une clause portant qu'aucun changement au devis ne pourra être fait par l'entrepreneur sans un ordre écrit émané du directeur des travaux. Cette clause a-t-elle pour effet de faire disparaître la responsabilité de l'architecte, à raison des vices de construction qui constituent des changements au plan, et pour lesquels il n'est pas rapporté par l'entrepreneur une autorisation écrite?

Entre l'entrepreneur et l'architecte, il n'est pas douteux qu'une pareille clause a pour résultat d'autoriser le recours de celui-ci contre le premier, qui n'est pas fondé à soutenir qu'il a obéi à des ordres purement verbaux, et qui est soumis tout au moins, pour en établir l'existence, aux règles établies par le C. civ. (*Voy.* art. 1341 et suiv.)

Mais, au respect de l'Administration, quelles que soient les stipulations du cahier des charges, l'architecte chargé de la direction des travaux et de leur surveillance est en faute d'avoir laissé exécuter, soit des ouvrages non prévus, soit des ouvrages contraires aux règles de l'art. En vain, invoque-t-il l'absence d'ordres écrits. Sa participation active aux infractions reprochées à l'entrepreneur n'est pas nécessaire pour engager sa responsabilité. Il suffit qu'il les ait laissé commettre sans protestation et sans avertir l'Administration. Il ne peut donc être admis à se prévaloir d'une pareille clause, à moins qu'elle ne soit conçue en termes assez clairs et explicites pour qu'on puisse y voir, de la part de l'Administration, une renonciation au bénéfice du droit commun. (*Voy.* C. d'Etat, 10 mars 1859, *Lebeuffe*, 187.)

1365. — Dans toutes les hypothèses que nous venons d'examiner, et dans toutes celles où les dégradations sont imputables pour partie à l'architecte et pour partie à l'entrepreneur, il y a lieu de se demander si la responsabilité de l'un ou de l'autre présente un caractère principal, et de rechercher comment doit se partager la réparation du préjudice. Nous examinerons ces questions après avoir étudié la responsabilité propre de l'entrepreneur.

1366. — L'architecte, à raison de son défaut de surveillance, est toujours, quelle qu'en soit la cause, responsable des malfaçons.

Quant à l'entrepreneur, il faut faire une distinction. Si les vices de construction proviennent des dispositions prises par lui, d'économies exagérées dans les dépenses, de fraudes aux prescriptions du devis, de l'inobservation des ordres des ingénieurs ou de l'architecte, en un mot, toutes les fois que les malfaçons peuvent être attribuées à son imprévoyance ou à son improbité, il est garant des détériorations et des accidents antérieurs ou postérieurs à la réception. (C. d'Etat, 17 nov. 1849, *Boyer*, 620.) — C'est ainsi, pour ne citer que quelques exemples, que le Conseil d'Etat a déclaré des entrepreneurs responsables : 1° des détériorations provenant d'un défaut dans la pose des pierres (C. d'Etat, 29 juillet 1846, *Ville de Gien*, 415) ; 2° de la mauvaise exécution des ouvrages et de la mauvaise qualité des matériaux (C. d'Etat, 24 juin 1858, *Laffont*, 456 ; 2 août 1860, *Belin*, 588) ; 3° des dégradations survenues aux piliers d'une église et dans une couverture qui n'avait pas été posée avec les précautions convenables (C. d'Etat, 28 janv. 1848, *Commune d'Arbecey*, 32) ; 4° des malfaçons reconnues dans la construction d'une voûte (C. d'Etat, 31 mai 1855, *Commune d'Arc-sous-Cicon*, 364) ;

5° De la mauvaise qualité de tuyaux fournis par l'entrepreneur (C. d'Etat, 27 octobre 1868, *Vieille*, 45) ;

6° De l'établissement de sommiers avec des bois de mauvaise qualité, ce qui a entraîné la ruine des plafonds (C. d'Etat, 27 octobre 1869, *Demeure*, 861) ;

7° De scellements défectueux, contraires aux règles de l'art et aux prescriptions du devis (C. d'Etat, 27 juillet 1877, *Collin*, 740) ;

8° De maçonneries défectueuses ayant entraîné des travaux de réparation (C. d'Etat, 9 novembre 1877, *Manuel*, 866) ;

9° De dégradations imputables, d'une façon générale, aux malfaçons commises par l'entrepreneur (C. d'Etat, 23 janvier 1885, *Dubois*, 97 ; 24 avril 1885, *Commune de Liesle*, 442 ; 19 novembre 1886, *Havaré*, 793 ; 17 décembre 1886, *Fabrique de Lanhouaneau*, 904) ;

10° D'emploi, dans les remblais, de terres argileuses. (C. d'Etat, 14 mai 1886, *Védrine*, 420.)

1367. — Mais, ici comme pour l'architecte, il faut remarquer que l'entrepreneur n'est responsable qu'autant qu'il y a eu faute de sa part. Ainsi, il a été exonéré dans les hypothèses suivantes :

1° Chute d'un mur nouvellement construit lorsque l'accident provient de vices imputables et à l'architecte et à la commune pour le compte de laquelle le travail était exécuté (C. d'Etat, 21 février 1873, *Commune de St-Sauveur*, 191);

2° Détériorations provenant d'un défaut de précision dans les devis (C. d'Etat, 23 janvier 1874, *Revel*, 83);

3° L'entrepreneur n'a fait que se conformer aux ordres de service de l'architecte. (C. d'Etat, 15 juin 1870, *Com. de St-Basile*, 777.)

Ici, comme en matière de travaux imprévus, la règle s'appliquerait surtout si le cahier des charges lui imposait l'obligation stricte de se conformer en tous points aux ordres de l'architecte

(C. d'Etat, 21 mai 1886, *Gabelle*, 447 ; 4 décembre 1885, *Commune de Saint-Gal*, 931);

4° Les travaux sont reconnus conformes aux plans et aux règles de l'art. (C. d'Etat, 4 décembre 1885, *Commune de Saint-Gal*, 931.)

L'entrepreneur devrait encore être déclaré indemne lorsque les détériorations proviennent de causes qui lui sont étrangères : par exemple, de l'action du temps ou des éléments, des accidents produits par des circonstances naturelles (C. d'Etat, 31 janvier 1848, *Matenot*, 59) ; du défaut d'entretien des travaux. (C. d'Etat, 16 juillet 1886, *Grandmougin*, 641.)

1368. — Dans toutes les hypothèses qui précèdent, et aussi bien pour les vices du sol que pour les vices du plan ou les malfaçons , nous avons supposé que la responsabilité de l'architecte et de l'entrepreneur étaient indépendantes l'une de l'autre, et nous les avons envisagées séparément. Sans doute, dans un certain nombre d'espèces, il est prouvé en fait que les détériorations survenues sont imputables soit à l'architecte seul, soit à l'entrepreneur seul ; mais, le plus souvent, la distinction n'est pas possible : la faute des deux agents est commune, et alors, il y a lieu de se demander quelles règles vont présider au partage de la responsabilité.

1369. — La première question qui se pose est celle de savoir si, à raison de l'indivisibilité de l'obligation, une condamnation solidaire peut être prononcée contre l'architecte et l'entrepreneur. Depuis longtemps, les tribunaux judiciaires avaient répondu affirmativement. (Cass., 8 novembre 1836, *Lefèvre*, S. V., 36, 1, 801 ; 7 août 1837, *Valory*, S. V., 37, 1, 964 ; 29 janvier 1840, *Salmon*, S. V., 40, 1, 369.) Le Conseil d'Etat n'a pas tardé à entrer dans la même voie, et à prononcer des condamnations solidaires, lorsque les mêmes faits lui ont paru imputables aux deux agents, et lorsqu'il était impossible de déterminer d'une manière exacte la part de préjudice imputable à chacun d'eux. (C. d'Etat, 30 mars 18 4, *Commune de Plessis-Brion*, 261 ; 2 mai 1861, *Dauvergne*, 529 ; 10 janvier 1873, *Mayeu*, 39 ; 6 février 1885, *Merx*, 162.) Dans l'espèce sur laquelle a statué ce dernier arrêt, la commune pour le compte de laquelle le travail avait été exécuté alléguait une faute commune de l'architecte et de l'entrepreneur ; le Conseil d'Etat a motivé ainsi sa décision : « Considérant d'une « part qu'il résulte de l'instruction, et notamment de l'expertise à « laquelle il a été procédé, que plusieurs dégradations de nature « à compromettre la sûreté de l'édifice se sont produites dans la « maison d'école de Condat après la réception définitive des tra- « vaux exécutés par le sieur Sevamand, entrepreneur, sous la « direction du sieur Merx, architecte ; que notamment des lé- « zardes se sont formées dans les murs et que des flexions se « sont manifestées dans les poutres des planches des classes ; que « ces accidents sont imputables pour partie à une exécution dé- « fectueuse des travaux, du fait de l'entrepreneur, et pour partie

« à des vices du plan ; qu'en effet, il a été donné aux arcs en
« briques des fenêtres une hauteur insuffisante et que les pou-
« tres des planches présentent un équarrissage trop faible en rai-
« son de leur portée ; — Considérant que l'architecte soutient, il
« est vrai, qu'il avait prescrit à l'entrepreneur d'employer des pou-
« tres de plus forte dimension, mais que cette allégation n'est
« appuyée d'aucune justification ; que, dans ces circonstances,
« c'est avec raison que le Conseil de préfecture a déclaré l'ar-
« chitecte responsable, solidairement avec l'entrepreneur, des
« vices de construction signalés. »

Mais, pour que la condamnation solidaire soit prononcée, il
faut, comme nous venons de le dire, que le partage de la responsabilité soit impossible, ce qui se présente rarement : le plus souvent, le fait dommageable est dû à des causes essentiellement
distinctes. Les malfaçons sont le fait de l'entrepreneur, comme
les vices du plan sont le fait de l'architecte. Il est presque toujours facile de fixer la proportion dans laquelle chacun d'eux a
contribué aux vices de construction, et, par suite, la part de responsabilité qui revient à chacun. Ils ne doivent donc pas être condamnés solidairement et pour le tout. (Voy. C. d'Etat, 1er février.
1849, Léger, 259; 18 juin 1852, Chapot, 244; 6 mai 1853, Courtieux,
501 ; 24 juin 1858, Laffont, 457 ; 19 juillet, 1871, Commune de
Vic-en-Bigorre, 103 ; 6 mars 1872, Commune des Bains de Rennes,
134; 31 janvier 1873, Commune de Fouleix, 118 ; 12 février 1875,
Commune de la Nouvelle, 146 ; 9 novembre 1877, Manuel, 866 ;
23 avril 1880, Beldent, 400 ; 3 décembre 1880, Giraud, 972 ;
23 janvier 1885, Dubois, 97.)

1370. — Dans les cas où la solidarité n'est pas prononcée, les
tribunaux administratifs peuvent répartir de la manière qu'ils
jugent convenable les travaux à exécuter ou les sommes à payer :
ils évaluent, d'après les circonstances, l'importance relative des
fautes commises par l'architecte et l'entrepreneur, et ils peuvent
imposer à chacun une part différente : c'est ainsi que, dans
l'arrêt du 23 janvier 1885 précité, les deux tiers du dommage sont
mis à la charge de l'architecte, et un tiers seulement à la charge
de l'entrepreneur.

1371. — Lorsque l'architecte n'a commis aucune faute personnelle, mais qu'il est seulement coupable d'en avoir laissé commettre une par l'entrepreneur, par défaut de surveillance, ce qui
arrive le plus souvent quand il s'agit de malfaçons, la jurisprudence a admis qu'il ne doit être condamné que subsidiairement
et dans le cas où l'entrepreneur est insolvable. (Voy. C. d'Etat,
20 juin 1837, Perrin, 262; 27 août 1846, Hamelin, Jouin et
Bringol, 452; 12 juillet 1855, Léaune, 518; 18 février 1863,
Barre, 148 ; 9 avril 1873, Durand, 338.)

M. Frémy-Ligneville est d'un avis contraire. Il pense que la
solidarité peut être prononcée entre l'architecte et l'entrepreneur.
Chacun d'eux est, suivant lui, l'auteur de la totalité du dommage.
La solidarité ressort de la nature même du fait qui est indivi-

sible, imputable en entier à chacun. Dans ce système, l'architecte aurait seulement un recours contre l'entrepreneur, auteur
principal et direct des vices de construction. (Voy. *Legislat. des
bâtim.*, nᵒˢ 111 et 112.)

Nous ne partageons pas cette manière de voir. La jurisprudence, en repoussant la solidarité, donne à la difficulté une solution plus équitable et plus juridique. L'auteur principal du dommage est l'entrepreneur; la faute de l'architecte est beaucoup
moins grave, elle n'a d'autre cause que sa négligence ; celle de
l'entrepreneur s'explique, au contraire, presque toujours par le
désir de réaliser des bénéfices excessifs. D'un côté, il y a une
imprudence ; de l'autre, la fraude ou la cupidité. D'ailleurs, ainsi
que l'a fait justement observer M. Sourdat (*Traité de la responsabilité*, nᵒ 674), il n'est pas exact de prétendre que « la cause du
« dommage se trouve, indifféremment et au même degré, dans
« le fait de l'un et de l'autre, sans qu'on puisse établir auquel
« des deux il se rapporte et dans quelles proportions ». L'appréciation de la part de responsabilité qui revient à chacun est quelquefois fort délicate ; mais ce ne serait que dans le cas où il y
aurait impossibilité absolue de fixer cette part, qu'il pourrait être
permis de prononcer la solidarité.

Le Conseil d'Etat, dont nous venons de rappeler les décisions
favorables à cette thèse, a quelquefois déclaré l'architecte tenu
solidairement avec l'entrepreneur à la réparation des malfaçons;
mais il est essentiel d'observer que dans ces circonstances l'architecte avait à se reprocher plus qu'un défaut de surveillance. (*Voy.*
C. d'Etat, 30 mars 1854, *Commune du Plessis-Brion*, 259.) Dans cette
affaire, un plan vicieux avait été remis à l'entrepreneur qui en
exagéra les défectuosités par des malfaçons. La faute était commune, la réparation devait être mise pour le tout à la charge de
l'un et de l'autre. (*Voy.* aussi C. d'Etat, 2 mai 1861, *Dauvergne*, 328.)
Si au contraire l'architecte n'avait à se reprocher qu'un défaut
de surveillance, l'entrepreneur serait considéré comme débiteur
principal, et l'architecte seulement comme garant en cas d'insolvabilité. Les deux cas sont nettement indiqués dans un arrêt
récent du Conseil d'Etat dont nous reproduisons le motif principal : « Considérant qu'il résulte de l'instruction que les défectuo-
« sités existantes dans les bâtiments du groupe scolaire et de la
« mairie de Neuilly-sur-Eure proviennent tant de la mauvaise
« exécution des travaux par l'entrepreneur que du fait de la
« commune, et que, si l'architecte n'a pas exercé une surveillance
« suffisamment active sur les travaux dont la direction lui était
« confiée, cette circonstance ne pouvait motiver, dans l'espèce,
« la condamnation du sieur Havard, soit comme débiteur direct
« de la commune, soit même comme garant d'un entrepreneur
« dont elle n'a pas à redouter l'insolvabilité ; que, dès lors, il y a
« lieu de mettre le requérant hors de cause et d'ordonner la res-
« titution des sommes qu'il aurait payées en exécution de l'arrêt
« ci-dessus voté. » (C. d'Etat, 12 novembre 1886, *Havard*, 792.)

1372. — La jurisprudence civile n'admet pas que l'architecte ou l'entrepreneur puissent invoquer, pour se mettre à couvert, le consentement donné par le propriétaire à l'exécution de travaux vicieux. (*Voy.* Frémy-Ligneville, t. Ier, 84.) La sécurité publique est ici en jeu : elle ne permet pas qu'une pareille exception soit accueillie.

En est-il de même en matière de travaux publics? Si l'architecte et l'entrepreneur ont prévenu l'Administration, au moment de l'exécution des travaux, de la mauvaise qualité des matériaux dont l'emploi a été approuvé ou prescrit; s'ils ont fait observer que les dimensions données à certaines parties des ouvrages ne présentent pas les conditions de solidité requises, et si néanmoins ils ont reçu l'ordre de continuer les travaux, pourra-t-on les rendre responsables des malfaçons et des accidents survenus pendant ou après l'exécution?

L'application des règles ordinaires serait sans doute jugée, en pareil cas, comme bien rigoureuse. La considération tirée de la sécurité publique perd ici une partie de son importance. Car le meilleur juge, en cette matière, c'est évidemment l'Administration. Son consentement à l'exécution des travaux dans les conditions défectueuses signalées à temps prend, par suite, une valeur considérable. Entourée de conseils, n'agissant qu'après délibération, assujettie, dans ses moindres actes, au contrôle des pouvoirs supérieurs, elle n'est pas, comme un simple particulier, soumise à l'influence exclusive et prépondérante des hommes de l'art. Aussi le Conseil d'Etat a-t-il admis plusieurs fois que des malfaçons imputables, soit à la mauvaise qualité des matériaux provenant de la carrière indiquée sur les instances du Conseil municipal et nonobstant les réclamations de l'entrepreneur (C. d'Etat, 30 oct. 1834, *Desgrandschamps*, 695), soit aux changements apportés en cours d'exécution et sur l'ordre d'une commune au projet primitif, et qui ont eu pour effet de compromettre la solidité de l'édifice (C. d'Etat, 30 juin 1853, *Commune de Brialexte*, 639), doivent rester à la charge de l'Administration. (C. d'Etat, 15 déc. 1855, *Commune de Waldweistroff*, 730 ; 5 janv. 1860, *Buleux*, 14.)

Nous avons d'ailleurs vu plus haut que l'entrepreneur a le droit de saisir de la difficulté les tribunaux administratifs, et d'échapper ainsi à la responsabilité.

1373. — En matière civile, des articles 1792 et 2270 combinés, il résulte que l'obligation de réparer les malfaçons existe, non pas seulement lorsqu'elles ont eu lieu dans la construction d'un édifice, mais aussi bien lorsqu'il s'agit de gros ouvrages, et il faut entendre par cette expression, dont se sert l'article 2270, les grosses réparations aussi bien que les ouvrages entièrement neufs. (Cass., 10 février 1835, *Pochon*, S. V., 35, 1, 174; M. Troplong, *du Louage*, no 1004.)

Si l'article 1792 devait être considéré comme la règle unique de la matière, il faudrait certainement décider que la responsabilité décennale n'a lieu que dans le cas de ruine totale ou partielle des ouvrages, lorsque, dit cet article, l'édifice *périt en tout ou en partie*. Mais on a fait observer avec raison que ces expressions n'ont pas un caractère limitatif, et que le principe général formulé par les articles 1382 et 1383 du C. civ., aussi bien que les règles spéciales du mandat, soumettent l'architecte et l'entrepreneur à l'obligation de réparer tous les vices de construction. Les tribunaux ont, à cet égard, un pouvoir d'appréciation illimité. Il leur appartient de décider si les détériorations ou les accidents qui se manifestent après la réception sont de nature, par leur caratère, à justifier l'action en responsabilité. La jurisprudence des tribunaux civils et administratifs n'a pas circonscrit et limité ce pouvoir. Il ressort clairement de l'ensemble de leurs décisions qu'ils ont voulu conserver intacte la latitude d'appréciation que la loi leur a donnée.

Il faudra donc décider, en règle générale, que la responsabilité n'est pas circonscrite aux cas où les vices de construction compromettent la solidité des gros ouvrages de l'édifice et menacent d'en entraîner la ruine totale ou partielle. Le droit à la réparation existe dans tous les cas où les défectuosités constatées sont contraires aux règles de la construction ou aux prescriptions du cahier des charges. Telle est du moins la règle qui paraît se dégager de la jurisprudence du Conseil d'Etat.

1374. — Ainsi le Conseil d'Etat a ordonné la réparation au compte de l'entrepreneur de travaux de maçonnerie sans liaison et sans consistance (C. d'Etat, 20 janvier 1853, *Dép. de la Moselle*, 141); de détériorations survenues dans les parquets, lambris, portes, angles, plafonds d'un édifice (C. d'Etat, 15 nov. 1851, *Hamelin et Jouin*, 662); de travaux exécutés avec des matériaux défectueux ou d'une façon contraire aux prescriptions du devis ou aux règles de l'art (C. d'Etat, 26 juil. 1851, *Sainte-Marie*, 526; 30 juin 1853, *Commune de Briatexte*, 639; 29 juil. 1858, *Larcher*, 553; 12 mai 1859, *Dép. des Ardennes*, 349); de scellements défectueux (C. d'Etat, 27 juillet 1877, *Collin*, 740); de maçonneries défectueuses. (C. d'Etat, 9 novembre 1877, *Manuel*, 866.)

1375. — Quant aux menus ouvrages, il paraît certain qu'il n'y a pas lieu à l'application de la responsabilité décennale. Leur réception ou la prise de possession par le propriétaire élève contre l'action une fin de non-recevoir insurmontable. C'est le sentiment de tous les auteurs. (*Voy.* MM. Troplong, *de la Prescript.*, n° 941; Vazeille, *de la Prescript.*, n° 550.) La jurisprudence reconnaît aussi que la responsabilité décennale ne s'applique qu'aux ouvrages d'une certaine importance qui nuisent à la solidité de la construction, ou tout au moins peuvent produire des conséquences graves; et qu'elle ne saurait être invoquée pour de simples malfaçons qui diminuent seulement l'agrément ou l'utilité de l'édifice, ou n'occasionnent aucune conséquence grave, mais seulement quelques réparations. On considère que ces malfaçons nécessiteraient une réfection si elles étaient signalées avant la réception définitive, mais que la visite et les autres formalités de cette réception suffisent sur ce point à garantir l'Administration. Ainsi, il a été jugé que la mauvaise qualité des tuiles employées, bien qu'ayant occasionné des détériorations dans la toiture, ne constitue pas un vice de construction de la nature de ceux qui sont prévus par les articles 1792 et 2270 du Code civil (C. d'Etat, 25 mars 1881, *Ville de Paris*, 344); qu'il en était de même de la hauteur 3ᵐ67 donnée à un plafond au lieu de celle de quatre mètres (C. d'Etat, 23 mai 1879, *Pourchot*, 415), de la mauvaise qualité de quelques pierres (C. d'Etat, 23 janvier 1880, *Nau*, 109), de l'imperfection de la briqueterie et de la peinture (C. d'Etat, 31 mai 1874, *Commune de Passais-la-Conception*, 325).

D'autres arrêts ont généralisé cette solution : « Considérant, « dit l'un d'eux, qu'il résulte de l'instruction qu'aucune des dété- « riorations survenues au clocher, aux conduits de descente et « aux pare-neige, ne saurait être considérée comme ayant causé « la perte de l'édifice ou d'une de ses parties; qu'ainsi, elles ne « sont pas de nature à engager, par application des articles pré- « cités, pendant 10 ans, la responsabilité de l'architecte... » (C. d'Etat, 1ᵉʳ juin 1883, *Fivel*, 517.) Dans le même sens (C. d'Etat, 23 janvier 1880, *Nau*, 109; 17 février 1882, *Maurice*, 193; 28 mars 1885, *Commune de Castets-en-Dorthe*, 405).

1376. — Qui doit faire la preuve, soit des malfaçons, soit du vice du sol ? Est-ce l'architecte ou l'entrepreneur ? Est-ce l'Administration ? La question a été discutée en droit civil.

Les auteurs distinguent le cas où il s'agit d'un marché à prix fait ou à forfait, et celui où il s'agit d'un marché ordinaire, par exemple, d'un marché sur devis.

Dans le premier cas, ils admettent qu'il y a une présomption légale de faute à la charge des architectes ou entrepreneurs, qu'ils ne peuvent écarter que par la preuve d'un cas fortuit ou d'un événement de force majeure exclusif de toute faute de leur part. Mais ils ne s'accordent pas sur la question de savoir si la disposition de l'article 1792 et la présomption de faute qu'il établit, doivent être restreintes au cas de marchés à forfait.

Certains auteurs pensent que la disposition de l'article 1792 devrait être complétée par celle de l'article 2270, et que, par suite, la présomption légale de faute établie par l'article 1792 serait applicable à toutes les hypothèses visées par l'article 2270. (V. Delvincourt, III, p. 216 ; Frémy-Ligneville, *Législation des bâtiments*, I, 94 et 100 ; Troplong, III, 1001 ; Duvergier, II, 353 ; Marcadé, sur les articles 1792 et 1793, n° 1; Zachariæ, § 374, texte *in fine* et note 14.) D'autres auteurs avec la jurisprudence de la Cour de cassation condamnent cette doctrine. Ils pensent au contraire qu'une présomption légale de faute ne peut et ne doit pas, plus que tout autre présomption légale, être étendue à des hypothèses autres que celle pour laquelle elle a été établie. (Aubry et Rau, t. IV, p. 530, note 18; Cass. req., 12 nov. 1844, Sir., 45, 1, 180 ; Cass. req., 15 juin 1863, Sir., 63, 1, 409.) Nous croyons devoir nous ranger à cette dernière opinion. Nous pensons en effet que la présomption légale de faute établie par l'article 1792 s'explique par la portée de la convention par laquelle l'architecte ou l'entrepreneur s'engage à ne recevoir qu'un prix déterminé, quels que soient son travail ou ses soins. Il a donc intérêt à restreindre le plus possible son travail, ses soins, ou les frais de la construction. Or il est bien certain que cet intérêt n'existe plus quand il s'agit d'un travail exécuté d'après les bases d'un devis ou sur série de prix. La présomption légale, qui est la contre-partie de l'intérêt que l'architecte ou l'entrepreneur a de commettre la faute, disparaît.

1377. — Le Conseil d'État a adopté une théorie beaucoup plus large et plus simple. Il résulte de ses arrêts que, tout aussi bien dans les cas prévus par l'article 1792 que pour ceux prévus par l'article 2270, pour que la responsabilité de l'architecte ou de l'entrepreneur soit engagée, il faut que la preuve d'une faute soit faite par l'Administration dans l'instruction. Son raisonnement paraît être le suivant.

En principe, le demandeur doit justifier son action : *Onus probandi incumbit ei qui dicit, non ei qui negat.* Or l'Administration qui exerce le droit qu'elle tient de l'article 1792 est demanderesse. D'un autre côté, aucun texte ne contient pour ce cas une dérogation aux règles ordinaires. L'article 1792 ne crée pas contre l'architecte ou l'entrepreneur une présomption de faute. C'est donc à l'Administration qu'il appartient d'établir que les dégradations dont elle se plaint proviennent de leur négligence ou de leur inhabileté. (*Voy.* M. Troplong, *du Louage*, n° 1005; M. Duvergier, *id.*, t. IV, n° 356.) Il a été jugé en ce sens que, s'il ne résulte pas de l'instruction que les filtrations qui se sont manifestées dans les ouvrages soient le résultat de malfaçons imputables à l'entrepreneur, l'Administration n'est pas en droit de faire subir à l'entrepreneur aucune réduction sur le prix stipulé. (C. d'État, 31 janvier 1848, *Martenot*, 59; 7 juillet 1863, *Legrand*, 535; 24 avril 1885, *Commune de Liesle*, 442.)

1378. — C'est par application du même principe que l'action en responsabilité a été déclarée mal fondée, dans certains cas où l'Administration avait négligé de prendre les précautions nécessaires pour en constater l'existence. Comme l'entrepreneur ne peut être tenu de réparer que les détériorations qui sont le résultat de son fait personnel, et qu'on ne peut, sans injustice, mettre à sa charge celles qui ont pour cause l'action du temps ou d'autres circonstances naturelles, le Conseil d'État s'est plusieurs fois décidé à repousser l'action dirigée contre lui, quand la mauvaise exécution des travaux n'avait pas été constatée dans le cours même des travaux. (C. d'État, 26 fév. 1846, *Jouve et Crampel*, 114; 12 avril 1851, *Béguery*, 258.) Mais il ne faut pas considérer ces décisions comme constitutives d'une règle générale. Il est bien certain, au contraire, que la responsabilité s'applique en principe à tous les faits dommageables, quels que soient le mode et l'époque de leur constatation. Seulement, dans les espèces que nous venons de rappeler, il s'agissait de travaux de terrasse-

ments, dont il est impossible, au bout d'un certain temps, de vérifier les conditions d'exécution ; le Conseil d'Etat a donc pu légitimement faire un grief à l'Administration de ce qu'elle n'avait
pas, en temps utile, fait les constatations nécessaires pour établir
les malfaçons dont elle se plaignait. Il faut voir dans ces décisions
la confirmation des principes établis en matière de preuve, mais
se garder d'en conclure que l'action en responsabilité est soumise à la condition préalable de la constatation des malfaçons
pendant l'exécution des travaux. Cette conclusion serait inexacte
quoi qu'en dise M. Delvincourt, même relativement aux ouvrages
de terrassement. (Voy. Liv. des entrep., p. 206.)

1379. — Du principe posé par l'article 1792 du C. civ. naît
l'obligation pour l'architecte et l'entrepreneur de réparer eux-mêmes soit la perte totale ou partielle, soit les dégradations qui
sont la conséquence des vices de construction.

De là cette conséquence que l'objet de l'obligation de l'architecte et de l'entrepreneur est, non pas une somme d'argent, mais
bien la réparation des dommages survenus. Ils doivent remettre
les choses en bon état, et, en cas de refus, les tribunaux doivent
ordonner l'exécution du travail à leurs frais. Telle est la règle posée en ces termes par un ancien arrêt : « Considérant que les dé-
« fectuosités dont il s'agit sont notables ; que la ville en réclamait le
« redressement, et que le droit qu'elle avait d'obtenir que les en-
« trepreneurs effectuassent des travaux nécessaires pour faire dis-
« paraître ces défectuosités ne pouvait, sans violation du marché,
« être converti par le Conseil de préfecture, contre la volonté ex-
« presse de la ville, en de simples indemnités... » (C. d'Etat 15
novembre 1851, Hamelin et Jouin, 662.)

De nombreuses décisions ultérieures ont consacré les mêmes
principes. (C. d'Etat, 12 juillet 1855, Bouillant, 517 ; 3 décembre
1857, Commune de la Corneille, 757 ; 9 avril 1873, Durand, 338 ;
12 février 1875, Commune de la Nouvelle, 146 ; 27 juillet 1877,
Collin, 740 ; 9 novembre 1877, Manuel, 866 ; 24 avril 1885, Commune de Liesle, 442.)

1380. — Toutefois, il s'en faut de beaucoup que la règle soit
absolue : dans nombre de cas c'est une condamnation en argent
qui est prononcée, car la nature des choses empêche qu'il en soit
autrement. Ainsi, faute par l'entrepreneur d'avoir terminé les travaux dans le délai fixé par le Conseil de préfecture, l'Administration
peut être autorisée à les faire exécuter à ses frais, risques et périls.
Il s'agit, en effet, d'une obligation de faire qui donne lieu, le cas
échéant, à l'application de l'article 1144 du C. civ. (C. d'Etat, 3 déc.
1857, Commune de la Corneille, 757.)

Une clause pénale peut même être insérée dans la décision qui
ordonne la réfection des travaux : ainsi, une clause peut prévoir
la condamnation à faire les réparations nécessaires sous peine de
subir une diminution proportionnelle (25 0/0 dans l'espèce) sur
le prix des travaux. (C. d'Etat, 24 avril 1885, Commune de
Liesle, 442.) En pareil cas, si l'entrepreneur se refuse à exécuter

les travaux, il subit la retenue, que l'Administration emploie à faire les réparations : il faut, par conséquent, qu'il y ait concordance entre la somme retenue et celle à dépenser.

De même encore, la condamnation ne peut être que pécuniaire lorsqu'il s'agit de malfaçons générales, irréparables par des travaux de détail ; par exemple, des tuyaux de conduite d'eau de mauvaise qualité ont été fournis : pour les remplacer, il faudrait recommencer le travail entier : il est préférable de le laisser subsister, sauf à faire de fréquentes réparations de détail. (C. d'Etat, 17 janv. 1868, *Vieille*, 45.) Mais l'Administration a droit à une indemnité, qui lui permettra d'effectuer les réparations à mesure qu'elles deviendront nécessaires. Ces principes ont été appliqués dans un arrêt du 23 mars 1877 (*Barbou*, 319), dont les motifs sont ainsi conçus : « Considérant que les désordres graves qui se sont
« produits dans les fondations des bâtiments de l'hospice d'Orbec,
« construit par le sieur Gérard, sous la direction du sieur Bar-
« bou, sont imputables exclusivement à un vice du plan et à
« une erreur de l'architecte, qui a prescrit, dans son devis sup-
« plémentaire ci-dessus visé, l'emploi d'un système de pilotis en
« bois de hêtre qui n'était pas de nature, à raison des conditions
« du sol et de l'essence des bois choisis, à asseoir les fondations
« de l'édifice sur une base solide; que, dans ces circonstances,
« c'est avec raison que le Conseil de préfecture a déclaré le sieur
« Barbou responsable, en vertu de l'article 1792 du Code civil, des
« dégradations signalées;
« Mais considérant qu'il résulte de l'avis ci-dessus visé du Con-
« seil général des bâtiments civils qu'il n'y a lieu, pour faire
« disparaître les désordres signalés dans la construction, d'ordon-
« ner l'exécution de tous les travaux proposés par les experts;
« qu'en condamnant le sieur Barbou à payer à la Commission
« administrative de l'hospice la somme de 10.000 fr., à titre de
« dommages-intérêts, il sera fait une équitable appréciation des
« dégradations imputables au fait de l'architecte, sauf à ladite
« Commission à exécuter à ses frais et risques les travaux de ré-
« paration qu'elle jugera convenables, pour rétablir l'édifice dans
« les conditions de solidité et de durée prévues à l'époque de la
« construction. »

C'est encore une condamnation pécuniaire, au moins à l'égard de l'un des deux agents, qui interviendra dans le cas où les vices seront imputables à la fois à l'architecte et à l'entrepreneur. Le dernier ne peut pas être condamné à refaire toute la partie matérielle du travail, l'architecte se contentant de fournir à nouveau sa surveillance et sa direction; il faut, de plus, au moins dans la plupart des cas, qu'il supporte une partie de la dépense, et indemnise l'entrepreneur en argent. Ces évaluations seront faites par les tribunaux d'après les circonstances.

1381. — Il est à peine besoin de faire remarquer que les condamnations prononcées à cet égard doivent comprendre non seulement la réparation matérielle du dommage, mais encore la réparation de tout le préjudice subi; par conséquent, il peut être alloué des dommages-intérêts.

1382. — Notons enfin que la responsabilité de l'entrepreneur ou de l'architecte ne peut pas s'étendre au delà des dépenses prévues au devis primitif. Si, par exemple, pour réparer les détériorations résultant soit des vices du plan ou du sol, soit des malfaçons, on juge à propos de faire des modifications au devis, modifications destinées à placer l'édifice reconstruit dans des conditions nouvelles de solidité, et si ces travaux exigent des dépenses plus considérables que celles originairement fixées, ce surcroît doit rester à la charge de l'Administration. (C. d'Etat, 9 juin 1849, *Mourguès*, 317; 6 mai 1853, *Courtieux*, 501; 12 juillet 1855, *Bouillaut*, 516.) C'est par ce motif que le Conseil d'État a annulé un arrêté du Conseil de préfecture du Jura, qui, en prescrivant la reconstruction de certains ouvrages aux frais de l'entrepreneur et de l'architecte, avait ordonné en même temps la restitution des sommes qu'ils avaient touchées, non pas seulement pour la partie défectueuse des travaux, mais aussi pour les ouvrages convenablement exécutés. (*Voy.* C. d'Etat, 28 fév. 1844, *Dufour*, 110; anal. 18 juin 1852, *Chapot*, 244.) La réparation ne doit pas dépasser l'étendue du préjudice. Sauf cette réserve, toute latitude est laissée à l'Administration dans le choix des moyens à employer pour réparer les défectuosités signalées; il n'est pas nécessaire, dans la reconstruction des ouvrages, de se conformer aux plans et devis primitifs; il suffit que les travaux ne soient pas de nature à diminuer la solidité des autres parties de l'édifice dont l'entrepreneur ou l'architecte restent responsables. (C. d'État, 12 juillet 1855, *Bouillaut*, 516; 19 juillet 1871, *Commune de Vic-en-Bigorre*, 103.)

Mais, les architectes et entrepreneurs dont la responsabilité est engagée ne doivent que la réparation des dommages: si, par suite des travaux de réfection opérés, l'immeuble acquiert une plus-value, parce qu'ils ont entraîné des dépenses supplémentaires non prévues au devis, l'architecte et l'entrepreneur ont droit à indemnité. (C. d'Etat, 23 janvier 1885, *Dubois*, 98.) La réparation des malfaçons ne peut pas être une cause de bénéfice pour l'Administration.

CHAPITRE II

De la durée de la responsabilité décennale.

1383. Droit commun de la responsabilité décennale : articles 1792 et 2270 du Code civil.

1384. Stipulations des cahiers des charges.

1385. Délai spécial de garantie sous le cahier de 1833.

1386. Délai spécial de garantie sous le cahier de 1866.

1387. Ces textes ont-ils modifié les articles 1792 et 2270 ? Controverse.

1388. Stipulation des cahiers de l'ancien Ministère d'État, et du service de la guerre.

1389. Responsabilité à l'égard des travaux départementaux et communaux.

1390. Durée de l'action fondée sur le dol de l'entrepreneur,

1391. La durée de la responsabilité peut être modifiée par la convention des parties.
1392. Point de départ du délai de dix ans. Jurisprudence de la Cour de cassation : son extension aux travaux publics.
1393. Actes d'où résulte la prise de possession.

1383. — En matière civile, l'action en garantie dure dix ans (articles 1792 et 2270 du Code civil). En matière de travaux publics, comme aucune loi n'a fixé un délai particulier pour la prescription de l'action, le droit commun est applicable, sauf les dérogations stipulées dans les cahiers des charges.

1384. — Cependant, comme la plupart des cahiers des charges organisent un système spécial de réception provisoire et de réception définitive, un certain temps après la première, un certain nombre d'auteurs ont voulu voir là une dérogation générale au droit commun, et comme corrélatif des précautions et des formalités imposées pour la réception, une abréviation du délai de garantie, qui prendrait fin à la réception définitive.

On a raisonné d'après le cahier des ponts et chaussées qui sert en général de modèle aux autres services, ou aux départements et communes.

1385. — Sous l'empire du cahier de 1833, un délai spécial de garantie était stipulé en ces termes par l'article 35 :

« Immédiatement après l'achèvement des travaux, il sera pro-
« cédé à leur réception provisoire, et la réception définitive n'aura
« lieu qu'après l'expiration du délai de garantie. Pendant ce
« temps, l'entrepreneur demeurera responsable de ses ouvrages
« et sera tenu de les entretenir. Ce délai de garantie sera de trois
« mois après la réception, pour les travaux d'entretien, de six
« mois pour les terrassements et les chaussées d'empierrement,
« d'un ou de deux ans pour les ouvrages d'art, selon les stipu-
« lations du devis. »

1386. — Le cahier de 1866 renferme une disposition analogue, l'article 47 : « Il est procédé de la même manière, dit cet article,
« à la réception définitive après l'expiration du délai de garan-
« tie. A défaut de stipulation expresse dans le devis, ce délai est
« de six mois à dater de la réception provisoire, pour les travaux
« d'entretien, les terrassements et les chaussées d'empierrement,
« et d'un an pour les ouvrages d'art. Pendant la durée de ce dé-
« lai, l'entrepreneur demeure responsable de ses ouvrages et
« est tenu de les entretenir. »

On le voit, le nouveau texte ne modifie qu'une chose : la durée des délais. Dès lors, actuellement comme sous le cahier de 1833, se pose la question suivante :

1387. — Cet article a-t-il entendu restreindre à ces différents délais la prescription établie par le Code civil ? Au premier aperçu, on est tenté de le croire. L'article paraît clair, et on se demande pourquoi le rédacteur des Clauses et conditions générales aurait pris la peine de stipuler un délai particulier *pendant lequel l'entrepreneur demeurera responsable de ses ouvrages*, s'il n'avait pas voulu déroger aux articles 1792 et 2270 du Code civil. Cette abréviation de délai s'explique d'ailleurs aisément. « Les travaux de l'Etat, a dit M. Delvincourt, sont soumis à une surveillance qui s'exerce incessamment, à chaque jour, à chaque heure ; et cette surveillance, qui doit rendre les malfaçons beaucoup plus rares, rend par la même raison tout-à-fait inutile la responsabilité décennale. Cette responsabilité, en effet, n'a été édictée et n'a de raison d'être qu'en vue d'une certaine liberté d'action laissée à l'exécutant, et il paraîtrait tout à fait excessif de la faire peser sûr des entrepreneurs autour desquels un système aussi complet de contrôle et de précaution a été organisé. » (Voy. *Liv. des entrepreneurs*, p. 202.)

Ces contradictions prouvent tout au moins que la question est délicate ; cependant nous croyons devoir nous prononcer pour l'opinion contraire.

L'ancien article 35 et l'article 47 actuel n'ont pas, en effet, la portée que leur donne M. Delvincourt. Le paragraphe que nous avons reproduit ci-dessus est précédé d'un autre paragraphe ainsi conçu : « Le dernier dixième ne sera payé à l'entrepreneur « qu'après l'expiration du délai fixé pour la garantie des ouvra-« ges. » — Ce délai n'a donc été établi en réalité, comme l'a dit le Conseil d'Etat, qu'au point de vue du paiement des travaux. C'est un temps d'essai que l'Administration s'est réservé, afin de conserver par devers elle une somme appartenant à l'entrepreneur et pouvant, en cas de besoin, servir au paiement des dégradations résultant des vices de construction. Comme les vices de construction se manifestent d'ordinaire assez promptement, et comme, d'ailleurs, l'entrepreneur qui a terminé les ouvrages a le droit, en principe, d'être immédiatement payé, on ne pouvait pas stipuler que le dixième de garantie resterait entre les mains de l'Administration pendant les délais ordinaires de la responsabilité. On a donc réduit ces délais ; mais cette réduction ne concerne pas l'action en garantie, qui reste soumise à la règle du droit commun à laquelle il n'a pas été formellement dérogé. Ce qui prouve que telle a été l'intention du rédacteur des Clauses et conditions générales, c'est que le cahier des charges de 1811, dont l'article 35 du cahier de 1833 reproduit exactement les trois premiers paragraphes, portait en termes exprès « qu'après « l'expiration du délai de garantie, l'entrepreneur sera naturelle-« ment déchargé de toutes ses obligations, s'il ne lui a été fait « de significations contraires ». — Or, ce dernier paragraphe a été supprimé. Pourquoi, si ce n'est parce qu'on a voulu revenir à l'application du droit commun, aussi nécessaire, quoi qu'en dise M. Delvincourt, en matière de travaux publics qu'en matière purement civile ? (Voy. C. d'Etat, 2 août 1851, *Desfosseux*, 576 ; 21 juillet 1853, *Bouillaut*, 751.)

L'article 47 du cahier de 1866 reproduit sur ce point le cahier de 1833, le même raisonnement est donc applicable.

Nous ajouterons une considération importante qu'on semble

trop négliger : les dispositions des cahiers des charges obligent l'entrepreneur; on n'en peut tirer aucun argument au sujet de l'architecte ou de l'ingénieur. Où serait donc la raison qui aurait pu ainsi faire réduire à un an le délai de garantie de l'entrepreneur, et faire maintenir à dix ans le délai de garantie de l'ingénieur ou architecte ? Nous avons vu plus haut, il est vrai, que pour les travaux de l'Etat ou pour les travaux dirigés par des membres du service de l'Etat, corps des ponts et chaussées, bâtiments civils, etc., on avait pris des mesures spéciales pour soustraire ces membres, ingénieurs, architectes, etc., aux règles ordinaires des articles 1792 et 2270 du Code civil, et ne les laisser soumis qu'aux règles particulières de leur service; mais ces lois, décrets et règlements, qu'on a été obligé de rendre, prouvent bien que sans eux le droit commun eût été applicable.

1388. — Pour couper court à toute difficulté, le cahier des charges de l'ancien Ministère d'Etat déclarait que l'entrepreneur resterait responsable de ses ouvrages, conformément aux dispositions des articles 1792 et 2270 du Code civil, même après la restitution du cautionnement. Ainsi que nous l'avons vu plus haut (nos 1046 et 1050), les cahiers du génie de 1876 et le cahier général du Ministère de la guerre de 1887 consacrent aussi formellement la responsabilité décennale à la charge de l'entrepreneur, malgré la réception définitive.

1389. — Nous avons dit déjà que l'Etat invoquait très rarement les principes de la responsabilité décennale contre les entrepreneurs. Mais la jurisprudence a eu à se prononcer en ce qui concerne les travaux des départements et des communes, dans un grand nombre de cas où, soit le cahier des charges des ponts et chaussées, soit un cahier contenant des clauses analogues, avait été adopté; et elle a toujours donné à la responsabilité des architectes et entrepreneurs une durée de dix ans. (V. notamment : C. d'Etat, 23 janvier 1874, *Revel*, 83; 3 janvier 1881, *Ville de la Fère*, 29; 30 novembre 1883, *Commune de Margny*, 884; 23 janvier 1885, *Ville de Desvre*, 97; 24 avril 1885, *Commune de Liesle*, 442, etc.)

Pour les travaux de l'Etat, la question est plus délicate. Nous avons déjà dit (n° 1043) qu'une difficulté résultait des dispositions du cahier des ponts et chaussées : le moment est venu de l'examiner.

1390. — M. Cotelle donne une durée de trente ans à l'action en responsabilité en cas de dol constaté. M. Lepage est du même avis. Suivant cet auteur, « la décharge de garantie par la loi en « faveur des entrepreneurs, dont les ouvrages ont duré au moins « dix ans, ne s'applique nullement au cas où un entrepreneur « aurait employé des méthodes frauduleuses, ni en général pour « tous les cas où il aurait trompé le propriétaire dont il avait la « confiance. Cette décharge, acquise par le laps de dix ans, est « une exception d'une nature particulière qui ne peut pas s'éten- « dre indéfiniment : elle doit se restreindre aux seuls entrepre-

« neurs qui ont exécuté leurs travaux avec bonne foi, et confor-
« mément aux conventions qu'ils ont faites.-» (*Lois des bâti-*
ments, p. 7. *Voy.* aussi Caen, 1er avril 1848, *Marie*, D. P., 50, 2,
176; M. Frémy-Ligneville, n° 153.)

Cette solution nous semble erronée. L'article 2270, placé au
titre de la prescription, fixe à dix ans, sans distinction, la durée
de la responsabilité des architectes et entrepreneurs. C'est une
exception à la règle générale établie par l'article 2262 du C. civ.
Mais, par cela même qu'elle constitue une exception, elle ne peut
pas être arbitrairement restreinte ; *favores ampliandi.* Vainement
on prétend que l'article 2270 n'embrasse pas les cas où le dol
est constant. Rien ne l'indique, ni le texte de l'article, ni les
principes généraux admis en matière de prescription. La prescription est acquise, en effet, par le seul effet de l'expiration d'un
laps de temps déterminé, sans qu'il y ait à rechercher si celui qui
l'invoque est ou non de bonne foi, et s'il est ou non coupable de
dol. Ce n'est que dans le cas de l'article 2265 que la loi prend en
considération la bonne foi. Mais le soin qu'elle a eu dans cette
circonstance révèle assez la pensée qui l'inspire. Les prescriptions sont fondées sur des considérations d'ordre public. On a
senti la nécessité de limiter, en ce qui concerne leur durée, les
actions de toute nature qui naissent du choc incessant des intérêts humains. Quand la loi, pour certaines catégories, a fixé cette
limite d'une façon claire et précise, introduire des distinctions
sous quelque prétexte que ce soit, c'est aller évidemment contre
le but même de l'institution et en compromettre les résultats et
les effets. Ajoutons, dans l'espèce, que le laps de dix ans est
bien suffisant pour faire reconnaître le dol, et que l'on n'aura pas
souvent, en pratique, l'occasion de regretter que la loi n'ait pas
établi une prescription de plus longue durée. Notre solution,
conforme aux vrais principes, n'offre donc pas une prime à la
fraude et à la mauvaise foi.

1391. — Il y a lieu de se demander si le délai de dix ans auquel
l'article 1792 limite la responsabilité est un véritable délai de
prescription : s'il en est ainsi, il ne peut pas être dérogé, soit en
plus, soit en moins, au délai fixé par la loi, par des clauses
spéciales des cahiers de charges ; si, au contraire, ce n'est qu'un
temps d'épreuve, sa durée peut être modifiée au gré des parties.
C'est en ce dernier sens que la jurisprudence est fixée. Dans une
espèce où le contrat fixait à 20 ans la durée de la responsabilité,
le Conseil d'Etat a statué en ces termes : « Considérant que, pour
« échapper aux conséquences de la responsabilité acceptée par
« leur auteur, les héritiers du sieur Galant soutiennent que la
« convention par laquelle ledit sieur Galant a consenti à prendre
« à sa charge, pendant une période de 20 années, les grosses ré-
« parations provenant de vices de construction, devait être con-
« sidérée comme nulle par le motif que le délai de dix ans, à
« l'expiration duquel, aux termes des articles 1792 et 2270 du
« Code civil, les architectes et entrepreneurs sont déchargés de
« la garantie des gros ouvrages qu'ils ont faits ou dirigés, cons-

« tituerait un véritable délai de prescription auquel, par appli-
« cation des dispositions de l'article 2220 du Code civil, il ne
« pourrait être dérogé par des stipulations particulières ;

« Mais considérant que le délai de dix ans fixé par les articles
« précités ne constitue qu'un temps d'épreuve de la bonne exé-
« cution des travaux et de la solidité des constructions, qui peut
« être augmenté au gré des parties contractantes ; qu'ainsi le
« sieur Galant a pu, sans violer aucune des dispositions sus-men-
« tionnées, s'engager à supporter pendant vingt années les con-
« séquences des malfaçons dont il s'agit ; qu'il suit de là que
« c'est à tort que le Conseil de préfecture a refusé de condamner
« les héritiers du sieur Galant à la réparation du préjudice causé
« de ce chef à la Ville de la Fère. » (C. d'Etat, 3 janvier 1881,
Ville de la Fère, 29.)

1392. — La fixation du point de départ du délai de dix ans a
donné lieu à de nombreuses discussions. Le point de départ est-
il le jour de la réception des travaux, ou le jour où le vice s'est
manifesté ? Après diverses hésitations, la jurisprudence s'est fixée
dans le premier sens par un arrêt des Chambres réunies de la
Cour de cassation, en date du 2 août 1882. (D. P., 83, 1, 5.) Ainsi,
la règle qui soumet l'architecte pendant dix ans à la garantie
des vices de construction, doit être entendue en ce sens qu'il
ne suffit pas, pour que l'architecte puisse être actionné en garantie, que le principe de cette garantie ait pris naissance par la
manifestation des vices de construction dans le cours de dix années, à partir de la réception des travaux ; il faut, de plus, que
l'action en responsabilité ait été formée avant l'expiration des
mêmes dix années, faute de quoi elle n'est plus recevable. Il
existait en ce sens de nombreux arrêts de Cours d'appel, qu'il
serait superflu de rappeler ici. Mais, en général, les auteurs se sont
prononcés en sens contraire. Ils admettent que si les vices de
construction se sont manifestés dans les dix années, le propriétaire a, pour exercer l'action, un nouveau délai de dix ou de
trente ans à partir de cette manifestation. Mais c'est là une erreur
grave. L'action en garantie n'est pas distincte de la garantie elle-
même. La loi a dit que les architectes et entrepreneurs sont responsables pendant dix ans, ce qui exclut l'idée qu'ils puissent
être inquiétés après l'expiration de ces dix années. L'action est
prescrite, parce que la garantie elle-même n'est plus due. (Voy.
contr. MM. Duvergier, *du Louage*, n° 361 ; Troplong, *du Louage*,
n°s 3007 et 1010 ; Frémy-Ligneville, *Legisl. des bâtim.*, n° 156.)

L'arrêt précité des Chambres réunies a définitivement tranché
la question. En matière des travaux publics, la question doit évidemment être tranchée dans le même sens : c'est du jour où les
travaux sont reçus sans protestation ni réserve, que le délai
commence à courir.

[§.] 1393. — Mais quels sont les actes d'où résulte la prise de possession ? Peut-on dire que le procès-verbal de réception définitive seul fait courir le délai de garantie ? La jurisprudence s'est

prononcée en sens contraire, en fixant au jour de la prise de possession matérielle et effective le point de départ du délai.

« Considérant qu'il résulte de l'instruction que les travaux de
« construction de l'église de Marsannay étaient achevés au 16 juil-
« let 1835, et que, dès ce jour, la commune de Marsannay a été
« mise en jouissance ; qu'il n'est pas justifié que, dans le délai de
« dix ans qui a suivi ledit jour, la commune de Marsannay ait fait
« constater aucun vice de construction ou exercé aucune action
« contre les constructeurs ; que dès lors, l'action en garantie, par elle
« intentée seulement en 1846, est frappée de la prescription pré-
« vue par les articles ci-dessus rappelés... » (C. d'Etat, 13 août
1850, *Dubois, Gauvain et consorts*, 759 ; 7 août 1858, *Tircuit*, 31 ;
20 avril 1883, *Besson*, 387 ; M. Troplong, *du Louage*, t. III, n° 959;
Duvergier, *du Louage*, n° 358)

Des réserves faites au moment de la prise de possession suffiraient, au surplus, pour reculer le point de départ du délai de garantie au jour de la réception des travaux. (C. d'Etat, 24 juin 1858, *Laffont*, 456 ; 12 mai 1859, *Département des Ardennes*, 349.)

TITRE XIII

DES HONORAIRES DES INGÉNIEURS ET DES ARCHITECTES

CHAPITRE PREMIER

Honoraires des ingénieurs.

1394. — Traitement des ingénieurs des ponts et chaussées.
1395. — Concours des ingénieurs aux entreprises des concessionnaires, communes, etc.
1396. — Les ingénieurs n'ont pas droit à des honoraires pour les constatations à faire dans l'intérêt public.
1397. — Rapports et projets dans l'intérêt des départements, communes, etc. ; allocations.
1398. — Calcul des frais de voyage et de déplacement.
1399. — Différentes sortes d'honoraires supplémentaires.
1400. — Honoraires proportionnels, quotité.
1401. — Répartition des honoraires entre les ingénieurs et entre les autres agents.
1402. — Traitement des ingénieurs des mines.
1403. — Concours des ingénieurs des mines aux travaux des concessionnaires, départements, communes, etc.
1404. — Quotité des honoraires.
1405. — Frais de déplacement.
1406. — Ingénieurs en service détaché, spécialement chargés de travaux pour le compte des départements, communes, etc.
1407. — Ingénieurs en service détaché, directeurs de services d'une ville, d'un département, etc.
1408. — Recouvrement des frais et honoraires des ingénieurs.
1409. — Contrôle et surveillance des chemins de fer concédés.
1410. — Ingénieurs nommés experts par les tribunaux.

1394. — Les ingénieurs de ponts et chaussées reçoivent de l'État un traitement, dont la quotité est réglée suivant les grades et classes par un décret du 11 décembre 1861. En dehors de la somme fixe à percevoir par an, que détermine ce décret, les ingénieurs reçoivent des allocations et indemnités pour frais et loyers de bureau, frais de tournées, etc. (art. 6, § 2, décret du 11 décembre 1851); ils ont aussi droit à des indemnités pour travaux extraordinaires, changements de destination, etc. (Art. 6, § 5 du même décret.) On consultera à ce sujet la loi du 12 décembre 1848, l'arrêté ministériel du 26 décembre 1854, les décisions des 13 novembre 1856 et 21 janvier 1858, et les circulaires du 11 mars, du 7 et du 25 juillet 1879. Pour les grades inférieurs, quelques remaniements ont été opérés récemment; nous citerons le décret du 11 janvier 1884, sur le traitement des sous-ingénieurs, et un décret du même jour sur le traitement des conducteurs des ponts et chaussées et des gardes-mines, ainsi qu'un décret du 11 janvier-25 mars 1884, sur le traitement des brigadiers et gardes-pêche. Nous citerons encore les circulaires du 14 juillet 1856 et du 14 février 1861, sur les indemnités accordées par le budget de l'Etat pour les déplacements et travaux de vérification, en cas d'exécution de drainages par les particuliers ou pour mise en valeur de biens communaux.

1395. En dehors des travaux pour lesquels ils reçoivent un traitement de l'Etat, les ingénieurs des ponts et chaussées sont fréquemment appelés à donner leur concours à des entreprises exécutées par des concessionnaires, des communes ou des associations territoriales. Ce concours n'est pas gratuit. L'article 75 du décret du 7 fructidor an XII, l'article 6, § 4, du décret du 13 octobre 1851, et enfin un décret spécial du 10 mai 1854, ont consacré en principe le droit des ingénieurs à une rémunération spéciale pour les travaux dont ils sont chargés, soit pour le compte des départements, des communes ou des associations territoriales, soit pour l'instruction des affaires où leur intervention est à la fois requise dans l'intérêt général et dans un intérêt particulier. Le décret du 10 mai 1854 énumère les circonstances où des honoraires sont dus, et il en fixe le montant avec précision. — Il suffira d'en faire connaître les dispositions principales.

1396. — L'article 1er a pour but de rappeler aux ingénieurs et aux agents placés sous leurs ordres qu'aucune allocation ne leur est due, à titre soit d'honoraires ou de vacations, soit de frais de voyage et de séjour, à la charge des communes, associations ou particuliers intéressés, lorsque leur déplacement ou leurs opérations ont pour objet des vérifications ou constatations à faire dans l'intérêt public, pour assurer l'exécution des lois et règlements généraux ou particuliers. Ces travaux, en effet, ont un caractère obligatoire pour les ingénieurs : ils constituent une partie essentielle de leurs fonctions, et ils en trouvent la rémunération dans le traitement qu'ils reçoivent de l'Etat.

1397. — Il en est autrement, au contraire, quand il s'agit de vérifications, de rapports, de rédaction de projets, etc., concernant des travaux concédés ou exécutés pour le compte des départements, des communes ou des associations syndicales, et qui ne rentrent pas dans le service obligatoire des ponts et chaussées.

A cet égard, les allocations auxquelles ils ont droit sont de deux espèces.

L'article 2 porte qu'il leur est dû des frais de voyage et de séjour, sans honoraires ni vacations, lorsque leur déplacement a pour objet : 1° la rédaction d'avant-projets ou rapports préparés sur la demande des intéressés pour constater l'utilité des travaux d'endiguement, de curage, de desséchement, d'irrigation ou autres ouvrages analogues à l'égard desquels leur intervention a été régulièrement autorisée; — la rédaction d'office des mêmes avant-projets, quand ils sont suivis d'exécution, après avoir été adoptés par les intéressés ou quand les travaux sont ordonnés par l'Administration; — la vérification, s'il y a lieu, des projets de même nature présentés par les particuliers, les communes ou les associations territoriales; — 2° le contrôle des travaux, lorsque l'exécution n'est pas confiée à un ingénieur, et lorsque ce contrôle est expressément réservé ou prescrit par les règlements portant autorisation des travaux ou des associations : — 3° le contrôle en cours d'exécution, et la réception après achèvement, des ouvrages exécutés par voie de concession de péage, lorsque l'obligation de payer les frais de cette nature a été stipulée au cahier des charges de la concession, etc.

1398. — « Les frais de voyage dus aux ingénieurs ou aux agents « placés sous leurs ordres sont calculés d'après le nombre de kilo- « mètres parcourus, tant à l'aller qu'au retour, à partir de leur « résidence, et à raison de 50 cent. par kilomètre pour les ingé- « nieurs en chef, 30 cent. pour les ingénieurs ordinaires, 20 cent. « pour les conducteurs ou piqueurs. Ce tarif est réduit de moitié « pour les trajets effectués en chemin de fer.

« Les frais de séjour sont réglés par jour, pour les ingénieurs « en chef, à 12 francs; pour les ingénieurs ordinaires, à 10 fr.; « pour les conducteurs ou employés secondaires, à 5 francs.

« Lorsque les ingénieurs se sont occupés dans une même tour- « née de plusieurs affaires donnant lieu à l'allocation de frais de « voyage, le montant total de ces frais est calculé d'après la dis- « tance effectivement parcourue, et réparti entre les intéressés « proportionnellement aux frais qu'eût exigés l'instruction isolée « de chaque affaire. Il est procédé de la même manière pour les « frais de séjour.

« Il n'est pas alloué de frais pour les déplacements qui n'excè- « dent pas les limites de la commune où résident les ingénieurs. » (Art. 3.)

1399. — Les frais de voyage et de séjour ne sont pas la seule rémunération à laquelle puissent prétendre les ingénieurs ou agents placés sous leurs ordres. Ainsi qu'on l'a vu, l'article 2 du décret du 10 mai 1854 ne s'occupe que des cas dans lesquels les ingénieurs se bornent à des visites, ou à un contrôle général des travaux, ou à la rédaction d'avant-projets ou de mémoires destinés à en faciliter l'exécution, Mais quand ils prennent une part directe et immédiate à l'exécution elle-même, leurs droits s'étendent, et ils peuvent réclamer des honoraires. C'est ce qui arrive « notamment lorsqu'ils sont chargés de la rédaction des projets « définitifs et de l'exécution de travaux d'endiguement, de cu- « rage, de desséchement, d'irrigation ou autres ouvrages ana- « logues qui s'exécutent aux frais de communes ou associations « territoriales, avec ou sans subvention du gouvernement ».

1400. — Ces honoraires sont calculés d'après le chiffre de la dépense effectuée sous leur direction, déduction faite de la part contributive du Trésor public et à raison de 4 pour 100 sur les premiers quarante mille francs, et de 1 pour 100 sur le surplus. (*Voy*. art. 4.)

Sous ce rapport, le décret de 1854 a implicitement abrogé l'art. 75 du décret du 7 fructidor an XII, d'après lequel les honoraires étaient déterminés d'après le temps employé soit à faire les plans et projets, soit à en suivre l'exécution, sans que la base pût être établie sur l'étendue des dépenses. Les arrêts rendus sous l'empire de ce décret et qui, à plusieurs reprises, en avaient rigoureusement maintenu l'application, n'ont donc aujourd'hui aucune autorité. (*Voy*. C. d'Etat, 1er déc. 1849, *Syndicat de la digue de Balafray*, 675.)

1401. — Les honoraires sont partagés entre les ingénieurs et leurs agents dans la proportion déterminée par un arrêté ministériel. Les salaires des surveillants spéciaux sont imputés séparément sur les fonds des travaux. Il n'est pas dû d'honoraires sur les fonds fournis par des tiers pour concourir à des travaux d'intérêt général à la charge de l'Etat. (Art. 4.) — Cette disposition s'appliquera notamment aujourd'hui aux travaux d'endiguement destinés à préserver les villes des inondations. La loi du 28 mai 1858, à la différence de la loi du 16 sept. 1807, met en effet, en principe, ces travaux à la charge de l'Etat. Les intéressés n'y prennent part que sous forme de contribution aux travaux.

« Dans le cas où les ingénieurs ou agents des ponts et chaus-« sées qui ont pris part à la rédaction des projets définitifs ne « sont pas chargés de l'exécution des travaux, ils reçoivent seu-« lement la moitié des honoraires stipulés ci-dessus. » (Art. 4.)

« Dans tous les cas prévus par les articles 1, 24, les frais d'opé-«ration et d'épreuve sont supportés par les intéressés. » (Art. 5.)

1402. — De même que les ingénieurs des ponts et chaussées, les ingénieurs des mines et les agents placés sous leurs ordres reçoivent de l'Etat un traitement fixe, qui est la rémunération des services qu'ils rendent comme fonctionnaires publics. De même aussi, ils peuvent se trouver appelés à prendre part à des entreprises départementales, communales ou d'intérêt privé : ils ont droit alors, comme les agents des ponts et chaussées, à des honoraires et frais de déplacement.

1403. — Le décret du 24 décembre 1851, dans son article 6, portait que, dans ces cas, les honoraires et frais de déplacement seraient fixés par un décret spécial. Ce décret est intervenu à la date du 10 mai 1854. Son article 1er, analogue à l'article 1er du décret concernant les ingénieurs des ponts et chaussées, porte qu'il ne sera dû ni frais ni honoraires lorsqu'il s'agira de vérifications ou constatations à faire dans l'intérêt public, ou pour assurer l'exécution des lois, comme l'instruction des demandes de concession de mines, le bornage des concessions et les permissions d'exploiter, la police des appareils à vapeur, etc. D'après l'article 2, « les ingénieurs des mines et les agents placés sous leurs « ordres, ont droit à l'allocation de frais de voyage et de séjour « à la charge des intéressés sans honoraires ni vacations », lorsque leur déplacement a pour objet un certain nombre de travaux analogues à ceux qui sont énumérés plus haut, au sujet des ingénieurs des ponts et chaussées (n° 1398), notamment les rédactions d'avant-projets ou rapports pour constater l'utilité de l'exploitation de mines et carrières, l'instruction des demandes d'autorisation d'établissements d'usines, etc.

Quant au calcul des frais, il se fait exactement de la même manière que pour les ingénieurs des ponts et chaussées (n° 1398).

Les ingénieurs ou agents sous leurs ordres ont aussi droit « à « l'allocation d'honoraires à la charge des intéressés sans frais de « voyage et de séjour, ni vacations, lorsqu'ils prennent part, sur « la demande des départements, des communes, ou des associa- « tions territoriales, et avec l'autorisation de l'Administration, à « des travaux à l'égard desquels leur intervention n'est pas « rendue obligatoire par les lois et règlements généraux, notam- « ment lorsqu'ils sont chargés de la rédaction des projets défini- « tifs et de la direction des travaux relatifs à des exploitations de « mines, minières, tourbières ou usines métallurgiques, ou de « tous autres travaux analogues dont ils auraient été régulière- « ment autorisés à s'occuper.

« Dans le cas où les ingénieurs des mines et les agents placés « sous leurs ordres, qui ont pris part à la rédaction des projets « définitifs, ne sont pas chargés de la direction des travaux, ils « reçoivent seulement la moitié des honoraires stipulés ci-des- « sus. » (Art. 4.)

1404. — Lorsque des honoraires sont dus, la fixation en est faite par le Ministre sur la proposition du préfet (Art. 5.)

L'article 6 s'occupe spécialement des honoraires lorsqu'il s'agit d'exploitations de tourbières pour le compte des communes ou associations territoriales : le règlement en est fait à raison de 0 fr. 50 par pile de tourbe sèche de 10 mètres cubes; en cas de vente des terrains sur devis estimatif dressé par les ingénieurs, ceux-ci reçoivent 2 0/0 du produit de la vente, lorsque le montant ne dépasse pas 1000 fr.; si le produit est plus élevé, il est alloué 2 0/0 pour les dix premiers mille francs et 1 0/0 pour le surplus. Ces honoraires peuvent être remplacés par des abonnements consentis par les associations propriétaires. (Art. 7.)

1405. — Les frais de voyage et de séjour sont perçus par des états énonçant : la date du déplacement, la distance parcourue et le temps employé hors de la résidence. Lorsqu'il s'agit d'exploitations de mines, les états sont transmis par le préfet, avec ses propositions, au Ministre, qui statue ; lorsqu'il s'agit d'exploitations de tourbières, l'état est dressé par l'ingénieur ordinaire, vérifié par l'ingénieur en chef et transmis au préfet du département; celui-ci arrête l'état de frais qui est notifié aux parties. (Art. 9 et 10.)

1406. — Les ingénieurs et autres agents de l'Etat peuvent, avec l'autorisation de l'Administration, se charger de la direction des travaux pour le compte des communes et établissements

publics, dans les mêmes conditions que les architectes : ils sont
alors traités absolument comme des architectes (C. d'Etat, 12
novembre 1880, *Ramon*, 875), sauf cependant en ce qui touche
le mode de recouvrement de ces honoraires et la responsabilité
décennale.

1407. — Il arrive même fréquemment que des ingénieurs des
ponts et chaussées concourent d'une manière permanente aux
travaux communaux : ainsi, d'après les décrets du 24 septembre
1860 et du 28 octobre 1868, ils peuvent être chargés de l'un ou de
plusieurs des services municipaux dans les villes qui ont au
moins 30,000 âmes de population. Les ingénieurs sont alors considérés comme en services détachés : ils n'ont plus aucun traitement sur le budget de l'Etat et sont rémunérés par un traitement payé par la ville, et fixé d'après une convention spéciale
que les ingénieurs doivent soumettre à l'approbation de leurs
supérieurs hiérarchiques. Ils peuvent aussi être chargés du service de la construction et de l'entretien des chemins vicinaux
d'un département. En ce qui concerne les routes départementales, d'après la loi de 1866, les Conseils généraux n'avaient
le droit de statuer sur le classement et la direction des routes
départementales, que lorsque leur tracé ne se prolongeait pas sur
le territoire d'un autre département : comme il y avait peu de
routes qui se trouvaient dans ce cas, les pouvoirs des Conseils généraux étaient à peu près nuls. D'après cette loi, le service des
routes départementales était toujours confié au corps des ponts
et chaussées.

Toutefois, bien que les ingénieurs des ponts et chaussées fussent chargés des travaux concernant les routes départementales,
il était d'usage que les Conseils généraux leur votassent chaque
année des allocations spéciales, dont le partage se faisait entre
eux dans une proportion que le préfet était appelé à déterminer,
(*Voy.* M. Dumesnil, *des Cons. génér.*, n° 425 ; M. Dufour, t. Ier,
n°s 359 et suiv.; Circ. minist. des 12 juil. 1817, 20 août 1846 et
5 mai 1852.)

Lors de la discussion de la loi du 10 août 1871 sur les Conseils
généraux, on fit observer que, dans presque tous les départements,
le réseau des routes départementales était complètement terminé;
qu'il ne s'agissait plus que d'assurer l'entretien, et qu'au point
de vue de cette tâche plus modeste, le corps des agents-voyers de
chaque département était parfaitement en état de suffire. On admit donc pour les routes départementales, comme pour les chemins vicinaux, que le Conseil général serait libre de déterminer à
qui il confierait la construction, le redressement, et l'entretien.
Dans l'état actuel, les Conseils généraux sont libres de confier le
service tout entier de leurs routes départementales et chemins
vicinaux, soit aux ingénieurs, soit aux agents-voyers, soit de
continuer le partage entre les deux corps, ou bien ils peuvent
mettre à la tête d'un service unique un ou plusieurs ingénieurs
des ponts et chaussées, auquel s'adjoint pour l'exécution un
personnel d'agents-voyers. En fait, vingt-huit départements ont

confié tout leur réseau, le service des routes départementales et celui des chemins vicinaux, au corps des ponts et chaussées ; les autres ont adopté l'une ou l'autre des solutions ci-dessus. On comprend qu'à chacune de ces solutions correspond un mode différent de règlement d'honoraires ou de traitement des agents chargés du service. Dans les départements où les ingénieurs sont chargés de tout ou partie du réseau des voies de communications, il faut donc se reporter aux conventions spéciales passées avec le corps des ponts et chaussées.

1408. -- Le recouvrement des frais et honoraires dus aux ingénieurs a donné lieu à quelques difficultés ; pour les résoudre, il faut distinguer les travaux des départements de ceux des communes ou d'intérêt privé.

Pour les premiers, d'après une circulaire ministérielle du 6 août 1857, un crédit doit être ouvert au budget départemental, afin que les ingénieurs ne se trouvent pas dans la nécessité de faire des avances. Les sommes déboursées par le département sont touchées au moyen d'un mandat exécutoire délivré par le préfet. D'après l'article 75 du décret du 7 fructidor an XII, il doit être procédé à ce recouvrement par voie de contrainte, comme en matière administrative. Un décret du 27 mai 1854 a prescrit que le mandat était remis au percepteur des contributions directes chargé d'en poursuivre le recouvrement ; mais le recouvrement dans la forme usitée pour les contributions directes n'était pas prescrit. Aussi les percepteurs n'avaient-ils employé ces formes qu'en vertu des instructions du ministre des finances ; pendant longtemps les tribunaux administratifs avaient paru consacrer cette pratique.

Récemment, la question s'est soulevée, sinon au sujet de travaux d'intérêt départemental, au moins au sujet des travaux d'intérêt communal ou privé : un arrêt du 30 janvier 1885 (*Mangeot*, 132) a décidé « qu'aucune disposition de loi n'a rangé « parmi les contributions publiques dont le recouvrement est « autorisé les frais et honoraires dus aux ingénieurs à raison de « leur intervention dans les affaires d'intérêt communal ou « privé... ». Le législateur est alors intervenu et a tranché la question d'une manière générale : d'après l'article 17 et le tableau de la loi du 30 juillet 1885, les honoraires et frais de déplacement sont désormais compris parmi les taxes assimilées aux contributions directes et recouvrés dans les mêmes formes. Le Conseil de préfecture et le Conseil d'Etat sont dès lors compétents pour connaître des difficultés qui s'élèvent. (V. n° 86.)

1409. — L'article 8 du décret du 10 mai 1854 déclare qu'il n'est pas dérogé, par ce décret, aux dispositions spéciales d'après lesquelles sont réglés les frais relatifs au contrôle et à la surveillance des chemins de fer concédés.

Ces frais sont payés par les compagnies concessionnaires, qui versent chaque année à la Caisse centrale du Trésor public une somme de 120 fr. par chaque kilomètre de chemin de fer concédé. Cette somme est réduite à 50 fr. par kilomètre pour les sections non encore livrées à l'exploitation. (Cons. décr. du 17 juin 1854.)

1410. — Les ingénieurs ou agents sous leurs ordres agissant en qualité d'experts commis par les cours et tribunaux ont droit aux rémunérations fixées par le tarif des frais et dépens en matière civile. Le décret de 1854 ne déroge pas à cet égard aux règles de la matière. (*Voy.* art. 9.)

Seulement, il est utile de remarquer que les ingénieurs en chef, chargés de procéder comme tiers-experts dans les instances relatives aux travaux publics, remplissent un acte de leurs fonctions et n'ont droit, à ce titre, à aucuns honoraires. (*Voy.* Circ. des 13 septembre 1828 et 19 avril 1829.)

CHAPITRE II

Honoraires des architectes.

1411. — Absence de règles uniformes.
1412. — Bâtiments civils.
1413. — Palais nationaux.
1414. — Édifices diocésains.
1415. — Ministère de l'intérieur.
1416. — Architectes de département.
1417. — Architectes communaux.
1418. — Architectes sans traitement fixe, arrêtés préfectoraux, règlement.
1419. — Stipulation du cahier des charges.
1420. — A défaut de stipulations faut-il appliquer l'avis du Conseil des bâtiments civils en date du 12 pluviôse an VIII?
1421. — Usages le plus généralement suivis, honoraires de tant pour cent sur le montant des travaux; dangers de ce système; moyens d'y remédier.
1422. — Calcul des honoraires ainsi fixés en cas de diminution de l'entreprise en cours d'œuvre.
1423. — Y a-t-il lieu d'augmenter ces honoraires pour déplacement?
1424. — Le département, la commune, etc., sont débiteurs directs des honoraires.
1425. — Stipulation de prélèvement à la réception sur ce qui resterait dû à l'entrepreneur.
1426. — La commune, actionnée en paiement d'honoraires, peut opposer la responsabilité de l'architecte, et invoquer des vices de construction.
1427. — Le montant des honoraires pour rédaction de plan comprend la rédaction des devis, cahiers de charges, série de prix, etc.
1428. — Si les plans sont suivis d'exécution, le montant des honoraires doit être calculé sur le prix total de l'entreprise, y compris les travaux supplémentaires, ordonnés en cours d'œuvre.
1429. — Conditions de validité de la convention qui charge un architecte d'un travail et fixe ses honoraires; formalités nécessaires. L'architecte n'a droit à des honoraires que dans la mesure du travail régulièrement commandé.
1430. — Cependant, pour le travail de rédaction de plans et devis, non régulièrement commandé, le département ou la commune en doit le paiement dans la mesure de l'utilité retirée.
1431. — Pour le travail de surveillance et de direction, l'architecte n'a droit à aucun honoraire pour les ouvrages ou augmentations non prévus au devis et non régulièrement commandés en cours d'œuvre, quelqu'utilité qui en soit tirée. Loi du 27 juin 1833, article 20.
1432. — Loi du 15 mai 1850, article 9 : la règle ci-dessus est étendue à tous

les travaux de l'Etat, des départements, des communes et des établissements publics.

1433. — Exception : les ouvrages ou augmentations sont des conséquences d'ouvrages prévus ou régulièrement ordonnés.

1434. — Ouvrages ne remplissant pas les conditions du devis, refus d'honoraires.

1435. — Projets régulièrement commandés, mais non exécutés.

1436. — Projets non conformes à ce qui a été demandé; nécessité de retouches ou remaniements.

1437. — Projet refusé comme dépassant les conditions de prix fixées par le programme, ou ce qui pouvait raisonnablement être le prix d'après les ressources de la commune.

1438. — Mise au concours des projets.

1439. — Stipulation que l'auteur du projet classé n° 1 sera chargé de l'exécution, si le projet remplit les conditions du programme.

1440. — Stipulation d'un dédit.

1441. — Révocation de l'architecte en cours des travaux. Fautes commises par l'architecte, conséquences.

1442. — Révocation sans fondement; conséquences.

1443. — L'administration n'est pas responsable des pertes de temps et des retards du fait de l'entrepreneur.

1411. — Les honoraires des architectes auxquels l'exécution de certains travaux publics est confiée ne sont pas soumis à des règles uniformes. Les prescriptions et les usages varient dans chaque ministère. Il nous suffira de faire connaître les règles les plus ordinairement observées, en indiquant en même temps l'état de la jurisprudence sur les questions qui se sont élevées en cette matière.

1412. — Dans le service des bâtiments civils, on distingue l'entretien, et les constructions ou grosses réparations. L'entretien est confié à quatre inspecteurs généraux membres du Conseil des bâtiments civils et à un architecte, qui a sous ses ordres un personnel d'inspecteurs et de vérificateurs ; chaque inspecteur général ayant sous son contrôle une division, et chaque division comprenant quatre circonscriptions. Tous ces fonctionnaires sont rémunérés par des traitements fixes.

Les constructions neuves et les grosses réparations sont confiées à un personnel réparti à chaque occasion suivant les besoins. Ce personnel se compose d'architectes, d'inspecteurs et de vérificateurs, auxquels sont adjoints des sous-inspecteurs, des conducteurs et autres agents. L'architecte et les vérificateurs seuls touchent des honoraires proportionnels déterminés par les règlements. Les inspecteurs, sous-inspecteurs et conducteurs reçoivent des indemnités mensuelles, ou des traitements fixes, et sont payés sur les états que l'architecte transmet chaque mois à l'Administration centrale. (Art. 10, décr. des 25 janvier et 7 février 1862.)

1413. — En ce qui concerne les palais nationaux nous ne dirons qu'un mot du service des bâtiments. Ce service est assuré dans chaque agence (et il y a presque une agence par palais ou édifice), par un architecte rétribué au moyen d'honoraires proportionnels. Cet architecte est aidé par un personnel d'inspecteurs, d'employés de bureau, d'agents et de gardiens; ce personnel reçoit un traitement fixe, déterminé suivant les grades par un règlement du 11 février 1884. A l'architecte est joint également un vérificateur de mémoires, exclusivement chargé de l'examen et de l'apurement des comptes. Ce vérificateur est payé par des honoraires proportionnels. Les architectes, vérificateurs, inspecteurs, et le personnel ont droit, de plus, à des allocations de chauffage, de logement, et même d'habillement, qui sont fixées par des règlements spéciaux.

1414. — Pour les édifices diocésains, les honoraires des architectes sont, pour travaux d'entretien et de réparation, du vingtième du montant des travaux, sans préjudice des indemnités, frais de voyage, etc. : un tarif a été dressé à cet effet. (Voyez décret et instruction du 16 décembre 1848.) Quand il s'agit de travaux neufs ou de réparations considérables, des honoraires proportionnels au montant des travaux sont fixés par des arrêtés spéciaux du ministre.

1415. — Le ministère de l'intérieur a, pendant longtemps, observé les dispositions d'un avis du Conseil des bâtiments civils, en date du 12 pluviôse an VIII, et dont voici le texte :

« Considérant que, s'il n'existe pas de loi positive sur cette
« matière, il est au moins un usage qui a toujours servi de règle,
« et qui doit fixer à cet égard la jurisprudence ;

« Considérant que les émoluments attachés aux fonctions d'ar-
« chitectes sont légitimes, et qu'ils doivent être gradués en
« raison de l'importance de leurs travaux et de la situation des
« lieux où ils sont exécutés :

« Estime qu'à Paris, pour les travaux ordinaires, il est dû aux
« architectes :

« Pour la confection des projets dont ils sont chargés, 1 cent.
« et demi pour franc, ci. . . . . 1 1/2 p. 100.
« Pour la conduite des ouvrages. . . . . 1 1/2 p. 100.
« Pour la vérification et le règlement
« des mémoires 2   p. 100.
« Ensemble, 5 cent. par franc du montant des mémoires en
« règlement.

« Il estime en outre qu'il leur est dû le double de cette fixation
« pour les mêmes travaux, lorsqu'ils sont projetés et exécutés à
« plus de cinq kilomètres de distance du lieu de leur résidence
« ordinaire, et que les frais de voyage et de séjour sont à leur
« charge ; observant que, lorsque les constructions exigent, comme
« cela arrive quelquefois, des dessins ou des modèles qui leur occa-
« sionnent des dépenses extraordinaires, ils doivent être estimés
« séparément. »

Mais cet avis, qui d'ailleurs n'a jamais eu force de loi, a cessé depuis longtemps d'être l'unique règle de la matière. Quelquefois les architectes employés par le ministère reçoivent un traitement fixe ; quelquefois des conventions spéciales règlent à l'avance leurs honoraires ; quelquefois enfin, on combine le traitement fixe avec une remise proportionnelle. A cet égard, tout dépend des circonstances.

1416. — On ne trouve, en ce qui concerne les travaux des départements, aucune règle ayant un caractère uniforme et général.

Le plus souvent, les départements ont un architecte spécial qui reçoit un traitement fixe, et qui est chargé, en conséquence, de rédiger les devis et projets, et de surveiller l'exécution des travaux. Cette allocation a le caractère d'un contrat à forfait. Il ne peut être question de remises proportionnelles, sauf, bien entendu, le cas de stipulations particulières.

Lorsque l'architecte ne reçoit pas un traitement fixe, ses honoraires sont fixés par le Conseil général, sur la proposition du préfet et sur l'approbation du ministre; ils sont ordinairement du vingtième du montant de l'adjudication. (Voy. M. Dumesnil, *Organisat. des Cons. gén.*, n° 384.)

1417. — Les villes et communes importantes ont aussi en général un architecte, dont le traitement annuel est fixé par le Conseil municipal. Ce traitement, comme pour les architectes départementaux, est la seule rémunération à laquelle il ait le droit de prétendre, à moins de convention spéciale.

1418. — Quand les travaux communaux sont exécutés sur les projets et sous la surveillance d'architectes qui ne reçoivent aucun traitement fixe, il faut, pour en déterminer le montant, se reporter aux arrêtés préfectoraux sur le service de ces travaux. (*Voy.* C. d'Etat, 24 fév. 1858, *Grandidier*, 124.)

1419. — A défaut d'un règlement général, on consulte le cahier des charges. Ses stipulations ont la force qui appartient aux conventions privées; elles font la loi des parties. Il a été jugé, par exemple, qu'un architecte n'a pas droit à une augmentation d'honoraires sous le prétexte que les travaux ont traîné en longueur, lorsque ces honoraires ont été fixés à un certain chiffre par une convention particulière et à forfait, sans que l'on ait déterminé un terme à la durée des travaux. (C. d'Etat, 28 nov. 1855, *Ville de Vaucouleurs*, 663.)

1420. — Mais le cahier des charges peut être muet, ou ses stipulations incomplètes. Faut-il appliquer alors, en l'absence d'un règlement local, l'avis du Conseil des bâtiments civils en date du 12 pluviôse an VIII ? — La cour de Dijon s'est prononcée en ce sens. (*Voy.* 21 mai 1844, *Chaussier*, D. P., 44, 2, 127.) D'après cet arrêt, les émoluments des architectes qui ont fait les plans et devis, surveillé les travaux et reçu les ouvrages exécutés pour le compte des communes et des établissements publics, sont, à moins de conventions contraires, de 5 p. 100 sur la valeur des constructions adjugées.

Cet arrêt admet donc qu'en cas de convention sur les honoraires, l'avis du Conseil des bâtiments civils ne doit pas être consulté. La jurisprudence des tribunaux administratifs est nettement établie en ce sens. Ainsi, il a été jugé qu'une commune ne pouvait, en se fondant sur l'avis du Conseil des bâtiments civils du 12 pluviôse an VIII, offrir à son architecte des honoraires au taux de cinq p. 100, alors que, par convention spéciale insérée au devis approuvé par le Conseil municipal, elle lui avait promis des honoraires au taux de sept p. 100, compris frais de voyage et de direction. (C. d'Etat, 28 mai 1866, *Commune de Firminy*, 531.) De même, une commune a pu offrir à son architecte des honoraires au taux de 2 fr. 66 p. 100 fr. prévu par la convention, au lieu de cinq p. 100 accordé par l'avis du Conseil des bâtiments civils. (C. d'Etat, 10 juillet 1874, *Lalande*, 671.)

Mais il ne faut aller plus loin. Ainsi que l'a très bien dit un arrêt de la Cour de Paris du 26 juin 1844 (*Doumey* c. *Salverte*, cité aux Pandectes françaises chronologiques, t. VI, 2, 76), « aucune loi ne fixe les honoraires dus à l'architecte par le proprié- « taire autre que l'Etat ; ces honoraires doivent donc varier sui- « vant la nature et l'importance des constructions, les matériaux « employés, les peines et la responsabilité de l'architecte. » Dans les travaux départementaux et communaux, l'avis du Conseil des bâtiments civils du 12 pluviôse an VIII n'est pas obligatoire, même en l'absence de convention. La jurisprudence administra- tive s'est fixée en ce sens. Les préfets et les maires peuvent donc, dans les règlements généraux qu'ils édictent au sujet des dif- férents travaux à exécuter dans les départements ou communes, adopter tel tarif qu'il leur convient. Et à défaut de règlements généraux ou de conventions particulières, on doit rechercher quels sont les usages du pays et s'attacher surtout au taux le plus habituellement accordé par l'Administration pour les travaux du même genre. (C. d'Etat, 18 décembre 1862 ; *Raymond*, 833.) Ce n'est que si l'avis du Conseil des bâtiments civils du 12 plu- viôse an VIII sert habituellement de règle dans le département ou la commune qu'il faut l'appliquer. (C. d'Etat, 9 août 1870, *Fauré*, 1050.) A défaut même de règlements faits pour des travaux analogues, ou d'usages établis dans le pays, les tribu- naux administratifs ne sont pas forcés de s'en rapporter au taux fixé par cet avis : ils se déterminent *ex æquo et bono* par tous élé- ments d'appréciation qu'ils jugent convenables. (C. d'Etat, 18 dé- cembre 1885, *Ville de Draguignan*, 991.)

1421. — En général, les honoraires des architectes sont fixés à tant °/₀ sur le montant total des travaux. Cette proportionnalité des honoraires à la somme dépensée est assez juste, puisque le travail de l'architecte est en général dépendant de l'importance des travaux. Cependant, ce mode de fixation a l'inconvénient de porter les architectes à augmenter la dépense, ou à exagérer l'im- portance des travaux pour rendre leurs honoraires plus élevés. C'est ce que signale une circulaire du Ministère de l'intérieur du 9 septembre 1865, qui propose le remède suivant :

« On échapperait à ces inconvénients en stipulant que le taux « des honoraires, pour la portion afférente aux dépenses faites « en excédent des devis, diminuera à mesure que le devis sera « dépassé, et même qu'aucun honoraire ne sera alloué au delà « d'une certaine quotité.

« Ces dispositions, convenablement calculées dans chaque « affaire, suivant les circonstances particulières qu'elle pourrait « présenter, me paraissent pouvoir s'appliquer à la généralité

« des cas; et elles auraient à mes yeux le grand avantage d'obli-
« ger à une étude approfondie des devis. Cette étude ne saurait
« être faite avec trop de soin ; elle est cependant indispensable,
« et pour la responsabilité de l'Administration, et pour le con-
« trôle des Conseils généraux ou municipaux, et pour la mission
« technique de l'architecte. Ce dernier aura un intérêt direct à
« établir aussi exactement que possible ses prévisions, puisque sa
« rémunération ne lui appartiendra toute entière que pour les
« dépenses qu'il aura à l'avance indiquées.

« Cette combinaison me paraît donc offrir des avantages
« réels ; dans quelques cas, elle pourra devenir d'une applica-
« tion difficile ou d'une rigueur excessive ; mais l'Administration
« fera la part de ces circonstances exceptionnelles dans un esprit
« de bienveillante équité. Je ne veux que poser une règle géné-
« rale ; j'en remets l'exécution et j'en recommande le maintien à
« votre sollicitude éclairée. »

1422. — Par une conséquence forcée des règles ci-dessus, le
montant, le tant pour cent d'honoraires alloués sur le total de
l'entreprise, décroît, en cours d'exécution, si les travaux prévus
sont diminués. On comprend qu'alors on doit ne rien retrancher
à la rédaction des plans et devis, mais seulement à celle qui est
attribuée pour surveillance, direction des travaux et règlement
du décompte.

1423. — Y a-t-il lieu d'augmenter ces honoraires en cas de
déplacement? Les architectes réclament souvent une augmentation de 2 1/2 lorsque les travaux s'exécutent dans un lieu autre
que leur résidence. Le Ministre de l'intérieur, consulté sur cette
prétention, a émis l'avis que « la rémunération de 5 p. 100 était
« en général suffisante, mais qu'elle n'est pas imposée aux com-
« munes d'une manière absolue Elles peuvent la modifier et par
« suite accorder aux architectes, suivant les circonstances, des
« honoraires plus ou moins élevés. Dans cette matière, l'initia-
« tive appartenant aux Conseils municipaux, l'Administration
« supérieure ne doit intervenir qu'à titre de conseil, sauf à elle à
« refuser ou à donner l'approbation des projets. Au surplus, il
« semble qu'une augmentation de 2 1/2 p. 100 serait exagérée et
« qu'un supplément alloué pour déplacement ne saurait être
« uniforme, mais devrait varier suivant les circonstances. »
« (Décis. min. 1858.)

Il résulte clairement de cette circulaire que les départements et
communes peuvent, dans les règlements généraux ou conventions
particulières, tenir compte à l'architecte de ses déplacements; mais
si ces règlements ou conventions ne contiennent aucune attribution supplémentaire d'honoraires pour ce sujet, ils sont supposés
avoir tenu compte de cet élément d'appréciation dans le taux d'honoraires qu'ils ont fixé ; ce taux doit donc être seul appliqué sans
augmentation aucune, sous prétexte de frais de voyage ou autres.
(C. d'Etat, 4 avril 1879, *Fivel*, 307; 27 mai 1881, *Aloux*, 578;
4 mai 1883, *Bourdais*, 432.) De même dans le cas où le taux des

honoraires aurait été fixé par convention, ce taux est seul alloué, à moins que l'architecte n'ait fait des réserves expresses au sujet de ses frais de voyage ou de déplacement. (C. d'Etat, 6 mars 1874, *Vramant*, 215.) Il y aurait cependant exception si le département, la ville ou la commune avait, en cours d'œuvre, exigé de l'architecte des déplacements, visites de lieux ou voyages en dehors de ceux que comportaient normalement les travaux. (C. d'Etat, 1883, *Bourdais*, 432.)

1424. — A défaut de stipulation spéciale dans le cahier des charges, le département, la commune ou l'établissement public est débiteur direct des honoraires dus à l'architecte, qui doit diriger contre lui son action en paiement.

1425. — Mais, souvent, le cahier des charges stipule que les honoraires de l'architecte sont mis à la charge de l'entrepreneur, et devront être payés lors de la reception définitive, c'est-à-dire qu'ils seront précomptés sur ce qui sera dû à cette époque à l'entrepreneur et mandatés par la caisse municipale au profit de l'architecte. L'entrepreneur ne peut demander alors à toucher le prix sauf à payer, lui-même l'architecte. La caisse municipale ou départementale est chargée, moyennant la retenue, de solder les honoraires de celui-ci. (C. d'Etat, 9 janvier 1867, *Leydy*, 31.)

Cette solution est importante ; en cas de faillite ou de déconfiture de l'entrepreneur, l'architecte n'est pas un simple créancier de l'entrepreneur : il touche directement et intégralement ce qui lui est dû, du moins de la caisse municipale.

1426. — Lorsque la commune est assignée pour solde d'honoraires, elle peut soutenir que, loin d'être débitrice, elle est au contraire créancière, parce que le devis a été dépassé ou qu'il s'est produit des malfaçons, que le travail présente des vices et des omissions. L'architecte ne peut alors prétendre qu'il a une créance liquide et exigible dont le paiement doit lui être fait immédiatement ; la commune est fondée à surseoir au paiement des honoraires jusqu'à ce que la question de la responsabilité de l'architecte ait été tranchée. (C. d'Etat, 7 février 1877, *Fournier* 157.)

1427. — Les honoraires fixés pour rédaction de plans et devis par une convention comprennent nécessairement tout ce qui est l'accessoire des plans ou des devis ; c'est ainsi qu'il a été décidé que l'établissement des bordereaux ou séries de prix qui accompagnent généralement les cahiers de charges incombait à l'architecte, et était comprise dans la rétribution allouée pour rédaction des plans et devis. (C. d'Etat, 6 août 1886, *Lenoir*, 721.)

1428. — Ce n'est pas seulement sur le montant des travaux, fixé par le devis, que doit être calculé le total des honoraires de l'architecte ; il faut tenir compte aussi des travaux supplémentaires ordonnés en cours d'exécution ; les honoraires doivent être établis d'après le décompte définitif. Par cette raison, on devrait tenir compte aussi des augmentations de prix accordées à l'entrepreneur en cours d'œuvre, ainsi que l'explique l'arrêt suivant (C. d'Etat, 19 novembre 1875, *Bodin,* 929) :

« Sur les conclusions du sieur Bodin-Legendre, tendant à ce « qu'il soit décidé que c'est à tort que le Conseil de préfecture a « refusé de calculer ses honoraires sur l'augmentation de 15 p. 100 « accordée à l'entrepreneur en cours d'exécution :

« Considérant qu'il résulte de l'instruction que la commune « de Mazamet s'était engagée à allouer au requérant, sur les « dépenses totales des travaux de construction de l'église, des « honoraires fixés à 5 p. 100 ; qu'en cours d'exécution, le Conseil « municipal a décidé qu'une augmentation de 15 p. 100 sur tous « les prix du devis serait allouée à l'entrepreneur, et que cette « augmentation porterait tant sur les travaux faits que sur les « travaux restant à faire ;

« Qu'il est établi que cette allocation a eu pour cause l'insuffi-« sance des prix portés au devis, et que l'insuffisance de ces prix « provient des modifications opérées par la Commission munici-« pale qui a révisé la série des prix préparés par le sieur Bodin-« Legendre ; que, dans ces circonstances, la commune n'est pas « fondée à soutenir que l'augmentation accordée à l'entrepre-« neur sur tous les prix du devis ne doit pas être considérée « comme faisant partie de la dépense totale nécessitée par l'exécu-« tion des travaux, et ne constitue qu'une gratification destinée à « indemniser cet entrepreneur de l'élévation des prix des ma-« tériaux survenue au cours de l'exécution ; que, dès lors, c'est « à tort que le Conseil de préfecture a refusé de calculer les « honoraires du sieur Bodin-Legendre sur la somme représen-« tant cette augmention . » (Dans le même sens, 27 février 1862, *Verroles,* 165 ; 27 avril 1870, *Jacquemin,* 496 ; 27 mai 1881, *Alaux,* 579.)

1429. — Le taux des honoraires une fois fixé, il y a lieu d'exa-miner, avant d'allouer ces honoraires, la première question de savoir si l'ouvrage exécuté par l'architecte ou l'homme de l'art a été régulièrement commandé. Il est bien certain que ce sont les mêmes autorités qui, à la fois, commandent les travaux et dési-gnent l'architecte chargé de les diriger ; le traité à passer avec l'architecte est soumis aux mêmes formalités que le traité à pas-ser avec l'entrepreneur ; c'est ainsi qu'en matière de travaux com-munaux le Conseil d'Etat a refusé d'admettre la demande d'ho-noraires formée par un architecte, pour plans et devis, contre une commune, par les raisons qui résultent de l'instruction, que le projet ne lui avait pas été commandé par le maire de la com-mune dûment autorisé à cet effet. (C. d'Etat, 29 janvier 1882, *Commune de Chirens,* 84.) Il a, au contraire, accordé des honorai-res pour un projet régulièrement commandé par une fabrique et approuvé par le Conseil municipal (C. d'Etat 8 février 1878, *Com-mune de Tournon,* 153), pour un projet régulièrement comman-dé par le Conseil municipal et approuvé par le préfet. (C. d'Etat, 8 août 1882, *Gory,* 815.) Mais l'architecte n'a droit à des honoraires que dans les mesures de la commande; c'est ce que déclare très nettement le Conseil d'Etat dans l'arrêt suivant: «Considérant qu'il « résulte de l'instruction que le projet de reconstruction de l'église « paroissiale de la commune de Cextas, à raison duquel le sieur Cou-« rau réclame le paiement d'honoraires, a été dressé par cet architecte « sur les ordres du maire et approuvé par le Conseil municipal, « ainsi que par le préfet; que dès lors c'est à tort que le Conseil de « préfecture à rejeté ladite demande; — Mais, considérant que si le « projet présenté par le sieur Courau portait la dépense totale à la « somme de 81.339 fr. 45, ce projet comprenait certains travaux « qui dépassaient les prévisions des commandes faites par le maire « et que ce n'est que jusqu'à concurence de 50.585 fr. 70 qu'il « a été approuvé par le Conseil municipal et par l'autorité supé-« rieure; que dès lors ce n'est que sur le montant de ladite somme « de 50.585 fr. 70 que doivent être calculés les honoraires dus « au sieur Courau. » (C. d'Etat, 14 mai 1875, *Courau*, 487.)

1430. — Cependant, en ce qui concerne les honoraires dus pour rédaction de projets et devis, il faut par analogie décider que la commune ou l'établissement qui a profité des plans et devis doit le paiement des honoraires, dans la proportion de l'utilité qu'elle a retirée de ces projets ou des devis. De plus, l'architecte a un recours pour tout ce qui ne lui sera pas payé par l'Administra-tion contre la personne, fonctionnaire ou autre, qui lui a com-mandé les projets; c'est ce que fait très bien comprendre l'arrêt suivant: «Considérant que si le sieur Philippon, maire de la com-« mune, en commandant au sieur Lauvernais, sans l'autorisation « du Conseil municipal, un projet de halle et un projet d'abattoir, « a dépassé les limites de ses attributions, et si par suite il a engagé « vis-à-vis de cet architecte sa responsabilité personnelle, il ré-« sulte de l'instruction que les études et recherches faites par « le sieur Lauvernais ont profité à la commune de Saint-Saulge, « que le Conseil municipal de cette commune a choisi définitive-« ment l'emplacement de la halle, qu'il y a lieu de partager entre « le sieur Lauvernais, maire, et la commune, le paiement des ho-« noraires réclamés, et montant à la somme de 1496 fr., et « qu'il sera fait une juste appréciation des circonstances de la « cause en condamnant la commune de Saint-Saulge à payer au « sieur Lauvernais une somme de 500 fr. et en laissant à la « charge du sieur Philippon le surplus. » (C. d'Etat, 13 avril 1883, *Philippon-Lauvernais et Commune de Saint-Saulge*, 347.)

1431, — En est-il de même en ce qui concerne les honoraires dus pour la surveillance et la direction des travaux supplémen-taires exécutés sans ordres régulièrement donnés? On a soutenu que si, en thèse générale, l'architecte ou homme de l'art n'avait pas droit à une somme proportionnelle d'honoraires (4 ou 5 p.100) pour direction ou surveillance sur la somme constituant l'aug-mentation de dépenses résultant pour l'Administration de tra-vaux supplémentaires non prévus au devis, ni régulièrement autorisés, cependant, s'il était démontré que ces travaux supplémentaires avaient profité à l'Administration, le paiement, par suite de l'utilité retirée, en était dû à l'entrepreneur; l'architecte avait lui aussi droit d'être payé de la portion d'honoraires afférente à ces travaux, ou tout au moins d'une partie de ces honoraires, dans la mesure de l'utilité des travaux pour l'Administration. En un mot, on a voulu appliquer la même règle à l'architecte et à l'entrepreneur. Mais le législateur ne l'a pas pensé ainsi. L'architecte a sur l'entrepreneur un droit de direction, sur l'étendue duquel ce dernier peut se méprendre; tandis que l'architecte, à raison même de son indépendance et de ses pouvoirs, doit supporter la responsabilité complète de ses actes. Telle est la raison qui, jointe à la nécessité d'accorder aux architectes des honoraires proportionnés aux travaux qu'ils exécutent, et à la crainte qu'ils n'abusent de cette disposition pour augmenter la masse des travaux, et par conséquent leur travail et leurs honoraires, a certainement déterminé la règle exposée dans l'article 20 de la loi du 27 juin 1833 : « Il ne sera accordé aux archi- « tectes aucun honoraire ni indemnité pour les dépenses qui « excéderont le devis. »

1432. — La règle posée par cet article a été étendue et généralisée par la loi du 15 mai 1850, article 9 : « L'article 20 de la loi « du 27 juin 1833 est applicable à tous les travaux publics entre- « pris par l'Etat, les départements, les communes et autres établis- « sements publics. » M. Chauvin, sur l'amendement duquel ce paragraphe de l'article 9 fut voté, visait, entre autres, les honoraires de l'architecte qui reposeraient sur des dépenses excédant les devis, ou des travaux supplémentaires non régulièrement approuvés. Cette règle est encore en vigueur aujourd'hui ; le Conseil d'Etat l'a décidé dans un arrêt récent dont nous croyons utile de reproduire les motifs : « Considérant qu'aux termes de l'arti- « cle 20 de la loi du 27 juin 1833 déclaré applicable aux travaux « communaux par l'article 9 de la loi du 15 mai 1850, il n'est ac- « cordé aucun honoraire aux architectes pour les dépenses qui « excèdent le devis; qu'ainsi le sieur Just n'est pas fondé à soute- « nir que c'est à tort que le Conseil de préfecture a déclaré qu'il n'au- « rait pas droit à des honoraires sur le montant par lui spécifié des « travaux non prévus au devis. » (C. d'Etat, 19 mai 1882, *Just*, 525.)

1433. — Cependant, la jurisprudence a fait exception à cette règle dans le cas où les travaux exécutés en dehors du devis ou en supplément, et non spécialement autorisés, peuvent être considérés comme étant la conséquence des travaux prévus au devis, ou la conséquence de travaux supplémentaires régulièrement commandés par la commune en cours d'exécution. On considère que ces travaux ont été implicitement autorisés par la commune lorsqu'elle a ordonné ceux dont ils devaient être la conséquence nécessaire. (C. d'Etat, 30 avril 1867, *Commune de Laucôme*, 420.) Mais on peut voir, par ce même arrêt, que l'exception ne s'étendrait pas aux ouvrages ayant pour objet de pourvoir aux insuffisances des prévisions du devis et à des nécessités qui se sont produites dans le cours de l'entreprise. Le contraire a été soutenu par plusieurs auteurs. (V. not. Perriquet, t. I, n° 479.) La décision du Conseil d'Etat nous paraît cependant bien fondée. L'architecte est, le plus souvent, l'auteur du devis; s'il contient des insuffisances, c'est lui qui en est responsable : c'est bien assez que la commune soit obligée de payer ces dépenses imprévues à l'entrepreneur, sans récompenser l'architecte de sa faute par un supplément d'honoraires. Si l'architecte n'est pas l'auteur du devis, il en a du moins accepté l'exécution, il l'a approuvé, et l'a fait sien en s'en chargeant comme exécutable au prix fixé. Quant aux travaux dont la nécessité n'a été découverte qu'en cours d'exécution, l'architecte directeur des travaux devait faire part immédiatement à la commune de ses découvertes, et lui demander des ordres réguliers à ce sujet. A *fortiori* ne devrait-on pas allouer d'honoraires pour des travaux non régulièrement prévus ou commandés, mais qui étaient simplement utiles et dont la commune a profité. (C. d'Etat, 21 janvier 1869, *Varin*, 71.)

1434. — Les départements ou communes sont fondés à refuser le travail de l'architecte et la rémunération promise, si le travail ne remplit pas les conditions stipulées; et si plusieurs travaux ont été commandés à l'architecte, il n'est dû d'honoraires que pour ceux qui sont susceptibles d'être utilisés. Nous citerons le motif suivant donné dans l'arrêt du Conseil d'Etat du 3 décembre 1880 (*Giraud*, 975) : « Considérant que si le sieur Giraud a fait « exécuter pour les conduites d'eau de la commune un système « défectueux, et s'il a commis des négligences dans la direction de « cet ouvrage, il résulte d'un précédent arrêté du Conseil de pré- « fecture qu'une partie des travaux ont pu être utilisés et que les « études faites par le sieur Giraud ont, dans une certaine mesure, « servi à la commune; qu'il y a lieu d'allouer de ce chef au sieur « Giraud une somme de 600 francs, à titre d'honoraires. »

1435. — Les architectes n'ont pas droit seulement à des honoraires lorsque leurs projets sont acceptés et exécutés par les communes. Ils peuvent aussi en réclamer pour les plans et projets non exécutés, qui ont été acceptés par l'Administration municipale ou qui remplissaient toutes les conditions imposées. (C. d'Etat, 18 déc. 1856, *Dewarlez*, 723; 22 sept. 1859, *id.*, 664; 7 mars 1873, *Bartholdi*, 218.)

Il importe peu que le projet soit plus tard exécuté, ou qu'il soit abandonné : l'architecte n'en a pas moins fait le travail commandé et il lui est dû des honoraires. « Considérant, dit un ar- « rêt, qu'il est établi que le Conseil municipal a adopté le projet « primitif présenté par le sieur Delmas; que si ce projet et ceux « qui ont été soumis postérieurement audit Conseil n'ont pas été « mis à exécution, la commune de Tournon ne saurait se prévaloir « de cette circonstance pour refuser au sieur Delmas la rémuné- « ration qui lui est due. » (C. d'Etat, 8 février 1878, *Delmas c. Commune de Tournon*, 153.) Il n'est guère besoin d'ajouter que si les plans étaient essentiellement défectueux et inexécutables, aucune rétribution ne serait due. (C. d'Etat, 18 février 1858, *Guillerot*, 154.)

1436. — Les plans et projets non exécutés peuvent, sans être ni complètement réussis, ni complètement mauvais, nécessiter des retouches et des remaniements. Accorder à l'architecte la rémunération en usage pour les plans non suivis d'exécution, ou lui refuser toute allocation, serait également contraire à l'équité. La décision à intervenir doit alors s'efforcer de concilier les intérêts en présence, en tenant compte des circonstances ; c'est ce que le Conseil d'Etat a fait à diverses reprises. Nous citerons notamment un arrêt du 8 déc. 1853, qui doit servir de règle dans les cas analogues. Cet arrêt est conçu ainsi : « Considérant que « le sieur Leplus était tenu, en dressant un projet de construction « pour le collège de Lille, de se conformer au programme arrêté « par les instructions ministérielles pour les collèges royaux; « considérant qu'il résulte des pièces produites que les plans par « lui présentés en 1844 n'ont pas été approuvés par le Ministre « de l'instruction publique, parce qu'ils ne remplissaient pas les « conditions exigées par ledit programme, notamment en ce « qu'ils ne contenaient que deux divisions pour les élèves, au « lieu de trois prescrites pour les collèges royaux; considé- « rant qu'il résulte également de l'instruction que les modi- « fications qu'il a apportées à ses plans primitifs, pour faire « disparaître les vices ou imperfections qui lui avaient été « signalés et pour opérer la distribution qui était exigée, ont « présenté des inconvénients tels qu'ils n'ont pas paru suscepti- « bles d'être approuvés ; que, dès lors, il n'y a pas lieu d'accorder « au sieur Leplus, pour la confection desdits plans, la rémunéra- « tion d'un p. 100 qui est allouée dans la ville de Lille, en vertu « de la délibération municipale du 18 mai 1839, aux archi- « tectes qui, ayant préparé les plans, ne sont pas chargés de « leur exécution ; considérant que la somme de 6.000 fr. offerte « au sieur Leplus par la ville sera une juste et suffisante rému- « nération du travail de cet architecte... » (C. d'Etat, 8 déc. 1853, *Ville de Lille*, 1030. *Voy.* aussi : 10 mars 1853, *Ramée*, 322.)

Dans le cas où les travaux de l'architecte, plans, projets, devis, etc., contiendraient des lacunes ou des imperfections, il devrait, sans augmentation d'honoraires, procéder aux rectifications qui lui seraient demandées. (C. d'Etat, 13 décembre 1878, *Bozonnat*, 1047.) Et si l'architecte refusait de faire ces rectifications ou compléments, le département ou la commune serait en droit de faire déduire de ses honoraires les sommes demandées par les autres architectes ou hommes de l'art qui ont complété ou rectifié les plans ou projets. (C. d'Etat, 23 juin 1876, *Sauger*, 602.)

1437. — Il arrive fréquemment que lorsqu'un architecte pré- sente un projet, un plan ou devis qui lui a été commandé, la commune, tout en reconnaissant que le projet est bon en général, répond que, quant à elle, il ne répond pas à ce qu'elle a demandé, parce qu'il est trop coûteux, et dépasse ses ressources. Il y a lieu alors d'examiner quel programme a été fixé à l'architecte, quel

maximum de ressources a été indiqué. L'architecte ne peut réclamer aucun honoraire pour un projet qui dépasserait la somme
indiquée comme maximum; il ne peut rien réclamer non plus pour
les modifications qu'il a été obligé de faire à ce projet pour le faire
rentrer dans les conditions de prix prévues; si, par suite de ces
modifications au projet primitif ou d'études complètement nouvelles, il présente enfin un projet ne dépassant pas le maximum
de prix prévu, ce n'est que pour ce projet que des honoraires
sont dus. C'est ce que déclare très nettement un arrêt du Conseil
d'Etat du 6 mars 1874 (*Vramant*, 215) : « En ce qui touche la
« somme de... réclamée par le requérant pour frais de rédaction
« d'un premier projet qui n'aurait pas été exécuté : — Considérant
« que s'il n'a pas été donné suite à ce projet, c'est qu'il entraî-
« nait pour la commune une dépense supérieure à celle qui avait
« été indiquée à l'architecte; que d'ailleurs celui-ci a continué à
« diriger les travaux, après avoir soumis au Conseil municipal
« et fait accepter par lui le projet qui a été exécuté; que, dans
« ces circonstances, il n'est pas fondé à prétendre à une alloca-
« tion spéciale pour la rédaction du projet dont il s'agit. » A défaut de programme ou de maximum, il y a lieu de rechercher ce
que l'architecte, connaissant la commune, pourrait équitable-
ment proposer. Nous citerons le considérant d'un arrêt du 23 juin
1876 (*Héritiers Sauger*, 603) : « En ce qui touche la somme de
« 343 francs réclamée par les requérants pour honoraires dus au
« sieur Sauger, leur auteur, à raison d'un projet de construction
« d'école de filles pour la commune de Châteaurenault : Considé-
« rant, d'une part, que deux projets, dont l'un portait la dépense
« à 29.000 francs et l'autre à 12.262 85 seulement ont été dressés
« par le sieur Sauger pour la construction d'une école de filles
« dans la commune de Châteaurenault; que le premier de ces
« projets a été repoussé par le Conseil municipal comme entraî-
« nant une dépense exagérée pour la commune; mais que
« celle-ci n'établit pas qu'en chargeant le sieur Sauger de pré-
« parer le travail en question, elle lui ait imposé un programme
« et fixé un maximum de dépense qu'il ne devait pas dépasser;
« que, dans ces circonstances, le sieur Sauger ayant dû ré-
« duire son devis et préparer un second projet, la commune ne
« justifie pas que la demande d'honoraires du sieur Sauger,
« basée sur la moyenne entre les deux projets préparés par lui, fût
« exagérée; — Mais, considérant que le second projet dressé par
« le sieur Sauger n'était pas accompagné des plans présentant
« la coupe et l'élévation du bâtiment à construire; que ces piè-
« ces, complètement indispensables pour l'exécution du tra-
« vail, ayant été réclamées par l'Administration supérieure saisie
« de l'examen du projet, le Conseil municipal a dû les faire exé-
« cuter par le sieur Goujon, conducteur des ponts et chaus-
« sées, auquel elle a payé, à titre d'honoraires, une somme de
« 54 francs; que, dès lors, c'est avec raison que le Conseil de
« préfecture a décidé qu'il y avait lieu de déduire ladite somme
« du montant des honoraires dus au sieur Sauger. »

1438. — Quelquefois l'Etat, les départements ou les villes mettent au concours certains projets. C'est ce qui a eu lieu à Paris quand on s'est occupé de la reconstruction du grand Opéra, de l'Hôtel de ville. La rédaction des projets en vue de ces concours ne donne droit, on le comprend, à aucune rétribution. C'est un appel que l'Administration adresse à l'intelligence et à l'habileté, et il ne constitue une obligation, sauf stipulation contraire, qu'envers celui dont les plans sont définitivement approuvés. (C. d'Etat, 4 février 1858, *Grandidier*, 124.) Bien plus, si aucune disposition formelle du programme ne l'autorise, les auteurs des projets, même ceux qui sont primés, n'ont pas le droit de réclamer le remboursement de leurs dépenses personnelles et accessoires, pas même les frais de voyage pour se rendre au concours ou au lieu d'exécution des travaux projetés. (C. d'Etat, 4 mai 1883, *Bourdais*, 433.)

1439. — Le plus souvent, le programme du concours stipule que le projet qui sera classé le n° 1 sera chargé de l'exécution des travaux, si ce projet est accepté et jugé remplir toutes les conditions du concours. L'auteur du projet classé n° 1 et accepté, doit être assimilé à l'architecte auquel un travail est commandé ; il a droit à la direction de l'ouvrage, et si cette direction ne lui est pas confiée, il doit être dédommagé du préjudice résultant pour lui de ce refus ; les juges apprécient en fait le montant de l'indemnité. (C. d'Etat, 4 avril 1879, *Commune de Charville c. Glaize*, 306.) On remarquera que, pour qu'un candidat puisse se prévaloir de la clause du programme portant que l'auteur du projet classé n° 1 serait chargé de l'exécution, il est nécessaire que les deux conditions soient réunies : 1° que le projet soit classé n° 1 ; 2° que le jury chargé du jugement déclare que le projet répond rigoureusement aux données du programme. Si cette deuxième condition n'était pas remplie, l'auteur du projet classé n° 1 aurait seulement droit à une indemnité représentant l'utilité que la commune a tirée du projet, indemnité qui sera établie d'après les circonstances. (C. d'Etat, 26 janvier 1877, *Racine c. Ville de Cannes*, 111.)

1440. — Pour éviter toute difficulté, les programmes stipulent souvent que les auteurs des projets primés n'auront droit, dans le cas où la ville renoncerait à exécuter les travaux prévus, qu'à une indemnité fixée à un chiffre déterminé. Ce chiffre est alors un forfait, et l'indemnité ne peut être augmentée, sous quelque prétexte que ce soit. (C. d'Etat, 4 mai 1883, *Bourdais et Davioud c. Revellat et Ville de Cannes*, 432.)

1441. — Il peut arriver aussi que l'architecte soit révoqué en cours des travaux ; il faut régler les conséquences de cette révocation.

Si le département ou la commune se fondent sur des fautes commises par l'architecte, et que ces fautes soient jugées suffisantes pour justifier la révocation, les conséquences en doivent être laissées à la charge de l'architecte :

1° Celui-ci ne touchera d'honoraires que sur le montant des travaux exécutés à l'époque de sa révocation;

2° On devra déduire de ses honoraires ou lui faire payer à part les sommes nécessaires pour réparer les fautes commises.

« Considérant, dit un arrêt, qu'il résulte de l'instruction et no-
« tamment de l'avis du Conseil général des bâtiments civils que les
« fautes reprochées au sieur Lenoir étaient d'une gravité suffisante
« pour justifier son remplacement; que, dans ces circonstances, il
« n'est fondé à réclamer 5 p. 100 que sur la dépense afférente aux
« travaux dont il a dirigé l'exécution, déduction faite sur cette
« somme de 103.289 fr. 25 de béton dont l'emploi a été rendu
« nécessaire par l'insuffisance des sondages; que ses honoraires
« de ce chef doivent être fixés à 45.093 fr. 25. » (C. d'Etat, 6
août 1888, *Lenoir c. Département du Pas-de-Calais*, 721.)

1442. — Si, au contraire, il est reconnu que l'architecte révoqué n'a commis aucune faute de nature à lui faire retirer la direction de l'entreprise, il est fondé à réclamer :

1° Des honoraires calculés sur le montant des travaux exécutés
à l'époque de sa révocation;

2° Une indemnité en remplacement des honoraires auxquels il
aurait eu droit si la direction des travaux jusqu'à la fin de l'entreprise ne lui avait pas été enlevée.

La jurisprudence du Conseil d'Etat est formelle à cet égard :
« Considérant que la seule disposition de l'arrêté attaqué,
« contre laquelle se pourvoit le sieur Amiard, est celle qui est re-
« lative à la quotité des honoraires dus à cet architecte en raison
« des travaux qui restaient à exécuter au moment de sa révoca-
« tion; — Considérant qu'il est reconnu par les parties que le
« sieur Amiard, qui avait dressé un projet de construction de l'é-
« glise de Briouze, avait été chargé de diriger et de surveiller
« l'exécution du projet adopté par le Conseil municipal, et que
« les honoraires représentant 5 p. 100 du prix d'adjudication
« de l'entreprise devaient lui être payés tant pour la rédaction
« de son projet, que pour la direction de l'entreprise et la récep-
« tion des travaux; qu'il ne résulte pas de l'instruction que le
« sieur Amiard ait commis, dans l'exécution des travaux qui
« lui étaient confiés, une faute de nature à lui faire retirer la
« direction de l'entreprise et les bénéfices qu'il était en droit
« d'en attendre; — Considérant que, dans les circonstances
« de l'affaire et en tenant compte des dépenses que l'ar-
« chitecte aurait à supporter s'il avait continué à diriger l'en-
« treprise, il sera fait une juste appréciation de l'indemnité
« due au requérant en ajoutant un p. 100 aux trois pour 100
« qui lui avaient été alloués par le Conseil de préfecture sur
« la somme de 135.000 fr., montant des travaux qui restaient à
« exécuter au moment de sa révocation. » (C. d'Etat, 8 décembre
1883, *Amiard*, 1006.)

1443. — L'Administration n'est pas responsable envers l'architecte des pertes de temps et du surcroît de travail que rendent nécessaires la négligence ou l'incurie de l'entrepreneur. Si les travaux se prolongent bien au delà de l'époque fixée pour leur achèvement, l'architecte n'a pas droit à une augmentation d'honoraires. L'Administration est, en effet, complètement étrangère aux faits qui pourraient la motiver. Mais l'architecte serait-il sans recours contre l'entrepreneur? Je ne le crois pas. Les règlements locaux ou les cahiers des charges renferment quelquefois sur ce point des dispositions spéciales, et autorisent les architectes à demander à l'entrepreneur un supplément d'honoraires. (Voy. 4 fév. 1858, ci-dessus cité.) Ces stipulations sont d'ailleurs surabondantes, car elles ne sont que l'application d'un principe qui appartient au droit commun. L'entrepreneur n'a aucun moyen d'échapper à l'action de l'architecte lorsque les retards dans l'exécution proviennent manifestement de sa faute, et lorsqu'il est constant qu'un préjudice en est résulté pour le directeur et le surveillant des travaux.

CHAPITRE III

De l'action en paiement d'honoraires.

1444. — L'architecte a un droit de rétention sur les pièces de l'entreprise jusqu'au paiement de ses frais et honoraires.

1445. — L'action en paiement d'honoraires ne se prescrit que par trente ans.

1446. — Exception : présomption de paiement.

1447. — Les contestations au sujet des honoraires sont du ressort du Conseil de préfecture.

1448. — Il faut qu'il s'agisse des travaux publics et non des travaux du domaine privé des départements, communes ou établissements publics.

1449. — La compétence du Conseil de préfecture s'étend à tout ce qui rentre dans les fonctions de l'architecte, et qu'il a été obligé de faire à l'occasion d'un travail public.

1450. — Peu importe qu'on s'en soit rapporté aux règles générales, ou qu'une convention spéciale ait réglé les honoraires.

1451. — Mais la compétence du Conseil de préfecture ne s'étend qu'aux litiges entre l'ingénieur ou architecte et l'Administration.

1452. — L'architecte qui a été en nom chargé du travail a seul qualité pour agir.

1453. — La compétence du Conseil de préfecture est restreinte en cas d'honoraires réclamés pour un travail déterminé; elle ne s'étend pas au traitement fixe d'un architecte municipal ou départemental.

1454. — Situation de l'architecte qui a un traitement fixe. Importance de la question.

1455. — Discussion; principes généraux; cas exceptionnels; jurisprudence.

1456. — Critiques des auteurs.

1457. — Réponse; justification de la jurisprudence.

1444. — Les auteurs et la jurisprudence admettent que l'architecte peut exercer, sur les pièces relatives au travail dont il a été chargé, le droit de rétention qui appartient à tout mandataire, jusqu'à parfait paiement des frais et honoraires qui lui sont dus. Nous ferons remarquer toutefois que, lorsqu'il s'agit d'un architecte départemental ou communal ayant un traitement fixe, et chargé de la direction d'un service départemental ou communal, les pièces appartiennent à ce service : elles ne sont possédées par l'architecte qu'au nom du département et de la commune, et il ne peut par conséquent les garder ou retenir par devers lui, car ce serait en quelque sorte soustraire des documents d'une Administration publique. (Cour de Paris, 14 décembre 1869, *Sénèque;* Sirey, 1870, 2, 83.)

1445. — Les honoraires de l'architecte sont soumis seulement à la prescription de 30 ans. Le point de départ sera, suivant les cas, soit la réception des travaux, soit la présentation des plans et devis, si les travaux n'ont pas été exécutés. Les causes d'interruption de la prescription sont les mêmes qu'en matière civile, et il y a lieu d'appliquer les règles ordinaires. C'est ce que fait très bien comprendre l'arrêt du Conseil d'Etat du 27 mars 1885 (*Esquié* c. *Ville de Toulouse*, 384), ainsi conçu : « Sur « l'exception de prescription opposée par la ville de Toulouse : « — Considérant que, pour faire rejeter la réclamation du sieur « Esquié tendant à obtenir le paiement des honoraires qui lui « seraient dus pour la rédaction des plans et devis dressés en vue « de la construction d'une salle de spectacle, la ville de Toulouse « soutient que cette réclamation n'a été présentée que plus de « trente ans après que ladite ville a renoncé au projet de con-« struction de ce théâtre; — Considérant que, si, en 1848, le « Conseil municipal de Toulouse a renoncé à construire le théâ-« tre, qui, d'après le programme du concours ouvert en 1844, « devait être élevé en face du Capitole, il résulte de l'instruction « qu'à diverses reprises, notamment en 1859 et en 1866, sur la « demande des maires de Toulouse, le sieur Esquié a apporté à « son projet primitif les modifications nécessaires pour l'adapter « aux divers emplacements proposés successivement au Conseil « municipal ; qu'ainsi la ville de Toulouse n'est pas fondée à « soutenir que le sieur Esquié a laissé passer un délai de trente « ans avant de réclamer la rémunération des plans et devis « qu'il a dressés comme architecte. »

1446. — Cependant, signalons une cause de présomption de paiement spéciale à notre matière, qui résulterait de l'inscription au budget communal d'une somme suffisante pour payer l'architecte. C'est ce qui est indiqué dans un des considérants de l'arrêt du Conseil d'Etat du 4 août 1882 (*Darme*, 767) : « Sur « les conclusions subsidiaires du sieur Darme », dit l'arrêt, « ten-« dant à ce que la ville de Bourg soit condamnée à lui payer « un reliquat de 1.790 francs à raison d'autres travaux exécutés « par lui pour le compte de ladite ville; — Considérant qu'il « résulte de la lettre ci-dessus visée du préfet de l'Ain, en date « du 18 janvier 1851, qu'un crédit a été porté au budget de la « ville de Bourg pour l'année 1850, en vue d'effectuer le paie-« ment des honoraires dus au sieur Darme; que ce dernier, qui « n'a élevé de réclamation devant le Conseil de préfecture que « dans l'année 1876, n'apporte aucun commencement de preuve

« de nature à infirmer la présomption de paiement qui résulte
« en faveur de la ville de la pièce précitée... »

1447. — Les contestations relatives aux honoraires des ingénieurs ou agents des ponts et chaussées, dans les cas où ils y ont
droit, et de tous les architectes et hommes de l'art, sont de la
compétence du Conseil de préfecture, parce qu'elles sont nées à
l'occasion d'un travail public, et rentrent dans les prévisions de
l'article 4 de la loi du 28 pluviôse an VIII.

1448. — Il faut donc en premier lieu appliquer ici les règles que
nous avons posées au chapitre II du titre 1er, nos 6 et suivants, pour
reconnaître si un travail a le caractère d'un travail public ou
s'il n'est qu'un travail privé. Ainsi, lorsque des travaux sont exécutés dans une commune sous la direction d'un architecte municipal en vue d'un service public de la commune, les réclamations
d'honoraires de l'architecte sont de la compétence du Conseil de
préfecture. De même la réclamation d'honoraires par un architecte, pour travaux exécutés par l'Etat dans une colonie pénitentiaire, est de la compétence du Conseil de préfecture. C'est ce qu'a
décidé le Conseil d'Etat, par son arrêt du 4 juin 1880 (*Vigier*,
521), par le motif suivant : « Considérant que le refus fait par le
« Ministre de l'intérieur d'allouer au sieur Vigier la somme qu'il
« prétend lui être due à titre d'honoraires, pour la vérification et
« le règlement des travaux effectués de 1865 à 1868 dans la
« colonie pénitentaire des Douaires, ne fait pas obstacle à ce
« que le requérant puisse porter sa réclamation devant le Con-
« seil de préfecture, auquel il appartient, par application de l'ar-
« ticle 4 de la loi du 28 pluviôse de l'an VIII, de statuer sur les
« difficultés qui peuvent s'élever entre l'Administration et les
« architectes à raison des travaux publics. » Au contraire, lorsque des travaux d'arpentage, de levée de plan et d'estimation,
qu'un géomètre a exécutés pour le compte d'une commune, ont
eu principalement pour objet de préparer la vente de terrains
que la commune se proposait d'aliéner, les difficultés qui s'élèvent entre le géomètre et la commune sont relatives à des travaux du domaine privé de cette dernière : elles ne rentrent pas
dans l'article 4 de la loi du 28 pluviôse an VIII ; le Conseil de
préfecture ne saurait en connaître. (C. d'Etat, 29 août, 1865,
Commune de Montbéton, 887.)

1449.— La compétence du Conseil de préfecture ne s'étend
pas seulement aux honoraires dus pour direction des travaux,
mais pour tout ce qui rentre habituellement dans les fonctions
d'un architecte, géomètre ou ingénieur ; elle a donc été appliquée à la simple levée de plans. (C. d'Etat, 7 décembre 1854,
Byron, 941; 2 mai 1884, *Dufils*, 346.)

Il suffit d'ailleurs que l'ouvrage demandé à l'homme de l'art
ait pour but de servir à un travail public ; il n'est pas nécessaire
que cet ouvrage ait accompagné réellement ce travail. La question a été maintes fois tranchée en ce qui concerne les plans,

45

devis, projets, commandés à un architecte, et non suivis d'exécution. (C. d'Etat, 14 novembre 1884, *Mongeaud*, 793.)

Il arrive fréquemment par exemple qu'un projet d'édifice public soit mis au concours et que l'édifice ne soit pas exécuté, ou ne soit pas confié à l'architecte le premier classé; toutes les difficultés qui s'élèvent à cet égard sur les honoraires ou indemnités dus aux architectes qui ont pris part au concours, sont de la compétence du Conseil de préfecture. (C. d'Etat, 4 avril 1879, *Commune de Charleville*, 306; 10 février 1887, *Racine*, 110; 4 mai 1883, *Bourdais*, 432.)

1450. — Peu importe d'ailleurs que, pour fixer les honoraires, on s'en soit rapporté aux règles générales, ou qu'on ait dressé un contrat particulier allouant des sommes déterminées pour chaque travail ou pour l'ensemble d'un ouvrage. Les difficultés soulevées sur ce contrat, qui n'est qu'une convention privée, sont cependant des contestations entre un architecte et l'Administration à l'occasion d'un travail public, et de la compétence du Conseil de préfecture (C. d'Etat, 28 juillet 1882, *Ville de Castres*, 79); et cela, même dans le cas où le contrat aurait fixé un traitement fixe annuel, avec remises proportionnelles, ou exclusif de toute remise proportionnelle. (C. d'Etat, 1er mars 1878, *Dulin*, 257; 13 avril 1881, *Aîné*, 447.)

1451. — Mais la règle posée par l'article 4 de la loi du 28 pluviôse an VIII doit être appliquée ici strictement. Elle ne prévoit que les litiges entre l'Administration et les architectes et entrepreneurs; si l'Administration n'est pas intéressée dans le litige, le Conseil de préfecture cesse d'être compétent.

Le Conseil d'Etat l'a décidé ainsi au sujet de contestations entre l'architecte et l'entrepreneur, ou entre plusieurs architectes chargés de la direction d'un même travail. (C. d'Etat, 4 mai 1883, *Bourdais*, 432.) Ce dernier arrêt va même plus loin et décide que si, dans un litige entre l'Administration et l'architecte, se présente accessoirement un litige entre plusieurs architectes ou entre l'architecte et l'entrepreneur, le Conseil de préfecture doit trancher le premier seulement, et se déclarer incompétent au sujet du second : dans l'espèce, plusieurs architectes avaient été chargés de rédiger en commun, pour une ville, les plans d'un hôtel et d'un théâtre : d'où une première contestation entre la ville et les architectes sur le total des honoraires dus par elle, puis demande subsidiaire de deux des architectes tendant à la répartition du total des honoraires entre les architectes suivant des conventions passées entre eux. Le Conseil d'Etat, après avoir fixé la somme d'honoraires due par la ville, a refusé d'examiner le second litige par le motif suivant : « Sur « les conclusions tendant à ce que les honoraires dus par la ville « soient répartis par le Conseil dans la proportion de trois dixiè-« mes pour Davioud, de trois dixièmes pour Bourdais, et de quatre dixièmes pour Revellat : — Considérant qu'il n'appartient pas à la juridiction « administrative de connaître des conven-

« tions particulières qui ont pu intervenir entre les sieurs Davioud,
« Bourdais et Revellat pour la répartition des honoraires qui se-
« raient alloués aux auteurs des projets primés par le jury, et qu'il
« y a seulement lieu de régler entre la ville de Cannes, d'une part,
« et les sieurs Bourdais et Revellat d'autre part, le chiffre desdits
honoraires. » Il en serait évidemment autrement si la ville avait
elle-même fixé la proportion des honoraires promis à chacun ou fût
intervenue dans la convention passée entre les architectes.

1452. — Il est utile d'observer que, de même que l'Administration ne connaît que l'entrepreneur qui s'est présenté à l'adjudication et qui a signé le marché, mais non les sous-traitants ou
cessionnaires, elle ne connaît non plus que l'architecte qu'elle
a chargé de la direction des travaux, avec lequel elle a traité.
Quant aux collaborateurs que cet architecte s'est adjoint, ou aux
cessionnaires, l'Administration ne les connaît pas ; ils n'ont point
qualité pour réclamer des honoraires, ni pour intervenir dans le
règlement des honoraires entre l'administration et l'architecte si-
gnataire du traité. (C. d'Etat, arrêt ci-dessus, 4 mai 1883, *Bourdais*,
432.) L'architecte pourrait cependant faire agréer par l'Administra-
tration ses cessionnaires ou collaborateurs ; la solution serait alors
différente. Il faut appliquer ici les règles que nous avons exposées
plus haut en ce qui concerne les sous-traitants.

1453. — On remarquera que la compétence du Conseil de préfecture est, suivant la règle générale, restreinte aux cas limitativement prévus par la loi, c'est-à-dire aux cas où il s'agit d'honoraires réclamés par l'architecte pour un travail déterminé,
parce qu'alors la contestation se lie intimement avec l'examen du
travail public exécuté. Mais il arrive très souvent que des départements, des villes ou communes qui ont de nombreux édifices
publics, de nombreuses voies publiques à construire et à entretenir, au lieu de faire un contrat avec un architecte pour chaque
travail déterminé, lui donnent un traitement fixe accompagné de
remises proportionnelles, d'une retraite avec pension au bout
d'un certain nombre d'années, etc. Fréquemment même il arrive
que cet architecte, ingénieur ou homme de l'art, est chargé de
tout un service départemental ou municipal, la voirie, les eaux,
etc. ; s'il s'élève des difficultés au sujet de la révocation de l'architecte, des retenues faites sur son traitement, de la quotité de
ce dernier, devant quelle juridiction faut-il les porter, et quelle
est la marche à suivre ?

1454. — L'architecte, en ce qui concerne ce traitement fixe, est-
il un simple employé départemental ou municipal ? Si on admet
l'affirmative, les conséquences sont très nettes. Plaçons-nous
spécialement au point de vue d'une ville ou commune : « le
« maire, en nommant ou révoquant un employé municipal, en
« vertu des pouvoirs qui lui sont conférés par l'article 12 de la loi
« du 18 juillet 1837, fait un acte essentiellement administratif ;
« l'employé révoqué peut se pourvoir, soit devant l'autorité supé-
« rieure, par la voie hiérarchique, soit devant le Conseil d'Etat

« au contentieux, par la voie des recours pour excès de pouvoir » ;
les questions à examiner ne soulèvent pas de difficultés relatives aux travaux publics exécutés sous les ordres de l'architecte,
elles ne rentrent donc pas dans celles sur lesquelles il appartient
au Conseil de préfecture de statuer. D'autre part, « l'autorité ju-
« diciaire ne peut être appelée à examiner la régularité de l'acte,
« même à l'occasion d'une demande en dommages-intérêts. » C'est
ce qui résulte de la jurisprudence du Tribunal des conflits.
(Trib. des conflits, 8 déc. 1877, D. P., 78, 3, 17.) Toutefois, si la
demande d'indemnité était fondée sur l'excès de pouvoir déjà reconnu par l'autorité supérieure ou par le Conseil d'Etat, ou si
elle était fondée sur des faits préjudiciables de droit commun qui
ont accompagné la suppression de traitement ou la révocation de
l'employé, par exemple sur les termes des délibérations du Conseil municipal ou des lettres du maire portant atteinte à la réputation de l'employé, la juridiction de droit commun, les tribunaux judiciaires seraient compétents. (Trib. des conflits, arrêt du
28 décembre 1878, Dalloz, 79, 3, 56.)

D'autre part, l'architecte, en ce qui concerne son traitement
fixe, est-il un fonctionnaire public ? Les conséquences sont non
moins certaines ; s'il remplit une fonction, c'est-à dire s'il a, concurremment avec l'obligation de prêter son concours, une délégation d'autorité, toutes les questions concernant sa nomination, sa révocation, le taux de son traitement ont un caractère purement administratif. Elles pourront être portées, suivant
les cas, devant le supérieur hiérarchique du fonctionnaire contre
lequel le litige s'élève, ou devant le Conseil d'Etat statuant comme
juge d'excès de pouvoir.

Enfin, l'architecte est-il simplement un particulier qui a passé
un contrat de droit commun avec le département ou la commune ? Dans ce cas, le contrat est un louage de temps et
d'industrie, et les conséquences des contrats de ce genre, sauf
dans les questions exceptées par la loi, rentrent dans la compétence judiciaire, même lorsqu'ils se rapportent à des services administratifs.

1455. — Il est bien vrai que si le contrat était passé pour
le compte de l'Etat en vertu des règles particulières qui régissent les contrats de l'Etat, tous les litiges concernant ce contrat
devraient être portés soit devant l'autorité administrative, soit
devant la juridiction administrative. Mais depuis longtemps on
n'applique pas les mêmes règles aux dettes de l'Etat et à celles
des départements ou des communes ; les contrats qui ont pour
objet des services pour le compte des départements ou des
communes, rentrent évidemment dans la compétence de la juridiction civile et doivent être régis par le droit commun. Si on
objecte que cette règle, ces principes, autoriseront les tribunaux de
l'ordre judiciaire à discuter des actes d'un fonctionnaire du département ou de la commune, on a depuis longtemps répondu que
cet inconvénient se présentera presque toujours quand il s'agira
de l'exécution d'un contrat de droit commun passé par une admi-

nistration départementale ou municipale, mais qu'ils ne sauront motiver une interversion des compétences.

La plupart des auteurs qui ont étudié la question, et les commentateurs des arrêts rendus dans la matière, ont cherché à établir une règle générale. Les uns ont classé l'architecte ou l'homme de l'art parmi les employés, d'autres, parmi les fonctionnaires, d'autres, parmi les simples particuliers louant leur industrie. C'est pourquoi ils s'étonnent des décisions, soit de l'autorité administrative, soit de l'autorité judiciaire, qui leur paraissent présenter des contradictions et des variations difficiles à expliquer. Nous croyons que la jurisprudence est loin d'être aussi variable et aussi contradictoire. De l'étude que nous avons faite des décisions rendues dans ces dernières années, il nous paraît résulter que la question n'est pas susceptible d'une solution unique ; que, dans certains cas, il sera employé ; que, dans d'autres, il sera un fonctionnaire public ; que, dans d'autres enfin, il sera un simple particulier louant son industrie et ses services ; et qu'il y a lieu de rechercher dans quel cas et suivant quelles conditions il a l'une ou l'autre qualité. En principe, on peut dire que l'architecte qui traite avec une commune ou un département pour les soins à donner aux travaux publics qu'on se propose de construire ou d'entretenir est un particulier qui loue son temps et son industrie, que le contrat est un louage d'ouvrage de droit commun, et que la juridiction compétente pour en connaître est la juridiction civile.

Mais les circonstances dans lesquelles ce contrat est passé, les clauses et conditions qu'il contient peuvent lui faire perdre son caractère de droit commun.

Ainsi, on sait qu'il existe, dans les villes importantes, des fonctionnaires chargés du service de la voirie et appelés agents-voyers ; ils sont fonctionnaires puisqu'ils prêtent serment, qu'ils ont le droit de constater les contraventions et délits et d'en dresser procès-verbaux, mais ils sont aussi employés, car ils dirigent dans tous ses détails le service de la voirie. Dans les villes et communes moins importantes, il est dans l'usage de nommer des architectes-voyers, qui ne reçoivent aucune délégation des pouvoirs publics, mais qui, pour tout le reste, ont les mêmes fonctions que les agents-voyers. Dans ces conditions, le maire de la commune stipule pour assurer deux services importants de la ville, l'architecture et la voirie : il nomme un employé, supérieur, il est vrai, mais qui n'en n'est pas moins un employé ; l'acte est administratif du côté du maire, puisqu'il stipule en vue du fonctionnement des services publics, il l'est du côté de l'architecte, qui s'engage à faire fonctionner ces services. On ne peut, il est vrai, assimiler à un employé ordinaire l'architecte-voyer, qui surveille et dirige la construction et l'entretien des bâtiments communaux ainsi que les travaux de la voirie urbaine ; qui signale à l'autorité les contraventions aux règlements de voirie ; qui prépare même les procès-verbaux ; mais, tout supérieur qu'il soit, il n'en est pas moins soumis à ces conditions de subordination et assiduité qui caractérisent l'employé ; il est le premier employé de la voirie urbaine, dont il surveille les travaux d'entretien et de construction, en même temps qu'il prépare les permissions de voirie et les alignements. Dans ces conditions, l'architecte municipal, ou plutôt l'architecte-voyer, ne peut prétendre avoir passé un contrat de droit commun et soumettre les difficultés que soulève son exécution ou sa rupture à l'autorité judiciaire ; il a pris le caractère d'employé, il faut en tirer les conséquences. (C. d'Etat, 28 février 1879, *Meister*, 177 ; Tribunal des conflits, 27 décembre 1879, *Guidet* contre *Ville d'Autun*, 881.)

A fortiori en serait-il de même d'un agent d'une administration de l'Etat qui aurait accepté la direction des travaux de construction et d'entretien des bâtiments et de tout ce qui sert à un service communal.

1456. — La jurisprudence qui, par appréciation des faits et des circonstances, décide ainsi, dans certains cas, que l'architecte ou ingénieur n'a pas conclu un contrat de droit commun, mais doit être assimilé à un fonctionnaire ou à un employé, est fort critiquée.

On fait remarquer que, quand une commune s'attache pour un temps déterminé un architecte ou un homme de l'art, il est possible que celui-ci accepte une situation analogue à celle d'un employé ou d'un fonctionnaire ; mais que ce n'est pas une raison pour que, s'il survient des difficultés entre cet architecte et la commune, cette dernière puisse, par ses représentants, la trancher seule et à son gré. Nous admettons que la loi de 1884, comme l'ancienne loi de 1833, permette au maire de congédier l'architecte, sous forme d'arrêté de révocation ; qu'après avoir consulté le Conseil municipal, ou même de son plein pouvoir, il règle les questions qui touchent à la rémunération de l'architecte, son traitement fixe, ses remises proportionnelles, etc. ; ces actes administratifs ne sont susceptibles que d'un recours gracieux hiérarchique et d'un recours pour excès de pouvoir. Si la décision du maire est maintenue, tout n'est pas fini ; l'architecte peut prétendre qu'il avait rempli convenablement ses fonctions ou son emploi, qu'on le congédie à tort, que le contrat par lui passé a été rompu avant terme, et qu'il lui est dû réparation du préjudice qu'il subit ; il peut aussi invoquer d'autres violations des engagements pris par la commune (mode de rémunération, traitement fixe, remises proportionnelles, remises exceptionnelles pour certaines affaires, retenues à opérer, etc.), la commune doit être responsable des actes de son maire ou de ses représentants agissant en son nom. D'après la jurisprudence actuelle, où donc est le juge de toutes ces questions ?

Ce n'est pas le Conseil de préfecture (C. d'Etat, 27 février 1879, *Meister*, 176), ce n'est pas le Tribunal civil (V. Trib. des conflits, arrêt du 27 décembre 1879 ci-dessus). Pour trouver un juge, on a dit que ce dernier arrêt était allé trop loin ; que, sans nier l'existence d'un acte administratif, il faut aussi reconnaître l'existence du contrat de louage qui se forme avant même que le maire ou

préfet ait pris un arrêté de nomination qui n'est que la manifestation du contrat antérieurement formé, qui ne fait que proclamer
le consentement des parties. Sans doute, dit-on, un débat pourrait s'établir sur le terrain administratif ; il en serait ainsi dans
le cas où la légalité de l'arrêté serait contestée ; mais si, cet arrêté
reconnu valable, on en examine seulement les conséquences au
point de vue du contrat, si on cherche si celui-ci a été exécuté,
le débat s'engage sur le terrain du droit civil, et le Tribunal civil est compétent.

1457. — Mais, et c'est là l'objection que nous sommes obligés
de faire au raisonnement qui précède, il n'est pas précisément
exact que, même en prenant la question de ce côté, le débat s'engage sur le terrain du droit civil ; il nous semble, au contraire,
qu'il s'engage sur le terrain du droit administratif. En cas de révocation de l'architecte, pour apprécier si le contrat a été mal à
propos rompu, il faut rechercher quelles étaient, d'après les lois,
décrets, règlements, arrêtés et circulaires, les fonctions de l'architecte, puis examiner comment il les a remplies, c'est-à-dire
s'il n'a commis aucune faute dans l'exécution de ces lois, règlements, etc., et s'il a bien dirigé les services sous ses ordres. Il
faut donc interpréter et apprécier des actes administratifs, et contrôler des services de l'organisation départementale et communale. En cas de contestation sur le taux du traitement, sur la
quotité des remises proportionnelles, sur les retenues, etc., il
faut apprécier les lois, décrets, règlements, etc., qui régissent la
matière, et il faut rechercher, par l'examen des actes faits
dans les différents services confiés à l'architecte, s'il y a lieu à
l'application de telle ou telle loi, de tel ou tel décret. Le
tribunal civil ne peut, sans s'immiscer dans l'administration départementale ou municipale, et sans transgresser la règle de la
séparation des pouvoirs, apprécier de pareils griefs.

De ce que le Conseil de préfecture n'est pas compétent, il ne
faut pas conclure que tout juge administratif est incompétent;
le Conseil de préfecture n'a que les attributions qui lui sont confiées spécialement par un texte de loi. La pleine juridiction contentieuse appartient au Conseil d'Etat et nous croyons qu'il est
compétent en cette matière. Le Conseil d'Etat s'est souvent déclaré
compétent pour statuer sur des affaires de pensions des agents
communaux servies par des caisses de retraite instituées par un
grand nombre de communes ; il a admis des arrêtés du préfet
sanctionnant les propositions du maire et l'avis du Conseil municipal. Bien plus, en matière de pensions d'agents du service départemental, il a admis des recours contre la décision du Conseil général du département qui, d'après la loi du
10 août 1871, article 46, § 2, statue « sur l'établissement et l'or-
« ganisation des caisses de retraite ou tout autre mode de rému-
« nération en faveur des employés des préfectures et des sous-
« préfectures et des agents salariés sur les fonds départementaux ».
Nous citerons à ce sujet un arrêt du Conseil d'Etat du 4 juillet
1884 (*Busscreau*, 971), dont nous détachons le considérant sui-

vant : « Considérant..... Qu'aux termes des lois organiques du Con-
« seil d'Etat et notamment de la loi du 2 mai 1872, article 9, il ap-
« partient audit Conseil de statuer souverainement sur les recours en
« matière contentieuse ; que les contestations qui peuvent s'élever
« entre un département et un de ses agents, pour l'application des
« statuts de la caisse des retraites des employés de ce département
« à la liquidation de la pension à laquelle cet agent prétend avoir
« droit à raison des fonctions qu'il a exercées, appartiennent au
« contentieux administratif ; que, par suite, le préfet de la Gironde
« n'est pas fondé à soutenir que le recours du sieur Bussereau
« n'est pas recevable. » Dans son traité de la juridiction administrative et des recours contentieux, M. Laferrière, après avoir rapporté cet arrêt, le fait suivre des considérations suivantes : « En
« cas d'annulation de la décision du Conseil général, le requérant
« est renvoyé devant lui pour qu'il fasse la liquidation ou pour
« qu'il la rectifie d'après les bases fixées par l'arrêt. Que décider
« si le Conseil général refusait de déférer à cette décision ? Nous
« pensons que le requérant pourrait alors saisir le Conseil d'Etat
« de la difficulté ainsi survenue sur l'exécution de son arrêt, et
« obtenir de lui une décision qui fixerait le prix de la pension ;
« en exécution de cette décision, qui constaterait une dette exigi-
« ble à la charge du département, le ministre de l'intérieur pour-
« rait provoquer un décret inscrivant d'office la dépense au bud-
« get, par application de l'article 61 de la loi du 12 août 1871. »
La même jurisprudence est appliquée en matière de pension des
employés des villes et communes. (C. d'Etat, 16 janvier 1874,
Jacques contre *Ville de Lyon*, 53 ; 24 juin 1881, *Bougard* contre
Ville de Paris, 648) ; et deux autres arrêts du même jour (*Dumar-
ché* contre *Ville de Rouen* et *Delacour* contre *Ville de Rouen*, 653.)
Les termes dont se sert le Conseil d'Etat sont généraux, ils peuvent s'appliquer à toute discussion élevée par les employés sur
leur mode de rémunération ou leurs salaires ; d'ailleurs, comme
exemple, l'article 46 de la loi du 10 août 1871 met indifféremment sur la même ligne l'établissement des caisses de retraite
et tout autre mode de rémunération des employés et agents salariés ; dans l'affaire ci-dessus citée (*Jacques* contre *Ville de Lyon*),
le Conseil d'État avait à trancher deux questions, l'une relative
au taux de la pension de l'employé, l'autre relative au taux
de son traitement en activité de service et à diverses rémunérations perçues en cet état : il a placé les deux questions sur la
même ligne et les a examinées et tranchées toutes deux. Nous
croyons donc que c'est cette jurisprudence et la marche indiquée
ci-dessus qui doivent être suivies en notre matière.

FIN DU TOME PREMIER

TABLE ANALYTIQUE

Nᵒˢ		Pages.
Avant-propos de la première édition		I
Préface de la deuxième édition		VII

TITRE PRÉLIMINAIRE

DES TRAVAUX PUBLICS EN GÉNÉRAL, ET DE LEURS CARACTÈRES DISTINCTIFS

CHAPITRE PREMIER

Considérations générales. — Définitions.

1. — Absence de définition légale............................ 1
2. — Données de la doctrine et de la jurisprudence............ 1
3. — Caractères essentiels d'un travail public............... 2
4. — Définition... 3
5. — Importance de la distinction entre les travaux publics et les travaux privés................................... 3

CHAPITRE II

Caractères des travaux publics par rapport aux personnes pour le compte desquelles ils sont exécutés, et par rapport à leur objet.

SECTION PREMIÈRE

Travaux de l'État.

6. — Travaux exécutés dans l'intérêt des services publics.......... 3
7. — Travaux exécutés dans l'intérêt du domaine privé............ 4
8. — Exemples.. 4
9. — Travaux dans les forêts domaniales......................... 5
10. — Conservation et restauration des terrains en montagne........ 6

SECTION II

Travaux des départements.

11. — Historique... 6
12. — Application des mêmes règles que pour les travaux de l'État... 7
13. — Travaux intéressant spécialement les arrondissements et les cantons... 7

SECTION III]

Travaux des communes.

14. — Historique. — Variations de la jurisprudence.............. 8
15. — Système actuel... 9
16. — Exemples : construction et réparation d'église............ 10
17. — Travaux exécutés pour le compte de la commune............ 10
18. — Travaux exécutés par souscriptions particulières.......... 10
19. — Travaux exécutés par les fabriques...................... 11

Nᵒˢ   Pages.

20. — Travaux exécutés par les consistoires protestants et les synago-
    gues israélites... 11
21. — Presbytères... 11
22. — Hôtels de ville. — Maisons d'École. — Gendarmeries........ 12
23. — Halles. — Marchés. — Abattoirs. — Lavoirs................. 12
24. — Cimetières... 13
25. — Voirie : rues, places, trottoirs, ponts..................... 13
26. — Services des eaux : fontaines, égouts....................... 14
27. — Éclairage.. 14
28. — Chemins ruraux.. 14
29. — Travaux dans les bois communaux............................ 15

SECTION IV

*Travaux des établissements publics et des concessionnaires d'entreprises
d'intérêt général.*

30. — Hospices.. 15
31. — Monts-de-piété.. 16
32. — Établissements d'utilité publique.......................... 16
33. — Travaux exécutés par des adjudicataires et des concessionnaires. 17
34. — Compagnies de chemins de fer et de tramways................ 18

SECTION V

*Travaux du domaine privé de l'État et des communes ; travaux des asso-
ciations syndicales, qui ont le caractère de travaux publics à raison de
leur utilité générale.*

35. — Dessèchement des marais.................................... 19
36. — Mise en valeur de terrains communaux...................... 20
37. — Reboisement; culture des landes........................... 21
38. — Associations syndicales : leurs travaux................... 21
39. — Travaux des associations forcées.......................... 22
40. — Travaux des associations autorisées....................... 23
41. — Travaux des associations libres........................... 24
42. — Travaux exécutés par des particuliers au moyen de souscriptions. 25
43. — Travaux exécutés par l'Administration avec le concours des
    particuliers... 26

CHAPITRE III

Caractères du marché de travaux publics par rapport à la nature du contrat.

SECTION PREMIÈRE

Distinction du marché de travaux publics et du marché de fournitures.

44. — Importance de la distinction............................... 27
45. — Caractères spéciaux de l'un et de l'autre contrat.......... 27
46. — Exemples.. 28
47. — Résumé de la jurisprudence. Règles générales.............. 29

SECTION II

Combinaison du marché de travaux publics avec d'autres contrats.

48. — Marché de travaux publics combiné avec la vente ou le louage par
    l'Administration d'un immeuble à l'entrepreneur, et récipro-
    quement.. 30
49. — Hypothèses spéciales.. 31
50. — Applications erronées des règles sur les marchés de travaux
    publics : pompes funèbres................................. 31
51. — Balayage et enlèvement des boues........................... 31
52. — Service des prisons... 32
53. — Critique de la jurisprudence : revirement possible......... 32
54. — Compétence pour la détermination du caractère du travail... 33

PREMIÈRE PARTIE
DE L'ORGANISATION ADMINISTRATIVE
DES TRAVAUX PUBLICS

TITRE PREMIER

ORGANISATION DES TRAVAUX PUBLICS GÉNÉRAUX

CHAPITRE PREMIER

Attributions du Chef de l'État et du Corps législatif.

N°   Pages.
55. — Le droit de prescrire les travaux publics varie avec la nature
des institutions politiques.................................. 35
56. — Premier Empire. Loi du 8 mars 1810..................... 35
57. — Royauté constitutionnelle. Lois du 21 avril 1832 et du 3 mai
1841... 36
58. — Second Empire. Sénatus-consulte du 23-30 décembre 1852.... 36
59. — Dangers, au point de vue de l'Administration des finances, du
système du second Empire................................. 37
60. — Réformes partielles..................................... 37
61. — Législation actuelle.................................... 38
62. — Nouveaux projets de loi................................. 39
63. — Exceptions aux règles de la loi de 1870................. 39
64. — Travaux de réparations et d'entretien................... 40

CHAPITRE II
Attributions des Ministres.

SECTION PREMIÈRE
Ministère des Travaux publics.

65. — Histoire de la création du Ministère des travaux publics...... 41
66. — Attributions du Ministre............................... 43
67. — Divisions et bureaux................................... 43
68. — Conseils institués auprès du Ministre.................. 44
69. — Conseil général des ponts et chaussées................. 45
70. — Division en sections................................... 45
71. — Attributions... 47
72. — Conseil supérieur des voies de communication........... 47
73. — Conseil général des mines.............................. 48
74. — Comité consultatif des chemins de fer. Historique....... 48
75. — Composition et fonctionnement.......................... 49
76. — Attributions... 50
77. — Commissions spéciales rattachées au Comité consultatif des chemins de fer... 51
78. — Commission mixte des travaux publics. Historique........ 51
79. — Composition.. 53
80. — Attributions... 53
81. — Corps des ponts-et-chaussées........................... 54
82. — Division en services. Service ordinaire................ 54
83. — Service extraordinaire.................................. 55
84. — Services détachés. Service hydraulique agricole......... 55
85. — Membres du Corps des ponts et chaussées chargés de travaux
qui ne dépendent pas du Ministère des travaux publics, et qui
ne sont pas faits pour le compte de l'État : autorisation nécessaire.. 56
86. — Difficultés spéciales à ce cas : responsabilité, honoraires, frais. 57
87. — Personnel du Corps des ponts et chaussées.............. 58
88. — Inspecteurs généraux : classes. — Anciens inspecteurs divisionnaires... 58

Nᵒˢ   Pages.
89. — Ingénieurs en chef.......................................   59
90. — Ingénieurs ordinaires...................................   59
91. — Elèves-ingénieurs. Ecole des ponts et chaussées.........   60
92. — Conducteurs...   60
93. — Recrutement du personnel : avancement..................   60
94. — Cahier des clauses et conditions générales des ponts et chaus-
        sées..   61

SECTION II

*Travaux de l'ancien Ministère d'État. — Direction des bâtiments civils
et des palais nationaux.*

95. — Enumération des travaux de l'ancien Ministère d'État.....   61
96. — Suppression du Ministère d'Etat : rattachement des bâtiments
        civils au Ministère des travaux publics, puis au Ministère de
        l'instruction publique..................................   63
97. — Conseil des bâtiments civils............................   63
98. — Fonctionnement du service. — Organisation des travaux....   64
99. — Commission supérieure des bâtiments civils..............   64
100. — Palais nationaux...   64
101. — Bâtiments rentrant dans ce service.......................   64
102. — Division en : administration des travaux, de la régie et du mo-
        bilier national...   65
103. — Administration des travaux. Fonctionnement..............   65
104. — Préparation, exécution et règlement des travaux..........   65

SECTION III

*Travaux des Ministères de la guerre, de la marine, de l'intérieur,
de l'instruction publique et des cultes.*

105. — Travaux du Ministère de la guerre........................   66
106. — Cahiers des travaux du génie de 1857 et de 1876..........   66
107. — Cahier de charges de 1887, relatif à tous les travaux du dépar-
        tement de la guerre.....................................   67
108. — Travaux du Ministère de la marine........................   68
109. — Conseil des travaux de la marine.........................   69
110. — Attributions du préfet maritime..........................   69
111. — Cahier des charges des travaux hydrauliques et des bâtiments
        civils de la marine.....................................   69
112. — Travaux du Ministère de l'intérieur......................   69
113. — Travaux du Ministère de l'instruction publique et des cultes...   70
114. — Edifices religieux..   70
115. — Edifices diocésains : énumération........................   70
116. — Comité des inspecteurs généraux des édifices diocésains : archi-
        tectes diocésains.......................................   70
117. — Rédaction des projets : approbation et exécution des travaux...   71
118. — Travaux des bâtiments scolaires..........................   71
119. — Commission des monuments historiques.....................   71
120. — Classement des monuments..................................   71
121. — Situation légale des monuments classés...................   71
122. — Règles spéciales pour l'autorisation des travaux..........   72
123. — Instruction préalable.....................................   72
124. — Examen des projets : approbation.........................   72
125. — Exécution des travaux.....................................   73

SECTION IV

Travaux des chemins de fer d'intérêt général.

126. — Différents modes d'exécution.............................   73
127. — Etudes des projets ; déclaration d'utilité publique ; application
        des mêmes règles que pour les travaux de l'Etat.........   74
128 — Cas dans lesquels le chemin de fer peut être autorisé par décret.   74
129. — Formalités particulières : enquête spéciale pour la détermina-
        tion des stations.......................................   74
130. — Application du décret du 20 novembre 1882...............   74

Nᵒˢ   Pages.
131. — Règles suivies en cas de concession.....................   74
132. — Propriété des chemins de fer. L'état est propriétaire : interdiction au concessionnaire de changer la destination de la voie et de l'hypothéquer...   75
133. — Embranchements industriels et chemins de fer industriels : distinction...   76
134. — Concession par l'Etat : assimilation aux chemins de fer d'intérêt général ; différence avec les chemins de fer d'intérêt local.   76
135. — Chemins de fer miniers : règles spéciales...................   77
136. — Les travaux des chemins de fer industriels sont des travaux publics. Clause de réserve d'ouverture au public...........   77
137. — Propriété appartenant à l'Etat : application des règles ordinaires...   77

TITRE II

ORGANISATION DES TRAVAUX DES DÉPARTEMENTS, DES COMMUNES ET DES ASSOCIATIONS SYNDICALES

CHAPITRE PREMIER
Travaux des départements.

SECTION PREMIÈRE
Travaux ordinaires.

138. — Historique. — Régime antérieur à la loi du 10 mai 1838......   78
139. — Autorités chargées de prescrire les dépenses sous l'empire de la loi du 10 mai 1838.......................................   79
140. — Modifications. — Loi du 10 juillet 1866..................   81
141. — Législation actuelle. — Loi du 10 août 1871..............   81
142. — Routes départementales, chemins vicinaux de grande communication et d'intérêt commun............................   81
143. — Chemins de fer d'intérêt local. — Renvoi..................   82
144. — Bâtiments départementaux................................   82
145. — Approbation des projets. Exécution et surveillance des travaux.   82
146. — Choix des architectes....................................   83
147. — Cahier des charges.......................................   83
148. — Droits et devoirs du préfet. Nomination et surveillance des architectes départementaux...............................   83
149. — Agents-voyers...   84
150. — Résumé..   84
151. — Travaux spéciaux. Intervention de l'Administration centrale. Prisons...   84
152. — Etablissements d'aliénés.................................   86
153. — Ecoles normales primaires................................   87

SECTION II
Travaux spéciaux. — Chemins de fer d'intérêt local.

154. — Première période : loi du 12 juin 1865. Pouvoirs du Conseil général..   88
155. — Mode d'exercice de ces pouvoirs..........................   89
156. — Droit d'autorisation réservé au pouvoir central...........   89
157. — Initiative des projets....................................   89
158. — Exécution et surveillance des travaux.....................   90
159. — Résumé..   90
160. — Loi du 10 août 1871. Modifications.......................   90
161. — Deuxième période. Loi du 11 juin 1880....................   90
162. — Initiative des projets; instruction préalable. Enquête......   91
163. — Délibération du Conseil général sur la direction des chemins, le mode d'exploitation et les traités....................   91
164. — Avis du Conseil général des ponts et chaussées............   91
165. — Avis du Conseil d'Etat. Déclaration d'utilité publique par le Pouvoir législatif..   92

Nᵒˢ		Pages.
166.	— Projets d'exécution...................................	92
167.	— Enquête spéciale pour la fixation de l'emplacement des stations.	92
168.	— Délibération définitive du Conseil général.................	92
169.	— Droit de contrôle du Ministre des travaux publics...........	92
170.	— Projets de détail....................................	92
171.	— Chemins intéressant plusieurs départements..............	92
172.	— Chemins intéressant une seule commune.................	92
173.	— Voies de recours en cas de violation des règles relatives à l'accomplissement des formalités............................	93
174.	— Modes d'exécution..................................	93

CHAPITRE II
Organisation des travaux des communes.

175.	— Enumération des travaux communaux....................	94
176.	— Pouvoirs du Conseil municipal........................	95
177.	— Travaux approuvés par le Conseil municipal seul. Rédaction des projets, approbation................................	95
178.	— Travaux approuvés par l'autorité supérieure. — Pouvoirs du Conseil municipal et du préfet........................	96
179.	— Travaux facultatifs..................................	96
180.	— Travaux obligatoires................................	96
181.	— Corrélation entre les travaux et les voies et moyens de subvenir aux dépenses..................................	96
182.	— Pouvoirs de l'autorité supérieure......................	96
183.	— Ouvrages supplémentaires. Règles à suivre..............	96
184.	— Contrôle de l'autorité supérieure sur les travaux que le Conseil municipal peut approuver seul........................	97
185.	— Travaux sur des biens indivis de plusieurs communes.......	97
186.	— Chemins ruraux....................................	97
187.	— Mode d'exécution des travaux.........................	98
188.	— Rôle du maire dans l'exécution des travaux..............	98
189.	— Hommes de l'art chargés de la direction.................	98
190.	— Travaux des fabriques. Règles générales................	98
191.	— Concours de la commune aux travaux...................	99
192.	— Eglises métropolitaines. Cathédrales...................	100
193.	— Monuments historiques..............................	100
194.	— Travaux des établissements hospitaliers.................	100
195.	— Historique..	100
196.	— Législation actuelle................................	101
197.	— Devoirs du préfet en cette matière.....................	101
198.	— Mode d'exécution des travaux.........................	102

CHAPITRE III
Tramways et autres chemins de fer sur routes.

199.	— Législation..	103
200.	— Caractères spéciaux de ces voies ferrées................	103
201.	— Autorités compétentes pour accorder l'affectation de la voie publique..	103
202.	— Déclaration d'utilité publique.........................	104
203.	— Enquête..	104
204.	— Instruction préalable. — Rédaction des projets et formalités. — Procédure suivie jusqu'à l'affectation..................	104
205.	— Contrats. — Modes d'exploitation......................	105
206.	— Cahier de charges. — Devis-modèle....................	105
207.	— Règles spéciales au cas où l'expropriation est nécessaire......	105

CHAPITRE IV
Travaux des associations syndicales.

SECTION PREMIÈRE
Constitution des associations.

208.	— Associations syndicales. Leur origine et leur utilité..........	106
209.	— Vices des dispositions législatives qui les concernent........	107

Pages.

210. — Historique : ancienne législation...................................... 107
211. — Législation actuelle : loi du 21 juin 1865...................... 108
212. — Associations forcées. Droits de l'Administration de constituer
        des associations syndicales..................................... 108
                                                                          109
213. — Limites de ce droit.. 109
214. — Formalités nécessaires à la constitution des associations forcées. 109
215. — Règles spéciales en matière de curage............................ 110
216. — Étendue et limites des droits des préfets en matière de curage. 110
217. — Absence d'usages locaux : nécessité d'un règlement d'adminis-
        tration publique... 111
218. — Voies de recours contre les actes administratifs constituant les
        associations forcés.. 111
                                                                          112
219. — Incompétence.. 112
220. — Excès de pouvoirs... 112
221. — Violation des formes.. 112
222. — La nullité de l'acte constitutif du syndicat peut-elle être couverte ?
        Doctrine... 112
223. — Jurisprudence... 113
224. — Recours contre l'application des règlements..................... 113
225. — Les préfets, ni même les ministres n'ont pas le droit de modifier
        les règlements d'administration publique constituant des syn-
        dicats... 113
                                                                          114
226. — Cas où tous les propriétaires sont d'accord..................... 115
227. — Associations libres... 115
228. — Associations autorisées : formalités de la constitution de ces
        associations... 115
229. — Voies de recours contre les actes constitutifs. Droits des pro-
        priétaires intéressés.. 115
                                                                          116
230. — Droits des tiers.. 116
231. — Autorité chargée de statuer sur les recours...................... 117
232. — Publicité donnée à l'acte constitutif : délai du recours.......... 118
233. — Dépôt du recours : procédure................................... 118
234. — Faculté de délaissement laissée aux propriétaires compris dans
        le périmètre... 118

Section II

Organisation intérieure des syndicats.

235. — Associations forcées : organisation intérieure : syndics : nomina-
        tion par le préfet... 119
236. — Les propriétaires intéressés ne sont pas consultés : critique de la loi. 119
237. — Durée des fonctions des syndics : remplacement des syndics
        sortants... 120
238. — Syndic directeur : ses fonctions, leur durée.................... 120
239. — Assemblées du syndicat. Délibérations : approbation du préfet.. 120
240. — Fonctions du syndicat... 121
241. — Autorité du préfet. Contrôle.................................... 122
242. — Associations libres : mode d'administration.................... 122
243. — Silence du contrat : fonctions des syndics..................... 122
244. — Fonctions habituellement confiées aux syndics.................. 122
245. — Caissier ou receveur : son rôle................................. 123
246. — Les travaux de ces associations ne sont pas des travaux publics.
        Cas intéressant l'ordre public : intervention du préfet......... 123
247. — Cas où des autorisations préalables aux travaux sont nécessaires. 123
248. — Litiges : compétence.. 123
249. — Associations autorisées : organisation intérieure; syndics ; nomi-
        nation par l'assemblée des intéressés........................... 123
                                                                          124
250. — Durée des fonctions des syndics : remplacement................ 124
251. — Recours contre la décision de l'assemblée générale............. 124
252. — Cas où les syndics sont nommés par le préfet.................... 124
253. — Subvention de l'État, des départements ou des communes. Con-
        séquences.. 124
                                                                          125
254. — Directeur : nomination.. 125
255. — Fonctions du directeur...

N⁰ˢ   Pages.
258. — Actes-modèles et quasi-officiels organisant le fonctionnement du
        syndicat.. 125
257. — Règles générales résultant de ces actes...................... 125
258. — Cas d'intervention du préfet : exécution d'office des travaux.... 126
259. — Litiges. Compétence : loi du 10 septembre 1807. — Commissions
        spéciales.. 126
260. — Loi de 1865. Conseils de préfecture et recours au Conseil
        d'Etat... 126
261. — Maintien des commissions spéciales : fonctions administratives.. 127

CHAPITRE V

Organisation spéciale des travaux mixtes, ou travaux exécutés dans le
voisinage des places de guerre et dans la zone frontière.

262. — Avant-propos.. 128

SECTION PREMIÈRE
Travaux mixtes dans le voisinage des places de guerre.

263. — Règle générale.. 128
264. — Ancienne législation... 128
265. — Loi du 10 juillet 1851....................................... 129
266. — Décret du 10 août 1853 : législation actuelle................. 129
267. — Etablissement des servitudes. Classement et détermination des
        territoires soumis aux servitudes.......................... 130
268. — Etendue des servitudes : division en zones................... 130
269. — Servitudes de la première zone............................... 130
270. — Servitudes de la deuxième zone............................... 130
271. — Servitudes de la troisième zone.............................. 131
272. — Lois spéciales : villes de Paris et de Lyon................... 131
273. — Répression des contraventions................................ 131

SECTION II
Travaux mixtes dans la zone frontière.

274. — Limites de la zone frontière : systèmes successivement employés
        pour la délimitation....................................... 132
275. — Système actuel : loi du 7 avril 1851......................... 132
276. — Enumération des travaux mixtes............................... 133
277. — Travaux mixtes dans toute l'étendue de la zone............... 133
278. — Travaux mixtes dans les territoires réservés................. 134
279. — Travaux mixtes dans le rayon des enceintes fortifiées........ 134
280. — Travaux mixtes dans la zone des servitudes des places........ 134
281. — Exceptions : travaux de réparation et d'entretien............ 134
282. — Règles spéciales aux chemins vicinaux, ruraux et forestiers.... 134
283. — Voies exonérées... 135
284. — Canaux et chemins de fer dans les concessions minières....... 136
285. — Procédure suivie pour l'examen des demandes et l'autorisation.. 136
286. — Instruction du premier degré................................ 136
287. — Instruction du second degré................................. 136
288. — Cas exceptionnels : règles spéciales........................ 137
289. — Répression des contraventions............................... 138
290. — Règles spéciales aux lignes de chemin de fer, applicables sur tout
        le territoire de la France................................. 138

TITRE III

DES FORMALITÉS PRÉALABLES A L'EXÉCUTION DES TRAVAUX PUBLICS

291. — Division de ce titre... 140

CHAPITRE PREMIER
Etude des projets.

292. — Rédaction des plans et devis : à qui elle est confiée......... 140
293. — Etudes sur le terrain....................................... 141
294. — Devoirs des ingénieurs à cet égard.......................... 141

Nos		Pages
295.	— Critique de la législation actuelle : projet de loi soumis aux Chambres	142
296.	— Opposition par voies de fait. Art. 438 du Code pénal	143
297.	— Indemnité : compétence. — Renvoi	144
298.	— Mémoire explicatif : son objet	144
299.	— Pièces qui l'accompagnent	144
300.	— Avant-projet	145
301.	— Projet définitif	145
302.	— Associations syndicales forcées : levée des plans; frais; règles spéciales	145
303.	— Associations autorisées et associations libres; latitude laissée aux intéressés	146
304.	— Autorisation donnée à des particuliers de procéder à des études.	146
305.	— Frais d'études préparatoires : remboursement	147
306.	— Frais d'études préparatoires pour les travaux faits en vertu de la loi du 16 septembre 1807	147

CHAPITRE II

Enquête préalable à l'adoption des projets.

307.	— Nécessité de l'enquête	148
308.	— Distinction de cette enquête et de celle qui précède l'expropriation	148
309.	— Son but et son utilité	148
310.	— Réclamations des particuliers	149
311.	— Formalités des enquêtes	149
312.	— L'enquête n'est pas toujours nécessaire	150
313.	— Travaux neufs dont l'évaluation n'est pas supérieure à 5000 fr.	150
314.	— Travaux exécutés dans la zone frontière : renvoi	151
315.	— Travaux de défense contre les inondations	151
316.	— Travaux communaux	151

CHAPITRE III

De la déclaration d'utilité publique.

317.	— Effets de la déclaration d'utilité publique	152
318.	— Ses formes : travaux de l'État : loi du 27 juillet 1870	153
319.	— Travaux des départements et des communes	153
320.	— Formes du décret déclaratif	154
321.	— Énonciation des noms et prénoms des propriétaires	154
322.	— Travaux communaux : avis du sous-préfet	154
323.	— Caractères de la déclaration d'utilité publique. Impossibilité d'un recours ordinaire à la juridiction contentieuse	155
324.	— Recours pour violation des formes, incompétence et excès de pouvoirs	155
325.	— Déclaration intervenue uniquement pour favoriser un intérêt privé : jurisprudence	155
326.	— Délais du recours	156
327.	— Portée de la déclaration : à quels travaux elle s'applique	156

DEUXIÈME PARTIE

DES DIVERS MODES D'EXÉCUTION DES TRAVAUX PUBLICS

TITRE PREMIER

DES FORMALITÉS ET DES CONDITIONS DE L'ADJUDICATION

328.	— Division du sujet	159

CHAPITRE PREMIER
Des formes de l'adjudication.

SECTION PREMIÈRE
Du principe de la publicité des marchés.

Nᵒˢ.　　　　　　　　　　　　　　　　　　　　　　　　　Pages.

329. — Origine des adjudications au rabais. — Ancien régime...... 160
330. — Bases de la législation actuelle. — Loi du 31 janvier 1883, ordonnances du 4 décembre 1837 et du 31 mai 1838......... 160
331. — Décret du 18 novembre 1882. — Principe de la publicité des adjudications.................... 161
332. — Enumération des exceptions au principe de la publicité...... 161
333. — Examen critique.................... 162
334. — Modes d'adjudication.................... 163
335. — Adjudication à concurrence limitée.................... 163
336. — Importance de la règle de la publicité et de la libre concurrence.................... 163
337. — Les dispositions du décret de 1882 sont-elles d'ordre public?.. 163
338. — Examen de la question d'après la loi de 1833 et les ordonnances de 1836 et 1838.................... 164
339. — Nouveaux arguments fournis par le décret de 1882 et les circonstances dans lesquelles il est intervenu.................... 165
340. — Jurisprudence.................... 165
341. — Application du décret de 1882 aux travaux de tous les Ministères, même à ceux du Ministère de la guerre.................... 166
342. — Travaux des départements. — Application de l'ordonnance de 1836.................... 167
343. — Travaux des communes et des établissements publics. — Règles spéciales. — Ordonnance du 14 novembre 1837.................... 168
344. — Travaux des chemins vicinaux.................... 169
345. — Violation des règles de l'ordonnance de 1836. — Renvoi..... 170

SECTION II
De la forme des marchés.

346. — Forme des marchés de gré à gré.................... 170
347. — Modèles spéciaux pour certains marchés.................... 171
348. — Cautionnement.................... 172
349. — Droits de timbre et d'enregistrement.................... 172
350. — Adjudications publiques. — Affiches et avis.................... 172
351. — Publicité pour les travaux de l'Etat.................... 172
352. — Publicité pour les travaux des départements.................... 173
353. — Publicité spéciale pour les travaux du Ministère de la guerre.. 173
354. — Soumission.................... 174
355. — Soumission verbale aux adjudications de peu d'importance.... 174
356. — Soumission écrite.................... 174
357. — Papier timbré.................... 174
358. — Modèle. Enonciation.................... 174
359. — Soumission par procuration.................... 175
360. — Soumission spéciale aux travaux du Ministère de la guerre. — Modèle.................... 175
361. — Pièces jointes aux soumissions.................... 176
362. — Pièces spéciales pour les travaux du Ministère de la guerre.... 176
363. — Envoi de la soumission.................... 177
364. — Ancien système. — Inconvénients.................... 177
365. — Envoi des soumissions par la poste, ou dépôt dans une boîte spéciale.................... 178
366. — Envoi des soumissions aux travaux du Ministère de la guerre.. 179
367. — Séance publique. Lieu de la séance et composition du bureau. 179
368. — Examen des pièces.................... 179
369. — Examen des soumissions.................... 180
370. — Procès-verbal d'adjudication.................... 180
371. — Délai de soumission avec rabais de 10 °/₀. Réadjudication. 180
372. — Approbation de l'adjudication.................... 181
373. — Refus d'approbation. — Conséquences.................... 181

Nᵒˢ		Pages.
374.	— Prohibition de subordonner l'approbation à des conditions nouvelles	182
375.	— Nécessité d'une seconde adjudication	183
376.	— Délais impartis pour l'approbation	183
377.	— Le marché ne prend naissance qu'au jour de l'approbation	183
378.	— Troubles et entraves à la liberté des enchères	184

SECTION III
Règles particulières à certaines adjudications.

379.	— Travaux du Ministère de la guerre. — Autorisation de concourir.	185
380.	— Séance d'adjudication. — Examen des pièces	185
381.	— Examen des soumissions	185
382.	— Procès-verbal d'adjudication	186
383.	— Travaux spéciaux. — Séance préparatoire. — Adjudication définitive	187
384.	— Approbation	187
385.	— Travaux hydrauliques et bâtiments civils de la marine	187
386.	— Travaux communaux. — Autorisation de l'adjudication	188
387.	— Formes des adjudications. — Publicité	188
388.	— Séance. — Composition du bureau. — Présentation et examen des soumissions	189
389.	— Lieu de l'adjudication	189
390.	— Procès-verbal. — Approbation de l'adjudication	190
391.	— Adjudication des travaux des établissements publics	190
392.	— Adjudication des travaux des chemins vicinaux	190
393.	— Travaux spéciaux du Ministère des travaux publics. — Restriction de la concurrence	191
394.	— Cas d'application des adjudications restreintes	191
395.	— Modes de procéder	192
396.	— Adjudications restreintes. — Services des bâtiments civils et palais nationaux	192
397.	— Adjudication des travaux des associations syndicales	193

SECTION IV
Violation des règles sur les adjudications. — Voies de recours.

398.	— Recours par la voie gracieuse avant l'approbation	194
399.	— Recours contentieux au Conseil d'État	194
400.	— Qui peut exercer le recours ? — Il n'est pas exclusivement réservé au soumissionnaire qui a fait l'offre la plus avantageuse.	194
401.	— Le retrait du cautionnement n'élève pas une fin de non-recevoir.	195
402.	— Le recours peut être formé par tous ceux qui ont pris part à l'adjudication	196
403.	— Bases légales du recours	196
404.	— Pouvoir d'appréciation du Conseil d'État. — Formalités et conditions essentielles de l'adjudication	197
405.	— Distinction des irrégularités pouvant donner lieu à un recours gracieux de celles qui peuvent motiver un recours contentieux	197
406.	— Procédure du recours. — Délais. — Forme	197
407.	— Procédure spéciale au Conseil d'État	198
408.	— Cas exceptionnels. — Compétence du Conseil de préfecture...	198

SECTION V
Frais de l'adjudication.

409.	— Frais de publicité. — Travaux de l'État	200
410.	— Frais de publicité. — Travaux des départements, communes, établissements publics	200
411.	— Dérogations à ces règles	200
412.	— Marchés verbaux	201
413.	— Marchés écrits. — Contrat et pièces remises à l'entrepreneur.	201
414.	— État de frais	201
415.	— Droits de timbre. — Bases de la perception. — Application à tous les marchés	201

N°ˢ		Pages.
416.	— Règles générales de la perception	201
417.	— Timbre à l'extraordinaire	202
418.	— Visa pour timbre, en débet	203
419.	— Pièces soumises au timbre	203
420.	— Pièces relatives au cautionnement	203
421.	— Règles spéciales pour les adjudications des chemins vicinaux	204
422.	— Enregistrement, délais	204
423.	— Montant des droits d'enregistrement : droit d'acte, droit proportionnel	205
424.	— Base de perception, évaluation du prix du marché ; rabais	205
425.	— Augmentation prévue du sixième	206
426.	— Résiliation du marché	206
427.	— Droit d'enregistrement sur le cautionnement	206
428.	— Quotité des droits	206
429.	— Règles spéciales aux chemins vicinaux	207
430.	— Règles spéciales aux chemins ruraux	207
431.	— Règles spéciales aux chemins de fer d'intérêt local et aux tramways	207
432.	— Versement des droits	207
433.	— Solidarité des contractants, dangers pour les communes et établissements	208
434.	— Frais d'adjudication pour les travaux du Ministère de la guerre	208
435.	— De la patente. Les entrepreneurs de travaux publics y sont soumis. Ancienne législation	209
436.	— Loi du 15 juillet 1880. Droit fixe et droit proportionnel	209
437.	— Quels entrepreneurs sont soumis à la patente	210
438.	— Distinction de l'entrepreneur de travaux publics et du soumissionnaire de fournitures	211
439.	— Exercice simultané de plusieurs professions	211
440.	— Réunion des deux qualités d'entrepreneur de travaux publics et de soumissionnaire de fournitures	212
441.	— Sociétés entrepreneurs de travaux publics	212
442.	— La loi ne fait aucune exception quel que soit le but de l'entreprise	213
443.	— Sous-traités : imposition des sous traitants ; jurisprudence	213
444.	— Sous-traités : imposition de l'entrepreneur ; maintien même au cas de cession totale	214
445.	— Calcul du montant des droits	215
446.	— Lieu d'imposition du droit fixe. Cas où il y a plusieurs établissements	215
447.	— Montant du droit fixe	215
448.	— Calcul de la partie variable du droit fixe	216
449.	— Annalité de l'impôt : évaluation du montant des travaux	216
450.	— Rectification possible des évaluations	217
451.	— Réclamations contre les évaluations : délai	217
452.	— Rectifications demandées par l'Administration : prescription	218
453.	— Cumul des droits sur les travaux de l'entrepreneur principal et des sous-traitants	218

CHAPITRE II
Des conditions requises pour être déclaré adjudicataire.

| 454. | — Division de notre étude | 220 |
| 455. | — Question générale : exclusion d'un entrepreneur de toute adjudication ou de toutes les adjudications d'un service | 221 |

SECTION PREMIÈRE
Du certificat de capacité.

456.	— Qui délivre le certificat de capacité	222
457.	— Rédaction	223
458.	— Responsabilité de celui qui le délivre	223
459.	— Certificat de moralité	223
460.	— Date des certificats et des travaux qu'ils mentionnent	224

Pages.

Nᵒˢ
461. — Exceptions : entretien des routes, travaux de terrassement.... 224
462. — Chemins vicinaux.. 224
463. — Appréciation des certificats................................. 224
464. — Conséquences du défaut de certificat......................... 225
465. — Epoque de la présentation du certificat : visa de l'autorité
      chargée de le recevoir...................................... 225
466. — Règles spéciales au département de la guerre : certificats de
      capacité et de moralité..................................... 225
467. — Constatation de la nationalité : acte de naissance............ 226
468. — Soumissionnaires écartés d'une manière générale.............. 226
469. — Règles spéciales aux sociétés pour tous les services.......... 226
470. — Sociétés en nom collectif................................... 226
471. — Sociétés anonymes... 227
472. — Règles spéciales à la ville de Paris......................... 227
473. — Incompatibilités spéciales. — Incompatibilités politiques..... 227
474. — Services départementaux. — Membres du Conseil général....... 227
475. — Travaux des communes et des établissements publics.......... 228
476. — Services communaux : incompatibilités politiques............. 228

Section II

Du cautionnement.

477. — Base légale du cautionnement................................ 230
478. — Cautionnement provisoire; cautionnement définitif........... 230
479. — Promesse valable de cautionnement........................... 230
480. — Cautionnement mobilier ; cautionnement immobilier........... 231
481. — Composition du cautionnement mobilier....................... 231
482. — Réalisation du cautionnement mobilier....................... 231
483. — Règles spéciales pour les travaux des communes et des éta-
      blissements de bienfaisance................................. 232
484. — Réalisation du cautionnement immobilier..................... 233
485. — Caution personnelle... 233
486. — Hypothèque de l'Etat sur les biens des entrepreneurs........ 233
487. — Maintien de la loi du 4 mars 1793........................... 233
488. — Inutilité de l'acte notarié pour constituer l'hypothèque..... 234
489. — Nature de l'hypothèque...................................... 235
490. — Elle doit être inscrite..................................... 235
491. — Enonciation de l'inscription................................ 236
492. — Date de l'hypothèque.. 237
493. — Biens sur lesquels elle porte............................... 237
494. — Frappe-t-elle indistinctement les biens des cautions?....... 237
495. — Réponse à de nouvelles critiques dirigées contre notre système. 238
496. — Cette hypothèque est spéciale aux entreprises de l'Etat...... 238
497. — Caractères du contrat de cautionnement...................... 239
498. — Rôle des cautions personnelles vis-à-vis des entrepreneurs... 239
499. — Rôle des cautions personnelles vis-à-vis de l'Administration... 239
500. — Diminution du cautionnement................................. 240
501. — Restitution totale ou partielle en cours d'entreprise........ 240
502. — Durée de l'affectation...................................... 240
503. — Existe-t-il un privilège de second ordre au profit des bailleurs
      de fonds, des fournisseurs et des ouvriers ?................. 241
504. — Moyens pratiques de garantie pour les bailleurs de fonds..... 242
505. — Oppositions et saisies-arrêts sur les intérêts ou arrérages du
      cautionnement, et sur le cautionnement au moment de son
      retrait... 242
506. — Acquisition à l'Etat du cautionnement provisoire en cas de non
      réalisation du cautionnement définitif...................... 242
507. — Application du cautionnement aux débets de l'entrepreneur.... 242
508. — Retrait du cautionnement.................................... 243
509. — Formalités pour le retrait du cautionnement mobilier........ 243

Section III

Cautionnement spécial des travaux du Ministère de la guerre.

510. — Comparaison générale des systèmes admis par les cahiers de
      1870 et de 1887... 244

		Pages
511.	— Caution personnelle sous l'empire du cahier de 1876	245
512.	— Situation et obligations de cette caution	245
513.	— Cautionnement matériel sous les cahiers de 1876 et de 1887 : cautionnement provisoire et cautionnement définitif	246
514.	— Versement en numéraire du cautionnement provisoire	246
515.	— Versement en rentes	247
516.	— Dépôts à Paris	247
517.	— Dépôts dans les départements	247
518.	— Réalisation du cautionnement définitif : versement en numéraire	248
519.	— Consignation en rentes sur l'Etat	248
520.	— Cautionnements en immeubles	249
521.	— Restitution des cautionnements	249
522.	— Privilège de second ordre des fournisseurs, ouvriers et sous-traitants	251
523.	— Demande de restitution du cautionnement : pièces à joindre : formalités	252
524.	— Restitution partielle au cours des travaux	252
525.	— Réaffectation des cautionnements	252
526.	— Hypothèque générale de l'Etat	253
527.	— Cautionnement pour les travaux hydrauliques et bâtiments civils de la marine	253

CHAPITRE III

Adjudications de travaux au profit des associations ouvrieres.

528.	— Historique	253
529.	— Dispositions de la loi du 15 juillet 1848 et du décret du 18 août 1848	254
530.	— Loi du 24 juillet 1867 : organisation des sociétés à capital variable	254
531.	— Impossibilité pour les sociétés ouvrières d'obtenir, sous l'empire de cette législation, les adjudications de travaux publics	255
532.	— Modifications proposées en leur faveur en 1883 : travaux de la commission	256
533.	— Travaux préparatoires du décret du 4 juin 1888	257
534.	— Article 1er : lotissement des travaux à adjuger	258
535.	— Article 2 : admission des sociétés ouvrières aux adjudications.	259
536.	— Article 3 : pièces à produire par les associations : motifs qui en ont fait exiger la production	259
537.	— Nécessité de justifier du nombre d'associés employés aux travaux	260
538.	— Article 4 : dispense de cautionnement pour les travaux au-dessous de 50.000 fr. : motifs qui l'ont inspirée : objections.	261
539.	— Recours pour excès de pouvoirs en cas de violation des articles 2 et 4	262
540	— Impossibilité d'évaluer le montant des travaux dans les marchés sur séries de prix	262
541.	— Article 5 : droit de préférence des sociétés ouvrières, à égalité de rabais	263
542.	— Article 6 : paiement des acomptes	263
543.	— Article 7 et 8 : application du droit commun	263

CHAPITRE IV

Règles spéciales aux adjudications de travaux de la ville de Paris.

544.	— Système de l'adjudication restreinte : caractères essentiels	263
545.	— Liste permanente d'admissibilité : commission d'examen : forme des demandes d'inscription : pièces spéciales à produire pour les associations ouvrières	264
546.	— Partage des travaux en catégorie et en classes : liste d'admissibilité pour chaque catégorie et chaque classe	265
547.	— Adjudication : formalités : appel individuel : publicité restreinte	265

Nᵒˢ   Pages.
548. — Suppression du cautionnement pour les entrepreneurs comme
      pour les associations ouvrières : remplacement par une
      retenue de garantie : indications des cahiers de charges :
      maximum de retenue... 265

TITRE II

DE LA NATURE DU MARCHÉ DE TRAVAUX PUBLICS
ET DE SES DIVERSES ESPÈCES

CHAPITRE PREMIER

Nature du marché de travaux publics.

549. — Le contrat est un louage d'ouvrage....................... 267
550. — Il est synallagmatique et commutatif ; il n'a pas, en principe,
      les caractères d'un contrat aléatoire..................... 267
551. — Il reste un louage d'ouvrage, même dans le cas où les matériaux
      sont fournis par l'entrepreneur........................... 268
552. — Il est soumis aux règles du droit civil, à moins de dérogation
      par la loi ou la convention............................... 268
553. — Prohibition des sous-traités............................. 269
554. — Disposition des cahiers de charges sur ce point.......... 269
555. — Caractères de la nullité : ancien cahier des ponts et chaus-
      sées de 1833 : jurisprudence.............................. 269
556. — Nouveau cahier des ponts et chaussées de 1866........... 269
557. — Jurisprudence : responsabilité envers les tiers...,..... 270
558. — Application pratique de ces règles....................... 270
559. — Sanction spéciale : résiliation du marché............... 270
560. — Entrepreneurs associés : société en nom collectif : indivisi-
      bilité du marché.. 270
561. — Clauses spéciales des cahiers de charges pour les sociétés en
      nom collectif, anonymes, en participation, et les syndicats... 271
562. — Travaux du Ministère de la guerre : prohibition de sous-
      traités sans autorisation de l'Administration : cahier de 1876. 272
563. — Responsabilité personnelle de l'entrepreneur envers l'Adminis-
      tration et envers les tiers............................... 272
564. — Sanction spéciale : résiliation du marché............... 272
565. — Disposition spéciale aux sociétés : maintien de ces dispositions
      par le cahier de 1887..................................... 273

CHAPITRE II

Des diverses espèces de marchés.

566. — Formes diverses du contrat............................... 273
567. — Marché à forfait... 273
568. — Caractères essentiels de ce marché....................... 274
569. — Avantages et inconvénients.............................. 275
570. — Marché sur séries de prix................................ 275
571. — Son utilité et ses principales applications : modifications ré-
      sultant du cahier de 1887 sur les travaux du Ministère de la
      guerre.. 275
572. — Ses caractères essentiels : avantages qu'on en peut tirer...... 276
573. — Graves inconvénients..................................... 276
574. — Marché à l'unité de mesure............................... 277
575. — Différences avec le marché sur séries de prix............ 277
576. — Différences avec le marché à forfait..,................. 277
577. — Pratique : fréquent cumul de ces différents contrats...... 277
578. — Régie par économie....................................... 278
579. — Régie simple... 278
580. — Régie intéressée... 278
581. — Règles d'exécution pour les travaux en régie............ 278

TITRE III

DU PRIX DE L'ADJUDICATION ET DES PIÈCES QUI SERVENT A L'ÉTABLIR

CHAPITRE PREMIER

Des pièces du marché.

Nᵒˢ		Pages.
582.	— Prix de l'adjudication.................................	280
583.	— Pièces qui contiennent ses éléments...................	281
584.	— Procès-verbal d'adjudication..........................	281
585.	— Devis : cahier des charges en général : ce qu'il contient.....	281
586.	— Il est complété le plus souvent pour le prix par un bordereau des prix...	282
587.	— Cahiers des clauses et conditions générales adoptés par les différents services.................................	282
588.	— Cahier des charges spéciales à l'entreprise ou devis : sa distinction de la pièce généralement appelée devis-estimatif ou détail estimatif.................................	282
589.	— Bordereau des prix...................................	283
590.	— Bordereau proprement dit.............................	283
591.	— Sous-détail..	283
592.	— Valeur différente de ces deux parties du bordereau......	283
593.	— Ponts et chaussées : système de 1881, système de 1884......	284
594.	— Détail estimatif.....................................	285
595.	— Avant-métré...	286
596.	— Stipulation de forfait quant aux mesures : sa valeur : exceptions.	286
597.	— Cas ou l'avant-métré joue un rôle particulièrement important.	286
598.	— Plan : dessins, profils..............................	287
599.	— Délivrance des pièces................................	287
600.	— Travaux du Ministère de la guerre : pièces remises sous l'empire du cahier de 1876...............................	287
601.	— Règlement du 1ᵉʳ décembre 1887 : cahier des clauses et conditions générales..................................	287
602.	— Pièces qui doivent être remises pour tous les marchés.......	288
603.	— Pièces spéciales à chaque espèce de marché : marchés sur devis et à forfait.................................	288
604.	— Marché sur séries de prix............................	288

CHAPITRE II

Du prix de l'adjudication.

605.	— Établissement des prix : invariabilité pour quelque cause que ce soit, er cur, omission, etc	290
606.	— Motifs des dispositions du cahier des charges sur ce point....	290
607.	— Principes qui dirigent l'Administration dans l'application de ces règles...	290
608.	— Applications : jurisprudence..........................	291
609.	— Insuffisance reconnue du prix : erreurs : omissions.........	291
610.	— Difficultés imprévues que présente l'exécution du travail....	292
611.	— Frais occasionnés par un transport plus onéreux des matériaux, une dureté plus grande du sol à déblayer, une augmentation des travaux d'extraction des pierres de carrières, la distance des carrières, etc...............................	292
612.	— Erreurs matérielles : non-concordance entre le prix fixé et les éléments fournis au sous-détail : art. 42 du cahier des ponts et chaussées : jurisprudence.....................	293
613.	— Les mêmes règles sont applicables envers l'Administration....	294
614.	— Critique de ces règles : justification de la jurisprudence......	294
615.	— Exception : omission totale du prix d'un ouvrage indiqué au devis...	295
616.	— Travaux du Ministère de la guerre......................	296

TITRE IV

DES OBLIGATIONS QUI NAISSENT DU CONTRAT D'ADJUDICATION

Nᵒˢ   Pages.
647. — Division de ce titre... 297

CHAPITRE PREMIER
Des obligations de l'entrepreneur.

SECTION PREMIÈRE
De la résidence.

618. — De l'obligation de résider sur le lieu des travaux... 297
619. — Clause habituelle des cahiers de charges. Cahier des ponts et chaussés, art 8 et 12... 298
620. — But de la clause : sanction... 298
621. — Détail des obligations résultant de cette clause... 298
622. — Élection de domicile... 298
623. — Délai de la notification; omission ; conséquences... 299
624. — Effets et durée de l'élection de domicile... 299
625. — Résidence à proximité des travaux... 299
626. — Faculté de faire agréer un représentant... 300
627. — Visite des travaux... 300
628. — Contraventions et atteintes au domaine public commises par des tiers... 300
629. — Contraventions et atteintes à ce domaine commises par les agents de l'entrepreneur : règlements de police... 301
630. — Cahiers des charges des départements, communes, établissements publics : clause analogue... 301
631. — Travaux du Ministère de la guerre : règles spéciales édictées par le cahier de 1876... 302
632. — Dispositions du cahier de 1887... 302

SECTION II
De l'obligation de fournir les matériaux indiqués par le devis.

633. — Clauses des cahiers de charges : cahier des ponts et chaussées, art. 22... 304
634. — Réception des matériaux : rebut... 304
635. — Conséquences... 304
636. — Contrôle de la juridiction contentieuse... 304
637. — Procédure : constatation, instructions, jugement... 305
638. — Réception provisoire des matériaux : effets... 305
639. — Constatation du rebut : manque des matériaux... 305
640. — Remplacement des matériaux; reconstruction des ouvrages. Matériaux de qualité supérieure à celle exigée : maintien sans augmentation de prix. Matériaux de qualité inférieure : diminution de prix... 305
641. — Emploi des matériaux : ouvrages construits ; absence de vérification préalable... 306
642. — Vérifications postérieures à l'emploi : démolitions; conséquences... 306
643. — Ouvrages de dimensions plus fortes ou plus faibles... 306
644. — Expériences pour constater la bonne exécution des travaux... 307
645. — Effets de la réception quant aux risques des matériaux approvisionnés... 307
646. — Frais accessoires de la fourniture des matériaux. Conservation des matériaux... 307
647. — Droits d'octroi sur les matériaux... 308
648. — Droits de douane, de navigation, de pilotage... 309
649. — Subvention pour dégradations aux chemins par les transports... 309
650. — Provenance des matériaux : carrières indiquées aux devis... 309
651. — Changement de carrières sur la demande de l'entrepreneur... 310
652. — Changement de carrières sans autorisation... 310

N°ˢ   Pageˢ.
653. — Découverte de carrières plus rapprochées que celles prévues au
         devis... 310
654. — Changement de carrières sur la demande de l'Administration.. 311
655. — Article 9 du cahier des ponts et chaussées de 1833........... 311
656. — Article 29 du nouveau cahier des ponts et chaussées de 1866.... 312
657. — Jurisprudence : cas les plus fréquents ; insuffisance des carrières
         prévues.. 312
658. — Provenance des bois : coupes à faire dans les forêts de l'Etat. 313
659. — Démolition d'anciens ouvrages ; soins à prendre ; remploi des
         matériaux.. 313
660. — Objets de valeur trouvés dans les démolitions.............. 314
661. — Travaux du Ministère de la guerre. Cahiers de 1876 et de 1887. 314
662. — Approvisionnements du devis et approvisionnements par ordre
         sous le cahier de 1876. Changements autorisés............. 314
663. — Vérification et acceptation provisoire..................... 315
664. — Rébut : enlèvement des chantiers.......................... 315
665. — Suppression, par le cahier de 1887, de la distinction entre les
         approvisionnements du devis et les approvisionnements par
         ordre.. 315
666. — Cas de résiliation : article 50 du cahier de 1887............ 316
667. — Prescriptions du cahier de 1887 relatives à la qualité des maté-
         riaux.. 317
668. — Acceptation provisoire................................... 317
669. — Enlèvement des matériaux refusés......................... 317
670. — Changements apportés à la qualité des matériaux............ 318
671. — Prohibition de détériorer les matériaux réfusés............. 318
672. — Effets de la réception provisoire.......................... 318
673. — Conservation des approvisionnements : soins à prendre...... 318
674. — Sanction des règles relatives aux matériaux : articles 37 du
         cahier de 1876, et 27 du cahier de 1887................. 319
675. — Emploi de matériaux autres que ceux prévus au devis........ 319
676. — Provenance des matériaux ; carrières prévues au devis : change-
         ment.. 320
677. — Dispositions du cahier de 1887 relatives aux carrières : change-
         gements sur la demande de l'entrepreneur................. 320
678. — Droit de surveillance du chef de service sur les carrières..... 321
679. — Démolition d'anciens ouvrages : remploi de matériaux... 321
680. — Emploi de matériaux appartenant à l'Etat : mode de paiement. 322

SECTION III

De l'obligation de supporter les faux frais de l'entreprise.

681. — Ce qu'on entend par faux frais. Énumérations non limitatives
         des cahiers de charges.................................. 323
682. — Jurisprudence : dépenses qu'elle considère comme faux frais.. 323
683. — Dépenses qui, bien que constituant des faux frais, doivent être
         remboursées à l'entrepreneur ; chemins servant à l'Administra-
         tion après la fin de l'entreprise.......................... 325
684. — Subventions spéciales pour dégradations aux chemins vicinaux. 325
685. — Indemnités aux propriétaires qui ont eu à souffrir de l'exécu-
         tion des travaux : cahier de 1833, art. 9................. 326
686. — Nouvelle rédaction : article 18 du cahier de 1866.......... 326
687. — L'entrepreneur ne supporte pas les indemnités pour dommages
         résultant de la nature des travaux, des plans ou des ordres
         reçus.. 327
688. — Formalités qui doivent précéder l'occupation temporaire.
         Renvoi.. 327
689 — Responsabilité encourue au point de vue des accidents. Principe
         général. Renvoi.. 327
690. — Garantie du paiement des diverses indemnités : retenue d'un
         dixième de garantie..................................... 327
691. — L'entrepreneur peut-il se faire restituer le dixième de garantie
         en consignant la somme due pour indemnités?............. 328

N" Pages.

692. — Responsabilité de l'entrepreneur au sujet des dommages causés
aux immeubles sur lesquels il exécute ses travaux.......... 328
693. — Faux frais des travaux du Ministère de la guerre. Énumérations
non limitatives des cahiers de 1857 et 1876................ 328
694. — Règles analogues à celles qui régissent les travaux des ponts et
chaussées. Exemples............................... 329
695. — Faux frais extraordinaires : appréciation des tribunaux........ 329
696. — Faux frais utiles à l'Administration après la fin de l'entreprise. 330
697. — Subventions spéciales. Droits d'octroi et de douane. Renvoi.. 330
698. — Hypothèses particulières : prêts de terrains à l'entrepreneur
conformément aux prévisions du cahier des charges......... 330
699. — Prêts de terrains non prévus par le cahier : obligation de les
évacuer à première réquisition........................ 330
700. — Réparations aux immeubles prêtés : états de lieux. Assurances. 331
701. — Silence du cahier de 1887 à cet égard : ses motifs............ 331
702. — Occupation de terrains militaires loués à des particuliers 331
703. — Prêts et locations d'outils à l'entrepreneur par l'État.......... 332
704. — Obligation pour l'entrepreneur de fournir des outils aux ouvriers
militaires employés par ordre........................ 332
705. — Travaux de démolition et remploi de matériaux.............. 332

SECTION IV

Des obligations de l'entrepreneur relativement à ses ouvriers.

706. — Droits de contrôle de l'Administration sur le personnel employé
aux travaux...................................... 333
707. — Choix des commis et chefs d'atelier, qui doivent être capables de
remplacer momentanément l'entrepreneur................ 334
708. — L'Administration ne peut exiger la substitution à l'entrepreneur
d'un remplaçant permanent.......................... 334
709. — Recours contre les décisions exigeant le renvoi des agents et
ouvriers....................................... 334
710. — L'entrepreneur demeure responsable des fraudes et malfaçons
commises par les agents, même acceptés................. 335
711. — Nombre d'ouvriers : liste nominative. Droits du directeur du
chantier....................................... 335
712. — Stipulations relatives à la nationalité des ouvriers............ 335
713. — Paiement mensuel des salaires : article 15 du cahier de 1866.
Droit, pour l'Administration, de faire directement les paiements, à défaut de l'entrepreneur..................... 335
714. — L'entrepreneur est-il directement tenu des salaires dus par les
sous-traitants aux ouvriers qu'ils ont employés ? Jurisprudence... 336
715. — Insertion d'une clause pénale à cet égard dans les cahiers de
charges : article 9 du cahier de 1866 337
716. — L'entrepreneur doit justifier du paiement des ouvriers employés
par les sous-traitants............................... 337
717. — Cette prescription s'applique-t-elle aux commis ou autres employés?...................................... 338
718. — Mesures de protection en faveur des ouvriers blessés. — Arrêtés
ministériels des 15 mars 1848 et 22 octobre 1851......... 338
719. — Loi du 11 juillet 1868 : création de caisses d'assurances...... 339
720. — Responsabilité générale de l'entrepreneur : renvoi............ 339
721. — Droits des ouvriers contre l'Administration................. 339
722. — Travaux du Ministère de la guerre. Réglementation du cahier de
1876 : modifications apportées par le cahier de 1887........ 340
723. — Cahier de 1887 : nécessité d'une délégation expresse aux commis
remplaçant l'entrepreneur........................... 340
724. — Liste nominative des ouvriers, indiquant leur nationalité 340
725. — Nombre d'ouvriers................................ 340
726. — Droits du chef du génie d'ordonner le renvoi d'ouvriers : restrictions apportées par le cahier de 1887.................. 341
727. — Recours contre les décisions du chef des travaux............. 341
728. — Dommages résultant de la faute du chef des travaux : responsabilité de l'État................................. 341

Nᵒˢ   Pages.
729. — Droit de police des chantiers............................... 342
730. — Emploi, volontaire ou imposé, d'ouvriers militaires.......... 342
731. — Réclamations contre le nombre d'ouvriers militaires imposés... 342
732. — Réquisition d'ouvriers civils............................... 343
733. — Mode de paiement des ouvriers employés par l'entrepreneur... 343
734. — Surveillance de l'Administration sur les paiements.......... 343
735. — Fournitures d'outils aux ouvriers militaires............... 344
736. — Paiements effectués aux corps auxquels appartiennent les ou-
         vriers militaires....................................... 344
737. — Contestations au sujet des salaires : tentative de conciliation
         par le chef du génie.................................... 345
738. — Responsabilité au sujet des accidents : assurances, soins à
         donner.. 345
739. — Travaux départementaux et communaux................... 345

SECTION V

De l'obligation d'achever les travaux dans le délai fixé par le devis.

740. — Obligation de terminer les travaux à l'époque convenue....... 346
741. — Condition essentielle de l'application des pénalités en cas de
         retard : il faut que le retard soit imputable à l'entrepreneur. 347
742. — Exemples des retards n'engageant pas la responsabilité de
         l'entrepreneur.. 347
743. — Exemples de retards engageant cette responsabilité.......... 347
744. — Constatation du retard imputable à l'entrepreneur. Différence
         avec le droit civil. Nécessité de conventions spéciales..... 348
745. — Absence de conventions dans le cahier de charges : procédure
         régulière à suivre...................................... 348
746. — Principales pénalités stipulées dans les cahiers de charges ;
         retenue; mise en régie ; résiliation.................... 349
747. — Formalités essentielles à suivre pour l'application de ces mesu-
         res de rigueur. Renvoi en ce qui concerne la régie et la
         résiliation... 350
748. — Formalités essentielles pour l'application de la retenue ou
         amende.. 350
749. — Cumul de la retenue avec d'autres pénalités................. 350
750. — Pouvoirs des tribunaux................................... 351
751. — Travaux du Ministère de la guerre : cahier du génie de 1876... 351
752. — Retard dans l'exécution d'un travail déterminé; régie partielle;
         règles spéciales.. 351
753. — Avantages et inconvénients de cette manière de procéder..... 352
754. — Recours par la voie gracieuse; recours par la voie contentieuse. 352
755. — Retard ou négligence dans l'exécution de l'ensemble des tra-
         vaux.. 352
756. — Cahier des travaux du Ministère de la guerre de 1887........ 353
757. — Amende encourue sans mise en demeure par la seule échéance
         du terme.. 353
758. — Concession de sursis : conditions de constatation des événe-
         ments qui ont entravé le travail de l'entrepreneur....... 353
759. — Cette stipulation n'exclut pas l'application du droit commun... 353
760. — Autres pénalités : mise en régie; résiliation.............. 354
761. — Raison d'être de ces procédures administratives; différence
         avec le droit civil. Inconvénients...................... 354
762. — Rôle de la juridiction contentieuse en cette matière........ 354
763. — Responsabilité spéciale pour les travaux du Ministère de la
         guerre; peine d'emprisonnement (art. 430 du Code pénal).... 354

SECTION VI

Obligation de se conformer aux ordres du directeur des travaux. — Changement au devis. — Conditions nécessaires pour que l'entrepreneur puisse
s'en prévaloir.

Paragraphe premier. — Travaux des ponts et chaussées.

764. — Changements en cours d'exécution : dispositions des cahiers de
         charges... 355

N⁰⁵.   **Pages.**

765. — Nécessité d'un ordre écrit.................................. 355
766. — Cahier des ponts et chaussées de 1833, art. 7.............. 355
767. — Cahier des ponts et chaussées de 1866, art. 10............ 356
768. — Registre d'ordres; inscription des ordres; modes de constatation de la réception par l'entrepreneur; signature du registre ou notification.. 356
769. — Absence de registre d'ordres ou de mention d'un ordre au registre : manières d'y suppléer.......................... 357
770. — Absence d'ordre écrit : reconnaissance d'un ordre verbal par les ingénieurs.. 357
771. — Cas exceptionnels : preuve indirecte de l'ordre verbal. Jurisprudence.. 357
772. — Par qui l'ordre écrit doit-il être donné?................... 358

Paragraphe II. — Travaux du Ministère de la guerre.

773. — Cas exceptionnels où le marché à l'unité de mesure est employé.. 359
774. — Cas les plus fréquents : comment peuvent se produire des changements et des modifications dans le marché sur séries de prix.. 359
775. — Modification dans le genre de travail exigé, ou dans les conditions d'exécution.................................... 359
776. — Changements, dans le sens propre du mot, ou changements à des ordres primitivement donnés, ayant ou non reçu un commencement d'exécution.............................. 360
777. — Dispositions du cahier de 1876 (art. 35, 36, 37). Registre d'ordres; constatation de la réception par l'entrepreneur; signature du registre, ou notification.................... 360
778. — Par qui l'ordre écrit doit-il être donné?................... 362
779. — Observation sur la notification des ordres et leur teneur...... 362
780. — Cahier de 1887. Substitution du marché sur devis au marché à l'unité de mesure ou sur séries de prix................ 362
781. — Art. 10 : Directeur des travaux; délégation de pouvoirs; notifications à l'entrepreneur; registre d'ordres; signature 362
782. — Prohibition de la preuve indirecte par reconnaissance de l'ordre verbal.. 363
783. — Exceptions : urgence, nécessité........................... 363
784. — Art. 11 : plans, profils, types-modèles.................... 364
785. — Règlement du 1ᵉʳ décembre 1887. Types et modèles de matériaux; notification; acceptation......................... 364

Paragraphe III. — Travaux des départements, des communes et établissements publics.

786. — Différence essentielle qui sépare ces travaux de ceux de l'Etat. Le directeur des travaux ne représente le département, la commune ou l'établissement public que dans la mesure de son mandat.. 365
787. — Principes qui doivent guider l'entrepreneur................ 366
788. — Un ordre écrit n'est pas nécessaire en général ; mais les cahiers de charges l'exigent souvent............................ 366
789. — Difficultés de preuve de l'ordre verbal.................... 366
790. — Reconnaissance de l'ordre par le directeur des travaux : plans, profils d'exécution, commencement de preuve par écrit...... 366
791. — Nécessité d'examiner si celui qui donne l'ordre a le pouvoir de le donner : renvoi aux règles sur l'organisation des travaux des départements, communes, etc..................... 367
792. — Preuve à la charge de l'entrepreneur...................... 367
793. — Ordre émanant du préfet.................................. 367
794. — Ordre émanant du maire.................................. 367
795. — Ordre émanant de l'architecte............................ 368
796. — Etendue du mandat de l'architecte........................ 369
797. — Résumé des principes qui déterminent l'étendue des pouvoirs du Conseil municipal et du maire en matière de travaux communaux.. 370

Pages.

N⁰ˢ

798. — Exception : jurisprudence : travaux dont la nécessité est démontrée... 370

799. — Travaux simplement utiles : prise de possession : reconnaissance de l'utilité.. 371

800. — Travaux de luxe ou de décoration....................... 372

801. — La commune ne doit que ce dont elle a profité, et ne paie que dans la mesure du profit qu'elle a tiré des travaux 372

802. — Exception à cette règle : travaux urgents, nécessaires, d'une utilité reconnue.. 372

803. — Reconnaissance de la dette, par la prise de possession des travaux : une réception régulière n'est pas nécessaire : faits qui en tiennent lieu................................... 373

804. — Exemples d'autre reconnaissance de la dette : offre de paiement, acomptes, délibérations du Conseil municipal, etc.... 373

805. — Autres preuves de l'urgence, de la nécessité ou de l'utilité : expertise....................................... 373

806. — Impossibilité de produire ces preuves : travaux dont l'urgence, la nécessité ou l'utilité ne sont pas démontrés : recours contre ceux qui les ont ordonnés.................. 373

807. — Recours de l'entrepreneur contre l'architecte.............. 375

808. — Recours contre le maire............................... 375

809. — Recours contre le curé, desservant ou ministre du culte...... 375

810. — Recours contre les membres du Conseil municipal.......... 375

811. — Clause spéciale dans certains cahiers de charges........... 375

Paragraphe IV. — Obligation de se conformer aux ordres de l'ordonnateur dans les marchés à forfait.

812. — Droit commun : article 1793 du Code civil : son but et son esprit.. 376

813. — Changements au devis; nécessité d'une convention écrite conclue avec le propriétaire : la preuve de la convention sur le changement ne peut être faite que par écrit. La convention sur le prix peut être prouvée par tous les modes autorisés par la loi.................................... 376

814. — Application de ces règles aux entreprises de travaux publics à forfait.. 377

815. — Conditions essentielles de l'existence du marché à forfait : prix en bloc invariablement fixé. — Plan convenu.............. 377

816. — Travaux imprévus dans les marchés à forfait : convention modificative en cours d'œuvre........................ 377

817. — Imprévisions découvertes en cours d'œuvre, à la charge de l'entrepreneur....................................... 378

818. — Etendue de cette obligation de l'entrepreneur : ses limites... 378

819. — Forfait pur et simple et forfait mitigé : clauses modificatives; leurs conséquences................................... 378

820. — Exceptions aux règles ci-dessus : application des articles 1109, 1110 et 1117 du Code civil : l'entrepreneur peut, en certains cas, demander la résiliation du marché, jamais une augmentation de prix............................... 378

821. — Preuve du forfait en matière de travaux communaux......... 379

CHAPITRE II

Des obligations de l'Administration.

SECTION PREMIÈRE

De l'obligation de faire exécuter, dans le délai convenu, tous les travaux compris dans l'adjudication.

822. — L'entrepreneur a un droit acquis à l'exécution de tous les travaux compris dans son marché........................ 380

823. — Droit à indemnité pour les travaux non exécutés : son évaluation.. 381

824. — Droit à résiliation : renvoi........................... 382

Nos.   Pages.

825. — Travaux à l'égard desquels existe le droit de l'entrepreneur : travaux prévus et travaux supplémentaires ou nouveaux..... 382
826. — Droit de l'Administration de confier à un autre entrepreneur les travaux supplémentaires qui ne se rattachent pas directement à l'entreprise.......................... 382
827. — L'entrepreneur ne peut les réclamer sous prétexte que l'Administration aurait le droit de les lui imposer.................. 383
828. — L'appréciation du caractère des travaux nouveaux appartient aux tribunaux : jurisprudence......................... 383
829. — Clauses spéciales qui se trouvent dans certains cahiers des charges relativement à l'exécution en régie, ou à la diminution de l'entreprise, etc................... 384
830. — Droit de l'entrepreneur à l'exécution dans le délai convenu : distinction de la renonciation à l'entreprise et de l'ajournement............................. 385
831. — Conséquences de l'ajournement : résiliation : le droit à indemnité existe-t-il ?......................... 385
832. — Jurisprudence sous l'ancien cahier de 1833 : critiques........ 386
833. — Dispositions du cahier de 1866..................... 386
834. — Condition pour que le droit à indemnité existe : nécessité d'une faute de l'Administration..................... 387
835. — Retards résultant de l'augmentation des travaux.......... 387
836. — Retards provenant du manque de fonds : critique de la jurisprudence............................. 387
837. — Retards provenant du défaut de livraison des terrains en temps utile.............................. 388
838. — Nécessité d'un dommage subi par l'entrepreneur............ 389
839. — Évaluation de l'indemnité due..................... 389
840. — Dommages indirects provenant du fait de l'Administration : augmentation du prix des matériaux et de la main-d'œuvre.. 389
841. — Retards provenant d'une faute initiale de l'entrepreneur : pas d'indemnité.......................... 389
842. — Retards dans les paiements : renvoi................. 390
843. — Dommages résultant d'une activité inusitée imprimée aux travaux................................. 390
844. — Travaux des départements et des communes : règles identiques................................. 390
845. — Travaux du Ministère de la guerre : cahier de 1876 : droit de réduction de l'Administration................. 390
846. — Absence de difficulté dans le marché sur séries de prix...... 391
847. — Ajournement des travaux : le droit à indemnité existe-t-il lorsqu'il n'y a pas réclamation? Critique des dispositions du cahier : jurisprudence.................... 391
848. — Accélération inusitée des travaux.................. 392
849. — Cahier de 1887 : consécration tacite du droit à indemnité...... 392
850. — Augmentation ou diminution de la masse des travaux : distinction entre les différents marchés................. 393
851. — Cessation absolue ou ajournement des travaux : renvoi........ 394
852. — Accélération des travaux........................ 394
853. — Retards dans les paiements...................... 394

Section II

De l'obligation d'indemniser l'entrepreneur des dommages causés aux ouvrages par suite d'événements de force majeure.

854. — Distinction du cas où l'ouvrier ne fournit que son travail et de celui où il fournit en même temps la matière.......... 394
855. — Règles du droit civil......................... 395
856. — Difficultés qu'elles soulèvent dans les marchés sur devis, à l'unité de mesure et sur séries de prix : jurisprudence de la Cour de cassation.......................... 396
857. — Jurisprudence administrative : les cas de force majeure sont à la charge de l'entrepreneur...................... 397

N°ˢ   Pages.
858. — Faculté de déroger à ces règles par une convention spéciale.
        Cahier des ponts et chaussées : motifs de ses dispositions sur
        ce point..   397
859. — Définition des cas de force majeure en matière ordinaire.....   398
860. — Cas de force majeure en matière de travaux publics. Exem-
        ples...   398
861. — Les faits de guerre sont-ils des événements de force majeure?   400
862. — Cas où l'entrepreneur aurait un recours contre l'auteur du
        dommage subi..   401
863. — Cas dans lesquels la force majeure n'est pas reconnue : augmen-
        tations des prix, etc......................................   401
864. — Règles à suivre lorsque l'augmentation de prix provient du
        fait de l'Administration...................................   402
865. — Il n'y a pas lieu à indemnité lorsque le dommage a été précédé
        d'une faute de l'entrepreneur ou d'un avis de l'Administra-
        tion...   402
866. — Une convention spéciale peut déroger à l'article 26 et revenir au
        droit commun..   403
867. — Il n'y a pas lieu de rechercher si la réception des matériaux
        avait été faite..   403
868. — Droit à indemnité pour la perte du matériel..................   404
869. — Les cas de force majeure doivent être signalés dans le délai de
        10 jours, à peine de déchéance.............................   404
870. — Formes dans lesquelles l'Administration doit être avisée......   405
871. — Calcul de l'indemnité..   406
872. — Travaux du Ministère de la guerre...........................   406
873. — Cahier de 1857..   406
874. — Cahier de 1876..   407
875. — Cahier de 1887..   407

SECTION III

*De l'obligation d'indemniser l'entrepreneur des pertes et dommages
qui proviennent du fait de l'Administration.*

876. — Principe de l'obligation de l'Administration..................   408
877. — Cas dans lesquels l'Administration est tenue : règles générales.   408
878. — Exemples : jurisprudence....................................   409

TITRE V

DE LA MISE EN RÉGIE

CHAPITRE PREMIER
Objet de la régie.

879. — Application aux travaux publics de la règle générale posée par
        l'article 1144 du Code civil...............................   412
880. — L'intervention des tribunaux n'est pas nécessaire............   412
881. — Justification des dispositions relatives à la mise en régie.......   413
882. — Distinction de la mise en régie et de la régie................   414
883. — La mise en régie partielle est-elle possible?................   414

CHAPITRE II
Cas dans lesquels la mise en régie peut être ordonnée.

884. — Cahier de 1833 : lacunes qu'il présentait....................   415
885. — Cahier de 1866 : article 35.................................   416
886. — Cas de mise en régie : retard dans l'exécution des travaux.....   416
887. — Le retard provenant du défaut de paiements des acomptes n'est
        pas une excuse..   417
888. — L'entrepreneur ne peut invoquer une autorisation de suspendre
        les travaux donnée par l'ingénieur.........................   417
889. — Il faut qu'il y ait un retard réel non imputable à l'Administra-
        tion ou à ses agents.......................................   417

Nᵒˢ   Pages.

890. — Le retard provenant de travaux en cours d'exécution n'est pas une cause de mise en régie............................. 418
891. — La mise en régie peut être prononcée pour infraction au devis. 418
892. — La mise en régie peut être prononcée pour refus d'obéir aux ordres des ingénieurs................................. 418
893. — Cas de force majeure........................... 419
894. — Exemples de causes de mise en régie.................... 419

CHAPITRE III

Des formes de la mise en régie.

895. — Organisation de la régie sous le cahier de 1833 ; critique de ses dispositions................................ 420
896. — Dispositions du cahier de 1866 : article 35............... 422
897. — Aperçu général des formalités ; conséquences de leur inobservation................................... 422
898. — La mise en régie est prononcée par le préfet ou son délégué... 422
899. — Constatation du retard : ses formes.................... 422
900. — Nécessité d'un premier arrêté de mise en demeure.......... 423
901. — Fixation d'un délai de dix jours pour se conformer aux ordres. 424
902. — Calcul du délai ; stipulations particulières.............. 424
903. — Prorogation du délai : quand elle a été accordée, une nouvelle mise en demeure n'est pas nécessaire................ 424
904. — Dans le délai, l'entrepreneur a le droit de se conformer aux ordres reçus.............................. 425
905. — Arrêté de mise en régie........................... 425
906. — Un recours contentieux peut-il être formé contre cet acte?.... 426
907. — Compétence du Conseil de préfecture................... 426
908. — L'entrepreneur est relevé de la régie s'il justifie de moyens suffisants d'exécution............................. 427
909. — Nomination d'un régisseur......................... 428
910. — Nécessité d'un inventaire descriptif du matériel et des approvisionnements............................. 428
911. — Conséquences de l'omission de l'inventaire............... 429
912. — L'inventaire doit être dressé contradictoirement........... 430
913. — Avis donné au Ministre qui peut ordonner la réadjudication... 430
914. — L'entrepreneur peut-il demander lui-même la réadjudication?.. 430

CHAPITRE IV

Effets de la mise en régie.

915. — La mise en régie laisse subsister le contrat entre l'entrepreneur et l'Administration.......................... 431
916. — Ce n'est pas une mesure définitive : l'entrepreneur peut en être relevé.................................. 431
917. — L'Administration peut seule mettre fin à la régie : son refus ne donne pas lieu à un recours contentieux............... 431
918. — Nomination du régisseur : son caractère juridique.......... 432
919. — Les marchés passés par l'entrepreneur ne sont pas résiliés.... 432
920. — L'entrepreneur surveille la régie..................... 432
921. — Devoirs du régisseur............................. 433
922. — Frais de la régie : l'entrepreneur supporte les excédents sur le prix de l'adjudication......................... 433
923. — L'entrepreneur ne profite pas des bénéfices : raisons qui ont inspiré cette clause : critiques.................... 433
924. — L'entrepreneur peut-il toujours discuter les frais de la régie ? Fins de non-recevoir.......................... 434
925. — Exemples de frais incombant à l'entrepreneur............. 434
926. — Exemples de frais qu'il ne doit pas supporter............. 434
927. — Conséquences d'une régie indûment imposée............. 435
928. — Fins de non-recevoir opposées à l'entrepreneur........... 435
929. — Évaluation de l'indemnité due : règles à suivre............ 435
930. — Cas principaux dans lesquels la régie peut être déclarée irrégulièrement prononcée et ordonnée à tort............... 436

                                                                    Pages.
N°ˢ
931. — L'entrepreneur a-t-il droit à une indemnité pour la privation du
        bénéfice qu'il aurait réalisé sur les travaux mis en régie?...   437
932. — Mesures qui peuvent suivre la mise en régie régulièrement pro-
        noncée...   438

                              CHAPITRE V

Règles spéciales aux travaux du Ministère de la guerre, des dépar-
        tements, des communes et des établissements publics.
                                                                       439
933. — Avant-propos...
934. — Travaux du Ministère de la guerre : cas dans lesquels la mise   440
        en régie peut être ordonnée................................   441
935. — Cahier de 1887...   441
936. — Régie partielle : cahier de 1876............................   441
937. — Cas de régie partielle : théorie............................   441
938. — Cas de régie partielle : pratique...........................   442
939. — Régie partielle sous le cahier de 1887......................
940. — Formes à suivre pour la mise en régie d'après le cahier de 1876. 442
        Régie totale...   443
941. — Formes à suivre pour la mise en régie partielle : cahier de 1876. 443
942. — Formes à suivre pour la mise en régie : cahier de 1887........   444
943. — Effets de la mise en régie : cahier de 1876. Pouvoirs de l'Ad-
        ministration..   443
944. — Droits conservés à l'entrepreneur..........................   443
945. — Gérant éventuel : régisseur désigné par avance..............   446
946. — Prise de possession de l'entreprise par l'Administration......   446
947. — Remise des locaux, terrains, matériaux approvisionnés, etc.....   447
948. — Mode d'exécution des travaux après la mise en régie..........   447
949. — Reprise et emploi du matériel de l'entrepreneur.............   448
950. — Règlement du compte de régie................................   448
951. — Cahier de 1887 : modification...............................   448
952. — Suppression du gérant éventuel..............................   449
953. — Substitution pure et simple du chef de service directeur des tra-
        vaux à l'entrepreneur dès la prononciation de la régie.......   449
954. — Mode d'exécution des travaux après la mise en régie..........   449
955. — Commission instituée pour la confection de l'inventaire et le
        procès-verbal de l'état des travaux........................   449
956. — Droits conservés à l'entrepreneur..........................   450
957. — Travaux départementaux et communaux.........................   450
958. — Le cahier des charges des ponts et chaussées n'est pas de
        plein droit applicable....................................   450
959. — Causes de la mise en régie..................................   451
960. — Autorité chargée de prononcer la mise en régie..............   451
961. — Chemins vicinaux...   452
962. — Formes de la régie..   452
963. — Effets de la mise en régie..................................   453

                               TITRE VI

CONSÉQUENCES DES MODIFICATIONS APPORTÉES AU CONTRAT

964. — Division de ce titre..   454

                          CHAPITRE PREMIER

Conséquences des modifications de l'importance de l'ouvrage total,
        ou de certaine nature d'ouvrages au point de vue de l'indemnité
        due à l'entrepreneur.
965. — Droit, pour l'Administration, de modifier le devis en cours d'œu-
        vre. Sa raison d'être......................................   455
966. — Augmentation dans la masse des ouvrages : art. 30 du cahier
        de 1866...   455
967. — Situation qui en résulte pour l'entrepreneur : trois questions se
        posent..   455

Pages
968. — Solutions données par le cahier des ponts et chaussées........ 455
969. — Absence d'indemnité en cas d'augmentation dans la masse des travaux; motifs de cette règle............................ 456
970. — Critiques.. 456
971. — Diminution dans la masse des ouvrages : article 31 du cahier de 1866... 457
972. — L'entrepreneur, en cas de diminution du sixième, a droit à la résiliation et à une indemnité........................... 457
973. — Examen critique de l'article 31.............................. 458
974. — Choix de l'entrepreneur : résiliation ; renvoi............... 458
975. — Demande d'indemnité... 458
976. — L'entrepreneur a-t-il droit à une indemnité représentant non seulement le remboursement des dépenses faites, mais encore le bénéfice qu'il aurait fait sur les travaux supprimés?.... 458
977. — Modifications de l'importance de certaines natures d'ouvrages: article 32 du cahier de 1866.......................... 459
978. — Motifs de cette clause....................................... 459
979. — Ancien article 39 du cahier de 1833.......................... 460
980. — Modifications apportées par l'article 32 du cahier de 1866 : amélioration de la situation........................... 461
981. — Exemples.. 461
982. — Application de la règle de l'article 39 : Principales hypothèses sur lesquelles la jurisprudence s'est prononcée...... 462
983. — L'article 32 n'est pas applicable aux tâcherons............. 463
984. — L'article 32 n'est-il applicable qu'au cas où les modifications proviennent d'ordres de l'Administration?............. 463
985. — Calcul de l'indemnité.. 464
986. — Renonciation à l'article 32................................. 464
987. — La demande d'indemnité est formée en fin de compte......... 464
988. — Travaux du Ministère de la guerre : cahier de 1876, art. 49... 465
989. — Cahier de 1887, art. 33 et 35................................ 465
990. — Travaux des départements et des communes.................... 466

CHAPITRE II

Conséquences des changements ordonnés en cours d'exécution et des travaux imprévus en général. — Prix de ces travaux et modifications des prix du contrat.

991. — Prix des travaux imprévus. Cahier de 1833, art. 22, et cahier de 1866, art. 20.. 467
992. — L'entrepreneur a le droit de discuter les nouveaux prix...... 468
993. — Règles générales à suivre pour leur fixation................ 468
994. — Quels sont les travaux donnant lieu à de nouveaux prix ? Jurisprudence : exemples................................... 471
995. — Cas spéciaux : imprévisions résultant de vices du plan...... 471
996. — Imprévisions résultant de vices du sol...................... 471
997. — Procédure à suivre pour la fixation de nouveaux prix........ 472
998. — Constatation des travaux imprévus........................... 472
999. — Refus de l'Administration : voies de recours................ 472
1000. — Discussion des prix entre l'entrepreneur et les ingénieurs : voies de recours... 472
1001. — Exceptions : clause de renonciation à des prix nouveaux ou suppléments de prix...................................... 472
1002. — Bases de la discussion des prix............................. 473
1003. — Applications : exemples..................................... 474
1004. — Exceptions : contrat particulier; acceptation du rabais pour les prix supplémentaires................................. 474
1005. — Prix nouveaux alloués, non pour ouvrages nouveaux, mais pour conditions nouvelles d'exécution d'un ouvrage prévu....... 474
1006. — Cas spéciaux où les prix totaux ne peuvent s'appliquer, mais où leurs éléments pouvaient être séparément appliqués....... 474
1007. — Cas dans lesquels les conditions nouvelles d'exécution ou les travaux imprévus entraînent une modification générale des prix du bordereau.. 475

Pages.

Nᵒˢ

1008. — Règles spéciales aux travaux d'épuisement : cahier de 1833, art. 22 et 24 ; cahier de 1866, art. 17...................... 475
1009. — Travaux du Ministère de la guerre........................ 476
1010. — Cahier de 1857, art. 40. L'État se réserve de faire exécuter les travaux imprévus par d'autres que l'entrepreneur à égalité d'offres, préférence de l'ancien entrepreneur, à moins de mise en adjudication.................................. 476
1011. — Limites du droit réservé à l'Administration................ 477
1012. — L'entrepreneur primitif restant chargé des travaux imprévus, détermination des prix.................................. 477
1013. — Distinction entre les travaux prévus et les travaux imprévus : exemples ; jurisprudence.............................. 477
1014. — Fixation des prix à l'estimation......................... 478
1015. — Ces prix subissent le rabais de l'adjudication............. 478
1016. — Le rabais de l'adjudication est applicable à tous les nouveaux prix quel que soit leur mode de fixation : exemples........ 478
1017. — Prix convenus pour les travaux nouveaux pour toute la durée du marché. Assimilation aux prix du bordereau de l'adjudication. Invariabilité.................................. 479
1018. — En cas d'urgence, l'entrepreneur doit exécuter le travail imprévu et recevoir le prix provisoirement fixé, sous réserve de ses droits.. 479
1019. — Fixation des prix à l'économie........................... 479
1020. — Fixation des prix à forfait.............................. 480
1021. — Cahier de 1887. Même droit réservé à l'Administration. Obligation pour l'entrepreneur d'exécuter le travail imprévu s'il en est requis.. 480
1022. — Mode unique de détermination des prix : adoption du système des ponts et chaussées.................................. 480
1023. — Règles spéciales en cas d'urgence........................ 481

TITRE VII

DES RÉCEPTIONS PROVISOIRES ET DÉFINITIVES ET DU DÉLAI DE GARANTIE

1024. — Utilité des réceptions et raison d'être des méthodes suivies...... 483
1025. — Cahier des ponts et chaussées de 1833, article 35........... 483
1026. — Cahier des ponts et chaussées de 1866, articles 46 à 48...... 483
1027. — Réception provisoire : elle doit être expresse et accompagnée des formalités prévues par les articles ci-dessus. Cas exceptionnels où elle peut être tacite......................... 483
1028. — Effets de la prise de possession sans réserves, en matière de travaux départementaux et communaux...................... 483
1029. — Refus de procéder à la réception : l'entrepreneur peut adresser une mise en demeure à l'Administration; procédure à suivre ; pouvoirs de la juridiction administrative............ 484
1030. — Autorité compétente pour procéder à la réception............ 484
1031. — Procès-verbal contradictoire. Détail des formalités........... 485
1032. — Cas où le directeur des travaux constate des malfaçons : travaux complémentaires ordonnés. Contradictions opposées par l'entrepreneur. Procédure pour trancher le différend..... 485
1033. — Effets de la réception provisoire : Délai de garantie.......... 486
1034. — Point de départ du délai de garantie...................... 486
1035. — Situation de l'entrepreneur pendant ce délai............... 487
1036. — Expiration du délai de garantie : réception définitive......... 488
1037. — Refus par l'Administration de procéder à la réception définitive. Causes légitimes de refus............................... 488
1038. — Résistance de l'entrepreneur à mettre les travaux en état : mesures de coercition.................................. 489
1039. — Refus mal fondé; droits de l'entrepreneur ; mise en demeure; procédure; pouvoirs de la juridiction administrative........ 489
1040. — Effets de la prise de possession de l'ouvrage, au point de vue de la réception définitive................................ 489

Nᵒˢ   Pages

1041. — Résultats de la réception définitive. Libération de l'entrepreneur de tout ce qui concerne les travaux.................... 490

1042. — Réception définitive accordée sous réserves ; résultats ; procédure à suivre par l'entrepreneur..................... 490

1043. — Malgré la réception définitive, l'entrepreneur reste soumis à la garantie de droit commun ; art. 1792 et 2270 du Code civil. 491

1044. — Résultats pécuniaires de la réception définitive. — Paiement du solde. Restitution du dixième de garantie et du cautionnement.......................... 491

1045. — Travaux du Ministère de la guerre : cahier de 1876. Impossibilité d'appliquer le système du cahier des ponts et chaussées, à cause de la nature du marché. Réceptions successives partielles ; attachements et métrés. Renvoi.............. 491
                                                           492

1046. — Délai de garantie : article 49............................ 492

1047. — Distinction entre les gros et les menus ouvrages ; sa raison d'être.. 492

1048. — Point de départ du délai........................... 493

1049. — Obligations de l'entrepreneur pendant le délai............... 493

1050. — Cahier de 1887 ; marché sur devis ; adoption du système de réception du cahier des ponts et chaussées................. 493

1051. — Forme des réceptions............................... 493

1052. — Cas où des défectuosités sont constatées ; sursis à la réception ; procédure spéciale................................ 494
                                                           494

1053. — Durée du délai.................................. 494

1054. — Travaux départementaux et communaux. Règles posées par les cahiers de chaque entreprise. Effets de la prise de possession. 494

1055. — Qui procède à la réception ? Pouvoirs du préfet, du maire, de l'architecte directeur des travaux ; délégation à des fonctionnaires ou à des hommes de l'art.................... 494

1056. — Après la réception définitive, la responsabilité décennale subsiste seule................................... 495

1057. — Effets de la réception définitive en ce qui concerne l'Administration................................ 496

TITRE VIII

DES DÉCOMPTES PARTIELS ET GÉNÉRAUX

CHAPITRE PREMIER

De la communication du décompte et de ses effets.

1058. — Opérations diverses qui précèdent et accompagnent le règlement du compte final de l'entreprise.................... 498

1059. — Article 32 du cahier des ponts et chaussées de 1833.......... 498

1060. — Article 41 du cahier des ponts et chaussées de 1866.......... 498

1061. — Pièces diverses soumises à l'acceptation de l'entrepreneur, soit en cours d'entreprise, soit en fin de compte............ 499

1062. — L'article 32 du cahier de 1833 ne parlait pas des décomptes partiels et généraux : conclusions de la jurisprudence à cet égard... 500

1063. — Heureuse innovation de l'article 41 du cahier de 1866. Décomptes provisoires et décomptes définitifs..................... 500

1064. — Décomptes mensuels............................... 500

1065. — Décomptes de fin d'année ; décompte définitif ; décomptes partiels provisoires et décomptes partiels définitifs............... 501

1066. — Communication des décomptes : pièces nécessaires pour éclairer l'entrepreneur et qui doivent accompagner le décompte....... 501

1067. — Pièces que doit comprendre la communication............... 501

1068. — Formes de la communication, cahier de 1833................ 501

1069. — Formes de la communication, cahier de 1866................ 502

1070. — Formes de droit commun applicables aux travaux départementaux et communaux ; comparaison avec celles du cahier des ponts et chaussées........ 502

Nᵒˢ.   Pages.
1071. — Détails : accomplissement pratique des règles prescrites par le
            cahier des ponts et chaussées............................ 503
1072. — A qui la communication doit-elle être faite ? Qui peut criti-
            quer le décompte ?.. 503
1073. — Pièces communiquées en cours d'exécution et avant le décompte
            final.. 503
1074. — Formes des réserves et des réclamations de l'entrepreneur...... 504
1075. — Elles doivent être écrites..................................... 504
1076. — Elles doivent être motivées.................................... 505
1077. — L'entrepreneur qui a fait des réserves et des réclamations mo-
            tivées lors de la présentation des décomptes partiels n'est pas
            obligé de les renouveler lors de la présentation du décompte
            définitif. Cas où il n'a fait que des réserves............. 505
1078. — Cas où l'entrepreneur saisit, dans les vingt jours, le Conseil de
            préfecture.. 507
1079. — Cas où, dans ce même délai, il adresse ses réclamations à l'Ad-
            ministration supérieure par la voie gracieuse............. 508
1080. — Effets de l'acceptation du décompte ou de l'absence de réserves. 508
1081. — Etendue de la déchéance.. 508
1082. — Exceptions : travaux nouveaux ou supplémentaires non portés
            au décompte... 509
1083. — Prise de possession, par l'Administration, de matériaux appro-
            visionnés pour des travaux autres que ceux de l'entreprise... 510
1084. — Faits qui se sont produits ou qui se sont révélés depuis la pré-
            sentation du décompte..................................... 510
1085. — Travaux qui ne figurent pas au décompte, mais qui devaient y
            figurer... 510
1086. — Erreurs matérielles.. 510
1087. — Omissions.. 511
1088. — Ces deux dernières exceptions peuvent être invoquées par l'Ad-
            ministration elle-même après l'approbation du décompte.... 511
1089. — Hypothèse particulière. Réclamation qui n'a pas sa base dans le
            décompte.. 512
1090. — Droit de l'Administration de modifier le décompte après son exa-
            men par l'entrepreneur; droit d'approbation de l'autorité
            supérieure.. 513
1091. — Les changements faits au décompte par l'autorité supérieure
            donnent-ils le droit à l'entrepreneur de revenir sur son accep-
            tation?... 513
1092. — Conséquences de l'approbation du décompte par l'autorité supé-
            rieure.. 514
1093. — Déchéance spéciale résultant de l'acceptation par l'entrepreneur
            du paiement des travaux................................... 515
1094. — C'est à celui qui invoque la déchéance résultant de l'acceptation
            du décompte, de l'absence de réserves dans les délais, ou de
            l'acceptation du solde, à faire sa preuve des faits qu'il avance. 515
1095. — L'acceptation expresse ou tacite s'interprète restrictivement.... 515
1096. — Critiques des dispositions de l'article 41 du cahier des ponts et
            chaussées... 516

CHAPITRE II

De l'établissement et de la communication des décomptes dans
les travaux du Ministère de la guerre.

1097. — Cahier de 1876. Constatation du travail, de sa nature, de sa
            quantité; registre d'attachements (art. 36)............... 518
1098. — Présentation de ce registre à l'entrepreneur; signature, réserves,
            délais des réclamations................................... 518
1099. — Jurisprudence.. 519
1100. — Application des prix aux quantités de travaux relevées sur les
            attachements; carnets de comptabilité; présentation et délai
            des réclamations (art. 61)................................ 519
1101. — Importance des délais prescrits par les articles 36 et 61. Consé-

Nᵒˢ   Pages.

quences de l'absence de réclamations contre les attachements
    et les carnets... 520
1102. — Relevés des inscriptions des carnets; arrêtés; classification des
    dépenses; registre de comptabilité (art. 62)............... 520
1103. — Communication de ce registre à l'entrepreneur : vérifications à
    faire par ce dernier; signature; réserves.................. 520
1104. — Comptes d'exercice : art. 63. Règlements définitifs et comptes
    sommaires... 521
1105. — Délais des réclamations contre les comptes d'exercice; dé-
    chéance spéciale établie par le décret du 13 juin 1806 pour
    les comptes du Ministère de la guerre...................... 521
1106. — Applications aux travaux du génie : art. 70 du cahier.......... 522
1107. — Jurisprudence ; principales hypothèses ; règles à suivre....... 522
1108. — Cahier de 1887. Règles générales : article 46................. 524
1109. — Pièces servant à constater les éléments des comptes. Carnet-
    journal ; délai des réclamations.......................... 524
1110. — Cahier d'attachements et carnets de métrés ; délai des réclama-
    tions.. 525
1111. — Décompte de fin d'entreprise ou de fin d'exercice; règlement
    général; délai des réclamations.......................... 526
1112. — Observations sur les délais prescrits par le cahier de 1887 pour
    les réclamations; délai nouveau imparti pour réclamer contre
    le décompte définitif ou de fin d'exercice.................. 526
1113. — Cas dans lesquels les délais du décret de 1806 ont été conservés.. 527

CHAPITRE III

De l'action en règlement de compte.

1114. — Objet de ce chapitre. Règlement du compte.................. 528
1115. — L'entrepreneur a qualité pour réclamer..................... 528
1116. — Quid de ses héritiers?...................................... 528
1117. — Droits de ses créanciers.................................... 528
1118. — Réclamations des sous-traitants, cessionnaires, associés, etc. ;
    distinction : sous-traités, cession, etc., approuvés ou non
    approuvés... 531
1119. — Formes de l'approbation : approbation tacite................. 532
1120. — Critique de la jurisprudence en ce qui concerne particulière-
    ment les sous-traitants.................................. 532
1121. — Réclamations des cautions................................. 533
1122. — Recevabilité de l'action des syndics......................... 533
1123. — Contre qui l'action en règlement doit être dirigée............ 534
1124. — Travaux des départements................................. 534
1125. — Action de l'Administration contre l'entrepreneur............. 535

TITRE IX

DES PAIEMENTS ET DE LA DÉCHÉANCE

CHAPITRE PREMIER

Des paiements d'acompte et définitif et de la retenue de garantie.

1126. — Paiements à compte : leur nécessité......................... 537
1127. — Paiements à compte sous l'empire des art. 15 et 33 du cahier
    de 1833 et du règlement du 28 septembre 1849............. 537
1128. — Cahier de 1866 : art. 44................................... 538
1129. — Conséquences des retards dans les paiements : limites du droit
    de l'entrepreneur.. 538
1130. — Conséquences du défaut complet de paiement des acomptes :
    droit de l'entrepreneur de demander la résiliation.......... 539
1131. — Les paiements doivent s'effectuer tous les mois d'après l'impor-
    tance des travaux accomplis.............................. 540
1132. — Les sommes ordonnancées doivent être payées immédiatement. 541

N⁰ˢ		Pages.
1133.	— Retenues que subit l'entrepreneur.	541
1134.	— Retenue du dixième : cahiers de 1833 et de 1866.	541
1135.	— Epoque de la restitution de la retenue de garantie : le refus de restitution donne-t-il lieu à un recours contentieux? Distinctions.	541
1136.	— Pièces à fournir pour obtenir la restitution.	542
1137.	— Conditions auxquelles la restitution est subordonnée : réception définitive.	542
1138.	— L'entrepreneur doit justifier de l'accomplissement de toutes ses obligations.	542
1139.	— Formes du paiement du solde.	542
1140.	— Conséquences du retard apporté au paiement du solde: allocation des intérêts. Cahier de 1833.	542
1141.	— Point de départ des intérêts sous le cahier de 1833 : modifications du cahier de 1866.	543
1142.	— Travaux pour lesquels le cahier de 1833 reste en vigueur.	544
1143.	— Nécessité d'une véritable demande en justice.	544
1144.	— Les intérêts courent de plein droit, sous le cahier de 1866, trois mois après la réception définitive ; une demande en justice ne peut être présentée plus tôt.	544
1145.	— L'allocation des intérêts est obligatoire.	545
1146.	— Ils sont alloués sur toutes les sommes dues à l'entrepreneur qui ne peut demander d'autres dommages-intérêts.	545
1147.	— Intérêts des intérêts : nécessité d'une demande spéciale.	545
1148.	— Cas où le retard apporté au paiement du solde provient de la faute de l'entrepreneur.	545
1149.	— Cas où il provient de difficultés inhérentes à la liquidation.	546
1150.	— La retenue de garantie est-elle productive d'intérêts?	547
1151.	— Effets du paiement du solde.	547
1152.	— Une provision est quelquefois accordée à l'entrepreneur en attendant la solution des contestations.	547
1153.	— Travaux du Ministère de la guerre : cahier de 1876. Droit de l'entrepreneur aux acomptes.	548
1154.	— Aucun délai n'est fixé pour leur versement.	548
1155.	— L'entrepreneur est même tenu de se mettre en avance. Dans quelles limites? Difficultés auxquelles donne lieu l'article 64.	549
1156.	— Droits de l'entrepreneur lorsque l'Administration exige des avances exagérées.	550
1157.	— Limite maxima des acomptes : retenue de garantie.	550
1158.	— Quelles sont les dépenses effectuées sur lesquelles les acomptes doivent être calculés?.	551
1159.	— Comprennent-elles les approvisionnements?.	551
1160.	— Epoque du paiement du solde : approbation des comptes.	552
1161.	— Intérêts du solde : une demande en justice est toujours nécessaire.	552
1162.	— Formalités à suivre pour le paiement.	552
1163.	— Cahier de 1887 : son système général.	553
1164.	— Paiement d'acomptes: pièces à fournir; formalités.	553
1165.	— Les acomptes sont payés tous les deux mois, autant que possible.	554
1166.	— Calcul des acomptes : ses éléments.	554
1167.	— Il est tenu compte des approvisionnements.	555
1168.	— Retenue de garantie.	555
1169.	— Paiement pour solde : conditions auxquelles il est effectué.	555
1170.	— Formalités à suivre pour le paiement du solde.	555
1171.	— Allocation des intérêts pour retard au paiement du solde après la réception définitive.	556
1172.	— Cas où il y a contestation : versement à la Caisse des dépôts et consignations.	556

CHAPITRE II

De la déchéance quinquennale.

1173.	— Motifs des lois de déchéance.	557
1174.	— Loi du 29 juin 1831.	557

Nᵒˢ		Pages.
1175.	— Caractères de la déchéance établie par cette loi............	558
1176.	— Créances qui y sont soumises........................	559
1177.	— La déchéance s'applique même aux frais faits pour conserver la créance............................	559
1178.	— Elle ne s'applique pas aux capitaux des sommes déposées à titre de cautionnement........................	559
1179.	— Mais elle s'applique aux intérêts de ces cautionnements.......	561
1180.	— Par qui la déchéance peut être invoquée.................	561
1181.	— La chose jugée sur le fonds de la créance ne fait pas obstacle à l'application de la déchéance....................	561
1182.	— Le Conseil d Etat est juge d'appel des contestations sur la déchéance : les Conseils de préfecture et les Tribunaux civils sont incompétents.........................	562
1183.	— Le Ministre a le droit de ne pas opposer la déchéance........	563
1184.	— Délai de la déchéance : quel en est le point de départ? Cas où les travaux s'exécutent en plusieurs exercices...........	563
1185.	— En cas de contestation sur la créance, le délai ne commence-t-il à courir que du jour du jugement?.....................	564
1186.	— Les causes de suspension de la prescription ordinaire n'interrompent pas le cours du délai de déchéance..............	565
1187.	— Réclamation du paiement : ses formes; pièces à produire......	565
1188.	— Jurisprudence................................	566
1189.	— La déchéance ne s'applique que s'il y a négligence de la part du créancier.............................	567
1190.	— A qui la demande en paiement doit-elle être adressée?.......	567
1191.	— Demande en justice devant un tribunal incompétent	567
1192.	— Cas où l'Administration elle-même apporte des obstacles à la liquidation............................	568
1193.	— La déchéance interrompue peut reprendre son cours..........	568
1194.	— Les départements et les communes ne peuvent invoquer les lois sur la déchéance............................	569

TITRE X

DU PRIVILÈGE DES FOURNISSEURS ET OUVRIERS SUR LES SOMMES DUES PAR L'ÉTAT AUX ENTREPRENEURS DE TRAVAUX PUBLICS

1195.	— Motifs du privilège : son origine.......................	570
1196.	— Texte du décret du 26 pluviôse an II...................	571
1197.	— Différence entre le privilège et l'action directe..............	572
1198.	— Le décret du 26 pluviôse est toujours en vigueur..............	573
1199.	— Conditions auxquelles le privilège est subordonné............	574
1200.	— Travaux des communes et des associations syndicales..........	574
1201.	— Travaux des départements.......	575
1202.	— Il faut qu'il s'agisse de créances nées de travaux publics ; travaux du domaine privé de l'Etat..................	577
1203.	— Travaux exécutés par des concessionnaires..................	578
1204.	— Observation critique...........................	579
1205.	— Travaux auxquels l'Etat contribue....................	580
1206.	— Le mode de paiement est indifférent....................	580
1207.	— Le privilège ne peut pas résulter uniquement des clauses du cahier des charges, ni de conventions particulières........	580
1208.	— Le privilège ne frappe ni le cautionnement, ni les sommes déposées................................	581
1209.	— Règle différente pour le cautionnement des entrepreneurs des travaux de la guerre........................	581
1210.	— Dispense d'inscription. Une saisie-arrêt est-elle nécessaire pour créer le droit des créanciers privilégiés?..................	581
1211.	— Personnes qui ont droit au privilège	583
1212.	— Cas exceptionnel dans lequel les sous-traitants peuvent le réclamer................................	584
1213.	— Quid au sujet des sommes qui auraient été payées aux fournisseurs et ouvriers ?.....................	585

Nᵒˢ   Pagoc.
1214. — Droits des propriétaires de terrains fouillés.................. 586
1215. — Le privilège n'est pas attaché aux créances ayant pour cause
          l'inexécution des contrats passés par l'entrepreneur avec ses
          fournisseurs... 588
1216. — Faillite de l'entrepreneur : ses effets relativement au privilège. 588
1217. — Saisies-arrêts pratiquées par des créanciers étrangers à l'entre-
          prise. Cessions ou transports............................ 589
1218. — Même après la réception définitive, ces saisies-arrêts ou trans-
          ports ne font pas obstacle à l'exercice du privilège.......... 590
1219. — Concurrence des créanciers personnels sur ce qui reste dû après
          le paiement des ouvriers et fournisseurs.................. 591
1220. — Le privilège des ouvriers n'est pas préférable à celui des four-
          nisseurs. Concours du privilège des ouvriers et fournisseurs
          avec d'autres privilèges spéciaux........................ 591
1221. — Compétence... 592

TITRE XI

DE LA RÉSILIATION DU MARCHÉ

CHAPITRE PREMIER

De la résiliation prononcée par suite de la faute ou de la
négligence de l'entrepreneur.

1222. — Droit commun : la résiliation peut être prononcée contre l'en-
          trepreneur dans tous les cas où il manque à ses engagements. 593
1223. — Dispositions du cahier des ponts et chaussées de 1833 et de
          celui de 1866... 593
1224. — Il n'est pas nécessaire que la régie ait été préalablement ordon-
          née... 594
1225. — En ce qui concerne les travaux de l'État, la résiliation est pro-
          noncée par le Ministre ; tout autre fonctionnaire est incompé-
          tent... 594
1226. — En ce qui concerne les travaux des départements, la même com-
          pétence appartient au préfet, après avis conforme du Conseil
          général.. 595
1227. — En ce qui concerne les travaux communaux, le maire, sur l'avis
          du Conseil municipal, met en demeure l'entrepreneur ; la
          résiliation est sur sa demande prononcée par le préfet..... 595
1228. — La résiliation ainsi prononcée par ces fonctionnaires est un
          acte de pure administration. La juridiction contentieuse en
          règle seulement les conséquences........................ 595
1229. — Absence de clause spéciale au cahier des charges : droit com-
          mun : la résiliation doit être demandée au Conseil de préfec-
          ture... 595
1230. — Dans le cas d'une clause spéciale attribuant à l'Administra-
          tion la faculté de prononcer la résiliation, la juridiction con-
          tentieuse conserve-t-elle concurremment le même pouvoir?.. 596
1231. — L'Administration a le choix entre la résiliation pure et simple
          et la réadjudication sur folle enchère.................... 597
1232. — En règle générale, l'entrepreneur n'a droit à aucune indemnité.
          Exceptions... 597
1233. — La reprise du matériel est facultative pour l'Administration.. 597
1234. — Les matériaux approvisionnés par ordre sont repris.......... 598

CHAPITRE II

De la résiliation dans l'intérêt de l'Administration.

1235. — Cas où l'Administration peut résilier le marché, bien que l'en-
          trepreneur ne soit pas en faute......................... 599
1236. — Droit commun : motif des dispositions spéciales des cahiers
          de charges... 599

Nᵒˢ   Pages.

1237. — Distinction à établir entre les cas de résiliation par application du droit commun et les cas de résiliation par application des dispositions des cahiers de charges............... 599

1238. — Droit commun......'................................ 600

1239. — Dispositions du cahier des ponts et chaussées de 1833........ 600

1240. — Diminution notable du prix des ouvrages. Cahier de 1866 : renonciation à cette clause.................... 600

1241. — Cessation absolue ou ajournement indéfini des travaux. Cahier des ponts et chaussées de 1833; difficultés ; jurisprudence... 601

1242. — Cahier de 1866, article 34 : cessation absolue de travaux; ajournement pour plus d'une année.......................... 601

1243. — Conséquences différentes de ces deux causes de résiliation.... 602

1244. — La résiliation est ici une mesure d'opportunité: la juridiction contentieuse ne peut l'annuler; elle ne peut qu'en déduire les conséquences suivant les règles portées au cahier des charges.. 602

1245. — La résiliation résulte du fait de la cessation des travaux; en l'absence d'une décision de l'Administration, l'entrepreneur n'a qu'à demander à la juridiction contentieuse de la constater.. 602

1246. — Il en est de même en cas d'ajournement pour plus d'une année. 603

1247. — Il n'est pas nécessaire que les travaux aient été commencés puis ajournés.. 603

1248. — Mais il ne suffit pas que le travail n'ait pu être achevé dans le délai fixé; cas de force majeure ; nécessité d'une faute de l'Administration..................................... 603

1249. — Conséquences de la résiliation ; rachat des outils et ustensiles. 604

1250. — Le rachat du matériel est obligatoire pour l'Administration.... 604

1251. — Mais l'entrepreneur doit le demander, il peut agir devant la juridiction contentieuse. S'il ne le demande pas de suite, on peut lui opposer la renonciation..................... 604

1252. — Le matériel est, à partir de la résiliation, aux risques et périls de l'Administration................................. 604

1253. — Étendue de la reprise du matériel.......................... 605

1254. — Matériel nécessaire pour l'achèvement des travaux ; appréciation par le Conseil de préfecture, et en appel par le Conseil d'État.. 606

1255. — Le matériel doit être estimé dans l'état où il est au moment de la résiliation.. 608

1256. — Il faut aussi tenir compte de la nature et de la quantité des travaux restant à exécuter............................. 608

1257. — Estimation par les experts: leurs pouvoirs................. 608

1258. — Rachat des matériaux approvisionnés...................... 608

1259. — Double condition nécessaire : dépôt au chantier, ordre d'approvisionnement.. 609

1260. — Les matériaux ne peuvent être repris que s'ils sont conformes aux prescriptions du devis; exemples et jurisprudence sous l'empire du cahier de 1833.............................. 609

1261. — Cahier de 1866 : matériaux vérifiés; matériaux approvisionnés, mais non vérifiés.................................. 610

1262. — Évacuation des chantiers................................. 610

1263. — Indemnité due à l'entrepreneur : cahier de 1833; fixation d'un maximum; critiques; jurisprudence.................... 611

1264. — Cahier de 1866. Suppression du maximum d'indemnité; éléments d'appréciation.................................. 612

1265. — Cette indemnité de résiliation est distincte de celle qui est due pour ralentissement des travaux; conséquences; jurisprudence. 613

1266. — Modifications apportées au cahier de 1866. Avis du Conseil des ponts et chaussées et circulaire de 1877.................. 614

1267. — Silence de l'entrepreneur, continuation des travaux, renonciation tacite.. 615

CHAPITRE III

De la résiliation par suite de la faillite ou du décès de l'entrepreneur.

Nᵒˢ   Pages.

1268. — Faillite de l'entrepreneur ; droit commun ; clauses des cahiers
de charges.. 616
1269. — Mort de l'entrepreneur ; caractère du contrat d'entreprise ; différences avec le contrat de concession au point de vue de la
dissolution par le décès de l'entrepreneur................... 616
1270. — La résiliation s'opère de plein droit ; pas de demande ; constatation par l'Administration ou la juridiction contentieuse.... 617
1271. — Conséquences de cette résiliation : pas d'indemnité.......... 617
1272. — Reprise du matériel : différence entre le cas de faillite et celui
de mort de l'entrepreneur.................................... 617
1273. — Reprise des matériaux approvisionnés....................... 617

CHAPITRE IV

De la résiliation dans l'intérêt de l'entrepreneur.

1274. — Augmentation des prix ; augmentation de la masse des travaux ; faculté de résiliation : dispositions du cahier de charges. 618
1275. — Les dispositions du cahier n'excluent pas les causes de résiliation de droit commun.. 619
1276. — Applications de ce principe : jurisprudence.................. 620
1277. — Causes de résiliation spécialement prévues par les cahiers.
Augmentation des prix. Cahier des ponts et chaussées de
1833. Difficultés ; jurisprudence............................ 621
1278. — Cahier des ponts et chaussées de 1866. Proportion de l'élévation de prix et bases de l'estimation 622
1279. — Augmentation momentanée, causée par la force majeure ; distinction entre les cas d'application de l'article 28 et ceux de
l'article 33 du cahier de 1866............................... 622
1280. — Importance de cette distinction : exemples.................. 623
1281. — Précautions à prendre par l'entrepreneur quand l'augmentation
se produit.. 624
1282. — L'entrepreneur n'a pas le choix entre la résiliation et une augmentation des prix... 624
1283. — Il ne peut réclamer d'indemnité............................ 624
1284. — Cas où l'augmentation des prix provient du fait de l'Administration. Discussion : solutions admises par la jurisprudence ;
règle générale 625
1285. — Exceptions : exemples.................................... 626
1286. — Ouvrages exécutés en régie par l'Administration ; concurrence
avec l'entrepreneur pour la main-d'œuvre.................... 626
1287. — Augmentation dans la masse des travaux. Précautions à prendre
pour l'entrepreneur quand l'augmentation dépasse le sixième.
Demande de résiliation : formes.............................. 627
1288. — Difficultés relatives aux travaux d'entretien des routes et chemins 628
1289. — Diminution de plus du sixième dans la masse des travaux : résiliation... 629
1290. — Conséquences de la résiliation dans l'intérêt de l'entrepreneur ;
absence d'indemnités ; reprise du matériel facultative........ 629
1291. — Critiques... 629
1292. — Règle à suivre pour la reprise du matériel................. 630
1293. — Reprise obligatoire des matériaux approvisionnés par ordre : règles à suivre.. 630
1294. — Indemnité due en cas de diminution de plus du sixième. Bases
de l'évaluation.. 630
1295. — Refus de l'Administration de consentir à la demande de résiliation de l'entreprise ; conséquences : continuation des travaux
sous réserves ; indemnité due................................ 631

Nᵒˢ   Pages.
1296. — Procédure à suivre pour obtenir la résiliation............... 632
1297. — Effets de la résiliation, en cas de continuation des travaux
          par le même entrepreneur.............................. 632

CHAPITRE V.

Travaux du ministère de la guerre.

1298. — Généralités...................................... 633
1299. — Résiliation dans l'intérêt de l'Administration : 1er cas : marché
          sur séries de prix ; périodes ; faculté de mettre fin au contrat
          à chaque période.................................. 633
1300. — Résiliation applicable à tous les genres de marché : trois cas... 634
1301. — L'entrepreneur ne fournit pas le cautionnement exigé......... 634
1302. — L'entrepreneur ne satisfait pas aux obligations personnelles qui
          lui sont imposées ; exemples ; sous-traité............... 634
1303. — L'entrepreneur apporte des retards ou de la négligence dans les
          travaux en régie ; résiliation pure et simple ; résiliation avec
          réadjudication.................................... 635
1304. — Mort ou mise en faillite de l'entrepreneur................ 635
1305. — Règles spéciales au cas de décès de l'entrepreneur........... 636
1306. — Exception à ces règles............................... 636
1307. — Faculté pour l'Administration de prolonger le marché pendant
          trois mois....................................... 637
1308. — La décision de l'Administration est irrévocable............. 637
1309. — Règles applicables à la caution........................ 637
1310. — Règles spéciales au cas de faillite de l'entrepreneur.......... 637
1311. — Résiliation dans l'intérêt de l'entrepreneur................ 638
1312. — Cessation absolue ou ajournement des travaux.............. 638
1313. — Résiliation de plein droit ; place déclarée en état de guerre ; dé-
          claration de l'état de siège.......................... 638
1314. — L'énumération des causes de résiliation contenue au cahier de
          charges n'est pas limitative......................... 639
1315. — Constatation de la résiliation.......................... 640
1316. — Conséquences de la résiliation. Reprise du matériel non obliga-
          toire pour l'État.................................. 640
1317. — Règles spéciales au cas de mise en régie ; différences avec le cas
          de réadjudication à la folle enchère................... 640
1318. — Règles relatives aux cas de résiliation pour cause d'état de siège
          ou de guerre..................................... 641
1319. — Exceptions par convention spéciale..................... 641
1320. — Reprise des matériaux............................... 641
1321. — Indemnité....................................... 641
1322. — Cas de force majeure................................ 642
1323. — Faute de l'entrepreneur.............................. 642
1324. — Cessation absolue ou ajournement des travaux............. 642
1325. — Cas de résiliation de droit commun..................... 643

SECTION II

Cahier de 1887.

1326. — Causes de résiliation imputables à l'entrepreneur........... 643
1327. — Sous-traités sans autorisation......................... 644
1328. — Augmentation de la masse des travaux.................. 645
1329. — Renonciation à l'entreprise et ajournement indéfini......... 645
1330. — Faits de guerre.................................... 645
1331. — Décès ou faillite de l'entrepreneur..................... 645
1332. — Conséquences de la résiliation : cas dans lesquels il n'y a pas
          lieu à indemnité.................................. 645
1333. — Cas dans lesquels il y a lieu à indemnité................. 646
1334. — Reprise du matériel................................. 646
1335. — Reprise des matériaux............................... 647
1336. — Notification de la résiliation.......................... 647

TITRE XII

DE LA RESPONSABILITÉ DES ARCHITECTES ET ENTREPRENEURS

N⁰ˢ   Pages.
1337. — Objet de ce titre. Division................................ 648

CHAPITRE PREMIER
Du principe de la responsabilité décennale et de ses diverses applications.

1338. — Textes sur lesquels est fondée la responsabilité décennale...... 649
1339. — Motifs et but du législateur.................................. 650
1340. — Les articles 1792 et 2270 du Code civil s'appliquent en matière
        de travaux publics. Controverse.............................. 650
1341. — La responsabilité n'est pas encourue par les ingénieurs employés
        par l'État; même règle pour les agents subalternes........... 651
1342. — Responsabilité de l'entrepreneur dans les travaux de l'État, et de
        l'architecte et de l'entrepreneur dans les travaux départemen-
        taux et communaux.. 652
1343. — Causes de responsabilité et conditions d'exercice de l'action : di-
        vision... 652
1344. — Vices du plan.. 652
1345. — L'architecte répond des vices du plan, même s'il n'en est pas l'au-
        teur... 653
1346. — Plans approuvés par une Commission spéciale ou par le Conseil
        des bâtiments civils... 653
1347. — Responsabilité à l'égard des remaniements et modifications en
        cours d'œuvre.. 654
1348. — Nécessité de l'existence d'une faute à la charge de l'architecte... 655
1349. — Direction et surveillance des travaux; négligence; absence d'or-
        dres ou de visites des travaux............................... 656
1350. — L'entrepreneur n'est pas responsable des accidents dus aux vices
        du plan.. 656
1351. — Il n'encourt aucune responsabilité par suite des ordres que lui
        donne l'architecte... 657
1352. — Vices du sol. Responsabilité de l'architecte.................. 657
1353. — Avertissements donnés à l'Administration..................... 657
1354. — Cas où l'architecte a choisi lui-même le terrain.............. 658
1355. — Cas où l'architecte prend la suite de travaux commencés....... 658
1356. — L'entrepreneur est, en principe, responsable des vices du sol.
        Exceptions au principe général en ce qui concerne les travaux
        de l'État; le principe peut recevoir son application en matière
        de travaux des départements et des communes.................. 659
1357. — L'entrepreneur peut-il se refuser à construire à cause des vices
        du sol?.. 659
1358. — Malfaçons. L'architecte en est responsable................... 660
1359. — Controverse : jurisprudence de la Cour de cassation; autorités
        doctrinales.. 660
1360. — Jurisprudence administrative.................................. 662
1361. — Nécessité d'une faute à la charge de l'architecte. Exemples.... 662
1362. — Cas où la responsabilité de l'architecte est dégagée.......... 663
1363. — Clause autorisant l'architecte à exiger la démolition des ouvra-
        ges mal faits.. 663
1364. — Clause portant que l'entrepreneur ne peut faire de changements
        au devis sans l'ordre écrit de l'architecte.................. 663
1365. — Partage de la responsabilité entre l'architecte et l'entrepreneur :
        renvoi... 663
1366. — Responsabilité de l'entrepreneur : exemples.................. 663
1367. — Nécessité d'une faute : cas où l'entrepreneur est exonéré..... 664
1368. — Partage de la responsabilité en cas de faute commune......... 665
1369. — Une condamnation solidaire peut-elle être prononcée? Doctrine
        et jurisprudence... 665
1370. — Répartition dans le cas où la solidarité n'est pas prononcée.... 666

Nos   Pages.

1371. — L'architecte n'est responsable des malfaçons que subsidiaire-
        ment à l'entrepreneur. Distinctions à faire.................. 666
1372. — Consentement donné par l'Administration à l'exécution de tra-
        vaux défectueux....................................... 667
1373. — Il n'y a pas à distinguer entre la construction d'un édifice ou la
        confection de gros ouvrages, ni entre la ruine et les simples
        accidents... 668
1374. — Jurisprudence du Conseil d'État.......................... 669
1375. — Menus ouvrages : absence de responsabilité décennale........ 669
1376. — Qui doit faire la preuve des malfaçons ? Controverse en droit
        civil.. 670
1377. — Système adopté par le Conseil d'État...................... 671
1378. — Constatations à faire en cours d'exécution................ 671
1379. — Objet de l'obligation de l'entrepreneur et de l'architecte : répa-
        ration des malfaçons.................................. 672
1380. — Exceptions : condamnation en argent; cas dans lesquels elle est
        prononcée... 672
1381. — Étendue des condamnations : réparation complète du préjudice. 673
1382. — La responsabilité ne doit pas être une source de bénéfices pour
        l'Administration...................................... 674

CHAPITRE II

De la durée de la responsabilité.

1383. — Droit commun de la responsabilité décennale : art. 1792 et 2270
        du Code civil.. 675
1384. — Stipulations des cahiers de charges...................... 675
1385. — Délai spécial de garantie sous le cahier de 1833.......... 675
1386. — Délai spécial de garantie sous le cahier de 1866.......... 675
1387. — Ces textes ont-ils modifié les articles 1792 et 2270 du Code civil ?
        Controverse... 675
1388. — Stipulations des cahiers de l'ancien Ministère d'État et du ser-
        vice de la guerre.................................... 677
1389. — Responsabilité à l'égard des travaux départementaux et com-
        munaux.. 677
1390. — Durée de l'action fondée sur le dol de l'entrepreneur....... 677
1391.   La durée de la responsabilité peut être modifiée par la con-
        vention des parties.................................. 678
1392. — Point de départ du délai de dix ans. Jurisprudence de la Cour
        de cassation : son extension aux travaux publics.......... 679
1393. — Actes d'où résulte la prise de possession................ 679

TITRE XIII

DES HONORAIRES DES INGÉNIEURS

CHAPITRE PREMIER

Honoraires des ingénieurs

1394. — Traitement des ingénieurs des ponts et chaussées........... 681
1395. — Concours des ingénieurs aux entreprises des concessionnaires,
        communes, etc....................................... 682
1396. — Les ingénieurs n'ont pas droit à des honoraires pour les con-
        statations à faire dans l'intérêt public................. 682
1397. — Rapports et projets dans l'intérêt des départements, communes,
        etc. : allocations................................... 682
1398. — Calcul des frais de voyage et de déplacement.............. 683
1399. — Différentes sortes d'honoraires supplémentaires........... 683
1400. — Honoraires proportionnels : quotité...................... 683
1401. — Répartition des honoraires entre les ingénieurs et les autres
        agents.. 684

N^{os}　　　　　　　　　　　　　　　　　　　　　　　　　　　　Pages.
1402. — Traitement des ingénieurs des mines........................ 684
1403. — Concours des ingénieurs des mines aux travaux des concession-
　　　　naires des départements, communes, etc................. 684
1404. — Quotité des honoraires.................................... 685
1405. — Frais de déplacement.................................... 685
1406. — Ingénieurs en service détaché spécialement chargés de travaux
　　　　pour le compte des départements, communes, etc........... 685
1407. — Ingénieurs en service détaché, directeurs des services d'une ville,
　　　　d'un département, etc.................................... 686
1408. — Recouvrement des frais et honoraires des ingénieurs......... 687
1409. — Contrôle et surveillance des chemins de fer concédés......... 687
1410. — Ingénieurs nommés experts par les tribunaux............... 688

CHAPITRE II

Honoraires des architectes.

1411. — Absence de règles uniformes.............................. 689
1412. — Bâtiments civils... 689
1413. — Palais nationaux.. 689
1414. — Edifices diocésains....................................... 690
1415. — Ministère de l'intérieur.................................. 690
1416. — Architectes de département............................... 691
1417. — Architectes communaux.................................. 691
1418. — Architectes sans traitement fixe........................... 691
1419. — Stipulation du cahier des charges.......................... 691
1420. — A défaut de stipulations faut-il appliquer l'avis du Conseil des
　　　　bâtiments civils en date du 12 pluviôse an VIII?........... 691
1421. — Usages le plus généralement suivis : honoraires de tant pour
　　　　cent sur le montant des travaux; dangers de ce système;
　　　　moyens d'y remédier.................................... 692
1422. — Calcul des honoraires ainsi fixés en cas de diminution de l'entre-
　　　　prise en cours d'œuvre.................................. 693
1423. — Y a-t-il lieu d'augmenter ces honoraires pour déplacement?.... 693
1424. — Le département, la commune, etc., sont débiteurs directs des
　　　　honoraires... 694
1425. — Stipulation de prélèvement à la réception sur ce qui resterait dû
　　　　à l'entrepreneur.. 694
1426. — La commune, actionnée en paiement d'honoraires, peut opposer
　　　　la responsabilité de l'architecte et invoquer des vices de con-
　　　　struction... 694
1427. — Le montant des honoraires pour rédaction de plans comprend
　　　　la rédaction des devis, cahiers de charges, séries de prix, etc. 694
1428. — Si les plans sont suivis d'exécution, le montant des honoraires
　　　　doit être calculé sur le prix total de l'entreprise, y compris les
　　　　travaux supplémentaires ordonnés en cours d'œuvre........ 694
1429. — Conditions de validité de la convention qui charge un architecte
　　　　d'un travail et fixe ses honoraires; formalités nécessaires.
　　　　L'architecte n'a droit à des honoraires que dans la mesure du
　　　　travail régulièrement commandé......................... 695
1430. — Cependant, pour le travail de rédaction des plans et devis non
　　　　régulièrement commandé, le département ou la commune en
　　　　doit le paiement dans la mesure de l'utilité retirée........... 696
1431. — Pour le travail de surveillance et de direction, l'architecte n'a
　　　　droit à aucun honoraire pour les ouvrages ou augmentations
　　　　non prévus au devis et non régulièrement commandés en cours
　　　　d'œuvre, quelqu'utilité qui en soit retirée. (Loi du 27 juin 1833,
　　　　art. 20).. 696
1432. — Loi du 15 mai 1850, art. 9 : la règle ci-dessus est étendue à tous
　　　　les travaux de l'Etat, des départements, des communes et des
　　　　établissements publics................................... 697
1433. — Exception : les ouvrages ou augmentations sont des conséquen-
　　　　ces d'ouvrages prévus ou régulièrement ordonnés.......... 697

Nᵒˢ   Pages.
1434. — Ouvrages ne remplissant pas les conditions du devis : refus
          d'honoraires.. 698
1435. — Projets régulièrement commandés, mais non exécutés........ 698
1436. — Projets non conformes à ce qui a été demandé : nécessité de
          retouches ou remaniements............................. 699
1437. — Projets refusés comme dépassant les conditions de prix fixées
          par le programme, ou ce qui pouvait raisonnablement être le
          prix d'après les ressources de la commune.............. 699
1438. — Mise au concours des projets............................. 701
1439. — Stipulation que l'auteur du projet classé nᵒ 1 sera chargé de l'exé-
          cution si le projet remplit les conditions du programme..... 701
1440. — Stipulation d'un dédit.................................... 701
1441. — Révocation de l'architecte en cours des travaux. Fautes commi-
          ses par l'architecte. Conséquences.................... 701
1442. — Révocation sans fondement. Conséquences.................. 701
1443. — L'Administration n'est pas responsable des pertes de temps et
          des retards du fait de l'entrepreneur.................... 703

CHAPITRE III.

De l'action en paiement d'honoraires.

1444. — L'architecte a un droit de rétention sur les pièces de l'entrepre-
          neur jusqu'au paiement des honoraires et frais........... 703
1445. — L'action en paiement d'honoraires ne se prescrit que par trente
          ans... 704
1446. — Exception : présomption de paiement...................... 704
1447. — Les contestations au sujet des honoraires sont du ressort du Con-
          seil de préfecture.................................... 705
1448. — Il faut qu'il s'agisse de travaux publics et non de travaux du do-
          maine privé des départements, communes et établissements
          publics... 705
1449. — La compétence du Conseil de préfecture s'étend à tout ce qui
          rentre dans les fonctions de l'architecte et qu'il a été obligé
          de faire à l'occasion d'un travail public................. 705
1450. — Peu importe qu'on s'en soit rapporté aux règles générales ou
          qu'une convention spéciale ait réglé les honoraires......... 705
1451. — Mais la compétence du Conseil de préfecture ne s'étend pas aux
          contestations n'intéressant pas l'Administration........... 706
1452. — L'architecte qui a été ou non chargé du travail a seul qualité pour
          agir... 707
1453. — La compétence du Conseil de préfecture est restreinte au cas
          d'honoraires réclamés pour un travail déterminé ; elle ne s'é-
          tend pas au traitement fixe d'un architecte municipal ou dépar-
          temental.. 707
1454. — Situation de l'architecte qui a un traitement fixe. Importance de
          la question.. 707
1455. — Discussion ; principes généraux ; cas exceptionnels ; jurispru-
          dence... 708
1456. — Critiques des auteurs.................................... 710
1457. — Réponse : justification de la jurisprudence................ 711

TABLE ALPHABÉTIQUE

DES MATIÈRES CONTENUES DANS CE VOLUME

(Les chiffres renvoient aux numéros du volume.)

ABATTOIR.
— Travail public, 23, 53.
— *V.* Travaux des communes.

ACCIDENTS.
— *V.* Faux frais de l'entreprise.
— *V.* Ouvriers.
— Caisse d'assurance, 719.
— Compagnies particulières, 719.
— Historique, 718.
— Ouvriers blessés sur les chantiers, 718 et suiv.
— Responsabilité, 689, 720, 738.
— Secours, 721.
— Soins à donner, 733.

ACOMPTES.
— *V.* Paiement d'acomptes ; Retenue de garantie.

ACTION EN PAIEMENT D'HONORAIRES.
— *V.* Honoraires des architectes.
— *V.* Honoraires des ingénieurs.

ACTION EN RÈGLEMENT DE COMPTE.
— Associés, 1118.
— Coïntéressés, 1118.
— Créanciers de l'entrepreneur, 1117.
— Entrepreneur, 1115.
— Héritiers de l'entrepreneur, 1116.
— Personnes contre qui l'action est intentée, 1123.
— Qualité pour l'intenter, 1114.
— Réclamation de l'Administration, 1125.

ACTION EN RÈGLEMENT DE COMPTE.
— Sous-traitants, 1118 à 1121.
— Syndics de faillite, 1122 à 1125.
— Travaux communaux, 1123.
— Travaux départementaux, 1124.

ADJUDICATIONS.
— Adjudication aux enchères, 334.
—   —   au rabais, 334.
—   —   restreintes, 335.
        (*V.* ce mot.)
— Associations syndicales, 397
— Bâtiments civils, 396.
— Bâtiments civils de la marine, 385.
— Caractère réciproque du contrat, 822, 846, 849.
— Chemins de fer, 367.
— Chemins vicinaux, 344, 392.
— Concurrence et publicité, 329, 330, 336.
— Délivrance des pièces à l'entrepreneur, 599, 600.
— Établissements publics, 391.
— Exceptions à la règle de l'adjudication publique, 332 et suiv.
— Formes des —. (*V.* ce mot.)
— Historique, 329, 330.
— Hospices, 391.
— Justification du principe de la publicité, 336 à 340.
— Marchés de gré à gré, 332, 333, 345.
— Marchés inférieurs à 20.000 fr., 333.

ADJUDICATIONS.
— Ordre public, 337 à 340.
— Palais nationaux, 396.
— Pièces du marché, 583 et s.
— Procès-verbal, 584.
— Prix de l'— 582.
— Système du décret de 1882, 331.
— Travaux des départements, 342.
— Travaux hydrauliques, 385.
— Travaux du Ministère de la guerre, 341.
— Validité des marchés de gré à gré, 345.
— V. Associations ouvrières.
— V. Forme des adjudications.

ADJUDICATIONS RESTREINTES.
— Cas où elles sont admises, 335, 394.
— Clauses du marché, 395.
— Commission locale, 395.
— Date de l'adjudication, 395.
— Liste des concurrents, 395.
— Programme, 394.
— V. Adjudications de la ville de Paris.

ADJUDICATIONS DE LA VILLE DE PARIS.
— Adjudications restreintes, 335, 544. (V. ce mot.)
— Associations ouvrières, 544, 545. (V. ce mot.)
— Cautionnement, 544, 548.
— Délégués des associations ouvrières, 545.
— Division des travaux en catégories, 546.
— Fonds de réserve, 545.
— Formes de l'adjudication, 547.
— Liste générale et permanente d'entrepreneurs, 472, 545.
— Liste spéciale pour chaque adjudication, 547.
— Pièces à produire, 545.
— Retenue de garantie, 548.
— Suppression du cautionnement, 544, 548.
— V. Adjudications restreintes; Associations ouvrières.

AGENTS-VOYERS.
— Honoraires des —. (V. ce mot.)

AGENTS-VOYERS.
— Travaux des communes, 189.
— Travaux départementaux. 149.
— V. Ponts et chaussées.

APPROBATION DE L'ADJUDICATION,
— V. Adjudication.

ARCHITECTES.
— départementaux, 146.
— Honoraires. — V. ce mot.
— Responsabilité décennale. (V. ce mot.)

ASSOCIATIONS OUVRIÈRES.
— Acomptes, 542.
— Acte de société, 536.
— Admission des sociétés ouvrières aux adjudications, 535.
— Certificats de capacité, 536.
— Clauses et conditions générales, 543.
— Décret du 4 juin 1888, 533 et suivants.
— Dispense de cautionnement, 538, 540.
— Législation, 528 à 534.
— Liste nominative des membres, 536.
— Lotissement des travaux, 534.
— Marchés de gré à gré, 534, 535.
— Marchés sur séries de prix, 540.
— Modifications à la loi du 29 juin 1872, 532.
— Nombre des sociétaires, 536, 537.
— Préférence de l'association à égalité d'offres, 541.
— Recours contentieux, 537, 539.
— Travaux des Ministères de la guerre et de la marine, 543.
— V. Adjudications de la ville de Paris.

ASSOCIATIONS SYNDICALES.
— Adjudication des travaux, 397.
— Avantages des —, 208.
— But de la loi de 1865, 211.
— Curage, 210.

ASSOCIATIONS SYNDICALES.
— Division des—, 210.
— Honoraires des ingénieurs, 1395 et suiv. (V. ce mot.)
— Législation, 209, 210.
— Origines des—, 208.
— Rôles, 210.
— Travaux d'assainissement, 38.
— Travaux de curage, 38. 216.
— Travaux de défense, 38.
— Travaux de desséchement, 38, 210.
— Travaux de drainage, 38.
— Travaux d'intérêt agricole, 38.

ASSOCIATIONS SYNDICALES AUTORISÉES.
— Actes-modèles, 256.
— Autorisation par arrêté préfectoral, 228.
— Chemins ruraux, 40.
— Commissions spéciales, 259 à 261.
— Compétence, 231, 260.
— Délai de recours, 232.
— Directeur, 254, 257.
— Dissidents, 229.
— Droit de délaissement, 234.
— Durée des fonctions des syndics, 230.
— Emission des rôles, 223.
— Extension du périmètre, 230.
— Fixation du périmètre, 260.
— Formes du recours, 233.
— Intervention des tiers, 230.
— Majorité des intéressés, 228.
— Nomination des syndics, 249, 252, 253.
— Pouvoirs du directeur, 255, 257.
— Pouvoirs du syndicat, 257.
— Publicité de l'autorisation, 232.
— Recours au Ministre, 234.
— Rédaction des projets de travaux, 303.
— Retrait d'autorisation, 258.
— Subvention de l'Etat, 253.
— Travaux des—, 40, 303.
— Voies de recours : délai, 223, 224, 229.
— Voies de recours contre l'arrêté préfectoral d'autorisation, 229, 231.

ASSOCIATIONS SYNDICALES AUTORISÉES.
— Voies de recours contre la nomination des syndics, 251.

ASSOCIATIONS SYNDICALES FORCÉES.
— Acquiescement des intéressés, 222.
— — forcées : leur but, 38, 212, 214.
— — sont établissements d'utilité publique, 39.
— Autorisation des travaux, 39
— Canaux, 213.
— Constitution des — par décrets, 39, 210, 212, 214.
— Délaissement, 234.
— Délibérations du syndicat, 239.
— Desséchement de marais, 212, 213.
— Directeur, 238, 239.
— Dissolution, 225, 226.
— Durée des fonctions des syndics, 237.
— Entretien des travaux, 212.
— Excès de pouvoirs, 220.
— Expropriation, 216.
— Faucardement, 216.
— Fonctions du syndicat, 240.
— Frais du levé des plans, 302.
— Garde des travaux de desséchement, 212.
— Incompétence, 219.
— Levé des plans, 302.
— Limite des pouvoirs du Gouvernement, 213.
— Modifications à l'acte constitutif, 225, 226.
— Modifications des anciens usages, 216.
— Nomination des syndics, 235, 236.
— Organisation intérieure, 235.
— Périmètre, 302.
— Pouvoirs des préfets, 214 à 216, 225, 226, 241.
— Prescription, 223.
— Présidence du syndicat, 239.
— Publicité, 232.
— Réclamation contre la qualité d'associé, 223.
— Recours au Ministre, 224.

Associations syndicales forcées.
— Répartition des dépenses, 216.
— Surveillance du syndicat par le préfet, 241.
— Travaux, 39, 212, 214, 302 et suivants.
— Travaux de curage, 212, 215 à 217.
— Travaux de défense, 212, 213.
— Travaux d'élargissement, 216.
— Usages locaux, 216.
— Violation des formes, 221.
— Voies de recours, 218 à 224.

Associations syndicales libres.
— Autorisation préalable des travaux, 247.
— Caissier, 246.
— Compétence, 248.
— Concession d'entreprises d'utilité publique, 41.
— Formation, 227.
— Historique, 210.
— Objet des —, 38.
— Organisation et administrations des —, 242.
— Pouvoirs des syndics, 243, 244.
— Transformation en associations autorisées, 40, 210.
— Travaux, 41, 227, 246.

Associés.
— V. Marché de travaux publics, sous-traités, etc.

Attachements.
— V. Décomptes.

Augmentation de la masse des travaux.
— Acquiescement de l'entrepreneur, 1287.
— Augmentation de moins du sixième, 968.
— Augmentation du sixième, 966, 989, 1267.
— Critiques du système actuel, 970.
— Droit à la résiliation, 968. V. Résiliation.
— Droits de l'Administration, 965, 1287.

Augmentation de la masse des travaux.
— Indemnité, 971. V. Résiliation.
— Réserves de l'entrepreneur, 1287.
— Résiliation. (V. ce mot.)
— Routes et chemins, 1288.
— Situation de l'entrepreneur, 967.
— Travaux départementaux et communaux, 990.
— Travaux d'entretien, 1288.
— Travaux du Ministère de la guerre, 988 et suivants, 1314, 1328 et suivants.

Augmentation des prix.
— Activité extraordinaire des travaux, 1285.
— Augmentation momentanée, 1278, 1279.
— Choix de l'entrepreneur, 1282.
— Cumul de l'indemnité et de la résiliation, 1284.
— Demande de résiliation, 1281.
— Emploi d'ouvriers en régie, 1286.
— Fait de l'Administration, 1284 à 1286.
— Force majeure, 1279.
— Grèves, 1280.
— Honoraires. (V. ce mot.)
— Pouvoirs de la juridiction contentieuse, 1277.
— Proportion d'élévation des prix, 1278.
— Résiliation. (V. ce mot.)
— Travaux antérieurs à la résiliation, 1283.

Avant-métré.
— Autorité, 596.
— Définition, 595.
— Délivrance à l'entrepreneur, 599.
— Erreurs matérielles, 596.
— Pièce du marché, 299.
— Profils, 598.

Bâtiments civils.
— Adjudications, 396.
— — de la marine, 385, 527.
— Cahier des charges du service des —, 98.

BATIMENTS CIVILS.
— Commission supérieure, 99.
— Comptabilité des —, 98.
— Conseil des —, 96, 97.
— Direction des —, 96.
— Honoraires des architectes. (V. ce mot.)
— Objet du service, 95.
— Résidence de l'entrepreneur, 630.

BATIMENTS DÉPARTEMENTAUX, 144 à 153.
— V. Travaux départementaux.

BOIS COMMUNAUX.
— Travaux, 29.

BORDEREAU DES PRIX.
— Autorité des deux parties du —, 592.
— Définition, 589.
— Division, 590.
— Renseignements sur la composition des prix, 593.
— Sous-détail, 591.

CAHIERS DES CHARGES.
— V. Pièces du marché.

CAHIER DES CLAUSES ET CONDITIONS GÉNÉRALES.
— du Ministère de la guerre, 106, 107.
— du Ministère de la marine, 108.
— des ponts-et-chaussées, 94.
— des travaux hydrauliques et bâtiments civils de la marine, 111.
— Définition, 583 à 588.
— V. Pièces du marché.

CARRIÈRES.
— V. Matériaux.

CAUTION PERSONNELLE.
— V. Cautionnement dans les travaux du Ministère de la guerre.

CAUTIONNEMENT.
— Acte de réalisation, 484.
— Associations ouvrières. (V. ce mot.)

CAUTIONNEMENT.
— Attribution à l'État du — provisoire, 506.
— Bailleurs de fonds, 504.
— Base légale du —, 477.
— Bons du Trésor, 481.
— Caution : engagement, 485, 498.
— — définitif, 478, 506.
— — immobilier, 480, 509.
— — mobilier, 480, 509.
— — provisoire, 478, 506.
— Changements au, — 483, 500.
— Débets : application du — 507.
— Déchéance quinquennale, 1176, 1177.
— Droit de cautionnement, 427. — V. Frais de l'adjudication.
— Droit des cautions, 498, 499.
— Droits de l'État sur le —, 497.
— Évaluation des rentes et bons du Trésor, 481.
— Formalités du retrait du —, 508.
— Gage, 497.
— Hypothèques, 484, 486 à 496.
— Intérêts, 482, 483.
— Législation, 477.
— Modes de réalisation du —, 481.
— Nature du —, 480 et suiv.
— Privilège de second ordre des fournisseurs et ouvriers, 503.
— Promesse valable, 377, 479.
— Réalisation du cautionnement, 482, 484.
— Receveurs des finances, 483.
— Renonciation à l'hypothèque, 496.
— Rentes nominatives, 482.
— Rentes sur l'État, 481, 482.
— Réserves, 509.
— Retenue du dixième, 501.
— Restitution définitive, 502.
— Restitution partielle, 502.
— Retrait avant l'approbation, 401.

CAUTIONNEMENT.
— Retrait sans réserves : ses effets, 509.
— Rôle des cautions, 499.
— Saisie-arrêt, 505.
— Titres au porteur, 482.
— Travaux des communes, 483.
— Travaux des établissements publics, 483.
— Validité, 405.

CAUTIONNEMENT DANS LES TRAVAUX DU MINISTÈRE DE LA GUERRE.
— Acception du — 520.
— Caution personnelle, 511 et suiv.
— Cautionnement définitif, 518
— — en immeubles, 520, 523.
— — matériel, 510.
— — en numéraire, 519.
— — en rentes, 519, 523.
— Conditions à remplir par la caution personnelle, 511.
— Dépôt provisoire de garantie, 513.
— Droits de la caution, 512.
— Formalités du dépôt à Paris, 516.
— — — dans les départements, 517.
— Hypothèque générale, 526.
— Législation, 510.
— Nature du dépôt de garantie, 514, 515.
— Privilège de second ordre, 522.
— Réaffectation du —, 525.
— Récépissé de versement, 519.
— Rentes sur l'État, 519
— Restitution du —, 521, 523.
— Restitution partielle du —, 524.
— Substitution de la caution à l'entrepreneur, 512.
— Versement en numéraire, 518.
— Versement en rentes, 515.

CAUTIONNEMENT DES ENTREPRENEURS DES BATIMENTS CIVILS DE LA MARINE, 527.

CERTIFICAT DE CAPACITÉ.
— Absence de —, 464.
— Acte de naissance, 467.
— Appréciation des —, 463, 466.
— Associations ouvrières. (V. ce mot.)
— Autorisation de prendre part au concours, 466, 467.
— Certificat de bonne vie et mœurs, 459.
— Certificat de moralité, 466.
— Certificat de non-faillite, 466.
— Certificat de solvabilité, 461, 466.
— Chemins vicinaux, 462.
— Conseillers généraux, 474.
— Conseillers municipaux, 474, 476.
— Date de certificats, 460, 466.
— Défaut de production du —, 464.
— Dépôt du —, 465, 466.
— Députés, 473.
— Énonciations mensongères, du —, 458.
— Fonctionnaires municipaux 476.
— Fourniture de matériaux, 461.
— Incapacités à raison de fonctions publiques, 473,
— Maire, 476.
— Nécessité du certificat, 456.
— Personnes incapables, 468.
— Qualité de Français, 467.
— Qui délivre le —? 456.
— Rédaction du —, 457, 458.
— Refus du —, 456.
— Régie des travaux par économie, 476.
— Sénateurs, 473.
— Services communaux, 476.
— Sociétés, 469.
— Sociétés anonymes, 471.
— Sociétés en nom collectif, 470.
— Travaux des communes, 475.
— Travaux des établissements publics, 475.
— Travaux du Ministère de la guerre, 466 et suivants.
— Travaux de terrassement, 461.

CERTIFICAT DE CAPACITÉ.
— Ville de Paris, 472.
— Visa du certificat, 465.

CHANGEMENTS EN COURS D'EXÉCUTION.
— Agents ayant pouvoir de donner les ordres, 772, 777, 778, 781.
— Cas d'urgence, 772, 783.
— Conducteurs des ponts et chaussées, 772.
— Droit commun, 764.
— Marchés sur séries de prix, 773 à 776.
— Nécessité de l'ordre écrit, 766, 767, 777, 782.
— Notification à l'entrepreneur, 777, 779, 781.
— Obligation de se conformer aux ordres, 764, 765, 784.
— Ordres donnés par le directeur des travaux, 766.
— Ordre écrit, 766 et suiv., 777.
— Preuve de l'ordre verbal, 771.
— Reconnaissance de l'ordre verbal, 770, 777, 782.
— Registre d'ordres, 768, 769, 779, 781.
— Signature du registre d'ordres par l'entrepreneur, 781.
— Travaux du Ministère de la guerre, 773 et suivants.
— Travaux utiles, 777.
— Types de matériaux obligatoires, 785.
— Visa des ordres, 778.
— V. Ouvrages imprévus.

CHANGEMENTS DANS LES TRAVAUX DES COMMUNES ET ÉTABLISSEMENTS PUBLICS.
— Agents ayant pouvoir de donner des ordres, 791.
— Approbation des ordres, 792, 806.
— Architecte : obligation de se conformer à ses ordres, 795, 796.
— Augmentation de dépense, 794.
— Caractères spéciaux des travaux, 786.
— Clause spéciale de responsabilité des ordonnateurs, 811.

CHANGEMENTS DANS LES TRAVAUX DES COMMUNES ET ÉTABLISSEMENTS PUBLICS.
— Conseil municipal : ses pouvoirs, 797.
— L'ordre écrit est-il nécessaire ? 788.
— Maire, 794, 797.
— Marchés à forfait, 787.
— Modifications de détail, 796, 802.
— Offre de paiement, 804.
— Paiement, 804.
— Préfet, 793.
— Preuve de l'approbation des ordres, 794.
— Preuve de l'existence des ordres, 789, 790.
— Preuve de l'utilité des travaux, 805.
— Prise de possession par la commune, 799, 803.
— Réception provisoire, 803.
— Reconnaissance de la dette, 804.
— Responsabilité des agents ayant ordonné les —, 806 à 810.
— Travaux ayant profité à la commune 799, 801, 802.
— Travaux de décoration, 800.
— Travaux nécessaires ou urgents, 798.

CHANGEMENTS DANS LES MARCHÉS A FORFAIT.
— Approbation, 821.
— Autorisation écrite, 813.
— Caractères essentiels du marché à forfait, 815, 816.
— Clauses modificatives 819.
— Droit commun, 812.
— Étendue des obligations de l'entrepreneur, 818 à 820.
— Modifications, 817.
— Preuve de l'autorisation, 813, 814.
— Prix des augmentations, 821.
— Prix convenu à l'avance, 813.
— Risques de l'entreprise, 820
— Travaux communaux, 821. (V. ce mot.)
— Travaux imprévus, 817.
— V. Augmentation de la masse des travaux.

CHANGEMENTS DANS LES MARCHÉS A FORFAIT.
— V. Diminution de la masse des travaux.
— V. Résiliation.

CHEMINS DE FER.
— Adjudications, 367.
— Comité consultatif des —, 74 à 77.
— Comité de l'exploitation technique des —, 77.
— Commission militaire des chemins de fer, 77.
— Direction des —, 67.
— Projets, 301.
— Subventions, 43.
— Travaux, 34, 126 à 137.

CHEMINS DE FER INDUSTRIELS.
— Application des règles générales, 137.
— But, 133.
— Concession, 134.
— Construction des embranchements, 133.
— Mines, 135.
— Propriété, 137.
— Travaux, 136.

CHEMINS DE FER D'INTÉRÊT GÉNÉRAL.
— Adjudications, 130.
— Concession, 131.
— Décision prise par le pouvoir exécutif, 128.
— Déclaration d'utilité publique, 127.
— Délai, 131.
— Droits du concessionnaire, 131.
— Embranchements nouveaux 131.
— Emplacement des stations, 128.
— Enquêtes, 127, 131.
— Études préalables, 127.
— Exécution des travaux, 126, 130.
— Hypothèque, 132.
— Ouvrages d'art, 131.
— Propriété du sol, 132.
— Zône frontière, 131, 284 et suivants, 290.

CHEMINS DE FER D'INTÉRÊT LOCAL.
— Autorisation du pouvoir législatif, 156, 161.

CHEMINS DE FER D'INTÉRÊT LOCAL.
— Avis du Conseil d'Etat, 165.
— Avis du Conseil général, 172.
— Avis du Conseil des ponts et chaussées, 164.
— Cahier de charges type, 163.
— Chemin établi par une commune, 172.
— Chemin intéressant plusieurs départements, 171.
— Concours des intéressés, 174.
— Construction par les départements ou les concessionnaires. 154.
— Contrôle du Ministère des travaux publics, 169.
— Décision définitive, 163, 168.
— Déclaration d'utilité publique, 143, 165, 318.
— Définition : concession, 134, 174.
— Direction des chemins, 157.
— Enquête, 162.
— Enquête spéciale pour les stations, 167.
— Exécution des travaux, 158, 174.
— Extension des pouvoirs du Conseil général, 160.
— Frais d'adjudication, 431.
— Historique, 154.
— Initiative de l'entreprise, 157, 162.
— Instruction préalable, 155.
— Intervention des particuliers, 162.
— Pouvoirs du Conseil général, 156, 160.
— Projets de détail, 170.
— Projets d'exécution, 166.
— Rédaction des plans, 163.
— Système de la loi de 1865, 155.
— Système de la loi de 1871, 160.
— Système de la loi de 1880, 161.
— Timbre et enregistrement, 431.
— Traités, 157.
— Voies de recours, 173.
— Vôie des dépenses, 159.

CHEMINS DE FER SUR ROUTES.
— V. Tramways.

CHEMINS RURAUX.

— Associations syndicales, 40.
— Frais d'adjudication, 429.
— Pouvoirs des Conseils municipaux, 186.
— Travaux, 26, 28.
— Zone frontière, 282.

CHEMINS VICINAUX.

— Adjudication, 392.
— Certificat de capacité, 462.
— Frais d'adjudication, 421, 429.
—. Marchés de gré à gré, 347.
— Résidence de l'entrepreneur, 630.
— Subventions pour dégradations, 684, 694, 697.
— Travaux, 142.
— Timbre et enregistrement, 421, 429.
— Zone frontière, 282.

CIMETIÈRES.

— V. Travaux des communes.

COMMISSION MIXTE DES TRAVAUX PUBLICS.

— V. Travaux mixtes.

COMMISSION DES MONUMENTS HISTORIQUES, 119.

— V. Monuments historiques.

COMMISSION- SUPÉRIEURE DES BATIMENTS CIVILS, 99.

— V. Bâtiments civils.

COMMISSIONS SPÉCIALES.

— V. Associations syndicales.

COMMISSIONS DE SURVEILLANCE.

— V. Travaux communaux.

COMMUNICATION DES DÉCOMPTES.

— V. Décomptes.

COMPÉTENCE ADMINISTRATIVE.

— Déchéance quinquennale, 1181, 1182, 1191.
— Interprétation, 49.
— Marché de fournitures, 44, 45.
— Marché de travaux publics, 44, 49, 54.
— Ministres, 1181, 1182.

COMPÉTENCE ADMINISTRATIVE.

— Ouverture de rues par des particuliers, 43.
— Travaux exécutés par souscription, 43.
— Travaux mixtes, 273.
— Travaux publics, 4, 44, 54.

CONCESSION.

— Avant-projet des travaux, 300.
— Cahiers de charges, 201.
— Compagnies de chemins de fer, 34.
— Dessèchement de marais, 35, 306.
— Établissement d'eaux thermales, 53.
— Projets définitifs des travaux, 305.
— Remboursement des études en cas de refus, 305.
— Salines, 35.
— Tramways. (V. ce mot.)
— Travaux, 33.

CONDITIONS REQUISES POUR ÊTRE ADJUDICATAIRE.

— Associations ouvrières. (V. ce mot.)
— Cautionnement. (V. ce mot.)
— Certificat de capacité. (V. ce mot.)
— Exclusion générale d'un entrepreneur, 455.
— Stipulation de garanties : législation, 454.

CONDUCTEURS DES PONTS ET CHAUSSÉES, 92.

CONSEILS DES BATIMENTS CIVILS.

— Organisation, 97.
— V. Bâtiments civils.

CONSEILS DE PRÉFECTURE.

— Associations syndicales, 260.
— Compétence, 1.
— Compétence administrative. (V. ce mot.)
— Déchéance quinquennale, 1180, 1191.
— Honoraires des architectes. (V. ce mot.)

CONSEIL DES TRAVAUX DE LA MARINE, 109.

Conséquences des changements en cours d'exécution.
— Droit de l'Administration, 964, 965.
— V. Augmentation de la masse des travaux ; changements en cours d'exécution.
— V. Diminution de la masse des travaux.
— V. Modification à l'importance respective des ouvrages.

Consistoires, 20.
— V. Travaux des fabriques.

Curage.
— V. Associations syndicales.

Décès de l'entrepreneur.
— Concession, 1269.
— Matériaux approvisionnés, 1273.
— Reprise du matériel, 1272.
— Résiliation de plein droit, 1268 à 1270.
— V. Résiliation.

Déchéance.
— V. Décomptes.

Déchéance quinquennale.
— Caractères, 1174, 1175.
— Cautionnement, 1178.
— Chose jugée, 1181, 1182.
— Compétence, 1181, 1182, 1191.
— Conseil d'État, 1182.
— Conseil de préfecture, 1180, 1191.
— Créances soumises à la —, 1176.
— Créanciers étrangers, 1175.
— Délai de la —, 1184.
— Demande en justice, 1191.
— Dépôts de garantie, 1178.
— Frais faits pour la conservation de la créance, 1177.
— Interdits, 1186.
— Intérêts des cautionnements, 1179.
— Jugements et arrêts de condamnation, 1181.
— Législation, 1173.

Déchéance quinquennale.
— Mineurs, 1186.
— Ministres, 1181. 1182.
— Motifs, 1173, 1174.
— Opposition d'un tiers au paiement, 1193.
— Pièces à produire, 1187.
— Point de départ du délai, 1184, 1185.
— Principal de la créance, 1177.
— Qui peut invoquer la —, 1180.
— Réclamation du paiement 1187, 1190.
— Récépissé de la demande, 1189, 1190.
— Renonciation à la —, 1183.
— Reprise du cours de la —, 1193.
— Retards à la liquidation par la faute de l'Administration, 1187 à 1189.
— Suspension de la déchéance, 1186.
— Travaux départementaux et communaux, 1194.
— Travaux répartis en plusieurs exercices, 1185.
— Tribunal civil, 1181, 1191.
— Voies de recours, 1182.

Déclaration d'utilité publique.
— Délai des recours, 326.
— Désignation des propriétaires, 321.
— Effets, 317.
— Formes, 318, 320.
— Intérêt privé, 325.
— Sous-préfet, 322.
— Système de la loi de 1810, 56.
— Système de la loi de 1832, 57.
— Système de la loi du 27 juillet 1870, 61.
— Tramways, 201, 202.
— Travaux communaux, 319, 322.
— Travaux départementaux, 319.
— Travaux de réparation, 64.
— Voies de recours, 323, 324.

Décomptes.
— Acceptation en bloc, 1091.
— Acceptation expresse ou tacite, 1080.

DÉCOMPTES.

— Acceptation de l'entrepreneur, 1060.
— Approbation de l'autorité supérieure, 1092.
— Associés de l'entrepreneur, 1072.
— Avis de prendre communication, 1068, 1071.
— Caution, 1072.
— Communication, 1067 et s.
— Conditions de la déchéance des réclamations, 1066.
— Décompte annuel, 1060, 1065.
— Décompte mensuel, 1064.
— Décomptes partiels et généraux, 1062, 1063, 1065, 1077.
— Délais des réclamations, 1060, 1061.
— Demandes d'indemnité, 1082.
— Double emploi, 1087.
— Erreurs matérielles, 1086 à 1088.
— Etats d'attachements, 1061.
— Etendue de la déchéance, 1081 et suiv.
— Faits postérieurs à l'acceptation du décompte, 1084.
— Formes de la communication, 1067 et suivants.
— Formes des réclamations, 1075, 1076.
— Matériaux, 1083.
— Métrages, 1061.
— Modifications du décompte par l'Administration, 1090, 1091.
— Motifs du refus d'acceptation, 1074 à 1077.
— Motifs des réserves, 1076, 1079.
— Notification des décomptes, 1068, 1070.
— Omissions, 1087.
— Paiement du solde, 1092.
— Pièces à communiquer à l'entrepreneur, 1058, 1059, 1066, 1073.
— Preuve des fins de non-recevoir, 1094.
— Prix, 1096.
— Procès-verbal de présentation, 1060.

DÉCOMPTES.

— Procès-verbaux de réception, 1061.
— Réclamations contre les prix, 1096.
— Refus d'accepter le décompte, 1074.
— Refus de prendre communication, 1071, 1074.
— Renouvellement des réserves, 1077. 1078.
— Réserves, 1093.
— Sous-traitants, 1072.
— Travaux omis, 1085.

DÉCOMPTES DES TRAVAUX DU MINISTÈRE DE LA GUERRE.

— Absence de réserves, 1101, 1111.
— Application des prix, 1100.
— Approbation des comptes, 1106.
— Cahier de 1887, 1108 et suiv.
— Carnet-journal, 1109.
— Carnet de métrés, 1110.
— Chevauchement d'exercices, 1110.
— Classification des ouvrages, 1099.
— Communication des pièces, 1110.
— Comptes d'exercice, 1104.
— Comptes sommaires, 1104.
— Constatation de l'existence des travaux, 1097, 1108.
— Délai de réclamation, 1098 à 1100, 1105. 1111.
— Erreurs matérielles, 1100, 1113.
— Etendue de la déchéance, 1107.
— Formes des réclamations, 1106, 1107, 1111.
— Justification des réclamations, 1106.
— Omissions, 1113.
— Point de départ des délais, 1107, 1111.
— Prise des attachements, 1110.
— Règlement définitif, 1104, 1111.
— Règlement général, 1111.
— Registre de comptabilité, 1102.

DÉCOMPTES DES TRAVAUX DU MINISTÈRE
DE LA GUERRE.

— Relevé des inscriptions ,
1102.
— Signature du registre d'attachements, 1098.
— Signature du registre de
comptabilité, 1103.
— Signature du carnet-journal, 1109.
— Usages, 1108.

DÉFENSE (Travaux de).

— V. Associations syndicales.

DÉLAI DE GARANTIE.

— V. Réception provisoire,
Responsabilitédécennale.

DÉCLARATION D'UTILITÉ PUBLIQUE.

— Actes d'où elle résulte, 317,
319.
— Avis du sous-préfet, 322.
— Chemins de fer d'intérêt
local, 143, 318.
— Chemins vicinaux, 320.
— Délai du recours contre
l'acte déclaratif, 326.
— Désignation des parcelles
à exproprier, 321.
— Effets de la —, 317.
— Énonciations du décret
de —321.
— Excès de pouvoirs, 324.
— Formes du décret, 321.
— Historique et législation,
58 et suiv.
— Incompétence ou excès de
pouvoirs, 324, 325.
— Modifications au projet,
327.
— Ouvrages accessoires, 327.
— Routes, 327.
— Subvention, 319.
— Travaux des départements
et des communes, 319,
320.
— Travaux de l'État, 317.
— Voies de recours contre la
déclaration, 323, 324.

DESSÉCHEMENT DE MARAIS, 35.

— V. Associationssyndicale s,
Travaux communaux.

DÉTAIL ESTIMATIF.

— Autorité, 594.
— Définition, 588, 594.

DEVIS.

— Cahiers des clauses et con-
ditions générales, 587.
— Définition, 585, 588.
— Divisions, 585.
— Importance du devis, 586.
— Pièces du marché, 583, 603.

DIMINUTION DE LA MASSE DES TRA-
VAUX.

— Compétence, 1296.
— Continuation des travaux,
975.
— Critique du système actuel,
970.
— Demande de résiliation,
1291.
— Diminution de moins du
sixième, 973, 989, 1289.
— Dommages-intérêts, 1295.
— Droit de l'Administration,
965, 1289.
— Éléments de l'indemnité,
975, 976.
— Indemnité, 970, 971, 975,
989, 1289, 1290, 1294.
— Mode de calcul de la dimi-
nution, 974, 1289.
— Reprise du matériel, 1290,
1292.
— Reprise des matériaux,
1293.
— Résiliation, 972. (V. ce mot.)
— Travaux du Ministère de le
guerre, 988 et suivants,
1287, 1328.
— Travaux départementaux
et communaux, 990.

DOMAINE PRIVÉ DE L'ÉTAT.

— Dessèchement de marais,
35.
— Établissement thermal, 8.
— Forêts domaniales, 9, 10.
— Travaux 2, 3, 7 et suiv.

DOUANES.

— V. Octrois.

Droit de l'entrepreneur a l'exécu-
tion des ouvrages.
— Caractère réciproque du
  contrat d'adjudication,
  822, 846, 849.
— Clauses spéciales, 829.
— Délais. V. Durée de l'entre-
  prise.
— Diminution de la masse des
  travaux, 850 (V. ce mot.)
— Distraction de travaux de
  l'entreprise, 822, 850.
— Exécution en régie, 822,
  829.
— Fourniture de matériaux
  par l'Administration, 829.
— Indemnité due à l'entre-
  preneur, 823, 846.
— Marchés sur séries de prix,
  828.
— Privation de bénéfices, 823.
— Résiliation, 824, 846, 849.
  (V. ce mot.)
— Travaux départementaux
  et communaux, 844.
— Travaux entièrement nou-
  veaux, 828.
— Travaux imprévus, 825,
  849.
— Travaux imprévus réser-
  vés à l'entrepreneur, 826,
  827.
— Travaux imprévus excédant
  le sixième, 827.
— Travaux du Ministère de la
  guerre, 845 et suivants.

Durée de l'entreprise.
— Abandon des travaux, 743,
  845, 849, 851.
— Absence de convention,
  740.
— Activité exagérée, 843, 848,
  852.
— Ajournement pour plus
  d'une année, 830, 831,
  847, 851.
— Amendes, 757.
— Approvisionnements, 743.
— Clauses pénales, 740, 741,
  746.
— Commencement des tra-
  vaux sans ordre, 841.
— Convention, 740, 756.
— Constatation des retards,
  744, 745.

Durée de l'entreprise.
— Délai d'exécution, 752.
— Dommages-intérêts, 746.
— Dommages indirects par
  suite de retard, 840.
— Faute de l'Administration,
  834, 847, 1266.
— Faute de l'architecte, 742,
  834.
— Faute de l'entrepreneur,
  741, 755.
— Force majeure, 758.
— Indemnité due par l'Admi-
  nistration, 831, 832, 839,
  1265, 1266.
— Inexécution d'un travail
  particulier, 753.
— Livraison tardive des ter-
  rains, 837.
— Manque de fonds, 836.
— Mise en demeure, 747, 748,
  752, 755.
— Mise en régie, 746, 760. (V.
  ce mot.)
— Modifications au devis, 742.
— Nombre d'ouvriers, 743.
— Ouvrages supplémentaires,
  742, 835.
— Paiement, 842. (V. ce mot.)
— Pénalités stipulées par les
  cahiers, 746.
— Quotité de l'indemnité due
  par l'Administration, 839.
— Remise tardive des plans,
  742, 834.
— Résiliation, 746, 760, 847.
  (V. ce mot.)
— Responsabilité pénale, 763.
— Retard, 741 et suivants,
  834 et suivants.
— Retards causés par l'Admi-
  nistration, 830, 1265, 1266.
— Retenue conventionnelle,
  748, 749.
— Rôle de la juridiction con-
  tentieuse, 761, 762.
— Sursis en cas de force ma-
  jeure, 758, 759.
— Travaux du Ministère de la
  guerre, 751 et suivants,
  845 et suivants.
— Travaux départementaux et
  communaux, 844.
— Travaux privés, 744.
— Vérification contradictoire
  de l'état des travaux, 745.

Durée de l'entreprise.
— Voies de recours contre la mise en demeure, 754.

Eclairage au gaz.
— V. Travaux communaux.

Ecole des ponts et chaussées, 91.
— V. Ponts et chaussées.

Edifices religieux.
— Cathédrales, palais épisco-paux, 115, 192.
— Eglises métropolitaines, 192
— Exécution des travaux. 117.
— Honoraires des architectes, 1414.
— Inspecteurs généraux des travaux diocésains, 116.
— Travaux, 114.

Eglises.
— V. Monuments historiques, Travaux communaux.

Egouts.
— V. Travaux communaux.

Election de domicile.
— V. Résidence de l'entre-preneur.

Enquète.
— Commission, 315.
— Constatation de l'utilité publique, 310.
— Délai des réclamations, 315
— Dispense de l' —, 312.
— Formes, 311, 315, 316.
— Inondations, 315.
— Nécessité de l' —, 307, 308.
— Observations des particuliers, 315.
— Tramways, 203. (V. ce mot.)
— Travaux communaux, 316.
— Travaux de défense, 314.
— Travaux d'entretien, 312.
— Travaux neufs, 313.
— Travaux de réparation, 312.
— Travaux dans la zone frontière, 314.
— Zone frontière, 314.

Enregistrement.
— V. Frais de l'adjudication.

Etablissements d'aliénés.
— autonomes, 152.
— départementaux, 152.

Etablissements d'eaux thermales.
— Contrat de concession, 53.
— Domaine privé de l'Etat. (V. ce mot.)
— Expropriation, 63.
— Travaux, 830.

Etablissements hospitaliers.
— Travaux, 194 à 198.

Etablissements d'utilité publique.
— Concession des travaux, 33.
— Les — ne sont pas éta-blissements publics, 32.
— Travaux, 32.

Etude des projets.
— Associations syndicales, 302 à 304.
— Autorisation à des particuliers, 304.
— Canal, 300.
— Cas de concession, 300.
— Chemins de fer, 127, 300.
— Desséchement de marais, 306.
— Devoirs des fonctionnaires chargés de l' —, 294, 295.
— Dommages qui peuvent en résulter, 293, 294, 297.
— Enquêtes. (V. ce mot.)
— — sur le terrain, 293.
— Frais, 305, 306.
— Nécessité d'une —, 292, 293.
— Opposition des propriétaires, 296.
— Paiement de l'indemnité, 297.
— Plans et devis. (V. ce mot.)
— Projets définitifs rédigés par la Compagnie con-cessionnaire, 301.
— Retrait d'autorisation, 304.
— Travaux des associations syndicales. V. Assoc. synd., Voies de fait, 296.

Exécution des travaux.
— V. Travaux publics.

Expropriation pour cause d'u-tilité publique.
— Dépenses supportées par le Trésor, 63.
— Loi du 27 juillet 1870, 61.
— Monuments historiques, 121

EXPROPRIATION POUR CAUSE D'UTILITÉ PUBLIQUE.
— Système de la loi de 1810, 56.
— Tramways, 202.
— Travaux de réparation, 64.
— V. Associations syndicales, Déclaration d'utilité publique.
— V. Travaux des communes, Travaux publics.

FABRIQUES.
. — V. Travaux des fabriques.

FAILLITE DE L'ENTREPRENEUR.
— Droit commun, 1269.
— Matériaux approvisionnés, 1273.
— Privilège, 1216.
— Reprise du matériel, 1272.
— Résiliation de plein droit, 1268, 1270. (V. ce mot.)

FAUTES DE L'ADMINISTRATION.
— Augmentation des dépenses prévues. 878.
— Cas dans lesquels l'indemnité est due, 877, 878.
— Cas dans lesquels l'indemnité est refusée, 878.
— Déblais, 878.
— Obligation de l'Administration vis-à-vis de l'entrepreneur, 876.
— Retards. V. Durée de l'entreprise.
— Transports, 878.

FAUX FRAIS DE L'ENTREPRISE.
— Abreuvoirs, 696.
— Accidents, 689. (V. ce mot.)
— Ateliers et bureaux, 682.
— Bassins à chaux, 682.
— Cintres, 682.
— Conséquences des travaux, 687.
— Couchis, 682.
— Définition, 681, 693.
— Dégradations aux ouvrages existants, 692.
— Droits de douane et d'octroi. V. Octroi.
— Echafauds, 682.
— Enlèvement des détritus, 682, 694.

FAUX FRAIS DE L'ENTREPRISE.
— Entretien des matériaux, 682.
— Énumération des cahiers de charges, 681, 693.
— Établissement de chantiers, 686. 688.
— Établissement de chemins, 682, 686, 688.
— Fourniture de l'eau, 682, 694, 695.
— Garantie de paiement des indemnités dues, 690, 691.
— Indemnités aux propriétaires lésés, 685, 686.
— Manèges, 682.
— Occupation temporaire, 688, 702.
— Outils, 682, 703, 704, 735.
— Ponts de service, 682, 694.
— Prêt de matériel à l'entrepreneur, 703.
— Prêts de terrains, 698, 699.
— Règle générale, 682.
— Réparations des locaux loués ou prêtés, 700, 701.
— Reprise par l'Administration, 683, 696.
— Retenue de garantie, 690, 691.
— Subventions pour dégradations aux chemins vicinaux, 684, 694, 697.
— Transports, 682.
— Travaux de démolition, 705.
— Travaux du Ministère de la guerre, 693 et suivants.
— Voies mobiles, 682, 694.

FOLLE ENCHÈRE.
— V. Résiliation.

FORCE MAJEURE.
— Aveu de l'Administration, 870.
— Augmentation des prix, 863.
— Calcul des indemnités, 871.
— Cas fortuits, 859.
— Causes des événements de force majeure, 859, 860.
— Conventions spéciales, 858, 866.
— Crue de rivière, 860, 865.
— Définition, 859, 863.

49

FORCE MAJEURE.

— Dégâts commis par des particuliers, 862.
— Délai d'avis par l'entrepreneur, 869.
— Emploi de la mine, 863.
— Evénements antérieurs à la réception, 867.
— Evénements de —, d'après le droit commun, 854, 855, 873 à 875.
— Faits de guerre, 861.
— Faute de l'entrepreneur, 865.
— Fièvres paludéennes, 860.
— Formalités de réclamations de l'entrepreneur, 870,
— Fourniture de la matière, 855.
— Fourniture du travail seul, 854.
— Gelées, 860.
— Grèves d'ouvriers, 860.
— Indemnités dues à l'entrepreneur, 854 et suiv., 873, 874.
— Main-d'œuvre, 864.
— Marchés sur devis, 856.
— Marchés à forfait, 856.
— Matériaux, 864, 867.
— Matériel, 860, 868.
— Pertes, 867.
— Pluies exceptionnelles, 860.
— Réception des ouvrages, 867.
— Résiliation. (V. ce mot.)
— Sécheresse, 860.
— Tempêtes, 860.
— Transports des matériaux, 865.
— Travaux départementaux et communaux, 866.
— Travaux du Ministère de la guerre, 873 à 875.
— Vol, 862.

FORÊTS DOMANIALES.

— Travaux, 9, 10.
— V. Domaine privé de l'Etat.

FORMES DES ADJUDICATIONS.

— Acte de cautionnement, 361.
— Acte de naissance, 362.
— Affiches, 351.
— Approbation de l'adjudica-

FORMES DES ADJUDICATIONS.

tion, 370 à 372, 377, 455.
— Autorisation de concourir, 362.
— Avis d'adjudication, 350.
— Caution personnelle, 362.
— Certificat de capacité, 361.
— Certificat de moralité, 362, 405.
— Chemins vicinaux, 344.
— Conditions requises pour être adjudicataire. (V. ce mot.)
— Délai de l'approbation, 376.
— Délai des protestations, 406.
— Egalité d'offres, 369.
— Fins de non-recevoir contre les protestations, 406.
— Historique, 329.
— Interdiction d'imposer des conditions à l'approbation, 374.
— Irrégularités : voies de recours, 404, 406, 464.
— Lecture des soumissions, 369.
— Lieu d'adjudication, 367.
— Liberté des enchères, 364, 378, 455.
— Modèles de soumission, 358, 360, 362.
— Nouvelle adjudication en cas de refus d'approbation, 375.
— Ouverture des soumissions, 368.
— Possibilité d'offres nouvelles pendant 20 jours, 371.
— Preuve de l'approbation, 376.
— Procédure sur la protestation, 407, 408.
— Procès-verbal, 370, 586.
— Procuration, 359.
— Publicité, 351, 353, 374.
— Récépissé du versement du cautionnement, 362.
— Refus d'approbation, 373, 398 à 403, 407, 408.
— Recours contentieux, 405, 464.
— Recours gracieux, 405.
— Remise des soumissions, 363 à 366.
— Séance d'adjudication, 367, 369.

FORMES DES ADJUDICATIONS.
— Soumissions et pièces annexes, 354, 361.
— Soumission écrite, 356.
— Soumission verbale, 355.
— Sursis à l'adjudication, 369.
— Timbre de la soumission, 357, 362.
— Travaux des départements, 352.
— Travaux de la marine, 376.
— Travaux métalliques, 351.
— Voies de recours, 398 et s.
— V. Adjudications.

FORMES DES ADJUDICATIONS DES TRAVAUX COMMUNAUX.
— Affiches, 387.
— Approbation par le préfet, 390.
— Autorisation, 386.
— Chemins vicinaux, 347, 392.
— Communication du cahier des charges, 387, 389.
— Conseil municipal, 386.
— Dépenses obligatoires, 386.
— Ecoles, 386.
— Egalité d'offres, 388.
— Incidents, 388.
— Intervention du préfet, 386.
— Lieu de l'adjudication, 389.
— Présidence de la séance, 388.
— Procès-verbal, 390.
— Publicité, 387.
— Remise des soumissions, 388.

FORMES DES MARCHÉS DE GRÉ A GRÉ.
— Achats sur facture, 346.
— Acte écrit, 346.
— Cautionnement, 348.
— Chemins vicinaux, 347.
— Droits d'enregistrement, 349.
— Droits de timbre, 349.
— Fonctionnaires chargés de passer les marchés, 346.
— Frais, 412.
— Marchés de gré à gré, 346.
— Marchés des travaux du génie, 347.
— Marchés verbaux, 412.
— V. Marchés de gré à gré.

FORMES DES ADJUDICATIONS DU MINISTÈRE DE LA GUERRE.
— Affiches, 353.
— Appel des candidats, 380.
— Approbation, 384.
— Autorisation de concourir, 379.
— Engagement de la caution, 362.
— Incidents, 381.
— Lecture des soumissions, 381.
— Législation, 379.
— Limite au rabais, 381.
— Liste des candidats, 380.
— Marchés de gré à gré, 345.
— Offres identiques, 381.
— Ouverture et lecture des plis, 381.
— Pièces produites, 380.
— Procès-verbal, 382.
— Publicité, 341.
— Refus d'approbation, 384.
— Remise des soumissions, 380.
— Séance d'adjudication, 379.
— Signature des adjudicataires, 382.
— Soumissions, 362.

FOURNITURES.
— V. Marchés de fournitures.

FRAIS DE L'ADJUDICATION.
— Actes administratifs, 417.
— Actes dressés par les agents des ponts et chaussées, 417.
— Actes dressés par les architectes, 417.
— Affiches, 409.
— Apposition du timbre en débet, 418.
— Avance des droits de timbre, 418.
— Bases d'évaluation du droit d'enregistrement, 424, 434.
— Chemins de fer d'intérêt local, 431.
— Chemins ruraux, 430.
— Chemins vicinaux, 429.
— Contrôle, 409.
— Conventions spéciales, 411.
— Déclaration de versement du cautionnement, 420.

FRAIS DE L'ADJUDICATION.

— Délai d'enregistrement, 416, 422.
—. Dispenses de timbre, 419.
— Droit de cautionnement, 427.
— États de frais, 414.
— Expédition des pièces du marché, 417, 419.
— Frais en matière de chemins vicinaux, 429.
— Frais des travaux communaux, 410, 422.
— Frais des travaux départementaux, 410, 422.
— Insolvabilité de l'entrepreneur, 433.
— Lieu de paiement des droits, 432.
— Marchés verbaux, 412.
— Minute du cahier des charges, 417.
— Pièces soumises au timbre, 419.
— Plans, 419.
— Prix payés directement par le Trésor, 428.
— Procès-verbaux d'adjudication des chemins vicinaux, 421.
— Procès-verbaux d'estimation, 419.
— Publicité, 409, 411.
— Quotité du droit d'enregistrement, 423.
— Restitution en cas de résiliation, 426.
— Suppléments de droits, 42, 434.
—. Timbre à l'extraordinaire, 417.
— Timbre d'enregistrement, 409, 415 et suivants, 434.
— Tramways, 431.
— Travaux du Ministère de la guerre, 434.

HONORAIRES DES ARCHITECTES.

— Absence de réglementation générale, 1411.
— Action en paiement, 1424, 1426, 1447 et suivants.
— Architectes communaux, 1417, 1429.

HONORAIRES DES ARCHITECTES.

— Architectes départementaux, 1416, 1423.
— Augmentation de prix, 1428.
— Collaborateurs de l'architecte, 1452.
— Compensation, 1426.
— Compétence, 1448 et suivants.
— Concours, 1449. V. aussi 1437 à 1440.
— Contestations entre architectes, 1451.
— Déplacements des architectes, 1423.
— Diminution de l'importance des travaux, 1422.
— Édifices diocésains, 1414.
— Fautes de l'entrepreneur, 1443.
— Levé de plans, 1449.
— Paiement des honoraires par l'entrepreneur, 1425.
— Palais nationaux, 1413.
— Pièces relatives au travail : droit de rétention, 1444.
— Plans et devis dont l'Administration a profité, 1430, 1434.
— Plans imparfaits, 1436.
— Plans non exécutés, 1435, 1436.
— Prescription des honoraires, 1445.
— Présomption de paiement, 1446.
— Programme de concours, 1437 à 1440.
— Proportionnalité des honoraires à la somme dépensée, 1421.
— Rédaction des plans et devis, 1427.
— Révocation de l'architecte, 1441, 1442.
— Service des bâtiments civils, 1412.
— Stipulations des cahiers de charges, 1419, 1420.
— Tarif des honoraires, 1415.
— Traitement fixe, 1453 à 1457.
— Travaux des communes, 1418, 1423, 1430.
— Travaux des départements, 1416.

HONORAIRES DES ARCHITECTES.

— Travaux supplémentaires, 1428, 1432, 1433.

HONORAIRES DES INGÉNIEURS.

— Action en paiement, 1447.
— Chemins de fer concédés, 1409.
— Compétence, 1447 et suivants.
— Concours des ingénieurs aux entreprises privées, 1395.
— Constatations à faire dans l'intérêt public, 1396.
— Etats de perception, 1405.
— Fixation par le Ministre, 1404.
— Frais de voyage et de séjour, 1397, 1398. 1405.
— Honoraires, 1399. 1400.
— Ingénieurs attachés d'une façon permanente à des communes, 1407.
— Ingénieurs des mines, 1402, 1403.
— Ingénieurs des ponts et chaussées, 1394.
— Législation, 1394.
— Levé de plans, 1449.
— Partage des honoraires entre les ingénieurs et leurs agents, 1401.
— Recouvrement des frais et honoraires, 1408.
— Routes départementales, 1407.
— Tourbières, 1404.
— Traitement fixe, 1394.

HOSPICES.

— Adjudication, 198, 391.
— Autorisation des travaux, 195 et suivants.
— Autorisation ministérielle, 195, 196.
— Avis du Conseil municipal, 196.
— Biens patrimoniaux, 30.
— Changements d'affectation, 196.
— Commission administrative, 195, 196.
— Emprunts, 196.
— Exécution des travaux, 194.
— Maisons d'aliénés, 30.

HOSPICES.

— Marchés à l'amiable, 198.
— Pouvoirs des préfets, 197.
— Rédaction des projets, 198.
— Sources d'eaux minérales, 30.
— Travaux, 30, 195, 196.

HYDRAULIQUE AGRICOLE.

— V. Ponts et chaussées.

HYPOTHÈQUE DE L'ÉTAT.

— V. Cautionnement, Privilège.

INGÉNIEURS.

— V. Honoraires, Ponts et Chaussées, etc.

INTÉRÊTS.

— V. Paiement d'acomptes et définitif.

LANDES DE GASCOGNE, 37.

LAVOIR PUBLIC, 23.

MANUFACTURES D'ARMES.

— Travaux, 8.

MANUFACTURES DES TABACS.

— Travaux, 3, 8, 112.

MARCHÉS A FORFAIT.

— Application du droit civil, 567, 812.
— Avantages et inconvénients, 569.
— Caractères essentiels, 568, 815, 816.
— Définition, 567.
— Invariabilité du prix, 568.
— Travaux imprévus, 817, V. Changements dans les marchés à forfait.

MARCHÉS DE FOURNITURES.

— Caractères, 44.
— Compétence, 44.
— Distinction du — et du marché de travaux publics, 45, 47.
— Entreprises de pompes funèbres, 50.
— Fourniture de gaz et d'eau pour les villes, 46.

MARCHÉS DE FOURNITURES.
— — des communes, 44.
— — des départements, 44.
— Objet des —, 44.
— Patente, 437.

MARCHÉS DE GRÉ A GRÉ.
— Cas dans lesquels ils sont admis, 332, 333.
— Cautionnement, 348.
— Formes des marchés de gré à gré, 346. (V. ce mot.)
— Timbre et enregistrement, 349.
— Validité, 345.
— V. Adjudications.

MARCHÉS SUR SÉRIES DE PRIX.
— Augmentation ou diminution de la quantité d'ouvrages, 572.
— Définition, 570, 572.
— Entretien de routes, 571.
— Inconvénients, 105, 573.
— Travaux du Ministère de la guerre, 407, 571.

MARCHÉS DE TRAVAUX PUBLICS.
— Application du droit civil, 552.
— Cession partielle de l'entreprise, 558.
— Combinaison des diverses sortes de marchés, 577.
— Compétence, 44.
— Concession d'abattoir, 53.
— Concession de tramways, 53.
— Construction et louage de halles et marchés, 48.
— Contrat commutatif, 550.
— Contrat synallagmatique, et 550.
— Délégué des associés, 561.
— Diverses espèces de marchés, 565.
— Enlèvement des boues et immondices, 51, 53.
— Entrepreneurs associés, 560 565.
— Entrepreneur unique pour les travaux de la guerre, 562.
— Entreprises de pompes funèbres, 50.

MARCHÉS DE TRAVAUX PUBLICS.
— Établissement d'eaux thermales, 53.
— Fournitures de matériaux, 551.
— Frais. V. Frais de l'adjudication.
— Interprétation, 49.
— Louage d'ouvrage, 44, 549.
— — combiné avec une vente de meubles ou d'immeubles, 48.
— — combiné avec un louage de meubles ou d'immeubles, 48.
— Nettoyage des rues, 51.
— Patente, 437.
— Prohibition des sous-traités, 553 à 557, 559, 563, 564.
— Régie. (V. ce mot.)
— Service des prisons, 52, 53.

MARCHÉS A L'UNITÉ DE MESURE.
— Définition, 573, 574.
— Différences avec les marchés sur séries de prix, 575.
— Différences avec les marchés à forfait, 576.
— Travaux du Ministère de la guerre, 107.

MATÉRIAUX.
— Acquisition par l'État, 666.
— Approvisionnements, 662, 679, 1259.
— Ateliers de préparation des —, 678.
— Autorisation d'emploi de matériaux insuffisants, 640.
— Changement des carrières indiqueés, 650 et suivants, 646, 677.
— Conservations de matériaux, 673, 680.
— Contrôle, 633, 644.
— Coupes de bois, 658.
— Démolition, 635, 642, 659, 674.
— Détérioration de matériaux refusés, 639, 671.
— Dimensions, 640, 643.
— Dimensions excédant les prévisions, 640, 643.

MATÉRIAUX.
— Emploi, 653, 641.
— Emploi de vieux matériaux, 659, 679, 680, 705, 829.
— Enlèvement des matériaux refusés, 664, 669.
— Evaluation des matériaux, 1261.
— Expériences, 644.
— Fixation de nouveaux prix pour changements de carrières, 656.
— Indemnités, 657.
— Indemnité en cas de résiliation, 1263. V. Résiliation.
— Indications des cahiers de charges, 633, 676.
— Insuffisance des carrières désignées, 652, 657.
— Lieux d'extraction, 676.
— Matériaux appartenant à l'Etat, 679, 680, 705.
— Matériaux approvisionnés par ordre, 662, 665, 1261.
— Modifications à la qualité des matériaux, 670.
— Octroi. (V. ce mot.)
— Ouvrages présumés vicieux, 642.
— Prix nouveaux, 656, 657.
— Provenance, 633, 650, 662.
— Qualité, 633, 662, 667, 1260.
— Réception, 634, 638, 645, 663, 668.
— Refus : conséquences, 635, 639, 664, 669.
— Reprise en cas de résiliation, 1259 à 1261.
— Sanctions, 674 et suivants.
— Subventions spéciales pour transport, 649.
— Travaux de la guerre, 661 et suivants.
— Vérifications des matériaux, 1260.
— Voies de recours, 636, 637.

MINES.
— Chemins de fer, 135.
— Conseil général des —, 73.
— Dégradations aux chemins, 649.
— Inspecteurs généraux, 73.

MINISTÈRE D'ÉTAT (ancien).
— Adjudications, 396.

MINISTÈRE D'ÉTAT (ancien).
— Attributions du service, 102.
— Direction des palais nationaux, 96 et 100.
— Divisions en agences, 103, 104.
— Enumération des palais nationaux, 101.
— Historique, 95.
— Palais nationaux, 95, 100 à 104.
— Suppression du —, 96.

MINISTÈRE DE LA GUERRE.
— Cahier de 1876, 106.
— Cahier de 1887, 107.
— Travaux, 105.
— V. les différentes matières.

MINISTÈRE DE L'INTÉRIEUR.
— Manufactures de l'Etat, 112.
— Travaux, 112.

MINISTÈRE DE L'INSTRUCTION PUBLIQUE ET DES CULTES.
— Bâtiments scolaires, 118.
— Cultes, 113.
— Edifices religieux. (V. ce mot.)
— Inspecteurs généraux des travaux diocésains, 116.
— Monuments historiques. (V. ce mot.)
— Travaux, 114.

MINISTÈRE DE LA MARINE.
— Adjudication des travaux, 111.
— Bâtiments civils de la marine. (V. ce mot.)
— Cahier des clauses et conditions générales, 111.
— Conseil des travaux de la marine, 109.
— Constructions navales, 110.
— Formes des adjudications. (V. ce mot.)
— Ingénieurs des constructions navales, 110.
— Préfet maritime, 110.
— Travaux, 108, 111.

MINISTÈRE DES TRAVAUX PUBLICS.
— Attributions générales, 66.
— Chemins de fer. (V. ce mot.)

Ministère des travaux publics.

— Comités et conseils, 68 et suivants.
— Commission mixte des travaux publics. V. Travaux mixtes.
— Création du, — 65.
— Division des services, 67. 68.
— Origines du —, 65.
— Ponts et chaussées. (V. ce mot.)

Mise en régie.

— Abandon des chantiers, 894, 959.
— Acquiescement de l'entrepreneur, 924, 928.
— Appréciation des conséquences de la — 907.
— Arrêté de mise en demeure, 896, 900, 940, 962.
— Arrêté ordonnant la mise en régie, 905.
— Autorisation de suspendre les travaux, 888.
— Cas de mise en régie, 884 et suivants ; 934 et suiv., 957.
— Cas où il y a retard, 886, 889.
— Cas où la — est prononcée à tort, 930.
— Caution, 940, 942, 946.
— Chemins vicinaux, 961.
— Constatation de l'inexécution des obligations, 896, 899.
— Critiques, 881.
— Défaut d'approvisionnements, 894.
— Défaut de paiement d'acomptes, 887.
— Défaut de paiement des ouvriers, 894.
— Délai d'exécution, 896, 901 à 903, 940, 962.
— Dépenses de luxe, 926.
— Désobéissance aux ordres reçus, 884, 885, 892, 935, 959.
— Détériorations du matériel, 926.
— Diminution de dépense, 923, 931, 956.
— Distinction de la mise en régie et de la régie, 882.

Mise en régie.

— Droit commun, 879, 933, 958.
— Effets de la mise en régie, 915 et suivants, 963.
— Entretien des ouvrages, 925.
— Excédents des dépenses, 922, 923, 950, 956.
— Exécution du travail aux frais de l'entrepreneur, 879, 880.
— Exonération de la régie, 908.
— Fautes de l'architecte, 889.
— Force majeure, 893, 926.
— Formes de la mise en régie 895 et suiv., 940 et suiv.
— Gérant éventuel, 945, 952.
— Inexécution des obligations, 884, 885, 894, 935.
— Infraction au devis, 891.
— Intervention des tribunaux, 880, 958.
— Inventaire du matériel, 910 à 912, 947, 954.
— Journées de régie, 925.
— Maintien des marchés, 919, 943, 949.
— Maire, 960, 962.
— Mauvais état des affaires de l'entrepreneur, 894.
— Mauvaise gestion de la régie, 926.
— Mises en régie partielle, 880, 937 à 939, 942.
— Nomination du régisseur, 909, 918, 945.
— Notification de la mise en demeure, 900, 901, 930.
— Omission de la mise en demeure, 900, 930.
— Partis à prendre à la suite de la mise en régie, 916, 932, 943.
— Passation d'un nouveau marché dans les travaux de la guerre, 943, 952.
— Pouvoirs de l'Administration, 917, 943, 948.
— Pouvoirs du préfet, 898, 960 et suiv.
— Pouvoirs du régisseur, 909, 910, 918.
— Prise de possession des chantiers, 942, 953.

MISE EN RÉGIE.
— Privation de bénéfices, 931.
— Procès-verbal de l'état d'avancement des travaux, 942, 954.
— Prorogation du délai d'exécution, 903.
— Rapports du régisseur et de l'entrepreneur, 921, 950.
— Réadjudication, 913, 914, 932.
— Remise des terrains prêtés, 947.
— Résiliation, 932. (V. ce mot.)
— Responsabilité du régisseur, 921.
— Retard, 884 à 886, 889, 936, 959.
— Retard imputable à l'Administration, 889.
— Stipulations particulières des cahiers, 902.
— Suites de la régie irrégulièrement prononcée 929 et suiv. 950, 959.
— Surveillance par l'entrepreneur, 920, 946, 956.
— Tâcheron, 928.
— Traitement du régisseur, 925.
— Travaux départementaux et communaux, 957 et suiv.
— Travaux nouveaux, 890.
— Travaux du Ministère de la guerre, 933 et suiv.
— Usage du matériel de l'entreprise, 949.
— Voies de recours, 906, 927.

MODIFICATIONS A L'IMPORTANCE RELATIVE DES OUVRAGES.
— Augmentation des prévisions désavantageuses, 979.
— Calcul de l'indemnité, 985.
— Causes des modifications, 984.
— Clause de renonciation à l'indemnité, 986.
— Equilibre entre les diverses natures d'ouvrages, 977, 978.
— Exemples d'indemnités, 982.
— Indemnités, 980, 984, 985.

MODIFICATIONS A L'IMPORTANCE RELATIVE DES OUVRAGES.
— Insuffisance des évaluations, 984.
— Modification d'un tiers, 980, 981, 989.
— Ouvrages non prévus, 981,
— Réserves, 987.
— Résiliation, 979.
— Tâcherons, 983.
— Travaux départementaux et communaux, 990.
— Travaux du Ministère de la guerre, 988 et suiv.

MONTS-DE-PIÉTÉ.
— Travaux, 31.

MONUMENTS HISTORIQUES.
— Adjudications, 125.
— Classement des —, 120.
— Commission des monuments historiques, 119.
— Effets du classement, 121.
— Eglises classées, 193.
— Expropriation, 121.
— Mode d'exécution des travaux, 123 à 125.
— Organisation du service, 119.
— Réparations, 121.
— Travaux, 114, 122, 123.
— Visite de l'inspecteur général, 124.

NETTOYAGE DES RUES, 51.
— V. Travaux communaux.

OBLIGATIONS DE L'ENTREPRENEUR.
— Résidence, 618 et suiv. (V. ce mot.)
— Matériaux, 633 et suiv. (V. ce mot.)
— Patente. (V. ce mot.)

OCTROIS.
— Clauses spéciales, 647.
— Douanes, 644.
— Mines, 649.
— Responsabilité des droits, 647.
— Subvention pour chemins vicinaux, 649.
— Variation des tarifs, 647.

ORDRES.

— V. Changements en cours
d'exécution.

OUTILS.

— V. Faux frais de l'entreprise.

OUVRAGES IMPRÉVUS.

— Blocs erratiques, 994.
— Caractères généraux des
—, 994, 1013.
— Clause spéciale mettant les
études à la charge de
l'entrepreneur, 1001.
— Constatation des travaux
imprévus, 998, 999.
— Déblais, 994.
— Erreurs de l'entrepreneur,
994.
— Insuffisance des prix : dis-
tinction, 994.
— Nouvelle adjudication des
—, 1010, 1011, 1021.
— Sondages insuffisants, 994.
— Travaux d'épuisement,
1008.
— Travaux du Ministère de la
guerre, 1009 et suiv.
— Vices du plan, 995.
— Vices du sol, 996.

OUVRAGES SUPPLÉMENTAIRES.

— Conséquences des travaux
prévus, 828.
— Exécution en régie, 825.
— Modifications au projet,
183.
— Retard, 742.
— Stipulation les réservant à
l'entrepreneur, 826.
— Travaux communaux, 183.
— Travaux nouveaux, 828.

OUVRIERS.

— Accidents. (V. ce mot.)
— Choix des —, 706.
— Commis et chefs d'atelier,
707, 717, 722.
— Contestations relatives aux
salaires, 737.
— Contrôle de l'Administra-
tion, 706, 709, 726, 727.
— Délégation, 723.
— Droits de l'Administration
au sujet des paiements,
713, 734.

OUVRIERS.

— Emploi d'ouvriers militai-
res, 730, 731.
— Exclusion des ouvriers par
l'ingénieur, 709, 726,
728.
— Faillite de l'entrepreneur,
716.
— Garanties du paiement, 713,
734.
— Justification du paiement,
716.
— Liste nominative, 711, 724.
— Malfaçons, 710.
— Nombre d'ouvriers, 711,
725.
— Ouvriers employés par les
sous-traitants, 714, 715.
— Ouvriers étrangers, 712.
— Paiement, 713 et suiv.,
733, 734, 736.
— Paiements mensuels, 713.
— Paiement d'office par l'Ad-
ministration, 713, 734.
— Pouvoirs du chef du génie,
726.
— Pouvoirs de l'ingénieur,
709, 727.
— Privilège. (V. ce mot.)
— Recours contre les déci-
sions relatives aux ou-
vriers, 709, 711, 725,
727, 728.
— Règlement pour le bon or-
dre des chantiers, 729.
— Représentant permanent de
l'entrepreneur, 708, 722.
— Responsabilité de l'entre-
preneur, 710.
— Réquisition d'ouvriers, 732.
— Travaux des communes et
des départements, 739.
— Travaux du Ministère de la
guerre, 722 et suiv.

PAIMENT D'ACOMPTES.

— Acomptes mensuels, 1128,
1131.
— Avances dans les travaux
de la guerre, 1155, 1156.
— Certificat de paiement, 1127.
— Défaut complet d'acomptes,
1130, 1154, 1165.

PAIEMENT D'ACOMPTES.

— Dépense effective, 1158, 1159.
— Fonds disponibles, 1129, 1154, 1165.
— Indemnité, 1129, 1130, 1165.
— Intérêts des sommes ordonnancées, 1132.
— Mandats, 1127.
— Montant des acomptes, 1127, 1157, 1158, 1166, 1168.
— Nécessité des acomptes, 1126, 1153, 1163.
— Paiement par erreur, 1131.
— Proportion entre les acomptes et les travaux exécutés, 1129, 1131, 1165.
— Retard de paiement, 1129,
— Suspension des travaux, 887, 1129.
— Travaux du Ministère de la guerre, 1153 et suiv.
— Voies de recours, 1131.

PAIEMENT DÉFINITIF.

— Certificats de l'ingénieur, 1139.
— Contestations, 1149, 1172.
— Cours des intérêts de plein droit, 1141, 1144, 1161, 1171.
— Demande des intérêts en justice, 1143, 1134, 1161.
— Dommages-intérêts, 1146.
— Effets du paiement, 1150.
— Impossibilité de payer, 1140, 1141, 1145, 1161, 1171.
— Intérêts des intérêts, 1147.
— Mandats, 1139,
— Négligence de l'entrepreneur, 1148.
— Obligation de payer dans les 3 mois de la réception définitive, 1141.
— Paiement du solde, 1139, 1164.
— Provision, 1151.
— Réception définitive, 1137. (V. ce mot.)
— Retenue de garantie. (V. ce mot.)
— Sommes portant intérêts, 1146.

PAIEMENT DÉFINITIF.

— Travaux départementaux et communaux, 1142.
— Travaux du Ministère de la guerre, 1160 et suiv.

PALAIS NATIONAUX.

— V. Ministère d'État.

PATENTE.

— Adjudicataires de services publics, 438.
— Adjudicataires de travaux publics, 437.
— But du travail, 442.
— Calcul du droit, 445 et suiv.
— Cacul du droit fixe proportionnel, 448 et suiv.
— Cumul de la patente de l'entrepreneur et du sous-traitant, 453.
— Délai de réclamations, 451.
— Droit fixe et droit proportionnel, 436.
— Droit fixe proportionnel, 436, 448 et suiv.
— Ecoulement des produits, 442.
— Entrepreneur de travaux privés, 440.
— Entrepreneur de travaux publics, 437.
— Evaluation des travaux non encore exécutés, 449.
— Exercice d'industries distinctes, 439.
— Législation, 435.
— Lieu de paiement du droit fixe, 446.
— Marchés de gré à gré, 437.
— Montant du droit fixe, 447.
— Pluralité de droits fixes, 448.
— Prescription, 452.
— Rectification des évaluations, 450, 452.
— Rôles supplémentaires, 452.
— Sociétés anonymes, 441, 447, 452.
— Sociétés en commandite et en nom collectif, 441.
— Soumissionnaires de fournitures, 428.
— Sous-traitants, 442 à 444, 453.

PATENTE.

— Travaux accidentels, 439.
— Travaux durant plusieurs années, 440.

PIÈCES DU MARCHÉ.

— Avant-métré. (V. ce mot.)
— Bordereau de prix, 583.(V. ce mot.
— Cahier de charges, 583, 585 à 588.
— Délivrance à l'entrepreneur, 599.
— Détail estimatif.(V. ce mot)
— Devis. (V. ce mot.)
— Procès-verbal d'adjudication. V. Adjudication.
— V. Formes de l'adjudication.

PLANS ET DEVIS.

— Associations syndicales, (V. ce mot.)
— Devis, détail estimatif, avant-métré, 299.
— Devoirs des fonctionnaires chargés des études préliminaires, 294, 295.
— Dommages qui résultent des études préalables, 293, 294.
— Etudes préalables, 293.
— Fonctionnaires chargés de les dresser, 292.
— Indemnité due pour études, 297.
— Mémoire explicatif, 298.
— Nivellement, 293.
— Opposition des propriétaires, 296.
— Sondages, 293.

POLICE DES TRAVAUX.

— Obligations de l'entrepreneur, 629.
— Règlements relatifs au bon ordre, 729.

POMPES FUNÈBRES, 50.

— V. Travaux communaux.

PONTS ET CHAUSSÉES.

— Avancement des agents, 93.
— Cahier des clauses et conditions générales, 94.
— Concours, 92.

PONTS ET CHAUSSÉES.

— Conducteurs, 92.
— Congés, 85.
— Conseil général des—, 68; composition 69 ; —sections, 70;—attributions, 71.
— Ecole des ponts et chaussées, 91.
— Elèves-ingénieurs, 91.
— Hydraulique agricole, 84.
— Ingénieurs en chef : division en deux classes, 89.
— Ingénieurs ordinaires, 90.
— Inspecteurs généraux, 69, 85, 87, 88.
— Inspections, 88.
— Origine du Corps des—, 65, 81.
— Personnel, 87.
— Responsabilité des ingénieurs, 86, 1341.
— Services : division, 82.
— Services détachés, 84.
— Services divers, 82.
— Services extraordinaires. 83.
— Service général, 82.
— Service hydraulique, 84.
— Service ordinaire, général et spécial, 82.
— Service spécial, 82.
— Travaux privés dirigés par les agents des—, 85, 86.

PRESBYTÈRES.

— V. Travaux des communes.

PRISONS DÉPARTEMENTALES.

— Pouvoirs des conseils généraux, 151.
— Travaux exécutés sur les fonds départementaux, 151.

PRIVILÈGE DES FOURNISSEURS ET OUVRIERS.

— Action directe, 1197.
— Application du décret de pluviose an II, 1198.
— Associations syndicales, 1200.
— Cautionnement, 503, 1208. (V. ce mot.)
— Compétence en matière de —, 1221.

Privilège des fournisseurs et ou-
  vriers.
— Conditions d'exercice du —,
  1199.
— Contribution de l'État aux
  travaux, 1205, 1206.
— Convention : ne peut créer
  de privilège, 1207.
— Créances auxquels le privi-
  lège est attaché, 1215.
— Dispense   d'inscription ,
  1210.
— Dommages causés par l'exé-
  cution des travaux, 1214.
— Effets du paiement inté-
  gral, 1219.
— Faillite de l'entrepreneur,
  1216.
— Fournisseurs, 1211.
— Historique, 1196.
— Motifs du privilège, 1195,
  1197.
— Nature particulière du —,
  1197.
-- Nécessité d'une dette de
  l'État, 1208.
— Ouvriers, 1211, 1216.
— Personnes qui ont droit au
  privilège, 1211.
— Privilège de second ordre.
  V. Cautionnement.
— Propriétaires de terrains
  fouillés, 1214.
— Rang des privilèges, 1220.
— Saisies-arrêts dans les cais-
  ses publiques, 1217, 1218.
— Sommes payées par les sous-
  traitants, 1213.
— Sous-traitants, 1211.
— Tâcherons, 1213.
— Transports de créances,
  1217, 1218.
— Travaux des communes,
  1200, 1204.
— Travaux des concession-
  naires, 1204.
— Travaux des départements,
  1201, 1204.
— Travaux du domaine privé,
  1202.
— Travaux de l'État, 1200.
— Travaux du Ministère de la
  guerre, 1209.

Prix.
— Déblais, 611.

Prix.
— Difficultés d'exécution, 610,
  611.
— Erreurs matérielles d'addi-
  tion, 612, 614.
— Erreurs ou omissions, 606,
  612 à 614.
— Évaluation des travaux,
  582.
— Exploitation de carrières,
  611.
— Extraction de roches, 611.
— Fixation des prix omis,
  615.
— Insuffisance reconnue des
  prix, 609.
— Intention des parties, 607,
  608.
— Invariabilité des prix, 605
  à 607.
— Omission d'un élément de
  prix, 612.
— Omission d'un prix pour
  un ouvrage prévu, 615.
— Rabais, 582.
— Situation de l'Administra-
  tion, 613.
— Transports, 611.
— Travaux de la guerre, 616.

Prix des ouvrages imprévus.
— Approbation par l'Administration, 997.
— Cas d'urgence, 1018, 1023.
— Conditions nouvelles d'exécution d'un ouvrage prévu, 1005, 1006.
— Convention fixant les prix
  nouveaux, 1017.
— Convention spéciale d'application du rabais, 1004.
— Droit de discussion de l'entrepreneur, 992, 1000,
  1002.
— Époque de la fixation des
  nouveaux prix, 1002.
— Impossibilité d'assimila-
  lation, 1002.
— Paiement à l'estimation ,
  1010, 1014.
— Paiement à l'économie,
  1010, 1019.
— Paiement à forfait, 1010,
  1020.
— Prix courants du pays, 993,
  1002, 1022.

PRIX DES OUVRAGES IMPRÉVUS.

— Rabais de l'adjudication, 1002, 1003, 1006, 1015, 1016.
— Règlement par assimilation, 991, 1002, 1022.
— Travaux d'épuisement, 1008.
— Travaux imputables sur la somme à valoir, 1008.
— Travaux du Ministère de la guerre, 1009 et suiv.
— Voies de recours, 1000.

PUBLICITÉ DES MARCHÉS.

— V. Forme des adjudications.

RÉCEPTION DÉFINITIVE.

— Architecte municipal, 1055.
— Demande de —, 1039.
— Effets de la —, 1041 et suiv.
— Époque, 1036.
— Formes, 1036.
— Fraudes, 1043.
— Intérêts du solde, 1044.
— Maire, 1055.
— Paiement du solde, 1044, 1057.
— Préfet, 1055.
— Prise de possession, 1040, 1054.
— Refus de l'Administration d'y procéder, 1037.
— Responsabilité décennale, 1056. V. ce mot.
— Restitution du cautionnement, 1044, 1057.
— Restitution du dixième de garantie, 1044, 1057.
— Sommation à l'Administration, 1039.
— Travaux communaux, 1040, 1054.
— Travaux départementaux, 1054.
— Travaux du Ministère de la guerre, 1045 et suiv.

RÉCEPTION PROVISOIRE ET DÉLAI DE GARANTIE.

— Absence de réception provisoire, 1034.
— Agents chargés de la —, 1030, 1051.

RÉCEPTION PROVISOIRE ET DÉLAI DE GARANTIE.

— Cessation des travaux, 1034.
— Constatation des malfaçons, 1032, 1052.
— Contestations de l'entrepreneur, 1032.
— Dégradations provenant des vices du plan, 1035, 1049.
— Durée du délai de garantie, 1033, 1046, 1053.
— Entretien des travaux, 1035.
— Époque de la réception provisoire, 1027.
— Formes de la réception, 1027, 1031 et suiv., 1051.
— Gros ouvrages, 1047.
— Menus ouvrages, 1047.
— Mise en régie, 1038.
— Nécessité d'une vérification, 1024.
— Point de départ du délai de garantie, 1033, 1034, 1046, 1048.
— Présence de l'entrepreneur, 1031, 1051.
— Prise de possession sans réserves, 1028, 1054.
— Procès-verbal, 1031, 1052.
— Réception partielle, 1045.
— Réception provisoire, 1025, 1026, 1050.
— Refus de l'Administration d'y procéder, 1029.
— Réparations nécessaires, 1032.
— Résiliation, 1038.
— Travaux départementaux et communaux, 1028, 1054.
— Travaux du Ministère de la guerre, 1045 et suiv.

RÉGIE.

— Législation, 581.
— Régie par économie, 578.
— Régie intéressée, 580.
— Régie simple, 579.
— V. Mise en régie.

RÉSIDENCE DE L'ENTREPRENEUR.

— Absences, 620, 626, 632.
— Bâtiments civils, 630.

RÉSIDENCE DE L'ENTREPRENEUR.

— But de l'élection de domicile, 624.
— Chemins vicinaux, 630.
— Clause des cahiers de charges, 618, 619.
— Définition de la résidence, 623.
— Délégation à des commis, 707, 723.
— Election de domicile, 622, 632.
— Entreprises privées, 618.
— Localités différentes, 631.
— Motifs de l'obligation de résidence, 620.
— Notifications à l'entrepreneur, 623, 624.
— Notification de l'élection de domicile, 623.
— Palais nationaux, 630.
— Règlements de police, 629.
— Représentant de l'entrepreneur, 625.
— Représentant permanent, 708.
— Sanction, 620.
— Surveillance des propriétés riveraines, 628.
— Tournées des ingénieurs, 027.
— Travaux du Ministère de la guerre, 631, 632.

RÉSILIATION.

— Agencements indispensables aux travaux, 1253.
— Augmentation de la masse des travaux, 1274. (V. ce mot.)
— Ajournement indéfini des travaux, 1241, 1245, 1246, 1266.
— Augmentation notable des prix, 1274, 1277. (V. ce mot.)
— Cas de force majeure, 1248.
— Cessation absolue des travaux, 1241, 1244, 1245.
— Commencement d'exécution, 1242.
— Compétence, 1296.
— Conséquences de la —, 1232.
— Cumul de la — et de l'indemnité, 1284.

RÉSILIATION.

— Décès de l'entrepreneur, 1269 et suiv. (V. ce mot.)
— Demande de —, 1281.
— Dépenses d'installation, 1253.
— Difficultés relatives à la reprise du matériel, 1254, 1255.
— Diminution de la masse des travaux, 1274. (V ce mot.)
— Diminution notable des prix, 1274. V. aussi 1240.
— Droit de l'Administration, 1235.
— Droit commun : condition résolutoire, 1222, 1229, 1236, 1238.
— Effets de la —, 1297.
— Estimation du matériel à reprendre, 1256, 1257.
— Faillite de l'entrepreneur, 1268 et suiv. (V. ce mot.)
— Folle enchère, 1224, 1230, 1231.
— Indemnité, 1232, 1237, 1263, 1264.
— Inexécution des obligations, 1223.
— Matériel hors de service, 1253.
— Mise en régie, 1224. (V. ce mot.)
— Modifications au projet primitif, 1276.
— Nécessité de demander l'indemnité, 1267.
— Pouvoir discrétionnaire de l'Administration, 1244.
— Pouvoirs du maire, 1227, 1230.
— Pouvoirs du Ministre, 1225.
— Pouvoirs du préfet, 1226, 1230.
— Rachat des matériaux approvisionnés, 1258 à 1261.
— Rachat des outils, 1249 à 1253.
— Réadjudication, 1224, 1230.
— Refus de se conformer aux ordres, 1232.
— Reprise du matériel, 1233, 1250 et suiv.
— Reprise du matériel en cas de réadjudication, 1262.

RÉSILIATION.

— Reprise des matériaux, 1234.
— Résiliation de plein droit, 1242, 1246, 1247.
— Résiliation par les tribunaux, 1227.
— Résiliation pure et simple, 1230, 1231.
— Retard provenant du fait de l'Administration, 1248.
— Risques du matériel, 1252.
— Sous-traités, 1223.
— Suspension provisoire des travaux, 1265, 1266.
— Travaux antérieurs à la résiliation, 1282.
— Travaux des départements et des communes, 1226, 1227, 1230.
— Voies de recours, 1228, 1244.

RÉSILIATION DANS LES TRAVAUX DU MINISTÈRE DE LA GUERRE.

— Application des principes ordinaires, 1298.
— Ajournement des travaux pour plus d'une année, 1312, 1324, 1329.
— Augmentation de plus du sixième, 1314, 1328.
— Cession obligatoire du matériel, 1316, 1318.
— Constatation de la résiliation, 1315, 1336.
— Continuation de l'entreprise par la caution, 1309, 1310.
— Continuation de l'entreprise par les héritiers, 1305, 1307, 1308, 1331.
— Conventions particulières, 131.
— Déclaration d'état de guerre, 1313, 1330.
— Déclaration d'état de siège, 1313, 1330.
— Défaut de réalisation du cautionnement, 1301. V. Cautionnement.
— Diminution de la masse des travaux, 1328.
— Droits du Ministre, 1300.
— Évaluation du matériel repris, 1318.

RÉSILIATION DANS LES TRAVAUX DU MINISTÈRE DE LA GUERRE.

— Éventualité de bénéfices, 1324, 1325.
— Faillite de l'entrepreneur, 1304, 1310, 1331. (V. ce mot.)
— Indemnité, 1321 à 1324, 1332, 1334.
— Inexécution des engagements, 1314, 1325, 1331.
— Marchés passés pour plusieurs périodes, 1299.
— Mobilisation, 1330.
— Mort de la caution, 1301.
— Mort de l'entrepreneur, 1304, 1331.
— Prescriptions postérieures à la mise en régie, 1303.
— Reprise des matériaux, 1320 1335.
— Reprise du matériel, 1316, 1334.
— Retards dans les travaux, 1303.
— Soumission conjointe de plusieurs entrepreneurs, 1306.
— Sous-traités non autorisés, 1302, 1327.
— Surveillance des travaux, 1302.
— Voies de recours, 1303.

REPRISE DU MATÉRIEL.

— Cas de —, 1233.
— V. Décès de l'entrepreneur, Faillite de l'entrepreneur, Résiliation.

RESPONSABILITÉ DÉCENNALE.

— Agents soumis à la —, 1341.
— Architectes, 1344, 1345, 1349 et suiv., 1358.
— Cahier des ponts et chaussées, 1035, 1340.
— Caractères du délai : prescription, 1391.
— Causes de l'action en responsabilité, 1343 et suiv.
— Changements demandés par l'Administration, 1347.
— Choix du terrain par l'Administration, 1353, 1354.
— Clause pénale, 1380.

Responsabilité décennale.

— Condamnation pécuniaire, 1380.
— Consentement à l'exécution de travaux défectueux, 1372.
— Constatation des causes de détérioration, 1378.
— Destruction partielle ou totale des ouvrages, 1373, 1374.
— Direction de la construction par un autre que le rédacteur des plans, 1345.
— Droit civil, 1339.
— Durée de la garantie, 1383 et suiv.
— Durée de la responsabilité en cas de dol, 1390.
— Emplacement imposé à l'entrepreneur, 1356.
— Entrepreneur, 1342, 1350, 1356, 1358, 1366.
— Entrepreneur soumis aux ordres de l'architecte, 1351, 1366.
— Etendue de l'obligation de réparer, 1379, 1380, 1382.
— Faculté de démolition des ouvrages, 1363.
— Force majeure, 1362.
— Fraudes, 1366.
— Impossibilité de vérification, 1378.
— Ingénieurs, 1341. V. aussi, 86.
— Inobservation des ordres, 1366.
— Législation, 1338.
— Malfaçons, 1358 à 1360.
— Menus ouvrages, 1375.
— Modifications aux plans, 1347, 1351.
— Motifs de la responsabilité décennale, 1340.
— Nécessité d'une faute professionnelle, 1348, 1361, 1366, 1367.
— Ordre écrit, 1364.
— Partage de la responsabilité, 1365, 1368 et suiv.
— Plans approuvés par des conseils spéciaux, 1346.
— Plus-value résultant des travaux de réfection, 1382.

Responsabilité décennale.

— Point de départ du délai de dix ans, 1392.
— Preuve de la faute, 1376, 1377.
— Prise de possession, 1393.
— Réception des travaux : effets, 1384 à 1388.
— Refus de construire, à raison des vices du sol, 1357.
— Réparations faites directement par l'Administration, 1380.
— Répartition des condamnations, 1370.
— Réserves, 1393.
— Responsabilité subsidiaire de l'architecte, 1371.
— Solidarité, 1369.
— Surveillance de travaux, 1349, 1371.
— Travaux commencés, 1355.
— Travaux des départements et des communes, 1342, 1346, 1356, 1389.
— Vices de construction, 1349.
— Vices du plan, 1344, 1350.
— Vices du sol, 1352 et suiv.

Retards.

— V. Durée de l'entreprise, Résiliation.

Retenue de garantie.

— Certificat de non-opposition, 1136.
— Dommages, 1150.
— Époque de la restitution, 1135.
— Intérêts, 1150.
— Maximum conventionnel, 1134.
— Paiement des indemnités et dommages, 690, 1138.
— Quotité, 1128, 1133.
— Réception définitive, 1137. (V. ce mot.)
— Refus de restitution, 1135.
— Restitution volontaire, 1135.
— Travaux du Ministère de la guerre, 1168.
— V. Paiements d'acomptes, Paiements définitifs.

SERVICES PUBLICS.
— Définition, 2.
— Enumération d'exemples, 6.

SOCIÉTÉS.
— V. Associations ouvrières, Certificat de capacité, Marché de travaux publics, Patente, etc.

SOUS-TRAITÉS.
— Associés de l'entrepreneur, 560.
— Cession partielle de travaux 558.
— Prohibition générale, 553 et suivants.
— Nullité d'ordre public, 553.
— Sanction de la prohibition, 559.
— Situation de l'entrepreneur vis-à-vis des sous-traitants, 557.
— Société adjudicataire, 565.
— Travaux du Ministère de la guerre, 562 et suivants.
— V. Marchés de travaux publics.

STATUES.
— V. Travaux des communes.

TÉLÉGRAPHES.
— Etablissement des lignes, 8.

TERRAINS EN MONTAGNE.
— Reboisement, 10.

TRAMWAYS.
— Autorisation, 201, 202.
— Avant-projet, 204.
— Cahier de charges, 206.
— Concession, 53, 205.
— Déclaration d'utilité publique, 201, 202.
— Enquête, 203, 204.
— Exploitation directe, 205.
— Expropriation, 207.
— Frais d'adjudication, 431.
— Instruction préalable, 204.
— Législation, 199.
— Lignes desservant des entrepôts, 200.
— Rédaction du cahier des charges, 206.
— Timbre et enregistrement, 431.

TRAMWAYS.
— Travaux, 34, 200.

TRAVAUX DES COMMUNES.
— Abattoir, 23, 53,
— Adjudications, 187, 188, 343.
— Agents voyers, 189.
— Approbation des projets, 177, 178, 182 à 184.
— Architectes, 189.
— Biens indivis, 185.
— Bois communaux, 29.
— Caractères, 41.
— Caserne de gendarmerie, 22.
— Chemins ruraux, 26, 28, 186, 343.
— Chemins vicinaux, 28, 175.
— Cimetières, 24, 175.
— Commission de surveillance des travaux, 188.
— Conduites d'eau, 26, 46.
— Déclaration d'utilité publique, 319, 320.
— Définition, 175.
— Direction des travaux, 188.
— Eclairage au gaz, 27, 46.
— Ecoles et asiles, 22, 175, 177.
— Eglises : construction et réparations, 14, 16.
— Eglises désaffectées, 17.
— Egouts, 26.
— Enquête préalable : ses formes, 316.
— Fontaines, 26.
— Formes du décret déclaratif d'utilité publique, 322.
— Halles et marchés, 23, 48.
— Historique, 14.
— Hospices. (V. ce mot.)
— Hôtel de ville, 22, 175.
— Installation de jeux, 48.
— Insuffisance des devis, 183, 188.
— Landes, 36, 37.
— Lavoir, 23.
— Local de la justice de paix, 175.
— Maire, 188.
— Marais communaux, 36.
— Marchés de fournitures, 45, 46.
— Monuments historiques. (V. ce mot.)

TRAVAUX DES COMMUNES.

— Nettoyage des rues, 51, 53, 175.
— Nivellement de la voie publique, 25.
— Nouvelle adjudication, 183.
— Octrois, 175.
— Ouverture de rues par des particuliers, 43, 175.
— Ouvrages supplémentaires, 183, 184.
— Pavage de la voie publique, 25.
— Pompes funèbres, 50.
— Ponts communaux, 25.
— Pouvoirs du Conseil municipal, 176, 177, 184.
— Pouvoirs du maire, 188.
— Pouvoirs du préfet, 178, 179, 181.
— Presbytères, 21, 175.
— Promenades publiques, 27, 48.
— Refus d'approbation du préfet, 182, 184.
— Service des prisons, 52, 53.
— Souscriptions particulières, 18.
— Statues, 25.
— Subvention des particuliers, 17, 43.
— Travaux facultatifs, 179.
— Travaux obligatoires, 180.
— Validité des marchés de gré à gré, 345.
— Vote des dépenses, 177.

TRAVAUX DES DÉPARTEMENTS.

— Adjudication, 342.
— Agents voyers départementaux, 149.
— Approbation des plans et devis, 145, 146.
— Architectes départementaux, 148.
— Arrondissements et cantons, 13.
— Bâtiments départementaux, 144.
— Cahiers des clauses et conditions générales, 147.
— Chemins de fer, 143. (V. ce mot.)
— Chemins vicinaux, 141, 142.

TRAVAUX DES DÉPARTEMENTS.

— Conseil des bâtiments civils du département, 146.
— Déclaration d'utilité publique, 319, 320.
— Définition, 13.
— Ecoles normales primaires, 153.
— Etablissements d'aliénés, 152.
— Exécution des travaux, 145, 146.
— Historique, 11, 12, 138, 139.
— Pouvoirs du Conseil général, 139 à 141, 145, 146, 150.
— Prisons, 52, 151.
— Routes départementales, 142.
— Tramways, 143. (V. ce mot.)
— Travaux de réparation et d'entretien, 64, 139.
— Validité des marchés de gré à gré, 345.

TRAVAUX DES FABRIQUES.

— Cultes non catholiques, 20.
— Dépenses, 190.
— Eglises classées, 193.
— Eglises métropolitaines et cathédrales, 192.
— Exécution des travaux, 190.
— Grosses réparations, 190.
— Souscriptions particulières, 19.
— Subsides des communes, 190, 191.
— Travaux publics, 19.
— Visites des bâtiments, 190.

TRAVAUX IMPRÉVUS.

— V. Changements en cours d'exécution, Ouvrages imprévus.

TRAVAUX MIXTES.

— Autorisation des —, 285.
— Canaux et chemins de fer, 284, 290.
— Chemins forestiers, ruraux, vicinaux, 282.
— Classement, 264 à 266.
— Commission mixte des travaux publics, 78 à 80, 290.

TRAVAUX MIXTES.

— Contraventions, 273, 289.
— Déclassement, 264 à 266.
— Détermination des limites de la zone, 267.
— Enquête préalable, 314.
— Enumération des —, 276 à 279.
— Etendue des zones, 268 et suiv.
— Exonération de certaines voies de communication, 283.
— Exposé de la législation, 264, à 266.
— Forts autour de Lyon, 272.
— Forts autour de Paris, 272.
— Instruction du premier degré, 286, 288.
— Instruction du second degré, 287.
— Législation spéciale à la zone frontière, 262.
— Propriétés grevées des servitudes, 263.
— Réduction des zones, 272.
— Travaux autour des places de guerre, 280.
— Travaux de réparation, 281.
— Voies de recours contre le classement, 267.
— Zones : limites, 269 à 271, 274, 275.

TRAVAUX PUBLICS.

— Caractères, 2.
— Chemins de fer d'intérêt local, 63, 143, 318. (V. ce mot.)
— Commission mixte des —, 78. V. Travaux mixtes.
— Compétence, 4.
— Concours des particuliers, 43.
— Desséchement des marais, 35.

TRAVAUX PUBLICS.

— Détermination du caractère des —, 54.
— Distinction entre les grands travaux et les travaux ordinaires, 61.
— Divers modes d'exécution, 328.
— Domaine privé de l'Etat. (V. ce mot.)
— Droit de prescrire les —, 55 à 60.
— Eglises, 18, 191, 192.
— Exécution des travaux, 33.
— Fabriques, 19, 190 et suiv.
— Hospices, 39, 194 et suiv.
— Lignes télégraphiques, 8.
— Loi du 27 juillet 1870, 61.
— Manufactures, 8.
— Ministères, 8.
— Réparations, 42, 64.
— Souscriptions particulières, 43.
— Terrains en montagne, 63.
— Travaux entrepris par des particuliers seuls, 42.
— Travaux de réparation : autorisation, 64.
— V. Associations syndicales, Chemins de fer, Compétence administrative, Etablissements d'eaux thermales, Etablissements d'utilité publique, Hospices, Marchés de fournitures, Marchés de travaux publics, Ministère des travaux publics, Monts de piété, Travaux des communes, Travaux des départements, Travaux des fabriques, Travaux mixtes, etc.

ZONE FRONTIÈRE.

— V. Travaux mixtes.

4381. — Poitiers, Imprimerie BLAIS, ROY et Cie, 7, rue Victor-Hugo

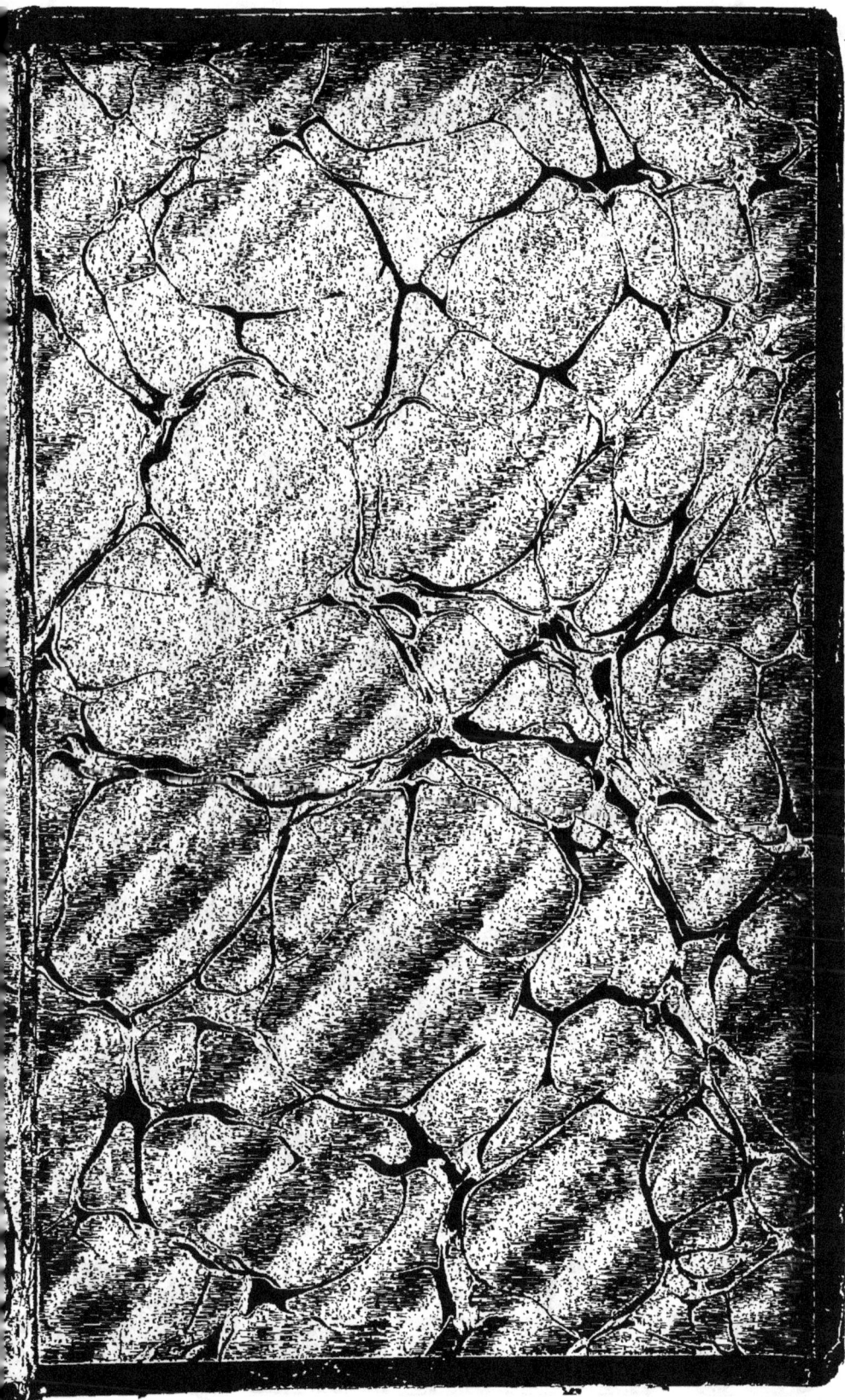